Alternative Tourism Group

# PALÄSTINA
## REISEHANDBUCH

Alternative Tourism Group

# PALÄSTINA
## REISEHANDBUCH

Geschichte · Politik · Kultur
Menschen · Städte · Landschaften

PALMYRA

Die englische Originalausgabe dieses Buches erschien 2005 unter dem Titel
*Palestine & Palestinians – Guidebook* bei der *Alternative Tourism Group* in Beit Sahour.
© Copyright 2005 by *Alternative Tourism Group*

Für die Mithilfe und Unterstützung bei der Herstellung dieses Buches dankt der Palmyra Verlag folgenden Personen: Laila Haddad, Rami Kassis, Dr. Majed Nassar und Jawad Musleh (*Alternative Tourism Group*), Winfried Seibert, Hermann Kuntz, Damaris Köhler, Wiltrud Rösch-Metzler, Regula Kaufmann, Abdallah Frangi, Karim Unser, Christine Plüss (arbeitskreis tourismus & entwicklung, Basel), Philipp Rumpf, Friedbert Boxberger, Hannelis Schulte; Albert Rieger, Doris Stucki und Matthias Hui (Reformierte Kirchen Bern, Jura, Solothurn – Fachstelle Ökumene, Mission und Entwicklungszusammenarbeit, Bern), Heinz Fuchs (Evangelischer Entwicklungsdienst/Tourism Watch, Bonn), Micha Prechtel, Eric Herbst, Elisabeth Wietor, Jan Walla, Stephan Großkopf und Barbara Twardon.

Die Veröffentlichung dieses Buches wurde gefördert vom Evangelischen Entwicklungsdienst (EED) in Bonn und der Fachstelle Ökumene, Mission und Entwicklungszusammenarbeit (OeME) der Reformierten Kirchen Bern, Jura, Solothurn in der Schweiz.

Bibliografische Information der Deutschen Bibliothek
Die Deutsche Bibliothek verzeichnet diese Publikation
in der Deutschen Nationalbibliografie. Detaillierte
bibliografische Daten sind im Internet über
http://dnb.ddb.de abrufbar.

Aus dem Englischen von Nadine Schwinn,
Ellen Hexges, Sandra Krebs und Valeria Buß.

Gerne senden wir Ihnen unser Verlagsprogramm.
Anruf, Fax oder E-Mail genügt.

© Copyright der deutschen Ausgabe 2013 by
Palmyra Verlag, Hauptstraße 64, 69117 Heidelberg
Telefon 06221/165409, Telefax 06221/167310
E-Mail: palmyra-verlag@t-online.de
www.palmyra-verlag.de
Alle Rechte vorbehalten
Grafik und Layout: Henk Syring, Christian Gogic, Katrin Thiele
Lektorat: Georg Stein, Eric Herbst, Micha Prechtel
Umschlaggestaltung: Georg Stein, Eric Herbst
Umschlagfoto: Georg Stein
Druck und Bindung: Interak Printing House
ISBN 978-3-930378-80-7

# Inhalt

## Allgemeines — 2

**Einleitung** — 2
**Geografie** — 7
**Flora und Fauna** — 10
**Klima** — 12
**Geschichte** — 17
Vor- und Frühgeschichte — 17
Kupfersteinzeit (Chalkolithikum, 4000-3100 v. Chr.) und Bronzezeit (3100-1200 v. Chr.) — 18
Eisenzeit (1200-538 v. Chr.) — 19
Die persische Epoche (538-332 v. Chr.) — 22
Die hellenistische Epoche (332-63 v. Chr.) — 22
Die römische Epoche (63 v. Chr.-324 n. Chr.) — 23
Die byzantinische Epoche (324-638) — 24
Die islamische Epoche (638-1516) und die Kreuzzüge — 24
Die osmanische Epoche (1516-1918) — 26
Palästina unter britischem Mandat (1920-1948) — 29
Die *Nakba* – Die Katastrophe von 1948 — 40
Die Anfänge des palästinensischen Widerstands — 42
Die Tragödie von 1967 (*Naksa*) — 43
Vom Libanesischen Bürgerkrieg bis zum Libanonkrieg 1982 — 45
Die erste Intifada (1987-1993) — 46
Unterdrückung — 46
Israelisch-palästinensische Verhandlungen — 47
Die Al-Aqsa-Intifada — 51
Aktuelle Entwicklung — 56

**Bevölkerung und Gesellschaft** — 58
Identität — 59
Palästinensische Flüchtlinge — 61
*En-Nakba* – Die Katastrophe von 1948 — 62
Palästinenser im Exil — 64
Gesellschaft — 66
Wichtige Feste — 67
Bildung und Erziehung — 68
Wirtschaft — 69
**Kultur** — 73
Kunst — 73
Musik — 73
Literatur — 77
Malerei und Zeichnung — 81
Essen und Trinken — 82
**Kolonisierung und Besatzung** — 87
Die zionistische Kolonisierung Palästinas — 87
Die Konfiskation von Land in den Gebieten von 1948 — 87
Die 1967 besetzten Gebiete — 88
Der Aufbau einer Siedlung — 90
Das System der Bypass-Straßen im Westjordanland — 91
Die Trennmauer — 92
Einschränkungen der Bewegungsfreiheit — 98
Verschiedene Absperrungstore — 101

## Jerusalem — 105

**Geschichte von Jerusalem** — 107
**Welches Jerusalem?** — 115
Das Stadtgebiet von Jerusalem seit 1967 — 115
Groß-Jerusalem — 116
Die Metropolregion Jerusalem — 118

**Israels demografische Planung** — 119
Restriktive Stadtplanung für Palästinenser — 119
Restriktive Baugenehmigungen — 120
Häuserzerstörungen — 120

| | | | |
|---|---|---|---|
| Unzureichende Versorgung | 121 | Nablus Road und das Bab-az-Zahra-Viertel | 183 |
| **Ostjerusalem** | 123 | **Westjerusalem** | 191 |
| Die Altstadt | 123 | Palästinensische Viertel | 192 |
| Das Muslimische Viertel | 124 | Christliche Einrichtungen | 199 |
| Der *Haram-esh-Sharif* (Tempelberg) | 132 | Jüdische Stadtteile | 202 |
| Vom Herodestor zum Löwentor | 145 | **Palästinensische Dörfer westlich von Jerusalem** | 209 |
| Das Christliche Viertel | 152 | | |
| Das Armenische Viertel | 160 | **Nördlich von Jerusalem** | 219 |
| Das Maghribi-Viertel (Jüdisches Viertel) | 165 | **Östlich von Jerusalem** | 223 |
| Der Ölberg | 171 | **Praktische Informationen** | 227 |
| Das Kidrontal | 176 | | |
| Der Berg Zion | 179 | | |

## Das Westjordanland 245

| | | | |
|---|---|---|---|
| **Jericho** | 247 | Die Altstadt | 323 |
| Zwischen Jerusalem und Jericho | 247 | Praktische Informationen | 327 |
| Jericho | 254 | Südlich von Hebron | 331 |
| Praktische Informationen | 260 | **Ramallah** | 333 |
| Südlich und östlich von Jericho | 261 | Das Flüchtlingslager Qalandia | 333 |
| Das Tote Meer | 263 | Ramallah und Al-Bireh | 335 |
| **Bethlehem** | 267 | Praktische Informationen | 337 |
| Von Jerusalem nach Bethlehem | 267 | Nördlich und östlich von Ramallah | 347 |
| Bethlehem | 270 | Westlich von Ramallah | 352 |
| Die Altstadt | 275 | **Nablus** | 358 |
| Die Geburtskirche | 281 | Zwischen Ramallah und Nablus | 359 |
| Praktische Informationen | 287 | Nablus | 360 |
| Bethlehems Umgebung | 292 | Die Altstadt | 362 |
| Beit Jala | 298 | Praktische Informationen | 366 |
| Beit Sahour | 301 | Die Umgebung von Nablus | 369 |
| Östlich von Bethlehem | 308 | Westlich und nördlich von Nablus | 375 |
| **Hebron (Al-Khalil)** | 316 | **Jenin** | 380 |
| Zwischen Bethlehem und Hebron | 316 | | |
| Hebron | 319 | | |

## Der Gazastreifen 391

| | | | |
|---|---|---|---|
| Der Weg nach Gaza | 391 | Praktische Informationen | 413 |
| Die Übergänge Erez, Rafah und Karni | 392 | Der südliche Gazastreifen | 420 |
| Der Gazastreifen | 394 | Der Gazakrieg (Dezember 2008–Januar 2009) | 424 |
| Die Flüchtlingslager | 395 | | |
| **Gaza-Stadt** | 400 | Der »Raketenkrieg« 2012 | 426 |
| Die Altstadt von Gaza | 407 | | |

## Israel (Die Gebiete von 1948) 429

| | | | |
|---|---|---|---|
| **Die Palästinenser in Israel** | 430 | Praktische Informationen | 508 |
| **Galiläa** | 436 | Östlich von Haifa | 511 |
| **Akko** | 439 | Südlich von Haifa | 512 |
| Die Altstadt | 443 | Das Dreieck | 522 |
| Praktische Informationen | 450 | **Die Küstenebene** | 527 |
| Außerhalb der Altstadt | 452 | **Jaffa** | 527 |
| Nördlich und östlich von Akko | 453 | Jaffa von 1948 bis heute | 530 |
| **Safed** | 459 | Alt-Jaffa (Yaffa al-Qadima) | 531 |
| Die Altstadt | 461 | Jaffas Stadtviertel | 536 |
| Nordöstlich von Safed | 463 | Praktische Informationen | 538 |
| **Nazareth** | 465 | Die Umgebung von Jaffa | 539 |
| Die Altstadt | 470 | **Lod (Lydd)** | 541 |
| Praktische Informationen | 473 | **Ramle** | 544 |
| Nördlich und östlich von Nazareth | 478 | Die Altstadt | 548 |
| Westlich und südlich von Nazareth | 483 | Östlich und südlich von Ramle | 551 |
| **Tiberias** | 484 | **Ashdod (Isdoud)** | 555 |
| Die Altstadt | 487 | **Ashkelon (Asqalan)** | 556 |
| Praktische Informationen | 489 | **Der Negev** | 560 |
| Nördlich von Tiberias und See Genezareth | 490 | Die Beduinen im Negev | 560 |
| **Beit Shean (Bissan)** | 493 | **Beersheva (Bir es-Saba)** | 562 |
| Nördlich und westlich von Bissan | 495 | Nördlich von Beersheva | 565 |
| **Haifa** | 497 | Südlich von Beersheva | 569 |
| Historische Sehenswürdigkeiten | 504 | Östlich von Beersheva | 570 |
| Museen | 506 | | |

## Die Golanhöhen 579

| | | | |
|---|---|---|---|
| Geschichte | 579 | Nördlich und westlich von Majdal Shams | 586 |
| Majdal Shams | 584 | | |

## Praktische Informationen 591

| | | | |
|---|---|---|---|
| Einreisebestimmungen | 591 | Medien | 608 |
| Grenzübergänge | 593 | Religiöse Feiertage | 610 |
| Offizielle Adressen | 595 | Besondere Veranstaltungen und Feste | 611 |
| Transport | 596 | Wichtige historische Daten und Gedenktage | 612 |
| Kommunikation | 602 | | |
| Weitere Aufenthaltstipps | 603 | Wichtige arabische Begriffe und Zahlen | 613 |

## Anhang 615

Glossar 615 / Bibliografie 618 / Webguide 624 / Verhaltenskodex für Touristen im Heiligen Land 635
Abkürzungsverzeichnis 642 / Bildnachweis 644 / Verzeichnis der Karten, Stadtpläne und Grundrisse 645
Register 646

# Informationskästen

## Allgemeines

| | | | |
|---|---|---|---|
| Territoriale Zonen nach den Oslo-Abkommen | 9 | Eine abhängige Wirtschaft | 71 |
| Der Olivenbaum | 10 | Absenkung des Familieneinkommens | 72 |
| Vögel | 11 | Palästinensische Folklore | 74 |
| Wasservorkommen in Palästina | 13 | Mahmoud Darwisch (1941-2008) | 78 |
| Umweltaspekte der Wasserversorgung | 14 | Naji al-Ali (1938-1987) | 81 |
| Der Zionismus | 28 | Rezept für *Musakhan* | 82 |
| Der palästinensische Aufstand (1936-1939) | 31 | Rezept für *Taboun*-Brot | 82 |
| Yassir Arafat (Abu Ammar, 1929-2004) | 50 | Die Phasen der israelischen Kolonisierung | 90 |
| Mustafa Ali Zabri (Abu Ali Mustafa, 1938-2001) | 53 | Methoden der Landkonfiskation | 90 |
| Formen israelischer Unterdrückung | 54 | Gutachten des Internationalen Strafgerichtshofs in Den Haag zur israelischen Mauer | 95 |
| UNRWA | 62 | | |
| Berichte von Flüchtlingen | 64 | Die Palästinenser in Jerusalem – Ein Recht in Gefahr | 99 |
| Internationale Rechtsnormen, die palästinensischen Flüchtlingen das Recht auf Rückkehr garantieren | 66 | | |
| | | Reisevorschriften für Palästinenser | 100 |
| | | Verschiedene Absperrungstore | 101 |
| Die Märtyrer (*Shuhada*) | 68 | Hanan Ashrawi | 103 |
| UNRWA-Schulen | 69 | | |

## Jerusalem

| | | | |
|---|---|---|---|
| Jerusalems Namen | 106 | Die palästinensisch-armenische Gemeinde | 160 |
| Die geplante Isolation der Stadt: Ein Schritt auf dem Weg zu einem Groß-Jerusalem | 118 | Exegese und Archäologie | 184 |
| | | Faisal al-Husseini (1940-2001) | 187 |
| »Der stille Transfer« | 121 | Die Urbanisierung von Jerusalem (1850-1948) | 192 |
| Osmanische Medaillons | 124 | | |
| Jüdische Siedler im Muslimischen Viertel | 125 | Der Mamilla-Parkplatz | 194 |
| Die afrikanische Gemeinde | 127 | Khalil Sakakini (1878-1953) | 196 |
| Mameluckische Architektur | 129 | Edward W. Said (1935-2003) | 198 |
| Angriffe auf den *Haram esh-Sharif* | 143 | Deir Yassin oder »Das Guernica Palästinas« | 210 |
| Der Kreuzweg | 150 | Abdel Qader al-Husseini (1908-1948) | 213 |
| Die byzantinische Basilika | 156 | Ein Dorf unter Besatzung | 221 |
| Kalvaria oder Golgatha | 158 | Schwarzweißfotografie | 230 |

## Das Westjordanland

| | | | |
|---|---|---|---|
| Die israelische Siedlung Maale Adumim | 247 | *Der Preis des Konflikts – Bethlehem im Wandel* | 297 |
| Die Lagerplätze der Beduinen | 249 | Israelische Siedlungen bei Beit Jala | 298 |
| Das Jordantal | 253 | Ibrahim Ayyad (1910-2005) | 302 |
| Die Anreise nach Bethlehem | 267 | Bed & Breakfast | 304 |
| Jabal Abu Ghneim und die Siedlung Har Homa | 269 | Todesopfer und Beeinträchtigung des Gesundheitswesens im ersten Jahr der Al-Aqsa-Intifada | 306 |
| Die Weihnachtskrippe | 284 | | |
| Der Heilige Hieronymus | 286 | | |
| Das Ibdaa-Kulturzentrum | 293 | Mönchtum in der Judäischen Wüste | 310 |
| Angriffe auf Schulen | 294 | Der Weg nach Hebron | 316 |
| Eine Wanderung im Wadi Artas: Von Qalat al-Buraq zum Herodeion | 296 | Die jüdischen Siedlungen | 317 |
| | | Das Massaker in der Ibrahim-Moschee | 322 |
| Dschabra Ibrahim Dschabra (1920-1994) | 297 | Kulinarische Spezialitäten aus Hebron | 325 |

| | | | |
|---|---|---|---|
| Tarqumia oder die Geschichte einer »Verbindung« zwischen dem Westjordanland und dem Gazastreifen | 332 | Karawansereien | 359 |
| | | Anreise nach Nablus | 360 |
| | | Ein zerstörtes historisches Erbe | 363 |
| Die Anreise nach Ramallah | 333 | Die Hamams | 364 |
| Beispiel der israelischen Kontrollmatrix: Die Industriezone von Shaarei Binyamin | 334 | Die Seifenherstellung | 365 |
| | | Das biblische Shechem (Sichem) | 371 |
| Zyriab | 338 | Die samaritische Gemeinde | 374 |
| Palästinensische Stickereien | 340 | Traditionelle Dörfer | 376 |
| Palästinensische Gefangene | 342 | Anreise nach Jenin | 380 |
| Das Haus (»ed-dar« oder »al-beit«) | 349 | Das Massaker von Jenin | 381 |

## Der Gazastreifen

| | | | |
|---|---|---|---|
| Der Weg nach Gaza | 391 | Die Küche des Gazastreifens | 411 |
| Gaza – »Israels Soweto« | 397 | Die israelischen Siedlungen | 423 |
| Moin Bsesso (1928-1984) | 406 | Humanitäre Krise im Gazastreifen 2008 | 424 |

## Israel (Die Gebiete von 1948)

| | | | |
|---|---|---|---|
| Die Palästinenser von 1948 | 430 | Jaffa-Orangen | 535 |
| Die Judaisierung Galiläas | 436 | Tel Aviv | 537 |
| *Das Koenig-Memorandum* | 437 | George Habash (Al-Hakim – Der Weise, 1926-2008) | 543 |
| Ghassan Kanafani (1936-1972) | 443 | | |
| Das Hula-Tal | 465 | Khalil al-Wazir (Abu Jihad, 1935-1988) | 546 |
| Innerstaatliche Flüchtlinge | 477 | Eine beklagenswerte wirtschaftliche und soziale Lage | 547 |
| Das Geschenk des Sultans | 481 | | |
| Tag des Bodens (Yom al-Ard) | 482 | Sheikh Ahmed Yassin (1936-2004) | 558 |
| Der See Genezareth (Galiläisches Meer) | 489 | Die Anreise in den Negev | 560 |
| Palästinensisches Eigentum | 501 | Aref al-Aref (1892-1973) | 564 |
| Die Straßen von Haifa | 502 | Die Beduinenweberei *Lakiya Negev* (*Lakiya Negev Weaving*) | 567 |
| Emil Habibi (1922-1996) | 503 | | |
| Sheikh Izz ed-Din al-Qassam (1871-1935) | 512 | | |
| The Association of Forty (Die Vereinigung der Vierzig) | 514 | Nicht anerkannte Dörfer und Beduinenlager | 568 |
| | | Besuch bei Beduinen | 569 |
| »Nicht anerkannte Dörfer« | 515 | Naturreservate und die *Green Patrol* | 572 |
| Das Transisraelische Autobahnprojekt (Autobahn Nr. 6) | 523 | | |

## Die Golanhöhen

| | | | |
|---|---|---|---|
| Reisen auf den Golanhöhen | 579 | Die drusische Glaubenslehre | 585 |
| Besetzung und Annektierung des Golan | 582 | Die Gewässer auf den Golanhöhen | 587 |
| Der Generalstreik von 1982 | 582 | Al-Khader – Der Heilige Georg | 588 |
| Äpfel von den Golanhöhen | 584 | Ausflug zum Banias-Wasserfall | 589 |

# Verzeichnis der Karten, Stadtpläne und Grundrisse

## Allgemeines

| | |
|---|---|
| Topografische Karte von Palästina | 6 |
| Die palästinensischen Selbstverwaltungsgebiete | 8 |
| Die Wasserversorgung in Palästina und Israel | 14 |
| Die Aufteilung nach dem Sykes-Picot-Abkommen von 1916 | 27 |
| Teilungsplan der Peel-Kommission 1937 | 32 |
| Landbesitz in Palästina 1945 | 33 |
| Bevölkerungsverteilung in Palästina 1946 | 34 |
| Bevölkerungsentwicklung 1948-1951 | 35 |
| UN-Teilungslinien von 1947 und Waffenstillstandslinien von 1948/49 | 36 |
| Palästina nach der Nakba 1948 | 37 |
| Territoriale Entwicklung und Landverlust der Palästinenser von 1946-2012 | 38 |
| Von Israel im Junikrieg 1967 besetzte Gebiete | 38 |
| Israel und seine arabischen Nachbarn seit 1994 | 38 |
| Einsatzgebiet der UNRWA mit Flüchtlingslagern | 39 |
| UN-Teilungsplan vom November 1947 | 40 |
| Der Allon-Plan | 89 |
| Das Westjordanland mit der Trennmauer und den israelischen Siedlungen | 93 |
| Die Trennmauer und ihre Auswirkungen | 94 |

## Jerusalem

| | |
|---|---|
| Verlauf der Trennmauer im Großraum Jerusalem im Jahr 2010 | 113 |
| Die Ausdehnung von Jerusalem im 20. Jahrhundert | 114 |
| Geplante Ausdehnung der arabischen und israelischen Stadtviertel in Ostjerusalem | 117 |
| Übersichtskarte der Altstadt von Jerusalem | 131 |
| Grundriss der Grabeskirche | 153 |
| Der arabische Ostteil Jerusalems nördlich der Altstadt | 182 |
| 1948 zerstörte palästinensische Dörfer im Distrikt Jerusalem | 208 |
| Übersichtskarte der Altstadt von Jerusalem mit den vier Vierteln und den wichtigsten Sehenswürdigkeiten | 243 |

## Das Westjordanland

| | |
|---|---|
| Stadtplan von Jericho | 255 |
| Grundriss der Geburtskirche | 281 |
| Stadtplan von Bethlehem | 289 |
| Stadtplan von Hebron | 321 |
| Stadtplan von Ramallah | 346 |
| Stadtplan von Nablus | 373 |
| Der Großraum Jerusalem, Ramallah, Bethlehem und Jericho im Westjordanland | 385 |
| Der Großraum Nablus und Jenin im Westjordanland | 386 |
| Das Westjordanland westlich und südlich von Nablus | 387 |
| Das südliche Westjordanland | 388 |

## Der Gazastreifen

| | |
|---|---|
| Der Gazastreifen und die israelischen Siedlungen | 392 |
| Der Gazastreifen | 399 |
| Stadtplan von Gaza-Stadt | 405 |

## Israel (Die Gebiete von 1948)

| | |
|---|---|
| Israel (die Gebiete von 1948), das Westjordanland und der Gazastreifen | 429 |
| Das nördliche Israel/Palästina zwischen Akko und Safed | 434 |
| Der Großraum Haifa, Nazareth und Tiberias | 435 |
| Altstadt von Akko | 438 |
| Stadtplan von Akko | 442 |
| Stadtplan von Safed | 463 |
| Stadtplan von Nazareth | 467 |
| Stadtplan von Tiberias | 486 |

| | | | |
|---|---|---|---|
| Stadtplan von Haifa | 497 | Die Küstenregion zwischen Ashkelon und Jaffa | 526 |
| Die Küstenregion zwischen Jaffa, Tulkarem und Caesarea | 525 | Stadtplan von Jaffa | 537 |

## Die Golanhöhen

| | | | |
|---|---|---|---|
| Der See Genezareth und die östlich angrenzenden Golanhöhen | 578 | Die von Israel annektierten Golanhöhen | 589 |

# Editorische Notiz

Die im Kapitel *Praktische Informationen* und im Informationsteil angegebenen Währungen bezüglich der Sehenswürdigkeiten und Übernachtungen entsprechen der Vorgabe der englischen Originalausgabe. Die variierenden Angaben in Neuen Israelischen Schekeln (NIS), $ und Euro entsprechen den vor Ort ermittelten Preisen. Die mit der Abkürzung »$« angegebenen Preise verstehen sich als Angaben in US-Dollar.

Die im Text enthaltenen Koran-Zitate beziehen sich auf die deutschen Koran-Übersetzungen von Rudi Paret (10. Auflage, 2007) und Adel Theodor Khoury (2. Auflage, 1992). Die Bibelstellen sind der Einheitsübersetzung und der Luther-Bibel entnommen.

Das Buch verwendet die gängigen Abkürzungen; ein Abkürzungsverzeichnis findet sich auf Seite 642.

# Transkriptionshinweis

Die Transkription arabischer und hebräischer Wörter ist nicht einfach, da es in beiden Sprachen mehr Phoneme (bedeutungsunterscheidende Laute) gibt als im Deutschen. Da sich dieses Buch an ein breites Publikum wendet, wurde zur Vereinfachung anstatt der wissenschaftlichen die phonetische Transkription gewählt. Sie entspricht weitgehend der anerkannten englischen sowie deutschen Schreibweise.

Bei Begriffen, für die eine eingedeutschte Variante existiert, wurde das Transkriptionssystem verlassen. Um eine gewisse Einheitlichkeit zu wahren, wurden außerdem Artikel und Präpositionen, die im Arabischen an den Anfang des Bezugsworts angehängt werden, überwiegend kleingeschrieben und mit Bindestrich vom Bezugswort abgesetzt. Ebenfalls aus Gründen der Einheitlichkeit wurden die arabischen Begriffe – außer Eigennamen – meist kleingeschrieben. Etwaige Inkonsequenzen in der Umschrift resultieren aus Sonderfällen oder aus Abweichungen im Original bzw. bei Eigennamen von Personen und Einrichtungen (z. B. Muhammad/Mohammed, Abdel Hamid/Abd al-Malik). Dies gilt teilweise auch für englische Begriffe (z. B. Center/Centre, Organisation/Organization). Bei wichtigen Orts- und Landschaftsangaben werden sowohl die im Deutschen meist geläufigeren hebräischen Namen angeben, als auch die arabischen Bezeichnungen (z. B. Beersheva/Bir es-Saba, Hebron/Al-Khalil, Arava/Araba).

# Allgemeines

## Einleitung

Liebe Leserin, lieber Leser,

wir freuen uns, Ihnen die deutsche Ausgabe unseres Reiseführers *Palästina und die Palästinenser* vorzustellen. Die Idee, das Buch auch in deutscher Sprache zu veröffentlichen, entstand nach dem großen Erfolg der arabischen Originalausgabe und der Übersetzungen auf Englisch, Französisch, Spanisch, Italienisch und Russisch. Über die positive Resonanz haben wir uns sehr gefreut. Eine Übersetzung in die deutsche Sprache war somit längst überfällig. Zum einen wegen der langjährigen historischen Beziehungen zwischen Palästina und Deutschland, und auch wegen der vielen Besucher und Pilger aus deutschsprachigen Ländern. Wir betrachten es als unsere Pflicht, diesen Menschen einen Reiseführer in ihrer Sprache anzubieten.

Ziel dieses Reiseführers ist vor allem, Palästina aus der Sicht von Palästinensern vorzustellen. Wir möchten allen, die an Land, Geschichte und Menschen dieser Region interessiert sind, unsere Heimat aus unserer Sicht zeigen. Wie die Verhältnisse nun einmal sind, ist der Tourismus in unserem Land noch vorwiegend von israelischen Reiseleitern und Reiseführern bestimmt. Diese haben jedoch häufig eine andere Sichtweise – sie sprechen nicht mit unserer Stimme. Abgesehen von dem häufig verzerrten Bild unserer Kultur und unserer Geschichte sowie der unserem Volk gegenüber nicht selten feindseligen Haltung, bringt die Dominanz der israelischen Reiseveranstalter auch wirtschaftliche Nachteile für unsere eigenen touristischen Einrichtungen. Die wenig auf unsere Bedürfnisse zugeschnittene Darstellung entzieht auch den palästinensischen Unternehmen wichtige Anteile an diesem für Palästina derzeit wohl

## Einleitung

bedeutendsten Wirtschaftszweig. Wenn ausländische Touristen, sorgfältig behütet von ihren israelischen Reiseleitern, sich in die palästinensischen Gebiete »wagen« – heute fast nur noch Bethlehem und Jerusalem –, ist in vielen Fällen keine Übernachtung in einem palästinensischen Hotel eingeplant. Der Kontakt zu den Palästinensern ist auf ein Mindestmaß beschränkt. Viele Touristen verlassen unser Land, ohne auch nur einmal in einem palästinensischen Restaurant gegessen oder ein palästinensisches Geschäft aufgesucht zu haben. Das rasche »Abhaken« unserer Kulturstätten ist zu wenig. Besucher erhalten dadurch ein verzerrtes und oberflächliches Bild der politischen Situation und besuchen selten Palästinenser oder die vielen interessanten kulturhistorischen Stätten. Die meisten Reiseführer erwähnen die Palästinenser überhaupt nicht, und falls doch, dann nur am Rande oder in einem kurzen Kapitel am Ende. Der schlimmste, jedoch häufigste Fall ist, dass Palästina gar nicht oder nur als Teil von Israel behandelt wird.

Wie in diesem Reiseführer dargestellt wird – einem der ersten mit einer bewussten Ausrichtung auf Palästina –, hat dieses Land eine lange Geschichte, eine reiche Kultur, außergewöhnliche touristische Attraktionen und eine lebendige Gesellschaft; all dies verdient es, erlebt und gefördert zu werden. Dies ist ein wesentliches Ziel der *Alternative Tourism Group* (ATG). Abgesehen von dem Angebot an Materialien und Programmen für Bildung und Tourismus, ist die ATG bestrebt, der palästinensischen Tourismusindustrie insgesamt bei der Weiterentwicklung zu helfen, besonders durch die Verbreitung von Informationen über Reisen, die alle Aspekte des Lebens in Palästina umfassen.

Die Idee für diesen Reiseführer ist aus der Erkenntnis entstanden, dass Reisenden nach Palästina wesentliche Informationen und eine »palästinensische Stimme« fehlten. Unser Ziel ist es, einen umfassenden, attraktiven und professionellen Reiseführer über das Leben und

*Blick vom Ölberg auf Jerusalem mit dem Felsendom als Wahrzeichen der Stadt*

## Allgemeines

die Sehenwürdigkeiten in Palästina zu veröffentlichen. Der Reiseführer basiert dabei auf dem modernen Ansatz des Kulturtourismus, bei dem sich der Schwerpunkt verlagert von dem bloßen, mit einer unpersönlichen historischen Schilderung verbundenen Besuch einzelner Orte hin zur Schaffung von Kontaktmöglichkeiten zwischen Besuchern und der einheimischen Bevölkerung. Palästinas geschichtliches und kulturelles Erbe geht weit über die religiösen Stätten hinaus, obwohl diese natürlich ein wesentlicher Bestandteil eines Besuches sind. Kulturtourismus ermöglicht Treffen zwischen Besuchern und ihren Gastgebern und ist bemüht, einen Einblick in deren historische, soziale, politische, kulturelle und umweltpolitische Realität zu vermitteln.

In diesem Reiseführer versuchen wir, wie in allen unserer Aktivitäten, Ihnen Palästina »von innen« vorzustellen. Das Buch umfasst folgende Kernthemen: das Land mit seiner Geografie und vielfältigen Natur; die Geschichte Palästinas von vorhistorischer Zeit bis heute; die Vielfalt der palästinensischen Gesellschaft; die wichtigsten religiösen und historischen Stätten; Orte mit Bedeutung für die Gegenwart (Städte, Dörfer, die zerstörten Dörfer von 1948, Flüchtlingslager und israelische Siedlungen) sowie die moderne Kultur. Es beinhaltet zudem Informationen, die Begegnungen mit der Bevölkerung ermöglichen (Adressen von Organisationen, Einrichtungen und Kontaktpersonen) sowie praktische Informationen über das Reisen innerhalb des Landes, wie persönliche Sicherheit, Restaurants, Hotels, Transportmöglichkeiten, Museen usw. Der Reiseführer beschränkt sich hierbei jedoch auf die wichtigsten Angaben. Das Fachwissen der ATG wird vor allem eingesetzt, um sorgfältig koordinierte Begegnungen mit hohem Informationswert zu fördern.

Die ATG und alle, die einen Beitrag zu diesem Reiseführer leisteten, freuen sich auf Ihren Besuch. Wir möchten, dass Sie dieses Buch als persönliche Einladung nach Palästina betrachten, sind uns aber bewusst, dass der tragische politische Konflikt um uns herum dem Tourismus oft nicht förderlich ist; genau in solchen Zeiten ist uns Ihr Besuch jedoch sehr willkommen. Inmitten des Konflikts werden Sie warmherzige und gastfreundliche Menschen kennenlernen, die in einem faszinierenden und bedeutungsvollen Land leben und erfinderische Wege beschreiten, mit dieser Konfliktsituation zurechtzukommen.

Wir danken allen Organisationen, die dieses wichtige Projekt unterstützt haben, dem Personal der ATG, dem Palmyra Verlag und allen anderen, die uns bei der Veröffentlichung der deutschen Ausgabe geholfen haben, besonders unserem Freund Winfried Seibert, der von Anfang an an die Arbeit der ATG geglaubt hat, uns immer ermutigte und mit Ratschlägen und Sachkunde bereicherte. Andere Personen, die uns bei der Übersetzung, den Recherchen und Aktualisierungen behilflich waren sowie Fotos, Karten und andere Informationen zur Verfügung stellten, werden uns bitte verzeihen, dass sie nicht namentlich erwähnt werden.

Die ATG betrachtet den Reiseführer als einen weiteren Schritt in Richtung auf ein unabhängiges Palästina, das seinen verdienten Platz unter den Staaten der Welt finden wird. Zudem hoffen wir, dass Sie sich seiner Bedeutung bewusst sind und er Sie bereichern wird. Wir freuen uns auf Ihren Besuch in unserem Land und darauf, Ihre Gastgeber zu sein.

Salaam, Frieden

Rami Kassis  
(ATG-Geschäftsführer)

Dr. Majed Nassar  
(ATG-Vorstand)

*Rechts: Blick von Beit Sahour auf Bethlehem*

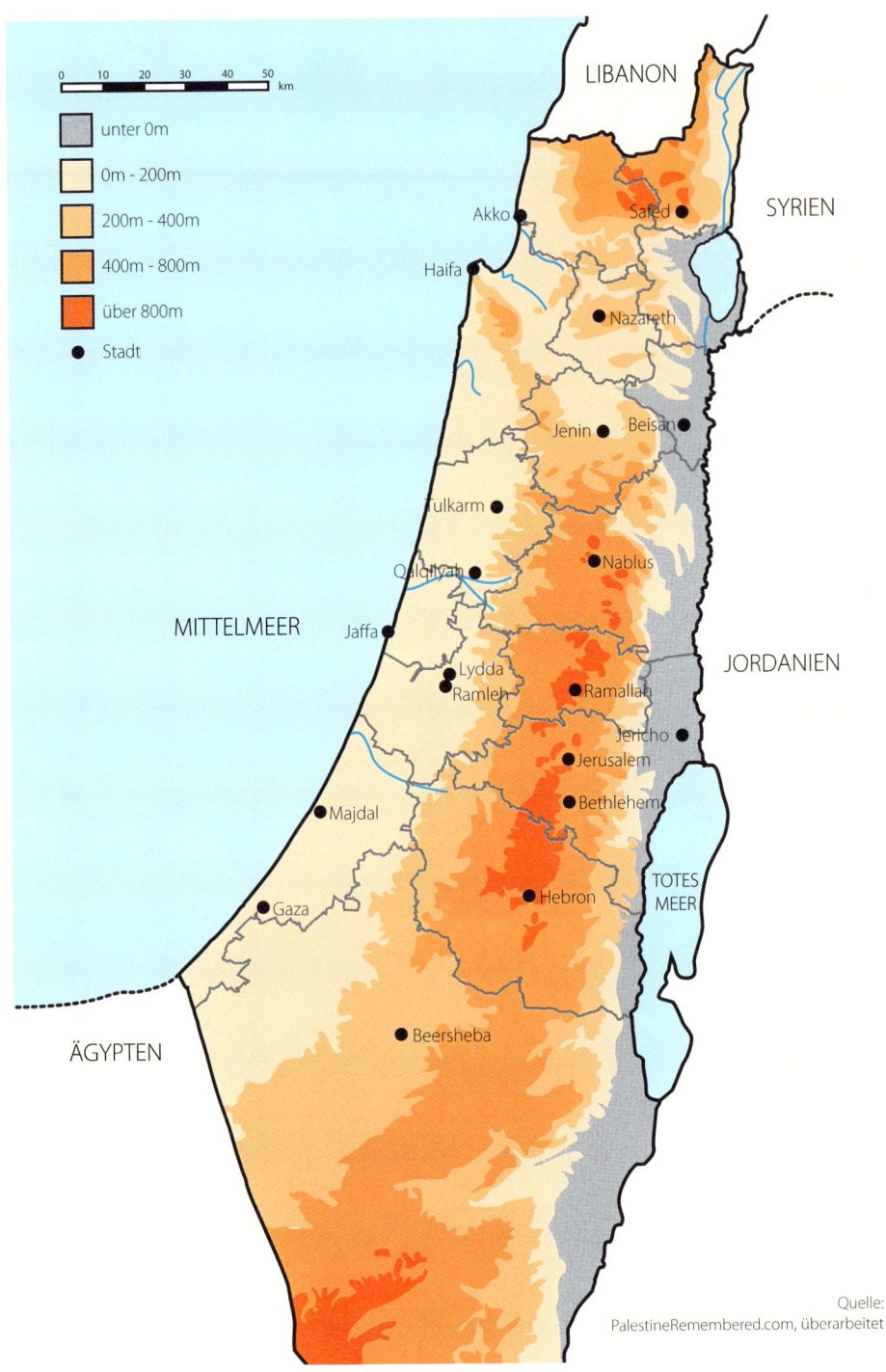

# Geografie

Das historische Palästina bildet das westliche Ende des landwirtschaftlichen Gebiets, das als »Fruchtbarer Halbmond« bekannt ist und die Syrische Wüste umgibt. Durch die unterschiedlichen topografischen Gegebenheiten zwischen dem Meer und der Wüste ergibt sich ein kontrastreiches Landschaftsbild. Dies ist durch die häufige Verschiebung der Oberflächenformationen und durch das Aufeinandertreffen von zwei höchst unterschiedlichen Klimazonen bedingt: dem Wüstenklima und dem mediterranen Klima. Neben den großen fruchtbaren Ebenen im Norden und den Küstenebenen im Westen erhebt sich im Osten ein Gebirge. Die Berge des Westjordanlands mit ihrem höchsten Gipfel, dem Jabal al-Assur (1015 m, Region Ramallah), sind landschaftlich abwechslungsreich. Die Bergketten durchziehen tiefe Täler (*Wadis*), die reich an wilder Vegetation und für die landwirtschaftliche Nutzung sehr ertragreich sind. Weiter östlich tauchen die sanft geschwungenen Hügel in die Tiefen des Jordantals und ins Tote Meer ein, das mit 422 m unter dem Meeresspiegel den tiefsten Punkt der Erde bildet. Seine weltweit einzigartige Salzkonzentration (an der Oberfläche 290 g/l) bietet ein außergewöhnliches Badeerlebnis. Im Süden erstreckt sich der Negev (Naqab), eine Stein- und Gebirgswüste. Das Jordantal ist eine Fortsetzung des afro-syrischen Senkungsgrabens, der die tektonische Platte Afrikas von der Asiens trennt. Die Bewegung dieser Platten hat eine außergewöhnliche Landsenkung hervorgebracht, die aus drei Teilen besteht: dem ostafrikanischen Senkungsgraben, dem Roten Meer und dem Senkungsgraben des Toten Meeres, der bis zu den Bergen im Libanon führt. Auf beiden Seiten des Jordans driften die Felsformationen etwa 1 cm pro Jahr auseinander. Die Ähnlichkeit der geografischen Formationen ist etwa alle 100 km erkennbar. Dies zeigt sich z.B. an den Kupferminen von Feinan in Jordanien, nördlich von Shobak, und ihren Zwillingsminen in Timna im Negev (Arava/Araba), 20 km nördlich des Golfs von Aqaba.

## Westjordanland und Gazastreifen

Die zionistische Bewegung feierte am 14. Mai 1948 die Gründung Israels. Innerhalb der Grenzen bzw. Feuereinstellungslinien des neuen Staates liegen 78% des historischen Palästinas (26 000 km²). Den Rest bilden das Westjordanland und der Gazastreifen mit einer Gesamtfläche von 5820 und 365 km². Tarqumia im Gazastreifen liegt dem Westjordanland am nächsten und ist trotzdem noch 50 km von ihm entfernt; die Stadt Qalqilia im Westjordanland hingegen liegt weniger als 20 km vom Mittelmeer entfernt.

Dünen und fruchtbare sandige Sedimente bilden die Küstenebene von Gaza. Außer dem Kurkar gibt es keine nennenswerten Erhebungen in dieser Region. Im Gegensatz dazu wird das Westjordanland von Bergen mit geringer Höhe dominiert, etwa dem Garizim (881 m), dem Nabi Samuel (875 m), dem Masharif (825 m) oder dem Skopusberg (791 m). Das Gestein setzt sich hier hauptsächlich aus maritimen Sedimenten (Kalkstein, Dolomit) zusammen, durch deren Porosität das Wasser bis zu dichteren Schichten sickern kann und so die Grundwasserspeicher der Region füllt.

*Links: Topografische Karte von Palästina*

# Allgemeines

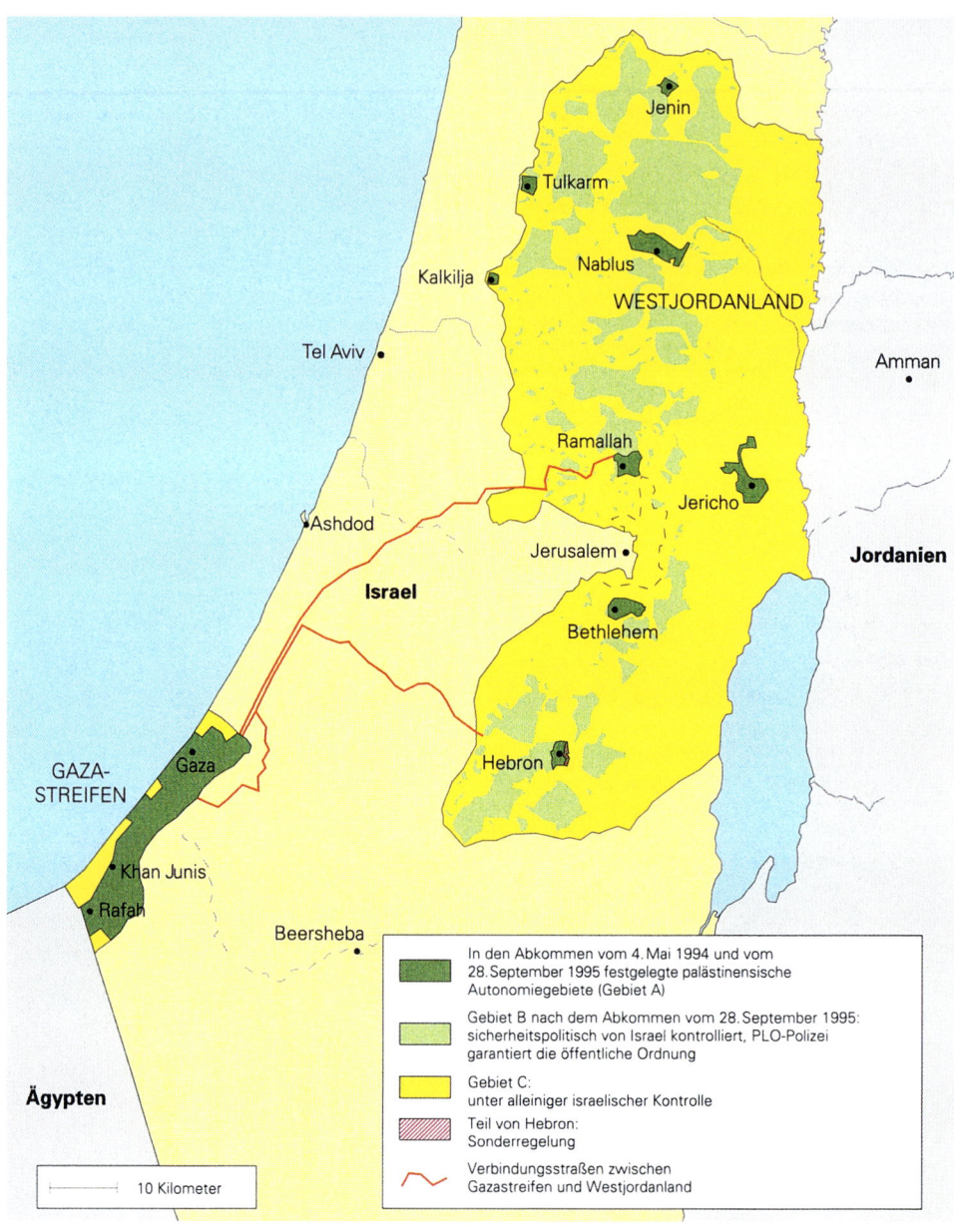

*Die palästinensischen Selbstverwaltungsgebiete*

## Geografie

### Territoriale Zonen nach den Oslo-Abkommen

Die Osloer Prinzipienerklärung vom 13. September 1993 bestätigt in Artikel IV, dass »die zwei Parteien (Palästinenser und Israelis) das Westjordanland und den Gazastreifen als eine territoriale Einheit betrachten, die als solche während der gesamten Interimsperiode geschützt wird«. Dennoch wird seit 1993 diese territoriale Einheit mehr untergraben als bestärkt. Seit dem Interimsabkommen, das am 24. September 1995 in Taba geschlossen wurde, sind das Westjordanland und der Gazastreifen in drei Hauptverwaltungszonen aufgeteilt:

**Zone A**, in der die Palästinensische Nationalbehörde volle Souveränität ausübt, umfasst etwa 3% des Westjordanlands und 60% des Gazastreifens. Zu ihr gehören acht Städte (Ramallah, Nablus, Jenin, Tulkarem, Qalqilia, Jericho, Bethlehem und Teile Hebrons) sowie weitere Ortschaften.

**Zone B** umfasst 27% des Westjordanlands. Dabei handelt es sich um ländliche Gebiete, mehrheitlich Dörfer und kleinere Ortschaften, in denen die zivile Verwaltung von der Palästinensischen Nationalbehörde ausgeübt wird, das israelische Militär sich allerdings die Kontrolle des Territoriums vorbehält.

**Zone C**, in der die Palästinensische Nationalbehörde keinerlei Souveränität ausübt, umfasst 70% des Westjordanlands und 40% des Gazastreifens. Hierzu gehören palästinensische Wohngebiete mit geringer Bevölkerungsdichte (ausgenommen Hebron und der Siedlungsgürtel von Jerusalem), Randbezirke von Kleinstädten und Dörfern, nicht besiedelte Gebiete, Industriegebiete, israelische Siedlungen und das Straßennetz.

Diese Aufteilung hat zu einem Flickenteppich aus etwa 227 palästinensischen Enklaven geführt. In Kombination mit der israelischen Abriegelungspolitik verhindert dies den freien Verkehr von Gütern und Personen zwischen den autonomen Städten. Ostjerusalem und die dazugehörigen Gebiete bilden de facto eine vierte Zone, obwohl sie keinem Beschluss unterliegen, da die Jerusalem-Frage in den Oslo-Abkommen ausgeklammert wurde. Seit der Annektierung Ostjerusalems 1980 untersteht die palästinensische Bevölkerung dem israelischen Gesetz.

*Die Trennmauer schneidet Ostjerusalem von den palästinensischen Gebieten der Zonen A, B und C ab.*

# Flora und Fauna

»Der Olivenbaum weinte, der Granatapfelbaum beugte
sich herab, der Zitronenbaum welkte im Garten.
Die vom Wind gepeitschten Meere, die Flüsse in zornigem Aufruhr,
die Vögel klagten aus Liebe für die freien Menschen.«
Rima Nasir Tarazi, Die Träume meines Volkes (1985)

Flora und Fauna haben sich den verschiedenen mediterranen und semiariden Landschaften Palästinas angepasst und präsentieren sich in ihrer ganzen Vielfalt. Mehr als 2800 verschiedene Pflanzenarten gibt es in dem vergleichsweise kleinen Gebiet. Im 19. Jahrhundert gab es noch große bewaldete Flächen, die jedoch aufgrund des Eisenbahnbaus abgeholzt wurden. Heute prägen Obstbäume das Landschaftsbild (Oliven, Mandeln, Orangen, Aprikosen usw.), während wild wachsende Baumarten wie Pinien, Zypressen, Johannisbrotbäume, Akazien und Terpentinpistazien nur in bestimmten Regionen am Rand der Dörfer (in Galiläa und auf dem Karmel) sowie in den Wadis vorkommen.

Die semiariden Gebiete und weiten Wüsten beheimaten viele Tiere, von denen einige am frühen Morgen oder in der Dämmerung in den Wadis beobachtet werden können. Der Nubische Steinbock (*Capra ibex nubiana*) und die Dorcas-Gazelle (*Gazella dorcas*) leben in den Hügeln des Westjordanlands. Im Wadi Araba kann man die häufigsten Tierarten am besten beobachten: die Arabische Gazelle (*Gazella gazella*) und der Klippschliefer (*Procavia capensis*), der zur Familie der Murmeltiere gehört. Auch Raubtiere sind hier heimisch: Wölfe (*Canis lupus*) leben in unbewohnten Gebieten, Panther (*Panthera pardus*) sind in den ariden Gegenden der Hügel im südlichen Hebron beheimatet und Streifenhyänen (*Hyaena hyaena*) leben in der Nähe von entlegenen Dörfern, wo man gelegentlich ihre lachähnlichen Laute hören kann.

### Der Olivenbaum

Der Olivenbaum, das Symbol Palästinas schlechthin, ist ein Zeichen für die tiefe Verwurzelung der Palästinenser mit ihrem Land und hat in der landwirtschaftlichen Produktion schon immer eine zentrale Rolle gespielt. Die Kultivierung von Olivenbäumen und die Produktion von Öl wurden bereits in der Steinzeit betrieben. Alte Gefäße aus Jericho, die Olivenöl enthielten, lassen sich auf etwa 6000 v. Chr. datieren. In Ekron (Tel Miqne) wurden über 100 Olivenpressen entdeckt, die aus der Eisenzeit stammen. Die Kapazität der Ölproduktion dieser Philisterstadt wird auf 0,5 Mio. l pro Jahr geschätzt. Die ursprüngliche Landschaft wurde durch die Kultivierung der Olivenbäume sowie der zur Regenwasserspeicherung angelegten Terrassen verändert und neu geformt. Der Olivenanbau hat sowohl im Westjordanland als auch in Galiläa eine lange Tradition. Im Westjordanland bedecken etwa 10 Mio. Olivenbäume die Hügel. Sie wachsen auf 80% der von Bäumen bedeckten Fläche im Westjordanland und im Gazastreifen. Olivenöl stellt je nach Saison einen Anteil von 15% bis 19% an der gesamten landwirtschaftlichen Produktion. 2006 wurden 35 000 t Öl aus der Pressung von 157 733 t Oliven gewonnen. 11 400 t wurden zu eingelegten Oliven weiterverarbeitet. Der Export palästinensischer Oliven in arabische Länder ist jedoch wegen Einschränkungen der Bewegungsfreiheit nahezu zum Erliegen gekommen. Derzeit sind im Westjordanland und im Gazastreifen 285 Olivenpressen in Betrieb.

## Flora und Fauna

### Vögel

Da Palästina ein idealer Ort ist, um Vögel zu beobachten, werden Hobbyornithologen dazu ermutigt, ein Vogelbestimmungsbuch mitzubringen. Trotz der geringen Fläche gibt es mehr als 470 Vogelarten und dank der ökologischen Vielseitigkeit des Gebiets leben hier 349 Vogelarten ganzjährig oder während einem Teil des Jahres. 121 Vogelarten ziehen regelmäßig über die Uferregionen des Jordantals hinweg. Diese bilden den Knotenpunkt zwischen Asien, Europa und Afrika und aufgrund der klimatischen und topografischen Vielfalt liegen sie auf der Wanderroute der Zugvögel. Ornithologen schätzen, dass hier im Frühling und Herbst über 500 Mio. Vögel Rast machen. Die vielen Wasserstellen im Westjordanland ziehen zudem zahlreiche Zugvögel an, deren Hauptwanderzeit zwischen dem 10. März und dem 20. April liegt. Die Negev-Wüste und das Jordantal mit ihrem niedrigen Luftdruck und ihrer speziellen Thermik ermöglichen den Vögeln, mit einem Minimum an Kraftaufwand lange Strecken zu gleiten. Auch die Wanderung der Störche ist ein besonders beeindruckendes Ereignis: 85% der weltweiten Storchenpopulation fliegen über Israel und Palästina hinweg.

# Klima

»In jeder Sommernacht in Palästina, wenn der Südwind weht, sinkt der Tau herab wie das Wasser, das in den Regenrinnen der Al-Aqsa-Moschee heruntertröpfelt.«
*Al-Muqaddassi, arabischer Geograf (10. Jh.)*

Einer der entscheidenden Einflüsse auf das Klima in Palästina sowohl im Sommer als auch im Winter ist die Sonne. Allgemein herrscht ein gemäßigtes Klima mit Abweichungen je nach Region und Höhenlage. Die Tage sind das ganze Jahr über heiß oder angenehm warm, wohingegen die Nächte selbst im Sommer empfindlich kalt werden können. Außerdem ist zu beachten, dass die meisten Städte im Westjordanland in etwa 800 m Höhe liegen – adäquate Kleidung ist deshalb wichtig. Im Winter kann es mitunter sehr regnerisch sein, wenngleich der Regen nie länger als ein paar Tage andauert. Im Frühling weht gelegentlich ein warmer Wind, der *Khamsin*, der Sand aus der Ägyptischen Wüste und von der Arabischen Halbinsel mit sich trägt.

| Klimatabelle | | | | | | |
|---|---|---|---|---|---|---|
| | Jan./Feb. | März/April | Mai/Juni | Juli/Aug. | Sept./Okt. | Nov./Dez. |
| Jerusalem | 6/14 | 8/21 | 15/27 | 19/30 | 19/28 | 8/19 |
| Gaza | 9/19 | 10/22 | 17/28 | 21/31 | 16/30 | 9/25 |
| Jericho | 11/22 | 16/29 | 24/37 | 28/39 | 24/36 | 13/27 |
| Nazareth | 6/17 | 8/27 | 14/30 | 21/32 | 16/31 | 7/23 |
| Durchschnittliche Tiefst- und Höchstwerte in Grad Celsius | | | | | | |

*Quellgebiet des Jordan im Norden Palästinas an der Grenze zum Libanon*

# Klima

## Wasservorkommen in Palästina

### Natürliche Wasserressourcen und ihre ungleiche Verteilung

Der Zugang zu sauberem Wasser ist ein grundlegendes Menschenrecht. In den palästinensischen Gebieten leiden jedoch viele Gemeinden unter akutem Wassermangel. Der Nahe Osten ist im Allgemeinen eine trockene Region, doch der Wassermangel auf palästinensischer Seite ist hauptsächlich auf die ungleiche Verteilung zurückzuführen.

Die Hauptwasserquellen in Palästina sind der Jordan sowie zwei Grundwasserleiter (Aquifere): der Küsten- und der Gebirgswasserleiter. Der Küstenaquifer erstreckt sich vom Berg Karmel im Norden bis zum Gazastreifen im Süden. Das System des Gebirgsaquifers wird durch den Regen gespeist, der über dem Bergrücken des Westjordanlands fällt. Obwohl sich 85% des Gebirgsaquifers im Bereich des Westjordanlands befinden, schränkt Israel den Wasserzugang für Palästinenser massiv ein. Nur 20% werden für den palästinensischen Verbrauch zur Verfügung gestellt, der Rest wird nach Israel umgeleitet. Seit 1967 ist den Palästinensern die Nutzung des Jordanwassers verboten, und der größte Teil des Wassers wird flussaufwärts in die Nationale Israelische Wasserleitung und in den jordanischen König-Abdullah-Kanal geleitet.

Im dicht besiedelten Gazastreifen ist die Situation noch prekärer. Der palästinensische Wasserverbrauch ist auf den Gaza-Aquifer (den südlichen Teil des Küstenaquifers) beschränkt, der jedoch nicht über genügend Wasser verfügt, um den Bedarf der Bevölkerung zu decken. Deswegen ist dieser Grundwasserleiter völlig überlastet; zudem sickert aus dem nahe gelegenen Mittelmeer Wasser ein. Weniger als 10% des Wassers, mit dem die Bevölkerung im Gazastreifen versorgt wird, ist nach den Standards der Weltgesundheitsorganisation (*World Health Organisation,* WHO) als Trinkwasser geeignet und gefährdet dadurch zunehmend die Gesundheit der Bevölkerung.

### Ungleiche Wasserversorgung

Der private und kommunale Wasserverbrauch der Israelis übersteigt den der Palästinenser im Westjordanland und dem Gazastreifen um das 4,5-fache (der durchschnittliche Wasserverbrauch eines Palästinensers beträgt 60 l pro Tag, während ein israelischer Bürger 280 l pro Tag verbraucht). Die Weltgesundheitsorganisation hat den Richtwert für die grundlegende Versorgung der Haushalte und des städtischen Bedarfs auf 100 l pro Person und Tag festgelegt.

Neben dieser ungleichen Wasserverteilung sind sowohl die Versorgungsleistung als auch die Funktion des palästinensischen Wassersystems eingeschränkt. Etwa 220 000 Palästinenser im Westjordanland leben in Dörfern, die nicht an das Wasserleitungssystem angeschlossen sind. Sie müssen Wasser von Lastwagen kaufen, das drei- bis zehnmal teurer als Leitungswasser ist. Zudem ist die Versorgung oft unterbrochen, da die israelischen Besatzer willkürliche Abriegelungen vornehmen und Ausgangssperren verhängen. Hinzu kommt, dass viele palästinensische Straßen zerstört sind und Israel zudem die Bemühungen der Palästinensischen Nationalbehörde und anderer Einrichtungen behindert, das Wasserversorgungssystem zu verbessern. Gemäß der Osloer Vereinbarungen bedürfen jegliche Infrastrukturprojekte im Westjordanland der Zustimmung Israels, wie etwa die Bohrung von Brunnen oder der Bau von Reservoirs und Leitungen. Solche Zustimmungen sind allerdings nur sehr schwer zu erhalten. Dem Jerusalemer Institut für angewandte Forschung (*Applied Research Institute – Jerusalem,* ARIJ) zufolge wurden Palästinensern zwischen 1967 und 1990 lediglich 23 Genehmigungen für die Bohrung von Brunnen erteilt. Im selben Zeitraum errichtete Israel mehr als 32 neue Brunnen im Westjordanland, um seine illegalen Siedlungen mit Wasser zu versorgen. Im Gazastreifen kontrolliert Israel alle Grenzen und beschränkt so auch die Einfuhr notwendiger Lieferungen für den grundlegenden Betrieb und die Instandhaltung des Wassersystems. Deshalb wird die Wasserversorgung häufig unterbrochen, sodass fast die gesamte Bevölkerung unter extremer Wasserknappheit leidet.

## Allgemeines

### Umweltaspekte der Wasserversorgung

Neben der Wasserknappheit besteht eine langfristige Gefährdung der Qualität natürlicher Wasservorkommen durch Abwässer und Industrieabfälle. Der Zustand des Wiederaufbereitungssystems für Abwasser ist alarmierend. Im Westjordanland existiert nur ein einziges funktionierendes Klärwerk, um das Abwasser von 2,3 Mio. Menschen aufzubereiten. Und die drei Hauptklärwerke im Gazastreifen sind überlastet und müssten dringend instand gesetzt und erweitert werden. 90% des Abwassers werden hier unaufbereitet in die Natur abgeleitet. 2008 führte ein durch die israelische Blockade des Gazastreifens bedingter Stromausfall zu einer Überbelastung der Kläranlage, wodurch täglich große Mengen an nur teilweise oder gar nicht aufbereitetem Wasser ins Meer geleitet wurden (50 bis 60 Mio. l allein im Februar 2008). Im Westjordanland und dem Gazastreifen ist die Bevölkerung nahezu vollständig von Grundwasser abhängig. Dieses ist allerdings durch unaufbereitetes Abwasser gefährdet, das durch den Boden sickert und die Wasservorräte kontaminiert. Eine gesundheitsschädigende Wirkung durch das Trinken des verseuchten Wassers wurde bereits überall in den palästinensischen Gebieten festgestellt. Weitere Informationen hierzu finden sich auf der Webseite des Life Source Project unter www.lifesource.ps.

Die Wasserversorgung in Palästina und Israel

*Rechts: Satellitenbild von Palästina/Israel mit den angrenzenden Nachbarstaaten Libanon, Syrien, Jordanien und Ägypten. Negev-Gazelle, Dattelpalme, der Jordan bei Beit Shean (Bissan), See Genezareth.*

# Klima

# Geschichte

## Vor- und Frühgeschichte

Die ältesten Spuren von Hominiden im Nahen Osten sind Gebeinfragmente aus dem Altpaläolithikum (frühe Altsteinzeit), die 1,4 Mio. Jahre alt sind und in Tel Ubeidiya nördlich von Bissan im Jordantal gefunden wurden. Sie gehören wahrscheinlich zu den mit dem Homo erectus verwandten Gruppen, die sich über den afrikanisch-syrischen Graben von Afrika nach Asien und Europa verbreitet haben. Überreste des Homo erectus sind kaum vorhanden. Die Entdeckung eines Schädelfragments des »Mannes aus Galiläa« in der Höhle von Zuttiyeh (nördlich vom See Genezareth) verrät jedoch mehr über ihn. Da er zwischen 250 000 und 300 000 Jahre alt ist, müsste er einigen Forschern zufolge zum alten Homo sapiens sapiens gehören.

Die Dokumentation des Mittelpaläolithikums (mittlere Altsteinzeit, 250 000-48 000 v. Chr.) ist umfangreicher, wirft aber auch komplexere Fragen zur parallelen und/oder gemeinsamen Evolution des Neandertalers (Homo sapiens neanderthalensis) und des modernen Menschen (Homo sapiens sapiens) auf. Innerhalb dieses langen Zeitraums besaßen beide eine ähnliche materielle Kultur wie der Homo erectus, was z. B. durch den Gebrauch von Feuer, Feuersteinen, Steinwerkzeugen und durch die Anwendung von Begräbnisritualen erkennbar ist. In Kebara (südlich des Karmel-Gebirges) wurden Gebeine von Neandertalern gefunden, die 150 000 Jahre alt sind. Andere, wesentlich jüngere Skelettreste – ebenfalls aus Kebara und Armud – sind 58 000 Jahre alt. Sie stammen demzufolge aus der gleichen Zeit wie der moderne Mensch, dessen älteste, etwa 92 000 Jahre alten Überreste in der Gegend von Mugharet es-Skhul und dem Jabal Qafzeh nachgewiesen wurden. Diese Entdeckungen weisen auf eine frühe Differenzierung des modernen Menschen (Homo sapiens sapiens) in Palästina – sowie in Äthiopien und Südafrika – und die parallele Existenz des Neandertalers (Homo sapiens neanderthalensis) hin. Das Aussterben des Neandertalers bleibt weiterhin rätselhaft, wobei viele Prähistoriker sich dieses Phänomen durch eine genetische Verschmelzung erklären. Während des Jungpaläolithikums (jüngere Altsteinzeit, 48 000-20 000 v. Chr.) entwickelten sich die Steinzeitkulturen wesentlich schneller auseinander.

Es folgte um 12 000 v. Chr. eine neue Ära (Neolithikum bzw. Jungsteinzeit) mit der Entfaltung der Natuf-Kultur (s. Die Shuqba-Höhlen, S. 352), die sich im gesamten Nahen Osten verbreitete. Die Natuf-Gemeinschaften wurden sesshaft und errichteten die ersten dauerhaften Siedlungen mit festen Strukturen und runden Häusern. Neben diesen neuen Gemeinschaften bevölkerten weitere Wandergruppen (Halbnomaden) hauptsächlich die peripheren Regionen, wie z. B. die Wüste Negev und Transjordanien. Nachdem sie sich niedergelassen hatten, begannen sie, ihre Umgebung zu bewirtschaften und Güter zu produzieren, die sie für ihren Lebensunterhalt benötigten. Dieser Prozess der Neolithisierung (Neolithische Revolution) fand mehr oder weniger in der gleichen Geschwindigkeit im gesamten Fruchtbaren Halbmond statt.

Zwischen 9500 und 8000 v. Chr. wurde in Palästina vor allem Getreide angebaut. Die Viehzucht entwickelte sich erst um 7500 v. Chr. und somit später als in Südanatolien (Südwesttürkei) und im Zagros-Gebirge (Irak und Iran). In diesem Zeitraum, dessen wichtigstes Charakteristikum die Sesshaftigkeit war, entwickelten sich außerdem neue Techniken wie die Kera-

*Links: Jerusalem und der Pilgerweg von Jaffa aus dem Jahr 1455.*
*Im Vordergrund die Städte Ramle und Lydd.*

mikherstellung (um 6000 v. Chr.), neue soziale Strukturen (der Bau großer rechteckiger Häuser deutet beispielsweise auf eine komplexere kollektive und hierarchische Organisation hin) und ein Götterkult.

## Kupfersteinzeit (Chalkolithikum, 4000-3100 v. Chr.) und Bronzezeit (3100-1200 v. Chr.)

Das Chalkolithikum ist in Palästina durch die Einführung der Kupferverarbeitung und vor allem durch die Übernahme eines gesellschaftlichen Organisationsmodells gekennzeichnet, das bereits in Mesopotamien seine Anwendung fand.

Mit den ersten Anzeichen einer Urbanisierung in Palästina etablierte sich in der Bronzezeit schließlich ein die Ungleichheit förderndes soziales Modell. Der Ältestenrat, die Autorität der traditionellen Gemeinschaften, wurde durch eine Aristokratie ersetzt, die ausgehend vom Stadtstaat ein verhältnismäßig großes Gebiet kontrollierte. Die Feindschaft zwischen den politischen und wirtschaftlichen Zentren (den Stadtstaaten) und die von äußeren Mächten drohenden Gefahren – von Ägypten und Mesopotamien, aber auch von halbnomadischen Stämmen, die in dieser Region in der Mehrzahl waren – führten zur Verstärkung der Stadtbefestigungen.

Zwischen 2200 und 1900 v. Chr. unterbrachen die Invasionen der halbnomadischen Stämme diese urbanen Entwicklungen vorerst – nicht nur in Palästina, sondern in dem gesamten Kulturraum, der von den Ägyptern als »asiatisch« bezeichnet wurde. Dazu zählten die Gebiete von Sham (Syrien, Libanon, Palästina und Jordanien) und Mesopotamien (Irak). Nach dieser Zeit wurde das Städtenetz wieder aufgebaut und ein Ausgleich zwischen den von Hirtenvölkern regierten und den von den Stadtstaaten verwalteten Gebieten geschaffen.

*Weibliche Statuetten aus dem 8. Jahrhundert v. Chr., die wohl die kanaanäische Fruchtbarkeitsgöttin Astarte verkörpern*

Abraham, der Stammvater der monotheistischen Religionen – Judentum, Christentum und Islam –, soll zwischen 2000 und 1700 v. Chr. gelebt haben. Der Bibel zufolge wurde er im mesopotamischen Ur geboren, von wo aus Gott ihn ins Land Kanaan geführt haben soll.

In der Zeit vom 18. bis 15. Jh. v. Chr. erreichte die Stadtkultur ihren Höhepunkt, und ihre Herrscher, die »Hyksos« genannt wurden (was soviel bedeutet wie »Herrscher der fremden Länder«), konnten ihre Macht bis zum Nildelta ausdehnen. Im 15. Jh. v. Chr. jedoch beendete

Pharao Thutmosis III. die Hyksos-Herrschaft und übernahm die Macht in den syrisch-palästinensischen Gebieten, wobei er lokale Lehnsherren als Vermittler einsetzte. Weit entfernt von einem regionalen Partikularismus bildete das Gebiet durch die wirtschaftlichen, politischen, kulturellen und religiösen Beziehungen unter dem vorherrschenden Einfluss Ägyptens und Mesopotamiens, dessen babylonische Sprache zur Lingua franca wurde, ein homogenes kulturelles Ganzes.

## Eisenzeit (1200-538 v. Chr.)

Der Einfall der sogenannten »Seevölker« an der Mittelmeerküste trug zur Beendigung der ägyptischen Herrschaft in Palästina bei. Diese ging mit dem Zerfall des ehemaligen politisch-wirtschaftlichen Systems der Stadtstaaten allmählich zugrunde. Unter den Neuankömmlingen bildeten die Philister, die sich im Süden an der Grenze zu Ägypten niederließen, die größte Gruppe. Ihr Bund, der fünf kosmopolitische Städte vereinte (Ashkelon, Ashdod, Gaza, Gath und Ekron), wurde von einer Militär- und Handelsaristokratie geleitet. Die Kultur der Philister erscheint wie eine Mischung aus sprachlichen, politischen und religiösen Merkmalen unter dem Einfluss Ägyptens und Kanaans. Alles deutet auf ein konfliktfreies Zusammenleben der unterschiedlichen Völker und Kulturen hin. Leider ist kein einziger Text der Philister überliefert, der ein genaueres Bild vom Prozess der Verschmelzung mit der einheimischen Bevölkerung sowie ihrer Beziehungen zu den Nachbarvölkern vermitteln könnte, insbesondere zu den Ägyptern, den Bewohnern Judas und den Israeliten.

Im Landesinneren und in den Bergregionen wechselte die Herrschaft je nach Region zwischen den sesshaften Bauern in den landwirtschaftlich genutzten Gebieten und den nomadischen Hirtenstämmen in den weniger fruchtbaren Randregionen und der Wüste. Palästina war damals in verschiedene Gebiete unterteilt: Im Norden lag das von den Phöniziern beeinflusste Galiläa, im Zentrum befanden sich die Königreiche Israel und Juda und im Süden die Territorien verschiedener Volksgruppen, die schwer zu verwalten waren und unter arabisch-

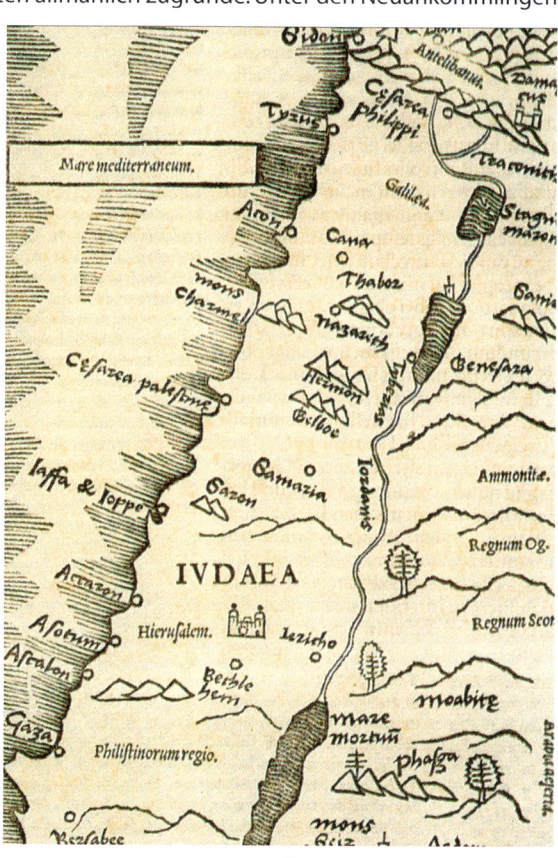

*Darstellung des Heiligen Landes in einem Holzschnitt aus dem Jahr 1543*

edomitischem Einfluss standen. Die Verteidigung der Städte war schwierig, garantierte jedoch den Bewohnern einen unabhängigen Status.

Heute weiß man, dass die Ankunft der Hebräer, die sich in aufeinanderfolgenden Wellen zunächst im Zentrum niederließen, fast zeitgleich mit der Besiedelung durch die Philister stattfand und friedlich verlief. Die Hebräer gehörten zu den aramäischen Gruppen, die sich zu dieser Zeit überall im Nahen Osten ansiedelten. Wie andernorts auch, passten sich die Neuankömmlinge der lokalen Bevölkerung an.

Während des ersten Jt. v. Chr. vollzog sich dann eine bedeutende politische und religiöse Entwicklung: Den Anhängern der jahwistischen Religion gelang es, die anderen Glaubensgemeinschaften zu verdrängen. So wurde der Jahwismus – der Glaube an einen Gott – zur vorherrschenden religiösen Bewegung und setzte sich schließlich als offizielle Religion durch. In diesem Jahrtausend entstand neben dem Monotheismus auch die Bibel. Bereits 600 Jahre zuvor hatte Pharao Echnaton den Plural des Wortes »Gott« in allen ägyptischen Tempeln entfernen lassen – ein wichtiger Schritt auf dem Weg zum Monotheismus, der damals jedoch nicht zu Ende geführt wurde. Der langsame politische und soziale Reifungsprozess setzte mit der Zeit eine verstärkte intellektuelle und religiöse Auseinandersetzung in Gang. Das Alte Testament liefert hierfür einige Beweise.

Um 1000 v. Chr. übernahm David die Macht in Jerusalem und seiner Umgebung. Die einzelnen Regionen waren um eine nationale Identität bemüht und schufen ein ideologisches und religiöses Erbe, das stark von benachbarten Gebieten beeinflusst war. Dieses Erbe umfasste u. a. dynastische Genealogien, mesopotamische und ägyptische Mythen über die Entstehung der Welt sowie die Anpassung von bestimmten Bräuchen und Ritualen. Der israelitische Gott (Jahwe) erhob sich über die orientalischen Gottheiten: »Und sollst nicht andern Göttern nachfolgen der Völker, die um euch her sind« (5 Mo 6, 14), und die Aufgabe der Propheten war es, gutes und schlechtes Verhalten zu bestimmen.

Die Hofschreiber besangen die Dynastie Jerusalems: »Und Salomo, der Sohn Davids, ward in seinem Reich bekräftigt; und der HERR, sein Gott, war mit ihm und machte ihn immer größer« (2 Chr 1, 1). Das kleine Königreich Juda wurde lange von seinem ruhmreicheren Nachbarn Israel dominiert bis Israel unter den wiederholten Angriffen der Neoassyrer im Jahr 722 v. Chr. seinen Niedergang erlebte. Das alte Israel hat somit etwas mehr als 200 Jahre überdauert.

Altstadtmauer in Jerusalem mit dem Davidsturm, Lithografie von David Roberts aus dem Jahr 1839

Nach der Eroberung durch die Neoassyrer (722-586 v. Chr.) wurden die syrisch-palästinensischen Königreiche zuerst zu Tributzahlungen verpflichtet, um schließlich in assyrische Provinzen umgewandelt zu werden. Dieses Ereignis markierte das Ende ihrer Unabhängigkeit. Lediglich Juda und die arabischen Königreiche weiter südlich bewahrten eine eingeschränkte Autonomie. Die Fürstentümer an den Küsten und das Königreich Samaria wurden zerstört und zahlreiche Einwohner als Reaktion auf ihren erbitterten Widerstand verschleppt. Im Alten

Testament wird in Bezug auf Samaria von 27 000 Verbannten gesprochen; die Mehrheit der Bevölkerung jedoch durfte bleiben. Die im gesamten Königreich praktizierte Verbannungspolitik ermöglichte es den Eroberern, das assyrische Gebiet durch das Verdrängen lokaler Herrscher zu stärken. Durch die Umsiedlung fand im Jahr 722 v. Chr. die seit dem Untergang Israels verstreute aristokratische Elite Samarias im Königreich Juda Zuflucht. Jerusalem entwickelte sich schnell zu einem dynamischen intellektuellen und religiösen Zentrum, welches das Symbol der Versammlung unter Gottes Führung verkörperte: »Du sollst keine anderen Götter neben mir haben« (2 Mo 20, 3). In der zweiten Hälfte des 6. Jh. v. Chr. begann sich der Monotheismus endgültig zu behaupten, »Wendet euch zu mir, so werdet ihr selig, aller Welt Enden; denn ich bin Gott, und keiner mehr« (Jes 45, 22).

Die Politik stärkte die Religion weiterhin. Die äußeren Einflüsse, insbesondere der griechischen Welt, gewannen immer mehr an Bedeutung, da durch den Handelsverkehr ein reger kultureller und religiöser Austausch stattfand. Die Vorstellung eines einzigen Gottes festigte sich, und die verschiedenen Königreiche erhoben einen einzigen Gott zum Mittelpunkt ihrer offiziellen Religion. Israel schuf eine Verbindung zwischen seinem Gott und dem Tempel, und auch die anderen Königreiche widmeten ihrem Gott einen heiligen Ort. Trotzdem verschwanden die religiösen Rituale kanaanitischen Ursprungs nicht vollständig und hielten so die antike religiöse Einheit des Orients aufrecht. Überall wurden weiterhin die alten Bauernkulte und Fruchtbarkeitsrituale mit Überzeugung gefeiert, welche selbst in Israel lange Zeit mit *Jahwe*, dem Gott des hebräischen Volkes konkurrierten. Der genaue Zeitpunkt, zu dem sich der Monotheismus, wie wir ihn heute kennen, endgültig durchsetzte, ist eine Frage, die unter Religionshistorikern lebhaft diskutiert wird. Manche ordnen diesen Zeitpunkt erst der hellenistischen Epoche zu, d. h. der Zeit des Aufeinandertreffens mit der griechischen Philosophie.

*Nebukadnezar, der 586 v. Chr. Jerusalem zerstörte*

Die babylonische Eroberung führte zum Fall Jerusalems im Jahr 586 v. Chr., was mit der Verbannung vieler Juden nach Babylon verbunden war. Die Könige Gazas und Jerusalems gingen mit ihren Familien, Priestern und Offizieren ins Exil, wo sie mit einer der Hochkulturen ihrer Zeit in Kontakt kamen. Bei ihrer Rückkehr im Jahr 538 v. Chr. brachten sie ein breites Wissen über Politik und Religion mit, das denjenigen fehlte, die geblieben waren. Sie bauten Jerusalem auf einer verstärkt ideologischen Basis neu auf, aber die Welt war im Begriff, sich zu verändern: Die Vermischung der Völker hatte im Orient eine neue Einheit geschaffen und die aramäische Sprache war zur *Lingua franca* geworden. Doch bald schon sollte die griechische Welt das Morgenland erobern.

Sowohl die Überlieferungen der Thora (Genesis, Exodus, Levitikus, Numeri und Deuteronomium – die fünf Bücher Mose) als auch die »historischen« Revisionen (Josua, Richter, Könige, Samuel) gehen auf diese Epoche zurück. Die jüdische Kultur stand nun in starkem Kontrast zu dem sich ausdehnenden Hellenismus. Die priesterliche Hierarchie betonte die Heiligkeit Jerusalems und die Einzigartigkeit des Zweiten Tempels. Die Intoleranz gegenüber heidnischen Religionen zeigte sich in Judäa in der Zerstörung der ehemaligen Kultstätten, die den traditionellen Göttern gewidmet waren, und richtete sich sogar gegen die Samariter, die nicht auf ihren Tempel auf dem Berg Garizim verzichten wollten.

### Die persische Epoche (538-332 v. Chr.)

Die achämenidischen Perserkönige fanden in der verbannten Aristokratie enge Verbündete, mit denen sie die regionalen Machthaber, die ihren babylonischen Herrschern treu waren, bezwingen wollten. Diese Strategie wurde im gesamten achämenidischen Reich (Persien) angewandt, das sich von Ägypten bis zum heutigen Pakistan erstreckte. Der Anspruch der Perser, die politische, wirtschaftliche und geistliche Führung zu übernehmen, löste großen Widerstand in der Region aus. Das bezeichnendste Beispiel hierfür ist der Konflikt zwischen Judäern und Samaritern.

In den zwei Jahrhunderten persischer Herrschaft war das Land in kleine Provinzen eingeteilt. Am stärksten florierten zweifellos die Hafenstädte, die von dem mediterranen Handel, vor allem mit Griechenland, profitierten. Die phönizischen Lehnsherrschaften (Tyros und Sidon) regierten damals die gesamte levantinische Küste mit Ausnahme Gazas, welches das wichtigste urbane Zentrum der Region darstellte und dessen Beziehungen zu Griechenland die Hellenisierung der Stadt einleitete.

### Die hellenistische Epoche (332-63 v. Chr.)

Nach der Errichtung des hellenistischen Reiches durch Alexander den Großen und seiner darauffolgenden Zerschlagung wurde Palästina zu einer Pufferzone zwischen den ptolemäischen und den seleukidischen Monarchien. Ptolemäus und Seleukos, ehemals griechische Feldherren Alexanders, ergriffen jeweils die Macht über Ägypten bzw. Syrien, während die Machtausübung über Palästina abwechselnd vom einen auf das andere Land übertragen wurde. Der Hellenisierungsprozess begann: Griechisch wurde zur offiziellen Verwaltungssprache erklärt, und fortan verwendete man neben dem semitischen auch einen griechischen Namen, zumindest innerhalb der gesellschaftlichen Elite. Städte wurden nach dem Vorbild der griechischen Polis gebaut oder neu organisiert. Doch während die Elite die Hellenisierung akzeptierte, verhielten sich die unteren Bevölkerungsschichten in den meisten Fällen hierzu sehr reserviert.

*Das Reich Alexanders des Großen*

Während des 2. Jh. v. Chr. vollzog sich eine Expansionsbewegung, die durch eine soziale und politische Krise ausgelöst wurde, die in Judäa ihren Ursprung hatte – der einzigen Region Palästinas, in der die Mehrheit der Bevölkerung jüdisch war. Städte an den Küsten und im Landesinneren (Gaza, Samaria, Nordtransjordanien) fielen unter die Herrschaft der makkabäischen und der darauffolgenden hasmonäischen Dynastie. Das Judentum wurde zur einzigen Religion des Reiches erklärt. Während der Makkabäer-Herrschaft erfolgte die »Befriedung« des Gebiets durch Zwangsumsiedlungen, Massaker und Zwangsbekehrungen (so gab es z.B. die Pflicht zur Beschneidung von Kindern). Das von der hellenistischen Kultur beeinflusste Königreich Judäa zeigte sich unter den Hasmonäern in Religionsfragen tolerant. Griechisch blieb die offizielle Verwaltungssprache, Aramäisch die Alltagssprache und Hebräisch die Sprache der Religion, die dem Studium heiliger Schriften und für Zeremonien vorbehalten war.

## Die römische Epoche (63 v. Chr.-324 n. Chr.)

Rom eroberte Palästina, nachdem es zunächst in die internen Kämpfe der hasmonäischen Dynastie verwickelt wurde, und Pompeius erklärte Judäa zu einer abhängigen Provinz. Von 37 bis 4 v. Chr. unterstützte das Römische Reich den Vasallenkönig Herodes den Großen, der die Provinz regierte und 40 v. Chr. in Rom vom Senat gekrönt worden war. Herodes war der Sohn einer arabischen Prinzessin und eines Idumäers. Unter ihm blieb das Judentum zwar die offizielle Religion am Hof, er duldete jedoch sowohl den griechisch-römischen Götter- als auch den Kaiserkult. Herodes galt außerdem als großer Förderer der griechisch-römischen Kultur und machte sich insbesondere durch die Errichtung von Palästen, Tempeln und Städten, einschließlich der Rekonstruktion und Erweiterung des aus dem 6. Jh. v. Chr. stammenden Zwei-

*Modell von Jerusalem zur Zeit der römischen Epoche*

ten Tempels einen Namen. Nach seinem Tod wurde das Königreich in die römische Provinz Syria integriert und Caesarea zum Sitz des römischen Gouverneurs erklärt. Der Bibel zufolge regierte Herodes zur Zeit der Geburt von Jesus in Bethlehem.

Sowohl die verschwenderische Politik von Herodes als auch die Zerstückelung und Beschlagnahme von Ländereien für seine Soldaten und römischen Generäle führten zur Verarmung der ländlichen Bevölkerung. Die Volksaufstände, die von messianischen Vorstellungen beeinflusst waren, häuften sich infolgedessen im Laufe des 1. Jh. n. Chr. Dem jüdischen Aufstand gegen die Römer 66 n. Chr. folgte ein Krieg, der in der Zerstörung weiter Teile Jerusalems und des Tempels 70 n. Chr. resultierte. Im Jahr 135 n. Chr. wurde Jerusalem unter Hadrian zu einer römischen *colonia* erklärt und in »Colonia Aelia Capitolina« umbenannt, gewidmet Jupiter Capitolinus. Die Beschneidung von Kindern wurde verboten, was eine neue Revolte in der Provinz Palaestina Prima auslöste. Das Beschneidungsverbot wurde zwar nicht umgesetzt, doch den Juden verwehrte man den Zutritt in die Colonia Aelia Capitolina – außer an einem Tag im Jahr, an dem sie an den Tempelruinen ihr Leid klagen durften.

Palästina wurde nun zum Schauplatz häufiger religiöser Konflikte zwischen Heiden, Samaritern, Juden und den allmählich in Erscheinung tretenden christlichen Sekten. Seit Ende des 1. Jh. n. Chr. schlossen Pharisäer die Anhänger Jesu (»die Nazarener«) aus den Synagogen aus. Diese düstere und schwierige Zeit war jedoch entscheidend für die Entwicklung des Christentums, das nach einer eigenen Identität suchte und sich mit wechselhaftem Erfolg verbreitete. Chrakteristisch für die Anfänge des Christentums waren Konflikte zwischen verschiedenen Gruppen der Bekehrten, die entweder noch von jüdischen oder heidnischen Gewohnheiten geprägt waren.

## Die byzantinische Epoche (324-638)

Im Jahr 324 n. Chr. erklärte Kaiser Konstantin Byzanz zur Hauptstadt des neuen Römischen Reiches. Infolge seiner Politik zugunsten der Christen veränderte sich das Reich entscheidend; das Toleranzedikt von Kaiser Galerius (311 n. Chr.) sowie die Mailänder Vereinbarung von Kaiser Konstantin (313 n. Chr.) wurden bestätigt. Sie trugen zur raschen Entwicklung der christlichen Gemeinden bei, und es entwickelte sich eine große Pilgerbewegung nach Palästina, das für die Christen allmählich zum »Heiligen Land« wurde. Dies förderte das Aufblühen des von religiösen Einrichtungen kontrollierten Handels, des Handwerks sowie der Landwirtschaft; die Kirchen und Klöster verfügten bereits zu dieser Zeit über große Besitztümer. Heidnische Rituale aber blieben bestehen, bis Kaiser Justinian 529 n. Chr. die Religionsfreiheit aufhob und die Zwangstaufe einführte. Nach einem langen Prozess wurde das Christentum auf kaiserlichen Befehl gegen Mitte des 6. Jh. zur Staatsreligion im Römischen Reich erklärt.

## Die islamische Epoche (638-1516) und die Kreuzzüge

Der Sieg der arabisch-muslimischen Armeen in der Schlacht von Yarmuk (636 n. Chr. oder 14 nach der *Hedschra*) setzte der byzantinischen Herrschaft im Nahen Osten ein Ende und kündigte eine neue Ära an, in der ein bedeutender Teil der Bewohner der Region (Christen, Samariter und Juden) zum Islam übertrat. Arabisch wurde zur offiziellen Sprache. Mit muslimischen, christlichen, jüdischen und samaritischen Bevölkerungsteilen war Palästina von nun an Teil der arabisch-islamischen Zivilisation.

Im Jahr 661 wurde Palästina in das mächtige Kalifat der Umayyaden (661-749) integriert und danach vom Kalifat der Abbasiden (750-969) regiert. Aufgrund der zahlreichen Pilgerwege, die durch das Land führten, und Jerusalems Status als Heilige Stadt (»Beit al-Maqdis« – »Haus des Heiligtums«) blieb es auch weiterhin von Bedeutung. Die politischen und kulturellen Strukturen wurden beibehalten und die neue Herrschaft von christlichen Großgrundbesitzern unterstützt.

*Der zur Umayyaden-Zeit erbaute Felsendom in Jerusalem*

Gegen Ende des 10. Jh., als die Dynastie der Fatimiden dem Kalifat in Bagdad Palästina streitig machte, wurde das Machtzentrum wieder verlegt. Einige lokale Mächte rebellierten, darunter der bedeutende Beduinenstamm Banu Jarrah, der versuchte, einen unabhängigen Staat zu gründen. Doch auch neue Mächte von außen bereiteten sich auf die Eroberung Palästinas vor. 1070 nahmen die Seldschuken – eine türkisch-sunnitische Dynastie – Jerusalem ein und versuchten im Kampf gegen die schiitischen Fatimiden ein eigenes Königreich in Palästina und im Süden Syriens zu etablieren. Die Machtkämpfe und die Zerstückelung des Landes schufen günstige Bedingungen für die westlichen Interessen im Nahen Osten sowie für die Bildung lateinischer Staaten. Die darauffolgenden Kreuzzüge, vom Papst und zahlreichen europäischen Königen und Lehnsherren als »Heilige Kriege« geführt, dienten primär politischen Zwecken, wie etwa dazu, die Macht der Römischen Kirche auszudehnen, Lehnsgüter zu erwerben oder von der Gewalt und dem Elend in Europa abzulenken. (»Die Kreuzzüge werden das Streben nach ewiger Erlösung in Plünderungseifer verwandeln«; G. Duby).

Der erste Kreuzzug (1095-1099) endete nach einem entsetzlichen Blutbad mit der Gründung des Königreichs von Jerusalem und einiger anderer kleiner Kreuzfahrerstaaten.

Im Juli 1187 setzten die Streitmächte des kurdischen Oberbefehlshabers Saladin (Salah ed-Din al-Ayyubi al-Kurdi, 1138-1193) diesem ersten lateinischen Königreich von Jerusalem (1099-1187) ein Ende. Sie siegten in der Schlacht bei Hittin west-

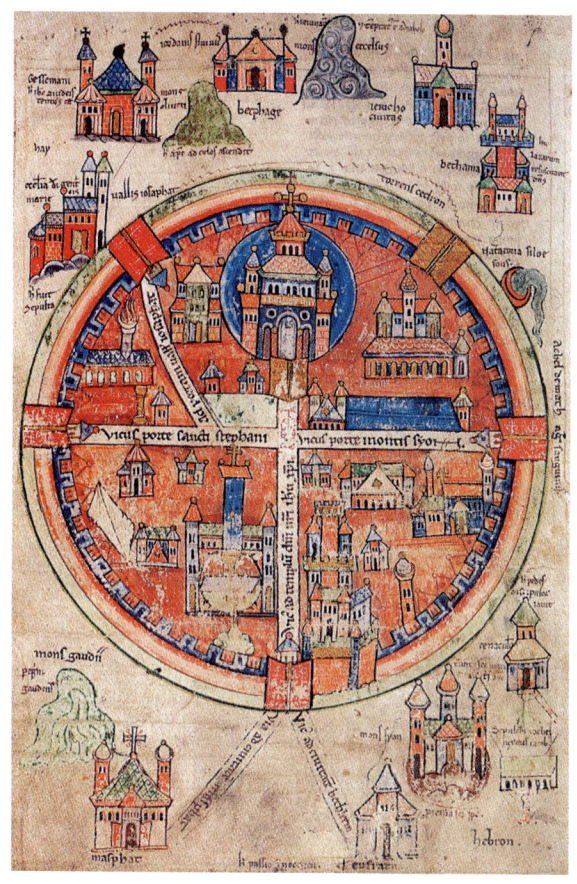

*Kreuzfahrerkarte von Jerusalem aus dem 12. Jahrhundert*

lich von Tiberias und nahmen alle Häfen Palästinas sowie Jerusalem ein. Im dritten Kreuzzug (1189-1191) konnten der französische König Philipp II. August und der englische König Richard Löwenherz die Stadt St. Jean d'Acre (auf Arabisch »Akka«, auf Hebräisch »Akko«) zurückerobern (1191), woraufhin sie das Königreich Akko bildeten. Jerusalem blieb in islamischer Hand. Im folgenden Jahrhundert war Palästina mehreren Eroberungen, wechselnden Herrschaften und Wiedereroberungen ausgesetzt und blieb bis zum Fall der letzten Festungen der Kreuzritter (Jaffa 1268, Ashkelon 1270 und Akko 1291) immer zum Teil besetzt. Nach der Eroberung von St. Jean d'Acre durch Sultan Baybar fiel Palästina an die Mamelucken (1250-1516), eine Militäraristokratie, welche für die folgenden zweieinhalb Jahrhunderte einen florierenden Staat regierte, der sich von Syrien bis Ägypten erstreckte. Palästina wurde wieder zu einer Provinz degradiert – fernab von politischem Kalkül und Machtkämpfen.

## Allgemeines

### Die osmanische Epoche (1516-1918)

Unter der Führung von Sultan Selim I., »der Grausame« (*Yavuz*) genannt, rückten von 1515 bis 1517 osmanische Truppen in Palästina ein und entrissen den Mamelucken in Syrien-Palästina, Ägypten und im westlichen Arabien die Macht, bevor sie schließlich ihre Herrschaft bis zum Maghreb (Marokko) ausdehnten. Die ursprünglich aus Anatolien stammenden Osmanen (auch »Osmanlis« genannt) leiten ihren Namen von Othman (Osman) ab, einem ihrer Anführer, der Anfang des 14. Jh. starb. Die bestehenden politischen und konfessionellen Strukturen wurden unter der neuen Herrschaft beibehalten. Ebenso konnten lokale Machthaber und hochrangige Persönlichkeiten verschiedener Konfessionen ihre Privilegien bewahren und wurden in die osmanische Verwaltung integriert. Die einzige Bedingung war die Treuepflicht gegenüber dem Sultan.

Anfang des 18. Jh. erhielt Palästina, das zuvor zum Verwaltungsgebiet von Damaskus gehört hatte, den Status einer unabhängigen Provinz (*Paschalik*), die in drei Verwaltungseinheiten (*Sandschaks*) unterteilt war: Akko, Nablus und Jerusalem. Die Paschas bzw. Gouverneure kontrollierten mithilfe der ortsansässigen Bauern die Region und trieben die Steuern ein. Innerhalb dieses Zeitraums erlebte Palästina einen umfassenden Niedergang. Zudem schwächte die Verschiebung der Handelswege in Richtung Atlantik nach der Entdeckung der Kaproute durch Vasco da Gama die Handelsposition der palästinensischen Häfen (Akko, Haifa, Jaffa und Gaza). Außerdem betrieb der Sultan der Hohen Pforte vom 16. Jh. an eine Außenpolitik, die von politischen und wirtschaftlichen Zugeständnissen an die europäischen Mächte und Händler geprägt war. Ein erstes Abkommen dieser Art wurde im Jahr 1535 von Suleiman dem Großen (Suleiman der Prächtige) und dem französischen König Franz I. unterzeichnet.

*Das Damaskustor zur Zeit der Osmanen, Lithografie von David Roberts aus dem Jahr 1839*

Das Unvermögen des Osmanischen Reiches, den Staaten Europas und ihren Absichten die Stirn zu bieten, nutzte der Vizekönig von Ägypten, Mohammed Ali, aus und kontrollierte Palästina von 1832 bis 1840. Verschiedene europäische Mächte kamen dem Osmanischen Reich zu Hilfe, mischten sich dafür aber zunehmend in dessen Angelegenheiten ein. Ein bevorzugtes Mittel der Europäer zur Stärkung der eigenen Präsenz war die vorgegebene Notwendigkeit, die Christen im Orient und andere Minderheiten zu schützen.

Das Osmanische Reich erlangte jedoch seine Macht zurück und führte im 19. Jh. schließlich Besitzreformen durch, wodurch den Angehörigen einer halbfeudalistischen Klasse der Besitz großer Lehnsgüter ermöglicht wurde. Die unabhängigen Bauern, die Häfen (insbesondere Jaffa und Haifa) und die Städte (hauptsächlich Jerusalem) erlebten einen Wirtschaftsboom, der sich in steigenden Exportzahlen, in der Ausweitung der Pilgerbewegung und in der Entstehung europäischer religiöser Einrichtungen manifestierte. Um 1900 zählte Palästina knapp 600 000 Einwohner (87% Muslime, 10% Christen und 3% Juden), die dann während des Ersten Weltkriegs stark unter der Unterdrückung durch die Türken, den militärischen Zwangsverpflichtungen sowie vielfältigen Formen von Beschlagnahmungen zu leiden hatten. Die letzten Jahre der osmanischen Herrschaft trugen somit dazu bei, dass ihre oft grausame Autorität im kollektiven Gedächtnis vieler Araber innerhalb und außerhalb Palästinas erhalten blieb.

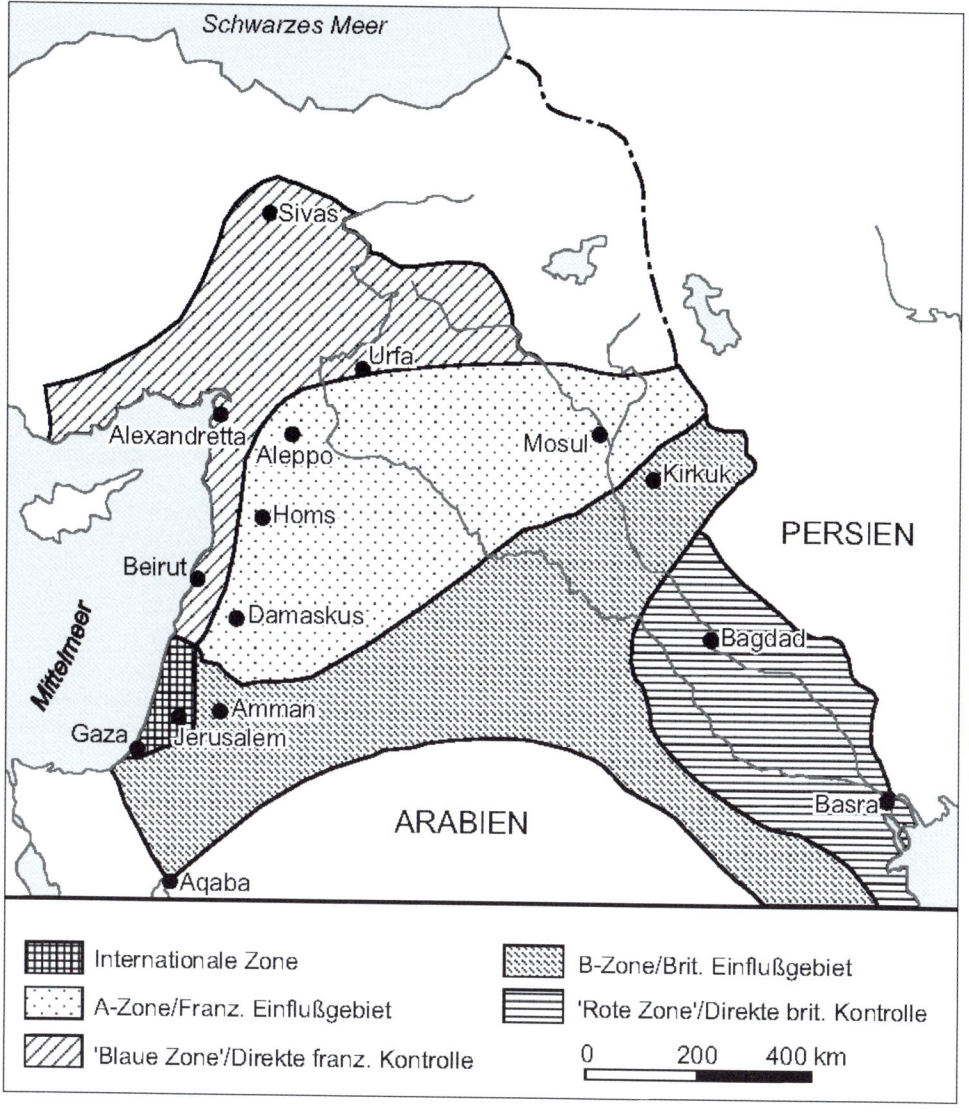

*Die Aufteilung nach dem Sykes-Picot-Abkommen von 1916. Entgegen anderer Vereinbarungen einigten sich der britische Unterhändler Mark Sykes und der französische Unterhändler Georges Picot bei Geheimverhandlungen im Mai 1916 über die Aufteilung des Osmanischen Reiches nach Beendigung des Ersten Weltkriegs, wozu auch die Teilung bzw. Internationalisierung Palästinas gehörte (Sykes-Picot-Abkommen).*

# Allgemeines

## Der Zionismus

Die Idee einer Kolonisierung Palästinas durch die Juden, die in einigen kulturellen und politischen, hauptsächlich protestantischen Kreisen in Europa unter dem Begriff »Neue Kreuzzüge« bereits bestand, festigte sich Mitte des 19. Jh. Der Zionismus stellte sich schon bald als eine von nationalistischen Ideen der Zeit beherrschte politische Bewegung heraus, die Vorstellungen von der »Nichtassimilierung der Rassen«, der »Unterlegenheit der arabischen einheimischen Bevölkerung« und einer »Kolonialexpansion« vertrat. Im August 1897 versammelten sich die Zionisten unter der Führung von Theodor Herzl auf dem ersten Zionistenkongress in Basel und erstellten das grundlegende Programm ihrer Bewegung, dessen wichtigster Punkt die Kolonisierung Palästinas mit dem Ziel der Bildung eines jüdischen Staates war. Der Zionismus rechtfertigte dieses Ziel durch ein vermeintliches »Eigentumsrecht der Juden auf Palästina«. Die Palästinenser waren demnach dazu verurteilt, »zu Fremden im eigenen Land zu werden, auch wenn es ihnen erlaubt war, zu bleiben, wo sie waren« (Nathan Weinstock).

Die zionistische Bewegung fand ihren wichtigsten politischen Verbündeten in Großbritannien. In der Balfour-Deklaration vom 2. November 1917 erklärte Außenminister Lord Arthur J. Balfour: »Ich bin sehr erfreut, Ihnen im Namen der Regierung Seiner Majestät die folgende Erklärung der Sympathie mit den jüdisch-zionistischen Bestrebungen übermitteln zu können, die dem Kabinett vorgelegt und von ihm gebilligt worden ist. Die Regierung Seiner Majestät betrachtet mit Wohlwollen die Errichtung einer nationalen Heimstätte für das jüdische Volk in Palästina und wird ihr Bestes tun, das Erreichen dieses Zieles zu erleichtern, wobei, wohlverstanden, nichts geschehen soll, was die bürgerlichen und religiösen Rechte der bestehenden nicht-jüdischen Gemeinschaften in Palästina oder die Rechte und den politischen Status der Juden in anderen Ländern infrage stellen könnte.« Die Tatsache, dass zu dieser Zeit mehr als 90% palästinensische Araber im Land lebten, wurde nicht berücksichtigt. Diese Erklärung, die im Widerspruch zu dem 1916 gegebenen Versprechen der Briten stand, einen unabhängigen arabischen Staat auf arabischem Boden zu unterstützen – Palästina eingeschlossen – zog die Empörung der Araber, insbesondere der Palästinenser, auf sich.

Zwischen 1949 und 1953 schuf der Staat Israel dem Zionismus einen rechtlichen Rahmen, indem er das sogenannte »Rückkehrgesetz« verkündete, das jedem Juden unabhängig von seiner Herkunft ermöglichen sollte, sich im Staat Israel niederzulassen und die israelische Staatsbürgerschaft zu erhalten.

1975 wurde die zionistische Ideologie von der Generalversammlung der Vereinten Nationen als eine »Form des Rassismus und der rassischen Diskriminierung« definiert (Resolution 3379 vom 10. November 1975). Doch dem israelischen Ministerpräsidenten Yitzhak Shamir gelang es am 16. Dezember 1991 nach der Friedenskonferenz von Madrid, die Aufhebung der Resolution durchzusetzen. Er stellte zudem die diplomatischen Beziehungen zu den Republiken der ehemaligen Sowjetunion wieder her. Dies stärkte den Zionismus, und in den folgenden zehn Jahren immigrierten 1 Mio. russische Juden nach Israel.

Im August/September 2001 bezeichneten die internationalen Menschenrechtsorganisationen, die zur Internationalen Konferenz gegen Rassismus und Rassendiskriminierung in Durban (Südafrika) zusammengekommen waren, Israel als einen Staat, der sowohl Teile der eigenen Bevölkerung (die Palästinenser Israels) als auch die Palästinenser in den seit 1967 besetzten Gebieten diskriminiert.

*Theodor Herzl*

## Geschichte

## Palästina unter britischem Mandat (1920-1948)

»In Palästina stellt sich eine einzigartige Situation dar: Wir verhandeln nicht über die Forderungen einer bestehenden Gemeinschaft, sondern versuchen bewusst, eine Gemeinschaft zu rekonstituieren und eine Heimstätte für eine zahlenmäßige Mehrheit in der Zukunft zu schaffen…«
*Lord Arthur J. Balfour (1919)*

Nach der Niederlage des Osmanischen Reiches im Ersten Weltkrieg stellte der Oberste Rat der Allierten im April 1920 den Nahen Osten unter die Kontrolle der zwei größten Kolonialmächte der damaligen Zeit: Großbritannien und Frankreich. Dieses Jahr wird von den Arabern seither als das »Jahr der Katastrophe« bezeichnet. 1922 wurde diese Regelung vom Völkerbund anerkannt. Großbritannien unterstützte die zionistische Bewegung gegen das einheimische palästinensisch-arabische Volk, das schlicht als »nichtjüdische Gemeinschaft« bezeichnet wurde, obwohl es in den Zwanzigerjahren einen Anteil von 90% der Gesamtbevölkerung ausmachte. Großbritannien förderte die jüdische Einwanderung nach Palästina sowie die Ausbildung von jüdischen Militärverbänden. Winston Churchill erklärte in diesem Zusammenhang: »Ich habe Wavell (englischer General, der sich gegen eine jüdische Armee ausgesprochen hatte) herausgefordert und Dr. Weizmann geschrieben, die Bildung dieser Armee zu genehmigen. Letztendlich gab es keinerlei Proteste!«

*Britische Armeeangehörige durchsuchen Palästinenser in der Altstadt von Jerusalem, 1936*

Der Anteil der jüdischen Bevölkerung in Palästina stieg durch die Unterstützung Großbritanniens von 10% im Jahr 1917 auf 17,7% im Jahr 1931 und 28% im Jahr 1939. Die vom Großbürgertum angeführte palästinensische Nationalbewegung leistete dagegen erfolglos Widerstand. Die internen Rivalitäten und die in den höheren Gesellschaftsschichten verbreitete Angst, im Falle einer direkten Konfrontation mit der britischen Mandatsmacht Vorrechte zu verlieren, schwächten die Bewegung beträchtlich. Der Widerstand des Volkes zeigte sich dennoch in großen Demonstrationen gegen die britische Mandatsmacht und die zionistischen Expansionsbestrebungen. Vor allem wurde ein Einwanderungsstopp für Juden und die Aufhebung der Balfour-Deklaration gefordert. Bestimmt war der Widerstand der Palästinenser vor allem von der Befürchtung, ihr Land zu verlieren. Der Erwerb von Boden durch zionistische

## Allgemeines

Organisationen aus Europa und Amerika (Jüdischer Nationalfonds, *Jewish Agency* usw.) hatte nämlich stets eine Vertreibung der palästinensischen Bauern zur Folge, die das Land nach dem Gewohnheitsrecht teilweise seit Jahrhunderten bebauten. Sie hatten eine Pacht an arabische Großgrundbesitzer zu entrichten, für die das Land jedoch in erster Linie ein Spekulationsobjekt war.

Die zionistischen Organisationen errichteten auf den zum Teil auch gewaltsam erworbenen Ländereien jüdische Siedlungen – häufig in Form landwirtschaftlicher Kollektivstrukturen, den Kibbuzim.

Nachdem zahlreiche Bauern vertrieben worden waren und der Status quo bezüglich des Zugangs von Juden zur *Al-Buraq*-Mauer (Klagemauer) in Jerusalem infrage gestellt worden war, begann 1929 in ganz Palästina eine Revolte gegen die Mandatspolitik. Das britisch-zionistische Bündnis wurde jedoch stärker, und auch die Kolonisierung wurde fortgesetzt. Die politischen Ereignisse in Europa – der zunehmende Antisemitismus in Deutschland und der nationalsozialistische Völkermord an 6 Millionen Juden – führten außerdem dazu, dass sich die Juden aus Mitteleuropa in Massen der zionistischen Bewegung anschlossen und somit unaufhörlich Einwanderer nach Palästina strömten. Da die westlichen Staaten ihre Grenzen für jüdische Flüchtlinge geschlossen hatten, emigrierten zwischen 1932 und 1948 etwa 350 000 Juden nach Palästina.

*Palästinensische Briefmarke aus dem Jahr 1938 mit der Grabeskirche und dem Felsendom in Jerusalem*

*Demonstration gegen die britische Mandatspolitik in Jaffa 1936*

## Geschichte

### Der palästinensische Aufstand (1936-1939)

Am 21. April 1936 wurde in Jaffa zu einem Generalstreik gegen die britische Mandatsmacht und die zionistischen Expansionsbestrebungen aufgerufen, an dem sich ganz Palästina beteiligte. Das Arabische Hohe Komitee – das im April 1936 von den wichtigsten palästinensischen Parteien (Nationaler Block, Arabische Partei Palästinas, Partei der Nationalen Verteidigung u. a.) gegründet wurde und dessen Präsident der Mufti von Jerusalem, Haj Amin al-Husseini, war – übernahm die Führung bei diesem Streik. Es bildeten sich Widerstandsgruppen, die den von Izz ed-Din al-Qassam und seiner Bewegung Ende 1935 eingeleiteten bewaffneten Kampf unterstützten. Dies führte dazu, dass 1938 zahlreiche Dörfer und die Altstadt von Jerusalem der Kontrolle des palästinensischen Widerstands unterstanden, dem sich arabische Freiwillige unter dem Kommando von Fawzi Qawuqji anschlossen.

Das Arabische Hohe Komitee bemühte sich indes um eine Annäherung. Die von anderen Kolonialmächten unterstützten britischen Mandatsbehörden lehnten jedoch den Vorschlag ab, einen palästinensischen Legislativrat zu gründen, in dem alle religiösen Gemeinschaften einen Sitz innehaben sollten; sie erstellten hingegen mehrere Pläne zur Teilung Palästinas. Der erste wurde 1937 konzipiert (Peel-Kommission) und sah vor, 33% des Landes für die Gründung eines jüdischen Staates zur Verfügung zu stellen (der jüdische Grundbesitz in Palästina belief sich damals auf 5,6% des gesamten Territoriums). Der Kommissionsvorsitzende, Lord Peel, machte zudem den Vorschlag, die Bewohner dieser für den jüdischen Staat vorgesehenen Gebiete zu vertreiben.

*Abd al-Rahim al-Haj Muhammad, einer der wichtigsten Führer des Aufstandes*

Nach dem Aufruf zum Generalstreik und dem Boykott aller britischen Institutionen nahmen die kollektiven Unterdrückungsmaßnahmen durch die Mandatsmacht zu. Vermehrt kam es zu Massenverhaftungen (allein im Jahr 1939 wurden 5679 Palästinenser in Gefängnisse oder Gefangenenlager gesperrt), zur Zerstörung von Tausenden von Gebäuden (ein Großteil davon in der Altstadt von Jaffa), zu Schließungen von Schulen, Beschlagnahmungen und weiteren Schikanen. Die zionistische Bewegung nutzte diese Situation, um die Zahl der arabischen Arbeitskräfte zu reduzieren, und errichtete im jüdischen Viertel am Rande Jaffas einen konkurrierenden Hafen. Desweiteren kam es zu einer engen Zusammenarbeit zwischen den zionistischen Einrichtungen und der britischen Armee, welche im Juni 1938 eine britisch-jüdische Spezialeinheit bildete. Gemeinsam führten sie nächtliche Überfälle auf palästinensische Dörfer durch. 1939 wurde eine Polizeitruppe für die jüdischen Siedlungskolonien zusammengestellt, welche von der britischen Armee trainiert und mit Waffen ausgerüstet wurde.

Da die britischen Behörden jedoch nicht in der Lage waren, den Aufstand der Palästinenser zu zerschlagen, und darüber hinaus ein Konflikt in Europa drohte, beschlossen sie, die Situation zu beruhigen und beriefen im Februar 1939 die arabischen Repräsentanten zu einer Konferenz in London ein. Neue Vorschläge wurden in einem sogenannten »Weißbuch« veröffentlicht. Darin wurde insbesondere gefordert, die jüdische Einwanderung nach Palästina zu beschränken und die zulässige Quote an Immigranten auf 15 000 pro Jahr zu reduzieren. Zudem wurde die Möglichkeit erwogen, nach einer Übergangszeit von zehn Jahren in Palästina einen gemeinsamen, binationalen und unabhängigen Staat zu schaffen. Die Einschränkungen bezüglich der jüdischen Einwanderung führten zu einer zunehmenden Feindseligkeit der zionistischen Organisationen gegenüber der Mandatsmacht. Im Oktober 1940 rief die u. a. von Yitzhak Shamir angeführte paramilitärische *Stern*-Gruppe (*Lechi*) zu einem Bündnis mit den Achsenmächten (Achse Berlin-Rom-Tokio) auf. Schließlich war es das Bündnis mit den Vereinigten Staaten, deren Präsident Truman im August 1945 die Einwanderung von 100 000 Juden befürwortete, das die Zustimmung aller zionistischen Organisationen fand.

## Allgemeines

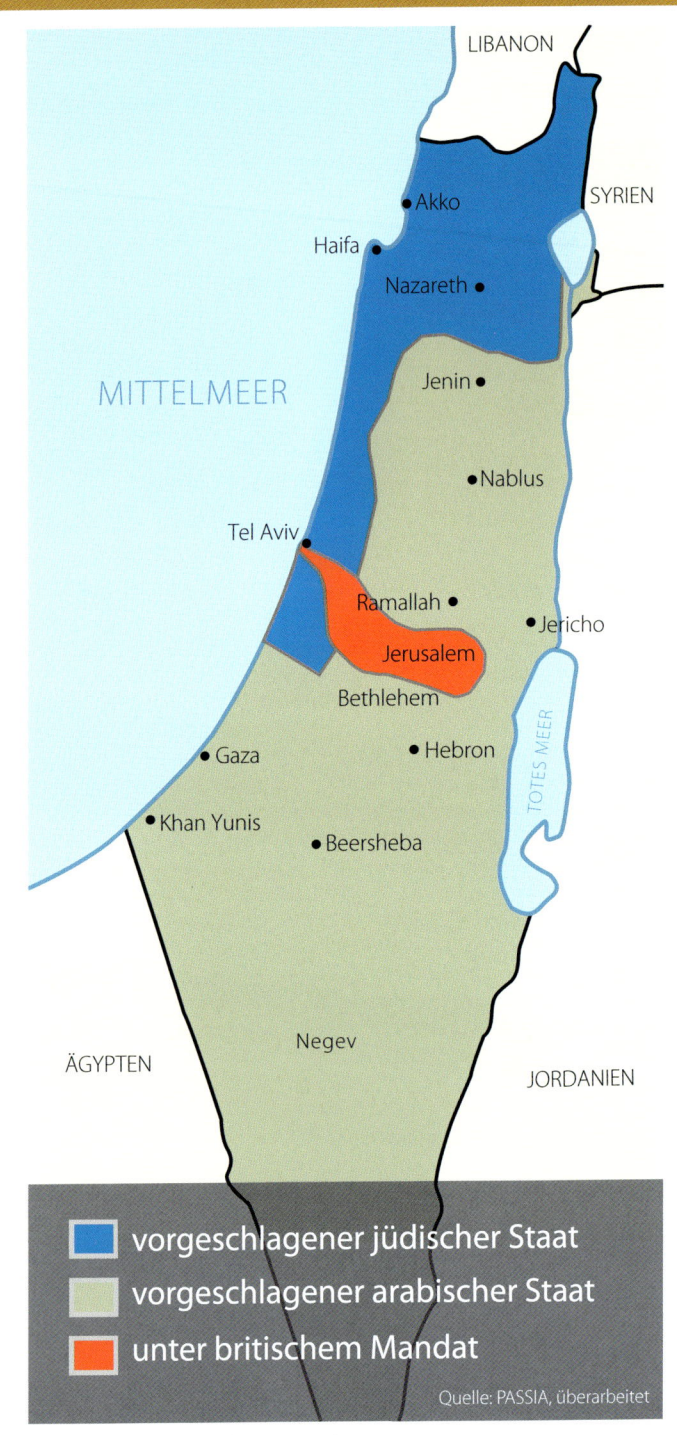

- vorgeschlagener jüdischer Staat
- vorgeschlagener arabischer Staat
- unter britischem Mandat

Quelle: PASSIA, überarbeitet

*Teilungsplan der Peel-Kommission 1937*

## Geschichte

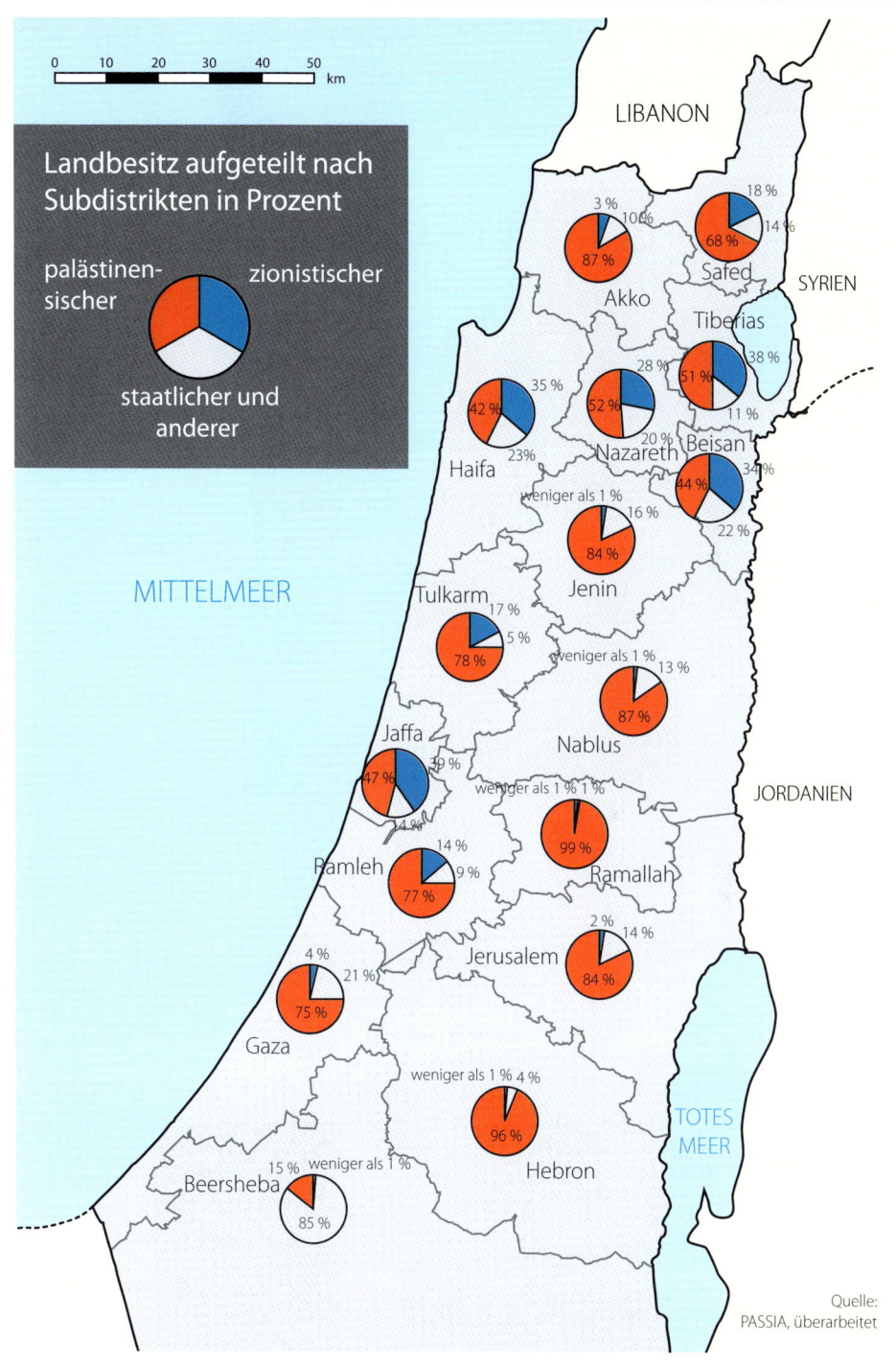

**Landbesitz aufgeteilt nach Subdistrikten in Prozent**

- palästinensischer
- zionistischer
- staatlicher und anderer

*Landbesitz in Palästina 1945*

Quelle: PASSIA, überarbeitet

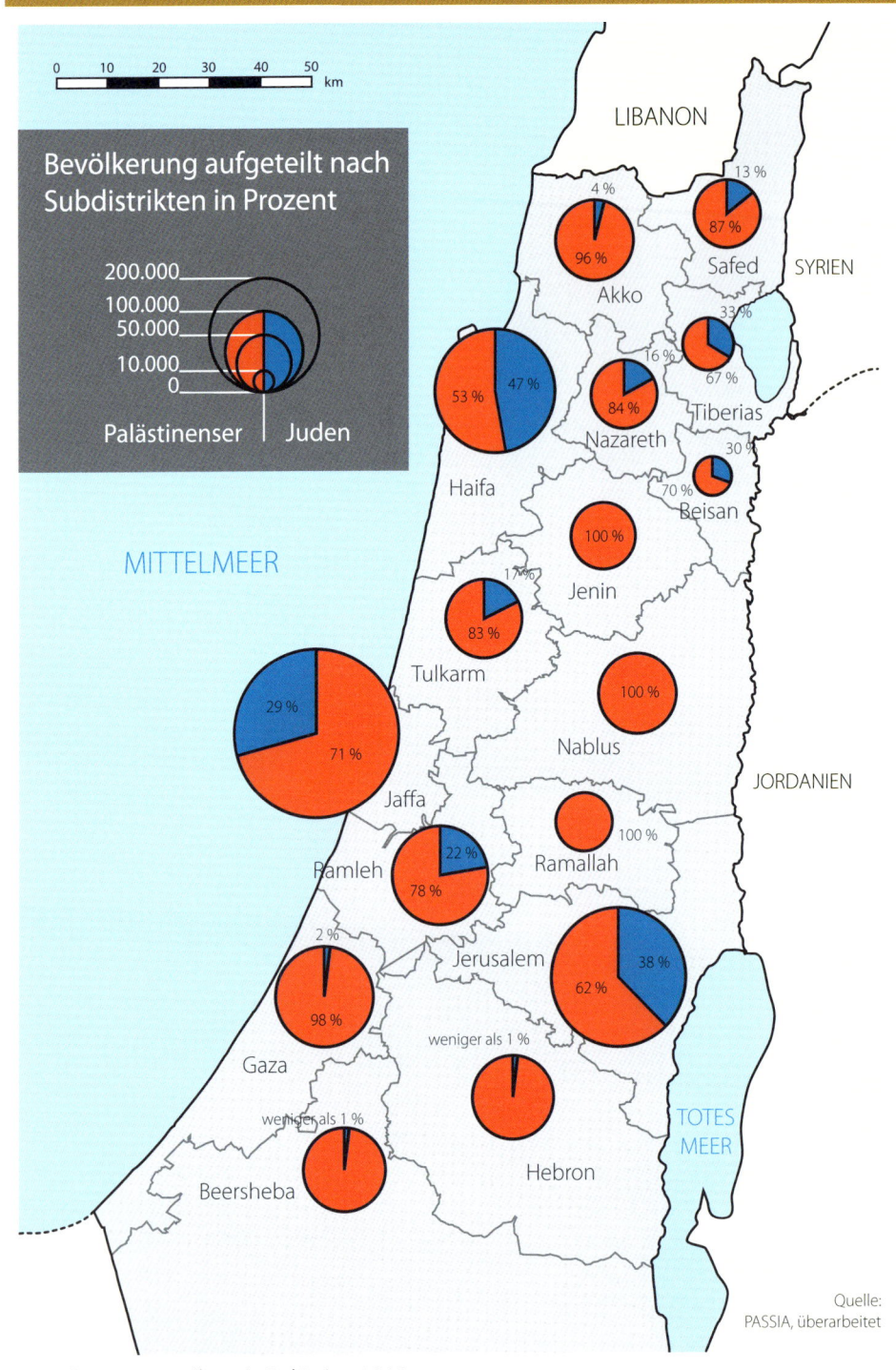

## Allgemeines

*Bevölkerungsverteilung in Palästina 1946*

# Geschichte

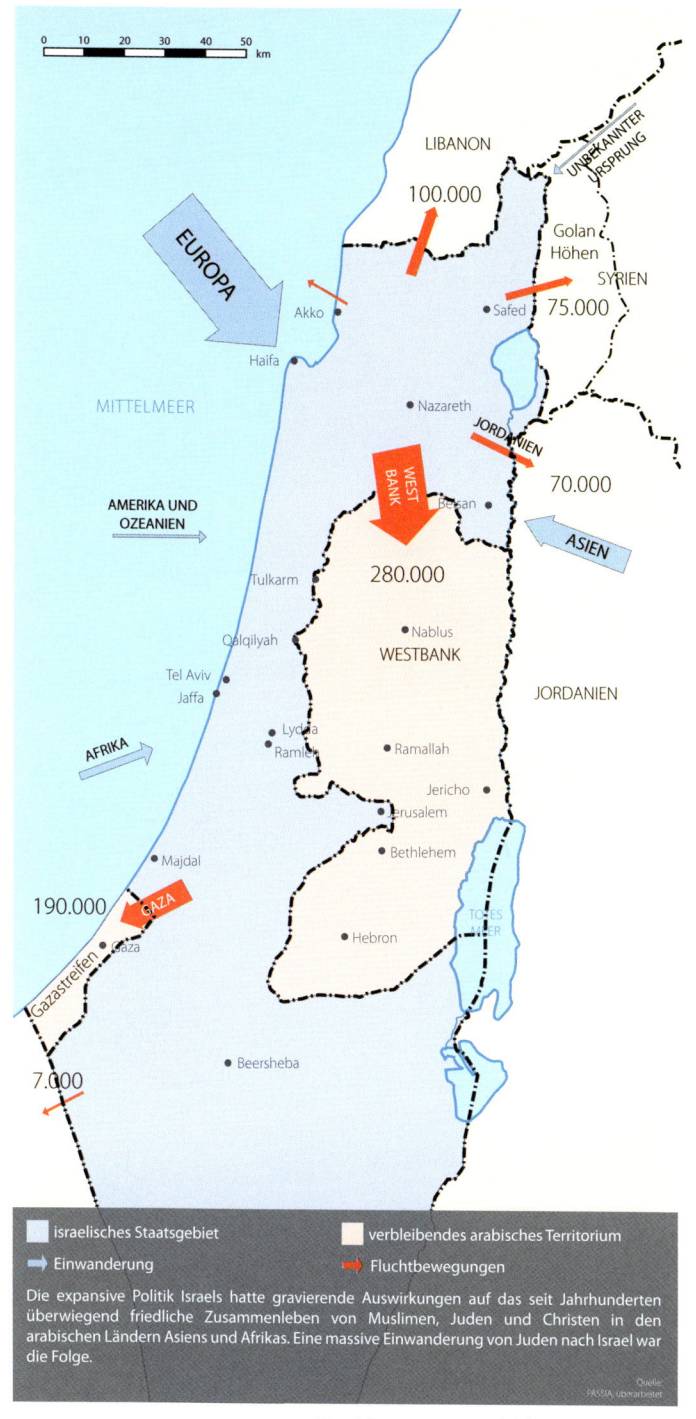

## Bevölkerungsentwicklung 1948–1951

Karte mit Flucht- und Einwanderungsbewegungen:

- LIBANON: 100.000
- UNBEKANNTER URSPRUNG
- SYRIEN (Golan Höhen): 75.000
- JORDANIEN: 70.000
- WESTBANK: 280.000
- GAZA: 190.000
- 7.000 (Süden)

Einwanderung aus:
- EUROPA
- AMERIKA UND OZEANIEN
- ASIEN
- AFRIKA

Orte: Akko, Haifa, Safed, Nazareth, Beisan, Tulkarm, Qalqilyah, Tel Aviv, Jaffa, Lydda, Ramleh, Nablus, Ramallah, Jericho, Jerusalem, Bethlehem, Majdal, Gaza, Hebron, Beersheba

Gebiete: MITTELMEER, Gazastreifen, WESTBANK, JORDANIEN, TOTES MEER

**Legende:**
- israelisches Staatsgebiet
- verbleibendes arabisches Territorium
- ➡ Einwanderung
- ➡ Fluchtbewegungen

Die expansive Politik Israels hatte gravierende Auswirkungen auf das seit Jahrhunderten überwiegend friedliche Zusammenleben von Muslimen, Juden und Christen in den arabischen Ländern Asiens und Afrikas. Eine massive Einwanderung von Juden nach Israel war die Folge.

Quelle: PASSIA, überarbeitet

*Bevölkerungsentwicklung 1948-1951*

## Allgemeines

*UN-Teilungslinien von 1947 und Waffenstillstandslinien von 1948/49*

## Geschichte

**Legende:**
- Westbank und Gaza
- israelisches Staatsgebiet
- UN-Teilungslinie
- Waffenstillstandslinie 1949

Palästinensische Städte und Dörfer nach 1947
- 🔴 entvölkert und überwiegend zerstört
- 🟢 noch heute bestehend
- ⚪ außerhalb der Waffenstillstandslinie (Westbank und Gaza)
- ○ Jüdische Siedlungen

Quelle: Salman Abu Sitta, überarbeitet

*Palästina nach der Nakba 1948*

## Allgemeines

*Territoriale Entwicklung und Landverlust der Palästinenser von 1946 bis 2012*

| Vor 1946 | UN-Teilungsplan 1947 | 1949-1967 | 2012 |

Jüdisches bzw. israelisches Gebiet — Palästinensisches Gebiet

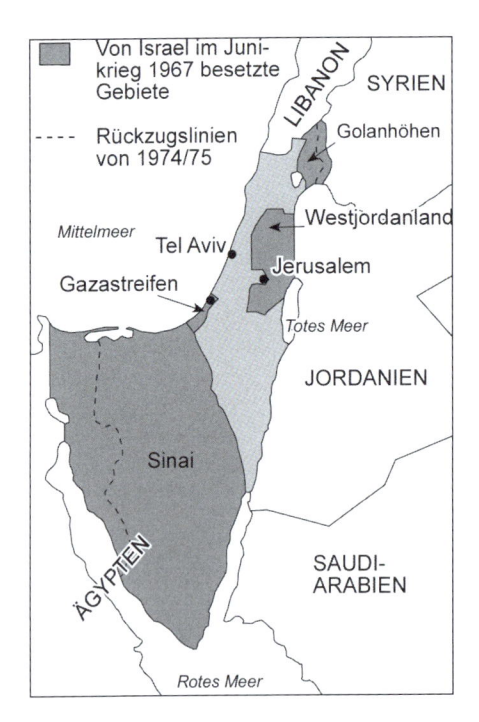

# Geschichte

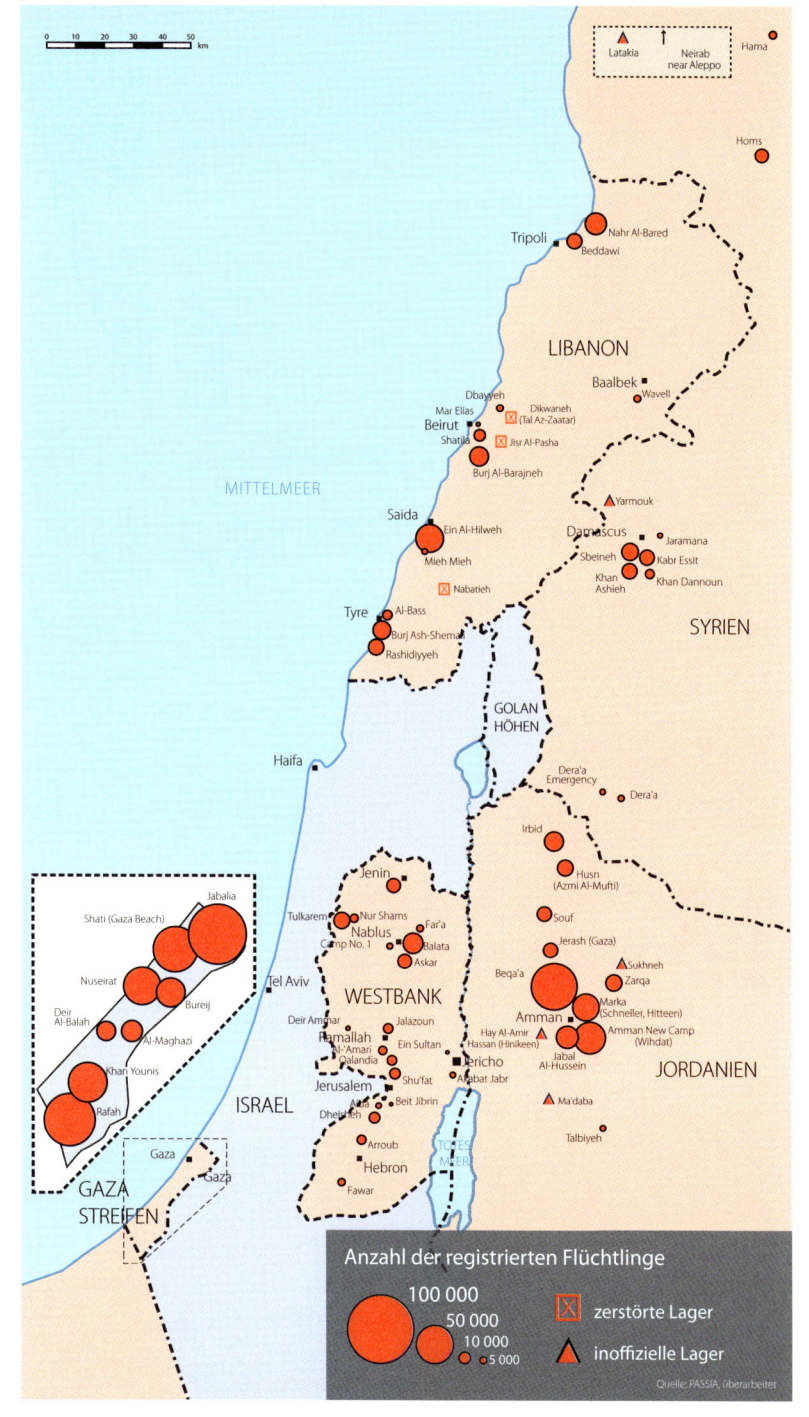

*Einsatzgebiet der UNRWA mit Flüchtlingslagern*

## Allgemeines

## Die *Nakba* – Die Katastrophe von 1948

»Während diejenigen, die in den Anfangstagen des Konflikts
fliehen mussten, noch imstande waren, persönliche Gegenstände
und ihr Privatvermögen mitzunehmen, wurden später viele mit nichts als
ihren Kleidern am Leib vertrieben und verloren außer ihren Häusern,
von denen viele zerstört wurden, auch ihr gesamtes Mobiliar, ihr
Vermögen und sogar ihr Handwerkszeug.«
*Graf Folke Bernadotte, UN-Vermittler für Palästina,
in seinem Bericht an die Vereinten Nationen (September 1948)*

Nach mehreren Vorschlägen der englischen Labourpartei und des US-Präsidenten Franklin D. Roosevelt (bei einer Konferenz im Jahr 1944), Palästina zu teilen und die arabische Bevölkerung umzusiedeln, stimmte am 29. November 1947 die Generalversammlung der Vereinten Nationen einem Teilungsplan für Palästina zu (UN-Resolution 181). Obwohl die Juden zu diesem Zeitpunkt nur 5,6% des Bodens in Palästina als Privat- oder Kollektiveigentum besaßen, wurden dem jüdischen Staat 56,5% des gesamten palästinensischen Territoriums zugesprochen, während sich der arabische Staat mit 42,9% begnügen sollte. Für Jerusalem und Bethlehem war eine Zone unter internationaler Verwaltung vorgesehen. Damit hatte die zionistische Politik gesiegt. Ihre weitere Strategie – eine Politik der Gewalt und der militärischen Eroberungen – führte im Mai 1948 schließlich zur Gründung des Staates Israel.

Bereits im Dezember 1947 begann die zionistische Bewegung mit einer systematischen Terrorstrategie, die unter dem Codenamen »Plan C« (auf hebräisch »Plan Gimel«, der dritte Buchstabe des hebräischen Alphabets) bekannt wurde. Die Angriffe auf palästinensische Zivilisten, aber auch auf britische Truppen nahmen zu. So wurde am 4. Januar 1948 von der *Lechi*-Gruppe ein Anschlag auf das Regierungsgebäude in Jaffa verübt, bei dem 26 Palästinenser ums Leben kamen. Einen Tag später forderte

*UN-Teilungsplan vom November 1947*

ein von der bewaffneten Gruppe *Hagana* begangenes Attentat 20 Todesopfer im Hotel Semiramis im Viertel Qatamon in Jerusalem, darunter hauptsächlich Palästinenser. Das bekannteste und grausamste Attentat beging die radikale jüdische Organisation *Irgun* am 22. Juli 1946 unter der Führung von Menachem Begin. Ziel des Anschlags war das King-David-Hotel in Jerusalem, in dem die britische Armee zu dieser Zeit ihr Hauptquartier eingerichtet hatte. 93 Menschen, darunter Araber, Engländer und Juden, kamen bei dem Terroranschlag ums Leben.

In Anbetracht des unmittelbar bevorstehenden Endes des britischen Mandats und des Truppenabzugs starteten die zionistischen Militärverbände im April 1948 in ganz Palästina eine Offensive unter der Bezeichnung »Plan D« (»Plan Daleth«, der vierte Buchstabe des hebräischen Alphabets). Der von den zionistischen Truppen geführte »Unabhängigkeitskrieg« hatte eine ethnische Säuberung zum Ziel, die sich gegen die Araber in Palästina richtete. In der ersten Phase der militärischen Auseinandersetzung vom 4. April bis zum 15. Mai 1948 standen den 50 000 Soldaten der *Hagana* etwa 2500 palästinensische Kämpfer und 4000 arabische Freiwillige gegenüber. In dieser Zeit häuften sich die Massaker an palästinensischen Zivilisten. So wurden am 9. April 1948 in dem Dorf Deir Yassin am Rande Jerusalems mehr als 120 Palästinenser ermordet und die Überlebenden auf die andere Seite der Demarkationslinie gebracht (s. S. 209-211). Der Schock war beträchtlich – zumal der Kommandeur des palästinensischen Widerstands der Region von Jerusalem, Abdel Qader al-Husseini, am Tag zuvor in Qastel, einem strategisch wichtigen Ort an der Straße von Jerusalem nach Jaffa, getötet worden

*Nakba 1948*

*Flucht aus Jaffa im Frühjahr 1948*

war. Am Tag der Unabhängigkeitserklärung des Staates Israel am 14. Mai 1948 mussten rund 350 000 Palästinenser fliehen. Ihnen folgten in den nächsten Monaten 500 000 weitere Flüchtlinge. Das Jahr 1948 wurde für die Palästinenser zum Jahr der Katastrophe (*Nakba*), dem Jahr der Vertreibung und des Verlusts ihres Landes.

Die arabischen Staaten blieben zunächst untätig. Erst am Tag nach der Ausrufung des Staates Israel griffen sie militärisch ein, jedoch nur in den Gebieten, die nicht von jüdischen Truppen erobert worden waren. Diese Intervention führte zum ersten Arabisch-Israelischen

Krieg vom 16. Mai 1948 bis zum 7. Januar 1949. Die militärischen Kräfte waren jedoch sehr ungleich verteilt; die arabische Seite verfügte über weniger als 14 000 mobilisierte Männer, die wegen ihrer schlechten Ausrüstung aber auch strategisch den zionistischen Verbänden unterlegen waren. Yitzhak Shamir – Chef der israelischen *Likud*-Partei in den Achtzigerjahren und zwischen 1983 und 1992 mehrmals Ministerpräsident – war damals einer der Anführer der *Stern*-Gruppe. Diese war fest entschlossen, alle Hindernisse zu beseitigen, die sich dem zionistischen Projekt in den Weg stellen würden. Am 17. September 1948 ermordete sie daher Graf Folke Bernadotte, den Vermittler der Vereinten Nationen in Palästina, der die Ausschreitungen der Zionisten und ihre Vertreibungspolitik kritisiert hatte.

Als 1949 das Waffenstillstandsabkommen mit Ägypten unterzeichnet wurde, lagen 78% des historischen Palästinas innerhalb der neuen Staatsgrenzen Israels – über 20% mehr als der Anteil, der ihm nach dem UN-Teilungsplan 1947 zugesprochen worden war. Der restliche Teil wurde vom transjordanischen König Abdallah annektiert und von nun an als Westjordanland (Westbank) bezeichnet. Ägypten verwaltete ab diesem Zeitpunkt den Gazastreifen.

## Die Anfänge des palästinensischen Widerstands

»Mit unseren Seelen und unserem Blut opfern wir dir, Märtyrer, unser Leben.
Mit unseren Seelen und unserem Blut opfern wir dir, Palästina, unser Leben.«
*Palästinensisches nationalistisches Lied,
das auf Demonstrationen gesungen wird*

Auch die Fünfzigerjahre waren für die Palästinenser von Vertreibung und Gewalt geprägt. So wurden beispielsweise im Februar 1951 die Einwohner von 13 kleinen Dörfern im Wadi Ara (im Süden Galiläas) und im April 1951 die Bewohner der Stadt Al-Majdal (hier entstand das israelische Ashkelon) vertrieben. Und im Oktober 1953 kamen 53 Palästinenser bei der Bombardierung des Dorfs Qibya (im Qalqilia-Distrikt) ums Leben.

*Sitzung des Palästinensischen Nationalrats, des Exilparlaments der PLO, in Algier 1987. Von links nach rechts: Yassir Arafat, Abu Iyad, George Habash; rechts: Nayef Hawatmeh.*

1956 unterstützten die Palästinenser den ägyptischen Präsidenten Gamal Abdel Nasser und die Verstaatlichung des Suezkanals. Als Resultat des darauffolgenden englisch-französisch-israelischen Angriffs gegen Ägypten besetzte Israel mehrere Monate lang den Gazastreifen und einen Teil des Sinai. Weitere Gewaltaktionen ereigneten sich anschließend, z. B. am 3. November 1956 im Flüchtlingslager Khan Younis, bei der 273 Palästinenser starben, und am 12. November 1956, als im Flüchtlingslager Rafah wiederum über 100 Zivilisten getötet wurden. Fast zeitgleich kam es zu einem blutigen Übergriff innerhalb von Israel, als im Oktober

1956 in dem Dorf Kufr Qassem 49 Palästinenser von israelischen Soldaten erschossen wurden (s. S. 523).

Seit 1949 führten kleine Widerstandsgruppierungen immer wieder militärische Aktionen gegen Israel durch, was wiederum die Anzahl der israelischen Angriffe auf Grenzdörfer und den Gazastreifen erhöhte. 1959 begann eine dieser Gruppe, alle Widerstandskämpfer in einer Organisation zu vereinen und den Befreiungskampf aufzunehmen. Sie hofften, damit die arabischen Staaten zum Handeln zu bewegen und einen bewaffneten Kampf nach Vorbild des algerischen und vietnamesischen Befreiungskriegs führen zu können. Diese Palästinenser, unter ihnen Yassir Arafat (Abu Ammar), Khalil al-Wazir (Abu Jihad), Salah Khalaf (Abu Iyad) und Yussef an-Najjar (Abu Yussef), riefen die Untergrundbewegung *Al-Fatah* (»die Eroberung, Eröffnung«) ins Leben. Der militärische Arm dieser Bewegung, *Al-Assifa* (»der Sturm«), startete seine erste militärische Operation am 1. Januar 1965. Bereits 1958 wurde die Bewegung der Arabischen Nationalisten (*Arab Nationalist Movement,* ANM) gegründet. Die Schlüsselfiguren der palästinensischen Sektion der ANM, darunter George Habash (Al-Hakim), Wadi Haddad, Mustafa Ali Zabri (Abu Ali Mustafa) und Ghassan Kanafani, gründeten nach der Niederlage der Araber im Junikrieg 1967 die Volksfront zur Befreiung Palästinas (*Popular Front for the Liberation of Palestine,* PFLP).

## Die Tragödie von 1967 (*Naksa*)

Im Juni 1967 kam es zu einem weiteren Krieg – dem Überraschungsangriff auf Ägypten, Jordanien und Syrien, der mit der Besetzung des Westjordanlands, des Gazastreifens, Ostjerusalems, der ägyptischen Sinai-Halbinsel und der syrischen Golanhöhen endete. Durch diesen Krieg wurden über 300 000 Palästinenser vertrieben; ein Drittel davon war bereits 1948 geflüchtet. Als Antwort auf Israels Besatzungspolitik verabschiedeten die Vereinten Nationen exakt 20 Jahre nach dem Teilungsplan am 29. November 1967 die Resolution 242, in der insbesondere der Rückzug Israels aus den besetzten Gebieten gefordert wurde, jedoch ohne genaue Angabe, um welche Gebiete es sich dabei genau handele und welche Frist einzuhalten sei. Zudem wurden die Grenzen, die sich nach dem Krieg von 1948 (im Widerspruch zur Resolution 181) herausgebildet hatten, als vollendete Tatsache hingenommen.

*Vertreibung und Flucht über die zerstörte Jordanbrücke 1967*

Nach dem ersten Schock bestärkte die Niederlage der arabischen Armeen jedoch die Widerstandsorganisationen in ihrem Entschluss, den bewaffneten Kampf gegen Israel fortzuführen. Sie lehnten die Resolution 242 des UN-Sicherheitsrats ab, welche die nationalen Rechte des palästinensischen Volkes vollkommen ignorierte, indem sie die Existenz der Palästinenser nicht einmal erwähnte.

## Allgemeines

Am 21. März 1968 gelang es der palästinensischen Widerstandsbewegung unter hohen Verlusten, einen Angriff Israels auf das Flüchtlingslager von Karameh (auf der Ostseite des Jordantals, nördlich von Shuneh) abzuwehren. Dieser Erfolg der Palästinenser hatte eine starke psychologische Wirkung – der Mythos des unbesiegbaren Israels war gebrochen. Kurz nach Beginn der Besatzung von 1967 übernahmen die Widerstandsgruppen die Leitung der Palästinensischen Befreiungsorganisation (*Palestine Liberation Organisation,* PLO), die auf Initiative Nassers 1964 gegründet worden war, und wählten 1969 Yassir Arafat zum Vorsitzenden. Der Widerstand dehnte sich anschließend auch auf Jordanien, Syrien und den Libanon aus und bezog sich auf alle Lebensbereiche der Exilpalästinenser: die Bildung, das Gesundheitswesen, die Wirtschaft, die lokale Polizei, die Gewerkschaften und die Militärausbildung.

Da das Schicksal der Palästinenser international weiterhin ignoriert wurde, beschlossen einige palästinensische Organisationen, mit spektakulären Aktionen auf sich aufmerksam zu machen. Dabei setzten sie sich drei Ziele: Sie wollten der Welt die Existenz des palästinensischen Volkes durch Flugzeugentführungen oder Geiselnahmen in Erinnerung rufen, die progressiven Kräfte bündeln und den Interessen des Staates Israel in jeglicher Hinsicht entgegenwirken. Die palästinensische Widerstandskämpferin Leila Khaled erklärte damals: »Mein Unterdrücker ist nicht in der Position, ein neutrales Urteil zu fällen, weil er mir mein Haus gestohlen und mein Volk und mich von unserem Land vertrieben hat. Ich sehe mich absolut nicht dazu verpflichtet, auf jemanden zu hören, der Moral und Gesetz in eigenen Kategorien definiert und der, weil er die Macht und die Mittel besitzt, um sein unmenschliches Verhalten zu rechtfertigen, beschließt, mir seine Vorstellung von Recht und Ethik aufzuzwingen. Wenn ich mich hingegen moralisch zu etwas verpflichtet fühle, dann ist es, Widerstand zu leisten und bis zum Tod gegen die moralische Korruption dieses Feindes zu kämpfen.«

*Bekenntnis zur PLO an einer Hauswand in Ostjerusalem*

Die Bemühungen zur Zerschlagung der Widerstandsbewegung erreichten 1970 in Jordanien ihren Höhepunkt. Der amerikanische »Friedensplan«, der sogenannte »Rogers-Plan«, der eine Waffenruhe forderte, zielte auf die Ausschaltung des palästinensischen Widerstands, dessen Einfluss in Amman sehr groß geworden war. König Hussein von Jordanien setzte den Plan in die Tat um. Er ließ im September 1970 (»Schwarzer September«) Tausende von Palästinensern töten und befahl 1971, die letzten in den Bergen von Ajloun verschanzten Widerstandskämpfer (*Fedayin,* »die Opferbereiten«) anzugreifen. Sowohl die Vereinigten Staaten als auch die israelische Armee drohten den arabischen Regierungen mit Konsequenzen, sollten sie den Palästinensern helfen. Die besiegte PLO ließ sich schließlich im Libanon nieder, der letzten Zuflucht außerhalb Palästinas.

## Geschichte

## Vom Libanesischen Bürgerkrieg bis zum Libanonkrieg 1982

> »Sie kreuzigten eine Frau bei lebendigem Leib. Ich sah ihren Körper, die Arme ausgestreckt, bedeckt von Fliegen, besonders an den Enden ihrer Hände – Stümpfe mit schwarzem, geronnenem Blut. Sie hatten ihr die Fingerspitzen abgeschnitten, ihre Phalangen. Könnte das der Ursprung ihres Namens sein, überlegte ich?«
> 
> Jean Genet, aus: »Ein verliebter Gefangener«

Im Jahr 1975 begann der Libanesische Bürgerkrieg, in dessen Verlauf 1976 die palästinensischen Flüchtlingslager der Region um Beirut belagert und systematisch bombardiert wurden. Einige von ihnen wurden von den phalangistischen Milizen nahezu vollständig zerstört. Fest entschlossen, dem palästinensischen und libanesischen Widerstand den letzten Stoß zu versetzen, fiel die israelische Armee am 15. März 1978 schließlich in den Süden des Libanon ein. Sie zog sich wieder zurück, nachdem sie ihre Stellungen den phalangistischen Milizen überlassen hatte. Zur gleichen Zeit schloss Ägyptens Präsident Sadat ungeachtet der arabischen Ablehnungsfront mit Israel und den Vereinigten Staaten im September 1978 das Camp-David-Abkommen, das Israel erlaubte, seine Truppen an der nördlichen Grenze zu stationieren. Im Juni 1982 griff die israelische Armee erneut den Libanon an, diesmal mit der Absicht, die PLO und die Libanesische Nationalbewegung (*Lebanese National Movement,* LNM) endgültig aus Beirut zu vertreiben bzw. zu zerschlagen und einen Verbündeten zum Staatsoberhaupt des Libanon zu machen.

Die darauffolgende Belagerung des südlichen Libanon und Beiruts war verheerend: Napalm- und Splitterbomben wurden über den Städten und Lagern

*Das 1982 zerstörte Flüchtlingslager Ein el-Hilweh im südlichen Libanon*

abgeworfen – etwa 70% der Häuser in den Flüchtlingslagern Rashidiya und Ein el-Hilweh wurden vollständig zerstört. Der Krieg forderte Schätzungen zufolge zwischen 10 000 und 30 000 Tote auf palästinensischer und libanesischer Seite. Im August 1982 verließ ein Teil der palästinensischen Widerstandskämpfer den Libanon, und die PLO verlegte ihr Hauptquartier nach Tunis. Am Ende desselben Monats zogen sich zudem die Truppen der Vereinten Nationen aus der libanesischen Hauptstadt zurück und ermöglichten dadurch einen weiteren israelischen Angriff. Am 15. September drang die israelische Armee in Westbeirut ein, um »den Frieden zu sichern«. Die Gewalt erreichte zwischen dem 16. und 18. September ihren Höhepunkt, als in den Lagern Sabra und Shatila über 3000 unbewaffnete palästinensische Flüchtlinge von rechtsgerichteten libanesischen Milizen massakriert wurden – unter Beobachtung der israelischen Armee, die den Zugang zu den Flüchtlingslagern kontrollierte. Die Lager im Südlibanon blieben anschließend unter der Kontrolle libanesischer Milizen bzw. der israelischen Armee, bis diese sich 1985 aus dem Libanon zurückzog. Gleichzeitig eskalierten die Konflikte zwischen den unterschiedlichen arabischen Gruppierungen, mit dem Ergebnis, dass 1987 mehrere palästinensische Flüchtlingslager im Laufe des sogenannten »Lagerkriegs« zerstört wurden.

## Die erste Intifada (1987-1993)

> Ich rufe dich, ich reiche dir die Hand
> Ich küsse den Boden zu deinen Füßen
> Und ich sage dir: Ich opfere mich für dich
>
> Ich gebe dir das Licht meiner Augen
> Ich gebe dir die Wärme meines Herzens
> Die Tragödie, die ich erlebe,
> Ist mein Teil deiner Tragödie
> Ich rufe dich
>
> In meinen Händen bewahrte ich mein Blut
> Ich habe meine Fahnen niemals
> auf Halbmast gesenkt
> Ich habe das Gras grünen lassen
> Auf den Gräbern meiner Vorfahren
> Ich rufe dich
>
> *Dieses Gedicht von Tawfiq Zayyad wurde während der ersten Intifada zu einer Art Widerstandshymne*

Als Resultat der Besatzung und ihrer Folgen (Unterdrückung, Ausweisungen, Beschlagnahmung von Land, Kolonisierung und vielfältige Formen alltäglicher Demütigungen) nahmen die Palästinenser in den besetzten Gebieten abermals den Widerstand gegen die israelische Besatzungsmacht auf. Am 9. Dezember 1987 begann die erste Intifada (»Abschütteln«). Ein Großteil des palästinensischen Volkes beteiligte sich an dem Aufstand und folgte den Anweisungen des von der PLO gelenkten Vereinten Nationalen Kommandos sowie den Aufrufen der Islamischen Widerstandsbewegung *Hamas*, die am 14. Dezember 1988 über ein Flugblatt erstmals öffentlich in Erscheinung trat. Der Kampf gegen die israelische Besatzung folgte dabei der Strategie einer systematischen Konfrontation mit den Soldaten und Siedlern. Aktionen des zivilen Ungehorsams (die Weigerung, Steuern und Bußgelder zu zahlen, Streiks, Boykott israelischer Produkte usw.) sowie die Neuorganisation der Gesellschaft durch Solidaritäts- und Hilfskomitees, deren Aufgabe es war, sich um die Versorgung, Bildung und Gesundheit der Bevölkerung zu kümmern, gehörten im Rahmen der Intifada zu den wichtigsten Widerstandsformen.

## Unterdrückung

*Kinderzeichnung aus den 80er Jahren: Die besetzten Gebiete als großes Gefängnis*

Die Antwort auf das, was die israelischen Regierungen »Subversion« nannten, war die sogenannte »Politik der Gewalt, Macht und Schläge« oder auch die »Politik des Knochenbrechens«. Diese Politik wurde sowohl von Yitzhak Rabin praktiziert, als auch von den anderen Ministerpräsidenten verschiedener Koalitionsregierungen zur Zeit der Intifada, wie von Yitzhak Shamir und Ariel Sharon vom *Likud* sowie Yitzhak Rabin und Shimon Peres von der Arbeitspartei. Der Belagerungszustand wurde ausgerufen, und die Be-

## Geschichte

satzer hatten nun freie Hand bei der Anwendung der Militärgerichtsbarkeit im Westjordanland und im Gazastreifen. Permanent wurden Ausgangssperren verhängt, und Zehntausende Palästinenser, darunter auch Frauen und Kinder, wurden geschlagen, eingesperrt und gefoltert. Als Kollektivstrafe zerstörte Israel viele Häuser politischer Aktivisten. Fast 1400 palästinensische Zivilisten wurden während der Intifada getötet und Zehntausende verletzt. Die Unterdrückungspolitik betraf alle Bereiche der Gesellschaft; auch blieben beispielsweise Schulen, Universitäten und Krankenhäuser geschlossen.

Die Mehrheit der Palästinenser verurteilte 1991 das Bündnis zwischen Kuwait und den Vereinigten Staaten im Krieg gegen den Irak und war enttäuscht, dass hier erneut mit zweierlei Maß gemessen wurde, da die Unterdrückung durch die israelische Besatzungsarmee in den seit 1967 besetzten Gebieten weiter zunahm. So wurde eine der längsten Ausgangssperren seit Beginn der Intifada über die palästinensischen Dörfer, Städte und Lager verhängt. Als mehrere irakische Scud-Raketen die Region von Tel Aviv trafen, reagierten die Palästinenser daher enthusiastisch, zumal nicht auf ihre Forderung nach einem arabischen oder internationalen Einschreiten gegen die israelische Besatzungspolitik eingegangen worden war.

*Demonstration während der ersten Intifada gegen die israelische Besatzungsmacht in Nablus*

| Menschenrechtsverletzungen und Repressalien während der ersten Intifada (Dezember 1987 bis Juni 1994) | |
|---|---|
| Getötete Palästinenser | 1389 |
| durch Schüsse | 1222 |
| durch CS-Gas | 94 |
| zu Tode geprügelt | 73 |
| Kinder (unter 16 Jahre) | 362 |
| Frauen | 40 |
| Männer | 987 |
| Verletzte | 130 787 |
| Deportierte (Ausgewiesene) | 489 |
| Inhaftierte | 18 211 |
| Konfisziertes Land (in ha)[1] | 41 205 |
| Zerstörte Häuser | 2019 |
| Ausgangssperren[2] | 17 488 |
| Entwurzelte oder gefällte Bäume | 185 489 |

[1] 1 Hektar = 2,47 Morgen = 10 Dunams
[2] Gesamtzahl der Ausgangssperren im Westjordanland und dem Gazastreifen

## Israelisch-palästinensische Verhandlungen

Die Friedenskonferenz von Madrid bestätigte im Oktober 1991 indirekt den Alleinvertretungsanspruch der PLO als institutionelles Repräsentationsorgan des palästinensischen Volkes, auch wenn sie nicht selbst an der Konferenz teilnahm. Israels Ministerpräsident Yitzhak Shamir erneuerte seinerseits die diplomatischen Beziehungen zu Moskau und erwirkte bei der Generalversammlung der Vereinten Nationen unter dem Druck der USA im Dezember 1991 die Aufhebung der Resolution, die den Zionismus als eine »Form von Rassismus und der rassischen Diskriminierung« verurteilte (Resolution 3379 vom 10. November 1975).

Geheimverhandlungen in Oslo führten schließlich zu einem Abkommen, das am 13. September 1993 in Washington unterzeichnet wurde. Diese Osloer Prinzipienerklärung sah die Bildung eines palästinensischen Rats zur Steuerung des Übergangs zur Selbstverwaltung (über einen Interimszeitraum von fünf Jahren), die Machtübergabe im Bildungs- und Gesundheitswesen, den Aufbau einer palästinensischen Polizei und den sukzessiven Rückzug der israelischen Streitkräfte aus dem Westjordanland und dem Gazastreifen vor. Ab dem dritten Interimsjahr sollten Verhandlungen über Flüchtlinge, Siedlungen, Jerusalem und die Grenzen geführt werden.

Im Juli 1994 besuchte Yassir Arafat die ersten autonomen Städte Gaza und Jericho, und am 24. September 1995 wurde im Oslo-II-Abkommen die Aufteilung des Westjordanlands in die drei Zonen A, B und C vereinbart. Die israelische Armee zog sich daraufhin aus den acht größten Städten des Westjordanlands und des Gazastreifens zurück. Die Tatsache aber, dass Israel weitere Siedlungen im Westjordanland und in Jerusalem bauen ließ, entlarvte den Friedensprozess schnell als Farce. Auch das Massaker an 29 Palästinensern in der Ibrahim-Moschee (Patriarchengräber) in Hebron im Februar 1994 verstärkte die palästinensische Kritik am Friedensprozess der Oslo-Vereinbarungen, die weder die Besatzung noch die Unterdrückung der Palästinenser beendeten. Im November 1995 wurde dann Israels Ministerpräsident Yitzhak Rabin von dem israelischen Extremisten Yigal Amir ermordet, wodurch der Friedensprozess zum Erliegen kam.

Trotz eines 1995 vereinbarten Waffenstillstands ließ Shimon Peres im Januar 1996 aus wahltaktischen Gründen Yahya Ayyash ermorden. Ayyash – bekannt als »der Ingenieur« – war Anführer des militärischen Arms der *Hamas*. Diese reagierte daraufhin mit einer Serie von Selbstmordanschlägen, die als »Antwort auf 50 Jahre Terror und zionistische Verbrechen gegen die palästinensische Zivilbevölkerung« begründet wurden. Shimon Peres geriet infolgedessen massiv in die Kritik, da er die Sicherheit der Israelis nicht länger garantieren konnte. Er ließ im April während des Wahlkampfs Kana im Libanon bombardieren, ein libanesisches Flüchtlingslager, das unter dem Schutz der Vereinten Nationen stand. Mehr als 100 Zivilisten wurden getötet, zum Großteil Frauen und Kinder, die sich in einem UN-Verwaltungsgebäude versammelt hatten. Die Brutalität dieser folgenreichen Aktion – Peres verlor im Mai 1996 die Parlamentswahlen – führte zu noch mehr Verbitterung unter den Palästinensern. Es folgten zwar einige weitere Friedensvereinbarungen, wie das Wye-Abkommen sowie die Abkommen von Sharm el-Sheikh und Camp David II.

*Der Handschlag zwischen Yitzhak Rabin und Yassir Arafat vor dem Weißen Haus am 13. September 1993*

Doch selbst die wenigen getroffenen Vereinbarungen wurden entweder nur teilweise bzw. gar nicht umgesetzt oder auf unbestimmte Zeit verschoben.

## Geschichte

*»Symbol der Hoffnung«. Gemälde von Sliman Mansour aus dem Jahr 1985.*

»Die Autonomie von Jerusalem ist keineswegs ein Kompromiss – es ist die von Israel bevorzugte Lösung. Was könnte nützlicher sein, als Souveränität und Kontrolle über die Stadt zu besitzen, ohne auch nur einen Penny in das Gesundheitswesen, die grundlegenden kommunalen Dienste und in die Bildung der ortsansässigen palästinensischen Bevölkerung investieren zu müssen? Im Laufe der vergangenen sechs Jahre konnte Israel dieses Vorgehen im Westjordanland und im Gazastreifen zur Genüge erproben.«
*Michael Warschawski (israelischer Friedensaktivist)*

## Yassir Arafat (Abu Ammar, 1929-2004)

Yassir Arafat wurde 1929 in Kairo geboren. Seine Mutter stammte aus Jerusalem, und auch er verbrachte einige Jahre seiner Kindheit in Palästina. 1948 brach er sein Ingenieurstudium ab, um sich den Widerstandsgruppen im Gazastreifen anzuschließen. Nach dem Krieg nahm er sein Studium an der Universität Kairo wieder auf und wurde zum Mitbegründer des Verbands Palästinensischer Studenten, dessen Präsident er bis 1957 war. Während der Suezkrise engagierte er sich 1956 als Freiwilliger in der ägyptischen Armee. Im selben Jahr ließ er sich in Kuwait nieder und gründete dort ein Bauunternehmen, dessen Gewinn er nutzte, um militante Aktionen zu finanzieren. Zudem bildete er nach dem Modell der antikolonialen Bewegungen eine Widerstandsorganisation, die Bewegung zur Befreiung Palästinas (*Harakat at-Tahrir al-Filastiniya*), die als Al-Fatah bekannt wurde (*Fatah* ist ein Akronym, das von hinten gelesen wird: F-T-H); er war deren Vorsitzender bis zu seinem Tod im Jahr 2004.

*Yassir Arafat 1988 vor dem EU-Parlament*

Am 19. April 1968, als der Bekanntheitsgrad der *Fatah* seinen Höhepunkt erreicht hatte, tauchte Arafat unter dem Pseudonym »Abu Ammar« aus dem Untergrund auf und zeigte sich zum ersten Mal in der Öffentlichkeit. 1969 übernahm er die Führung der Palästinensischen Befreiungsorganisation (PLO) und stellte die nationale palästinensische Sache in den Vordergrund. Nach der Vertreibung 1970 aus Jordanien (»Schwarzer September«) verlegten er und andere Widerstandsorganisationen ihren Hauptsitz in die libanesische Hauptstadt Beirut, wo er bis zur israelischen Invasion 1982 blieb. Unter internationalen Schutz gestellt, verließ er schließlich den Libanon und ging nach Tunis, wo sich die verschiedenen Einrichtungen der PLO niederließen. Am 15. November 1988 verkündete er die Unabhängigkeitserklärung des Staates Palästina und wurde am 2. April 1989 vom Zentralrat der PLO zum Präsidenten gewählt. Nach Geheimverhandlungen mit israelischen Politikern unterzeichnete er am 13. September 1993 in Washington die Osloer Prinzipienerklärung, die Grundlage für zwei weitere Oslo-Abkommen aus den Jahren 1994 und 1995. Am 1. Juli 1994 kehrte Arafat nach Palästina zurück und übernahm die Führung der neuen politischen Institutionen in den autonomen palästinensischen Gebieten Westjordanland und Gazastreifen. Am 20. Januar 1996 wurde er zum Präsidenten der Palästinensischen Nationalbehörde gewählt.

Von den Amerikanern boykottiert und in der *Muqata* in Ramallah unter Hausarrest gestellt, verlor Arafat nach dem Ausbruch der zweiten Intifada seit September 2000 zunehmend an Einfluss auf die Situation in den besetzten Gebieten. Er starb am 11. November 2004 in einem Militärkrankenhaus in Clamart bei Paris an den Folgen einer »Blutinfektion unbekannten Ursprungs«. Schon unmittelbar nach seinem Tod gab es die ersten Stimmen, die behaupteten, Arafat sei vom israelischen Geheimdienst vergiftet worden. Mahmud Abbas wurde am 9. Januar 2005 zum neuen palästinensischen Präsidenten gewählt und trat somit auch die Nachfolge Arafats als Vorsitzender der PLO an. Obwohl Arafat gelegentlich sowohl von seinen Gegnern als auch von engen Vertrauten aufgrund seiner autokratischen Entscheidungen und politischen Strategie kritisiert wurde, bleibt er als Person, die ihr Leben in den Dienst der palästinensischen Sache stellte, Symbolfigur und Idol für die Palästinenser. Da er jahrelang im Untergrund lebte, niemals zwei Nächte in Folge am gleichen Ort schlief und mehreren Mordversuchen entging, heiratete er erst spät und meinte stets, dass er »mit der palästinensischen Sache verheiratet« sei.

## Geschichte

## Die Al-Aqsa-Intifada

»Wir müssen dort Druck ausüben, wo die Palästinenser
ihre Schwächen haben, damit sie zu uns gekrochen kommen,
um uns um einen Waffenstillstand anzuflehen.«
*Rehavam Zeevi, israelischer Minister (2001)*

Der provokative Besuch von Ariel Sharon auf dem *Haram esh-Sharif* (Tempelberg) am 28. September 2000 löste einen erneuten Aufstand der Palästinenser gegen die israelische Besatzung aus. Ministerpräsident Ehud Barak reagierte unmittelbar mit drastischen Unterdrückungsmaßnahmen – in nur wenigen Tagen wurden Dutzende Palästinenser jeden Alters meist durch Scharfschützen aus dem Hinterhalt getötet oder verletzt. Dies ermöglichte es Barak, der Sackgasse zu entkommen, in der das Treffen von Camp David II im Juli 2000 geendet hatte. Tatsächlich hatte die israelische Armee während der Verhandlungen von Camp David II bereits einen neuen Interventionsplan aufgestellt. Der Codename sollte im Fall eines »Konflikts niedriger Intensität« »Magic Air« (»Magische Luft«) und bei einer Besetzung der palästinensischen Städte »Distant World« (»Entfernte Welt«) lauten. Dieser Einsatz fand tatsächlich statt, aber unter anderem Namen. Der Plan mit dem Codenamen »High Tide/Low Tide« (»Ebbe und Flut«) wurde von der Regierung Barak bereits in den ersten Tagen der Al-Aqsa-Intifada umgesetzt. Die Besetzung der palästinensischen Städte im April 2002 wiederum wurde von den israelischen Besatzungsmacht als »Operation Defensive Shield« (»Operation Verteidigungsschild«) bezeichnet.

Die Al-Aqsa-Intifada, deren Name auf den Besuch Sharons und das darauffolgende Blutbad zurückgeht, war – abgesehen von der Reaktion auf die Provokation Sharons – ein Ausdruck der Ablehnung der Camp-David-II-Vereinbarungen durch die Palästinenser, da in diesem Abkommen eine politische Lösung angestrebt wurde, die keines der grundlegenden Rechte des palästinensischen Volkes anerkannte und die einen palästinensischen Staat lediglich in Form eines Protektorats in Erwägung zog. Bei diesen Geheimverhandlungen von Camp David II hatte Ministerpräsident Ehud Barak die »roten Linien« – unumstößliche israelische Positionen –, die bereits in vorangegangenen Verhandlungen seit der Unterzeichnung der Oslo-Abkommen von

*Demonstration in Abu Dis östlich von Jerusalem*

all seinen Vorgängern (Rabin, Peres und Netanyahu) festgelegt worden waren, erneut bekräftigt. Er forderte, dass keine UN-Resolution in die Tat umgesetzt werden solle – weder die über das Rückkehrrecht der palästinensischen Flüchtlinge an ihren Heimatort (Resolution 194) noch die über den israelischen Rückzug aus den 1967 besetzten Gebieten (Resolution 242). Weiterhin erklärte Barak, dass ein unabhängiger palästinensischer Staat, der sich selbst regiere, undenkbar sei. Schließlich verlangte er, dass Jerusalem eine offene, ungeteilte Stadt unter der Herrschaft Israels sein solle.

## Allgemeines

Die Al-Aqsa-Intifada war aber auch eine Reaktion auf den achtjährigen Friedensprozess, während dem die israelische Siedlungspolitik auf palästinensischem Boden ungehindert fortgesetzt wurde – ein Vorgehen, welches de facto die Souveränität des israelischen Staates über die seit 1967 besetzten Gebiete behaupten sollte. Diese acht Jahre waren nicht allein durch die Siedlungsexpansion in Ostjerusalem, im Westjordanland und im Gazastreifen gekennzeichnet, sondern auch durch die territoriale Zerstückelung Palästinas in isolierte Enklaven, die Einschränkung der Bewegungsfreiheit der Palästinenser, die Isolierung Ostjerusalems, die wirtschaftliche Abhängigkeit sowie die vielfältigen täglichen Erniedrigungen und Menschenrechtsverletzungen.

Die Mitglieder der Palästinensischen Nationalbehörde, welche die Friedensverhandlungen geführt hatten, wurden aufgrund mangelhafter Resultate des Friedensprozesses von der eigenen Bevölkerung heftig kritisiert. Die Kritik bezog sich auf den fraglichen Erfolg ihrer Strategie und auf deren Umsetzung. Der Nationalbehörde wurden auch Korruption, Vetternwirtschaft und die Verletzung der Menschenrechte vorgeworfen, insbesondere die Unterdrückung der Opposition und die Missachtung der Meinungsfreiheit. Außerdem stellten viele Palästinenser die Rolle der internationalen Staatengemeinschaft infrage, vor allem die der Vereinten Nationen. Weder vor noch nach den Oslo-Abkommen war es zu einem internationalen Einschreiten gekommen. Die Hoffnung auf eine gerechte Lösung erfüllte sich somit nicht, und auf internationaler Ebene rangen sich die Politiker lediglich zu der Aussage durch, dass »der Friedensprozess im Nahen Osten unterstützt« werden müsse.

*Palästinenserin aus dem Flüchtlingslager Balata bei Nablus*

## Geschichte

*Mit Steinen gegen Panzer*

### Mustafa Ali Zabri (Abu Ali Mustafa, 1938-2001)

Abu Ali Mustafa wurde 1938 in Arrabeh (in der Nähe von Jenin) als Sohn eines Bahnarbeiters geboren, der für die Bahngesellschaft von Haifa tätig war. Er ging in Amman zur Schule und schloss sich mit 17 Jahren der Bewegung der Arabischen Nationalisten (BAN) an. Als König Hussein von Jordanien die Militärgerichtsbarkeit ausrief, wurde Abu Ali Mustafa aufgrund »subversiver Aktivitäten« zu fünf Jahren Haft verurteilt. 1961 kam er frei und wurde zu einem der BAN-Führer im Norden des Westjordanlands, wo er für soziale und militärische Angelegenheiten zuständig war. 1965 besuchte er die Militärschule *Al-Shata* in Ägypten, und nach seiner Rückkehr ließ er sich im Westjordanland zum Widerstandskämpfer ausbilden. 1966 wurde er im Zuge einer weitreichenden, vom jordanischen Geheimdienst durchgeführten Verhaftungswelle erneut festgenommen.

Nach der Niederlage von 1967 setzte sich Abu Ali Mustafa für die Fortführung des bewaffneten Kampfes gegen die Besatzungsmacht ein und wurde zu einem der Gründungsmitglieder der Volksfront für die Befreiung Palästinas (PFLP) sowie zum Anführer ihres militärischen Arms. 1971 ging er nach dem Rückzug der palästinensischen *Fedayin* aus Jordanien in den Libanon. Im September 1999 kehrte er nach Palästina zurück und wurde kurz darauf zum Generalsekretär der PFLP gewählt. Seit Beginn der Al-Aqsa-Intifada propagierte er stets die Stärkung der nationalen Einheit auf einer demokratischen Grundlage sowie die Bildung einer vereinten Führung des Aufstands. Am 27. August 2001 wurde Abu Ali Mustafa durch eine Rakete getötet, die von den Israelis aus einem Hubschrauber auf sein Büro in Ramallah abgefeuert wurde.

*Abu Ali Mustafa*

# Allgemeines

## Formen israelischer Unterdrückung

**Einschränkung der Bewegungsfreiheit:**
Abriegelungen, militärische Belagerungen, Ausgangssperren etc.

**Drosselung der palästinensischen Wirtschaftsleistung:**
Einschränkung des Handelsverkehrs (Import, Export, Binnenmarkt) und Wirtschaftsblockaden, Nichteinstellung von Palästinensern und Entzug der Arbeitserlaubnis innerhalb Israels; Zerstörung der Infrastruktur in den Bereichen Industrie und Landwirtschaft, einschließlich Obstplantagen, Bewässerungssysteme etc.

**Vorsätzliches Auslösen einer humanitären Krise:**
Die verschärften Strafmaßnahmen sowie die Einschränkungen der Bewegungsfreiheit der Menschen und des Handelsverkehrs führten zu hoher Armut, Nahrungsmittelknappheit und einem Mangel an medizinischer Versorgung. Die Tatsache, dass der Zugang zu medizinischer Versorgung und Impfungen über längere Zeiträume hinweg immer wieder eingeschränkt war, hatte insbesondere eine erhöhte Kindersterblichkeit (Kinder unter 5 Jahren) zur Folge.

**Militärische Angriffe gegen Zivilisten:**
Beschuss von Wohngebieten, Schulen, Krankenhäusern, Krankenwagen etc. durch schwere Artillerie, Panzer, Apache-Kampfhubschrauber und Kampfflugzeuge (Typ F15 und F16); Tötung von Zivilisten (darunter viele Kinder) durch Heckenschützen ihm Rahmen von Demonstrationen; Schüsse auf medizinisches Personal und Journalisten, Attentate auf politische Repräsentanten.

**Verhaftungen und Razzien:**
Willkürliche Massenverhaftungen gefolgt von unmenschlicher Behandlung und Folter.

*Besatzungsalltag aus Kindersicht*

## Geschichte

### Menschenrechtsverletzungen und Repressalien durch Besatzungstruppen oder israelische Siedler vom 28. September 2000 bis zum 30. September 2006

**Durch die Armee oder israelische Zivilisten getötete Palästinenser: 4521**
Unter 8 Jahre: 119
9-12 Jahre: 133
13-15 Jahre: 284
16-17 Jahre: 284
Über 18 Jahre: 3701
Totgeborene Babys an den Checkpoints: 31

**Verwundete Palästinenser: 30 714**
Durch scharfe Munition: 8910
Durch Gummigeschosse: 6379
Durch Tränengas (verschiedener Arten): 6451
Sonstiges (darunter Schrapnelle): 8974

**Angriffe auf Schulen und Universitäten**
Getötete Schüler: 576
Getötete Studenten: 199
Getötete Lehrer: 32

**Angriffe auf Journalisten (2005)**
Getötete palästinensische Journalisten: 12
Getötete ausländische Journalisten: 2
Verwundete palästinensische und ausländische Journalisten: 472

**Arbeitslosenquote (in Prozent)**
Gazastreifen: 65
Westjordanland: 55

**Palästinenser, die unter der Armutsgrenze leben (in Prozent)**
Gazastreifen: 75
Westjordanland: 60
Familien, die persönliches Eigentum verkauft haben, um Grundnahrungsmittel zu erhalten: 16
Familien, die ausschließlich auf humanitäre Hilfe angewiesen sind: 30

**Unterernährung bei palästinensischen Kindern (in Prozent)**
An Unterernährung leidende Kinder: 22,5
An Anämie leidende Kinder: 38

**Zerstörte Häuser und gefällte Bäume**
Zerstörte Häuser: 7777
Gefällte Bäume: 1 187 762

**Konfiszierte und zerstörte Grundstücke in Dunam (ein Dunam ist 1000 m$^2$)**
Konfiszierte Grundstücke: 250 226
Zerstörte Grundstücke: 74 543

Quellen: MIFTAH – Die Palästinensische Initiative für die Förderung des Globalen Dialogs und der Demokratie (www.miftah.org); DCI – Internationale Verteidigung für Kinder – Palästinensische Abteilung (www.dci-pal.org) und OCHA – UN-Büro für die Koordination humanitärer Angelegenheiten in den besetzten palästinensischen Gebieten (www.ochaopt.org)

*Entwurzelte Ölbäume nördlich von Jerusalem*

## Allgemeines

## Aktuelle Entwicklung

Im Jahr 2002 begann Israel parallel zur erneuten Besetzung der wichtigsten Städte des Westjordanlands mit der Ausführung eines neuen konfliktverschärfenden Plans: dem Bau der Trennmauer (s. S. 92-97). In den folgenden Jahren sollte die Mauer große Teile des Westjordanlands voneinander abtrennen, sodass mehr palästinensisches Gebiet annektiert und zugleich Ostjerusalem vom Rest des Westjordanlands separiert werden konnte. Dadurch wurde die Bewegungsfreiheit der Palästinenser in den besetzten Gebieten weiter stark eingeschränkt (s. S. 98-101).

Im August 2005 ordnete Israels Ministerpräsident Ariel Sharon einen Teilabzug aus dem Gazastreifen an, woraufhin die israelischen Siedlungen und Militärlager aufgegeben wurden. Allerdings handelte es sich, entgegen israelischer Angaben, nicht um einen vollständigen Abzug; Israel behielt nämlich die Kontrolle über den Luftraum, das Meer und alle Grenzen bis auf den Grenzübergang Rafah, an dem eine EU-Mission zur Unterstützung des Grenzschutzes (*European Union Border Assistance Mission,* EUBAM) zwischen dem Gazastreifen und Ägypten eingerichtet wurde. EUBAM-Beobachter mussten eine Genehmigung von Israel einfordern, um ihren Arbeitsplatz erreichen zu können, da dieser unter israelischer Kontrolle stand, während die am Grenzübergang installierten Videokameras es den Israelis ermöglichten, jegliche Bewegung aus der Ferne zu beobachten. Der Grenzübergang Rafah war seit Sommer 2006 nur 19% der Zeit geöffnet, da die israelische Armee nach der Entführung eines ihrer Soldaten eine groß angelegte Militäraktion durchführte. Auch nach 2007 wurde der Grenzübergang immer wieder für längere Zeit geschlossen.

*Demonstration von Hamas-Anhängern in Gaza-Stadt*

Bei den palästinensischen Parlaments- und Präsidentschaftswahlen im Januar 2006 siegte die *Hamas*, die zum ersten Mal an den Wahlen teilnahm. Zwar wurde im Vorfeld erwartet, dass die Organisation eine bedeutende Anzahl an Sitzen erreichen würde, doch ihr überwältigender Sieg – sie gewann 74 von 132 Sitzen – war eine große Überraschung. Nach den Wahlen wurde versucht, eine Regierungskoalition mit der *Fatah* zu bilden. Als diese fehlschlug, präsentierte die *Hamas* am 29. März 2006 ihr Kabinett unter ihrem gewählten Ministerpräsidenten Ismail Haniya. Die neue Regierung wurde umgehend sowohl vom Nahostquartett (USA, Russland, Europäische Union, Vereinte Nationen) als auch von Israel boykottiert, da die USA und die EU die *Hamas* als Terrororganisation betrachten. Die Vereinigten Staaten und die EU froren alle finanziellen Hilfen für die Regierung ein, und Israel hielt die der Palästinensischen Nationalbehörde zustehenden Steuergelder zurück.

Im Sommer 2006, nach der Entführung des israelischen Soldaten Gilad Shalit im Gazastreifen und zweier Soldaten an der Grenze zum Libanon, unternahm Israels Ministerpräsident Ehud Olmert zwei groß angelegte und letztendlich verheerende Militäroffensiven: den Krieg im Libanon 2006 und den Einmarsch in den Gazastreifen im Dezember 2008. Obwohl der Libanonkrieg offiziell nur gegen die *Hizbollah* gerichtet war, hatte er schwerste Verluste auch unter der Zivilbevölkerung und die Zerstörung der Infrastruktur bis nach Beirut zur Folge. Der Krieg dauerte 34 Tage; 1000 Libanesen wurden getötet und fast eine Million Menschen obdachlos. Im Gazastreifen starben mehr als 200 Menschen. Zudem hatten die Palästinenser im Gazastreifen aufgrund der Zerstörung des Kraftwerks nur begrenzten Zugang zu Wasser und Strom.

Am 8. Februar 2007 bildeten die *Hamas* und die *Fatah* durch das von Saudi-Arabien vermittelte Mekka-Abkommen eine Regierung der nationalen Einheit. Allerdings hielten die Spannungen zwischen beiden Fraktionen an und führten im Juni 2007 zu einer bewaffneten Konfrontation. Die Auseinandersetzungen endeten damit, dass die *Hamas* Mitte Juni die Kontrolle über den Gazastreifen an sich riss. Als Antwort darauf verstärkte Israel seinen eisernen Griff um das kleine Stück Land und 1,4 Millionen Menschen wurden faktisch eingesperrt. Durch eine vorsätzliche, kollektive Bestrafung, etwa durch häufige Blockaden der Öl- und Stromlieferungen, verschlimmerte Israel die ohnehin schon prekäre humanitäre Situation.

Kurz nachdem die *Hamas* die Kontrolle im Gazastreifen übernommen hatte, verkündete Präsident Abbas die Bildung einer neuen Regierung im Westjordanland. Im Herbst 2007 traf er sich in Annapolis (USA) mit israelischen Unterhändlern, um die Möglichkeit eines Friedensabkommens auszuloten. Unter dem Schutz der US-Regierung sollten diese Gespräche eine Einigung noch vor dem Ende der Regierungszeit von Präsident George W. Bush herbeiführen. Angesichts des massiven Siedlungsausbaus in Ostjerusalem sowie im Westjordanland und der fortgesetzten Bauarbeiten an der Trennmauer muteten diese Ambitionen jedoch sehr realitätsfremd an.

*Zerstörung im Libanonkrieg 2006 in der Nähe von Saida*

# Bevölkerung und Gesellschaft

Schreib auf:
Ich bin Araber.
Ausweisnummer: 50 000.
Kinder: Acht.
Das neunte kommt Ende des Sommers.
Macht dich das wütend?

Schreib auf:
Ich bin Araber.
Beschäftigt: Im Steinbruch mit Kameraden.
Für meine acht Kinder breche ich
Brot, Kleider und Schulhefte
Aus dem Fels.
Denn ich werde nicht als Bettler
Vor deiner Tür stehen.
Macht dich das wütend?

Schreib auf:
Ich bin Araber.
Ohne Nachname. Nur ein Vorname.
Mit unendlicher Geduld habe ich
In einem Land,
Wo die Menschen mit dem Zorn leben,
Meine Wurzeln geschlagen,
Noch vor der Geburt der Zeit,
Vor der Zypresse und dem Olivenbaum,
Noch vor dem Wachsen des Grases.
Mein Vater: Aus einer Familie von Pflügern,
Nicht aus den Kreisen der Herren.
Mein Großvater: Ein Bauer,
Ohne Herkunft und Rang.
Er lehrte mich die Achtung vor der Sonne
Noch vor dem Lesen der Bücher.
Mein Haus: Eine Hütte
Aus Zweigen und Schilfrohr.
Gefällt dir das, so wie ich bin?
Ohne Nachname. Nur ein Vorname.

Schreib auf:
Ich bin Araber.
Haarfarbe: Kohlrabenschwarz.
Augen: Kaffeebraun.
Besondere Kennzeichen:
Eine fest geschnürte Kuffiye auf dem Kopf
Und meine Hand hart wie Stein,
Rau für den, der sie berührt.

Meine Adresse:
Ich komme aus einem friedlichen,
Vergessenen Dorf,
Wo die Straßen keine Namen haben
Und alle Männer auf den Feldern und
Im Steinbruch arbeiten.
Schreib auf:
Ich bin Araber.
Macht dich das wütend?

Schreib auf:
Ich bin Araber.
Ihr habt die Weingärten meiner Väter gestohlen
Und das Land, das ich bestellte
Zusammen mit meinen Kindern.
Ihr habt uns und allen meinen Enkeln
Nur diese Felsen hier übrig gelassen.
Und ich habe gehört,
Dass eure Regierung
Uns auch die noch wegnehmen will.

Also:
Schreib auf! Ganz oben!
Ich hasse die Menschen nicht,
Und ich greife auch niemanden an.
Aber wenn ich Hunger habe,
Esse ich das Fleisch meines Unterdrückers.
So hüte dich, hüte dich
Vor meinem Hunger und meinem Zorn!

Gedicht von Mahmoud Darwisch aus dem Jahr 1964 mit dem ursprünglichen Titel *Identitätskarte*. Aus: Mahmoud Darwisch, *Palästina als Metapher – Gespräche über Literatur und Politik*, Heidelberg 1998.

## Bevölkerung und Gesellschaft

## Identität

»Sie wollen Palästina ergreifen, das Herz der arabischen Welt und die zentrale Verbindung zwischen der Arabischen Halbinsel und Afrika. Ihr Ziel ist es, diese Verbindung zu zerstören und die arabische Nation zu teilen, um sie an einem vereinten Handeln zu hindern. Ein Volk braucht die Gewissheit, dass es ein Land besitzt und eine eigene Sprache spricht. Wenn du ein Volk vernichten willst, so schneide ihm die Zunge ab und besetze sein Land.«
*Khalil Sakakini, palästinensischer Bildungspolitiker und Schriftsteller (1917)*

Bevor der europäische Kolonialismus Grenzen errichtete, bildete ein großer Teil der arabischen Welt eine Einheit im Osmanischen Reich. Bezugspunkt war nicht die Nation, sondern die Stadt bzw. die administrative Provinz. Im 19. Jh. propagierte dann die kulturelle Bewegung *Nahda* (»Wiedergeburt«) die arabische Identität und ein gemeinsames arabisches Bewusstsein. Trotz der Kompromisse, welche die nationalistischen Jungtürken mit den Osmanen eingingen, befürworteten sie 1908 die Ersetzung des arabischen Alphabets durch das lateinische. Diese Ablehnung der orientalischen Kultur par excellence führte zu einem ausgeprägten arabischen Bewusstsein. Obwohl es nicht möglich war, eine politische Einheit zu bilden, führte der Kampf um die Befreiung jedes einzelnen arabischen Landes zu-

*Flüchtlingslager Jabalya im Gazastreifen*

mindest zur Bildung einer Kulturnation (*Umma arabiyya*), in der eine innerarabische Solidarität herrschte. In diesem Kontext haben der britische Kolonialismus und der Zionismus zur Entwicklung einer spezifisch palästinensischen Identität beigetragen, die durch das Zugehörigkeitsgefühl zum Heiligen Land verstärkt wird. Die Identität des palästinensischen Volkes wird von dem Gefühl geprägt, eine eigenständige Nation zu sein (unabhängig von den verschiedenen religiösen Identitäten von Muslimen und Christen), deren festgelegte Grenzen von einer fremden Besatzung bedroht sind. Der Kampf um den Schutz ihres Landes und um die Wiedererlangung ihrer Rechte hat zur Definition der palästinensischen Identität beigetragen, einer Identität, die tief mit dem Land verwurzelt ist.

Heute leben von etwa 10 Millionen Palästinensern ungefähr 5 Millionen innerhalb der Grenzen des historischen Palästinas. Knapp 40% davon sind Flüchtlinge im eigenen Land (nicht bezogen auf die vertriebenen Flüchtlinge innerhalb des Staates Israel). Im Gazastreifen erreicht der Anteil der Flüchtlinge 76,5%. Die andere Hälfte der Palästinenser ist weltweit verteilt; ein Großteil lebt in den benachbarten arabischen Staaten. Das natürliche Wachstum der Bevölkerung ist hoch (2007 betrug es 3,7%), was zur Folge hat, dass die palästinensische Gesellschaft sehr jung ist: 52,2% der Bevölkerung sind jünger als 18 Jahre. Bei gleichbleibender Wachstumsrate wird sich die Bevölkerungszahl im Westjordanland und im Gazastreifen bis 2028 verdoppeln. Die Situation der Jugend, d. h. ihre Bedürfnisse in Bezug auf Bildung, soziale Infrastruktur

## Allgemeines

und Wohnungsbau sowie die Hoffnung, die Besatzung und die Ungerechtigkeit beenden zu können, erklären ihr starkes Engagement im Kampf um nationale Unabhängigkeit.

| Die palästinensische Bevölkerung (2006/2007) ||
|---|---|
| **Im historischen Palästina (2007):** 5 174 946<br>Westjordanland und Gazastreifen (2007): 3 761 646<br>Die Gebiete von 1948 bzw. Israel (2006):1 413 300<br><br>**Außerhalb Palästinas (2006):** 5 123 584<br>Jordanien: 2 800 000<br>Syrien: 465 110<br>Libanon: 438 301<br>Ägypten: 72 058 | Libyen und Irak: 24 123<br>Saudi-Arabien: 325 302<br>Kuwait und andere Golfstaaten: 172 753<br>Andere arabische Staaten: 355 250<br>Nord- und Südamerika: 285 000<br>Andere Staaten: 250 487<br><br>Quelle: *Palestinian Central Bureau of Statistics (CBS)* |

»Wir haben es uns nicht ausgesucht, Flüchtlinge zu sein; das war etwas, was uns durch Gewalt und Terror aufgezwungen wurde. Wir haben ein Recht auf persönliche Sicherheit, auf unsere Häuser, auf unser Land und auf Frieden. Wir haben weder beabsichtigt noch akzeptiert, für immer Flüchtlinge zu bleiben. Und wir werden auch nicht akzeptieren, dass unsere Kinder weiterhin Flüchtlinge sein werden.«
*Flüchtling aus dem Flüchtlingslager Deheisheh bei Bethlehem*

*Das Flüchtlingslager Nahr al-Barid im Libanon, Winter 1948*

## Bevölkerung und Gesellschaft

## Palästinensische Flüchtlinge

Die meisten Palästinenser sind Flüchtlinge. In den besetzten Gebieten von 1967 und den angrenzenden arabischen Staaten hat das UN-Hilfswerk für Palästina-Flüchtlinge im Nahen Osten (UNRWA) 2007 über 4,5 Millionen Flüchtlinge verzeichnet. Damit sind die Palästinenser die weltweit größte Gruppe von Flüchtlingen. Über 29% von ihnen leben verstreut in 58 Flüchtlingslagern des Nahen Ostens. Die UNRWA definiert die palästinensischen Flüchtlinge wie folgt: »Um in der UNRWA-Registrierung erfasst zu werden, muss ein Flüchtling zwischen Juni 1946 und Mai 1948 in Palästina gelebt und sein Haus und sein Auskommen durch den arabisch-israelischen Krieg verloren haben. Die Nachkommen der Flüchtlinge von 1948 werden ebenfalls von der UNRWA erfasst, allerdings nur, wenn sie in den folgenden fünf Einsatzgebieten der UNRWA leben: Jordanien, Libanon, Syrien, dem Westjordanland und dem Gazastreifen.« Die Zahl der Flüchtlinge, die auf dieser Mi-

*Palästinenserin im Flüchtlingslager Balata bei Nablus*

*Flüchtlingslager Shati im Gazastreifen*

nimaldefinition beruht, ist weit geringer als die tatsächliche Anzahl palästinensischer Flüchtlinge, weil verschiedene Kategorien von Flüchtlingen ausgeklammert werden: jene, die außerhalb der Einsatzgebiete der UNRWA leben, z. B. in Ägypten oder dem Irak; Palästinenser, die sich 1948 außerhalb von Palästina befanden; von der UNRWA nicht registrierte Flüchtlinge; interne, d. h. innerhalb Israels vertriebene Flüchtlinge (mehr als 300 000, s. S. 476-477); diejenigen, die 1967 zu Flüchtlingen wurden – annähernd 300 000 in nur sechs Tagen – und jene Palästinenser, die nach 1967 vertrieben wurden.

## UNRWA

Das UN-Hilfswerk für Palästina-Flüchtlinge im Nahen Osten, kurz UNRWA (*United Nations Relief and Works Agency for Palestine Refugees in the Near East*), wurde von der UN-Generalversammlung im Dezember 1949 ins Leben gerufen, um eine Soforthilfe für palästinensische Flüchtlinge bereitzustellen. Das Hilfswerk war zunächst auf Zeit angelegt; nach über 60 Jahren agiert es jedoch auch heute noch, denn die Flüchtlinge warten nach wie vor auf die Anerkennung ihrer Rechte. Die UNRWA beschäftigt 28 000 Mitarbeiter, von denen 99% Palästinenser sind. Sie unterhält 656 Schulen und 8 technische Ausbildungszentren bzw. Berufsschulen sowie Gesundheits- und Sozialzentren (Sozialhilfestellen für Familien, die kein Einkommen haben, Jugendzentren usw.). Heute gibt die UNRWA jährlich etwa 85 $ pro Flüchtling aus, um die Kosten für Bildung, Gesundheitsversorgung und Lebensmittel zu decken. Allerdings wurde in den Oslo-Abkommen der Notlage der Flüchtlinge nicht mehr höchste Priorität eingeräumt, weshalb die finanziellen Zuwendungen auf einen bedenklich geringen Betrag gesunken sind. 2007 belief sich das Budget auf 487 Mio. $, wobei die größten Geldgeber die USA, die EU und zusätzlich einzelne EU-Mitgliedstaaten waren. Im Dezember 2006 veröffentlichte die UNRWA einen Notfallspendenaufruf, um die Bedürfnisse der Flüchtlinge in den besetzten palästinensischen Gebieten 2007 zu decken. Von den benötigten 245 Mio. $ konnten nur 133 Mio. $ aufgebracht werden.

*UNRWA Field Office in Ostjerusalem*

## *En Nakba* – Die Katastrophe von 1948

Die Palästinenser wurden 1948 und 1967 vertrieben. 1948 flohen über 800 000 Palästinenser aufgrund einer systematischen Vertreibungspolitik zionistischer Organisationen aus ihren Städten und Dörfern. Zunächst blieben sie in der näheren Umgebung und nahmen nur wenige Versorgungsgüter und die Schlüssel zu ihren Häusern mit. Keinem Palästinenser war bewusst, dass er seine Heimat für immer verlassen würde. Schon während der englisch-türkischen Kampfhandlungen von 1916 bis 1917 mussten sie teilweise ihre Häuser verlassen, kehrten aber zurück, nachdem die Gefahr vorüber war. Dieses Mal jedoch war die Hoffnung auf ein Eingreifen arabischer Truppen vergebens. Die geheime Absprache zwischen König Abdullah von

## Bevölkerung und Gesellschaft

Transjordanien und den Zionisten sowie die militärische Schwäche der Palästinenser ermöglichten die Eroberung des Landes. Bis in die frühen Fünfzigerjahre versuchten einige Flüchtlinge über unbewachte Grenzen zurück in ihre Dörfer und Städte zu gelangen, wenn auch nur, um die zurückgelassenen Besitztümer zu holen – Tausende wurden bei solchen Vorhaben getötet und bald war jede Rückkehr unmöglich. Etwa 450 Städte und Dörfer wurden teilweise oder sogar vollständig zerstört und die Häuser in den Städten von jüdischen Siedlern besetzt. Zwischen 1949 und 1953 regelte der Staat Israel diese Zwangsenteignungen unter Missachtung des Völkerrechts durch ein Gesetz – das *Absentees' Property Law* (Gesetz über den Besitz Abwesender), welches eine Rückkehr der geflohenen Palästinenser und deren Ansprüche auf ihre Besitztümer unmöglich machte. Parallel zu diesem Gesetz wurde das *Law of Return* (Rückkehrgesetz) erlassen, das jedem Juden das Recht garantiert, sich in Israel ansiedeln zu können. Das *Development Authority Law*, ein Gesetz über die Aneignung von Land, besagt darüber hinaus: Land, das einmal einem Juden gehört hat, kann nie wieder an einen Araber verkauft werden.

*Flüchtlingslager in Jordanien in den 1960er Jahren. Die Zelte wurden später durch Blechhütten und kleine gemauerte Häuser ersetzt.*

1967 wurde die Politik der Massenvertreibung wiederholt. Die Palästinenser nennen diese in Anlehnung an die »Nakba« (»Tragödie«) von 1948 »Naksa« (»Verlust«). In weniger als sechs Tagen wurden im Westjordanland und im Gazastreifen etwa 300 000 Palästinenser vertrieben. Ein Drittel von ihnen war bereits 1948 geflohen, zwei Drittel wurden zum ersten Mal Flüchtlinge. Seit diesen beiden Massenvertreibungen finden Unterdrückung, die Zerstörung von Häusern und die Kolonisierung des Landes kein Ende.

*Flucht über den Jordan im Juni 1967*

## Berichte von Flüchtlingen

»Jeder hatte zu dieser Zeit ein Stück Land. Wir hatten 4 Dunams. Wir bauten Weizen, Linsen und Kichererbsen an. Das war unsere Einkommensquelle. 1948 war ich gerade in der Schule, als der Krieg begann. Wir flohen wegen des Beschusses vom Meer her und aus der Luft; wir liefen durch die Felder, weil wir dachten, das sei der einzig sichere Weg. Wir gingen den Weg von Haifa nach Jenin zu Fuß. Die einzigen Dinge, die wir mitgenommen haben, waren einige Kleidungsstücke. Es war Sommer, und wir übernachteten unter Bäumen und in Moscheen. Das Rote Kreuz gab uns Kleidung und Nahrung: 3 kg Mehl pro Familie. Es blieb vor Ort, bis die Vertreter der Vereinten Nationen eintrafen. Sie haben eine Zählung durchgeführt und uns Registrierkarten gegeben. Ich ging nach dem Krieg von 1967 in meine Stadt zurück und sah, dass meine 4 Dunams in eine große Scheune verwandelt worden waren. Einige Jahre später haben sie die Scheune und das Haus zerstört, das, als ich 1967 zu Besuch war, noch gestanden hatte. Es wurde durch eine israelische Siedlung ersetzt.«

*Bachar aus Haifa, ein Flüchtling aus dem Flüchtlingslager Jenin*

*Palästinenser im Flüchtlingslager Jenin*

»Ich bin aus einem Dorf bei Jaffa. Vor 1948 befand sich dort der größte Hafen Palästinas. Damals war ich noch ein Kind, aber ich erzähle, was mein Vater mir erzählt hat: Er ist in der Hoffnung gegangen, bald in sein Dorf zurückkehren zu können. Er hielt Hühner und als er ging, gab er ihnen für sieben Tage genug zu fressen. Nach dem Krieg von 1967 ging ich zurück in mein Dorf, wo sie inzwischen eine Militärbasis gebaut hatten. Ich habe etwas Erde aus dem Dorf mitgenommen, um sie meinen Kindern zu geben, damit sie mit ihr verbunden bleiben.«

*Khaled, ein Flüchtling aus dem Flüchtlingslager Jenin*

»Ich kann mich noch genau daran erinnern. In einer Sommernacht, als wir – wie es Sitte im Dorf war – auf der Veranda des Hauses schliefen, weckte mich meine Mutter in Panik. Kurz danach rannten wir zusammen mit Hunderten anderer aus meinem Dorf durch den Wald. Kugeln flogen uns um die Ohren, und ich wusste nicht, was vor sich ging. Nach dieser Nacht, in der wir nur liefen und rannten, kam die ganze Familie in einem fremden Dorf mit fremden Kindern an. So fragte ich unschuldig: Wo bin ich? Und ich hörte zum ersten Mal in meinem Leben das Wort »Libanon«. Heute weiß ich, dass diese Nacht meiner Kindheit ein gewaltsames Ende bereitet hat.«

*Mahmoud Darwisch, geboren im Dorf Birwa in Galiläa, wo in der Nähe im Januar 1949 der Kibbuz Yasur eingeweiht wurde*

## Palästinenser im Exil

### In Jordanien

Mehr als 40%, nämlich etwa 2,8 Millionen der von der UNRWA registrierten Flüchtlinge, leben in Jordanien. Die meisten von ihnen (82%) leben nicht in Flüchtlingslagern. Da das jordanische Königreich Hauptziel der Flüchtlinge war, beträgt heute der palästinensische Anteil an der Gesamtbevölkerung über 50%. Palästinenser arbeiten in allen Wirtschaftsbereichen und helfen

## Bevölkerung und Gesellschaft

bei der wirtschaftlichen Entwicklung des Landes, in dem sie die vollen Bürgerrechte erlangt haben. Diese wurden ihnen bereits 1949 eingeräumt, nachdem Jordanien das Westjordanland und Ostjerusalem annektiert hatte. Die Flüchtlinge aus dem Gazastreifen (etwa 150 000 Personen), der nie unter jordanischer Kontrolle stand, besitzen dagegen nur einen Teil der jordanischen Bürgerrechte; so bleibt ihnen beispielsweise eine Anstellung im öffentlichen Dienst verwehrt.

### In Syrien

Nach Angaben der UNRWA leben 451 110 palästinensische Flüchtlinge in Syrien. Sie haben keine garantierten Bürgerrechte, dürfen jedoch ebenfalls in allen Wirtschaftsbereichen arbeiten, auch im öffentlichen Dienst; 29% von ihnen leben noch immer in Flüchtlingslagern.

### Im Libanon

Im Libanon leben nach UNRWA-Angaben etwa 440 000 palästinensische Flüchtlinge. Im Gegensatz zu Jordanien und Syrien verbietet die libanesische Verfassung explizit offizielle Maßnahmen zur Integration palästinensischer Flüchtlinge. Faktisch betreibt der Libanon somit hinsichtlich der Palästinenser eine Art Isolationspolitik. So sind die Flüchtlinge diskriminierenden Beschränkungen in allen Bereichen des täglichen Lebens ausgesetzt, sei es in Bezug auf Arbeit, Gesundheit, Bildung oder Bewegungsfreiheit. Durch Dekrete (insbesondere das Dekret Nr. 38/11 vom 5. April 1983) ist es den Palästinensern lediglich erlaubt, niedere bzw. untergeordnete Tätigkeiten auszuüben, die meist nur stunden- oder tageweise entlohnt werden. Qualifizierte Berufe (insgesamt 72 Jobkategorien) bleiben ihnen verwehrt. Daraus resultiert eine hohe Arbeitslosenrate von 40 bis 60%. Zudem haben Palästinenser keinen Zugang zum öffentlichen Gesundheitssystem oder zu anderen staatlichen Leistungen wie etwa Bildung. Die Bebauung des Landes inner- und außerhalb der Lager, in denen die meisten Palästinenser im Libanon leben, unterliegt ebenfalls Beschränkungen. Dies hat zu einer extremen Übervölkerung und miserablen hygienischen Zuständen in den dortigen Flüchtlingslagern geführt. Seit den Oslo-Abkommen haben sich die Bedingungen weiter verschlechtert, da die Gelder der PLO vorrangig in Entwicklungsprojekte im Westjordanland und im Gazastreifen investiert wurden.

*Palästinenserin in einem Flüchtlingslager in Amman*

## Allgemeines

### Internationale Rechtsnormen, die palästinensischen Flüchtlingen das Recht auf Rückkehr garantieren

1. Resolution 194 der UN-Generalversammlung vom 11. Dezember 1948:

Artikel 11: »(Die Generalversammlung) beschließt, dass es den Flüchtlingen, wenn sie es wünschen, zu ihren Wohnstätten zurückzukehren und in Frieden mit ihren Nachbarn zu leben, zum frühestmöglichen Zeitpunkt gestattet werden soll und dass denjenigen, die sich entscheiden, nicht zurückzukehren, für den Verlust oder die Beschädigung von Eigentum auf der Grundlage internationalen Rechts oder nach Billigkeit von den verantwortlichen Regierungen und Behörden eine Entschädigung gezahlt werden soll.«

2. Artikel 13 der Allgemeinen Erklärung der Menschenrechte vom 10. Dezember 1948:

(1) Jeder hat das Recht, sich innerhalb eines Staates frei zu bewegen und seinen Aufenthaltsort frei zu wählen.
(2) Jeder hat das Recht, jedes Land, einschließlich seines eigenen, zu verlassen und in sein Land zurückzukehren.

3. Das IV. Genfer Abkommen von 1949 bestätigt das Rückkehrrecht all derer, die aufgrund eines Kriegsausbruchs ihr Land verlassen mussten.

4. Die Resolution 3236 der UN-Generalversammlung vom 22. November 1974 bestätigt das Recht der Palästinenser auf Selbstbestimmung, nationale Unabhängigkeit und Souveränität sowie das unveräußerliche Recht der Palästinenser auf Rückkehr in ihr Land und in ihre Häuser.

## Gesellschaft

Es gibt einige grundlegende Charakteristika, die alle Palästinenser unabhängig von Religionszugehörigkeit und Wohnort gemeinsam haben. Zweifellos ist die Familie die wichtigste soziale Einheit, was aber nicht nur für die Kernfamilie gilt, denn die meisten Palästinenser leben in großen Familienverbänden. Eine solche Großfamilie, genannt »hamula«, ist ein familiäres Netzwerk, dessen Mitglieder sehr weitläufig miteinander verwandt sein können, sodass sie oft Tausende Personen umfasst. Auf Festen wie Hochzeiten oder Beerdigungen vertiefen die Mitglieder einer *hamula* ihre Kontakte untereinander. Auf der Ebene der Kernfamilie sind die Bindungen so eng, dass Kinder ihr Elternhaus nur selten vor der Heirat verlassen. Normalerweise bleibt einer der Söhne im Haus der Eltern, während die anderen sich in der Nähe niederlassen, um das Elternhaus durch zusätzliche Häuser zu erweitern. Frauen, die oft Verwandte sind, zur selben *hamula* gehören oder zumindest aus demselben Dorf oder Viertel stammen, schließen sich dagegen der Familie des Ehemannes an. Die meisten Haushalte bestehen aus einer Kernfamilie, d.h. in den einzelnen Häusern wohnt jeweils ein Ehepaar mit seinen Kindern. Im Westjordanland jedoch leben 28% der Menschen in Großfamilien, in denen die

*Palästinensische Familie im Flüchtlingslager Balata bei Nablus*

Großeltern väterlicherseits, unverheiratete Brüder oder Schwestern sowie Witwen oder Witwer zusammen leben. Dies ist vor allem in Dörfern mit ausgeprägt traditionellen Strukturen der Fall.

Die palästinensische Bevölkerung ist jung; das Durchschnittsalter beträgt 16 Jahre. Im Durchschnitt haben Paare 4 bis 5 Kinder (4,2 im Westjordanland und 5,4 im Gazastreifen), sodass meistens mehr als 6 Personen in einem Haushalt leben. Die Geburtenrate variiert von Ort zu Ort und von Viertel zu Viertel. Jerusalem hat mit 3,9 Kindern pro Familie die niedrigste Geburtenrate, während Städte wie Gaza und Hebron mit 6,8 Kindern die höchsten Geburtenraten aufweisen. Traditionell wird noch immer männlicher Nachwuchs bevorzugt. Der älteste Sohn garantiert den Fortbestand der Familienlinie und verleiht seinen Eltern einen neuen sozialen Status. Wenn ein Junge z. B. Khaled heißt, nennt sich sein Vater »Abu Khaled« (»Vater von Khaled«), und seine Mutter wird ab diesem Zeitpunkt »Umm Khaled« (»Mutter von Khaled«) genannt. In muslimischen Familien rezitiert man den Aufruf zum Gebet (*athan*), der das Glaubensbekenntnis beinhaltet, in das Ohr des neugeborenen Babys. Ein paar Stunden oder Tage später werden die Jungen beschnitten. Auch in christlichen palästinensischen Familien werden die Söhne häufig beschnitten.

## Wichtige Feste

Eine Heirat ist ein sehr wichtiges Ereignis in der palästinensischen Gesellschaft. Die Entscheidung für den Ehepartner liegt zwar zum größten Teil bei den zukünftigen Eheleuten; Familienmitglieder (Eltern, Brüder und Schwestern) haben aber eine Art Mitspracherecht. Diese traditionelle Absprache ist normalerweise reine Formsache, sie sollte jedoch nicht vernachlässigt werden. Andere Bräuche wiederum sterben aus, z. B. die Doppelhochzeit, »badal« genannt, bei der Bruder und Schwester ein anderes Geschwisterpaar heiraten, oder die rückläufige Tradition der Polygamie, die gegenwärtig weniger als 4% der Verheirateten betrifft. Während sie vor zwei Generationen noch an der Tagesordnung war, wird sie mittlerweile missbilligt.

Ein Todesfall wird durch den Muezzin vom Minarett aus verkündet – sogar dann, wenn der Verstorbene gar nicht mehr im Land gelebt hat. Das Sterben eines Angehörigen wird von einem Ritual begleitet, bei dem sich die ganze Familie versammelt. Drei Tage lang empfängt sie Verwandte, Freunde und Nachbarn (*aza*). Die Frauen begrüßen ihre Gäste im Haus des Verstorbenen, während sich die Männer im Haus eines nahen Verwandten versammeln, z. B. eines Sohnes oder eines Bruders. An der Beerdigung nehmen nur Männer teil – sowohl Muslime als auch Christen; sie tragen den Verstorbenen zum Friedhof. Am vierzigsten Tag findet eine spezielle Zeremonie statt, die das Ende der Trauerzeit (*tabin*) markiert.

*Palästinensische Hochzeit*

## Allgemeines

### Die Märtyrer (*Shuhada*)

Alle Palästinenser, die für die nationale Sache sterben, gelten ungeachtet ihrer Religion als Märtyrer (*Shuhada*). Das Wort »Shahid« (»Märtyrer«) bedeutet wörtlich »Zeuge«. Märtyrern wird nationale Ehre und spirituelle Anerkennung zuteil. Jeder Trauernde hat diesen tröstlichen Vers im Kopf: »Diejenigen, die Gott und dem Gesandten gehorchen, sind (dereinst im Paradies) zusammen mit den Propheten, den Wahrhaftigen, den Zeugen und den Rechtschaffenen, denen (allen) Gott (höchste) Gnade erwiesen hat. Welch gute Gefährten!« (Koran-Sure 4, An-Nisa, 69).

Damit die Zeichen der Ehre (Wunden, u.a.) erhalten bleiben, werden die Körper der Märtyrer weder gewaschen noch verändert und ihre Beerdigungen übersteigen bei Weitem das Ausmaß einer familiären Zeremonie. Die gesamte Bevölkerung, Männer und Frauen, begleitet den Leichnam des Märtyrers, während die Fahne gehisst wird und emotionsgeladene Ehrerbietungen gesungen werden, die zur Fortführung des Kampfes aufrufen: »Der Märtyrer ist von Gott geliebt« (*al-Shahid habib Allah*) und »Gott ist groß« (*Allahu Akbar*).

*Begräbnis eines in die palästinensische Fahne gehüllten Märtyrers in Nablus*

### Bildung und Erziehung

Trotz der politischen Situation und der großen Schulklassen ist die Alphabetisierungsrate in den besetzten palästinensischen Gebieten von Ostjerusalem, dem Westjordanland und dem Gazastreifen hoch. 97,1% der Jungen und 89,8% der Mädchen beenden die Grund- und Hauptschule, aber nur etwa 52,2% der Jugendlichen besuchen weiterführende Schulen.

Palästinenser sehen Bildung als Privileg und als Weg in eine bessere Zukunft. So haben gebildete Palästinenser in den Golfstaaten, Saudi-Arabien und Jordanien seit den Fünfzigerjahren als qualifiziertes Personal entscheidend zur Entwicklung aller Wirtschaftsbereiche beigetragen.

Der Schulbesuch ist für Jugendliche unter 16 Jahren verpflichtend. Die Schulzeit ist folgendermaßen untergliedert: Kindergarten für Kleinkinder von 4 bis 5 Jahren, Grund- und Volksschule für die Altersgruppe von 6 bis 16 Jahren und weiterführen-

*Die An-Najah-Universität in Nablus*

## Bevölkerung und Gesellschaft

de Schulen ab 16 Jahren, die wiederum in drei verschiedene Zweige unterteilt sind – einen beruflichen, einen wissenschaftlichen und einen künstlerischen. Das an der weiterführenden Schule zu erwerbende Diplom (*tawjihi*) ist mit dem deutschen Abitur vergleichbar.

Bevor die Palästinensische Nationalbehörde die Organisation der Schulen übernahm – darunter die öffentlichen, privaten und die der UNRWA –, waren die Lehrpläne in palästinensischen Schulen sehr unterschiedlich, was die Zerrissenheit Palästinas widerspiegelte: Es existierte ein jordanischer Lehrplan im Westjordanland und in den Jerusalemer Privatschulen, ein ägyptischer im Gazastreifen sowie ein israelischer in den öffentlichen Schulen Jerusalems, die allesamt der israelischen Kontrolle unterlagen. Durch eine Initiative der Nationalbehörde und der Bildungseinrichtungen konnten jedoch Textbücher erstellt werden, welche die Entwicklung eines einheitlichen Lehrplans für alle palästinensischen Schulen ermöglichten. Ein weiteres Problem des palästinensischen Bildungssystems ist die stetig steigende Zahl der Schüler, weshalb die Klassen mit durchschnittlich 33,2 Schülern sehr groß sind. In den staatlichen Schulen sind es 33 Schüler pro Klasse, in Privatschulen hingegen nur 24,8 und 38,1 in den Schulen der UNRWA.

### UNRWA-Schulen

Seit ihrer Gründung im Dezember 1949 hat die UNRWA die Verantwortung für die Bildung bis zum Abitur (*tawjihi*) für alle palästinensischen Flüchtlinge in Palästina und in der palästinensischen Diaspora übernommen. Sie betreibt fast jede zweite Schule im Gazastreifen und jede zehnte im Westjordanland. Da die Mittel begrenzt sind, sehen sich die Verantwortlichen in den Flüchtlingslagern mit einer zu großen Anzahl von Schülern und unzureichenden Gebäuden konfrontiert, was dazu führt, dass in zwei oder drei Schichten unterrichtet werden muss.

## Wirtschaft

Die Landwirtschaft hat bis heute einen hohen Stellenwert in der palästinensischen Wirtschaft; sie beschäftigt 12% der Arbeitskräfte. Eine große Vielfalt an Obst- und Gemüsesorten wird im Westjordanland und im Gazastreifen angebaut (Zitrusfrüchte, Zucchini, Paprika, Tomaten, Sellerie, Gurken, Auberginen, Datteln, Mandeln und Trauben). Der wichtigste Zweig der Landwirtschaft ist jedoch die Kultivierung von Olivenbäumen – sie macht 25% der landwirtschaftlichen Produktion aus. Die israelischen Beschränkungen in Bezug auf Wasserverbrauch, Landnutzung und Export zwingen die Bauern dazu, die Produktion vor allem auf teure, für den internationalen Markt bestimmte Erzeugnisse wie Erdbeeren oder Blumen auszurichten. Ein Teil der landwirtschaftlichen Erzeugnisse wird über Israel exportiert, wo sie mit dem Etikett »Made in Israel« versehen werden. Die palästinensischen Produ-

*Getreideernte bei Nablus*

zenten ziehen es vor, für diesen kommerzialisierten israelischen Service zu bezahlen, um Verzögerungen durch den Zoll zu vermeiden, die fatal für die verderblichen Waren sein können.

Der sekundäre Wirtschaftssektor (Produktion und Baugewerbe) beschäftigt 37% der arbeitenden Bevölkerung. Die palästinensische Industrieproduktion ist meist in Familienbetrieben organisiert. Charakteristisch sind kleine Werkstätten, in denen im Durchschnitt fünf Arbeiter angestellt sind. Das gilt sowohl für die Weiterverarbeitung landwirtschaftlicher Produkte (Lebensmittel, Getränke, Olivenöl) als auch für den industriellen Sektor (Schuhe, Plastikprodukte, Möbel, Baumaterialien). Im industriellen Bereich sind palästinensische Betriebe in der Regel Subunternehmen israelischer Firmen, was ihre Abhängigkeit von der israelischen Wirtschaft erhöht. Die Dienstleistungen und das Baugewerbe expandierten seit 1995 beträchtlich, als nach den Oslo-Abkommen mit der Rückkehr Zehntausender Palästinenser ins Westjordanland und in den Gazastreifen ein großer Bedarf an neuen Häusern entstand und die noch junge Palästinensische Nationalbehörde viele Verwaltungsgebäude benötigte. Es gab zudem einen Bauboom und eine Ausdehnung israelischer Siedlungen, die auf die Einwanderung hunderttausender russischer Juden und auf den Wohlstand zurückzuführen sind, den Israel zur Zeit des Friedensprozesses erlebte. Während der vierjährigen Al-Aqsa-Intifada hat diese Expansion allerdings wieder nachgelassen. Derzeit beträgt die Arbeitslosigkeit durchschnittlich 40%. Ständige Abriegelungen und die vielen Checkpoints machen es den Palästinensern häufig unmöglich, ihre Arbeitsplätze zu erreichen.

*Bauarbeiter in Beit Sahour*

Der tertiäre Sektor ist mit 73% des Bruttoinlandsprodukts (BIP) des Gazastreifens und fast 60% des BIPs des Westjordanlands der wichtigste Wirtschaftssektor. Der öffentliche Dienst beschäftigt 24% der arbeitenden Bevölkerung im Gazastreifen und 15% im Westjordanland.

*Teppichverkäufer in der Altstadt von Jerusalem*

## Bevölkerung und Gesellschaft

## Eine abhängige Wirtschaft

### Steuereinnahmen

Das Pariser Protokoll über die Wirtschaftlichen Beziehungen von 1994 verpflichtete die Palästinenser, eine Zollunion mit Israel einzugehen, die theoretisch eine freie Zirkulation von Kapital und Gütern vorsah. Die Steuersätze wurden vom israelischen Staat festgelegt, und Israel verpflichtete sich, auch die Beträge aus der Mehrwertsteuererhöhung und die Zölle auf die Waren, die ins Westjordanland und den Gazastreifen importiert werden, an die Palästinensische Nationalbehörde abzuführen. Die Zölle machten 1998 60% ihres Einkommens aus. Die israelische Kontrolle über die Zolleinnahmen ist daher ein Druckmittel auf die Palästinensische Nationalbehörde, denn Israel versäumt es regelmäßig, die der Palästinensischen Nationalbehörde zustehenden Steuern weiterzuleiten. Die Abhängigkeit von Israel zeigt sich auch darin, dass 90% der Im- und Exporte Palästinas aus oder nach Israel erfolgen. Daher können von Israel veranlasste Abriegelungen und Belagerungen des Westjordanlands und des Gazastreifens die palästinensische Wirtschaft stark beeinträchtigen.

### Ausländische Finanzhilfen

Aufgrund ihrer hohen Verschuldung ist die Palästinensische Nationalbehörde auf ausländische Geldgeber angewiesen. 2002 wurde ihr Haushalt mit Hilfsgeldern in Höhe von 464 Mio. $ unterstützt, vornehmlich aus den Staaten der Arabischen Liga, der EU sowie von der Weltbank. Allerdings stellten die USA und die EU ihre Hilfsgelder für die Palästinensische Nationalbehörde nach dem Sieg der *Hamas* bei den Wahlen im Januar 2006 ein und stoppten zudem die Fördergelder für viele laufende Entwicklungsprojekte. Zur selben Zeit behielt Israel als Strafmaßnahme für den Wahlsieg der *Hamas* 800 Mio. $ von den der Nationalbehörde zustehenden Steuereinnahmen ein. Dies führte zu einer schweren Krise in den palästinensischen Autonomiegebieten und zu einem noch größeren Haushaltsdefizit von fast 1 Mrd. $ im Jahr 2006 (IWF-Bericht vom März 2007). Angestellte im öffentlichen Dienst erhielten 2006 durchschnittlich nur noch die Hälfte ihres Lohns. Viele Familien verloren ihr gesamtes Einkommen. Nach der Bildung einer Regierung der nationalen Einheit revidierten die Geldgeber Anfang 2007 ihre Entscheidung, die Unterstützung für die Palästinensische Nationalbehörde einzustellen, was eine Erleichterung der wirtschaftlichen Situation mit sich brachte. Nach der Machtübernahme der *Hamas* im Gazastreifen im Juni 2007 bildete Präsident Mahmoud Abbas eine Notstandsregierung im Westjordanland, um die Fortsetzung der internationalen Finanzhilfe und den Erhalt der von Israel zurückgehaltenen Steuergelder zu sichern. Zur gleichen Zeit jedoch versuchte Israel, den Gazastreifen komplett abzusperren; nur für die Lieferungen der notwendigsten humanitären Hilfsgüter wurden Ausnahmen gemacht. Ohne die Einfuhr von Rohstoffen ist die Wirtschaft im Gazastreifen jedoch schrittweise dem Zusammenbruch ausgeliefert.

### Palästinensische Arbeiter in Israel

Die Einschränkungen in der freien Wirtschaft führten dazu, dass viele Palästinenser in Israel Arbeit suchen mussten. So profitiert Israel sowohl von billigen Arbeitskräften als auch von der Möglichkeit, Druck auf die palästinensische Bevölkerung auszuüben, da sie ihr jederzeit die Einkommensquelle entziehen kann. Vor der ersten Intifada beschäftigte Israel täglich 180 000 palästinensische Arbeiter. Nach einem deutlichen Rückgang dieser Zahl in den späten Neunzigerjahren durch eine lange Phase der Grenzschließung und der Zuwanderung ausländischer Arbeitskräfte nach Israel, stieg die Anzahl der in Israel arbeitenden Palästinenser Anfang 2000 wieder auf knapp über 100 000 an; dies entsprach 20% der palästinensischen Erwerbstätigen. Allerdings verloren mit dem Beginn der Al-Aqsa-Intifada 2002 wiederum Zehntausende ihren Arbeitsplatz, weil sie nicht mehr nach Israel einreisen durften. 2006 konnten nur 60 000 Menschen in Israel arbeiten (*Global-Policy-Network-Bericht zur wirtschaftlichen Lage* vom September 2006). Obwohl die Löhne in Israel höher sind, zahlen die palästinensischen Arbeiter einen hohen persönlichen Preis: Sie sind gezwungen, inhumane Bedingungen zu ertragen, einschließlich des stundenlangen Wartens an den Checkpoints und des drohenden Verlusts ihres Arbeitsplatzes durch regelmäßige und willkürliche Einreiseverbote nach Israel oder des fristlosen Entzugs ihrer Arbeitserlaubnis.

## Allgemeines

### Absenkung des Familieneinkommens

Das monatliche Durchschnittseinkommen ist von 2800 NIS vor der Al-Aqsa-Intifada auf 1600 NIS im Juni 2003 gesunken. Die Arbeitslosenrate erreichte mit mehr als 30% im Jahr 2002 ihren Höchststand. Aufgrund der Instabilität, die durch die andauernden israelischen Militärinterventionen, die Einschränkung der Bewegungsfreiheit und Grenzschließungen hervorgerufen wurde, verlor annähernd die Hälfte der palästinensischen Bevölkerung während der ersten drei Jahre der Al-Aqsa-Intifada etwa 50% ihres Monatseinkommens. Während sich das Einkommensniveau im Westjordanland nach dieser Zeit stabilisierte, ist es im Gazastreifen weiter stark gesunken. Dort verfügten im Jahr 2007 70% der Haushalte über weniger als 1000 NIS pro Monat (weniger als 1,2 $ pro Tag und Kopf). 2007 lebten dem Palästinensischen Zentralbüro für Statistik (CBS) zufolge 57% aller palästinensischen Haushalte im Westjordanland und annähernd 80% der Haushalte im Gazastreifen unterhalb der nationalen Armutsgrenze.

*Getränkeverkäufer*

# Kultur

*»Das Abendmahl«. Gemälde von Sliman Mansour.*

## Kunst

Bis ins frühe 20. Jh. waren die verschiedenen Formen palästinensischer Kunst vor allem stark durch das künstlerische Schaffen in der arabischen Welt beeinflusst. Die Nichtanerkennung der arabischen Palästinenser in den Phasen der Fremdherrschaft führte schließlich dazu, dass allmählich Kunst zum Ausdrucksmittel nationaler Identität wurde, deren Erhalt sich zum wichtigsten Bezugspunkt für viele Künstler entwickelte. Theater, Kino, Malerei, Musik und Literatur sind heute feste Bestandteile der palästinensischen Kultur und wichtige Elemente einer den Kampf des palästinensischen Volkes thematisierenden »Widerstandskultur«.

## Musik

Die palästinensische Musik orientiert sich sowohl in ihrer klassischen als auch in ihrer volkstümlichen Form an der zeitgenössischen arabischen Musik. Deren wichtigste Zentren (Ägyp-

## Allgemeines

ten, Syrien, Libanon und Irak), die auch heute noch den Musikmarkt dominieren, haben sie sehr stark beeinflusst. Nach dem Junikrieg von 1967 wandten sich viele palästinensische Musiker wieder verstärkt der traditionellen und »ländlichen« Musik zu. Seither bildeten sich viele Folkloregruppen, die Musik, Tanz und Widerstandsthematik miteinander verbinden. Seit Mitte der Neunzigerjahre ist auch Hip-Hop unter palästinensischen Jugendlichen sehr beliebt. Zu den bekanntesten Gruppen, deren Texte u.a. stark das Leben unter der Besatzung thematisieren, gehören das Trio DAM sowie *Boikutt* und *Ramallah Underground*.

### Palästinensische Folklore

Musik und volkstümliche Lieder sind fester Bestandteil der mündlichen Überlieferung und werden in der Regel bei Zeremonien oder an speziellen Abenden aufgeführt. Ein beduinischer oder bäuerlicher *shaer* (Dichter, Komponist und Sänger) verbindet zwei Musikgenres: die traditionelle Musik und Improvisation. Das lange und repetitive Singen über die Sehnsucht nach Vergangenem, Heimweh oder Liebe wird manchmal von der *rebaba* begleitet, einer Art Geige, die aus einem rechteckigen Korpus mit zwei Saiten aus Pferdehaar besteht und mit einem Bogen gespielt wird. Der silbenweise Gesang besteht aus kurzen Strophen und einem Refrain, der zuerst vom *shaer* und dann vom Publikum gesungen wird. Traditionelle Hochzeitszeremonien und Tänze werden häufig von diesem Gesang begleitet. Klatschen und Schlaginstrumente (*darbouka* oder *tabla*) bestimmen den Rhythmus der Lieder,

*Folkloreensemble*

die manchmal auch mit anderen Instrumenten, wie z. B. der *shebaba* (eine kleine Flöte mit oder ohne Mundstück) oder Klarinetten mit doppeltem Blatt, begleitet werden. Bei den Klarinetten unterscheidet man zwei Arten: Die *mijwez* (zwei gleich lange Rohre) und die *yarghoul*, die einen tiefen, brummenden Klang produziert und bei der eine der Pfeifen bis zu 2 m lang sein kann.

### Musik, Gesang und Tanz

In Palästina besteht zwischen Musik, Gesang und Volkstanz eine enge Verbindung. Die Volkstänze werden generell von Musik und Gesang begleitet, wodurch eine künstlerische Einheit entsteht. Zu den beliebtesten Volkstänzen gehört die *dabke*, die oft von Jugendlichen bei freudigen Anlässen wie Hochzeiten und Volksfesten getanzt wird. Neben den erwähnten Blasinstrumenten zählen die *oud* (arabische Laute) und *qanun* (Zither) zu den wichtigsten Instrumenten der palästinensischen Musik.

*Schulband der National
Christian Orthodox School in Jaffa 1938*

## Kultur

### Auswahl palästinensischer und arabischer Musiker und ihrer Alben

**Abdel Halim Hafez** (Ägypten)
Qareet al-Finjan (Der Wahrsager)

**Abu Arab** (Palästina)
Hadi ya Bahr Hadi (Sei still, oh Meer)*

**Ahmad Kaabour** (Palästina)
Ounadikom (Ich rufe dich an)

**Al-Founoun esh-Shaabiyeh** (Palästina)
Zaghareed (Klagen)
Majd al-Quds (Die Pracht von Jerusalem)

**Palästinensische Lieder und Musik**
Palestinian Sounds – A compilation*

**Palästinensische patriotische Lieder**
Iqaat al-Intifada (Rhythmen der Intifada)
Watan (Heimat)*

**Fairuz** (Libanon)
Kefak Inta (Wie geht es dir?)
Al-Andalousiyat (Die Andalusier)
Ud Rannan (Die Laute vibriert)
Zahrat al-Madain (Die Rose der Städte oder
Jerusalem in meinem Herzen)*
Wahdoun (Allein)

**Fairuz/Shamseddine/Wadi es-Safi**
(Libanon/Syrien)
Sahret al-Hob (Abend der Liebe)

**Farid el-Atrache** (Libanon)
Aktoub a-waraq a-shajar (Ich schreibe
auf das Blatt eines Baumes)

**Firket Es-Soumoud** (Palästina)
Jiser al-Aouda (Die Brücke der Rückkehr)

**Ilham al-Madfai** (Irak)
Khuttar

**Samir Joubran** (Palästina)
Sou Fahm (Missverständnis)

**Mustafa al-Kurd**
Fawanis (Laternen)

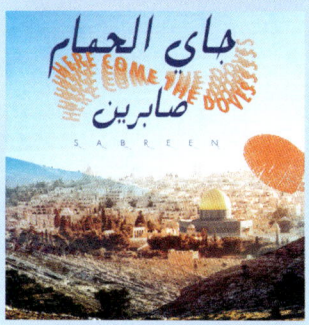

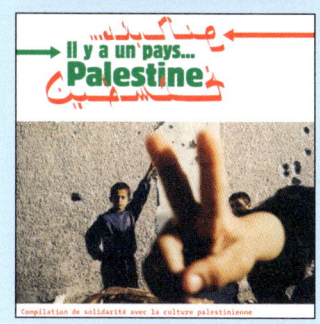

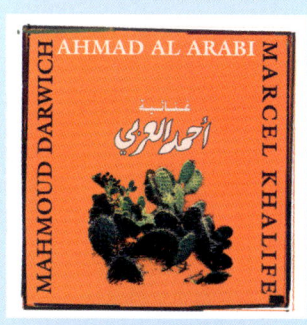

*Plattencover von Ahmad Kaabour, Sabreen, einem Solidaritätssampler und Marcel Khalife*

## Allgemeines

**Samir und Wissam Joubran** (Palästina)
Tamaas (Kontakt)

**Le Trio Joubran** (Palästina)
Randana
Majaz (Metapher)

**Julia Boutros** (Syrien)
Wein al-Malayin? (Wo sind die Millionen?)

**Marcel Khalife** (Libanon)
Ahmad Al Arabi (Ahmad, der Araber)*
Tousbihoun Ala Watan (Dämmerung einer Heimat)
Wououd min al-Assifa (Versprechungen des Sturms)

**Mohammed Abdel Wahab** (Ägypten)
Min Ghair Laih (Ohne zu fragen, warum)

**Sabreen** (Palästina)
Maout en-Nabi (Der Tod des Propheten)

**Samih Shqair** (Syrien)
Zaer al-Roman (Blüte des Granatapfels)

**Sheikh Imam** (Ägypten)
Oh Palestinian
Sharaft ya Nixon

**Umm Kulthum** (Ägypten)
Enta Omry (Du bist mein Leben)
Baid Anak (Fern von dir)
Ya Maseherni (Du hältst mich wach)

**Ziad Rahbani** (Libanon)
Bala Ishi (Ohne irgendetwas)
Abu Ali

**DAM**
Ihda 2 (Widmung)
Slingshot Hip Hop

* Fünf sehr empfehlenswerte Alben

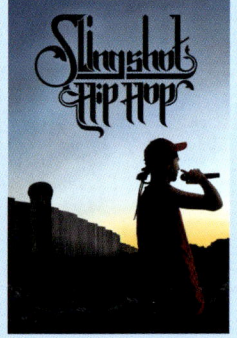

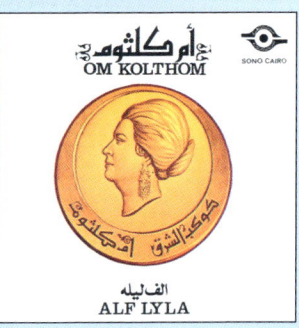

Plattencover von Fairuz,
Traditionellen Liedern
und Umm Kulthum

Links:
Das palästinensische
Hip-Hop-Trio DAM

Rechts: Plakat zu dem
preisgekrönten Film
»Slingshot Hip Hop« über
die Vielfalt der
palästinensischen
Hip-Hop-Szene

## Kultur

## Literatur

Ihren heutigen unverwechselbaren Charakter entwickelte die palästinensische Literatur während des britischen Mandats und zur Zeit des Aufstands in den Jahren 1936 bis 1939. Viele palästinensische und arabische Schriftsteller waren an diesem Volksaufstand beteiligt, unter ihnen auch Bishara al-Khoury. Die Adaption von Prosa, in Versform geschrieben, war das Kennzeichen einer neuen Generation palästinensischer Schriftsteller wie Ibrahim Tuqan, Rashid Hussein und Abdel Rahim Mahmoud. Nach der Vertreibung 1948 beherrschte vor allem die Trauer über den Verlust des Landes und die Diasporaerfahrung die palästinensische Literatur. Mit dem Beginn der Sechzigerjahre und besonders nach der Niederlage von 1967 wurde die Literatur dann zu einem Mittel der Selbstkritik. Zu den Vertretern dieser literarischen Entwicklung zählen u. a. Samih al-Qassem, Mahmoud Darwisch, Fadwa Tuqan und Ghassan Kanafani. Während der ersten Intifada hatte sie dann teilweise auch dokumentarischen Charakter und diente als historische Aufzeichnung. Fadwa Tuqan veröffentlichte zu dieser Zeit ihr Buch *Märtyrer der Intifada* und Izzat Ghazzawi *Briefe, die nie ankamen*. Beide Autoren beschreiben darin die Folter und das Leben in israelischen Gefängnissen. Während des Friedensprozesses von Oslo schien die Literaturszene in ihrer Entwicklung zunächst zu stagnieren, wurde anschließend jedoch stark vom Gefühl der Niederlage und der politischen Frustration der Folgezeit beeinflusst.

*Karikatur aus den 1980er Jahren von Sliman Mansour, einem der bedeutendsten palästinensischen Gegenwartskünstler*

## Allgemeines

## Mahmoud Darwisch (1941-2008)

Mahmoud Darwisch ist zweifelsohne der populärste und bedeutendste palästinensische Schriftsteller der Gegenwart. Sein literarisches Werk ist immens, gleichsam ein »Land aus Worten«; seine Gedichte sind populäre Hymnen, von denen einige vertont wurden, beispielsweise von Marcel Khalife, einem berühmten Musiker und Sänger aus dem Libanon. 1941 in Birwa – einem Dorf in Galiläa, 9 km östlich von Akko – geboren, musste Darwisch bereits 1948 mit seiner Familie Palästina verlassen. Nachdem er ein Jahr als Flüchtling im Libanon gelebt hatte, kehrte er mit seiner Familie heimlich in das Land zurück, das inzwischen zum Staat Israel geworden war. In der Zwischenzeit war sein Dorf zerstört und durch einen Kibbuz ersetzt worden. Als Flüchtling im eigenen Land ließ sich Darwisch in Deir al-Assad nieder, wo er eine Zeit lang »inoffiziell« lebte; er wurde ein nach israelischer Terminologie »Abwesend-Anwesender«. Nach Abschluss der höheren Schule ging er nach Haifa und trat der Kommunistischen Partei Israels bei. Er schrieb für zwei ihrer Zeitschriften, *Al-Ittihad* (»Die Union«) und *Al-Jadid* (»Das Neue«), die einzigen Publikationen, bei denen Palästinenser damals arbeiten konnten. Seine politischen Aktivitäten und Gedichte brachten ihm mehrere Gefängnisaufenthalte ein. In dieser Zeit entstand auch die »Literatur des Widerstands«, eine revolutionäre und patriotische Gruppierung. 1971 ging Darwisch nach Kairo und anschließend nach Beirut, dem Zentrum des palästinensischen Widerstands. In diesem zweiten Exil verfolgte er einen verstärkt ästhetischen Literaturstil. Die israelische Invasion in den Libanon zwang ihn aber erneut zur Flucht ins Ausland. In den darauffolgenden Jahren zog er von einer arabischen Hauptstadt zur nächsten, zeitweise lebte er auch in Paris und London, wo er eine gewisse Anonymität wahren konnte. Als Mitglied des PLO-Exekutivkomitees und Präsident des Palästinensischen Schriftstellerverbandes gründete er die Literaturzeitschrift *Al-Karmel*. 1993 legte er aus Protest gegen die Osloer Prinzipienerklärung sein Amt als Mitglied des PLO-Exekutivkomitees nieder. Anschließend lebte er in Amman und Ramallah. Am 9. August 2008 starb Darwisch in den USA während einer Herzoperation. Sein letzter, 2005 auf Deutsch erschienener Gedichtband *Belagerungszustand* beschreibt den Lebensalltag in Ramallah und den palästinensischen Gebieten zur Zeit der Al-Aqsa-Intifada.

*Mahmoud Darwisch*

»Das Wesentliche ist, dass ich einen Weg vom Relativen zum Absoluten gewonnen habe; einen Ausgangspunkt, um sprachlich das Nationale ins Universelle zu transformieren, damit Palästina sich nicht auf Palästina beschränkt, sondern seine ästhetische Legitimität in einem viel weiter gefassten menschlichen Raum begründet.«
*Mahmoud Darwisch*

Unter der Belagerung
Wird die Zeit zu einem Ort
Der an die eigene Ewigkeit gewöhnt ist.
Während der Belagerung wird der Raum
Eine Zeit
Verlängert durch das Gestern und
Zu spät für ein Morgen.

Mahmoud Darwisch, *Unter der Belagerung,*
Aus: *Belagerungszustand*

## Kultur

# Palästinensische Literatur: Eine Auswahlbibliografie

**Alafenisch, Salim**
*Die acht Frauen des Großvaters,* 1989.
*Das Kamel mit dem Nasenring,* 1990.

**Badr, Liana**
*A Compass for the Sunflower,* 1989.
*A Balcony over the Fakihani,* 1993.
*Eye of the Mirror,* 1995.

**Darwisch, Mahmoud**
*Tagebuch der alltäglichen Traurigkeit – Prosa aus Palästina,* 1978.
*The Music of Human Flesh – Selected Poems,* 1980.
*Weniger Rosen,* 1996.
*Palästina als Metapher – Gespräche über Literatur und Politik*,* 1998.
*The Adam of Two Edens – Selected Poems,* 2001.
*Ein Gedächtnis für das Vergessen – Beirut, August 1982,* 2001.
*Wir haben ein Land aus Worten,* 2002.
*Unfortunately, it was Paradise – Selected Poems,* 2003.
*Wo du warst und wo du bist,* 2004.
*Warum hast du das Pferd allein gelassen,* 2004.
*Belagerungszustand,* 2005.
*The Butterfly's Burden,* 2007.
*Der Würfelspieler,* 2009.

**Farhat-Naser, Sumaya**
*Thymian und Steine,* 1995.
*Verwurzelt im Land der Olivenbäume – Eine Palästinenserin im Streit für den Frieden,* 2002.

**Fawal, Ibrahim**
*On the Hills of God,* 2002.

**Habibi, Emil**
*Der Peptimist oder von den seltsamen Vorfällen um das Verschwinden Saids des Glücklosen*,* 1992.
*Das Tal der Dschinnen,* 1993.
*Saraya, the Ogre's Daughter,* 2006.

**Handal, Nathalie**
*The Poetry of Arab Women – A Contemporary Anthology,* 2001.
*The Neverfield,* 2005.

**Ibrahim Dschabra, Dschabra**
*The Ship,* 1985.
*Der erste Brunnen – Eine Kindheit in Palästina,* 1997.
*Hunters in a Narrow Street,* 1997.
*In Search of Walid Masoud,* 2000.

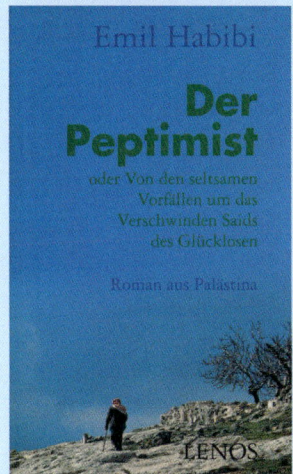

*Sumaya Farhat-Naser*

## Allgemeines

**Kanafani, Ghassan**
*Bis wir zurückkehren – Palästinensische Erzählungen II*, 1984.
*Männer in der Sonne / Was euch bleibt. Zwei palästinensische Kurzromane**, 1985.
*Umm Saad / Rückkehr nach Haifa. Zwei palästinensische Kurzromane*, 1986.

**Khalifa, Sahar**
*Der Feigenkaktus*, 1983.
*Die Sonnenblume*, 1986.
*Das Erbe*, 1997.
*Wild Thorns*, 2000.
*The End of Spring*, 2007.
*The Image, the Icon and the Covenant*, 2007.

**Khoury, Elias**
*Das Tor zur Sonne*, 2004.

**Muhawi, Ibrahim/Kanaana, Sharif (Hg.)**
*Speak, Bird, Speak Again – Palestinian Arab Folktales*, 1989.

**Qasim, Samih**
*Sadder Than Water – New & Selected Poems*, 2006.

**Qumsiyeh, Mazin B.**
*Sharing the Land of Canaan*, 2004.

**Said, Edward W.**
(s. S. 198)

**Shammas, Anton**
*Arabesques*, 2001.

**Souss, Ibrahim**
*Brief an einen jüdischen Freund*, 1988.
*Die Rückkehr der Schwalben*, 1999.

**Tuqan, Fadwa**
*Daily Nightmares – Ten Poems*, 1988.
*A Mountainous Journey – An Autobiography*, 1990.

**Yakhlif, Yahya**
*A Lake Beyond the Wind*, 2003.

**Anthologien**
Jayyusi, Salma Khadra (Hg.): *Anthology of Modern Palestinian Literature*, 1992.
Al-Maaly, Khalid (Hg.): *Nach dem letzten Himmel – Neue palästinensische Lyrik*, 2003.

* Besonders empfehlenswerte Bücher

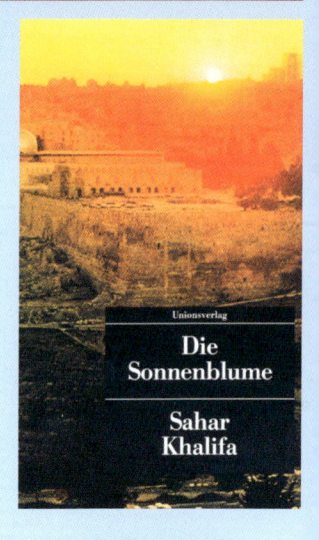

Ghassan Kanafani

## Kultur

## Malerei und Zeichnung

Anfang des 20. Jahrhunderts haben einige Ikonen-, Porträt- und sogar Landschaftsmaler – beeinflusst durch in der westlichen Welt lebende arabische Künstler – die Malerei als bislang untypische Kunstform in Palästina etabliert. In den Sechzigerjahren lag der Schwerpunkt auf Themen wie Exil und Verlust der Heimat. Die Bilder tendierten dazu, Nostalgie hervorzurufen oder Widerstand zu propagieren.

### Naji al-Ali (1938-1987)

Der von den Palästinensern sehr verehrte Karikaturist Naji al-Ali wurde in Al-Sharjara in Galiläa geboren und floh später in das Flüchtlingslager Ein el-Hilweh im Südlibanon. Seine Karikaturen stellen mit bissigem und scharfem Sarkasmus vor allem das Leben der Palästinenser unter israelischer Besatzung, die Situation der Flüchtlinge sowie die Komplizenschaft skrupelloser Geschäftsleute und arabischer Regime mit Israel und dem US-Imperialismus dar. Die *New York Times* schrieb über ihn: »Wenn Sie wissen wollen, was die Araber über die USA denken, schauen Sie sich einfach Naji al-Alis Karikaturen an.« Seine Karikaturen sind durch den in seinen Zeichnungen abgebildeten zehnjährigen Jungen *Handala* (»handala« bedeutet »Bitterapfel«) immer leicht zu erkennen. *Handala* steht mit dem Rücken zum Betrachter, den Blick auf Palästina gerichtet, und »seine Hände sind auf dem Rücken verschränkt, um seine Ablehnung der aktuellen Situation in der Region und der Lösungsvorschläge der USA auszudrücken«. Er wird sein Gesicht erst dann zeigen, wenn »die Würde der Araber nicht mehr bedroht wird« und es ihm möglich sein wird, in sein Heimatland zurückzukehren. Entdeckt von Ghassan Kanafani, veröffentlichte Naji al-Ali seine ersten Karikaturen, die »Hoffnung, Revolution und die Geburt eines neuen Menschen« ausdrückten. Er selbst sah seine Karikaturen als »Ausdruck eines unterdrückten Volkes, das teuer für die Fehler der herrschenden Mächte bezahlt, die es auf seinen Schultern trägt.

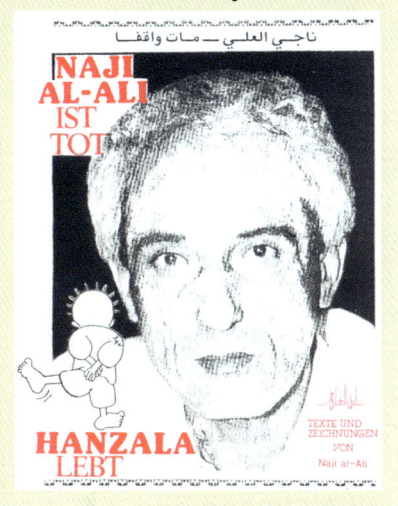

*Broschüre über Naji al-Ali*

Alles, was es besitzt, hat es zu einem hohen Preis unter der unablässigen Belagerung von Elend und Grausamkeit errungen. Die Menschen kämpfen um ihr Leben und sterben jung, woraufhin sie in einfachsten Gräbern beerdigt werden. Sie sind immer in der Defensive, um am Leben zu bleiben. Ich lebe mit ihnen in ihren Verstecken, beobachte sie und brenne mit jedem Schlag ihres Herzens und mit dem Blut, das durch ihre Adern fließt.« Der Schöpfer von mehr als 40 000 Karikaturen, die täglich in verschiedenen arabischen Zeitungen erschienen, wurde am 22. Juli 1987 in der Londoner Innenstadt angeschossen und erlag fünf Wochen später seinen Verletzungen. Weitere Informationen über Naji al-Ali finden sich unter *www.handala.org*.

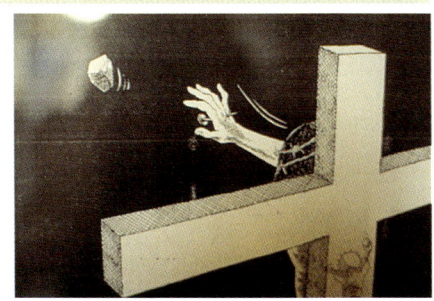

*Karikatur von Naji al-Ali*

## Allgemeines

## Essen und Trinken

### Brot

Brot hat in Palästina eine besondere Bedeutung; es ist nicht nur Grundnahrungsmittel, sondern auch ein Erzeugnis des Landes und Symbol der Verbundenheit mit eben diesem Land, dem Dorf und der verlorenen Heimat. Drei verschiedene Sorten werden zu den Mahlzeiten gereicht: Das für den Verzehr von *Musakhan* verwendete traditionelle Brot *Taboun* wurde ursprünglich in Lehmöfen (*Taboun*) gebacken. *Shrak*, ein langer, dünner Teig, wird kurz auf einem halbrunden heißen Metall gebacken und für die Zubereitung von *Mansaf* und auch *Shawarma* verwendet. Das am häufigsten und normalerweise zu Salaten und *Mezze* gegessene *Khobez* (wörtlich »Brot«) wird auch für die Zubereitung von Sandwiches verwendet und ist besonders gut, wenn es frisch aus dem Ofen kommt oder getoastet mit Olivenöl und *zaatar* (einer Mischung aus frischem Thymian und Sesam) serviert wird.

*Brotverkauf (Khobez) in Jerusalem*

#### Rezept für *Musakhan*

Zutaten: 2 kleine Hühner, 3 Esslöffel Olivenöl, Saft einer Zitrone, Muskat, Pfeffer, Zimt, 2 große Zwiebeln, 4 Teelöffel Gewürz-Sumach, 1 Teelöffel Salz, 2 Teelöffel Pinienkerne, 4 *Taboun*-Brote

Die Hühner säubern und halbieren. Zitronensaft und Olivenöl über die Hühnerhälften geben und mit Salz, Muskat, Pfeffer, Zimt und einem Teelöffel Sumach einreiben und 30 Minuten im vorgeheizten Backofen bei hoher Temperatur garen. Anschließend die Zwiebeln schneiden. Salz und 3 Teelöffel Sumach über die Zwiebeln geben. Im restlichen Olivenöl anbraten. Die Hälfte der Zwiebeln und das Öl auf dem Brot verteilen. Auf jedes Brot ein Stück Hühnchen geben und mit Zwiebeln bedecken. Das Brot mit Wasser oder Fleischbrühe beträufeln und im sehr heißen Ofen 20 Minuten garen. Das Hühnchen mit den Pinienkernen bestreuen und mit grünem Salat servieren.

#### Rezept für *Taboun*-Brot

Zutaten: 1 kg Mehl, 1 Teelöffel frische Hefe, 1 Glas Olivenöl, Wasser

Das Mehl sieben und die Hefe in Wasser und Öl auflösen. In der Mitte des Mehls eine Vertiefung ausformen und die aufgelöste Hefemasse hineingeben. Den Teig kneten und so viel Wasser hinzufügen, bis er elastisch wird. Den Teig zum Aufgehen 2 Stunden ruhen lassen, dann mehrere Kugeln formen und diese wiederum ruhen lassen. Den Ofen bei hoher Temperatur vorheizen. Den Teig dünn ausrollen und mit den Fingern kleine Vertiefungen hineindrücken. Den Teig in den vorgeheizten Ofen schieben.

## Kultur

### Vorspeisen (*Mezze*)

***Falafel***: Kleine frittierte Bällchen aus pürierten Kichererbsen und Petersilie, die oft mit Brot oder Salat serviert werden.
***Foul***: Pürierte Bohnen, die mit Zitronen, Knoblauch und Olivenöl angerichtet werden.
***Hummus***: Pürierte Kichererbsen mit Sesampaste (*Tahina*), Zitronensaft und Knoblauch.
***Kebab***: Gegrillte Hackfleischspieße, normalerweise mit gegrillten Zwiebeln und Tomaten serviert.
***Kubba***: Eine Mischung aus Fleisch und gewürfelten Zwiebeln, die mit Teig umhüllt, frittiert und mit Zitrone zubereitet wird.
***Labana***: Mit Olivenöl beträufelter Frischkäse.
***Mutabbal*** (auch unter dem türkischen Namen »Baba Ghanoug« bekannt): Gegrillte und pürierte Aubergine, mit Zitronensaft, Knoblauch und Olivenöl abgeschmeckt.
***Sambusek***: Gebackener Teig, der mit Spinat, Käse oder Fleisch gefüllt wird.
***Sfiha***: Eine Art Pizza, die dünn mit Hackfleisch, Tomaten, grünem Paprika, Zwiebeln und Petersilie belegt ist; ursprünglich ein armenisches Gericht.
***Shawarma***: Eine Sandwich mit dünn aufgeschnittenem Fleisch (Lamm, Rind oder Truthahn).
***Taboula***: Bulgursalat (ähnlich wie Couscous) mit Petersilie, Minze, Gurke, Tomaten, Zitronensaft und Olivenöl angerichtet.

### Hauptspeisen

***Kedra***: Safranreis mit Lammfleischstücken, traditionell in einem Tontopf (*Kedreh*) gegart; eine Spezialität aus Hebron.
***Kussa Mahshi***: Mit Reis und Fleisch gefüllte Zucchini.
***Makluba*** (arab.: »umgedreht, umgekehrt«): Schichten aus Reis oder Kartoffeln, gebratenem Fleisch und Gemüse (frittierter Blumenkohl, Aubergine und Kartoffeln).
***Mansaf***: *Shrak*-Brot belegt mit Reis und gegrillten Lammstücken, das mit Käsesuppe und gerösteten Pinienkernen gegessen wird. Ursprünglich ist es ein Beduinengericht, das heute überall serviert wird, vor allem zu feierlichen Anlässen wie Geburtstagen, Hochzeiten oder Geburten.
***Mashawi***: Gegrilltes Fleisch, das mit Salat serviert wird.
***Mulukhiya***: Gekochte *Mulukhiya*-Blätter (eine Art Spinat).
***Musakhan***: Gegrilltes Hühnchen, serviert mit *Taboun*-Brot und Olivenöl; belegt mit dünn geschnittenen Zwiebeln und mit Sumach (leicht sauer) gewürzt.
***Waraq Dawali***: Gefüllte Weinblätter.
***Waraq Malfouf***: Gefüllte Kohlblätter.

*Musakhan: Gegrilltes Huhn mit Reis, Salat und Gemüse*

# Allgemeines

## Desserts und Gebäck (*Halawiyat*)

**Baklawa**: Dünne Teigschichten, die mit Pistazien gefüllt und in Honig oder Sirup getränkt werden.

**Kenafa**: Frischkäse, der mit einer delikaten pochierten, orangefarbenen Nudelschicht überbacken und mit Sirup beträufelt wird; eine Spezialität aus Nablus.

**Maamoul**: Ein mit Datteln, Walnüssen oder Frischkäse gefüllter Kuchen. Er wird üblicherweise zu jedem christlichen und muslimischen Fest gereicht.

**Qatayef**: Eine Art Pfannkuchen, der mit gebackenem Käse oder einer Mischung aus Walnüssen, Kokosflocken und Zimt gefüllt, dann gebacken und mit Sirup glasiert wird. Eine Ramadan-Spezialität, die in Nablus ganzjährig serviert wird.

## Getränke

**Arak**: Anisschnaps, ähnlich dem griechischen Ouzo oder dem französischen Pastis. Die Bewohner Ramallahs und Bethlehems brennen ihren eigenen Arak.

**Assir burtukal**: Orangensaft

**Assir kharroub**: Johannisbrotsaft

**Assir loz**: Mandelsaft

**Assir sous**: Anissaft

**Assir taza**: frisch gepresster Saft

**Taybeh-Bier**: Bier aus Taybeh (s. S. 348-349).

**Shai**: Tee

**Qahwa**: Arabischer Kaffee (türkisch oder griechisch), der mit ein paar Kardamomsamen aufgebrüht wird.

**Nabid**: Wein, von Mönchen in den Klöstern von Cremisan und Latrun gekeltert.

**Tamerhindi-Saft**: Tamarindensaft aus der Frucht des Tamarindenbaums.

*Qahwa – Arabischer Kaffee*

*Rechts: Palästinensische Gaumenfreuden*

# Kultur

*Vielfalt der palästinensischen Küche*

י לכיבוש يسقط الاحتلال
DOWN WITH THE OCCUPATIO

# Kolonisierung und Besatzung

## Die zionistische Kolonisierung Palästinas

Seit Beginn der zionistischen Kolonisierung Palästinas 1880 war die Beschlagnahmung von Land und dessen Enteignung das häufigste Mittel des Bodenerwerbs auf dem Weg der geplanten jüdischen Staatsgründung. Palästina wurde von der zionistischen Bewegung als »Land ohne Volk« dargestellt, und Juden auf der ganzen Welt sollten ermutigt werden, als »echte Pioniere« dieses Land zu besiedeln. Auf dem fünften Zionistenkongress 1901 in Basel wurde der Jüdische Nationalfonds (*Jewish National Fund*, JNF) gegründet, die wichtigste jüdische Organisation zur Aneignung von Land, das zum »unveräußerlichen Besitz des jüdischen Volkes« werden sollte. Zu einem geringen Teil wurden die Ländereien auch von feudalen, meist in Städten des Libanon, der Türkei oder Syriens lebenden Großgrundbesitzern abgekauft und die Kleinbauern, die diese entsprechend dem Gewohnheitsrecht bebauten, systematisch vertrieben. Die britische Mandatsmacht trieb ihrerseits die Immigration und Kolonisierung voran, indem sie das vom JNF erworbene Land von Soldaten räumen ließ. In den Dreißigerjahren wurde der JNF in den heute noch aktiven Nationalfonds für Israel (*Keren Kayemet Leisrael*) umbenannt. Als die Vereinten Nationen am 29. November 1947 für den Teilungsplan (Resolution 181) stimmten, waren wie schon erwähnt lediglich 5,6% der Gesamtfläche Palästinas in jüdischem Besitz. Die UN jedoch empfahlen die Bildung eines jüdischen Staates auf 56% des Landes, wohingegen der palästinensischen Bevölkerungsmehrheit nur 42,9% des Bodens zugesprochen wurde.

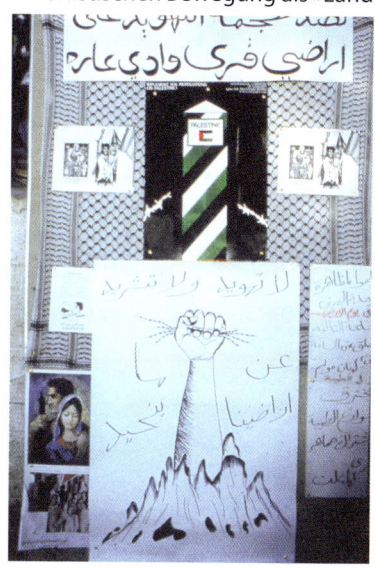

*Demonstration am Tag des Bodens (30. März)*

## Die Konfiskation von Land in den Gebieten von 1948

Die palästinensische Bevölkerung der Gebiete von 1948 (dem heutigen Israel) steht trotz ihres Widerstands der systematischen Beschlagnahmung ihres Landes bis heute hilflos gegenüber. Obwohl die palästinensischen Israelis 20% der Bevölkerung Israels stellen, besitzen sie nur 3% des Bodens, während 93% zu sogenanntem »Staatsland« deklariert wurden. Mit dem »Gesetz über das Eigentum Abwesender« (*Absentees' Property Law*) von 1950 schuf Israel einen »legalen« Rahmen für die Beschlagnahmung von Land und Eigentum derjenigen Palästinenser, die nicht zu ihrem Besitz zurückkehren dürfen. Weitere ähnliche Bestimmungen sowohl militäri-

*Links: »Nieder mit der Besatzung«. Plakat des palästinensischen Malers Tayssir Barakat.*

## Allgemeines

scher als auch ziviler Natur wurden erlassen, wobei das »Gesetz zur Landregulierung« (*Arrangement of Territory Law*) unter den eingeführten Maßnahmen eines der effizientesten Mittel war. Auf der Grundlage dieses Gesetzes wurden ganze Gebiete, die davor unter kommunaler arabischer Kontrolle standen, in die neuen Grenzen der jüdischen Gemeinden integriert. Die Bebauung der Flächen wurde durch die Kontrolle der Baugenehmigungen seitens der Stadtplaner begrenzt, oder sie waren Projekten des »allgemeinen Interesses« vorbehalten. Zusätzlich wurden große Gebiete zu »militärischem Sperrgebiet« erklärt. Eine der perfidesten Methoden der Landbeschlagnahmung war die Nichtanerkennung Dutzender arabischer Dörfer, um der Bevölkerung auf diese Weise ihren Besitz und ihre Grundversorgung unter anderem mit Wasser, Elektrizität und im Bereich des Gesundheitswesens vorzuenthalten.

Das stetige Wachstum israelischer Siedlungen in den Gebieten von 1948 führte zu verstärkten palästinensischen Protesten, die in den Siebzigerjahren (Tag des Bodens 1976, s. S. 482) ihren Höhepunkt hatten und die sich auch nach den Oslo-Abkommen fortsetzten. In Ein Mahil bei Nazareth, Umm el-Fahm und Tarshiha (ein Dorf an der libanesischen Grenze) sind weiterhin Hunderte Hektar Land betroffen. Die Landenteignung und die bürokratischen Maßnahmen, um die Bebauung einzugrenzen, haben zwangsläufig den illegalen Wohnungsbau gefördert.

All diese Maßnahmen sind Teil der israelischen Politik mit dem Codenamen »Davidstern«, deren Ziel es ist, eine jüdische Mehrheit in vormals arabisch dominierten Regionen zu schaffen, so in Ober- und Unter-Galiläa, im sogenannten »Dreieck« (s. S. 522) und im Negev. Der Plan zielt außerdem auf die Isolierung von Gebieten mit arabischer Bevölkerung ab, wie das Transisraelische Autobahnprojekt (Autobahn Nr. 6), das dazu dient, einen demografischen Wandel herbeizuführen. Zurzeit befindet es sich noch teilweise im Bau, wird der jüdischen Bevölkerung aber aufgrund der besseren Verbindungen zwischen den Siedlungen im Westjordanland ermöglichen, ihre Präsenz dort zu verstärken. Der Preis, den die Palästinenser in Israel dafür zahlen müssen, ist die voraussichtliche Konfiskation eines Drittels ihres Landes (s. Das Transisraelische Autobahnprojekt, S. 523).

### Die 1967 besetzten Gebiete

Die israelische Kolonisierung der im Juni 1967 besetzten Gebiete diente militärischen, wirtschaftlichen (Kontrolle über die Hauptverkehrsstraßen, des Grundwassers, des palästinensischen Marktes und der billigen Arbeitskräfte) sowie ideologischen Interessen – und somit der Realisierung eines Groß-Israel. Alle Maßnahmen zur Durchsetzung dieser Interessen sind eine Fortführung der Politik in den Gebieten von 1948.

Zwischen 1967 und 1977 wurden 35 000 jüdische Siedler im Westjordanland und im Gazastreifen angesiedelt. Die Pläne zur Kolonisierung und Besiedlung der besetzten Gebiete wurden von Israel dann aber während des »Friedensprozesses« stark beschleu-

*Israelische Siedlung Ofra nördlich von Jerusalem*

## Kolonisierung und Besatzung

nigt. Als 1991 die Madrider Friedenskonferenz stattfand, lebten ca. 75 000 jüdische Siedler im Westjordanland. Zwei Jahre später, bei der Unterzeichnung der Osloer Prinzipienerklärung, waren es bereits 95 000 und 1996 am Ende der Regierungszeit von Shimon Peres 147 000 Siedler. Obwohl auch laut den Vereinten Nationen eine weitere Besiedlung illegal war, wurden weitere 29 496 ha Land konfisziert, um die Siedlungspolitik voranzutreiben. 2001 lebten dann schon 180 000 Siedler im Westjordanland, 190 000 in Ostjerusalem, 5000 im Gazastreifen und 17 000 auf den annektierten syrischen Golanhöhen. Im Januar 2000 gab es 209 israelische Siedlungen, davon 190 im Westjordanland und 19 im Gazastreifen. Über 74 Siedlungen wurden nach der Unterzeichnung der Oslo-Abkommen und 27 nach dem Wye-Abkommen vom Oktober 1998 errichtet. Unter der Regierung Barak wurden zwischen 1999 und 2001 schließlich 3499 Bebauungseinheiten in den Siedlungen genehmigt und 2270 tatsächlich realisiert. Die staatlichen Fördermittel beliefen sich hierbei auf annähernd 17 000 $ pro Käufer, und Steuerbefreiungen für Landbesitzer wurden für einen Zeitraum von bis zu zehn Jahren gewährt. Seit dem Beginn der Al-Aqsa-Intifada wurde die Errichtung von etwa 15 neuen jüdischen Siedlungen genehmigt. Ende 2006 lebten im Westjordanland 526 894 Siedler in 199 Siedlungen, 43% von ihnen in Siedlungen nahe bei Ostjerusalem.

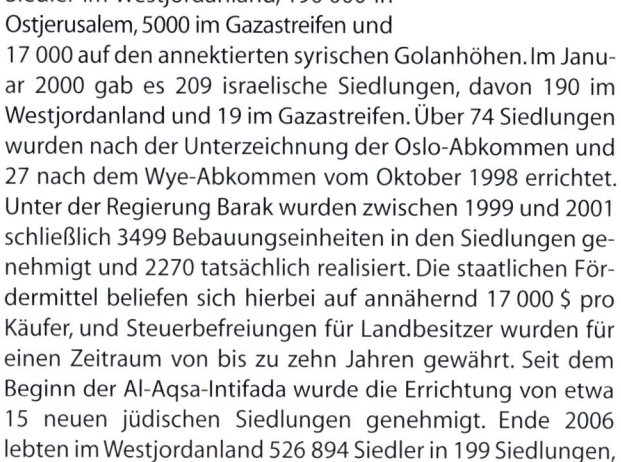

Für Siedlungsunternehmungen hat der israelische Staat nach Angaben von Shimon Peres über 80 Mrd. $ ausgegeben – gefördert von der US-Regierung. Die genaue Summe dieser Subventionen ist jedoch nicht ermittelbar, da viele Gelder dem Verteidigungsbudget zugeschrieben wurden. Siehe hierzu die Angaben von *Peace Now Settlement Watch* (www.peacenow.org.il), den *Eye on Palestine*-Bericht (www.arij.org) sowie den OCHA-Report *The Humanitarian Impact on Palestinians of Israeli Settlements and other Structures in the West Bank* vom Juli 2007.

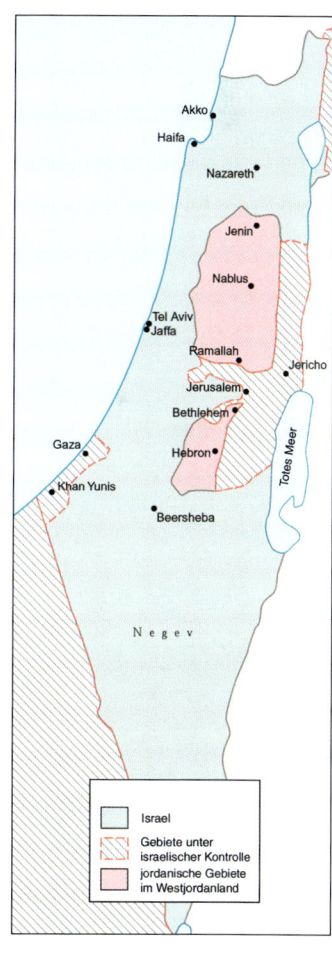

*Siedlung nördlich von Hebron*

*Der Allon-Plan, der von 1967 bis 1977 die israelische Siedlungspolitik bestimmte*

## Die Phasen der israelischen Kolonisierung

Der Allon-Plan bestimmte die israelische Siedlungspolitik von 1967 bis 1977. Ziel war, durch die Aneignung strategisch wichtiger Gebiete (z. B. des Jordantals und der Grundwasserquellen in den Bergen) sowohl die Kontrolle über möglichst große Teile des Westjordanlands zu erhalten, als auch die demografische Zunahme der Palästinenser in Ostjerusalem zu behindern. 1978 wurde mit einem Kolonisierungsplan begonnen, mit dem die Grüne Linie (Waffenstillstandslinie von 1949) aufgehoben und das Zentrum des Westjordanlands entlang einer Ost-West-Achse besiedelt werden sollte. Der Plan sah vor, ein zusammenhängendes Gebiet zu schaffen und eine zukünftige Annektierung des Westjordanlands und des Gazastreifens vorzubereiten. 1991 bestätigte der Sieben-Sterne-Plan dieses zusammenhängende Gebiet. Der Bau von sieben Städten (Modiin Illit, Ofarim, Elkana, Salit, Rehan u.a.) entlang der Grünen Linie sollte bereits die bloße Möglichkeit einer Grenze zwischen dem israelischen Staat und dem Westjordanland ausschließen. Heute gibt es 21 Siedlungen entlang der Grünen Linie, in denen mehr als 72 000 Siedler leben. Dieselbe Strategie wurde mit den Siedlungen Gush Etzion, Givat Zeev, Ramot u.a. auch in Jerusalem verfolgt. Während des Oslo-Prozesses trieb Israel seine Siedlungsbemühungen rund um die palästinensischen Autonomiegebiete, deren Grenzen das israelische Militär festgelegt hatte, in beispielloser Geschwindigkeit voran. Das von Jerusalem und dem Gazastreifen abgeschnittene Westjordanland ist heute durch Siedlungsblöcke sowie ein unter israelischer Kontrolle stehendes und Israelis vorbehaltenes Straßennetz unterteilt. Somit wird jegliches territoriale und demografische Wachstum palästinensischer Ortschaften unterbunden.

## Methoden der Landkonfiskation

Bis zum heutigen Tag wird unter dem Deckmantel folgender pseudolegaler Regelungen in den Gebieten von 1948 und 1967 Land konfisziert.

»**Aufgegebenes« Eigentum**: Das »Gesetz über das Eigentum Abwesender« von 1950 und der Militärerlass Nr. 58 von 1967 erlauben die Inbesitznahme von Land und Besitztümern, die von ihren während der Kriege von 1948 und 1967 zu Flüchtlingen gewordenen Besitzern aufgegeben wurden.

»**Staatsland«**: Enteignung von ehemals osmanischem, britischem und jordanischem Staatsland.

**Für militärische Zwecke beschlagnahmtes Land**: Enteignung aufgrund wichtigen und dringenden militärischen Bedarfs. Im Westjordanland ermöglichte dieses Mittel bis in die Neunzigerjahre die Aneignung von Land für Siedlungen, die offiziell als integraler Bestandteil der militärischen Verteidigung betrachtet wurden.

»**Regierungseigentum«**: Durch die Reaktivierung der osmanischen Gesetzgebung und der Gesetze der nachfolgenden Regierungen in Palästina wird ein Stück Land, das nicht offiziell registriert oder in einem bestimmten Zeitraum nicht bewirtschaftet wird, zu staatlichem Eigentum. Etwa 40% der Fläche des Westjordanlands wurden mithilfe dieses Gesetzes beschlagnahmt.

»**Gesperrtes Land«**: Für ausschließlich militärische Übungen bestimmtes Land.

»**Öffentliches Interesse«**: Land, das zum »Wohl der Allgemeinheit« beschlagnahmt wird, z. B. Straßen für die Siedlungen oder die von den Israelis kontrollierte Infrastruktur (Wassertürme, elektrische Anlagen u.a.).

## Der Aufbau einer Siedlung

Kennzeichnend für alle Siedlungen ist ihre städtebauliche Planung. Ihre Lage und Konstruktion setzen grundsätzlich Genehmigungen verschiedener Ministerien voraus (u. a. des Verteidigungs-, des Innenministeriums und des Ministeriums für Wohnungsbau und Infrastruktur). Ihre besondere Architektur dient sowohl zivilen als auch militärischen Zwecken. In der Regel garantiert ihnen ihre Lage die territoriale und militärische Kontrolle ihrer Umgebung, da sie in konzentrischen Kreisen auf Hügeln gebaut werden. Der einheitliche Charakter und die dichte

Anordnung der Häuser entsprechen diesen Anforderungen und sind außerdem preisgünstig umzusetzen.

## Das System der Bypass-Straßen im Westjordanland

Seit 1993 hat Israel über 3 Mrd. $ in ein neues Straßennetz für die Siedler im Westjordanland investiert. Das Ziel des neuen Straßennetzes ist der Aufbau einer Infrastruktur, welche die Expansion der Siedlungen erleichtert, die militärische Präsenz auf diese Straßen reduziert und die teilweise autonomen palästinensischen Enklaven im Westjordanland durch das den Siedlern vorbehaltene (»Apartheids«-) Straßennetz voneinander trennt. Die Enklaven sind voneinander isoliert und nur über jeweils eine einzige Zufahrtsstraße erreichbar, die leicht durch israelische Kontrolleinrichtungen wie etwa Tore, Erdwälle, »fliegende« (mobile) Checkpoints (Jeeps usw.) überwacht werden kann. Ende 1994 hat die Regierung Rabin ein Programm verabschiedet, das die Siedlungen durch den Bau eines 400 km umfassenden Straßennetzes direkt miteinander und mit dem israelischen Staatsgebiet verbindet. Dieses Projekt erforderte die Konfiskation von 1600 ha, oftmals sehr fruchtbaren Landes. Das komplette Straßensystem,

*Die Siedlung Gilo zwischen Jerusalem und Bethlehem mit einer sogenannten »Apartheidroad«, die nur von Israelis benutzt werden darf*

das während der Zeit der Osloer Verhandlungen entworfen wurde, basiert auf dem Prinzip der Trennung. Bei dem Programm handelt es sich um den nur teilweise modifizierten, umstrittenen *Road Plan 50* von 1984, der darauf ausgerichtet war, Teile des Westjordanlands zu annektieren, aber zur damaligen Zeit als diskriminierend erachtet wurde.

Seit der Al-Aqsa-Intifada wurden große Abschnitte des Straßennetzes für Palästinenser gesperrt. Bis heute werden sie gezwungen, oft weite Umwege über unbefestigte Straßen in Kauf zu nehmen und stundenlang an militärischen Checkpoints zu warten, die regelmäßig die Straßen blockieren.

Ein Plan aus dem Jahr 2004, der separate Straßen und Tunnel für Palästinenser vorsieht, bekräftigt Israels Ausgrenzungsmaßnahmen gegenüber den Palästinensern, von vielen auch als »Apartheidpolitik« bezeichnet. Während Israel behauptet, diese Straßen würden einen »maximalen Verkehrsfluss« zwischen den palästinensischen Gebieten schaffen, helfen die schlechtere Qualität dieser Straßen und ihre Isolierung vom Hauptstraßennetz, die israelische Kontrolle über das Westjordanland zu festigen. Währenddessen geht der Bau der den israelischen Siedlern vorbehaltenen Straßen zügig voran und erleichtert somit die Siedlungsexpansion, während er gleichzeitig die Entwicklung eines funktionsfähigen palästinensischen Verkehrssystems hemmt.

## Allgemeines

## Die Trennmauer

Die zum Zweck der weiteren territorialen Expansion und zur Abriegelung von den palästinensischen Gebieten errichtete Trennmauer hat die Lebensbedingungen der Palästinenser zusätzlich extrem erschwert. Die Streckenführung der häufig auch »Apartheidmauer« genannten Sperranlage im Westjordanland wurde mehrmals überarbeitet. Der heutige Verlauf wurde im April 2006 vom israelischen Kabinett bewilligt. Bei Fertigstellung soll sie 723 km lang sein; etwa 600 km wurden bis Anfang 2012 bereits gebaut. Israel behauptet, die Mauer diene in erster Linie seiner Sicherheit, allerdings ist der neue Verlauf mehr als doppelt so lang wie die Grenzlinie von 1967, was ihre Überwachung erheblich schwieriger und teurer macht.

Eine bis zu 9 m hohe Betonmauer mit Wachtürmen führt durch Bethlehem, Qalqilia, Teile von Tulkarem und die Außenbezirke von Jerusalem. Andernorts wurden Elektrozäune mit einer Pufferzone von 30 bis 100 m errichtet, ausgestattet mit Überwachungskameras, asphaltierten Patrouillenstraßen, mehreren Lagen von Stacheldraht, geharkten Sandstreifen zur Verfolgung von Fußspuren, Gräben und landwirtschaftlichen Toren. Letztere garantieren jedoch nicht, dass Bauern zu ihren Höfen gelangen, sondern stützen das einschränkende System von Passierscheinen und Kontrollpunkten. Zudem ist Israel im Begriff, 24 über das Westjordanland verteilte »Tunnel« zu bauen – vergitterte Passagen als einzige Verbindungswege zwischen verschiedenen palästinensischen Örtlichkeiten. Nur 20% der Mauer, die fast vollständig auf palästinensischem Gebiet gebaut wurde, liegen auf der Grünen Linie zwischen Israel und Palästina. Es ist also eine im doppelten Sinn einseitig gebaute Mauer. Außerdem werden von Israel an strategisch wichtigen Punkten internationale Terminals errichtet, etwa in Qalandia bei Ramallah und Bethlehem.

*Die Trennmauer in Bethlehem*

Der Vorsitzende des Wirtschaftskomitees der Knesset hat die Kosten der Mauer auf 3,4 Mrd. $ geschätzt, was etwa 5 Mio. $ pro km entspricht. Trotz einer geplanten Lebensdauer von 35 Jahren behauptet Israel, die Mauer solle nur vorübergehend bestehen.

Die Palästinenser leiden unter dem Landverlust infolge des enormen Straßen- und Siedlungsbaus, der allein den Israelis zugutekommt, sowie unter der Militärexpansion: Sie werden schrittweise ihrer Bewegungsfreiheit, Arbeit, Felder, Hunderttausender Olivenbäume, Straßen, Bildungseinrichtungen, Märkte, Familienverbände und religiösen Stätten sowie ihres Wasserzugangs und der Gesundheitsvorsorge beraubt.

Entgegen der falschen Behauptungen der israelischen Besatzungsmacht, der Mauerverlauf beanspruche nur 7 bis 8% des Westjordanlands, wird die neue Streckenführung der Mauer 10,2% des Westjordanlands umfassen. Die Mauer und die geplante weitere Siedlungsausdehnung im Tal von Latrun westlich von Jerusalem, in Ostjerusalem und der Ariel-Block werden die Kontrolle über 46% des besetzten Westjordanlands ermöglichen. Die Siedlungsblöcke östlich der Mauer nehmen 8% des Westjordanlands ein. Zusätzlich macht Israels Beanspruchung des Jordantals 28,5% des Westjordanlands aus.

## Kolonisierung und Besatzung

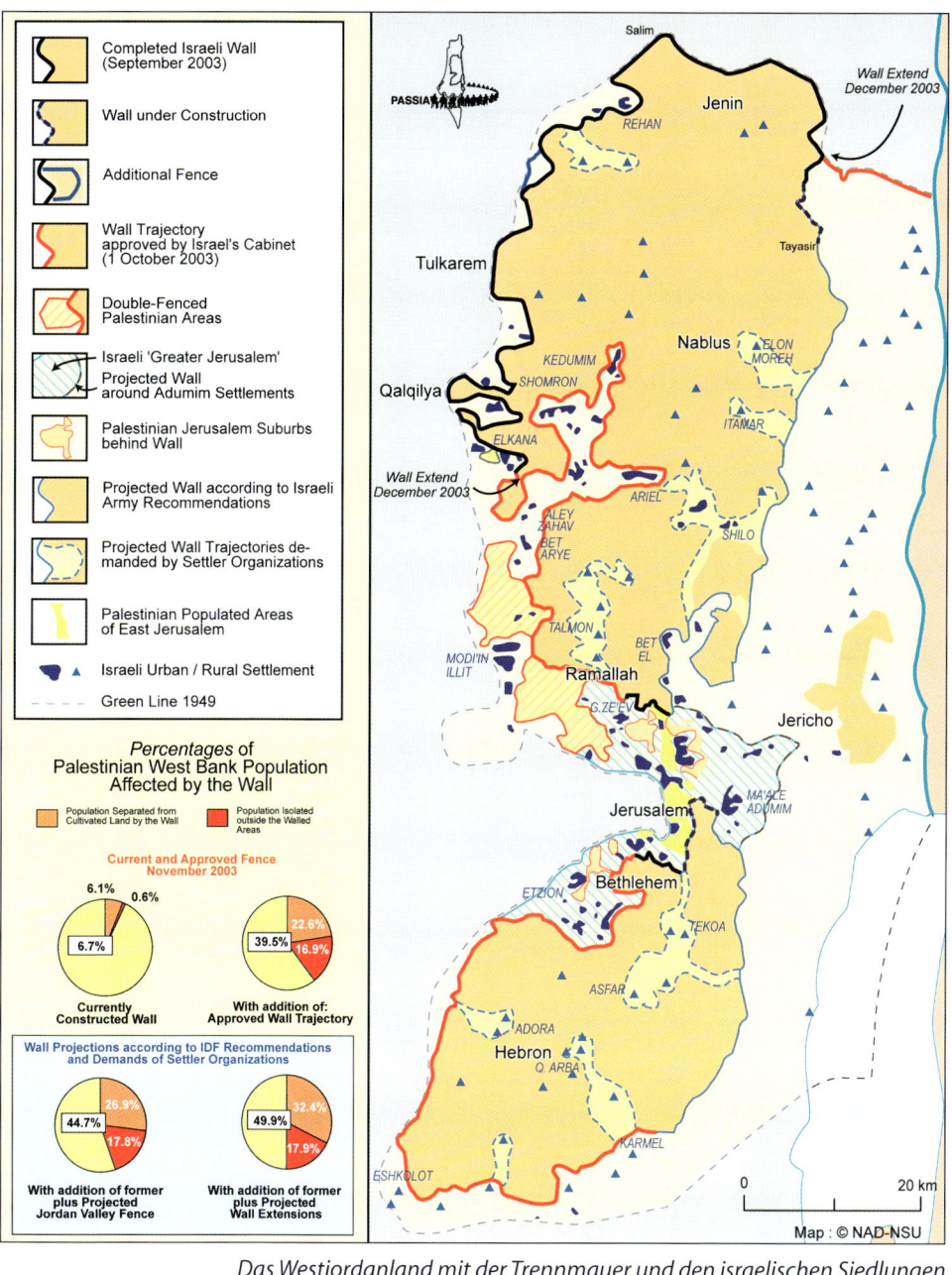

*Das Westjordanland mit der Trennmauer und den israelischen Siedlungen*

# Allgemeines

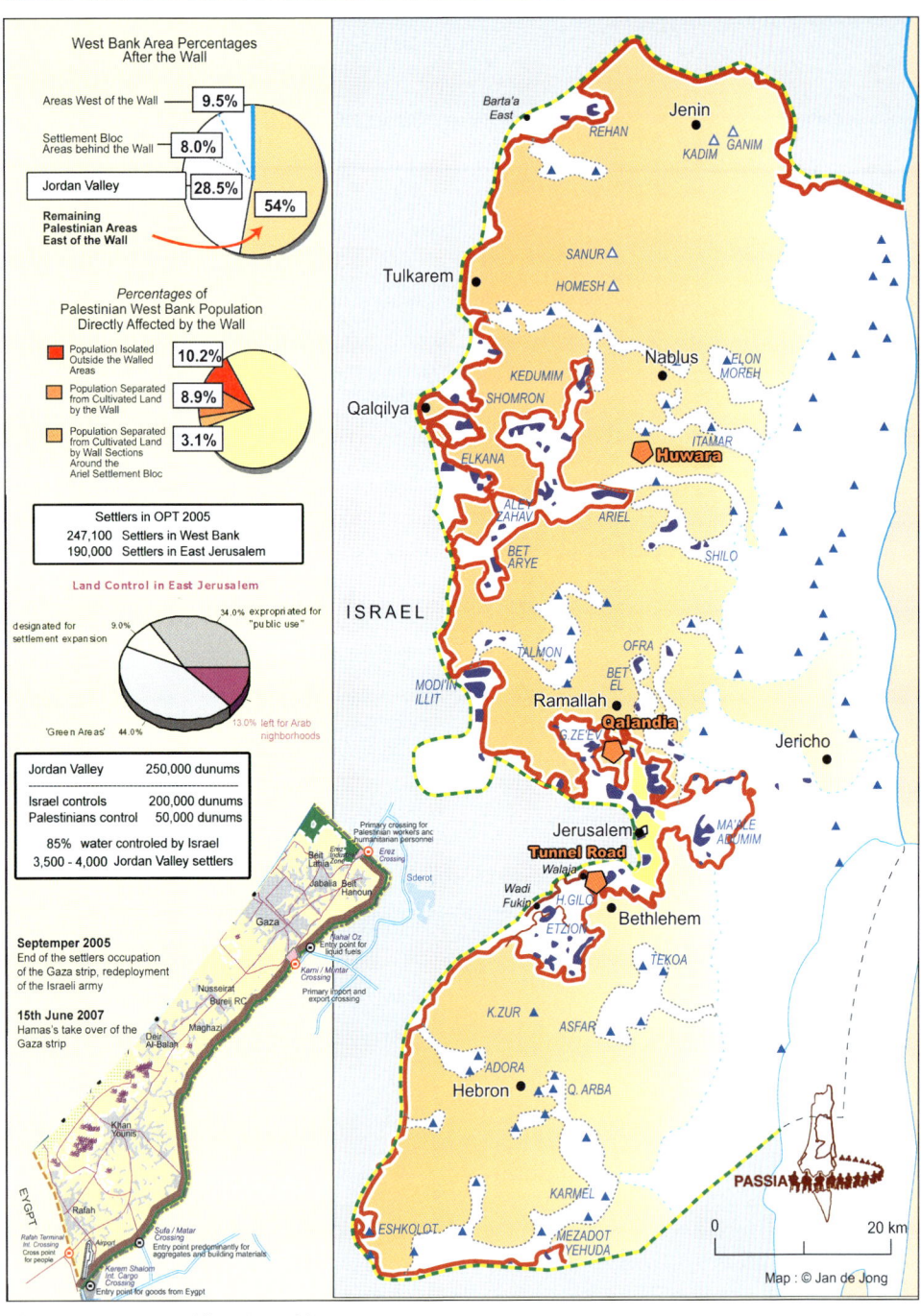

## West Bank Area Percentages After the Wall

- Areas West of the Wall: 9.5%
- Settlement Bloc Areas behind the Wall: 8.0%
- Jordan Valley: 28.5%
- Remaining Palestinian Areas East of the Wall: 54%

## Percentages of Palestinian West Bank Population Directly Affected by the Wall

- Population Isolated Outside the Walled Areas: 10.2%
- Population Separated from Cultivated Land by the Wall: 8.9%
- Population Separated from Cultivated Land by Wall Sections Around the Ariel Settlement Bloc: 3.1%

## Settlers in OPT 2005

- 247,100 Settlers in West Bank
- 190,000 Settlers in East Jerusalem

## Land Control in East Jerusalem

- designated for settlement expansion: 9.0%
- expropriated for "public use": 34.0%
- 'Green Areas': 44.0%
- left for Arab neighborhoods: 13.0%

| | |
|---|---|
| Jordan Valley | 250,000 dunums |
| Israel controls | 200,000 dunums |
| Palestinians control | 50,000 dunums |

85% water controled by Israel
3,500 - 4,000 Jordan Valley settlers

**Septemper 2005**
End of the settlers occupation of the Gaza strip, redeployment of the Israeli army

**15th June 2007**
Hamas's take over of the Gaza strip

*Die Trennmauer und ihre Auswirkungen*

Map : © Jan de Jong

## Gutachten des Internationalen Strafgerichtshofs in Den Haag zur israelischen Mauer

2003 verabschiedete die Generalversammlung der Vereinten Nationen eine Resolution, die Israel aufforderte, den Bau der Trennmauer einzustellen. Als Israel dem nicht nachkam, rief die Generalversammlung den Internationalen Strafgerichtshof in Den Haag an, um sich hinsichtlich der Rechtmäßigkeit der Trennmauer beraten zu lassen. Am 9. Juli 2004 veröffentlichte der Internationale Strafgerichtshof als juristisches Organ der Vereinten Nationen das von der UN-Generalversammlung verlangte Gutachten. Das Gericht befand, dass der Bau einer Mauer in den besetzten palästinensischen Gebieten durch Israel internationalem Recht widerspricht. Es stellte zudem die juristischen Konsequenzen fest, die aus diesem Rechtsbruch resultieren. Im Folgenden der auszugsweise Wortlaut des Gutachtens.

A. Der Bau der Mauer, die von Israel, der Besatzungsmacht, in den besetzten palästinensischen Gebieten, einschließlich in und um Jerusalem herum, gebaut wird, widerspricht internationalem Recht. (Mit 14 Ja- zu einer Gegenstimme)

B. Israel ist verpflichtet, den Bruch internationalen Rechts zu beenden. Es ist verpflichtet, unverzüglich die Arbeiten am Bau der Mauer, die in den besetzten palästinensischen Gebieten gebaut wird, einschließlich in und um Jerusalem herum, zu beenden, unverzüglich die ihr innewohnenden Strukturen abzubauen und unverzüglich alle Gesetze und Erlasse, die sich damit befassen, aufzuheben oder außer Kraft zu setzen, in Einklang mit Paragraph 151 dieses Gutachtens. (Mit 14 Ja- zu einer Gegenstimme)

C. Israel ist verpflichtet, für den Schaden, der durch den Bau der Mauer in den besetzten palästinensischen Gebieten, einschließlich in und um Jerusalem herum, entstanden ist, Schadenersatz zu leisten. (Mit 14 Ja- zu einer Gegenstimme)

D. Alle Staaten sind verpflichtet, die illegale Situation, die Ergebnis des Baus der Mauer ist, nicht anzuerkennen und keine Hilfe dabei zu leisten, die Situation aufrecht zu erhalten, die durch den Bau der Mauer entstanden ist. Alle Unterzeichnerstaaten der Vierten Genfer Konvention vom 12. August 1949, die sich auf den Schutz von Zivilisten in Kriegszeiten bezieht, haben darüber hinausgehend die Verpflichtung, in Respektierung der Charta der Vereinten Nationen und des internationalen Rechts, sicherzustellen, dass Israel den Prinzipien des internationalen Menschenrechts folgend agiert, denen in dieser Konvention Ausdruck verliehen wird. (Mit 13 Ja- zu zwei Gegenstimmen)

E. Die Vereinten Nationen – besonders die Generalversammlung der Vereinten Nationen und der Sicherheitsrat der Vereinten Nationen – sollten darüber beraten, was zu tun ist, um die illegale Situation zu beenden, die als Ergebnis des Baus der Mauer und durch das damit in Zusammenhang stehende Regime entstanden ist; dabei sollte das vorliegende Gutachten Berücksichtigung finden. (Mit 14 Ja- zu einer Gegenstimme)

(Übersetzt von *Palästina-Solidarität, Region Basel*)

---

Die vom Internationalen Strafgerichtshof am 9. Juli 2004 für illegal erklärte Mauer erleichtert generell die Expansion auch bereits bestehender israelischer Siedlungen. Nur kurz nach Veröffentlichung der endgültigen Streckenführung wurden israelische Pläne für 6391 neue Siedlungseinheiten im Westjordanland bekannt, die 25 000 zusätzliche Siedler aufnehmen sollen und von denen fast die Hälfte in der Umgebung von Jerusalem geplant sind. Die überarbeitete Streckenführung der Mauer gliedert 365 744 illegale Siedler, d.h. 83% der israelischen Siedlungsbewohner, in den Staat Israel ein. Der Bericht *Siedlungen und die Mauer* der Palästinensischen Akademischen Gesellschaft für das Studium Internationaler Beziehungen (*Palestinian Academic Society for the Study of International Affairs*, PASSIA) stellt hierzu fest: »Israel reduziert nicht nur die Nutzfläche, den territorialen Zusammenhang und die wirtschaftliche Lebensfähigkeit eines palästinensischen Staates, sondern blockiert den Aufbau eines funktionsfähigen palästinensischen Staates und die Möglichkeit einer Zweistaatenlösung.«

Entscheidend jedoch sind weniger die Prozentsätze, sondern vielmehr Wert und Lage des beanspruchten Landes. Die Mauer und die geplante Siedlungsexpansion schließen viele der wichtigsten Grundwasserreservoirs ein. Israel torpediert damit de facto eine zukünftige faire und gleiche Verteilung der Wasserressourcen im Westjordanland, wie sie vom Völkerrecht vorgesehen ist. In der »ersten Phase« konfiszierten die israelischen Behörden z. B. 36 Grundwasserbrunnen.

Ostjerusalem erstreckt sich zwar nur über 1,3% der Fläche des Westjordanlands, bildet aber das wirtschaftliche, kulturelle und religiöse Zentrum der palästinensischen Wirtschaft. Der sogenannte »Ariel-Finger«, der sich über 22 km in das nördliche Westjordanland hinein erstreckt, nimmt 2,1% der Fläche ein; allerdings befinden sich in diesem Gebiet die wichtigsten regionalen Wasservorkommen. Zusammen mit den Siedlungen trennt die neue Mauer Ostjerusalem also nicht nur vom Rest des Westjordanlands, sondern auch von Bethlehem und Ramallah, während sie das Westjordanland in Nord und Süd teilt. Zudem verhindern der illegale Adumim-Siedlungsblock und der dortige Mauerverlauf eine direkte Verbindung Ostjerusalems, der vorgesehenen palästinensischen Hauptstadt, zu Jordanien. Da der Adumim-Siedlungsblock bis zu 14 km in das Westjordanland hineinreicht, teilt er es damit effektiv in einen nördlichen und einen südlichen Teil.

Für das natürliche Wachstum und die wirtschaftliche Entwicklung Palästinas ist es höchst problematisch, dass Israel drei große Siedlungsblöcke um Ostjerusalem herum angelegt hat – Givon, Adumim und Etzion. Mit der Zersplitterung der christlichen und muslimischen palästinensischen Gemeinschaften von Ostjerusalem und Umgebung gerät Jerusalem in Gefahr, seinen historischen Charakter als Heimat lebendiger christlicher, jüdischer und muslimischer Religionsgemeinschaften zu verlieren.

Die Mauer umgibt Städte wie Qalqilia, Habla, Azzun Atmeh, Bir Nabala und Shufat nahezu vollständig, während nahe gelegene, illegal errichtete Siedlungen sich weiter ausbreiten. Die Stadt Salfit in der fruchtbarsten Gegend des Westjordanlands verliert über 70% ihrer Fläche. Da der Ariel-Block nördlich von Salfit 22 km weit ins Westjordanland hineinreicht, wird das zentrale Westjordanland vom Norden abgetrennt. Die Dörfer Wadi Fukin, Walaja, Battir, Nahalin, Nuaman und Husan bei Bethlehem, in denen etwa 19 000 Palästinenser leben, wurden gettoähnlich eingemauert.

*Die Sperranlage an der Hauptstraße zwischen Ostjerusalem und Jericho*

Gemäß einem israelischen Militärerlass dürfen nur Israelis (einschließlich Einwanderer in Israel, die unter das Rückkehrgesetz fallen) ohne Genehmigung in die Gebiete zwischen der Mauer und der Grünen Linie einreisen, dort leben und arbeiten. Tausende in dieser Randzone wie in Gefangenschaft lebende Palästinenser müssen hierfür eine Genehmigung beim israelischen Militär beantragen und immer wieder erneuern, um zu ihren Feldern oder Arbeitsplätzen zu gelangen. Während der ersten Phase nach dem Mauerbau wurden 16 Dörfer westlich

## Kolonisierung und Besatzung

der Mauer de facto annektiert und für etwa 50 Dörfer der Zugang zu den Feldern erschwert. Nach der Fertigstellung der Mauer werden voraussichtlich 60 500 Palästinenser in 42 Dörfern in der sogenannten »Randzone« zwischen der Grünen Linie und der Mauer leben. Etwa 125 000 Menschen werden dann an drei Seiten von der Mauer umgeben sein, während an der vierten Seite ein Checkpoint den Zugang kontrolliert (weitere Infos zur Trennmauer finden sich unter *www.stopthewall.org*).

| Zeittafel zum Mauerbau | |
|---|---|
| November 2000 | Ehud Barak bewilligt den Bau einer »Sperranlage«. |
| Juni 2002 | Mauerbau, Landkonfiskation und Abholzung von Bäumen westlich von Jenin. |
| September 2002 | Eine erste Karte der Mauer und ein Teil der Pläne für den nördlichen Abschnitt werden veröffentlicht. |
| Juli 2003 | Das israelische Verteidigungsministerium verkündet die Fertigstellung der »ersten Phase« der Mauer. |
| Oktober 2003 | Israel erklärt alles Land westlich der »ersten Phase« der Mauer zur »Randzone«. Ein Passierscheinsystem und die De-facto-Annektierung dieser Gebiete werden forciert. |
| Juli 2004 | Der Internationale Strafgerichtshof erklärt die Mauer für illegal und fordert den sofortigen Abbau. |
| Februar 2005 | Das israelische Parlament präsentiert die »Modifikation« der Mauerpläne. Die Weltbank plant, den Bau von Toren in der Sperranlage zu finanzieren. |
| März 2005 | UN-Generalsekretär Kofi Annan besucht Israel, ohne die Mauer zu besichtigen oder auf das Völkerrecht hinzuweisen und den Abriss der Mauer zu fordern. |
| April 2006 | Eine überarbeitete Streckenführung der Mauer wird vom israelischen Parlament bewilligt. |
| April 2007 | Nach dem Livni-Rice-Plan wird die Mauer zur »provisorischen« internationalen Grenze zwischen Israel und einem palästinensischen Staat erklärt, ohne Chance auf Souveränität und Lebensfähigkeit. |
| Januar 2008 | 409 km der Mauer sind fertiggestellt. |
| Oktober 2010 | 60% der Sperranlagen sind fertiggestellt. |

*Mauergrafitti im Flüchtlingslager Aida bei Bethlehem*

## Allgemeines

### Einschränkungen der Bewegungsfreiheit

Von 1948 bis 1966 unterstanden die in Israel lebenden Palästinenser der israelischen Militärgerichtsbarkeit. Der Aufenthalt außerhalb des offiziellen Wohnortes erforderte, ungeachtet des Grundes (medizinisch, familiär, beruflich usw.), eine spezielle, vom israelischen Militär ausgestellte Erlaubnis. Jeder Palästinenser, der sich nicht an seinem Wohnsitz aufhielt oder andernorts übernachtete und nachts auf der Straße ohne gültigen Passierschein angetroffen wurde, erhielt eine Geld- oder Freiheitsstrafe. In den ersten Jahren nach der Gründung Israels waren Hausdurchsuchungen und die Verfolgung illegal heimgekehrter Flüchtlinge an der Tagesordnung. Dieser Zustand dauerte fast zwanzig Jahre, und nur ein Jahr, nachdem die Militärgerichtsbarkeit aufgehoben worden war, besetzte die israelische Armee Ostjerusalem, das Westjordanland und den Gazastreifen und schränkte dort die Bewegungsfreiheit massiv ein.

Von 1972 bis 1989 erhielten die Palästinenser aus dem Westjordanland und dem Gazastreifen eine »allgemeine Erlaubnis«, sich tagsüber und abends in Israel aufzuhalten. Aller-

*Checkpoint bzw. vergitterter »Tunnel« bei Jerusalem*

dings war es ihnen verboten, dort zu übernachten (zwischen 1 und 5 Uhr morgens). Im Juni 1989 schränkten die israelischen Behörden diese »allgemeine Erlaubnis« weiter ein, wobei sie denjenigen, die als Sicherheitsrisiko eingestuft wurden, generell verweigert wurde. Im Januar 1991 ersetzte eine »individuelle Reiseerlaubnis« die »allgemeine Erlaubnis«.

Die Oslo-Abkommen festigten dieses System der Trennung und Einschränkung, das den freien Verkehr von Personen und Gütern verhinderte. Jede Zuwiderhandlung zog ein Bußgeld von 400 bis 15 000 NIS sowie eine Gefängnisstrafe nach sich, die von wenigen Tagen bis zu einem Monat reichen konnte. In den besetzten Gebieten stehen die Hauptverkehrsstraßen bis heute ausschließlich unter israelischer Kontrolle, sodass sich Israel weiterhin das Recht vorbehält, über alle Zugänge zu bestimmen.

Während der Al-Aqsa-Intifada nahm die Einschränkung der Bewegungsfreiheit extreme Formen an. Jedes palästinensische Dorf und jede Hauptverkehrsverbindung wurde kontrolliert. Fahrten zwischen den Städten und Dörfern wurden zu einer regelrechten He-

*Sperranlage in Ostjerusalem*

rausforderung, indem improvisierte Alternativrouten benutzt wurden (Wege, Felder oder Schotterstraßen, mit Wechseln der Taxis, wenn die Durchfahrt geschlossen war). Als Reaktion darauf begannen die israelischen Streitkräfte mit dem Bau neuer Hindernisse wie Gräben, kilometerlangen, riesigen Stacheldrahtbarrieren und massiven Mauern.

Die Freiheitsbeschränkungen erreichten dann ein neues Stadium: Es wurde zur Pflicht, bei den Besatzungsbehörden im Voraus die Reiseerlaubnis von einer Stadt zur anderen und von einem »Kanton« oder »Bantustan« zum anderen zu beantragen. Die gleichen Methoden fanden zwischen 1948 und 1966 auch bei den in Israel lebenden Palästinensern Anwendung.

## Die Palästinenser in Jerusalem – Ein Recht in Gefahr

Mitte der Neunzigerjahre wurden neun ständige Kontrollpunkte (hebräisch »machsom«) an den Hauptzufahrtsstraßen nach Jerusalem errichtet, um den Busbomben-Anschlägen der *Hamas* vorzubeugen. Diese wurden von der *Hamas* wiederum als Reaktion auf das von Baruch Goldstein 1994 verübte Massaker an 29 Palästinensern in der Ibrahim-Moschee in Hebron begründet. Seit April 1994 ist Jerusalem dauerhaft abgeriegelt. Alle Checkpoints sind mit Wachtürmen, Beleuchtung und strategisch positionierten Zementblöcken ausgestattet. Lediglich Personen mit einer *Blue Card*, die sie als Einwohner von Jerusalem ausweist, dürfen die Stadt betreten. Vielen Palästinensern, die aus Jerusalem stammen, aber außerhalb der Stadtgrenzen leben und somit nicht im Besitz einer *Blue Card* sind, wird dies verwehrt.

Im Dezember 1995 wurde von der Regierung unter Shimon Peres ein neues Gesetz erlassen, das die Besitzer einer *Blue Card* einer weiteren Auflage unterwarf: Unter Androhung des Entzugs ihrer Karte – und somit des Verlustes ihres Existenzrechtes in Jerusalem – mussten sie beweisen, dass ihr Lebensmittelpunkt innerhalb der Stadtgrenzen liegt. Zusätzlich wurde erklärt, dass dieses Gesetz rückwirkend gültig sei. Dementsprechend erklärten die Behörden zwischen 1995 und 2000 etwa 3300 *Blue Cards* für ungültig. Kinder, die auf der Karte eines Erwachsenen erfasst waren, dem diese entzogen wurde, verloren ebenfalls automatisch das Recht, in Jerusalem zu leben. Im März 2000 wurde dieses Gesetz durch eine Entscheidung des israelischen Obersten Gerichts vorübergehend außer Kraft gesetzt, was

*Demonstration mit Faisal al-Husseini gegen die israelische Besatzungspolitik in Ostjerusalem*

die Praxis des Entzugs der Wohnsitzberechtigung (Aufenthaltserlaubnis) beendete. Allerdings wurde diese Politik 2006 wieder aufgenommen, und innerhalb eines Jahres erklärte Israel 1363 Ausweise für ungültig. Mit der Errichtung des sogenannten »Jerusalem Envelope«, eines Sperrzauns, wurde die Frage der Wohnsitzberechtigung in Jerusalem noch problematischer. So haben Menschen aus Ostjerusalem große Schwierigkeiten, in das benachbarte Ramallah zu gelangen, das vorsätzlich von Jerusalem abgetrennt wurde.

## Allgemeines

### Reisevorschriften für Palästinenser

Ein **Palästinenser aus Jerusalem**, dessen Aufenthaltskarte durch israelische Behörden ausgestellt wurde, darf ins Westjordanland und nach Israel einreisen. Will ein Ostjerusalemer hingegen den Gazastreifen besuchen, muss er den Behörden einen akzeptablen Grund nennen, um die für einen Tag gültige Genehmigung zu erhalten. Auch wird es für Palästinenser aus Ostjerusalem immer schwieriger und geradezu kafkaesk nach Ramallah zu fahren, besonders mit dem eigenen Auto.

Ein **Palästinenser aus dem Westjordanland** mit einer Westjordanland-Bewohnerkarte muss eine spezielle Genehmigung für die Einreise nach Jerusalem oder Israel vorweisen. Die Erlaubnis kann nicht ohne Nachweis eines Arbeitsvertrags oder eines ärztlichen Attests beantragt werden. Im letzteren Fall muss der Patient allein reisen, es sei denn, ein Angehöriger hat ebenfalls eine Genehmigung beantragt. Eine Reise nach Jerusalem aus familiären oder religiösen Gründen ist nicht möglich. Das bedeutet, dass es nahezu unmöglich ist, die Al-Aqsa-Moschee – die drittheiligste Stätte der Muslime – oder etwa die Grabeskirche zum Beten aufzusuchen. Auch zu wichtigen religiösen Feierlichkeiten wie dem Ramadan, Ostern oder Weihnachten wird eine reibungslose Einreise erheblich behindert. Sofern dies überhaupt ermöglicht wird, muss oft ein aufwendiger bürokratischer Prozess durchlaufen werden.

*Qalandia-Checkpoint zwischen Jerusalem und Ramallah*

Ein **Palästinenser aus dem Gazastreifen** muss für eine Reise nach Jerusalem und Israel im Voraus eine spezielle Genehmigung einholen. Um ins Westjordanland zu gelangen, muss ein Umweg über Ägypten und Jordanien und von dort aus über die Allenby-Brücke in Kauf genommen werden, obwohl Gaza auf direktem Weg weniger als eine Stunde von Hebron entfernt ist. Eine alternative Strecke wurde zwar 1999 eröffnet (s. Tarqumia, S. 332), jedoch bevorzugen viele Reisende wegen strenger Zollbeschränkungen und Schikanen die tagelange Reise über Ägypten und Jordanien.

Ein **Palästinenser aus Israel** kann sich dort theoretisch frei bewegen. Ein Besuch beispielsweise des Gazastreifens ist jedoch nicht möglich, da dessen Zone A außerhalb der israelischen Gerichtsbarkeit liegt (diese Beschränkung gilt auch für israelische Juden), was Familienbesuche sehr problematisch macht. Ehen, die von Personen aus dem Gazastreifen mit palästinensischen Israelis geschlossen werden, unterliegen vielen Beschränkungen. Der Ehepartner, der ursprünglich aus dem Gazastreifen stammt, kann eine israelische *Residence Card* erhalten, ist aber damit nicht gleichzeitig im Besitz einer Nationalität, was Reisen ins Ausland extrem verkompliziert, wenn nicht gar unmöglich macht.

*Straßenblockade südlich von Bethlehem*

## Kolonisierung und Besatzung

## Verschiedene Absperrungstore

*Die humanitäre Belastung aufgrund der Absperrung
palästinensischer Dörfer im Westjordanland
(Aus dem Bericht des UN-Büros für die Koordination humanitärer Angelegenheiten in
den besetzten palästinensischen Gebieten, UNOCHA, vom 1. September 2004)*

**Landwirtschaftliches Tor**: Ein landwirtschaftliches Tor erlaubt den Zugang zu landwirtschaftlich genutzten Feldern, Gewächshäusern oder Gärten jenseits der Grenze. Bauern müssen einen grünen Passierschein (*green permit*) einholen, um die Tore zu ihren Feldern zu passieren.

**Checkpointtor**: Ein Checkpointtor ist eine Durchgangsstelle im Westjordanland zu anderen Gebieten des Westjordanlands und nach Israel. Checkpointtore sind normalerweise durch die israelische Grenzpolizei oder die israelische Armee besetzt und werden auch von israelischen Siedlern genutzt. Palästinenser aus dem Westjordanland brauchen eine Erlaubnis, um nach Israel einreisen zu dürfen. Da die Absperrungsanlagen meistens innerhalb des Westjordanlands liegen, befinden sich viele dieser Tore nicht entlang der Grünen Linie.

*Checkpoint zwischen Jerusalem und Ramallah*

**Militärtor**: Diese Tore sind nicht für die zivile Nutzung durch Palästinenser zugelassen, mit Ausnahme der als »saisonal« gekennzeichneten Tore.

**Straßentor**: In manchen Fällen ist ein Tor an der Stelle aufgebaut, an der eine Sperranlage die Straße kreuzt. Grüne Passierscheine werden benötigt, um diese Tore zu durchqueren.

**Schultor**: An vereinzelten Stellen kreuzen Sperranlagen Schulwege. Dort gibt es Tore, damit palästinensische Schulkinder und Lehrer passieren können. Die Öffnungszeiten decken sich zweimal täglich mit den Schulzeiten. Oftmals stellt die israelische Armee einen Schulbus bereit, um Schüler durch das Absperrungstor zu bringen. Diese Tore sind normalerweise für Inhaber des grünen Passierscheins verboten.

**Saisonales Tor**: Tore, die für die Palästinenser mit Ausnahme der Erntezeit (September bis November) geschlossen sind. Offizielle Öffnungszeiträume sind nicht festgelegt; die übrige Zeit sind die Tore der militärischen Nutzung vorbehalten.

**Siedlungstor**: Hauptsächlich von Siedlern genutzt, sind diese Tore auch für Bauern mit einem grünen Erlaubnisschein passierbar. Allerdings nutzen nur wenige diese Tore aufgrund der Nähe zu den Siedlungen und der Furcht vor Schikanen durch Siedler.

»Mauerkunst«. Graffiti bei Jerusalem und Bethlehem.

## Kolonisierung und Besatzung

### Hanan Ashrawi

Hanan Ashrawi wurde 1946 in Nablus als eine von fünf Töchtern eines christlich-palästinensischen Arztes geboren. Sie gilt als eine außergewöhnliche Vertreterin der Palästinenser, sowohl im akademischen Bereich als auch in der nationalen und internationalen Politik. Nach Abschluss ihres Studiums der Vergleichenden Literaturwissenschaft an der Amerikanischen Universität in Beirut promovierte sie an der Universität von Virginia in den USA. 1973 gründete sie die Englische Fakultät an der Universität Birzeit im Westjordanland. Dort hatte sie bis 1995 verschiedene Ämter inne und veröffentlichte zahlreiche literaturwissenschaftliche Schriften.

Als 1974 die israelischen Abriegelungen des Westjordanlands das Leben der Professoren und Studenten an der Universität Birzeit immer mehr erschwerten, begann ihre politische Laufbahn; 1988 trat sie dem Intifada-Komitee bei. Von 1991 bis 1993 war Hanan Ashrawi die offizielle Sprecherin der palästinensischen Delegation bei den Friedensverhandlungen in Madrid und anschließend in Washington sowie Mitglied des Führungs- und Exekutivkomitees der Delegation. Seit der Zeit der Oslo-Abkommen nahm sie verschiedene Funktionen wahr. 1996 wurde sie zur Bildungs- und Forschungsministerin ernannt, trat jedoch 1998 wegen Korruptionsvorwürfen gegenüber der Behörde zurück.

Hanan Ashrawi ist heute Generalsekretärin der Palästinensischen Initiative für die Förderung des Globalen Dialogs und der Demokratie (*The Palestinian Initiative for the Promotion of Global Dialogue and Democracy*, MIFTAH). Diese 1998 gegründete palästinensische Nichtregierungsorganisation beschäftigt sich vor allem mit der Situation in den besetzten Gebieten und setzt sich besonders für Demokratie, öffentliche Debatten, Netzwerkbildung und die Stärkung des palästinensischen Staatsbildungsprozesses ein. Hanan Ashrawi ist Mitglied der Unabhängigen Internationalen Kosovo-Kommission und des UN-Forschungsinstituts für soziale Entwicklung, um nur einige ihrer zahlreichen Funktionen zu nennen. Sie genießt hohes Ansehen in der palästinensischen Gesellschaft und lebt mit ihrem Mann und zwei Töchtern in Ramallah.

Hanan Ashrawi

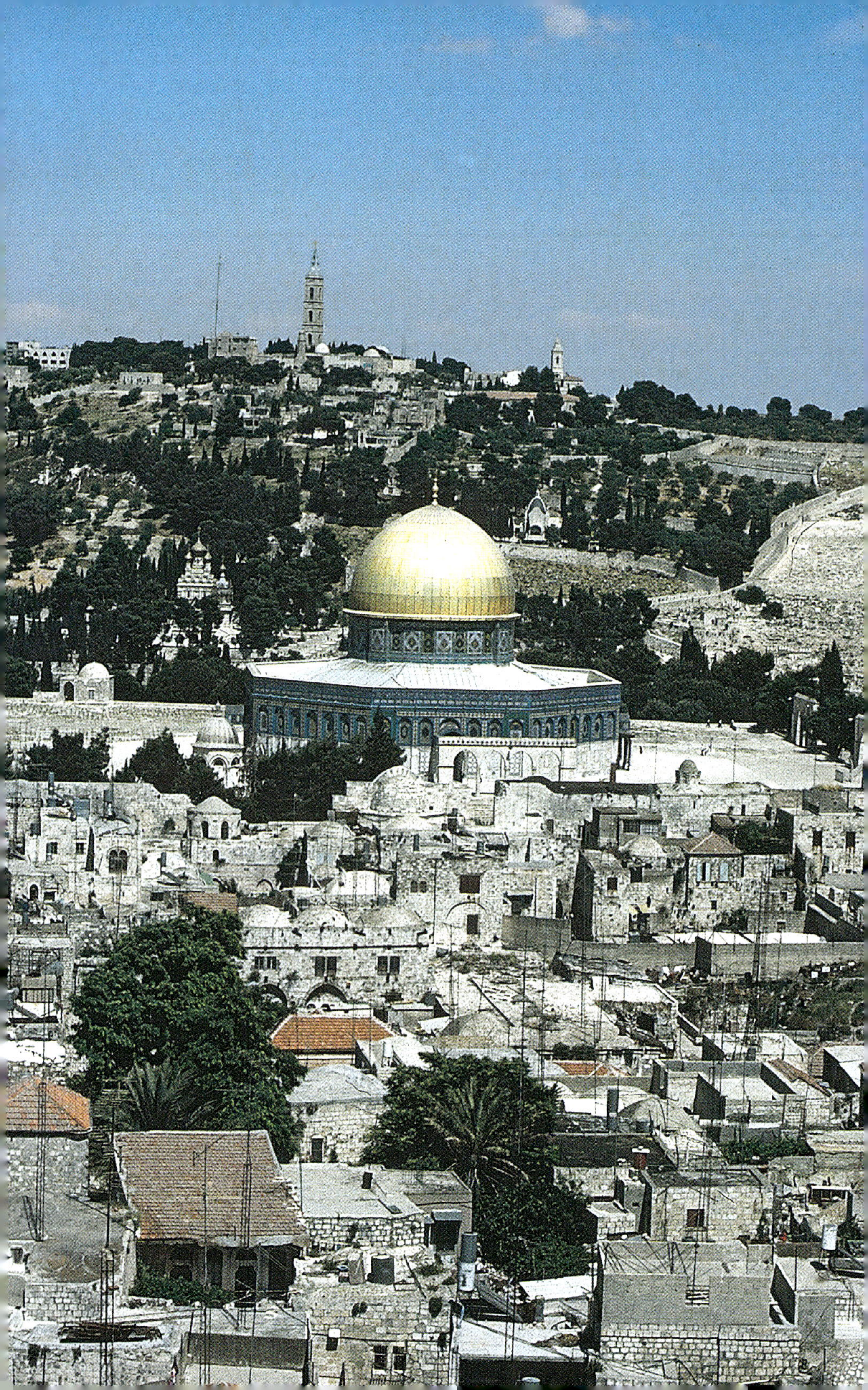

# Jerusalem

*Die Blume der Städte*

Für dich bete ich, oh Stadt des Gebets
Für dich, Stadt der schönen Häuser
Blume der Städte.
Jerusalem, Jerusalem.
Ich bete, oh Stadt des Gebets.

Unsere Augen wenden sich dir zu, jeden Tag
Sie folgen den gewundenen Pfaden
der Andachtsräume
Bewahren die alten Kirchen in ihrem Blick
Und ertragen die Melancholie der Moscheen.

Oh, Nacht der nächtlichen Reise
Der Pfad derer, die zum Himmel aufgefahren sind
Unsere Augen bestaunen dich jeden Tag.
Und ich bete.

Das Kind in der Krippe
Seine Mutter Maria
Zwei tränenüberströmte Gesichter
Weinen um die vom Wege Abgekommenen
Weinen um die Kinder ohne Heimat.
Um diejenigen, die die Tore verteidigten
Und die, die zuerst als Märtyrer fallen würden.

Gemarterter Friede im Land des Friedens
Das Recht steht schweigend draußen vor den Toren

Das Kind in der Krippe
Seine Mutter Maria
Zwei tränenüberströmte Gesichter
Und ich bete.

Raserei donnert
Der Glaube erhebt mich
Raserei donnert
Ich werde mich über meine Leiden erheben.
Sie nehmen jeden erdenklichen Weg.
Auf ängstlichen Kriegsrossen.
Wie weiland das Antlitz unseres Gottes
Es kommt, es kommt…

Das Tor unserer Stadt soll sich niemals schließen
Damit ich zum Beten gehen kann.
Ich werde an die Türen klopfen
Ich werde diese Tore öffnen
Und du, oh Jordan,
Mit deinen heiligen Wassern, du wirst
meine Tempel reinwaschen
Und du, oh Jordan, wirst alle Spuren
der Barbarei fortspülen.

Raserei donnert
auf ängstlichen Rossen, es stürmt.

*Gedicht der Brüder Rahbani,
gesungen von Fairuz*

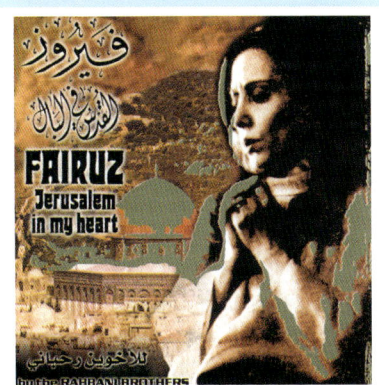

*Links: Blick über die Altstadt von Jerusalem mit dem Felsendom und dem Ölberg im Hintergrund*

*Fairuz-CD »Jerusalem in my heart«*

## Jerusalems Namen

Jerusalem wurde erstmals zur Zeit der Pharaonen in zwei der ägyptischen Ächtungstexte aus dem 19. Jh. v. Chr. erwähnt. Diese Texte stellten für Rituale gebrauchte Verzeichnisse asiatischer und nubischer Orte dar, über die Ägypten zu jener Zeit vermutlich die Kontrolle hatte. Sie wurden auf Geschirr, Vasen und Figurinen festgehalten und schließlich in einem symbolischen Akt der Zerstörung vernichtet. In zwei Inschriften auf einem Stück Keramik und einer Tonfigurine wird Jerusalem als »Rushalimu« bezeichnet, die ägyptische Variante des kanaanitischen Namens »Urushalimu«: »Uru« bedeutet »Gründung«, während »Shalim« oder »Salem« (1 Mo 14, 18) für den kanaanitischen Gott der Fülle steht. Die semitischen Wurzeln tauchten später in dem hebräischen Wort »Shalom« und dem arabischen Wort »Salam« wieder auf. Sie bedeuten »Frieden«, implizieren aber auch »Fülle« oder – im weiteren Sinn – die »Segenswünsche des Lebens«. Im 14. Jh. v. Chr. tauchte der Name »Urushalimu« erneut in den ägyptischen Amarna-Briefen auf. Diese Bezeichnung wurde über einen sehr langen Zeitraum verwendet – ein Zeichen für die Kontinuität der Bevölkerung und ihrer Traditionen. In neoassyrischen Quellen – auf in Keilschrift beschriebenen Platten aus dem 8. Jh. v. Chr. – wurde Jerusalem »Ursalimmu« genannt. Des Weiteren taucht die Stadt im Verzeichnis der von Nebukadnezar eroberten Städte im 6. Jh. v. Chr. als »Stadt von Juda«, Hauptstadt der Gebiete des Königreichs Juda, auf. Der ursprüngliche Name ging jedoch nie verloren; im Alt- und Neuhebräischen wird Jerusalem als »Yerushalaim« oder »Yerushalaiem« und im Griechischen als »Yerusalim« bzw. »Hierosolyma« (hieros = heilig) bezeichnet.

*Kaligrafie des arabischen Namens von Jerusalem: Al Quds*

Nach der Niederschlagung des Aufstands der Juden (Bar-Kochba-Aufstand) gegen die Römer gründete Kaiser Hadrian am selben Ort 135 n. Chr. die Kolonie Aelia Capitolina. Die griechische Bezeichnung für Jerusalem war in der byzantinischen Zeit vorherrschend, üblicherweise wurde ihr jedoch der Zusatz »Agia Polis« (»Heilige Stadt«) vorangestellt. Der römische Name Jerusalems blieb im kollektiven Gedächtnis erhalten, weswegen er sich auch in klassischen arabischen Gedichten in den Anfängen der arabisch-islamischen Epoche in seiner abgekürzten arabisierten Form finden ließ: »Iliya«. Zu dieser Zeit erhielt der arabische Name der Stadt religiöse Bedeutung: Er wurde zu »Beit al-Makdas« (»Haus der Heiligkeit« oder »Heiligtum«) und später zu »al-Quds esh-Sharif« (»das edle Heiligtum«). Diesen Namen hat die Stadt neben »Yerushalaim« bis heute behalten; er wird aber meistens in der abgekürzten Form »al-Quds« (»die Heilige«) verwendet.

*»Jerusalem on my mind«*

# Geschichte von Jerusalem

*Jerusalem-Lithografie von David Roberts aus dem Jahr 1839*

Der Fund von Steinwerkzeugen deutet darauf hin, dass in dem Gebiet von Jerusalem seit dem Ende des Paläolithikums (Altsteinzeit) Menschen gelebt haben. Nachdem die ersten Lager bzw. chalkolithischen Dörfer am Rand des Kidrontals entstanden sind (4000-3100 v. Chr.), wurde in der mittleren Bronzezeit (2000-1500 v. Chr.) von den zu den semitischen Kanaanitern gehörenden Jebusitern eine befestigte Stadt in dem Gebiet des heutigen Jerusalem erbaut. Lokale Quellen verweisen zwar nicht darauf, ägyptische berichten jedoch zu Beginn des 2. Jt. v. Chr. von der Existenz einer Stadt namens »Rushalimu«. Die aus Ägypten stammenden Amarna-Briefe aus dem 14. Jh. v. Chr. liefern genauere Informationen: In einem der an Pharao Echnaton gerichteten Briefe bittet Abdi-Heba, der Machthaber der Region, um Schutz vor Überfällen der Beduinen. Wahrscheinlich wurde die Stadt aus diesem Grund um 1000 v. Chr. zum zweiten Mal befestigt. Der Bibel zufolge gliederte König David, der Herrscher über den Süden Judäas, die Stadt in sein Königreich ein und machte sie zu seinem offiziellen Amtssitz. Salomo folgte seinem Vater David und führte dessen Baupläne fort, indem er die Stadt nach Westen erweiterte und einen Tempel für Jahwe bauen ließ (1 Kö 1, 1-38). Jedoch belegen weder archäologische Funde noch schriftliche Zeugnisse aus dieser Zeit die Aussagen der Bibel. Abgesehen von Spuren eines städtischen Zentrums wurde nichts gefunden – keine Festung und auch keine Grundmauern, die zu einem Tempel oder gar zu Salomos Residenz gehört haben könnten.

## Jerusalem

Als die Neoassyrer 722 v. Chr. die Stadt in Besitz nahmen, gelobten die in Jerusalem lebenden Aristokraten aus Judäa dem assyrischen König die Treue, um die Zerstörung der Stadt zu verhindern und einer Verbannung zu entgehen. Dies war häufig das Schicksal der Oberschicht in der Region, wie beispielsweise in Samaria und den meisten Stadtstaaten an der Küste des östlichen Mittelmeeres. Während der Regentschaft von König Hiskija (719-699 v. Chr.) befürchtete

»Jerusalem, die Heilige Stadt«. Handkolorierte Radierung von Georg Braun und Frans Hogenberg aus dem Jahr 1575.

man eine Belagerung Jerusalems durch die Neoassyrer, da diese bereits Shomron bzw. Samaria zerstört hatten, die Hauptstadt des nördlichen Königreichs. Doch der Bibel zufolge hielt sie zunächst eine Epidemie davon ab, die sowohl unter Sennacheribs Armee als auch in der gesamten Region viele Opfer forderte. Schließlich fiel die Stadt im Jahr 586 v. Chr. an Nebukadnezar, der, wie zu jener Zeit üblich, alle Bürger der Oberschicht verbannen ließ (Babylonisches Exil); nach dem Buch Jeremia (Jer 52, 28-30) waren es 4600 Menschen, dem Buch der Könige zufolge (2 Kö 24, 16) mehr als 8000. Dies war jedoch immer noch ein verhältnismäßig kleiner Teil, gemessen an der damaligen Gesamtbevölkerung Judäas. Zwei Generationen lang hielten diese jüdischen Exilaristokraten den Mythos der Vorrangstellung und Überlegenheit Jerusalems, der ihnen versprochenen Stadt (Ps 137, 1-6), aufrecht. 538 v. Chr. erlaubte der junge persische König Kyros der Große den Nachfahren der Exilanten, nach Jerusalem zurückzukehren, woraufhin die Stadtmauern und der von Nebukadnezar zerstörte jüdische Tempel wieder aufgebaut wurden.

Während der hellenistischen Epoche war die Stadt noch klein; nur ein paar Tausend Menschen lebten dort – eine jüdische, hellenisierte Aristokratie und seleukidische Söldner, die griechisch-orientalische Götter anbeteten. Im 2. Jh. v. Chr. verursachte der Prozess der Hellenisierung eine Aufspaltung innerhalb der jüdischen Glaubenspraxis; es kam zu religiösen Konflikten zwischen den verschiedenen Strömungen des Judentums und anderen Glaubensgemeinschaften (wie hellenistischen und orientalischen Glaubensrichtungen). Die Griechen verloren Jerusalem jedoch bald an die Makkabäer, die wiederum das Geschlecht der Hasmonäer begründeten, unter deren Herrschaft das Judentum zur Staatsreligion erhoben wurde. Den Samaritern galt ihr Tempel auf dem Berg Gerizim als heilige Stätte, da Gott nach ihrem Glauben hier von Abraham verlangt haben soll, seinen Sohn zu opfern; aus diesem Grund stand dieser in Konkurrenz zum Tempel in Jerusalem. Johannes Hyrkanus zerstörte den samaritanischen Tempel 124 v. Chr. und machte Jerusalem zur Hauptstadt seines neuen Königreichs, was auch Rom offiziell anerkannte.

63 v. Chr. eroberte der römische Feldherr Pompeius Jerusalem, und Herodes der Große wurde vom römischen Senat zum König von Judäa erhoben. 37 v. Chr. übernahm er die Macht und beendete somit die Herrschaft der Hasmonäer. Herodes ließ den jüdischen Tempel ausschmücken und erweiterte dessen Grundfläche erheblich. Während seiner gesamten Geschichte war der Tempel ein konfliktträchtiges nationales und religiöses Symbol und diente zur Zeit des Aufstands gegen die Römer als Versammlungsort der Aufständischen. Die monumentalen Baupläne von Herodes machten Jerusalem erstmals in seiner Geschichte zu einem städtischen Zentrum. Es kam jedoch schon bald zu sozialen Unruhen, die verschiedenen religiösen Bewegungen als Nährboden dienten. Eine dieser Glaubensrichtungen erkannte in Jesus einen Erlöser, was für das palästinensische Judentum sowie die griechisch-römischen und griechisch-orientalischen Kulte eine Herausforderung darstellte. Nach dem Tod von Herodes verlor Jerusalem seinen Status als politische Hauptstadt an Caesarea.

66 bis 70 n. Chr. wurde eine Revolte gegen die römische Herrschaft brutal niedergeschlagen, wobei Teile der Stadt zerstört wurden, auch der Tempel von Jerusalem als wichtiges Symbol der jüdischen Identität. Zwischen 132 und 135 n. Chr. brach eine weitere Revolte in Judäa aus (Bar-Kochba-Aufstand). Als Vergeltungsmaßnahme ließ Hadrian die Juden aus Jerusalem vertreiben und erbaute die Kolonie Aelia Capitolina auf den Ruinen der Stadt.

Die Ausrufung des Christentums zur Staatsreligion gegen Ende der römischen Herrschaft im Jahr 325 hat den Status und die Entwicklung der Stadt entscheidend beeinflusst. Seitdem ist Jerusalem das heilige Zentrum der Christenheit. Überall in der Stadt befinden sich Bauwerke, die des Martyriums Jesu gedenken, und als heilige Stätten sind sie mit Episoden seines Lebens und seines Leidens verbunden.

638 n. Chr., sechs Jahre nach dem Tod Muhammads, wurde Jerusalem von arabisch-muslimischen Truppen erobert, die eine neue Ära einleiteten und Jerusalem zur heiligen Stadt des Islam, genannt »Beit al-Makdas« (»Haus der Heiligkeit«), erhoben. Weder der mit den christlichen Machthabern geschlossene Pakt noch die symbolische Übergabe des Schlüssels durch den Patriarchen Sophronius an den Kalifen zogen einen demografischen Wandel oder gar einen Exodus aus der Stadt nach sich. Vielmehr bestätigten sie den politischen Sieg des Islam über das Byzantinische Reich. Dem Beispiel des Kalifen Muawiya (661-680 n. Chr.) – dem Begründer der Umayyaden-Dynastie – folgend, wurde in Jerusalem die Einführungszeremonie eines jeden neuen Kalifen abgehalten. Fortan unterstanden die Christen der Autorität des Kalifen. Auf Befehl des christlichen Patriarchen wurden die Juden wegen ihrer Beteiligung an den persischen Massakern im Jahr 614 und an der Zerstörung von Kirchen und Klöstern im Heiligen Land (Arabisch *Ard al-Muqaddasa*) aus Jerusalem verbannt. Die Dynastien der Abbassiden (750-969 n. Chr.) und der Fatimiden (969-1071 n. Chr.), die auf das Umayyaden-Kalifat (660-750 n. Chr.) folgten, verliehen der Stadt ihren besonderen Glanz.

Im Juli 1099 n. Chr. eroberten die von Gottfried von Bouillon geführten Kreuzritter Jerusalem und richteten ein Blutbad an, bei dem die meisten Einwohner der Stadt getötet wurden.

*Die Eroberung Jerusalems durch Saladin*

Daraufhin besiedelten die Kreuzritter die Stadt und ihre Umgebung neu. Weniger als ein Jahrhundert später befreiten Saladins (Salah ed-Din) Truppen 1187 Jerusalem von der Fremdherrschaft, wonach die Stadt abermals den Status einer heiligen Stadt des Islam erhielt. Der muslimische Pilgerstrom verlieh der Stadt, deren Blütezeit ihren Höhepunkt unter mameluckischer Herrschaft erreichte, ganz neue Merkmale. 1260 besiegten die Mamelucken die Mongolen sowie 1291 die Kreuzritter und ließen auf diese Weise – wenngleich nur vorübergehend – Ruhe einkehren. Die Bevölkerungszahl wuchs zwischenzeitlich auf 40 000 an, schrumpfte jedoch wieder infolge der Pestepidemie im Jahr 1350.

Im Dezember 1516 übergaben die Herrscher der Stadt die Schlüssel zu den heiligen Stätten an den osmanischen Sultan Selim I., der die Mamelucken in Marj Dabic in Nordsyrien geschlagen hatte. Die Osmanen statteten Jerusalem mit umfangreichen Befestigungen und insbesondere mit einer neuen Stadtmauer bzw. einem Schutzwall aus.

Bis zum 19. Jh. wuchs die Bevölkerung der Stadt nur mäßig; 1849 zählte sie annähernd 11 000 Einwohner. Die Eroberung Palästinas durch Ibrahim Pascha aus Ägypten (1832) brachte neue administrative Reformen auf Kosten der osmanischen Macht mit sich. Jerusalem, das 1863 den Stadtstatus erlangte, wurde nach Istanbul zur zweitwichtigsten Stadt des Osmanischen Reiches. Gleichzeitig wurden den europäischen Mächten neue Privilegien zugesprochen, die auch das Recht auf Landbesitz einschlossen. Um ihren Einfluss in der Region auszuweiten, werteten die Europäer die politische Bedeutung Jerusalems auf, indem sie diplomatische Vertre-

## Geschichte von Jerusalem

tungen in der Stadt eröffneten; 1838 wurde das britische, 1842 das preußische und 1843 das französische Konsulat eingeweiht. Die Konsulate unterstützten die missionarischen Aktivitäten ihrer jeweiligen religiösen Kongregationen in Jerusalem, das somit in politischer Hinsicht von einer Provinz- zu einer Hauptstadt wurde.

Die Stadt erhielt 1874 einen besonderen Status innerhalb des Osmanischen Reiches, indem sie direkt der Verwaltung in Istanbul unterstellt wurde. Politische und administrative Reformen bildeten den Rahmen für ein Modernisierungsprogramm, unter dem das Stadtgebiet entscheidend erweitert wurde. Die Bevölkerungszahl schwankte zu dieser Zeit zwischen 14 000 und 22 000, stieg aber bis zum Jahr 1915 auf 80 000 an. Das Verkehrsnetz wurde ebenfalls weiterentwickelt, und die Erweiterung der Hauptverkehrsroute zwischen Jaffa und Jerusalem halbierte die Reisedauer zwischen beiden Städten auf einem Maultier oder per Pferdekutsche von 24 auf 12 Stunden. Zu den Verbesserungen zählten zudem, dass nun neue Straßen die Stadt mit Syrien und dem Irak verbanden, zwischen Jerusalem und Istanbul eine Telegrafenleitung errichtet sowie 1892 die Eisenbahnstrecke Jaffa-Jerusalem in Betrieb genommen wurde. Besondere Aufmerksamkeit galt dem Ausbau der Infrastruktur: Straßen wurden gepflastert, 1894 wurden Kamele aus der Altstadt verbannt und 1905 erstmals Straßenbeleuchtungen (Kerosinlampen) installiert. Die Behörden kümmerten sich angesichts der anhaltenden Choleraepidemie im Jahr 1900 und der Malariaepidemien vorrangig um die Wasserversorgung und -aufbereitung.

Die Beschleunigung der jüdischen Zuwanderung führte unter den Palästinensern zu heftigen Protesten, die sich in den Forderungen der noch jungen Arabischen Nationalbewegung widerspiegelten. Während die ersten jüdischen Einwanderer mit ihren palästinensischen Nachbarn noch in Harmonie lebten, sonderten sich die späteren, vorwiegend europäischen Immigranten ab und siedelten sich mit kolonialem Eifer in einer eigenen Gemeinde an.

Nach dem Ende des Osmanischen Reiches zogen am 9. Dezember 1917 die Briten in Jerusalem ein. Damit begann ein neuer Abschnitt in der langen Geschichte der Stadt: Jerusalem wurde nach dem Ersten Weltkrieg zur administrativen und politischen Hauptstadt der britischen Mandatsmacht in Palästina. Die britischen Behörden stärkten die Position der Familien der Jerusalemer Oberschicht, um die mit dem arabischen Nationalismus sympathisierende jüngere Generation von Christen und Muslimen zu schwächen. Obwohl sie gute Beziehungen zu den britischen Kolonialherren pflegten, verbargen die Jerusalemer Aristokraten jedoch nicht ihre feindliche Einstellung gegenüber dem Zionismus und waren das Sprachrohr der arabischen Palästinenser.

Der Großmufti von Jerusalem, Haj Amin al-Husseini, war der Palästinenser mit dem größten politischen Einfluss in Jerusalem und im gesamten britischen Mandatsgebiet Palästina. Er stammte aus einer der privilegiertesten Familien der Jerusalemer Oberschicht und versprach, die öffentliche Ordnung aufrechtzuerhalten (ein vorrangiges An-

*Demonstration gegen die britische Mandatsmacht in Jerusalem 1933*

liegen der Briten) und die Interessen der palästinensischen Oberschicht zu vertreten, während er gleichzeitig die Position des radikalen arabischen Nationalismus der unteren Schichten einnahm. Als er sich am arabisch-palästinensischen Aufstand von 1936 bis 1939 beteiligte, schickten die Briten den Großmufti ins Exil, gingen mit seinen Anhängern hart ins Gericht und trieben 1937 den Teilungsplan voran, ohne die Palästinenser zu Rate zu ziehen.

Die internationale Gemeinschaft versprach den Juden ein Heimatland in Palästina gemäß dem UN-Teilungsplan vom November 1947. Die Palästinenser dagegen strebten die Befreiung vom Kolonialismus und ihre Unabhängigkeit an, woraufhin die Zionisten im April 1948 einen Angriff auf Jerusalem starteten. Die darauf einsetzende Fluchtwelle der Palästinenser wurde durch das Massaker von Deir Yassin am 9. April 1948 noch verstärkt. Das britische Mandat für Palästina endete offiziell am 14. Mai 1948. Noch am selben Tag wurden der neuere Teil Jerusalems sowie 39 palästinensische Dörfer westlich der Stadt von den zionistischen Militärverbänden erobert und deren Einwohner vertrieben. Trotz ihres Versprechens, die öffentliche Ordnung bis zum Abzug ihrer Truppen aufrechtzuerhalten, griffen die Briten nicht ein. Und weder die Vereinten Nationen noch die arabischen Nachbarstaaten intervenierten – Besetzung, Terror und ethnische Säuberungen wurden nicht verhindert und somit toleriert. Der jordanische König Abdullah entschied, die Entwaffnung der palästinensischen Widerstandskämpfer zu veranlassen und sie in die Altstadt zurückzubeordern, obwohl einige arabische Truppenverbände Stellungen in der Neustadt hielten. Am 18. Juli 1948 wurde die Stadt in zwei Teile geteilt, die seit dieser Zeit als »Westjerusalem« und »Ostjerusalem« bezeichnet werden. Die Kapitulation und die nachfolgende Annektierung Ostjerusalems durch das haschemitische Königreich führten in Verbindung mit der Unterdrückung palästinensischer Widerstandsorganisationen zu einem tief verwurzelten Hass gegenüber dem König, was am 20. Mai 1951 zu seiner Ermordung in Jerusalem führte.

*Erster Palästinakrieg 1948/49*

Israel veranlasste eine umfassende ethnische Säuberung der Gebiete, die im Westen von Jerusalem unter seiner Kontrolle standen und die mit Ausnahme des Dorfs Abu Ghosh unter israelische Souveränität gestellt wurden. Mehr als 90 000 Palästinenser des Jerusalem-Distrikts – die 30 000 Einwohner der verschiedenen Jerusalemer Stadtteile eingeschlossen – verloren ihren gesamten Besitz und mit diesem das Recht, auf ihrem eigenen Grund und Boden zu leben. Die Internationalisierung der Stadt wurde unter der Ägide der Vereinten Nationen nach dem Teilungsplan von 1947 mehrfach bekräftigt, insbesondere am 16. September 1948 von ihrem Vermittler Graf Folke Bernadotte. Dieser wurde nur einen Tag später von der *Stern*-Gruppe (*Lechi*), der von Yitzhak Shamir geführten zionistischen Untergrundorganisation, ermordet. Shamir wurde später Ministerpräsident von Israel.

Da Ost- und Westjerusalem nach der Teilung unter der Kontrolle Jordaniens bzw. Israels standen, durchliefen sie völlig unterschiedliche Entwicklungen. Israel widersetzte sich der gesamten internationalen Gemeinschaft, indem es am 11. Dezember 1948 Westjerusalem zur neuen Hauptstadt erklärte und damit einen zwei Tage zuvor gefassten Beschluss der UN-Generalversammlung missachtete. Durch Jerusalems neuen Status und Israels Urbanisierungspolitik wuchs die jüdische Bevölkerung zwischen 1950 und 1967 von 100 000 auf 197 000 Personen an. Trotz seiner neuen Größe und seines neuen Status hatte Jerusalem jedoch lange Zeit Provinzcharakter.

Im April 1950 wurde Ostjerusalem formal vom jordanischen Königreich annektiert. Der östliche Teil der Stadt bewahrte sich seinen historischen arabischen Charakter, und das Geschäftsleben sowie der Tourismus verliehen ihm eine gewisse Dynamik, obwohl Jordanien seine städtischen Entwicklungsbemühungen nun auf die Hauptstadt Amman konzentrierte.

Am 7. Juni 1967 besetzten israelische Streitkräfte Ostjerusalem. Die Verbitterung darüber war auf palästinensischer Seite groß: Obwohl 5000 jordanische Soldaten um die Stadt herum stationiert worden waren, gab es keinerlei Verteidigungspläne. Darüber hinaus hatten die Jahre der Überwachung und Unterdrückung der palästinensischen Widerstandsbewegung eine Bevölkerung ohne Waffen und Verteidigungschancen zurückgelassen. Am 27. Juni wurde die israelische Rechtsprechung auf Ostjerusalem übertragen, das am folgenden Tag vergrößert und mit Westjerusalem verbunden wurde. Am 30. Juli 1980 erklärte die Knesset Jerusalem offiziell zur »ewigen und unteilbaren Hauptstadt Israels«.

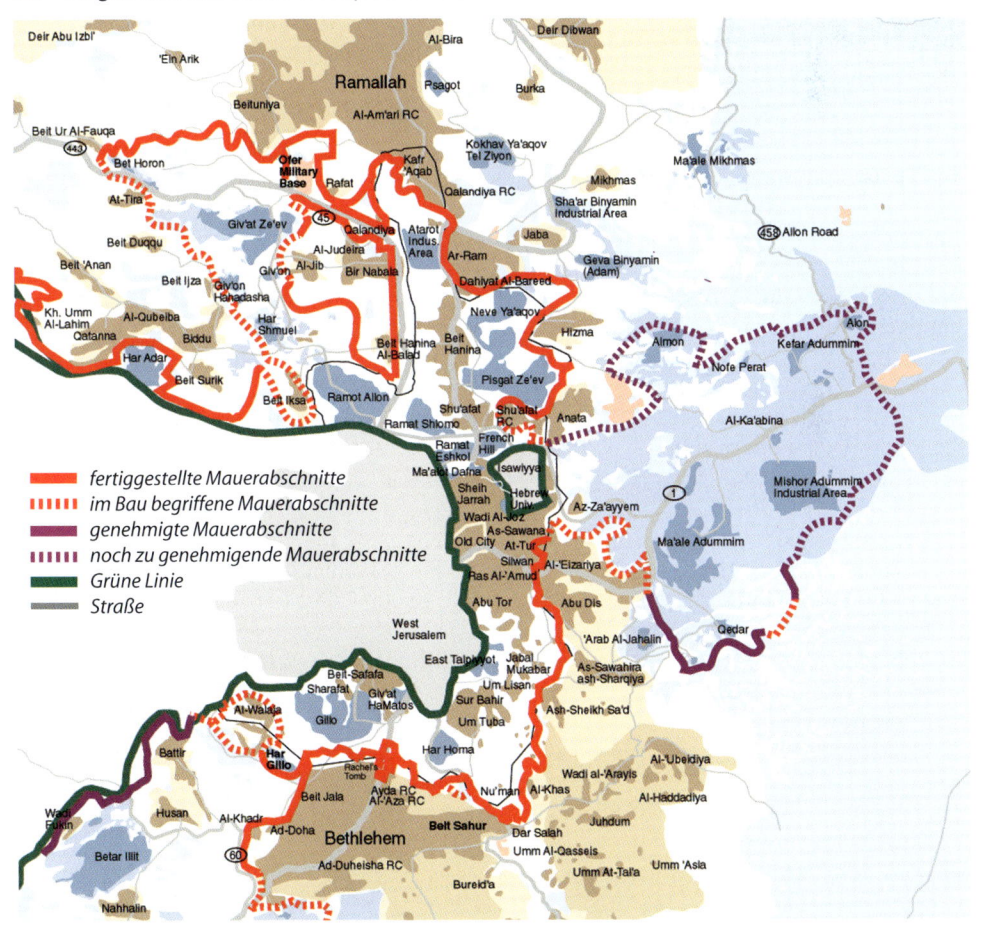

*Verlauf der Trennmauer im Großraum Jerusalem im Jahr 2010*

# Jerusalem

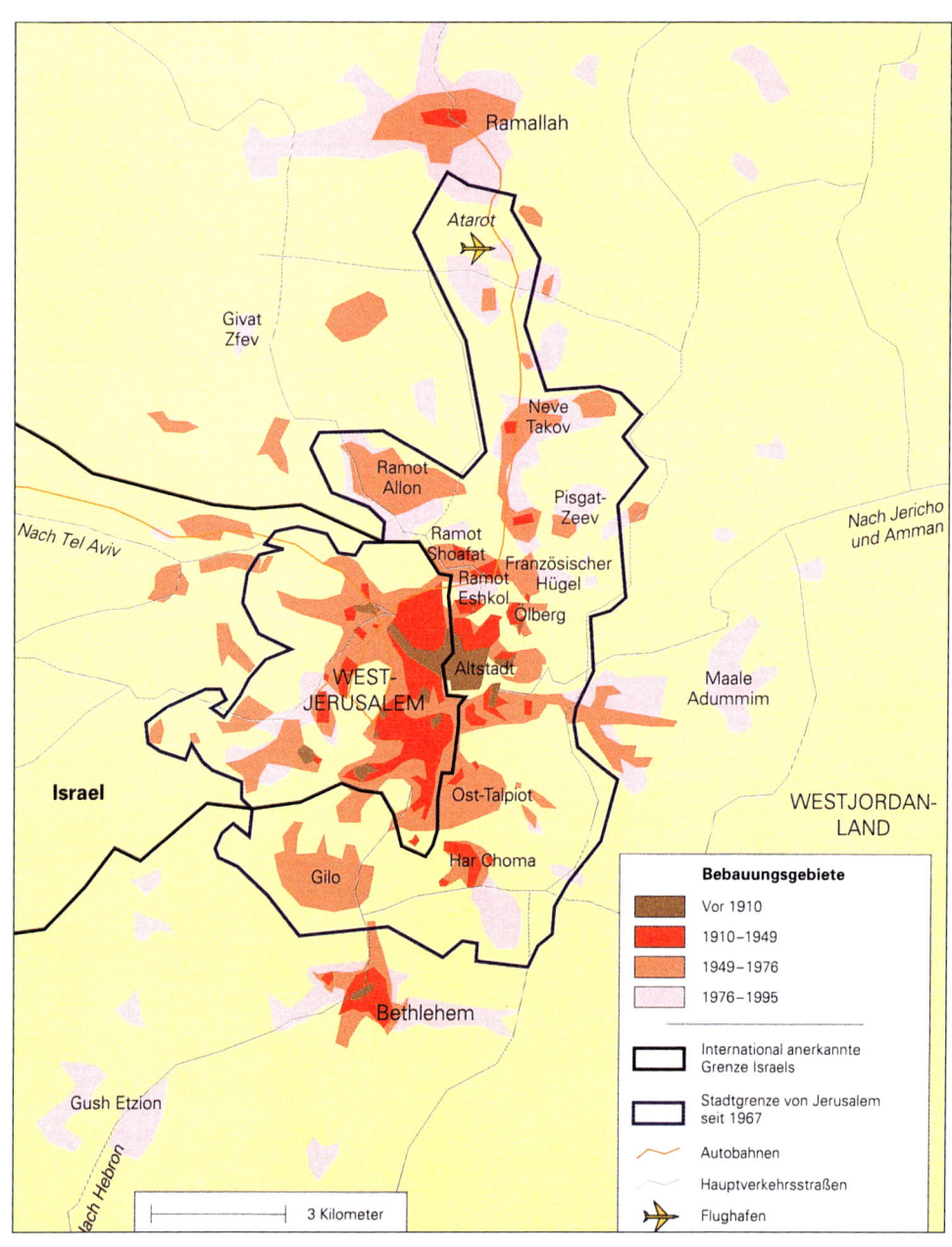

*Die Ausdehnung von Jerusalem im 20. Jahrhundert*

# Welches Jerusalem?

Wer an Jerusalem denkt, hat das Bild der Altstadt innerhalb der von Suleiman dem Prächtigen erbauten Mauern aus dem 16. Jh. vor Augen. Allerdings repräsentiert die Altstadt nur einen Quadratkilometer des gesamten Stadtgebiets von 123 km² und somit nur einen Teil des Stadtgebiets, das 1967 zur »vereinten Stadt« deklariert wurde. Aufgrund strategischer und politischer Interessen erweiterten sich die Stadtgrenzen über die Jahre hinweg enorm. Die ursprünglich 1947 unter internationalem Schutz zugesicherten Grenzen Jerusalems ließen das vorherige Verwaltungsgebiet (den Distrikt von Jerusalem) außer Acht. Sogar Bethlehem wurde in die internationale Zone von Jerusalem einbezogen. Als die zionistischen Truppen Jerusalem und die umliegende Region im arabisch-israelischen Krieg 1948/49 einnahmen und Westjerusalem zu ihrer Hauptstadt machten, lehnten die Mitgliedsstaaten der Vereinten Nationen dies in verschiedenen Resolutionen ab und eröffneten ihre Botschaften in Tel Aviv und Haifa, wo sie sich bis heute befinden. Indem die israelischen Behörden die Ruinen der zerstörten oder wiederbesetzten Viertel und Dörfer bebauen ließen, dehnten sie die Stadtgrenzen zwischen 1948 und 1967 erheblich nach Westen aus; das gesamte Stadtgebiet Westjerusalems erstreckte sich nun auf 38 km². Nach 1967 erweiterte Israel die Grenzen erneut, indem es die neu eroberten Gebiete judaisierte und sein Handeln mit religiösen Mythen und der einzigartigen spirituellen Verbindung des jüdischen Volkes zu Jerusalem und einem »Groß-Israel« rechtfertigte.

## Das Stadtgebiet von Jerusalem seit 1967

Wenige Wochen nach der Eroberung definierte die israelische Regierung 1967 die Grenzen von Jerusalem neu: Zusammen mit dem palästinensischen Ostjerusalem (ein Gebiet von 64 km² wurde dem Norden und dem Süden der Stadt angegliedert) betrug die Grundfläche Jerusalems nun 102 km². Rund 34% des palästinensischen Landes wurden für den Bau großer jüdischer Siedlungen beschlagnahmt, während 54% für »offene Grünflächen« vorgesehen waren. Tatsächlich wurden diese Flächen für zukünftige jüdische Siedlungen freigehalten. Den Palästinensern gewährte man Zugang zu 12% des Landes, das bereits dicht besiedelt war. Vor 1967 erstreckte sich das Stadtgebiet von Jerusalem über 44 km² (6 km² in Ostjerusalem und 38 km² in Westjerusalem). 28 palästinensische Dörfer wurden vollständig oder teilweise in den neuen Stadtbezirk von Jerusalem eingemeindet. Die Stadtgrenzen wurden in politischer und demografischer Hinsicht definiert: Man wollte ein Maximum an unbewohntem palästinensischem Land und ein Minimum an palästinensischer Bevölkerung einschließen. Das Ergebnis war die willkürliche Teilung von Dörfern (beispielsweise Anata und Issawiya), während sich andere Dörfer wie Abu Dis, Al-Azarya, Hizime, Dahiyat al-Barid und Aram nicht grundlos außerhalb der Stadtbezirke befanden. Diese rücksichtslose Vorgehensweise erklärt den Grundriss der Stadt. Im Mai 1988 annektierte die Stadtverwaltung ein weiteres Gebiet von 21 km², wodurch Jerusalem mit 123 km² zur größten Metropolregion Israels wurde. Das komplette Gebiet von Tel Aviv umfasst im Vergleich dazu lediglich 51 km². In zwölf israelischen Siedlungen (Ramot, Ramat Shlomo, Pisgat Zeev, Neve Yaakov, Atarot, Ramat Eshkol, French Hill, Maalot Dafna, Ras al-Amud, Ost-Talpiot, Gilo und Har Homa) leben in den von Israel festgelegten Stadtgrenzen etwa 225 000 Siedler im Vergleich zu 255 000 Palästinensern in Ostjerusalem. Die oben genannten Stadtteile sind Teil eines inneren Rings von Satellitensiedlungen, die durch diese Anordnung die Grenzen der jüdischen Bezirke festlegen. Dieses Groß-Jerusalem definiert die zukünftigen Stadtgrenzen und beschneidet die palästinensischen Rechte hinsichtlich einer möglichen Friedenslösung, während das ehemals palästinensische Ostjerusalem durch die Schaffung unumkehrbarer Fakten judaisiert wird. Die Regierungen Sharon und Olmert trieben den Siedlungsbau zudem weiter voran (etwa Kidmat Zion in Abu Dis, Nof Zion in Jabal Mukaber), obwohl die *Road Map* (Friedensplan von 2002) die Einstellung des Siedlungsbaus vorsah, insbesondere in Ostjerusalem, das in allen Friedensplänen als Hauptstadt Palästinas vorgesehen ist. Seit der Konferenz von Annapolis im November 2007 stieg die Anzahl neuer Bauprojekte jedoch dramatisch an, was deutlich macht, dass Israel einen palästinensischen Staat verhindern will. Wenn die Mauer um Jerusalem fertiggestellt sein wird, werden 120 000 Palästinenser aus dem Regierungsbezirk von Jerusalem und somit aus ihrer eigenen Stadt ausgeschlossen sein.

## Groß-Jerusalem

1983 entwickelte die israelische Regierung das Konzept eines sogenannten »Groß-Jerusalem«, um die Kontrolle über die Stadt und große Teile des Westjordanlands zu gewinnen. Die Durchführung begann nach der Unterzeichnung der Oslo-Abkommen 1994/95. Mehrere Satellitensiedlungen bilden seitdem einen sogenannten »äußeren Ring« außerhalb der Grenzen des erweiterten Jerusalem. Hierzu zählen Har Adar, Givat Zeev, Givon Ha-Hadasha, Kiryat Sefer, Maale Adumim, Efrata, der Etzion-Block und Beitar. Mehr als 250 000 Siedler sollen sich dort bis 2020 niederlassen. Die größte dieser Siedlungen, Maale Adumim östlich von Jerusalem, hatte 1991 15 000 Einwohner, 2008 waren es bereits 34 495 und bis 2015 soll die Bevölkerungszahl sogar auf 71 000 ansteigen. Maale Adumim erstreckt sich auf einer Fläche von mehr als 55 km² und ist damit flächenmäßig größer als Tel Aviv. Jerusalem ist von dort durch einen neuen, nur für Siedler zugänglichen Tunnel, der durch den Skopusberg gegraben wurde, erreichbar. Maale Adumim stellt mehr als jede andere Siedlung eine Bedrohung für die Lebensfähigkeit eines zukünftigen Staates Palästina dar, da das Westjordanland durch ihre Lage zweigeteilt wird. Es existiert zudem kein Straßensystem, das den nördlichen und südlichen Teil des Westjordanlands miteinander verbindet. Darüber hinaus wird den Palästinensern der Zutritt nach Jerusalem erschwert und die Ausdehnung palästinsischer Wohnviertel in Ostjerusalem eingeschränkt.

Mit dem Bau der Mauer um Jerusalem verfolgte Israel eine ähnliche Strategie wie mit der Festlegung der Grenzen für ein Groß-Jerusalem: 142 000 israelische Siedler werden in das Stadtgebiet von Jerusalem integriert, während gleichzeitig 60 000 Palästinenser aus der Stadt ausgeschlossen werden.

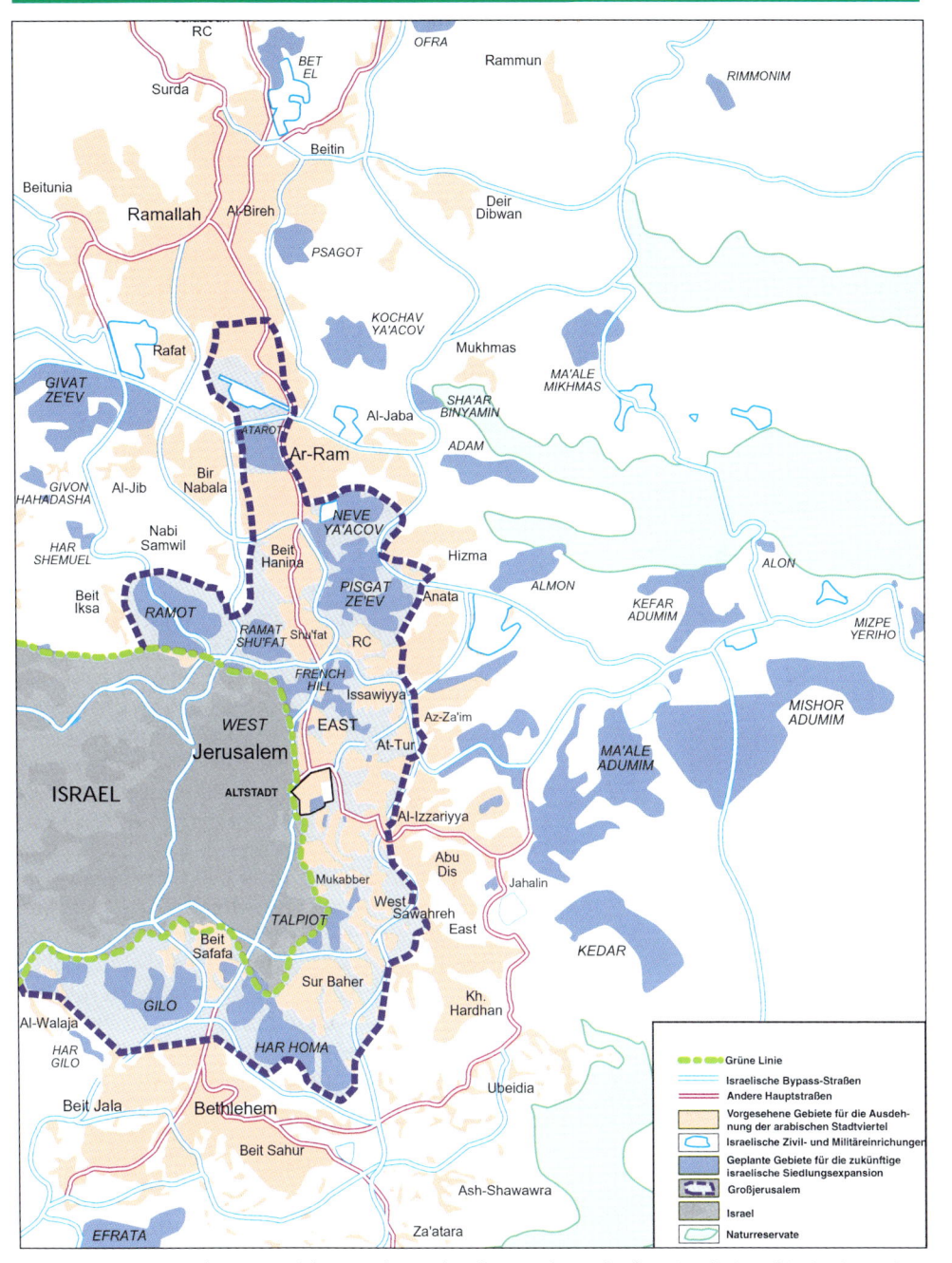

*Geplante Ausdehnung der arabischen und israelischen Stadtviertel in Ostjerusalem*

## Jerusalem

## Die Metropolregion Jerusalem

Der Regionalplan von Jerusalem zeigt als letzte Phase des israelischen Siedlungsbaus ein riesiges Territorium, von dem nur 30% westlich der Grünen Linie liegen. Dieses neue Gesamtterritorium soll darüber hinaus 75% der jüdischen Siedlungen im Westjordanland einschließen. Seit der Genehmigung von 142 000 Wohneinheiten für den »Jüdischen Sektor« im Großraum Jerusalem unter der Regierung von Benyamin Netanyahu wurde die Siedlungsexpansion unter den Regierungen von Ehud Barak, Ariel Sharon und Ehud Olmert weitergeführt und sogar beschleunigt.

### Die geplante Isolation der Stadt: Ein Schritt auf dem Weg zu einem Groß-Jerusalem

2002 wurde eine Initiative zur Festlegung neuer städtischer Grenzen gestartet: Die israelische Regierung und die Militärbehörden genehmigten damals den Bau neuer Checkpoints, Straßenblockaden, Stacheldrahtzäune und Mauern, indem sie sich auf das Notstandsgesetz von 1945 beriefen, das unter britischem Mandat eingeführt worden war. Unter dem Vorwand, »Sicherheitsvorkehrungen« zu treffen, wurden die Stadtgrenzen jenseits des auf der Karte markierten Streckenverlaufs der Mauer verschoben. Sie wurden somit dem Plan eines Groß-Jerusalem folgend erheblich nach Norden und Osten hin erweitert. Die Sperranlage in den besetzten palästinensischen Gebieten, die von der Regierung als »die Grenze« bezeichnet wird, wurde also auch gebaut, um die Isolation der Stadt voranzutreiben und die zukünftige Vertreibung von Palästinensern aus ihren Häusern zu rechtfertigen.

*Israelisches Neubauviertel in Ostjerusalem*

# Israels demografische Planung

»Das Wachstum der nicht-jüdischen Bevölkerung in Jerusalem gefällt mir nicht.«
*Ehud Olmert, ehemaliger Bürgermeister von Jerusalem und von
April 2006 bis März 2009 Ministerpräsident von Israel (Mai 1997)*

Die demografische Entwicklung bestimmt die gesamte israelische Politik, auch die Jerusalems. In Jerusalem liegt die Priorität darauf, zumindest das demografische Verhältnis von 1967 beizubehalten, d. h. 28% Palästinenser gegenüber 72% Juden. Alle Regierungspläne verfolgen die nachstehenden, nicht offiziell proklamierten Ziele:

1. die jüdische Mehrheit sicherzustellen
2. eine unmittelbare Nachbarschaft zwischen Palästinensern in Ostjerusalem und im Westjordanland zu unterbinden
3. die Anzahl der Palästinenser in der Stadt zu verringern. Um dies zu erreichen, »wendet die Stadtverwaltung tausend Tricks an, sodass die Palästinenser nicht in der Lage sind, ihr Land zu nutzen« (Sarah Kaminker, ehemals verantwortlich für den Ostjerusalem-Masterplan, 22. Juni 1999).

Seit der Besetzung Ostjerusalems 1967 wurden innerhalb der Stadtgrenzen 80% der jüdischen Häuser aus öffentlichen Mitteln finanziert, aber nur ein einziges palästinensisches Bauvorhaben Anfang der Siebzigerjahre. Die von der israelischen Regierung gebauten Sozialwohnungen werden als Staatseigentum betrachtet und sind somit den Israelis vorbehalten. Alle nachfolgenden israelischen Regierungen sowie die Stadtverwaltung von Jerusalem verfolgten eine Politik, die sich um eine verstärkte Ansiedlung von jüdischen Immigranten bemüht. Werbekampagnen, Kredite mit sehr geringen Zinssätzen sowie städtische Steuervergünstigungen über fünf oder zehn Jahre zielten letztlich darauf ab, israelische Staatsbürger davon zu überzeugen, sich in den Siedlungen von Ostjerusalem niederzulassen.

»Zwischen 1967 und 1997 wurden weniger als 12% aller Neubauten in palästinensischen Vierteln errichtet – und die meisten davon wurden durch Privatinitiativen gebaut. Im Gegensatz dazu wurden mindestens 40 000 Gebäude für Juden in den besetzten Gebieten errichtet.«

*Marwan Bishara, polititscher Analyst bei Al-Jazeera*

## Restriktive Stadtplanung für Palästinenser

Seit 1967 wurde mehr als ein Drittel des palästinensischen Grundbesitzes für eine »öffentliche Nutzung« konfisziert, d. h. er wurde den Juden im Wesentlichen für den Bau von Wohnungen sowie für die Infrastruktur zur Verfügung gestellt. Wie oftmals bei annektiertem Land sind auch hier einige Flächen bereits bebaut (Blaue Zonen), während 54% des Grundbesitzes als »grün« (bzw. »landwirtschaftlich«) klassifiziert wurden. Dies geschah in der Absicht, die palästinensische Entwicklung zu behindern und das Land für zukünftige jüdische Siedlungen zu reservieren. Jabal Abu Ghneim beispielsweise wurde bis zur Errichtung der umstrittenen Siedlung Har Homa als »grüne Zone« klassifiziert. Zur Zeit der Oslo-Verhandlungen wurde die Stadt von israelischer Seite für über 30 000 Juden und Palästinenser geplant, die hier zusammenleben sollten. Har Homa ist heute jedoch eine rein jüdische Siedlung. Palästinensische Forderungen nach Wohnraum und Land werden ignoriert und von städtischen Bebauungsplänen ausgeschlossen. Obwohl die Palästinenser mit 225 000 Steuerzahlern ein Drittel der Bevölkerung von Jerusalem ausmachen, haben sie im Hinblick auf Wohnungsbau und öffentliche Einrichtungen lediglich Anspruch auf 3,5% des Stadtgebiets.

## Restriktive Baugenehmigungen

Um eine Baugenehmigung für ein Haus zu erhalten, muss zuerst ein Bebauungsplan für dieses Gebiet existieren. Doch auch wenn es einen solchen Plan gibt, wird in erster Linie die demografische Quote und nicht der Bedarf der Bevölkerung berücksichtigt. Tatsächlich unterstehen die palästinensischen Viertel strengen Bauvorschriften: Selbst wenn alle rechtlichen Bedingungen für den Bau erfüllt sind, stellen die exorbitanten Grundstückspreise sowie eine gültige Baugenehmigung die größten Hindernisse dar. Eine Baugenehmigung kostet etwa 30 000 $; die Wartezeit beträgt in der Regel mindestens fünf Jahre und nur 150 bis 200 Anträge werden pro Jahr bewilligt. Falls die Baugenehmigung erteilt wird, darf das Gebäude nicht höher als zwei Stockwerke sein, im Unterschied zu den erlaubten acht Stockwerken für jüdische Bauherren. Die zulässige Bebauungsdichte für Palästinenser beträgt 3,3 Wohneinheiten pro Dunam (1 km²), für Israelis 8,6. Diese restriktive Baupolitik führte zu einem Mangel an etwa 25 000 Wohneinheiten.

## Häuserzerstörungen

»Illegale« Bebauung ist die natürliche Folge der Baubeschränkungen. Mitunter sind ganze Gebäude illegal, wohingegen in anderen Fällen nur die zusätzlich hinzugefügten Stockwerke als unrechtmäßig gelten. Seit 1967 wurden in den besetzten Gebieten insgesamt 18 000 palästinensische Häuser zerstört, davon einige Tausend in Jerusalem. 1999 mussten 131 Palästinenser aus Jerusalem die Zerstörung ihrer Häuser mit ansehen, unter ihnen 68 Kinder. Seit 2004

*Die Straßensperre trennt die Hauptverbindung zwischen Ostjerusalem und Jericho*

wurden weitere 1000 Palästinenser in Ostjerusalem obdachlos, da ihre Häuser aufgrund fehlender Baugenehmigungen abgerissen wurden.

> **»Der stille Transfer«**
>
> Die Anwesenheit der Palästinenser in Jerusalem hat keine rechtliche Basis, sondern hängt vielmehr vom Wohlwollen Israels ab. Als Ostjerusalem 1967 erobert wurde, führten die israelischen Behörden eine Volkszählung durch: Alle Palästinenser, die zu dieser Zeit in Jerusalem lebten (rund 66 000 Menschen), wurden als Einwohner mit ständigem Wohnsitz anerkannt. Diejenigen hingegen, die sich zu diesem Zeitpunkt außerhalb der Stadtgrenzen aufhielten, wurde dieser Status aberkannt. Seit 1995 sieht sich jeder Palästinenser, der keinen Nachweis darüber erbringen kann, dass sein Lebensmittelpunkt in Jerusalem liegt, mit der möglichen Aberkennung seines Status und dem Verlust seiner Aufenthaltsgenehmigung konfrontiert. Diese Vorgehensweise ist der letzte Schritt einer restriktiven Wohnungsbaupolitik, die darauf zielt, die Palästinenser in die billigen Wohnblocks der Außenbezirke von Jerusalem zu verdrängen (u.a. nach Aram, Daret al-Barid, Abu Dis, Al-Azariya). Zwischen 1995 und 2000 wurden 3300 Ausweise annulliert, was über 10 000 Palästinenser dazu zwang, Jerusalem entweder zu verlassen oder dort illegal weiterzuleben. Zudem wurde 2002 der bürokratische Prozess für die Erteilung einer Genehmigung für Nicht-Jerusalemer, die mit ihren Ehepartnern aus Ostjerusalem in der Stadt leben wollen (Familienzusammenführungsprozess), ausgesetzt. Dies zwingt die Ostjerusalemer dazu, die Stadt entweder zu verlassen oder ohne ihre Familien in Jerusalem zu bleiben. Dieser Missstand wird von den Kritikern in Anlehnung an die von Siedlern des ultrarechten Flügels vertretene Politik des »Transfers« – die eine Umsiedlung der Palästinenser nach Jordanien vorsieht – auch als »stiller Transfer« bezeichnet. Die ethnische Säuberung durch den »stillen Transfer« wurde während der letzten Jahrzehnte unter dem Deckmantel einer bürokratischen Städteplanung durchgeführt. Diese Tatsache ist insbesondere jetzt, da die Sperranlage gebaut ist, von Bedeutung. Die Mauer führt durch das Zentrum vieler palästinensischer Viertel, in welche die Einwohner von Jerusalem umgezogen waren, um sich eine Wohnung überhaupt noch leisten zu können. Jetzt sehen sie sich zu einem Umzug in teurere Stadtbezirke gezwungen, um ihre Jerusalemer Ausweise und alle damit verbundenen Vorteile wie etwa Arbeitsmöglichkeiten, staatliche Sozialversicherung, familiäre und kulturelle Bindungen, Zugang zu Krankenhäusern und Bildung, nicht zu verlieren.

## Unzureichende Versorgung

Obwohl die Palästinenser in Ostjerusalem 30% der gesamten Gemeindesteuern bezahlen, fließen weniger als 11% in Form von öffentlichen Leistungen oder der Bereitstellung von Arbeitsplätzen an sie zurück. Nur 17% der städtischen Angestellten sind Palästinenser aus Ostjerusalem, von denen wiederum zwei Drittel als Wartungsarbeiter beschäftigt sind. Der Rest arbeitet in Positionen, welche die städtischen Angestellten nur unterstützen, u. a. im Verwaltungs- und Sozialsektor oder bei der Müllabfuhr.

Die Infrastruktur ist unzureichend. In vielen palästinensischen Stadtteilen gibt es entweder überhaupt keine gepflasterten Straßen, wie etwa in Silwan südlich der Altstadt, oder dies wurde von den Anwohnern selbst vorgenommen. Die Straßenbeleuchtung ist lückenhaft und die Müllentsorgung verläuft unregelmäßig, sodass die Anwohner ihren Müll selbst verbrennen. 1986 verfügten 60% der palästinensischen Viertel über keinerlei Müllentsorgung. Außerdem wurden drastische Kürzungen bei der Gesundheitsvorsorge und bei kulturellen Einrichtungen vorgenommen. Besonders stark betroffen von der Isolationspolitik sind medizinische Einrichtungen. Vor 1991 stammten 90% der Patienten und 70% des medizinischen Personals aus dem

## Jerusalem

Westjordanland und dem Gazastreifen. Seither müssen Patienten aus dem Westjordanland jedoch einen Passierschein bei den israelischen Militärbehörden beantragen, um sich in Jerusalem behandeln lassen zu können. Selbst das medizinische Personal muss eine Erlaubnis einholen. Zudem benötigen Angehörige der Patienten eine Besuchserlaubnis. Diese Schwierigkeiten zwingen Patienten aus dem Westjordanland dazu, nach Behandlungsmöglichkeiten in der Nähe ihres jeweiligen Wohnsitzes zu suchen. Die Infrastruktur palästinensischer Krankenhäuser hat seit der Übernahme durch die Palästinensische Nationalbehörde eine beispiellose Entwicklung durchgemacht, während Krankenhäuser in Jerusalem (besonders das Mokassed-Krankenhaus auf dem Ölberg) Patienten aus Israel und sogar aus Jerusalem verlieren. Die Mauer hat diese Problematik noch verschlimmert, da viele Patienten und auch Ärzte keinen Zugang zum Krankenhaus haben. Die Palästinenser aus Jerusalem haben eine israelische Krankenversicherung, können damit aber nur in israelisch geführten Krankenhäusern behandelt werden, wenn sie die Kosten erstattet bekommen möchten.

> »Ich habe in den vergangenen 25 Jahren viele Dinge für das jüdische Jerusalem getan. Aber für Ostjerusalem überhaupt nichts: weder Bürgersteige noch kulturelle Institutionen. Wir haben zwar ein Abwassersystem für die Araber gebaut und die Wasserverteilung verbessert. Aber das war nicht zu ihrem Wohl. Es war einfach deshalb, weil es dort einige Fälle von Cholera gab, und die Juden Angst vor Ansteckung hatten...«
> Teddy Kollek, ehemaliger Bürgermeister von Jerusalem

Was das allgemeine kulturelle Leben betrifft, so müssen Besucher feststellen, dass ein offensichtlicher Mangel an Kultur- und Freizeiteinrichtungen besteht: Nur zwei öffentliche Bibliotheken und 33 Sportzentren stehen den Palästinensern zur Verfügung. Dies steht wiederum in eklatantem Gegensatz zu den 26 Bibliotheken und 531 Sportstätten, die der jüdischen Bevölkerung vorbehalten sind. Bis zum Beginn der ersten Intifada waren die Salah ed-Din- und die Az-Zahra Street das lebendige Zentrum Ostjerusalems. Heute hingegen sind dort die meisten Kinos, Cafés, Ausstellungsräume und Veranstaltungszentren geschlossen. »In der Vergangenheit war Ramallah ein Vorort von Jerusalem. Heute ist es genau umgekehrt«, sagen viele Palästinenser. Die Abriegelung Jerusalems ließ in Ramallah die Kultur aufblühen. Da Israel Jerusalem für seine alleinige Nutzung beansprucht, sind die Palästinenser dazu gezwungen, Ramallah zu ihrem Zentrum bzw. ihrer Hauptstadt zu machen. Dies ist eine weitere Folge der Kontrolle und des »stillen Transfers«.

*An den Häusern vieler Palästinenser, die Jerusalem nicht besuchen dürfen, befinden sich Kacheln mit Entfernungsangaben zur Stadt*

*Demonstration mit Faisal al-Husseini und Uri Avnery gegen die israelische Besatzungspolitik in Ostjerusalem*

# Ostjerusalem

Ostjerusalem ist der arabische Teil Jerusalems. Der Name »Ostjerusalem« ergab sich aus der Teilung der Stadt infolge der Eroberung des westlichen Teils durch Israel 1948. Bis 1967 umfasste dieses Gebiet eine Fläche von 6 km² einschließlich der Altstadt und ihrer angrenzenden Viertel (u. a. Silwan, A-Tur, Wadi Joz und Sheikh Jarrah). Heute erstreckt sich Ostjerusalem aufgrund der städtischen Ausdehnung auf Gebiete des Westjordanlands über ein weitaus größeres Areal: Es reicht von Kufr Aqep über den Checkpoint Qalandia im Norden bis nach Beit Safafa im Süden.

## Die Altstadt

### Die Stadtmauer

Um das großartige Panorama über die gesamte Altstadt und ihre Umgebung zu genießen, geht man am besten die Stadtmauer entlang. Es gibt zwei Wege: von der **Zitadelle** zum **Maghrebinertor** (auch Maghribi- oder Dungtor genannt) oder vom **Jaffator** zum **Löwentor** mit dem **Damaskustor** auf halber Strecke. Der Mauerabschnitt zwischen dem Maghrebinertor und dem Löwentor entlang des **Haram esh-Sharif** (Tempelberg) ist für die Öffentlichkeit geschlossen. Man kann den Weg an jedem Tor verlassen; auf die Stadtmauer zu steigen ist aber nur an zwei Stellen möglich: bei der Zitadelle für den südlichen Bereich der Mauer und beim Jaffator für den nördlichen Abschnitt.

Die heute 4 km lange Mauer ist ein Nachbau des vom osmanischen Sultan Suleiman dem Prächtigen zwischen 1537 und 1541 errichteten Militärwalls und folgt teilweise älteren, byzantinischen Fundamenten. Die riesigen Steinblöcke mit ihren abgeschrägten Kanten am südöstlichen Ende stammen noch aus der Zeit von König Herodes.

*Die Stadtmauer aus osmanischer Zeit*

*Öffnungszeiten am Jaffator und der Zitadelle: Samstag-Donnerstag 9.00-16.00 Uhr und Freitag 9.00-14.00 Uhr, Eintritt: Erwachsene 16 NIS, Schüler und Studenten 8 NIS.*

## Osmanische Medaillons

Im 16. Jh. wich die dekorative mameluckische Architektur einem schlichteren Stil. Die osmanische Architektur vereinfachte die typischen Merkmale der mameluckischen Gebäude, wie z. B. *ablaqs* und *muqarnas*, und favorisierte kreisrunde Medaillons mit Blütenmustern oder geometrischen Figuren. Solche Medaillons, Steinrosetten oder kreisrunde Ornamente sind in Jerusalem häufig an Altstadtmauern, insbesondere an Toren, Eingängen und Türmen, zu sehen. Allein entlang der Stadtmauer finden sich 120 solcher Medaillons. Unter den Motiven fällt der sechseckige Stern, der als »Suleimans Siegel« (arabisch »Khatem Suleiman«) bekannt ist, besonders auf. Neben ihrem dekorativen Aspekt wurden den markanten Steinrosetten schützende magische Kräfte zugeschrieben.

# Das Muslimische Viertel

### Das Damaskustor (Bab al-Amud)

Das Damaskustor ist das Herz Ostjerusalems. Direkt gegenüber von seinem Haupteingang liegt mit dem Musrara Square und der Nablus Road der Ankunfts- und Abfahrtsort aller öffentlichen palästinensischen Transportmittel. Auf Arabisch wird das Tor in Erinnerung an den römischen Platz, der sich dort befand, »Bab al-Amud« (Säulentor) genannt. In der Mitte des Platzes stand einst eine Säule mit einer großen Statue, die wahrscheinlich Kaiser Hadrian darstellte. Der Madaba-Karte (ein Fußbodenmosaik in einer Kirche von Madaba in Jordanien) zufolge war sie noch im 6. Jh. vorhanden, obwohl die Statue des heidnischen Eroberers bereits lange vorher verschwunden war. Das heutige Tor, das 1537 von den Osmanen erbaut wurde, steht auf einer teilweise freigelegten römischen Toranlage. Heute sind noch das Seitentor des römischen Eingangs und Teile des ursprünglichen Straßenpflasters erhalten. Für Touristen wurde ein Zugang vom römischen Platz zur Stadtmauer angelegt. Dies ermöglicht dem Besucher eine Reise in die Vergangenheit und zu einem der schönsten Aussichtspunkte der Altstadt. Hier, am früheren Haupttor Jerusalems, begann in römischer Zeit der *Cardo Maximus*, eine von Säulen geschmückte Prachtstraße.

*Eingang neben dem Hauptdurchgang des Damaskustors; Öffnungszeiten: Sonntag-Donnerstag 9.00-17.00 Uhr; Eintritt: Erwachsene 10 NIS, Schüler und Studenten 6 NIS*

Damaskustor

### Die Al-Wad Street

Die Al-Wad Street ist die Hauptverbindung zwischen dem Damaskustor, dem *Haram esh-Sharif* (Tempelberg) und der Westmauer (*Al-Buraq*) und folgt dem alten Tyropoeon-Tal. Während des Freitagsgebets (*al-Dohour*) und der Mittagsgebete füllen sich die engen Gassen. Zu sehen, wie

## Ostjerusalem

die Menschen den Ort des Gebets verlassen, gehört zu den besonders eindrucksvollen Momenten einer Palästinareise.

In der Straße überragt ein großes Haus mit mehreren Wohnungen eine überdachte Passage (*qantara*), das seit Dezember 1987 dem ehemaligen israelischen Ministerpräsidenten Ariel Sharon gehört. Das Gebäude symbolisiert eindrucksvoll die israelische Dominanz über das palästinensische Jerusalem. Obwohl Sharon dort nie gewohnt hat, war und ist das **Sharon-Haus** immer strengstens bewacht – deutlich zu sehen an der Präsenz mehrerer Soldaten, bewaffneter Siedler und Überwachungskameras (von denen es insgesamt über 500 in Ostjerusalem gibt). Die Straße besteht aus einer bunten Mischung aus Touristenshops, jüdischen Talmudschulen (*yeshivot*) und Appartementhäusern. Letztere sind zum Teil besetzt von jüdischen Siedlern, die, angetrieben von religiösem Fanatismus, die Altstadt, Sheikh Jarrah, Musrara, Abu Dis, Ras al-Amud und Jabal Mukaber besiedeln, um die Judaisierung der Stadt durch diese unblutige ethnische Säuberung voranzutreiben und die angestrebte palästinensische Eigenstaatlichkeit unmöglich zu machen.

*Obstverkauf in der Al-Wad Street*

### Jüdische Siedler im Muslimischen Viertel

Obwohl in der gesamten Altstadt jüdische Siedler leben, konzentrieren sie sich auf das Gebiet am Ende der Al-Wad Street und am Herodestor. Anfang der Siebzigerjahre begannen ultraorthodoxe, messianische Siedler mit der jüdischen Besiedlung des Muslimischen Viertels. Sie besetzten eines der Gebäude in der Al-Wad Street und bauten es zur *Ben-Arza*-Buchhandlung um, ganz in der Nähe eines unterirdischen Tunnels, der zur Westmauer führt. Die der Arbeitspartei angehörige Stadtverwaltung erlaubte den Bau jüdischer Wohnungen auch außerhalb des neuen Jüdischen Viertels (das ehemalige Nordafrikanische Viertel). Ende der Siebzigerjahre beschleunigten einige Siedler, die zu einer Organisation namens *Ateret Kohanim* (die »priesterliche Krone« oder die »Krone der Prinzen«) und zur Bewegung für das Junge Israel gehörten, die jüdische Siedlungsausdehnung im Muslimischen Viertel in der Altstadt. Solche Gruppen wurden hinsichtlich der Finanzierung, des Ankaufs von Land durch Dachorganisationen und der Taktiken zur Vertreibung der Palästinenser teilweise von der Regierung (vertreten durch die Ministerien, die Stadtverwaltung und den Obersten Gerichtshof) unterstützt. Ihre Präsenz nahm ständig zu, vor allem unter der Regierung Sharon. Sie erhalten bis heute massive Finanzhilfen von US-Millionären wie z. B. dem neokonservativen Bingo-König Irving Moskowitz (siehe www.stopmoskowitz.org).

*Sharon-Haus in der Al-Wad Street*

## Jerusalem

### Die Souks (Märkte)

Der **Souk Khan ez-Zeit** ist die geschäftigste, malerischste und farbenfrohste Basarstraße der Altstadt. In erster Linie ist der Souk ein beliebter Markt, auf dem traditionell palästinensische Lebensmittel wie Gewürze, Trockenfrüchte, Kräuter, Kaffee und Gebäck, aber auch andere Waren für den täglichen Bedarf verkauft werden. Auf halbem Weg teilt sich die Marktstraße in zwei überdachte Passagen: den **Souk al-Attarin** mit seinen zahlreichen Bekleidungsgeschäften und den **Souk al-Lahmin**, den Fleischmarkt.

### Die Ala ed-Din (Aladdin) Street

Die Ala ed-Din Street führt über das Bab al-Nazir (Inspektor-Tor) zum **Haram esh-Sharif** und dem **Afrikanischen Viertel**. Dieses befindet sich innerhalb der Mauern zweier mameluckischer Hospizanlagen: *Ribat Ala ed-Din al-Basir* links gegenüber dem Nazir-Tor und *Ribat Mansouri* auf der rechten Seite. Erstere wurde 1267 von dem blinden Emir al-Basir gegründet, der weithin für seine Weisheit geschätzt wurde (arabisch »basir« bedeutet »Hellseher« oder »hellseherisch«). Er war Vorsteher bzw. eine Art Inspektor (*nazir*) des *Haram esh-Sharif* und des *Haram al-Ibrahimi* (Grab der

*Teppichladen in der Altstadt*

Patriarchen) in Hebron. Als eines der ältesten mameluckischen Bauwerke wurde dieses noch nicht im mehrfarbigen Stil (rot, weiß und schwarz gestreiftes *ablaq*-Mauerwerk) gebaut, der typisch für die spätere mameluckische Architektur ist. Das zweite Hospiz wurde wahrscheinlich nach dem Mamelucken-Sultan Mansour Qalawun (1279-1290) benannt. Am Ende der osmanischen Epoche wurden die beiden Gebäude in ein Gefängnis umgewandelt, das den Spitznamen »Blutgefängnis« trug. Das Metalltor auf der linken Seite führte bis zu den Zellen der zum Tode verurteilten Gefangenen (die Gitterstäbe am Tor sind noch erhalten), während die Tür auf der rechten Seite zu den Langzeitgefangenen führte. Das Gefängnis blieb auch unter britischem Mandat zunächst in Betrieb, wurde dann aber aufgelöst, als die Briten zunehmend ihre Verwaltungsgebäude im Westteil der Stadt nutzten.

*Falafel-Stand am Jaffator*

## Die afrikanische Gemeinde

Über 40 muslimische Familien (Nachkommen afrikanischer Muslime aus dem Sudan, dem Tschad, Nigeria und dem Senegal) ließen sich zu Beginn des 20. Jh. nach der traditionellen Pilgerreise nach Mekka in Jerusalem nieder. Einige können noch weiter zurückreichende Stammbäume nachweisen. Ihre Vorfahren waren Afrikaner aus dem Sudan, die im 16. Jh. im Dienst der osmanischen Herrscher den Eingang des *Haram esh-Sharif* bewachten. Die Nachkommen dieser Einwanderer ließen sich 1948 hier nieder. Sie kämpften als Freiwillige in verschiedenen arabischen und muslimischen Militäreinheiten, um die Heilige Stadt gegen die zionistische Eroberung zu verteidigen. Dies brachte ihnen die vollständige Integration in die palästinensische Gesellschaft ein. Ihre Militanz haben sie sich bewahrt: Der 21-jährige Osama Jiddaha, ein Mitglied der afrikanischen Gemeinde, war beim Ausbruch der Al-Aqsa-Intifada der erste Märtyrer der Altstadt.

Weitere Informationen über die Gemeinde erhält man in der African Community Association (*Ribat Mansouri Gate, Tel. 02/6288711*) oder der Cafeteria des Vereins, die sich in der alten Eingangshalle der Mamelucken-Festung befindet; hier wird man herzlich willkommen geheißen und kann günstig essen.

### Der Tunshuq-Palast

Lady Tunshuq, die Frau eines aristokratischen Kurden aus der iranischen Muzaaffarid-Dynastie, der um 1387 seine Besitztümer an den Mongolen Tamerlan verlor, ließ sich in Jerusalem nieder und errichtete dort diesen luxuriösen Palast. Im 16. Jh. wurde das Gebäude der Residenz von Khassaki Sultan angegliedert, der Frau Suleimans des Prächtigen. Die prunkvollen Eingangstüren, deren *muqarnas* florale und geometrische Motive zieren, sind ein Merkmal für die architektonische Meisterleistung des Bauwerks. Leider sind einige der reich verzierten Paneele stark beschädigt.

### Turba es-Sitt Tunshuq

Das Grab bzw. die *turba* von Lady Tunshuq wurde gegenüber dem Palast errichtet. Mujir ed-Din (1456-1522) zufolge starb sie im Juli 1398. Auch dieses Bauwerk ist überwältigend. Beachtenswert sind vor allem die verschiedenen Farben des Marmors (*ablaq*) über den zwei vergitterten Fenstern, die eine faszinierende Wirkung ausüben. Heute sind die oberen Stockwerke der Nebengebäude des Mausoleums bewohnt.

*Kuffieh-Verkäufer*

## Bab-al-Hadid Street (Eisentor-Straße)

Folgt man vom Tunshuq-Grab aus der überdachten Gasse, gelangt man zu einer ruhigen Straße mit Häusern und Koranschulen (*madrasas*), die aus der mameluckischen Epoche stammen.

Die **Madrasa Muzhiriya** wurde 1480 von Abu Bakir ibn Muzhir, dem Sekretär der Ägyptischen Botschaftskanzlei, erbaut. Ibn Muzhir starb 1488 in Nablus an Fieber, während er einen Angriff auf den osmanischen Sultan plante.

Die **Madrasa Jawhariya** war 1340 von einem abessinischen Eunuchen gegründet worden, der – wie es zu dieser Zeit üblich war – nach einem Edelstein benannt war (*jawhar* bedeutet »Edelstein«, »Juwel«). Jawhar war oberster Wächter des königlichen Harems in Kairo.

Die **Madrasa Arghuniya** (1358) war das Werk von Arghun al-Kamali, der – wie die Tafel über dem Eingang erklärt – Verwalter des königlichen Haushalts und später Statthalter von Damaskus und Aleppo war, bevor er nach Jerusalem ins Exil geschickt wurde.

Die angrenzende Residenz, die Kurdische Riba, war ein Hospiz, das von einem kurdischen Mamelucken gegründet wurde, der Mundschenk am Hof war. Er fiel 1299 im Kampf gegen die Tataren in Homs (Syrien).

## Der Souk al-Qattanin (Der Baumwollhändlermarkt)

Der Mamelucken-Prinz Sayf ed-Din Tankiz war der Initiator für die Gründung dieses pittoresken, kleinen und überdachten Marktes. Er war 1312 Statthalter von Damaskus und von 1315 bis 1340 Vizekönig von Syrien. Zwei Inschriften, eine auf einer Bronzetafel am Al-Qattanin-Tor und eine am Türsturz vom Khan Tankiz, datieren den Zeitpunkt der Errichtung auf das Jahr 1336. Die Plakette am Türsturz zeigt Emir Tankiz' Wappen (einen Kelch), was darauf hindeutet, dass er Mundschenk gewesen war, bevor er in den Rang eines Prinzen erhoben wurde. Wie es zu dieser Zeit für Märkte üblich war, befanden sich auf dem Souk al-Qattanin Wohn- und Geschäftshäuser sowie öffentliche Bäder (Hamam al-Ein und Hamam al-Shifa) und eine Karawanserei. Die Gewinne wurden zwischen dem *Haram esh-Sharif* (Tempelberg) und der Madrasa Tankiziya (s. S. 132) aufgeteilt. Der Hamam al-Ein war bis in die Achtzigerjahre in Betrieb; heute ist er Veranstaltungsort für Konzerte und Ausstellungen.

*Die David Street im Zentrum des Souks (Bazar) in der Altstadt*

*Obwohl das Al-Qattanin-Tor Touristen keinen Zutritt zum Haram esh-Sharif (Tempelberg) gewährt, ist ein Besuch dieses Ortes besonders empfehlenswert. Weitere Informationen erhält man beim Centre for Jerusalem Studies (s. S. 240).*

# Ostjerusalem

## Mameluckische Architektur

Die mameluckische Epoche (1250-1516) stellt eine bemerkenswerte und erstaunliche Zäsur in der architektonischen Landschaft Palästinas dar. Der Reichtum des mameluckischen Staates und des Hofes förderten Bauvorhaben verschiedener Art, in besonderem Maß jedoch religiöse Institutionen. Die Heilige Stadt blühte auf: 44 *Madrasas* (Koranschulen) und 20 *Zawiyas* (Gebäude speziell für Sufis, d.h. Angehörige der mystischen Schule des Islam) erhielten großzügige Spenden. Die Bauvorhaben für öffentliche Einrichtungen innerhalb der Stadt, wie etwa Khans, Souks und Hamams, wurden sorgfältig geplant. Inspiriert durch die Philosophie und die Botschaft des Islam entwarfen Künstler und Architekten gewagte und schwierige Kompositionen, in denen sich Symmetrie und Geometrie durchsetzten. Diese technische und ästhetische Perfektion lässt sich an zahlreichen Beispielen künstlerischer Kreationen aus dieser Zeit erkennen, etwa anhand der Kalligrafie islamischer Handschriften und der Prägung von Goldstücken. Durch ihre vielen typischen Merkmale sind die eindrucksvollen Bauwerke der mameluckischen Architektur leicht wiederzuerkennen. Die charakteristischen Fassaden sind oft das Einzige, aber auch das Ansprechendste, was Besuchern zugänglich ist. Sie bilden ein Zusammenspiel von rosafarbenem Marmor, schwarzem Basalt und weißem Kalkstein; die polierten Steine wurden mit vollendetem handwerklichen Können zusammengesetzt.

### Tariq Bab al-Silsila (Kettentor-Straße)

Angesichts der Bedeutung der heiligen Stätten in Jerusalem und der Bewegungsfreiheit der Menschen in der arabischen Welt zur Zeit der Mamelucken hatten sich viele strenggläubige Muslime in der Stadt niedergelassen. Aus diesem Grund ist die Straße zum Kettentor von zahlreichen mameluckischen Gebäuden, vor allem von *turbas* (Mausoleen), gesäumt.

*Diese Straße ist die Verlängerung der Davidstraße und führt vom Jaffator zum Haram esh-Sharif (Tempelberg).*

### Khan es-Sultan

Der auf dem Gelände eines ehemaligen Kreuzfahrermarkts erbaute Khan es-Sultan wurde von Sultan Barquq, dem ersten tscherkessischen Mamelucken-Sultan der Al-Burj-Familie (»der Turm«), von 1386 bis 1387 renoviert und zu einer Karawanserei – einem Rastplatz für Karawanen (*Khan*) – umgebaut.

### Madrasa Tashtumuriya

Tashtumur al-Alai war einer der bedeutendsten Staatsmänner seiner Zeit und wurde in die höchsten öffentlichen Ämter des Staates berufen: Zunächst wurde er zum ersten Botschaftsrat des mameluckischen Staates unter der Herrschaft von Sultan Shaban und anschließend zum Generalkommandeur der ägyptischen Armee ernannt, bevor er in Ungnade fiel und ihm weniger angesehene Positionen zugewiesen wurden. 1382 zog er sich endgültig aus dem politischen Leben zurück und ließ sich in Jerusalem nieder, um den Bau seines Mausoleums zu überwachen.

Neben den verschiedenen Räumen, die für die *Madrasa* bestimmt waren, umfasste der von ihm entworfene Komplex außer der Grabkammer auch einen *sabil* (Trinkwasserbrunnen) sowie einen *kuttab* (ein Raum, in dem Schriftgelehrte und Künstler den Koran abschrieben und Koranpassagen erläuterten). Die Innenräume der *Madrasa* sind privat, nur das Außentor kann besichtigt werden. Beachtenswert sind insbesondere die Malereien aus dem 20. Jh. auf dem mameluckischen Eingangstor (die Kaaba, der Felsendom, Halbmonde, Blumen und farbige Punkte), welche die heilige *hajj* (Pilgerreise nach Mekka) illustrieren, die die Bewohner des Gebäudes unternahmen.

Die **Turba Kilaniya** beherbergt die Gräber von Jamal ed-Din Pahlavan (einem 1352 gestorbenen Prinzen der kaspischen Provinz von Kilan) und seinem Neffen. Hinter jedem Doppelfenster befindet sich eine Grabkammer.

Die **Al-Khalidiya-Bibliothek** war ursprünglich das Mausoleum von Barka Khan, dem Anführer des Khawarizmi-Stammes aus Zentralasien. Im 13. Jh. ging Sultan Baybar trotz seiner Zweifel an Barka Khans moralischen Grundsätzen eine Allianz mit diesem ein, um die Mamelucken vor der drohenden Invasion der Mongolen zu schützen. Barka Khan kam betrunken in einer Schlacht südlich von Homs in Zentralsyrien ums Leben. Zwischen 1364 und 1380 ließ sein Sohn Badr ed-Din zu seinen Ehren ein Mausoleum in Jerusalem erbauen. Später wurde es in die Residenz der Khalidi-Familie integriert und die Grabkammer zur privaten Moschee der Familie umfunktioniert. Im 18. Jh. begann die Khalidi-Familie sämtliche Schriften über Jerusalem zu sammeln, etwa Handschriften und Rechtsgutachten. Mit diesen Schriftstücken gründete Sheikh Rajab al-Khalidi 1901 die berühmte Al-Khalidiya-Bibliothek. Sowohl säkulare als auch religiöse Manuskripte auf Arabisch, Persisch (Farsi) und Türkisch reichen zurück bis in die Zeit der Mamelucken und können zu Recherchezwecken eingesehen werden.

*Schriftzeichen bei der Al-Khaldiya-Bibliothek*

Die **Turba Taziya** wurde von dem Mamelucken Sayf ed-Din Taz (Tankiz) erbaut, der vom Mundschenk zum Statthalter von Aleppo aufstieg und später in den Stand eines Prinzen erhoben wurde. Nach der Verdrängung aus seinem Amt wurde er 1358 in Alexandria inhaftiert und geblendet. Man erlaubte ihm, sich in Jerusalem niederzulassen, wo er sein Grab und eine *Madrasa* bauen ließ. Durch seine Entmachtung verlor er auch einen Teil seines Vermögens, was sich in der Bescheidenheit seines Grabes widerspiegelt. Seine sterblichen Überreste liegen in Damaskus auf dem Sufifriedhof begraben. Oberhalb des Eingangstors auf beiden Seiten der Inschrift befindet sich die Abbildung des Kelches – eine Andeutung auf die ursprüngliche Stellung des Emirs als Mundschenk.

**Turba al-Jalaqiya**. Baybar al-Jalaq war ein Mamelucke (Militärsklave) des Ayyubiden-Sultans Salih Najm ed-Din Ayyub, bevor er vom Mamelucken-Sultan Baybar in den Rang eines Prinzen erhoben wurde. Als er 1307 in der Nähe von Ramle starb, wurden seine sterblichen Überreste seinem letzten Wunsch gemäß in dieses Mausoleum nach Jerusalem gebracht. Der Haupteingang ist verschlossen und für Besucher nicht zugänglich. Trotzdem lohnt sich eine Besichti-

## Ostjerusalem

gung, um die wunderschöne Kalligrafie zu bewundern, die von der Straße aus über der schwarzen Tür sichtbar ist.

Die **Turba Turkan Khatun** ist das Grab einer Prinzessin, der Tochter des Emirs Tuqtay Ibn Saljutay al-Uzbeki (aus der zentralasiatischen Dynastie der Khane der Goldenen Horde). Sie starb 1352 in Jerusalem während der Pilgerfahrt nach Mekka. Die prächtigen Verzierungen der Paneele mit Sternen, deren Spitzen abgeschnitten sind, stammen aus mameluckischer Zeit, was verwundert, da diese einzigartigen Verzierungen in dieser Epoche verboten waren.

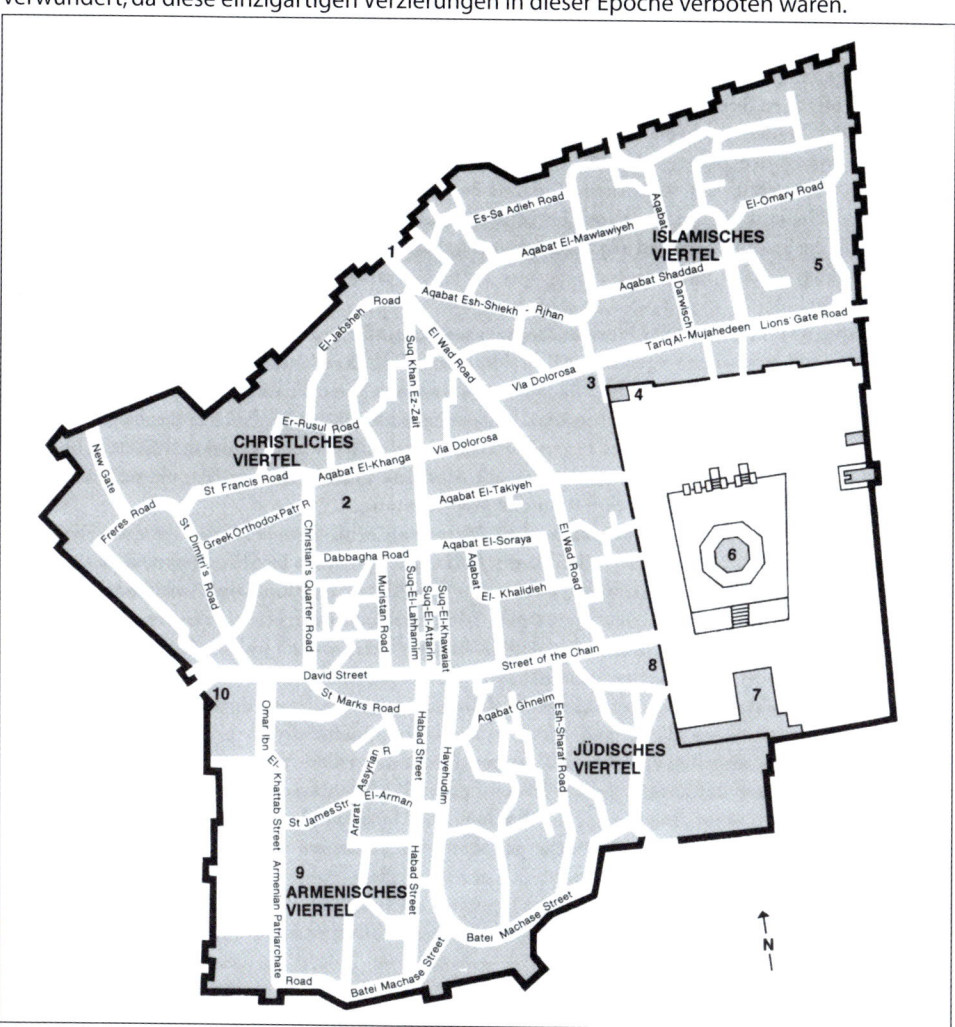

*Übersichtskarte der Altstadt von Jerusalem*

1. Damaskustor
2. Grabeskirche
3. Ecce-Homo-Bogen
4. Antonia-Festung
5. St. Anna-Kirche
6. Felsendom
7. Al-Aqsa-Moschee
8. Westmauer (Klagemauer)
9. St. Jakobuskathedrale
10. Davidsturm

Die **Turba Sadiya** beherbergt das Grab von Qadi (»Richter«) Burhan ed-Din, der im Jahr 1311 starb. Besonders beeindruckend sind sowohl die aufwendigen Arbeiten aus farbigem Marmor als auch die *muqarnas* am Eingang des Grabs, die zu den ersten in Jerusalem angefertigten gehören.

Die **Madrasa Tankiziya** wurde zwischen 1328 und 1329 von Sayf ed-Din Tankiz, einem der wichtigsten Förderer der Stadt, gegründet. Ihre dekorativen und gestalterischen Elemente, wie etwa das herrliche Schriftband, das drei Wappen auf einem Kelch zeigt, sind gute Beispiele für die Architektur dieser Zeit. Die *Madrasa Tankiziya* war die erste *Hadith*-Schule (*hadith* sind die Lehren des Propheten) und mit einer Herberge ausgestattet. Mitte des 15. Jh. wurde sie zum Sitz des Richters von Jerusalem, im 19. Jh. tagte hier der städtische Gerichtshof (*al-Mahkama al-Shariya*) und während des britischen Mandats diente sie als Residenz des Oberhaupts des Obersten Muslimischen Rats (*Supreme Muslim Council*), Haj Amin al-Husseini. Seit 1967 ist die *Madrasa* in den Händen der israelischen Behörden, die sie in eine Polizeistation umwandelten.

Der **Sabil Bab al-Silsila** wurde 1537 als einer der fünf *Sabils* im Auftrag von Sultan Suleiman erbaut und ist im Nischenstil gehalten. Wie andere zeitgenössische *Sabils* war er mit einem spitz zulaufenden Bogen überdacht (s. Sultansteich, S. 194). Beachtenswert ist auch die Verwendung eines Sarkophags als Becken für den Springbrunnen.

## Der *Haram esh-Sharif* (Tempelberg)

Der *Haram esh-Sharif* (»der edle Bezirk«) ist ein weitläufiges Plateau, in dessen Mitte der majestätische Felsendom emporragt; die Al-Aqsa-Moschee befindet sich am südlichen Ende des Platzes. Das Areal umfasst ungefähr ein Sechstel der von einer Mauer umgebenen Altstadt. Im 7. Jh. bezeichnete der in einer Koransure erwähnte Name »al-masjid al-Aqsa« (»die entfernte Moschee« (Koran-Sure 17, Al-Isra: 1)) den gesamten *Haram*. Im Mittelalter wurde die Bezeichnung hingegen nur noch für die Moschee selbst verwendet. Nach alter jüdischer Tradition wurde das Gelände »Land Moriah« (1 Mo, 22) genannt und bezeichnete den Ort, an dem sich Abraham bereit erklärte, seinen Sohn Isaak zu opfern.

*Luftaufnahme der Altstadt von Jerusalem. Im Vordergrund der Haram esh-Sharif mit dem Felsendom in der Bildmitte und der Al-Aqsa-Moschee links.*

## Ostjerusalem

Der Bibel zufolge erbaute König Salomo auf diesem Hügel einen Tempel zu Ehren Jahwes, den Ersten Tempel; so entstand der Name »Tempelberg«. Doch trotz umfangreicher Ausgrabungen unterhalb des Tempelbergs wurde bislang kein Beweis für die Existenz dieses Tempels gefunden. Unter Herodes dem Großen wurde der im 6. Jh. v. Chr. erbaute Zweite Tempel umgebaut und im Jahr 70 n. Chr. von den Römern zerstört. Übrig blieben bedeutende Ruinen: ein Teil der südlichen Mauer, die Westmauer (auch bekannt als die Al-Buraq-Mauer oder Klagemauer), der Robinsonbogen, der Wilsonbogen sowie das Einfache und das Doppelte Tor.

Als sich das Christentum im 4. Jh. als offizielle Religion durchsetzte, wurden die Ruinen entweder verlassen oder für die Errichtung neuer christlicher Gebetsstätten geplündert. Kalif Omar Ibn al-Khattab folgte 638 der Tradition Abrahams, indem er den Platz freilegen und die erste Moschee erbauen ließ. Die Al-Aqsa-Moschee wurde von Bilal dem Äthiopier, dem ersten Muezzin des Islam, eingeweiht. Er rief die Menschen zum Gebet, weigerte sich aber nach dem Tod des Propheten, dies weiterhin zu tun.

1099 eroberten die Kreuzfahrer Jerusalem und führten bis 1187 ihre eigenen Symbole ein. Die Al-Aqsa-Moschee wurde von ihnen als »Salomotempel« und der Felsendom als »Tempel des Herrn« bezeichnet. Saladin, der die Stadt am Jahrestag der nächtlichen Reise des Propheten eingenommen hatte, restaurierte und weihte die Al-Aqsa-Moschee, die zweitheiligste Moschee in dem nach den zwei Heiligen Städten Mekka und Medina drittheiligsten Ort, Jerusalem. Unter Saladin erlangte der gesamte *Haram*, eine einzige riesige Moschee mit vielen muslimischen Schreinen, wieder seinen heiligen Charakter.

*Öffnungszeiten: Samstag-Donnerstag 8.00-10.30 Uhr und 13.30-14.30 Uhr, freitags geschlossen, während des Ramadan 7.30-10.00 Uhr. Die Besichtigung des Platzes und des Islamischen Museums ist kostenlos. Für die Besichtigung des Felsendoms und der Al-Aqsa-Moschee bedarf es einer Genehmigung durch die Waqf (»fromme Stiftung«). Weitere Informationen über den Haram esh-Sharif, den Islam sowie für Vereinbarungen zur Besichtigung der Moscheen sind im Waqf-Büro (Al-Qattanin-Tor, Tel. 02/6281222) erhältlich. Um auf den Haram esh-Sharif zu gelangen, müssen der Metalldetektor und die Rampe, die zum Bab al-Maghribi führt, passiert werden. Verlassen kann man den Tempelberg jedoch durch jedes der zehn Tore. Da der Haram esh-Sharif nicht nur ein Ort von historisch und ästhetisch einzigartiger Bedeutung ist, sondern auch der Spiritualität und Andacht, werden Besucher gebeten, sich entsprechend zu verhalten und angemessene Kleidung zu tragen. Handtaschen und Kameras sind in der Moschee verboten.*

*Muslimische Schreine auf dem Haram esh-Sharif*

# Jerusalem

## Meisterwerke arabisch-islamischer Architektur

Der *Haram esh-Sharif*, ein Ort der Versammlung und des Gebets, beherbergt sowohl einige monumentale als auch bescheidenere arabisch-islamische architektonische Meisterwerke. Er ist mit vier Minaretten (Bab al-Maghribi, al-Silsila, al-Ghawanima und al-Asbat), zahlreichen Kuppeln (u. a. Qubbet al-Miraj, Qubbet al-Nabi, Qubbet Yussef) und asphaltierten Böden (al-Karak, Ala ed-Din al Basri und al-Ushaq) ausgestattet. Die Sufis oder Mystiker beteten auf diesen Böden und nutzten sie für Lehrstunden in den Sommermonaten. Ferner gibt es zahlreiche Brunnen innerhalb der Mauern. Der Beeindruckendste von ihnen ist der *Sabil* des Sultans (Qaitbey).

## Die westliche Säulenhalle (er-Riwaq al-Gharbiya)

Diese monumentale Säulenhalle nimmt den gesamten westlichen Teil des *Haram esh-Sharif* ein. Sie wurde in den Jahren 1307 bis 1337 unter Mamelucken-Sultan Nassir ed-Din Muhammad Qalawun erbaut. Die Säulenhalle erstreckt sich in direkter Linie vom Maghrebinertor (Bab al-Maghribi) bis zum Gefängnistor (Bab al-Nazir). Einige mameluckische *Madrasas*, einschließlich der Al-Uthmaniya und der Al-Ashrafiya, können durch die Säulenhalle betreten werden.

## Das Ghawanima-Minarett

Dieses Minarett am nordwestlichen Ende des *Haram* ist ein architektonisches Meisterwerk der mameluckischen Epoche. Es wurde 1298 vom Qadi Sharaf ed-Din Abdel Rahman, dem Hüter der islamischen Heiligtümer in Mekka, Medina, Jerusalem und Hebron erbaut. Das sechsstöckige Minarett hat zahlreiche Erdbeben überstanden, welche die Region im Laufe der Zeit erschütterten. Erbaut wurde es nach dem Vorbild viereckiger Türme im traditionellen syrischen Stil. Der Variantenreichtum und die ästhetische Qualität seiner Verzierungen verleihen ihm besonderen Glanz. Zu beachten sind vor allem die *muqarnas* (verzierte Nischenabschlüsse), welche die Muezzinhalle schmücken.

*Das Ghawanima-Minarett*

# Ostjerusalem

## Madrasa al-Isardiya (Dar al-Ansari)

In den Vierzigerjahren des 14. Jh. errichtete Majid ed-Din al-Isardi, ein Händler aus dem heutigen Siirt (Türkei), das Gebäude als Hospiz. Die wunderschöne Fassade über der Säulenhalle wurde 1927 renoviert. Das *Mihrab* bzw. die Gebetsnische, die aus der Fassade hinausragt, ist einzigartig in Jerusalem.

*Am nördlichen Ende des Haram.*

## Das Minarett von Bab al-Asbat

Dieses Minarett wurde von 1367 bis 1368 unter der Schirmherrschaft des Wächters des *Haram esh-Sharif* und des *Haram al-Ibrahimi*, Sayf ed-Din Qutubugha, erbaut. Allerdings weisen die zylinderförmige Gestalt und die in Stein gemeißelten Motive in Höhe der Dachfenster darauf hin, dass es während der Übergangsphase zu Beginn des 16. Jh. restauriert wurde. Als nach dem Erdbeben von 1927 eine erneute Restaurierung notwendig war, wurde ein einfacher Stil für die *muqarnas* gewählt, welche die Muezzinhalle schmücken.

## Madrasa al-Uthmaniya

Isfahan Sha Khatun, eine Prinzessin aus der osmanischen Dynastie, deren Familie ursprünglich aus Kleinasien stammte, gab den Bau dieser *Madrasa* in Auftrag und finanzierte ihn mit Einnahmen aus Kleinasien und Palästina. Die *Madrasa* befindet sich oberhalb der Säulenhalle (auf der Höhe des Latrinen- bzw. Al-Mathara-Tors) und zeichnet sich durch ihr Doppelfenster aus, das von zwei kreisrunden Medaillons und einem Rosettenfenster überragt wird.

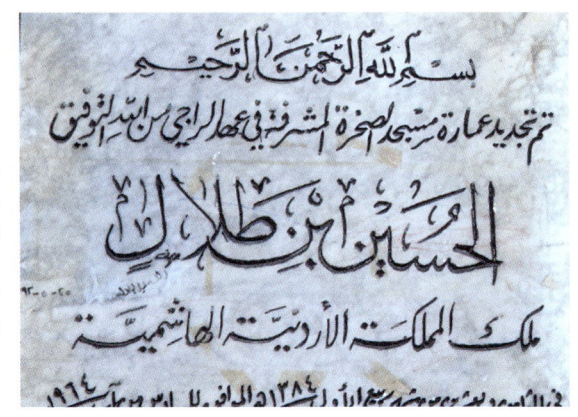

*Mameluckische Kalligrafie aus dem 14. Jahrhundert*

## Sabil Qaitbey

Der *Sabil Qaitbey* ist mit zahlreichen, präzise ausgearbeiteten Motiven verziert, die besondere Aufmerksamkeit verdienen. Die mit bildhauerischen Motiven ausgestaltete Steinkuppel ist einzigartig in Palästina. Dieses Werk ägyptischer Steinmetze sucht seinesgleichen; nur in Kairo findet man Vergleichbares. Der Sponsor dieser außergewöhnlichen Arbeit, die 1482 fertiggestellt wurde, war der Mamelucken-Sultan Qaitbey höchstpersönlich (Ashraf Sayf ed-Din Qaitbey, 1468-1496).

# Jerusalem

### Madrasa al-Ashrafiya (Sultan Qaitbeys Madrasa)

Diese *Madrasa* wurde 1482 unter der Regentschaft von Sultan Qaitbey gegründet. Er wurde für seinen asketischen Lebensstil geschätzt und rief vor allem in den heiligen Städten des Islam zahlreiche religiöse Stiftungen ins Leben, so z. B. die königliche Stiftung *Al-Ashrafiya*, die Ländereien und städtische Grundstücke in mehr als 43 Städten und Dörfern besaß (u. a. in Jerusalem, Hebron, Ramallah und Gaza) und 55 Personen im wissenschaftlichen und administrativen Bereich beschäftigte. Während der mameluckischen und der osmanischen Epoche hatte die Stiftung in Jerusalem eine wichtige Funktion im Bildungssektor. Heute beherbergt das Gebäude die Bibliothek der Al-Aqsa-Moschee, eine religiöse Schule für Mädchen im oberen Stockwerk sowie einige Privatwohnungen. Der Eingang ist außergewöhnlich gut erhalten und weist alle spezifischen dekorativen Merkmale der mameluckischen Epoche auf, wie beispielsweise die kleinen blauen Steine, die in die oberen Kreisbögen des Portals eingearbeitet sind. Es überrascht nicht, dass Mujir ed-Din diese *Madrasa* nach der Al-Aqsa-Moschee und dem Felsendom als das dritte Juwel des *Haram esh-Sharif* bezeichnet hat.

### Al-Kas-Brunnen

Der während der ayyubidischen Herrschaft (1171-1260) im zeittypischen Stil erbaute Al-Kas-Brunnen ist einer von vielen Brunnen, die der rituellen Waschung vor dem Gebet dienen. Sultan al-Adil Abu Bakr Bin Ayyub veranlasste seine Errichtung 1193. Der Brunnen verdankt seinen Namen dem Kelch (*al-kas*), der inmitten des kreisrunden Brunnenbeckens steht. Das schmiedeeiserne Gitter wurde 1327 auf Veranlassung des mameluckischen Statthalters von Großsyrien, Tankaz en-Nazri, als Zierde angebracht.

### Qubbet Musa (Mosesdom)

Dieses viereckige Monument wird auch »Qubbet al-Shajara« (Baumkuppel) oder »Dar al-Quran al-Karim« (Haus des freigiebigen Koran) genannt. Es steht auf einer Plattform (*mistaba*), während ein achteckiger Tambour seine Kuppel stützt. Die heutige Koranschule wurde 1249 bis 1250 von Al-Malik es-Salih Najim ed-Din Ayyub erbaut, der von 1240 bis 1249 Ägypten regierte.

### Das Goldene Tor (Bab er-Rahma – Tor der Barmherzigkeit)

Dieses Tor gab lange Zeit Rätsel auf. Gegenstand der Diskussion war dabei stets sein Ursprung, inzwischen kann es jedoch der umayyadischen Epoche (661-750) zugeordnet werden. Insbesondere die floralen und geometrischen Motive (vor allem die Laubverzierungen) verdienen Aufmerksamkeit. Der älteste muslimische Friedhof der Stadt (*maqbarat* Bab er-Rahma) befindet sich ganz in der Nähe, direkt vor dem Tor und der Ostmauer.

## Ostjerusalem

### Die Al-Aqsa-Moschee
(Al-Masjid Al-Aqsa oder »die entfernte Moschee«)

»Al-Masjid Al-Aqsa« ist der älteste Name für diesen Ort und bezeichnet sowohl die Große Moschee selbst als auch den gesamten *Haram esh-Sharif*. Die Al-Aqsa-Moschee, die etwa 200 m südlich des Felsendoms liegt, wurde zwischen 705 und 715 n. Chr. unter Kalif Walid, dem Sohn und Nachfolger von Abd al-Malik, erbaut. Etwa 5000 Menschen fanden in dem 15-schiffigen Bau Platz. Die Erdbeben in den Jahren 748 und 1033 zerstörten jedoch viele der Schiffe. 1033 wurde die Moschee vom Fatimiden-Kalifen Al-Dhaher nach Originalplänen wieder aufgebaut. Die Mosaike über der Arkade im Mittelschiff und in der Kuppel stammen aus dieser Zeit; sie sind originalgetreue Nachbildungen der umayyadischen Mosaike, die man im Felsendom bewundern kann.

Die Moschee wurde von den Kreuzfahrern in eine Kirche umgewandelt und diente bis 1128 auch als königliche Residenz, bis sie schließlich zum Sitz des Templerordens wurde. Die Frauenmoschee (Jama en-Nissa) und der zweite Raum des Islamischen Museums sind die bedeutendsten noch erhaltenen Teile des Bauwerks. Die Eroberung Jerusalems 1187 war der Höhepunkt des *Jihad* (Heiliger Krieg), der von Ayyubiden-Sultan Saladin geführt wurde. Er erneuerte Jerusalems islamische Identität und machte es zu einem bedeutenden geistigen Zentrum. Saladin stiftete der Moschee ihre prächtige *Minbar* (die Kanzel, von der aus die Freitagspredigt gehalten wird), die speziell für Jerusalem von Nur ed-Din handgefertigt wurde, jedoch 1969 einem Brand zum Opfer fiel. Ihre Überreste werden im Islamischen Museum ausgestellt. Saladin eröffnete ebenfalls den *Zakariya-Mihrab*.

*Die Al-Aqsa-Moschee mit dem Westabhang des Ölbergs links im Hintergrund*

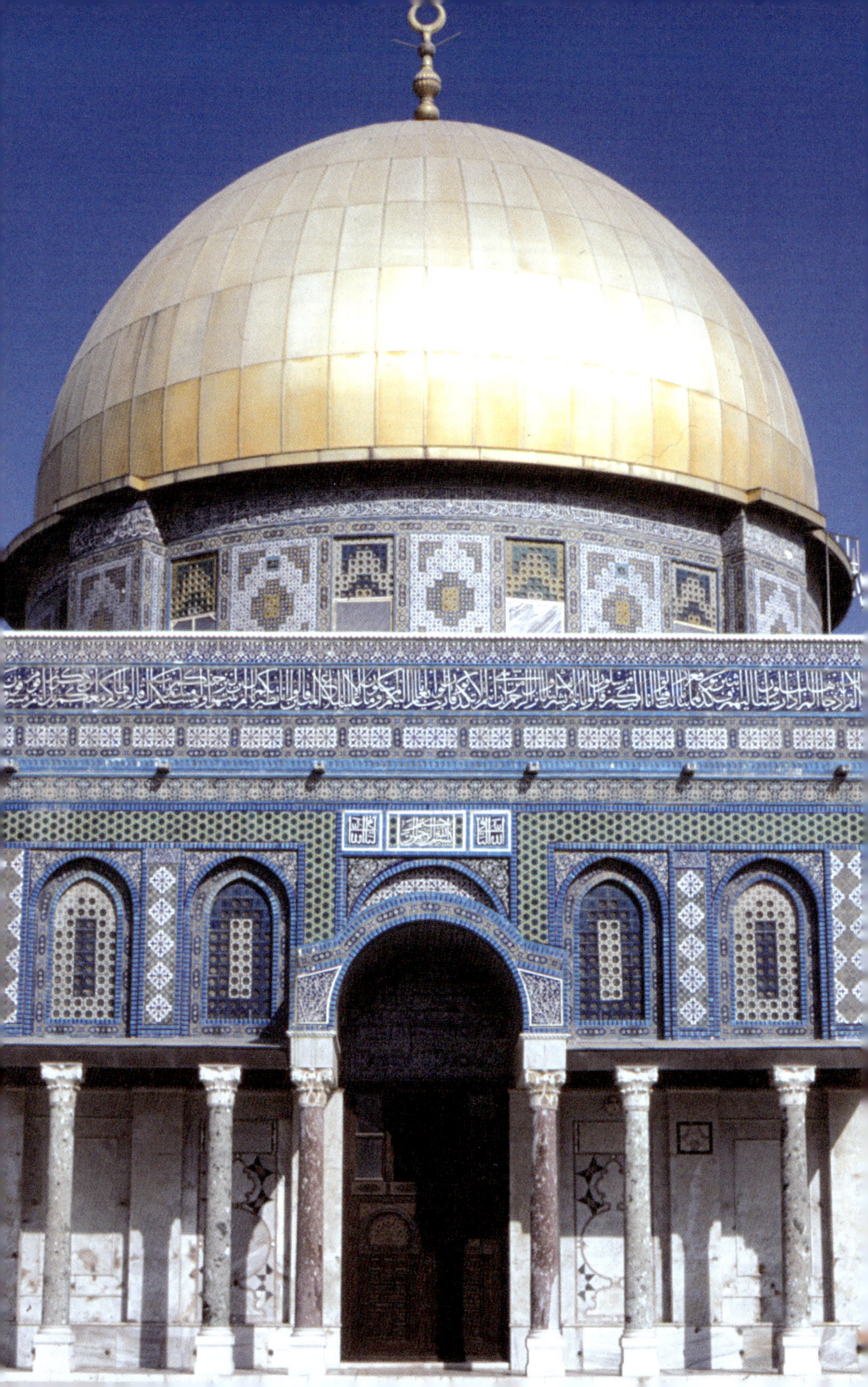

## Der Felsendom

»Das Gebäude ist besonders prachtvoll, solide und außergewöhnlich in seiner Gestalt. Es ist von herausragender Schönheit und mit aller erdenklichen Pracht ausgestattet. Es steht an einem erhöhten Ort, und Marmorstufen führen zu ihm hinauf. Seine Schönheit blendet die Augen der Betrachter und lässt sie verstummen. In der Mitte des Gotteshauses befindet sich der in der Überlieferung genannte heilige Fels; und jedermann weiß, dass hier der Prophet zum Himmel emporstieg.«
*Ibn Battuta, arabischer Geograf (14. Jh.)*

Der Felsendom wurde um 691 unter Umayyaden-Kalif Abd al-Malik erbaut. Der Platz, an dem sich der Bibel zufolge Abrahams Gottesfurcht offenbarte, wurde schon von Kalif Omar Ibn al-Khattab freigelegt. Er betonte die Zugehörigkeit des Islam zur abrahamitischen Tradition – Abraham wird als der erste Muslim angesehen, da er sich dem göttlichen Willen unterworfen hat. Um diesen Ort zu ehren, wandten sich die frühen Muslime bis zur Auswanderung des Propheten nach Medina zum Gebet nach Jerusalem. Der sakrale Charakter des Felsendoms hat seine Wurzeln auch in der Überlieferung der nächtlichen Reise (*al-Isra*) und der Himmelfahrt (*al-Miraj*) des Propheten. Im Laufe dieses Tages sah er alle Propheten, die ihm vorangegangen waren, und erlebte sowohl die Qualen der Hölle als auch die Freuden des Paradieses.

> Gepriesen sei der, der mit seinem Diener (d. h. Muhammad) bei Nacht von der heiligen Kultstätte (in Mekka) zu der fernen Kultstätte (in Jerusalem), deren Umgebung wir gesegnet haben, reiste, um ihn etwas von unseren Zeichen sehen zu lassen! Er (Gott) ist der, der (alles) hört und sieht. / *Koran-Sure 17, Al-Isra: 1*

Es ist schwer, eine präzise Auflistung über alle Funktionen des Felsendoms oder die Riten zu liefern, die anfangs dort praktiziert wurden. Anscheinend spielte er eine wichtige Rolle für neue Konvertiten. An der Innenfassade des oktogonalen Säulengangs befindet sich ein Mosaikschriftband mit kufischer Kalligrafie aus der Bauzeit des Felsendoms. Darin wird die Einheit Gottes, der Prophet Muhammad als dessen Botschafter und die messianische Rolle Jesu beschrieben (der Islam betrachtet Jesus als Propheten Gottes, nicht jedoch als gottgleich). Die ökumenische Botschaft ist offensichtlich: Die Tatsache, dass sich diese lange Inschrift an alle »Leute der Schrift« richtet und sie darin bestärkt, Jesus als Gott abzuschwören und die Botschaft des Islam anzunehmen, legt obige Vermutung nahe, dass der Felsendom auch für neue Konvertiten bestimmt war (Christen, Samariter und Juden).

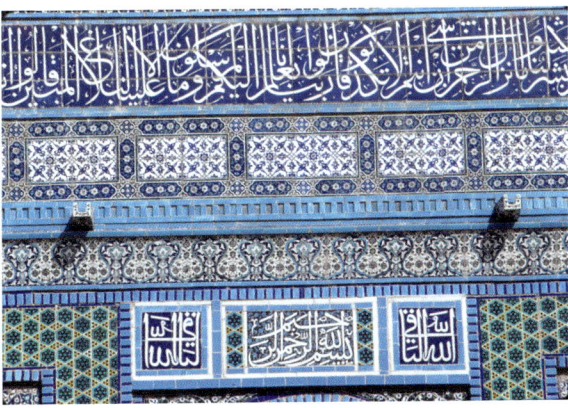

*Koran-Suren und Mosaike an der Außenwand des Felsendoms*

*Links: Der Felsendom mit seinen herrlichen Fayencemosaiken*

## Jerusalem

### Und sagt über Gott nichts als die Wahrheit

Jesus Christus, Marias Sohn,
War ein Apostel Gottes
Dessen Wort, das er Maria zuteil werden ließ,
Und dessen Geist ihm von Gott verliehen wurden

Gott ist mein Herr und dein Herr;
Darum preise ihn

Denn dies ist der rechte Weg.
Es gibt keinen Gott außer Gott
Dies ist das Zeugnis Gottes, seiner Engel und der Weisen, der Gerechten
Es gibt keinen Gott außer Gott,
Erhaben in seiner Macht, der Allwissende.

*Auszug aus dem kalligrafischen Mosaik auf der Innenseite des Oktagons, aus dem Jahr 72 Hedschra/692 n. Chr.*

### Architektur und Ornamentik

Die 30 m hohe Holzkuppel wurde in den Sechzigerjahren vergoldet. Als Geschenk des verstorbenen jordanischen Königs Hussein wurde sie 1993/94 restauriert und erneut vergoldet. Die Größe des Zylinders, auf dem sie ruht, wurde proportional zur Größe des sich in der Mitte der Moschee befindenden Abrahamfelsens (auf der höchsten Erhebung des Hügels) bestimmt. Bis ins 16. Jh. hinein war die äußere Fassade des Felsendoms mit Mosaiken geschmückt – zu dieser Zeit begann Suleiman der Prächtige mit den ersten Restaurierungen. Er ließ den unteren Abschnitt mit farbigem Marmor und den oberen mit Keramikpaneelen auslegen. Letztere zierten geometrische Muster sowie Schriftbänder, die Zitate aus dem Koran trugen (Koran-Sure 36, Yasin). Sie wurden von armenischen Handwerkern Ende des 19. Jh. und in den Sechzigerjahren des 20. Jh. restauriert. Die Arkaden der zwei Säulengänge, einer oktogonal, der andere rund, sind mit Originalmosaiken aus dem 17. Jh. verziert, die Pflanzen- und Schmuckmotive sowie Inschriften im kufischen Stil zeigen. Die teilweise mit Marmor überzogenen Holzpaneele an der Decke sind mit Rosetten und komplexen Mustern reich verziert. Im Inneren der Kuppel reicht das kostbare Dekor, das hauptsächlich aus Gold und roten Blütenmustern besteht, bis zum höchsten Punkt, um den sich eine prächtige kreisrunde Kalligrafie aus dem koranischen Thronvers (Koran-Sure 2, Al-Baqara: 255) windet. Ausgeführt wurden diese Arbeiten unter Ayyubiden-Sultan Saladin, der Jerusalem 1187 von den Kreuz-

*Historische Darstellung des Felsendoms aus dem 19. Jahrhundert*

fahrern befreite und viele der Restaurierungen in der Moschee und auf dem *Haram esh-Sharif* veranlasste. Seine Heldentaten werden ebenfalls in der langen Inschrift in goldenen Lettern auf schwarzem Grund gepriesen. Unter der Kuppel befindet sich der Felsen in seiner Schlichtheit: der Schauplatz sowohl von Abrahams Opfer als auch der Himmelfahrt des Propheten Muhammad. Er ist von einem schmiedeeisernen Gitter umzäunt, das die Kreuzritter dort aufstellten.

Am südlichen Ende führt eine Marmortreppe in einen Keller unter dem Felsen. Dieser Raum ist vor allem privaten Gebeten vorbehalten und mit zwei *Mihrabs* (Gebetsnischen) ausgestattet: Die Gebetsnische auf der linken Seite stammt vermutlich aus der fatimidischen Epoche (10. oder 11. Jh.).

*Marmorsäulen im Inneren des Felsendoms umgeben den heiligen Felsen*

Die Terrasse des Felsendoms

Der Zugang zur Terrasse, auf der sich der Felsendom befindet, ist über acht Treppen möglich, die wiederum zu **acht Arkaden** (*Qanatir*), *mawazin* (»Waagen«) genannt, führen. Nach islamischer Überlieferung werden hier am Tag des Jüngsten Gerichts die Seelen gewogen. Teils im 10. Jh., teils während der mameluckischen Epoche erbaut, weisen die Arkaden auch einige ältere, wiederverwendete architektonische Elemente auf. So stammen die Kapitele des einzigartigen orientalischen *Qanatir es-Silsila* aus römischer Zeit, obwohl dieser selbst erst 1472 erbaut wurde. Der dem Sabil Qaitbey am nächsten stehende *Qanatir* wird auf 951 datiert. In der Nähe des *Qanatirs* im Süden steht die **Minbar von Qadi Burhan ed-Din** (dem Richter von Jerusalem). Dieser Bau wird auch **Qubbet al-Mizan** (Waagendom) oder Minbar al-Saif (Sommerkanzel) genannt. Diese Minbar wurde von Qadi Burhan ed-Din 1388 restauriert und ist die einzige, die sich im Freien befindet. Sie wurde vor allem an wichtigen muslimischen Feiertagen genutzt, wenn sich die Al-Aqsa-Moschee als zu klein für den Ansturm der Gläubigen erwies. Gelegentlich wurde sie auch mit Regengebeten in Verbindung gebracht.

Die verschiedenen Dome auf der Terrasse sind jeweils für bestimmte Gebete vorgesehen: Der 1620 wahrscheinlich auf umayyadischen Ruinen erbaute **Qubbet en-Nabi** (Dom des Propheten) war ein Geschenk von Farouq Bey, dem Statthalter von Jerusalem und Nablus, der für die Pilgerströme verantwortlich war. Seit dem 9. Jh. ist dieser Ort als die Stelle bekannt, an welcher der Prophet Muhammad vor seiner Himmelfahrt mit den Engeln betete. Im nahe gelegenen Eingang des **Qubbet al-Miraj** (Himmelfahrtsdom) datiert eine Inschrift die vom Statthalter von Jerusalem, Izz ed-Din ez-Zanjabili, unternommenen Restaurierungsarbeiten auf die Jahre 1200 und 1201. Allerdings gehen die Fundamente dieses zum Gedenken an die nächtliche Reise des Propheten Muhammad errichteten Gebäudes wahrscheinlich auf das 7. Jh. zurück. Der Kontrast zwischen der Vielzahl an schlanken Säulen und den großen Marmorpaneelen ist außergewöhnlich. Der große, grün gestrichene *Mihrab* in der südlichen Mauer ist ein osmanischer Anbau von 1781. Am nordwestlichen Ende der Terrasse markiert der **Qubbet**

**al-Arwah** (Geisterdom) den Ort, an dem sich nach islamischer Überlieferung die Seelen der Gläubigen am Tag der Wiederauferstehung versammeln. Dieses offene Gebäude wurde wahrscheinlich im 16. Jh. erbaut; acht Marmorsäulen stützen seine Kuppel. Östlich des Felsendoms steht der **Qubbet es-Silsila** (Kettendom), der unter Mamelucken-Sultan Baybar renoviert und umgebaut wurde. Um diesen Ort ranken sich zahlreiche Legenden: So soll dies etwa der Ort gewesen sein, an dem Salomo das Urteil sprach, er würde seine Feinde an einer am Dach befestigten Kette aufhängen. Weiter soll er hinzugefügt haben, dass jeder, der lüge, sofort vom Blitz erschlagen werde. **Qubbet an-Nahawija** oder »Al-Qubba« ist der Name, der dem gesamten Gebäude einschließlich dem Dom selbst zugeschrieben wird. Dieser wurde unter Ayyubiden-Sultan al-Malik al-Muzzam Issa von 1207 bis 1208 gebaut. Bis ins 19. Jh. befand sich eine Schule für arabische Grammatik in diesem Komplex, die bedeutenden Einfluss auf die Lehre der arabischen Literatur und Linguistik ausübte. Einzigartig ist das mittlere Portal, dessen gedrehte Säulen und Kapitelle wahrscheinlich auf die Zeit der Kreuzfahrer zurückgehen. Heute beherbergt das Gebäude das Büro des Mufti von Jerusalem.

*Eine von acht Arkaden, die den Haram esh-Sharif begrenzen*

# Ostjerusalem

## Angriffe auf den *Haram esh-Sharif*

»Wenn ich jemals die Kontrolle über Jerusalem erlangen sollte, werde ich alle heiligen Orte mit Ausnahme der jüdischen auslöschen.«
*Theodor Herzl während des ersten Zionistischen Weltkongresses 1897 in Basel*

Inspiriert von Theodor Herzl und bestärkt durch die Besetzung der Altstadt 1967 hat die negative Haltung der zionistischen Bewegung in Bezug auf den Status quo des *Haram esh-Sharif* niemals nachgelassen. Dabei ermutigte sie sowohl individuelle als auch staatliche Angriffe auf den *Haram esh-Sharif*.

Am **15. August 1929** hissten Juden auf der Klagemauer (auf Arabisch *al-Buraq*, auf Hebräisch *Ha-Kotel Ha-Maaravi*) die Flagge der zionistischen Bewegung, die später die offizielle Flagge des Staates Israel wurde, und skandierten den Slogan »Die Mauer gehört uns«. Bis zu diesem Zwischenfall wurde die Mauer als islamisches Eigentum und heilige Stätte der Muslime betrachtet. Die islamischen Behörden erlaubten der jüdischen Gemeinde zwar, den engen Bereich am Fuß der Westmauer (Klagemauer) des *Haram esh-Sharif* zu nutzen – allerdings unter der Bedingung, dort keine Änderungen vorzunehmen.

Am **16. August 1929** veranstalteten muslimische und christliche Palästinenser eine Gegendemonstration, woraufhin in ganz Palästina Unruhen ausbrachen.

**1930** bestätigte ein britischer Untersuchungsausschuss die islamische Identität der Mauer einschließlich der Bodenfläche sowie eines großen Teils des Maghribi-Viertels. Bis heute ist die Mehrzahl der Wohngebäude und Geschäfte in der Altstadt religiöser Besitz; sie gehören hauptsächlich den griechisch-orthodoxen und armenischen Patriarchaten oder der *Waqf*. Die Rechte an diesem Besitz werden von Generation zu Generation weitervererbt, während die Mieten nur leicht ansteigen und sehr oft lediglich einen symbolischen Wert darstellen.

Im **Juni 1967** wurden die Al-Buraq-Moschee und das Maghribi-Viertel zerstört. Der schmale Gang am Fuß der Mauer wurde zu einem großen Platz erweitert und sowohl der Platz als auch die Mauer wurden zum »*unveräußerlichen Eigentum des jüdischen Volkes*« erklärt.

Am **21. August 1969** verübte der australische, messianische Tourist Michael Rohan einen Brandanschlag auf die Al-Aqsa-Moschee. Er war davon überzeugt, dass der Messias nicht zurückkehren werde, solange »der Tempelberg nicht von seinen Abscheulichkeiten gereinigt ist«. Die israelischen Streitkräfte verzögerten absichtlich den Einsatz der Feuerwehr und unterbrachen vorübergehend die Wasserversorgung der Moschee. Die im 12. Jh. in Aleppo handgearbeitete *Minbar* (Kanzel) von Saladin wurde zerstört und der südliche Bereich der Moschee schwer beschädigt.

Im **Mai 1980** entdeckte die israelische Polizei in der Nähe der Al-Aqsa-Moschee Sprengstoff, den die *Meir-Kahane*-Gruppe dort platziert hatte. Einige Mitglieder dieser jüdischen Terrorgruppe wurden im Nachhinein verhaftet.

Am **21. August 1981**, dem Jahrestag des Brandanschlags auf die Al-Aqsa-Moschee von 1969, begannen israelische Behörden mit Ausgrabungen, um den Tunnel wieder zu öffnen, der von dem britischen Oberst Charles Warren 1876 unter dem *Haram esh-Sharif* entdeckt worden war.

## Jerusalem

Am **11. April 1982** eröffnete ein israelischer Soldat amerikanischer Herkunft im Felsendom das Feuer auf Betende. Israelische Soldaten töteten weitere Palästinenser, als diese sich an Protestdemonstrationen beteiligten. Insgesamt wurden 9 Palästinenser getötet und mehr als 100 verletzt.

Am **10. März 1983** nahmen palästinensische Sicherheitsleute 49 Juden fest, die Sprengstoff mit sich führten. Die israelischen Behörden ließen sie am nächsten Tag frei.

Am **8. Oktober 1990** kam es zu einem Massaker auf dem *Haram esh-Sharif*. Bei einer Protestdemonstration gegen den Versuch der jüdischen Gruppierung der »Getreuen des Tempelbergs« (»The Temple Mount Faithful«), den Grundstein für einen »Dritten Jüdischen Tempel« auf dem *Haram esh-Sharif* zu legen, erschossen israelische Streitkräfte 20 Palästinenser; weitere 100 wurden verletzt.

Am **24. September 1996** wurde der Tunnel unter der Al-Aqsa-Moschee zum neunten Mal geöffnet. Überall im Westjordanland und dem Gazastreifen brachen Proteste aus. Bei diesen Unruhen wurden 80 Palästinenser getötet und 1200 verletzt.

Am **28. September 2000** betrat der Führer der *Likud*-Partei, Ariel Sharon, in Begleitung anderer Mandatsträger und Hunderter Polizisten, mit Erlaubnis des Ministerpräsidenten Ehud Barak den *Haram esh-Sharif*. Mehr als 3000 israelische Soldaten und Bereitschaftspolizisten kamen in Ostjerusalem zum Einsatz. Indem die Israelis die kurz zuvor in Camp David ausgegebene Maxime, der Tempelberg und der Felsendom seien grundsätzlich Verhandlungssache, missachteten, lösten sie durch ihr provokatives Bestreben, die vermeintliche israelische Souveränität über den *Haram esh-Sharif* und Ostjerusalem zu bestätigen, die Al-Aqsa-Intifada gegen die israelische Besatzung aus.

**Anfang 2007** begann Israel ohne Rücksprache mit dem Bau einer Rampe zum Maghrebinertor. Dies rief den Protest von Muslimen hervor, die fürchteten, die Fundamente des *Haram esh-Sharif* könnten dabei beschädigt werden. Zudem kamen Bedenken auf, dass diese neue vergrößerte Rampe der israelischen Polizei und den Sicherheitskräften einen leichteren Zugang zum Tempelberg ermögliche.

*Unruhen auf dem Haram esh-Sharif*

## Das Islamische Museum

Ungeachtet der schlechten Gestaltung der Ausstellungsräume besitzt das Islamische Museum eine wertvolle Sammlung interessanter, hauptsächlich mittelalterlicher Stücke. In der ersten Halle sind kleinere Exponate der ayyubidischen Zeit ausgestellt: darunter koranische Kalligrafien und illuminierte Handschriften, Porzellan und Keramiken, Gefäße, Münzen, astronomische Instrumente und Schwerter. Besondere Aufmerksamkeit verdienen die Relikte der Märtyrer, die von der israelischen Armee getötet wurden, und die verschiedenen Munitionstypen, die innerhalb des *Haram esh-Sharif* zum Einsatz kamen.

Die zweite Halle – ein ehemaliges Refektorium (Speisesaal), das im 12. Jh. vom Templerorden errichtet wurde – ist den architektonischen und dekorativen Ornamenten des Felsendoms gewidmet: monumentale, mit Kupferprägungen verzierte Tore, Fragmente umayyadischer Mosaike und ein aus der Kreuzritterzeit stammendes, schmiedeeisernes Gitter aus der Al-Aqsa-Moschee, das bis 1960 dazu diente, den Felsen zu schützen. Auch hier kann man umayyadische Paneele aus geschnitztem Zypressenholz sowie die Überreste des prächtigen, von Saladin gespendeten *Minbars* sehen, das 1969 einem Brandanschlag zum Opfer fiel.

*Umayyadisches Mosaik im Felsendom*

*Am südwestlichen Ende des Platzes; Eintritt frei.*

# Vom Herodestor zum Löwentor

## Das Herodestor (Bab az-Zahra)

Der Name »Bab az-Zahra« (»Blumentor«) verweist auf den Rosenbusch, der den osmanischen Bogen überragt. Christliche Pilger nannten das Tor im 16. und 17. Jh. auf der Suche nach biblischen Spuren fälschlicherweise »Herodestor«, da sie den Innenraum eines mameluckischen Hauses für den Palast von Herodes Antipas, dem Sohn von Herodes dem Großen, hielten.

*Hauptzugang zum Muslimischen Viertel von der Salah ed-Din Street, östlich des Damaskustors.*

## Das Viertel und Gemeindezentrum Burj al-Laqlaq

Der Bezirk zwischen der Nordmauer des *Haram esh-Sharif* und dem Herodestor im Muslimischen Viertel grenzt direkt an das Bab Hutta, dem Zugang zum Tempelberg und zu einem der am dichtesten bevölkerten und zugleich ärmsten Bezirke der Stadt. 1986 zogen jüdische Siedler in das Viertel; dies war Teil eines Okkupationsplans, der die Besetzung des gesamten Gebiets vom Herodestor bis zum Storchenturm am nordöstlichen Ende der Altstadt vorsah. Um diesen Plan zu verhindern, unternahm die Burj-al-Laqlaq-Eigentümergemeinschaft den Versuch, auf insgesamt 10 Dunams des Landes zu bauen, das für die Zwangsenteignung vorgesehen war. Obgleich sie keine Genehmigungen für den Aufbau dauerhafter Strukturen erhielt, errichtete sie dennoch einen Kindergarten, einen Spielplatz, ein Fußballfeld und anschließend ein Gemeindezentrum für ältere und behinderte Menschen. Heute ist das Zentrum eine der größten Freiflächen in der Altstadt. Zahlreiche soziale Projekte für Jugendliche und Familien haben es aufblühen lassen; trotzdem ist das gesamte Gebiet permanent gefährdet. Ein Bebauungsplan für mehr als 200 Wohneinheiten wurde zum ersten Mal in den frühen Neunzigerjahren offenkundig, als wiederholt Siedler in Begleitung von israelischen Soldaten in dem Bezirk auftauchten. Einige Jahre später gelang es den Siedlern schließlich, unter dem Vorwand geplanter Ausgrabungen durch die *Israel Antiquities Authority* die Kontrolle über einen Teil des Bezirks zu gewinnen. Neueren Plänen zufolge soll dieses Stück Land in eine jüdische Siedlung mit 21 Hauseinheiten und einer Synagoge umgewandelt werden. Ein Hinweis darauf, dass die ursprüngliche israelische Absicht niemals aufgegeben wurde, dieses Gebiet in eine jüdische Siedlung zu verwandeln. Bislang wurden mehr als zehn Einrichtungen im Bezirk Burj al-Laqlaq zerstört, darunter Wohneinheiten und das von Kanada finanzierte Zentrum für behinderte Menschen.

*Das Gemeindezentrum Burj al-Laqlaq, Ostjerusalem, Altstadt. Tel. 02/6277262.*

Löwentor oder Stephanstor
(Bab al-Asbat – Das Tor der Stämme)

Das Tor wurde einst »Marientor« genannt. Tatsächlich ist es im Arabischen auch heute noch unter dem Namen »Bab Sittner Mariam« bekannt. Eine andere Bezeichnung für dieses dem *Haram esh-Sharif* nächstgelegene Zugangstor ist »Bab al-Asbat«. Dieser Name bezieht sich auf Beduinenstämme, die ursprünglich aus Gebieten östlich von Jerusalem stammten und dieses Tor benutzten, um in die Stadt zu gelangen. Die Gebiete wurden nach den verschiedenen Stämmen, welche die karge Berglandschaft bis 1967 unter sich aufgeteilt hatten, benannt: Arab al-Hatimat, Arab al-Sawahra und Arab Ibn Ubeid.

Die Bezeichnung »Löwentor« bezieht sich auf die beiden Löwenstatuen, die den Eingang des Tors bewachen. Der Legende nach erschienen Sultan Suleiman dem Prächtigen im Traum Löwen, die damit drohten, seinen Vater zu fressen, wenn er keine Mauer um die Stadt baue. Eine andere Legende besagt, dass

*Das Löwentor, der östliche Zugang zur Altstadt*

Sultan Suleiman die Löwen zu Ehren des Mamelucken-Sultans Baybar in Auftrag gegeben habe, da dieser die Kreuzfahrer aus Palästina vertrieben hatte – Löwen waren seine Wappentiere. Das Tor wurde einst auch »Jordantor« (Bab al-Ghor) genannt. Christen aus dem Ausland nennen es in Erinnerung an den ersten christlichen Märtyrer, der an dieser Stelle gesteinigt wurde, häufig auch »Stephanstor«. Dies war auch die von den Kreuzfahrern verwendete Bezeichnung, obwohl es in byzantinischer Zeit ein weiteres Stephanstor im Norden der Stadt gab, das heutige Damaskustor.

Die defensive, L-förmige Struktur des osmanischen Tors wurde 1917 von britischen Streitkräften zerstört, um den Zugang zum österreichischen Hospiz auf der Via Dolorosa in der Altstadt für Fahrzeuge passierbar zu machen.

*Das einzige geöffnete Tor im östlichen Teil der Stadtmauer.*

### Die St. Anna-Kirche (Es-Salahiya)

Einer byzantinischen Überlieferung zufolge befand sich das Haus des Heiligen Joachim und der Heiligen Anna, den Eltern der Jungfrau Maria, an der Stelle der heutigen Krypta, die für ihre ausgezeichnete Akustik bekannt ist. Heute ist die Kirche das besterhaltene Kreuzfahrergebäude in Jerusalem und eines der wenigen Bauwerke im romanischen Stil, das vollständig erhalten geblieben ist. Nach ihrer Errichtung zwischen 1131 und 1138 wurde die Kirche mehrmals umgebaut, u. a. wurde die Fassade vergrößert und um 7 m vorversetzt. Die dadurch entstandene Bruchstelle in der ersten Säulenreihe ist noch sichtbar. Saladin wandelte das Bauwerk 1192 in eine *Madrasa* um. Die Gründungsinschrift über dem Kirchenportal ist heute noch zu sehen. Der Bau ist seit dieser Zeit als »Madrasa Salahiya« bekannt. Während der osmanischen Epoche wurden religiöse Stiftungen geschlossen und so wurde auch dieses Gebäude aufgegeben und nach dem Erdbeben von 1821 sogar als Steinbruch verwendet. Schließlich schenkte Sultan Abd al-Majid die Kirche Napoleon III. als Dank für dessen Unterstützung im Krimkrieg. Im Garten steht die Büste von Kardinal Lavigerie, dem Gründer der römisch-katholischen Ordensgemeinschaft »Weiße Väter«, die das Anwesen verwaltete. Seit dieser Schenkung ist die Kirche in französischem Besitz, weswegen jedes Jahr dort am Nationalfeiertag die Erstürmung der Bastille gefeiert wird. Zu diesem Anlass wird die französische Nationalhymne in der Kirche gespielt, jedoch ohne Gesangsbegleitung.

Am Ende des Gartens befinden sich zwei große Teiche, die als Teich Bethesda identifiziert worden sind. Dort soll Jesus einen Gelähmten geheilt haben (Joh 5, 2-16). Der Glaube an die Heilkraft dieses Wassers ging dem Wunder voraus und dauerte danach noch weiter an: Im 2. und 3. Jh. n. Chr. wurden hier Heilbäder sowie ein Tempel zu Ehren der griechisch-römischen Gottheit der Heilung,

*Die St. Anna-Kirche*

Serapis Aesculapius (Asklepios), gebaut. Tausende holten hier Wasser in der Hoffnung, geheilt zu werden.

*Via Dolorosa; Öffnungszeiten: täglich 8.00-12.00 Uhr und 14.00-17.00 Uhr, im Sommer 14.00-18.00 Uhr. Eintritt: 7 NIS. Alljährliches Fest am 13. oder 14. Juli.*

### Al-Khanqa ed-Dawadariya

Dieses große Gebäude, das einst einen Sufikonvent beherbergte, wurde 1297 vom Mamelucken-Prinzen Alam ed-Din Sanjar ed-Dawadari erbaut. Es besitzt ein monumentales, mit allen klassischen Elementen der mameluckischen Architektur geschmücktes Tor: *ablaqs* (einander abwechselnde Reihen roter und cremefarbener Steine), *muqarnas* und Gesimse. Das mit floralen Motiven verzierte Gewölbe ist ein wahres Wunderwerk. Heute befindet sich in der *Khanqa* eine Schule, die *Madrasa al-Bakriya*.

*Auf der Tariq Bab al-Atm Street gelegen. Vom Haram esh-Sharif aus ist die Al-Khanqa ed-Dawadariya über dem nördlichen Säulengang, zwischen dem Bab al-Atm und dem Bab-Hutta, zu sehen.*

### Die Geißelungskapelle

Die Franziskanerkirche ist mit ihren zwei Kapellen (der Geißelungs- und der Verurteilungskapelle) der Passion Christi (Mt 27; Mk 15, 15) geweiht. Die beiden Kapellen wurden in den Zwanzigerjahren auf ihren mittelalterlichen Fundamenten wieder aufgebaut. Der Altarraum wurde von dem italienischen Architekten Antonio Barluzzi entworfen.

Die Kirche beherbergt das *Studium Biblicum Franciscanum*, ein prestigeträchtiges Institut für biblische, geografische und archäologische Studien, das auf byzantinische Mosaike spezialisiert ist. Im daran angeschlossenen Museum werden vor allem Objekte ausgestellt, die während der Ausgrabungen von den katholischen Treuhändern des Heiligen Landes – den Franziskanern – in Kapernaum, Nazareth, Emmaus (Amwas) und Bethlehem gefunden wurden.

*Die zweite Station auf dem Kreuzweg, auf der Via Dolorosa. Öffnungszeiten: täglich 7.30-18.00 Uhr, von Oktober bis März 8.00-17.00 Uhr; Tel. 02/6270444. Museum des Studium Biblicum Franciscanum, Öffnungszeiten: Montag-Samstag 9.00-11.30 Uhr. Tel. 054/7300963.*

*Via Dolorosa*

## Ostjerusalem

### Der Ecce-Homo-Bogen

Der Ecce-Homo-Bogen ist ein noch erhaltener Teil des Triumphbogens, den Kaiser Hadrian zu Ehren der Gründung der Kolonie Aelia Capitolina 135 n. Chr. errichten ließ. Heute überspannt sein Mittelbogen die Straße, während der nördliche Nebenbogen in die Kapelle der Schwestern von Zion integriert wurde (Ecce-Homo-Basilika). Das 1868 erbaute Kloster beherbergt auch den Struthionteich (Spatzenteich) – eine ehemalige Wasserzisterne, die ursprünglich mit einem Steinpflaster (Lithostrotos) ausgekleidet war, dem »Pflaster der Gerechtigkeit« (Pavement of Justice). Nach christlicher Überlieferung führte Pontius Pilatus hier Jesus, der in ein purpurnes Gewand gehüllt war und eine Dornenkrone auf dem Kopf trug, vor die Menge und verkündete: »Sehet, welch ein Mensch!« (lateinisch: Ecce homo!, Joh 19, 5). Archäologen glauben allerdings, dass das berühmte Pflaster erst mehr als ein Jahrhundert nach diesem Ereignis verlegt wurde.

*Via Dolorosa. Kloster der Schwestern von Zion. Öffnungszeiten: Montag-Samstag 8.00-17.00 Uhr. Eintritt: 8 NIS. Tel. 02/6277292*

### Via Dolorosa

Die Via Dolorosa oder der Kreuzweg ist der christlichen Überlieferung zufolge der Weg, den Jesus nach seiner Verurteilung vom Praetorium (Richtplatz) zum Hügel von Golgatha ging, dem Ort seiner Kreuzigung. Ungeachtet der Frage nach der historischen Authentizität dieses Weges ließen sich Pilger stets von religiösen Traditionen und ihrem Glauben leiten. Über Jahrhunderte hinweg haben religiöse Gruppen zwei unterschiedliche Wege favorisiert: in byzantinischer Zeit den Weg vom Ölberg über das Löwentor zur Grabeskirche und während der umayyadischen Epoche den Weg vom Garten Gethsemane zum Berg Zion und von dort zum traditionellen Kreuzweg und zur Grabeskirche.

Während der Besetzung durch die Kreuzfahrer erschwerten rivalisierende Gruppen die Situation, indem sie behaupteten, dass ihr Weg der wahre sei. Um den Wert ihrer religiösen Besitztümer zu steigern, beanspruchte jede der Parteien die Stätte, an der Jesus verurteilt worden war, für sich (den Ausgangspunkt der Prozession) – die eine Gruppe bestand darauf, dass dieser Ort der Berg Zion sei, die andere, dass es sich um einen Ort nördlich des *Haram esh-Sharif* handele. Im 14. Jh. gründeten die Franziskaner einen neuen Kreuzweg mit acht Stationen, die heute zum großen Teil identifiziert werden können. Die Stationen konzentrieren sich auf die direkte Umgebung der Grabeskirche. Im 18. Jh. wurde schließlich der heute als authentisch geltende Weg bestimmt. Die Tradition der Kreuzwegstationen wurde in Europa entwickelt und vom Heiligen

*Karfreitagsprozession durch die Via Dolorosa*

## Jerusalem

Land übernommen. Im selben Jahrhundert wurde Jerusalem erneut zum Zentrum christlicher Pilgerströme aus dem Westen.

*Jeden Freitag halten die Franziskanermönche eine Prozession entlang des Kreuzwegs ab, an der jeder teilnehmen kann. Sie beginnt im Winter um 15.00 Uhr und im Sommer um 16.00 Uhr am Aufnahmezentrum für Pilger in der Altstadt, 300 m vom Löwentor entfernt.*

### Der Kreuzweg

**I. Station**: Jesus wird zum Tode verurteilt. Die erste Station befindet sich im Hof der *Madrasa al-Omariya*, gegenüber der Geißelungskapelle. Es ist eine weitverbreitete Annahme, dass sich das Praetorium, die Residenz des römischen Prokurators, an dieser Stelle befand und dass Jesus dort von Pontius Pilatus zum Tode verurteilt wurde (Mt 27, 11-24; Mk 15, 1-15; Lk 23, 1-25; Joh 18, 28 und 19, 16). Archäologen nehmen jedoch an, dass sich das Praetorium unterhalb der Zitadelle in der Nähe des Jaffators befindet.

**II. Station**: Jesus nimmt das Kreuz entgegen (in der franziskanischen Geißelungskapelle).

**III. Station**: Jesus stürzt zum ersten Mal (an der Kreuzung der Via Dolorosa und der Al-Wad Street, auf der linken Seite des armenisch-katholischen Patriarchenhospizes, erkennbar durch eine kleine polnische Kapelle).

**IV. Station**: Jesus trifft seine Mutter (vor der armenisch-katholischen Kirche der Schmerzen Mariä).

**V. Station**: Simon von Cyrene trägt das Kreuz (auf der rechten Seite der Franziskanerkapelle, an der Ecke Al-Wad Street und Via Dolorosa).

**VI. Station**: Die Heilige Veronika trocknet Jesus das Gesicht (auf der linken Seite der Via Dolorosa).

**VII. Station**: Jesus stürzt zum zweiten Mal (Souk Khan ez-Zeit Street, bei der Franziskanerkapelle).

**VIII. Station**: Jesus tröstet die weinenden Frauen aus Jerusalem (Aqabat al-Khanqa Street, links von der VII. Station).

**IX. Station**: Jesus fällt zum dritten Mal (da der Weg zur X. Station durch das griechische Kloster versperrt ist, muss man auf die Bazarstraße zurück und dieser bis zu einer Steintreppe folgen; nachdem man die 28 Steinstufen hinaufgestiegen ist, folgt man der Gasse zum Eingang der koptischen Kapelle auf der Souk Khan ez-Zeit Street).

**\*X. Station**: Jesus wird seiner Kleider beraubt.

**\*XI. Station**: Jesus wird gekreuzigt.

**\*XII. Station**: Jesus stirbt am Kreuz.

**\*XIII. Station**: Jesus wird vom Kreuz genommen und Maria übergeben.

**\*XIV. Station**: Der Leichnam Jesu wird in das Grab gelegt (und Auferstehung).

\*Die letzten fünf Stationen des Kreuzwegs befinden sich in der Grabeskirche.

*Bazar im Muristan-Viertel in unmittelbarer Nähe zur Grabeskirche*

*Rechts: »Der Lastenträger von Jerusalem«. Gemälde von Sliman Mansour aus dem Jahr 1973.*

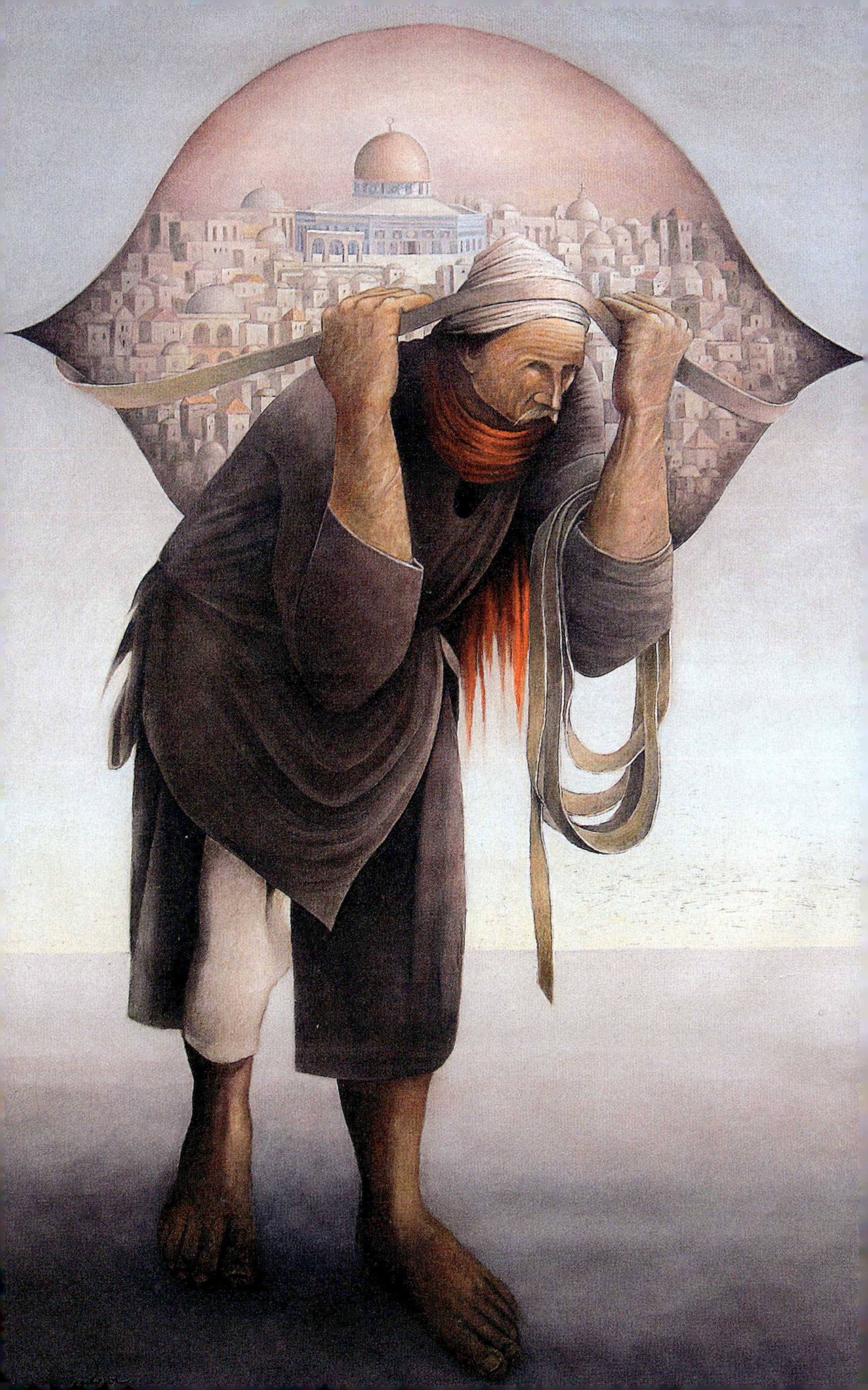

# Das Christliche Viertel

### Das Neue Tor (Bab al-Jadid)

Das Neue Tor, welches das jüngste der Tore Jerusalems ist, wurde auf Bitte des französischen Botschafters am Hof von Sultan Hamid in Konstantinopel 1887 erbaut. Es sollte den Verkehrsfluss zwischen der Altstadt und den westlich der Mauer angesiedelten französischen christlichen Einrichtungen verbessern (s. S. 199).

### Museum des griechisch-orthodoxen Patriarchats

Das Museum befindet sich im Herzen des Patriarchats und verfügt über einen schönen, im Innenhof gelegenen Garten mit Zitronen-, Orangen- und Olivenbäumen. Ausgestellt sind eine Handschriftensammlung, zahlreiche historische Dokumente und sakrale Kunst.
*Greek Orthodox Patriarchate Street. Kontakt Tel. 02/6274941.*

### Die Omar-Moschee

Im Christlichen Viertel führt die St. Helena Alley an der Omar-Moschee vorbei, bevor sie auf die Grabeskirche trifft. Die Moschee wurde 1193 von Saladins Sohn Malik al-Afdal Ali erbaut. In osmanischer Zeit assoziierte man sie mit dem Ort, an dem Kalif Omar Ibn al-Khattab sein Gebet verrichtete, nachdem er die Einladung von Patriarch Sophronius, in der Grabeskirche zu beten, diplomatisch abgelehnt hatte. Traditionell wird die Ablehnung des Kalifen mit seinem Respekt vor der Integrität heiliger christlicher Stätten erklärt. Er soll gesagt haben: »Wenn ich in der Kirche gebetet hätte, wäre sie für Euch verloren gewesen, denn die Gläubigen hätten sie mit den Worten ›Omar hat hier gebetet‹ aus Euren Händen genommen.« An dieser Stelle ist zu erwähnen, dass Jesus nach muslimischem Glauben als Prophet verehrt wird, der nicht gestorben ist, sondern durch eine andere Person ersetzt wurde, die statt seiner am Kreuz starb. Gott hat Jesus so vor dem Kreuzestod bewahrt. Ebenso wie die Christen glauben auch die Muslime an die Himmelfahrt Jesu. Sie glauben jedoch, dass es sich um eine direkte Himmelfahrt handelte, bei der Jesus weder starb, noch sein Körper in ein Grab gelegt wurde (Koran-Sure 3, Al-Imran: 55). Hätte Kalif Omar Ibn al-Khattab demnach in der Grabeskirche gebetet, hätte er einen Glauben anerkannt, den er nicht teilte.

*Die dem Eingang zur Grabeskirche gegenüberliegende Omar-Moschee in einem Stich aus dem 19. Jahrhundert*

# Ostjerusalem

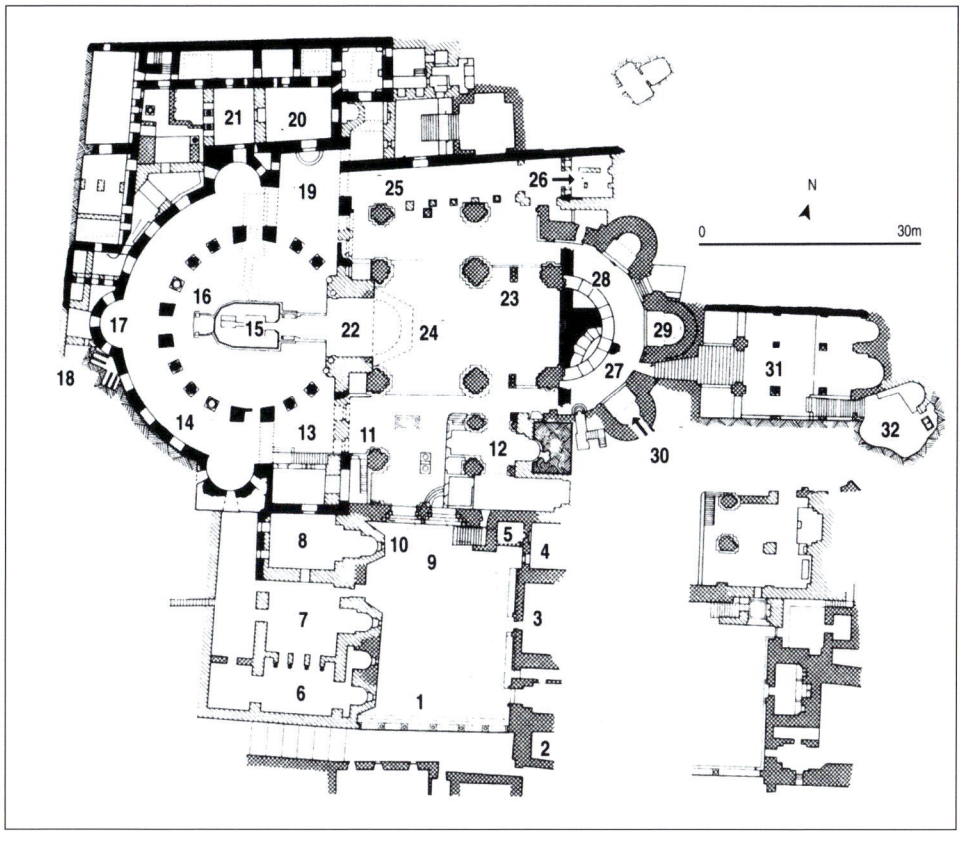

*Grundriss der Grabeskirche*

1. Vorhof
2. Abrahamskloster
3. Johanneskapelle
4. Michaelskapelle
5. Frankenkapelle (Kapelle der Schmerzen)
6. Jakobuskapelle
7. Johannes- und Magdalenenkapelle
8. Kapelle der Vierzig Märtyrer
9. Epitaph des Philippe d'Aubigny
10. Hauptportal
11. Salbungsstein
12. Adamskapelle; darüber Golgathakapelle mit Altar der Kreuzannagelung, Stabat-Mater-Altar und Kreuzigungsaltar
13. Platz der Drei Marien
14. Grabrotunde
15. Grabkapelle mit Engelskapelle und heiligem Grab
16. Kapelle der Kopten
17. Kapelle der Jakobiten
18. Grab des Josef von Arimatäa
19. Aula der Maria Magdalena
20. Erscheinungskapelle
21. Franziskanerkloster
22. Kaiserbogen
23. Katholikon
24. Nabel der Welt
25. Bogen der Heiligen Jungfrau
26. Gefängnis Christi
27. Chorumgang
28. Kapelle des Heiligen Longinus
29. Kapelle der Kleiderverteilung
30. Verspottungskapelle
31. Helenakapelle
32. Grotte der Kreuzauffindung

## Jerusalem

## Die Grabeskirche (Kanisa al-Qiyama)

Die Grabeskirche ist das bedeutendste Heiligtum der Christen in Jerusalem und wird der Überlieferung nach als Ort der Kreuzigung (Golgatha), der Grablegung und der Auferstehung (Anastasis) angesehen. Um die heiligen Stätten zu ehren, erbauten Kaiser Konstantin und seine Mutter Helena Augusta (die Kaiserwitwe) zwischen 326 und 335 die ursprüngliche Basilika. Genau genommen war es Kaiserin Helena, welche die Arbeiten beaufsichtigte und die Stationen des Lebens Jesu und der Passion auf einer Reise nach Jerusalem für authentisch erklärte. Zur Zeit von Helenas Pilgerreise stand an dieser Stelle ein der Venus geweihter Tempel.

Die Kirche wurde im Laufe der Jahrhunderte viele Male beschädigt und sogar zerstört. Das heutige Erscheinungsbild der Basilika ist maßgeblich vom Baustil Kaiser Konstantins (IX.) Monomachos im 11. Jh. sowie der Kreuzfahrer im 12. Jh. beeinflusst worden. Die Kreuzfahrer weihten die Kirche am 15. Juli 1149 im Gedenken an den 50. Jahrestag der siegreichen Eroberung Jerusalems. In den darauffolgenden Jahrhunderten verwahrloste das Gebäude allerdings zusehends. Aufgrund des Feuers von 1808 und des Erdbebens von 1927 musste es restauriert

*Blick auf die Grabeskirche mit der großen Kuppel über der Rotunde*

werden. 1959 haben drei der großen christlichen Konfessionen eine Vereinbarung unterschrieben, welche die anfallenden Reparaturen und die Instandhaltung regelt. Die in den letzten Jahren durchgeführten Renovierungsarbeiten, die an den Steinen und den modernen ikonografischen Arbeiten sichtbar sind, tragen zur eklektischen Wirkung der Basilika bei.

Seit der Zeit der Kreuzfahrer befindet sich die Grabeskirche im Besitz dreier christlicher Konfessionen: der griechisch-orthodoxen, der armenischen und der römisch-katholischen. Die syrisch-orthodoxe (Jakobiten), die koptische und die äthiopische Kirche sind auch vertreten, verfügen jedoch nur über geringfügige Rechte und Eigentumstitel; sie besitzen lediglich einzelne Kapellen. Restaurierungen können nur unter der Voraussetzung vorgenommen werden, dass Konsens über die Maßnahmen herrscht. Die Rechte und Privilegien der Religionsgemeinschaften an jeder heiligen Stätte wurden nach dem Status quo von 1852 festgelegt (s. Geburtsgrotte, S. 283). Dieser Status quo wurde nach der minutiösen Auflistung der Eigentumsrechte jeder Partei an einzelnen Räumen oder Mauern festgelegt. In der Vereinbarung (Artikel 62 des Berliner Vertrags von 1878) sind auch Beginn und Ende der Liturgiefeiern in gemeinsam genutzten Räumen und vor allem der Zeitplan für die Gebete jeder religiösen Gemeinschaft am Grab festgeschrieben.

*Armenischer und griechisch-orthodoxer Geistlicher vor der Grabeskirche*

Öffnungszeiten: Im Sommer täglich 6.00-20.00 Uhr, im Winter 4.00-19.00 Uhr. Ein Ort von solch großer religiöser Bedeutsamkeit zieht Scharen von Touristen an. Um den großen Andrang zu umgehen, ist es ratsam, die Kirche entweder frühmorgens oder kurz vor ihrer Schließung zu besuchen (s. Grundriss der Grabeskirche, S. 153).

## Das Atrium der Grabeskirche

Das Atrium der Basilika befindet sich über einer riesigen gewölbten Zisterne, die von einer aus dem 2. Jh. stammenden Stützmauer getragen wird. Dieser Vorplatz war wahrscheinlich Teil des von Hadrian errichteten Venustempels. Eusebius von Caesarea zufolge wurde der Venustempel tatsächlich auf dem Ort der Kreuzigung und des Grabes gebaut. Die Fundamente der Säulen aus dem 11. Jh., die im Eingang zum Vorhof und im westlichen Flügel gefunden wurden, werden Konstantin zugeschrieben. Der westliche Flügel beherbergt die **Jakobuskapelle**, die **Johanneskapelle** und die **Kapelle der Vierzig Märtyrer**. Das **Doppeltor** der Grabeskirche stammt aus der ersten Hälfte des 12. Jh., das obere Fries jedoch ist mit älteren, römischen Elementen verziert, die als Modell für die anderen Friese dienten. Auf der linken Seite des Atriums (in der Nähe des Eingangs) steht ein mittelalterlicher Glockenturm, dessen Spitze zu Beginn des 18. Jh. zerstört wurde, um zu vermeiden, dass er die Minarette der in der Nähe befindlichen Moscheen, wie z. B. der Omar-Moschee, überragt. Auf der rechten Seite führt eine Treppe zur **Frankenkapelle**, deren Interieur von einer Dachluke in der katholischen **Golgathakapelle** aus zu sehen ist. Der Eintritt in die Golgathakapelle (Kalvarienberg) war zur Zeit der Kreuzfahrer durch eine kleine Kapelle möglich, deren Tor aber 1187 zugemauert wurde. Seit dieser Zeit hat ausschließlich der Klerus Zugang zu dieser Kapelle.

# Jerusalem

»Auf dem Vorhof (dem Atrium der Grabeskirche) befindet sich ein richtiger Marktplatz, wo alles verkauft wird – Zitronen, Feigen, Trauben, Armbänder, Flaschen, Seife, Halwa, Rosenkränze, Kerzen, Gürtel, Bilder, Kleider, Geschirr, Brillen und Teppiche. Geldwechsler sitzen mit vielen Münzen von niedrigem Wert auf dem blanken Boden. Manche tauschen Zolatas, während andere Gold tauschen. Straßenhändler mit Armbändern, Weihrauch, Seifen und Ringen sind auch dort.«

Auszug aus dem Tagebuch von Zvar Jiyerjian, einem armenischen Pilger aus Istanbul, 1721.

## Die byzantinische Basilika

Heute sind nur noch wenige Elemente der byzantinischen Basilika sichtbar. Archäologische Ausgrabungen in den Sechzigerjahren offenbarten, dass der Umfang der Basilika ursprünglich sehr viel größer gewesen sein muss. Zu dieser Zeit lag der Eingang auf gleicher Höhe mit dem Cardo (Souk-Khan-ez-Zeit Street). Der Cardo war die wichtigste römische Straße in Aelia Capitolina; ein großer Teil davon wurde in den Achtzigerjahren im Jüdischen Viertel ausgegraben. Bemerkenswert ist, dass in byzantinischer Zeit der Zugang zur Basilika und zum Heiligen Grab vom Cardo aus über einen Anstieg führte, der sich auf einer niedrigeren Ebene befand. Später gab es einen Eingang durch ein Seitentor, das sich auf gleicher Höhe mit dem Grab befand. Die Fundamente des alten Kirchenschiffs sind noch in der Helenakapelle sichtbar (die Mauern rechts und links des armenischen Altars). Nördlich der Kapelle (auf der linken Seite) befindet sich ein verschlossenes Tor, das zu einem kleinen unterirdischen Raum führt, in dem die Fundamente einer älteren, einfachen Basilika gefunden wurden. Auf einem Steinblock ist die von einem Pilger angefertigte Zeichnung eines Handelsschiffes und die von ihm gemeißelte lateinische Inschrift »Oh Herr, wir waren hier« zu sehen.

## Der Innenraum (Rundgang durch die Grabeskirche)

Rechts neben dem Haupteingang führt eine steile Treppe zur Halle, die als Golgathakapelle oder **Kalvaria** (lateinisch für »Schädel«) bekannt ist. Die Halle ist in zwei Kapellen unterteilt: die römisch-katholische auf der rechten und die griechisch-orthodoxe auf der linken Seite. Dort befinden sich folgende Stationen des Kreuzwegs:

*Salbungsstein*

**X. Station:** Jesus wird seiner Kleider beraubt.
**XI. Station:** Jesus wird gekreuzigt.
**XII. Station:** Jesus stirbt am Kreuz.
**XIII. Station:** Der Leichnam Jesu wird vom Kreuz genommen und an Maria übergeben.

In der **Lateinischen Kapelle** befindet sich der **Kreuzigungsaltar** an der Stelle, an der Jesus ans Kreuz genagelt worden sein soll (XI. Station). Der Altar im Renaissancestil wurde in Florenz gefertigt und der Kirche im Jahr 1588 von Kardinal Ferdinand

## Ostjerusalem

von Medici gespendet. Sechs Paneele aus geschlagenem Silber (vier auf der Vorderseite und eines an jedem Ende) zeigen Szenen aus der Passion Christi. Die Mosaike an der Decke gehen alle, bis auf ein mittelalterliches Medaillon, das Christi Himmelfahrt darstellt, auf die 1937 durchgeführte Restaurierung zurück. In der Kammer auf der linken Seite befindet sich der Altar der **Griechisch-orthodoxen Kapelle**, der um den **Golgathafelsen** (Kalvarienberg) gebaut wurde (XII. Station). Der **Riss im Gestein** auf der rechten Seite des Felsens soll bei dem Sturm und dem Erdbeben entstanden sein, die auf den Tod Jesu folgten (Mt 27, 51 und 28, 2). Durch die spärliche Beleuchtung des Raums erfordert die Betrachtung der großartigen Fresken an der Decke der Kapelle besondere Konzentration.

Direkt hinter dem Haupteingang befindet sich der **Salbungsstein**. Im Mittelalter wurde dieser Ort als derjenige identifiziert, an dem der Leichnam Jesu vom Kreuz genommen wurde (nach griechisch-orthodoxer Überlieferung die XIII. Station); die Steinplatte wurde aber erst 1810 hierher zurückgebracht. Der Gang auf der linken Seite des Haupteingangs führt zur **Grabrotunde**, die ursprünglich ein Chorumgang (Wandelgang) war, in der eine kleine, zentrale Kuppel das **Grab Christi** überwölbt (die XIV. Station: der Leichnam Jesu wird ins Grab gelegt, gefolgt von seiner Auferstehung). Trotz vieler Zerstörungen im Laufe der Jahrhunderte blieb die einfache Form der Rotunde aus dem 4. Jh. erhalten. Jedoch muss die Rotunde in byzantinischer Zeit deutlich größer gewesen sein: Während der Restaurierungsarbeiten wurde festgestellt, dass die Kreuzfahrer zweifellos zwölf aus den Tempeln des römischen Forums geplünderte Säulen abgesägt hatten, als sie die Rotunde rekonstruierten. Die Grabkammer selbst entstand erst 1810 als letzte der vielen Nachbauten, die auf dem ursprünglichen Grab errichtet wurden. Zur Zeit Jesu war der Felsen um einiges höher, doch als die Römer im 2. Jh. n. Chr. die Aelia Capitolina gründeten, wurde dieser Ort als Steinbruch genutzt. Das Grab ist von einer dunklen Kuppel überdacht, deren Form ihr den Namen »Moskauer Kuppel« einbrachte. Als Allerheiligstes gehört sie allen in der Basilika vertretenen christlichen Kirchen. Der Platz wurde unter den einzelnen Gemeinden aufgeteilt und die Gebetszeiten gemäß dem Status quo der heiligen Stätten in Jerusalem von 1852 festgelegt. Dieser wurde während der osmanischen Herrschaft beschlossen und 1878 in Artikel 62 des Vertrags von Berlin festgeschrieben. Hinter den Säulen sind die meisten Räume verschlossen und ohne spezifische Symbolik ausgestattet.

*Kreuzigungsaltar*

*Das Grab Christi*

## Jerusalem

Nur die baufällige **syrische Jakobuskapelle** ist geöffnet. Ihre Außenwand ist Teil der byzantinischen Rotunde, an deren Rückseite sich eine jüdische Grabkammer befindet (etwa 40 v. Chr. oder möglicherweise 40 n. Chr.). Jedenfalls befand sich dieser Teil der Grabeskirche 41 n. Chr. innerhalb der Stadtmauern. Der riesige rechteckige Raum gegenüber der Grabkammer ist heute im alleinigen Besitz der griechisch-orthodoxen Kirche. Hierbei handelt es sich um das **Katholikon,** dessen Mitte für die orthodoxen Gläubigen in Anlehnung an die byzantinische Tradition den Nabel der Welt repräsentiert. Obwohl Besucher den Raum nicht direkt betreten können, ist er von außen einsehbar. Die dort gefeierten Gottesdienste und die gregorianischen Chorgesänge dauern den ganzen Tag an und erzeugen eine mystisch-spirituelle Stimmung.

Der Raum im nördlichen Abschnitt, der einst dem byzantinischen Klerus gehörte, beherbergt seit dem 11. Jh. die **Erscheinungskapelle** und die **Kapelle der Maria Magdalena**.

Am nordwestlichen Ende befindet sich eine zum Teil byzantinische Kammer, die seit dem 8. Jh. als »Gefängnis Christi« angesehen wird. Am hinteren Ende der Kirche führt eine Treppe zur unterirdischen **Krypta der Heiligen Helena** (Helenakapelle), die von der armenischen Gemeinde genutzt wird. Die Kreuze wurden von Pilgern überall auf den Stufen und an den Wänden eingeritzt, die Mosaike des aus dem Mittelalter stammenden Bodens stellen die wichtigsten Kirchen Armeniens dar. Auf der rechten Seite führen die Treppen zur **Grotte der Kreuzauffindung**, in der sich die Zisterne befindet, in der Kaiserin Helena (die später heilig gesprochen wurde) das Kreuz Christi entdeckt haben soll.

In der Nähe des Ausgangs befindet sich die direkt unter dem Hügel von Golgatha und der griechisch-orthodoxen Kapelle gelegene **Adamskapelle**. Einer christlichen Überlieferung zufolge starb Jesus an jener Stelle, an der Adams Schädel begraben war; eine Illustration dieser Überlieferung fand man in einem Mosaikfresko neben dem Salbungsstein.

### Kalvaria oder Golgatha

An dieser Stelle wurde Jesus gekreuzigt. Kalvaria, das zweifelsohne der Ort war, an dem die Kreuzigungen normalerweise stattfanden, befand sich in römischer Zeit außerhalb der Stadtmauern. Im Johannesevangelium heißt es: »Da überantwortete er ihn, dass er gekreuzigt würde. Sie nahmen aber Jesum und führten ihn ab. Und er trug sein Kreuz und ging hinaus zur Stätte, die da heißt Schädelstätte, welche heißt auf hebräisch Golgatha. Alda kreuzigten sie ihn und mit ihm zwei andere zu beiden Seiten, Jesum aber mitteninne. Pilatus aber schrieb eine Überschrift und setzte sie auf das Kreuz; und war geschrieben: Jesus von Nazareth, der Juden König. Diese Überschrift lasen viele Juden; denn die Stätte war nahe bei der Stadt, da Jesus gekreuzigt ward. Und es war geschrieben in hebräischer, griechischer und lateinischer Sprache« (Joh 19,16-20). »Golgatha« ist genau genommen ursprünglich ein aramäisches Wort, da Aramäisch zur Zeit Jesu die am häufigsten gesprochene Sprache im Vorderen Orient war. Der von nahezu dem gesamten Christentum verehrte Ort befindet sich in der Basilika der Grabeskirche (s. Das Gartengrab, S. 183).

### Deir es-Sultan oder das Äthiopische Dorf

Eine kleine Tür (auf dem Atrium rechts neben dem Haupteingang) führt zum **Deir-es-Sultan-Kloster** und zum Koptischen Patriarchat. Eine kleine äthiopische, in schönen Farben ausgestaltete Kapelle befindet sich auf dem *Mezzanin* (Zwischengeschoss). Von besonderem Interesse sind hier die ikonografischen Arbeiten und die zahlreichen Hinweise auf König Salomo und

## Ostjerusalem

die Königin von Saba. Die Darstellung von Davidsternen und chassidischen Juden ist ziemlich ungewöhnlich. Im südlichen Teil des Dachgewölbes befinden sich die bescheidenen Unterkünfte der äthiopischen Mönche, im Norden liegt das **Koptische Patriarchat**. Im Keller der Koptischen Kirche befindet sich die **Zisterne der Heiligen Helena**: Der Mönch, der diese beaufsichtigt, kann den Weg leuchten.

Vom **Koptischen Viertel** führt eine schmale Gasse zum **Khan ez-Zeit**. Sie befindet sich auf derselben Ebene, auf der zu byzantinischer Zeit der Eingang zur Kirche lag. Teile des Eingangs zur konstantinischen Kirche befinden sich heute hinter Zaltimos Süßwarenladen, nur einige Schritte von der Treppe entfernt.

### Alexanderhospiz

Die russisch-orthodoxe Kirche ließ 1859 dieses Hospiz auf den Ruinen der ältesten Kirche im Komplex der Grabeskirche erbauen. 1882 entdeckte Herzog Sergei Alexandrowitsch die Ruinen von König Herodes' zweiter, nördlicher Mauer. Diese Entdeckung wurde als Beweis für die Authentizität der Lage der Grabeskirche auf dem Kalvarienberg angesehen, die sich zu Zeiten der Römer außerhalb der Stadtmauern befand. In der von den Weißrussen verwalteten Kirche befinden sich in dem der Öffentlichkeit zugänglichen Bereich die Ruinen einer Säulenstraße und eines Triumphbogens, der unter Hadrians Regentschaft 135 n. Chr. errichtet wurde.

*Souk al-Dabbagha. Öffnungszeiten: Dienstag-Sonntag 9.00-18.00 Uhr. Eintritt: 5 NIS; Tel. 02/6274952.*

### Die lutherische Erlöserkirche

Die Erlöserkirche wurde 1869 von Kaiser Wilhelm II. geweiht und auf den Ruinen der von den Kreuzfahrern erbauten Kirche Santa Maria (Latina) und der ihr nachfolgenden *Madrasa* errichtet. In die neue Kirche wurden einige Elemente der älteren Gebäude integriert: das mit Tierkreissymbolen verzierte Eingangstor (die nördliche Fassade), der Eingang der Moschee aus dem 13. Jh. (westliche Fassade) und ein Patio mit einer zweistöckigen Galerie, die durch eine Treppe mit einem für die islamische Architektur Mitte des 13. Jh. typischen Doppelfenster verbunden ist (auf der Südseite des heutigen Lutherischen Hospizes). Der Höhepunkt jeder Besichtigung in der Erlöserkirche ist jedoch ein Aufstieg auf den Glockenturm, von dem aus man einen großartigen Rundblick über die Altstadt genießen kann.

*Muristan Street 24. Öffnungszeiten: Montag-Samstag 9.00-12.00 Uhr und 13.00-15.00 Uhr. Sonntags Gottesdienste in deutscher Sprache, Beginn 10.30 Uhr. Der Aufstieg zum Glockenturm kostet 5 NIS. Tel. 02/6266800. Es werden regelmäßig religiöse und klassische Musikabende veranstaltet; das Programm kann angefordert werden.*

*Die Erlöserkirche*

## Jerusalem

### Der Muristan

Das Muristan-Viertel befindet sich in der Nähe des östlichen Eingangs zur Grabeskirche. Es zeichnet sich durch seine schönen Häuser aus rosafarbenem Stein aus, die sich um einen verschnörkelten Brunnen gruppieren. Der Platz beherbergte früher einmal den Muristan (auf Persisch »Krankenhaus, Hospiz«). Er symbolisiert die legendäre Freundschaft zwischen Kalif Harun er-Rashid und Karl dem Großen zu Beginn des 9. Jh. Der Kalif erteilte Karl dem Großen die Erlaubnis zum Bau eines Hospizes, das mehrere Jahrhunderte lang Latein sprechende Pilger beherbergte. Alles, was heute noch an den mittelalterlichen Komplex erinnert, ist die **griechisch-orthodoxe Kirche Johannes des Täufers**, die im 11. Jh. erbaut wurde und bis auf ihre zwei kleinen Glockentürme vollständig intakt geblieben ist. Sie ist an ihrer silberfarbenen Kuppel leicht zu erkennen. (*Für Anfragen zur Besichtigung der Kirche ist Vater Theofanis im griechisch-orthodoxen Patriarchat zuständig, Tel. 02/6274941.*) Der Johanniter- oder auch Hospitaliterorden wurde hier gegründet (die vollständige Bezeichnung lautet: Balley Brandenburg des Ritterlichen Ordens Sankt Johannis vom Spital zu Jerusalem).

In den oberen Stockwerken vieler Gebäude im Muristan-Viertel leben jüdische Siedler. Am 17. April 1990 wurden aus Protest gegen die Besetzung eines christlichen Hospizes die Tore der Grabeskirche zum ersten Mal seit 800 Jahren geschlossen.

*Wie in den angrenzenden Straßen von Tariq al-Silsila (Kettentor-Straße), in der David Street und in der Christian Quarter Road gibt es im Muristan, der eine Ansammlung von winzigen namenlosen Gassen darstellt, viele Cafés, Antiquariate sowie Souvenir- und Kunsthandwerksgeschäfte.*

## Das Armenische Viertel

### Die palästinensisch-armenische Gemeinde

Die Wurzeln der Armenier in Palästina reichen bis ins Altertum zurück: Nachdem König Tirdat 301 zum Christentum übergetreten war, wurde Armenien zum ersten Staat, der das Christentum zur Staatsreligion erhob. Zu dieser Zeit erwarb das armenische Patriarchat Eigentum in der Nähe verschiedener heiliger Stätten und errichtete das Armenische Viertel in Jerusalem. Als Kalif Omar Ibn al-Khattab die Byzantiner besiegte, erkannte er den Besitz des armenischen Patriarchats an und gewährte den Armeniern Glaubensfreiheit. Jahrhundertelang strömten jährlich 8000 bis 10 000 Pilger zu den heiligen Stätten und sicherten so mit ihren Spenden den Wohlstand des Jakobusklosters. Zu Beginn des 20. Jh. zählte die armenische Gemeinde in Jerusalem 1500 Mitglieder. Die Zahl wuchs während des Genozids an Armeniern in der Türkei im Jahr 1915 auf 5000 an; Tausende weitere Armenier suchten Asyl in Haifa und Jaffa. In Jerusalem ließen sich die Neuankömmlinge vor allem in der Neustadt, in der Gegend um die Jaffa Road und die Princess Mary Avenue (heute bekannt als Shlomzion Hamalka oder Queen Shlomzion Street) nieder; 1948 wurden sie jedoch überwiegend nach Ostjerusalem vertrieben.

Heute umfasst das Armenische Viertel ein Sechstel der gesamten Fläche der Altstadt. Die Hälfte der palästinensisch-armenischen Gemeinde (über 1000 Menschen) lebt hier. Die armenische Gemeinde ist in Palästina für ihre technischen und künstlerischen Innovationen bekannt: Beispielsweise entstanden hier 1833 der erste Betrieb mit Druckerpresse, das von Garabed Krikorian 1885 eingerichtete erste Fotostudio und die erste Töpferwerkstatt im Jahr 1919 (s. palästinensische Töpferwerkstätten, S. 185).

## Ostjerusalem

### Das Jaffator (Bab al-Khalil)

Das Jaffator ist eines der Haupttore zur Altstadt. Seine arabische Bezeichnung weist eindeutig darauf hin, dass dieses Tor (via Hebron Road) zur zweitheiligsten Stadt des Islam in Palästina, Al-Khalil (Hebron), führt. Die Inschrift über dem Tor (auf der Innenseite) lautet: »Es gibt keinen Gott außer Allah, und Ibrahim (Abraham) ist sein geliebter Sohn« (Abraham oder Khalil er-Rahman bedeutet »der von Gott Geliebte«). Die britischen Behörden und die jüdischen Immigranten wählten die Bezeichnung Jaffator, um an die Jerusalem-Jaffa-Route zu erinnern, die zum alten Hafen führt, wo sie von Bord gegangen waren, um nach Jerusalem zu gelangen. Über dem Haupteingang befindet sich eine Widmung in wunderschöner arabischer Kalligrafie, die an den Erbauer Sultan Suleiman Ibn Selim, besser bekannt als Suleiman der Prächtige, erinnert. Eine Inschrift jüngeren Datums auf Hebräisch nimmt mit auf eine Zeitreise, welche die Anfangsjahre der israelischen Besatzung mit der mythischen Zeit des ersten Jerusalems verbindet: »Am 10. von Teveth 5730 (19. Dezember 1969) ist die Renovierung der Stadt abgeschlossen.«

Das Tor ist breit genug für Fahrzeuge. Anlässlich der triumphalen Ankunft von Kaiser Wilhelm II. und seiner Gefolgschaft 1898 wurde das Prachttor zerstört, der Eingang erweitert und die Zugbrücke eingesetzt. Ungefähr 10 m vom Jaffator entfernt, auf der linken Seite, befindet sich ein kleiner, von Gittern geschützter Garten, in dem zwei mit Turbanen bedeckte osmanische Gräber liegen. Der Legende nach sollen hier die beiden Erbauer der Stadtmauer begraben sein, die enthauptet wurden, weil sie den Berg Zion und das Grab Davids nicht mit in die Mauern eingeschlossen hatten. Wahrscheinlich sind die Gräber jedoch zwei städtischen Würdenträgern zuzuordnen, die das Privileg erhalten hatten, innerhalb der Mauern begraben zu werden.

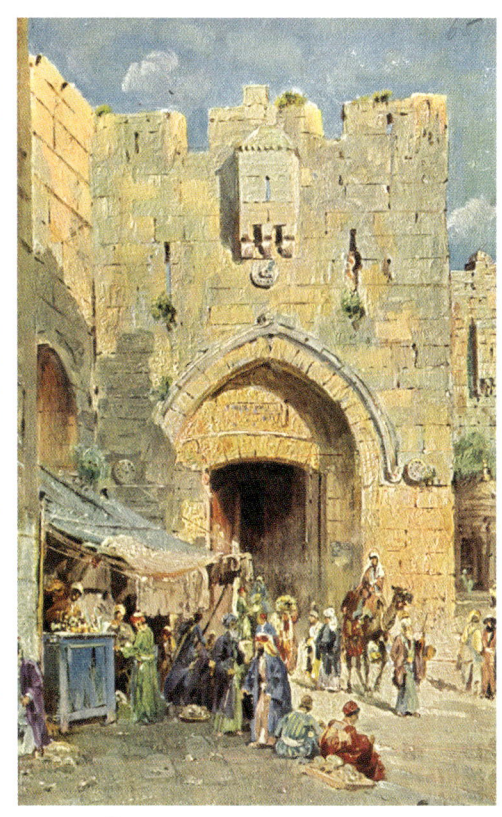

*Das Jaffator, Gemälde aus dem 19. Jahrhundert*

### Omar Ibn al-Khattab Square

An einer Straßenkreuzung direkt hinter dem Jaffator befindet sich der Omar Ibn al-Khattab Square, ein Platz, an dem Menschen unterschiedlicher Nationalitäten zusammenkommen. Er liegt auf dem kürzesten Weg zwischen Westjerusalem und dem Jüdischen Viertel (Maghribi-Viertel). Am nördlichen Ende des Armenischen Viertels und dem südlichen Ende des Christ-

# Jerusalem

lichen Viertels gelegen, ist er der ideale Ausgangspunkt für einen Besuch der Altstadt. Außerdem gelangt man von hier zum Zentrum des palästinensischen Handels im Souk Khan ez-Zeit und weiter zur Salah ed-Din Street. Die vielen großen Cafés, Restaurants, Hotels, Kunsthandwerks- und Souvenirläden machen den Platz zu einem Touristenmagneten.

### Die Zitadelle mit dem Davidsturm (Qala Daoud)

Der Wehrturm wurde im 2. Jh. v. Chr. während der hasmonäischen Dynastie auf dem höchsten Punkt Jerusalems errichtet. Herodes ließ hier später einen Palast bauen und folgte damit seiner Vorliebe für überdimensionale Bauwerke; Flavius Josephus beschrieb diesen Bau als jenseits aller Vorstellungskraft. Später, als Caesarea die Hauptstadt der Provinz Palästina war, wohnte der römische Prokurator während seiner Aufenthalte in Jerusalem in diesem Palast. In der byzantinischen Epoche scheint einer der drei Türme die Zerstörung des Palasts durch ein Feuer während des Jüdischen Aufstands (66-70 n. Chr.) überstanden zu haben; zu dieser Zeit wurde ihm der Name Davidsturm verliehen. Der aktuelle Zustand der Zitadelle ist auf die 1310 von Mamelucken-Sultan Al-Malik en-Nasser in Auftrag gegebenen Bauarbeiten zurückzuführen. Das Minarett und die Moschee wurden zwischen 1635 und 1655 erbaut, 1967 wandelten die israelischen Besatzungsbehörden die Moschee in ein Museum der Geschichte Jerusalems um. Obwohl die geschichtliche Darstellung bloß aus israelischer Sicht erfolgt, ist das Museum sehenswert. Eine Besichtigung dauert mindestens zwei Stunden und erfordert hohe Konzentration, möchte man alle Exponate würdigen: Die Sammlungen enthalten u. a. die Repliken eines osmanischen Brunnens und ein beeindruckendes Modell von Jerusalem, das 1873 von dem ungarischen Künstler Stefan Elias angefertigt wurde.

*Blick auf die Zitadelle mit dem Davidsturm*

*Öffnungszeiten: Sonntag-Donnerstag 10.00-16.00 Uhr, Samstag 10.00-14.00 Uhr. Eintritt: 30 NIS. Täglich um 11.00 Uhr sind englischsprachige Führungen möglich. Gruppenführungen sind auch außerhalb der Öffnungszeiten möglich. Diashow; von April bis Oktober Licht- und Tonschau. Tel. 02/6265327.*

## Ostjerusalem

### Das armenisch-orthodoxe Patriarchat

In diesem riesigen Komplex, der sich vom Jaffa- bis zum Ziontor erstreckt, befinden sich sowohl die Wohnungen einiger Mitglieder der armenischen Gemeinde als auch Institutionen und heilige Stätten. Im 5. Jh. erhielt die armenische Kirche den Status eines Patriarchats; ihr erstes bekanntes Oberhaupt hieß Abraham. Mitte des 7. Jh. erhielt der Patriarch von Kalif Omar Ibn al-Khattab die Zusicherung, dass Integrität, Rechte und Privilegien der armenischen Kirche in Palästina gewahrt bleiben würden. Diese Zusicherung wird auch in einer Inschrift in arabischer Kalligrafie wiedergegeben, die in die Mauer gegenüber dem Haupteingang der Kirche eingraviert ist: »Dieses Dekret stammt von unserem Herrscher, Sultan und König, Al-Daher Abu Sayid Mohammed: Verflucht seien all diejenigen und deren Nachkommen und möge Gott der Allmächtige all jene verfluchen, die irgendeinen Schaden anrichten oder diesem heiligen Ort irgendein Unrecht zufügen. Ich, Abu Kheyer Razan, garantiere hiermit für die Sicherheit des Armenischen Konvents der Jakobuskirche von Jerusalem. Im Jahr 854 nach Muhammad (1488 n. Chr.).«

Eine Pilgerfahrt nach Jerusalem hat den Gläubigen stets hohes Ansehen verliehen. Die Armenier, welche die Grabeskirche besucht und das Grab Christi mit eigenen Augen gesehen haben, erhielten den ehrenhaften Titel »Mahdesi«, der diejenigen bezeichnet, die den Tod gesehen haben.

*Armenian Patriarchate Road, Tel. 02/ 6282331.*

### Die St. Jakobuskathedrale

Einer der Juwele von Jerusalem, die St. Jakobuskathedrale, wurde auf den Gräbern der Apostel und Märtyrer Jakobus des Älteren, des heiligen Schutzpatrons der Armenier, und Jakobus des Jüngeren, des Bruders Jesu, errichtet. Während der größte Teil des Gebäudes aus dem 12. Jh. stammt, wurden die dekorativen Elemente erst im 18. Jh. hinzugefügt. Auf dem kleinen Vorplatz der Kirche befindet sich ein Brunnen aus dem späten 19. Jh., der dem osmanischen Sultan Abd al-Hamid zugeschrieben wird. Die große Tafel am Eingang der St. Jakobuskathedrale weist auf das Grab des 94. armenischen Patriarchen hin, der 1949 »nach der Bezeugung des unerträglichen Leids, das durch den Krieg von 1948 hervorgerufen wurde«, starb. Während des Kriegs diente die Kir-

*Innenraum der St. Jakobuskathedrale*

che als Schutzraum. In einer bis heute unvergessenen Nacht fielen mehr als 1000 Bomben auf das Viertel, ohne dass ihnen jemand zum Opfer fiel. Die Gläubigen führten dieses Phänomen auf den Schutz des Heiligen Jakobus zurück. Eine andere Inschrift weist auf das Grab des armenischen Patriarchen Abraham, eines Zeitgenossen Saladins, hin. Der Gottesdienst wird nicht von Kirchenglocken angekündigt – stattdessen wird auf der rechten Seite des Vorplatzes mit Bronzeschlegeln (*nakus*) auf Holzpaneele geschlagen. Dieses System, mit dem die Gläubigen zum Gottesdienst gerufen werden, wurde im 9. Jh. als Reaktion auf die muslimische Verordnung eingeführt, welche das Läuten von Kirchenglocken untersagte. Am Eingang der Kathedrale wird der Blick sofort vom Zauber jahrhundertealter schwebender Öllampen (*ganteghes*) gefangen genommen, welche die einzigen Lichtquellen darstellen. Fantastische blaue und weiße Fayencekacheln aus dem 18. Jh. und farbenfrohe Teppiche tragen zum mystischen Charme der Kirche bei. Der armenische Komplex befindet sich gegenüber der Kathedrale (auf der gegenüberliegenden Straßenseite). Die Gebäude befinden sich in Privatbesitz und umfassen Schulen, eine Bibliothek, ein Priesterseminar und eine Wohnanlage.

*Armenian Patriarchate Road. Während des Gottesdienstes geöffnet: Täglich 6.00-7.30 und 15.00-15.30 Uhr. Tel. 02/6282331. Die liturgischen Riten, Lobgesänge und Gebete gehören zu den eindrücklichsten Momenten eines jeden Besuchs.*

### Das Mardigian-Museum

Das Museum befindet sich im ehemaligen armenischen Seminar und ist der armenischen Geschichte und Kultur gewidmet. Es verfügt über eine sehr schöne Sammlung von Kultgegenständen, Handschriften, Trachten, Roben und Karten. Unter den Exponaten befinden sich eines der ältesten jemals in Jerusalem gedruckten Bücher und ein Bild der Grabeskirche aus dem Jahr 1861, als diese noch von einer offenen Grünfläche umgeben war.

*Armenian Patriarchate Road. Tel. 02/6282331. Die armenische Bibliothek steht für Recherchen zur Verfügung.*

### Die Markuskirche

Im Herzen der syrisch-orthodoxen bzw. jakobitischen Gemeinde gelegen, steht die Markuskirche in evangelischer Tradition. Nach Überzeugung der Gemeinde befindet sich die Kirche an jenem Ort, an dem sich Jesus und die Apostel zum letzten Abendmahl versammelten und den Aposteln der Heilige Geist erschien. Auf der nördlichen Säule im Inneren der Kirche ist eine aramäische Inschrift aus dem 6. Jh. zu sehen, die besagt, dass sich an dieser Stelle das Haus des Heiligen Markus und der Mutter Jesu befand. Ein Bildnis der Maria mit dem Jesuskind wird dem Evangelisten Lukas zugeschrieben; es hängt über dem Taufbecken, das von der syrischen Gemeinde als das Taufbecken angesehen wird, in dem Maria von den Aposteln getauft wurde. Die Legende, dass die Ikone gestohlen, aber auf wundersame Weise an dieselbe Stelle zurückgehängt wurde, bekräftigt die Heiligkeit dieses Ortes.

*Ararat Road zwischen dem Armenischen und dem Jüdischen Viertel. Öffnungszeiten: Montag-Samstag 8.00-17.00 Uhr. Tägliche Vesper im Winter um 16.00 Uhr, im Sommer um 17.00 Uhr.*

## Ostjerusalem

# Das Maghribi-Viertel (Jüdisches Viertel)

Das Jüdische Viertel in der Altstadt existiert erst seit der israelischen Eroberung Ostjerusalems im Juni 1967. Die erste Amtshandlung der israelischen Regierung bestand darin, das historische Maghribi-Viertel (Marokkanisches Viertel) zu zerstören, das unter der Herrschaft von Afdal ed-Din, dem Sohn Saladins, zwischen 1186 und 1196 entstanden und während der mameluckischen und der osmanischen Epoche erweitert worden war. Zudem beschloss Israel, ein neues Viertel aufzubauen und sukzessiv zu erweitern. Seit Saladins Herrschaft existierte ein kleines Jüdisches Viertel zwischen dem Armenischen und dem Maghribi-Viertel. Die Menschen, die dort in der ersten Hälfte des 20. Jh. lebten, waren sehr fromme orthodoxe Juden, die wegen ihrer Armut auf Spenden (*tzedaka*) der jüdischen Gemeinden im Westen angewiesen waren. Die Gemeinde war in zwei ethno-religiöse Gruppen unterteilt: Sepharden (hebräisch:»aus Spanien stammend«), d. h. Juden, die ursprünglich dem spanischen Rabbi Nahmanides (Mosche ben Nachman) 1267 nach Jerusalem gefolgt waren (im Umkreis der Meidan Road), und aschkenasische Juden (Chassiden und Pharisäer), die im 19. Jh. eingewandert sind und sich um ihre eigenen kulturellen Zentren herum niederließen.

*Das Jüdische Viertel in der Altstadt*

Während des Kriegs von 1948 vertrieb die Arabische Transjordanische Legion 1500 jüdische Altstadtbewohner und die Soldaten der *Hagana*. 1967 wurden in der ersten Woche nach der Besetzung der Altstadt ein Teil des historischen Viertels aus dem 14. Jh. zerstört und mehr als 600 Palästinenser in das Flüchtlingslager Shuafat im Nordosten von Jerusalem deportiert. Die zwei historisch wichtigen Moscheen *Al-Buraq* und *Al-Afdaliya* wurden ebenfalls zerstört. Im April 1968 verdoppelte sich das Gebiet des neuen Jüdischen Viertels durch massive Landenteignung, und 6000 christliche und muslimische Palästinenser wurden aus 1048 Wohnungen vertrieben. Darüber hinaus wurden 437 Werkstätten und Geschäfte konfisziert, in denen 700 Menschen beschäftigt waren. Diese Personen wurden zu Vertriebenen, die wie alle übrigen Flüchtlinge von 1967 in den UNRWA-Statistiken nicht auftauchen.

Nachdem die Einwohner aus dem Gebiet vertrieben worden waren, begann die israelische Arbeitspartei mit der Judaisierung der Altstadt. Mit der Zerstörung des historischen Viertels und seiner Ersetzung durch eine künstliche Wohnanlage entfernte Israel alle Spuren des arabischen Erbes im Marokkanischen Viertel. Das Viertel ist seitdem von wohlhabenden Juden bewohnt, die sich die sehr teuren Appartements in dieser »orientalischen« Nachbarschaft leisten können, wo die *Lingua franca* amerikanisches Englisch ist.

# Jerusalem

Seit 1981 ist durch eine Entscheidung des Obersten Israelischen Gerichtshofs der Verkauf von Grundstücken oder Wohnungen an Nicht-Juden verboten. Da die Stadtverwaltung dem Erscheinungsbild des Viertels und dem Komfort der 2000 jüdischen Einwohner höchste Priorität einräumt, ist die Gegend im Vergleich zu den palästinensischen Vierteln sehr sauber und gepflegt. Nur die Ruinen und historischen Stätten der jüdischen Geschichte sind sorgfältig ausgeschildert und mit Erklärungen für Touristen versehen.

### Bab Harat al-Magharba (Maghribi- oder Misttor)

Dieses Tor wurde im 16. Jh. erbaut und nach 1948 von den jordanischen Behörden renoviert, um es für Fahrzeuge passierbar zu machen. Es ist unter dem Namen »Misttor« bekannt – in Anspielung auf ein Tor, das unter Nehemia renoviert wurde: »Das Misttor aber baute Malchia, der Sohn Rechabs; er baute es und setzte ein seine Türen, Schlösser und Riegel« (Neh 3,14).

### Der archäologische Ophel-Garten
### (auch Jerusalem Archaeological Park oder
### Archäologischer Park Ophel)

In der südwestlichen Ecke des *Haram esh-Sharif* am Eingang des Maghribitors gelegen, bietet der große archäologische Park ein historisches Panorama von Jerusalem. Die ältesten Siedlungsruinen in diesem Gebiet stammen aus dem späten 8. Jh. v. Chr. Vor dieser Zeit war die Ausdehnung der Stadt auf das südliche Ende der Davidstadt begrenzt. Die schönsten Ruinen stammen allerdings aus der Zeit von Herodes' Herrschaft. Besonders sehenswert ist der Beginn des **Robinsonbogens**, der aus der Mauer des *Haram esh-Sharif* hervorgeht und der ursprünglich eine Treppe und das **Doppelte Tor** in der Südmauer trug. Außerdem beachtenswert sind das **Byzantinische Haus**, der **Umayyaden-Palast** und das **Dreifache Tor** in der Südmauer – allesamt Bauwerke aus der byzantinischen und umayyadischen Epoche.

*Maghribitor. Öffnungszeiten: Sonntag-Donnerstag 8.00-17.00 Uhr und Freitag 8.00-12.00 Uhr. Eintritt: Erwachsene 25 NIS, ermäßigt 15 NIS, Gruppen 21 NIS.*

### Die Al-Buraq-Mauer bzw. Westmauer (Klagemauer)

»*Der Prophet sagte: ›Ich habe tief geschlafen, als Jibril (der Engel Gabriel) erschien und mich zu al-Buraq brachte, dem nur von den Propheten gerittenen Pferd. Dieses Tier gleicht keinem anderen auf Erden. Ich stieg auf, und in einem einzigen Wimpernschlag brachte es mich vom al-Haram-Tempel (Kaaba) zum al-Aqsa-Tempel (der entfernteste Gebetsplatz in Jerusalem). Ich betrat wieder festen Boden und band das Pferd an dem Ring fest, den die Propheten benutzen.‹*«
Hadith

Lange Zeit wurde vermutet, dass diese Mauer Teil des mythischen Tempels Salomos war; tatsächlich aber handelte es sich um die Westmauer des Herodestempels, die 20 v. Chr. mit unverkennbar großen Steinquadern gebaut worden war. Die Schichten der Mauer wurden von den Umayyaden (661-750) und später, nach dem verheerenden Erdbeben von 1033, von den Fati-

## Ostjerusalem

miden (969-1071) erneuert. Nach der Zerstörung des jüdischen Tempels durch den römischen General Titus 70 n. Chr. wurde der jüdischen Gemeinde nur einmal im Jahr erlaubt, Jerusalem zu betreten, um an den Ruinen des Tempels zu klagen. Allerdings geriet diese Tradition mit der Konversion vieler Juden zum Christentum und später zum Islam für lange Zeit in Vergessenheit und wurde von der islamischen Tradition verdrängt, welche die Mauer mit der nächtlichen Reise (al-Isra) des Propheten Muhammad in Verbindung bringt. Im 16. Jh. erlaubte Sultan Suleiman der Prächtige den Juden wieder, an der Mauer zu beten und allem Anschein nach haben vor dieser Zeit jüdische Gläubige in den Synagogen des Jüdischen Viertels und zu öffentlichen Anlässen auf dem Ölberg gebetet. Die jüdischen Bemühungen, den Gebetsort zu monopolisieren, der für sie laut Status quo von 1852 vorgesehen war, stellten 1929 einen Grund für den Ausbruch der Großen Revolte dar. Am 11. Juni 1967 übernahmen die israelischen Behörden die alleinige Kontrolle über den heiligen Ort und zerstörten die angrenzenden palästinensischen Häuser sowie die Al-Buraq-Moschee, um den großen Platz vor der Westmauer bauen zu können, der heute als Versammlungsort für religiöse und nationalistische Gruppen dient.

### Der Tunnel unter der Westmauer

Der unter der Altstadt gelegene Tunnel wurde für Israelis und ausländische Besucher im September 1996 geöffnet. Er wurde von Benyamin Netanyahu trotz israelischer Sicherheitswarnungen autorisiert und von Irving Moskowitz, einem ultrarechten US-Milliardär, finanziert. Bei der Eröffnung gab es gewaltsame Proteste von Palästinensern, die gegen den fehlenden Respekt der Israelis vor den heiligen Stätten des Islam protestierten. Der Tunnel wurde als Fortführung des Siedlungsbaus während des Friedensprozesses und als Bekräftigung des Herrschaftsanspruchs Israels über das besetzte Ostjerusalem verstanden. Mit den Worten des israelischen Historikers Avi Shlaim: »Durch den Befehl, einen neuen Eingang in einen 2000 Jahre alten Tunnel zu sprengen, sprengte Netanyahu auch die letzten leisen Hoffnungen auf einen friedlichen Dialog mit den Palästinensern. Die meisten ausländischen Beobachter betrachteten Netanyahus Politik, den Friedensprozess im Sande verlaufen zu lassen, als grundlegende Ursache für diesen verlustreichen und blutigen Konflikt.« Die Unterdrückung der Demonstrationen in Jerusalem und in den besetzten palästinensischen Gebieten forderte viele

*Die Westmauer (Klagemauer)*

Opfer: 80 Palästinenser und 15 israelische Polizisten wurden getötet, über 1200 Palästinenser verletzt.

*Reservierung erforderlich, Tel. 02/6271333. Öffnungszeiten: Sonntag-Donnerstag 8.00-22.00 Uhr und Freitag 8.00-12.00 Uhr. Eintritt: 25 NIS. Der Eingang befindet sich in der Nähe der Klagemauer; es gibt zwei Ausgänge: einer führt zur al-Mujahidin Street, der andere zur Via Dolorosa im Muslimischen Viertel.*

### Der Cardo

Der heute zu einer Geschäftsstraße umgebaute Cardo wurde von den Römern errichtet und im 4. Jh. erneuert. Die Madaba-Karte zeigt, dass der Cardo im 6. Jh. die Hauptachse der Stadt war. Die Ruinen der teilweise in Stein gehauenen Geschäfte, die sich einst auf beiden Seiten der ehemals 12,5 m breiten Säulenstraße aneinanderreihten, können am südlichen Ende besichtigt werden.

*Jerusalem mit Cardo auf der Madaba-Karte*

*Zwischen der Habad Street und dem Jüdischen Viertel.*

### Die Breite Mauer

Diese 7 m dicke Mauer war über eine Länge von 65 m freistehend. Sie wurde von Hiskija, dem König von Juda, im 8. Jh. v. Chr. (2 Chr 32, 5) zeitgleich mit der Stadterweiterung errichtet, um die Stadt vor den Neoassyrern zu schützen. Nach dem Sieg der Neoassyrer über das samaritanische Königreich 722 v. Chr. siedelte sich eine beachtliche Anzahl von Flüchtlingen in Juda an, insbesondere die Elite.

*Plugat Ha-Kotel Street.*

### Der Hurvabogen

Der Hurvabogen ist eine zeitgenössische, aus dem 20. Jh. stammende Rekonstruktion der ursprünglichen, von aschkenasischen Juden erbauten Synagoge aus dem 18. Jh. Kurze Zeit nach ihrer Errichtung wurde sie in Brand gesetzt, 1864 jedoch wieder aufgebaut. Beim Beschuss des Maghribi-Viertels wurde sie 1948 ein zweites Mal zerstört.

*Hurva Square.*

# Ostjerusalem

## Die Sidna-Omar-Moschee

Historische Quellen berichten detailliert über die Renovierung des Minaretts im Jahr 1397, doch nichts weist auf die Zeit der Erbauung der Moschee hin. Der Muezzinbalkon und die Laterne stammen aus dem 15. Jh. Seit der Zerstörung des Maghribi-Viertels im Jahr 1967 ist das Beten in der Moschee verboten.

*Hurva Square.*

## Die Ramban-Synagoge

1267 ließ sich Rabbi Nahmanides in Jerusalem nieder, wo er in der Nähe des Davidgrabs auf dem Berg Zion eine Gemeinde gründete. Im 15. Jh.

*Der Hurvabogen*

zog die sephardische Gemeinde um und baute eine Synagoge auf dem heutigen Gelände. Jedoch wurde sie im 16. Jh. in eine Werkstatt umgebaut und nahm ihre ursprüngliche Funktion als Synagoge erst mit der israelischen Besetzung der Stadt 1967 wieder auf.

*Hurva Square. Zum Morgen- und Abendgebet geöffnet.*

## Das Archäologische Museum »Wohl«

Das Museum wurde auf den Ruinen von sechs Villen aus herodianischer Zeit (37-4 v. Chr.) errichtet. Die ursprünglich mehrstöckigen Gebäude waren um einen zentralen Hof gruppiert und verfügten über rituelle Bäder (*mikveh,* Plural *mikvaot*) und Zisternen. Nur die Bäder im westlichen Gebäude sind noch erhalten: Die Fußböden sind mit Mosaiken aus dem 1. Jh. n. Chr. verziert. Ein Korridor führt zu den Ruinen zweier großer Villen, die als »Mittelkomplex« bekannt sind. Während der Ausgrabungen entdeckten Archäologen verbranntes Holz, ein Relikt, das wahrscheinlich auf die Zerstörung des Viertels durch Titus im Jahr 70 n. Chr. hinweist. Zweifellos sind diese Villen der Jerusalemer Oberschicht zuzuordnen. Es wird vermutet, dass eine der Villen dem Hohepriester von Jerusalem gehörte.

*Ha-Karaim Street 1. Öffnungszeiten: Sonntag-Donnerstag 9.00-17.00 Uhr, Freitag 9.00-13.00 Uhr.*

*Jude mit Schofar (Widderhorn) vor der Westmauer*

## Jerusalem

### Das Verbrannte Haus (Kathros-Haus)

Das Verbrannte Haus ist ein tragisches Zeugnis der Zerstörung des Viertels in der Nähe des Herodestempels durch die Römer, als diese 70 n. Chr. Jerusalem einnahmen. Es gehörte wahrscheinlich einem religiösen Würdenträger, dem »Sohn von Kathros«, der im babylonischen Talmud – einer Aufzeichnung des jüdischen Rechts aus dem 3. Jh. n. Chr. – erwähnt wird.

*Tiferet Yisrael Street 13. Öffnungszeiten: Sonntag-Donnerstag 9.00-16.30 Uhr, Freitag 9.00-12.30 Uhr. Die Tickets sind im archäologischen Museum »Wohl« erhältlich; 15-minütige audiovisuelle Vorführung.*

### Das Deutsche Haus Sankt Mariens oder St. Maria Alemanorum
(Geistlicher Orden der Brüder vom Deutschen Haus St. Mariens in Jerusalem, Deutsches Hospiz und Kirche der Heiligen Maria)

Die Mauern der deutschen Marienkirche, die sich unter der Terrasse des Cafés »Quarter« befinden, sind die einzigen Überreste des mittelalterlichen Krankenhauskomplexes. Das Hospiz war die Anlaufstelle für deutschsprachige Pilger, die des Französischen – der Sprache des Königreichs von Jerusalem – nicht mächtig waren. Nach der Befreiung Jerusalems durch Saladin gründete die deutsche Gemeinde den Deutschen Orden (auch Deutschherrenorden, Deutschritterorden oder Deutscher Ritterorden genannt), einen von den Maltesern unabhängigen Militärorden. Sie richteten ihr Hauptquartier in der Burg Monfort in Ober-Galiläa ein.

*Misgav Ladach Street. Eintritt frei. Spektakuläre Aussicht auf den Felsendom.*

### Old Yishuv Court Museum
(Das Alte Yishuv-Museum)

Der Name des Museums leitet sich von dem hebräischen Wort »yishuv« (»Siedlung«) ab. Diese Bezeichnung wurde für die kleine, jüdische Gemeinde verwendet, die schon vor dem Eintreffen der zionistischen Siedler in den Achtzigerjahren des 19. Jh. in Jerusalem und im ganzen Land lebte. Das Museum beherbergt das ehemalige Wohnhaus einer jüdischen Familie, bei der es sich um prominente Mitglieder des alten *yishuv* handelte. Sie lebten hier über fünf Generationen bis zur Aufgabe des Jüdischen Viertels im Jahr 1948.

*Or Ha-Chayim Court 6. Öffnungszeiten: Sonntag-Donnerstag 10.00-17.00 Uhr und Freitag 10.00-13.00 Uhr. Eintritt: 18 NIS. Tel. 02/6284636.*

*Betende Juden an der Klagemauer in einer Aufnahme aus dem Jahr 1875*

# Der Ölberg

*Blick von der Altstadt zum Ölberg mit dem Garten Gethsemane (links unten), der Kirche der Nationen (Mitte) und der Maria-Magdalena-Kirche (rechts oben)*

Die Schönheit des Ölbergs (Jabal ez-Zeitoun) und seiner Umgebung hat in den letzten Jahren durch den Bau der Trennmauer stark gelitten. Nichtsdestotrotz hat man von hier einen herrlichen Blick über die Altstadt mit dem Felsendom, die östlich gelegenen kargen Hügel von Jerusalem im Vordergrund und die jordanischen Berge am Horizont. Von jeher ist der Ölberg ein heiliger Ort, an dem über einen langen Zeitraum hinweg viele verschiedene Friedhöfe angelegt wurden. Die ersten kanaanitischen Gräber wurden hier um 2400 v. Chr. errichtet. Als mystischer Ort ist der Ölberg auch mit Jesus verbunden, der von ihm herabsteigend Jerusalem erblickte: »Und als er nahe hinzukam, sah er die Stadt an und weinte über sie« (Lk 19, 41). Als das Christentum im 4. Jh. zur Staatsreligion erhoben wurde, befanden sich bereits 24 Kirchen auf dem Berg.

*Vom Damaskustor fahren der arabische Bus Nr. 75 oder ein palästinensisches Sammeltaxi zum Dorf Al-Tur auf dem Gipfel des Ölbergs. Das frühe Morgenlicht, wenn die Luft noch feucht ist, ermöglicht besonders eindrucksvolle Fotos; Panoramablick von der Terrasse unterhalb des Seven-Arches-Hotel oder vom Turm des Auguste-Victoria-Krankenhauses.*

# Jerusalem

## Die Himmelfahrtsmoschee

Auch bekannt als Himmelfahrtskapelle, wurde dieser kleine oktogonale Altarraum – ursprünglich von einem überdachten Säulengang und einem befestigten Kloster umschlossen – von den Kreuzfahrern errichtet. Nach Saladins Sieg im Jahr 1187 wurde die Kapelle unter Ergänzung der Kuppel und des *Mihrabs* in eine Moschee umgewandelt. Nach islamischer Überlieferung stieg Jesus, der von den Muslimen als Prophet anerkannt wird, hier in den Himmel auf: »(Damals) als Gott sagte: ›Jesus! Ich werde dich (nunmehr) abberufen und zu mir (in den Himmel) erheben« (Koran-Sure 3, Al-Imran: 55). Ein Fußabdruck Jesu in der Himmelfahrtskapelle soll das letzte Zeugnis sein, das er auf Erden hinterlassen hat. An diesem Ort, der einer der wenigen weltweit ist, an dem beide Religionen in Frieden koexistieren, feiern Franziskanerpriester dreimal im Jahr eine Messe.

In der kleinen Krypta neben der Moschee befindet sich das Grab der Beduinin Rabia al-Badawiya, die im 10. Jh. starb. Trotz aller Bemühungen von Ibn Battuta im 14. Jh. wurde ihr Name geändert und schließlich sogar durch den Namen einer bekannteren heiligen oder mystischen muslimischen Frau, Rabia al-Adawiya, ersetzt, die in Basra (Irak) lebte und dort 801 starb. Andere Quellen schreiben die Krypta der Prophetin Hulda (2 Kö 22, 14-20) zu oder sehen darin die Grabstätte des Heiligen Pelagius.

*Täglich geöffnet. Falls die Tür geschlossen sein sollte, bitte klingeln. Eintritt: 3 NIS.*

*Himmelfahrtsmoschee*

## Die russische Himmelfahrtskirche

Auf der Kuppe des Ölbergs steht der rechteckige Glockenturm dieses Konvents. Neben der Besichtigung des kleinen Museums und eines aus dem 5. Jh. stammenden armenischen Bodenmosaiks, das während der Bauarbeiten in der Kirche zwischen 1870 und 1887 entdeckt wurde, kann man die Kühle und die Düfte des herrlichen Gartens genießen.

*Rabia al-Adawiya Road. Öffnungszeiten: Dienstag und Donnerstag 9.00-11.00 Uhr, Tel. 02/6284373.*

## Die Pater-Noster-Kirche

Die Kirche und das Karmeliterkloster wurden zwischen 1868 und 1872 von der französischen Prinzessin Aurelie de la Tour d'Auvergne erbaut. Archäologische Ausgrabungen zwischen 1910 und 1911 brachten die Ruinen der von Kaiser Konstantin in Auftrag gegebenen byzantinischen Eleona-Kirche (oder Ölkirche) zum Vorschein. Der Überlieferung zufolge wurde sie über der Grotte gebaut, von der aus Jesus in den Himmel aufgestiegen ist. Am Ende der byzantinischen Epoche wurde dagegen erklärt, dass die Himmelfahrt sich auf der Kuppe des Ölbergs ereignet haben soll. Seitdem wurde die Grotte als der Ort angesehen, an dem Jesus seinen Jüngern das

Vaterunser gelehrt haben soll. Diese Tradition wurde im 20. Jh. wiederbelebt. Die Tafeln, die sich sowohl im Kloster als auch außerhalb befinden, geben das Vaterunser in über 60 Sprachen wieder.

*Öffnungszeiten: Montag-Samstag 8.30-11.45 Uhr und 14.30-17.00 Uhr; Tel. 02/6264904.*

### Das Dorf Betfage (Beit Fage)

In Betfage begann Jesus am Palmsonntag seinen triumphalen Einzug nach Jerusalem (Mt 21, 1-17). Die Betfagekapelle, die sich innerhalb des Franziskanerklosters befindet, wurde im späten 19. Jh. auf den Ruinen einer Kreuzfahrerkapelle erbaut (*Öffnungszeiten: 8.00-11.30 Uhr und 14.00-17.00 Uhr. Klingeln oder anrufen unter der Tel. 02/6284352.*) Die mittelalterliche Malerei auf dem Stein neben der Apsis zeigt die Stelle, an der Maria von Bethanien, Lazarus' Schwester, Jesus zum ersten Mal begegnet sein soll. Dies ist seit jeher der Ausgangspunkt der christlichen Prozessionen, die am Palmsonntag an den letzten Einzug Jesu nach Jerusalem erinnern. Die Trennmauer verhindert an vielen Stellen den direkten Zugang in die Stadt, doch die Prozession folgt dessen ungeachtet immer noch derselben Route.

*Von der Pater-Noster-Kirche aus folgt man der Beit Fage Road weiter in Richtung Osten.*

### Das Grab der Propheten

Ein großer jüdischer Friedhof befindet sich am südlichen Hang des Ölbergs. Es ist ein jüdischer Brauch, bei jedem Besuch einen Kieselstein auf das Grab zu legen. Dieser Ritus stellt sicher, dass die begrabene Person unter den ersten sein wird, die am Tag des Jüngsten Gerichts wiederauferstehen. Tatsächlich teilen alle drei monotheistischen Religionen die Ansicht, dass das Jüngste Gericht in der Nähe des Kidrontals am Fuß des Ölbergs stattfinden wird. Unter dem oberen Teil des Friedhofs befinden sich alte Katakomben, in denen die Ruhestätten der letzten drei Propheten des Alten Testaments vermutet werden – Haggai, Sacharja und Maleachi, die im 5. und 6. Jh. v. Chr. lebten. Tatsächlich aber stammen diese Gräber aus dem 1. Jh. n. Chr. und wurden bis ins 5. Jh. genutzt.

*Öffnungszeiten: Montag-Freitag 9.00-15.30 Uhr. Eine Taschenlampe ist empfehlenswert.*

*Blick aus der Dominus-Flevit-Kapelle auf Jerusalem*

# Jerusalem

## Die Dominus-Flevit-Kapelle (»Der Herr weinte«)

Eine Überlieferung mittelalterlicher Pilger besagt, dass Jesus über das zukünftige Jerusalem weinte, als er sich Jerusalem am Palmsonntag näherte (Lk 19, 41). Aus diesem Grund wurde die Kapelle »Dominus Flevit« (»Der Herr weinte«) genannt. Ursprünglich befand sich hier ein aus dem 5. Jh. stammendes byzantinisches Kloster, das diese mit diesem Ort verbundene Überlieferung allerdings außer Acht ließ (Überreste des Mosaikbodens sind außerhalb der Kirche zu sehen). 1955 ließ der italienische Architekt Antonio Barluzzi unter Berücksichtigung des byzantinischen Bauplans eine neue Kirche in Form einer Träne errichten. Unter der Kirche befindet sich eine alte Grabstätte, die wahrscheinlich 1600 v. Chr. errichtet wurde. Die Grabkammern am Eingang des Geländes sind jüngeren Datums: Die ersten beiden stammen entweder aus dem 1. Jh. vor oder nach Christus. Zu dieser Zeit war es Brauch, die Körper der natürlichen Zersetzung der Erde zu überlassen und die Knochen in kleinen Kalksteinossarien aufzubewahren.

*Öffnungszeiten: täglich 8.00-11.45 Uhr und 14.30-17.00 Uhr. Tel. 02/6266450. Um angemessene Kleidung wird gebeten.*

## Die Maria-Magdalena-Kirche

Die Architektur und die dekorativen Elemente sind typisch für die Moskauer Kirchen des 16. und 17. Jh. Mit den sieben goldenen Kuppeln ist die Maria-Magdalena-Kirche eine der Hauptsehenswürdigkeiten Jerusalems. Sie wurde 1888 vom Großfürsten Sergei Alexandrowitsch (einem Bruder von Zar Alexander III.) und der Großfürstin Elisabeth Fjodorowna in Auftrag gegeben. Nach ihrer Ermordung während der Oktoberrevolution wurde die Großfürstin Elisabeth 1918 hier begraben. Bis zum heutigen Tag wird die Kirche von der amerikanisch-weißrussischen Gemeinde verwaltet.

*Öffnungszeiten: Dienstag, Donnerstag und Samstag 10.00-12.00 Uhr; Tel. 02/6284371.*

*Maria-Magdalena-Kirche*

## Die Todesangstbasilika im Garten Gethsemane (Die Kirche der Nationen)

Die Kirche ist dem Ort Gethsemane geweiht, an dem Jesus in der Nacht vor seiner Verhaftung betete (Mk 14, 32-42) und die schmerzvollen Worte aussprach: »Meine Seele ist betrübt bis an den Tod; bleibet hier und wachet!« (Mk 14, 34). Die 1924 von Antonio Barluzzi entworfene Kirche wurde, wie in der Kuppel dargestellt, durch Spenden aus zwölf Ländern finanziert. Auf dem Giebeldreieck stehen die Lettern Alpha (A) und Omega (O) (der erste und der letzte Buchstabe des griechischen Alphabets) unter einer Darstellung Christi, welche an die Offenbarung des Johannes erinnert: »Ich bin das Alpha und das Omega, der Anfang und das Ende, spricht Gott der HERR, der da ist und der da war und der da kommt, der Allmächtige« (Off 1, 8). Die Ruinen der byzantinischen Kirche und der Kreuzfahrerkirche sind in Teilen heute noch sichtbar, während Pläne der nachfolgenden Kirchen auf einer Tafel am Eingang der Kirche dargestellt sind.

Die uralten Olivenbäume mit ihren knorrigen Baumstämmen im Garten Gethsemane waren selbst Zeugen der Verzweiflung Jesu und seiner Gebete (oder stammen zumindest von diesen Bäumen ab).

*Alte Olivenbäume im Garten Gethsemane*

*Öffnungszeiten: täglich 8.00-12.00 Uhr und 14.00-17.00 Uhr (im Sommer bis 18.00 Uhr). Tel. 02/6266444.*

### Das Grab von Mujir ed-Din

Am Straßenrand oberhalb des Grabes der Jungfrau Maria liegt ein kleines, mit einem Gitter umzäuntes Grab. Es ist die letzte Ruhestätte des Jerusalemer Historikers und angesehenen Bürgers Mujir ed-Din al-Ulaymi (1456-1522). Seine Schriften sind eine wertvolle historische Informationsquelle über eine Schlüsselperiode der Stadtgeschichte – den Übergang von der mameluckischen zur osmanischen Epoche.

### Das Mariengrab (Qaber Syedita Mariam)

Im Neuen Testament wird Marias Tod nicht erwähnt: Im 5. Jh. beanspruchten die Städte Ephesus (Westtürkei) und Jerusalem die Ehre, ihre Grabstätte zu beherbergen. Nach langer Auseinandersetzung überzeugte Juvenal, der Patriarch von Jerusalem, Kaiser Markian davon, dass sich in Jerusalem die authentische Grabstätte befindet. Das heutige Gebäude steht auf den Überresten einer byzantinischen Kirche, deren kreuzförmige Krypta unversehrt blieb. Zuletzt erneuerten Benediktinermönche die Kirche 1130, bevor sie schließlich 1187 teilweise zerstört wurde. Die Steine der Kirche verwendete man für die Instandhaltung der Stadtmauern.

Die Fassade sowie die monumentale Treppe und die königlichen Gräber (in den Seitennischen auf halbem Weg die Treppe hinunter) stammen aus dem 12. Jh. Wenn man die mittelalterliche Treppe hinuntersteigt, befindet sich auf der rechten Seite das Grab der 1161 verstorbenen Kreuzfahrerkönigin Melisende, deren sterbliche Überreste seit dem 14. Jh. in der Krypta ruhen. Damals wurde ihr Grab auch als das von Joachim und Anna, den Eltern von Maria, der Mutter Jesu, betrachtet. Das im rechten Flügel der Krypta entdeckte Mariengrab wird von orientalischen Christen (griechisch-orthodox, armenisch, koptisch und syrisch-orthodox) verehrt. Im selben Raum befindet sich ein *Mihrab*, zu dem Muslime offenbar seit der Herrschaft des Kalifen Muawiya (661-680), dem Begründer der Umayyaden-Dynastie, kommen, um in Stille zu beten. Der von Mujir ed-Din im 15. Jh. wiederbelebten islamischen Überlieferung zufolge sah

Muhammad während der nächtlichen Reise ein Licht über dem Grab Marias, wo er zum Gebet innehielt. Dieser Vorfall verdeutlicht die tiefe Verbindung und Verehrung, welche die Muslime für Maria, die Mutter Jesu, empfinden.

*Jericho Road. Öffnungszeiten: täglich 5.00-12.00 Uhr und 14.00-17.00 Uhr.*

»Und (damals) als die Engel sagten: ›Maria! Gott hat dich auserwählt und rein gemacht! Er hat dich vor den Frauen der Menschen in aller Welt auserwählt.‹ (Damals) als die Engel sagten: ›Maria! Gott verkündet dir ein Wort von sich, dessen Name Jesus Christus, der Sohn der Maria, ist! Er wird im Diesseits und im Jenseits angesehen sein, einer von denen, die (Gott) nahestehen. Und er wird (schon als Kind) in der Wiege zu den Leuten sprechen, und (auch) später) als Erwachsener, und (wird) einer von den Rechtschaffenen (sein).‹«

(Koran-Sure 3, Al-Imran: 42 und 45-46).

## Das Kidrontal

Im Kidrontal östlich der Altstadt befinden sich viele Grabstätten. Der obere Teil des Kidrontals wurde schon früh als das Tal Joschafat, in dem sich am Tag des Jüngsten Gerichts alle Menschen versammeln sollen, angesehen. Seit dem Altertum war dies die beliebteste Begräbnisstätte der Jerusalemer – drei monumentale Gräber aus hellenistischer und römischer Zeit befinden sich dort. Das außergewöhnlichste unter ihnen ist das **Grab des Absalom** (arabisch »Tan-Tour Firaoum« oder »die Mütze des Pharao«), das die Form eines Flaschenhalses hat. Absalom, ein rebellischer Sohn König Davids, soll einer Legende aus dem 12. Jh. zufolge hier begraben sein, doch das Grab ist tatsächlich erst im 1. Jh. v. Chr., einige Jahrhunderte nach Absaloms Tod, aus dem Felsen geschlagen worden. In der unmittelbaren Nachbarschaft befindet sich eine Grabanlage mit hebräischen Inschriften auf zwei Säulen, die dorische Buchstaben enthalten. Sie verweisen auf die jüdische Priesterfamilie **Bene Hezir** (Neh 10, 20). Einige Schritte entfernt liegt das mit seinem markanten, pyramidenförmigen Dach sonderbar anmutende **Grab des Zacharias** aus dem 2. Jh. v. Chr.

*Das Grab der Söhne von Hezir (Jakobusgrab) und das Grab des Zacharias im Kidrontal*

### Silwan und Davidstadt

Silwan ist eines der ärmsten und am dichtesten besiedelten Viertel Jerusalems und ein besonders umstrittener archäologischer Ort. Silwan ist jedoch vor allem ein anschauliches Beispiel für die offensichtliche Diskriminierungspo-

## Ostjerusalem

litik der israelischen Behörden, da hier die Infrastruktur (Straßen und Straßenbeleuchtung) sowie die öffentlichen Dienstleistungen, darunter Schulen, Müllabfuhr und soziale Einrichtungen, vernachlässigt werden. In den frühen Neunzigerjahren wurde das Viertel zum Ziel jüdischer Siedler, die hier mittlerweile einige Gebäude besetzen. Die Gerichte entschieden nach langwierigen und kostenintensiven Gerichtsverfahren in der Mehrzahl der Fälle, dass die Besetzung palästinensischer Häuser gegen das Gesetz verstößt. Die Urteile wurden allerdings nie vollstreckt. Heute steht das Viertel unter der Kontrolle der Siedlerorganisation *Elad* (das hebräische Akronym für »die Stadt Davids«). Unter dem Schutz der israelischen Polizei besetzten die Siedler kontinuierlich weitere Häuser. Mittlerweile leben über 70 Siedlerfamilien in Silwan. Außerdem hat das Israelische Amt für Altertümer der *Elad* die Verantwortung für die archäologischen Stätten übertragen. Die Organisation ist für alle Ausgrabungen zuständig und betreibt ein Besucherzentrum. Dieses bietet Touren durch das Viertel an, die aber in ihrer Darstellung einseitig sind und dadurch ein verzerrtes Bild liefern. Alternative Touren sowie Stimmen von Archäologen, die gegen diese Übernahme protestieren, sind unter www.alt-arch.org zu finden.

2005 kündigte die israelische Regierung an, das nahe gelegene palästinensische Viertel Bustan vollständig zerstören zu wollen. Durch die Zerstörung von 88 Häusern wären 1000 Palästinenser obdachlos geworden und nur internationaler Druck konnte dies verhindern. Dennoch ist nicht davon auszugehen, dass das Vorhaben endgültig aufgegeben wurde. Mit der Be-

*Das südlich der Altstadt gelegene palästnensische Viertel Silwan*

hauptung, sie würden lediglich die einstige Hauptstadt Davids wieder in Besitz nehmen, rechtfertigten jüdische Siedler eine Vertreibung der Palästinenser. Dieser Ort, der südlich des *Haram esh-Sharif* auf dem Felsvorsprung mit Blick auf das Kidrontal (in nördlicher und südlicher Richtung) und auf das Gihontal (in östlicher und in westlicher Richtung) liegt, ist tatsächlich der Platz, an dem sich das historische Jerusalem befand. Die geschützte Lage (in der Nähe von drei tiefen Tälern) und die Wasserquellen waren zwei Hauptkriterien für seinen Wert als dauerhafte Siedlung.

### Der archäologische Garten der Stadt Davids (Davidstadt)

Hier sind bis heute beeindruckende Mauerruinen der ursprünglichen jebusitischen Stadt aus dem 13. Jh. v. Chr. erhalten geblieben, so z. B. die Fundamente der Festung Davids oder die Ruinen, welche die Brutalität der babylonischen Eroberung von 586 v. Chr. bezeugen, wie z. B. das **Verbrannte Haus**. Etwa 100 m weiter führen Treppen den Hügel hinunter zu einem senkrechten Tunnel namens **Warren's Shaft**, der im 19. Jh. nach seinem Entdecker, einem englischen Archäologen, benannt wurde. Der Tunnel reicht bis zu einem Bassin, das von der Gihonquelle gespeist wird. Die von den Jebusitern errichtete Zisterne war ursprünglich eine natürliche Sickergrube und garantierte selbst unter Belagerung die Wasserversorgung der Stadt. Vom 18. bis zum 6. Jh. v. Chr. war der Zugang zu dieser Wasserquelle durch eine Mauer geschützt, deren älteste Teile bis ins 18. Jh. v. Chr. zurückgehen. Ihre grob behauenen Steinquader sind auch aus einiger Entfernung leicht zu erkennen.

*Ophel Road. Öffnungszeiten: April-September: Sonntag-Donnerstag 8.00-19.00 Uhr, Freitag 8.00-15.00 Uhr; Juli und August: Dienstag und Donnerstag 8.00-22.00 Uhr; Oktober-März: Sonntag-Donnerstag 8.00-17.00 Uhr, Freitag 8.00-13.00 Uhr. Letzter Einlass ist zwei Stunden vor Schließung. Eintritt: 23 NIS. Tel. 02/6262341.*

### Der Siloah-Tunnel und der Siloah-Teich

Angesichts der Bedrohung durch die Neoassyrer ließ König Hiskija im 8. Jh. v. Chr. diesen Tunnel graben, um Wasser aus dem Fluss Gihon in den Siloah-Teich zu leiten (2 Chr 32, 2-4). Der **Siloah-Tunnel** bzw. **Hiskija-Tunnel** wurde über eine Distanz von 533 m aus hartem Gestein geschlagen. In der Nähe des Tunnelendes befand sich eine Inschrift, welche die Bauarbeiten beschrieb und heute in einem Museum in Istanbul aufbewahrt wird. In der Mitte des Tunnels kann man sehen, wo sich die Kanalbauer trafen, die von beiden Seiten mit den Grabungsarbeiten begonnen hatten, denn zwischen den beiden Tunnelhälften besteht eine Abweichung von 10 cm zueinander. Bereits in römischer Zeit war die Verbindung zwischen dem Tunnel und dem Teich längst in Vergessenheit geraten. Der **Siloah-Teich** lockt trotz der häufigen Veränderungen zahlreiche Badegäste an. Er wird mit dem letzten Wunder Jesu in Verbindung gebracht – der Heilung eines Blinden (Joh 9). Dieser Volksglaube an die Heilkräfte des Wassers bestand bis ins frühe 20. Jh. fort. 1890 wurde über dem Teich eine kleine Moschee errichtet, deren Minarett heute ein bekanntes Wahrzeichen der Region ist. Bis ins 19. Jh. hinein verkauften die Einwohner von Silwan Trinkgefäße aus Ziegenleder, die sie mit Wasser aus den zahlreichen Kidronquellen füllten.

*Derselbe Eingang wie zur Davidstadt. Da der Grund unregelmäßig ist und unter 40 bis 80 cm tiefem Wasser steht, empfiehlt es sich, eine Taschenlampe und adäquate Kleidung mitzubringen. Die Durchquerung des Tunnels dauert etwa 20-40 min.*

*Siloah-Teich*

## Ostjerusalem

Die Kirche St. Peter in Gallicantu
(St. Peter zum Hahnenschrei)

Diese Kirche der Assumptionisten wurde 1931 an der Stelle des Hauses des römischen Prokurators von Juda, dem Hohepriester Kaiphas, erbaut. Dort soll Jesus in der Nacht gefangen gehalten worden sein, bevor er von Pontius Pilatus verurteilt wurde. Auch soll Petrus ihn dort verleugnet und somit die Prophezeiung Jesu erfüllt haben: »Ehe der Hahn zweimal kräht, wirst du mich dreimal verleugnen« (Mk 14, 72). Dass dies tatsächlich der entsprechende Ort ist, gilt unter Archäologen allerdings als unwahrscheinlich. Das Haus des Hohepriesters Kaiphas wird auch im Bereich des armenischen Klosters vor dem Ziontor vermutet. Die Kirche gemahnt an die Reue von Petrus, als er den Hahn krähen hörte. Herodianische und byzantinische Überreste, darunter Mosaike einer Kirche und eines Klosters, sind am Eingang der Kirche zu sehen. Von hier aus hat man einen wunderschönen Blick über die drei Täler Jerusalems, auf Silwan und die Davidstadt. Im Garten steht ein Modell des byzantinischen Jerusalems, das die Nea-Kirche als bedeutendes Wahrzeichen und den Eingang zur Grabeskirche zeigt, der zu dieser Zeit auf der Khan ez-Zeit Street lag.

*Auf dem Osthang des Zionbergs auf der Malkei Tsedek Road gelegen. Öffnungszeiten: Montag-Samstag 8.30-17.00 Uhr. Tel. 02/6731739.*

# Der Berg Zion

Gemäß dem Alten Testament entspricht die Lage des Bergs Zion einem Hügel östlich von Jerusalem. »Und der König zog hin mit seinen Männern gen Jerusalem wider die Jebusiter, die im Lande wohnten. David aber gewann die Burg Zion, das ist Davids Stadt« (2 Sam 5, 6-7). Der heutige Berg Zion, der ursprünglich im 4. Jh. n. Chr. als dieser identifiziert wurde, liegt allerdings südlich der Altstadt; am einfachsten ist er durch das Ziontor (Bab en-Nabi Daoud) zu erreichen. Der Hügel wurde, je nach strategischem Interesse der Statthalter von Jerusalem, immer wieder in die Stadt ein- oder ausgegliedert. Im 13. Jh. umschloss die ayyubidische Stadtmauer den Hügel und das Davidsgrab. Als die Mauer niedergerissen und Anfang des 16. Jh. neu aufgebaut wurde, befand sich der Berg Zion außerhalb der neu errichteten Mauer. Eine Legende besagt, dass die Architekten der Mauer für dieses Versehen mit ihrem Leben bezahlten. Im späten 19. Jh. wurde der Zionsberg für das heutige Nabi-Daoud-Viertel erschlossen. Es umfasste einige Grundstücke, die der Dajani-Familie gehörten: eine englische Schule, die Dormitiokirche, drei Klöster, ein Grab, das David zugeschrieben wird, die Grabstätte von Sheikh al-Mansi sowie einen christlichen und einen muslimischen Friedhof. Mehrere aufeinanderfolgende Angriffe der israelischen Armee mit dem

*Die Domitiokirche auf dem Berg Zion*

# Jerusalem

Ziel, sich der Altstadt zu bemächtigen, haben dauerhafte Spuren am Ziontor hinterlassen. Nach dem Krieg von 1948 wurde das Nabi-Daoud-Viertel von Westjerusalem annektiert und zum militärischen Außenposten Israels ernannt.

## Die Dormitiokirche

Die Dormitiokirche ist ein imposanter Bau in neoromanischem Stil – inspiriert von der Pfalzkapelle Karls des Großen in Aachen. Nach christlicher Überlieferung verbrachte Maria hier ihre letzten Tage. Die Mosaikkarte von Madaba zeigt an dieser Stelle eine riesige byzantinische Basilika. Die heutige Kirche wurde zwischen 1906 und 1910 von der deutschen katholischen Kirche auf einem Grundstück erbaut, das Kaiser Wilhelm II. von den osmanischen Behörden erhielt. Der Fußboden in der Kirche ist mit schönen Mosaiken ausgelegt und die Wände sind mit Darstellungen der biblischen Frauenfiguren Eva, Ruth, Judith und Esther geschmückt.

*Berg Zion. Öffnungszeiten: Montag-Mittwoch und Freitag 9.00-12.00 Uhr und 12.45-18.00 Uhr, Donnerstag, Samstag und Sonntag 9.00-12.00 Uhr und 12.45-17.45 Uhr. Tel. 02/5655330.*

## Der Abendmahlssaal und das Grab des Propheten David

Das südlich der Dormitiokirche gelegene Gebäude beherbergt zwei symbolträchtige heilige Stätten: Das Coenaculum bzw. den Abendmahlssaal, in dem Jesus mit seinen Jüngern das letzte Abendmahl gefeiert haben soll, sowie das mutmaßliche Grab Davids. Das Gebäude ist ein franziskanisches Werk, das im 14. Jh. in spätgotischem Stil auf alten Fundamenten erbaut wurde. Diese lassen sich unterschiedlichen Kirchen zuordnen: einer römischen Kirche, die im 2. Jh. errichtet wurde, verschiedenen byzantinischen Kirchen, darunter die Kirche der Apostel aus dem 4. Jh. und die Hagia Sion aus dem 5. Jh., sowie einigen Kreuzfahrerkirchen. 1524 wurde die Kirche zu einer Moschee umgebaut und dem Grab geweiht, das dem Propheten David (Nabi Daoud) zugeordnet wird. Ein *Mihrab* (im südlichen Teil der Mauer), ein Minarett und eine kleine Kuppel wurden nacheinander hinzugefügt.

Byzantinische Christen glaubten, dass in dem gotischen Raum im Obergeschoss und nicht im Coenaculum das letzte Abendmahl gefeiert wurde (Mt 26, 17-29; Mk 14, 12-25 und Joh 13-17). Eine spätere Überlieferung lokalisiert König Davids Grab im östlichen Teil des gotischen Raums. Dieser Glaube hielt sich bis ins 11. Jh. und wurde schließlich im 15. Jh. unter muslimischem Einfluss fest in der Tradition verankert. Der umstrittene Ort ist seit 1948 unter israelischer Kontrolle. Infolgedessen wurde die niedrig überdachte Moschee in eine Synagoge umgewandelt, in der sich auch eine jüdische Gedenkstätte (Chamber of the Holocaust/Martef Ha-Shoa) für die Opfer des Nationalsozialismus befindet.

*Berg Zion. Öffnungszeiten: Samstag-Donnerstag 8.00-18.00 Uhr (17.00 Uhr im Winter) und Freitag 8.00-14.00 Uhr (13.00 Uhr im Winter). Tel. 02/6719767.*

# Ostjerusalem

*Die Trennmauer in Ostjerusalem*

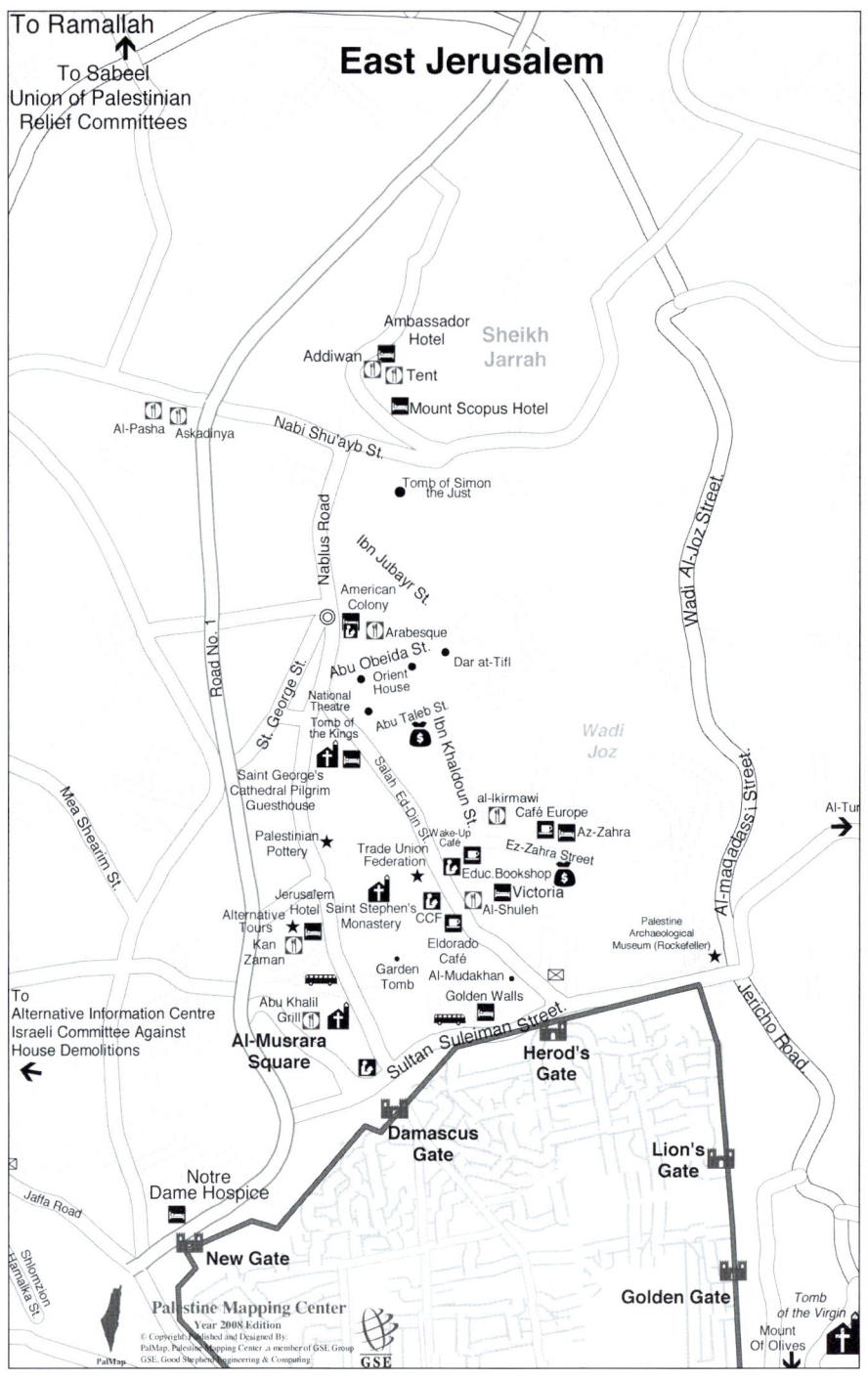

*Der arabische Ostteil Jerusalems nördlich der Altstadt*

## Ostjerusalem

# Nablus Road und das Bab-az-Zahra-Viertel

Wenn die Altstadt das historische, spirituelle und touristische Herzstück von Jerusalem ist, so sind die Viertel um das Damaskus- und das Herodestor seit 1948 das lebendige Zentrum des palästinensischen Teils der Stadt: Die Salah ed-Din Street, die Nablus Road und der Musrara Square bilden außerhalb der Stadtmauern ein Zentrum mit Geschäften, Dienstleistungen, Kulturzentren und Unterhaltungsangeboten in Ostjerusalem.

### Die Steinbrüche König Salomos oder Zedekias Höhle

Zwischen dem Damaskus- und dem Herodestor liegt ein gigantisches Netzwerk unterirdischer Gänge. Es gibt weder einen Beweis dafür, dass es von König Salomo erbaut wurde, dem viele Monumentalwerke zugeordnet werden, noch kann es auf die Herrschaft König Zedekias zurückgeführt werden, dem nachgesagt wird, er sei durch diese unterirdischen Tunnel 586 v. Chr. vor den babylonischen Eroberern geflohen. Belegt ist, dass große Mengen Stein aus diesen Steinbrüchen den gigantischen Bauvorhaben des Herodes als Material dienten. Dieser unterirdische Steinbruch gewährt einen interessanten Einblick in die antiken Methoden des Gesteinsabbaus.

*Sultan Suleiman Street. Öffnungszeiten: Sonntag-Donnerstag 9.00-17.00 Uhr. Eintritt: Erwachsene 16 NIS, ermäßigt 10 NIS.*

*Das 1867 entdeckte Gartengrab*

### Das Gartengrab

Das Grab wurde 1867 von Dr. Conrad Schick entdeckt, nach welchem der Weg, der zum Grab führt, benannt wurde. Später identifizierte der britische Kommandeur und siegreiche Kolonisator Chinas und des Sudan, General Charles Gordon, den Ort als »authentisches« Grab Christi. Er argumentierte, dass der Hügel hinter dem Grab wie ein Totenkopf aussehe, was ihn an den biblischen Text »Und sie brachten ihn an die Stätte Golgatha, das bedeutet Schädelstätte« (Mk 15, 22) erinnere. Das anglikanische Bistum unterstützte diese Identifizierung des Ortes, glücklich darüber, sich nach dem Ausschluss aus der Grabeskirche ihr eigenes Golgatha schaffen zu können. Doch nicht alle Anglikaner stimmten zu, dass es sich hierbei tatsächlich um das Grab Christi handele. Vermutlich wurde Gordons Grab aufgrund eines Fehlers in der Transkription als »Gartengrab« bekannt.

*Nablus Road. Öffnungszeiten: Montag-Samstag 9.00-12.00 Uhr und 14.00-17.30 Uhr. Eintritt frei. Tel. 02/6272745.*

## Jerusalem

### Bibelinstitut der Dominikaner und das St. Stephans-Kloster

Das Dominikanerkloster wurde 1891 auf den Ruinen einer bei Ausgrabungsarbeiten entdeckten byzantinischen Kirche erbaut. Das Kloster beherbergt das Bibelinstitut der Dominikaner in Jerusalem. Zur Zeit der lebhaften Debatte über die Authentizität der Bibel eröffnete der Gründer, Père Lagrange, das erste biblische und archäologische Forschungszentrum in Palästina. 1891 brachte die Schule erstmals die *Revue Biblique* (*Biblical Review*) heraus, eine Publikation, die sich als Gegenposition zu Veröffentlichungen deutscher Bibelschulen und der englischen Mitglieder des 1865 gegründeten *Palestine Exploration Fund* versteht. Das Institut ist für seine fotografische Sammlung (in Palästina und im gesamten Nahen Osten vom späten 19. bis zur ersten Hälfte des 20. Jh. aufgenommene Fotografien), seine archäologischen und epigrafischen Entdeckungen und für seine exegetische Arbeit bekannt.

*Nablus Road. Öffnungszeiten: Montag-Freitag 9.00-16.45 Uhr und Samstag 9.00-12.00 Uhr. Am kleinen, grauen Tor klingeln. Tel. 02/6264468. www.ebaf.edu*

#### Exegese und Archäologie

»Geschichte wird in der Bibel als Folge von ausgewählten Ereignissen verstanden und die Bibel selbst als ein theologisches Buch, das die Beziehung eines Volkes zu seinem Gott enthüllt.«

Jean-Baptiste Humbert

Baruch de Spinozas Deutung der Chronologien der Könige von Israel und Juda im Buch der Könige und in den Chronikbüchern brachte Ungereimtheiten eines Textes ans Licht, der zuvor als unumstritten galt; infolgedessen wurde Spinoza exkommuniziert. Die Reformation erlaubte jedoch verschiedene Deutungen der Bibel, weshalb Einstimmigkeit nicht länger erforderlich war. Aus dieser Entwicklung entstanden die Bibelkritik und die *Vulgata* von Hieronymus (die von der katholischen Kirche adaptierte Bibel). Die Kritiken offenbarten den dringenden Bedarf, den Text in seinem spezifischen Kontext zu erfassen – vor allem in Hinsicht auf den geografischen und historischen Hintergrund. Auf die indigene Bevölkerung wurde in den Beschreibungen der Evangelisten herablassend Bezug genommen oder sie wurde ignoriert, außer wenn sie als Repräsentant des Heiligen Landes eine Rolle spielte. Wissenschaftliche Gesandte aus Europa und Nordamerika brachen in den Orient auf, begierig darauf, die biblische Geschichte zu verifizieren. Als die Forschungsarbeit jedoch voranschritt, erschien der Umfang der biblischen Informationen (u. a. archäologische Funde) im Gegensatz zu wichtigeren Entdeckungen in Mesopotamien, Ägypten und anderen Großreichen dieser Zeit bescheiden. Wohin waren die einst mächtigen Königreiche wie Samaria, Israel, die prächtigen Bauten von König David und vor allem Salomos verschwunden? Viele der großartigen Gebäude in Palästina wurden bereits mit diesen historischen Phasen assoziiert. Die archäologische Forschung hat indessen jedoch mehr als jede andere Wissenschaft die biblische Überlieferung infrage gestellt, da sich im Laufe der Zeit zunehmend Diskrepanzen zwischen biblischer Geschichte und den von Archäologen ans Licht gebrachten tatsächlichen historischen Gegebenheiten ergaben.

### Das israelische Innenministerium

Die Palästinenser aus dem annektierten Ostjerusalem müssen sämtliche Dokumente beim israelischen Innenministerium beantragen (*Residence Cards* (Aufenthaltskarten), Reisedokumente etc.). Diese von den Palästinensern als Diskriminierung empfundene Vorgehensweise seitens des Ostjerusalemer Innenministeriums wurde sogar vor den Obersten Gerichtshof in Israel gebracht und einer genauen Prüfung unterzogen. Das Büro ist täglich von 8.00 bis 12.00 Uhr

## Ostjerusalem

geöffnet. Palästinensische Jerusalemer jeden Alters müssen stundenlang auf der Straße vor dem Büro warten, um Verwaltungsangelegenheiten zu regeln. Die Menschen stehen schon in den frühen Morgenstunden (etwa ab 2.00 Uhr) Schlange, da pro Tag Papiere von durchschnittlich 200 Personen bearbeitet werden. Ferner ist seit Mai 2002 die Familienzusammenführung durch einen amtlichen Beschluss eingefroren. Wenn eine Person aus dem Westjordanland jemanden aus Jerusalem heiratet, dürfen sowohl der Ehepartner aus dem Westjordanland als auch etwaige Kinder nicht in Jerusalem leben.

*Nablus Road, gegenüber dem Bibelinstitut der Dominikaner in Jerusalem.*

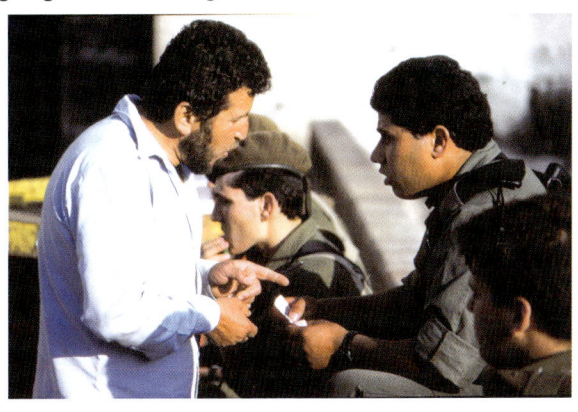

*Ausweiskontrolle*

### Das palästinensische Keramikgeschäft und die Töpferwerkstätten

Diese Werkstätten wurden 1922 von einer armenischen Familie gegründet und stehen in einer langen Tradition der Keramikherstellung, die ihren Ursprung im anatolischen Kutaba hat. David Ohannessian und seine beiden Assistenten Neshan Balian und Mekerditch Karakashian brachten sie nach Palästina. Die ersten Werkstätten wurden 1919 im Muslimischen Viertel eröffnet, um die Keramiken des Felsendoms zu restaurieren. Seit dieser Zeit haben sich viele Werkstätten auf dieses Handwerk spezialisiert. Das Einzelhandelsgeschäft stellt anspruchsvoll gestaltete Objekte in vielen Formen und Farben aus. Obwohl sie teuer sind, lohnt sich ein Besuch dennoch.

*Nablus Road 14, gegenüber dem US-Konsulat. Öffnungszeiten: Montag-Samstag 9.00-16.00 Uhr, sonntags geschlossen.*

### St. George's Cathedral (St. Georgs-Kathedrale)

Die 1890 erbaute Kathedrale ist Sitz des anglikanischen Erzbischofs. Die von den Universitätsgebäuden in Oxford und Cambridge inspirierte neogotische Bauweise macht die Kirche zu einem der markantesten Bauwerke in Jerusalem. Der Komplex beherbergt eine Schule, ein Priesterseminar, einen kleinen Garten und zwei Gästehäuser (s. *St. George's Cathedral Pilgrim Guest House*, S. 239). Auf dem Gelände der Kathedrale lebt seit vielen Jahren der israelische Friedensaktivist Mordechai Vanunu, der 1986 das geheime israelische Atomprogramm bekannt machte (s. S. 569-570).

*Nablus Road. Öffnungszeiten: täglich 7.00-19.00 Uhr. Eintritt frei.*

# Jerusalem

## Das Grab der Könige

Orientalisten, die das Land in den letzten Jahrhunderten besucht haben, bezeichneten diese Grabstätte wegen der königlichen Grabkammer als das »achte Weltwunder«. Sie folgerten, dass die Könige aus dem Alten Testament hier begraben wurden. Es handelt sich tatsächlich um einen königlichen Grabkomplex. Allerdings ergab eine Untersuchung, dass es die Familiengruft der Königin Helena von Adiabene ist, einer Exilantin des armenischen Königreichs, die auf einer Pilgerreise nach Jerusalem zum Judentum konvertiert war. Im 19. Jh. fanden Archäologen einen Sarkophag mit der zweisprachigen Inschrift (Hebräisch und Syrisch) »Königin Saddan«, dem Namen, unter dem Königin Helena von Adiabene bekannt war. Ihr Sarkophag wurde in den Louvre überführt, während ein Teil seines Deckels heute im Islamischen Museum zu sehen ist (s. S. 145). Helenas Grab lag ursprünglich unter drei Obelisken, die der Absalomsäule im Kidrontal ähnelten. Im offenen Vorhof, einem rituellen Ort, wird ein Mühlstein zur Seite gerollt, um den Weg zur Gruft zu öffnen: Innen führt ein zentraler Raum zu mehreren Kammern mit Totenbänken, ein anderer Bereich war für Gräber reserviert. Am Ende dieses Raums befand sich wahrscheinlich ein Beinhaus. 1886 kaufte Frankreich die Stätte auf.

*Salah ed-Din Street. Um eine Besichtigung zu vereinbaren, ist ein Fax an das Französische Konsulat zu senden, Fax 02/6298501. Jeden Sommer finden hier Open-Air-Konzerte als Teil des jährlichen palästinensischen Jerusalem-Festivals statt.*

## Das Museum der arabisch-palästinensischen Folklore (Dar at-Tifl al-Arabi)

Obwohl dieses Museum der palästinensischen Volkstraditionen verhältnismäßig unprofessionell organisiert ist, zählt es heute zu den besten Museen seiner Art. Neben der Sammlung von Trachten und Gewändern sind die Rekonstruktionen verschiedener Handwerkstechniken und Szenen aus dem traditionellen Alltag in der ersten Hälfte des 20. Jh. die Hauptattraktionen des Museums.

*Das Museum befindet sich in der Dar-at-Tifl-al-Arabi-Schule, in der Nähe des Orienthauses. Es hat zwei Eingänge: einen von der Abu Obeida Street (Dar-at-Tifl-al-Arabi-Schule), den anderen von der amerikanischen Kolonie aus. Tel. 02/6283251.*

*Palästinensische Bäuerin in traditioneller Tracht (Foto aus dem Jahr 1870)*

## Das Orienthaus

Dieses große, von Ismail Musa al-Husseini 1897 erbaute Privathaus blickt auf eine lange diplomatische Geschichte zurück. Ein Jahr nachdem es fertiggestellt wurde, war Kaiser Wilhelm II. dort auf einer Teegesellschaft zu Gast. Während der italienischen Eroberung Äthiopiens zwischen

## Ostjerusalem

1936 und 1937 lebte hier der äthiopische Kaiser Haile Selassie mit seinem Hofstaat. In den Jahren 1949 und 1950 wurde es zum zeitweiligen Hauptquartier der UN und der UNRWA, bevor es 1967 in ein Hotel umgewandelt wurde, das unter dem Namen »The New Orient House« bekannt wurde. 1983 gründete Faisal al-Husseini dort die *Arab Studies Society*. Obwohl die Israelis das Haus zwischen 1988 und 1992 schlossen, blieb es der offizielle Sitz palästinensischer politischer Institutionen in Jerusalem, bis es 2001 erneut geschlossen wurde.

*Abu Obeida Street.*

*Das Orienthaus, offizieller Sitz wichtiger palästinensischer Institutionen*

### Faisal al-Husseini (1940-2001)

Faisal al-Husseini wurde 1940 als Sohn von Abdel Qader al-Husseini (s. S. 213) und als Enkel von Musa Kazem al-Husseini (einem ehemaligen Bürgermeister von Jerusalem) in Bagdad geboren. Seine wissenschaftliche und militärische Ausbildung erhielt er in zahlreichen arabischen Ländern. 1964 wurde er im Auftrag der Palästinensischen Befreiungsorganisation (PLO) zum Vizedirektor des Amts für Öffentliche Angelegenheiten im Westjordanland ernannt. 1967 graduierte er an der Militärakademie in Damaskus und diente in der Palästinensischen Befreiungsarmee. 1979 gründete er das Forschungsinstitut *The Arab Studies Society* und wurde 1982 Mitglied des *High Islamic Council* (Oberster Islamischer Rat). Aufgrund seiner Tätigkeiten für die *Fatah* und die PLO wurde er von 1982 bis 1987 von den israelischen Besatzungsbehörden unter Hausarrest und Überwachung gestellt. Während der ersten Intifada zwischen 1987 und 1989 wurde er zudem mehrmals inhaftiert. 1990 leitete er

*Faisal al-Husseini bei einer Demonstration gegen die isralische Siedlungsexpansion in Ostjerusalem*

die palästinensische Delegation, die mit den Vorbereitungen für die Madrider Konferenz und später für die Oslo-Abkommen beauftragt war. 1994 stieg er in den Führungsstab der *Fatah* im Westjordanland auf, wurde Mitglied des Exekutivkomitees der PLO und Minister der Palästinensischen Nationalbehörde und war somit für Jerusalemer Angelegenheiten verantwortlich. Diese Funktionen übte er bis zu seinem Tod aus. Während des ersten Besuchs der PLO in Kuwait nach dem Golfkrieg starb Faisal al-Husseini am 31. Mai 2001 an einem Herzinfarkt. Bis zum heutigen Tag kursieren Anschuldigungen gegen Israel, dass der Infarkt durch sein akutes Asthma hervorgerufen wurde, das wiederum durch den exzessiven Einsatz von Tränengas in seinem Büro im Orienthaus während der Al-Aqsa-Intifada verursacht worden sei.

# Jerusalem

## Das Archäologische Museum Palästinas
### (Rockefeller-Museum)

Im Jahr 1927 wurde das Museum von einem amerikanisch-jüdischen Ölmagnaten gegründet und hieß bis 1967 »Archäologisches Museum Palästinas«. Die Sammlung umfasst archäologische Schätze aus Palästina und dem gesamten Nahen Osten, die von der Vorgeschichte bis ins 18. Jh. reichen. Unter den besonderen Exponaten der Museumssammlung befinden sich ein aus der Kreuzfahrerzeit stammender, gemeißelter Türsturz aus der Grabeskirche, geschnitzte Holzpaneele aus der Al-Aqsa-Moschee (9. Jh.), Stuckarbeiten aus dem Hisham-Palast der Umayyaden in Jericho (8. Jh.) und einige Fragmente der Schriftrollen vom Toten Meer. Die übrigen Schriftrollen wurden nach der Besetzung von Ostjerusalem 1967 ins Israel-Museum gebracht. Der älteste Fund, den das heutige Rockefeller-Museum ausstellt, ist das Skelett eines Mannes (*homo carmeliensis*), das auf 100 000 v. Chr. datiert wird. Das Skelett wurde bei Atlit an der Küste in der Nähe von Caesarea gefunden.

*Umayyadische Stuckarbeit*

*Sultan Suleiman Street (in der Nähe des Herodestors, Bab az-Zahra). Öffnungszeiten: Sonntag-Donnerstag 10.00-15.00 Uhr, Freitag und Samstag 10.00-14.00 Uhr, Tel. 02/6282251.*

## Wadi-al-Joz-Viertel (Walnusstal)

Ende des 19. Jh. lebte die Jerusalemer Oberschicht in der Nähe des Herodestors (Bab az-Zahra). Ihre luxuriösen Villen standen im Kontrast zu den Feldern, die von Tagelöhnern oder Gemüsebauern aus den umliegenden Dörfern bewirtschaftet wurden. Unter britischem Mandat entwickelte sich das Tal zu einem urbanen Gebiet, dessen Bevölkerung 1948 durch den Zustrom von Flüchtlingen aus Westjerusalem und später in den Fünfziger- und Sechzigerjahren durch den Exodus aus den ländlichen Gebieten drastisch wuchs. Die unterschiedliche Herkunft der Bewohner erklärt die soziale und architektonische Vielfalt des Viertels. In den späten Sechzigerjahren gab Rawhi Khatib, der letzte palästinensische Bürgermeister Jerusalems, ein urbanes Erneuerungsprojekt auf, mit dem das Viertel aufgewertet und mit einem Busbahnhof ausgestattet werden sollte. Stattdessen baute er ein Industriegebiet auf – zum Großteil auf dem Grundbesitz seiner Familie, die davon finanziell profitierte. Heute ist das Industriegebiet auf Autowerkstätten spezialisiert.

In den Achtzigerjahren wurde ein 400 Jahre alter, befestigter landwirtschaftlicher Bau von den israelischen Behörden für illegal erklärt und zerstört, da dessen Besitzer ihn in ein landwirtschaftliches Museum umwandeln wollte. Die Mehrheit der Gebäude jüngeren Datums sind ebenfalls illegal, denn die Hänge zwischen dem Wadi al-Joz und der Hebräischen Universität auf dem Skopusberg (von Bewohnern des Wadi al-Joz unter britischem Mandat konfisziertes Land) werden offiziell als »offenes grünes Land« oder »Staatsland« klassifiziert. Auf der ande-

## Ostjerusalem

ren Seite erhalten Wohnungsbauprojekte für die exklusive Nutzung durch die jüdische Bevölkerung von israelischen Behörden grünes Licht. Dies erklärt, warum die Stadtverwaltung von Jerusalem den Bau einer weiterführenden Mädchenschule für 800 Schülerinnen (unter dem Druck des Hyatt-Regency-Hotels) mit der Begründung ablehnte, die Schule würde sich zu einem »Streitpunkt« entwickeln. Ein zweites Projekt für ein Zentrum für 200 behinderte Menschen wurde daraufhin ebenfalls aus »Sicherheitsgründen« abgelehnt. Der israelische Parlamentarier Yial Bibi argumentierte: »(…) die Kinder mögen behindert sein, aber das bedeutet nicht, dass sie keine Arme haben, mit denen sie Steine werfen können.«

### Das Grab von Simon dem Gerechten

Eine jüdische Überlieferung aus dem 19. Jh. identifiziert das Grab in der Talsohle in Sheikh Jarrah als das Grab von Simon dem Gerechten (Shimon Hatzadik), einem Hohepriester aus dem 4. Jh. v. Chr. Eine Vereinigung sephardischer Juden war 1890 am Erwerb des Grabes interessiert, das seit 1967 für viele orthodoxe Juden ein Ort der täglichen Andacht ist. Die Siedler verfolgen weiterhin ihre Interessen zur Übernahme des Gebiets mit allen Mitteln – etwa durch Gewalt, Gerichtsverfahren oder dubiose Landgeschäfte. Inzwischen leben hier sieben Siedlerfamilien. Mitte des Jahres 2007 wurde mit der Planung einer 200 neue Wohneinheiten umfassenden Siedlung begonnen. Falls der Bau genehmigt wird, erfordert dies die Zerstörung der Häuser von 40 palästinensischen Familien.

*Luftaufnahme der Altstadt von Jerusalem*

# Jerusalem

*Jerusalem – Die Heilige Stadt der drei großen monotheistischen Weltreligionen: Judentum, Christentum und Islam*

# Westjerusalem

Westjerusalem und Ostjerusalem entstanden 1948 als Ergebnis der Teilung der Stadt. Die zionistische Eroberung des westlichen Teils der Stadt im Jahr 1948 erzwang eine De-facto-Teilung Jerusalems. Tatsächlich war die Stadt schon zuvor aus zahlreichen Gründen und nach verschie-

*Blick über Westjerusalem, im Hintergrund der Ölberg*

denen Kriterien quasi geteilt, u. a. ethno-religiös und sozial. Die gemischten Viertel der Stadt (Jaffa Road, Musrara, Shamma, Romema) schossen in den Zwanziger- und Dreißigerjahren empor. Jedoch zementierte die Verbreitung der zionistischen und kolonialen Ideologie der jüdischen Immigranten, in Verbindung mit der Tatsache, dass wenige von ihnen Arabisch sprachen, die Trennung zwischen arabischen Palästinensern und Juden. Wenn heute in Westjerusalem überhaupt noch ethnische Vielfalt existiert, dann nur innerhalb der jüdischen Bevölkerung selbst.

Bei der ethnischen Säuberung 1948 vertrieben israelische Streitkräfte alle Palästinenser aus dem neuen Teil der Stadt. Im westlichen Teil der Neustadt wurden zwischen März und Juni 1948 etwa 10 000 palästinensische Wohnungen und Häuser geplündert.

Obwohl die Straßennamen geändert wurden und dieser westliche Teil der Stadt sich weiter stark ausgedehnt hat, ist das architektonische Erbe der Palästinenser noch sichtbar. Mittlerweile gibt es massive israelische Immobilienspekulationen um »arabische« Häuser. Oftmals ist der Terminus »arabisches Haus« ein zusätzliches Argument für den Kauf eines Objekts.

## Jerusalem

### Die Urbanisierung von Jerusalem (1850-1948)

1841 war Jerusalem nur eine von einer Mauer umgebene Provinzstadt. In der zweiten Hälfte des 19. Jh. wuchs sie jedoch erheblich über ihre Mauern hinaus in Richtung des weniger hügeligen Westens. 1914 erreichte sie das Achtfache ihrer ursprünglichen Größe. Eine verbesserte Sicherheitslage erlaubte die Ausdehnung über die Stadtmauern hinaus, während die osmanischen Landreformen (*Tanzimat*) 1839 und 1856 private Investitionen ankurbelten und nicht-osmanischen Bürgern gestatteten, Land zu erwerben. Diese Reformen hatten weitreichende Konsequenzen: Drei Urbanisierungstypen entwickelten sich im Umland von Jerusalem. Reiche palästinensische Familien (Christen und Muslime) zogen in die dünn besiedelten Außenbezirke von Jerusalem und errichteten dort beachtliche Anwesen. Auch ausländische Einrichtungen, insbesondere religiöse Kongregationen sowie christliche und jüdische philanthropische Institutionen, etablierten sich. Die Christen errichteten monumentale Gebäude für Gottesdienste oder die Wohlfahrt, während die Juden die Grundstücke schlichter und dichter bebauten, um die Ströme jüdischer Immigranten aufnehmen zu können.

## Palästinensische Viertel

### Das Viertel von Al-Musrara

Der Al-Musrara Square westlich des Damaskustors war einer der ersten Plätze, die von etablierten Jerusalemer Großfamilien außerhalb der Stadtmauern errichtet wurden. 1948 wurde er teilweise zerstört (Musrara Square und Main Road bzw. Highway Nr. 1) und anschließend geteilt. Die schönsten Anwesen gehören seitdem zu Westjerusalem und befinden sich heute in einem der teuersten jüdischen Wohngebiete, das als »Morasha« (Hebräisch) oder als »Musrara« (der ursprüngliche arabische Name) bekannt ist. Auf der anderen Seite der Hauptverkehrsstraße befindet sich an der Stelle, an der zwischen 1948 und 1967 noch »Niemandsland« war, ein beliebter palästinensischer Markt, der sich bis zum Damaskustor erstreckt.

*Begrenzungen: Heleni Ha-Malka Street und Ha-Ain Chet Street (Westjerusalem), Al-Musrara Square (Ostjerusalem).*

*Zentrum von Ostjerusalem außerhalb des Damaskustors*

### Mamilla

Mamilla ist eine Ableitung des arabischen Ausdrucks »Mamiat Allah« (»Gottes Heiligtum«). Das Viertel breitete sich in einem Bogen um einen Friedhof und entlang der drei Hauptverkehrsadern aus – Julian Road, Jaffa Road und Princess Mary Avenue. Die Straßen wurden nach 1948 umbenannt in Ha-Melech David Street (König-David-Straße), Yafo (Jaffa) Road bzw. Shlomzion Ha-Malka Street (Königin-Shlomzion-Straße). Unter britischem Mandat war das Gebiet das kommerzielle Zentrum der Neustadt, das Regierungs- und private Verwaltungsgebäude, die Stadtverwaltung, Banken, Geschäfte, Kinos und Cafés beherbergte. Es gab dort eine gemischte Bevölkerung und architektonische Bauten,

# Westjerusalem

die vom europäischen Großstadtstil inspiriert waren. Ein gutes Beispiel für diese Einflüsse ist das von dem Architekten Nahas Bey entworfene alte **Palace Hotel** an der Kreuzung der Julian Road und der Mamilla Road. Die Inschrift auf dem Gebäude lautet: »Dieses Hotel wurde vom Höchsten Islamischen Rat Palästinas – 1348 *Hedschra*/1929 n. Chr. – erbaut.« Einige architektonische Details sind der dekorativen Kunst der Mamelucken entnommen, andere stammen aus dem Art déco. Entlang der Princess Mary Avenue (Shlomzion Ha-Malka Street) besaß der armenische Patriarch viele Geschäfte und Apartmenthäuser, die an die armenische Gemeinde vermietet wurden und deren Einwohnerzahl 1915 mit der Ankunft der Flüchtlinge, die vor dem Genozid an den Armeniern flohen, stieg. Das **Postamt** in der Jaffa Road (noch in Betrieb) wurde von der britischen Mandatsmacht auf einem Grundstück gebaut, das ihr das armenische Patriarchat zur Verfügung gestellt hatte.

*Begrenzungen: Agron Road (Mamilla Road), Shlomo Ha-Melech Street, Shlomzion Ha-Malka Street.*

## Der islamische Friedhof von Mamilla

Der alte islamische Friedhof von Mamilla wurde 1948 von den Israelis zerstört und in eine Grünfläche mit dem Namen »Independence Park« umgewandelt. Eines der wenigen Gräber, das die Zerstörung überdauerte, war das mit einer Kuppel überdachte Al-Kubakiya-Mausoleum, welches das Grab des Mamelucken-Prinzen Al-Kubaki birgt. Al-Kubaki war erst Statthalter von Safed, dann von Aleppo, bevor er ins Exil nach Jerusalem verbannt wurde, wo er schließlich starb. Über dem Eingang zu seinem Grab ist folgende Inschrift zu lesen: »Dies ist das Grab von Prinz Ala-ed-Din Aydughdi bin Abdullah, bekannt als Al-Kubaki. Er starb am Freitag, 5. Ramadan 688 (22. September 1289).« In der Mitte des Friedhofs bzw. des *Independence Parks* befindet sich der von Pontius Pilatus angelegt Mamilla-Teich.

*Islamischer Friedhof außerhalb der Altstadtmauer*

*Entlang der Mamilla Road (heute Agron Road).*

## Das YMCA-Gebäude

Dieser luxuriöse und beeindruckende Komplex in einer Kombination aus byzantinischem, romanischem und Art-déco-Stil wurde zwischen 1926 und 1933 erbaut. Der Architekt war Arthur Loomis Harmon, der auch als Erbauer des Empire State Buildings in New York bekannt ist. Vom 90 m hohen Turm hat man einen herrlichen Blick auf die Stadt.

*Ha-Melech David Street 24. Öffnungszeiten: Montag-Donnerstag 8.00-20.00 Uhr, Freitag 8.00-17.00 Uhr und Samstag 8.00-12.00 Uhr. Die Besichtigung des Turms kostet 5 NIS. Tel.: 02/5692692.*

# Jerusalem

Als Luxushotel verfügt das YMCA über eine Caféterrasse, ein Restaurant, ein Sportzentrum und ein Schwimmbad.

## Der Mamilla-Parkplatz

Als die Bauarbeiten für den Parkplatz Anfang der Neunzigerjahre begannen, machten israelische Archäologen eine unerwartete Entdeckung: Sie fanden ein Massengrab aus dem Jahr 614, das auf eines der blutigsten Ereignisse in der Geschichte des Landes verweist. Der Bau des Parkplatzes wurde schnell abgeschlossen und die Höhle mit einem Kreuz und einer Inschrift versehen: »Gott allein kennt ihre Namen.« Das Grab kann auf die Zeit der sassanidischen Invasion datiert werden, die eine systematische Zerstörung der christlichen Heiligtümer, Kirchen und Klöster sowie die Unterdrückung und schreckliche Massaker an der Bevölkerung nach sich zog, welche meist im Auftrag der persisch-jüdischen Elite und mithilfe ihrer Glaubensbrüder in Palästina begangen wurden. Strategius von St. Sabas berichtet darüber: »Juden bezahlten den persischen Soldaten eine hohe Summe für die Gefangennahme der Christen. Dann metzelten sie diese wie im Rausch am Mamilla-Teich nieder, der von Blut überfloss.«

*Hillel-Street-Parkplatz, Ecke Independence Park.*

## Das King-David-Hotel

Dieses Hotel wurde in den Dreißigerjahren des 20. Jh. von einer jüdisch-ägyptischen Familie im klassischen Kolonialstil erbaut. Zuerst war es ein bevorzugter Treffpunkt für Diplomaten und später die Kommandozentrale der britischen Besatzungsarmee. Das Hotel ist untrennbar mit der Tragödie des am 22. Juli 1946 von der zionistischen Untergrundorganisation *Irgun* verübten Anschlags verbunden. Angeführt wurde die Organisation von Menachem Begin, der von 1977 bis 1982 israelischer Ministerpräsident war. Mehr als 90 Menschen wurden getötet und mehrere hundert verletzt. Zudem wurde das Gebäude teilweise zerstört. Der Anschlag war nur einer von vielen, die in den Vierzigerjahren auf palästinensische Zivilisten und britische Streitkräfte verübt wurden.

*Das King-David-Hotel (links) und das YMCA-Gebäude (rechts)*

*King David Street 23.*

## Sultansteich (Birket al-Sultan)

Der Sultansteich wurde 1399 von Sultan ez-Zaher Barquq angelegt und im 16. Jh. vom osmanischen Sultan Suleiman dem Prächtigen (1520-1566) restauriert. Heute ist er ein israelisches Open-Air-Theater. Der Sultansbrunnen südlich des Teichs (halb unter der heutigen Straße be-

graben) kann präzise auf den 29. Juni 1536 datiert werden. Sein spitz zulaufender Bogen besitzt ein für diese Zeit typisches Zickzackmuster.
*Unterhalb des Jaffators an der Straße nach Bethlehem gelegen.*

### Abu Tor

Der Hügel und das dort gelegene Dorf sind nach Sheikh Ahmad al-Tori benannt, einem Soldaten aus Saladins Armee, der an diesem Ort begraben liegt. Als sich die gesellschaftliche Elite Jerusalems hier im 19. Jh. niederließ, wuchs das Dorf in zwei Richtungen: Kleine Häuser verteilten sich auf dem Osthang, während die großen Villen der Mittelschicht entlang der geteerten Straße gebaut wurden, die auf die Bethlehem Road zuläuft und zum Bahnhof führt. Der Vorort entwickelte sich in den Dreißigerjahren beträchtlich. 1948 wurde der westliche Teil besetzt und in »Givat Hanania« umbenannt, während Jordanien den östlichen Teil Ostjerusalem einverleibte und annektierte.

Südlich von Abu Tor befindet sich auf einem spärlich besiedelten Plateau das Hauptquartier der Vereinten Nationen. Bis 1967 war diese Hügelspitze weitläufiges »Niemandsland«. Hier gibt es Naherholungsgebiete wie z. B. die **Haas-Promenade** (Daniel Yanovsky Street), die eine fantastische Aussicht über die Altstadt von Jerusalem bietet. Die israelische Regierung hat alle Touristenführer angewiesen, den Touristen die Trennmauer (trügerisch »Jerusalem Envelope« genannt) zu zeigen, die in Ostjerusalem errichtet wurde. Aber anstatt die Touristen zu der heute 9 m hohen Mauer zu führen, zeigen die Fremdenführer ihnen die Mauer von einem Aussichtspunkt aus, von dem die Touristen sie nur aus der Ferne sehen können. Aus dieser »sicheren« Entfernung werden die Besucher nicht mit der durch die Trennmauer verursachten großen Ungerechtigkeit konfrontiert.

*Blick auf Jerusalem von der Haas-Promenade bei Abu Tor*

### Das Katamon-Viertel

Wie Talbiya und Baqa war Katamon (in »Goneim« umbenannt) hauptsächlich von wohlhabenden christlichen Palästinensern (Richtern, Lehrern und Händlern) bewohnt. Das griechisch-orthodoxe Patriarchat, das bis zum heutigen Tag Eigentümer einer beträchtlichen Fläche von Land in Jerusalem ist, förderte diese Entwicklung, indem es Land verkaufte, um die Kirche für ihre in der Russischen Revolution erlittenen Verluste zu entschädigen. Die Nähe zum Bahnhof förderte die kulturelle Vielfalt des Viertels: Viele Auslandsvertretungen siedelten sich hier an, z. B. das Libanesische Konsulat (Kovshei Katamon Street 32), das Italienische Konsulat (Kaf Ted Be-November 16) und das Irakische Konsulat (Hizkiyahu Ha-Melech 28). Außerdem befanden sich dort viele Cafés und Hotels, einschließlich des **Semiramis-Hotels** in der Ha-Hish Street 10.

Das heutige Hotelgebäude wurde allerdings erst 1989 erbaut, nachdem das ursprüngliche Hotel am 5. Januar 1948 vollständig durch eine von der *Hagana* gezündete Bombe zerstört worden war. Bei dem Bombenattentat kamen 26 Zivilisten ums Leben, darunter hauptsächlich Palästinenser, aber auch Ausländer; 60 Personen wurden verletzt. Der Anschlag markierte den Beginn des Terrors und der Vertreibung der Einwohner aus dem Viertel.

*Begrenzungen: Rachel Imenu Street, Kovshei Katamon Street, Tel Chai Street, Ha-Hish Street, Hizkiyahu Ha-Melech Street.*

### Khalil Sakakini (1878-1953)

Der in Jerusalem geborene Khalil Sakakini war ein Pionier der Kulturbewegung nationalistischer Araber in Palästina. Als griechisch-orthodoxer Christ initiierte Sakakini eine Reformbewegung und die Arabisierung der Kirche und zog damit den Zorn der griechischen Kirchenhierarchie auf sich. 1913 wurde er wegen der Publikation seines Pamphlets *The Orthodox Renaissance in Palestine* (*Die orthodoxe Renaissance in Palästina*) exkommuniziert. Einige Zeit später begann er seinen Kampf gegen die zionistische Kolonisierung Palästinas. 1917 wurde er von den britischen Behörden inhaftiert, da er auf einen jüdischen Immigranten aus Polen geschossen hatte, der als Spion der Vereinigten Staaten bekannt war. Als überzeugter Verteidiger der arabischen Sprache gründete er die *En-Nahda School*, in welcher der Unterricht entgegen der Tendenz der Eliteschulen (Unterrichtsstunden auf Englisch, Italienisch oder Französisch) auf Arabisch abgehalten wurde. Seine Schule wandte die erste moderne, auf dem Alphabet basierende Methode des Arabischunterrichts an. Als aktives Mitglied der Kulturbewegung nationalistischer Araber war Sakakini auch Autor vieler Pamphlete sowie politischer und patriotischer Gedichte. 1948 verließ er Katamon, um in Ägypten Zuflucht zu suchen, wo er in Kontakt mit arabischen Autoren wie Taha Hussein stand. Das Haus von Khalil Sakakini, einer der bedeutendsten nationalen und literarischen Größen Palästinas, befindet sich in der Yordei Hasira Street 9.

*Khalil Sakakini*

### Das Talbiya-Viertel

Das südlich des YMCA befindliche Talbiya-Viertel (auf Hebräisch »Komemiyut«, was soviel bedeutet wie »Aufstand«, »Erhebung«) besteht hauptsächlich aus sehr schönen, arabischen Villen der Zwanziger- und Dreißigerjahre. Die Entwicklung des Viertels begann als Protest gegen den Verkauf einer Landparzelle durch das griechisch-orthodoxe Patriarchat an eine zionistische Organisation, die das Rehavia-Viertel baute. Im Gegenzug errichteten wohlhabende christliche Palästinenser aus Jerusalem, Bethlehem, Beit Jala und Ramallah das Talbiya-Viertel. Die Mehrzahl der Villen wurde zwischen 1924 und 1937 gebaut. Etliche Architekturschulen beeinflussten die Bauweise – insbesondere der Internationale Stil der Zwanziger- und Dreißigerjahre war wegweisend. Die Steine, die aus Jerusalemer Steinbrüchen stammen und von Steinmetzen bearbeitet wurden, verbinden sich harmonisch mit den schmiedeeisernen Toren und Geländern im Art-déco-Stil, welche die meisten Häuser dieses Viertels schmücken.

Talbiyas Charme und Luxus zogen viele ausländische Diplomaten an, darunter vor allem Briten. Eine der eindrucksvollsten Residenzen ist die **Villa von Constantine Salameh** (1897-1999) (Orde Wingate Square), eines wohlhabenden Geschäftsmannes, der den französischen Architekten Marcel Favier, der sich auf öffentliche Gebäude und Nationalpaläste spezialisiert hatte, mit dem Bau der Villa beauftragte. Seit 1948 beherbergt die Villa das Belgische Konsulat. In einem vollkommen anderen Stil präsentiert sich die 1926 von Hanna Ibrahim Bisharat erbaute **Villa von Harun er-Rashid** (Marcus Street 18). Zwischen 1938 und 1948 wurde sie an die britische Luftwaffe verpachtet, und in den frühen Fünfzigerjahren lebte hier für eine Weile Golda Meir, die damals Ministerin für Arbeit und Wohnungsbau war. Seitdem war die Villa nicht länger als das Gebäude des Abassiden-Kalifen Harun er-Rashid bekannt. In der heutigen Hovevei Zion Street 21 befindet sich die in den Dreißigerjahren erbaute Villa von Khalil Haddad. Zwischen 1939 und 1948 war es das **Jasmin House Hotel**, das nach Dr. Tawfiq Kanaans Tochter Jasmin, der Direktorin des Hotels, benannt war. 1947 lebten hier UN-Mitarbeiter, die mit der Entwicklung des Teilungsplans für Palästina beauftragt waren. Am Rand des Viertels befand sich das **Jesus-Hilfe-Hospital** (Marcus Street 17), das ursprünglich ein Leprakrankenhaus war. Es wurde 1887 von dem deutschen Architekten Conrad Schick gebaut. Zwischen 1919 und 1948 war der aus Beit Jala stammende Dr. Tawfiq Kanaan Direktor dieses Krankenhauses. Nach 1948 wurde es zu Ehren des Lepraspezialisten in **Gerhard-Hausen-Hospital** umbenannt.

In der Brenner Street 10 steht das 1932 erbaute **Haus der Familie von Edward W. Said**. Während des britischen Mandats war das erste Stockwerk an das Persische, später an das Jugoslawische Konsulat vermietet. Nach 1948 wohnte hier der jüdische Philosoph Martin Buber (1878-1965). Heute ist es der Sitz der Internationalen Christlichen Botschaft.

*Begrenzungen: Zeev Jabotinsky, Hovevei Zion, Benjamin Disraeli, David Marcus und Yitzhak Elhanan Street.*

*Foto des Talbiya-Viertels aus den frühen 1940er Jahren*

## Edward W. Said (1935-2003)

*Edward W. Said*

Der 1935 in Jerusalem geborene Edward W. Said war einer der führenden zeitgenössischen Intellektuellen. Von 1963 bis zu seinem Tod im Jahr 2003 war er Professor an der *Columbia University* in New York. Mit seinem Tod verlor die palästinensische Sache ihre am meisten respektierte und international einflussreichste Stimme. Ilan Pappe, ein israelischer Freund, schrieb: »Seine Erkenntnisse und sein Beitrag in Bezug auf die globale Realität im Allgemeinen – und die palästinensische im Besonderen – werden uns alle in den kommenden Jahren leiten. Vor allem werden wir Edwards einzigartige Fähigkeit vermissen, in der Öffentlichkeit das in der Vergangenheit den Palästinensern zugefügte Leid zu artikulieren und auf die andauernden Bemühungen der westlichen Medien hinzuweisen, die Notlage in Palästina in den Hintergrund zu drängen, wenn nicht sogar gänzlich zu eliminieren. Wir sollten jedoch dankbar sein, dass so viele unserer Kollegen in seine Fußstapfen getreten sind und seine brillante Dekonstruktion der Hausmacht und der finsteren Interessen, die hinter der westlichen Wissensproduktion über den Orient im Allgemeinen und den Mittleren Osten im Besonderen verborgen liegen, weiterverfolgt haben.«

### Bücher von Edward W. Said

*Covering Islam*, 1981.
*Zionismus und palästinensische Selbstbestimmung*, 1981.
*Kultur und Imperialismus – Einbildungskraft und Politik im Zeitalter der Macht*, 1994.
*Der wohltemperierte Satz – Musik, Interpretation und Kritik*, 1995.
*Frieden in Nahost? Essays über Israel und Palästina*, 1997.
*Götter, die keine sind – Der Ort des Intellektuellen*, 1997.
*Die Welt, der Text und der Kritiker*, 1997.
*Am falschen Ort – Autobiografie*, 2000.
*Das Ende des Friedensprozesses – Oslo und danach*, 2002.
*Kultur und Widerstand (Edward W. Said im Gespräch mit David Barsamian)*, 2006.
*Orientalismus*, Neuauflage 2009.

## The Museum for Islamic Art
### (Das Museum für Islamische Kunst)

Dieses Museum verfügt über eine sehr schöne Sammlung von Keramiken, Miniaturen, Glas, Kalligrafie, Schmuck und Textilien, die vorwiegend aus dem 17. und 18. Jh. stammen. Die Gegenstände kommen aus der gesamten arabischen Welt – abgesehen von Palästina.

*L. A. Mayer Memorial Museum für Islamische Kunst. Ha-Palmach Street 2. Öffnungszeiten: Sonntag und Montag, Mittwoch und Donnerstag 10.00-15.00 Uhr, Dienstag 10.00-18.00 Uhr, Freitag und Samstag 10.00-14.00 Uhr. Eintritt: 20 NIS, samstags freier Eintritt.*

> »Ende 1948 wurden alle geräumten Häuser in den arabischen Vororten komplett zerstört, und alles Wertvolle (sogar Fenster und Türen) wurde gestohlen. Unsere Nerven waren bis aufs Äußerste gespannt, und wir lebten, wie ein Beobachter es formulierte, als befänden wir uns in einem Konzentrationslager am Rande eines Schlachtfelds.«
> John Melkon Rose, Autor von »Armenians of Jerusalem« (1993)

### Das Baqa-Viertel

Baqa (umbenannt in »Geulim«, was auf Hebräisch »Befreiung« bedeutet) war eines der ersten Viertel, die außerhalb der Stadtmauern von Jerusalem entstanden. Am Ende der osmanischen Epoche siedelten sich hier Christen und Muslime aus der Altstadt an. Das Viertel blieb bis zu seiner Zwangsräumung 1948 ein gemischtes Viertel, in dem einheimische Muslime und Christen sowie Ausländer miteinander lebten.

*Begrenzungen: Bethlehem Road, Efrayim Street, Reuven Street.*

## Christliche Einrichtungen

In der zweiten Hälfte des 19. Jh. begannen christliche Einrichtungen aus West- und Osteuropa mithilfe diplomatischer und finanzieller Unterstützung ihrer jeweiligen Heimatländer eine Landerwerbskampagne. Dies trieb die Grundstückspreise inner- und außerhalb der Altstadt empfindlich in die Höhe. Die christlichen Gemeinschaften brachten eine spezifische architektonische Kultur mit, die sich an der religiösen Bedeutung der Heiligen Stadt orientierte. Sie gründeten Einrichtungen spiritueller oder philanthropischer Natur wie z. B. Krankenhäuser, Schulen und Waisenhäuser. Zweifellos bestand ein reger Konkurrenzkampf zwischen den einzelnen Organisationen, denn wer in der Nähe der heiligen Stätten, besonders der Grabeskirche in der Altstadt, bauen konnte, hatte im Vergleich zu den anderen gewisse Vorteile. Die Errichtung christlicher Gemeinden sowohl westlich der Altstadt als auch im Osten, vor allem auf dem Ölberg, war Teil dieses Konkurrenzkampfs.

Zwischen 1870 und 1890 führten die Franzosen in der Nähe der Altstadtmauern diverse Bauprojekte durch.

*Das Mandelbaumtor*

Das **Saint-Louis-Hospital** (an der Kreuzung gegenüber dem Neuen Tor) ersetzte das 1851 in der Altstadt errichtete französische Krankenhaus. Dieses neue Krankenhaus baute man mithilfe des Erbes des Grafen Paul-Amédée de Piellat, eines jungen Adligen und gläubigen Katholiken aus der französischen Mittelmeerregion, der das Heilige Land liebte und dort 1924 starb. 1988 entstanden außerdem das Hospiz **Notre Dame de France** (das heute dem Vatikan untersteht) und der Konvent der Marie-Réparatrice-Schwestern. 1906 brachte man eine große Statue der Jungfrau Maria über der Kapelle an und vollendete somit das Bauwerk. Mit seinen 410 Zellen konnte das Hospiz über 1000 Pilger aufnehmen. Das Hospiz und die 1911 erbaute

## Jerusalem

Kirche Saint Vincent de Paul vervollständigten das »Französische Viertel«. Im selben Zeitraum wurden außerhalb der Altstadt andere Konvente und französische Institutionen errichtet: das **St. Stephans-Kloster** im Norden (s. Bibelinstitut der Dominikaner, S. 184) und das **Ratisbonne-Kloster** der französischen Pères de Sion im Westen. Schirmherrin des Klosters war Marie-Alphonse Ratisbonne, eine Jüdin aus dem Elsass, die zum Christentum übergetreten war und sich vor allem unter Juden als Missionarin betätigte.

Die Deutschen beteiligten sich ebenfalls am »Bauwettkampf« der verschiedenen ausländischen Religionsgruppen: Sie errichteten 1898 die **Dormitiokirche** samt Kloster auf einem Grundstück, das der Sultan der Hohen Pforte Kaiser Wilhelm II. geschenkt hatte. Die Kaiserin selbst überwachte währenddessen den Bau des **Auguste-Victoria-Hospizes** auf dem Skopusberg, das heute ein Krankenhaus ist. Das Hospiz spiegelt die Ansprüche des Kronprinzen wider, der es 1910 einweihte. Deutsche Siedlungen anderer Art wurden von einer millenaristischen Sekte in Jerusalem, Jaffa und Haifa gegründet (s. S. 201).

Weitere Länder nahmen an dem Wettlauf teil, wenn auch in geringerem Maß. Die äthiopischen Kaiser Johannes IV. und Menelik II. stellten finanzielle Mittel zur Verfügung, mit denen die Äthiopier Land gegenüber dem russischen Gefängniskomplex erwarben und dort ab 1874 die **Äthiopische Kirche** erbauten (*Ethiopia Street, Öffnungszeiten: März-September täglich 7.00-18.00 Uhr, Oktober-Februar 8.00-17.00 Uhr; Eintritt frei*).

*Notre Dame de France*

### Das Russische Viertel (Al-Moskobiya)

Das Russische Viertel (Russian Compound), das auf einem von Zar Alexander II. 1857 und 1858 erworbenen Stück Land errichtet wurde, ist ein typisches Beispiel für die Verknüpfung von Politik und Religion. Ab 1860 beherbergte der Komplex das russische Konsulat und den russisch-orthodoxen Bischofspalast. Die Kathedrale, an ihrer grünen Kuppel gut zu erkennen, das Krankenhaus sowie die pädagogischen und religiösen Einrichtungen des Viertels empfingen jedes Jahr Tausende russischer Pilger. Nach der Einnahme Jerusalems durch die Briten 1917 wurde der größte Teil des Komplexes zu einem Hauptsitz der britischen Verwaltung. 1967 wandelten die israelischen Behörden es in eine Polizeistation um, die als *Al-Moskobiya* bekannt ist. Nur wenige Schritte von den Cafés in Westjerusalem entfernt wurde der Komplex zu einem Zentrum für Verhöre, in das man alle palästinensischen Häftlinge aus Jerusalem brachte. Seit 2004 ersetzt eine neue Zentrale der Grenzpolizei und des Inlandsgeheimdienstes (*Shin Bet*) in Anata, in der Nähe von Ostjerusalem, die *Al-Moskobiya*. Sie befindet sich auf einer Hügelspitze in der Nähe von Maale Adumim auf einem als »E1« bekannten Stück Land, das Israel illegalerweise während des Osloer Friedensprozesses annektierte.

*Nähe Bar-Kochba-Platz. Öffnungszeiten: Dienstag-Sonntag 9.00-13.00 Uhr, Tel. 02/6252565.*

# Westjerusalem

## Nahon Museum of Italian Judaica
### (Nahon-Museum für italienisch-jüdische Kunst)

Dieses elegante, im 19. Jh. von deutschen Missionaren errichtete Gebäude weist auch den Einfluss der arabisch-islamischen Architektur auf. Das Museum für italienisch-jüdische Kunst beherbergt eine berühmte Sammlung sakraler Werke. Das bedeutendste Ausstellungsstück ist die 1701 erbaute Synagoge von Conegliano Veneto, deren gesamte Innenausstattung 1952 von ihrem Ursprungsort in einer Stadt, die sich etwa 56 km von Venedig entfernt befindet, nach Jerusalem überführt wurde. Die Synagoge ist heute ein Andachtsort für die jüdisch-italienische Gemeinde von Jerusalem.

*Hillel Street 27. Öffnungszeiten: Sonntag, Dienstag und Mittwoch 9.00-17.00 Uhr, Montag 9.00-14.00 Uhr, Donnerstag und Freitag 9.00-13.00 Uhr. Eintritt: 15 NIS. Englische Führungen jeden Mittwoch um 13.00 Uhr. Tel. 02/6241610.*

## Haus Tabor

Das 1882 errichtete Gebäude gehörte dem deutschen Architekten und protestantischen Missionar Conrad Schick und beherbergt heute ein schwedisches theologisches Institut. Es ist offiziell nicht für Besucher zugänglich; dennoch besteht die Möglichkeit, den Garten mit den archäologischen Ruinen zu besichtigen. Schon allein wegen des originellen Tores lohnt sich ein Besuch.

*Ha-Neviim Street 58.*

## Die Griechische Kolonie

Das griechische Patriarchat stellte dieses Gebiet ursprünglich den palästinensischen griechisch-orthodoxen Familien und jenen Familien, die den ausschließlich griechischen Klerus begleiteten, zur Verfügung. Die ersten Häuser wurden 1902 entlang der nach Archimandrit Eftimos (1843-1917) benannten Eftimos Street (heute Yehoshua Bin Nun Street) gebaut. Zur Zeit des britischen Mandats ließen sich hier palästinensische Christen verschiedener Konfessionen, Muslime, Griechen sowie britische Beamte nieder. Während des Kriegs 1948 durften nur die unter konsularischem Schutz stehenden Ausländer in ihren Häusern bleiben.

*Begrenzungen: Emek Refaim Street, Rachel Imenu Street und Elazar Hamodai Street. Diese drei Straßen begrenzen das Viertel seit 1948.*

## Die Deutsche Kolonie

Dieses Viertel wurde um 1860 von der sogenannten »Deutschen Tempelgesellschaft« aus Württemberg mit dem Ziel errichtet, »die ideale christliche Gemeinde im Heiligen Land ins Leben zu rufen«. Gegen Ende des 19. Jh. lebten dort über 40 Familien. Da die Kolonie an einer Bahnstation lag, spezialisierten sich einige der Einwohner auf den Schienengüterverkehr zwischen Jerusalem und Jaffa. Die Häuser waren schlicht; jedes einzelne verfügte jedoch über einen Garten. Diese Gärten tragen bis heute zum ländlichen Charme der deutschen Kolonie bei.

*Begrenzungen: Emek Refaim Street, Lloyd George Street, Jan Smuts Street, Bethlehem Road.*

> »Gegen Ende April 1948 spitzte sich die Situation derartig zu, dass es außer in Fällen dringender Notwendigkeit unklug wurde, hinauszugehen. Die Anzahl der Einwohner, die in der Griechischen Kolonie blieben, wurde jeden Tag kleiner. Freunde und Nachbarn erzählten mir, sie hätten vor zu bleiben – letztendlich gingen sie aber. Familien liehen Lastwagen, um ihr Gepäck und ihre Möbel zu transportieren. Es war keine Zeit für Abschiede; alle schlichen sich lieber ungesehen in der Morgendämmerung davon. Muhammad, der Milchmann, stellte seine normalen Lieferungen ein. Seine Kunden waren gegangen, und auch für ihn war es zu gefährlich, die Altstadt zu verlassen. Die Leute aus den Dörfern brachten kein Obst und Gemüse mehr zum Verkauf. Von nun an war die Griechische Kolonie fast verlassen – nur noch fünf griechische Familien waren geblieben. Die Häuser wurden abgeschlossen und die Fensterläden verriegelt; griechische Flaggen wurden an den Häusern gehisst, in der Hoffnung, dass ausländische Häuser verschont blieben (es wäre verrückt gewesen, eine englische Flagge an mein Haus zu hängen) (der Autor hatte einen englischen Vater und eine armenische Mutter aus Jerusalem) – trotzdem dachten alle, dass sie in zwei oder drei Wochen zurückkehren würden.«
>
> John Melkon Rose, Autor von »Armenians of Jerusalem« (1993)

## Jüdische Stadtteile

Seit Mitte des 19. Jh. haben europäische Juden, die von der Idee der Wiederbelebung einer jüdisch-nationalen Identität überzeugt waren und der zionistischen Bewegung oder jüdischen, philanthropischen Organisationen nahestanden, damit begonnen, Programme zur Verbesserung der sanitären Anlagen, der Bildung und Gesundheitsvorsorge in dem kleinen Jüdischen Viertel einzuführen. Ein weiteres Ziel dieser Programme war der »Schutz« der jüdischen Gemeinde in Palästina vor christlicher Bekehrung. Ab 1880 stieg die Zahl der Immigranten aschkenasischer, vorwiegend tief religiöser Juden aus dem Österreichisch-Ungarischen, dem Deutschen und dem Russischen Reich rapide an. Zunächst wollten sie sich hauptsächlich in der Altstadt niederlassen, aber sie begannen schnell, sich auch außerhalb der Stadtmauern anzusiedeln (z. B. Mishkenot Shaananim 1860 und Mea Shearim 1874). Diese aschkenasischen Gemeinden machten sich nicht mit der arabischen Kultur oder Sprache vertraut, sondern blieben den vorherrschenden Theorien der Kolonialisierung und der Überlegenheit des jüdischen Volkes verhaftet und gingen zu den lokalen, Arabisch sprechenden Gemeinden auf Distanz. Die osmanischen Behörden, die über die verstärkte Immigration und die separatistischen Bewegungen besorgt waren, erließen 1882 ein Edikt, das es Juden aus Russland, Bulgarien und Rumänien verbot, sich in Palästina niederzulassen oder dort Land zu erwerben. Ihnen war nur ein kurzer Aufenthalt erlaubt; allerdings ermöglichten Korruption und konsularischer Beistand diesen Einwanderern, das Gesetz zu umgehen. Die jüdischen Einwanderer behielten meist ihre ursprüngliche Nationalität und sicherten sich so einerseits konsularischen Schutz und andererseits Steuervergünstigungen.

*Fußgängerzone in Westjerusalem*

## Westjerusalem

Als Ende des 19. Jh. immer mehr Zionisten einwanderten, zeigten die jüdischen Stadtentwicklungsprogramme Erfolg. Die neuen Viertel konzentrierten sich im Westen der Stadt entlang der Jaffa Road (Mahane Yehuda 1887, Shaarei Tzedek 1891 und das Boukharian-Viertel 1891), während Gemeinde-, Kultur-, und Sportzentren als Verbindung zwischen diesen Vierteln dienten (wie z. B. die *Israelite Alliance* und *The Hebrew Gymnasia High School of the Zionist Spirit*). Wenngleich der jüdische Grundbesitz in der ersten Phase der Einwanderung gering war, so verstärkte die weitere Entwicklung des Zionismus unter britischem Mandat die jüdische Einwanderung nach Jerusalem und die bereits existierenden Bezirke wurden erweitert und neue Viertel gegründet (Talpiot 1922, Rehavia 1924, Sanhedriya und Mekor Hayim 1927).

### Yemin Moshe

Mithilfe des jüdisch-amerikanischen Millionärs Judah Touro sponserte Sir Moses Montefiore den Bau von Mishkenot Shaananim, des ersten Viertels außerhalb der Stadtmauern. Es wurde zwischen 1857 und 1860 von Steinmetzen aus Bethlehem gebaut. Der Komplex war für bedürftige sephardische Juden aus Jerusalem vorgesehen – auch wenn es ihnen anfangs widerstrebte, die Altstadt zu verlassen. Mishkenot Shaananim wurde gegründet, um die Gemeinden zu trennen und sollte die prinzipielle Autonomie der jüdischen Gemeinde, für die es gebaut wurde, sicherstellen. Es umfasste 20 Appartements und eine Windmühle, die jedoch nie in Betrieb ging. 1892 wurde Mishkenot Shaananim in das Yemin-Moshe-Viertel integriert. Zwischen 1948 und 1967 nutzte man das Viertel als militärischen Beobachtungsposten zur Überwachung der Altstadt. Heute befindet sich dort ein kleines Museum, das dem Gründer Moses Montefiore gewidmet ist.

*Juden aus Mea Shearim auf dem Weg zur Klagemauer*

Oberhalb der Bethlehem Road, in der Nähe des Sultanteichs. Öffnungszeiten: Sonntag-Donnerstag 9.00-16.00 Uhr.

### Mea Shearim

Das gegen Ende des 19. Jh. für orthodoxe jüdische Einwanderer aus Polen und Litauen errichtete Viertel war ursprünglich von einer Mauer umgeben, die es vollständig von seiner Umgebung isolierte und in die sechs Tore eingelassen waren. Neben einer einheitlichen Kleidungsweise (lange schwarze Mäntel und schwarze Socken für Männer, Perücken und Kopftücher mit Haarnetz für Frauen – von manchen verheirateten Frauen wird sogar verlangt, sich die Haare abzuschneiden) weisen bestimmte Details, wie die Form des Hutes oder die Art, wie Hosen getragen werden, auf die Herkunft der Menschen (Osteuropa, Zentralasien oder Nordafrika) oder ihre spezifische religiöse Ausrichtung (*Haredim* oder chassidische Juden) hin. In Mea Shearim sprechen viele Einwohner im Alltag Jiddisch; Hebräisch ist der Andacht und den religiösen Studien vorbehalten, welche die Hauptaktivitäten der Männer sind. Die meisten von ihnen sind Anhänger der israelisch-nationalen *Shas*-Partei. Dies war nicht immer der Fall, und bis zum heutigen Tag existiert im Viertel sogar eine jüdisch-orthodoxe Gemeinde (*Neturei Karta*), welche die zionistische Ideologie vehement zurückweist. Die Gemeinde vertritt die Meinung, dass aus theologischer und moralischer Sicht die zionistische Ideologie und der jüdische Glaube unterschieden werden müssen.

### Rehavia

Im Gegensatz zu anderen jüdischen Vierteln wurde Rehavia vor allem aus privaten Mitteln finanziert. Das privilegierte Viertel war von Anfang an als »eine preußische Insel in einem orientalischen Ozean« angelegt. Seit den Dreißigerjahren errichteten hier die Mitglieder der aschkenasischen, intellektuellen Elite aus Deutschland, Österreich und der Tschechoslowakei ihre Villen. Architektonisch betrachtet zeichnen sich die individuell gestalteten Häuser und Grundstücke durch den Internationalen Stil aus, der mit Ausnahme einiger schmiedeeiserner Art-déco-Motive auf Dekoration weitgehend verzichtet. Aufgrund zionistischer Prinzipien beauftragten die Anwohner für den Bau ihrer Häuser ausschließlich jüdische Architekten und Steinmetze. Dies erklärt, warum man hier Motive in gehauenem Stein selten antrifft – ganz im Gegensatz zu den umliegenden arabischen Vierteln, wo sie im Überfluss vorhanden sind.

### Das Kreuzkloster

Eingeschlossen zwischen Autobahnen und Buschland wirkt das befestigte, mittelalterliche Kloster sehr eigentümlich. König Bagrat von Georgien erbaute die heutige Anlage im 11. Jh. an der Stelle, wo der Baum für das Kreuz Jesu Christi gefällt worden sein soll. Aufgrund der damaligen guten diplomatischen Beziehungen zwischen dem Mameluckenstaat und dem Georgischen Königreich war die christlich-georgische Gemeinde während der Zeit der Mamelucken sehr einflussreich. Ab 1685 schrumpfte die Gemeinde jedoch und war gezwungen, das Kloster an die griechisch-orthodoxe Kirche zu verkaufen. Das Dekor und die Fresken im Inneren, vor allem deren Anordnung, sind besonders bemerkenswert: Christliche Heilige, griechische Philosophen und antike, heidnische Götter stehen unmittelbar nebeneinander.

*Am Talausgang, in der Nähe des Israel-Museums und der Knesset. Öffnungs-*

*Kreuzkloster*

## Westjerusalem

zeiten: Montag-Samstag 10.00-18.30 Uhr (im Winter 17.30 Uhr). Eintritt: 10 NIS. Vater Klavious, Tel. 052/2215144 (Handy).

### Das Israel-Museum

Das Israel-Museum liegt direkt gegenüber der Knesset und ist bekannt für seine ausgezeichnete Sammlung archäologischer Artefakte und Kunstwerke. Seine Sammlung ist einzigartig im Land, vor allem der Schatz von Nahal Mashmar (chalkolithische Epoche) mit seinen Zeptern und »Kronen«, die mit Bildern von Vögeln und Säugetieren verziert sind, die bei Deir al-Balah gefundenen, anthropomorphen Sarkophage aus der Bronzezeit sowie die Bronzebüste des römischen Kaisers Hadrian aus Bissan (Beit Shean). In der Abteilung für Schöne Künste sind viele europäische und nordamerikanische Schulen vertreten. Hier finden sich neben flämischen Künstlern des 17. Jh. auch Impressionisten, Kubisten, Surrealisten, Vertreter der Pop-Art sowie der zeitgenössischen und der abstrakten Kunst. Eine dritte Abteilung widmet sich künstlerisch-ethnologischen Werken, die besonders die Lebensweisen und Kunstschöpfungen jüdischer Gemeinden weltweit veranschaulichen. Hier sind vor allem die jemenitische Kanzel aus dem 18. Jh. und die Rekonstruktionen der venezianischen Synagoge von Vittorio Veneto (1710) und der Synagoge der deutschen Stadt Horb am Neckar (8. Jh.) besonders sehenswert. Die außergewöhnliche Sammlung, die Wissenschaftlichkeit vermitteln soll, erfordert einen kritischen Blick, um die versteckten Bestrebungen der israelischen Archäologie zu erkennen, die Legitimität Israels zu untermauern und öffentliche Bedürfnisse zum Schaden der lokalen Geschichte zu bedienen. Das Museum hat zwei historische Tatsachen erfolgreich ignoriert – die ununterbrochene Präsenz der ursprünglichen Einwohner des Landes und ihre Traditionen. Berühmt ist das Museum auch durch den Schrein des Buches, in dem die weltberühmten Schriftrollen von Qumran aufbewahrt werden. Ein Modell des antiken Jerusalems zur Zeit von Herodes wird im Hof ausgestellt. Grundlage hierfür waren die Beschreibungen aus den Werken von Flavius Josephus und dem Talmud.

*Ruppin Street. Öffnungszeiten: Sonntag, Montag, Mittwoch und Donnerstag 10.00-17.00 Uhr, Dienstag 16.00-21.00 Uhr, Samstag 10.00-14.00 Uhr. Eintritt: Erwachsene 42 NIS, Schüler und Studenten 30 NIS. Tel. 02/6708811. Buslinien: 9, 17, 24 und 99.*

*Der Schrein des Buches, der als Teil des Israel-Museums die berühmten Schriftrollen von Qumran enthält*

# Jerusalem

## Bible Lands Museum

Die einzigartigen Ausstellungsstücke des Museums – Exponate aller in der Bibel erwähnten Völker – stammen von einem polnischen Privatsammler, der sehr erfolgreich seltene Objekte aufspürte. Das Bible Lands Museum hat nicht allein einen pädagogischen Auftrag, sondern dient vor allem der Ausstellung einzigartiger Exponate, die den antiken Völkern des Nahen und Mittleren Ostens zuzurechnen sind. Die meisten antiken Schriftsysteme werden hier gezeigt – von den ersten in Tontafeln gravierten Zeichen bis hin zu vollständigen Alphabeten.

*Gegenüber dem Israel-Museum. Öffnungszeiten: Sonntag-Dienstag und Donnerstag 9.30-17.30 Uhr, Mittwoch 9.30-21.30 Uhr, Freitag 9.30-14.00 Uhr. Eintritt: 32 NIS. Tel.: 02/5611066. Buslinien: 9, 17, 24 und 99.*

## Yad Vashem

Die 1953 gegründete Gedenkstätte für die Opfer des Holocaust ist Dokumentations-, Forschungs- und Lehrzentrum in einem und beherbergt neben Ausstellungsräumen und Denkmälern auch Archive und Bibliotheken. Der hebräische Name »yad va-shem« bedeutet wörtlich »ein Denkmal und ein Name« und leitet sich ab aus Jesaja 56, 5 (»Ihnen allen errichte ich in meinem Haus und in meinen Mauern ein Denkmal; ich geben ihnen einen Namen, der niemals ausgetilgt wird«). Herzstück Yad Vashems ist das architektonisch beeindruckende Museum zur Geschichte des Holocaust, das in einem chronologischen Rundgang anhand von Exponaten, Videoinstallationen, Fotografien und Dokumenten die Judenverfolgung durch die Nazis beschreibt. Am Ende des Rundgangs gelangt man zur Halle der Namen, deren Decke aus einem zehn Meter hohen Kegel besteht, an dessen Innenwand über 600 Fotografien und Gedenkblätter – kurze Biografien zu den einzelnen Holocaust-Opfern – ausgestellt sind. Weitere wichtige Stationen des Museumskomplexes sind die Halle der Erinnerung, die Allee und der Garten der Gerechten unter den Völkern, das Denkmal für die Kinder sowie das Denkmal zur Erinnerung an die Deportierten – ein alter Reichsbahnwaggon, der an einem Abhang auf einer ins Nichts führenden Brückenkonstruktion steht.

*Har Hazikaron, P.O.B. 3477, Jerusalem 91034, Israel. Anfahrt: Von Tel Aviv auf der Route 1 kommend am Stadteingang rechts auf die Herzl Route abbiegen, dann der Ausschilderung nach Hadassah, Ein Karem, Mount Herzl und Yad Vashem folgen. Öffnungszeiten: Sonntag-Mittwoch 9-17 Uhr, Donnerstag 9-20 Uhr, Freitag und vor Feiertagen 9-14 Uhr. An Samstagen und jüdischen Feiertagen geschlossen. Eintritt frei (www.yadvashem.org und www.yad-vashem.de).*

*Gedenkstätte Yad Vashem*

# Westjerusalem

*Luftaufnahme der Altstadt mit dem Christlichen, Jüdischen, Armenischen und Muslimischen Viertel*

# Jerusalem

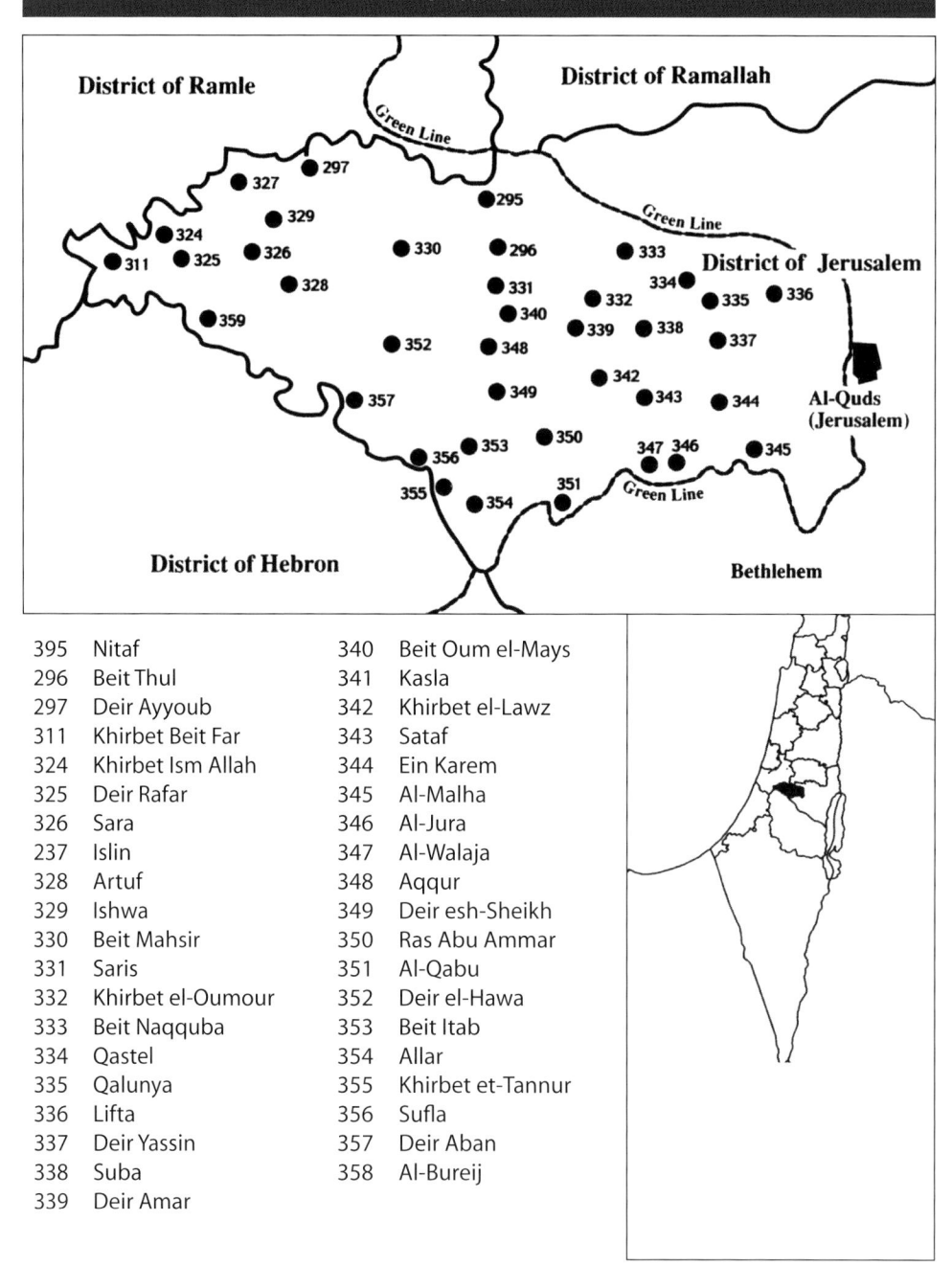

**District of Ramle** — **District of Ramallah**

**District of Jerusalem**

Al-Quds (Jerusalem)

**District of Hebron** — **Bethlehem**

| Nr. | Name | Nr. | Name |
|-----|------|-----|------|
| 395 | Nitaf | 340 | Beit Oum el-Mays |
| 296 | Beit Thul | 341 | Kasla |
| 297 | Deir Ayyoub | 342 | Khirbet el-Lawz |
| 311 | Khirbet Beit Far | 343 | Sataf |
| 324 | Khirbet Ism Allah | 344 | Ein Karem |
| 325 | Deir Rafar | 345 | Al-Malha |
| 326 | Sara | 346 | Al-Jura |
| 237 | Islin | 347 | Al-Walaja |
| 328 | Artuf | 348 | Aqqur |
| 329 | Ishwa | 349 | Deir esh-Sheikh |
| 330 | Beit Mahsir | 350 | Ras Abu Ammar |
| 331 | Saris | 351 | Al-Qabu |
| 332 | Khirbet el-Oumour | 352 | Deir el-Hawa |
| 333 | Beit Naqquba | 353 | Beit Itab |
| 334 | Qastel | 354 | Allar |
| 335 | Qalunya | 355 | Khirbet et-Tannur |
| 336 | Lifta | 356 | Sufla |
| 337 | Deir Yassin | 357 | Deir Aban |
| 338 | Suba | 358 | Al-Bureij |
| 339 | Deir Amar | | |

*1948 zerstörte palästinensische Dörfer im Distrikt Jerusalem. Die palästinensische Bevölkerung wurde vertrieben bzw. flüchtete.*

# Palästinensische Dörfer westlich von Jerusalem

Deir Yassin

Das Dorf ist nach Sheikh Yassin benannt, dessen Grab sich in der Moschee des Dorfs befindet. In den Zwanzigerjahren hat die Arbeit in den Minen die Landwirtschaft weitgehend ersetzt. Die Dorfbewohner leisteten dadurch einen entscheidenden Beitrag zur Errichtung neuer Stadtviertel in Jerusalem. Um 1945 arbeiteten nur noch 15% der Bevölkerung hauptberuflich als Landwirte; zwischen 1931 und 1948 stieg die Bevölkerungszahl des Dorfs von 428 auf 750 an. An der westlichen Peripherie von Jerusalem gelegen, wurde das Dorf rasch modernisiert: 1946 gab es dort zwei Schulen, Läden, einen Club, eine Spar- und Darlehenskasse sowie ein Busunternehmen, das Deir Yassin und Lifta mit Jerusalem verband. Anders als die benachbarten jüdischen Siedlungen wie Givat Shaul, Montefiore, Beit Hakerem und andere waren Deir Yassin und Lifta als außerhalb der Jerusalemer Stadtgrenzen liegend eingestuft und infolgedessen von der Strom- und Trinkwasserversorgung abgeschnitten.

*Das Dorf heute*
Nach dem von den zionistischen Organisationen *Lechi* und *Irgun* verübten Massaker genehmigte die Abteilung für Kolonialisierung der *Jewish Agency* im Herbst 1949 die Besiedlung des Dorfs und gab ihm den offiziellen Namen »Givat Shaul Bet«. Häuser, die nicht zerstört worden waren, übergab man an orthodoxe Juden, überwiegend Immigranten aus Polen, der Tschechoslowakei und Rumänien. Heute sind viele ehemals palästinensische Häuser von der Rabbi Yisrael Nagara Street aus sichtbar. Einige davon sind inzwischen zu Lagern und Werkstätten umfunktioniert worden.

*Givat Shaul Bet, bei der Rabbi Yisrael Nagara Street.*

*Erinnerungsstätte in Deir Yassin, wo im April 1948 mehr als 120 Palästinenser von zionistischen Untergrundgruppen ermordet wurden*

## Deir Yassin oder »Das Guernica Palästinas«

Ende des Jahres 1947 begannen die Überfälle auf die palästinensischen Nachbardörfer von Deir Yassin, darunter auch Lifta und einige palästinensische Viertel in Jerusalem (Sheikh Badr, Romema und andere). Im Februar 1948 waren diese Viertel vollständig geräumt. Aufgrund der bedrohlichen Situation wurde ein Krisenstab in Deir Yassin einberufen, der den Auftrag erhielt, die Verteidigung des Dorfs zu organisieren. Die illegal in Ägypten erstandenen Waffen wurden von den Einwohnern selbst bezahlt, indem sie ihr Eigentum veräußerten – einschließlich Schmuck, der als Mitgift für die Frauen vorgesehen war. Veteranen der Revolution von 1936 bis 1937 schulten junge Männer im Umgang mit Waffen und patrouillierten nachts mit ihnen gemeinsam zur Überwachung des Ortes. Am 4. April attackierte die *Hagana* alle palästinensischen Dörfer entlang der Straße von Jaffa nach Jerusalem. In der Nacht zum 8. April begannen die zionistischen Organisationen *Lechi* und *Irgun Zvai Leumi* (*Ezel*) in der Erwartung eines schnellen Sieges mit dem Angriff auf das Dorf. Trotz ihrer wesentlich besseren Ausrüstung waren die militanten Zionisten auf den organisierten Widerstand, der sich ihnen entgegensetzte, nicht vorbereitet. Bei Tagesanbruch befanden sich sich in einer kritischen Situation: Sie konnten weder vorrücken noch die Verwundeten evakuieren. Schließlich wurden sie von einer Einheit der *Hagana* gerettet, die mit schwerer Artillerie anrückte. Daraufhin kam es zu einem Massaker: Mehr als 120 der 750 Einwohner des Dorfs – Männer, Frauen, Kinder und alte Menschen gleichermaßen – wurden getötet. Die Überlebenden wurden zur Schau gestellt, indem sie auf Lastwagen durch die Straßen von Jerusalem gefahren wurden, das zu dieser Zeit, bevor es zu einer Pufferzone wurde, noch von Juden kontrolliert wurde. Zusätzlich zu den Radiomitteilungen über das Massaker waren die Ereignisse Thema sämtlicher Zeitungsschlagzeilen. Die Darstellung, wonach 245 Palästinenser ums Leben gekommen seien, wurde von den zionistischen Organisationen mit der Absicht lanciert, die Palästinenser einzuschüchtern: Tatsächlich verließen die Palästinenser aus der Neustadt (Westjerusalem) nach und nach ihre Wohngebiete.

### Freitag, 9. April, 4 Uhr morgens

»Wir begannen zu schreien: ›Die Juden, die Juden!‹ Danach rannten wir in alle Richtungen. Ich hörte eine Frau schreien: ›Sie haben den Bäcker in den Ofen geworfen.‹ Unser Haus war ziemlich weit vom Ofen entfernt. Ich rannte mit ein paar anderen Frauen, um im Haus des Mukhtar Muhammad Ismail Sammour Schutz zu suchen. Einige Augenblicke später kam auch Muhammad Mahmoud Sammour mit einem Gewehr bewaffnet zu uns. Wir waren zu fünft im Haus: Mahmoud Jawdah, seine Frau, ihr Sohn Mahmoud, Muhammad Mahmoud und ich. Die Schießereien und Explosionen draußen waren schrecklich. Dann hörten wir einen gewaltigen Lärm, der das ganze Haus erschütterte, gefolgt von Schüssen und den Schreien einer Frau. Sie begannen, an die Tür zu hämmern: ›Aufmachen! Aufmachen!‹ Ich bewegte mich vorwärts und schrie: ›Werdet ihr uns töten, wenn wir aufmachen?‹ Eine Stimme antwortete: ›Nein. Sind Männer bei euch?‹ – ›Ja.‹ – ›Wie viele?‹ – ›Drei.‹ – ›Macht auf.‹ – ›Schwöre auf deine Zehn Gebote, dass du uns nicht umbringen wirst.‹ Er schwor. Ich öffnete die Tür und ging als erste hinaus. Sie warfen sofort eine Granate in das Haus und töteten alle vier Menschen darin. Ich begann zu rennen und sah den Leichnam von Mukhtars Frau Hajja Fudiyya (60 Jahre alt) neben ihren Enkeln Sammour Kalil (12 Jahre alt) und Ismail (15 Jahre alt) auf den Stufen liegen.«

*Zaynab Atiya*

### Freitag, 9. April, nachmittags

»Ich habe um zwei Uhr nachmittags mit meinen eigenen Augen drei Lastwagen langsam die King George VI Street in Jerusalem auf und ab fahren sehen. Männer und Frauen waren auf den Fahrzeugen zusammengepfercht. Die Hände hielten sie über ihren Köpfen, während sie von jüdischen Soldaten umzingelt waren, die Maschinengewehre und andere Waffen auf sie richteten. Der Sheikh des Dorfs war auf einem der Lastwagen zusammen mit einer Gruppe Frauen und einem Kind in vorderster Reihe, das seine entkräftete Hand auf dem Kopf hielt. In ihren Gesichtern spiegelte sich die Erschöpfung wider, und ihre verängstigten Blicke schweiften in die Ferne.«

*Harry Levin, englischer Journalist und hochrangiger Mitarbeiter im damaligen israelischen Außenministerium*

## Palästinensische Dörfer westlich von Jerusalem

### Samstag, 10. April, nachmittags

»Die *Jewish Agency* und das Hauptquartier der *Hagana* sagen mir, sie wüssten nichts über die Ereignisse und dass es untersagt sei, die ›Irgun-Zone‹ zu betreten. Sie raten mir davon ab, meine Arbeit weiterzuverfolgen und warnen mich, dass, wenn ich mich widersetzte, unsere Mission in Gefahr sei, abgebrochen zu werden. Nicht nur, dass sie mir ihre Unterstützung verweigern würden, sie übernähmen auch keinerlei Verantwortung für die Gefahren, in die ich mich begäbe. Ich antworte ihnen, dass ich gehen würde und dass die *Jewish Agency*, von der jedermann weiß, dass sie die Autorität über alle jüdisch kontrollierten Gebiete ausübt, sowohl für meine Sicherheit als auch für meine Bewegungsfreiheit im Rahmen meiner Aufgaben verantwortlich sei.«

*Jacques de Reynier, Delegierter des Internationalen Roten Kreuzes*

### Sonntag, 11. April

Dem Delegierten des Roten Kreuzes wurde bis Sonntag der Zutritt zum Dorf untersagt. »Die Truppen sind mit Kampfanzügen und Helmen ausgestattet. Alle Jugendlichen und Erwachsenen, Männer und Frauen, sind bis an die Zähne mit Pistolen, Maschinengewehren, Granaten und riesigen Messern bewaffnet, die sie in den Händen halten und von denen die meisten blutverschmiert sind. Ein junges Mädchen – wunderschön, aber mit den Augen einer Kriminellen – zeigt mir ihr Messer, von dem noch das Blut tropft und das sie wie eine Trophäe schwingt. Sie gehört zur Reinigungstruppe, die sorgfältig und gewissenhaft ihrer Arbeit nachgeht. Ich versuche, eines der Häuser zu betreten. Ich werde von Dutzenden Soldaten eingekreist, die ihre Maschinengewehre auf mich richten, während ein Offizier mir befiehlt, zu bleiben, wo ich bin. ›Wir nehmen die Toten mit, falls hier welche sind‹, sagt er. Nachdem ich diejenigen abgeschüttelt habe, die mich festgehalten haben, gehe ich in das Haus. Das erste Zimmer ist dunkel, alles ist unordentlich, aber es ist niemand dort. Im zweiten Zimmer, inmitten der zerstörten Möbel, der Bettlaken und Trümmer aller Art, finde ich einige kalte Leichen. Sie haben ihre ›Säuberungsaktion‹ erst mit Maschinengewehren, dann mit Granaten und schließlich mit Messern ausgeführt. Im nächsten Zimmer ist es das Gleiche, aber als ich gehen will, höre ich so etwas wie ein Seufzen. Ich suche überall, rücke jedes einzelne Möbelstück zur Seite und finde schließlich einen kleinen Fuß, der noch warm ist. Es ist ein kleines, zehnjähriges Mädchen, das von einer Granate schwer verletzt worden ist, aber noch lebt. Als ich sie mitnehmen will, verbietet es mir der Offizier und stellt sich in die Tür, um sie zu blockieren. Ich stoße ihn beiseite und gehe mit meiner wertvollen Last vorbei.«

*Jacques de Reynier, Delegierter des Internationalen Roten Kreuzes*

### Lifta

»Nephto« war der Name des Dorfs in der byzantinischen Epoche, als man glaubte, dies sei der biblische Ort, an dem sich der Wasserbrunnen von Nephthoa befand (Jos 15, 9 und 18, 15). Unter den Kreuzrittern wurde es später in »Clepsa« umbenannt, bevor es schließlich unter dem Namen »Lifta« bekannt wurde.

Bewaffnete zionistische Streitkräfte zerstörten das Dorf am 28. Dezember 1947. Unmittelbar danach suchten seine Bewohner Zuflucht in Jerusalem. Am 7. Februar 1948 äußerte sich David Ben-Gurion folgendermaßen: »Wenn man von Lifta nach Jeru-

*Überreste des im Dezember 1947 zerstörten Dorfs Lifta westlich von Jerusalem*

salem kommt – von Romema, von Mahane Yehuda, King George Street und Mea Sharim, dann gibt es dort keine Fremden. Alles ist zu 100% jüdisch.«

Mit mehr als 2500 Einwohnern galt das Dorf als Vorort Jerusalems. Der Getreideanbau war damals noch von großer Bedeutung. Jedoch gaben immer mehr Menschen die Landwirtschaft auf, um in der Stadt als Bauarbeiter zu arbeiten.

*Am Stadteingang von Jerusalem. Die Ruinen von Lifta sind vom Highway 1 (Highway Jaffa/Tel Aviv – Jerusalem) zu sehen. Sie wurden unter dem riesigen Straßennetz gefunden (Golda Meir Highway), das die Siedlungen im Norden und Osten Jerusalems miteinander verbindet. Ein Rundgang durch das Dorf und das Tal dauert etwa 1,5 Stunden.*

*Das Dorf heute*
Obwohl das Dorf insgesamt verfallen wirkt, sind einige Häuser noch erhalten. Architektonische Details weisen auf seinen einstigen Wohlstand hin und viele Häuser tragen eine Widmung und das Datum ihrer Errichtung auf dem Türsturz über dem Haupteingang. In den späten Achtzigerjahren plante die israelische Naturparkbehörde hier ein Fachzentrum für geschichtswissenschaftliche Studien unter freiem Himmel mit der Absicht, »die jüdischen Wurzeln an diesem Ort zu vertiefen«. Allerdings wurde das Projekt niemals durchgeführt. Stattdessen wurde eine große, zweispurige Umgehungsstraße auf den Überresten des Dorfs gebaut, um den Verkehrsfluss zwischen den israelischen Siedlungen im Norden und Osten von Jerusalem zu erleichtern.

## Qastel

Wegen seiner strategischen Lage an der Hauptroute zwischen Jaffa und Jerusalem wurde Qastel auch »der Schlüssel zu Jerusalem« genannt. Aus diesem Grund stürmte die *Hagana* das kleine Dorf mit 90 Einwohnern am 3. April 1948. Die Stacheldrahtzäune und Gräben sind heute noch sichtbar. Der palästinensische Widerstand begann mit der Rückeroberung des Dorfs am 8. April: »Mit 200 Männern und vier Mörsern, von denen einer ein Eigenfabrikat war, und mit Granaten ausgerüstet, führte Abdel Qader seine Truppen in einen Angriff aus drei verschiedenen Richtungen« (Walid Khalidi). Dorfbewohner aus der Umgebung waren als unbewaffnete Zuschauer ebenfalls auf dem Schlachtfeld anwesend, konnten als solche jedoch nur in eingeschränktem Maße eingreifen und helfen, obgleich ihre Anwesenheit einen destabilisierenden Effekt auf die zionistischen Soldaten hatte. Die offizielle Broschüre der Anlage beschreibt die Situation folgendermaßen: »Tausende von Dorfbewohnern strömten auf das Schlachtfeld.« Bei den Kämpfen wurde der Kommandeur der *Jihad-al-Muqaddas-Brigaden*, Abdel Qader al-Husseini, getötet. Um seinen Leichenzug nach Jerusalem zu begleiten, ließen seine Gefolgsmänner den Hügel unbewacht zurück: Die *Hagana* setzte daraufhin ihre Offensive zur Rückeroberung Qastels und zur Kontrolle der Straße nach Jerusalem fort.

*An der Autobahn zwischen Jaffa und Jerusalem. Nationalpark. Öffnungszeiten: 8.00-16.00 Uhr. Eintritt: 12 NIS. Es gibt an diesem Ort nur wenig zu sehen; aufgrund der Schlacht vom April 1948 ist er vielmehr von historischem Interesse.*

# Palästinensische Dörfer westlich von Jerusalem

## Abdel Qader al-Husseini (1908-1948)

Abdel Qader al-Husseini wurde 1908 in Jerusalem geboren und trat während des Arabischen Aufstands von 1936 bis 1939 der palästinensischen Widerstandsbewegung bei. Nach einer Verwundung wurde er in den Libanon gebracht und trat anschließend der irakisch-arabischen Nationalbewegung bei, die in Opposition zu der pro-britischen haschemitischen Monarchie stand. Im Januar 1948 kehrte er heimlich nach Palästina zurück und wurde vom Arabischen Hochkomitee zum Kommandeur der *Jihad-al-Muqaddas-Brigaden* für die Verteidigung Jerusalems ernannt. Er war für 550 palästinensische Freiwillige verantwortlich. Am 8. April 1948 starb er während des Befreiungsversuchs von Qastel.

*Palästinensische Guerillaführer des Aufstands von 1936-1939, in der Bildmitte Abdel Qader al-Husseini*

## Abu Ghosh

Das Dorf Abu Ghosh ist das einzige palästinensische Dorf im Westen Jerusalems, dessen Bevölkerung nicht einer ethnischen Säuberung zum Opfer gefallen ist. An der Straße gelegen, welche die Küstenebene mit Jerusalem verbindet, diente das Dorf jahrhundertelang als Rastplatz für Reisende, Pilger und Kaufleute. Die Ruinen einer abbassidischen Karawanserei sowie eines Wasserspeichers (9. Jh.), die zur Zeit der Mamelucken renoviert wurden, liegen in der Nähe eines Klosters. Bis in die zweite Hälfte des 19. Jh. forderte der Stamm Abu Ghosh von allen Reisenden, die sein Gebiet durchquerten, eine Zollgebühr ein. Dieses Vorgehen führte allerdings seitens der Pilger und ausländischen Diplomaten zu Empörung und Beschwerden bei den osmanischen Behörden. Die osmanischen Machthaber waren jedoch im Wesentlichen daran interessiert, dem Bestreben der Stammesführer nach einem teilweise unabhängigen Staat auf ihrem Gebiet und einer offenen Rebellion gegen die osmanische Zentralgewalt Einhalt zu gebieten.

*15 km westlich von Jerusalem.*

*Die Kreuzfahrerkirche*
Die Kirche im Herzen des Dorfs stellt die Hauptsehenswürdigkeit von Abu Ghosh dar. Sie wurde von den siegreichen Kreuzfahrern, die den Ort mit Emmaus in Verbindung brachten, im Jahr 1142 errichtet. Die Fresken sind noch erhalten. Im Jahr 1873 eignete sich die französische Regierung den Besitz an. Ein wiederverwendeter Stein in der Krypta zeigt, dass die Zehnte Römische Legion im 1. Jh. n. Chr. in unmittelbarer Nachbarschaft stationiert war. Am höchsten Punkt des Dorfs, dem Berg Deir al-Azhar, befindet sich zusammen mit einer monumentalen Marienstatue die Kirche Notre Dame de l'Arche d'Alliance (»Unsere liebe Frau von der Bundeslade«). Nach jüdischer Überlieferung handelt es sich bei Abu Ghosh um den Ort Qiryat Yearim, wo der Bibel zufolge die Philister die Lade des Herrn an die Israeliten zurückgegeben haben (1 Sam 6, 20-21; 1 Sam 7, 1-2). Die Kirche wurde auf dem Fundament einer byzantinischen Kirche erbaut, die wiederum über einem Dorf aus der Eisenzeit errichtet worden war. Der Mosaikboden der byzantinischen Kirche ist noch erhalten.

## Jerusalem

*Öffnungszeiten: 8.30-11.30 Uhr und 14.30-17.30 Uhr, außer donnerstags und sonntags. Eintritt frei. Tel. 02/2342798.*

### Al-Malha

Der Ursprung des Dorfs lässt sich nicht exakt datieren. Im 16. Jh. wurde es »Maliha es-Sughra« genannt und zählte 300 Einwohner. Unter britischem Mandat wuchs das Dorf schnell zu einem Vorort von Jerusalem an. Zum Zeitpunkt des nächtlichen Angriffs im März 1948 hatte es 1940 Einwohner (1930 Muslime und 10 Christen).

*Das auf einem Felsplateau liegende Dorf gehört heute zu dem annektierten Gebiet von Manachat bzw. Malha. Einige Häuser und eine Moschee sind vollständig erhalten.*

*En Nakba*
Der erste zionistische Angriff fand am 6. März 1948 statt. Dennoch verließ die erste Gruppe von Dorfbewohnern das Dorf erst am Tag nach dem Massaker von Deir Yassin Anfang April und suchte Zuflucht in Jerusalem und Bethlehem. Als das Dorf erneut angegriffen wurde, schloss sich auch der Rest der Bevölkerung den Flüchtlingen an – mit Ausnahme derer, die bewaffnet waren. Trotz des erbitterten Widerstands ägyptischer Freischärler und palästinensischer Partisanen besetzten am 22. Juli schließlich zionistische Streitkräfte das Dorf.

*Der Biblische Zoo*
Im Biblischen Zoo lebt eine Vielzahl verschiedener Tierarten: Säugetiere, Vögel, Reptilien und Fische. Nicht alle diese Arten werden in der Bibel erwähnt, aber sie sind endemische oder in der freien Wildbahn ausgestorbene Arten.

*Gan Hachayot Road. Öffnungszeiten: Sonntag-Donnerstag 9.00-19.00 Uhr, Freitag 9.00-16.30 Uhr und Samstag 10.00-18.00 Uhr. Anreise mit Buslinie 26 vom zentralen Busbahnhof (Jaffa Road). Eintritt: Erwachsene 42 NIS, ermäßigt 34 NIS.*

### Ein Karem

Der christlichen Überlieferung zufolge war Ein Karem (»Quelle des Weinbergs«) der Geburtsort des Heiligen Johannes des Täufers oder Nabi Yahya, wie er im Koran genannt wird. Diese Überlieferung war der Anlass für einen Besuch von Kalif Omar Ibn al-Khattab im 7. Jh., der hier anhielt, um zu beten. Zur Zeit der Kreuzzüge wurde das Dorf in »St. Joan de Bois« umbenannt. Ein Karem wuchs im späten 19. Jh. beträchtlich und obwohl die Bevölkerungsmehrheit muslimischen Glaubens war, errichteten verschiedene christliche Gemeinden (die Franziskaner, die Zionsschwestern und die russisch-orthodoxe Gemeinde) Klöster im Dorf selbst und in der Umgebung. Einer der muslimischen Einwohner des Dorfs war Sheikh Issa Mannum, der auch an der berühmten Al-Azhar-Universität in Kairo lehrte und Dekan des Fachbereichs für Islamische Stiftungen war. Bis 1948 bestimmten Sport- und Kunstvereine das kulturelle Leben im Dorf; so gab es sogar eine Open-Air-Bühne für Theater- und Musikaufführungen, auf der in den Dreißiger- und Vierzigerjahren auch der bekannte Sänger Noor Ibrahim auftrat.

Die britischen Mandatsbehörden verbannten den aus dem Norden Palästinas stammenden Ibrahim aufgrund seiner Teilnahme am palästinensischen Aufstand von 1936 bis 1939 ins Exil nach Ein Karem. Das im Schutz von Bergen und Wäldern gelegene Ein Karem war eine bedeu-

## Palästinensische Dörfer westlich von Jerusalem

tende Hochburg des palästinensischen Widerstands, dem es sogar gelang sich von der britischen Besatzung zu befreien. Im Jahr 1945 entwickelte sich das Dorf mit 3180 Einwohnern zu einem Vorort von Jerusalem (2510 Muslime und 670 Christen). Viele seiner Einwohner waren wohlhabende Geschäftsleute und Handwerker.

*Anreise mit den Buslinien 19 und 27 aus Jerusalem. Spaziergänge sind zu empfehlen.*

### En-Nakba

Viele Einwohner flohen nach dem Massaker von Deir Yassin und den zionistischen Angriffen auf andere Dörfer westlich von Jerusalem aus Ein Karem, das 2,5 km nordöstlich von Deir Yassin lag. Mitte Juli 1948 unternahmen verschiedene israelische Militäreinheiten (*Irgun* und *Gadna*, das Bataillon der *Hagana-Jugend*) den entscheidenden Angriff auf das Dorf. Obwohl der Widerstand weder von der Arabischen Legion in Transjordanien noch von der ägyptischen Armee Unterstützung bekam, hielt er einige Tage an, bevor er schließlich niedergeschlagen wurde.

*Ein Karem – Geburtsort von Johannes dem Täufer*

Nach dem israelisch-jordanischen Waffenstillstand setzten die Dorfbewohner, von denen die meisten im Flüchtlingslager Aida (Beit Jala) untergekommen waren, ihren Widerstand mithilfe der Organisation *Jihad al-Muqaddas* fort. Die jordanischen Behörden lösten jedoch die Bewegung schon bald wieder auf und inhaftierten ihre Mitglieder. Ein Karem hatte nun keine arabischen Bewohner mehr; das Dorf wurde nicht zerstört, aber besetzt. Ab Dezember 1948 siedelten sich hier etwa 150 jüdische Familien an.

### Das Dorf heute

Trotz seiner Zugehörigkeit zu Westjerusalem hat Ein Karem seinen ländlichen Charme bewahrt. Seine traditionelle Architektur verweist zweifellos auf seinen Wohlstand, den es sowohl den zahlreichen religiösen Stiftungen als auch seiner Nähe zu Jerusalem verdankt. Daher kann es kaum überraschen, dass man dem Dorf vor 1948 den ehrenvollen Titel »Hauptstadt der Dörfer« verliehen hatte. Heute erkennt man das Bestreben seiner jüdischen Einwohner, den ursprünglich arabischen Charakter des Dorfs zu verändern, vor allem an den vielen israelischen Symbolen, die über den Eingängen der alten Häuser angebracht wurden. Einige wohlhabende Einwohner haben ihre Häuser sogar im traditionell palästinensischen Stil bauen lassen und ihre eigenen nationalen und religiösen Symbole eingefügt.

Die zahlreichen Cafés und Restaurants in Ein Karem werden vor allem von den Einwohnern Westjerusalems hoch geschätzt, ganz besonders abends und an den Wochenenden (freitags und samstags), während ein Besuch in Ein Karem an Werktagen wesentlich ruhiger verläuft.

Das von bewaldeten Hügeln umgebene Dorf ist ein idealer Ort für Spaziergänge. Wanderer können einen ganzen Tag für die markierten Wegstrecken einplanen. Möchte man nur eine kurze Strecke gehen, kann man dem Pfad bei der **Omar-Moschee** folgen. Unterhalb der Moschee liegt die **Marienquelle**, die gemäß der biblischen Überlieferung hervorsprudelte, als Maria der Mutter von Johannes dem Täufer, Elisabeth, erschien.

## Jerusalem

*Johanneskirche*
Die Kirche wurde im Jahr 1674 an dem Ort erbaut, an dem das Haus von Zacharias und Elisabeth, den Eltern Johannes des Täufers, gestanden haben soll. Durch ein eisernes Gitter unter dem Portal kann man die Reste eines Mosaikbodens einer alten byzantinischen Kirche erkennen. Eine griechische Inschrift auf dem Boden besagt: »Seid gegrüßt, Ihr Märtyrer Gottes.« In der Kirche sind einige nachgedunkelte Gemälde aus dem 17. Jh. zu sehen. Das Gemälde *Die Heimsuchung* über dem Altar wird dem berühmten spanischen Maler El Greco (1541-1614) zugeschrieben. Links vom Altar führen Treppen hinab in eine natürliche Höhle, die als **Geburtsgrotte von Johannes dem Täufer** angesehen wird.

*Im Herzen des Dorfs und innerhalb der Mauern eines Franziskanerklosters gelegen. Öffnungszeiten: Montag-Freitag von 8.00-11.45 Uhr und 14.30-17.45 Uhr (im Winter bis 16.45 Uhr), Sonntag 9.00-11.45 Uhr und 14.30-17.45 Uhr (im Winter bis 16.45 Uhr). Eintritt frei. Tel. 02/6323000.*

*Die Kirche der Heimsuchung*
Es handelt sich hierbei um eine Kirche jüngeren Datums, die erst 1955 erbaut wurde und an Marias Besuch bei ihrer Cousine Elisabeth erinnert (Lk 1, 39-56). Gemäß dem Evangelium nach Lukas empfängt Elisabeth Maria

*Altar in der Johanneskirche*

mit den Worten: »Gebenedeit bist du unter den Weibern, und gebenedeit ist die Frucht deines Leibes!« Maria antwortet mit dem Magnifikat, einem Loblied auf den Herrn: »Meine Seele erhebt den Herrn, und mein Geist freuet sich Gottes, meines Heilands.« Diese Worte sind in zahlreichen Sprachen auf Keramikkacheln festgehalten, die im Hof einer kleinen Kapelle angebracht sind. Ein Abdruck in der Kapelle (rechts neben dem Eingang) soll der Fußabdruck von Johannes dem Täufer im Kindesalter sein. Einer präbyzantinischen Legende zufolge floh Elisabeth auf einen Hügel, um dort ihr Kind vor Herodes zu verstecken, nachdem sie erfahren hatte, dass dieser alle Kinder unter zwei Jahren töten ließ (Mt 2, 16). Als sie keinen Ort fand, flehte sie »den Berg Gottes« an, der sich schließlich öffnete und beiden Zuflucht bot.

*Hinter der Omar-Moschee (Ha-Maayan Street). Öffnungszeiten: täglich 8.00-11.45 Uhr und 14.30-18.00 (im Winter bis 17.00 Uhr). Eintritt frei. Tel. 02/6417291.*

## Sataf

Das palästinensische Dorf Sataf zählte im Jahr 1945 noch 540 Einwohner, bevor israelische Soldaten es im Juli 1948 im Zuge der Militäroperationen gegen Ramle und Lydd besetzten und zerstörten. Die Terrasse mit den Olivenbäumen und die Ruinen des Dorfs sind im Naturreservat von Sataf noch zu sehen (*Eintritt frei*). Einige israelische Familien haben sich im Westen des zerstörten Dorfs angesiedelt und auf die Produktion von Ziegenkäse spezialisiert. Die von Shai Seltzer betriebene Har-Eitan-Farm liegt nur 3 km vom Hauptparkplatz entfernt. Um dorthin zu gelangen, folgt man den Hinweisschildern, auf denen eine Ziege abgebildet ist. Die Farm ist für Besucher im Sommer freitags (16.00-19.00 Uhr) und samstags (11.00-19.00 Uhr) geöffnet; im Winter dagegen ausschließlich samstags (11.00-16.00 Uhr). Informationen unter Tel. 02/5333748 und *www.goat-cheese.co.il*.

*An der Road 395, von Ein Karem kommend. Der Sataf-Nationalpark lädt zu Wanderungen in bewaldeten Gebirgsausläufern ein.*

## Suba

Das Dorf Suba wird zuweilen mit Rubut identifiziert, einem Ort, der in den Amarna-Briefen aus dem 14. Jh. v. Chr. erwähnt wird. Allerdings haben archäologische Ausgrabungen keinerlei Beweise für die Existenz eines Dorfs an dieser Stelle vor der persischen Epoche (6. bis 4. Jh. v. Chr.) erbracht.

In der Römerzeit trug das Dorf den aramäischen Namen »Seboim«, der später zu »Soba« oder »Sobetha« hellenisiert wurde. Die Franken errichteten hier während der Zeit der Kreuzfahrer ein befestigtes Dorf, das sie »Belmont« nannten und dessen Festung und Mauern bis ins Jahr 1832 erhalten blieben. Das gleiche Befestigungssystem wurde auch vom Stamm der Abu Ghosh genutzt, der auf diese Weise etliche Dörfer westlich von Jerusalem kontrollierte, sich erfolgreich der ägyptischen Vorherrschaft widersetzte und vor allem seine zentralistische Regierungsstruktur bewahrte. Als die Truppen von Ibrahim Pascha das Dorf schließlich einnahmen, zerstörten sie sowohl dessen Festung als auch dessen Mauern (Teile der Festung sind noch zu sehen).

*Die Ruinen von Suba auf der Spitze des Hügels sind von der Umgebung aus gut zu sehen. Eine gute Aussicht darauf hat man auch vom Sataf-Nationalpark aus (Road 395). Von dort kann der Besucher nach einem kurzen Abstecher durch die Weinberge das Dorf erreichen. Um aus der entgegengesetzten Richtung auf dem Tel Aviv-Jerusalem-Highway nach Suba zu gelangen, folgt man der Beschilderung nach Ein Hemed und dann in Richtung Tzuva. Tzuva ist ein besonders schöner Ort für Wanderungen.*

### En-Nakba

Im Jahr 1944 zählte Suba, ein Teil von Jerusalem, mehr als 600 Einwohner. Nach dem Beschuss des Dorfs durch die Zionisten am 3. April 1948 flohen die meisten Bewohner an den Stadtrand von Jerusalem und nach Bethlehem. Palästinensische Widerstandskämpfer blieben dagegen bis Mitte Juli im Dorf, als zionistische Truppen Ramle, Lydd sowie die palästinensischen Dörfer westlich von Jerusalem und Bethlehem besetzten.

### Das Dorf heute

Obwohl der größte Teil des Dorfs zerstört ist, sind einige Häuser immer noch erhalten und zeugen von der Solidität der traditionellen Bauweise der Dörfer. Andere sind dagegen leider vollständig vernichtet. Einen Kilometer westlich von Suba wurde 1948 auf dem Gebiet eines ehemaligen Dorfs der Kibbuz Tzuva gegründet.

# Jerusalem

## Saris

Beschilderungen weisen den Weg zum etwa 20 km westlich von Jerusalem, am Highway 1 gelegenen Shoresh-Wald (oder Yitzhak-Rabin-Park). Wanderer finden hier einen wunderschönen Ort für Spaziergänge. Der Eingang zum Park ist durch mehrere Denkmäler für die bei der Eroberung Jerusalems im Jahr 1948 getöteten zionistischen Soldaten gekennzeichnet. Das Dorf Saris liegt etwa 500 m weiter westlich. Gegenüber einem Weinberg, auf dem eine rot-weiße Antenne steht (auf der rechten Seite), führt links ein kleiner, befahrbarer Kiesweg zum Dorf. Die Obstbäume und die mit Pflanzen überwucherten Ruinen zeigen, wo das Dorf einst lag.

*En-Nakba*
Im Jahr 1945 hatte das Dorf etwa 500 Einwohner, von denen die meisten Landwirtschaft betrieben. Am 13. April 1948 wurde es besetzt und bald darauf zerstört. Vor seiner Besetzung rief der oberste Militärkommandeur der *Hagana* zur »schnellstmöglichen« Errichtung von Siedlungen aus Gründen der »Sicherheit« auf. Das Siedlungsprojekt wurde von den israelischen Behörden im August 1948 aufgenommen, indem Shoresh (südwestlich von Saris) und anschließend im Jahr 1950 Shoeva (im Nordosten) gegründet wurden.

*Das Dorf heute*
Heute ist Saris vom Shoresh-Wald überwachsen, der – gesponsert durch den Jüdischen Nationalfonds Johannesburg in Südafrika – von jungen Frauen gepflanzt wurde. Ein paar zerstörte Häuser und Metallträger, die von Wein und anderen Pflanzen überrankt werden, weisen auf die frühere Existenz des Dorfs hin. Wie in anderen zerstörten palästinensischen Dörfern zeugt auch hier die Präsenz von Kulturpflanzen wie Zypressen, Mandel- und Feigenbäumen vom einstigen Dorfleben. Man kann noch immer viele dieser Bäume inmitten eines Pinienwalds finden.

*Dorf bei Saris westlich von Jerusalem in einer Aufnahme aus dem Jahr 1875*

# Nördlich von Jerusalem

Nabi Samuel – Das Grab des Propheten Samuel

Die Grabkammer steht an der Stelle, an der Salomo Gott seine Opfer darbot. »Und der König ging hin gen Gibeon daselbst zu opfern; denn das war die vornehmste Höhe. Und Salomo opferte tausend Brandopfer auf demselben Altar« (1 Kö 3, 4-15). Im 6. Jh. n. Chr. wurde der Hügel als die biblische Stätte Rama identifiziert, wo der Prophet Samuel begraben liegt (1 Sam 25, 1), die bis dahin in der Region des Berges Karmel vermutet worden war. Der Bedeutung dieser christlichen Überlieferung entsprechend, ließ Kaiser Justinian an dem Ort ein Kloster bauen. Diese Überlieferung war den Kreuzrittern, die im Jahr 1099 Jerusalem als Ziel ihrer Mission vom Gipfel dieses Hügels aus erblickten, anscheinend unbekannt oder sie vernachlässigten sie. Sie nannten den Ort »Berg der Freude«, ehe sie zur Heiligen Stadt hi-

*Grabstätte des Propheten Samuel*

nabstiegen, um ihr einen der blutigsten Tage ihrer Geschichte zu bescheren. Die Kreuzritter gaben den Ort kurz nach Saladins Sieg bei den Hörnern von Hittin auf. Später, im Jahr 1192, führte Richard Löwenherz den dritten Kreuzzug bis nach Nabi Samuel. Da jedoch die Verstärkungstruppen, auf die er gehofft hatte, nicht eintrafen, war er schließlich gezwungen, den Rückzug anzutreten. Im 14. Jh. wurden hier eine Moschee, deren Minarett und südlicher Trakt noch erhalten sind, und eine muslimische Einrichtung (*Zawiya*) erbaut. Islamische Behörden führten eine jährliche Pilgerreise zur Grabstätte Nabi Samuels ein. Im 15. und 16. Jh. stand hier außerdem eine Synagoge. Der Hügel wurde während des Ersten Weltkrieges sowie 1948 und nochmals 1967 zum Schauplatz erbitterter Kämpfe, da die Kontrolle dieses strategischen Punkts faktisch die Herrschaft über Jerusalem bedeutete.

*6 km von Jerusalem entfernt, an der Road 443.*

*Das Dorf heute*
Die Bevölkerungszahl stagniert bei etwa 200; für junge Paare gibt es keine Grundlage zu bleiben. Dem Dorf wurde durch die Besatzung jegliche Infrastruktur genommen und noch bis 1986 war es nicht an die Wasserversorgung von Ramallah angebunden. Die israelischen Behörden hielten beide Wasserquellen des Dorfs unter Kontrolle und schlossen es darüber hinaus erst 1981 an das Hauptelektrizitätsnetz an.

Die Dorfschule besteht aus einem Raum, der nur wenige Quadratmeter groß ist. Vor wenigen Jahren hat der Dorfrat um Erlaubnis gebeten, einen Fertigbau kaufen zu dürfen, um einen weiteren Klassenraum einrichten zu können, doch dieser Antrag wurde von den israelischen Behörden kategorisch abgelehnt. Ebenso ist es den Dorfbewohnern nicht gestattet, Straßen oder Wege auszubessern oder Straßenbeleuchtung aufzustellen. Das in Zone C gelegene Nabi Samuel ist vollständig isoliert; so ist es den Dorfbewohnern seit Beginn der Al-Aqsa-Intifada nicht mehr erlaubt, mit ihren Privatautos in andere Teile des Westjordanlands zu fahren. Stattdessen sind sie gezwungen, militärische Kontrollpunkte zu Fuß zu überqueren und von dort aus mit dem Taxi weiterzufahren. Der Bau der Mauer beansprucht über 90% der Dorffläche. Die Dorfbewohner fühlen sich bedroht, denn in ihren Augen warten die israelischen Behörden nur auf den richtigen Zeitpunkt, um sie aus ihrem Dorf zu vertreiben.

Tatsächlich wird ein Projekt zum Bau eines Naturparks in Nabi Samuel geprüft, und genau wie in Hebron wurde ein Teil der Moschee konfisziert und in eine Synagoge umgewandelt. Jeden Freitag mieten der Dorfrat und die Islamische Stiftung (*Waqf*) zwei Busse, um den regelmäßigen Besuch der Moschee sicherzustellen.

Die Aussicht von der Spitze des 1345 erbauten Minaretts oder vom Dach des Grabmals ist herrlich und ernüchternd zugleich: Aus diesem Blickwinkel ist der Plan offensichtlich, der hinter den israelischen Siedlungen rund um Jerusalem steckt. Im Süden bilden die Siedlungen Ramot (40 500 Siedler), Ramat Shlomo (14 300 Siedler) und einige weitere einen inneren Ring von Satellitensiedlungen rund um Jerusalem. Im Norden und Westen formen Givat Zeev (etwa 12 000 Siedler), Har Hadar und andere Siedlungen einen Teil des äußeren Rings von Groß-Jerusalem. Zwischen diesen Siedlungen liegen palästinensische Dörfer, denen der Raum für ein natürliches Wachstum oder ein zusammenhängendes geografisches Gebiet genommen wurde. Im Osten erstreckt sich ein langer, bebauter Streifen Land von Jerusalem bis Ramallah, der bei den palästinensischen Vierteln Shufat und Beit Hanina an den Rändern des Stadtbezirks Jerusalem beginnt. Weiter nördlich liegen das dicht besiedelte Viertel Aram und das Flüchtlingslager Qalandia in der Zone B des Westjordanlands. Jedes Mal, wenn Israel sich Land einverleibte, handelte es nach dem Grundsatz »maximale Landfläche, minimale palästinensische Bevölkerungszahl«. Dadurch konnte die Bevölkerungsstatistik von Jerusalem einen Anteil von 70% Israelis und 30% Palästinensern aufrechterhalten.

*Israelische Siedlungen nördlich von Jerusalem*

Weiter im Norden, in Zone A, liegt Ramallah. Israel hat die Mauer direkt über die Hauptverbindungsstraße zwischen Jerusalem und Ramallah gebaut. Sie bringt das Geschäftszentrum von Aram zum Erliegen, macht den Kindern den Zugang zu Schulen unmöglich und nimmt ihnen damit die Chance auf Bildung. Außerdem schneidet sie Patienten von Krankenhäusern und Arbeiter von ihren Arbeitsplätzen ab. Absperrungen hindern Palästinenser aus dem Westjordanland daran, in Jerusalem zu arbeiten. Durch den Bau des sogenannten »Jerusalem Envelope« oder der Mauer sind die meisten Palästinenser in kleine Enklaven oder Gettos eingesperrt. Zwischenzeitlich entwickelt Israel ein Hightechindustriegebiet in Har Hotzvim (nahe bei Nabi

## Nördlich von Jerusalem

Samuel und den Siedlungen Givat Zeev und Ramot), wo aufgrund des hohen Technisierungsgrads keine palästinensischen Arbeiter benötigt werden.

### Ein Dorf unter Besatzung

Ein Besuch im heute nur noch sehr kleinen Dorf Nabi Samuel ist eine ausgezeichnete Möglichkeit, um Zeuge der israelischen Besatzung zu werden. Es liegt auf einem 890 m hohen Berg, von dem aus man das gesamte nordwestliche Gebiet Jerusalems bis in die Außenbezirke von Ramallah überblicken kann. Obwohl die Zionisten das Dorf 1948 verschonten, war es 1967 eines der ersten im Distrikt Jerusalem, das besetzt wurde. Der Großteil der etwa 1000 Einwohner suchte Zuflucht in benachbarten Dörfern, wie Bir Nabala und Beit Hanina, vor allem aber in Jordanien. Im Jahr 1971 erteilten die israelischen Behörden den Befehl, das Dorf, dessen Häuser rund um die Moschee des Propheten Samuel gebaut waren, zu zerstören. So wurde es dem Erdboden gleich gemacht und die verbliebenen Einwohner in ein Dutzend Häuser auf dem Plateau östlich des Dorfs umquartiert. Seit damals sind keine Bauarbeiten mehr genehmigt worden, mit Ausnahme von zwei auf konfisziertem Land neu gebauten Häusern am Ortseingang, die ursprünglich aus dem Dorf stammenden Kollaborateuren (palästinensischen Spionen der israelischen Regierung) gehören. Die »Eigentümer« der luxuriösen Häuser halten sich allerdings nur tagsüber hier auf, da sie nachts aus Angst vor Vergeltung in einer Wohnung nahe der israelischen Siedlung Ramot schlafen. Auf einer Seite des Berges hat sich ein jüdischer Siedler ein Haus auf enteignetem Land gebaut. Nachdem sich die Dorfbewohner bei den Militärbehörden des Gebiets (der »Zivilverwaltung«) darüber beschwert hatten, erhielten sie als Antwort, dass dem Siedler ebenfalls eine Abrissverfügung ausgestellt worden sei.

*Die archäologische Ausgrabungstätte*
Die Grundmauern des 1971 zerstörten Dorfs, vor allem der ältesten Teile rund um die Moschee, wurden 1990 von israelischen Archäologen ausgegraben (Israel hat weltweit die höchste Anzahl an Archäologen, gemessen an der Gesamtbevölkerung). Die Archäologen fanden Ruinen von Hasmonäern, Byzantinern, Mamelucken und Kreuzrittern. In der Nähe des südlichen Flügels der Moschee sind noch die Stockwerke einiger palästinensischer Häuser sichtbar. Unter den weitläufigen Ruinen dieser archäologischen Stätte befinden sich Überreste eines öffentlichen Gebäudes aus hasmonäischer Zeit (2. Jh. v. Chr.), eine byzantinische Weinpresse, der riesige steinerne Schutzwall (100 x 50 m) eines befestigten Klosters aus dem 12. Jh., ein großer Pferdestall der Kreuzritter und eine mameluckische Gießerei.

*Die Mauer bei Jerusalem*

## Jerusalem

### Al-Qubeibeh

Al-Qubeibeh (»der kleine Dom«) liegt an einer alten römischen Straße, die einst zur Küstenebene führte. Im 12. Jh. gründeten die Kreuzritter das Dorf, bauten Häuser auf beiden Seiten der Straße und bewirtschafteten das fruchtbare Land. Im Dorf gab es außerdem eine Kirche und eine schlichte Burg. Die Ruinen, insbesondere die Grundmauern dreier mittelalterlicher Apsiden, sind in der 1902 erbauten Kirche noch zu bewundern. Sie bewahrt die Erinnerung an eine christliche Überlieferung aus dem 16. Jh., die das Dorf als das biblische Emmaus identifiziert, wo Jesus nach seiner Auferstehung seinen Jüngern Simon und Kleophas erschien (Lk 24, 13-32).

*An der Road 436, 4 km westlich von Nabi Samuel gelegen. Den Schildern in Richtung des Dorfs Biddu folgen.*

### Al-Jib

Seit der ersten Erwähnung des Dorfs in der Bibel unter seinem kanaanitischen Namen »Gibeon« bis zu seinem heutigen Namen »Al-Jib« sind mehrere tausend Jahre vergangen. Die Namen der Orte in dieser Region erinnern daran, dass deren Einwohner und ihre Lebensräume durch die Geschichte hinweg Bestand haben. Eine der berühmtesten Schlachten des Alten Testaments fand hier statt, als Gibeons Adel von den fünf verbündeten Stadtstaaten (Jerusalem, Hebron, Eglon, Lachish und Jarmut) bedroht wurde und darum eine Vereinbarung mit dem israelischen Anführer Josua einging. Als nach Josuas Gebet die Sonne über der Stadt stillstand, besiegten er und seine Verbündeten alle Angreifer (Jos 10, 12-14).

Die Ruinen Al-Jibs sind auf dem Tel (Hügel) am anderen Ende des Dorfs zu sehen, wie z. B. eine beeindruckende Zisterne aus dem 12. oder 11. Jh. v. Chr. mit einer gewundenen Treppe, die 79 Stufen hat und zu einer Quelle außerhalb der Mauern führte. Obwohl es verboten ist, in das Reservoir selbst hinabzusteigen, ist es möglich, wenigstens durch den altertümlichen Tunnel zu gehen, der einst zur Quelle führte (der Eingang befindet sich in der Nähe der Zisterne). Seit der Bronzezeit und besonders seit dem 8. oder dem 7. Jh. v. Chr. ist Al-Jib bekannt für seinen Wein (63 antike Keller sind entdeckt worden). Die Pressen und die alten Keller, in denen der Wein bei richtiger Temperatur gelagert wurde, sind auf dem Tel leicht zu erkennen.

*Bir-Nabala-Straße, an der Autobahn 437.*

*Karikaturen von Naji al-Ali*

# Östlich von Jerusalem

## Das Flüchtlingslager Shufat

Dieses Flüchtlingslager wurde 1965 bis 1966 erbaut – mehr als zehn Jahre nach der Errichtung anderer offiziell anerkannter Lager –, da die Flüchtlinge im Mascar-Lager mitten in der Altstadt des Maghribi-Viertels unter extrem schlechten sanitären Bedingungen zu leiden hatten. Das Mascar-Lager wurde nach der Fertigstellung des Lagers in Shufat geschlossen. Nach der Besetzung im Jahr 1967 war Shufat das einzige Flüchtlingslager innerhalb der Stadtgrenzen Jerusalems. Offiziell leben 10 000 Flüchtlinge in Shufat – die tatsächliche Zahl dürfte jedoch bei über 15 000 Flüchtlingen liegen. Mehrere Faktoren machen das Lager anziehend für die ärmsten Einwohner Jerusalems: Die Menschen müssen hier keine Landsteuern bezahlen, das Wasser ist kostenlos und das Land, das in Jerusalem zum Bau von Häusern zur Verfügung steht, ist sehr teuer. Zudem sind Flüchtlinge und Nicht-Flüchtlinge von außerhalb Jerusalems hierher gezogen, um ihre Ausweise behalten zu können, die sie als Einwohner Jerusalems legitimieren, da Shufat innerhalb der Stadtgrenzen liegt. Deshalb haben die Einwohner des Lagers keine andere Möglichkeit, als sehr eng nebeneinanderliegende und mehrstöckige Häuser zu bauen. Die Fundamente der Häuser sind gefährlich instabil und Sicherheitsvorschriften werden oft nicht eingehalten. Die Menschen versuchen häufig, die Fläche des Lagers auszudehnen, auch wenn ihnen dafür die Zerstörung ihrer Häuser droht. So wurden z. B. am 9. Juli 2001 17 Häuser von den israelischen Behörden zerstört, nachdem erst am Abend zuvor die Zerstörungsbefehle herausgegeben worden waren. Häufig erfährt die Stadtverwaltung von den Einwohnern der Siedlung Pisgat Zeev, die während des Osloer Friedensprozesses illegal am gegenüberliegenden Berg gebaut wurde, vom Bau neuer Häuser. Die Einwohner dieser Siedlung behaupten, dass der Wert ihrer Anwesen durch den Anblick eines neuen palästinensischen Hauses sinke, und beschweren sich deshalb bei den Behörden. Eine Besichtigung des Lagers wird besonders den Besuchern empfohlen, welche die Unterschiede zwischen Erster und Dritter Welt kennenlernen möchten.

*Die Trennmauer bei Shufat*

Da die Trennmauer um das Lager herum läuft, leben die Bewohner Shufats praktisch in einem Getto. Das Lager hat nur einen Ausgang – einen militärischen Checkpoint oder, in der Sprache der Besatzer, ein »Crossing Terminal«. Der direkte Zugang zu Jerusalem ist den Einwohnern verwehrt. Viele der palästinensischen Viertel Ostjerusalems wurden unter dem Vor-

## Jerusalem

wand von Sicherheitsbedenken auf diese Weise gettoisiert: Shufat, Anata, Al-Azariya, Abu Dis, Al-Jib, Bir Nabala, Al Walaja, Al Numan, Sheikh Saad, Aram.

*Es führt keine Straße zu diesem Flüchtlingslager. Das Lager, das am östlichen Hang des 1967 in die Stadt Jerusalem eingemeindeten Dorfs Shufat liegt, befindet sich zwischen zwei Siedlungsblöcken (French Hill im Südwesten und Pisgat Zeev im Norden). Das Volkskomitee des Shufat-Lagers organisiert informative Veranstaltungen über die besondere Situation der Flüchtlinge sowie Touren, vor allem innerhalb des Lagers. Khader ed-Dibs, Tel. 0522/287811 oder Khalid al-Khaldi, Tel. 0522/741233.*

### Anata – Ein gewöhnliches Dorf?

Dieser Vorort von Jerusalem, ursprünglich ein von der Landwirtschaft geprägtes Dorf, hat heute 12 000 Einwohner. Seit der Besetzung im Jahr 1967 sind das Dorf und die landwirtschaftlichen Flächen geteilt. Gegenwärtig gelten nur noch ein Drittel der Bevölkerung als Einwohner Jerusalems; die restlichen zwei Drittel leben in Zone C und somit im Westjordanland. Gemäß israelischer Regelungen haben die Menschen in Zone C nicht das Recht, ohne offiziellen Passierschein den anderen Teil des Dorfs zu betreten. Solche Passierscheine sind jedoch nur sehr schwer zu bekommen. Seit 1967 sind fast zwei Drittel der zum Dorf gehörenden Ländereien enteignet worden. Auf Teilen dieses Landes wurden vier israelische Siedlungen gebaut: Alon, Kfar Adumim, Almom und Maale Adumim. Während Anata unter mangelnder Infrastruktur leidet, wurde in der Nähe ein neues israelisches Gefängnis gebaut – auf während des Osloer Friedensprozesses illegal annektiertem Land. Maale Adumim, ebenfalls auf Land erbaut, das ursprünglich zu Anata und Al-Azariya gehörte, hatte bereits 2010 eine Einwohnerzahl von etwa 40 000 Siedlern. Trotz Israels Zusage in der *Road Map*, jegliche Baumaßnahmen in den Siedlungen vorübergehend einzustellen, schreitet der Häuserbau schnell voran.

*Mitglieder der Internationalen Solidaritätsbewegung bauen in Anata das Haus einer palästinensischen Familie wieder auf, das von der israelischen Besatzungsmacht zerstört worden war.*

*Anata liegt direkt neben dem Flüchtlingslager Shufat.*

### Al-Azariya (Bethanien)

Offiziell leben in Al-Azariya 17 000 Menschen, doch tatsächlich sind es weit mehr. Viele Palästinenser aus Ostjerusalem haben sich hier angesiedelt, da die Stadt direkt neben den Stadtgrenzen Jerusalems liegt und die Mieten günstiger sind. Aus Angst, dass ihre Ausweise, die sie

## Östlich von Jerusalem

als Einwohner Jerusalems legitimieren, von den israelischen Behörden eingezogen werden, haben die Einwohner von Al-Azariya häufig eine zweite offizielle Adresse innerhalb der Stadtgrenzen Jerusalems. Ohne einen solchen Ausweis haben sie nicht das Recht, in Jerusalem zu wohnen, zu arbeiten, zu studieren oder zu beten und keinen Anspruch auf die staatliche Gesundheitsversorgung und sonstige staatliche Sozialleistungen, wie z. B. Kindergeld.

Seit Januar 2004 wird Al-Azariya jedoch durch eine 9 m hohe Betonmauer von Jerusalem abgeschnitten, was zu einer Gettoisierung dieses einst wohlhabenden, größtenteils bürgerlichen Vororts führte. Viele Menschen sind deshalb zurück nach Jerusalem gezogen, auch wenn dies sehr teuer ist.

Der arabische Name der Stadt leitet sich vom griechischen »Lazarion« oder »dem Ort des Lazarus« ab, wie Bethanien während der byzantinischen Zeit hieß. Nach dem Johannes-Evangelium

*Al-Azariya (Bethanien), der Geburtsort des Heiligen Lazarus*

war dies der Ort, an dem Jesus seinen Freund Lazarus von den Toten erweckte (Joh 11). Diese Überlieferung teilen die muslimischen Einwohner Al-Araziyas, wo die **Al-Ozir-Moschee** zu Ehren des Bruders von Lazarus, Ozir, errichtet wurde. Bei der Moschee befinden sich Stufen, die zum **Grab des Lazarus** führen, bestehend aus einem Vorraum und einer Grabkammer. Die beiden Kirchen neben der Moschee erinnern an die Wiederauferstehung des Lazarus. Die 1954 geweihte franziskanische **Kirche zum Heiligen Lazarus** ist eines der allgegenwärtigen Werke des Architekten Antonio Barluzzi (*Öffnungszeiten: 8.00-11.45 Uhr und 14.00-17.00 Uhr im Winter, bis 18.00 Uhr im Sommer, Tel. 02/2799291*). Die Kirche, die ohne ein einziges Fenster auskommt, ist einzigartig. Es war Barluzzis Bestreben, einen Kontrast herzustellen zwischen dem Halbdunkel, das den Tod Lazarus symbolisiert, und der einzigen Lichtquelle der Kirche, einer Öffnung in der Kuppel, welche für die Hoffnung auf Wiederauferstehung steht. Die lateinische Inschrift am Rand der Kuppel lautet: »Wer an mich glaubt, der wird leben, auch wenn er gestorben ist; und wer da lebet und glaubet an mich, der wird nimmermehr sterben« (Joh 11, 25-26). An den Wänden bilden beeindruckende Mosaikpaneele die verschiedenen Szenen vom Besuch Jesu in Bethanien ab. Außerhalb der Kirche befinden sich die Überreste von Mosaikpflastern mit geometrischen Motiven, die zu einer byzantinischen Kirche aus dem 4. Jh. gehörten.

Die **griechisch-orthodoxe Kirche des Heiligen Lazarus** befindet sich ein Stück weiter die Straße hinauf. Diese Kirche wurde 1965 erbaut; die Inneneinrichtung wurde allerdings erst vor Kurzem vervollständigt. Die von griechischen Schreinern gefertigte Ikonostase (Ikonenwand) und die wunderschönen modernen Ikonen sind besonders sehenswert.

*Dorfrat: Tel. 02/2799273.*

## Jerusalem

### Der arabische Al-Jahalin-Wohltätigkeitsverein

Der Verein bietet der beduinischen Gemeinde rechtlichen Beistand und materielle Hilfe an, beispielsweise beim Kauf von Wassertanks oder Elektrogeneratoren. Außerdem ist er ein interessantes Informationszentrum, das Veranstaltungen und Touren für Besucher organisiert. Die Beduinen des Al-Jahlin-Stammes, die 1952 aus der Negev-Wüste flohen, wurden gewaltsam von Landflächen vertrieben, auf die sie ursprünglich umgesiedelt worden waren. Dort liegt heute Maale Adumim, eine der größten israelischen Siedlungen im Westjordanland.

*Die Kontaktperson für den Verein ist Sheikh Khalil, Tel. 0522/408856 oder 0502/542359. Für Ausflüge und Veranstaltungen werden keine Gebühren verlangt. Jedoch wird darum gebeten, die Informationen über die lokale Situation und das Hilfsprogramm zu verbreiten.*

*Beduinenzelte östlich von Jerusalem*

*Beduinenkinder des Al-Jahalin-Stammes bei Maale Adumim*

# Praktische Informationen

## Transport innerhalb und außerhalb Jerusalems

Jerusalem ist am besten zu Fuß zu erkunden. Die meisten historischen, kulturellen und religiösen Stätten befinden sich direkt in der Altstadt oder in deren unmittelbarer Nähe.

Öffentliche Verkehrsmittel mit Zielen in Ostjerusalem und dem Westjordanland fahren am **Damaskustor** ab. Aufgrund von Verkehrsbehinderungen ist jedoch mehrfaches Umsteigen erforderlich, um an den gewünschten Ort zu gelangen. Busse und Sammeltaxis verkehren den ganzen Tag über regelmäßig.

Falls man ein Einzeltaxi nimmt, sollte man sich vor der Fahrt vergewissern, dass das Taxameter eingeschaltet ist. Eine Fahrt kostet im Durchschnitt etwa 20-30 NIS; zwischen 21.00 und 5.30 Uhr werden die Preise angehoben.

In Westjerusalem ist das Busunternehmen *Egged* für den öffentlichen Nahverkehr zuständig. Eine Übersichtskarte der Buslinien, die *Egged* bedient, ist im **israelischen Tourismusbüro** am Jaffator erhältlich. Der zentrale **Egged-Busbahnhof** befindet sich in der Jaffa Road (*gleich bei dem Viertel Mahane Yehuda, Tel. 02/5304999, www.egged.co.il*). Von dort fahren Busse nach Ashkelon (*stündlich; Fahrtdauer: 1 Std. 15*), Beersheva (*halbstündlich; etwa 2 Std.*), Ben-Gurion-Flughafen (*alle 35 Minuten; etwa 45 Min.*), Eilat (*fünf- bis sechsmal pro Tag; etwa 5 Std. 30*), Ein Gedi (*siebenmal pro Tag; etwa 1 Std. 30*), Haifa (*halbstündlich; etwa 3 Std.*), Masada (*sechsmal pro Tag; etwa 2 Std.*), Ramle (*halbstündlich; etwa 1 Std. 30*), Tel Aviv/Jaffa (*entweder zum zentralen Busbahnhof oder zum Hauptbahnhof, viertelstündlich; etwa 1 Std.*) und nach Tiberias (*stündlich; etwa 3 Std. 30*).

*Das Magazin »This Week In Palestine« enthält viele aktuelle Veranstaltungstipps*

## Touristen-Information

Da es in Jerusalem keine palästinensische Touristeninformation gibt, ist das englischsprachige Magazin **This Week in Palestine** (www.thisweekinpalestine.com) eine unentbehrliche Quelle für Informationen über kulturelle Veranstaltungen in Jerusalem, im Westjordanland und in Gaza. Darin ist außerdem eine vollständige Liste aller Restaurants, Hotels und Autovermietungen sowie andere nützliche Daten für den Aufenthalt zu finden. Zusätzlich beinhaltet es Landkarten von Bethlehem, Jericho, Ramallah und Jerusalem sowie allgemeine Statistiken zu Palästina. Das Magazin ist kostenlos und an vielen öffentlichen Orten in Jerusalem erhältlich, wie z. B. in Hotels.

Das **Christliche Informationszentrum** ist der ideale Anlaufpunkt, um sich über die heiligen Stätten der Christen, die Zeiten der verschiedenen Gottesdienste und die vielen christlichen Herbergen, die gerne Gäste aufnehmen, zu informieren (*am Omar Ibn al-Khattab Square*

## Jerusalem

*in der Nähe des Davidturms hinter dem Jaffator. Öffnungszeiten: Montag-Freitag 8.30-17.30 Uhr und Samstag 8.30-12.30 Uhr. Tel. 02/6272692. E-Mail: cicinfo@cicts.org, www.cicts.org).* Dort steht den Besuchern eine große Auswahl an Broschüren und Karten zur Verfügung. Auf Anfrage stellt das Zentrum auch »Zertifikate über Pilgerreisen« aus.

Eine **Touristeninformation** der israelischen Stadtverwaltung Jerusalems befindet sich am Jaffator *(Öffnungszeiten: Sonntag-Donnerstag 8.30-15.45 Uhr und Freitag 8.30-12.45 Uhr).* Weitere Touristeninformationszentren gibt es bei der Jerusalemer Stadtverwaltung in der Jaffa Road 34 und in der St. George's Street 24.

### Postamt und Kommunikation

Das **Hauptpostamt** Ostjerusalems befindet sich an der Kreuzung der Salah ed-Din Street und der Sultan Suleiman Street *(Öffnungszeiten: Sonntag-Donnerstag 8.00-18.00 Uhr, Freitag 8.00-12.00 Uhr).* Möchte man ein Paket versenden oder Briefmarken kaufen, stellt man sich in der Schlange auf der linken Seite an; für Briefe und Postkarten kann man Briefmarken aber auch im Tabakladen **Al-Moudakhan** auf der anderen Straßenseite erhalten.

Beim Jaffator, gegenüber dem Eingang zur Davidszitadelle, gibt es ebenfalls ein **kleines Postamt** *(Öffnungszeiten: Sonntag-Donnerstag 7.30-14.30 Uhr).* Ein weiteres Postamt – das **Hauptpostamt Westjerusalems** – liegt in der Jaffa Road 17 *(Öffnungszeiten: Sonntag-Donnerstag 8.00-18.00 Uhr, Freitag 8.00-12.00 Uhr).*

### Internet-Cafés in der Altstadt

***St. Raphael@Internet*** *(Tel. 02/6264645):* am Jaffator (Greek Catholic Patriarchate Road), täglich geöffnet, 15 NIS pro Stunde.

***Free Line Internet*** *(Tel. 02/6271959):* Aqabat al-Khanqa, Öffnungszeiten: 10.00-23.00 Uhr, 8 NIS pro Stunde.

***Ali Baba Internet Café*** *(Tel. 02/6288463):* Via Dolorosa (in der Nähe der VI. Station des Kreuzwegs), Öffnungszeiten: täglich 9.00-21.00 Uhr, 6 NIS pro Stunde.

### Wechselstuben und Banken

Wechselstuben bieten die günstigsten Wechselkurse an und verlangen sehr niedrige oder keine Gebühren. Die meisten befinden sich in der Salah ed-Din Street und rund um das Damaskustor. Die Wechselkurse sind zwar überall ähnlich; es lohnt sich aber zu vergleichen. Um Banktransaktionen vorzunehmen (Travellerschecks, Bankeinzüge usw.), gibt es in Ostjerusalem nur wenige Möglichkeiten. Die **Bank Hapoalim** *(Az-Zahra Street, Öffnungszeiten: Sonntag-Donnerstag 8.15-13.45 Uhr, freitag und Samstag geschlossen)* verfügt über einen Bankautomaten außerhalb der Bank. Bei der **Bank Leumi** *(an der Kreuzung Salah ed-Din Street und Az-Zahra Street, Öffnungszeiten: Sonntag-Donnerstag 9.00-15.15 Uhr)* gibt es ebenfalls einen Geldautomaten außerhalb der Bank, der allerdings nur während der Geschäftszeiten zugänglich ist. Bei der **Mercantile Discount Bank** *(an der Kreuzung Salah ed-Din Street und Abu Taleb Street, Öff-*

## Praktische Informationen

*nungszeiten: Sonntag-Donnerstag 8.30-15.30 Uhr und Freitag 8.30-12.30 Uhr)* kann man zu jeder Zeit Geld abheben. Entlang der Jaffa Road gibt es zahlreiche weitere Banken. Des Weiteren verfügen auch die vielen Wechselstuben in der Altstadt über Geldautomaten.

### Buchhandlungen und Zeitungsläden

*Ostjerusalem*

Der gut sortierte Kiosk am Anfang der Nablus Road gegenüber dem Damaskustor verkauft nationale und internationale Zeitungen und Zeitschriften. Er öffnet frühmorgens und schließt um 13.00 Uhr.

In der Salah ed-Din Street befindet sich gegenüber dem französischen Kulturzentrum der **Educational Bookshop** *(Öffnungszeiten: täglich 8.00-20.00 Uhr, Tel. 02/6283704)*, der neben lokalen und internationalen Zeitungen und Zeitschriften zahlreiche Bücher über Palästina (Gesellschaft, Kultur, Geschichte und den israelisch-palästinensischen Konflikt) anbietet. Die meisten Bücher sind auf Englisch oder Arabisch erhältlich. Des Weiteren werden Reiseführer, Postkarten, Landkarten und arabische Sprachführer (syro-palästinensischer Dialekt oder klassisches Arabisch) verkauft.

**The Bookshop** *(Öffnungszeiten: täglich 8.00-20.00 Uhr, Tel. 02/6279731)* auf dem Gelände des *American Colony Hotel* gilt als eine der besten Buchhandlungen, die sich hauptsächlich auf englische Bücher zum israelisch-palästinensischen Konflikt und auf englische Literatur im Allgemeinen spezialisiert hat.

*Educational Bookshop*

Der **Franciscan Corner Bookshop** *(Omar Ibn al-Khattab Square beim Jaffator, Öffnungszeiten: Montag-Freitag 8.00-18.00 Uhr, Samstag 8.00-17.00 Uhr)* verkauft Bücher über die Archäologie christlicher Stätten, Studien zum Christentum im Heiligen Land und Monografien über christliche heilige Orte. Erhältlich sind Publikationen in englischer, französischer, italienischer, spanischer und deutscher Sprache.

*Westjerusalem*

Der **Mayer Bookshop** *(Shlomzion Ha-Malka Street 4, Tel. 02/6252628, Öffnungszeiten: Sonntag, Montag, Mittwoch und Donnerstag 9.00-13.00 Uhr und 15.00-18.00 Uhr, Dienstag und Freitag 9.00-13.00 Uhr)* hat sich vor allem auf fremdsprachige Fachbücher spezialisiert, d. h. Veröffent-

## Jerusalem

lichungen auf Englisch, Deutsch, Russisch und Französisch. Sie verfügt über eine große Abteilung englischer Fachbücher über Archäologie, Geschichte, Politik, Literatur und Philosophie sowie einige Fachbücher zur arabischen Welt. Nebenan bietet das Aktivistenzentrum **Dayla** ein interessantes Veranstaltungsprogramm an.

### Kulturelle Einrichtungen in Ostjerusalem

Die **Al-Mamal-Stiftung für zeitgenössische Kunst** wurde 1997 mit dem Ziel gegründet, das kulturelle Leben in Ostjerusalem zu bereichern. Eine der Hauptaktivitäten des Zentrums ist die Organisation von Fotoworkshops für Jugendliche, deren Arbeiten hier regelmäßig von professionellen Künstlern ausgestellt und in lokalen Zeitungen sowie dem *Shoufi-Magazin* (Arabisch) und dessen englischer Ausgabe *What's up?* abgedruckt und besprochen werden.

*Latin Patriarchate Street, Tel. 02/6283457, www.almamalfoundation.org, zeitgenössische visuelle Kunst, regelmäßige Fotoausstellungen von palästinensischen Jugendlichen und professionellen Künstlern.*

Das Ziel der **Qalandia Camp Women's Handicraft Cooperative** ist, die Stellung der Frauen in der palästinensischen Gemeinschaft zu stärken, indem sie vermehrt die Möglichkeit bekommen, sich in wirtschaftlichen, sozialen, kulturellen und pädagogischen Belangen zu engagieren. Dadurch soll die Situation für palästinensische Familien aus dem Flüchtlingslager Qalandia und den umliegenden Dörfern dauerhaft verbessert werden.

*Tel. 02/6569385, www.qalandia.org, E-Mail: qalandia@palgate.net.*

### Schwarzweißfotografie

Im 19. Jh. förderte die Begeisterung für Palästina seitens der Orientalisten und christlichen Pilger die frühe Etablierung der Fototechnik im arabischen Raum. Aufgrund der Gründung des ersten Fotostudios im Bezirk des armenischen Klosters in Jerusalem vollzog sich in der armenischen Gemeinde in gewisser Hinsicht die zweite lokale Entwicklungsstufe der Fotografie. Als sie immer populärer wurde, ist 1885 in der Nähe des Jaffators ein zweites Studio eingerichtet worden. Bis 1948 hatte die armenische Gemeinde sozusagen das Monopol auf Schwarzweißfotografien, das sie sich mit mehreren religiösen Institutionen teilte. Zu dieser Zeit lag die Mehrzahl der Studios allerdings außerhalb des Jaffators. Infolge der Zerstörung dieses Viertels im Jahr 1948 wurden die meisten Sammlungen entweder vernichtet oder von den Israelis beschlagnahmt. In einigen kleinen, von Armeniern geführten Fotostudios können Fotofans stöbern und sogar antike monochrome Fotos erstehen, z. B. bei *Elia Photos* und *Varouj* (beide befinden sich in der Aqabat Street in der Altstadt) und *Authentic* (in der Az-Zahra Street).

*Der Felsendom in einer Aufnahme aus dem Jahr 1914*

Die 1992 gegründete **Anadiel-Galerie** von Jack Persekian präsentiert und fördert zeitgenössische palästinensische Kunst. Hier soll den Palästinensern die Begegnung mit Kunst aus anderen Teilen der Welt ermöglicht werden, während ausländische Besucher die Kunst Palästinas

## Praktische Informationen

erleben und die Künstler und ihre Arbeit kennenlernen können.

*New Gate, Tel. 02/6282811, regelmäßige Foto- und Gemäldeausstellungen.*

Das **Palästinensische Nationaltheater**, das 1984 von der *Al-Hakawati Theater Company* (»Al-Hakawati« – »der Erzähler«) gegründet wurde, gilt als das kulturelle Zentrum Ostjerusalems. Sein Programm reicht von Theaterstücken über Konzert- und Filmaufführungen bis hin zu Kinder- und Marionettentheater.

*Abu Obeida Street, Tel. 02/6280957, Fax 02/6276293, www.pnt-pal.org, E-Mail: pnt@palnet.com.*

*Das Palästinensische Nationaltheater*

Direkt neben dem Palästinensischen Nationaltheater befindet sich das 1991 gegründete **Jerusalem Centre for Arabic Music**. Geleitet wird es von Mustafa al-Kurd, einem bekannten palästinensischen *Oud*-Spieler.

*Tel. 02/6274774, Fax 02/6562469, E-Mail: mkurd@yahoo.com.*

### Yabous Productions

Das Unternehmen verfolgt das Ziel, Ostjerusalem zumindest einen Teil seiner vergangenen kulturellen Pracht und seines traditionellen Ambientes zurückzugeben. *Yabous Productions* unterstützt palästinensische Künstler und Produktionen bei lokalen Festivals und fördert sie sowohl regional als auch international. Das jährliche Musikfestival ist die Hauptattraktion unter den Festivals.

*Informationen über aktuelle Produktionen: www.yabous.org, Tel. 02/6261045.*

### Cafés in der Altstadt

Beim Herodestor

**Jabers Café** *(im Herodestor, Öffnungszeiten: 8.00-21.00 Uhr)* ist ein beliebtes Café, das ausschließlich von Männern besucht wird und Unterhaltung für Karten- und Backgammonspieler *(Shesh Besh)* bietet.

Beim Damaskustor, Souk Khan ez-Zeit und Al-Wad Street

Innerhalb des Tors gibt es zwei Cafés hinter der Hauptstraße. Die erhöhte Terrasse des **Gate Cafés** (links vom Eingang) ermöglicht den Ausblick auf die belebte Straße. Die auf der anderen Seite des Tors gelegene **Princess Cafeteria** verfügt über eine überdachte Terrasse. Das Café

# Jerusalem

kann durch eine kleine Tür innerhalb des Damaskustors betreten werden. Das **Panorama Café** auf dem Dach des Hashemi Hostels bietet einen herrlichen Ausblick über die Altstadt. Kaffee und Kuchen in entspannter Atmosphäre kann man am besten auf der Terrasse des **Viennese Cafés** im Österreichischen Hospiz genießen.

## Beim Jaffator

Ein Fußweg in der Nähe des **Hotel New Imperial** führt zum gemütlichen **Cappuccino Café**. Von allen Straßen rund um das Jaffator hat die Latin Patriarchate Street die meisten Cafés, Restaurants und Bars vorzuweisen – dort wird auch Alkohol ausgeschenkt. Unter ihnen ist das **Moukthar Café** wohl das urigste. Obwohl der Name nicht außen angeschrieben steht, ist es wegen der Bierkisten, die auf dem Gehweg gestapelt sind, leicht zu finden. Zwar mangelt es dem Café an Hygiene, doch es strahlt eine freundliche Atmosphäre aus. Im hinteren Bereich befindet sich ein kleiner Garten, der gepflegter sein könnte. Jeden Samstag wird die Straße zum Treffpunkt für rumänische Arbeiter. Weiter oberhalb an derselben Straße liegt das elegantere **En-Nafoura** (»Fontäne«). Hier kann man auf der Terrasse direkt am Fuß der Mauer einen Drink zu sich nehmen oder an der Theke Wein bestellen. Die Auswahl ist sehr gut.

*Café auf der Dachterasse des Österreichischen Hospizes*

## Cafés außerhalb der Altstadt

**Kan Zaman Café-Restaurant** (»kan zaman« bedeutet »es war einmal«), *Jerusalem-Hotel, Nablus Road, Tel. 02/6283282.* Der Garten und der Diwan im Untergeschoss bieten zu jeder Jahreszeit einen angenehmen Aufenthalt an diesem inzwischen sehr bekannten Treffpunkt. Auf der Terrasse spenden im Sommer Weinreben Schatten. Jeden Freitag finden *Oud*-Musikabende (Lautenmusik) statt.

## Salah ed-Din- und Az-Zahra Street

**Eldorado Internetcafé** (*Salah ed-Din Street 19, in der Nähe des französischen Kulturzentrums, Öffnungszeiten: 9.00-20.30 Uhr, freitags geschlossen, WLAN verfügbar*) Der Kaffee ist die Spezialität des Hauses: Es werden verschiedene Espressosorten aus aller Welt angeboten.

Das **Café Europe** (*Az-Zahra Street*) ist sehr gemütlich, vor allem im Winter. Die Küche ist einfach: Omelettes, Steaks, Pommes frites usw.

## Praktische Informationen

Das **Wake-up Café** (Az-Zahra Street, Öffnungszeiten: 8.00-22.30 Uhr, freitags ab 13.00 Uhr) ist ein großzügig und modern eingerichtetes Café im Herzen des Viertels und ein idealer Ort für eine Tasse Kaffee am Morgen.

### Restaurants in der Altstadt

Beim Jaffator

**Costa`s Greek (Yunani) Restaurant** (Aqabat al-Khanqat 28, Öffnungszeiten 12.00-18.00 Uhr, Tel. 02/6274480). Ein kleines, beliebtes Restaurant. Es sollte nicht nach seiner schlichten Ausstattung beurteilt werden, denn die Küche ist erstklassig und hat einen sehr guten Ruf. Die Delikatessen des Hauses sind junge, gefüllte Tauben und armenische Fleischspezialitäten, wie Pastrami (*basturma*) und Würstchen (*sujuq*). Auf Anfrage wird auch gefülltes Kaninchen serviert.

**En-Nafoura** (Latin Patriachate Street 18, teuer). Dieses Restaurant mit seiner an der Stadtmauer gelegenen, großen Terrasse ist einer der angenehmsten Orte in der Altstadt. Die sorgfältig ausgewählte Ausstattung sorgt für eine angenehme Atmosphäre. Sehr empfehlenswert sind die armenischen Spezialitäten: mariniertes Hühnchen und Gegrilltes à la carte.

Im Muristan bietet das **Papa Andreas Restaurant** (in der Nähe des Brunnens) klassische Küche mit gegrilltem Fleisch und verschiedenen Salaten (*mezze*) an. Auf der Dachterrasse kann man einen großartigen Panoramablick auf die Stadt genießen. Das große Gebäude nebenan, das früher dem griechisch-orthodoxen Patriarchat angehörte, ist seit den Neunziger Jahren von jüdischen Siedlern besetzt.

*Das Restaurant En-Nafoura direkt an der Altstadtmauer beim Jaffator*

Im Armenischen Viertel ist das **Select** bzw. **Mataam Abu Ali** (*Armenian Orthodox Patriarchate Street, in der Nähe der Polizeistation*) eines der bekanntesten palästinensischen Restaurants – mit Preisen, die seinem guten Ruf entsprechen.

Die **Armenian Tavern** (*Armenian Orthodox Patriarchate Street 79, am Sonntag geschlossen, Tel. 02/6273854*) liegt im Souterrain und verfügt über ein schönes Interieur. Die Küche ist mit Ausnahme bestimmter Spezialitäten, wie Würstchen (*sujuq*) und Pastrami (*basturma*), nicht von der palästinensischen Küche zu unterscheiden.

# Jerusalem

### Souk al-Lahmin (Fleischermarkt)

In dieser Markthalle gibt es einige kleine, einfache Restaurants. **Mataam Shain** (*nördlich der Kreuzung al-Silsila und David Street*) ist schlicht eingerichtet, doch der Kebab dort ist vorzüglich.

### Souk Khan ez-Zeit

In dieser Straße befinden sich einige große Restaurants. Die Spezialität des **Mataam en-Nasser** ist köstlich gegrilltes Fleisch. Fantastische arabische Backwaren gibt es in der riesigen orientalischen Konditorei **Jaffar**, wo besonders die *Knaffes* (warmer Käsekuchen) zu empfehlen sind (Man bestellt zuerst, zahlt dann an der Kasse und genießt die Backwaren).

### Al-Wad Street

**Abu Shoukri** (*Al-Wad Street 63, neben der IV. Station des Kreuzwegs, schließt um 16.30 Uhr*). Dieses kleine, beliebte Restaurant serviert das beste *Hummus* (Kichererbsenpüree) der Stadt.

*Im Restaurant Abu Shoukri*

Rucksacktouristen sind am besten im **Fouroun Abu Ali** aufgehoben. Die Ausstattung ist eher ungewöhnlich und die Auswahl begrenzt, doch kann man dort Pizza bestellen und bei der Zubereitung zuschauen.

**Jerusalem Star** (*Al-Wad Street, nahe »Sharon's House«*). Die Inneneinrichtung ist nichts Besonderes, doch die Preise sind angemessen. Das Restaurant verdient durchaus einen Besuch.

### Herodestor

**Mataam Abu Shenab** (*innerhalb des Herodestors, Bab az-Zahra*). Ein kleines, beliebtes Restaurant, das köstlichen *Hummus* und *Ful* (Sau- oder Favabohnen) in freundlicher Atmosphäre serviert.

## Restaurants außerhalb der Altstadt

### Al-Musrara Square und Nablus Road

**Fouroun Musrara** (*Al-Musrara Square*) ist vielmehr Bäckerei und Lebensmittelgeschäft in einem als ein eigentliches Restaurant. Es gibt hier viele verschiedene garnierte Brote, etwa mit Olivenöl und Thymian (*zaatar*) oder Brot mit Fleisch (*sfiha*) und andere Spezialitäten sowie

## Praktische Informationen

Plätzchen. Das Geschäft ist bis in die späten Abendstunden geöffnet und ein idealer Ort, um den hungrigen Magen zu füllen.

**Abu Khalil Grill** (*am nördlichen Ende des Al-Musrara Square, Tel. 02/6283589*). In diesem zentral gelegenen Restaurant werden Salatvariationen und gegrilltes Fleisch serviert.

### Rund um die Salah ed-Din Street

**Arabesque Restaurant** (*American Colony Hotel, Nablus Road, Tel. 02/6279777*). Ein exzellentes, jedoch sehr teures Restaurant. Europäische Gerichte werden in kleinen Portionen serviert, orientalische in etwas größeren.

Das **Mataam al-Ikirmawi** (*Ibn Khaldoun Street, nahe dem Ritz-Hotel*) ist ein winziges Restaurant, das erstklassige *Falafel*, *Hummus* und *Ful* anbietet. Es ist jedoch eher ein Take-Away als ein Restaurant, da es nur eine Theke mit zwei Sitzplätzen gibt.

**Mataam al-Shuleh** (*Salah ed-Din Street*). Dieses Restaurant ist nur tagsüber geöffnet. Zu empfehlen ist das köstliche Fleisch, das entweder auf *Shawarma*-Sandwiches oder auf Tellern mit Pommes frites und Salat serviert wird. Die Preise sind angemessen.

*Restaurant im Garten des American Colony Hotel*

### Sheikh Jarrah

**Askadinya Restaurant** (*Shimon Hazadik Street 11, Tel. 02/5324590, täglich ab 12.00 Uhr geöffnet, Reservierung wird empfohlen, teuer*). Eines der interessantesten Café-Restaurants der Stadt. Sein guter Ruf ist nicht nur auf die ideale Lage, sondern auch auf die original palästinensische Küche zurückzuführen. Die Gerichte basieren auf traditionellen Rezepten und Zutaten, die auf moderne Art zubereitet werden. Unter den Gourmetgerichten sind Auberginen-Roulées, *Sumach*-Salat mit *Jarjir* (ein leicht bitter schmeckendes Kraut), Käse und Pinienkernen, *Fteereh* (*Shrak* mit Spinat gefüllt) und Steak mit Granatapfelsoße.

Neben Salaten und gegrilltem Fleisch bietet das **Al-Pasha-Restaurant** (*Nabi Shuayb Street*) traditionelle palästinensische Gerichte wie *Musakhan* und *Mansaf* an. Die Terrasse ist im Winter beheizt.

Die beiden Restaurants **Addiwan** und **Tent** befinden sich im **Ambassador Hotel** in Sheikh Jarrah. Sowohl Interieur als auch Terrasse und Garten sind wunderschön gestaltet. Es wird hauptsächlich regionale Küche angeboten, aber auch einige italienische und französische Gerichte. Die Auswahl ist sehr groß und die Gerichte schmecken erstklassig.

Ölberg

Das Restaurant **Bistrot** im **Seven Arches Hotel** erinnert an Pariser Cafés. Die Spezialitäten sind auf Stein gebratenes Fleisch und Meeresfrüchte.

### Unterkünfte in der Altstadt

Ostjerusalem verfügt als wichtiges Touristenziel über eine große Auswahl verschiedener Unterkünfte – darunter Jugendherbergen, Gästehäuser und Hotels. Die meisten bieten einen sehr schönen Blick auf Jerusalem, einigen mangelt es jedoch an guter Ausstattung.

**Austrian Hospice – Österreichisches Hospiz** (an der Kreuzung Al-Wad Street und Via Dolorosa, Tel. 02/6265800, www.austrianhospice.com, E-Mail: office@austrianhospice.com, EZ 48 €, DZ 76 € und DBZ 118 €, Bett im Schlafsaal 18 €. Die Eingangstüren werden um 22.00 Uhr abgeschlossen. Wer länger ausgehen möchte, sollte um einen Schlüssel bitten. Es gibt eine Bar und ein Restaurant.) Diese Oase der Ruhe im Herzen der Altstadt wurde 1869 erbaut und beherbergte nacheinander die Österreichische Botschaft, ein Kloster und bis Mitte der Achtzigerjahre ein Krankenhaus. Danach wurde es zu einer Herberge mit Café und Restaurant umgebaut. Die Zimmer sind sauber und gemütlich. Geräumige, frisch renovierte Schlafsäle sind ebenfalls vorhanden und sowohl für Gruppen als auch für Individualreisende attraktiv. Allein der ruhige Garten weitab vom Verkehrslärm ist einen Besuch wert. Das Restaurant bietet österreichische und andere Spezialitäten an.

*New Imperial Hotel direkt am Jaffator*

**Gloria Hotel** (Latin Patriarchate Street 33, Tel. 02/6282431, Fax 02/6282401, E-Mail: gloriahl@netvision.net.il, EZ 60 $, DZ 100 $ und DBZ 150 $; Bar, Cafeteria.) Das Hotel liegt in einer sehr belebten Straße; die verkehrsreichste Zeit ist abends. Die Zimmer sind sauber und gemütlich und werden vor allem von Pilgern geschätzt. Vom Dach aus hat man einen schönen Panoramablick über die Altstadt.

**Knight`s Palace** (Latin Patriarchate Street, Tel. 02/6282537, Fax 02/6275309, E-Mail: kp@actcom.co.il, EZ 65 $, DZ 110 $ und DBZ 150 $; Bar und Restaurant.)
Dieses reizvolle Gebäude aus dem 19. Jh. war einst ein Konvikt – die Kammern der Priesteranwärter dienen heute als Gästezimmer. Die Zimmer haben sehr hohe Decken und sind elegant

## Praktische Informationen

und gemütlich; einige der Familienzimmer verfügen über ein Zwischengeschoss. Im Restaurant befinden sich noch einige Felsblöcke, die zur Römerzeit Teil der Mauer um Jerusalem waren.

**Hashimi Hotel & Hostel** (Souk Khan ez-Zeit 73, Via Dolorosa, Tel. 02/6284410, Fax 02/6284667, www.hashimihotel.com, Bett im Schlafsaal kostet 19 €, EZ 35 €, DZ 55 € und DBZ 65 €; Cafeteria.) Die Zimmer der renovierten Jugendherberge sind gemütlich. Die Cafeteria und der Gemeinschaftsbereich auf dem Dach bieten eine großartige Aussicht auf die Altstadt, den Felsendom und den Ölberg.

**New Imperial Hotel** (Omar Ibn al-Khattab Square. Der Eingang befindet sich auf der linken Seite entlang einer Gasse. Unter dem Hotelschild befindet sich die Klingel, Tel. 02/6282261, Fax 02/6271530, E-Mail: imperial@palnet.com, EZ 50 $, DZ 75 $ und DBZ 100 $; Cafeteria, Internet und Kabelfernsehen.) Obwohl das 1884 erbaute Hotel inzwischen vom Verfall gezeichnet und seine Ausstattung ein wenig veraltet ist, besitzt es Charme. Sehr zu empfehlen sind die Zimmer mit Balkon in Richtung Omar Ibn al-Khattab Square und der Zitadelle. Einige Familienzimmer haben ein Zwischengeschoss. Jedes Zimmer verfügt über Dusche und WC.

**Hebron Hostel** (Aqbat et-Taqiya 8, in der Nähe der IX. Station des Kreuzwegs Jesu in der Via Dolorosa, Tel. 02/6281101. Bett im Schlafsaal 35 NIS, DZ mit Dusche 130-150 NIS, ohne Dusche 110 NIS; Bar, Cafeteria, Internet und Kabelfernsehen.)

*Gemeinschaftsraum im Lutherischen Gästehaus*

Die Zimmer sind sauber und gemütlich. Außerdem gibt es ein Internetcafé (10 NIS pro Stunde). Die Bögen und Natursteinmauern verleihen den kleinen, frisch renovierten Schlafsälen einen besonderen Charme. Der große Schlafsaal im Obergeschoss dagegen wirkt mit seinen Etagenbetten anonymer.

**Lutheran Guesthouse – Lutherisches Gästehaus** (St. Mark's Road, in der Nähe der David Street, Tel. 02/6266688, www.luth-guesthouse-jerusalem.com).
Gästehaus des deutschen Probstes, schöne Zimmer mit Blick über die Altstadt. Preise auf Anfrage.

### Unterkünfte außerhalb der Altstadt

**Ambassador Hotel** (Sheikh Jarrah, Tel. 02/5412222, Fax 02/5828202, E-Mail: amb@netvision.net.il, EZ 135 $, DZ 150 $ und DBZ 200 $; Bar, Cafeteria und Kabelfernsehen.)
Das Hotel ist gemütlich und geräumig. Es bietet eine schöne Aussicht und verfügt über mehrere Gemeinschaftsräume sowie zwei ausgezeichnete, aber teure Restaurants: das **Addiwan** und

das **Tent**. Des Weiteren gibt es eine vorzügliche Patisserie am Eingang des Hotels, wo es sehr lebhaft zugeht, da es häufig für Pressekonferenzen und Veranstaltungen genutzt wird. Auch inmitten dieser Aktivitäten kann man einen Ort der Ruhe finden.

**American Colony Hotel** (Nablus Road, Tel. 02/6279777, Fax 02/6279779, E-Mail: reserv@amcol.co.il, EZ ab 315 $, DZ 390-780 $; Bar, Restaurant, Souvenirladen, Buchhandlung, Swimmingpool, Fitnessraum und Kabelfernsehen.)
Als wichtigstes Gebäude im Viertel der ehemaligen American Colony gehörte es ursprünglich Selim al-Husseini, dem Bürgermeister von Jerusalem in den 1880er Jahren. Im Jahr 1896 wurde es an eine schwedisch-amerikanische messianische Gruppierung vermietet, deren Leiter Horacio Spafford war. Später wurde das Haus von Baron Ustinov gekauft, der es in ein Hotel umwandelte. Als Luxushotel ist es der bevorzugte Treffpunkt von Diplomaten und Journalisten. Mit großzügigen Räumen, Cafés und Gärten bietet es herausragenden Komfort und eine angenehme Atmosphäre. Sein weltbürgerliches Ambiente überbrückt die Kluft zwischen Israel und Palästina, dem Nahen Osten und Europa bzw. Amerika und zeigt, wie das Leben in dieser unruhigen Region hätte anders verlaufen können und vielleicht eines Tages verlaufen wird.

*Das American Colony Hotel am Anfang des 20. Jahrhunderts*

**Az-Zahra Hotel** (Az-Zahra Street, Tel. 02/6282447, Fax 02/6283960, E-Mail: azzahrahotel@shabaka.net, EZ 75 $, DZ 112 $ und DBZ 135 $ ohne Frühstück; Bar, Restaurant und Kabelfernsehen.)
Das Gebäude, das ursprünglich als Wohnsitz diente, wurde zu Beginn des 20. Jh. gebaut und wird seit 1948 als Hotel genutzt. Die Umgebung ist ruhig, die Zimmer sind einfach, aber gemütlich und einige verfügen sogar über einen großen Balkon. Das Café und das Restaurant sind unter den Jerusalemern sehr beliebt. Jeden Donnerstag werden Musikabende veranstaltet.

**Golden Walls Hotel** (Sultan Suleiman Street, Tel. 02/6272416, Fax 02/6264658, E-Mail: info@goldenwalls.com, EZ 120 $, DZ 170 $ und DBZ 200 $; Bar, Cafeteria und Kabelfernsehen.)
Von diesem Hotel aus überblickt man die Stadtmauern. Die Ausstattung der Zimmer ist klassisch und sehr komfortabel mit Klimaanlage, Satellitenfernsehen, Haartrockner und Safe. Außerdem gibt es ein großes Restaurant und eine Bar.

**Jerusalem Hotel** (Nablus Road, Tel./Fax 02/6283282, www.jrshotel.com, E-Mail: raed@jrshotel.com, EZ 130 $, DZ 160 $ und 190 $, Kinder unter sechs Jahren gratis; Bar, Restaurant und Kabelfernsehen.)
Die sehr günstige Lage in der Nähe des Damaskustors, die Architektur, das **Kan Zaman Café-Restaurant** (zwei Räume im Souterrain und eine Terrasse) und die Preise, welche bedeutend niedriger sind als bei vergleichbaren Zimmern im American Colony Hotel, machen dieses Hotel zu einem beliebten Treffpunkt. Der orientalische Charakter des früheren Privathauses verstärkt seinen Charme. Die Zimmer sind geräumig und das Interieur ist stilvoll gestaltet (ägyptische

## Praktische Informationen

Möbel und frei liegende Steinmauern prägen die Atmosphäre). Jedes Zimmer ist individuell ausgestattet, und das Hotel verfügt über einen exzellenten Service.

**Mount Scopus Hotel** (Sheik Jarrah, Tel. 02/5828891, Fax 02/5828825, E-Mail: mountscopus@barak.net.il, EZ 80 $, DZ 100 $ und DBZ 150 $; Bar, Cafeteria und Kabelfernsehen.) Komfortable, geräumige Zimmer mit großen Balkonen und einer herrlichen Aussicht.

**Notre Dame Hospice** (gegenüber dem Neuen Tor, Tel. 02/6279111, Fax 02/6271995, EZ 80 $, DZ 110 $ und DBZ 159 $; Bar und Restaurant.) Dieser Komplex, der dem Vatikan gehört, nimmt vor allem Pilger auf, doch auch andere Gäste sind willkommen. Die Zimmer sind einfach ausgestattet, haben Klimaanlage und TV. Das Gästehaus verfügt über ein Terrassencafé (*von 9.00 bis 23.00 Uhr geöffnet*) und das gute, aber teure Restaurant **La Rotisserie**.

**St. George's Cathedral Pilgrim Guest House** (Salah ed-Din Street 8, Tel. 02/6283302, Fax 02/6282253, E-Mail: sg-hostel@bezequint.net, EZ 80 $, DZ 120 $ und DBZ 160 $; Bar und Cafeteria.) Der architektonische Rahmen und der Garten entschädigen für die eher schlichten, aber sauberen Zimmer.

**New Victoria Hotel** (Al-Massudi Street, Tel. 02/6274466, Fax 02/6274171, EZ 60 $, DZ 80 $ und DBZ 100 $; Bar, Cafeteria und Kabelfernsehen.) Die Zimmer sind ruhig, gemütlich und gut ausgestattet.

*Die St. George's Cathedral unterhält ein eigenes Gästehaus*

### Unterkünfte auf dem Ölberg

**Mount of Olives Hotel** (Mount of Olives Road 53, in der Nähe der Himmelfahrtsmoschee, Tel. 02/6284877, Fax 02/6264427, E-Mail: info@mtolives.com, EZ $54, DZ $78 und DBZ $110.) Die meisten der sauberen und ruhigen Zimmer dieses Hotels haben eine herrliche Aussicht.

**Seven Arches Hotel** (Mount of Olives, Tel. 02/6267777, Fax 02/6271319, E-Mail: svnarch@trendline.co.il, EZ 100 $, DZ 130 $ und DBZ 150 $. Das Hotel verfügt über eine Bar, Cafeteria, Kabelfernsehen und Kartentelefon. Telefonkarten sind im Hotel erhältlich.)
Dieses Hotel bietet eine eindrucksvolle Aussicht auf die Altstadt und den *Haram esh-Sharif*. Die etwas altmodisch wirkenden Gemeinschaftsräume sind trotz ihrer Größe gemütlich – in den Sechzigerjahren galt diese Bauweise als modern. Die Zimmer sind ansprechend und sehr gut ausgestattet. Das Hotel verfügt mit dem **Bistrot** über ein hauseigenes Restaurant.

# Jerusalem

## Kontakte

### Alternative Tours

Da diese Agentur das Ziel eines alternativen bzw. kulturellen Tourismus verfolgt, zeigt sie das reale Leben in Palästina mit seiner Geschichte, Kultur, Gesellschaft und politischen Situation.

*Eine Agentur mit Sitz im Jerusalem Hotel. Tel. 0522/864205 oder 02/6283282, www.alternativetours.ps, E-Mail: abuhasan@alqudsnet.com, Tagestouren: Jerusalem (3 Stunden) 100 NIS, Spaziergang durch die Jerusalemer Altstadt (3 Stunden) 80 NIS, Besuch eines Flüchtlingscamps 100 NIS, Hebron (5-6 Stunden) 140 NIS, Nablus 170 NIS, Jericho (4-5 Stunden) 130 NIS, Qalqilia 170 NIS, Masada und Totes Meer 170 NIS, Nazareth und See Genezareth 200 NIS. Mindestens fünf Personen.*

*Blick über die Altstadt zum Ölberg mit dem Seven Arches Hotel*

### The Community Development Centre (Nidal)
(Zentrum für die Entwicklung der Gemeinschaft)

Dieses Zentrum wurde in Kooperation mit der UHWC (*Union of Health Work Committees*) gegründet, um den sozialen und medizinischen Bedürfnissen in der Altstadt gerecht zu werden, in der über 32 000 palästinensische Einwohner leben. Das Zentrum veranstaltet zahlreiche Kultur- und Bildungsaktivitäten für Kinder und Heranwachsende, um Gleichheit zwischen den Geschlechtern herzustellen, Lernprozesse zu fördern und fortschrittliche Werte zu vermitteln.

*Christian Quarter, Tel. 02/6282815, E-Mail: nidalc@palnet.com; für Stadtbesichtigungen kann eine Gebühr anfallen.*

### The Centre for Jerusalem Studies – Al-Quds University
(Zentrum für Jerusalem-Studien der Al-Quds-Universität)

Das Zentrum organisiert Themenausflüge zum architektonischen und kulturellen Erbe Jerusalems. Die Touren finden in der Regel samstags von 10.00 bis 13.00 Uhr statt. Die Al-Quds-Universität bietet zudem Kurse in arabischem Dialekt und klassischem Arabisch während der Vorlesungszeit und Intensivkurse während der Sommermonate an.

*Souk al-Qattanine, Tel. 02/6287517, Fax 02/6284920, www.jerusalem-studies.alquds.edu, E-Mail: cjs@planet.edu. Geführte Touren auf Englisch: Altstadt 75-100 NIS, motorisierte Touren 150 NIS.*

## Praktische Informationen

Alternative Information Centre (AIC)
(Alternatives Informationszentrum)

Dieses wichtige Zentrum veröffentlicht das englischsprachige Monatsmagazin *News from Within* und organisiert vielfältige Veranstaltungen zu politischen und historischen Aspekten des israelisch-palästinensischen Konflikts.

Shlomzion Ha-Malka Street 4, Westjerusalem, Tel. 02/6241159, www.alternativenews.org, E-Mail: aic@alt-info.org. Konferenzen und geführte Touren, insbesondere in Bezug auf den israelischen Plan, Groß-Jerusalem zu kontrollieren. Die Touren werden gegen eine geringe Gebühr veranstaltet.

Israeli Committee Against House Demolitions (ICAHD)
(Israelisches Komitee gegen Hauszerstörungen)

Das Komitee ist ein Zusammenschluss von israelischen Friedensgruppen, die gemeinsam daran arbeiten, die Besatzung zu beenden, und die einen gerechten und lebensfähigen Frieden für Palästina und Israel befürworten. Das Komitee konzentriert sich auf Belange wie die israelische Hauszerstörungspolitik und die Verletzung der Menschenrechte der Palästinenser durch Israel. Die Touren werden auch für Journalisten, Diplomaten, VIPs, Friedensgruppen und Israelis angeboten. Das Augenmerk liegt auf Jeff Halpers These von der Kontrollmatrix (*The Matrix of Control*), die online auf der Webseite verfügbar ist.

Ben Yehuda Street 7, West Jerusalem, Tel. 02/6245560, www.icahd.org, E-Mail: info@icahd.org. Touren in die besetzten Gebiete inklusive der Siedlungen, der Mauer und der Checkpoints. Für die Touren muss eine Gebühr entrichtet werden.

*Das israelische Komitee gegen Häuserzerstörungen informiert generell über Menschenrechtsverletzungen der Besatzungsmacht*

The Palestinian General Federation of Trade Unions (PGFTU)
(Der Allgemeine Palästinensische Gewerkschaftsbund)

Die 1965 gegründete *Palestinian General Federation of Trade Unions* ist die Nachfolgeorganisation der *Trade Union Movement of Palestinian Workers* (1925-1948). Sie ist heute ein Dachverband für mehr als zehn Beschäftigungssektoren: öffentliche Verwaltung, Baugewerbe, Medien und Verlage, Schulen, Nahrungsmittelindustrie, Metallindustrie, Gastronomie und Tourismus etc. Im Jahr 1999 hatte die Union mehr als 80 000 Mitglieder. Die Situation der palästinensischen Arbeiter aus dem Westjordanland und dem Gazastreifen, die in Israel arbeiten, ist schwierig, und es ist fast unmöglich, ihre Rechte zu verteidigen. Seit Beginn der Al-Aqsa-Intifada haben palästinensische Arbeiter mit Arbeitsgenehmigungen all ihre Rechte verloren, einschließlich ihres Rechts auf Arbeitslosengeld sowie ihrer Sozialversicherungs- und Pensionsansprüche. In Rechtsstreitigkeiten mit israelischen oder Jerusalemer Arbeitgebern kann die PGFTU nicht direkt intervenieren, da sie von den israelischen Behörden nicht offiziell anerkannt wird. Ihre einzige Möglichkeit ist deshalb, Rechtsbeihilfe durch die Bereitstellung von Anwälten zu geben.

*Salah ed-Din Street, Tel./Fax 02/6283147. Die Gewerkschaft hält Treffen ab, um die Menschen über die Arbeitsbedingungen der Palästinenser zu informieren.*

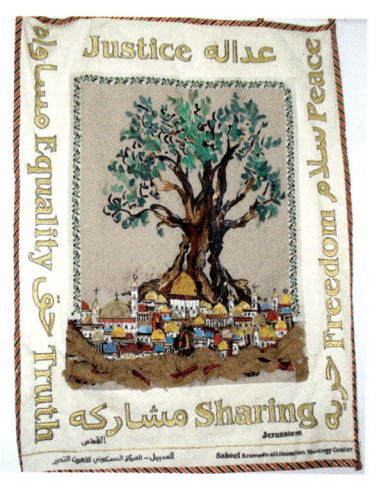

### Ecumenical Liberation Theology Centre (Sabeel)
(Ökumenisches Zentrum für Befreiungstheologie)

Die deutsche Entsprechung für »Sabeel« ist »Straße« oder auch »Brunnen«. Das von christlichen Palästinensern gegründete Zentrum betrachtet das Alltagsleben der Palästinenser unter der Besatzung von einem theologischen und einem säkularen Standpunkt aus. Sabeel organisiert häufig Konferenzen, Vorträge und Kulturabende.

*In der Nähe der Nabi-Shuayb-Straße in Sheikh Jarrah, Tel. 02/5327136, www.sabeel.org. Vorträge oder Touren können arrangiert werden. Eine besondere Erfahrung ist die Tour »Der heutige Kreuzweg« (100 $ pro Gruppe).*

*Das ökumenische Zentrum Sabeel informiert über den Alltag der Palästinenser aus theologischer Sicht*

### Union of Palestinian Medical Relief Committees (UPMRC)
(Vereinigung Palästinensischer Medizinischer Hilfskomitees)

Die Nichtregierungsorganisation UPMRC wurde 1979 gegründet, um den Mangel an angemessener medizinischer Versorgung auszugleichen, der seit der Besatzung 1967 in den palästinensischen Gebieten vorherrscht. Die UPMRC bietet medizinische Dienstleistungen jeglicher Art an und ist besonders aktiv auf dem Gebiet der Präventivmedizin. Im Jahr 1996 hat sie ein Erste-Hilfe-Programm eingeführt, das seine enorme Bedeutung und Effizienz seit Beginn der Al-Aqsa-Intifada unter Beweis gestellt hat.

*Beit Hanina, Main Street, Tel. 02/5834021, Fax 02/5830679, www.pmrs.ps; Kontakte und Ausflüge.*

### Swedish Christian Study Centre (SCSC)
(Schwedisch-Christliches Studienzentrum)

Die Studienorganisation *Bilda* unterhält seit langem Kontakte und pflegt den Austausch mit Palästina. Seit den Sechzigerjahren konzentriert sich die Arbeit von *Bilda* im Heiligen Land auf Studienreisen, Forschungsprojekte, Kulturaustausch und den Dialog zwischen Menschen, Reli-

## Praktische Informationen

gionen und Kulturen. Das von *Bilda* getragene *Swedish Christian Study Centre* wurde 1991 gegründet und ermöglicht Besuchern aus Schweden und anderen Ländern, die lokale Kultur, Geschichte und Politik kennenzulernen. Die Förderung und Unterstützung der palästinensischen Bevölkerung sowie das Anliegen, Kontakte zwischen Menschen aus Schweden und dem Nahen Osten herzustellen, sind die Hauptziele des SCSC. Die Veranstaltungen und Vorträge des Zentrums ermöglichen ein neues Verständnis und Erkenntnisse, die Brücken über kulturelle, religiöse, ethnische und politische Gräben hinweg bauen können.

Jaffator, Tel. 02/6264423, www.bilda.nu/scsc, E-Mail: scsc@bilda.nu.

*Luftaufnahme der Altstadt von Jerusalem mit dem Jüdischen Viertel (links), der West- bzw. Klagemauer (Mitte) und dem Haram esh-Sharif (rechts)*

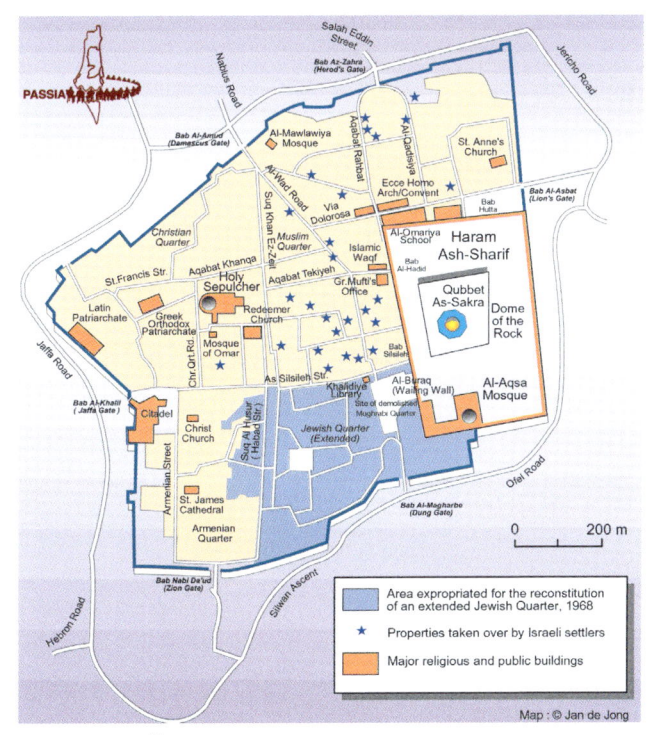

*Übersichtskarte der Altstadt von Jerusalem mit den vier Vierteln und den wichtigsten Sehenswürdigkeiten*

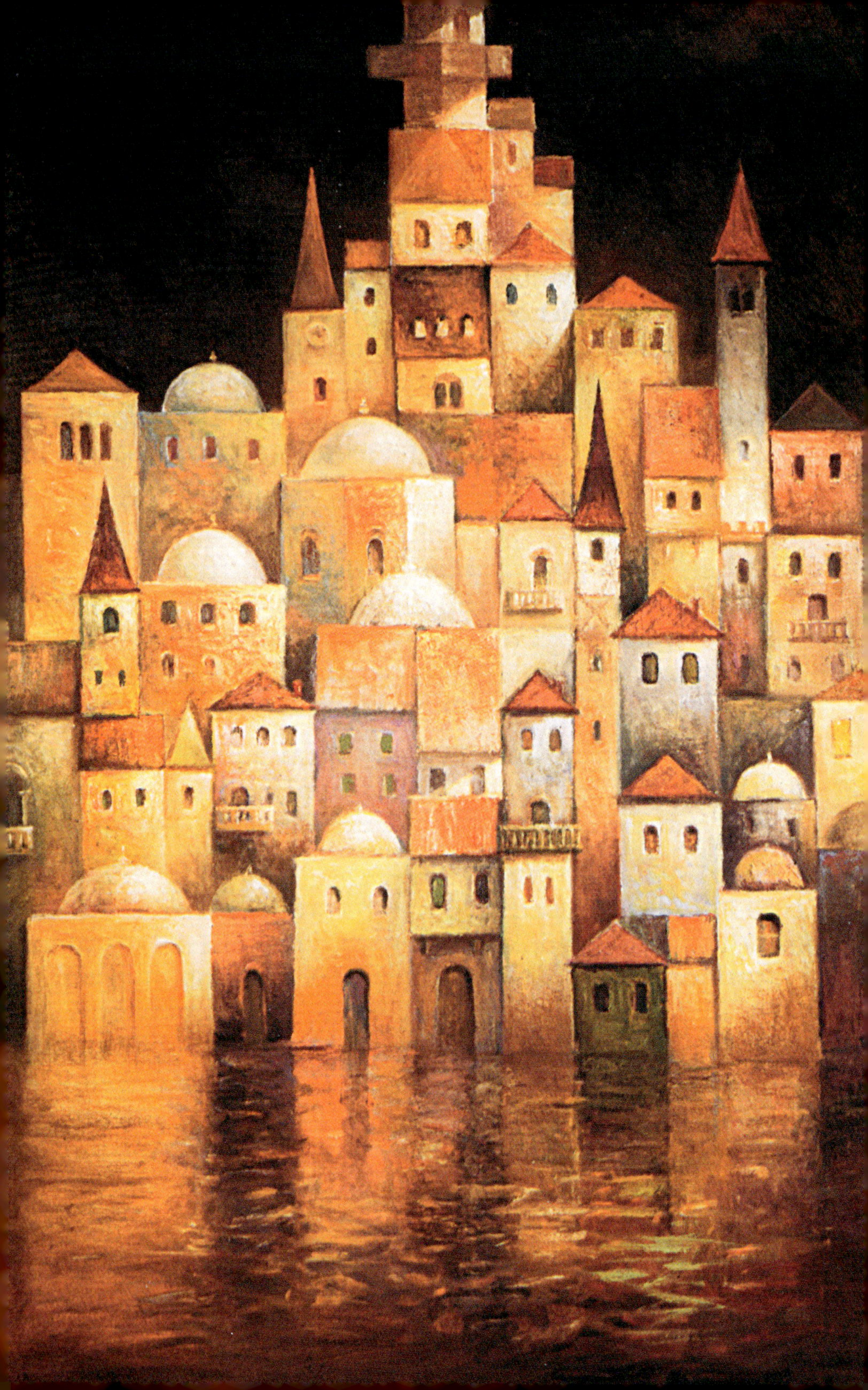

# Das Westjordanland

*Die Trennmauer im Westjordanland bei Ramallah*

Das Westjordanland hat eine Gesamtfläche von 5655 km². Im Osten bilden der Jordan und das Tote Meer eine natürliche Grenze zu Jordanien; im Norden, Süden und Westen grenzt es an Israel. Das Westjordanland verfügt über keine nennenswerten Bodenschätze; seine Binnenlage sowie die zumeist hügelige Beschaffenheit des Territoriums verhindern vielerorts eine ertragreiche Landwirtschaft: 59% des Bodens sind fruchtbar, davon werden 32% als Weideland genutzt; 1% der Fläche sind Wälder. Das Gebiet entlang des Jordans ist am fruchtbarsten. Die höchste Erhebung des Westjordanlands ist der Tel Asur (1022 m), der tiefstgelegene Punkt das Tote Meer mit 400 m unter dem Meeresspiegel. Das Klima ist gemäßigt.

Geografisch lässt sich das Westjordanland in drei Zonen aufteilen: Der nördliche Teil umfasst die Städte Nablus, Jenin, Tulkarem und Qalqilia mit ihrem teils fruchtbaren, teils bergigen Hinterland. Die Stadt Nablus ist das wirtschaftliche Zentrum dieses Gebiets und weist eine lange Tradition als Handelszentrum auf. Die Zentralregion umfasst die Städte Ramallah, Al-Bireh und Ostjerusalem, und der ausreichende Niederschlag ermöglicht seit alters her die landwirtschaftliche Nutzung dieses Teils des Westjordanlands. Der südliche Teil erstreckt sich von Bethlehem und Jericho über Hebron am Toten Meer entlang bis an die Ausläufer der Wüste Negev; in diesem Landesteil ist Hebron das religiöse und kommerzielle Zentrum.

*Links: »Jerusalem nach dem Regen«. Gemälde von Ibrahim Hazimeh.*

## Westjordanland

Nach Angaben des Palästinensischen Zentralbüros für Statistik lebten im Westjordanland 2007 etwa 2,3 Mio. Palästinenser.

Der politische Status des Westjordanlands änderte sich wiederholt seit Beginn des 20. Jh. Nach dem Zerfall des Osmanischen Reiches war das Gebiet Teil des britischen Mandats für Palästina. Mit dem Ende der Mandatszeit, der Ausrufung des Staates Israel und dem vergeblichen Versuch, den Teilungsplan der Vereinten Nationen umzusetzen, wurde das Westjordanland im ersten Arabisch-Israelischen Krieg von den Truppen König Abdallahs I. besetzt und 1949 von Jordanien annektiert. Die palästinensische Bevölkerung erhielt jordanische Pässe, und das Gebiet galt von nun an als integraler Bestandteil des Haschemitischen Königreichs.

Im Junikrieg 1967 eroberte die israelische Armee das Westjordanland und Ostjerusalem. Doch während Ostjerusalem durch Israel annektiert wurde und fortan zur »ewigen und unteilbaren Hauptstadt des Staates Israel« gehörte, kam das Gebiet des Westjordanlands unter israelische »Zivilverwaltung« – eine beschönigende Umschreibung für Militärverwaltung. Die Nichteingliederung des Westjordanlands in das israelische Staatsgebilde verlief einerseits konform zur UN-Resolution 242, nach welcher Verhandlungen zwischen den arabischen Nachbarn und Israel auf der Basis von Land gegen Frieden geführt werden sollten. Andererseits reflektierte sie ein Gebot zionistischer Politiker, möglichst viel Land mit einer möglichst kleinen palästinensischen Bevölkerung zu erlangen; die formale Annektierung des Westjordanlands hätte den arabischen Bevölkerungsanteil Israels enorm ansteigen lassen. Um sich dennoch große Teile des Bodens aneignen zu können, verfolgten verschiedene israelische Regierungen eine Siedlungsstrategie, die stets darauf abzielte, strategisch gelegenes Land unter israelische Kontrolle zu bringen – sei es aus »sicherheitsrelevanten« (Allon-Plan) oder religiös-nationalistischen (Judäa und Samaria) Motiven. Die israelischen

*Demonstration gegen die Trennmauer in Bethlehem*

Siedlungen werden durch ein umfangreiches Straßennetz und andere infrastrukturelle Einrichtungen untereinander und mit dem Kernland Israel verbunden und bieten den Siedlern einen Lebensstandard, der in palästinensischen Städten und Dörfern nicht annähernd erreicht wird. Diese Maßnahmen zielen darauf ab, das Westjordanland zu zerstückeln (»Bantustanisierung«) und die Entstehung eines autonomen und unabhängigen palästinensischen Staates zu verhindern.

Politischen Zündstoff birgt vor allem der 2003 begonnene Bau der israelischen Trennmauer, die nur an wenigen Stellen entlang der Grünen Linie verläuft. Vor allem bei den israelischen Siedlungsblöcken schneidet sie teilweise tief in das Gebiet des Westjordanlands ein. Die Palästinenser befürchten, dass das Westjordanland bei fortschreitendem Siedlungsbau – insbesondere bei der Siedlung Maale Adumim – in zwei Teile zerschnitten werden könnte, was schwerwiegende Folgen für die palästinensische Bevölkerung nach sich ziehen würde.

# Jericho

## Zwischen Jerusalem und Jericho

### Der Weg nach Jericho

Um von Jericho nach Jerusalem zu reisen, folgt man der Route 1 in Richtung der Siedlung Maale Adumim und nimmt wie ausgeschildert die linke Schnellstraße nach Jericho. Leider gibt es keine Sammeltaxis direkt von Jerusalem nach Jericho. Stattdessen fahren Sammeltaxis vom Busbahnhof in Abu Dis dorthin. Für 6,50 NIS gelangt man von Jerusalem nach Abu Dis und für 12 NIS nach Jericho. Eine Sammeltaxifahrt von Ramallahs zentraler Taxistation nach Jericho kostet 15 NIS. Vom Qalandia-Checkpoint aus kann man für etwa 12 NIS mit einem Taxi auch den gesamten Weg bis nach Jericho zurücklegen, ohne dabei das Transportmittel wechseln zu müssen.

### Die israelische Siedlung Maale Adumim

Die 1976 gegründete Siedlung ist aufgrund ihrer weißen, würfelförmigen Wohnhäuser, die typisch für die israelische Bauweise in der Region Jerusalem sind, weithin sichtbar. Maale Adumim ist mit etwa 40 000 Einwohnern die größte israelische Siedlung im Westjordanland. Die meisten Häuser wurden während der Road Map-Verhandlungen gebaut, in deren Rahmen sich Israel verpflichtet hatte, alle Siedlungsvorhaben auszusetzen und einer natürlichen Ausdehnung der Siedlungen entgegenzuwirken. Maale Adumim ist ein zentrales Bindeglied des Siedlungsgürtels östlich von Jerusalem, des sogenannten »äußeren Rings«. Er war geplant worden, um sowohl die Verbindung zwischen Ostjerusalem und Jericho zu unterbrechen als auch das Westjordanland in seinem Nord-Süd-Verlauf in zwei Gebiete zu teilen. Auch nach einer endgültigen Klärung des Status des Westjordanlands soll der Maale-Adumim-Block israelisch bleiben – darauf haben sich George W. Bush und Ariel Sharon im April 2004 in ihrem Briefwechsel verständigt. Der Siedlung kommt somit immense symbolische und gleichzeitig politische Bedeutung zu, da sie letztlich auch eine Bedrohung für die Lebensfähigkeit eines zukünftigen palästinensischen Staates darstellt.

Es lohnt sich, einen Blick auf die alten Olivenbäume zu werfen, die überall in der Umgebung gepflanzt wurden. Sie sind stumme Zeugen der Errichtung des israelischen »Sicherheitszauns«; die Bäume gehörten ursprünglich zu palästinensischen Hainen und wurden im Zuge der Baumaßnahmen entwurzelt und verpflanzt.

*Maale Adumim*

## Westjordanland

### Das Martyrios-Kloster

Der ursprünglich aus Kappadokien stammende Martyrios wurde 478 Patriarch von Jerusalem und gründete das Kloster gegen Ende des 5. Jh. Die Grundmauern konnten dank großzügiger Spenden restauriert werden. Von den Gebäuden selbst ist nicht mehr viel erhalten. Dennoch lässt sich ein authentischer Eindruck gewinnen, wie die gesamte Anlage dieses byzantinischen Klosters und der von den Umayyaden auf seinen Ruinen erbaute Hof ausgesehen haben müssen, bevor sie 749 einem Erdbeben zum Opfer fielen.

*Wüstenlandschaft zwischen Jerusalem und Jericho*

*Eine archäologische Ausgrabungsstätte in der israelischen Industrieregion Mishor Adumim. Öffnungszeiten: Sonntag-Donnerstag 8.00-16.00 Uhr, Freitag 8.00-13.00 Uhr. Egged Bus 174, Jerusalem-Mishor Adumim.*

### Die Herberge zum Barmherzigen Samariter
(Khan al-Hatruri oder Khan al-Ahmar)

Die Ruinen dieser alten Herberge (*Khan*) aus dem 16. Jh. befinden sich unmittelbar rechts neben der Straße. Der Ort diente als Rastplatz für Kaufleute und muslimische Pilger auf ihrem Weg in die heilige Stadt Jerusalem (Al-Quds). Heute wird er von zwei israelischen Siedlungen eingeschlossen: Mitzpe Yericho und Mishor Adumim. Anfang 2000 haben die israelischen Behörden den hier ansässigen Souvenirladen sowie das Zeltcafé geschlossen, obwohl sich ein profitables Geschäft mit christlichen Pilgern entwickelt hatte, die zu dem Ort kamen, an dem Jesus Christus die Parabel vom Barmherzigen Samariter gepredigt haben soll (Lk 10, 30-36). Oberhalb des Gasthauses befinden sich die Ruinen einer Kreuzritterfestung (»Qalaat ed-Dam« oder »Schloss des Blutes«), die später von den Mamelucken in Besitz genommen wurde.

### Das St. Euthymius-Kloster

Von seiner Gründung im 5. Jh. bis zum Ende der Besetzung durch die Kreuzritter war das Kloster eines der wichtigsten klerikalen Zentren in Palästina. Euthymius, ein armenischer Mönch aus Kappadokien, ließ sich um das Jahr 405 in Palästina nieder und gründete zusammen mit Theoctistus das St. Euthymius-Kloster sowie verschiedene Laura-Klöster, die mit zahlreichen Räumen für die Zusammenkunft von Mönchen zu gemeinsamen Mahlzeiten und Gottesdiensten ausgestattet sind. Gerasimus und Sabas nahmen sich bei der Gründung ihrer klösterlichen Gemeinschaften (Deir Hajla und Mar Saba) schließlich das St. Euthymius-Kloster zum Vorbild. Nach der Zerstörung durch ein Erdbeben im Jahr 660 wurde das Kloster zu Beginn der isla-

## Jericho

mischen Epoche und ein weiteres Mal während der Kreuzzüge wieder aufgebaut. Im 13. Jh. gründete schließlich Mamelucken-Sultan Baybar auf den Ruinen des Klosters eine Karawanserei, die zwischen Jerusalem und Jericho lag.

*Das Kloster liegt gegenüber der Herberge zum Barmherzigen Samariter. Für Besucher ist es nicht mehr geöffnet, aber die Ruinen sind von der Straße aus sichtbar.*

### Die Lagerplätze der Beduinen

Überall entlang der Straße sind die provisorischen Lagerplätze der Beduinen verstreut. Die meisten der hier lebenden Beduinen gehören zum Stamm der Al-Jahalin. Die ursprünglich aus der Region Arad in der Negev-Wüste stammenden Beduinen wurden Anfang der Fünfzigerjahre vertrieben und siedelten sich größtenteils in einem Gebiet östlich von Hebron und um Al-Khan al-Ahmar, zwischen Jerusalem und Jericho, wieder an. Seit 1967 wurden sie in unfruchtbarere Regionen verdrängt, die weit abseits der Wasserversorgung liegen. Die Besatzungsbehörden konfiszierten ihr Land unter dem Vorwand, es handele sich um unbewirtschafteten Boden, obwohl offensichtlich war, dass dieser von den Beduinen als Weideland genutzt wurde. Viele dieser Gebiete, die zunächst Militärzonen waren, wurden später zu israelischen Siedlungsgebieten umfunktioniert; das erste war Maale Adumim. Während des Friedensprozesses kam es 1997 durch erneute Vertreibungen zu einer Ausweitung dieser Gebiete. Hunderte Menschen wurden gewaltsam in die Außenbezirke von Al-Azariya in unmittelbarer Nähe zur kommunalen Mülldeponie umgesiedelt. Andere haben ihr Land durch den von Israel errichteten Sicherheitszaun verloren, wie z.B. in Anata. Zahlreiche Baracken der Beduinen wurden zudem auf Geheiß der israelischen Behörden zerstört.

Die beduinische Lebensweise hat dennoch Bestand, wenngleich sie durch den großflächigen Verlust von Weideland stark eingeschränkt ist. Herden, die einst etwa 20 000 Tiere umfassten, zählen heute weniger als 4000. Die Beduinen, die mit etwa 60% jahrelang den Hauptanteil der palästinensischen Fleisch- und Milchproduktion erwirtschafteten, sind dadurch in ihrer Existenz bedroht. Außerdem trägt die Wasserknappheit wesentlich zur Verkleinerung der Herden bei, weil Wasser häufig an Tankwagen gekauft werden muss. Zudem ist der Verkauf von tierischen Erzeugnissen jeglicher Art in Jerusalem und Israel verboten; ein Hygieneerlass verhindert die Einfuhr dieser Produkte ins Westjordanland und nach Gaza. Auf diese Weise wird den Beduinen ihre Haupteinnahmequelle und damit ihre Lebensgrundlage entzogen. Viele Beduinen-Männer arbeiten in israelischen Fabriken oder sind auf israelischen Siedlungsbaustellen beschäftigt. Allerdings wird ihnen häufig auch der Zugang zu diesen Arbeitsplätzen verwehrt. So ist es ihnen beispielsweise verboten, das nahe gelegene Maale Adumim zu betreten.

Treffen mit Beduinen und Besichtigungen der Lager werden vom *Arab-al-Jahalin*-Projekt organisiert, einer Wohltätigkeitsorganisation aus Al-Azariya (Bethanien, s. S. 224-225), die auch den vom *Alternative Information Centre* (AIC) produzierten Dokumentarfilm *Jahalin* zeigt (s. S. 241 und 304). Auch die *Rabbis for Human Rights* haben hier ein Projekt zur Arbeit mit Kindern und den Beduinengemeinschaften ins Leben gerufen.

*Beduinenkind*

# Westjordanland

## Wadi el-Qelt

Das Wadi el-Qelt ist ein besonders schöner Ort zum Wandern. Hier befinden sich beeindruckende Ruinen alter Aquädukte, von denen einige aus hasmonäischer Zeit stammen. Diese Aquädukte wurden zu herodianischen, römischen, umayyadischen und osmanischen Zeiten weiterhin genutzt. Beschilderungen weisen den Weg zu den Quellen von Ein Qelt, Ein Farah sowie Ein Fawwar, deren Wasser sowohl das Wadi el-Qelt versorgt als auch nach Jericho fließt. Die Landschaft ist einzigartig und verfügt über eine ungewöhnliche wie auch artenreiche Fauna und Flora; letztere zeigt sich vor allem in den Frühlingsmonaten in ihrer ganzen Vielfalt. Um die Tiere, die häufig im steilen, unwegsamen Hügelland Zuflucht suchen, beobachten

*Wadi el-Qelt*

zu können, empfiehlt es sich, ein Fernglas mitzunehmen. Der Weg ist einfach zu gehen, allerdings wird die Wanderung im Sommer durch große Hitze erschwert. Um Dehydrierung zu verhindern, sollte lange Kleidung getragen und ausreichend Wasser mitgenommen werden. Wer bis nach Jericho gehen will, sollte mehrere Liter Wasser mitnehmen. Trinkwasser erhält man während der Öffnungszeiten im Georgskloster am Anfang der Wegstrecke. Das Quellwasser ist nicht genießbar. Im Winter besteht Überflutungsgefahr. Es ist ratsam, die Wüste mit einem Touristenführer zu durchqueren.

*Zunächst der Route 1 und dann der alten Jericho Road bei der Siedlung Mitzpe Yeriho folgen.*

## Das Georgskloster

Der christlichen Überlieferung zufolge legte der Prophet Elias auf seinem Weg zum Sinai hier in einer Höhle Rast ein und der Heilige Joachim erfuhr an diesem Ort von einem Engel, dass seine als unfruchtbar geltende Frau Anna ein Kind gebären werde – die Heilige Jungfrau Maria, Mutter Jesu Christi.

Das Kloster wurde um 480 vom Heiligen Johannes von Theben gegründet und entwickelte sich im 6. Jh. unter dem Heiligen Georg von Choziba aus Zypern zu einem wichtigen geistlichen Zentrum. Das Kloster eröffnete Einsiedlern in seinen zahlreichen, nahe gelegenen Felshöhlen die Möglichkeit, zu wöchentlichen Messen und gemeinsamen Mahlzeiten zu-

*Georgskloster*

sammenzukommen. Die Geschichte der Abtei gleicht derer der meisten Klöster: Sie wurde im Jahr 614 zerstört (der Heilige Georg von Choziba war zeitweilig dort gefangen gehalten), erlebte eine Zeit des Niedergangs während der ersten Jahrhunderte der islamischen Herrschaft und wurde im 12. Jh. durch den byzantinischen Kaiser wiederaufgebaut. Vom Ende der Besatzungszeit durch die Kreuzritter bis zum Ende des 19. Jh. erfuhr es einen erneuten Niedergang. Restaurierungen in den Jahren 1878 und 1901 führten dazu, dass das griechisch-orthodoxe Kloster wieder bewohnt werden konnte und sich heute durch eine bescheidene, aktive Gemeinschaft auszeichnet.

Die dekorativen Elemente sind größtenteils jüngeren Datums. In den Kapellen des Heiligen Johannes und des Heiligen Georg sind jedoch sowohl Reste eines byzantinischen Bodenmosaiks aus dem 6. Jh. als auch die Schädel von 14 Mönchen zu sehen, die im Jahr 614 ermordet wurden. Auf dem bunten Bodenpflaster in der Kirche der Gesegneten Jungfrau ist der zweiköpfige byzantinische Adler abgebildet. Er wird dem Kaiser Manuel I. Komnenos (12. Jh.) zugeschrieben.

*15 min Fußmarsch vom Parkplatz entfernt. Öffnungszeiten: Sonntag-Freitag 8.00-12.00 Uhr und 15.00-17.00 Uhr, Samstag 8.00-12.00 Uhr. An Feiertagen geschlossen, Eintritt frei, Trinkwasser ist erhältlich.*

## Nabi Musa

Den Komplex von Nabi Musa ließ der Mamelucken-Sultan Baybar (1260-1277) errichten; die Gästehäuser für Pilger wurden bis zum Jahr 1475 schrittweise hinzugefügt. Der muslimischen Überlieferung zufolge handelt es sich hierbei um die Grabstätte des Propheten Moses (Nabi Musa).

Eine Inschrift besagt, dass »die Errichtung dieses stattlichen Maqam über dem Grab des Moses, unser Herr, der Sultan, unser König al-Daher Abu al-Fathah (Fatah) Baybar im Jahr 668 der *Hedschra* (1269/70 v. Chr.) angeordnet hatte«. Der Titel »Abu al-Fatah«, was »der Eroberer« bedeutet, war der Kampfname dieses berühmten Anführers, der Palästina im 13. Jh. zurückeroberte. Der Nabi-Musa-Komplex ist in typisch strengem, eindrucksvollem islamischen Stil gestaltet. Die Gebäude verfügen über zwei Stockwerke, die von weißen Kuppeln überragt werden und sich von der kargen Umgebung abheben.

*Nabi Musa , nach muslimischer Überlieferung die Grabstätte des Propheten Moses*

Anlässlich des Triumphs über die Kreuzritter führte Saladin den Pilgerzug (*mawsim* oder *mouled*) von Jerusalem nach Nabi Musa ein. Der *mawsim* bot Gelegenheit zum Zeitvertreib, wie z. B. durch Pferderennen, Theateraufführungen, traditionelles Erzählen von Geschichten oder auch durch Spiele. Während der britischen Kolonialherrschaft entwickelte sich die traditionelle Pilgerreise zu einer Demonstration gegen den Zionismus. Aus diesem Grund wurde sie von den britischen Militärbehörden 1937 verboten. Das Verbot hatte auch nach 1948 weiterhin Bestand, weshalb der *Maqam* zunächst in ein jordanisches und schließlich in ein israelisches Militärlager umgewandelt wurde. 1987 wurde das jährliche Ereignis erneut kurzzeitig zugelassen. Als die Intifada ausbrach, untersagte die Besatzungsmacht jedoch beinahe alle öffentlichen Zusammenkünfte. Erst nach der Machtübernahme durch die Palästinensische Nationalbehörde wurde die Pilgerreise 1997 schließlich erneut zugelassen. In der Regel beginnt sie, dem griechisch-orthodoxen Kalender folgend, am Karfreitag mit einer langen Prozession, die von der Al-Aqsa-Moschee über das Löwentor bis nach Nabi Musa führt. Der Zug wird von religiösen Gesängen, Trommeln und Flöten begleitet. Nach dem Beginn der Al-Aqsa-Intifada im September 2000 wurde das einwöchige Fest abermals untersagt. Israelischen Behörden erklärten das Gebiet um Nabi Musa zur »militärischen Sicherheitszone«; seitdem ist nur Touristen der Besuch erlaubt.

*Öffnungszeiten: täglich 8.00 Uhr bis Sonnenuntergang; Eintritt frei, um Spenden wird gebeten.*

## Der Winterpalast des Herodes (Tulul Abu al-Alayiq)

Schon in prähistorischer Zeit erkannten Menschen das Potenzial dieses fruchtbaren Landstrichs mit seinen Wasserressourcen. Sowohl während der hellenistischen als auch der römischen Epoche waren die verstreuten Höfe nicht nur Zentren landwirtschaftlicher und handwerklicher Produktion, sondern auch Orte der Unterhaltung, die hohes Ansehen genossen. Die hasmonäischen Paläste an beiden Ufern des Jordan sind nicht mehr erhalten. Allein die Ruinen aus der Zeit des Herodes geben einen Eindruck von der einstigen Pracht dieser Paläste.

Herodes ließ drei Paläste bauen: Der erste wurde 35 v. Chr. errichtet, als die ägyptische Königin Kleopatra über das Jordantal herrschte. Der zweite entstand nach einem Erdbeben und Kleopatras Selbstmord 31 v. Chr. Der dritte Palast, welcher als der schönste und am besten erhaltene gilt, wurde um 10 v. Chr. fertiggestellt und als

*Hinweisschild zum Winterpalast des Herodes*

einziger aus getrockneten Lehmziegeln errichtet. Dekorative Fontänen, prächtige Gartenanlagen und Säulengänge auf beiden Seiten des Wadi brachten einen interessanten Spiegeleffekt hervor. Einzig die Grundmauern dieses märchenhaften Palastes können heute noch besichtigt werden. Das *Triclinium* (Speisesaal) öffnete sich zu einem durch einen Säulengang umgrenzten Innenhof, von dem aus sich das gesamte Wadi überblicken lässt. Die Säulen aus Ziegeln waren ursprünglich so verputzt und dekoriert, dass es so schien, als seien sie aus Marmor. Der Boden war mit Kacheln verziert, die Intarsien aus buntem Kalkstein in Weiß, Orange und Rosa schmückten. Zudem war er mit grauen und schwarzen pechhaltigen Kalksteinen durchsetzt, welche die Form von Quadraten, Diamanten und Dreiecken hatten. Im Zentrum des Innenhofs befand sich eine Art Podest oder Schwimmbecken. Der benachbarte Thronsaal wurde von drei Säulengängen umgrenzt. Anstelle des staubigen Bodens, der dort heute vorzufinden ist, gab es

## Jericho

in seinem Zentrum einen prachtvollen Garten. Neben den zahlreichen Repräsentationsräumen befanden sich Bäder im römischen Stil, die zum Komfort und Luxus beitrugen.

*Am Ausgang des Wadi el-Qelt, 2 km südwestlich von Jericho gelegen. Wenn man vom Georgskloster aus das Wadi entlanggeht, liegt der Winterpalast am Ende der Wanderstrecke; Eintritt frei.*

### Das Jordantal

Von den Bergen hinunter dem Tal folgend (Route 1 oder Route 449 – Tariq al-Maarajat), erblickt man eine kontrastreiche Landschaft. Das Tal ist sehr fruchtbar, weshalb zahlreiche Obstplantagen die Hügel bedecken. Allmählich taucht die Oase Jericho in einer kargen Umgebung auf. Nichts scheint auf die Existenz eines am Ausgang des Tals liegenden Flusses hinzuweisen, dessen Wasserführung in den vergangenen Jahrzehnten stark abgenommen hat.

Wie das übrige Westjordanland ist auch das Jordantal als fruchtbarer Bereich wichtiger Teil der israelischen Kolonialisierungspläne zur Landgewinnung, wenngleich es als Ostgrenze zu Jordanien und dem Irak nur im Falle einer anhaltenden Bedrohung durch diese Staaten auch strategische Bedeutung behält. Mehr als 30 Landwirtschaftsbetriebe und militärische Stützpunkte liegen im gesamten Tal verstreut. Palästinensische Dorfbewohner müssen mit einer eingeschränkten Wasserversorgung und weiteren Landkonfiskationen leben; von 85 genutzten Brunnen in den frühen Siebziger-

*Jordantal nördlich von Jericho*

jahren sind nur 17 heute noch in Betrieb. Große Mengen an Wasser werden in die Siedlungen umgeleitet, deren Begrünung den Siedlern das Gefühl eines nur vorläufigen Aufenthalts nehmen soll. In den Sechzigerjahren, als die Bevölkerungszahl in dieser Region ihr Maximum erreicht hatte, lebten die meisten Menschen von der Landwirtschaft. Heute kann nur noch eine Minderheit der Palästinenser von der Bewirtschaftung des eigenen Landes leben. Schwankende Preise auf niedrigem Niveau machen die Landwirtschaft zum Risikogeschäft: Viele Produkte finden keinen Absatzmarkt im Ausland, und der Transport im Inland ist einerseits aufgrund der Straßenverhältnisse, andererseits wegen der Reisebeschränkungen nahezu unmöglich. Jordanien, das in den Sechzigerjahren zusammen mit den Golfstaaten 60% der landwirtschaftlichen Produkte Jerichos importierte, verfolgt seit dem jordanisch-israelischen Friedensvertrag von 1994 eine Politik des Protektionismus, womit sich die Abhängigkeit der Palästinenser vom israelischen Markt erhöht. Exemplarisch hierfür ist der Fall der in Jericho produzierten Bananen, die nicht mehr nach Jordanien eingeführt werden dürfen: Die Preise fielen, wodurch die Produktion zusammenbrach. Die israelischen Landwirte hingegen profitieren von einem garantierten Niedrigpreis auf alle ihre Produkte. Vielen Palästinensern bleibt daher lediglich die Möglichkeit, sich als Landarbeiter ein minimales Einkommen zu sichern, sofern ihnen dies erlaubt wird.

Das 14 km nordwestlich von Jericho liegende Dorf Fassayel ist hierfür ein Beispiel. Der größte Teil des Landes wurde durch benachbarte jüdische Siedlungen konfisziert (Tomer, Pezael, Gilgal und Yafit), sodass heute nur noch 5% der arbeitenden Bevölkerung von der Bewirtschaftung ihres eigenen Landes leben können; 25% arbeiten dagegen in benachbarten Siedlungen.

# Westjordanland

## Das Flüchtlingslager Aqbat Jaber

Das Flüchtlingslager wurde 1948 auf einem Stück kargen Landes 3 km südwestlich von Jericho errichtet. Bei Kriegsausbruch 1967 wurden die meisten der 30 000 dort lebenden Menschen abermals zu Flüchtlingen. Heute leben hier weniger als 3000 Menschen, sodass derzeit kein Platzmangel herrscht. Der noch verfügbare Platz zieht aber auch viele Familien an, die keinen Flüchtlingsstatus haben. Im Lager selbst ist die Wasserversorgung kritisch, was einerseits auf die Kargheit der Wüstenlandschaft zurückzuführen ist; andererseits kontrolliert das nationale israelische Wasserversorgungsunternehmen Mekorot die wichtigsten Quellen, sodass die Menschen gezwungen sind,

*Blick auf Jericho, die »Stadt der Palmen«; im Vordergrund ein 1967 verlassenes Flüchtlingslager*

mit einer dauerhaft schlechten und unregelmäßigen Wasserversorgung zu leben. Diese ständige Wasserknappheit steht dabei in frappierendem Kontrast zu der großzügigen Wasserversorgung der Landwirtschaft im Jordantal, wo die meisten Palästinenser aus Aqbat Jaber arbeiten. Sie sind Flüchtlinge ohne Land und Landwirte ohne Wasser.

Büro der UNRWA, Tel. 02/2322411.

## Jericho

Sowohl der biblische Name »Stadt der Palmen« für Jericho als auch sein arabisches Pendant »Er-Riha« (in etwa »das Parfum«) weisen darauf hin, dass sich die Oase durch ihr üppiges Grün und ihre duftenden Blumen von der sie umgebenden Wüste abhebt. Das subtropische Klima macht diesen Ort zu einem außergewöhnlichen Garten, der seine Attraktivität besonders im Winter entfaltet, wenn wohlhabende Familien aus Jerusalem, Ramallah und Bethlehem das warme Klima genießen. Am westlichen Ufer des Jordans, 8 km nördlich des Toten Meeres gelegen, verdankt Jericho seine Fruchtbarkeit zahlreichen kalten und ergiebigen Quellen. Bereits in der Antike gab es in diesem Tal einzelne Höfe. Kleopatra war die berühmteste Grundbesitzerin Jerichos; ihr Land war ein Geschenk von Marcus Antonius aus dem Jahr 35 v. Chr.

Bis 1948 war Jericho eine große und friedliche Provinzstadt. Ab dann suchten Zehntausende palästinensische Flüchtlinge aus Lydd, Ramle und den Dörfern westlich von Jerusalem hier Zuflucht. Drei Flüchtlingslager entstanden rund um Jericho: Aqbat Jaber (30 000 Einwohner), Ein es-Sultan (25 000 Einwohner) und An-Nweima (20 000 Einwohner). Die übrigen Flüchtlinge

## Jericho

siedelten sich außerhalb der Lager an. Aus der Provinzstadt wurde somit eine Großstadt mit offiziellem Stadtstatus.

Nach der Konferenz von Jericho wurden 1952 das Emirat Jordanien und das annektierte Westjordanland in »Haschemitisches Königreich Jordanien« umbenannt. Zur gleichen Zeit organisierten die nationalen Bewegungen zur Befreiung Palästinas (*Fatah*, die Arabische Nationalbewegung und die Kommunistische Partei) ihren Widerstand gegen Israel, der von den Flüchtlingslagern ausging. Der Krieg im Jahr 1967 zwang die Menschen schließlich erneut zur Flucht, diesmal in den Osten. Nicht ein einziges Mitglied der Stadtverwaltung Jerichos blieb zurück; das Flüchtlingslager An-Nweima wurde vollständig zerstört. Nach der Unterzeichnung des Oslo-II-Abkommens wurde Jericho im Mai 1994 zur ersten palästinensischen Stadt im Westjordanland mit Autonomiestatus – wie der Gazastreifen. Während der Al-Aqsa-Intifada stand Jericho unter dauerhafter Belagerung durch das israelische Militär. Heute steht die Stadt palästinensischen wie auch ausländischen Besuchern offen, doch der Zugang wird weiterhin vom israelischen Militär kontrolliert. Ungeachtet wiederholter Abriegelungen investiert die Stadt verstärkt in den Tourismus.

*Ruinen des antiken Jericho*

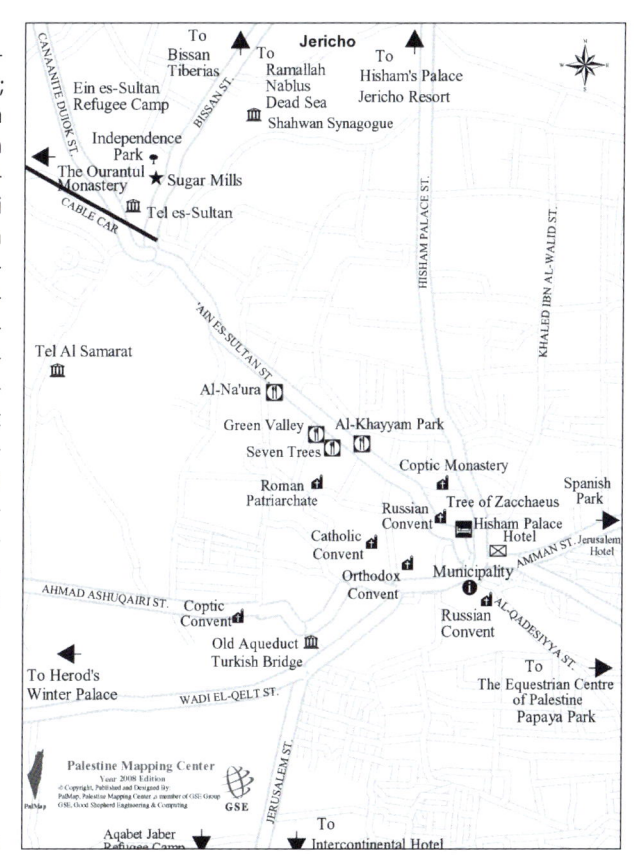

*Stadtplan von Jericho*

# Westjordanland

## Sehenswürdigkeiten in Jericho

### Der Baum des Zachäus

Obwohl dieser Baum wie jeder andere aussieht, handelt es sich gemäß der christlichen Überlieferung um jene Platane, auf die der Zöllner Zachäus aus Jericho geklettert war, um von dort Jesus besser sehen zu können, der von einer Menschenmenge begleitet wurde, als er durch die Stadt ging (Lk 19, 4). Jesus verbrachte schließlich die Nacht im Haus des Zachäus und machte aus dem ungerechten Zolleintreiber einen Wohltäter.

*Ein es-Sultan Road, nördlich des Hisham Palace Hotel.*

*Berg der Versuchung*

### Das antike Jericho (Tel es-Sultan)

Aufgrund der Wasserversorgung durch den Ein-es-Sultan-Fluss war das Ökosystem dieses Ortes ideal für die Entwicklung der ersten landwirtschaftlich geprägten Gesellschaften. In der zweiten Hälfte des 10. Jt. v. Chr. (epipaläolithische Epoche) siedelten sich hier erstmals Menschen an. Gruppen von Jägern, Sammlern und Fischern errichteten saisonale Lagerstätten und unternahmen erstmals den Versuch, wilde Pflanzenarten zu kultivieren. Im Neolithikum, zwischen 8500 und 6000 v. Chr. und noch vor der Herstellung von Töpferwaren, entwickelte sich hier eine sesshafte Gemeinschaft. Land- und Viehwirtschaft sowie die traditionelle Gazellenjagd sicherten das Überleben. Die Siedlung, in der etwa 3000 Menschen lebten, erstreckte sich über 4 ha. Aufgrund des Wohlstands der Gesellschaft und der Errichtung eines zu dieser Zeit einzigartigen 6 m hohen Verteidigungswalls (mit einem Turm von 8,5 m Durchmesser und mindestens 8 m Höhe) nennen Experten Jericho die »älteste Stadt der Welt«. Es gibt zudem Hinweise auf eine komplexe gesellschaftliche Struktur, die durch einen Ahnenkult geprägt war. Dies beweisen Schädel, auf denen mit Ton und Kalk die Gesichter der Verstorbenen modelliert wurden und die man in Gräbern unter den Fußböden der Wohnhäuser aufbewahrte.

*Der Hisham-Palast, ehemaliger Landsitz der Umayyaden*

## Jericho

In der frühen Bronzezeit (3100 bis 2450 v. Chr.) wurden die ersten Städte in Palästina gegründet. Jericho entwickelte sich gemäß dem Vorbild anderer Städte dieser Zeit und erhielt zwischen 2900 und 2600 v. Chr. eine Befestigung, die zwischen 2450 und 2300 v. Chr. erweitert wurde. In dieser letzten Phase erhielt sie einen neuen Schutzwall, während man den alten durch Träger aus Holz verdichtete. Archäologen konnten mithilfe der Radiokarbonmethode die Zerstörung der Stadt auf etwa 2300 v. Chr. datieren. Entgegen der biblischen Überlieferung, der zufolge Josua um 1200 v. Chr. Jericho erobert hat (Jos 5,13-25), ereignete sich die Zerstörung der Stadt etwa ein Jahrtausend früher; darüber hinaus weisen archäologische Funde nicht auf Zerstörungen aus der Zeit um 1200 v. Chr. hin. Diese Entdeckung erschütterte das inzwischen allgemein etablierte Verständnis von der Bibel als einer historischen Quelle, die weit jüngeren Datums ist als die Ereignisse, von denen sie berichtet. Um 2000 v. Chr. wurde die Stadt nach den von Mesopotamien bis Ägypten geläufigen Vorbildern wieder aufgebaut und wuchs schnell über ihre ursprünglichen Begrenzungen hinaus. Wie viele andere Städte in Palästina wurde Jericho im Zuge der Eroberung durch Pharao Ahmose I. um 1550 v. Chr. verlassen. Der Ort wurde erst wieder im 7. Jh., wenngleich nur für kurze Zeit, besiedelt.

*2 km nördlich des Stadtzentrums, Öffnungszeiten: täglich 8.00-17.00 Uhr, Tel. 02/2321909, Eintritt: 10 NIS.*

### Der Hisham-Palast (Khirbet al-Mafjar)

Der Hisham-Palast im Herzen des Jagd- und Ackerlandes war einer der eindrucksvollsten Landsitze aus der Zeit der Umayyaden. Aus diesem Grund wird er von Archäologen auch das »Versailles des Nahen Ostens« genannt. Der Palast wurde zu Beginn des 8. Jh. von dem Umayyaden-Kalifen Hisham Ibn Abd al-Malik (724-743) erbaut und nur 20 Jahre später durch ein Erdbeben zerstört. Nach seinem Wiederaufbau wurde er bis ins 10. Jh. genutzt. Der gesamte Komplex beherbergt neben dem Palast auch eine Moschee, einen großen Springbrunnen sowie Thermalbäder. Die Wohnbereiche waren um einen Innenhof gruppiert und verfügten über zwei Stockwerke. Ein Bogengang führte durch den Garten hindurch in eine große Halle mit reich verzierten Säulen. Der Raum hatte insgesamt drei Apsiden an den Seiten; einzig nach Norden war er zu einem Diwan und den Thermalbädern hin geöffnet. Die Wände waren geschmückt mit filigranem Stuck. Auffallend schöne Beispiele dieser Stuckarbeiten werden im Palästinensischen Archäologischen Museum, auch bekannt als Rockefeller-Museum (s. S. 188), ausgestellt. Unter den

*Fußbodenmosaik aus dem Hisham-Palast*

dargestellten Motiven dominieren Reihen von Rebhühnern sowie Büsten von weiblichen Akten, die das Gewölbe zu tragen scheinen. Den Boden zierten außergewöhnlich fein gearbeitete Mosaike, welche die typischen Motive der Umayyaden-Zeit aufwiesen; dazu zählen insbesondere geometrische Figuren, komplexe Knotenstrukturen sowie hauptsächlich steinerne Rosetten und Verzierungen, die den Boden wie mit Stoffen und Teppichen bedeckt erscheinen ließen. Das berühmteste und zugleich rätselhafteste Mosaik mit dem Titel »Baum des Lebens« oder auch »Baum der menschlichen Grausamkeit« demonstriert diese außergewöhnliche Fähigkeit der Kunsthandwerker, aus Stein die Illusion eines echten Teppichs hervorzurufen. Im nördlichen Teil des Palastes befand sich ein von Bedienstetengebäuden und den Werkstätten der Kunsthandwerker umgebener Innenhof. Lokale Quellen speisten offene Kanäle, die wiederum den Palast mit Wasser versorgten. Heute erinnert jedoch nur noch eine Balustrade mit kleinen Rundbögen an den großen Springbrunnen des Palastes.

*Öffnungszeiten: Täglich 8.00-17.00 Uhr, Tel. 02/2322522, Eintritt: 8 NIS.*

## Das Qurantul-Kloster (Berg der Vierzig)

Das am Abhang des Berges der Versuchung gelegene Kloster aus dem 12. Jh. bietet einen atemberaubenden Blick über das Tote Meer, das Jordantal und Jericho. Der Überlieferung zufolge ist dies der Berg, auf dem Jesus 40 Tage lang fastete und durch den Teufel in Versuchung geführt wurde (Mt 4, 1-11). Das Vorbild Jesu Christi bewegte schließlich Mönche dazu, ihrerseits der judäischen Bergwelt zu trotzen, deren einsames und unwegsames Gelände selbst die strenggläubigsten unter ihnen auf die Probe stellte. Während der byzantinischen Herrschaft ließen sich zahlreiche christliche Einsiedler in den kargen Höhlen rund um das Kloster nieder. Der Name »Jabal Qurantul« ist die arabische Transkription des lateinischen Ausdrucks »Mons Quaranta« (»Berg der Vierzig«).

Zwei Kirchen erinnern an die Versuchung Jesu Christi; davon befindet sich die eine in der Nähe einer Höhle und die andere auf dem Gipfel. Die heutige Klosterkapelle stammt jedoch erst aus der Zeit des späten 19. Jh. (1874-1904) und verfügt über eine außergewöhnliche Sammlung von Ikonen aus dem 18. und 19. Jh. Vom Klostereingang führt ein Pfad auf den Gipfel des Berges, wo die Ruinen der ursprünglich von den Seleukiden im 2. Jh. v. Chr. erbauten Festung Dok liegen, die sowohl für die Hasmonäer als auch für die Römer als strategischer Ort von Bedeutung war. Die Festung war Teil eines Netzes aus zu Überwachungszwecken errichteten Aussichtstürmen und kleineren Festungen, die mittels abgerichteter Brieftauben miteinander zu kommunizieren pflegten. Dieser Ort war außerdem Schauplatz des erbitterten Kampfes, bei dem der Hohepriester Simeon von seinem Adoptivsohn Ptolemaios ermordet wurde. Im 4. Jh. gründete der Mönch Charition an dieser Stelle ein blühendes klösterliches Zentrum.

*Das Qurantul-Kloster am Berg der Versuchung*

*Vom Parkplatz bei Tel es-Sultan aus führt der Weg etwa 400 m steil zum Kloster hinauf. Einen bequemeren Zugang gewährt die 1999 in Betrieb genommene Seilbahn. Öffnungszeiten: täglich 8.00-*

# Jericho

21.00 Uhr. Fahrpreis: 55 NIS. Tel. 02/2321590, www.jericho-cablecar.com. Sie fährt direkt zum Panoramarestaurant Es-Sultan, das nur wenige Gehminuten vom Kloster entfernt ist, Tel. 02/2324025.

### Die Zuckermühlen (Tawahin es-Sukkar)

Der Beginn der hiesigen Zuckerproduktion ist auf die Zeit der Umayyaden im 7. und 8. Jh. zurückzuführen und erreichte ihren Höhepunkt zur Zeit der Kreuzzüge. Östlich des Berges der Versuchung befindet sich eine mittelalterliche Mühle, von deren hydraulischem System noch Reste der Wasserleitung erhalten sind. Kalkablagerungen an den Innenwänden zeugen von der Kraft der dortigen Ein-Diouk-Quelle. Die angrenzende Töpferei, auf deren Existenz Scherbenfunde hinweisen, war auf die Herstellung von tönernen Gefäßen spezialisiert, die für die Zuckerproduktion benötigt wurden.

*In der Nähe von Tel es-Sultan, Eintritt frei.*

### Das Flüchtlingslager Ein es-Sultan

Das Lager wurde 1948 auf dem Berg der Versuchung gegründet. Am Vorabend des Kriegs von 1967 lebten hier etwa 25 000 Flüchtlinge. Nachdem sie 1967 überwiegend nach Jordanien vertrieben worden waren, reduzierte sich ihre Zahl auf knapp über 2000. Der Unabhängigkeitspark sowie das Märtyrerdenkmal im Lager an der Bissan Street wurden am 16. April 1997 im Gedenken an den am 16. April 1988 durch den israelischen Geheimdienst in Tunesien ermordeten Führer der *Fatah*, Khalil al-Wazir (Abu Jihad), eingeweiht.

*Flüchtlingslager bei Jericho*

### Khirbet Naaran

Ein Bogen, der das Wadi Ein es-Sultan überspannt, markiert die Stelle, an der das Aquädukt einst den Hisham-Palast mit Wasser versorgte. Unter einem Gebäude wurden Reste einer Synagoge aus byzantinischer Zeit gefunden, weshalb der Ort unter Schutz des israelischen Militärs gestellt wurde. Die Synagoge ziert ein schöner Mosaikboden mit ornamentalen Mustern, die denen der christlichen Kirchen aus jener Zeit ähneln. Da die Mosaikkünstler dieser Zeit für verschiedene Religionsgemeinschaften arbeiteten, finden sich Elemente der jüdischen Religionspraxis vermischt mit den Symbolen anderer Glaubensgemeinschaften: eine Menora (der jüdische, siebenarmige Leuchter); das sowohl christliche als auch jüdische Symbol des Palmzweiges; ein christliches Weihrauchfass, das auch bei heidnischen Kulten Verwendung fand; Tierkreiszeichen aus griechisch-römischer Überlieferung, die neben der Sonne auch die Allegorie der Jahreszeiten in den vier Ecken des Mosaikteppichs abbilden; und die Reste eines Bildes, das Daniel in der Löwengrube zeigt.

*4 km nordwestlich von Jericho an der Route 449. Öffnungszeiten: täglich 8.00-16.00 Uhr. Eintritt: Erwachsene 10 NIS, Kinder 7 NIS.*

## Praktische Informationen

Im Stadtzentrum von Jericho gibt es **Banken**, ein **Postamt** und **Taxis**. Das antike Jericho (Tel es-Sultan) liegt etwa 2 km vom Stadtzentrum entfernt. Die Fahrt in einem Einzeltaxi kostet 10-15 NIS bzw. 1,50 NIS in einem Sammeltaxi (in Richtung des Flüchtlingslagers Ein es-Sultan). Das Mieten eines Fahrrads ist eine einfache und preisgünstige Möglichkeit, sich im Stadtzentrum fortzubewegen (Kosten: etwa 8 NIS pro Stunde und 20 NIS pro Tag).

### Cafés, Restaurants und Parks

Es gibt zahlreiche preiswerte Restaurants, in denen Vorspeisen, Salate und gegrilltes Fleisch serviert werden. Bekannt ist die Stadt jedoch vor allem wegen ihrer saisonalen Fruchtsäfte. Die meisten Cafés und Restaurants findet man in der Ein es-Sultan Street, die zu den Sehenswürdigkeiten des historischen Jericho führt. Eines der besten Restaurants ist das **Seven Trees** (*Tel. 02/2322718, Öffnungszeiten: 10.00 Uhr bis Mitternacht, preisgünstig*). Daneben liegen die beliebten Restaurants **Al-Khayyam Park** und **Green Valley Park** (*Tel. 02/2322349, Öffnungszeiten: 9.00-23.00 Uhr, moderate Preise*). Nicht weit entfernt befindet sich das **Al-Naura** (*Öffnungszeiten: 8.00-19.00 Uhr, preisgünstig*), besser bekannt als »Beduinenzelt«, das auch über Spielbereiche für Kinder verfügt. Das Restaurant verdankt seinen guten Ruf vor allem den Fleischspießen (*shishlik*).

*Bananen- und Dattelplantagen in Jericho*

Einige Parks bieten Unterhaltungsmöglichkeiten und Erholungsbereiche an. Der beliebte **Papaya Park** (*Tel. 02/2327295, Eintritt: 15 NIS, ermäßigt 7 NIS, Öffnungszeiten: 8.00-23.00 Uhr, donnerstags und samstags Musikabende*) ist sowohl ein landwirtschaftliches als auch ein touristisches Projekt. Der Park verfügt über einen Wald aus Papayabäumen, Schwimmbecken mit Wasserrutschen, einen kleinen Zoo sowie ein Restaurant. Unlängst wurde dort das **Banana Land** (*Tel. 02/2320445*) eröffnet. Die Nutzung der Schwimmbecken sowie ein Sandwich mit Softdrink sind im Eintrittspreis von 23 NIS inbegriffen. Neben dem Park liegt das **Palästinensische Reitzentrum** (*eine Stunde Reiten auf der Bahn oder in der Umgebung kostet 40 NIS; Tel./Fax 02/2325007*). Reiten ist eine gute Möglichkeit, Jerichos einzigartige Landschaft zu entdecken. Der **Spanische Garten** im Zentrum der Stadt (*Tel. 02/2323919*) ist eine von Jerichos neuesten Attraktionen.

Ein ungewöhnlicher Ort, um zu speisen, ist das Panoramacafé und -restaurant **Es-Sultan** auf dem Berg der Versuchung (*Tel. 02/2321590, mit der Seilbahn erreichbar*).

### Unterkunft

In der Salah Khalaf Street im Stadtzentrum liegt das im Kolonialstil erbaute **Hisham Palace Hotel** (*Tel. 02/2322414; EZ 100 NIS, DZ 150 NIS, Schlafsaal 40 NIS*). Zwar bietet es keinen gehobenen Komfort, ist aber im Gegenzug besonders preisgünstig. Das **Jerusalem Hotel** auf der Al-Furat Street (*Tel. 02/2322444; EZ 160 NIS, DZ 220 NIS und DBZ 300 NIS*) ist teurer, aber komfortabel. Das **InterContinental Jericho** (*Tel. 02/2311200, EZ 100 $, DZ 120 $*) liegt 30 min von Jerusalem und 15 min vom Toten Meer entfernt. In der Nähe des Hisham-Palastes liegt das moderne und luxuriös ausgestattete Touristenhotel **Jericho Resort Village** (*Tel. 02/2321255, EZ 80 $, DZ 100 $, DBZ 120 $*), das auch über einen Swimmingpool verfügt.

## Südlich und östlich von Jericho

### Das Gerasimus-Kloster (Deir Hijla)

In diesem alten griechisch-orthodoxen Kloster lebt heute nur noch eine kleine Gemeinschaft. Der Heilige Gerasimus gründete es im Jahr 455 an der Stelle, an der Jesus getauft worden sein soll. Die 3 km nordöstlich des Klosters gelegene griechisch-orthodoxe Kirche fördert die einmal jährlich stattfindende Pilgerreise nach Al-Maghtas, wo jedes Jahr am 19. Januar Taufen im Gedenken an die Taufe Jesu Christi durch Johannes den Täufer (Mt 3, 13-17) stattfinden. Das Innere der Anlage ist heute eine geschlossene militärische Einrichtung, die nur nach vorheriger Anmeldung geöffnet wird. Anmelden kann man sich beim Christlichen Informationszentrum beim Jaffator in Jerusalem (*Tel. 02/6272692*).

*Östlich von Jericho, an der Straße nach Abu Bakr (Verbindungsstraße 90) gelegen. Das Kloster ist täglich für Besucher geöffnet, Tel. 02/9943038. Voranmeldung wird empfohlen.*

### Khirbet Qumran

Der Ort erlangte seine Berühmtheit durch die Funde der Schriftrollen vom Toten Meer (auch: Qumran-Rollen), die in den umliegenden Felsenhöhlen entdeckt wurden. Im Jahr 1947 fand dort ein junger Beduine

*Die Felsenhöhlen von Qumran*

## Westjordanland

durch Zufall ein Tongefäß, in dem sich die Schriftrollen befanden. Drei verschiedene Arten von Dokumenten wurden seither archäologisch ausgewertet: Originaltexte des Alten Testaments aus dem 2. und 1. Jh. v. Chr. (1000 Jahre älter als andere erhaltene Manuskripte dieser Art), biblische Kommentare sowie Schriften, welche die Struktur der Essener-Gemeinschaft beschreiben, einer eschatologischen Sekte, deren strenge Regeln die zweite Ankunft des Messias herbeiführen sollten.

Die ältesten der Ruinen stammen aus der Eisenzeit. Dabei handelt es sich um die Reste eines Systems aus Festungen, das im 7. Jh. v. Chr. über die ganze judäische Wüste verstreut lag. Während der hasmonäischen Epoche (spätes 2. Jh. v. Chr.) scheint es hier eine Villa gegeben zu haben, die mit der Festung Hyrcanus in Verbindung gebracht wird.

Gegen Ende des 2. Jh. und im Laufe des 1. Jh. v. Chr. spalteten sich die Essener von dem aus ihrer Sicht korrupten offiziellen Judentum Jerusalems (oder möglicherweise von einer andersdenkenden essenischen Gemeinschaft) ab und siedelten sich in kleinen Verbänden in den Oasen entlang des Toten Meeres bis nach Ein Gedi an. Qumran scheint mit seinen Gebäuden, die für gemeinschaftliche Aktivitäten genutzt wurden, das kulturelle Zentrum gewesen zu sein, das als Ersatz für den Tempel in Jerusalem diente. An Feiertagen wurden von der hier dauerhaft ansässigen Gemeinde, die aus Priestern, Bauern und Handwerkern aus der Umgebung bestand, Rituale zelebriert.

In einer Atmosphäre, die vom Messianismus beherrscht war, besaßen vor allem rituelle Bäder einen besonderen Status. Der dringende Wasserbedarf war Anlass für den Bau eines Systems aus Dämmen und Kanälen, welches die Zisternen mit Wasser versorgte. Einige Plätze in Qumran wurden für Opferhandlungen wie Trank- oder Dankopfer errichtet, was ihre zentrale kulturelle Bedeutung widerspiegelt. Als eine römische Garnison den Ort 68 n. Chr. in Besitz nahm, flohen die Essener jedoch erst, nachdem sie ihre wertvollen Schriftrollen in den angren-

*Das Tote Meer, im Hintergrund das Moab-Gebirge in Jordanien*

zenden Höhlen versteckt hatten. Fragmente der Manuskripte und der Tongefäße, in denen sie gefunden wurden, sind heute im Archäologischen Museum in der jordanischen Hauptstadt Amman, im Palästinensischen Archäologischen Museum (Rockefeller Museum) und im Israel-Museum (beide in Jerusalem) zu sehen.

*20 km südlich von Jericho an der Road 90. Öffnungszeiten: täglich 8.00-16.00 Uhr (15.00 Uhr im Winter); Eintritt: 20 NIS, ermäßigt 9 NIS, Tel. 02/9942235.*

## Das Tote Meer (Bahr al-Mayet)

Mit Ausnahme weniger Mikroorganismen kann in diesem Meer keinerlei Flora oder Fauna existieren, worauf letztlich auch sein Name zurückzuführen ist. Fische, die aus den Nebenflüssen ins Tote Meer getrieben werden, sterben unverzüglich aufgrund des hohen Salzgehalts; man kann sie – steif vom Salz – an der Küste treiben sehen. Das Meer ist auch bekannt unter seinem biblischen Namen »Bahr Lot«, »das Meer Lots«.

Das Tote Meer befindet sich am tiefsten Punkt des afrikanisch-syrischen Grabensystems (dem Großen Grabenbruch): Mehr als 420 m unter dem Meeresspiegel liegend, ist die Oberfläche des Toten Meeres weltweit der am tiefsten gelegene Ort der Erdoberfläche; sein Grund reicht bis zu einer Tiefe von 800 m unter dem Meeresspiegel. Außerdem ist das Tote Meer mit seinen 380 m Tiefe der tiefste Salzsee der Erde. Er erstreckt sich über eine Länge von 76 km und misst 18 km an seiner breitesten Stelle. Es handelt sich hierbei um den Rest des prähistorischen Lisanmeeres, das sich vor rund 1 Mio. Jahren vom südlichen Teil des Toten Meeres bis zum Hula-Tal nördlich des Sees Genezareth erstreckte. Das Tote Meer hat eine einzigartig hohe Salzkonzentration von 30%, verglichen mit etwa 4% in den meisten anderen Salzgewässern der Welt.

*Salzablagerungen im Toten Meer*

Pechklumpen, die sich aus unterseeischen Spalten lösen und an die Oberfläche getrieben werden, sind ein Anzeichen für die Instabilität des Untergrunds. In der Vergangenheit wurde dieses Pech gesammelt und als Brennstoff verwendet oder zur Abdichtung von Dächern eingesetzt. Ein weiterer Hinweis auf die tektonischen Aktivitäten des Bodens sind die heißen Schwefelquellen am östlichen Ufer (Zerqa Main und Hammamat Main in Jordanien). Der Wasserspiegel des Toten Meeres ist seit dem Altertum erheblich gesunken und fällt um etwa 70 cm pro Jahr. Die natürliche Verdunstung wird aufgrund der Wasserregulierung an den Quellen des Jordan längst nicht mehr durch die Zufuhr von frischem Wasser aus dem Fluss kompensiert. Zudem reduzieren Dämme die Wassermenge des Jordan beträchtlich und beschleunigen zusätzlich den Rückgang des Wasserspiegels im Toten Meer. Umweltschützer warnen vor dem Austrocknen des Toten Meeres, das neben der unzureichenden Frischwasserzufuhr vor allem durch die Bromindustrie an beiden Küsten (Jordanien und Israel) beschleunigt wird, insbesondere durch die großen Fabriken auf israelischer Seite. Neben den Emissionen dieser Fabriken werden auch die Senkgruben zunehmend mit Sorge betrachtet, da sie eine potenzielle Gefahr darstellen.

# Westjordanland

## Bademöglichkeiten

Im Toten Meer zu baden ist ein einzigartiges Erlebnis. Aufgrund des hohen Salzgehalts ist es leichter, sich tragen zu lassen, als zu schwimmen. Schwimmversuche können sogar gefährlich sein – insbesondere für übergewichtige Personen. Warnung: Das Wasser kann die Augen stark reizen und zu starken Schmerzen an offenen Wunden führen. Deshalb benötigen Badende unbedingt Süßwasser, falls die betroffenen Stellen gespült werden müssen. Entlang der Küste gibt es zahlreiche unbewachte, offene und wilde Strandabschnitte, doch die meisten Besucher bevorzugen die offiziellen Strände, an denen Süßwasserduschen zu finden sind. Busse aus Jerusalem, die nach Eilat oder allgemein in südliche Richtung fahren, halten an den offiziellen Stränden.

### Ein Feshkha

Aufgrund des sinkenden Wasserspiegels des Toten Meeres liegt dieses Naturschutzgebiet mittlerweile in einiger Entfernung vom Strand. Es ist weniger überfüllt als das beliebte Ein Gedi und hat außerdem den Vorteil, dass es an der aus den Bergen kommenden Quelle von Ein Feshkha liegt. Das Naturschutzgebiet ist ein idealer Ort zum Wandern.

*Naturschutzgebiet von Ein Feshkha*

*3 km südlich von Qumran. Öffnungszeiten: täglich April-Oktober 8.00-17.00 Uhr und November-März 8.00-16.00 Uhr. Eintritt: 23 NIS, ermäßigt 12 NIS, kostenlose Benutzung der Duschräume.*

### Ein Gedi

Bereits in der Bibel wurde die Schönheit dieses Landstrichs gepriesen (Hld 1, 14). Heute ist das Naturschutzgebiet Ein Gedi ein bezaubernder Ort für Wanderungen, die durch Schluchten mit Höhlen und Wasserfällen führen. Im Winter besteht jedoch Überflutungsgefahr. Die Kombination aus heißem Klima und frischen Quellen inmitten der Wüste schafft ideale Voraussetzungen für die Entwicklung einer üppigen Subtropen- und Wüstenflora. Hier leben zahlreiche Wildtiere, wie z. B. Steinböcke und Klippschliefer, die sich sogar an die Besucher gewöhnt haben und daher sehr zutraulich sind. Am Ufer des Toten Meeres gibt es außerdem einen öffentlichen Strand (Duschen kostet 5 NIS).

*50 km von Jericho und 80 km von Bir es-Saba (Beersheva) entfernt. Es gibt regelmäßige Busverbindungen: Nach Jerusalem (7 Busse täglich, 1,5 Std. Fahrtdauer), nach Masada (4 Busse*

*Die Felsschlucht von Ein Gedi*

# Jericho

täglich, 30 min Fahrtdauer), nach Arad und Bir es-Saba (4 Busse täglich, 1 bzw. 2 Std. Fahrtdauer). Von Jerusalem, Beersheva und Arad fahren regelmäßig Busse nach Ein-Gedi. Naturschutzgebiet Öffnungszeiten: Samstag-Donnerstag frühmorgens bis 17.00 Uhr (im Winter bis 16.00 Uhr). Informationszentrum Tel. 07/6584444.

### Der Berg Sodom

Die Verderbtheit der Einwohner von Sodom und Gomorrha und ihre Bestrafung durch Gott sind legendär (1 Mo 19, 24-25). Der biblischen Überlieferung zufolge zerstörte ein Regen aus Schwefel und Feuer die gesamte Umgebung und verwandelte sie in eine Wüstenlandschaft. Eine der Säulen aus Steinsalz soll Lots Frau sein, die entgegen dem Rat der Engel auf die brennende Stadt zurückgeblickt hatte und als Strafe für ihren Ungehorsam zur Salzsäule erstarrt sein soll.

*Wasserfall in Ein Gedi*

An der Road 90, 50 km südlich von Ein Gedi; täglich geöffnet, Eintritt frei.

*Wüstenlandschaft nördlich von Sodom*

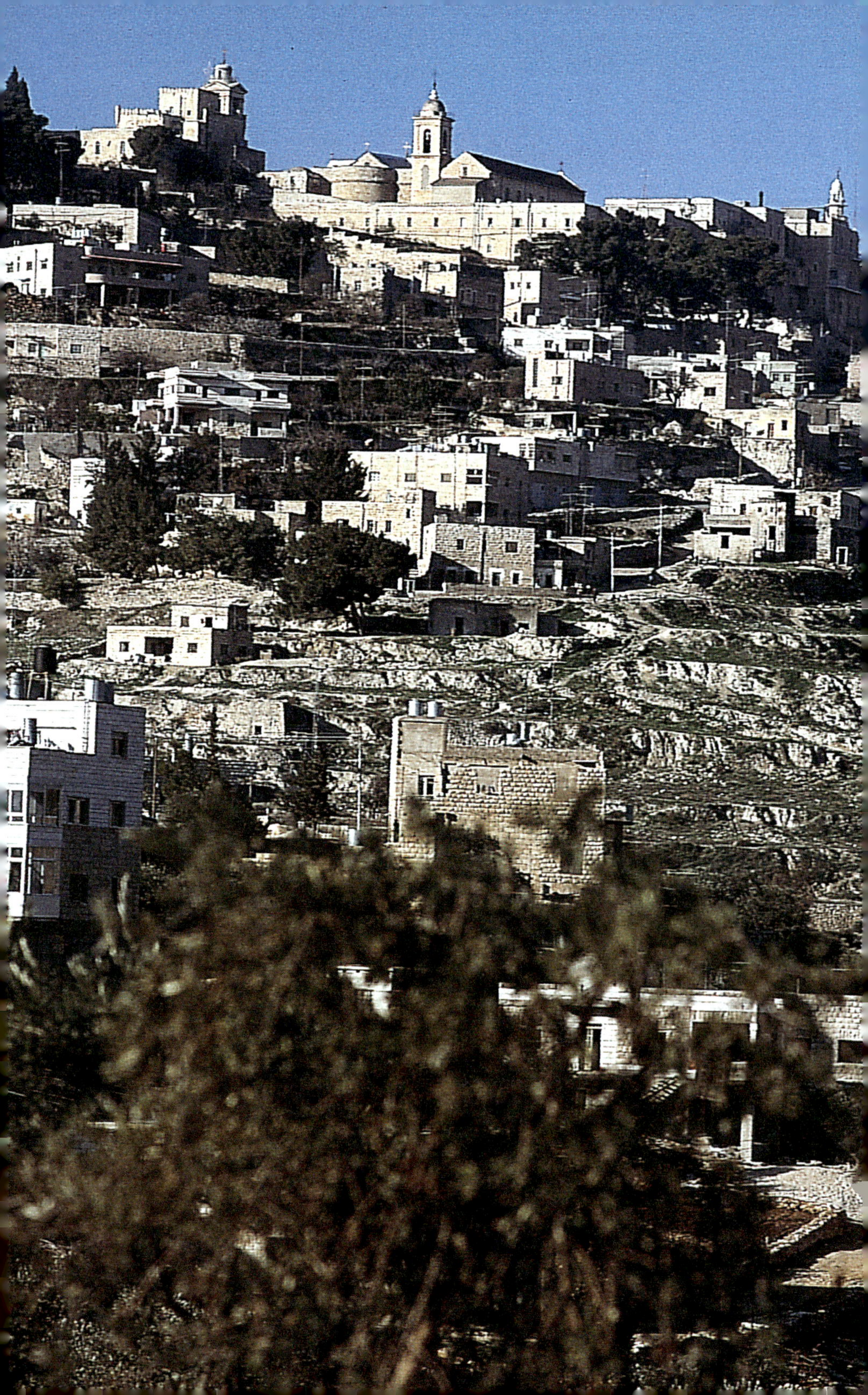

# Bethlehem

»Zum ersten Mal seit Jahrhunderten werden keine Besatzungstruppen
auf dem Manger Square (Krippenplatz) sein.«
*George Abu Khazen, katholischer Priester
aus Bethlehem (Weihnachten 1995)*

### Die Anreise nach Bethlehem

Bethlehem liegt 10 km südlich von Jerusalem. Eine direkte Verbindung von Jerusalem aus ist die Buslinie 21 (6 NIS), die vom Busbahnhof zwischen der Nablus Road und der Salah ed-Din Street abfährt. Der Bus fährt über Beit Jala und passiert den Tunnel-Checkpoint. In Bethlehem hält er am Bab ez-Zqaq in der Nähe des Cinema Square. Eine andere Möglichkeit ist, Buslinie 124 (4 NIS) am Busbahnhof oder ein Taxi vom Damaskustor zum Gilo-300-Checkpoint zu nehmen. Nach dem Passieren des Checkpoints gelangt man entweder mit dem Bus (3 NIS) oder dem Taxi (10-15 NIS) ins Stadtzentrum.

Vom zentralen Busbahnhof in Ramallah fahren Sammeltaxis (20 NIS) auf der Nord-Süd-Verbindungsstraße im Westjordanland nach Bethlehem. Diese führen um Jerusalem herum – nicht um Staus zu vermeiden, sondern weil die Einwohner des Westjordanlands Jerusalem nicht betreten dürfen. Auf der Strecke liegt der Container-Checkpoint, der normalerweise leicht überquert werden kann; ist er jedoch geschlossen, kommt der Verkehr von Süden nach Norden vollständig zum Erliegen. Die Strecke heißt »Wadi Nar« (»Tal des Feuers«) und macht seinem Namen vor allem in den Sommermonaten alle Ehre. Diese Route ist im Winter nicht besonders gut befahrbar, bietet aber einen atemberaubenden Blick auf die Landschaft mit ihren steilen Wüstenhängen – im Sommer trocken und karg, im Frühjahr hingegen mit Blumen bedeckt. Da dies die einzige Strecke von Süden nach Norden ist, die die Palästinenser befahren dürfen, wird die Straße ständig ausgebaut.

## Von Jerusalem nach Bethlehem

### Mar Elias

Kurz vor dem israelischen Checkpoint Gilo 300 steht das griechisch-orthodoxe Kloster Mar Elias einsam am Fuß eines Hügels. Von dort aus bietet sich ein Panoramablick über die Umgebung von Bethlehem, Westjerusalem, die israelische Siedlung Har Homa und auch auf den dunkelgrauen Zement der allgegenwärtigen Mauer, die – Christos *Running Fence* gleich – durch die Wüste verläuft. Die Mauer erfüllt zwei Aufgaben, einerseits die Palästinenser zu gettoisieren und andererseits den Israelis die Möglichkeit zu bieten, sich

*Landschaft zwischen Jerusalem und Bethlehem*

*Links: Blick von Beit Sahour auf Bethlehem*

## Westjordanland

noch mehr Land anzueignen. Langfristig werden die Menschen so in die größten Bevölkerungszentren gedrängt, wo sie weit abseits der fruchtbaren ländlichen Gebiete leben müssen, da die israelischen Siedlungen diese für sich beanspruchen.

Das Mar-Elias-Kloster wurde von Kaiser Manuel I. Komnenos um 1160 n. Chr. auf den Ruinen eines byzantinischen Klosters errichtet, das im 5. Jh. bei einem Erdbeben zerstört wurde. Hier soll der Prophet Elias hungrig und durstig eine Pause eingelegt haben, als er vor Isebels Zorn auf den Berg Horeb fliehen wollte (1 Kö 19, 1-8). Gegenüber dem Kloster befindet sich ein Felsen, der von den griechisch-orthodoxen Christen verehrt wird, da dort ein Engel Elias Brot und Wasser gereicht haben soll. Auch andere Überlieferungen sind mit diesem Ort verbunden: Hier soll auch das Grab eines ägyptischen Mönchs liegen, der 494 n. Chr. Patriarch von Jerusalem wurde; ferner wird behauptet, es sei der Begräbnisplatz eines 1345 verstorbenen orthodoxen Bischofs von Bethlehem. Heutzutage beginnt an diesem Ort die jährliche Prozession am 1. Weihnachtsfeiertag. Die verschiedenen christlichen Kirchenoberhäupter zollen hier den führenden Familien Bethlehems ihren Respekt.

Eine steinerne Bank in der Nähe des Klosters ist dem englischen Maler William Holman Hunt (1827-1910) gewidmet. Der Führer der Präraffaeliten ist für seine Darstellungen von Bibelszenen und des Lebens Jesu bekannt. Ein mehrjähriger Aufenthalt in Palästina inspirierte ihn zu seinen Werken.

*Öffnungszeiten: täglich 8.00-11.00 Uhr und 13.00-17.00 Uhr (sonntags nach dem Gottesdienst). Eintritt frei. Tel. 02/6760966. Reservierung erforderlich für das Gasthaus und das Restaurant für Pilger (Vater Parthenius, Tel. 0544/988542).*

*Bethlehem mit der Geburts- und Weihnachtskirche in der Bildmitte*

## Bethlehem

### Jabal Abu Ghneim und die Siedlung Har Homa

Kurz nach der Unterzeichnung des Oslo- und des Gaza-Jericho-Abkommens befahl Israel die Beschlagnahmung dieses Landstrichs, der Bewohnern der Dörfer Beit Sahour und Umm Tuba gehörte. Am 12. Juli 1999, am selben Tag, an dem sich auch der damalige Ministerpräsident Ehud Barak und der Präsident der Palästinensischen Nationalbehörde, der inzwischen verstorbene Yassir Arafat, zum ersten Mal trafen, ließen israelische Behörden einen der letzten Wälder im Bezirk Bethlehem niederbrennen, um mit der Errichtung einer neuen Siedlung zu beginnen. Damit ignorierten sie die seit drei Jahren andauernden Proteste von palästinensischen und internationalen Organisationen gegen ein Wohnbauprojekt, das zunächst als israelisch-palästinensische Kooperation ausgegeben wurde.

Die Siedlung Har Homa war das letzte Verbindungsglied in der Kette von Siedlungen, die zusammen mit der allgegenwärtigen Mauer Bethlehem von Jerusalem abtrennt. Bis heute wird hier zügig weitergebaut. Das israelische Gesamtkonzept für den Stadtbezirk von Jerusalem (Masterplan *Jerusalem 2000*) sieht ein erweitertes Wohnviertel von Har Homa vor, das in Zukunft etwa 30 000 Siedler aufnehmen soll. Trotz der Zusicherung, die Siedlungsaktivität im Westjordanland während der Friedensgespräche zu stoppen, wurden ständig neue Häuser gebaut.

Ferner enthält das Gesamtkonzept auch Pläne für zwei neue Siedlungen in der Nachbarschaft der bereits bestehenden Siedlung: eine südwestlich, die andere nordwestlich von Har Homa. Diese neuen Siedlungen umfassen ein Gebiet von annähernd 1080 Dunams (530 Dunams davon gehören zu dem Dorf An-Numan, s. S. 310).

*Jabal Abu Ghneim vor dem Bau der Siedlung Har Homa*

*Har Homa von Bethlehem aus gesehen*

Dem *Applied Research Center of Jerusalem* zufolge erstreckt sich die bestehende Siedlung Har Homa auf 2200 Dunams, einschließlich 400 Dunams bebauten Gebiets. Insgesamt werden Har Homa und die geplanten benachbarten Siedlungen eine Gesamtfläche von 3285 Dunams umfassen. Es gibt auch Pläne, dieses Gebiet touristisch zu erschließen (vor allem durch den Bau von Hotels), um Touristen unterzubringen, die sich für die lokalen Sehenswürdigkeiten interessieren, besonders für Bethlehem und seine heiligen Stätten.

## Das Kichererbsenfeld

Dieses steinige Feld liegt am nordöstlichen Rand von Mar Elias. Sein Name geht auf eine alte Legende zurück, derzufolge Jesus dort einen Bauern traf, der Kichererbsen anpflanzte, und ihn fragte, was er säe. Der Mann antwortete sarkastisch, er pflanze Kieselsteine, woraufhin Jesus erwiderte: »Du wirst ernten, was du gesät hast.« Seitdem ist das Feld mit Steinen bedeckt, die Erbsen ähneln – eine Warnung an alle Freunde des Sarkasmus!

## Tantur

Tantur liegt auf einem Hügel in der Nähe des israelischen Checkpoints, der Jerusalem von Bethlehem trennt. Es wurde im 19. Jh. von den Maltesern erworben, die dort ein Krankenhaus errichteten. Mit dem Besuch von Papst Paul VI. im Jahr 1964 wandelte sich der Ort zu einem religiösen Zentrum, das seit 1971 eine ökumenische Universität beherbergt. Das Israelisch-Palästinensische Institut für Konfliktlösung (IPCRI) hat hier ebenfalls seinen Sitz.

*Öffnungszeiten: Montag-Samstag 8.00-14.00 Uhr (Bibliothek 8.00-12.00 Uhr), Tel. 02/6760911, www.come.to/tantur.*

# Bethlehem

Es gibt Hinweise darauf, dass während der Altsteinzeit Hominiden in der Gegend von Bethlehem lebten. Die hiesigen Quellen, besonders Al-Ain in der Nähe der Geburtskirche, begünstigten die Besiedelung. Später errichteten die Kanaaniter hier ein Dorf. Der Ort wurde erstmals im 14. Jh. v. Chr. in einem der Amarna-Briefe erwähnt (diplomatischer Briefwechsel zwischen kanaanitischen Fürsten und ägyptischen Pharaonen). Der König von Jerusalem erhob Anspruch auf die Stadt, die sich offenkundig bemühte, sich selbst zu einem Stadtstaat namens »Beit Lahmu« (der Name stammt von einer Schutzgöttin) emporzuheben. Die Stadt wird im Alten Testament unter dem Namen »Ephrata« erwähnt; der Bibel zufolge soll König David, ein Ephratit, Juda regiert haben. Bis zu dem Tag, an dem die Geburt eines Kindes König Herodes aufschrecken ließ, war Bethlehem ein gewöhnliches Dorf bzw. eine Kleinstadt. Herodes sah seine Herrschaft ohnehin bereits durch die wachsende Popularität der verschiedenen messianischen religiösen Bewegungen bedroht, doch es dauerte noch Jahrhunderte, bis die prophetische Botschaft Jesu zur Staatsreligion wurde. Nach Konstantins Toleranzedikt 313 n. Chr. zog Bethlehem bald zahlreiche christliche Pilger an. Viele Kirchen und Klöster wurden in der Umgebung errichtet, und Bethlehem entwickelte sich zu

*Bethlehem in einer Lithografie von David Roberts aus dem Jahr 1839*

## Bethlehem

einer wohlhabenden und befestigten Stadt, wie auf der Landkarte von Madaba aus dem 6. Jh. zu sehen ist. Im Jahr 638 eroberte Kalif Omar Ibn al-Khattab Bethlehem und unterzeichnete einen Vertrag mit Patriarch Sophronius, der Christen das Recht auf Landbesitz, Ausübung ihrer Religion sowie religiöse Einrichtungen zugestand. Mit Ausnahme der Besatzungszeiten unter den Kreuzfahrern (1099-1187 und 1228-1244) war Bethlehem bis ins 19. Jh. eine kleine, florierende Marktgemeinde, die weiterhin Pilger willkommen hieß. Zur Zeit der Kreuzzüge ließen sich Könige in Bethlehem krönen, und die einfache Kirchengemeinde wurde 1110 zum Bistum ernannt, als sich die Stadt im Mittelpunkt des Interesses der Invasoren befand.

In der zweiten Hälfte des 19. Jh. konkurrierten die Kolonialmächte um einen Sitz in Bethlehem und setzten sich für die Gründung verschiedener religiöser Orden ein. Die Stadt blühte zwar auf, doch der Wohlstand hing stark von auswärtiger Unterstützung ab. Dank der christlichen Einrichtungen verbesserten sich in den palästinensischen griechisch-orthodoxen und römisch-katholischen Gemeinden das Gesundheitswesen und die Bildung; diese Maßnahmen erwiesen sich allerdings als zweischneidiges Schwert: Der Einfluss der Mutterstiftungen im Ausland förderte letztendlich die Emigration aus Palästina, insbesondere nach Nordamerika. Angesichts der Ungerechtigkeiten des britischen Kolonialsystems und der zionistischen Bedrohung wandten sich die Bewohner von Bethlehem dem arabischen und palästinensischen Nationalismus zu.

In den Zwanziger- und Dreißigerjahren des 20. Jh. organisierten die Palästinenser in Bethlehem und Beit Jala zahlreiche öffentliche Kampagnen gegen die britische Gesetzgebung, die vielen palästinensischen Auswanderern die Staatsbürgerschaft entzog, sie aber jüdischen Einwanderern nach zwei Jahren Aufenthalt zugestand. Gleichzeitig griffen die Briten hart gegen die Repräsentanten Bethlehems und umliegender Orte durch. 1938 wurde Issa Bandak, seit 1935 Bürgermeister von Bethlehem und Mitbegründer der Reformpartei, von der britischen Besatzungsmacht deportiert. In Deheisheh, einem Vorort von Bethlehem, gelang am 27. März 1948 einer der letzten mit Waffengewalt errungenen Siege über die zionistische Bewegung und ihre Militärverbände. In diesem Gefecht wurden 25 jüdische Siedler getötet, weitere 149 wurden von britischen Streitkräften evakuiert und 22 Fahrzeuge zerstört. Bethlehem wurde in der Folgezeit zu einer Zufluchtsstätte für zahllose palästinensische Flüchtlinge, die aus ihren Dörfern vertrieben worden waren. Die Einwohnerzahl stieg von 9000 auf fast 20 000 und auf ihrem Weg ins Exil hielten sich zudem zeitweise 40 000 Flüchtlinge in Bethlehem auf.

*Palästinensische Familie aus Bethlehem, zweite Hälfte des 19. Jahrhunderts*

## Westjordanland

### Die Stadt heute

Das an einem Gebirgsausläufer gelegene Bethlehem umfasst ein sehr weitläufiges, zum Teil aus Wüste bestehendes Hinterland. Im Osten gehen die trockenen und unfruchtbaren Hänge steil in das Jordantal über; die jordanische Hochebene erstreckt sich am Horizont. Bethlehem (29 900 Einwohner) hat zusammen mit den Orten Beit Sahour (im Osten) und Beit Jala (im Westen) sowie den drei Flüchtlingslagern Aida, Al-Azza (Beit Jibrin) und Deheisheh über 76 000 Einwohner. Der Distrikt Bethlehem hat einschließlich der umliegenden Dörfer etwa 180 000 Einwohner. Beherrscht von Minaretten und Glockentürmen, demonstriert die Stadt ihre religiöse Vielfalt, die aus einer muslimischen Mehrheit (65%) und einer starken christlichen Minderheit (35%) besteht. Nahezu jede christliche Gemeinschaft ist vertreten: griechisch-orthodox, römisch-katholisch, armenisch, lutherisch und syrisch, wobei alle an der gleichen arabisch-palästinensischen Kultur teilhaben. Die lokale Wirtschaft ist stark vom Tourismussektor abhängig, der bis zu 20% der Bevölkerung beschäftigt, seit der zweiten Intifada jedoch stark leidet. Die Mauer und die umliegenden Checkpoints schließen seitdem Bethlehem, Beit Sahour und Beit Jala ein.

### Rahels Grab

Die Trennmauer verläuft durch den Norden Bethlehems und folgt einem verschlungenen Weg, der etwa 1,3 km in das Gebiet von Bethlehem hineinführt und dieses somit quasi Jerusalem angliedert. Rahels Grabstätte ist eine der vielen Enklaven, welche die Mauer einschließt. Die Gegend ist vollständig von einer 9 m hohen Betonmauer umgeben, einer Verlängerung des Gilo-300-Terminals, und wird von vier militärischen Wachtürmen aus überwacht.

Die Umgebung von Rahels Grabstätte war einst sehr belebt und hier verlief die Hauptverkehrsader zwischen Bethlehem und Jerusalem. Das Viertel wurde zerstört, um es für die sich ausdehnende israelische Militärbasis zu erschließen. Im Zuge dieser Erweiterung wurden Privathäuser und Geschäfte konfisziert; von 80 Geschäften wurden in den vergangenen Jahren 72 geschlossen. Das einst relativ leicht zugängliche Grab wurde in eine unüberwindbare Festung verwandelt. Darüber hinaus planen ultraorthodoxe Siedler, hier eine jüdische Gemeinde zu errichten.

Der Überlieferung zufolge soll Rahel an diesem Ort bei der Geburt ihres Kindes auf dem Weg nach Hebron gestorben sein. Ein alter, ihr gewidmeter *Maqam* kennzeichnet die Stelle: »So starb Rahel und wurde begraben an dem Wege nach Ephrata, das nun Bethlehem heißt.

*Rahels Grab*

Und Jakob richtete einen Stein auf über ihrem Grab; das ist das Grabmal Rahels bis auf diesen Tag« (1 Mo 35, 19-20). In byzantinischer Zeit und zu Beginn des islamischen Zeitalters stand hier ein pyramidenförmiges Mausoleum. Die Kreuzfahrer hinterließen ebenfalls Spuren. Das heutige Gebäude wurde von den Osmanen erbaut. 1841 finanzierte der britisch-jüdische Philanthrop Sir Moses Montefiore den Wiederaufbau der Grabstätte und darüber hinaus eine repräsentative Eingangshalle mit einem *Mihrab*.

Montefiores großzügige Geste sollte die Gemeinschaft der Muslime besänftigen, für die dieser Ort äußerst wichtig war (sowohl eine Moschee als auch ein muslimischer Friedhof befanden sich dort) und denen die vielen jüdischen Pilger missfielen, die ihre Zeremonien störten. Der Schrein, gleichsam von Muslimen, Christen und Juden verehrt, befand sich bis 1977 als islamisches Kulturgut unter der Obhut des Amts für Islamische Angelegenheiten (*Waqf*) und war öffentlich zugänglich.

Ende 1995, kurz vor dem Rückzug der israelischen Armee aus Bethlehem, wurde ein Militärstützpunkt mit Mauer und Wachtürmen auf der gegenüberliegenden Straßenseite errichtet. Seit den israelischen Umbauarbeiten an der Grabstätte 1998 sind der *Maqam* und die Bilal-Ibn-Rabah-Moschee für Palästinenser nicht mehr zugänglich. Ausländern wird der Zutritt gewährt, sofern sie durch das Tragen einer Kippa den jüdischen Charakter des Grabs respektieren. Die religiöse Stätte, die früher Pilgern aus aller Welt zugänglich war, kann heute nur noch von Juden und internationalen Besuchern besichtigt werden. Um den aus Jerusalem kommenden Besuchern die Warteschlangen am Gilo-300-Terminal zu ersparen, werden sie über eine parallel zur Trennmauer verlaufende Straße zu Rahels Grabstätte geleitet. Das Tor im Norden der Grabstätte wird von israelischen Soldaten bewacht und kann ausschließlich von israelischen Bussen und Streitkräften genutzt werden.

Die Angliederung von Rahels Grabstätte an Jerusalem wurde 2002 vom ehemaligen Jerusalemer Bürgermeister und späteren israelischen Ministerpräsidenten Ehud Olmert vorgeschlagen; die Annektierung erfolgte 2006. Wie andernorts im Westjordanland schufen der Bau der Trennmauer und des Checkpoints auch hier neue Tatsachen. Obwohl sie nicht der Grünen Linie folgt, wird die Mauer, die Jerusalem vollständig von Bethlehem trennt, heute als internationale Grenze anerkannt.

*Jerusalem-Hebron Road, Öffnungszeiten: Sonntag-Donnerstag 7.30-16.00 Uhr, Freitag 7.30-13.30 Uhr.*

## Palestinian Heritage Center
(Zentrum für palästinensisches Kulturerbe)

Das am Ortseingang von Bethlehem gelegene Zentrum beherbergt ein kleines Museum, in dem man auch traditionelle palästinensische Kleidung anprobieren kann, und einen Souvenirladen, in dem unter anderem wunderschöne Stickarbeiten verkauft werden. Die Inhaberin Maha Saca, eine Expertin für Stickerei, präsentiert auf Anfrage gerne ihre Sammlung.

*An der Kreuzung Manger und Caritas Street. Öffnungszeiten: Montag-Samstag 11.00-18.00 Uhr, Eintritt frei; Tel.*

*Olivenholzwerkstatt*

## Westjordanland

*02/2742381 oder 059/9279760. Eine Ausstellung von traditioneller palästinensischer Kleider kann ebenfalls besichtigt werden (www.phc.ps).*

### Das Flüchtlingslager Al-Azza (Beit Jibrin)

Die typische Architektur eines Flüchtlingslagers – eng nebeneinander gebaute Betongebäude – hebt Al-Azza (Beit Jibrin) von den umliegenden Wohngegenden ab. Mit 1700 Einwohnern, von denen die meisten ursprünglich aus Beit Jibrin stammen, ist das Al-Azza-Lager das kleinste Flüchtlingslager in den palästinensischen Gebieten. Unter den Fundamenten der Häuser am Rand des Lagers liegen Ruinen eines römischen Aquädukts. Bei Ausgrabungen wurden Inschriften gefunden, die eine Datierung auf das Jahr 195 n. Chr. erlauben.

*Der Eingang des Al-Azza-Flüchtlingslagers befindet sich am Ende der Straße, die vom Palestinian Heritage Center aus zum Stadtzentrum hinunter führt, gegenüber dem Paradise Hotel. Ein weiterer Eingang liegt in der Nähe des Bildungsministeriums.*

### Applied Research Institute – Jerusalem (ARIJ)
### (Institut für angewandte Forschung – Jerusalem)

Das ARIJ ist eine Non-Profit-Organisation, welche die angewandte Forschung, nachhaltige Entwicklung und wirtschaftliche Selbstständigkeit der Palästinenser durch eine effektivere Nutzung der natürlichen Ressourcen fördert. Die Webseite bietet fundierte Informationen über die Besatzung.

*Karkafeh Street, Tel. 02/2741889, www.arij.org.*

### Die Universität von Bethlehem

Die Universität Bethlehem wurde 1973 von Papst Paul VI. gegründet, um allen jungen Menschen aus dem Süden des Westjordanlands – Muslimen wie Christen – Zugang zu höherer Bildung in ihrer Region zu ermöglichen und die Abwanderung der Christen zu verringern. Der ehemalige katholische Patriarch von Jerusalem, Michel Sabbah, leitete die Universität einige Jahre. Sie bietet ihren 3000 Studenten eine breite Auswahl an Studienfächern, so z. B. Natur-, Erziehungs- und Wirtschaftswissenschaften, Krankenpflege (besonders Kinderkrankenpflege) und Tourismus. Die Gründung der Universität löste ein seit Langem bestehendes Problem, denn seit Mitte des 19. Jh. hatten europäische Religionsgemeinschaften, die sich in Palästina niedergelassen hatten, Bildungseinrichtungen vor allem

*Die 1973 von Papst Paul VI. gegründete Universität Bethlehem*

für Christen gegründet. Diese Art von Bildung zielte allerdings darauf ab, den jungen Christen die Auswanderung nach Europa oder Lateinamerika zu erleichtern. Im frühen 20. Jh. stellten palästinensische Christen 20% der Bevölkerung Palästinas, heute nur noch 1,5 bis 2%, obwohl sie einen überproportionalen Einfluss in der palästinensischen Gesellschaft haben. So werden etwa 30% aller Einrichtungen im palästinensischen Gesundheitswesen von Christen finanziert und geführt. Das britische Mandat, die nachfolgende Entwicklung und der Sieg der zionistischen Bewegung trugen stark zur Abwanderung christlicher Gemeindemitglieder bei; seit dem Beginn der Al-Aqsa-Intifada im Jahr 2000 sind etwa 200 000 Palästinenser ausgewandert, unter ihnen viele Christen. Durch die Universität verringerte sich die Zahl der auswanderungswilligen qualifizierten Bürger.

*University Road, Tel. 02/2741244/-6, www.bethlehem.edu.*

## Die Altstadt

Die Paul VI. Street, die am Taxistand Bab ez-Zqaq beginnt, führt bis zum Manger Square (Krippenplatz) in der Altstadt. Auch wenn die zahlreichen, von europäischen Glaubensgemeinschaften erbauten Klöster und Kirchen das städtische Erscheinungsbild stark geprägt haben, ist Bethlehem vor allem eine orientalische Stadt. In den Vierteln um die Paul VI. Street, Star Street und Farahiya Street finden Besucher die typische arabische Architektur der osmanischen Periode vor.

Dar Mansour, das »Haus von Mansour« (in der Star Street), ist ein gutes Beispiel für die bürgerliche Architektur gegen Ende des 19. Jh. Später wurde das Haus zum *Centre for Cultural Heritage Preservation* (CHP). Das CHP ist eine halbstaatliche Organisation, welche Maßnahmen zum Schutz und zur Verwaltung des kulturellen Erbes im Raum Bethlehem fördert und das Bewusstsein dafür in der Öffentlichkeit stärkt *(Tel. 02/2766244)*.

*Blick über die Altstadt zur Omar-Moschee*

Viele der Straßen Bethlehems folgen der Hügelkette und treffen am Manger Square zusammen. Einen Kontrast zu den lebhaften Hauptadern der Stadt bilden die ruhigen, schmalen Seitenstraßen, die zwischen den eng zusammenstehenden Häusern über die steilen Abhänge um die Altstadt verlaufen. Die meisten dieser Gässchen verfügen über Steintreppen, teilweise überdacht von Korridoren, die zwei der gleichen Familie gehörende Wohnbereiche verbinden. Während der ersten Intifada blockierten israelische Truppen viele der winzigen Straßen mit Metallfässern und Zement, um die militärische Kontrolle der Altstadt zu sichern. Diese Spuren der israelischen Besatzung, mitten im Herzen der Stadt, wurden bei Restaurierungsarbeiten in den alten Vierteln beseitigt. Eine Besonderheit der Häuser in Bethlehem ist ihre Ausrichtung, da sie fast ausnahmslos einen Ausblick auf die sie umgebende Landschaft bieten. Obwohl sie auf engem Raum errichtet wurden, hat der traditionelle Innenhof oft einen *Liwan* (ein überdachtes Wohnzimmer, das nach einer Seite offen ist) in Richtung des kultivierten Landes. Die

# Westjordanland

Vielfalt an Durchgängen, Türen, Fenstern und der *Liwan* tragen zum malerischen Charme des alten Bethlehem bei.

## Salesianerkloster und -kirche

Das Kloster wurde zwischen 1872 und 1892 auf Initiative des italienischen Priesters Antonio Balloni erbaut. Er erreichte Bethlehem kurz nachdem eine furchtbare Choleraepidemie in der Region gewütet und viele Waisen zurückgelassen hatte. Balloni sammelte die nötigen Finanzmittel, indem er aus Olivenholz hergestellte sakrale Gegenstände verkaufte – eine gängige Methode religiöser Glaubensgemeinschaften in Bethlehem. Auch heute noch gehören ein Waisenhaus und eine technische Schule zu der Kirche. *Salesian Street, Tel. 02/ 2742421.*

## Die Weihnachtskirche der Lutheraner

Die lutherische Gemeinde von Bethlehem besteht seit 1854 und ist die älteste in Palästina. Die heutige Kirche wurde zwischen 1886 und 1893 erbaut. Die einzigartige Form des Turms erinnert an die Hüte, welche die Frauen in Bethlehem im 19. Jh. trugen.

*Paul VI. Street/Madbasa Square, Tel. 02/ 2770047.*

*Marktplatz mit dem Glockenturm der syrisch-orthodoxen Kriche*

## Dar Annadwa – International Center of Bethlehem
### (Dar Annadwa – Internationales Zentrum von Bethlehem)

Das *Dar Annadwa Center* ist einen Besuch wert, denn es beweist, dass es trotz der schwierigen Lebensbedingungen unter der Besatzung eine vielfältige lokale und internationale Kunstszene in Bethlehem gibt. Das Internationale Zentrum von Bethlehem ist eine lutherische Einrichtung, die sich mit Hilfe von Trainingsprogrammen, interkulturellen Begegnungen, Kunst- und Musikworkshops sowie anderen Aktivitäten für eine Stärkung der Gemeinde einsetzt. Die angebotenen Programme richten sich vor allem an Frauen, Kinder, Jugendliche und ältere Menschen, stehen aber auch der restlichen Bevölkerung offen. Das Zentrum führt zudem einen Geschen-

keladen, dessen Besuch lohnenswert ist, da die Al-Kahf-Galerie dort regelmäßig Ausstellungen organisiert. Geleitet wird das Zentrum von Pfarrer Mitri Raheb.
*Paul VI Street/Madbasa Square, Öffnungszeiten: täglich außer sonntags 9.00-16.00 Uhr, Tel. 02/2770047. Glas- und Töpferwerkstätten sowie Handwerksgeschäfte, www.annadwa.org.*

### Die syrisch-orthodoxe Kirche

Diese 1955 errichtete Kirche ist auch unter dem Namen »Kirche der Jungfrau« bekannt. Die beste Besuchszeit ist am Sonntagmorgen um 9.00 Uhr, wenn die wöchentliche Messe auf Syrisch abgehalten wird.
*Paul VI Street. Öffnungszeiten: 9.00-17.00 Uhr, Tel. 052/5070315 (Pater Yacoub Isaac).*

### Der Grüne Markt

Seit 1929 findet auf dem Platz gegenüber der syrisch-orthodoxen Kirche der Grüne Markt statt. Händler und Bauern aus dem gesamten Bethlehemer Umland und aus Hebron kommen hierher, um ihre Erzeugnisse zu verkaufen. Dieser malerische Fleck wurde 1999 im Rahmen des Projekts »Bethlehem 2000« renoviert.

### Das Olivenpressen-Museum

Die Olivenpresse in der Al-Najajra Street gehört der Familie Giacaman. Dabei handelt es sich um die einzige erhaltene Presse in der Altstadt und kann auf das Jahr 1792 datiert werden. Sie erinnert daran, wie wichtig der Olivenbaum für das Leben in Bethlehem und Palästina ist.

### Das Museum von Alt-Bethlehem

Dieses Museum für Künste und Volkstraditionen befindet sich in einem traditionellen Haus aus dem 17. Jh. Die Räume im Inneren sind einem typischen Haushalt des späten 19. Jh. nachempfunden. So gibt es einen Empfangsraum, eine Küche, einen *Taboun* (Ofen) und typische Gebrauchsgegenstände aus dieser Zeit. Das Museum besitzt zudem wunderschöne traditionelle Stickereien und Kleider; Fotos aus dem Palästina der Zwanziger- und Dreißigerjahre vervollständigen die Sammlung. Das Stickerei-Zentrum im ersten Stock wurde 1971 von der *Bethlehem Arab Women's Union* (Arabische Frauenunion von Bethlehem) gegründet.
*In der Nähe der Paul VI Street und Star Street, beim Manger Square. Öffnungszeiten: Montag-Samstag 8.00-12.00 Uhr*

*Museum von Alt-Bethlehem*

und 14.00-17.00 Uhr (Donnerstag 8.00-12.00 Uhr). Eintritt: 8 NIS, Tel. 02/2742589, www.arabwomen-union.org, E-Mail: bawu8@hotmail.com. Herstellung und Verkauf von Stickereien.

### Die Omar-Moschee

Diese Moschee wurde zu Ehren des zweiten Kalifen Omar Ibn al-Khattab erbaut, eines Gefährten und Schwiegervaters des Propheten Muhammad. Er erreichte Bethlehem, nachdem er Jerusalem eingenommen hatte, und betete im Südgang der Geburtskirche. Trotzdem garantierte er im »Pakt von Omar«, dass die Basilika ein Ort des christlichen Gebets bleiben würde, wo Muslime nur einzeln beten dürften und von deren Mauern der Gebetsruf (*Al-Adan*) verboten sei. Tatsächlich entwickelte sich die muslimische Gemeinde in Bethlehem spät, so dass erst im 19. Jh. der Bedarf für einen eigenen Gebetsort aufkam. Das muslimische Viertel der Stadt wurde 1834 von den ägyptischen Truppen Ibrahim Paschas zerstört.

Das Grundstück, auf dem die Omar-Moschee 1860 erbaut wurde, war ein Geschenk der griechisch-orthodoxen Kirche an die muslimische Gemeinde. Sie ist die einzige Moschee in der Altstadt von Bethlehem, weshalb sie 1954 vergrößert wurde, um den Bedürfnissen der muslimischen Flüchtlinge von 1948 gerecht zu werden. Zu dieser Zeit verließen viele christliche Familien ihre Häuser im Stadtzentrum, um in neue Häuser am Stadtrand von Bethlehem zu ziehen. Palästinensische Flüchtlinge, die aus den Küstenorten oder dem Zentralgebiet (Beit Jibrin, Jaffa) vertrieben worden waren, mieteten deren alte Häuser.

*Ecke Paul VI Street und Manger Square.*

*Weihnachtsparade auf dem Krippenplatz vor der Omar-Moschee*

### Manger Square (Krippenplatz)

Dieser große Platz zwischen der Omar-Moschee und der Geburtskirche bildet den touristischen Mittelpunkt von Bethlehem. Er wurde von 1998 bis 2000 zusammen mit einem Großteil der Altstadt instand gesetzt. Hier finden viele Veranstaltungen statt, deren Höhepunkt die Heiligabende sind, da die Geburt Jesu dreimal gefeiert wird – am 25. Dezember von den Katholiken, am 7. Januar von den Orthodoxen und am 19. Januar von den Armeniern. Im Bethlehemer Friedenszentrum auf dem Platz (*Tel. 02/2764670, www.peacecenter.org*) und im nahe gelegenen Internationalen Zentrum von Bethlehem (s. S. 276-277) werden häufig kulturelle Ereignisse veranstaltet, z. B. Ausstellungen, Konzerte und Konferenzen. Ein Besuch lohnt sich, denn trotz der angespannten politischen Situation florieren die lokale und internationale Kunst in

## Bethlehem

Bethlehem. Das Fremdenverkehrsbüro (*Tel. 02/2766677*) und eine Buchhandlung mit vorwiegend englischsprachigen Büchern, die auch Souvenirs verkauft, befinden sich im Erdgeschoss des Friedenszentrums.

*Eine Fahrt im Taxi von Bab ez-Zqaq zum Manger Square kostet 7 NIS.*

*Luftaufnahme von Bethlehem mit Blick auf die Judäische Wüste*

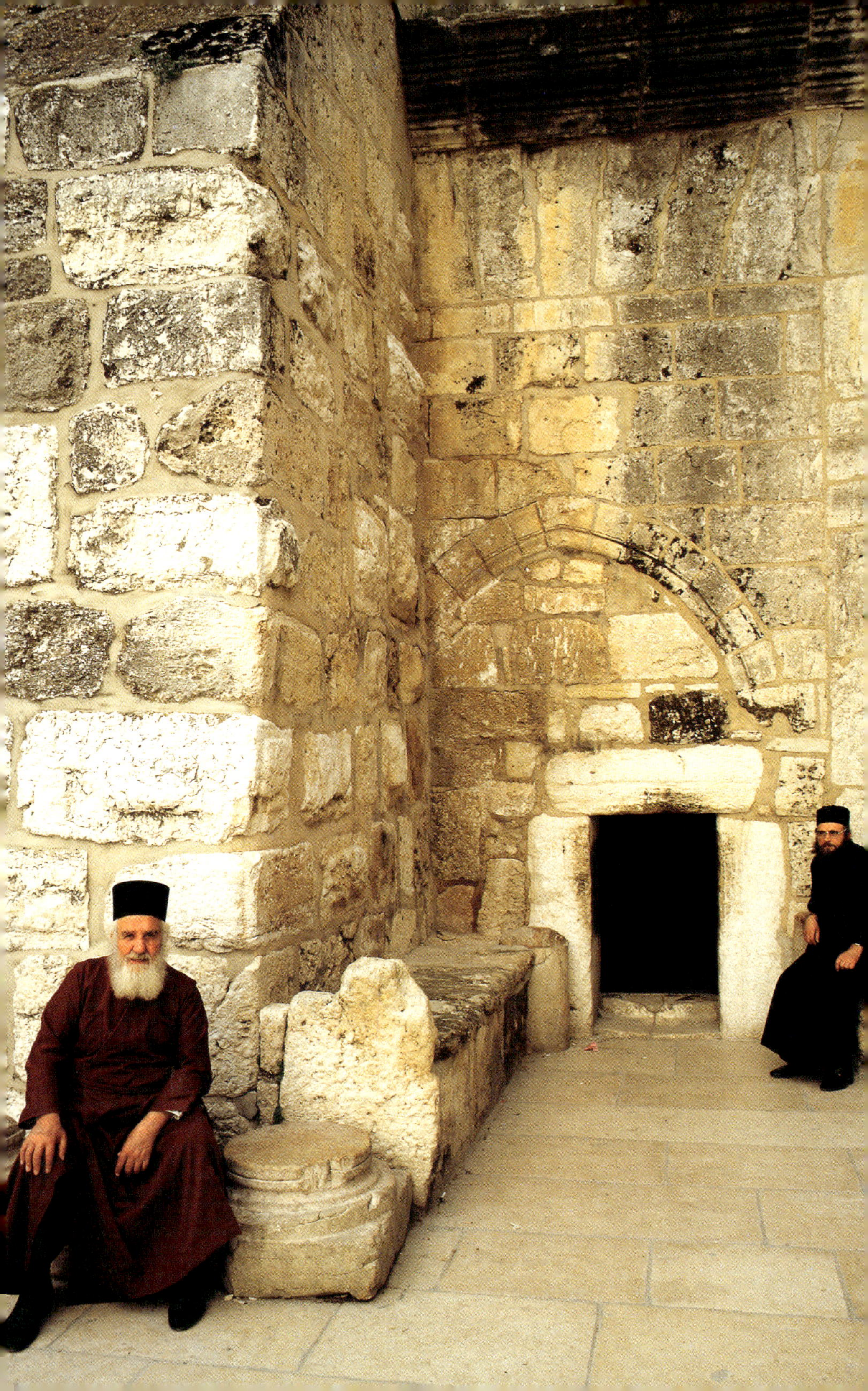

# Bethlehem

## Die Geburtskirche

Die Geburtskirche und die sie umgebenden religiösen Gebäude sind ein imposanter Komplex. Im 2. Jh. n. Chr., während der Regierungszeit Kaiser Har Homas, war dieser Ort dem Adoniskult geweiht. Um alle heidnischen Bräuche auszulöschen, errichtete Kaiser Konstantin, der zum Christentum konvertiert war, die Basilika – ein seltenes Beispiel der religiösen Architektur der damaligen Zeit. Helena Augusta, die Mutter des Kaisers, überwachte die ersten Arbeiten persönlich, als sie 326 auf einer Pilgerreise das Heilige Land besuchte. Die Basilika wurde 339 geweiht und später mehrfach stark verändert. Das im imperialen Stil erbaute quadratische Gebäude führte auf der Frontseite zu einem weitläufigen Innenhof (Atrium), der zahlreichen Betenden Platz bot. Der Hauptbau bestand aus einem Hauptschiff, an das sich vier Nebenschiffe anschlossen. Die achteckige Apsis, von der nur noch die Grundmauern existieren, wurde über der Geburtsgrotte Jesu errichtet. 1934 entdeckte man unter dem heutigen Kirchenboden einen **Mosaikboden** aus dem 4. Jh.; er ist durch schützende, hölzerne Streben einsehbar.

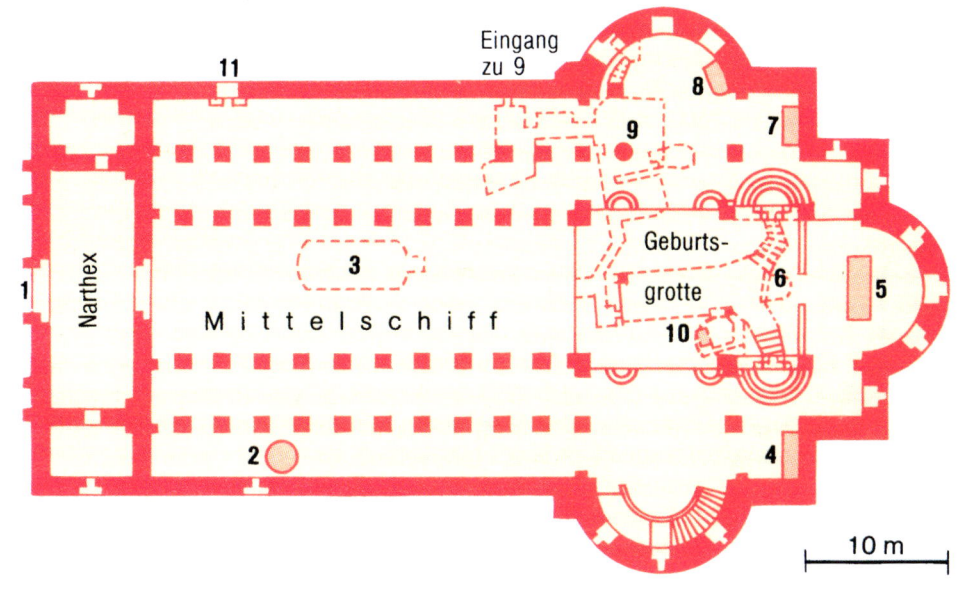

*Die Geburtskirche vom Krippenplatz aus gesehen*

1 Eingang
2 Taufbecken
3 Bodenmosaiken
4 Altar der Beschneidung
5 Hauptaltar
6 Ikonostase
7 Altar der Heiligen Drei Könige
8 Altar der Jungfrau
9 Grotte der Unschuldigen Kinder
10 Krippenaltar
11 Durchgang zur Katharinenkirche

*Links: Mönche vor dem Eingang zur Geburtskirche*

## Westjordanland

*Wandmosaik im Hauptschiff*

Die Vielfalt der Wandmosaike aus der Mitte des 12. Jh. zeigt sich in dekorativen Bordüren aus verwobenen Girlanden und Blättern, floralen Motiven mit Rebstöcken, Blumen und Obst sowie Tierdarstellungen. Während der Samariter-Revolte im Jahr 529 wurde die Kirche zerstört. In der Folgezeit ließ Kaiser Justinian (527-565) sie wieder aufbauen und vergrößern, um sie zur schönsten Kirche im Heiligen Land und der St. Helena-Kirche in Konstantinopel ähnlicher zu machen. Um der ursprünglichen Architektur Respekt zu zollen, wurden die gewaltigen **Kolonnaden** aus poliertem rotem Kalkstein mit weißen Streifen (einer Gesteinsart aus der Region Bethlehem) und die Kapitelle wieder an ihren Platz gebracht. Das neue Gebäude überdauerte die Jahrhunderte.

Justinian verlängerte die Basilika, indem er eine innere **Kirchenvorhalle** (Narthex) anfügte und die achteckige Apsis durch eine riesige Apsis mit großen Querschiffen (46 m breit) auf beiden Seiten ersetzen ließ. Die Haupttür des ursprünglichen Eingangsportals (zu dieser Zeit gab es drei) ist immer noch zu sehen und umrahmt das **Kreuzfahrertor** und das **Tor der Demut**. Die heutige Eingangstür stammt aus der Zeit der Osmanen. Ein Geschichtsschreiber berichtet, dass der Kaiser unzufrieden mit der Basilika war, da er sie sich majestätischer und lichtdurchfluteter vorgestellt hatte, und deshalb den Architekten enthaupten ließ.

Als die Sassaniden im Jahr 614 Palästina verwüsteten, blieb die Basilika wie durch ein Wunder unversehrt. Die Perser verschonten die Kirche, als sie die Szene der Huldigung der Weisen aus dem Morgenland erblickten. Diese waren gekleidet wie Perser und trugen spitze, persische Mützen, wie sie auch der persische Gott Mithra, Gott des Respekts und der Gnade, getragen haben soll.

Obwohl Kalif Omar Ibn al-Khattab versprochen hatte, die Basilika zu schützen, wurde dies nach der Kirchenspaltung von 1054 durch die Auseinandersetzungen zwischen der West- und der Ostkirche um die Herrschaft zunehmend schwieriger. Zur Zeit der Kreuzzüge hatte die Basilika eine besondere Bedeutung – die fränkischen Könige wurden hier gekrönt (Balduin I. im Jahr 1101, Balduin II. im Jahr 1122) und folgten somit König David. Es galt als Sakrileg, Jerusalem, den Ort, an dem Jesus Christus die Dornenkrone aufgezwungen worden war, für die Krönung auszuwählen. Zwischen 1165 und 1169 renovierten die Franken und Griechen die Geburtskirche und errichteten eine hohe Mauer, die den Komplex wie

*Das Hauptschiff mit dem Altar. In der Kirchenmitte befinden sich die Bodenmosaiken aus vorjustinianischer Zeit.*

eine Festung erscheinen ließ. Die Bauarbeiten zwischen 1165 und 1168 wurden von Manuel I. Komnenos (Kaiser von Konstantinopel), Almaric (dem damaligen König von Jerusalem) und Ralph, dem lateinischen Kirchenoberhaupt von Bethlehem, in Auftrag gegeben.

Diese byzantinisch-lateinische Kooperation ist verantwortlich für die dekorative Stilmischung der Kirche, in der man beide Einflüsse ausmachen kann. Das Gebäude erhielt ein Furnier aus Zedernholz und Blei sowie neue Marmorfußböden. Die Säulen wurden mit Darstellungen von Heiligen, Kirchen sowie griechischen und lateinischen Inschriften übermalt. Die vielfarbigen Mosaike auf goldenem Hintergrund entlang des Kirchenschiffs stellen den Stammbaum Jesu dar sowie die wichtigsten Dekrete für die theologischen Grundlagen des christlichen Dogmas und ebenso die Ketzereien, denen sie sich entgegenstellten. Nach dem Sieg Saladins über das Kreuzfahrerheer im Jahr 1187 brachten die Orthodoxen die Grotte und die Basilika erneut unter ihre Kontrolle. Im Zuge politischer Intrigen und Machtkämpfe folgte eine Periode, in der die Schlüssel zu beiden oft die Besitzer wechselten. In den folgenden Jahrhunderten verfiel die Basilika trotz etlicher Renovierungsbemühungen zunehmend. Der Haupteingang wurde während der osmanischen Periode umgebaut, um die Angewohnheit der Soldaten zu unterbinden, mit dem Pferd in die Kirche zu reiten. Das Tor der Demut ist so niedrig (1,20 m), dass jeder beim Betreten der heiligen Stätte gezwungen ist, sich zu bücken. Das Dach wurde auf Geheiß König Edwards IV. von England mit robuster englischer Eiche ausgebessert – ein Zeichen für die Wertschätzung der Basilika durch die westliche Christenheit.

*Öffnungszeiten: täglich 5.00-20.00 Uhr, im Winter bis 18.00 Uhr, Eintritt frei, Tel. 02/2742425.*

*Altar mit Ikonenwand. Lithografie von David Roberts aus dem Jahr 1839*

## Die Geburtsgrotte

Zu beiden Seiten des Altars führen Treppen in eine Krypta, die als Geburtsstätte Jesu verehrt wird. In den heiligen Boden ist ein vierzehnzackiger Silberstern eingelassen, ein Geschenk Frankreichs aus dem Jahr 1717. Er trägt die Inschrift »Hic de virgine Maria Jesus Christus natus est« (Hier wurde Jesus von der Jungfrau Maria geboren). Die 14 steht für die jeweilige Anzahl der Generationen von Adam zu Abraham, von Abraham zu König David,

*Geburtsgrotte mit dem vierzehnzackigen Silberstern*

## Westjordanland

von König David bis zum babylonischen Exil und vom babylonischen Exil zur Geburt Christi (Mt 1, 17). 15 Laternen brennen rund um die Uhr in der Krypta (sechs gehören den griechisch-orthodoxen Christen, fünf den Armeniern und vier den Katholiken).

In einer anderen Ecke der Grotte wird die Krippenszene nachgestellt. Der Huldigungsaltar der Weisen aus dem Morgenland in einer Kapelle gegenüber erinnert an den Besuch der Heiligen Drei Könige; Wandteppiche zeigen die Geburt Jesu. Obwohl die Grotte für alle Christen ein Heiligtum ist, war sie Gegenstand erbitterter Auseinandersetzungen zwischen den verschiedenen christlichen Gemeinschaften. 1847 wurde der Stern gestohlen und der Sultan von Istanbul musste um Schlichtung gebeten werden. Er beschloss, die Differenzen zwischen drei damals vertretenen religiösen Gemeinschaften beizulegen, indem er einen Status quo über die Stätte verhängte und den Stern durch eine Kopie ersetzen ließ. Keine der Parteien war mit dieser Entscheidung zufrieden, weder Frankreich, der »Wächter der heiligen Stätten«, noch das zaristische Russland, das als Schutzpatron aller Orthodoxen im Osmanischen Reich anerkannt werden wollte. Die andauernden Unstimmigkeiten über diese heiligen Stätten dienten sogar als Vorwand für Anfeindungen zwischen den großen Imperialmächten, die zum Krimkrieg (1853-1856) führten, in dem England, Frankreich und das Osmanische Reich Russland gegenüberstanden.

*Die Statue des Heiligen Hieronymus vor der Katharinenkirche*

Bis heute blieb der Status quo bestehen, und es müssen minutiöse Vorschriften im Hinblick auf die Besitzrechte eines jeden Quadratmeters, der Wände und der religiösen Gegenstände berücksichtigt werden, die die Öffnungszeiten, die verschiedenen Zeremonien und die Organisation von Festtagsfeierlichkeiten und Bräuchen betreffen. Die orthodoxe, armenische und katholische Gemeinde müssen Restaurierungspläne einstimmig beschließen – daher sind Renovierungsarbeiten selten. Die Geburtskirche und der Pilgerweg in Bethlehem sind seit Juni 2012 Weltkulturerbe.

### Die Weihnachtskrippe

Die Verehrung des Geburtsortes Jesu und verschiedene Darstellungen davon gehen zurück bis in die ersten Jahrhunderte nach Christi Geburt. Ende des 4. Jh. äußerte der Heilige Hieronymus Bedauern darüber, dass die authentische, tönerne Krippe durch eine silberne ersetzt worden war. Seitdem wurde das Mysterium der Geburt Christi zu einer internationalen Tradition mit zahllosen Variationen. Die Palme ist das Herz der lokalen palästinensisch-muslimischen und christlichen Tradition: »Und die Wehen veranlassten sie, zum Stamm der Palme zu gehen. Da rief er (der Jesusknabe) ihr von unten her zu: ›Sei nicht traurig! Dein Herr hat unter dir (zu deinen Füßen) ein Rinnsal (voll Wasser) gemacht. Und schüttle den Stamm der Palme (indem du ihn) an dich (ziehst)! Dann lässt sie saftige, frische Datteln auf dich herunterfallen. Und iss und trink und sei frohen Mutes!‹« (Koran-Sure 19, Maryam: 23-26). In Bethlehem inspiriert das Motiv der Krippe zu vielen filigranen Handwerksgegenständen aus Olivenholz und Perlmutt. So überrascht es nicht, dass der verstorbene Präsident Yassir Arafat seinen Gästen Perlmutt-Repliken der Krippe von Bethlehem und des Felsendoms schenkte.

# Bethlehem

## Die Kirche der Heiligen Katharina (Katharinenkirche)

Im Jahr 1212 ließen sich die Franziskanermönche, denen ihr Gelübde gebot, der Lebensweise Christi zu folgen, in Bethlehem nieder, wo sie neben der Geburtskirche ihr Kloster erbauten. Sowohl für das Kloster als auch die Kirche wurde ihnen im 14. Jh. die Rechtsprechung und Fürsorge übertragen (1347-1634 und 1690-1757). 1757 mussten sie ihr Verwahreramt jedoch an die griechisch-orthodoxe Kirche abtreten. Eine kleine Tür in der seitlichen Mauer der Geburtskirche ermöglicht den Zugang zum franziskanischen Kreuzgang, in dessen Mitte die Statue des Heiligen Hieronymus steht. Von dort aus gelangt man zu der 1881 erbauten Katharinenkirche. Der mittelalterliche Kreuzgang ist der älteste Teil des Franziskanerklosters; er wurde zur Zeit der Kreuzfahrer auf den Ruinen des byzantinischen Klosters, in dem sich das Grab der Heiligen Paula befindet, erbaut. Seitdem das Kloster 1947 von dem italienischen Architekten Antonio Barluzzi renoviert wurde, hat die Kirche durch ihre jährliche Mitternachtsmesse an Heiligabend, die überall im Fernsehen übertragen wird, weltweit Ruhm erlangt. Die Kirche hat drei kleine Kapellen, die dem Heiligen Franziskus, dem Heiligen Anton und Mariä Empfängnis gewidmet sind. Jedes Jahr an Weihnachten wird das Jesuskind vom Altar der Kapelle der Unbefleckten Empfängnis in einer Prozession zur Geburtshöhle getragen. Eine Treppe in der Nähe des Altars führt zu einem unterirdischen Komplex, dessen ältester Raum aus dem 4. Jh. stammt. Ein Seitenaltar erinnert an Josefs Traum, in dem ihm von einem Engel des Herrn befohlen wurde, mit seiner Familie nach Ägypten zu fliehen (Mt 2, 13), um dem von Herodes angeordneten Massaker an den Kindern zu entkommen (Mt 2, 16-17). In derselben Kammer ist den Heiligen Unschuldigen – alle Kinder unter zwei Jahren, die von Herodes ermordet wurden – eine Kapelle gewidmet. Zudem ist der Altar des Heiligen Eubius zu sehen, gefolgt von den Gräbern der Heiligen Paula, ihrer Tochter, der Heiligen Eustochia, und des Heiligen Hieronymus. Der unterirdische Komplex endet in einem Raum, der angeblich dem Heiligen Hieronymus als Schreibstube diente.

*Mitternachtsmesse an Heilig Abend in der Katharinenkirche*

*Öffnungszeiten: Montag-Samstag 5.00-12.00 Uhr und 14.00-20.00 Uhr, Sonntag 14.00-19.30 Uhr. Tel. 02/2742425.*

### Der Heilige Hieronymus und der Löwe

Eines Abends lauschten der Heilige Hieronymus und seine Gefährten einer Lesung der Heiligen Schrift, als plötzlich ein hinkender Löwe das Kloster in Bethlehem betrat. Alle fürchteten sich und rannten davon, nur Hieronymus stellte sich dem Löwen. Er untersuchte seine verwundete Pfote und rief seine Gefährten zurück, damit sie die Verletzung versorgten. Der Löwe erholte sich und lebte mit der Gemeinde als zahmes Haustier und Beschützer des Heiligen Hieronymus.

Westjordanland

## Der Heilige Hieronymus

Der Heilige Hieronymus (347-420), gebürtiger Dalmatier, hatte seine Bildung in Rom erhalten. Als Asket ließ er sich, begleitet von zwei reichen Patrizierinnen, Paula und ihrer Tochter Eustochia, 385 in Palästina nieder. Paula gründete ein Frauenkonvent, während Hieronymus ein Kloster errichtete, angeblich am gleichen Ort, an dem das heutige Franziskanerkloster steht. Auf Anfrage von Papst Damasus I. fertigte Hieronymus eine Bibelübersetzung an. Die lateinische Fassung der Bibel, die bis dato existierte, war eine Übersetzung der griechischen Version. Hieronymus übersetzte die meisten Bücher des Alten Testaments direkt aus der hebräischen Fassung und das Neue Testament aus dem Griechischen. Diese Übersetzung, »Vulgata« genannt, wurde 1546 formal bestätigt und war bis zum Zweiten Vatikanischen Konzil (1962-65) maßgebend.

### Das Armenische Kloster

Auf der anderen Seite des Tores der Demut führt ein zweites Tor zur Rechten in das Armenische Kloster, das auf den byzantinischen Ruinen erbaut wurde, die man als Atrium von Justinian identifiziert hat. Die Säulen des Atriums sind immer noch in der Fassade sichtbar. Heute leben noch sechs armenische Mönche hier, welche die kleine armenische Gemeinde mit etwa 300 Mitgliedern betreuen. Sie sind die Nachfolger des Mönchsordens, der im 17. Jh. seine Blütezeit erlebte, als die Gemeinde auf Bibeltranskriptionen und -illustrationen spezialisiert war.

## Die Umgebung der Geburtskirche

### Die Milchgrotte

Eine 1872 von den Franziskanern errichtete Kapelle beherbergt die Milchgrotte, die von christlichen und muslimischen Palästinensern gleichermaßen verehrt wird. Man sagt, dass die Heilige Familie hier auf dem Weg nach Ägypten eine Rast eingelegt habe, damit Maria das Jesuskind stillen konnte. Dabei fielen ein paar Tropfen Muttermilch auf den Boden und färbten den roten Fels weiß. Seither kommen Frauen beider Glaubensgemeinschaften hierher, um zu beten, besonders wenn sie Schwierigkeiten haben, schwanger zu werden oder zu wenig Milch zum Stillen haben. Sie brechen nach dem Gebet ein kleines Stück vom Kalkstein ab und schlucken es.

*Milk Grotto Street. Öffnungszeiten: 8.00-11.00 Uhr, 14.00-18.00 Uhr; Eintritt frei.*

### Die Davidsbrunnen

Am Ende der Star Street befinden sich drei Brunnen, die »Bir Daoud« oder »Davidsbrunnen« genannt werden und deren Wasser in eine große Zisterne (14 x 4 m)

*Weihnachtsfeierlichkeiten auf dem Krippenplatz*

fließt. Überlieferungen zufolge, die vermutlich aus der byzantinischen Zeit stammen, wird dieser Ort mit einer Begebenheit in der Bibel in Verbindung gebracht, die veranschaulicht, wie wichtig die Kontrolle über die Wasservorräte während der Kämpfe und Belagerungen war. David war sehr durstig und bat um Wasser aus diesem Brunnen, der den Philistern gehörte. Drei Männer riskierten ihr Leben, um ihm das Wasser zu bringen; doch David rührte es nicht an, als ihm klar wurde, dass er das Leben seiner Männer aufs Spiel gesetzt hatte. Stattdessen bot er es als Trankopfer seinem Gott dar (2 Sam 23, 14-17).

Archäologen haben eine nahe gelegene Kirche freigelegt, die unter Kaiser Justinian gebaut wurde. Wallfahrer im 6. und 7. Jh. sollen in der Gruft unter der Kirche die Grabstätten von König David und König Salomo identifiziert haben.

*Catholic Action Center Square, Öffnungszeiten: täglich 7.00-12.00 Uhr und 14.00-19.00 Uhr geöffnet, Eintritt frei.*

## Praktische Informationen

Der Hauptbusbahnhof befindet sich am Bab ed-Deir, unterhalb des Manger Square im Stadtzentrum; der Fußgängerweg dorthin führt am *Palnet*-Bürogebäude vorbei. Hier fahren Busse und Sammeltaxis zu den meisten Zielorten ab: Ramallah (20 NIS), Hebron (8 NIS), Beit Sahour (2 NIS), Obeidiya (4 NIS), Zaatara (4 NIS). Busse nach Jerusalem (6 NIS) und zu den Dörfern westlich von Bethlehem fahren vom Bab ez-Zqaq in der Nähe des Cinema Square ab. Einzeltaxis im Bezirk Bethlehem kosten etwa 10-15 NIS.

Alle wesentlichen öffentlichen Einrichtungen liegen im unmittelbaren Umkreis des Manger Square nahe beieinander. Das **Touristenbüro** *(Tel. 02/ 2766677)* befindet sich im Erdgeschoss des **Bethlehemer Friedenszentrums**. Wer Interesse an Weihnachtsveranstaltungen hat, kann hier nach Informationen fragen. Ein **Postamt**, das **Rathaus**, **Banken** und **Wechselstuben** liegen ebenfalls in der Nähe des Manger Square.

*Kaffeeverkäufer*

### Cafés und Restaurants

Es gibt viele Restaurants auf der Paul VI Street, in der Altstadt und auf der Manger Street. Mit Ausnahme einiger beliebter Restaurants liegt das Preisniveau im Allgemeinen höher als in den Nachbargemeinden Beit Sahour und Beit Jala. Auf der Manger Street gibt es zahlreiche verschiedene Restaurants. Auch wenn es von außen wenig einladend wirkt, lohnt der Besuch des **Abu Shenab Restaurants** *(Tel. 02/2742985)*, um dort klassische Gerichte wie *mezze* oder

## Westjordanland

gegrilltes Fleisch zu essen; der Service ist ausgezeichnet. Die beiden **Efteem**-Restaurants (*Madbasa Street, Tel. 02/2770157 und am Manger Square, Tel. 02/2747940*) sind seit über 40 Jahren für ihre ausgezeichneten *Falafel* bekannt. Gute Pizzen gibt es im Restaurant **Al-Mundo** (*Tel. 02/2742949*). 200 m vom *Al-Mundo* entfernt befindet sich das **Dollars**, das für seine *Msahab*-Sandwiches (Hühnchen-Sandwiches) bekannt ist. Im **Grand Bandak Hotel** (*Madbasa Street*) serviert das Restaurant **Mariachi** (*Tel. 02/2741440*) mexikanisches Essen. Der **Syrian Orthodox Club** (*Syrian Church Street, Tel. 02/2742805*) bietet traditionelle Küche, wie z. B. *musakhan* und Lammkopfsuppe. Das **Bonjour** (*in der Nähe der Universität Bethlehem, Tel. 02/2740406*) ist ein ruhiges Lokal, in dem man nach 17.00 Uhr einen Drink oder ein Essen genießen kann; WLAN ist vorhanden.

## Unterkunft

Bethlehem ist nach Jerusalem das zweitbeliebteste Reiseziel in Palästina, daher gibt es dort viele Hotels und Pensionen. Obwohl die meisten dieser Hotels einfach eingerichtet sind, gelten der Service und die Ausstattung im Allgemeinen als qualitativ hochwertig.

Das komfortable **InterContinental-Jacir Palace** (*Jerusalem-Hebron Road, Tel. 02/2766777, www.intercontinental.com; EZ 90 $, DZ 100 $ und DBZ 270 $*) ist ein zum Luxushotel umgebautes Herrenhaus, das nach 1910 von einer reichen, aus der Emigration zurückgekehrten Bethlehemer Familie gebaut wurde. Es hat als Hauptquartier der britischen Armee (1935), danach als Spital sowie als Jungen- und Mädchenschule gedient, bevor es vergrößert und zum Hotel umgebaut wurde. Wer das Hotel besuchen möchte, ohne dort zu übernachten, kann in einem der beiden hoteleigenen Restaurants speisen, auf ein Getränk in der **Al-Makhan Bar** (*von 14.00 Uhr-Mitternacht geöffnet, sehr teuer*) im riesigen, alten *riwaq* (Kreuzgang) vorbeischauen oder eine Zigarre in dem dafür vorgesehenen Lokal rauchen. Für Gäste mit kleinerem Budget ist das **Paradise Hotel** (*Manger Street, gegenüber dem Al-Azza-Flüchtlingslager; E-Mail: paradise@p-ol.com, Tel. 02/2744542; EZ 150 NIS, DZ 250 NIS und DBZ 300 NIS*) die ideale Adresse. Zwar wirkt es etwas unpersönlich, doch es liegt nur 15 min zu Fuß vom Manger Square entfernt und ist zudem eines der preisgünstigsten Hotels im Ort (das Hotel wurde renoviert, nachdem es 2001 von der israelischen Armee komplett niedergebrannt worden war). Das **Bethlehem Hotel** (*Manger Street, E-Mail: bhotel@p-ol.com, Tel. 02/2770702; EZ 150 NIS, DZ 250 NIS und DBZ 350 NIS*) liegt zentral in einer Straße mit vielen Cafés und Restaurants; besonders bei amerikanischen Touristen ist es sehr beliebt. Auf einem Hügel gelegen, bietet das **Bethlehem Star Hotel** (*University Street, E-Mail: htstar@hally.net, Tel. 02/2770285; EZ 40 $, DZ 55 $ und DBZ 70 $*) mit dem Dachrestaurant eine großartige Aussicht über Bethlehem, vor allem auf die östlichen Hügel. Weiter unten liegt das **Grand Hotel** (*Madbasa Street, E-Mail: grandhotel_beth@hotmail.com, Tel. 02/2741440; EZ*

*Verkaufstand mit palästinensischen Süßigkeiten*

35 $, DZ 50 $ und DBZ 75 $), das zwar nicht erstklassig ist, jedoch einen guten Service hat und nicht weit vom Bethlehemer Markt entfernt liegt. Das **Shepherd Hotel** (Jamal Abd al-Nasser Street, in der Nähe des Madbaseh Square; Tel. 02/2740656/7/8, www.shepherdbethlehem.com, E-Mail: info@shepherdbethlehem.com) befindet sich in der Nähe der Geburtskirche, der Universität Bethlehem und des lokalen Souks. Durch seine zentrale Lage ist eine gute Verkehrsanbindung an Beit Jala, Beit Sahour und Jerusalem gegeben. Das **Claire Anastas Guesthouse** ist seit Dezember 2003 von drei Seiten eingemauert. Es hat hübsche Zimmer mit Blick auf die Mauer (Nähe Caritas Baby Hospital, Tel. 02/2741740, www.anastas-bethlehem.com).

## Kontakte

Al-Liqa Center for Religious and Heritage Studies in the Holy Land (Zentrum für religiöse und kulturelle Studien im Heiligen Land)

»Al-Liqa« (arabisch »das Treffen«), das im Jahr 1983 von Führungspersönlichkeiten der muslimischen und christlichen Gemeinschaften gegründet wurde, hat das Ziel, den Dialog zwischen den verschiedenen religiösen Gemeinden zu fördern. Es organisiert und beteiligt sich häufig an Konferenzen und gibt die Al-Liqa-Zeitung auf Englisch heraus, die sich auf Fragen zum palästinensischen Kulturerbe und des religiösen Erbes der Muslime und Christen konzentriert.

Jerusalem-Hebron Road, Tel. 02/2750134, www.al-liqacenter.org.ps, E-Mail: al-liqa@p-ol.com; Öffnungszeiten: Montag-Freitag 8.00-15.00 Uhr, Samstag 8.00-14.00 Uhr.

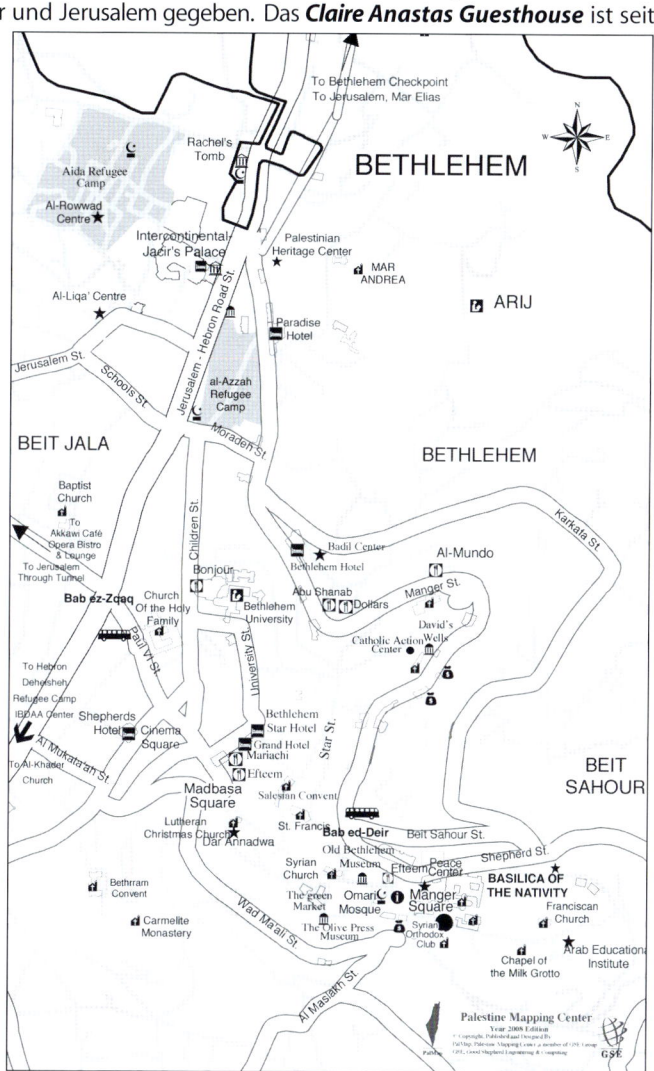

Stadtplan von Bethlehem

## Westjordanland

Arab Educational Institute (AEI)
(Arabisches Erziehungsinstitut)

Das AEI ist eine *Pax Christi International* angeschlossene palästinensische Nichtregierungsorganisation. Sie wurde 1986 von einer Gruppe palästinensischer Pädagogen in Bethlehem gegründet. Die Organisation arbeitet mit Jugendlichen, Frauen und Lehrern und engagiert sich in der Allgemeinbildung, um ihnen die Teilnahme am öffentlichen Leben zu ermöglichen und den Kampf um Frieden und Gerechtigkeit zu fördern. Zu den Zielen der Organisation gehören zum einen die Bildung eines freien, demokratischen und kulturell pluralistischen Palästina und zum anderen ein weitreichender Austausch von Alltagserfahrungen in Palästina.

*Milk Grotto Street, hinter der Geburtskirche (Orthodox Society Building), Tel. 02/2744030, E-Mail: aei@p-ol.com, www.aeicenter.org, Öffnungszeiten: Montag-Samstag 8.00-17.00 Uhr.*

Al-Rowwad Cultural and Theatre Training Center
(Al-Rowwad Trainingszentrum für Kultur und Theater)

Das Zentrum bietet ein Artistik-, Kultur- und Theaterprogramm für Kinder aus dem Flüchtlingslager Aida. Neben einigen *Dabka-* und Theatergruppen gibt es auch eine Nachhilfeabteilung, die Kindern mit Lernschwierigkeiten hilft. Die Umwelt- und Gesundheitsabteilung bringt Kindern den Umweltschutz näher und klärt sie diesbezüglich über geeignete Maßnahmen auf.

*Flüchtlingslager Aida, 02/2750030, www.alrowwad-acts.ps, E-Mail: info@alrowwad.org.*

Badil – Resource Center for Palestinian Residency and Refugee Rights
(Badil – Informationszentrum für palästinensische Aufenthalts- und Flüchtlingsrechte)

*Badil* ist eine Organisation, die sich für das Rückkehrrecht der Vertriebenen einsetzt, indem sie Informationen über die palästinensischen Flüchtlinge, ihren Status, ihre Ansprüche und Rechte anbietet. Außerdem organisiert das Zentrum regelmäßig Aufklärungskampagnen und andere Aktivitäten in Palästina, vor allem Solidaritätsbesuche und Studienreisen zu 1948 zerstörten palästinensischen Dörfern.

*Karkafa Street, Tel. 02/2747346, www.badil.org.*

*Wüstenlandschaft südöstlich von Bethlehem*

# Bethlehem

*Mauergraffiti in Bethlehem*

Westjordanland

# Bethlehems Umgebung

Das Deheisheh-Flüchtlingslager

Dieses Lager wurde zwischen 1949 und 1950 auf Boden errichtet, welchen die Stadt Bethlehem für 99 Jahre an die UNRWA verpachtet hat. Die Flüchtlinge im Lager (2006 waren es 10 000) kamen ursprünglich aus 30 Dörfern in der Region zwischen Westjerusalem und Beit Jibrin. Die meisten dieser Dörfer wurden von den Israelis in den frühen Fünfzigerjahren zerstört und einige, wie z. B. Ein Karem, von jüdischen Immigranten neu besiedelt. Durch den Junikrieg 1967 waren viele Palästinenser dazu gezwungen, erneut in sicherere Gebiete zu fliehen. Insgesamt hat damals fast ein Drittel der Flüchtlinge Deheisheh in Richtung Jordanien und andere arabische Staaten verlassen.

Mit der israelischen Besetzung des Westjordanlands gingen zwei neue Wörter in die Alltagssprache über: »al-jeish« (»die Armee«) und »al-mana tajawoul« (»Ausgangssperre«). 1967 gab es die ersten Ausgangssperren; seit 1976 sind sie an der Tagesordnung. Zwischen 1979 und 1995, dem Jahr, in dem das Lager unter die Zuständigkeit der Palästinensischen Nationalbehörde fiel, wurde durchschnittlich an 3,5 Tagen pro Monat eine Ausgangssperre über das Lager verhängt; der Rekord lag bei 84 Tagen ohne Unterbrechung während des Golfkriegs 1991. Militärpatrouillen, Verhaftungen und nächtliche Überfälle bestimmten die tägliche Routine. Israelische Siedler haben ebenfalls zu den ständigen Schikanen gegen die Einwohner des Lagers beigetragen. So schlug beispielsweise Rabbi Levinger, der Gründer der Siedlung Kiryat Arba und der jüdischen Siedlung im Herzen der Altstadt von Hebron, direkt gegenüber von Deheisheh ein Lager auf, das dort mehrere Monate lang unter Militärschutz stand. Deheisheh wurde während dieser Zeit strenger überwacht als sonst.

*Flüchtlingslager Deheisheh*

Während der ersten Intifada (1987-1993) errichteten die Israelis ein weiteres Militärcamp mit Blick auf das Flüchtlingslager und umgaben es mit einem 6 m hohen Zaun. Da die Lagerinsassen diesen immer wieder zerstörten, verstärkte ihn die israelische Armee jedes Mal mit drei weiteren Zaunreihen, teilweise aus Stacheldraht. 13 der 14 Lagereingänge wurden verbarrikadiert. Das metallene Drehkreuz, das den Haupteingang bildete, wird heute in der Nähe des Ibdaa-Kulturzentrums ausgestellt. 16 Einwohner von Deheisheh wurden während der ersten Intifada getötet und Hunderte so schwer verletzt, dass sie ihr Leben lang unter den Folgen zu leiden haben. Mehr als 80% der Jugendlichen in Deheisheh wurden in dieser Zeit inhaftiert. Vor allem seit 1967 haben sich die Flüchtlinge politisch organisiert und eine vielfältige Widerstandskultur entwickelt. Trotz des Militärrechts, das die Israelis den besetzten Gebieten aufzwangen, schmuggelten sie Waffen, revolutionäre Literatur sowie Kassetten mit patriotischen Liedern in das Lager. Auch die damals verbotene palästinensische Fahne wurde häufig heimlich gehisst und in Umlauf gebracht.

## Bethlehem

Wie in allen Flüchtlingslagern werden grundlegende Leistungen von der UNRWA *(Hussein Shaheen, Tel. 02/2742445)* bereitgestellt. Deheisheh verfügt über zwei Schulen für 1100 Schüler und beschäftigt einen Arzt für 10 000 Menschen. Das Budget der UNRWA für Sozialhilfe ist beschränkt. Das Ibdaa-Kulturzentrum und das Shiraa-Zentrum im Deheisheh-Flüchtlingslager sind zwei der aktivsten Zentren dieser Art. Ein Komitee aus Vertretern aller politischen Richtungen versucht die Probleme innerhalb des Lagers zu lösen, etwa die Organisation der Verteilung von Hilfsgütern, vornehmlich an die hilfsbedürftigsten Familien, den Aufbau der Infrastruktur und die Bauarbeiten. Im Jahr 1996 organisierte das Komitee einen *Telethon* und sammelte im Rahmen dieser Fernseh-Spendengala 600 t Teer und 20 000 $, um mehrere Straßen im Lager zu asphaltieren.

### Das Ibdaa-Kulturzentrum

Das arabische »ibdaa« bedeutet auf Deutsch »Kreativität«. Das 1995 eröffnete Zentrum ist in vielen Bereichen aktiv. Es bietet für über 800 Kinder u. a. eine Kinderkrippe, eine Buchhandlung, ein Internetzentrum und ein Oral-History-Projekt an. Außerdem gehört eine berühmte, 60-köpfige Volkstanzgruppe zum Kulturzentrum. Für ausländische Besucher, die mehr über die Situation der Flüchtlinge, deren Status, Rechte und Ansprüche erfahren möchten, ist *Ibdaa* ein geeigneter Ort. Es werden Dokumentar- und Spielfilme über Palästina gezeigt; darüber hinaus gibt es ein Restaurant und Übernachtungsmöglichkeiten.
*Tel./Fax 02/2776444 oder 02/2767997, www.dheisheh-ibdaa.net, Herbergszimmer für 50 NIS pro Person.*

### Al-Khader-Kirche (Kirche des Heiligen Georg)

Jedes Jahr am 5. Mai findet eine Wallfahrt zu Ehren des Heiligen Georg (arabisch »Al-Khader«) zur 1600 errichteten und 1912 wiederaufgebauten Al-Khader-Kirche statt. Der Soldatenmönch soll einer Legende zufolge einen Drachen getötet haben und wird dafür verehrt, dass er den bösen Blick abwehrt. Nach islamischer Tradition hat er seinen Geburtsort Lydd (Lod) verlassen und sich in dem Dorf Al-Khader niedergelassen, das seinen Namen trägt. Muslime und Christen kommen jedes Jahr an diesem Tag zusammen, um ihren gemeinsamen Beschützer zu feiern, dem viele verschiedene Wohltaten zugeschrieben werden. Der Heilige Georg ist auch der Schutzheilige der Bauern, Reisenden und Geisteskranken. Dem Volksglauben nach wurden Geisteskranke hier an einen Ring im Hof gekettet, damit sie mithilfe des Heiligen Georg von ihrem Wahnsinn geheilt würden.
*Jerusalem-Hebron Road, Al-Khader-Tor. Tel. 02/2743233. Öffnungszeiten: täglich 8.00-18.00 Uhr, Eintritt frei.*

*Palästinenserin aus Al-Khader in traditioneller Tracht*

## Westjordanland

### Angriffe auf Schulen

Seit Beginn der Al-Aqsa-Intifada beschlagnahmte die israelische Armee einen großen Teil des Landes, das zum Dorf Al-Khader gehörte, wobei die Einwohner, vor allem die Schulkinder, häufig Angriffen ausgesetzt waren. Allein im Oktober 2000 (am 11., 14., 22., 23. und 28.) kamen sechs Schulen im Bezirk Bethlehem unter Beschuss. Die Israelis setzten Tränengasgranaten, Gummigeschosse (mit Gummi überzogene Metallkugeln) und scharfe Munition ein. In Al-Khader waren vier Schulen regelmäßig Ziel von Angriffen: die Said-al-As-Grundschule für Jungen, die Grundschule für Mädchen, die weiterführende Schule für Jungen und die für Mädchen.

*Eine verleugnete Generation.* Herausgegeben von der Palästinaabteilung der Organisation *Defence for Children International*, 2001; Bericht über den Zeitraum 28. September bis 31. Dezember 2000.

### Salomos Teiche

Die an einem Taleingang gelegenen Teiche Salomos zählen zu den Hauptattraktionen der Umgebung. Diese drei rechteckigen Reservoire liegen stufenweise angeordnet auf einem sanften Hügel. Sie waren Teil des antiken Wasservorratsystems von Jerusalem und wurden im 2. oder 1. Jh. v. Chr. erbaut. Aquädukte verbanden sie mit Jerusalem und dem Herodeion und wurden noch bis ins frühe 20. Jh. zur Bewässerung genutzt. Bäche und Regenwasser versorgten die Zisternen mit bis zu 160 000 m³ Wasser. Die drei Teiche haben eine Länge von 116 m, 129 m und 177 m und eine Breite zwischen 70 m und 83 m. Jede Armee, die Jerusalem in der Geschichte einzunehmen versuchte, errichtete zuerst an dieser Stelle ein Lager, so auch die Kreuzritter im Jahr 1099 und Saladin im Jahr 1187. Im 17. Jh. erbauten die Osmanen hier die Festung Qalat-al-Buraq mit einer Karawanserei. Mit Zinnen und einem quadratischen Turm an jeder Ecke diente diese unter Sultan Mourad IV errichtete Festung als Quartier für Soldaten, welche die Reservoire und das Kanalsystem nach Jerusalem bewachten. Die Festung war zudem der vorletzte Halt für Händler und Wallfahrer auf dem Weg in die Heilige Stadt. Mit dem Ausbruch der Al-Aqsa-Intifada wurde der historische Ort durch israelische Bombardements teilweise schwer beschädigt.

*Salomos Teiche*

*Beim Dorf Al-Khader.*

### Wadi Artas

Wadi Artas ist ein typisches Beispiel für die Fruchtbarkeit der palästinensischen Täler. Seine bezaubernde Landschaft gilt vielen als das verlorene Paradies, das König Salomos Garten gewesen sein und zum Hohelied Salomos im Alten Testament inspiriert haben soll: »Meine Schwes-

## Bethlehem

ter, liebe Braut, du bist ein verschlossener Garten, eine verschlossene Quelle, ein versiegelter Born. Deine Gewächse sind wie ein Lustgarten von Granatäpfeln mit edlen Früchten« (Hld 4, 12-13). Der Name »Artas« ist jüngeren Datums und leitet sich vom lateinischen Wort »hortus« für »Garten« ab. Heute bringen der **Konvent der Schwestern Unserer Madonna des Gartens** (*Tel. 02/2742427*) und der **Konvent Hortus Conclusus** die Vorstellung von Maria auf symbolische Weise mit ihrer Jungfräulichkeit und Fruchtbarkeit in Verbindung.

Wie bei allen in Zone A gelegenen Dörfern kam es in Artas zu einem Bauboom, als die Umgebung in den Zuständigkeitsbereich der Palästinensischen Nationalbehörde fiel und die israelischen Baubeschränkungen aufgehoben wurden. In dieser Zeit gründete der Dorfbewohner Musa Sanad das **Folklorezentrum Artas**, um das lokale ländliche Brauchtum aufrechtzuerhalten (*Tel./Fax 02/2760533, Fadi Sanad, Tel. 0599/679492*). Das oberhalb der Moschee gelegene Zentrum publiziert zu diesem Zweck Schriften über die palästinensische Kultur und stellt ein Archiv zusammen. Das Palästinensische Ethnografische Zentrum bildet einen faszinierenden Teil des Projekts, das für die Instandhaltung mehrerer, frisch renovierter alter Häuser, die sich an einem seit Tausenden von Jahren bewohnten Ort befinden, verantwortlich ist. Zusätzlich zur Besichtigung der Häuser und des Museums (*Eintritt Museum: 12 NIS*) bietet das Zentrum auch traditionelle palästinensische Mahlzeiten und organisiert Volksmusik- und Tanzabende (für mindestens 10 Personen). Das *Artas-Lettuce-Festival* wird jedes Jahr vom 11. bis 15. April mit palästinensischem Volkstanz (*dabka*), Wettbewerben und Pferderennen gefeiert.

*Das Nonnenkloster Hortus Conclusus*

*Ölbäume bei Bethlehem*

## Westjordanland

### Eine Wanderung im Wadi Artas:
### Von Qalat al-Buraq zum Herodeion

Der Frühling, wenn die Landschaft am grünsten ist und überall Blumen blühen, ist die beste Zeit für eine Wanderung vom Wadi Artas zu den Teichen Salomos; sie ist etwa 3 km lang und leicht zu bewältigen. Zwischen dem zweiten und dritten Becken befinden sich die alten Pumpwerke, die zuerst von den Deutschen installiert und später, zu Beginn des vergangenen Jahrhunderts, von den Briten erneuert wurden. Die Straße läuft über einen Hügel, auf dem sich die Ruinen eines römischen Dorfs namens »Khirbet al-Khoch« befinden, von dem manche glauben, dass es das biblische Dorf Etam sei. Das Herodeion liegt 12 km von Artas entfernt. Da sich diese beeindruckende architektonische Ruine in Zone C befindet, gibt es hier kein Straßenschild mit einer Hinweisangabe. Das Risiko, sich zu verlaufen, ist jedoch gering, da die Umgebung recht belebt ist.

*Landschaft südöstlich von Bethlehem, im Hintergrund das Herodeion*

Jedes Frühjahr organisiert das Folklorezentrum Artas Tagesausflüge zur Festung Qalat al-Buraq und zum Herodeion südöstlich von Bethlehem oder Halbtagesausflüge in die nahe gelegenen Berge. Nähere Auskünfte gibt es bei Fadi Sanad im Folklorezentrum Artas (*Tel./Fax 02/2760533 oder 0599/679492*).

### The Tent of Nations
### (Zelt der Nationen)

Das *Tent-of-Nations*-Programm bemüht sich darum, Jugendliche verschiedener Kulturen zusammenzubringen und Brücken der Verständigung und Aussöhnung zu schlagen. Die Organisatoren laden sowohl Jugendliche aus Palästina als auch internationale Gruppen ein, zusammen in Projekten auf dem Weinberg zu arbeiten. Sie veranstalten Jugendaustauschprogramme, Studiencamps, Frauenprojekte, Kunstworkshops und Vorträge zu verschiedenen Themen; zudem betreiben sie Programme zur Pflanzung von Bäumen sowie zur Oliven- und Traubenernte. Geleitet wird das Zentrum von Daoud Nassar.

*Daher's Vineyard in der Nähe von Nahalin, Tel. 02/2743071, www.tentofnations.org, E-Mail: info@tentofnations.org.*

*Das Zelt der Nationen*

## Dschabra Ibrahim Dschabra (1920-1994)

Der gebürtige Bethlehemer Dschabra Ibrahim Dschabra war ein bedeutender palästinensischer Intellektueller, der als Schriftsteller, Dichter, Übersetzer von Shakespeare und Faulkner, Literatur- und Kunstkritiker sowie Maler internationales Ansehen errang. Er ging in Bethlehem zunächst auf die Salesianer-Schule und besuchte später die *Er-Rashidiya*-Schule in Jerusalem. Sein Universitätsstudium absolvierte er an der Arabischen Hochschule in Jerusalem sowie in Cambridge und Harvard. Zu dieser Zeit entstanden auch seine ersten literarischen Werke. Nach seinem Masterabschluss in Literaturwissenschaft kehrte er nach Palästina zurück, um in Jerusalem Englisch zu unterrichten.

1948, im Jahr der *Nakba*, ging Dschabra ins irakische Exil, wo er für die später verstaatlichte Erdölgesellschaft arbeitete, und im Dezember 1994 starb. Im Laufe seines Lebens erhielt er viele Preise, darunter den Europäischen Kulturpreis (Rom, 1973), den Preis für Literatur und Kunst (Kuwait, 1987), den Literaturpreis für Geschichten und Romane (Bagdad, 1988) und den Jerusalemer Preis für Kultur und Kunst (1990). Er schrieb mehr als 35 Bücher auf Arabisch sowie Englisch. Zudem übersetzte er überwiegend englische Werke ins Arabische. Seine Schriften liegen auf Deutsch, Englisch, Französisch, Spanisch, Italienisch, Slowakisch und Kroatisch vor.

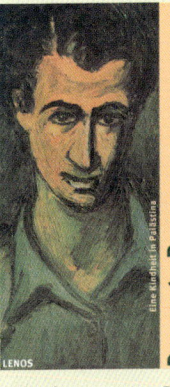

*Buchcover von »Der erste Brunnen – Eine Kindheit in Palästina« von Dschabra Ibrahim Dschabra*

## *Der Preis des Konflikts – Bethlehem im Wandel*

Im Dezember 2004 haben das UN-Koordinationsbüro für humanitäre Angelegenheiten (*United Nations Office for the Coordination of Humanitarian Affairs*, UNOCHA) und das Büro des Sonderkoordinators der Vereinten Nationen für den Friedensprozess im Nahen Osten (*United Nations Special Coordinator Office for the Middle East Peace Process*, UNSCO) einen Bericht mit dem Titel *Der Preis des Konflikts – Bethlehem im Wandel* veröffentlicht (www.ochaopt.org). Dort heißt es: »Der Glanz Bethlehems, der Stadt, die für die drei großen Weltreligionen – Christentum, Islam und Judentum – gleichermaßen von religiöser und historischer Bedeutung ist, verblasst. Auf zwei Seiten umgeben von der israelischen Mauer und auf der anderen begrenzt durch teilweise oder gar vollständig gesperrte Straßen wurde die Stadt Bethlehem vom übrigen Westjordanland und – schlimmer noch – von Jerusalem abgeschnitten.« Einwohner Bethlehems sprechen von einem Leben wie im Gefängnis. Der Anteil der Christen ist auf unter 2% der palästinensischen Bevölkerung gesunken, verglichen mit mehr als 20% im Jahr 1948. Das ist der Preis der Besatzung, die schleichend einen »stillen Transfer« ausgelöst hat. Sie verlassen die Stadt nicht aufgrund innerpalästinensischer Spannungen, sondern weil sie in ihrer Eigenschaft als Repräsentanten der Mittelschicht und als gut ausgebildete Führungskräfte mobiler sind und die israelische Politik daher besonders auf ihre Vertreibung abzielt.

# Beit Jala

Zusammen mit Beit Sahour und Bethlehem bildet Beit Jala den Großraum Bethlehem. Seine etwa 16 500 Einwohner setzten sich aus 70% Christen und 30% Muslimen zusammen. Das auf einem 930 m hohen Hügel gelegene Beit Jala war ursprünglich von Obst- und Weingärten umgeben; Oliven und Aprikosen werden in der Region am häufigsten angebaut. Beit Jala hat jedoch große Teile seines Landes an die fortdauernde israelische Besiedelung der Umgebung verloren. Drei Siedlungen (Gilo, Har Gilo und Givat Hamatos) sowie zwei Tunnel und zwei israelische Umgehungsstraßen, die nur den Siedlern zugänglich sind, wurden auf diesen landwirtschaftlichen Nutzflächen gebaut. Während des Osloer Friedensprozesses wurde das gesamte Stadtgebiet von Beit Jala in verschiedene Verwaltungszonen aufgeteilt. Ein Viertel der Stadt liegt in Zone A und steht unter palästinensischer Verwaltung, während Israel die übrigen drei Viertel der Stadt kontrolliert (Zone C), wovon 7% Jerusalem angegliedert wurden. Zu Beginn der Al-Aqsa-Intifada nahm die israelische Armee Beit Jala von Gilo aus unter systematischen Beschuss. Viele Privathäuser, Kirchen, Moscheen und Schulen wurden teilweise oder vollständig zerstört.

*Beit Jala*

### Israelische Siedlungen bei Beit Jala

Die Siedlung Gilo wurde zwischen 1971 und 1979 auf Land errichtet, das die israelische Armee von Beit Jala und den Dörfern Sharafat und Malha beschlagnahmt hatte. Gilo hat 31 500 Einwohner, die gewissermaßen als »menschliche Barriere« zwischen Jerusalem und Bethlehem fungieren. Das 1976 westlich von Beit Jala gebaute Har Gilo diente zunächst als Militärbasis (auf über 350 Dunams), bis es später in eine Zivilsiedlung umgewandelt wurde. Über 400 Siedler leben hier, was jegliche Ausdehnung Beit Jalas nach Westen unmöglich macht. Die Siedlung Givat Hamatos, die vom Mar-Elias-Kloster aus sichtbar ist, wurde im Jahr 1991 auf einem Stück Land (310 Dunams) erbaut, das die israelische Armee von der griechisch-orthodoxen Kirche in Beit Jala beschlagnahmt hatte. 800 jüdische Immigranten aus Äthiopien leben hier und die israelische Regierung plant weitere 4000 Wohneinheiten, um das Land zu besiedeln. Diese Erweiterung wird die Verbindung zwischen Jerusalem und Bethlehem unterbrechen, sodass Bethlehem und seine Umgebung in einer großen, von drei Checkpoints kontrollierten gefängnisartigen Enklave eingesperrt sein werden.

### Kirche des Heiligen Nikolaus

Diese Kirche wurde an der Stelle jener Höhle erbaut, in welcher der Heilige Nikolaus gelebt haben soll. Der ursprünglich aus Kappadokien stammende Mönch kam im 4. Jh. nach Palästina und wurde später Bischof von Myrrha, das in der heutigen Türkei liegt. Bei Angriffen auf Beit

# Bethlehem

Jala richteten Gläubige ihre Gebete an ihn als Schutzheiligen und Beschützer der Stadt. Dem Heiligen Nikolaus wurde u. a. von Benjamin Britten ein Oratorium gewidmet.

*Nijma Street, Tel. 02/2765417 oder 02/2743178.*

## Das Cremisan-Kloster der Salesianer

Das Kloster beherbergt seit 1925 ein Institut für Philosophie und Theologie, das seit 1966 der Salesianer Priesteruniversität in Rom angeschlossen ist. Für Laien ist Cremisan vor allem der Name eines berühmten, aber einfachen palästinensischen Weins, der von den Salesianern seit 1885 gekeltert wird. Die Cremisan-Weinkeller verwenden neueste Maschinen, mit denen jährlich etwa 400 000 Liter Wein produziert werden. Die Umgebung des Klosters ist von besonderem historischem Wert, da sich hier einige der schönsten alten, terrassierten Kulturlandschaften der Region befinden. Allerdings wird Israels Trennmauer das Cremisan-Kloster und seine Weinberge vom Rest des Westjordanlands abtrennen. Im August 2007 begannen die israelischen Behörden mit der Abholzung Hunderter Bäume in dem Wald um das Kloster. Für die Menschen aus den benachbarten Dörfern Beit Jala und Al-Walaja war dieser Wald ein Naherholungsgebiet, eine grüne Insel in einer Landschaft, die nun ihrer natürlichen Schönheit beraubt wurde.

*Obstbaum- und Weinterassen des Cremisan-Klosters*

*Cremisan Road, Tel. 02/2744826/7, Öffnungszeiten: Montag-Samstag, www.cremisan.de.*

## Al-Walaja

Al-Walaja ist ein kleines Dorf südwestlich von Jerusalem, dessen Einwohner seit über 60 Jahren in ständiger Gefahr leben. 1948 wurde es erstmals besetzt und die meisten Dorfbewohner zur Flucht gezwungen. Das damals teilweise zerstörte Dorf ist 1967 erneut besetzt und im selben Jahr geteilt worden. Während die Besatzungsmacht einen Teil des Landes in Groß-Jerusalem eingliederte, blieb der Rest Teil des Westjordanlands. Trotz dieser Spaltung gelten die Bewohner weiterhin als Einwohner des Westjordanlands. Die 500 Dorfbewohner, die in dem von Israel annektierten Bereich leben, haben somit keine Bürgerrechte und leben illegal in ihren eigenen Häusern. Seit 1987 sieht sich die Gemeinde mit Bauverboten und der Zerstörung von Häusern konfrontiert. Das Dorf ist nun zwischen den Siedlungen Gilo und Har Gilo eingepfercht, während weiteres Land zugunsten einer zukünftigen israelischen Siedlungsexpansion konfisziert wurde. 2002 verschlimmerte sich die Lage der Dorfbewohner zusätzlich, als die israelischen Behörden Pläne veröffentlichten, nach denen die Trennmauer auf dem Land von Al-Walaja gebaut werden sollte. Diesen Bauplänen zufolge soll das Dorf vollständig von dieser umschlossen und von der Außenwelt abgeschnitten werden. Während Enteignungen, Zerstörungen und das Abholzen des nahe gelegenen Waldes andauern, prozessieren die Dorfbewohner vor israelischen Gerichten gegen die geplante Streckenführung der Mauer und demonstrieren jeden Freitag gewaltfrei gegen das Bauvorhaben.

## Praktische Informationen

### Cafés und Restaurants

Der **Orthodoxe Club** von Beit Jala (*En-Nuzha Street, Tel. 02/2745097*) bietet traditionelle palästinensische Hausmannskost und kulinarische Spezialitäten wie *karshat* (gefüllte Innereien), *musakhan* (Huhn mit Brot und Zwiebeln) und *mouloukhiya* (ein Spinatgericht) an. Das **Akkawi Café** (*Main Street, gegenüber der Tankstelle, Tel. 02/2748447*) ist eine gute Adresse für westliche Gerichte wie Shrimps und Steaks. Das **Opera Bistro & Lounge** (*am Fuß des Altstadthügels, Tel. 02/2750859*) bietet sowohl arabische als auch westliche Küche an. Außerdem verfügt es über eine separate Bar und einen Wasserpfeifenbereich (*nargila*).

*Die Trennmauer bei Al-Walaja*

### Unterkunft

Das **Nativity Hotel** (*Main Street, Tel. 02/2770650, E-Mail: nativity@nativity-hotel.com; EZ 150 NIS, DZ 250 NIS, DBZ 350 NIS*) ist stilvoll eingerichtet und liegt 10 min von der Bethlehemer Altstadt entfernt.

*Wandgemälde auf dem Schulgelände von Talitha Kumi*

### Kontakte

Environmental Education Center (EEC) (*Tel./Fax 02/2765574, E-Mail: eec@p-ol.com, www.eecp.org*)

Dieser Verein wurde von der Talitha-Kumi-Schule gegründet, um das Bewusstsein der Kinder für ihre Umwelt zu wecken. Die Schule unterhält ein kleines naturhistorisches Museum mit einer umfangreichen Sammlung verschiedener Vogelarten und einer Station, um Vögel zu kennzeichnen, was die langfristige Beobachtung von einheimischen Vogelarten sowie von Zugvögeln erleichtert.

## Beit Sahour

Südöstlich von Bethlehem gelegen, war Beit Sahour einst ein kleines Dorf, das vornehmlich von Bauern und Steinmetzen bewohnt wurde. Heute leben dort etwa 15 000 Menschen. Die meisten gehören der Mittelschicht an und sind stolz darauf, in einer Stadt mit einem der höchsten Prozentsätze an Akademikern in Palästina und in der arabischen Welt im Allgemeinen zu leben. Beit Sahour hat den größten christlichen Bevölkerungsanteil im Westjordanland und im Gazastreifen (75%). Viele sind nach ihrer Ausbildung und Arbeitsaufenthalten im Ausland nach Beit Sahour zurückgekehrt, was in anderen palästinensischen Städten mit einem hohen Bevölkerungsanteil an Christen nicht der Fall ist. Während der ersten Intifada wurde die Stadt durch die besonderen Widerstandsmethoden ihrer Einwohner gegen die israelische Besatzung bekannt. Sie weigerten sich, Steuern zu zahlen, die ihnen von den Besatzern auferlegt worden waren, und organisierten Demonstrationen unter dem Slogan »Keine Steuern ohne Repräsentation – keine Steuern ohne eine Regierung«. Als Vergeltung verhaftete die israelische Armee zahlreiche Menschen, beschlagnahmte viele Waren und verhängte eine 45-tägige Ausgangssperre.

Das sanierte Zentrum der Kleinstadt ist exemplarisch für eine traditionelle Dorfarchitektur. Die von Entlastungsbögen überwölbten Doppelfenster sind für die Gegend typisch. Es lohnt sich, diesem Ort nicht nur aufgrund seiner Nähe zu Bethlehem, einen Besuch abzustatten.

*Beit Sahour mit der griechisch-orthodoxen Kirche und der Moschee im Stadtzentrum*

## Ibrahim Ayyad (1910-2005)

Der 1910 in Beit Sahour geborene Ibrahim Ayyad wurde 1937 zum Priester geweiht, nachdem er Philosophie, Kirchenrecht und Theologie am Seminar des Lateinischen Patriarchats in Jerusalem studiert hatte. Er übernahm die Kirchengemeinde von Ramallah, wo er die Al-Ahliya-Schule gründete. 1946 trat er den Brigaden des Arabischen Hochkomitees bei und nahm 1948 an mehreren Kämpfen teil. 1951 wurde er verhaftet – man beschuldigte ihn, am Anschlag auf König Abdullah beteiligt gewesen zu sein – und anschließend von den jordanischen Behörden zum Tode verurteilt. Dem Einsatz des Vatikans verdankte er seine Begnadigung, wodurch das Todesurteil in eine Exilstrafe umgewandelt wurde, die er in Chile verbüßte. Als aktives Mitglied der *Fatah* trat Ayyad in Lateinamerika weiterhin für die Rechte der Palästinenser ein und gehörte zudem den höchsten palästinensischen Führungskreisen an, dem Palästinensischen Nationalrat, sowie dem Zentralrat und dem Exekutivkomitee der PLO. 1996 kehrte er nach Palästina zurück. 1998 erhielt er vom chilenischen Präsidenten den Preis der Ehrenlegion. Ayyad starb am 8. Januar 2005.

## Das Hirtenfeld

Das Hirtenfeld liegt nördlich von Beit Sahour und soll der Überlieferung zufolge die Stelle sein, an der den Hirten der Engel erschienen ist, um die Geburt Jesu zu verkünden (Lk 2, 8-14). Dies ist allerdings umstritten, da von vielen Orten der Umgebung behauptet wird, besagtes Feld zu sein. Entsprechend feiern die griechisch-orthodoxen Christen die Verkündigung in Deir er-Rawat, Katholiken in Syar al-Ghanam.

Die neue, 1989 eingeweihte Kirche Deir er-Rawat befindet sich neben den Ruinen eines byzantinischen Klosters. Dieses wurde ca. 454 n. Chr. von dem Abt Marcion gegründet und im Jahr 529 von den Samaritern sowie ein weiteres Mal 614 von den Persern zerstört.

*Das griechisch-orthodoxe Hirtenfeld*

An das Hirtengrab erinnert eine in einer byzantinischen Höhle untergebrachte Kapelle, die mit prachtvollen Ikonen und Wandmalereien geschmückt ist. Weiter nördlich wurde die Franziskanerkirche der Engel über einer Höhle gebaut, wo früher ein byzantinisches Kloster stand. Die Ruinen tragen den Namen »Syar al-Ghanam« (»Versammlung der Scharen«). Obwohl das franziskanische Fundament aus dem Jahr 1859 stammt, wurde die Kirche erst 1953 gebaut. Sie wurde vom italienischen Architekten Barluzzi in Form eines Zeltes entworfen, um ein Hirtenlager zu symbolisieren. Das durch die durchsichtige Kuppel hineinfallende Licht blendet den Besucher und soll das Licht symbolisieren, das auf die Hirten niederschien.

## Praktische Informationen

### Cafés und Restaurants

Ein Besuch des **Touristendorfs im Hirtental** (Tel./Fax 02/2773875, Café-Restaurant) lohnt sich allein wegen der Atmosphäre und der Schönheit der Natur. Palästinenser aus der Umgebung kommen hierher, um etwas zu trinken oder zu essen; die Speisen sind hervorragend. Hier werden regelmäßig traditionelle Kulturveranstaltungen mit Musik und Tanz (dabka) angeboten. In der Nähe der katholischen Kirche von Syar al-Ghanam serviert **Ruth's Field Restaurant** (Tel. 02/2773505) gutes gegrilltes Fleisch und shawarma auf der Terrasse. Auf der anderen Straßenseite befindet sich das **Grotto (Al-Mugharah)** (Shepherds' Field Street, Tel. 02/2748844), wo man das reichhaltige Angebot an Salaten und Fleischgerichten sowie eine traditionelle Nargila (Wasserpfeife) genießen kann. Die **Citadel (Al-Qala)** (Tel. 02/2775725) in Beit Sahours Altstadt serviert palästinensische und westliche Küche in traditionellem Ambiente. Das **Dar al-Balad Restaurant und Artisana** (Tel. 02/2749073) in der Altstadt bietet verschiedene orientalisch-palästinensische Gerichte an, außerdem kann man orientalische Kunsthandwerkswaren kaufen. Die Spezialität des **Hakura Restaurants** (Tel. 02/2773335) ist gegrilltes Fleisch, insbesondere Hähnchen.

*Brotverkäufer in Bethlehem*

### Unterkunft

In Beit Sahour gibt es verschiedene einladende und preiswerte Unterkünfte: Hotels, Pensionen, Campingplätze und Bed & Breakfast. Zwei preisgünstige Pensionen sind besonders zu empfehlen – das **Saint Elias Guesthouse**, das auf einem kleinen Hügel im Süden von Beit Sahour (Oueina Street, Tel. 02/2773614, 20 $ pro Person, traditionelle palästinensische Gerichte) liegt und eine sehr schöne Aussicht bietet, und die **Arab Women's Union** (Isteih Street, Tel. 02/2775507, pro Person 75 NIS, traditionelle palästinensische Küche), die ihre Einkünfte für Projekte der Frauenunion in Beit Sahour spendet. In einem etwa 10-minütigen Fußweg erreichbar, befindet sich jenseits der Altstadt der **Bustan Qaraaqa** (Schildkrötengarten), ein nachhaltiges Permakulturprojekt palästinensischer und europäischer Umweltaktivisten (www.greenintifada.blogspot.com, Tel. 02/2748994, Bed & Breakfast im Farmhaus, 23 $ pro Person, Rabatte für freiwillige Farmhelfer).

Das **Three Kings Hotel** (Tel. 02/2774325, EZ 30 $) im Zentrum von Beit Sahour ist ein kleines, gemütliches Hotel in der Nähe der Bethlehem Road, neben einem Internetcafé. Das moderne Hotel **Golden Park Resort** (in der Nähe des Hirtenfelds, Tel./Fax 02/2774414, EZ 180 NIS, DZ 300 NIS) verfügt über einen Außenpool und ein empfehlenswertes Restaurant.

## Westjordanland

### Bed & Breakfast

Die *Alternative Tourism Group* (ATG) organisiert Zimmer und gemeinsame Mahlzeiten in Privathäusern in Beit Sahour, Bethlehem sowie Beit Jala und bietet somit die einzigartige Möglichkeit, die palästinensische Gastfreundschaft zu entdecken, eine Familie kennenzulernen und etwas über die palästinensisch-arabische Kultur zu erfahren. Die Privatsphäre der Gäste wird durch einen separaten Eingang und ein eigenes Bad garantiert.

*Alternative Tourism Group (Star Street 74, Beit Sahour, Tel. 02/2772151, Fax 02/2772211, www.atg.ps, E-Mail: info@atg.ps, Reservierung im Bed & Breakfast: Halbpension 30 $ pro Person, eine Mahlzeit kostet 13 $).*

## Kontakte

### Alternative Information Center (AIC)
### (Alternatives Informationszentrum)

Das Alternative Informationszentrum wurde 1984 von israelischen und palästinensischen Aktivisten gegründet, um kritische Informationen über die politische, soziale und ökonomische Realität des israelisch-palästinensischen Konflikts zu verbreiten. Das Zentrum gibt drei Monatszeitschriften heraus: *News from Within* auf Englisch, *Roya Ukhra* (»Eine andere Sicht«) auf Arabisch und *Mitsad Sheni* (»Von der anderen Seite«) auf Hebräisch. Es veröffentlicht zudem einen wöchentlichen Rundbrief auf seiner Webseite. Das AIC kann sowohl von Institutionen als auch von Privatpersonen genutzt werden und organisiert Touren zu Themen wie *Jerusalem und Umgebung*, *Umgehungsstraßen*, *Die Nakba und die Zerstörung palästinensischer Dörfer*, *Probleme der Beduinen im Negev* oder *Palästinenser, die in Israel wohnen*.

*Das Alternative Information Center informiert unter anderem über das Leben der Palästinenser im Schatten der Mauer*

In der Nähe des Busbahnhofs in Beit Sahour im Jadal-Zentrum (Tel. 02/2775444, www.alternativenews.org). Es gibt ein zweites AIC-Büro in Westjerusalem (Shlomzion Ha-Malka Street 4, Tel. 02/6241159; auch dieses AIC-Büro organisiert Konferenzen, Vorträge und Ausflüge; Preise nach Vereinbarung, s. S. 241)

# Bethlehem

## Alternative Tourism Group (ATG)
### (Gruppe für Alternativtourismus)

Die *Alternative Tourism Group* ist darauf spezialisiert, Reisen in Palästina zu organisieren und zu leiten. Sie bietet Reiseprogramme und detaillierte Reisepläne an, die entworfen wurden, um ein Gesamtbild der palästinensischen Alltagsrealität zu vermitteln, wobei Themen wie Gesellschaft, Geschichte, Kultur, Landschaft und die israelische Besatzung behandelt werden. Die Organisation vermittelt Kontakte u. a. zu öffentlichen Einrichtungen, Bürgerkomitees, Gewerkschaften, religiösen Institutionen, sozialen und medizinischen Organisationen, Nichtregierungsorganisationen und anderen Vereinigungen. Besucher werden dazu ermutigt, ihren Aufenthalt individuell zu gestalten. Auch Ausflüge nach Jordanien lassen sich auf Wunsch organisieren. Außerdem können sie an direkten Solidaritätsaktionen für die Palästinenser (z. B. Oliven ernten) vor Ort teilnehmen oder sich an anderen Aktivitäten in ihrem jeweiligen Herkunftsland sowie in Palästina bzw. Israel beteiligen. Die ATG unterstützt Konferenzen z. B. zur palästinensischen Kultur, zum israelisch-arabischen Konflikt oder zu den Auswirkungen der Globalisierung auf Palästina; zudem bietet sie Arabischkurse für Anfänger an.

*Star Street 74, Beit Sahour, Tel. 02/2772151, Fax 02/2772211, www.atg.ps, E-Mail: info@atg.ps.*

*Die Alternative Tourism Group organisiert Reisen und Besuchsprogramme in Palästina*

## Union of Health Work Committees (UHWC)
### (Vereinigung der Komitees für Gesundheitsfürsorge)

Die UHWC bietet qualitativ hochwertige Gesundheitsdienste für Einzelpersonen und Familien an, unabhängig von deren wirtschaftlicher Situation. Im Jahr 2000 haben die Gesundheitskomitees über 200 000 Menschen aus dem Westjordanland (einschließlich Ostjerusalem) und dem Gazastreifen behandelt.

Besondere Aufmerksamkeit wird Vorbeugungsmaßnahmen gewidmet (Impfungen, Gesundheitsprogramme für Frauen und Schulkinder sowie der Aufbau dezentralisierter medizinischer Einrichtungen). Das Beit-Sahour-Ärztezentrum, das diagnostische Zentrum der UHWC, bietet zudem verschiedene medizinische Dienste an. Die Gesundheitsfürsorge wurde mit dem Beginn der Al-Aqsa-Intifada und den verheerenden Auswirkungen, welche die Repressionen der israelischen Besatzungsmacht auf die gesamte palästinensische Gesellschaft hatten, zu einem der wichtigsten Themen. Als Folge dieser kritischen Situation ist die medizinische Versorgung zu einer schwierigen Aufgabe geworden.

*Medizinisches Zentrum, Beit Sahour, Tel. 02/2774444, E-Mail: bsmc@p-ol.com.*

## Westjordanland

### Todesopfer und Beeinträchtigung des Gesundheitswesens im ersten Jahr der Al-Aqsa-Intifada

- 35 000 Palästinenser wurden verwundet
- 16 chronisch kranke Palästinenser in ärztlicher Behandlung (z. B. Dialyse) starben, nachdem ihnen die Erlaubnis verweigert wurde, zu den Behandlungszentren zu fahren
- 11 Mitglieder des palästinensischen medizinischen Personals wurden getötet und 65 verwundet
- 250 gemeldete Fälle von Gewalt gegen medizinisches Personal an israelischen Kontrollpunkten
- 34 Kliniken wurden das Ziel von Schüssen oder Bomben der israelischen Armee
- In tausenden Fällen wurde medizinischem Personal der Zugang zu Verwundeten oder Kranken in Dörfern oder Gegenden, die unter Ausgangssperre standen, verweigert
- 25% aller Kinder erhielten keine Schutzimpfung
- Die Zahl der Hausgeburten erhöhte sich von 4% auf 13%

### Auswirkungen der Trennmauer auf das palästinensische Gesundheitssystem
(*Ärzte der Welt*, 2005)

- 32,7% aller Dörfer im Westjordanland haben keinen freien Zugang zur Gesundheitsversorgung
- 52% der Klinikärzte erreichen ihren Arbeitsplatz nur verspätet oder gar nicht
- 117 600 Schwangere, einschließlich 17 640 Risikoschwangerschaften, erhalten weder eine prä- noch postnatale Versorgung sowie keine Klinikeinweisung
- 10 000 chronisch Kranke haben keinen Zugang zu notwendigen Behandlungen
- 133 000 Kinder unter fünf Jahren erhalten keinerlei Impfungen
- 2003 wurden im Westjordanland nur 56 755 Genehmigungen für medizinische Versorgung ausgestellt, angesichts einer Bevölkerung von 2 313 609 Palästinensern

### Jadal Center for Culture and Social Development
(Jadal-Zentrum für Kultur und soziale Entwicklung)

Das Jadal-Zentrum verfolgt das Ziel, durch kritische Analyse und Diskussion zu informieren, um eine offene, zukunftsorientierte Gesellschaft zu fördern. Zu diesem Zweck werden regelmäßig Debatten, Konferenzen, Vorträge, Podiumsdiskussionen, Lesungen sowie Filmvorführungen und musikalische Abende organisiert.

*In der Nähe des Busbahnhofs in Beit Sahour. Tel. 02/2774722, E-Mail: jadalcenter@gmail.com, www.jadalcenter.org. Besucher sind zu Vorträgen und Diskussionen herzlich eingeladen.*

### The Palestinian Center for Rapprochement between People (PCR)
(Das Palästinensische Zentrum für die Annäherung der Völker)

Das PCR ist eine Nichtregierungsorganisation, die in drei verschiedenen Bereichen tätig ist. Sie bereitet Jugendliche darauf vor, eine aktive Rolle in der Gesellschaft zu übernehmen und bestärkt sie darin, sich für die Rechte der Palästinenser einzusetzen. Sie unterstützt zudem den gewaltlosen Widerstand gegen die Besatzung und engagiert sich auch für die Verbreitung von Informationen durch die Medien.

# Bethlehem

Al-Madares Street, Tel./Fax 02/2772018, www.pcr.ps, www.imemc.org, E-Mail: info@rapprochement.org.

## Young Men's Christian Association (YMCA)
(Christlicher Verein Junger Männer)

Die YMCA-Abteilung in Beit Sahour wurde 1955 gegründet und führte bis zur ersten Intifada eine Jugendherberge sowie ein Sport- und Kulturzentrum für Jugendliche. Seit 1989 hat sich die YMCA neu orientiert und sieht ihre Hauptaufgabe in der Betreuung der Opfer der israelischen Unterdrückungspolitik. Insgesamt wurden fast 140 000 Palästinenser während der ersten Intifada verletzt; 40 000 davon haben bleibende Behinderungen davongetragen. Zwischen 1989 und 2001 hat das Rehabilitationszentrum der YMCA über 7500 durch Verletzungen behinderte Palästinenser behandelt. Das Zentrum betreut ein Programm für physische Rehabilitation und entwickelt ein Projekt für Sozialdienste (Bereitstellung von Rampen und Geländern für private und öffentliche Einrichtungen, Berufsbildung und Unterstützung bei der Suche nach Arbeitsplätzen, die speziell auf die Bedürfnisse Behinderter abgestimmt sind).

Das YMCA-Grundstück ist ein religiöser und historischer Ort. Die restaurierten Grotten gehören der anglikanischen Kirche, die sie als das authentische Hirtenfeld betrachtet. Es gibt Campingplätze (*50 $ pro Nacht/Gruppe, keine Zelte vorhanden*) und attraktive Angebote für Touristen.

*Tel. 02/2772713, www.ej-ymca.org, Camping nach Reservierung, Öffnungszeiten: täglich 8.00-15.00 Uhr, sonntags geschlossen.*

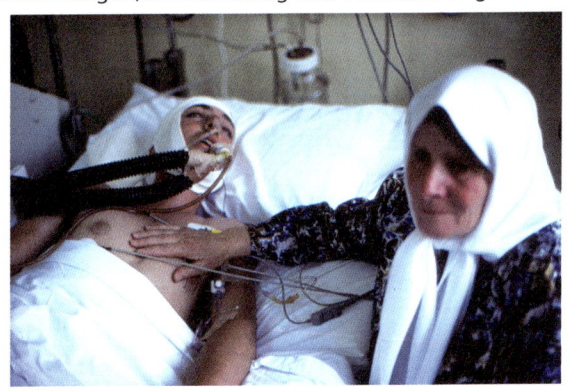

*In der Al-Aqsa-Intifada verwundeter Palästinenser*

## Joint Advocacy Initiative (JAI)
(Initiative für eine gemeinsame Interessenvertretung)

Die Initiative nimmt auf lokaler, regionaler und internationaler Ebene an Konferenzen, Seminaren und Workshops teil. Ferner ist sie in der Forschung tätig und informiert mithilfe von Newslettern, Magazinen und Pressemitteilungen über die Lage der Palästinenser. Sie plant und veranstaltet Jugendaustausch- und Erkundungsprogramme sowie Events und stellt verschiedene Delegationen zusammen. Darüber hinaus koordiniert und vernetzt die Initiative die Friedensarbeit mit lokalen Organisationen, einschließlich Regierungs-, Nichtregierungs- und religiösen Organisationen. Zusammen mit der ATG organisiert die JAI jährlich zwei Projekte: das Olivenernteprogramm und die Baumpflanzkampagne.

*Jerusalem Street, Tel./Fax 02/2774540, www.jai-pal.org, E-Mail: info@jai-pal.org.*

Westjordanland

# Östlich von Bethlehem

Das Kloster des Heiligen Theodosius (Deir Ibn Ubeid)

Wie alle anderen Gründungen aus byzantinischer Zeit ist auch das Kloster des Heiligen Theodosius mit der biblischen Geschichte verbunden So soll die Grotte unter dem Kloster die drei Könige auf dem Rückweg von ihrem Besuch des Jesuskindes in Bethlehem beherbergt haben, nachdem sie in einem Traum gewarnt worden waren, Herodes nicht zu besuchen, sondern einen anderen Weg nach Hause einzuschlagen (Mt 2, 12). Als Theodosius (423-529), ein ursprünglich aus Kappadokien stammender Ordensmönch, die Grotte besuchte, war er sehr beeindruckt und beschloss im Jahr 476, an dieser Stelle ein Kloster zu errichten, in dem er bis an sein Lebensende lebte. Er starb im hohen Alter von 105 Jahren. In seiner Blütezeit beherbergte das Kloster ca. 690 Mönche der östlichen Kirchen (griechisch-orthodox, georgisch und armenisch).

*Wüstenlandschaft östlich von Bethlehem*

Nachdem es über die Jahrhunderte hinweg mehrmals beschädigt worden war, wurde es 1620 aufgegeben. Gegen Ende des 19. Jh. restaurierte die griechisch-orthodoxe Kirche es teilweise. Heute wachen eine kleine religiöse Gemeinde, ein Mönch und eine Nonne über das Grab des Gründers sowie die Reliquien der Mönche, die hier 614 von den Persern ermordet wurden.

*Wadi Nar Road, 1 km vom Dorf Ubeidiya entfernt, Tel. 02/2761223 oder 050/5282447, Öffnungszeiten: täglich 8.00-15.00 Uhr.*

## Mar Saba

Das Kloster von Mar Saba liegt an einem steilen Felsabhang und bietet einen herrlichen Panoramablick über das Kidrontal. Ohne die mit Kupfer überzogenen Kuppeln und die weißen Gebäude mit ihren blauen Fenstern wäre es schwierig, das Kloster von den steilen Wänden der Klippen zu unterscheiden. Die Mauer, welche die Zellen, Terrassen und Stiegen im Inneren schützt, ist eine Bastion gegen Bedrohungen von außen; dennoch wurde das Kloster oft geplündert, zuletzt 1835. Obwohl es als Herberge für 100 orthodoxe Mönche geplant war, lebt hier nur ungefähr ein Dutzend. In Vitrinen hinter dem Chor in der Kirche sind die Schädel der im Jahr 614 ermordeten 120 Mönche ausgestellt. Der Körper des Heiligen Sabas, den die Venezianer gestohlen hatten und den Papst Paul VI 1965 wieder zurückgab, liegt in der zweiten Kapelle der Hauptkirche, in einen goldgesäumten Mantel gehüllt. Der Heilige Sabas (439-533) stammte ursprünglich aus Kappadokien und ließ sich am Ende des 5. Jh. in Palästina nieder, wo er ein asketisches Leben führte. Die einsam und in spärlich möblierten Höhlen lebenden Mönche kommen jeden Samstagabend im Kloster zusammen, um gemeinsam die Messe zu feiern. Berühmt ist Mar Saba für seine Ikonensammlung.

## Bethlehem

*20 km östlich von Bethlehem. Eine Taxifahrt kostet von Bethlehem aus 20-25 $ und beinhaltet den Besuch des Klosters des Heiligen Theodosius und von Mar Saba. Öffnungszeiten: Sonntag-Donnerstag 8.00-16.00 Uhr; nur für Männer, angemessene Bekleidung erforderlich, Eintritt frei. Frauen haben keinen Zutritt, können aber im Frauenturm am Eingang zum Kloster warten oder auf dem gegenüberliegenden Hang den großartigen Ausblick auf Mar Saba genießen.*

*Kapelle im Innenhof von Mar Saba*

*Das Kloster Mar Saba oberhalb des Kidrontals östlich von Bethlehem*

## Mönchtum in der Judäischen Wüste

Die Judäische Wüste erstreckt sich über die trockenen Hänge östlich von Jerusalem und Bethlehem. Für die ersten Mönche, die in die Fußstapfen Jesu traten, war das raue Klima eine wahre Prüfung ihres Glaubens. Bis zum 4. Jh. existierten christliche Klosterzentren überwiegend in Kleinasien und Ägypten. Der Heilige Anton aus Ägypten war im 3. Jh. einer der großen Pioniere des Mönchtums. Einige seiner Schüler ließen sich in Palästina, vor allem in der Gegend des heutigen Gazastreifens und der Wüste bei Jerusalem, nieder. In ihrem Streben nach Vollkommenheit und dem Verzicht auf materielle Güter siedelten sich asketische Mönche aus der ganzen christlichen Welt in den Höhlen an, die sich an den steilen Hängen in den Schluchten (Wadis) der Wüste befinden. Da sie ein Leben in Einsamkeit bevorzugten, trafen sie sich nur zu den Sonntagsmessen und zu einem anschließenden Essen.

Diese Ordensgemeinschaften haben Wallfahrer und Reisende stets herzlich aufgenommen. Die bekanntesten und einflussreichsten Mönche, wie Euthymius, Sabas und Theodosius, um nur ein paar von ihnen zu nennen, lebten in der Judäischen Wüste und spielten eine entscheidende Rolle in der Entwicklung der christlichen Liturgie und des christlichen Dogmas. Die Entwicklung des westlichen Mönchtums ist ihnen zu verdanken. In der Nacht der sassanidischen (persischen) Invasion im Jahr 614 lebten nicht weniger als 10 000 Mönche in der Judäischen Wüste. Heute sind nur drei der Klöster aus dieser Zeit noch bewohnt: das Kloster des Heiligen Theodosius, Mar Saba und das Georgskloster im Wadi el-Qelt (s. S. 250).

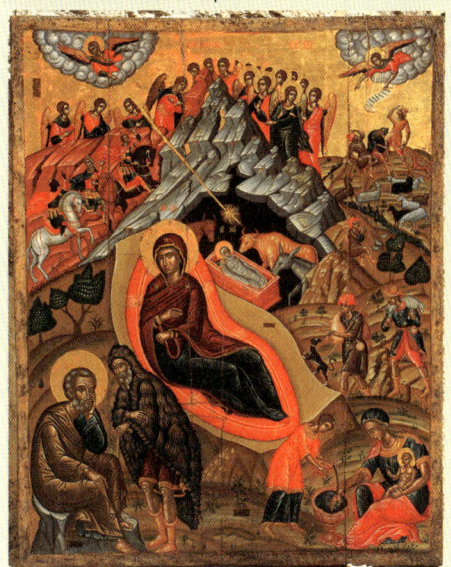

*Darstellung der Geburt Jesu in der weltberühmten Ikonensammlung des Klosters Mar Saba*

## An-Numan

An-Numan ist ein kleines Dorf am Hang der Hügel zwischen Jerusalem und Bethlehem. Seine erhöhte Lage und seine isolierte Position erlauben einen eindrucksvollen Ausblick auf beide Städte und ihre Umgebung, der nur durch die Siedlung Har Horma und die Trennmauer gestört wird, welche das Dorf umschließt.

Nach dem Junikrieg 1967, als Israel Ostjerusalem besetzte und seine Grenzen einseitig erweiterte, wurde das Dorf von der israelischen Regierung in das Stadtgebiet Jerusalems eingegliedert. Allerdings bekamen die Einwohner keine Jerusalemer Ausweise, sondern nur Ausweise des Westjordanlands. Viele Jahre war dies für die Einwohner von An-Numan kaum von Bedeutung, doch mussten sie in den Neunzigerjahren, als Israel mit seiner Politik der Abriegelung begann, feststellen, dass sie ohne die korrekten Ausweise formal gesehen als »Illegale« in ihrem eigenen Dorf lebten. Seit dem Bau der Trennmauer 2004 hat diese Lage das tägliche Leben der Dorfbewohner in einen Albtraum verwandelt, denn sie sind zwischen Jerusalem, das sie als Einwohner des Westjordanlands nicht betreten dürfen, und der Trennmauer, die sie vom Rest des besetzten Westjordanlands trennt, eingeschlossen. Da sie von der städtischen Versorgung abgeschnitten sind, müssen die Einwohner täglich einen Checkpoint passieren, um Zugang zur grundlegenden Versorgung zu erhalten und ihrer täglichen Arbeit nachzukommen. Die Hoffnung, dass ihre Klage 2008 vor dem Obersten Israelischen Gerichtshof die Situation verbessern würde – entweder durch den Abbau der Mauer oder durch die Änderung des gesetzlichen Status der Einwohner – wurde enttäuscht. Stattdessen entschied das Gericht, den tatsächlichen Gegebenheiten vor Ort unkritisch zuzustimmen, und tolerierte damit die Politik der indirekten Zwangsumsiedlung.

*Make love not walls*

### Das Herodeion (Jabal al-Furdeis)

Das Herodeion zeichnet sich von einer Landschaft mit kargen Hügeln und Ackerflächen ab wie ein künstlicher Vulkan und ist zweifellos der eindrucksvollste unter den Festungspalästen von König Herodes. Der Ort trug im Laufe der Jahrhunderte verschiedene Namen, darunter »Jabal al-Furdeis« (»Paradieshügel«), »Jabal Khreitoun« (»Berg des Heiligen Chariton«) und »Jabal al-Franj« (»Frankenberg«). Zwischen 24 und 15 v. Chr. erbaut, sind der Palast und die Stadt, die sich am Fuß des Berges erstreckte, Beweise für die königliche Macht zu jener Zeit. Es scheint, dass dies der Lieblingspalast von Herodes war; wahrscheinlich ist er dort auch begraben. Dem römischen Historiker Flavius Josephus zufolge wurde Herodes in einer langen Begräbnisprozession von seinem Winterpalast in Jericho hierher in ein Mausoleum gebracht. Im Mai 2007 gaben Archäologen der Hebräischen Universität Jerusalem bekannt, an den Hängen des Herodeion einen Raum gefunden zu haben, den sie für das Grab von Herodes hielten. Der Palast wurde zweimal von jüdischen Rebellen besetzt, von aufständischen Zeloten 66 bis 70 n. Chr. und im Zuge des Aufstands von Bar Kochba 132 bis 135 n. Chr. In beiden Fällen, wie auch in Masada und Macherus (Machor), sollen die Kämpfer den Selbstmord dem Tod durch römische Schwerter oder Kreuzigung vorgezogen haben. Der Ort war daraufhin bis in die byzantinische Zeit und die Zeit der Kreuzzüge verlassen. Am Fuß des Berges liegt die einstige Stadt, deren Häuser teilweise ausgegraben wurden. Archäologen haben zudem einen Gar-

*Luftaufnahme des Herodeion, im Hintergrund das Wadi Khreitoun*

## Westjordanland

ten freigelegt, der auf drei Seiten von Gängen mit glatten Säulen umgeben war, die ionische Kapitelle trugen. In der Mitte des Gartens befindet sich ein sehr großes, offenes Becken (45 x 70 x 3 m), in dessen Zentrum eine kleine, runde Insel mit einem Durchmesser von 13,5 m als Wohlfühl- und Rückzugsort diente. Das Wasser für den Garten und das Becken wurde mithilfe eines Systems von Terrakotta-Kanälen von Salomos Teichen abgezweigt, die 8 km entfernt liegen. Im byzantinischen Zeitalter erlebten die Kirchen dort eine Blütezeit; allein im unteren Stadtteil gab es drei Kirchen. Die Basilika im Osten ist am besten erhalten und weist einen für das 6. Jh. typischen Mosaikboden mit Reben und Tieren auf. Das Herodeion selbst ist ein großartiges künstlerisches Bauwerk. Über ein Drittel der Erde und des Schotters für den Bau des Hügels des runden Festungspalastes wurde für einen Festungswall verwendet, der gegen das äußere Fundament der Befestigung (62 m Durchmesser) lehnt. Dadurch wurde der Hügel erhöht, was ihm seine charakteristische, zu jener Zeit einzigartige Kegelform verlieh. Die drei halbrunden Türme und der runde östliche Turm dominieren das gesamte Herodeion. Eine innere Mauer umgab den Palast und die hängenden Gärten. Es gab private Badezimmer und Empfangsräume, die zum Garten hinausführten. Innen befanden sich Wirtschaftsräume, Lager und verputzte Zisternen. Auf die byzantinische Besetzung der Festung weisen die Ruinen einer kleinen Kirche hin, bei der es sich um das in der berühmten Madaba-Karte erwähnte »Ephrata« handeln könnte. Laut Nicephorus Calliste, einem Chronisten des 14. Jh., der häufig auf sehr alte Quellen zurückgriff, befand sich auf dem Herodeion im 5. und 6. Jh. wahrscheinlich eine Pflegeanstalt für Leprakranke. Der mittelalterliche Text beschreibt die Einrichtung einer solchen Station durch Kaiserin Eudokia im 5. Jh. an einem Ort, der »Prodisia« genannte wurde. Der Fund von Gräbern um das Herodeion, in denen Knochen mit Spuren von Aussatz gefunden wurden, bestätigt diese These.

*Überreste der Palastanlage von König Herodes*

*Von Bethlehem fährt ein Sammeltaxi (4 NIS) nach Zatara, dem nächstgelegenen Dorf. Man kann am Fuß des Herodeion aussteigen. Ein Einzeltaxi kostet etwa 40 NIS, wobei mit Wartezeit zu rechnen ist. Öffnungszeiten: täglich von 8.00-17.30 Uhr, Eintritt: 23 NIS. Das Gebiet liegt in Zone C und untersteht dem israelischen Tourismusministerium.*

### Wadi Khreitoun

Viele der Höhlen in diesem Tal wurden zu Beginn der Altsteinzeit als Wohnräume genutzt. In der ersten Höhle, Erq al-Ahmar, deren Eingang von Beduinen zugemauert wurde, lebten ungefähr um 80 000 v. Chr. Menschen. Die zweite Höhle, Um Qala, befindet sich oberhalb des Flussbetts, ungefähr 1 km von der ersten entfernt, und war um 8000 v. Chr. bewohnt. Die dritte und wichtigste Höhle ist Um Qatfa, die in den Dreißigerjahren des letzten Jahrhunderts bis zu einer Tiefe von über 12 m ausgegraben wurde, um die ersten Spuren der Nutzung von Feuer in

## Bethlehem

Palästina am Ende des Altpaläolithikums (400 000-250 000 v. Chr.) zu untersuchen. Gegenüber der Um-Qatfa-Höhle befinden sich auf derselben Höhe die Ruinen eines byzantinischen Klosters, bekannt als »alte Laura«. Es wurde vom Heiligen Chariton ungefähr 345 n. Chr. gegründet und wahrscheinlich durch ein in der Kreuzritterzeit befestigtes Kloster ersetzt. Da Archäologen diesen Ort nie systematisch erforscht haben, gibt es nur wenige Informationen über das Kloster. Schließlich gibt es noch 4 km vom Tal entfernt – eine Stunde zu Fuß – die Khreitoun-Höhle, die sich über 17 km unter dem Berg entlang zieht, bislang aber erst auf einer Strecke von 150 m zugänglich ist.

*Knapp 2 km südöstlich des Herodeion gelegen. Eine Fackel oder Taschenlampe ist unverzichtbar.*

*Vollmond über einem Dorf bei Bethlehem*

# Westjordanland

*Mauerimpressionen innerhalb und außerhalb von Bethlehem*

## Bethlehem

*Claire Anastas Guesthouse in Bethlehem – eingemauert von drei Seiten*

*Domino…*

# Hebron (Al-Khalil)

## Zwischen Bethlehem und Hebron

### Der Weg nach Hebron

Um von Jerusalem direkt nach Hebron zu gelangen, nimmt man ein Sammeltaxi (15 NIS) vom Musrara Square am Damaskustor. Die Wartezeiten können jedoch sehr lange sein, da es oft dauert, bis alle Plätze im Taxi belegt sind. Eine andere Option ist, von Jerusalem aus die Buslinie 21 (6,20 NIS) nach Bethlehem zu nehmen, von wo aus der Reisende mit einem weiteren Bus (6 NIS) oder einem Sammeltaxi (8 NIS) direkt nach Hebron fahren kann (Abfahrt vom Busbahnhof). Alternativ kann man auch 500 m nach dem Tunnel-Checkpoint aus dem Bus auszusteigen, bevor er Beit Jala erreicht. Von dort fahren regelmäßig Sammeltaxis nach Hebron. In Hebron fahren die Busse und Sammeltaxis nach Bethlehem vom Bab i-Zawiyye ab, Sammeltaxis nach Jerusalem in der Nähe der Post.

*Gesamtansicht von Hebron*

# Hebron

## Die jüdischen Siedlungen

### Gush Etzion

Gush Etzion (Etzion-Block) lautet der Name eines riesigen Siedlungsblocks aus 17 ursprünglich eigenständigen Gebietserschließungen südlich und westlich von Bethlehem. Die Siedlungen Beitar Ilit und Efrata beispielsweise dienen als Blockaden, um jeglichen Austausch zwischen Bethlehem und Hebron zu verhindern. Israel beabsichtigt das über 40 000 Einwohner zählende Gush Etzion in das Projekt Groß-Jerusalem zu integrieren. Diese Einbeziehung in den Siedlungsgürtel um Jerusalem soll den »jüdischen Charakter« eines »vereinten Jerusalems« auf einer möglichst großen Fläche des Landes garantieren, das eigentlich unter palästinensischer Verwaltung steht und letztlich durch die Besiedlung zerschnitten wird. Der Siedlungsblock sichert für Israel auch die Nutzung und Kontrolle des strategisch sehr bedeutsamen Grundwasserreservoirs von Gush Etzion. Aus diesem Grund hat Israel das Gebiet des gesamten Blocks besiedelt, was von George W. Bush in seinem Briefwechsel mit Ariel Sharon vom April 2004 sowie vom Senat und Kongress der USA abgesegnet wurde.

*Altstadt von Hebron, im Hintergrund Kiryat Arba*

### Kiryat Arba

Diese im Jahr 1970 auf 430 ha konfisziertem Land errichtete Siedlung ist mit mehr als 7000 Einwohnern das Herzstück der israelischen Siedlungspolitik um Hebron. Inzwischen sind mehr als 500 ha Land beschlagnahmt worden, und diese Landnahme soll andauern, bis die gesamte Stadt eingekreist ist. Dieser fortwährende Prozess ist in allen Städten des Westjordanlands zu beobachten. Man erwartet, dass Teile der Altstadt von Hebron enteignet und in die wachsende Siedlung Kiryat Arba eingegliedert werden. Das israelische Ministerium für Tourismus sieht den Bau einer Promenade für 5 Mio. $ vor, die beide Orte miteinander verbinden soll. Ab 1974 wurde hier zum ersten Mal die Besatzungspolitik der sogenannten »Außenkontrolle« verfolgt, indem wesentliche Teile der palästinensischen Infrastruktur, wie z. B. Wasserleitungen und Stromgeneratoren, ins Innere der jüdischen Siedlung verlegt wurden. Dieses Vorgehen erwies sich als probates Mittel, um Druck auf die palästinensische Bevölkerung auszuüben. Die Siedlung Kiryat Arba, hauptsächlich von Juden US-amerikanischer und französischer Abstammung besiedelt, gilt als Hochburg eines zionistischen und jüdischen Fundamentalismus. Jedes Jahr wird hier der Todestag von Baruch Goldstein mit großen Feierlichkeiten begangen. Goldstein war der Attentäter des Massakers in der Al-Ibrahimi-Moschee im Jahr 1994 und ein Anhänger der *Kach*-Partei von Meir Kahane. Kahane vertrat die Partei in der Knesset, bevor das Parlament sie als terroristische Organisation einstufte und verbot.

### In Hebron

Was Hebron von anderen palästinensischen Städten unterscheidet, sind die Siedlungen innerhalb der Stadt. Zusätzlich zu den Siedlungen rings um die Stadt (Gush Etzion, Kiryat Arba) wurden fünf weitere (Tel Rumeida, Beit Hadassah, Avraham Avinu, Beit Rumano und Gotnic Center) innerhalb Hebrons gebaut, wodurch die Stadt in die zwei Sektoren H1 und H2 geteilt wurde.

## Westjordanland

### Das Flüchtlingslager Arroub

Das Flüchtlingslager Arroub wurde 1950 entlang der Hauptstraße errichtet und wird von israelischen Besatzungstruppen überwacht. Zu Beginn der Al-Aqsa-Intifada wurden einige Häuser am Lagereingang konfisziert und zu militärischen Basen und Wachtposten deklariert. Die sanitären Bedingungen sind äußerst prekär und das Lager ist bis heute nicht an ein Abwassersystem angeschlossen. Obwohl in der Nähe eine ausreichende Wasserversorgung gewährleistet wird, müssen die 8000 Einwohner des Flüchtlingslagers das ganze Jahr über mit einer drastischen Wasserknappheit auskommen.

Ungefähr 200 m östlich von Arroub befindet sich das ausgetrocknete Reservoir Birket esh-Shatt, das der römische Präfekt Pontius Pilatus im 1. Jh. bauen ließ. Mit einer Kapazität von 20 000 m³ verband es als Teil eines umfassenden Aquäduktsystems die Hebronhügel mit Bethlehem und Jerusalem.

*An der Road 60 auf halber Strecke zwischen Bethlehem und Hebron gelegen; UNRWA-Büro, Tel. 02/2522289.*

### Mamre (Ramat al-Khalil)

Der Überlieferung zufolge schlug Abraham sein Lager auf diesem Hügel auf. Dort erschienen ihm drei Engel, die verkündeten, dass seine Frau Sarah ihm trotz ihres hohen Alters einen Sohn gebären werde (1 Mo 18, 1-16). Lange bevor Abraham ihn mit seiner Anwesenheit beehrte, war der Hügel bereits von den Kanaanitern als Kultplatz verehrt worden. Die einzigen noch sichtbaren Ruinen sind jedoch jüngeren Datums; Herodes ließ hier nach dem Vorbild der Tempel in Hebron und Jerusalem eine heilige Stätte errichten. Archäologen haben neben einer Marmorstatue des Gottes Dionysos auch einen der edomitischen Göttin Qos gewidmeten Altar entdeckt, der jedoch leider nicht mehr an diesem Ort zu besichtigen ist. Dieser Synkretismus und die besondere Wertschätzung des Weins haben bis zum heutigen Tag zum Ansehen Hebrons beigetragen. Alles, was vom herodianischen Tempel übriggeblieben ist, sind die riesigen, perfekt geformten Steinblöcke, die für die Errichtung eines Hermes-Tempels (auf der Ostseite) um 130 n. Chr. wiederverwendet wurden. Einer der größten Sklavenmärkte der Region fand hier unter dem Schutz des Gottes Hermes statt. Im 4. Jh. wurde dieser heidnische Tempel durch eine Basilika ersetzt, die auf der Mosaikkarte von Madaba in Jordanien zu erkennen ist und die unter der Schirmherrschaft von Eutropia, der Schwiegermutter von Kaiser Konstantin dem Großen, erbaut wurde.

*Der Engel, Abraham und Sarah in einem Gemälde von Jan Provost aus dem 16. Jahrhundert*

*In der Gegend von Nimreh, 200 m östlich der Straße nach Jerusalem und 3 km nördlich von Hebron. Am Ende der Nimreh Road, in der Nähe des palästinensischen Grenzpostens (Hinweis auf den Zugang zu Zone A).*

# Hebron

»Abu Horayah sagt Folgendes: Der Bote Gottes spricht: ›Als der Engel Gabriel mich mitnahm auf die nächtliche Reise nach Jerusalem, kamen wir auch am Grab Abrahams vorbei, und er sprach: ›Steig ab und sprich zwei rakah (Gebete), denn hier liegt das Grab deines Vaters Abraham.‹ Dann gingen wir durch Bethlehem und wieder sprach er: ›Steig ab und sprich zwei rakah, denn dies ist der Ort, an dem dein Bruder Jesus geboren wurde.‹ Dann brachte er mich zum Felsen (von Jerusalem).‹ «
*Passage aus einem Hadith, zitiert nach Ibn Battuta in seinen »Reisen«*

Die Geschichte Hebrons begann schon in der frühen Bronzezeit, womit die Stadt eine der ältesten Siedlungen in Palästina ist. Die islamische Überlieferung besagt, dass dies der erste von Menschen gegründete Ort war, an dem Adam und Eva nach ihrer Vertreibung aus dem Garten Eden lebten. Der hebräische Name Hebrons lautet »Kiryat Arba«, was in etwa »Stadt der Vier« bedeutet und unter anderem einen Bezug zu den vier biblischen Riesen, die aus dem Paradies vertrieben wurden, herstellen könnte. Eine andere Erklärung des Namens bezieht sich auf vier biblische Paare, die hier beerdigt worden sein sollen: Adam und Eva, Abraham und Sarah, Isaak und Rebekka sowie Jakob und Lea. Die Zahl »vier« wird darüber hinaus mit den vier Hügeln Hebrons assoziiert, auf denen sich die vier Kanaaniterstämme niederließen, die gemeinsam den ersten Stadtstaat gründeten. Der Zeitpunkt der Stadtgründung liegt laut dem Alten Testament genau sieben Jahre vor der Gründung von Tanis in Ägypten im Jahr 1730 v. Chr. (4 Mo 13, 22). Dieses Datum steht in Bezug zur spätjudäischen, nachbabylonischen Überlieferung, nach deren verklärender Darstellung Hebron, die erste Stadt Davids, älter als die zeitweilige ägyptische Hauptstadt Tanis sein soll. Archäologische Ausgrabungen in Tel er-Rumeida (teilweise verdeckt durch den Friedhof, südlich der Shuhadeh Street, der »Straße der Märtyrer«) haben jedoch gezeigt, dass die biblische Beschreibung ungenau ist (was durch Schriftauslegungen bereits vermutet worden war). Die Archäologen legen die Gründung Hebrons auf einen früheren Zeitpunkt fest, und zwar um 2000 v. Chr., als die städtebaulichen Aktivitäten in Palästina in entscheidendem Maße verstärkt wurden. Der Bibel zufolge wurde David um 1000 v. Chr. in Hebron zum König gesalbt (2 Sam 5, 3). Während der Rebellion von Davids Sohn Absalom, sagte sich die Stadt von der Herrschaft Davids los und diente Absalom als Hauptquartier (2 Sam 15,10). Zur Zeit der Perser wurde die Stadt zu einer der wichtigsten in der Provinz Edom. Johannes Hyrcanus eroberte die Region im Jahr 134 v. Chr. und gewann damit die vollständige Kontrolle über die Handelswege zwischen Arabien und dem Mittelmeer. Diese Routen waren der Garant für den Wohlstand in der Region.

Der berühmte Haram al-Ibrahimi (Grab der Patriarchen) ist ein Erbe aus römischer Zeit. Er wurde von Herodes errichtet, dem Sohn eines edomitischen Vaters und einer arabischen Prin-

*Synagoge in der Altstadt von Hebron*

## Westjordanland

zessin aus Transjordanien, in deren ehelicher Verbindung sich auch die Handelsbeziehungen zwischen Hebron und der arabischen Welt widerspiegeln. Wie ihr arabischer Name »Al-Khalil er-Rahman« (»Freund des Herrn«) belegt, wurde die Stadt im 7. Jh. zu einem wichtigen Zentrum für muslimische Pilger. Eine Sure aus dem Koran hebt die Bedeutung Abrahams (Ibrahim) hervor: »Ich will dich zu einem Vorbild für die Menschen machen« (Koran-Sure 2, Al-Baqara: 124). In der Zeit der Kreuzzüge fiel Hebron an die Kreuzritter, die der Stadt den Namen »Castellum« gaben. Die Invasoren hinterließen wenige dauerhafte Spuren in der Umgebung, jedoch sind die blauen Augen zahlreicher Einwohner Hebrons wahrscheinlich noch ein Zeugnis von der Abstammung von den Kreuzrittern, die sich hier niedergelassen hatten und später zum Islam konvertiert waren.

Ende des 18. Jh. wurde Hebron zu einem der wichtigsten Handelszentren in Palästina. Die Stadt profitierte besonders vom Handel mit Ägypten, dessen Karawanen die Route durch das Hinterland (Sinai und Beersheva) der Küstenroute vorzogen. Während des britischen Mandats wuchs die Bevölkerung von Hebron auf etwa 10 000 bis 16 000 Einwohner an. Die zionistischen Maßnahmen zur Errichtung eines jüdischen Staates in Palästina haben in Hebron mehrere Aufstände ausgelöst. Für die nationale Revolte im Jahr 1929 gab es unterschiedliche Gründe: Ein entscheidender Auslöser war der zionistische Versuch, das Abkommen über den Status quo des Zugangs zur Al-Buraq-Mauer (Klagemauer) zu umgehen. Der Umstand, dass die West- bzw. Klagemauer als islamischer Besitz deklariert wurde, löste vor allem in Hebron heftige Reaktionen aus, wo es einen heiligen Schrein zur Verehrung der drei Patriarchen (Abraham, Isaak und Jakob) gibt. Darüber hinaus brachte die zunehmende Anzahl jüdischer Einwanderer, die sich nicht integrieren wollten, die beiden in Hebron lebenden Gemeinschaften aus dem Gleichgewicht. Die wachsenden Feindseligkeiten entluden sich in gewaltsamen Zusammenstößen, denen 67 Mitglieder der jüdischen Gemeinde zum Opfer fielen, und die schließlich die Briten dazu veranlassten, die jüdischen Einwohner zu evakuieren. Nach dem Krieg von 1948 strömten Flüchtlinge aus den südlichen Gebieten Palästinas (Beersheva und den Ebenen östlich von Majdal) in die Stadt und ließen sich hauptsächlich in den beiden Lagern Al-Arroub und Al-Fawwar nieder (*Ziad Al-Hmoud, Vertreter der UNRWA, Tel. 02/2282663*). Der Krieg von 1967 ließ die Hoffnung der Israelis auf »Erez Israel« (»Das Land Israel«) konkret werden. Es war insbesondere Rabbi Moshe Levinger, Oberhaupt der Nationalreligiösen Partei, der schließlich der Kolonisation der Stadt den Weg bahnte: Er mietete mit anderen das von der Militärverwaltung geschützte Park-Hotel im Stadtzentrum von Hebron, um dort das Pessachfest zu feiern, unter der Auflage, das Gebäude am nächsten Tag wieder zu räumen – die Räumung wurde jedoch nicht vollzogen. Damit protestierte er gegen seine Regierung, da diese aus Angst vor einem Aufstand zögerte, eine Siedlung im Stadtzentrum von Hebron zu genehmigen. 1970 allerdings legte die israelische Regierung ihre Zurückhaltung ab und billigte schon bald die Errichtung der ersten Siedlung am Stadtrand von Hebron, die sie nach dem alten biblischen Namen der

*Wohncontainer jüdischer Siedler in Hebron*

## Hebron

Stadt »Kiryat Arba« nannte. Im März 1979 besetzte Miriam Levinger als Anführerin einer Gruppe von Frauen und Mädchen ein stillgelegtes Krankenhaus im Stadtzentrum (Al-Dabawiya, umbenannt in Beit Hadassah) und diesmal erhielten die Israelis die Zustimmung für eine dauerhafte Besiedlung. Als Reaktion auf die zunehmende Kolonisation verübten palästinensische Widerstandsorganisationen in den Achtzigerjahren schließlich verschiedene Anschläge auf israelische Siedler. Die israelischen Behörden verstärkten daraufhin die Repressalien und verwiesen sowohl den Bürgermeister und den *Qadi* (religiöser Richter) von Hebron als auch den Bürgermeister des Nachbarorts Halhoul. 1983 wurde der neue Bürgermeister von Hebron, Mustafa Natsheh, durch einen israelischen Militäroffizier ersetzt. Die Palästinensische Nationalbehörde setzte schließlich den ursprünglichen Amtsinhaber wieder ein. Zusätzlich zu den unzähligen Ausgangssperren waren die Einwohner Hebrons während der ersten Intifada Provokationen und Ausschreitungen seitens der israelischen Siedler und Soldaten ausgesetzt. Die Situation veränderte sich auch nicht während der Friedensverhandlungen und nur sechs Monate nach dem Oslo-Abkommen wurde der Friedensprozess von einem neuen Massaker überschattet.

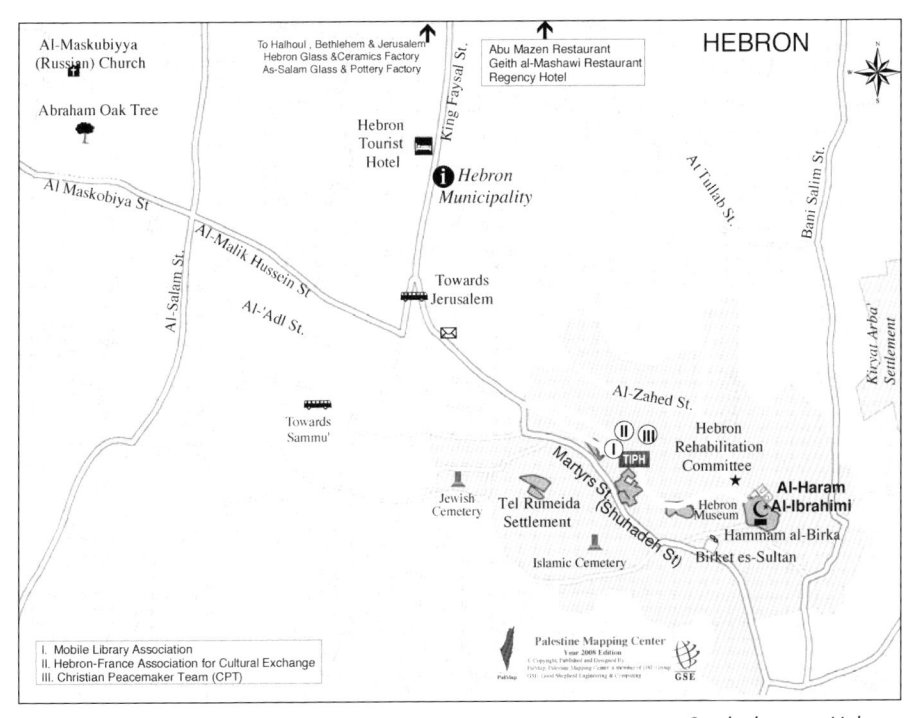

*Stadtplan von Hebron*

## Westjordanland

### Das Massaker in der Ibrahim-Moschee

In den frühen Morgenstunden des 25. Februar 1994, während des heiligen Monats Ramadan, als Hunderte Palästinenser in der Haram-al-Ibrahimi-Moschee beteten, stürmte Dr. Baruch Goldstein, ein Siedler aus Kiryat Arba und Mitglied der *Kach*-Partei, in israelischer Militäruniform in die Moschee und eröffnete das Feuer auf die Betenden. 29 Jungen und Männer wurden getötet – die meisten durch Schüsse in den Rücken – und fast 200 verletzt. Daraufhin kam es überall im Westjordanland und im Gazastreifen zu Demonstrationen. Während dieser Proteste erschoss die israelische Armee zwölf weitere Palästinenser, die sich in der Nähe des Krankenhauses von Hebron versammelt hatten; zudem wurden sowohl in Hebron als auch in den übrigen besetzten Gebieten viele verwundet. Über die Stadt wurde eine Ausgangssperre verhängt, das Gebiet um den *Haram* abgeriegelt und zur Sicherheitszone erklärt, so dass sich nur jüdische Siedler im Zentrum von Hebron frei bewegen konnten. Neun Monate lang war es Palästinensern verboten, den *Haram* zu besuchen. Die Witwe Goldsteins versuchte im Nachhinein die Palästinenser, die das Massaker überlebt hatten, wegen der Tötung ihres Mannes anklagen zu lassen. Bis zum heutigen Tag ist Goldsteins Grab ein zentraler Pilgerort für den ultrarechten Flügel der Anhänger Meir Kahanes, unter ihnen viele aus den Siedlungen des Westjordanlands, in denen eine hasserfüllte Atmosphäre herrscht.

### Die Stadt heute

Die Stadt Hebron zählt etwa 190 000 Einwohner und ist nach dem annektierten Ostjerusalem die größte Stadt des Westjordanlands. Der Verwaltungsbezirk Hebron ist mit ca. 600 000 Menschen die am stärksten urbanisierte Region des Westjordanlands: 67% der Einwohner leben in der Stadt, 30% in Dörfern oder als Beduinen in der ländlichen Umgebung und weitere 3% in den Flüchtlingslagern Al-Arroub und Al-Fawwar. Trotz der Siedler im Zentrum der Stadt ist Hebron ein dynamisches Industriezentrum mit zahlreichen Handwerksbetrieben, in denen unter anderem Kleidung, Schuhe sowie Waren aus Kunststoff hergestellt werden und ein Steinbruch betrieben wird. Die Einwohner genießen einen guten Ruf als tüchtige Geschäftsleute, die für ihre Freundlichkeit und Gastfreundschaft bekannt sind.

Seit dem Abkommen über den Rückzug der israelischen Armee vom 15. Januar 1997 ist Hebron in zwei Sektoren geteilt: Sektor H1, und damit etwa 80% des Verwaltungsbezirks von Hebron, steht unter der Aufsicht der Palästinensischen Nationalbehörde, Sektor H2 (20%) steht unter israelischer Kontrolle. In Sektor H2, zu dem auch Teile der Altstadt sowie die Ibrahim-Moschee mit dem Patriarchengrab gehören, leben etwa 40 000 Palästinenser und ungefähr 500 Siedler, von denen die meisten aus den USA und Frankreich stammen. Die Anwesenheit dieser Siedler sowie die hier zu ihrem Schutz stationierten 4000 Soldaten (Zahlen des *Christian Peacemaker Teams*, CPT) erklären die Spannungen in der Stadt. Anfeindungen gegenüber der palästinensischen Bevölkerung und Journalisten sind ebenso an der Tagesordnung wie Vandalismus. Internationale Beobachter (*Temporary International Presence in Hebron*, TIPH, und das

*In den Netzen über den Bazarstraßen wird der Müll der israelischen Siedler aufgefangen*

*Christian Peacemaker Team*) registrieren alle Fälle von Übergriffen durch Siedler und das Militär, einschließlich der Anfeindungen, die sie selbst am eigenen Leib erlebt haben. In einigen Fällen sind die Grenzen durch Zäune – mitunter durch Elektrozäune – klar gekennzeichnet; noch häufiger sind die Straßen jedoch mit Netzen überspannt (Siedler bewohnen meist die oberen Stockwerke und werfen Müll auf die Netze). Trotz der angespannten Lage werden ausländische Touristen hier genauso herzlich empfangen wie in anderen palästinensischen Städten, und ein Stadtrundgang ist sehr informativ und birgt viele Überraschungen. In dem im Jahr 2004 vom *Alternative Information Center* veröffentlichten Bericht *Die Besatzung in Hebron* heißt es, dass »die israelische Siedlungspolitik, welche die Präsenz radikaler jüdischer Fundamentalisten mit einer stark antiarabisch geprägten Ideologie mitten in einer palästinensischen Stadt unterstützt, der eigentliche Grund für das hohe Maß an Gewalt in Hebron« ist.

| Ausgangssperren im Jahr 2000* ||
|---|---|
| 4. Oktober bis 15. November | vollständig (24 Stunden) |
| 16. November | teilweise (aufgehoben 8.30-13.00 Uhr) |
| 17. bis 25. November | vollständig (24 Stunden) |
| 26. November | teilweise (aufgehoben 12.00-16.00 Uhr) |
| 30. November bis 2. Dezember | vollständig (24 Stunden) |
| 3. Dezember | teilweise (aufgehoben 8.00-13.00 Uhr) |
| 4. Dezember | vollständig (24 Stunden) |
| 5. Dezember | teilweise (aufgehoben 8.00-13.00 Uhr) |
| 6. bis 11. Dezember | vollständig (24 Stunden) |
| 12. Dezember | teilweise (aufgehoben 8.00-13.00 Uhr) |
| 13. Dezember | vollständig (24 Stunden) |
| 14. Dezember | teilweise (aufgehoben 8.00-13.00 Uhr) |
| 15. Dezember | vollständig (24 Stunden) |
| 16. Dezember | teilweise (aufgehoben 15.00-16.00 Uhr) |
| 17. bis 24. Dezember | vollständig (24 Stunden) |
| 25. Dezember | keine Ausgangssperre |
| 26. bis 31. Dezember | periodisch |

*In den ersten Monaten der Al-Aqsa-Intifada; Quelle: *Eine verleugnete Generation*, 2001 (DCI-PS).

## Die Altstadt

Schon seit ayyubidischer Zeit verfügte die Stadt über keine schützende Mauer mehr; ihre dicht aneinander stehenden Häuser boten ausreichend Schutz für ihre Einwohner. Bis ins späte 19. Jh. führte der einzige Weg in die Stadt durch bewachte Tore, die nachts geschlossen wurden. **Bab al-Wakala** (Bab Khan Ibrahim) ist das schönste noch erhaltene Tor. Am Südrand der Stadt öffnete es sich zu einer Karawanserei sowie zu öffentlichen Plätzen hin, während die privaten Wohnbereiche weiter entfernt lagen. Außerhalb des Tores erinnern verschiedene inzwischen verlassene historische Gebäude an die rege Geschäftigkeit des Ortes, die noch vor nicht allzu langer Zeit hier herrschte. Die riesige von Mamelucken-Sultan Seif ed-Din al-Alfeh (1279-1290) erbaute Zisterne von **Birket al-Sultan** war zu ihrer Zeit einzigartig und versorgte sowohl die Stadtbewohner als auch muslimische Pilger. Dieser Ort, an dem alle Karawanen Halt machten und somit ein Austausch zwischen Einwohnern und Besuchern stattfand, war ein zentraler Treffpunkt des sozialen Lebens und wichtig für den Kontakt der Stadt mit der Welt. Die alte Zisterne, die kein Wasser mehr führt, kann durch ein kleines Dachbodenfenster an der Südseite betrachtet werden.

## Westjordanland

An der Nordseite (Shuhadah Street) befindet sich der **Hamam al-Birka**, dessen Eingangshalle im Inneren des *Hamam* eine rätselhafte Inschrift trägt, die mit den folgenden Worten endet: »Wenn du das Datum ihrer Errichtung wissen willst (der Moschee), buchstabiere sie (die Moschee) und sprich: Bete für denjenigen, der das Haus Gottes errichtet. 1127 *Hedschra*.« Dies ist ein Wort- und Zahlenrätsel: Das erwähnte Datum, 1127 *Hedschra* (1715), entspricht genau der Summe, die sich – bezogen auf die Inschrift – aus der Position der einzelnen Buchstaben im arabischen Alphabet ergibt. In Reiseberichten aus der ersten Hälfte des 19. Jh. wird kein der Zisterne benachbartes Gebäude erwähnt. Diese Tatsache sowie seine geringen Ausmaße legen nahe, dass der *Hamam* Ende des 19. Jh. zum privaten Gebrauch gebaut wurde. Die Inschrift zierte somit wahrscheinlich ursprünglich eine von Rajab Pascha erbaute osmanische Moschee. Rajab Pascha war osmanischer Verwalter der Bezirke Jerusalem und Hebron.

Der **Hamam ed-Dari** befindet sich ebenfalls in der Shuhadah Street, gegenüber dem Friedhof. Obwohl dieser *Hamam* aus jüngerer Zeit stammt, unterscheidet sich sein architektonischer Stil von dem der angrenzenden Gebäude. Er ist durch den mameluckischen Architekturstil beeinflusst und ähnelt dem Hamam Ibrahim al-Khalil sowie dem Hamam al-Pascha in Akko. Der *Hamam* ist seit 1985 geschlossen, soll aber bald wieder eröffnet werden.

Heute sind die in der Shuhadah Street befindlichen Gebäude, wie der **Birket al-Sultan**, der **Hamam al-Birka**, der **Hamam ed-Dari** und das **Hebron-Museum** (im Herzen des historischen Zentrums von Hebron, in der Nähe des *Haram* gelegen) geschlossen, da die Straße unter israelischer Kontrolle steht. Palästinensern ist der Zugang zu diesem Bereich verboten; die Menschen haben Angst, diese Straße zu passieren. Als die israelische Armee das **Hebron-Museum** schloss, wurde es beschädigt und einige der Ausstellungsstücke wurden gestohlen. Jegliche Restaurierung von historisch bedeutenden Gebäuden ist in Hebron streng verboten. Die Einwohner leben mit den täglichen Anfeindungen durch israelische Siedler und Soldaten.

*In der Altstadt von Hebron*

### Der Markt (Souk)

Schon der Souk allein ist es wert, Hebron einen Besuch abzustatten. Das Ambiente, die Architektur und die Vielfalt der ausgestellten Waren entführen den Besucher in eine exotische Welt voller neuer Eindrücke. Wenn man originelle Souvenirs kaufen möchte, sollte man sich vor allem Zeit nehmen, um zu schauen, zu fühlen, zu feilschen, und die Vorteile der riesigen Auswahl an den Marktständen nutzen.

## Hebron

### Kulinarische Spezialitäten aus Hebron

Als Wirtschaftszentrum für benachbarte Dörfer und in der Vergangenheit bedeutender Verkehrsknotenpunkt für transarabische Karawanen entwickelte Hebron eine große Anzahl an Spezialitäten. Seit der frühen Antike war die Stadt für ihren Traubenanbau bekannt (4 Mo 13, 20-24), der in der Landwirtschaft der Region einen hohen Stellenwert einnimmt. Bis zur Besatzung im Jahr 1967 war Hebron der wichtigste Trauben-Exporteur in die arabische Welt, insbesondere in die Golfstaaten. In Hebron werden wie im übrigen Palästina Trauben zu Marmelade, Sirup (*dibes*) oder Süßigkeiten (*malban*: dünne Schichten aus konzentriertem Traubenmark mit kleinen getrockneten Pinienkernen dekoriert, *kresh* genannt) verarbeitet. Brustdrüsen von Tieren (Bries) sind eine weitere Spezialität, die in vielen Restaurants angeboten wird. Auch große Kamelkeulen liegen teilweise in Metzgereien aus. Besucher, die bei einer Familie speisen, sollten die Gelegenheit nutzen, Kamelfleisch zu probieren. Der Geschmack ähnelt dem von Rindfleisch.

*Kaffeepause in Hebron*

Hebron ist berühmt für Leder, Felle und Teppiche. Ihre glanzvollsten Zeiten hatten die Gerbereien, als Karawanen aus Ägypten und von der Arabischen Halbinsel die Stadt passierten und Händler Wasserschläuche aus Ziegenhaut für den Transport kauften. Heute findet Leder in Hebron vor allem in der hochwertigen Schuhherstellung Verwendung. Daneben werden Schaffelle in ausgezeichneter Qualität gehandelt. Prächtige Wollteppiche werden überall in der Region von Hebron angefertigt und in den Altstadtgeschäften verkauft.

Eines fasziniert die Besucher Hebrons ganz besonders – die Kunst der Glasbläserei. Unter allen Farben sticht Kobaltblau in der hiesigen Glasherstellung heraus. Die Technik wurde wahrscheinlich im 15. Jh. von venezianischen Kaufleuten eingeführt, die in Palästina Baumwolle kauften. Die meisten Glasbläsereien befinden sich jedoch nicht in der Altstadt, sondern am nördlichen Eingang der Stadt. Die *Hebron Glass and Ceramics Factory* befindet sich in der Nähe eines palästinensischen Grenzpostens, der den Übergang zwischen Zone A (Sektor H1) und Zone C (Sektor H2) markiert. Geht man 200 m weiter in Richtung Bethlehem, befindet sich gegenüber der Nimreh Road die *Al-Salam Glass and Pottery Factory*. In beiden Manufakturen kann man die alten Techniken der Glasherstellung betrachten und fotografieren sowie wunderschöne Glaswaren kaufen. Die lokalen Festpreise sind angemessen.

*Gemälde aus einem Restaurant in Hebron*

## Grab der Patriarchen
## (Haram al-Ibrahimi oder Ibrahim-Moschee)

Der Haram al-Ibrahimi (auch »Haram al-Khalil«, bzw. »Ibrahim-Moschee« genannt) ist das älteste und am meisten verehrte Bauwerk der Stadt und wird mit Berichten über Abrahams Ankunft in der Region in Verbindung gebracht. Das Buch Genesis (1 Mo 23, 1-20) beschreibt Sarahs Tod im Alter von 127 Jahren und wie Abraham die Höhle Machpela von Ephron, dem Hethiter, kauft, um seine Frau dort zu begraben. Die sterblichen Überreste von Abraham, Isaak und Rebekka sowie Jakob, Lea und Josef (nach islamischer Überlieferung; der jüdischen Überlieferung zufolge ruht Josef in der Nähe von Sichem) sollen hier begraben sein. Diese Höhle gilt infolgedessen als einer der heiligsten Orte in Palästina. Jedoch wurden keine archäologischen Fundstücke entdeckt, die belegen könnten, dass dies bereits vor der Errichtung des eindrucksvollen Heiligtums ein heiliger Ort gewesen sein könnte. Der Bezirk erstreckt sich über ein großes Areal von 59 x 34 m. Die 20 m hohe Mauer aus herodianischer Zeit besteht aus imposanten Steinquadern, der größte von ihnen misst 7,5 x 1,4 m. Der obere Mauerabschluss, ein mit Zinnen versehenes Band, wurde erst zur Zeit der Mamelucken hinzugefügt. Die in regelmäßigen Abständen errichteten Pfeiler unterbrechen die monotone Ebenmäßigkeit der Mauerstruktur. Aus der

*Ibrahim-Moschee*

Nähe betrachtet, fällt ein ungewöhnliches architektonisches Detail besonders ins Auge: Jeder der übereinanderliegenden Blöcke ist um 1,5 cm zur Innenseite verschoben. Ohne diese Anpassung sähe die Mauer so aus, als ob sie einstürze. Wenn man von unten nach oben schaut, ist dieser optische Effekt umso interessanter, da die Erbauer die Mauer in umgekehrter Reihenfolge errichtet zu haben scheinen, indem sie sich der geraden vertikalen Linie widersetzt haben. Um die Komplexität der optischen Erscheinung zu erhöhen, wurden dem »Temenos« (griechisch »heilige Anlage«) im Laufe der Zeit mehrere Strukturelemente hinzugefügt.

Im 4. Jh. n. Chr. besuchte Helena, die Mutter Konstantins, Hebron. Sie bestätigte, dass es sich bei diesem Ort um die Grabstätte der Patriarchen handelte und gab 375 n. Chr. den Auftrag, das Dach für die Herodes-Festung zu bauen und die Anlage in eine byzantinische Kirche umzugestalten. Im 7. Jh. wandelten die Muslime die Kirche in eine Moschee um.

Die Kreuzritter eroberten im Jahr 1099 die Stadt und funktionierten die Umayyaden-Moschee in die Kirche St. Abraham um. Das bunte Glasfenster über dem Haupteingang stammt aus dem 12. Jh. Die Kreuzritter haben außerdem sowohl die Katakomben als auch die dort aufbewahrten Knochen wiederentdeckt, die den Patriarchen zugeschrieben werden. Seither sind sie Gegenstand der Verehrung jedes Pilgers, der hierher eine Reise unternimmt. Als im Jahr 1187 Saladins Truppen die Stadt befreiten, deklarierte man die überwölbte Kirche erneut als Moschee; vier Minarette wurden dem Komplex hinzugefügt, von denen zwei erhalten sind. Nach 1250 ließen die Mamelucken den *Haram* reichlich ausschmücken und erbauten hier weitere Moscheen (Ed-Djauliya und die Josef-Moschee), zwei Minarette sowie fünf der sieben Ehrengrabmale.

Eines der schönsten Ornamente der Moschee ist der mit Holzintarsien geschmückte *Minbar* im Inneren. Im Jahr 1091 angefertigt, zierte er die Hauptmoschee in Ashkelon, bis Saladin ihn im Jahr 1191 an den Haram al-Khalil übergab.

*Öffnungszeiten: Sonntag-Donnerstag 8.00-16.00 Uhr, ausgenommen während der Gebetszeiten, Eintritt frei. Ausweispapiere müssen an den verschiedenen Checkpoints vorgezeigt werden. Jüdische Siedler haben seit 1967 in der Moschee gebetet, jedoch hat das Massaker von 1994 dazu geführt, dass der Haram in einen Raum für Juden und einen für Muslime zweigeteilt wurde. Waqf-Büro, Tel. 02/2228213/-51.*

*Patriarchengrab im Inneren der Ibrahim-Moschee*

Die russisch-orthodoxe Kirche (Al-Moskobiya)

1871 wurde die russisch-orthodoxe Kirche neben einer alten Eiche aus dem 16. Jh. errichtet. Der arabische Name des Klosters lautet »Al-Moskobiya«. Einer späten Überlieferung zufolge befindet sich das Kloster an dem biblischen Ort Mamre. Das Kloster ist für die Öffentlichkeit leider nicht zugänglich, womit die einzige Sehenswürdigkeit dieses Ortes der im Garten stehende Turm darstellt, von dem man an klaren Tagen bis zum Toten Meer blicken kann. Obwohl das Kloster offiziell nicht für Publikum offen ist, gewährt der Wärter gegen ein Trinkgeld von 20-50 NIS Besichtigungen.

*Eingänge befinden sich auf der Al-Moskobiya Street und auf der Westseite der kleinen Klosteranlage. Öffnungszeiten: täglich 8.00-16.00 Uhr.*

# Praktische Informationen

Cafés und Restaurants

Eine Vielzahl beliebter Cafés und Restaurants hat den ganzen Tag über geöffnet. Auch wenn die Außenansicht mitunter nicht sehr einladend erscheint, was in der Altstadt häufiger der Fall ist, sollte man nicht zögern, einzutreten. Im Allgemeinen sind wenige Gastronomiebetriebe nachts geöffnet; eine empfehlenswerte Ausnahme ist das **Hanthala Café** (*Ein al-Askar Square, in der Altstadt, Kontakt: Hisham Sharabati, Tel. 059/9271190*), ein typisch palästinensisches Café, das Snacks, Tee, Kaffee und kalte Getränke serviert. Auf Vorbestellung können auch *Falafel*,

## Westjordanland

Grillspezialitäten, *Qidre* und andere palästinensische Nationalgerichte serviert werden. Früher war der Ein al-Akser Square voller Menschen, die zum Souk gingen oder von dort kamen. Schikanen der Siedler und Soldaten erzwangen allerdings die Schließung vieler Geschäfte. Die Stadtverwaltung hat zusammen mit dem *Hebron Rehabilitation Committee* die Ladenbesitzer ermutigt, ihre Geschäfte wieder zu öffnen.

Das Restaurant **Abu Mazen** (*neben dem Adoua al-Medina Club, Al-Malek Suleiman Street, Tel. 02/2213833*) im Stadtzentrum ist bekannt für seine Gerichte mit gefülltem Fleisch. Das Restaurant **Geith al-Mashawi** (*eingangs der Stadt im Viertel Ras al-Jorah*) bietet köstliche lokale Spezialitäten an, wie z. B Innereien vom Rind, Hammel oder Huhn.

### Übernachtung

Es gibt nur wenige Hotels in Hebron. Die Preise des im Stadtzentrum (Sektor H1) liegenden **Hebron Tourist Hotel** sind akzeptabel (*Malik Feisal Street, Tel. 02/2254240; EZ 35 $, DZ 45 $ und DBZ 55 $*). Die Zimmer sind geräumig, gut ausgestattet und verfügen über Satellitenfernsehen. Das **Regency Hotel** ist deutlich luxuriöser und im klassischen Stil eingerichtet (*am nördlichen Eingang zur Stadt, Dahyet al-Ram Tel. 02/2257390/-5; E-Mail: regency@palnet.com; EZ 55 $, DZ 70 $, Suiten 170 $*). Es verfügt außerdem über zwei Restaurants (palästinensische und italienische Küche) und einen *Hamam*. Traditionellere Übernachtungsmöglichkeiten bietet das **Abuna Ibrahim House** (*Ein Beni Salem, 3 km nordöstlich der Altstadt, Tel. 02/2224811, E-Mail: lownp@palnet.com, Bed & Breakfast kostet 15 $ pro Person*). Aufenthalte bei Hebroner Familien können über die **Association for Cultural Exchange Hebron-France (AECHF)** vermittelt werden (*Tel. 02/2292411, www.hebron-france.org, E-Mail: info@hebron-france.org*).

*Im Stadtzentrum von Hebron befinden sich unter anderem das Hebron Tourist Hotel und das Abuna Ibrahim House mit Übernachtungsmöglichkeit*

### Kontakte

Mobile Library Association for Nonviolence and Peace
(Mobiler Bibliotheksverein für Gewaltlosigkeit und Frieden)

Der Verein betreibt eine mobile Bibliothek für Kinder, die über 100 Stationen in Hebron sowie zahlreiche Dörfer, Flüchtlingslager und Schulen anfährt. Außerdem bietet er Programme zur Verbesserung des allgemeinen Bildungsstandes durch Leseförderung an. Ein Hörbuchprojekt für blinde Kinder ist ebenfalls geplant.

*In der Altstadt, Kantarat esh-Shallodi, Tel. 02/2299707.*

# Hebron

## Hebron University Alumni Association
(Vereinigung ehemaliger Studenten der Universität Hebron)

Die Mitglieder dieser Vereinigung stammen aus der Stadt oder der Umgebung und freuen sich über jeden Besucher, der sich über die Lebensbedingungen der Einwohner Hebrons informieren will. Interessierte erhalten auch Informationen über das *Waqf*-Eigentum in Hebron, zu dem als berühmtestes Beispiel auch der Haram al-Ibrahimi gehört. Die *Waqf* ist eine stiftungsähnliche islamische Institution, die vor allem vom 11. bis zum 19. Jh. unter den Seldschuken und im Osmanischen Reich eine bedeutende Rolle spielte.

*Ein Sarah Street, Besuche der Universität von Hebron sowie Stadtrundgänge vermittelt die Abteilung für Öffentlichkeitsarbeit der Universität, Tel. 02/2220995.*

## Temporary International Presence in Hebron (TIPH)
(Temporäre Internationale Präsenz in Hebron)

Die in Hebron stationierte TIPH ist eine zivile Beobachterorganisation, die sich aus 60 bis 70 Mitgliedern aus Dänemark, Italien, Norwegen, der Türkei, Schweden, der Schweiz und anderen Staaten zusammensetzt. Trotz ihres unglücklich gewählten Namens (das arabische »tif« bedeutet »spucken«), sind ihre Mitglieder in keiner Weise arabophob, sondern berichten über tägliche Verfehlungen auf beiden Seiten. Die Beobachter sind allerdings Ziel dauerhafter Anfeindungen von Seiten der jüdischen Siedler. Auch wenn die Effektivität ihrer Arbeit infrage gestellt wird, so ist die Präsenz der Beobachter bei den palästinensischen Einwohnern Hebrons gern gesehen. Nach all den akribischen Aufzeichnungen und Berichten über wiederholte Menschenrechtsverletzungen fragt man sich, wann es endlich eine Schutztruppe für die Palästinenser und genügend internationalen Druck auf Israel geben wird, um die Besatzung zu beenden.

*Israelischer Checkpoint in der Altstadt von Hebron*

*Ras al-Jorah, Al-Zaghal Building, Tel. 02/ 2224445, Fax 02/2224333, www.tiph.org. Mitglieder der TIPH sind anhand ihrer Armbinde leicht zu erkennen; sie sind als Beobachter zu jeder Zeit in der Stadt präsent und freuen sich darüber, mit Besuchern zu sprechen und Informationen weiterzugeben.*

## Westjordanland

### Christian Peacemaker Team (CPT)
### (Team Christlicher Friedensstifter)

Das CPT ist eine christliche Organisation aus Nordamerika, die seit 1995 ein Büro in Hebron unterhält (ehemalige CPT-Mitglieder sind auch im Irak in ähnlicher Mission im Einsatz). Ihre Mitglieder fungieren regelmäßig als Interventions- und Begleitgruppe in Hebron und auf den südlichen Hebronhügeln, wo militante Siedler (einige von ihnen dienen als Armee- oder Polizeioffiziere) ein dauerhaftes Problem darstellen. Diese haben ein CPT-Mitglied so schwer verletzt, dass es ins Krankenhaus eingeliefert werden musste – gebrochene Rippen hatten die Lunge verletzt. Durch seine ständige Präsenz in der Stadt ist das CPT eine Quelle für zuverlässige Informationen über Menschenrechtsverletzungen durch israelische Militärs und Siedler sowie über die fortwährende Landbesetzung.

*In der Altstadt, nahe dem Hühnermarkt sowie in Sektor H1, Tel. 02/2228485.*

### Hebron Rehabilitation Committee
### (Sanierungskomitee von Hebron)

Das Komitee arbeitet sowohl an der Renovierung der Altstadt als auch an der Verbesserung der Lebensqualität in diesem Teil Hebrons, damit sich hier wieder möglichst viele Menschen niederlassen. Vor 1967 lebten 10 000 Menschen in der Altstadt; zwischen 1967 bis 1996 wurden 85% der Häuser verlassen. Israelische Restriktionen bezüglich der Restaurierung historischer Gebäude führten letztendlich zu deren Verfall. Gefördert wurde diese negative Entwicklung durch eine von den Besatzungsbehörden begünstigte florierende Hehlerei, Drogenhandel und durch die problematische Präsenz israelischer Siedler in der Stadt. All dies führte zu einer Atmosphäre der Unsicherheit und Angst. Um die Lage zu entspannen und um groß angelegte Siedlungen zu vermeiden, wurde 1988 das erste *Committee for the Rehabilitation of the Old City* von einer Architektengruppe der Universität Hebron

*Hebron Rehabilitation Committee*

gegründet, die eine systematische Studie über die urbane Architektur der Altstadt durchführte. 1995 erhielt das Komitee die Erlaubnis, Gebäude zu restaurieren. Zwischen 1995 und 2001 wurden mehr als 150 Gebäude, einige Geschäfte und zahlreiche Gassen erneuert. Diese Maßnahmen gaben der Altstadt einen neuen Impuls und ermöglichten mehr als 230 Familien die Rückkehr.

*In der Altstadt; Tel. 02/2226994/3, www.hebronrc.org. Bestandsaufnahme von Gebäuden und Monumenten in der Stadt; geführte Touren (um eine Vergütung wird gebeten). Das Komitee vermittelt auch Zimmer in palästinensischen Familien.*

# Südlich von Hebron

## Yatta

Dieses alte Dorf verfügt über einige besonders schöne traditionelle Wohnhäuser, die als anschauliche Beispiele für die Lebensweise während der byzantinischen Epoche dienen und somit eine über Jahrhunderte ununterbrochene architektonische Tradition verkörpern. Einige der Häuser, für deren Bau oftmals Reste von älteren Bauwerken aus der Umgebung verwendet wurden, tragen Inschriften und Verzierungen aus römischer und byzantinischer Zeit. Heute umfasst Yatta mit seinen 40 000 Einwohnern ein wesentlich größeres Gebiet als das ehemalige Dorf. Obwohl die Landwirtschaft stets die Haupteinnahmequelle des Ortes war, arbeitet heute nur noch ein kleiner Teil der Bevölkerung auf dem Land. Größere Teile der Ländereien um Yatta wurden für die Gründung der israelischen Siedlungen Carmel, Maon und Otniel konfisziert. Die Mehrzahl der palästinensischen Arbeiter sieht sich dadurch gezwungen, täglich die etwa 5 km entfernte Grüne Linie (Waffenstillstandslinie von 1949) oftmals illegal zu überqueren, weil sie von der Arbeit in den israelischen Industrie- und Landwirtschaftsbetrieben im nördlichen Negev abhängig sind. Ständig sind die Bewohner der Region von den vielen Schließungen der Grenzübergänge und der damit einhergehenden mangelnden Bewegungsfreiheit betroffen.

*Stadtverwaltung Yatta, Tel. 02/2279502 oder 02/2279394. Informationen und Durchführung von Studienreisen zur besseren Einschätzung der Situation in der Region um Yatta, insbesondere im Hinblick auf die Landbesetzung und die Vertreibung der Beduinen.*

*Palästinenser in Yatta*

## Samu

Das Dorf Samu liegt 7 km südlich von Yatta inmitten von Olivenhainen und Weinbergen; in südöstlicher Richtung erblickt man auch einige kleine Weizenfelder auf den kargen Hügeln. Die Geschichte des Dorfs reicht bis in die Bronzezeit zurück und so finden sich noch heute kanaanitische Ruinen überall in unterirdischen Tunneln. Die Dorfbewohner geben Auskunft darüber, wie man in diese Höhlensysteme gelangen kann, die heute als Schafställe und Lagerräume Verwendung finden. Aufgrund seiner Lage an der Straße, die das Jordantal mit Bir es-Saba und Gaza verbindet, diente das Dorf als Rastplatz für römische, ayyubidische, mameluckische und osmanische Karawanen und Truppen. Dank der Restaurierungen während der Herrschaft Saladins im 12. Jh. steht die Moschee im Zentrum des alten Dorfs noch heute in ihrer ursprünglichen Gestalt.

*Gemeindeverwaltung von Samu, Tel. 02/2228123 oder 059/9663669.*

## Westjordanland

Wer Interesse an Wollteppichen hat, sollte unbedingt eine Tour durch die verschiedenen Teppichgeschäfte unternehmen. Die Samu-Kooperative, in der qualitativ hochwertige Teppiche gewebt werden, ist besonders empfehlenswert (*Samu Charitable Society, Tel. 02/2268006; 200 m von der Moschee entfernt, auf einem steilen Hügel gelegen*).

*Yassir Arafat, George Habash und Khalil al-Wazir (Abu Jihad)*

### Tarqumia oder die Geschichte einer »Verbindung« zwischen dem Westjordanland und dem Gazastreifen

Die meisten Abkommen, die zwischen der Palästinensischen Nationalbehörde und der israelischen Regierung geschlossen wurden, sahen einen Durchgang für Menschen, Fahrzeuge und Warenlieferungen zwischen dem Westjordanland und dem Gazastreifen vor. Das Wye-I-Abkommen von Oktober 1998 legte fest, dass die Verbindung bei Tarqumia innerhalb einer Woche in Betrieb genommen werden sollte. Der Durchgang zwischen Gaza und Tarqumia (die kürzeste Verbindung zwischen dem Westjordanland und dem Gazastreifen) wurde jedoch erst im Oktober 1999 ermöglicht und dies auch, ohne dabei vollständige Bewegungsfreiheit zu gewährleisten. In einem Sonderprotokoll vom 5. Oktober 1999 hat sich Israel zudem das Entscheidungsrecht vorbehalten, wem der Transit erlaubt oder verweigert wird. Um vom Westjordanland (Tarqumia) in den Gazastreifen (Erez Checkpoint) zu reisen, müssen die Palästinenser langwierige Formalitäten und Vorschriften hinnehmen. Zuerst müssen sie bei den israelischen Behörden eine spezielle gelbe Karte beantragen, die ihnen die Einreise nach Israel gewährt. Eine rosa Karte wird an diejenigen ausgegeben, die nicht ohne Begleitung durch das Militär oder das Internationale Rote Kreuz passieren dürfen, wie z. B. Familien, die Gefangene in israelischen Gefängnissen besuchen. Zunächst war der Übergang für private Fahrten und öffentliche Verkehrsmittel täglich geöffnet, einige Zeit später nur noch montags und mittwochs (jeweils von 7.00 Uhr bis Sonnenuntergang). Nach einer Eingangsuntersuchung muss sich ein Reisender entweder in Erez oder am israelischen Grenzposten in Tarqumia einer »Sicherheitskontrolle« unterziehen; eine solche Untersuchung macht aus einer 45-minütigen Fahrt eine zwei- bis dreistündige Reise. Ein weiterer Erlaubnisschein mit dem obligatorischen Rückreisedatum – in der Regel für denselben Tag – wird dann schließlich ausgehändigt.

Seit Beginn der Al-Aqsa-Intifada ist der Durchgang an der Road 35 meistens geschlossen und die Erlaubnis zur Durchfahrt wird selten erteilt. Palästinenser aus dem Westjordanland können diesen Kontrollpunkt nicht ungehindert in Richtung Gaza passieren (und umgekehrt). Stattdessen müssen sie über Jordanien und Ägypten ausweichen.

# Ramallah

## Die Anreise nach Ramallah

Ramallah liegt ungefähr 15 km nördlich von Jerusalem entfernt. Um auf direktem Weg von Jerusalem nach Ramallah zu fahren, bietet sich die Buslinie 18 (6,20 NIS) vom Busbahnhof in der Nablus Road nahe dem Damaskustor an; für die Rückfahrt nimmt man die gleiche Buslinie vom zentralen Busbahnhof in Ramallah. Dies ist auch der Abfahrtsort für Sammeltaxis zu allen Hauptzielen in Palästina.

## Das Flüchtlingslager Qalandia

In dem 1949 gegründeten Flüchtlingslager Qalandia leben derzeit 10 500 Flüchtlinge, die ursprünglich aus Ramle, Lydd (Lod) und den zerstörten Dörfern westlich von Jerusalem kamen. Bis 1957 lebten sie hier in Zelten, dann wurden kleine Notquartiere errichtet. 1967 floh die Hälfte der Bevölkerung von hier nach Jordanien, während gleichzeitig neue Flüchtlinge aus Amwas (Emmaus), Beit Nuba und Yalou (allesamt von Israel zerstörte Dörfer) ankamen. Die UNRWA erkennt diese Menschen nicht als offizielle Flüchtlinge an, weil sie nicht 1948 aus ihren Dörfern vertrieben worden waren.

Das Flüchtlingslager liegt unmittelbar nördlich des Checkpoints Qalandia am Rande der Trennmauer entlang der Hauptstraße zwischen Ramallah und Aram bzw. Beit Hanina. Es war Schauplatz vieler Übergriffe der am Checkpoint stationierten israelischen Armee; oft machen Soldaten »Jagd« auf Flüchtlingskinder, die aus Protest mit Steinen werfen. Mehr als zehn Kinder sind hier seit der Errichtung des Checkpoints getötet worden. Wie die Palästinenser am Checkpoint behandelt werden, hängt vor allem von der Einstellung der jeweiligen Soldaten ab. Relativ »ruhige« Phasen werden von Zeiten abgelöst, in denen die Soldaten mit scharfer Monition und Tränengas gegen die Palästinenser vorgehen.

*Flüchtlingslager Qalandia*

*Ramallah Road, gleich hinter dem Checkpoint Qalandia. UNRWA-Büro, Tel. 02/2348448. Zwecks Informationen über die generelle Verschlechterung der Gesundheitssituation in der Region seit dem Beginn des Friedensprozesses 1994 kann die Vereinigung der Komitees für Gesundheitsfürsorge (UHWC, Tel. 02/2407518/9) kontaktiert werden.*

## Beispiel der israelischen Kontrollmatrix:
## Die Industriezone von Shaarei Binyamin

Der permanente israelische Militärstützpunkt (hebräisch »machsom«) bei Qalandia ist der ideale Ort, um die Realität der israelischen Siedlungsexpansion im Detail zu beobachten. In der Nähe des Eingangs zum Flüchtlingslager Qalandia gelegen, bietet er folgende Aussicht:

*Demonstration gegen Landenteignung und die Einschränkung der Bewegungsfreiheit*

**Im Norden:** das Flüchtlingslager Qalandia.

**Im Westen:** der Flughafen von Jerusalem, der bis 1967 von Jordanien genutzt wurde. Bis zu Beginn der ersten Intifada (1987) wurden hier internationale Flüge abgefertigt. Ein neuer Flughafen soll bei der Siedlung Maale Adumim östlich von Jerusalem gebaut werden. Eine Autobahn (Road 45/443) verläuft neben der Start- und Landepiste. Diese ist Teil eines 3 Mrd. $ teuren Autobahnsystems, das von der Regierung Rabin unmittelbar nach dem Oslo-Abkommen genehmigt und zum Großteil mit US-Geldern finanziert wurde. Sie führt durch das Westjordanland, um Tel Aviv mit dem Jordantal zu verbinden. Die Straßen durch das Westjordanland sind nur für israelische Siedler bestimmt. 2003 wurde geschätzt (*Haaretz*, 26. September 2003), dass der Teilabschnitt von Givat Zeev über Atarot nach Jerusalem 80 Mio. NIS gekostet hat und die gesamte Autobahn 1 Mrd. NIS kosten würde.

**Im Osten:** Die Road 45 ist lebenswichtig für die demografische und wirtschaftliche Entwicklung der Siedlungen östlich von Ramallah, die Adam, Kochav Yaakov, Tel Zion (das sich schnell Richtung Qalandia ausbreitet) sowie Beit El, Maale Mikhmas und weiter östlich Almon umfassen. Alle diese Siedlungen sind ein integraler Teil des Plans für ein Groß-Jerusalem, einer riesigen Verwaltungseinheit, welche die israelische Vorstellung von dem verkörpert, was zum Territorium von Jerusalem gehören soll. Der Plan wurde 2004 offiziell verabschiedet.

Das Shaarei-Binyamin-Industriegebiet (Umgehungsstraße 60) ist eines der vielen Industriegebiete, die ursprünglich vom Peres-Friedenszentrum als *Cross-Border Industrial Zones* (grenzüberschreitende Industriezonen) geplant waren. Dieser Industriepark (wie auch die in der Nähe gelegenen Siedlungen Mishor Adumim, Barkan und Ariel) erfüllt mehrere Funktionen: Er schafft ein ökonomisch aktives Zentrum, kurbelt das wirtschaftliche, demografische und geografische Wachstum von nahe gelegenen Siedlungen an, bietet schlecht bezahlte Arbeitsplätze für Palästinenser, wodurch deren Abhängigkeit von Israel verstärkt wird (weswegen die Zone gleichzeitig mit Ramallah konkurriert und negative Auswirkungen auf dessen Geschäftsleben und Arbeitsmarkt hat) und er verschiebt jene Industriezweige Israels, die am stärksten die Umwelt verschmutzen, ins Westjordanland und nach Groß-Jerusalem (z. B. Fabriken, die Aluminium, Plastik, Chemikalien oder Düngemittel produzieren bzw. Schlachthöfe und Fleischabpackbetriebe). Dieses Industriegebiet, das als integraler Bestandteil von Groß-Jerusalem geplant war, hat einen biblischen Namen, der im Deutschen »Tür Benjamins« lautet – eine Anspielung auf das ursprüngliche Land des biblischen Stammes von Benjamin, dem jüngsten von Jakobs zwölf Söhnen.

Tel Zion ist eine neue städtische Siedlung in diesem »geheiligten« Gebiet von Groß-Jerusalem, in der künftig 30 000 ultraorthodoxe Juden wohnen sollen. Sie wird von Israel als »natürliche Erweiterung« von Kochav Yaakov gepriesen, eine Siedlung von 3000 religiösen Nationalisten der Siedlungsbewegung *Gush Emunim*, die behaupten, ein Teil von Groß-Israel (Judäa und Samaria) zu sein, während die Einwohner Tel Zions ultraorthodoxe Juden sind, für die Jerusalem die heiligste aller Städte ist. Da Jerusalem für die Einwohner heilig ist, wurde Tel Zion mit dem Jerusalemer »eruv« umzäunt, einem dünnen, hohen Drahtzaun, der die religiösen Stätten begrenzt; damit können Frauen ihre Kinder auch am Sabbat im Kinderwagen spazieren fahren.

# Ramallah und Al-Bireh

Das auf einer Höhe von 860 m gelegene Ramallah (arabisch »Allahs Berg«) und Al-Bireh (»bir« arabisch für »gut«) waren einst zwei benachbarte Dörfer, die zu einer geschlossenen Stadt mit über 60 000 Einwohnern zusammengewachsen sind; der gesamte Bezirk Ramallah zählt heute über 200 000 Einwohner. Nachdem die Palästinensische Nationalbehörde im Dezember 1995 die Macht übernommen hatte, hat sich die Region zu einem administrativen, kulturellen und politischen Zentrum entwickelt. Ramallah erlebte dasselbe städtische Wachstum wie andere autonome palästinensische Städte. Das Besondere an der Entwicklung hier war und ist jedoch das umfangreiche Kultur- und Freizeitangebot. Schon vor der Besetzung 1967 war die Stadt mit ihren kühlen Temperaturen im Sommer, der frischen Luft, dem kulturellen Leben und den vielen Cafés ein beliebter Sommerurlaubsort.

Der Ort Ramallah wurde im 16. Jh. zum ersten Mal erwähnt, als sich der christliche Stamm Rashid aus Karak (Jordanien) hier niederließ. Lange Zeit blieb der Ort ein einfaches Bauerndorf. Der Ursprung von Al-Bireh liegt dagegen weiter zurück und wird auf die Stadt Beroth in Kanaan zurückgeführt.

*Al-Manara-Platz im Zentrum von Ramallah*

Die Bedeutung Ramallahs nahm seit Ende des 19. Jh. stetig zu, sodass es 1902 zum Verwaltungszentrum der Region und 1910 offiziell zur Stadt erklärt wurde. Nach der Katastrophe von 1948 (*En-Nakba*) und dem Zustrom von Flüchtlingen erlebten die beiden Städte Ramallah und Al-Bireh einen Bauboom. Seit der Besetzung im Jahr 1967 war die Widerstandsbewegung hier besonders stark. Im Mai 1980 wurden Karim Khalaf, der Bürgermeister von Ramallah, sowie die Bürgermeister von Al-Bireh und Nablus Opfer von Anschlägen durch Autobomben, die von

## Westjordanland

Siedlern in den Privatwagen der Bürgermeister versteckt worden waren. Karim Khalaf verlor dabei einen Fuß und Bassam Shakaa, der Bürgermeister von Nablus, beide Beine. 1982 wurden sie wegen »Anstiftung der Bevölkerung zur Rebellion« ihrer Ämter enthoben, weil sie sich weigerten, mit der israelischen Besatzungsmacht zusammenzuarbeiten. Zwischen 1982 und 1986 wurden daraufhin beide Städte von Israel verwaltet. In Ramallah entwickelte sich nach der Gründung der Palästinensischen Nationalbehörde im Jahr 1995 ein enges Netzwerk von lokalen Komitees und Vereinigungen. Diese kümmerten sich zusammen mit vielen Nichtregierungsorganisationen und mehreren politischen Institutionen um die Belange der Bevölkerung, die unter der Besatzungsmacht in vielfältiger Weise unterdrückt worden war. Ramallah ist Sitz des palästinensischen Präsidenten, des Parlaments sowie der meisten Ministerien. Viele dieser Gebäude wurden im Zuge des israelischen Einmarschs in das Westjordanland 2002 zerstört. Ein unvollendetes und nie bezogenes Gebäude für das palästinensische Parlament befindet sich auch in Abu Dis, einem Stadtteil von Ostjerusalem.

*Von Israel zerstörter Amtssitz von Yassir Arafat (Mukataa)*

*An der Road 60, 15 km nördlich von Jerusalem.*

### Tel al-Nasbeh

Dieser Ort, der auf einem den südlichen Eingang von Ramallah überragenden Hügel liegt, wurde als die biblische Stadt Mizbeh identifiziert. Es gibt hier Ruinen aus der Bronzezeit sowie einer um 1100 v. Chr. erbauten Stadt. Nicht fertiggestellte Ausgrabungen haben in den Dreißigerjahren des 20. Jh. den Blick auf einen Teil des Wehrgangs freigegeben, der heute noch sichtbar ist. Am Fuß des Hügels befinden sich Richtung Süden die bescheidenen Ruinen einer Karawanserei. Ein Spaziergang entlang des Hügels bietet einen Blick auf die jüngste städtische Entwicklung in Ramallah und Al-Bireh sowie auf die neue israelische Siedlung Psagot in östlicher Richtung.

### Die Kreuzritterkirche

An der Stelle dieser von Archäologen vollständig ausgegrabenen Kirche verloren Maria und Josef nach christlicher Überlieferung den zwölfjährigen Jesus auf dem Weg nach Jerusalem und fanden ihn erst später betend im Tempel wieder. Diese Geschichte hat ihren Ursprung in der späten Kreuzritterzeit und ist folglich im Neuen Testament nicht enthalten.

*Al-Bireh – Ecke Al-Ain Street und Al-Balad al-Qadim Street.*

## Praktische Informationen

Ramallah ist für jeden Besucher, der sich für politische und soziale Fragen interessiert, eine faszinierende Stadt, denn hier haben viele palästinensische Regierungsinstitutionen, Nichtregierungsorganisationen und diplomatische Vertretungen ihren Sitz. Eine lebendige Kulturszene trägt zu der einzigartigen Atmosphäre Ramallahs bei. Es hat Ostjerusalem als kulturelles und politisches Zentrum Palästinas in vielerlei Hinsicht abgelöst, obwohl dieses aufgrund des Tourismus mit einem Anteil von 40% zur palästinensischen Gesamtwirtschaft beiträgt. Wegen der Einschränkungen an den Checkpoints und der von Israel erzwungenen Trennung von Jerusalem und Ramallah wird es für Palästinenser aus Ostjerusalem zunehmend schwieriger, Freunde und Familienmitglieder in Ramallah zu besuchen. Trotz aller Restriktionen bleibt die Stadt jedoch bis tief in die Nacht sehr lebendig.

Alle Dienstleistungen sind auf engem Raum konzentriert, sodass sich alles leicht zu Fuß erreichen lässt. Ein Taxi innerhalb der Stadt kostet zwischen 10 und 15 NIS (nachts werden die Preise angehoben). Das **Ministerium für Fremdenverkehr und Altertümer** (*Al-Mughtarebeen Street, Al-Taweel Building, in der Nähe der Mukataa, Tel. 02/2409463*) ist Ansprechpartner für Fragen aller Art. Die **Wechselstuben** im Stadtzentrum bieten die besten Wechselkurse. Die **British Bank** in der Nähe des Muntazah-Parks verfügt über einen Bankautomaten außerhalb der Schalterhalle, der internationale Kreditkarten akzeptiert. Am Ende der Al-Muntazah Street befindet sich eine **Post**.

*Ramallah*

### Cafés

Ramallahs Cafés und Restaurants sind die Seele des Nachtlebens. Auf der Al-Quds Road gibt es zahlreiche beliebte Cafés, die gewöhnlich von den frühen Morgenstunden bis spät in die Nacht geöffnet sind. Dort werden alkoholfreie Getränke angeboten und man kann Wasserpfeife rauchen; Kartenspiele und Backgammon (*shesh besh*) sind dort ebenfalls beliebt. Am Ende der Hauptstraße liegt das **Zyriab Café** (*im 1. Stock, Tel. 02/2959093, von 12.00-23.00 Uhr geöffnet*), eine Café-Galerie, die Werke bildender Künstler ausstellt. Inhaber Tayssir Barakat, der im Flüchtlingslager Shati in Gaza geboren wurde, ist selbst Künstler (*www.art-barakat.4t.com*). Wie viele andere Cafés liegt das **Al-Asseel** im obersten Stockwerk des Tannous-Gebäudes. Es ist geräumig und bietet einen Ausblick auf die Hauptstraße. Donnerstags und freitags finden Musikvorführungen statt. Alkoholische Getränke werden hier nicht serviert. Die **Zan Restaurant Bar** (*neben dem Al-Kasaba-Theater, Tel. 02/2970548*) ist für ihr internationales Flair bekannt und bietet eine Vielzahl an lokalen und internationalen Gerichten sowie Live-Musik (ein kostenloser WLAN-Internetzugang steht ebenso zur Verfügung). Das **Diwan Café-Restaurant** befindet sich

## Westjordanland

in einem alten traditionellen Wohnhaus mit sehr schönem Interieur. 200 m entfernt, auf der rechten Seite, betreibt die **First Ramallah Group** bzw. der **Sareyyet Club** (Tel. 02/2952706/-2609, Fax 02/2982583; www.sareyyet.ps) ein Straßencafé, einen Outdoorpool, ein Basketballfeld und Räumlichkeiten für andere Sportarten. Hier finden regelmäßig traditionelle Tanz- und Musikfestivals sowie politische Versammlungen statt. Die Café-Restaurants **Pronto** und **Stones** beim Muntazah-Park sind originell und gut, obwohl der Service im **Stones** (Tel. 02/2966038) oft zu wünschen übrig lässt; **Pronto** (Tel. 02/2987312) serviert italienische Küche; die Pizzen sind hausgemacht, jedoch teuer. Das **Sheish Beish** ist ein kleines, preiswertes Café (von 8.30-22.00 Uhr geöffnet), in dem man ein traditionelles Frühstück (Käse, Thymian, Olivenöl und Fruchtsaft) genießen kann. Sein Name leitet sich von einem türkischen Spiel ab, das in Europa als Backgammon bekannt ist. Das **Stars and Bucks Café** (Tel. 02/2975674) ist ein ausgefallenes Café und Restaurant am Manara-Platz im Zentrum der Stadt.

*Falafel-Restaurant in Ramallah*

### Zyriab
(789 in Bagdad geboren, 857 in Andalusien gestorben)

Das *Zyriab Café* ist nach dem berühmten Musiker Zyriab benannt. Dieser lebte am Hof von Harun er-Rashid in Bagdad, bevor er nach Córdoba zog und dort eine Musikakademie gründete. In dieser Akademie führte er die Laute (*Oud*) ein. Ibn Khaldoun beschreibt sein Werk, das die Grundlage für die arabisch-andalusische Musik bildete, als »einen Ozean, der Sevilla und ganz Andalusien überflutete«.

### Restaurants

Es gibt eine große Auswahl an kleinen *Falafel-* und *Shawarma*-Restaurants im Stadtzentrum; die meisten sind preiswert und bis spät in die Nacht geöffnet. **Antika's** (*auf der Hauptstraße*) ist eines der besten Selbstbedienungsrestaurants. **Fawanees** (arabisch »die Laternen«, Tel. 02/2987046) auf der Ben Bella Street (auch »Ministry of Culture Street« genannt) serviert köstlich belegte Brote (mit Käse und *zaatar*, Spinat oder Fleisch). In der Nähe des Dowar-es-Saa-Platzes (*Maahed Street*) bietet das beliebte Restaurant **Laiali Falistine** (Ramoun-Gebäude, 2. Stock) traditionelle palästinensische Küche (u. a. *maklouba, kidra, bamia*, Zucchini und gefüllte Weinblätter). Die hausgemachten Gerichte sind sehr gut und preisgünstig. **Zaarour Barbecue** (*hinter dem Gebäude der Stadtverwaltung, Tel. 02/2956767*) und **Muntazah** (Tel. 02/2956835, Terrasse) sind Restaurants einer anderen Kategorie: Sie servieren zum Großteil palästinensische Vorspeisen (*mezze*) und sehr gutes gegrilltes Fleisch. Das **Nefertiti** (*Post Office Street*) macht gute *moloukhiya* und *musakham*. Die beste Pizza, über einem Holzfeuer gebacken, gibt es in den Restaurants **Angelo's** (Tel. 02/2956408), **La Strada** (02/2981455) oder **Pronto**. Bei einem Aufenthalt im Sommer sollte man unbedingt das **Sangria's** (Tel. 02/22956808, in der Nähe des Muntazah-Parks) mit der schönen Außenterrasse besuchen. Es gibt außerdem ein exotisches palästinensisch-chinesisches Restaurant, das **Chinese House Restaurant** (Tel. 02/2964081, auf der Hauptstraße, vor dem Dunia-Parkplatz). Die besten orientalischen Süßspeisen und Süßigkeiten sind bei **Eiffel Sweets** (Ramallah, Tel. 02/2959094; Al-Bireh, Tel. 02/2980660), **Damascus** und **Jaffar** auf der Hauptstraße erhältlich. Das **Darna** (Tel. 02/2950590/1, gegenüber der melkitischen griechisch-orthodoxen Kirche, in der Nähe der Stadtverwaltung, auf der Al-Sahel Street) ist eine renovierte Steinvilla mit hohen Torbögen und einer schattigen Terrasse, das köstliche palästinensische Speisen in einer prachtvollen Umgebung bietet. **Almonds** (Tel. 02/2957028) hat eine gute Auswahl an internationalen Speisen und Getränken sowie einen kostenlosen WLAN-Zugang und einen Billardtisch.

*Im Zentrum von Ramallah gibt es ein vielfältiges Angebot an Cafés, Restaurants und Übernachtungsmöglichkeiten*

Unterkunft

Das sehr gemütliche **City Inn Palace Hotel** wurde kurz vor dem Beginn der Al-Aqsa-Intifada im Zentrum von Ramallah eröffnet (*Jerusalem Street, Tel. 02/2408080; EZ 200 NIS, DZ 300 NIS, DBZ 400 NIS*).

Das **Grand Park Hotel** ist ein bei internationalen diplomatischen Delegationen beliebtes Luxushotel (*Al-Mansyoun Heights, Tel. 02/2986194, E-Mail: info@grandpark.com, www.grandpark.com; EZ 280 NIS, DZ 360 NIS, DBZ 420 NIS, Suiten 700 NIS*). Es liegt etwas vom Stadtzentrum entfernt und verfügt über jeglichen Komfort eines Luxushotels (Swimmingpool, Fitnessstudio, Café und Restaurant, Bankett- und Konferenzzimmer, Bar, Terrasse).

Die Zimmer im **Al-Wihdah Hotel**, dem preiswertesten Hotel der Stadt, sind sauber und geräumig (*auf der Al-Nadah Street, direkt gegenüber der Polizeiwache, im 3. und 4. Stock, kein Aufzug, Tel./Fax 02/2980412; EZ 100 NIS, DZ 120 NIS, DBZ 130 NIS*).

Das **Merryland Hotel** ist ebenfalls preiswert und liegt zudem im Stadtzentrum, ist allerdings eher einfach ausgestattet (*Al-Maahed Street, Tel. 02/2987176; EZ 100 NIS, DZ 150 NIS, DBZ 180 NIS*).

## Westjordanland

### Palästinensische Stickereien

Qualitativ hochwertige und traditionell gemusterte Stickereien kann man im Laden der Vereinigung der Sozialdienste (*Association of Community Services*) in der Al-Mahed Street oder bei *Mitri Shamma & Sons* auf der Hauptkreuzung beim Al-Kasaba-Theater kaufen. Beide Geschäfte befinden sich in der Nähe des Dowar es-Saa Square (Uhrenplatz). Die Fixpreise für Stickereien, die als Rahmen, auf Tabletts sowie für Umhänge, Tücher und Kleidungsstücke oder Tischdekorationen Verwendung finden, sind durchaus angemessen. Ein weiteres Stickereizentrum befindet sich bei der melkitischen Kirche in der Nähe der Stadtverwaltung von Ramallah (neben dem Restaurant *Darna*) in der Al-Sahel Street. Diese Frauenkooperative bietet die schönste Farbauswahl und importiert die qualitativ hochwertigen Stickereifäden aus Frankreich.

## Kulturzentren und Unterhaltung

### Khalil Sakakini Cultural Centre
### (Khalil-Sakakini-Kulturzentrum)

Dieses Zentrum wurde 1996 in einer restaurierten traditionellen Villa eröffnet, die bei einem Angriff der israelischen Armee im April desselben Jahres beschädigt worden war. Das Zentrum fördert bildende Kunst und das historische wie auch zeitgenössische palästinensische Kulturerbe durch Gemälde- und Fotografieausstellungen, Konzerte, Dokumentarfilme, historische Informationen und Werkstätten für Kinder und Erwachsene. Der Name des Zentrums erinnert an den palästinensischen Schriftsteller Khalil Sakakini (s. S. 196).

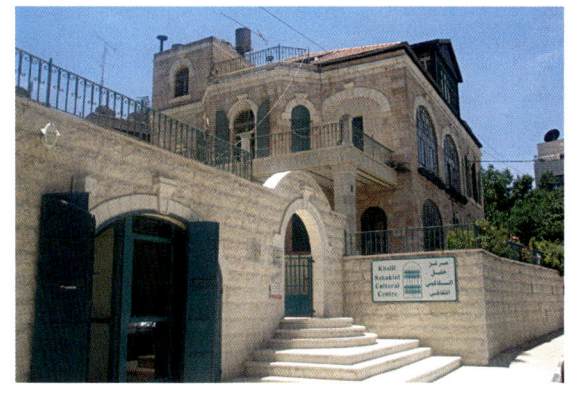

*Al-Raja Street in der Nähe der lutherischen Kirche. Öffnungszeiten: täglich außer freitags 8.30-15.00 Uhr. Tel. 02/2987374/5, www.sakakini.org. Das aktuelle Programm ist in öffentlichen Einrichtungen erhältlich.*

*Khalil-Sakakini-Kulturzentrum*

### Al-Kasaba-Theater und Kino

Die hier gezeigten Filme sind zum Großteil neue Hollywood-Produktionen; manchmal werden aber auch andere Filme vorgeführt. Das tägliche Programm beginnt um 16.00 Uhr, Theateraufführungen um 19.00 Uhr. Im Gegensatz zu dem Kino hat das Theater schon eine längere Tradition und bietet die seltene Gelegenheit, trotz der Sprachbarriere palästinensische Theaterstücke zu sehen. Es verfügt zudem über ein schönes Café-Restaurant.

*Al-Mughtaribeen Street, in der Nähe des Uhrenplatzes. Tel. 02/2965292/3, www.alkasaba.org. Programme sind in öffentlichen Einrichtungen und im Internet erhältlich.*

# Ramallah

### Das Türkische Bad Al-Sharqi

Das Türkische Bad ist sehr entspannend und erfrischend zugleich. Hier kann man sich eine Pause gönnen.

*Al-Irsal Street, in der Nähe des Bauministeriums. Öffnungszeiten: 9.00-23.00 Uhr. Donnerstags und freitags für Männer ganztags geöffnet, für Frauen sonntags und dienstags; montags, mittwochs und samstags 9.00-17.00 Uhr für Frauen und 17.00-24.00 Uhr für Männer; Tel. 02/2408281. Die Preise variieren je nach Behandlung von 40 bis 110 NIS.*

### Popular Art Centre
### (Zentrum für Volkskunst)

Dieses Zentrum wurde 1987 von der *El Funoun Palestinian Popular Dance Troupe* (www.el-funoun.org) gegründet. Es übernimmt eine führende Rolle bei der Organisation kultureller Veranstaltungen und hat den »Tag des Kulturellen Erbes« ins Leben gerufen, der jedes Jahr am 7. Oktober gefeiert wird. Unter anderem organisiert das Zentrum Musik- und Tanzfeste, Workshops für Kinder, Volkstanzkurse (*dabka*), Jazz- und andere Musikveranstaltungen, Handpuppentheater sowie Theateraufführungen und traditionelle palästinensische Folkloredarbietungen. Zudem verkauft das Zentrum selbst produzierte Audio- und Videokassetten, vor allem von den hervorragenden Aufführungen des *El-Funoun*-Ensembles, z. B. *Zaghareed (Das Geheul)* und *The Jerusalem Glory*. Das Kunstzentrum betreibt außerdem ein Kino, das internationale Filme vorführt (15 NIS). Es empfiehlt sich, vorab telefonisch zu reservieren.

*Dabka-Tanzgruppe*

*In Al-Bireh in der Al-Ain Street gelegen, gegenüber der Al-Ain-Moschee. Tel. 02/2403891, www.popularartcentre.org. Programme sind in öffentlichen Einrichtungen erhältlich.*

### Ramallah Cultural Palace (Kulturpalast)

Die japanische Regierung spendete 6 Mio. $ für dieses im Juli 2004 eröffnete moderne Kunst- und Konferenzzentrum, in dem Musik-, Tanz-, Theater- und Filmveranstaltungen stattfinden.

*Ramallah, Tokyo Street, Tel. 02/2984704, www.ramallahculturalpalace.org.*

### Association Al-Kamandjati (Al-Kamandjati-Vereinigung)

Diese Vereinigung erteilt Musikunterricht in palästinensischen Flüchtlingslagern und Dörfern.

*Ramallah, Tel./Fax 02/2973101, www.alkamandjati.com*

## Kontakte

Addameer – Prisoners' Support and Human Rights Association
(Addameer – Vereinigung zur Unterstützung von Gefangenen und für Menschenrechte)

»Addameer« (arabisch »Gewissen«) wurde 1992 von einer Gruppe von Menschenrechtsaktivisten gegründet. Die Vereinigung leistet rechtlichen und sozialen Beistand für palästinensische Gefangene. Sie setzt sich ein für Gefangenenbesuche, für eine Weiterverfolgung der Fälle in Zusammenarbeit mit den Familien, für die Durchführung von Unterstützungs- und Protestkampagnen sowie für die Beendigung der Folter durch Kontrollinitiativen und juristische Maßnahmen.

*Edward Said Street 3, Sebat-Gebäude, Tel. 02/2960446, www.addameer.org. Die Vereinigung berichtet auch über Gefangene in israelischen und palästinensischen Gefängnissen, organisiert Treffen mit ehemaligen Gefangenen und informiert über die Situation inhaftierter Palästinenser.*

### Palästinensische Gefangene

Mit dem Beginn des Friedensprozesses Ende 1993 verschlechterte sich die Situation der Gefangenen erheblich. Die Überstellung der Häftlinge in Gefängnisse in Israel erschwerte Familienbesuche und machte diese seit Beginn der Al-Aqsa-Intifada fast unmöglich. Die Oslo-Abkommen haben die Frage der Gefangenenfreilassung nicht thematisiert. Palästinensische Verhandlungspartner haben irrtümlicherweise angenommen, dass der Friedensprozess automatisch die Befreiung der palästinensischen politischen Gefangenen mit sich bringe, die nach internationalem Recht Kriegsgefangene sind. Einige von ihnen wurden tatsächlich freigelassen, aber Israel behielt sich das Recht vor, die Kriterien für die Entlassung der Inhaftierten zu bestimmen und lehnte dabei alle Gnadengesuche von Gefangenen aus Jerusalem oder den Gebieten von 1948 ab.

Insgesamt sind es mehr als 11 500 Inhaftierte, wovon 5630 ohne Gerichtsverfahren festgehalten werden, darunter 110 Frauen, 350 Kinder und 1000 Häftlinge in Verwaltungshaft; 4970 Gefangene wurden bereits von einem Gericht verurteilt. Von den 1400 Häftlingen, die zwischen 1995 und 2000 entlassen wurden, verbüßten 1000 kurze Strafen. Viele davon waren Arbeiter, die zu mehreren Monaten Haft verurteilt worden waren, weil sie Israel ohne Erlaubnis betreten hatten; andere wiederum standen kurz vor ihrer Entlassung. Im Oktober 2002 nahm der Staat Israel mehr als 5000 Palästinenser gefangen, unter denen sich auch 300 Minderjährige befanden. Häufig wurden diese im Beisein ihrer gedemütigten Familien von Soldaten bei brutalen Einsätzen verhaftet und anschließend als Häftlinge in Verhörzentren festgehalten. Nach israelischem Recht dürfen Vernehmungsbeamte Palästinenser aus dem Westjordanland und dem Gazastreifen bis zu 108 Tage in Untersuchungshaft nehmen. Folter und Einzelhaft sind an der Tagesordnung, und es ist sehr schwierig, Genehmigungen für Besuche von Rechtsanwälten zu erhalten. Die Häftlinge werden vor ein Militärgericht gestellt und von diesem verurteilt. Die Methoden sind erschreckend willkürlich. Said Wajih, der seit 1977 gefangen gehalten wird, ist der von allen am längsten Inhaftierte. Die jüngste Gefangene war das Mädchen Sawsan Abu Tourki, das am 6. September 2001 im Alter von 14 Jahren verhaftet wurde.

# Ramallah

### Al-Haq (»Das Recht«)

*Al-Haq* wurde 1979 gegründet und ist der Internationalen Juristenkommission in Genf angeschlossen. Die Vereinigung dokumentiert Missachtungen der Menschenrechte in den besetzten Gebieten, veröffentlicht Studien über israelische Verstöße gegen internationales Recht und leistet palästinensischen Opfern der Besatzungsmacht Rechtsbeistand, z. B. bei der Widerrufung von Niederlassungspapieren für Jerusalem, bei der Zerstörung von Häusern und bei der Anordnung von Verwaltungshaft. Sie befasst sich auch mit Verstößen gegen die Menschenrechte durch die Palästinensische Nationalbehörde; so vertritt sie z. B. Gefangene, die aufgrund von kritischen Meinungsäußerungen verhaftet wurden und setzt sich für faire Prozesse ein.

*Main Street, Tel. 02/2954646, www.alhaq.org.*

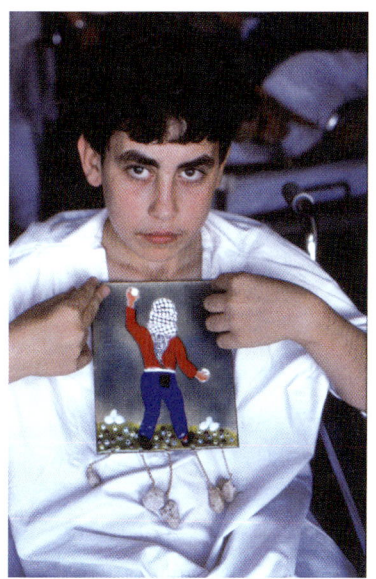

*Während der Intifada verwundeter palästinensischer Junge*

### Defence for Children International – Palestine Section (DCI-PS)
(Internationale Verteidigung für Kinder – Palästinensische Abteilung)

Die palästinensische Abteilung der in Genf ansässigen *Defence for Children International* wurde 1992 gegründet. Sie konzentriert sich auf rechtliche und soziale Hilfe für Kinder und sammelt Beweise für israelische Verstöße gegen Kinderrechte, darunter Ausgangssperren, Ermordungen, Haft und Folter sowie Bombardierungen ziviler Häuser und Schulen.

*Al-Khulafa Road, Es-Sartawi-Gebäude, 3. Stock, Tel. 02/2407530, www.dci-pal.org.*

### Health, Development, Information and Policy (HDIP)
(Zentrum für Gesundheit, Entwicklung, Information und Politik)

Das Informationszentrum für Gesundheits- und Entwicklungsfragen wurde im Jahr 1989 von dem Präsidentschaftskandidaten Dr. Mustafa Barghuti gegründet. Barghuti ist ein sozialer Aktivist, der auch die Vereinigung palästinensischer medizinischer Hilfskomitees ins Leben rief. Dem Zentrum angeschlossen ist die Nachrichten- und Informationsagentur *Palestine Monitor* (*www.palestinemonitor.org, E-Mail: palmon@hdip.org*).

*Tel. 02/2985372, www.hdip.org, E-Mail: hdip@hdip.org.*

### Inash al-Usra Society

Die Inash-al-Usra-Gesellschaft wurde 1965 gegründet und ist die älteste Frauenorganisation in Palästina. Ihre Gründerin, Samiha Khalil (Umm Khalil), stimmte gegen die Oslo-Abkommen und

| Statistik über die Todesumstände bei Kindern 28. September 2000 bis 31. Oktober 2004 | | | | | | |
|---|---|---|---|---|---|---|
| | 2000 | 2001 | 2002 | 2003 | 2004 | Gesamt |
| Zusammenstöße | 80 | 42 | 30 | 36 | 31 | 219 |
| Luft- oder Bodenangriffe | 4 | 17 | 67 | 37 | 69 | 194 |
| Mordversuche | 0 | 12 | 19 | 14 | 7 | 52 |
| Zufällige Schussopfer | 9 | 17 | 50 | 38 | 40 | 154 |
| Abriegelungen | 1 | 3 | 9 | 3 | 0 | 16 |
| Blindgänger (nicht explodierte Munition) | 0 | 7 | 12 | 2 | 2 | 23 |
| Hauszerstörungen | 0 | 0 | 5 | 0 | 0 | 5 |
| Gesamt | 94 | 98 | 192 | 130 | 149 | 663 |

Militärverordnung Nr. 132: Die 1967 herausgegebene und 1993 ausgesetzte Verordnung, derzufolge Zwölf- bis Vierzehnjährige verhaftet werden können, wurde 1999 unter der Regierung Barak wieder in Kraft gesetzt und seit dem Beginn der Al-Aqsa-Intifada angewandt.

DCI-Palestine Section, *A Generation Denied*, 2001

war die einzige Kandidatin, die bei den palästinensischen Präsidentschaftswahlen 1996 gegen Yassir Arafat antrat.

Die Gesellschaft leitet eine Kindertagesstätte und bietet Trainingskurse für Frauen an. Sie betreibt auch eine Handbibliothek, ein Volkskundemuseum und ein Projekt, das Volkstraditionen der Palästinenser dokumentiert.

*Samiha Khalil Street, Al-Bireh, Tel. 02/2402876, Öffnungszeiten Volkskundemuseum: Sonntag-Donnerstag 8.00-15.00 Uhr, Eintritt: 2 NIS.*

Palestinian Association for Cultural Exchange (PACE)
(Palästinensische Vereinigung für Kulturaustausch)

Diese Vereinigung organisiert Touren zu archäologisch und historisch wichtigen Orten sowie in Städte und ländliche Gebiete im Westjordanland und im Gazastreifen. Im Mittelpunkt des Interesses steht dabei der Alltag der Palästinenser unter der Besatzung; in diesem Sinn strebt die Organisation einen alternativen Tourismus an. Einzelpersonen können an den wöchentlich angebotenen PACE-Touren teilnehmen (je nach gegenwärtiger politischer Situation). Eine der originellsten Touren ist *Ein Besuch in Nablus*, der mit einem Kulturabend im *Hamam* endet (14.00-20.30 Uhr).

*Gegenüber der Al-Ain-Moschee, Tel. 02/2407611, www.pace.ps. Eine geführte Tagestour kostet 140 NIS (ab 6 Personen).*

*Traditionelle palästinensische Architektur*

## Ramallah

### Palestinian Agricultural Relief Committees (PARC)
(Palästinensische Landwirtschaftliche Hilfskomitees)

Das 1983 von einer Gruppe von Agrarwissenschaftlern gegründete PARC unterstützt verschiedene Programme gegen Landenteignungen und zur Verbesserung landwirtschaftlicher Methoden in ländlichen Gebieten – vor allem, um durch die Entwicklung der Infrastruktur die Kürzungen in der Energie- und Wasserversorgung auszugleichen. Maßnahmen gegen die Einschränkungen der Bewegungsfreiheit stehen ganz oben auf der Agenda. PARC hat ein Netz alternativer Straßen und Wege entwickelt, um Bauern zu helfen, zu ihrem Land zu gelangen. Wegen der Ausgangssperren und der Abriegelungen durch israelische Behörden benutzt die gesamte palästinensische Bevölkerung diese Routen.

*Government Hospital Street, Ramallah, Tel. 02/2963840, www.pal-arc.org. Kontakte mit Bauern aus der Region können organisiert werden.*

### Teacher Creativity Centre
(Kreativzentrum für Lehrer)

Das 1995 von Lehrern gegründete Zentrum konzentriert sich auf die Weiterbildung von Lehrern sowie auf die Förderung von Lehrmitteln. Dabei soll ein Bewusstsein für die speziellen Bedürfnisse von Kindern sowie für Menschenrechte und Demokratie geschaffen werden. Das Zentrum half bei der Ausgestaltung des Lehrplans für Staatsbürgerschaftskunde an öffentlichen Schulen, das in Zusammenarbeit mit dem Bildungsministerium der Palästinensischen Nationalbehörde entwickelt wurde.

*Abu Saqer Boulevard (Abfahrtsort der Taxis nach Birzeit), Tel. 02/2959960, www.teachercc.org.*

### Union of Agricultural Workers Committees (UAWC)
(Vereinigung der Komitees der Landwirtschaftsarbeiter)

Das im Jahr 1986 gegründete UAWC ist eine Nichtregierungsorganisation (NGO) im Westjordanland und im Gazastreifen. Ihr Hauptziel ist, weitere Landenteignungen durch Israel zu verhindern und zugleich die landwirtschaftliche Produktivität zu erhöhen. Die Organisation baut deshalb in Gewächshäusern Pflanzen an und ruft die Menschen dazu auf, die Feldarbeit wieder aufzunehmen. Das UAWC bietet auch ein Programm zur Produktion von qualitativ hochwertigem, nativem Olivenöl für den Export sowie Kurse über die Verbesserung des Wasserhaushalts, die Entwicklung landwirtschaftlicher Genossenschaften und über Bodensanierung an.

*Government Hospital Street, Ramallah, Tel. 02/2954289, www.uawc-pal.org (s. auch UAWC Gaza, S. 417). Auf Anfrage*

*Palästinensischer Bauer außerhalb von Ramallah*

können Gruppenausflüge zu den Feldern organisiert werden (Kosten variieren). Von Oktober bis Ende November heißt die Vereinigung internationale Freiwillige in den Dörfern willkommen, die bei der Olivenernte helfen wollen. Diese Freiwilligenarbeit ist eine einmalige Gelegenheit, um am Dorfleben teilzunehmen und etwas über die Nöte der palästinensischen Bauern zu erfahren.

### Women's Affairs Technical Committee (WATC)
### (Technisches Komitee für Frauenfragen)

Das WATC versucht über Einflussnahme und Vernetzung mit anderen Gruppen, die Befugnisse und Möglichkeiten von Frauen in verschiedenen Lebensbereichen zu verbessern. Es ist im Begriff, eine nationale Regierungsstelle für Frauen zu gründen und bietet verschiedene Trainingskurse an.

Radio Street, Awwad Centre, Tel. 02/2987783, www.watcpal.org, E-Mail: watcorg@palnet.com.

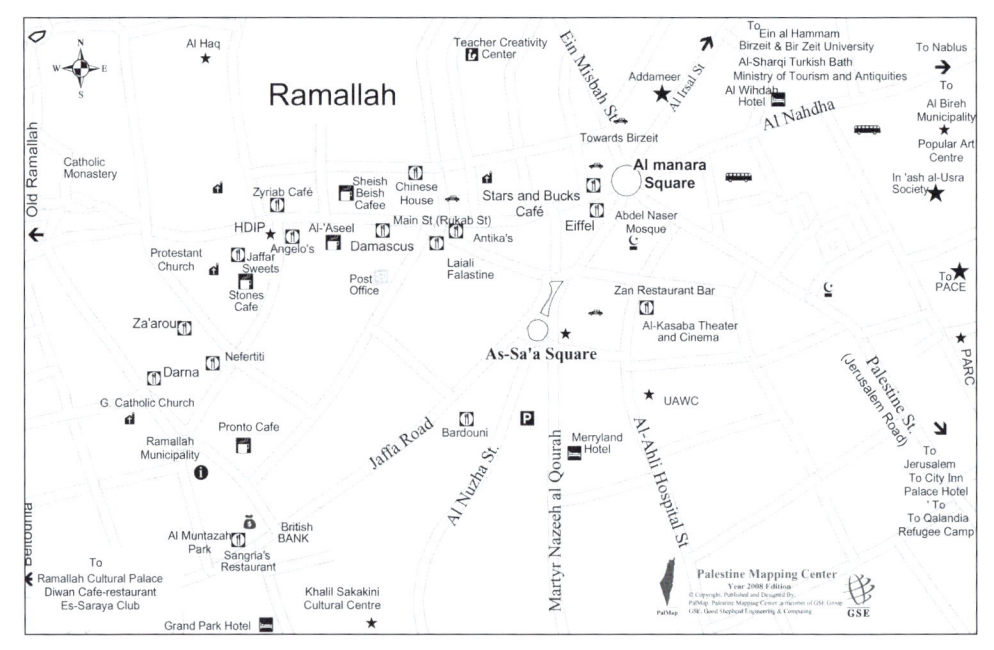

*Stadtplan von Ramallah*

*Tänzer der Volkstanzgruppe El Funoun aus Ramallah*

# Ramallah

# Nördlich und östlich von Ramallah

### Beitin

Das Dorf Beitin liegt am Rand von Al-Bireh und wird von diesem nur durch ein großes israelisches Militärlager getrennt, dem Hauptquartier der israelischen Streitkräfte für die gesamte Region nördlich und östlich von Ramallah. Beitin – heute eine Wohnsiedlung mit 3000 Einwohnern auf den Gebirgshängen in der Nähe von Ramallah – war einst eine blühende Stadt von großer religiöser Bedeutung. Archäologen haben Beweise dafür gefunden, dass Hirtengemeinschaften hier schon zu Beginn der Kupferzeit lebten. Um 3200 v. Chr., in der frühen Bronzezeit, wurden den Göttern Kanaans regelmäßig Tieropfer dargebracht. Im 18. Jh. v. Chr. war Beitin ein wichtiger befestigter Stadtstaat. Nachdem die Ägypter ihn 1550 v. Chr. eingenommen hatten, begann er zu verfallen, entfaltete jedoch im 14. Jh. v. Chr. erneut seine einstige Schönheit. Die Stadt blieb bis zur Eroberung durch die Assyrer 721 v. Chr. ein kulturell bedeutsamer Ort.

*Landschaft nördlich von Ramallah*

Der älteste Name für die Stadt, der überdauert hat, ist »Bethel« (»Haus Gottes«), dessen Verweis auf El, den höchsten Gott Kanaans, die religiöse Bedeutung des Ortes belegt. In der Eisenzeit verlor die mit landwirtschaftlichen Fruchtbarkeitsriten verknüpfte Verehrung Els allmählich zugunsten der Verehrung Jahwes, einer Religion der Hirten, an Einfluss. Bethel war als heilige Stadt bekannt, ebenso wie Jerusalem und der Berg Garizim. Im Alten Testament wird Bethel im Zusammenhang mit den Patriarchen Abraham und Jakob erwähnt. Abraham baute einen Altar in der gebirgigen Region östlich von Bethel auf seinem Weg südlich des heutigen Nablus, während Jakob von einer Leiter träumte, die bis in den Himmel reichte. Die Stadt blieb bedeutend, da sie aufgrund einer Vereinigung verschiedener lokaler Gruppen von Machtkämpfen verschont wurde, bis sie 721 v. Chr. von den Assyrern eingenommen wurde. Auch danach verschwand die Stadt nicht von der Bildfläche, sondern florierte erneut während der römischen, vor allem aber während der byzantinischen Periode, allerdings als landwirtschaftlich geprägte Kleinstadt. Der Name des Ortes wurde über Jahrhunderte hinweg weitergegeben und schließlich als »Beitin« in seiner arabischen Form niedergeschrieben – ein Beweis für die Kontinuität der Tradition des hier lebenden Volkes. Ursprünglich aus Europa kommende jüdische Einwanderer haben ihre Siedlung hier »Beit El« genannt, so wie auch der biblische Name lautete.

Unter den wenigen Ruinen der Altstadt sind heute noch der hellenistische Turm, die Kirche und das byzantinische Kloster an einem Platz namens Roujm Abu Ammar zu sehen. Von hier aus kann man erkennen, wie sehr die israelische Besiedelung das Land verändert hat. In dem auf beschlagnahmtem palästinensischem Land errichteten Beit El leben über 5100 Siedler.

## Westjordanland

### Tel et-Tal (Ai oder Tourmos Aya)

Zwischen den trockenen Hügeln im Osten und den Olivenhainen im Westen entstand zu Beginn des 3. Jh. v. Chr. ein großer kanaanitischer Stadtstaat. Die von einer befestigten Mauer geschützte Stadt hatte alle Eigenschaften eines wichtigen städtischen Zentrums in der Bronzezeit; so gab es ein Wohnviertel, ein Handwerkerviertel, einen Palast und einen Tempel. Seit ihrer Zerstörung um 2400 v. Chr. wurde die Stadt nicht wieder aufgebaut; nur ein kleines Dorf existierte weiterhin an dieser Stelle, bis es um 1050 v. Chr. ebenfalls aufgegeben wurde. Die Bibel erzählt, wie Josua den Ort Ai zerstörte und alle Einwohner tötete (Jos 8, 14-29).

Tel et-Tal liegt auf einem kleinen Hügel, auf dem sich auch das Dorf Deir Dibwane erstreckt. Hier kann man Reste der Mauer aus der Bronzezeit und Häuser sehen, die bis in die Eisenzeit zurückreichen. Die ländliche Umgebung fasziniert die Besucher und lädt im Frühjahr mit ihrer grünen Landschaft zum Wandern ein.

### Taybeh

Taybeh ist ein Dorf mit 2100 mehrheitlich christlichen Einwohnern. Es wird mehrmals im Alten Testament als »Ophra« und im Neuen Testament als »Ephraim« erwähnt. Als Saladin 1187 Palästina von den Kreuzrittern befreite, kam er durch das Dorf Ephron, dessen arabischer Name »Dämon« bedeutet. Saladin befahl, dem Ort einen anderen Namen zu geben, welcher seiner Schönheit gerecht werde; daher rührt der Name »Taybeh al-Issem« (»der schöne Name«). Heute sind die Dorfbewohner vor allem auf die christliche Überlieferung stolz, die Taybeh (Ephraim) als die Stelle identifiziert, wo Jesus mit seinen Jüngern vor seiner Passion verweilte (Joh 11, 54). Die Bewohner behaupten, seit dieser Zeit ununterbrochen dem christlichen Glauben angehört zu haben.

Am traditionellen Bauernhaus auf dem Gelände der römisch-katholische Kirchengemeinde kann man erkennen, dass Christen und Muslime in Palästina die gleiche Lebensweise hatten. Die Al-Khader-Kirche war ursprünglich byzantinisch, bis die Kreuzritter sie erneuerten. Sie ist heute eine Ruine, aber noch immer Gegenstand besonderer Verehrung und ein Ort, an dem bei wichtigen Ereignissen Opfer dargebracht werden, z. B. wenn ein Einwohner Taybehs aus dem Ausland zurückkehrt oder ein Kind geboren wird. Vor allem der Fußboden aus der Kreuzritterzeit mit byzantinischen Mosaikeinlagen im Mittelgang ist sehenswert. Das Taufbecken ist ebenfalls byzantinischen Ursprungs. An seinem jetzigen Platz steht es aber erst seit der Zeit der Kreuzritter. Unter den mittelalterlichen Mauern wurden byzantinische Mosaike mit verschiedenen Motiven (Rosenknospen, verzweigte Muster) entdeckt. Oberhalb des Dorfs liegt die Burg des Heiligen Elias, von der noch einige Festungswälle übrig sind.

*Nadim Khouri, der Eigentümer der Taybeh-Brauerei*

Im 20. Jh. erlebte das Dorf einen Exodus. Einer der Emigranten, Nadim Khoury, kehrte jedoch 1994 nach Taybeh zurück und trug zur Berühmtheit des Dorfs bei; 1995 gründete er hier die **Bierbrauerei Taybeh**, die einzige Brauerei im Nahen Osten (*Tel. 02/2898868 oder 02/2899293, www.taybehbeer.net, es werden Führungen angeboten*). *Taybeh* ist ein erstklassiges natürliches Bier, das von Kennern geschätzt wird und auch den Vergleich mit deutschem Bier nicht zu scheuen braucht. Es gibt inzwischen sogar *Taybeh*-Bierbrauereien in Deutschland und England. *Taybeh*-Bier (»taybeh« heißt auf Arabisch auch »köstlich«) wird in allen palästinensischen Cafés ausgeschenkt, die Alkohol anbieten.

### Die Herberge der Schwestern vom Heiligen Kreuz von Jerusalem

Diese Herberge liegt auf dem Grundstück der katholischen Kirche und bietet die Möglichkeit eines längeren Aufenthalts im Dorf. Die Zimmer sind einfach, aber gepflegt.
*Tel./Fax 02/2898161, Halbpension 29 $, Schlafsaal 5 $ (Schlafsäcke müssen mitgebracht werden).*

### Das Haus (»ed-dar« oder »al-beit«)

Traditionelle Landhäuser hatten meist ein großes, quadratisches Zimmer mit 25 bis 30 m$^2$, eine Steindecke mit geripptem Gewölbe und schmale Fenster. Eine kleine Treppe führte in diesen traditionellen Bauernhäusern zu einem einzigartigen Raum – der etwas höher gelegenen *mastaba*. Die *mastaba* war Küche, Wohn- und Schlafzimmer in einem. Tagsüber wurden die Schlafmatratzen in einer großen Nische (*qaws*) aufgestapelt. Im Untergeschoss wurden Tiere (Schafe, Ziegen, Esel oder Maultiere) in einem Raum (*rawia*) gehalten, wo sich auch landwirtschaftliche Geräte befanden. Durch den Zugang zur Treppe konnte die Wärme der Tiere in den Familienraum im Obergeschoss strömen. Wenn der Familienzuwachs es erforderte, wurden Räume um den Hof (*hosh*) angebaut.

### Das Flüchtlingslager Jalazone

Im Flüchtlingslager Jalazone, das 1949 auf den steinigen Hügeln 7 km von der Stadt Ramallah entfernt errichtet wurde, leben heute mehr als 8000 Flüchtlinge. Die meisten von ihnen kamen aus den Städten Lydd (Lod) und Ramle sowie aus Dörfern im Zentrum Palästinas. Das Lager ist eine Enklave; es befindet sich in Zone B und ist vollständig von Zone C eingeschlossen. Dadurch ist es bei jeder von der israelischen Besatzungsmacht verordneten Absperrung besonders gefährdet. Wie in den meisten Flüchtlingslagern ist auch hier die Infrastruktur mangelhaft ausgebaut, und die unzureichenden Abwassersysteme stellen ein erhebliches sanitäres Problem dar. Es gibt zwei Schulen im Lager, eine für Jungen (898 Schüler) und eine für Mädchen (943 Schülerinnen). Wegen der hohen Anzahl der Kinder müssen die Lehrer in Doppelschichten arbeiten. Die Bewohner dieses an der Hauptstraße von Ramallah nach Nablus (heute eine Umgehungsstraße ausschließlich für israelische Siedler) gelegenen Lagers waren während der ersten Intifada besonders aktiv. Zwölf Jugendliche wurden damals entweder von israelischen Soldaten oder von Siedlern aus dem benachbarten Beit El getötet. In dieser Siedlung lebt auch

## Westjordanland

*Flüchtlingslager Jalazone*

der israelische Politiker Benny Elon, bekannt als einer der militantesten und gewalttätigsten Siedleranführer.

### Jifna

Gegen Ende der hellenistischen Periode wurde Jifna bereits als »Kleinstadt« bezeichnet und war als »Gofna« auf der Madaba-Karte aus dem 6. Jh. verzeichnet. Heute ist Jifna ein kleines Dorf mit 1300 Einwohnern und einer christlichen Mehrheit. Berühmt ist es für sein Aprikosenfest (1. bis 15. Mai). Al-Burj, ein alter, befestigter Turm aus osmanischer Zeit, beherbergt ein Kulturcafé und Restaurant; hier werden Konferenzen und Musikabende veranstaltet und andere Formen zur Freizeitgestaltung angeboten. Außerdem gibt es ein Museum und Ausstellungen.

*Dorfrat, Tel. 02/2811073; Reef House Hotel, Tel. 059/9266499.*

## Birzeit

Das Städtchen Birzeit mit 6600 Einwohnern ist 2 km vom Gelände der Universität Birzeit entfernt und mit einem Sammeltaxi von Ramallah aus bequem erreichbar (*Taxistand am Al-Manara-Platz, 4,50 NIS*). Birzeit ist wegen seiner Nähe zur Universität ein sehr lebendiger Ort mit Restaurants, Internetcafés, Läden, Apotheken sowie einer Herberge für ausländische Studenten und Zimmern zum Mieten. Das Archäologische Institut der Universität befindet sich im Stadtzentrum und besitzt ein kleines archäologisches Museum (*Öffnungszeiten: täglich außer freitags und sonntags 10.00-15.00 Uhr, Tel. 02/2982000/2976*). Birzeit ist außerdem für sein alljährliches internationales Musikfest im Sommer berühmt.

*Birzeit nördlich von Ramallah*

Die Umgebung von Birzeit ist ein idealer Ausgangspunkt für Spaziergänge und Wanderungen. Mit ein wenig Glück kann man in dieser wunderschönen Landschaft Gazellen, Rebhühner oder auch Füchse beobachten. Es sind viele Bruchsteinbauten zu sehen, die auf den Feldern in der Umgebung errichtet worden sind. Diese zweistöckigen Gebäude sind als *qasr* oder *mantara* bekannt. Das Erdgeschoss wurde zur Lagerung landwirtschaftlicher Geräte und der Ernte verwendet, während das Obergeschoss

# Ramallah

als Übernachtungsmöglichkeit für Erntehelfer vor allem während der Olivenernte diente; außerdem ließ sich von hier aus sehr gut die Umgebung überblicken.

## Nützliche Adressen

Das Ein-al-Hamam-Schwimmbad (*Tel. 02/2810076, Öffnungszeiten: 10.00-17.30 Uhr, Erwachsene 15 NIS, Kinder 10 NIS*) liegt im östlichen Teil von Birzeit. Es verfügt über mehrere Außenbecken, ein Innenbecken für Frauen sowie über mehrere Erfrischungsbereiche. Es ist ein angenehmer und vor allem bei Kindern beliebter Treffpunkt.

## Die Universität

Die Geschichte der Universität reicht zurück bis in das Jahr 1924, als hier die erste Schule für Mädchen unter der Führung von Nabiha Nasir (1891-1951) gegründet wurde. Die Schule entwickelte sich zu einer Art Hochschule mit dem Namen »Birzeit College«, die eine Art Diplomabschluss nach zweijährigem Studium anbot. Um die Situation nach der Besetzung 1967 zu verbessern, als Studenten mit den von der israelischen Militärbehörde auferlegten Reisebeschränkungen zurechtkommen mussten, richtete die Hochschule 1972 ein Zentrum für weiterführende Bildung ein. Die Universität Birzeit wurde 1976 offiziell eröffnet. Seither beeinträchtigen die Besatzungsbehörden permanent das Leben der Studenten und den Universitätsbetrieb selbst. Zwischen 1979 und 1992 war sie drei Viertel der Zeit geschlossen. Auch wenn die Israelis heute keine Schließungsbefehle mehr erteilen, da die Universität in der autonomen Zone A liegt, kontrolliert die Armee dennoch sämtliche Zufahrtsstraßen.

*Universität Birzeit*

*Für ausländische Studenten werden sowohl Sprachkurse (klassisches und gesprochenes Arabisch) als auch Kurse über die arabische Welt angeboten (The Palestine and Arabic Studies Programme, Tel. 02/2982153), www.birzeit.edu, Tel. 02/2982000).*

# Westjordanland

## Westlich von Ramallah

### Die Shuqba-Höhlen

Im Jahr 1924 wurden menschliche Knochen von 45 Personen in einer im Wadi Natuf gelegenen Höhle entdeckt – ein Verweis auf die Existenz einer Gemeinschaft, die im Begriff war, sesshaft zu werden. Altertumsforscher konnten eine Kultur ausmachen, die als »Natuf-Kultur« bekannt wurde. Sie begann um 12 000 v. Chr. und war eine Vorstufe des Neolithikums. Diese Kultur mit Zentrum in Palästina breitete sich im Vorderen Orient vom Süden nach Norden aus und war durch mehrere spezifische Merkmale gekennzeichnet: die Sesshaftigkeit, die Errichtung von Dörfern, eine Verbesserung der Jagdmethoden und eine Vorliebe für Gazellen, die Nahrung, Leder und Knochen lieferten. Die Menschen bauten Getreide sowie einige Gemüsesorten an; die Sichel ist zu diesem Zeitpunkt erstmals in der Geschichte nachzuweisen. Auch Hunde wurden bereits domestiziert – sie waren die ersten gezähmten Tiere. Zudem gab es bereits Begräbniszeremonien; so wurden Tote manchmal mit dekorierten Zähnen begraben.

*Das Dorf Shuqba befindet sich etwa 15 km nordwestlich von Ramallah. Dorfrat, Tel. 02/2485466. Die prähistorischen Höhlen befinden sich auf der Nordseite des Wadi Natuf. Beim Besuch der Höhlen ist eine Taschenlampe empfehlenswert.*

### Bilin

Bilin ist ein kleines Dorf mit 1700 Einwohnern, das von der Landwirtschaft lebt. Es liegt nordwestlich von Ramallah, direkt östlich der Grünen Linie. Seit Anfang der 2000er Jahre ist die Existenz des Dorfs bedroht; doch aufgrund seiner Ausdauer und dank der Unterstützung israelischer und internationaler Aktivisten wurde Bilin sowohl in Palästina als auch im Ausland zum Symbol eines gemeinschaftlichen gewaltlosen Widerstands. Jeden Freitag demonstrieren die Bewohner des Dorfs friedlich gegen die Trennmauer, die illegal auf ihrem Land errichtet wurde, und protestieren so gegen die israelische Einverleibungspolitik, die bereits zum Verlust von fast 60% des zum Dorf gehörenden Landes geführt hat. Am 4. September 2007, nach fast drei Jahren gewaltloser Proteste, ordnete das Oberste Gericht Israels eine Verlegung der Mauer nach Westen an. Infolgedessen mussten etwa 250 Morgen der landwirtschaftlichen Nutzfläche an das Dorf zurückgegeben werden. Trotz dieses wichtigen Sieges sieht sich das Dorf mit der Errichtung einer weiteren israelischen Siedlung auf seinem Land (Mattiyahu Ost) sowie mit der eskalierenden Armeegewalt konfrontiert. Letztere äußert sich nicht

*Demonstration gegen die Trennmauer in Bilin*

# Ramallah

nur während der Demonstrationen, sondern auch in häufigen nächtlichen Übergriffen, bei denen häufig Einwohner und Aktivisten verhaftet wurden.

*Bilin Popular Committee, E-Mail: committee@bilin-village.org; www.bilin-village.org.*

### Ras Karkar

Der im 18. Jh. errichtete befestigte Wohnort der Bani Harith Shamaliyeh, den Nachfahren einer der Stämme zur Zeit Muhammads, nimmt mehr als 2430 m² einer Bergkuppe ein. Der monumentale Eingang zu dem Dorf mit 1800 Einwohnern, die Ställe und ein großräumiger Innenhof (330 m²), der von zahlreichen Räumen umgeben ist, weisen auf die Bedeutung dieses Dorfs hin, das über Steuereinnahmen von elf nahe gelegenen Dörfern verfügte. Nur ein Teil des alten Dorfs ist heute noch bewohnt.

*Dorfrat, Tel. 02/2481615.*

### Qibya

Am 14. Oktober 1953 fand in Qibya ein Massaker statt, als das von Ariel Sharon angeführte israelische Militär nach mehreren Grenzzwischenfällen dieses damals unter jordanischer Herrschaft stehende Dorf im Westjordanland angriff. Während des israelischen Artilleriebeschusses waren sämtliche Dorfausgänge blockiert. Insgesamt starben bei dem Angriff 67 Männer, Frauen und Kinder – zwölf Skelette liegen noch immer in einem der ausgetrockneten Brunnen des Dorfs. Außerdem wurden 56 Häuser, eine Schule, ein Wasserreservoir und eine Moschee gesprengt, um die Rückkehr der Überlebenden zu verhindern. Heute liegt das Dorf in der Nähe der Grünen Linie zwischen dem Modiin-Siedlungsblock im Süden, der Trennmauer im Westen und Süden und einer neuen Umgehungsstraße für Siedler im Osten. Die mehr als 4800 Einwohner Qibyas leben wie die Bewohner vieler anderer palästinensischer Dörfer wie in einer Art Gefängnis und haben nur eingeschränkten Zugang zu Märkten in der Umgebung, auf denen sie ihre landwirtschaftlichen Produkte verkaufen können.

*Qibya*

*Gemeindeverwaltung, Tel. 02/2485803.*

353

# Westjordanland

## Amwas (Emmaus)

Amwas (Emmaus) wurde zum ersten Mal in der Bibel im Zusammenhang mit der Beschreibung des Kampfes zwischen den Seleukiden und den Makkabäern (161 v. Chr.) um diesen strategischen Ort zwischen Jerusalem und der Küstenebene erwähnt (1 Makk 3, 40; 3, 57; 4, 3-4). Seine exponierte Lage brachte dem Dorf sowohl Glück als auch Unglück. Im Jahr 221 n. Chr. gewährte der römische Kaiser Marcus Aurelius Antonius Augustus (Elagabal) auf Wunsch von Julius Africanus, dem Dorf Emmaus den Status eines Stadtstaates und nannte es »Nicopolis«, was auf Griechisch »Stadt des Sieges« heißt.

Die Menschen des Dorfs konvertierten früh zum Christentum. Der christlichen Überlieferung zufolge soll Christus seinen Jüngern Simon und Kleopas nach seiner Auferstehung in Emmaus erschienen sein (Lk 24, 13-34). Die Geschichte über Jesu Erscheinung in dem Dorf führte dazu, dass sich hier eine vielfältige Kunst der Ikonografie entwickelte, die insbesondere die Gastfreundschaft und die Großzügigkeit der Bevölkerung thematisierte. Diese Tradition verlor sich jedoch nach dem Ausbruch einer Pestepidemie Anfang des 7. Jh.; dennoch wurde sie an anderen Orten erfolgreich aufrechterhalten, z. B. in den Dörfern Abu Ghosh, Qubeiba und Qalunya, ein zerstörtes Dorf im Bezirk Jerusalem, das im Jahr 1944 noch 910 Einwohner zählte. 1948 waren die zionistischen Truppen gezwungen, die Eroberung des Dorfs aufzugeben.

*Amwas vor der Zerstörung (1958)*

*Amwas nach der Zerstörung im Junikrieg 1967*

Nach der Zerstörung von Amwas im Juni 1967 wurden 85% des zu ihm gehörenden Landes enteignet, darunter auch die fruchtbarsten Nutzflächen. Die Dorfbewohner, die zu Bauern ohne Grundbesitz wurden, fanden entweder auf anderen Bauernhöfen oder als Bauarbeiter in einer der nahe gelegenen Städte Arbeit – meistens in Jerusalem und Ramallah.

*An der Straße von Jaffa nach Jerusalem, Ausfahrt nach Beersheva.*

## Die Zerstörung von Amwas, Yalou und Beit Nuba 1967

1967 lebten etwa 12 000 Menschen in diesen drei Dörfern. Am 11. Juni wurden die Einwohner auf Befehl Yitzhak Rabins vom israelischen Militär vertrieben und gezwungen, nach Ramallah

»Die Häuser in Beit Nuba waren sehr schöne, aus Stein gebaute Häuser. Manche waren sogar luxuriös. Sie waren von Oliven- und Aprikosenbäumen und Weingärten sowie von Zypressen und anderen majestätischen Bäumen umgeben, die großzügig Schatten spendeten. Jeder Baum wurde sorgfältig gewässert. Beete voll sorgsam gepflegten Gemüses lagen zwischen den Bäumen. In den Häusern fanden wir einen verwundeten ägyptischen Offizier sowie mehrere ältere Männer und Frauen. Am Mittag kam der erste Bulldozer und fuhr auf das erste Haus am Rande des Dorfs zu. In einem Schwung zerfetzte er die Zypressen und Olivenbäume. Zehn Minuten später waren das Haus, seine bescheidene Einrichtung und die Möbel ein Haufen Schutt.«

Bericht an die Mitglieder der Knesset von Amos Kenan, einem Reservisten des Bataillons, welches das Gebiet erobert hatte.

*Kinderzeichnung eines zerstörten Dorfs*

»Ich bin aus Amwas (Emmaus). Ich habe Amwas am 6. Juni 1967 mit meinem Kind verlassen, ohne irgendetwas mitzunehmen. In der Nähe waren 60 Soldaten des arabischen Militärs. Mein Bruder, der Mukhtar der Stadt war, und ich waren genau um Mitternacht auf der Straße. Unser Haus lag an der Hauptstraße. Wir hörten zwei Autos heranfahren. Jemand stieg aus einem der Autos aus und rief uns zu: ›Abu Deeb, Abu Deeb‹ (der Name meines Bruders). Es war der Hauptmann der arabischen Armee in der Umgebung. Er sagte ihm: ›Abu Deeb, wir ziehen ab. Passt auf euch auf!‹ Die Stadt Amwas besaß einen Bus. Wir haben so viele Leute wie möglich in den Bus gepfercht, um sie zum Gemeindehaus in Latrun zu bringen. Das Bombardement hatte begonnen. Meine zwei Cousins und ich fanden in der Dorfkirche von Amwas Zuflucht. Eine Streife kam zum Gemeindehaus, wo die Gruppe aus dem Bus Schutz gesucht hatte. Einer der Soldaten sagte zu ihnen: ›Ihr habt nur einen Weg frei: die Straße nach Ramallah. Wir wollen niemanden zurück zu seinem Haus gehen sehen.‹ Ein alter Mann sagte zum Soldaten: ›Ich will zurück nach Hause gehen, um ein Paar Schuhe zu holen‹, weil er nur Sandalen trug. Der Soldat antwortete: ›Wenn du bei deinem Haus stehen bleibst, wirst du getötet. Du musst die Straße nach Ramallah nehmen.‹ (Ein Waffenstillstand wurde angeordnet.)

Es war der 13. oder 14. Juni. Nadim ez-Zarrou, der Bürgermeister und Militärverwalter von Ramallah, verkündete, dass alle zu ihrem Besitz zurückkehren sollten. Die Leute fragten: ›Auch nach Amwas?‹ ›Ja‹, sagte er, ›nach Amwas, Beit Nuba und Yalou – ihr könnt in eure Dörfer zurückkehren.‹ Alle, die diese Nachricht hörten, machten sich entlang einer Straße auf den Weg. Als sie in der Nähe von Beit Nuba – das vor Amwas liegt – angekommen waren, trafen sie auf eine Panzerlinie und es wurde ihnen gesagt, dass sie nicht weitergehen durften oder sie würden erschossen«

*Hikmat Deeb Ali*

zu fliehen. Etwa 539 Häuser in Yalou, 550 in Beit Nuba und 375 in Amwas wurden gesprengt oder von Bulldozern zerstört. Heute zählen die Flüchtlinge aus diesen Dörfern und deren Nachfahren mehr als 30 000 Personen; die meisten von ihnen leben in Jordanien oder in Ramallah. Palästinenser, die 1967 gezwungen worden waren, ihre Häuser zu verlassen, werden von den Vereinten Nationen nicht als Flüchtlinge anerkannt.

Auf dem Gebiet der zerstörten Dörfer Deir Ayyub (im Bezirk Ramle, 1948 zerstört; 1944 hatte es 320 Einwohner), Beit Nuba und Yalou entstand mithilfe von Spenden des kanadischen Jüdischen Nationalfonds (*Jewish National Fund of Canada*) ein israelischer Park mit dem Namen »Canada Park«; vor einigen Jahren wurde er in »Ayalon Park« umbenannt. Nur wenige Spuren

## Westjordanland

der zerstörten Dörfer sind heute noch zu sehen, darunter einige Gräber des Friedhofs von Amwas am Fuße des Dorfs (in der Nähe des Eingangs zum Park); ansonsten ist das Gelände mittlerweile vom Nadelwald bedeckt. An einigen Stellen kann man erkennen, dass früher an diesem Ort Menschen gelebt und Landwirtschaft betrieben haben; so wurden Johannisbrot-, Oliven- und Mandelbäume sowie Feigenkakteen angebaut, Brunnen errichtet usw. Darüber hinaus gibt es Ruinen aus früheren Epochen: Ölpressen und *Maqams* aus der Mamelucken-Zeit. In der Mitte des Friedhofs ist der Abu-Obeida-Maqam zu sehen; er war zuerst ein römisches Bad, dann ein Lagerplatz der Kreuzritter und schließlich ein *Maqam* aus dem 13. Jh., der Abu Obeida Amer Ibn al-Jarrah gewidmet war. Er war ein Kommandant der arabisch-muslimischen Armeen, der im Jahr 638 durch die Pest umgekommen sein soll; er wurde in Amwas begraben. Die Mamelucken errichteten auf seinem mutmaßlichen Grab eine neue heilige Stätte in Form eines *Maqam*, um seinen Sieg gegen die byzantinischen Armeen zu feiern. In der Nähe erbauten die Osmanen einen weiteren *Maqam* im Gedenken an Maath Ibn Jabal, einen Mitkämpfer Abu Obeidas. Die Überreste des Dorfs Yalou sind westlich des Parks auf einem kleinen Hügel noch sichtbar.

*Das Kloster von Latrun*

### Der Gutshof der Gemeinde der Seligpreisungen

Am Eingang zum Park befinden sich die Überreste einer byzantinischen Kirche, die während des großen Aufstands der Samariter im Jahr 529 zerstört wurde, sowie die einer anderen, von den Kreuzrittern erbauten Kirche. Viele der lokalen archäologischen Funde werden im *Studium Biblicum Franciscanum* in Ostjerusalem ausgestellt.

*Öffnungszeiten: Montag-Samstag 9.00-16.00 Uhr, Eintritt: 1 NIS.*

### Latrun

14 km von Ramle entfernt lag die kleine christliche Gemeinde Latrun, die im Jahr 1945 noch 190 Einwohner hatte. Bis zum Ende des 19. Jh. befanden sich alle ihre Häuser, die aus gepresster Erde gebaut waren, innerhalb der Mauern einer Kreuzritterburg. Als Trappistenmönche das Land und das alte Dorf kauften, bauten sie als Entschädigung etwa 500 m südlich des Klosters ein neues Dorf für die Einwohner. Nach dem Krieg 1948 wurden das Kloster und das alte Dorf im Bezirk Ramle unter jordanische Verwaltungshoheit gestellt, während sich das neue Dorf im Niemandsland befand. Die Häuser des alten Dorfs standen bis zu ihrer Zerstörung im Jahr 1967 leer.

# Ramallah

*Die Umgebung von Latrun*

Die Abtei Latrun ist für ihre Weinproduktion bekannt und unterhält ihr eigenes Geschäft, in dem Latruner Weine und Schnäpse verkauft werden (*Öffnungszeiten: Montag-Samstag 8.30-18.00 Uhr, Tel. 08/9220065*). Die Abtei wurde Ende des 19. Jh. von französischen Trappistenmönchen gebaut, die hier eine Herberge für Pilger und eine Schule für Landwirtschaft gründeten. Die Gärten und die Weinberge sind öffentlich zugänglich. Auf dem Gipfel des Hügels, der zum Land der Abtei gehört, sind die Ruinen einer 1133 erbauten Kreuzritterburg für Besucher zugänglich.

*Dorf nördlich von Ramallah*

# Nablus

### Mein Land

Erhabenheit, Schönheit, Würde und Herrlichkeit sind in deinen Hügeln
Leben, Freiheit, Glück und Hoffnung in deiner Liebe
Möge ich dich ungeteilt und überquellend von Segnungen sehen,
Würdevoll und sicher möge ich dich sehen
Möge ich dich auf deinem Podest nach dem Himmel greifend sehen,
Möge ich dich sehen, mein Land, mein Land
Die Jungen ermüden nicht im Ruf nach Unabhängigkeit oder Tod
Wir ernähren uns von Hoffnung, niemals werden wir der Feinde Sklaven sein
Wir verweigern uns der ewigen Demütigung und dem Leben in Angst
Wir wünschen uns unsere angestammte Ehre zurück
Mein Land, mein Land
Unser Motto ist das Schwert und die Feder und nicht Auseinandersetzung, nicht Streit
Unser Stolz, unsere Hingabe sind Pflichten, denen wir treu bleiben
Unser Stolz ist ein Ziel, das uns Ehre einträgt, wie die flatternde Fahne, die uns die Zukunft weist
Oh, da oben, auf deinem Podest, die Feinde überwindend
Mein Land, mein Land.

*Ibrahim Tuqan (1905-1941), »Diwan Ibrahim«, Nablus (1930)*

*Gesamtansicht von Nablus, im Hintergrund der Berg Garizim*

# Zwischen Ramallah und Nablus

### Sinjil

Im Zentrum des Dorfs Sinjil, dessen Name die arabisierte Form des französischen Kreuzfahrermönchs »Saint Gilles« ist, befinden sich eine sehr alte Moschee, die ursprünglich eine Kreuzfahrerkirche war, und ein *Maqam*, der in der Gegend als »Nabi Yahya« bekannt ist und als Zenotaph (Ehrengrabmal) des Propheten Yahya (Johannes der Täufer) dient.
*An der Straße 4665.*

### Karawansereien

An der Straße zwischen Al-Bireh und Nablus befinden sich etliche Ruinen osmanischer Karawansereien. Einige von ihnen sind schon allein aufgrund ihrer malerischen Atmosphäre durchaus einen Besuch wert. In der Vergangenheit spielten Karawansereien eine bedeutende Rolle für den Handel. Sie dienten den Händlern vor allem als Orte, an denen sie sich ausruhen und mit Proviant versorgen konnten, bevor sie ihre Reise fortsetzten. Darüber hinaus fungierten sie als Poststationen oder als Militärposten. Zwischen Al-Bireh und Nablus zeugen die *Khans* von Ein Sinya, Sinjil, Al-Lubban und Qabalan (bei Letzterem befindet sich heute ein Gemüseladen) von der früheren Bedeutung dieser Route, die im Norden weit über Nablus hinaus bis nach Damaskus und im Westen zur Mittelmeerküste führte.

### Tel Shiloh

Tel Shiloh wurde zuerst in der mittleren Bronzezeit (1750-1550 v. Chr.) besiedelt. Man nimmt an, dass der Hügel als heiliger Ort galt, der verschiedene Gruppen von Kanaanitern verband und seine religiöse Funktion bis zur islamischen Zeit bewahrte. Während der Eisenzeit bauten die Israeliten hier einen Tempel, der die Bundeslade (1 Sam 3, 2-15) enthalten haben soll und an dem sich die Stämme einmal im Jahr versammelten. Während der römischen und der byzantinischen Epoche blieb Tel Shiloh ein wichtiges religiöses Zentrum. Im 5. Jh. n. Chr. fanden hier religiöse Feierlichkeiten in zwei Kirchen statt, der Basilika und der Wallfahrtskirche, deren Mosaikkacheln Anfang des 20. Jh. entdeckt wurden. Ganz in der Nähe der Ruinen haben die beiden muslimischen *Maqams* Weli Yetin und Weli Sittin diese Tradition fortgesetzt.
*In der Nähe des Dorfs Turmus Ayya.*

*Mosaik aus Tel Shiloh*

Westjordanland

# Nablus

> ### Anreise nach Nablus
>
> In Ramallah kann man entweder mit dem Taxi (15 NIS) oder dem Bus (10 NIS) vom zentralen Busbahnhof aus weiterreisen. Von Jerusalem oder Bethlehem kommend nimmt der Reisende am besten ein Sammeltaxi vom Checkpoint Qalandia (etwa 20 NIS); dadurch kann das Zentrum von Ramallah umfahren werden.
>
> In Nablus fahren Sammeltaxis nach Jenin (15 NIS) von der Busstation im Stadtzentrum, nach Qalqilia und Tulkarem vom Beit-Iba-Checkpoint und nach Jericho (50 NIS) und Ramallah (15 NIS) vom Huwwara-Checkpoint ab. Aufgrund der verschiedenen Checkpoints (allein sieben rund um Nablus) und anderer israelischer Kontrollmaßnahmen (über 600 im Westjordanland) ändern sich die Abfahrtsorte für öffentliche Verkehrsmittel ständig. Deshalb ist es immer ratsam, bei den Einheimischen den jeweils aktuellen Reiseweg zu erfragen. Alle palästinensischen Städte sind stark durch die Absperrungen und Bewegungseinschränkungen beeinträchtigt, aber Nablus ist davon am schlimmsten betroffen; daher kann das Reisen hier sehr zeitaufwendig sein.

Die Stadt Nablus (134 000 Einwohner) liegt in einem weniger als 1 km breiten Tal zwischen zwei Bergen, dem Garizim (880 m) und dem Ebal (940 m). Die Straße durch die Ebene von Ramallah nach Nablus durchquert das Industriegebiet und das Flüchtlingslager von Balata, bevor sie in das sich von Osten nach Westen erstreckende Tal mündet.

Die alte Nablus (Shechem bzw. Sichem) wurde über einer Quelle errichtet, die heute unter dem Flüchtlingslager liegt. Das Heer von Hyrcanus I. zerstörte Shechem im 2. Jh. v. Chr. Im Jahr 70 n. Chr. vernichtete der römische Kaiser Titus die alte Stadt schließlich vollständig und errichtete am Fuß des Garizim die Siedlung Flavia Neapolis zu Ehren seines Vaters, des Kaisers Flavius Vespasian, dessen Nachfolge er im Jahr 79 antrat. Wie auch Neapel, so wurde die Stadt nach dem griechischen »neapolis« (»neue Stadt«) benannt. Flavia Neapolis war eine typisch römische Stadt; sie verfügte über ein Forum, ein Amphitheater, ein Hippodrom und gepflasterte Straßen mit Kolonnaden. Später war sie von einer Mauer umgeben.

*Stadtzentrum von Nablus*

In der Gegend entwickelten sich griechisch-römische religiöse Kulte, stießen jedoch auf Widerstand vonseiten der Samariter, die zu den Hauptopfern der römischen Besatzung gehörten. Die darauffolgende Ausbreitung des Christentums und seine offizielle Anerkennung im 4. Jh. versetzten der samaritischen Gemeinschaft den endgültigen Todesstoß. Im Jahr 636 wurde Nablus von arabischen Truppen erobert und durchlief einen raschen Prozess der Islamisierung und Arabisierung. Christliche Kultstätten, die oftmals an den Orten errichtet worden waren, an denen zuvor samaritische oder römische Tempel gestanden hatten, wurden in Moscheen oder muslimische Schreine umgewandelt. Nablus entwickelte sich nach dem Vorbild der Umayyaden-Hauptstadt Damaskus, sodass der arabische Geograf Al-Muqadassi es im 10. Jh. »Klein-Damaskus« nannte, eine Bezeichnung, auf die es bis auf den heutigen Tag stolz ist. Im 11. Jh.

begünstigte die Krise, die durch den Machtkampf zwischen den Abbassiden und den Fatimiden in Nablus provoziert worden war, den Einfall der Kreuzfahrer. Königin Melisende von Jerusalem, die Mutter Balduins III., durfte nach ihrer Regentschaft in Nablus bleiben und lebte hier von 1152 bis 1161. Saladin eroberte die Stadt 1187 zurück. Im darauffolgenden Jahrhundert wurde Nablus Opfer zahlreicher Katastrophen – 1202 ein Erdbeben, 1260 der Einfall der Mongolen und 1280 ein Raubzug von Beduinen –, bevor sie während der mameluckischen Epoche einen Aufschwung erlebte. Sie war im ganzen arabischen Raum berühmt für ihre Produktion von Seifen, Baumwollstoffen und feinen Backwaren.

Am Ende des 19. Jh. entwickelte sich Nablus zu einem politischen Zentrum für die national-arabische Befreiungsbewegung, die sich bald im Wesentlichen mit drei Herausforderungen konfrontiert sah: der türkischen Nationalbewegung zwischen 1909 und 1914, der zionistischen Einwanderung und dem britischen Kolonialismus. Während des Aufstands der palästinensischen Nationalbewegung war Nablus 1936 die erste Stadt, die ein Nationalkomitee gründete. Durch ihre Vorbildfunktion im Kampf gegen den Kolonialismus und die Besatzung erwarb sie sich den Namen »Jabal en-Nar« (»Feuerberg«).

*Bassam Shakaa*

Im Frühjahr 1963 rief die Nationalbewegung Palästinas in Nablus die »Republik Palästina« aus, was eine schärfere Kontrolle der Stadt durch die jordanischen Behörden zur Folge hatte. Die nachfolgende israelische Besatzung brachte neue Formen der Unterdrückung mit sich und viele palästinensische Politiker wurden Opfer von Mordanschlägen. Bassam Shakaa, der Bürgermeister von Nablus, überlebte 1980 zwar die Explosion seines verminten Autos, verlor dabei jedoch beide Beine. Da er am Leben blieb, wurde er von den Israelis seines Amtes enthoben und unter Hausarrest gestellt. 1995 wurde Nablus eine autonome palästinensische Stadt (Zone A), die allerdings vollständig von jüdischen Siedlungen umschlossen ist.

Ökonomisch ist die Stadt, in der es zahlreiche Handwerksbetriebe gibt (u. a. für die Herstellung von Möbeln und für Baumaterialien), durch israelische Exportbeschränkungen und die Abhängigkeit vom israelischen Markt gleichsam gelähmt.

Während Nablus in Anspielung auf seinen hartnäckigen Widerstand von den Palästinensern »Feuerberg« genannt wird, bezeichneten die Israelis es zur Zeit der Al-Aqsa-Intifada als die »Hauptstadt des Terrorismus«. Die Stadt war einer erbarmungslosen Belagerung und einem wiederholten Bombardement ausgesetzt. Nachdem die israelische Armee im April 2002 in das Stadtzentrum eingerückt war, wurde die Bevölkerung – ohnehin schon durch sieben Checkpoints umringt – von Juli bis Mitte Oktober unter eine mehr oder weniger permanente Ausgangssperre gestellt. Während dieser Zeit wurde diese nur für insgesamt 79 Stunden aufgehoben.

> »Dann ging ich nach Nablus. Es ist eine großartige Stadt mit vielen Bäumen und Flüssen, die reichlich Wasser führen. Wegen ihrer Olivenbäume ist sie auch eine der wichtigsten Städte Syriens. Von hier aus exportiert man Olivenöl nach Kairo und Damaskus. In Nablus macht man auch Johannisbrotpaste und exportiert sie nach Damaskus und in andere Länder.«
>
> Ibn Battuta, arabischer Geograf (14. Jh.)

> »Während der ersten Intifada kontrollierten und überwachten die Israelis durch 600 bis 700 Militärbefehle unser tägliches Leben. Alle Schulen und Universitäten widersetzten sich diesen Anordnungen. Als ich Bürgermeister war, überwachten die Israelis auch mein tägliches Leben. Nach meiner medizinischen Behandlung gab Gott mir die Möglichkeit weiterzuleben, aber sie zerstörten meine gesamte gesellschaftliche Existenz. Eine Militärpatrouille kontrollierte mein Haus rund um die Uhr. Niemand konnte mich besuchen, ohne zuvor überprüft zu werden – niemand! Kein einziger Besucher, den ich empfing, hatte keine Blutspuren im Gesicht. Sie schlugen sie sehr hart, erst dann ließen sie sie hereinkommen, um Druck auf mich auszuüben.«
>
> Bassam Shakaa

## Die Altstadt (Al-Kasbah)

Die meisten religiösen und weltlichen Gebäude der Altstadt wurden während der osmanischen Periode errichtet. Es sind jedoch auch ältere architektonische Elemente aus der römischen und der byzantinischen Epoche sowie aus der Zeit der Kreuzfahrer und der Mamelucken zu finden, die dem Betrachter in den späteren Konstruktionen zumeist verborgen bleiben: römische Gesimse, schön gestaltete, mameluckische Gebäude mit ihren charakteristischen geometrischen Verzierungen um die Eingänge herum und Steine mit Kreuzzeichen. Ähnlich eindrucksvolle Eingänge mit *muqarnas* – dekorative Abschlüsse von Kuppeln, Portalen und Nischen in Form vieler übereinander gesetzter Spitzbögen – wie sie typisch für Jerusalem sind, gibt es hier nicht; der Stil der Häuser in Nablus ist eher schlicht. Die historischen Gebäude und das Labyrinth aus winzigen Gassen, welche die Hügel überziehen, sind von Geschäftigkeit und dem schwungvollen Handel der zahllosen Läden und kleinen Fabriken geprägt. Da diese jedoch oft hinter unauffälligen Eingängen verborgen sind, ist es schier unmöglich, sie alle zu entdecken. Die Altstadt ist eine Welt für sich – mit den bunten Farben und den Gerüchen der Marktstände mit Früchten, Gemüsen, Gewürzen, *zaatar* (Thymian), *labaneh* (Joghurtkäse) sowie den beliebten Cafés mit dem spezifischen Geruch der Wasserpfeifen oder den vielen verschiedenen Produktionsbetrieben (Matratzen, Wolldecken, Seifenfabriken, Zubereitung von Sesamöl, gemahlenem *zaatar* oder Süßigkeiten).

*Hauptgeschäftsstraße in Nablus*

## Nablus

### Ein zerstörtes historisches Erbe

Vom 3. bis 21. April 2002 griff die israelische Armee, unterstützt von F16-Kampfflugzeugen, Hubschraubern, Panzern und Planierraupen, Wohnviertel von Nablus an, u. a. auch die Kasbah. Dabei tötete sie Dutzende und verwundete Hunderte von Anwohnern. Einige wurden unter den Trümmern ihrer zerstörten Häuser lebendig begraben. In der Bevölkerung rief dies schmerzhafte Erinnerungen an die Zerstörung anderer palästinensischer Städte im Jahr 1948 hervor (u. a. Haifa, Jaffa, Lydd, Al-Majdal, Ramle, Tiberias). Viele historische Gebäude (religiöse, öffentliche und private Häuser sowie Fabriken) wurden getroffen. Insgesamt beschädigte die Armee über 500 Gebäude, zerstörte 60 vollständig und ließ 221 einsturzgefährdet zurück. Die Stadt wurde im April unter eine nahezu permanente Ausgangssperre gestellt, welche die Rettungsarbeiten extrem schwierig machte. Unter den historisch bedeutsamen religiösen Anlagen, die zerstört oder beschädigt wurden, waren die Al-Khadra-Moschee im mameluckischen Stil, deren Fassade durch Panzer und Planierraupen zerstört wurde, das Grabmal von Sheikh Badr ed-Din, die griechisch-orthodoxe St. Demitrios-Kirche, die aus dem 13. Jh. stammenden Kanaan- und Al-Nabulsi-Seifenfabriken, das Esh-Shifa-Badehaus, die Al-Fatimiya-Schule (ein osmanisches Gebäude), etwa 60 traditionelle Häuser aus dem 18. und 19. Jh. und das Osttor des Al-Wakale-Khans aus dem 18. Jh.

### Der Uhrturm

Wie die Uhrtürme von Jaffa, Akko und Jerusalem (am Jaffator) wurde auch dieser Turm gegenüber der En-Nasser-Moschee im frühen 19. Jh. zu Ehren des 30. Geburtstags des Osmanen-Sultans Abdul Hamid II. (1876-1909) erbaut. Das südlich davon gelegene Gebäude Diwan al-Jawhari war Sitz der osmanischen Zivilverwaltung.

*Al-Manara Square.*

### Die Große Moschee (Al-Kebir-Moschee)

Die einschneidenden historischen Ereignisse von Nablus sind in einer Inschrift in der Moschee festgehalten, die 244 n. Chr. von Philipp dem Araber ursprünglich als römische Basilika errichtet worden war, dann zur byzantinischen Basilika und 1168 zur Kreuzfahrerkirche umgebaut wurde, die dem Leiden und der Wiederauferstehung Christi geweiht war. Während der Regentschaft Saladins wurde sie schließlich in eine Moschee umgewandelt. Durch das Erdbeben von 1927 wurde sie völlig zerstört, jedoch 1935 wieder originalgetreu aufgebaut. Obwohl der obere Teil der Moschee 1927 eingestürzt war, blieben bestimmte Elemente erhalten, insbesondere die massiven Säulen und die Kapitelle der byzantinischen Basilika, die durch die Fenster entlang der En-Nasser Street zu sehen sind.

*Die Große Moschee*

## Westjordanland

### Grab (Qaber) von Sheikh Badr ed-Din

In der En-Nasser Street 41, westlich der En-Nasser-Moschee, gibt es ein kunstvoll gestaltetes, grünes Fenster, hinter dem sich das Grab von Sheikh Badr ed-Din befindet, einem Offizier Saladins. Die Bewohner von Nablus zünden hier traditionsgemäß während des Ramadans Kerzen zu seinen Ehren an.

### Die Hamams

Die Tradition der Badehäuser ist römischen Ursprungs. Die Bäder jener Zeit sind noch erhalten, aber nicht alle sind der Öffentlichkeit zugänglich. Zu Beginn des 19. Jh. spielte sich ein wichtiger Teil des gesellschaftlichen Lebens in den zahlreichen öffentlichen Bädern (*Hamams*) ab. Unter dem Hauptraum brannte rund um die Uhr ein Feuer aus Olivenkernen. Heute haben die meisten dieser Bäder, die man an ihren grünen Glaskuppeln erkennen kann, ihre ursprüngliche Funktion verloren und sind nunmehr Warenhäuser, Fabriken oder Geschäfte. Nichtsdestotrotz setzen zwei öffentliche Bäder, die in den Neunzigerjahren renoviert wurden, die Tradition fort. Sie bieten eine Atmosphäre der Entspannung und des Wohlbefindens. In beiden *Hamams* können Besucher angenehme Stunden verbringen: Preisgünstige Erfrischungen und Wasserpfeifen werden angeboten.

#### Hamam esh-Shifa

En-Nasser Street, Öffnungszeiten: täglich 8.00-24.00 Uhr nur für Männer, außer dienstags: 8.00-17.00 Uhr für Frauen und 17.00-24.00 Uhr für Männer. Die Preise beginnen bei 45 NIS. Dieser *Hamam* wurde 1624 von der Familie Tuqan erbaut. Musikalische Abende (klassisch-arabisches Repertoire) werden auf Wunsch organisiert (Tel. 09/2381176).

#### Hamam al-Hana (Es-Sumara)

Jadet al-Yasmina Street, Öffnungszeiten: täglich von 6.00-23.00 Uhr, für Männer, außer dienstags; dienstags 8.00-17.00 Uhr für Frauen. Bad 20 NIS, Massage 10 NIS und ein Bad mit Kamelhaarbürste 5 NIS. In diesem *Hamam* ist man stolz auf seine lange Tradition. Nach seiner Schließung im Jahr 1928 wurde er 1995 wieder eröffnet (Tel. 09/2385185).

### Die Seifenfabriken von Nablus

*Die Seifenproduktion war schon immer einer der wichtigsten Wirtschaftszweige von Nablus*

Nach einer Reise durch den Norden des Westjordanlands versteht man, warum die Olivenöl verarbeitende Industrie in Nablus entstand, allen voran die Seifensiederei. Ihre Produktion ist im gesamten Nahen Osten berühmt. Bereits im 12. Jh. wurde die Seife bis nach Europa exportiert. Trotz der Entwicklung der modernen Kosmetikindustrie ist Seife aus Nablus wegen ihrer natürlichen Eigenschaften in der arabischen Welt immer noch sehr beliebt. Zu Beginn des 20. Jh. gab es in Nablus etwa 30 Seifenfabriken. Heute sind immer noch etliche in Betrieb und der Öffentlichkeit zugänglich. Ein Besuch ist sehr empfehlenswert und enthüllt die Geheimnisse der Seifenherstellung.

### Die Seifenherstellung

Zunächst wird das Olivenöl – in der Gegend von Nablus auch »grünes Gold« genannt – mehrere Tage lang mit Natriumoxid versetzt. Die Mixtur wird für drei Tage auf dem Boden verteilt, damit sie fest werden kann. Dann wird sie mit dem Stempel des Herstellers versehen und in Stücke geschnitten. Schließlich wird die Seife für zwei bis drei Monate zum Trocknen aufgeschichtet.

*Tuqan-Seifenfabrik*: An der Ecke des Märtyrer-Platzes
*Bader-Seifenfabrik*: En-Nasser Street 20, gegenüber der En-Nasser-Moschee

Handgefertigte Olivenölseife aus den Dörfern um Tulkarem kann im DAILA-Zentrum in Westjerusalem, Shlomzion Ha-Malka Street 4, erstanden werden. Falls sich keine in der Auslage befindet, bitte nachfragen.

### Der Cardo und das Museum von Nablus

Auf dem Gelände der Zafer-al-Masri-Schule wurden Überreste des Cardo entdeckt, der Hauptstraße der Altstadt. Das bescheidene Al-Qasaba-Museum stellt Gegenstände der Stadtgeschichte aus. Eine weitere Besonderheit von Nablus ist eine Treppe, die von der gepflasterten Straße in das unterirdische Aquädukt führt, das die Stadt mit Wasser versorgte. Einer populären Legende zufolge drangen Saladins Truppen im Jahr 1187 durch diesen unterirdischen Kanal in die Stadt ein.

### Das römische Amphitheater

Dieses Amphitheater wurde im 2. Jh. n. Chr. während der Herrschaft von Kaiser Hadrian (117-138) am Berg Garizim errichtet und erst im Jahr 1979 bei Ausgrabungen wiederentdeckt. Mit einem Fassungsvermögen von 7000 Zuschauern war es eines der größten Amphitheater Palästinas. Im Laufe der Jahrhunderte war es jedoch dem Verfall preisgegeben und diente zeitweise der einheimischen Bevölkerung als Steinbruch. Nur der untere Teil des Theaters ist heute noch erhalten; der Rest verschwand unter einer Straße und mehreren Häusern. Die Namen der griechisch-römischen Götter sind in griechischer Schrift in die Steinsitze der ersten Reihen gemeißelt; die Zahlen dienten wahrscheinlich als Platznummern für die Zuschauer. Diese Plätze waren reserviert für die Würdenträger und führenden

*Ausgrabungsgelände bei Nablus*

Familien der Stadt, die sich alle ihrem jeweils eigenen Gott im griechisch-römischen Pantheon verbunden fühlten.

*Freier Eintritt, den Schlüssel erhält man beim Besitzer der kleinen Werkstatt links neben dem Eisentor.*

## Das Hippodrom

Das Hippodrom gehört zu den monumentalen Errungenschaften der römischen Epoche. Es wurde im 2. Jh. n. Chr. im westlichen Teil von Nablus erbaut, bis zum 3. Jh. genutzt und war 420 m lang und 76 m breit. Mehrere Teile, einschließlich des westlichen Endes, sind ausgegraben worden. Einige davon befinden sich am Weg, der die Anlage mit dem Platz der Märtyrer verbindet.

## Praktische Informationen

Die meisten interessanten Orte in Nablus kann man vom Platz der Märtyrer im geschäftigen Zentrum in weniger als einer Viertelstunde zu Fuß erreichen. Das **Städtische Fremdenverkehrsbüro** organisiert geführte Touren (*Municipal Tourism Office, Öffnungszeiten: täglich 8.00-16.00 Uhr, außer freitags; 200 NIS für eine zweistündige Tour mit deutsch-, französisch-, englisch- oder italienischsprachigem Führer*). Falls das Büro geschlossen ist, kann auch die **Stadtverwaltung** kontaktiert werden (*Nablus Municipality, Tel. 09/ 2379313*). Die **Post** und das **Fernmeldeamt** befinden sich gegenüber der Stadtverwaltung in der Faisal Street.

*Hummus mit Brot*

### Cafés und Restaurants

Der **Al-Aqsa-Süßwarenladen** in der En-Nasser Street im Zentrum der Kasbah ist berühmt für sein erstklassiges *knafeh*, eine Spezialität aus Nablus. **Halawiyat Arafat**, ein anderer Süßwarenladen in der Rafidia Street in der Nähe des Krankenhauses, hat ebenfalls einen hervorragenden Ruf.

In der Altstadt gibt es eine Fülle von kleinen, beliebten Restaurants und preiswerten Cafés, in denen man auch Wasserpfeife rauchen kann. Cafés und Restaurants mit Lieferservice finden sich entlang der Rafidia Street. Das **Al-Madafa Café** (*Rafidia Street 15, Tel. 09/2384492, geöffnet von 9.00-24.00 Uhr*) ist eines der besten. Jeden Dienstag von 17.00-20.00 Uhr finden hier Kulturabende (Lesungen, Konzerte usw.) statt. Das **Roof Laiali Zaman** in der Rafidia Street, das sich im selben Gebäude wie das **Asia Hotel** befindet, bietet in angenehmer Lage einen Panoramablick und jeden Donnerstagabend Musik. In der Nähe des Platzes der Märtyrer, in der Raharbat

Street, kann man im **Salim Afandi Restaurant** (*Tel. 09/2371332*) hervorragende traditionelle Gerichte genießen. Das **Zeit Ou Zaatar Restaurant** im **Al-Yasmeen Hotel** (*Tel. 09/2383146*) gehört zu den teuren Restaurants in Nablus; dort wird auch Alkohol ausgeschenkt.

## Unterkunft

Das zentral im Herzen der Kasbah gelegene **Al-Yasmeen Hotel** hat den besten Ruf in Nablus (*Tel. 09/2333555, www.alyasmeen.com, E-Mail: yasmeen@palnet.com, EZ 180 NIS, DZ 220 NIS, DBZ 260 NIS*). Das schöne Café-Restaurant lädt zu einem Besuch ein.

Das **Chrystal Motel** liegt unmittelbar außerhalb der Kasbah (*Faisal Street, Tel. 09/2332485, EZ 80 NIS, DZ 120 NIS, DBZ 150 NIS*). Das Hotel ist sehr gepflegt, die Zimmer sind geräumig und geschmackvoll möbliert und die Preise sind angemessen.

Das in der Nähe in der Hittin Street gelegene **Al-Istiqlal Hostel** (»Unabhängigkeits-Hostel«) bietet die günstigste Übernachtungsmöglichkeit (*Tel. 09/2383618, Bett im Schlafsaal für 25 NIS*) und ist ideal für Reisende mit schmalem Budget, die mit wenig Komfort zufrieden sind. Es ist jedoch ausschließlich Männern vorbehalten.

Das **Asia Hotel** (*Tel. 09/2386220, EZ 100 NIS, DZ 170 NIS, Suite 220 NIS*) und das **Qaser Hotel** (*Tel. 09/2385444, EZ 75 $, DZ 95 $, Suite 120 $*) befinden sich in der Rafidia Street. Beide sind einfach, aber gemütlich.

## Kontakte

### Bassam Shakaa

Bassam Shakaa, der frühere Bürgermeister von Nablus, steht Reisenden gern zur Verfügung, um Fragen zu beantworten und sein Wissen und seine Erfahrungen weiterzugeben (*Tel. 09/2347605*).

### An-Najah-Universität

Die heutige An-Najah-Universität wurde 1918 als Sekundarschule gegründet und 1977 in eine Universität umgewandelt. Seit ihrer Einweihung hat sie ihre Einrichtungen, insbesondere die medizinischen und naturwissenschaftlichen Fakultäten, ständig ausgebaut. Sie ist die größte Universität im Westjordanland; mehr als 10 000 Studenten sind dort eingeschrieben. Genauso wie die Stadt hat sich auch die Universität aktiv an der palästinensischen Widerstandsbewegung beteiligt. Zwischen 1988 und 1991 verwehrten die israelischen Besatzungsbehörden

*Studenten der An-Najah-Universität*

## Westjordanland

Lehrkräften und Studenten den Zugang zum Campus, und die Universität wurde zum »militärischen Sperrbezirk« erklärt. Seit 1993 ist sie eine der wichtigen Institutionen, die beharrlich Widerstand gegen die Oslo-Abkommen leisten.

*Abteilung für Öffentlichkeitsarbeit (Department of Public Relations): Tel. 09/2394982, www.najah.edu. Die Universität bietet im Sommer und während der Vorlesungszeiten preiswerte Arabisch-Intensivkurse für Ausländer an. Sie finden in einer Umgebung statt, die das Erlernen der Fremdsprache erleichtert. Unterkünfte für ausländische Studierende stehen zur Verfügung.*

### The Committee for the Defence of Palestinian Refugee Rights und Yaffa Cultural Center
(Das Komitee für die Verteidigung der Rechte der
palästinensischen Flüchtlinge und das Yaffa-Kulturzentrum)

Dieses 1998 gegründete Kulturzentrum bietet eine Fülle von Kultur- und Ausbildungsangeboten, einschließlich Computerkursen. Zudem wird dort ein größeres Forschungsprojekt für junge Leute aus dem Flüchtlingslager Balata eingerichtet, die an einer Medienlaufbahn interessiert sind. Zurzeit werden Tonaufnahmen von Erfahrungsberichten der Flüchtlinge über ihre Erlebnisse während der *Nakba* gemacht. Das Yaffa-Kulturzentrum und das Komitee für die Verteidigung der Rechte der palästinensischen Flüchtlinge bieten Besuchern die Möglichkeit, mehr über die Situation und die Anliegen der Flüchtlinge zu erfahren.

*Beide Institutionen befinden sich in demselben Stock eines Gebäudes im Flüchtlingslager Balata, in der Nähe der Jakobsquelle. Tel. 09/2324553, E-Mail: info@yafacult.org. Besuche im Lager können organisiert werden.*

*Begräbnis eines Intifada-Opfers in Nablus*

### Centre for Women's Activities
(Zentrum für Frauenaktivitäten)

Das Zentrum wurde 1975 gegründet, um den besonderen Bedürfnissen von Frauen gerecht zu werden. Sie können dort eine praktische Ausbildung in verschiedenen Berufsfeldern absolvieren, z. B. zur Schneiderin oder Friseurin. Ferner gibt es auch Lese- und Schreibunterricht sowie Seminare über Gesundheits-, Menschenrechts- und Religionsfragen. Über seine sozialen Aktivitäten hinaus mobilisiert das Zentrum Frauen für friedliche Aktionen, z. B. Demonstrationen gegen die israelische Besatzung oder für das Rückkehrrecht von Flüchtlingen.

*Im Flüchtlingslager Balata gegenüber dem Komitee für die Verteidigung der Rechte der palästinensischen Flüchtlinge. Tel. 09/2324052.*

### Darna

Darna ist ein Entwicklungszentrum für Jugend- und Bürgerinitiativen, dessen Ziel es ist, bei den jungen Menschen in Nablus und in der Umgebung das Bewusstsein für ihre Identität zu stärken sowie die Partizipation der Jugend in der Gemeinschaft zu fördern. Es unterstützt zudem den Austausch zwischen Palästinensern und Europäern und arrangiert Gastfamilienaufenthalte für ausländische Besucher bei einheimischen Familien in Nablus. Darna bietet eine geführte Tour in Nablus und Umgebung für etwa 200 NIS an.
*Faisal Street, Al-Masri-Gebäude, Tel. 09/2379312, www.darna-nablus.ps.*

# Die Umgebung von Nablus

### Das Flüchtlingslager Balata

Mit 17 000 Flüchtlingen ist Balata das größte Flüchtlingslager des Westjordanlands. Es wurde 1950 am Rand der antiken kanaanitischen Stadt Shechem errichtet. Die Mehrheit seiner Bewohner stammt ursprünglich aus Jaffa, der palästinensischen Zentralebene und Galiläa.

Balata ist für seine Beteiligung an der ersten Intifada und seinen beharrlichen Widerstand gegen die israelische Besatzung bekannt; die Armee belagerte das Lager dauerhaft. Aufgrund der effektiven Organisation des Widerstands schaffte sie es jedoch nicht, es unter ihre Kontrolle zu bringen. Militäreinheiten rückten regelmäßig in das Lager ein, um Widerstandskämpfer zu verhaften oder die Häuser ihrer Familien zu zerstören.

Heute ist die Stadtverwaltung von Nablus für die Infrastruktur von Balata, vor allem für die Wasser- und Stromversorgung, verantwortlich.

*Das Flüchtlingslager Balata vom Berg Garizim aus gesehen*

*UNRWA-Büro, Tel. 09/2324012.*

### Der Jakobsbrunnen

Der christlichen Überlieferung zufolge erschien Jesus hier der Frau aus Samaria und verkündete zum ersten Mal in einem Gleichnis, dass er der Messias sei: »Wer von diesem Wasser trinkt, den wird wieder dürsten. Wer aber von dem Wasser trinken wird, das ich ihm gebe, den wird ewiglich nicht dürsten« (Joh 4, 13-14). Das Fest zu Ehren von Plotine, wie sie in der orthodoxen Kirche heißt, wird am 20. März gefeiert.

Die Kirche aus dem 12. Jh. steht auf den Ruinen einer byzantinischen Kirche, die während des Aufstands der Samariter im Jahr 529 zerstört wurde. Die Anlage wurde im 19. Jh. von der griechisch-orthodoxen Kirche erworben. Zu Beginn der Achtzigerjahre des vorigen Jahrhunderts erlitt sie ein ähnliches Schicksal wie das Josefsgrab, als eine Gruppe jüdischer Siedler mit biblisch begründetem Besitzanspruch versuchte, sie zu besetzen. Ein Mönch kam dabei ums Leben, die Siedler konnten ihr Vorhaben jedoch nicht durchsetzen.

Bei einem Besuch der Kirche kann man die Mönche um Erlaubnis bitten, auch ihre privaten Räume besichtigen zu dürfen, wo sie sich wegen der anhaltenden Ausgangssperren während der ersten Intifada bei Kerzenlicht aufgehalten haben.

*Am Eingang zum Lager Balata, Tel. 09/2313123. Öffnungszeiten: täglich 8.00-12.00 Uhr und 14.00-16.00 Uhr; Eintritt frei, Spenden sind willkommen.*

### Das Josefsgrab (Qaber Yusef)

Das kleine Grab des Patriarchen Josef mit der weißen Kuppel wurde im 19. Jh. restauriert. Es liegt auf einem Stück Land, das »Jakob von den Söhnen Hemors, des Vaters von Shechem (Sichem) für hundert Silberstücke gekauft hatte« (Jos 24, 32). Die biblische Bedeutung des Ortes wurde durch die muslimische Tradition lange nicht wahrgenommen, da die Anlage zuvor ein *Maqam* war, der an einen muslimischen Heiligen erinnerte.

In den Achtzigerjahren besetzten jüdische Siedler den Ort. Selbst nachdem Nablus und das Lager von Balata 1995 der autonomen Zone A zugeteilt wurden, blieb das Grabmal im Besitz der israelischen Armee und Siedler. Zu Beginn der Al-Aqsa-Intifada nutzte die israelische Besatzungsarmee das Grab als Stützpunkt, was einen Affront gegenüber den Palästinensern darstellte. Der Schrein wurde zum Ziel von Demonstranten, von denen 17 während des ersten Monats der Al-Aqsa-Intifada getötet wurden. Als sich die israelische Armee zum Rückzug gezwungen sah, zerstörten Demonstranten das Grab, genauer den *Maqam*, als Symbol für das andauernde Leid der Palästinenser.

*Historische Aufnahme des Josefsgrabs*

*In nördlicher Richtung direkt hinter dem Jakobsbrunnen.*

### Tel Balata (Shechem)

Tel Balata ist als der kanaanitische Stadtstaat von Shechem (Sichem) identifiziert worden. »Shechem«, das zuerst in ägyptischen Texten erwähnt worden war, bedeutet soviel wie »Schulter« oder »hoch gelegener Platz«. Die Stadt lag auf einer kleinen Anhöhe mit Blick über die ausgedehnte, fruchtbare Ebene von Askar und die Handelswege, die sich hier kreuzten. Die strategische Lage brachte der Stadt den Status einer regionalen Hauptstadt ein. Obwohl hier bereits im 4. Jt. v. Chr. Gruppen von sesshaften Kanaanitern lebten, entwickelte sich die eigentliche

## Nablus

Stadt erst zu Beginn des 2. Jt. v. Chr. Im 19. Jh. v. Chr. nahm Pharao Sesostris III. die Stadt ein, die mittlerweile die Führung innerhalb des kanaanitischen Stadtstaatenbunds übernommen hatte. Nach diesem Ereignis erlebte der Ort, wie auch die anderen Stadtstaaten in Palästina, in den folgenden Jahrhunderten eine Blütezeit.

Das Gebiet von Shechem erstreckte sich von der fruchtbaren Marj-Bin-Amer-Ebene (dem Jezreel-Tal) im Norden bis nach Jerusalem im Süden. Etwa 1550 v. Chr. beendeten die von Ahmosis I. (1570-1546 v. Chr.) geführten Ägypter die Herrschaft der Hyksos und dehnten ihr Herrschaftsgebiet bis in den Norden Palästinas aus. Die Festung Shechem, eines der Bollwerke in der Region, wurde dabei zerstört. Im 12. Jh. v. Chr. gewann die Stadt jedoch ihren Wohlstand zurück und konnte ihn bis ins 8. Jh. v. Chr. bewahren.

Im Jahr 724 v. Chr. plünderten Assyrer die Stadt und deportierten viele Einwohner nach Mesopotamien. Später siedelten die Assyrer Bewohner aus anderen eroberten Städten in der Gegend an, von denen viele die Anbetung Jahwes von den Samaritern übernahmen. Als Alexander der Große im 4. Jh. v. Chr. hier seine Kriegsveteranen ansiedelte, befand sich Shechem als heidnisch-hellenistische Stadt in der letzten Phase ihrer Blütezeit, die mit der Eroberung durch den Hasmonäer-König Johannes Hyrcanus im Jahr 117 v. Chr. endgültig zu Ende ging.

*Im Flüchtlingslager von Balata, Eintritt frei.*

### Das biblische Shechem (Sichem)

Die biblische Überlieferung verbindet mit Shechem viele Ereignisse aus dem Alten Testament, so etwa das Leben der Erzväter, und hebt seine politische Bedeutung hervor. Sie war die erste Stadt in Kanaan, in die Abraham ging, nachdem er Ur im heutigen Irak verlassen hatte (1 Mo 12, 6-7). In Shechem errichtete er den ersten Jahwe geweihten Altar. Eine andere biblische Geschichte erzählt von der Rache, die Jakobs Söhne für die Vergewaltigung Dinas durch den König von Shechem nahmen, indem sie alle Männer der Stadt töteten (1 Mo 34). Sie gaben vor, mit der Heirat Shechems und Dinas einverstanden zu sein und das Verbrechen unter der Bedingung zu vergeben, dass sich alle Männer der Stadt beschneiden ließen. Nachdem diese Vereinbarung geschlossen wurde, nutzten Jakobs Söhne die Benommenheit der Männer und des Königs nach der Beschneidung aus und schlugen sie nieder. Shechem ist im Alten Testament auch der Ort, an dem ein neuer Bund zwischen allen Stämmen Israels geschlossen wurde (Jos 24).

*Ausgrabungsstätte des biblischen Shechem*

## Die Ruinen von Shechem

Die mächtige Mauer und ihr dreifaches Tor sind zwischen 1650 und 1550 v. Chr. errichtet worden. Ihre riesigen Steinblöcke haben ihr den Namen »Zyklopen-Mauer« eingebracht. Der Zugang öffnete sich zur Hauptstraße und zum königlichen Wohnbezirk. Die Fundamente des kanaanitischen Tempels in der Nähe des Tors, der Baal Berith gewidmet war, stammen aus der späten Bronzezeit (1500-1200 v. Chr.). Die gewaltigen Steine der Fundamente vermitteln einen guten Eindruck von den monumentalen Ausmaßen des Tempels.

## Der Berg Garizim und die Samariter

Der historisch und religiös bedeutende Berg Garizim ist die Heimat der letzten Gemeinde der Samariter, der Wächter über die älteste religiöse Tradition Palästinas und des gesamten Nahen Ostens. Die samaritische Tradition lässt sich bis zu der Zeit des Königreichs Samaria (Name der Hauptstadt) bzw. Israel zu Beginn des 1. Jt. v. Chr. zurückverfolgen. Nachdem die Assyrer Samaria im 8. Jh. v. Chr. erobert hatten, deportierten sie einen Teil der Bevölkerung nach Mesopotamien und siedelten im Raum Samaria Untertanen von dort an. Diese pflegten ihre eigenen Glaubensvorstellungen und Rituale. Im 6. Jh. v. Chr., während des Babylonischen Exils, entwickelte die jüdische Gemeinschaft das rabbinische Judentum in der heute bekannten Form. Nach der persischen Eroberung 538 v. Chr. erhielt diese Oberschicht der Exil-Judäer die Erlaubnis, nach Judäa zurückzukehren, wo sie zu mächtigen Verbündeten des neuen Imperiums wurden. Sie errichteten ihre zentrale Kultstätte in Jerusalem und bekämpften die Samariter in religiöser wie politischer Hinsicht. Aufgrund ihres Glaubens an eine Reinheit der »Rasse« opponierten sie gegen die Samariter, die ihr Blut durch Ehen mit Nichtjuden vermischt hatten (2 Kö 17, 24-41).

*Samariter auf dem Berg Garizim*

Die Samariter entwickelten sich zu einer eigenständigen Volksgruppe, die zu Beginn der hellenistischen Epoche ihre größte Machtfülle besaß. Jesus, der auch von vielen Juden abgelehnt wurde, erregte bei seinen Zeitgenossen höchsten Anstoß, weil er mit den Samaritern verkehrte. Bisweilen stellte er sie sogar als tugendhafte Vorbilder dar und verglich ihre Handlungsweisen mit den liberalen Sitten der Leviten (Tempelbedienstete), was diese als Beleidigung auffassten (Lk 10, 29-37). Während der byzantinischen Epoche florierte in Nablus die angesehene Samaritergemeinde. Nach der Einführung des Islam in Palästina verlor sie aber ihre letzten Anhänger; der Familienname »Samara« findet sich heute noch vorwiegend in muslimischen Familien.

Die Samariter haben ihre besonderen Traditionen bis ins 21. Jh. bewahrt. Der Berg Garizim bleibt für sie ein heiliger Ort biblischer Tradition (die Stelle, an der Isaak geopfert werden sollte und wo sich nach ihren Vorstellungen das Grab von Moses befindet), so wie er in den ältesten Texten des Alten Testaments (in den fünf Büchern Mose bzw. der Thora), die Moses durch Gott verkündet wurde, beschrieben ist. Obwohl sowohl die samaritische als auch die jüdische Thora auf Hebräisch verfasst sind, finden sich über 6000 Details, in denen sie voneinander abweichen. Alle späteren Bücher, die während des Exils in Babylon oder danach verfasst wurden, werden von den Samaritern abgelehnt. In ihrer Verbundenheit mit den Grundlagen der Religion der Erzväter sehen sie sich als die direkten Nachkommen von Aaron, dem Bruder Mose. Sie feiern nur die heiligen Tage, die in den fünf Büchern Mose erwähnt sind, wovon der wichtigste Pessach ist. An diesem Tag gedenken sie mit sorgfältig ausgeführten Riten der Opferbereitschaft Abrahams – ein Ereignis, das nach dem Glauben der Samariter auf dem heiligen Berg Garizim stattfand, während die Juden überzeugt sind, dass dies in Jerusalem geschehen sei. Die gesamte Gemeinde versammelt sich anlässlich dieses Ereignisses im Dorf. Am 7. Pessachtag findet eine Wallfahrt auf den heiligen Berg statt.

Der Berg Garizim ist den Samaritern besonders heilig, da sie ihn als das erste Stück Erde, das Gott geschaffen hat, betrachten. Der hebräische Name »Har Ha-Kedem« bedeutet »der erste Berg«. Darüber hinaus glauben sie, dass Adam aus der Erde dieses Berges erschaffen wurde und dass dies der einzige Ort war, der von der Sintflut verschont blieb.

Hinter der Hochebene führt ein Weg nach Tel er-Ras, wo in der hellenistischen Periode ein Samaritertempel erbaut wurde, der während der Regentschaft von Antiochus IV. Epiphanus zu einem griechischen Tempel umgewandelt und schließlich 129 v. Chr. von Johannes Hyrcanus zerstört wurde. Im 2. Jh. n. Chr. stand auf dem Bergrücken ein römischer Tempel, der Zeus Hypsistos geweiht war. Man fand hier römische Münzen mit der Inschrift *Flavia Neapolis in Syria-Palaestinae* und dem Bild eines Tempels auf einem Berg. Sie waren im Auftrag der Stadt während der Herrschaft von Antonius dem Frommen (139-161) geprägt worden. Später wurde hier eine oktogonale byzantinische Kirche erbaut, deren Fundamente noch immer gut sichtbar sind. Nachdem die Gemeinde lange Zeit nicht mehr praktizieren durfte (es war ihr bis ins 18. Jh. nicht möglich, ihre Riten auf dem Garizim durchzuführen), konnte sie erst nach dem Landerwerb im 19. Jh. ihre Gebräuche wieder vollständig aufnehmen.

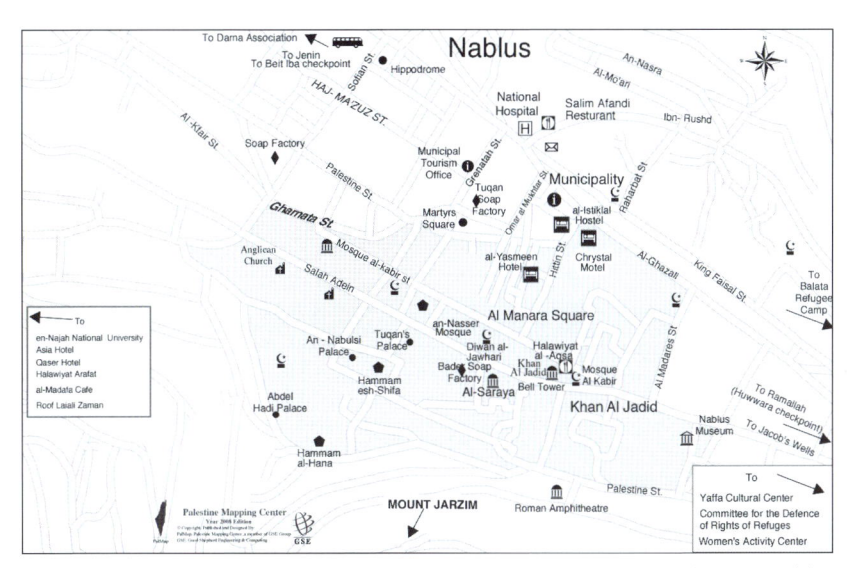

*Stadtplan von Nablus*

## Westjordanland

*Vom Berg Garizim bietet sich ein großartiges Panorama. Eine Taxifahrt zum At-Tur-Checkpoint am Eingang des samaritischen Dorfs kostet etwa 20-25 NIS. Das Samaritische Museum befindet sich im Zentrum des Dorfs Kiryat Luza. Tel. 0523/545006, www.samaritans-mu.com, E-Mail: samaritans-mu@hotmail.com*

### Die samaritische Gemeinde

Die samaritische Gemeinde ist eine der ältesten und gleichzeitig eine der kleinsten religiösen Gemeinschaften der Welt. Heute hat sie 725 Anhänger, verglichen mit 146 im Jahr 1917. Diese leben teils in Nablus, teils in Holon, einem Vorort von Tel Aviv. Die Gemeinde erlebte ihre Blütezeit im 5. und 4. Jh. v. Chr., als sie über 1 Mio. Anhänger hatte.

Die Gemeinschaft wird durch ihre streng geregelten religiösen Bräuche zusammengehalten, die keinerlei Abweichung dulden. Insbesondere Frauen sind an Vorschriften gebunden, die ihre Reinheit bewahren sollen. Sie dürfen während der sieben Tage ihrer Periode an keinerlei Alltagsaktivitäten teilnehmen; dies gilt auch nach einer Geburt, und zwar 41 Tage lang, wenn das Kind ein Junge, und 80 Tage lang, wenn es ein Mädchen ist. Der Beitritt zur Gruppe unterliegt starken Beschränkungen: Die Heirat außerhalb der Gemeinde ist für Frauen verboten, Männern hingegen unter der Bedingung erlaubt, dass die zukünftige Gemahlin konvertiert und eine sechsmonatige Probezeit unter der Anleitung und Aufsicht eines Priesters durchläuft, der schließlich entscheidet, ob die Heirat stattfinden darf. Abgesehen von ihren religiösen Bräuchen haben die Samariter die gleichen säkularen Traditionen wie die palästinensischen Araber. Obwohl die israelischen Besatzungsbehörden ihnen einen Sonderstatus zuerkannt haben, sind die Samariter ihrer palästinensischen Identität und ihren Institutionen verbunden geblieben. Im Palästinensischen Legislativrat wird ihnen automatisch ein Sitz zugestanden.

*Abd Moin-Sadaqa, das religiöse Oberhaupt der Samariter*

*Die gesamte Gemeinde der Samariter von Nablus lebt heute im Dorf Kiryat Luza am Berg Garizim. Das Zentrum für Samaritische Studien (Centre for Samaritan Studies) in der Omar al-Mukhtar Street 26 und das Samaritische Museum am Berg Garizim (Tel./Fax 09/2370249, Öffnungszeiten: täglich 8.00-20.00 Uhr, freitags und samstags 8.00-14.00 Uhr, Eintritt 10 NIS, www.samaritans-mu.com) informieren über die Gemeinde und ihren Glauben.*

### Tel al-Fara

Die malerische Straße führt durch das von zwei Quellen (Ein Fara und Ein Duleib) bewässerte fruchtbare Land zum Jordantal. Die an dieser strategischen Achse errichtete alte kanaanitische Stadt Tirza, war vor dem Aufstieg Samarias die erste Hauptstadt des Königreichs Israel. Nachdem Tirza zu Beginn des 9. Jh. v. Chr. verwüstet worden war, übernahm Samaria den Status der Hauptstadt. Tirza verfiel zusehends und musste schließlich 600 v. Chr., vermutlich nach einer Malariaepidemie, aufgegeben werden. Obwohl die Ruinen nicht gekennzeichnet sind, findet man sie leicht. Ausgrabungen legten mehrere interessante Funde frei, darunter eine schöne unterirdische Kultstätte am äußersten Nordrand der Anlage, wo zwischen 1750 und 1550 v. Chr. Tieropfer dargebracht wurden. Außerdem fand man verschiedene Tore und Mauern, wie z. B. den ursprünglichen, aus luftgetrockneten Ziegeln gefertigten und später durch einen Steinhang verstärkten Schutzwall; darüber hinaus wurden Fundamente von Wohnhäusern entdeckt, die durch eine geradlinige Mauer vom königlichen Wohnbezirk abgetrennt waren.

An der Hauptstraße längs des Wadi Fara in Richtung Jordantal gibt es eine Reihe von Erhohlungs- und Freizeitmöglichkeiten, wie z. B. Gaststätten und Schwimmbäder, in denen man sich mit Quellwasser, das es in dieser Gegend reichlich gibt, erfrischen kann.

*12 km von Nablus entfernt, in Richtung Jordantal, am Rande des Flüchtlingslagers Al-Fara.*

## Westlich und nördlich von Nablus

### Das Dorf Kur

Westlich von Nablus findet man im Dorf Kur hervorragend erhaltene mameluckische, vor allem aber osmanische Ruinen. Der Zustand der Gebäude ist ungewöhnlich gut und erlaubt einen Einblick in die Organisation des gesellschaftlichen Lebens während der Zeit der Osmanen.

*Landschaft bei Nablus*

## Westjordanland

Die einfachen Bauernhäuser, die mit einem eigenen Innenhof ausgestattet sind, werden von drei befestigten Häusern mit zwei oder mehr Stockwerken überragt. Eines von ihnen, das sich auf das Jahr 1184 muslimischer Zeitrechnung (1771) datieren lässt, gehört der Jayousi-Familie. Heute sind die meisten alten Häuser verlassen.

*Route 55, dann Route 5506. Ein Dorf mit etwa 300 Einwohnern. Dorfrat Jalal al-Jayousi, Tel. 09/2680902.*

### Traditionelle Dörfer

Die meisten palästinensischen Dörfer liegen auf Hügelspitzen oder an Hängen oberhalb der landwirtschaftlich genutzten Flächen und überblicken von dort die Ebenen und kultivierten Täler. Das traditionelle Dorf (*qura*) wurde aus dem als Baumaterial üblichen und im Westjordanland allgegenwärtigen Kalkstein erbaut und bestand aus einer Ansammlung gleichartiger Häuser, die von terrassenförmigen Obstgärten umgeben waren (*habayel*). Um Wasserquellen möglichst gut vor Überfällen durch Beduinen zu schützen, wurden die Dörfer um diese herum gebaut. Jede Familie verfügte über einen eigenen Wohnbereich (*hara*), der aus mehreren mit internen Durchgängen verbundenen Gebäuden bestand. Als Ausdruck der gesellschaftlichen Rangordnung befanden sich die Häuser der herrschenden Familien üblicherweise an der höchsten Stelle des Dorfs. Die bedeutendsten unter ihnen verfügten oft über einen *diwan*, einen Raum für wichtige gesellschaftliche Ereignisse. Die Männer versammelten sich hier, um Geburten oder Hochzeiten zu feiern, um Streitigkeiten zu schlichten, oder einfach, um nach dem Freitagsgebet gesellig zusammenzukommen. Für Frauen waren andere öffentliche Orte, insbesondere der Dorfbrunnen (*al-ayn*), bestimmt.

*Bauern beim Dreschen von Getreide*

Die traditionelle Bauweise der Dörfer ist sehr einfach. Nur die als »Throndörfer« (*qura al-karasi*) bezeichneten Ortschaften sind von der städtischen Architektur beeinflusst und weisen einen verfeinerten und reicheren Stil auf. Throndörfer gehörten wohlhabenden Landbesitzern, die mit führenden Stadtbewohnern, ihrerseits Besitzer großer ländlicher Gebiete, eng zusammenarbeiteten.

Heute ist die Struktur eines Dorfs nicht mehr klar definiert; alte, baufällige Häuser wurden oftmals zugunsten einfacher, geräumiger und moderner Bauten aufgegeben. Die Häuser in bergigen Gegenden unterscheiden sich von denen in tiefer gelegenen Gebieten. Der Bau von Häusern gilt als ein wirkungsvolles Mittel, um Land vor der Beschlagnahmung oder dem Siedlungsbau zu schützen. In Zone B, wo die meisten Dörfer liegen, vergrößerte die Palästinensische Nationalbehörde die Bebauungsgebiete und erteilte viele Baugenehmigungen. In Zone C jedoch unterliegen Grund und Boden immer noch Restriktionen durch die israelischen Militärbehörden, die weite Teile dieses Landes zu »offenen Grünflächen«, d. h. nur für landwirtschaftliche Zwecke nutzbar, und zu »Staatsland« erklärt haben. Dadurch wurde dieses Land zum alleinigen Besitz des jüdischen Staates, obwohl palästinensische Besitzurkunden vorliegen. Weite Teile des Landes wurden in den letzten Jahren von illegalen Siedlungsvorposten kolonisiert, was sogar nach israelischem Recht nicht erlaubt ist.

# Nablus

## Tulkarem und Qalqilia

Diese zwei Städte an der Grünen Linie (die Waffenstillstandslinie von 1949) liegen weniger als 20 km vom Mittelmeer entfernt; der Zugang ist den Einwohnern jedoch verwehrt. Bis 1948 waren Tulkarem, damals die Bezirkshauptstadt, und Qalqilia auf Landwirtschaft ausgerichtete Kleinstädte. 1948 ließen Flüchtlingswellen aus 17 zerstörten Dörfern der Nachbarschaft die Bevölkerungszahlen ansteigen. Qalqilia wurde im Krieg von 1967 zerstört; aufgrund von diplomatischem Druck zog die Armee aber schließlich ihre Planierraupen ab. Beide Städte zählen heute über 44 000 Einwohner; sie sind aber vielmehr Enklaven, die vollständig von der Mauer – die auf der israelischen Seite bei Tulkarem durch einen riesigen Erdwall verborgen ist – eingeschlossen sind. Die wirtschaftliche Lage ist desaströs: Die Arbeitslosigkeit liegt bei 60 bis 70% und die meisten Familien sind von ausländischer Nahrungsmittelhilfe abhängig. Da sie eingeschlossen sind, können die Männer auch keinen Arbeitsplatz außerhalb der Städte suchen. Bis zur Al-Aqsa-Intifada pflegten Qalqilia und Tulkarem enge Beziehungen zu den Ortschaften im Dreieck, das sie zusammen mit Nablus bilden; viele Bewohner arbeiteten dort. Seit April 2002 jedoch kamen zu den Ausgangssperren, dem ökonomischen Würgegriff und dem Siedlungsblock Ariel noch die Beschlagnahmung und Zerstörung von Tausenden Hektar wertvollen landwirtschaftlichen und städtischen Landes für die Errichtung der Trennmauer hinzu; zudem wurde die Situation durch die Ausweitung des Siedlungsbaus zwischen der Grünen Linie und der Mauer erschwert. Die Trennmauer schuf eine neue Grenze in der Nähe der Grünen Linie, wodurch etliche Dörfer des Westjordanlands (etwa Bartaa, Baqa a-Sharkiya, Nazlat Isa, Habla, Azzun Atma, Ras Tira, Daba, Wallaja, Nuaman, Wadi Fukin) völlig isoliert wurden. Hier sind Gewerbegebiete für die Wirtschaft in den israelischen Siedlungen geplant.

*Tulkarem*

## Die Flüchtlingslager Tulkarem und Nour Shams (»Sonnenlicht«)

In diesen 1950 und 1952 gegründeten Lagern leben heute 13 500 (Tulkarem) bzw. 7500 (Nour Shams) Flüchtlinge. Wegen ihrer Nähe zur Grünen Linie arbeitet die Mehrzahl der Menschen innerhalb der Grenzen des israelischen Staatsgebiets. Die wirtschaftliche Abhängigkeit ist sehr groß; jede Abriegelung und jede Belagerung führen zu einer höheren Arbeitslosenrate und zu größerer Verelendung. Während der Al-Aqsa-Intifada veranlasste die israelische Armee hier mehrmals Massenfestnahmen.

*Vertreter der UNRWA: Muhammad Haikal, Tel. 09/2671106 (Tulkarem); Tel. 09/2671116 (Nour Shams); Volkskomitee von Nour Shams, Tel. 09/2678191.*

## Sebastiya

Die Ruinen einer antiken Stadt bedecken Teile der ausgedehnten Hochebene oberhalb des Dorfs Sebastiya. Archäologische Grabungen haben nachgewiesen, dass dieser Ort schon in der Kupfersteinzeit existierte. Im 12. Jh. v. Chr. entwickelte sich eine kleine Stadt, die ihre ökonomische und politische Macht im 9. Jh. v. Chr. entfaltete, als sie zur Hauptstadt des Königreichs Israel (bzw. Samaria) wurde. Omri, der 6. König dieses Reiches, machte Samaria zu seiner Hauptstadt und öffnete sie dem ostmediterranen Kulturraum. Der Einfluss der phönizischen Städte erstreckte sich auf alle Lebensbereiche: Kultur, Wirtschaft und Religion. Bedroht von dem Aufstieg Assyriens, schmiedete Omri ein Bündnis, indem er seinen Sohn Ahab mit Isebel verheiratete, einer Prinzessin aus der mächtigen phönizischen Stadt Tyrus. Ahab errichtete zu Ehren ihrer Götter Baal und Astarte einen Tempel in Samaria, was die Judäer erzürnte, die diesen als das Werk eines Ungläubigen verdammten. Sie sahen in der Eroberung Israels durch die assyrischen Truppen von Sargon II. im Jahr 721 v. Chr. eine göttliche Strafe für diesen Frevel.

Während der persischen Epoche gewann die Stadt ihren Status als Provinzhauptstadt zurück. 331 v. Chr. machte Alexander der Große sie zu einer griechischen Siedlung, die bis zur Zerstörung durch Johannes Hyrcanus im Jahr 108 v. Chr. unter hellenistischem Einfluss blieb. Herodes, der Statthalter des römischen Imperiums in Palästina, baute die Stadt nach dem Muster der griechischen Polis wieder auf und benannte sie zu Ehren des römischen Kaisers Augustus (27 v. Chr. bis 14 n. Chr.) in »Sebaste« (»Augustus« im Griechischen) um. Im 2. Jh. n. Chr. verlieh Kaiser Septimus Severus der Stadt die ihrem Status entsprechenden Privilegien. Als die Popularität des Christentums im 4. Jh. zunahm, erlebte dieses frühere Zentrum griechisch-römischer Kultur einen allmählichen Niedergang.

*13 km nordwestlich von Nablus. Road 60, dann Road 5715.*

*Die Ruinen von Sebastiya*

Von allen erhaltenen Ruinen sind die römischen Bauwerke die eindrucksvollsten. Der zentrale, nach Osten ausgerichtete Platz am alten römischen Forum ist heute ein Parkplatz. Der Säulengang, der ihn umschloss, ist teilweise noch erhalten, so wie der westliche Teil, der sich zu einer Basilika (68 x 32 m) hin öffnet. Diese war in drei Schiffe unterteilt, die durch Säulenreihen voneinander getrennt waren, von denen noch einige erhalten sind. Nördlich des Forums (die Plattform hinter dem heutigen Restaurant) kann man durch einige Säulen hindurch das frühere Hippodrom erkennen. Hinter dem Restaurant führt ein Pfad zum römischen Theater, das sich auf den Beginn des 3. Jh. n. Chr. datieren lässt und das vermutlich auf den Ruinen eines herodianischen Theaters errichtet wurde. Ein hinter der Terrasse gelegener prächtiger Rundturm ist ein schönes Beispiel für den hellenistischen Festungsbau. Ein weiterer Weg um das Theater führt durch Obstgärten an den Ort, an dem vormals die Akropolis gestanden hat. Stufen aus

*Die Ruinen von Sebastiya*

dem 2. Jh. n. Chr. führen zum Podium, dem einzigen Rest des Augustus gewidmeten herodianischen Tempels, der später von Septimus Severus erneuert wurde. In nördlicher Richtung angrenzend wurde im 2. Jh. der Tempel der Erntegöttin Cora errichte; er stand auf den Ruinen eines der Göttin Isis geweihten hellenistischen Tempels.

Wo sich früher die Akropolis befand, genießt man heute einen imposanten Panoramablick. In südlicher Richtung sind die befestigten Mauern eines antiken samarischen Palastes (9. Jh. v. Chr.) sowie die Ruinen des Baal- und Astarte-Tempels auszumachen, die allerdings nicht eindeutig identifizierbar sind. Einige der hier entdeckten, großartigen Elfenbeinstücke befinden sich heute im Israel-Museum in Jerusalem. Zwischen der Akropolis und der von Säulen gesäumten Straße sind die Reste einer kleinen byzantinischen Kapelle zu sehen, die am mutmaßlichen Fundort des Hauptes von Johannes dem Täufer steht und von den Kreuzfahrern umgebaut wurde. Gemäß der biblischen Überlieferung ließ Herodes Antipas, Sohn des Herodes, Johannes den Täufer in Sebaste enthaupten, weil Salome verlangt hatte, dass sein Kopf ihr zu Herodes' Geburtstagsfeier auf einem Tablett überreicht werden sollte (Mt 14, 8). Am westlichen Rand der Anlage befinden sich das Westtor und die Ruinen eines rechteckigen hellenistischen Wachturms, der zur Zeit von Herodes und später von Septimus Severus in ein neueres Bauwerk integriert wurde. Vom westlichen Tor führt eine eindrucksvolle Kolonnade zurück zum Forum; 600 teils intakte, teils zerbrochene Säulen säumen hier zwischen Olivenbäumen die 800 m lange Straße. Ursprünglich schützte ein Dach die über 5 m hohen, mit korinthischen Kapitellen versehenen Säulen. An dieser Stelle entdeckte man die Grundmauern mehrerer kleiner römischer Läden (4 m breit). Die römische Straße (12 m breit) wurde während der byzantinischen Epoche verschmälert und die Überdachung zur Vergrößerung der Läden genutzt.

*Auf zwei Wegen gelangt der Besucher zu dieser Anlage; der erste führt, nachdem man das Dorf durchquert hat, direkt zum Forum, der zweite ist für Autos zugänglich und führt zum Westtor. Öffnungszeiten: April-September 8.00-17.00 Uhr, Oktober-März 8.00-16.00 Uhr.*

## Das Dorf Sebastiya

Die Sidi-Yahya-Moschee am Dorfplatz ist ein Denkmal für Johannes den Täufer. Ihr Hauptgebäude wurde als Kirche im burgundischen Stil um 1160 von den Kreuzfahrern erbaut. Die sterblichen Überreste des Propheten Yahya (Johannes des Täufers) befinden sich hier in einer Grabnische zwischen den Gräbern zweier weiterer Propheten, Elias und Obadja. Das mitten auf landwirtschaftlich genutztem Gebiet gelegene Sebastiya war während der letzten Jahrhunderte ein Throndorf und Residenz der mächtigen Al-Kayed-Familie. Davon zeugt das große dreistöckige Haus, das sich über eine Fläche von 875 m² um einen Innenhof von 100 m² erstreckt. Die Al-Kayed-Residenz (Qaser al-Kayed) hat einen monumentalen Eingang, der von zwei symmetrisch angeordneten Steinsitzen flankiert wird. Die architektonischen De-

*Sebastiya*

tails (geometrische Muster und Blumenverzierungen) verleihen dem Gebäude seinen besonderen Charme.

*Gemeindeverwaltung von Sebastiya, Tel. 09/2532430.*

# Jenin

### Anreise nach Jenin

Von Ramallah (zentraler Busbahnhof, 40 NIS) und Nablus (Busbahnhof im Stadtzentrum, 15 NIS) verkehren Sammeltaxis direkt nach Jenin. Dort gibt es einen zentralen Taxi- und Busbahnhof, von dem alle öffentlichen Verkehrsmittel abfahren. Innerhalb der Stadt berechnen Einzeltaxis 7 bis 10 NIS. Theoretisch ist es möglich, von Jenin nach Nazareth zu gelangen; allerdings muss man den Checkpoint Jalameh passieren, was zuweilen schwierig sein kann. Wer in einer Gruppe reist, kann sein Glück versuchen und das jeweilige Konsulat bitten, die Durchreise im Voraus zu arrangieren. Vom Stadtzentrum kommt man am besten mit dem Taxi (15 NIS) zum Checkpoint.

Die Stadtgeschichte von Jenin (35 700 Einwohner) und ihre Namensveränderungen im Laufe der Jahrhunderte sind besonders interessant. Die Stadt wird in vielen historischen und mythischen Zusammenhängen sowie in Reisechroniken erwähnt – als Gina (in den Amarna-Briefen), Qena (in den Papyrus-Annalen von Thutmosis III.), En Ganim (in der Bibel), Ginea (bei Flavius Josephus), Genon (bei den Kreuzfahrern) oder Jenin (während der mameluckischen Periode).

In dem inmitten einer fruchtbaren Hochebene gelegenen Jenin kreuzten sich zudem wichtige Handelswege. Im 13. Jh. befestigten es die damaligen Herrscher, um einem weiteren Kreuzzug standhalten zu können, und richteten eine Brieftaubenpost ein. Gleichzeitig wurde in der Nähe ein Turm (*manwar*) für Licht- und Rauchsignale gebaut.

Damaskus und Jenin standen immer in engem Kontakt. Ein Schriftstück aus dem 15. Jh. schildert sogar, wie Eis auf Kamelrücken von Damaskus nach Jenin transportiert wurde. In der Mitte des 16. Jh. ordnete Fatima Khatun, die Frau des Gouverneurs von Damaskus, den Bau der Izz-ed-Din-Moschee (*Talal Street*) sowie einer Reihe öffentlicher Gebäude (*Hamam, Sabil, Souk*) an. Das landwirtschaftlich ausgerichtete Jenin entwickelte sich erst im 18. Jh. zu einer Stadt. Während des Ersten Weltkriegs bauten deutsche Truppen, die in der Nachbarschaft stationiert waren, einen Flughafen in der Nähe der Stadt, um ihre türkischen Alliierten zu unterstützen. Ein Mahnmal im Westen erinnert an die im Krieg gefallenen Piloten. Südlich von Jenin befindet sich ein weiteres Denkmal für die irakischen Soldaten, die 1948 bei der Verteidigung Palästinas getötet wurden.

*Neue Moschee in Jenin*

## Nablus

## Praktische Information

Besucher können im **Haddad Village Resort** übernachten (*in der Umgebung von Al-Sweitat, 5 min von der Amerikanischen Universität entfernt, Tel. 04/2417010 bzw. 059/9396312*). Eine einfache Unterkunft für zwei Personen kostet 200 NIS, 50 NIS extra pro Kind. Die komfortableren Zimmer kosten 250 NIS und 50 NIS pro Kind. Das Resort verfügt über einen Vergnügungspark.

### Das Flüchtlingslager Jenin

Das Flüchtlingslager Jenin wurde 1953 auf einem Gebiet innerhalb der Stadtgrenzen errichtet. Die meisten der 12 000 Einwohner stammen ursprünglich aus Dörfern der großen, fruchtbaren Ebenen von Unter-Galiläa. Einige dieser früheren Dörfer sind vom Lager aus noch zu erkennen. Noch heute bestehen enge Bindungen zwischen den Bewohnern des Camps und ihren Verwandten, die auf der anderen Seite der Waffenstillstandslinie (Grüne Linie) in Israel leben. Seit 1995 befindet sich das Lager in Zone A unter der Aufsicht der Palästinensischen Nationalbehörde.

*UNRWA-Büro, Tel. 04/2501618.*

### Das Massaker von Jenin

Die »Operation Defensive Shield«, eine israelische Offensive gegen große palästinensische Städte und Dörfer im Frühjahr 2002 (als Vergeltung für das Attentat auf das *Park Hotel* in Netanya, bei dem über 40 Mitglieder einer Familie bei einer Pessachfeier getötet wurden), führte dazu, dass Jenin und das Lager durch die Erklärung zum »geschlossenen Militärbezirk« am 3. April unter eine totale Blockade gestellt wurden. Während der 13-tägigen ununterbrochenen Bombardierung des Lagers spielten sich schreckliche Szenen ab. Medizinischen Hilfskräften und Journalisten wurde der Zugang zu dem Lager kategorisch verweigert. Am 10. April gab die israelische Armee eine letzte Warnung heraus, dass alle das Lager verlassen müssten. Obwohl sie beim folgenden Angriff das Bombardement noch verstärkte, weigerten sich die 4000 Einwohner, zu gehen. Insgesamt wurden über 50 Zivilisten getötet, viele von ihnen durch Gewehrkugeln oder von Bulldozern, sowie Hunderte verwundet. Darüber hinaus wurden die Häuser von mehr als 450 Familien zerstört. Der preisgekrönte Film *Arnas Kinder* zeigt einige der Kämpfer, die von ihrem Widerstand kurz nach dem israelischen Einmarsch in das Lager berichten.

*Das Flüchtlingslager Jenin nach dem Massaker von 2002*

Israel leugnet das Massaker zwar, es besteht jedoch kein Zweifel daran, dass viele Tote zu beklagen waren, die mehrere Tage lang nicht beerdigt werden konnten. Mindestens ein Planierraupenfahrer prahlte später sogar mit der Zerstörung vieler Häuser – ohne Rücksicht auf Menschen, die sich noch darin befanden. Inzwischen sind einige Häuser von internationalen Entwicklungshilfeorganisationen wieder aufgebaut worden. Die Straßen wurden inzwischen trotz einiger Kontroversen verbreitert, um von Panzern benutzt werden zu können. So wollte man die Häuser vor zukünftigen Überfällen oder Razzien besser schützen.

## Westjordanland

### The Freedom Theatre
### (Das Freiheitstheater)

Im Flüchtlingslager Jenin bemüht sich das *Freedom Theatre*, den Kindern und Jugendlichen einen sicheren Freiraum zu bieten, damit sie sich selbst sowie ihre verschiedenen Fähigkeiten kennenlernen und Vertrauen entwickeln können. Als einziges Theater im nördlichen Teil der besetzten palästinensischen Gebiete propagiert das *Freedom Theatre* Kunst als ein Modell des sozialen Wandels. Ziel des Projekts ist es, die Kinder des Flüchtlingslagers Jenin durch ein einzigartiges Seminarprogramm und Engagement im Theater sowie durch die Unterstützung der Kunst und der Medien zu bilden und

*Der Eingang zum Freedom Theatre in Jenin*

ihnen eine Stimme zu geben. Das *Freedom Theatre* entstand auf der Grundlage des außergewöhnlichen Projekts *Care and Learning*, das Arna Mer-Khamis im Lager Jenin während der ersten Intifada geleitet hatte. Das *Stone Theatre*, ein Teilprojekt von Arna, wurde 2002 bei der israelischen Invasion des Lagers zerstört. Nach dem Tod von Arna 1995 übernahm ihr Sohn Juliano Mer-Khamis die Leitung des Theaters. Juliano wurde im April 2011 von einem maskierten Unbekannten vor dem Theater erschossen.

*Flüchtlingslager Jenin, Tel. 04/2503345; www.thefreedomtheatre.org, E-Mail: info@thefreedomtheatre.org*

### Cinema Jenin

*Cinema Jenin* ist ein Social Entrepreneurship-Projekt, das von einem deutsch-palästinensischem Team in Jenin betrieben wird. Es hat unter dem Motto »Ein Kino für den Frieden« neben der Wiedereröffnung des einzigen Kinos der Stadt auch die Vermittlung der Idee eines kreativen und gewaltlosen Protests und die Etablierung einer regionalen Filmindustrie zum Ziel. Die Idee ist aus dem Film *Das Herz von Jenin* hervorgegangen. Initiatoren waren der deutsche Regisseur des Films, Marcus Vetter, und sein Protagonist Ismail Khatib aus Jenin.

Das in den frühen 1960er Jahren erbaute *Cinema Jenin* galt als eines der größten und bedeutendsten Lichtspieltheater im Westjordanland, bis der Kinobetrieb mit dem Beginn der ersten Intifada eingestellt wurde. Die Renovierung und Wiedereröffnung nach mehr als 20 Jahren machte sich der im November 2008 gegründete

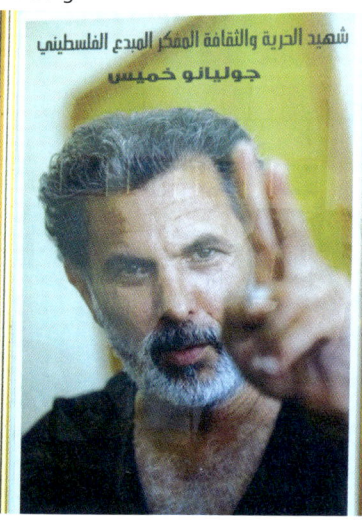

*Solidaritätsplakat für Juliano Mer-Khamis vom Freedom Theatre*

Verein *Cinema Jenin* zum Ziel. Der gemeinnützige Verein mit Sitz in Tübingen arbeitet zu diesem Zweck mit lokalen Fachkräften sowie mit internationalen Experten und ehrenamtlichen Helfern zusammen. Die Eröffnung des Kinos fand im August 2010 statt.

Durch die Geschichte des Films *Das Herz von Jenin* und die weltweite Medienresonanz fand das Kultur- und Friedensprojekt zahlreiche öffentliche sowie private Unterstützer, darunter das Auswärtige Amt der Bundesrepublik, Pink-Floyd-Sänger Roger Waters und die Fluggesellschaft *Air Berlin*, und konnte seine Arbeit aufnehmen. Im Laufe der Zeit entstanden weiterführende Ideen, das Projekt *Cinema Jenin* auch als Zentrum für den Film, als Motor der lokalen Wirtschaft sowie als friedensstiftende Maßnahme zu etablieren.

Als erstes wurde die Kino-Infrastruktur erweitert; so gehören zum Projekt *Cinema Jenin* inzwischen ein Gästehaus, ein Open-Air-Bereich mit Freiluftkino sowie eine Cafeteria mit Gartenanlage. In einem nächsten Schritt soll in dem angemieteten Bürogebäude in Jenin der Grundstein für eine regionale Filmindustrie gelegt werden.

Teile der lokalen Bevölkerung befürchten durch die stark friedensorientierte Ausrichtung von *Cinema Jenin* und durch die vereinzelte Zusammenarbeit mit israelischen Einrichtungen zu Beginn des Projekts eine Zementierung der Machtverhältnisse in der Region.

Az-Zaytoon Street 1, Tel. 04/2502455, www.cinemajenin.org, E-Mail: info@cinemajenin.org.

*Cinema Jenin*

*Das Cinema Jenin wird unter anderem unterstützt von Pink-Floyd-Sänger Roger Waters, dem Auswärtigen Amt der Bundesrepublik und dem Goethe-Institut*

### Tel (Khirbet) Belameh

Die Stadt hatte während ihrer langen Geschichte viele verschiedene Namen: »Ibleam« wurde sie in ägyptischen Texten aus dem 2. Jh. v. Chr. genannt, »Issacher« in der Bibel, »Belemoth« in der hellenistischen Zeit und »Belemontus« unter den Römern. Heute heißt sie »Belameh«. Von hier aus hat man einen Blick über die fruchtbarsten Gebiete Palästinas, einschließlich Marj bin Amer (das Jezreel-Tal), das eine Quelle des Wohlstands für die antiken Stadtstaaten war. Unter den meist aus mamelukischer oder osmanischer Zeit stammenden Ruinen auf dem Hügel gegenüber dem heutigen Dorf befindet sich die Bir-es-Sinjil-Quelle, deren Wasser die Stadt mittels eines in den Fels geschlagenen Tunnels versorgte.

## Westjordanland

Beachtenswert ist auch das große römische Gewölbe, das von den Kreuzfahrern erneuert wurde. Der Tunnel ist 115 m lang, 3,20 m breit und zwischen 3 und 7 m hoch. Die Stufen sind in den Fels geschlagen, ebenso wie die kleinen Wandnischen für die Laternen, die den Tunnel erleuchteten. Um ihn für Besucher sicherer zu machen, wurde er teilweise umgebaut.

*2 km südlich von Jenin.*

### Burqin

Die christliche Überlieferung besagt, dass Jesus an diesem Ort zehn Aussätzige durch ein Wunder heilte (Lk 17, 11-19). Die St. Georgskirche wurde über einer alten römischen Zisterne errichtet, wo Jesus das Wunder vollbracht haben soll. Für die christliche Gemeinde des Dorfs wird nur einmal im Monat eine Messe abgehalten. Die Türen der Kirche sind normalerweise verschlossen, aber die Dorfbewohner gewähren Besuchern gerne Eintritt. Die Grotte und die kleine Kapelle in der Kirche stammen vermutlich aus den frühen Tagen der Christenheit.

*3 km westlich von Jenin, an der Road 6155; die Anfahrt von Jenin kostet im Taxi 2 NIS.*

*Burqin*

*Jenin-Lithografie von David Roberts aus dem Jahr 1839*

# Nablus

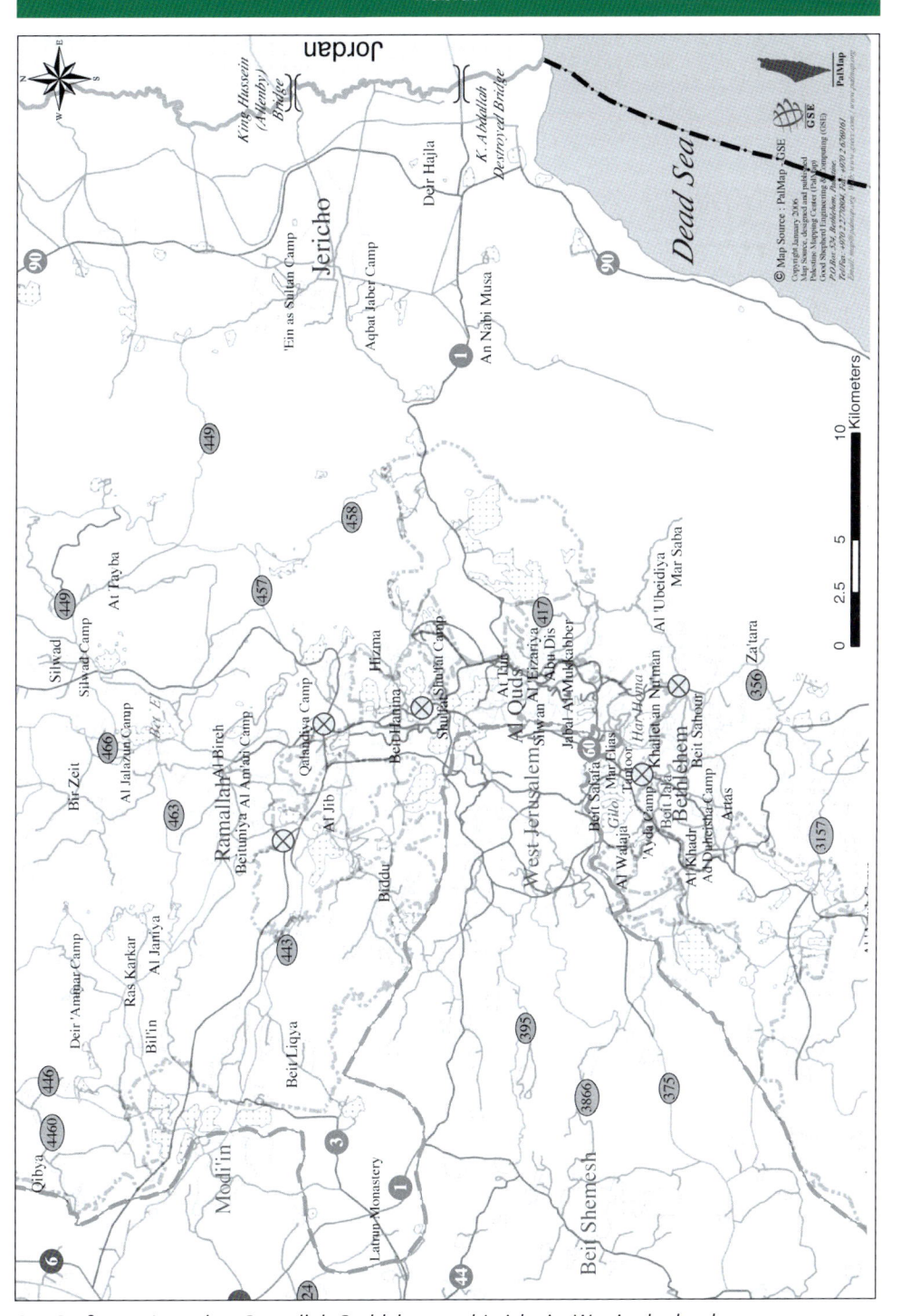

*Der Großraum Jerusalem, Ramallah, Bethlehem und Jericho im Westjordanland*

# Westjordanland

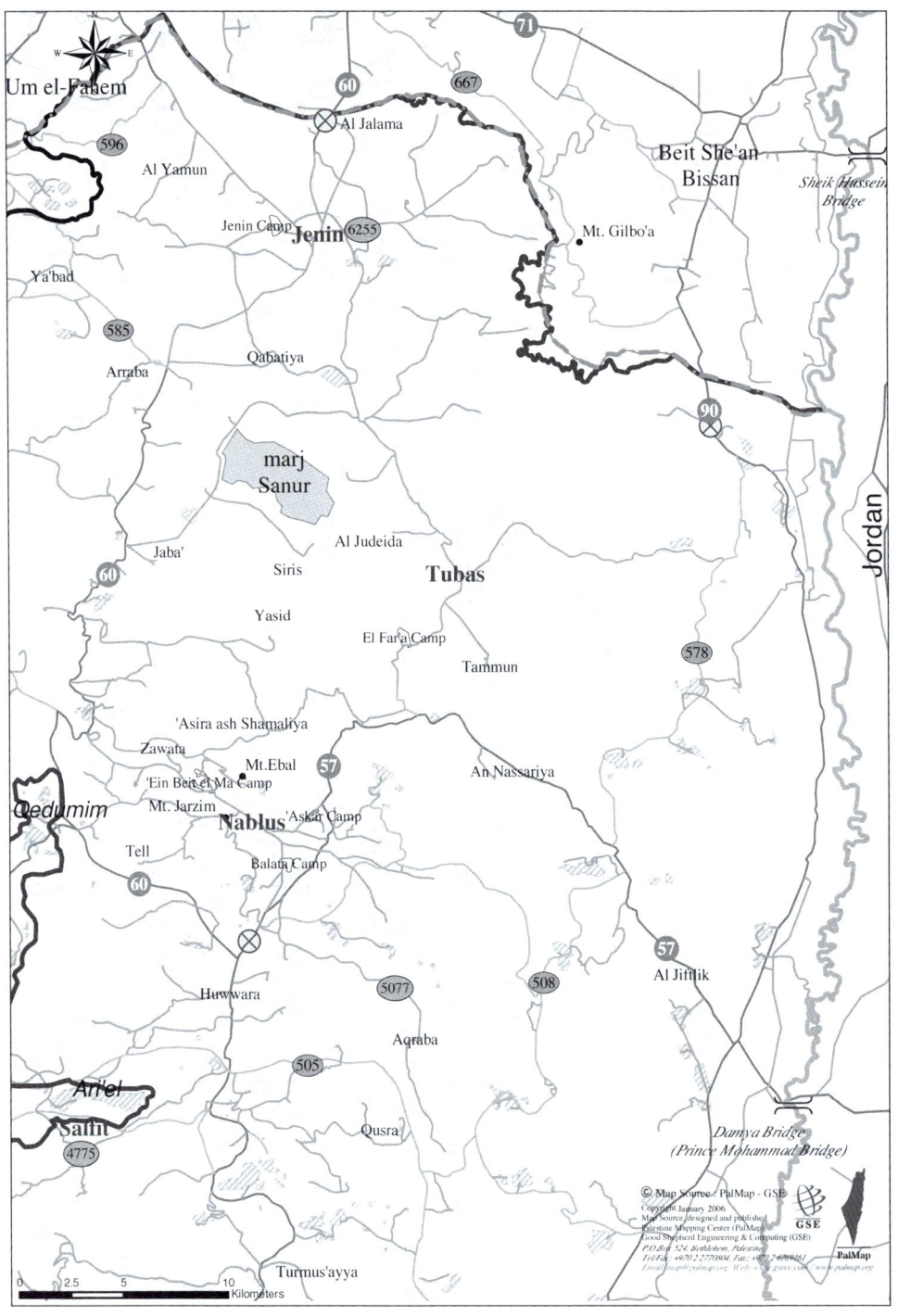

*Der Großraum Nablus und Jenin im Westjordanland*

# Nablus

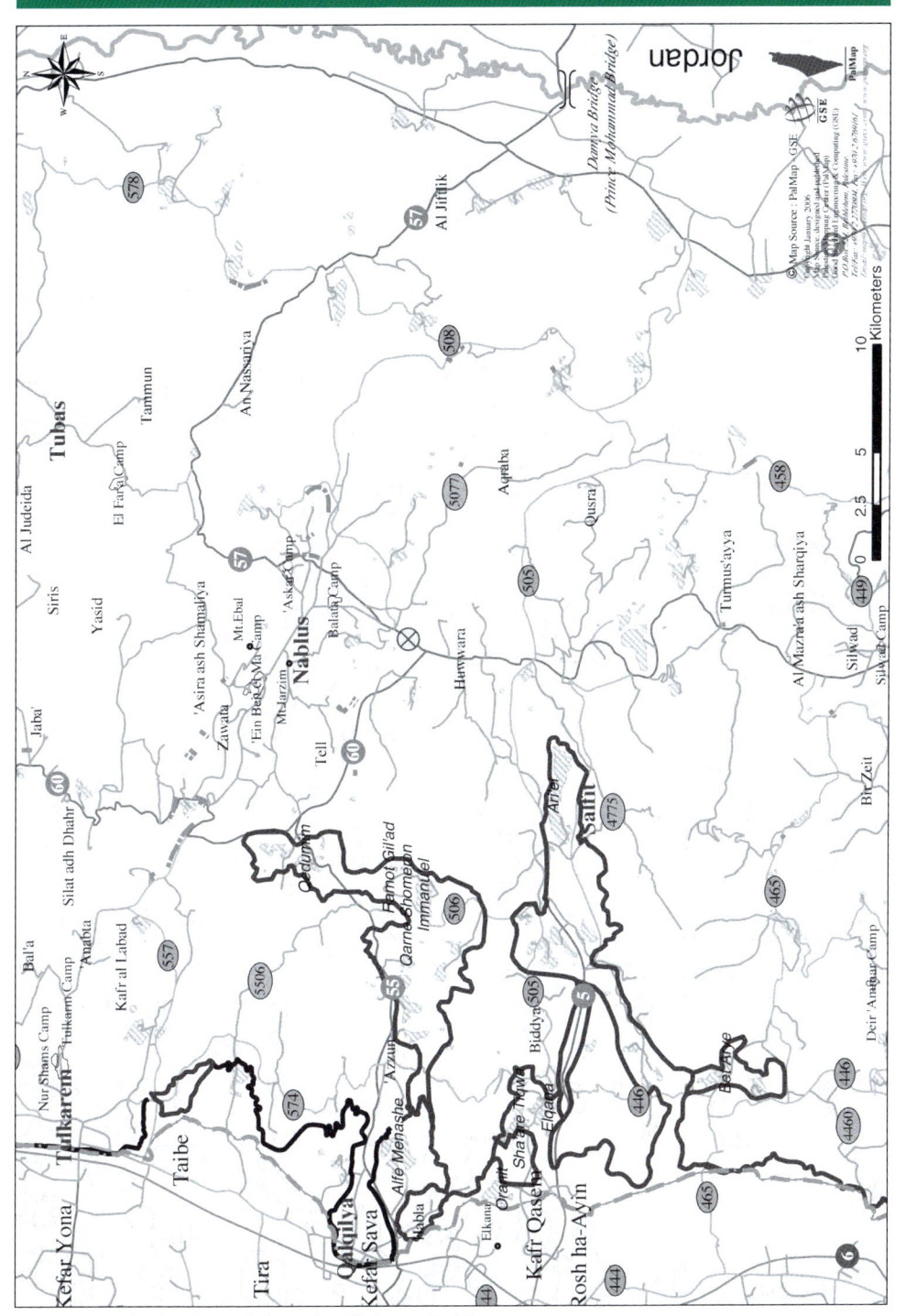

*Das Westjordanland westlich und südlich von Nablus*

# Westjordanland

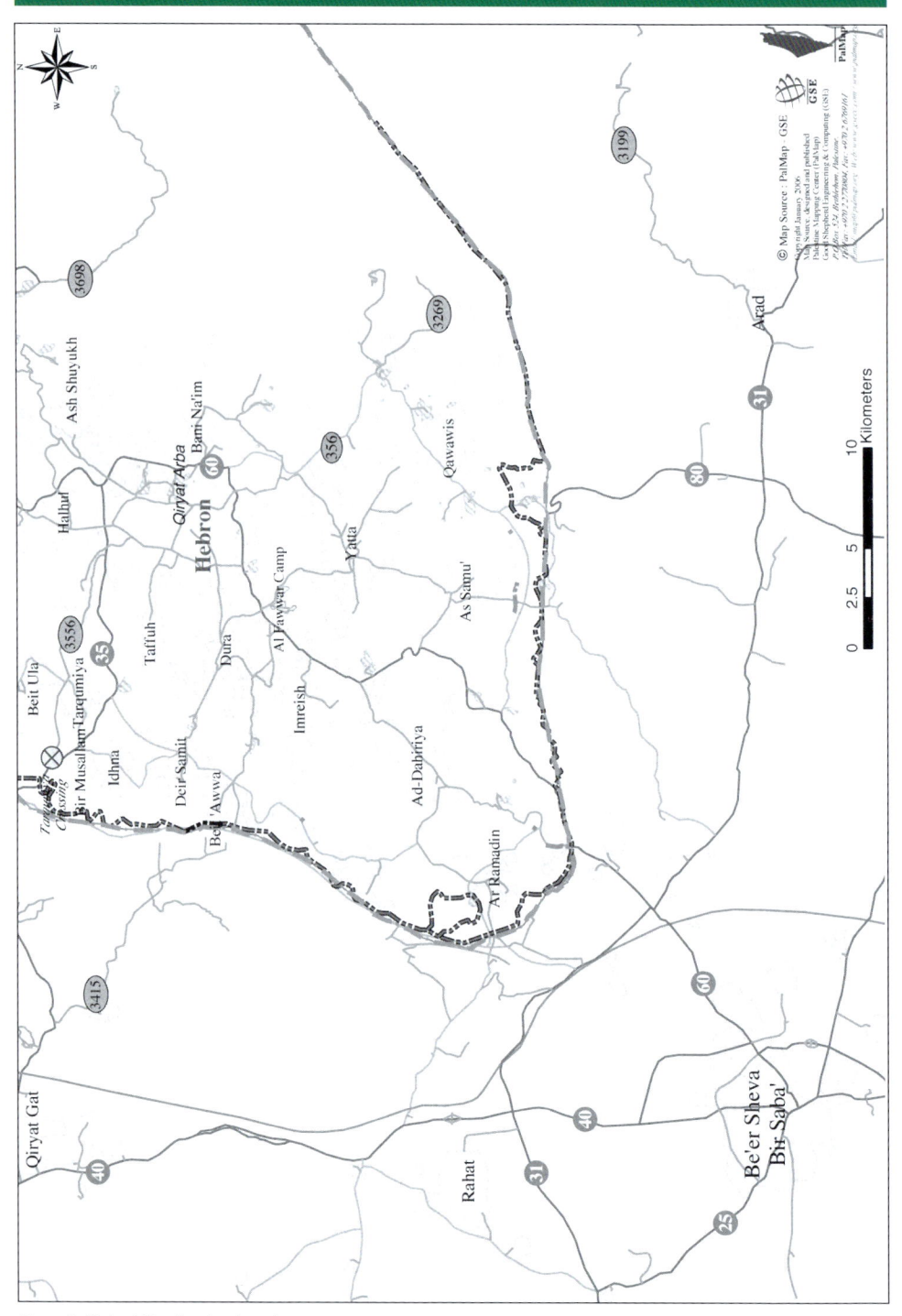

*Das südliche Westjordanland*

# Nablus

*Gesichter Palästinas*

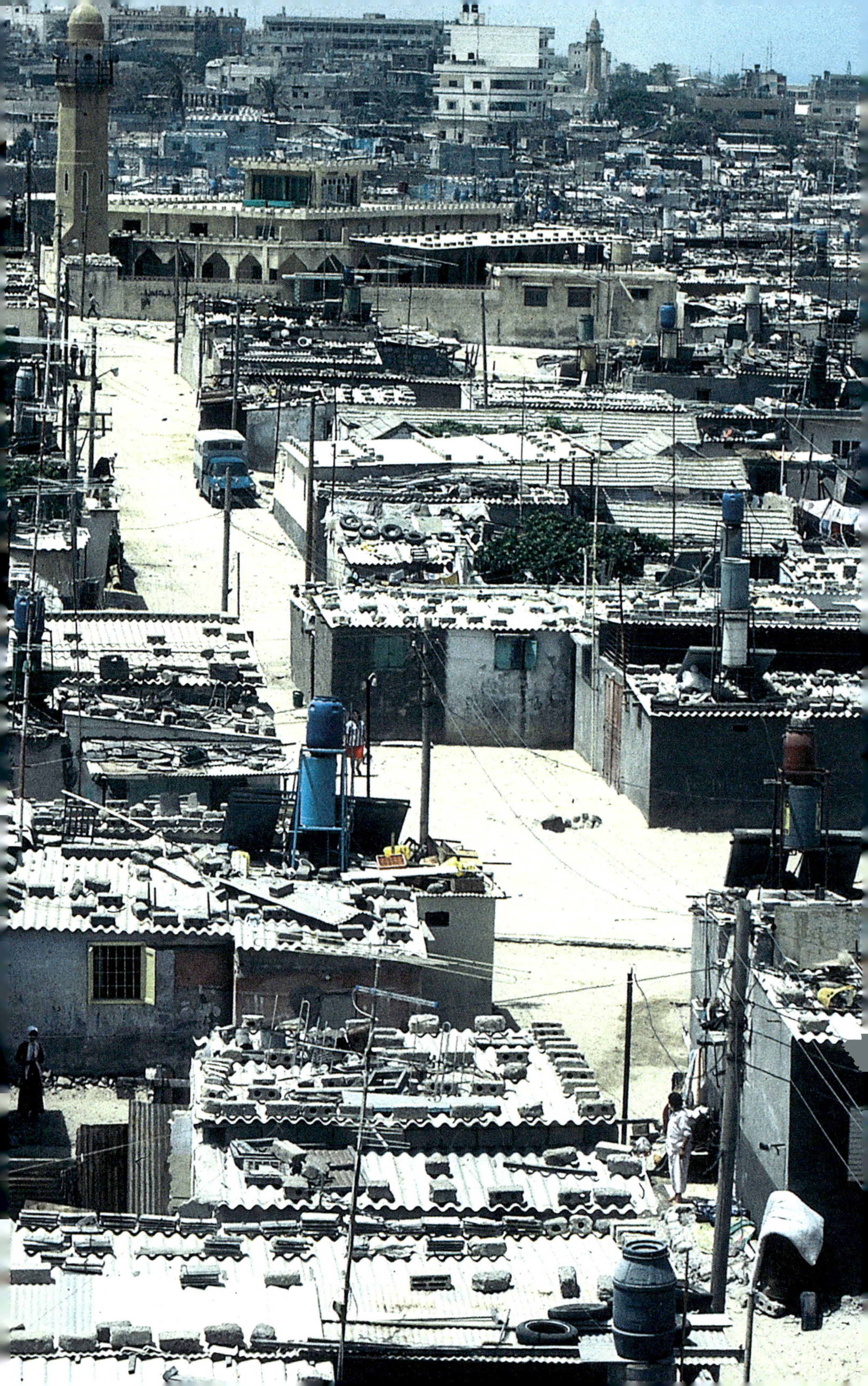

# Der Gazastreifen

### Der Weg nach Gaza

Der Besuch des Gazastreifens ist für viele eine erschütternde Erfahrung. Mehr als drei Viertel der Bevölkerung sind Flüchtlinge und deren Nachkommen aus Ortschaften, die heute in Israel liegen. Da um den Gazastreifen herum ein elektrischer Zaun verläuft und die israelische Marine die Mittelmeerküste streng überwacht, ist den Flüchtlingen der Zugang zu ihren Heimatorten versperrt. In den Gazastreifen hineinzugelangen gestaltet sich ebenso schwierig, weil es nur zwei Zugänge gibt: Erez im Norden und Rafah im Süden.

Seit dem israelischen »Rückzug« aus dem Gazastreifen 2005 scheint es keine Regeln für die Ein- und Ausreise an den Checkpoints zu geben, und jeder Versuch, hierzu Antworten zu bekommen, ist ein erfolgloses Unterfangen. Einerseits behauptet die israelische Führung, nicht länger für Gaza verantwortlich zu sein und den eigenen Bürgern die Einreise nicht zu erlauben, andererseits behält Israel die Kontrolle über den Luftraum, den Meerzugang sowie die Grenzen des Gazastreifens, einschließlich des Zugangs für Menschen und der Einfuhr von Gütern.

Obwohl die israelische Regierung dies nicht öffentlich äußert, verlangt sie weiterhin vorab eine schriftliche Genehmigung von denjenigen, die Gaza über den Erez-Checkpoint betreten wollen. Für Urlauber ist ein einfaches Touristenvisum keine Garantie für die Einreise. Es ist daher ratsam, humanitäre Organisationen zu kontaktieren (z. B. Nichtregierungsorganisationen) und eine Erlaubnis anzufordern. Journalisten oder Fotografen können versuchen, einen Presseausweis vom Pressebüro der israelischen Regierung (*Government Press Office*, GPO) in Jerusalem zu erhalten. Sie sollten allerdings mit mindestens zwei Wochen Wartezeit rechnen. Die Anmeldevorschriften finden sich auf der Webseite des Pressebüros (*www.pmo.gov.il, Tel. 02/5007502, Fax 02/6257886*). Hartnäckigkeit zahlt sich aus – ein Rückruf darf nicht erwartet werden; man sollte selbst wieder anrufen oder öfter im Büro vorbeischauen.

Die Reise von Ägypten in den Gazastreifen ist umständlich und unberechenbar. Der Rafah-Übergang – für die etwa 1,8 Mio. Palästinenser in Gaza der einzige Weg zur Außenwelt – steht zwar nicht mehr unter israelischer Kontrolle, ist jedoch weiterhin häufig geschlossen. Zurzeit wird er meistens nur geöffnet, um Hilfsbedürftige in den Gazastreifen ein- oder ausreisen zu lassen bzw. um die Bevölkerung in Gaza mit Hilfsgütern zu versorgen.

Ausländer und nicht im Gazastreifen lebende Palästinenser können den Übergang Rafah nicht benutzen, um nach Gaza zu gelangen, obgleich Einzelfälle dokumentiert sind, bei denen die Einreise über Ägypten aus humanitären Gründen gestattet wurde. Die in Zusammenhang mit dem israelischen Rückzug durch die USA im November 2005 vermittelte Vereinbarung über Bewegungs- und Zugangsfreiheit (*Agreement on Movement and Access*, AMA), beschränkte die Nutzung des Übergangs Rafah auf diejenigen Einwohner, die von Israel ausgestellte palästinensische Ausweise (*hawia*) mitführten, und auf Besucher mit besonderer Genehmigung, wie Diplomaten, ausländische Investoren, ausländische Vertreter von internationalen Organisationen (dies wurde auf die Vereinten Nationen und das Rote Kreuz beschränkt) und humanitären Einrichtungen. Eine weitere Möglichkeit einzureisen besteht darin, eine Kirche im Gazastreifen zu finden, die den Besucher betreut (weitere Informationen erhält man bei Pfarrer Emmanuel Imsalam). Die zuletzt verbleibende Option, in den Gazastreifen zu gelangen, ist, einen palästinensischen Tunnelarbeiter zu bezahlen, sich von Ägypten durch einen der vielen Tunnel des unterirdischen Netzwerks hinüber schmuggeln zu lassen; der Preis hierfür liegt bei 1000 $.

Es gibt keine öffentlichen Verkehrsmittel zwischen dem Westjordanland und dem Gazastreifen. Stattdessen muss man von Ostjerusalem aus ein Einzeltaxi nehmen, das etwa 250 NIS kostet. Nachdem der Reisende den Erez-Übergang passiert hat, kann er entweder mit einem Sammeltaxi (2 NIS) oder einem Einzeltaxi (35 NIS) in die 8 km entfernte Stadt Gaza gelangen. Der Flughafen des Gazastreifens bleibt infolge beträchtlicher Schäden durch israelische Bombenangriffe in den Jahren 2000 und 2001 geschlossen. Die israelische Armee hat bereits mehrmals damit gedroht, ihn erneut zu bombardieren, sollte er in Betrieb genommen werden.

Links: Flüchtlingslager Shati im Gazastreifen

## Gazastreifen

## Die Übergänge von Erez, Rafah und Karni

Erez ist der Grenzübergang für Arbeiter aus dem Gazastreifen, während Karni nur für den Warentransport bestimmt ist. Während des Friedensprozesses wurden die Bestimmungen für den Waren- und Personenverkehr verschärft. Der kürzeste Weg zum Westjordanland, von Erez nach

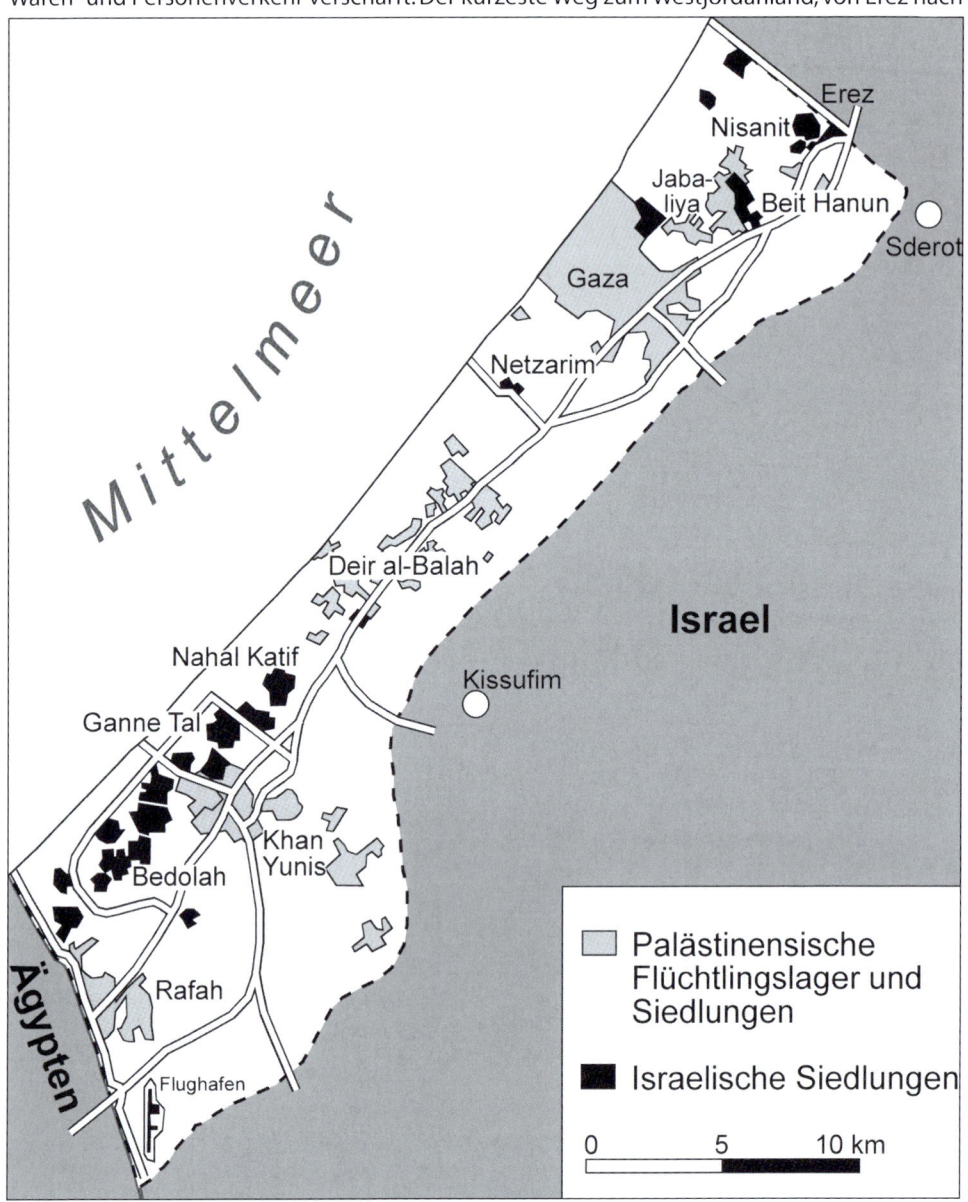

*Der Gazastreifen. Die israelischen Siedlungen wurden 2005 aufgelöst.*

## Gazastreifen

Tarqumia (s. S. 332), war trotz der Friedensverhandlungen nur von Oktober 1999 bis September 2000 geöffnet. Die einzige Alternative war der Weg über Ägypten nach Jordanien und von dort aus über die Allenby-Brücke (König-Hussein-Brücke) ins Westjordanland. Für Palästinenser ist dies der einzige Weg zwischen dem Gazastreifen und dem Westjordanland. Bis zur kompletten Schließung des Erez-Checkpoints im Jahr 2007 war die Einreise nach Israel nur gestattet, wenn man im Besitz einer von den israelischen Militärbehörden ausgestellten Arbeitserlaubnis war. Außerdem wurde ein Ausweis mit Magnetstreifen benötigt, auf dem persönliche Daten und die maximale Aufenthaltsdauer in Israel gespeichert waren. Palästinensischen Arbeitern war es nicht erlaubt, über Nacht in Israel zu bleiben. Sie mussten jeden Tag erneut die beschwerliche Reise auf sich nehmen. Ab 2 Uhr nachts konnte man am Erez-Checkpoint Tausende von Palästinensern sehen, die in langen Schlangen standen und darauf warteten, einreisen zu dürfen, um pünktlich an ihren Arbeitsplätzen zu erscheinen. Nach mehrstündigem Warten und zahlreichen Kontrollen erreichten sie die andere Seite des Übergangs, wo bereits Busse bereit standen.

### Erez-Checkpoint

Es gibt am Erez-Checkpoint zwei Übergänge für die Ein- und Ausreise: einen für Palästinenser und einen für Ausländer sowie Angehörige der Palästinensischen Nationalbehörde. Der erstgenannte Durchgang wurde in der Vergangenheit von palästinensischen Arbeitern und Geschäftsleuten genutzt, die eine Genehmigung besaßen, mit der sie nach Israel einreisen durften. Im Juli 2005 reisten schätzungsweise nur 2000 Arbeiter täglich nach Israel ein; am Vorabend der zweiten Intifada waren es hingegen noch 29 000. Nach 2006 schloss Israel den Übergang vorübergehend und verbot den Durchgang für Arbeiter. Seit Juni 2007 ist die Grenze für alle Palästinenser geschlossen. Nur bei medizinischen Notfällen und im Fall einer Zusammenarbeit mit internationalen Organisationen werden Ausnahmen gemacht (*Tel. 08/6741672*).

### Rafah

Der Übergang Rafah an der ägyptischen Grenze ist das Tor Gazas zur Außenwelt. Im November 2005 übergab Israel den Grenzübergang offiziell an die Palästinensische Nationalbehörde. Diese sollte in Zusammenarbeit mit Ägypten und der EU den Übergang kontrollieren. Tatsächlich jedoch kann Israel über diesen Grenzübergang weiterhin nach Belieben bestimmen und veranlasst häufig dessen Schließung. Der Übergang ist der einzige Weg, über den man aus dem Gazastreifen heraus gelangen kann, um beispielsweise medizinische Behandlung in Anspruch zu nehmen oder einem Studium nachzugehen. Alle Palästinenser, die in den Gazastreifen möchten, müssen über Rafah einreisen. Die Palästinensische

*Grenze zu Ägypten in Rafah*

## Gazastreifen

Nationalbehörde darf aber nur »palästinensischen Einwohnern« den Zutritt genehmigen, das heißt denjenigen, die im palästinensischen Einwohnerregister erfasst sind und palästinensische Ausweise mit sich führen. Im Juni 2007 ordnete Israel nach der Machtübernahme der *Hamas* in Gaza die vollständige Sperrung des Grenzübergangs Rafah an. Seitdem können etwa 1,8 Mio. Palästinenser den Gazastreifen nicht verlassen. Nur wenigen ist es bei Notfällen oder bei einer Zusammenarbeit mit internationalen Organisationen erlaubt, den Gazastreifen über den Übergang Erez zu verlassen. Nach der militärischen Auseinandersetzung zwischen Israel und der *Hamas* im November 2012 wurde der Übergang in Rafah zeitweise von den ägyptischen Behörden wieder geöffnet.

### Karni

Importe in den Gazastreifen über den Luft- oder Seeweg sowie über den Grenzübergang Rafah sind in der Regel verboten. Nur Güter, die zuvor in Israel kontrolliert wurden, können nach Gaza gebracht werden. Am häufigsten für den Güterverkehr in den Gazastreifen wird der Grenzübergang Karni südlich von Gaza-Stadt genutzt. Wie die anderen ursprünglich zu diesem Zweck errichteten Grenzübergänge – Sufa und Kerem Shalom – steht er vollständig unter israelischer Kontrolle. Wird dieser Übergang geschlossen, so beeinträchtigt dies massiv die schwache und abhängige Wirtschaft im Gazastreifen.

Während des ersten Jahres nach der Unterzeichnung der Vereinbarung über Bewegungs- und Zugangsfreiheit im November 2005 wurde der Karni-Übergang für 222 Tage geöffnet. Davon war er 166 Tage lang nur für eine begrenzte Anzahl von Stunden passierbar. Nachdem die *Hamas* im Juni 2007 die Kontrolle über den Gazastreifen übernahm, schränkte Israel die Lieferungen wichtiger Güter massiv ein und schloss den Grenzübergang für fast ein Jahr. Nach einem Waffenstillstandsabkommen im Juni 2008 wurden die Restriktionen gelockert – der Übergang ist aber weiterhin lediglich unregelmäßig geöffnet.

*Kontrollschneise im Flüchtlingslager Shati*

## Der Gazastreifen

Der Gazastreifen ist ein schmaler Landstreifen, der ungefähr 45 km lang und an seiner engsten Stelle 6 km breit ist. Insgesamt misst er etwa 360 km², was etwa 3% des britischen Mandatsgebiets Palästinas entspricht. Bis 1948 war Gaza-Stadt das Verwaltungszentrums des Gebiets, das von der ägyptischen Grenze bis nach Ashdod (Isdoud) reichte. Durch die territoriale Expansion Israels im Krieg 1948 verringerte sich jedoch die vom UN-Teilungsplan 1947 vorgesehene Gesamtfläche um ein Drittel. Insgesamt suchten hier zwischen 200 000 und 250 000 Flüchtlinge

## Gazastreifen

Zuflucht. Die letzte Flüchtlingswelle gelangte 1951 nach Gaza, nachdem viele Palästinenser aus besetzten Dörfern oder Beduinenlagern im westlichen Teil der Negev-Wüste geflohen waren.

Die zionistische Offensive von 1948 führte zur heutigen Form des Gazastreifens. Der damalige ägyptische König Farouk zeigte wenig Interesse daran, die Situation zugunsten der Bewohner zu ändern. Die Errichtung des israelischen Staates in Palästina war mit der Enteignung von Land verbunden, die mit den kontinuierlichen militärischen Erfolgen Israels noch weiter zunahm. Dadurch wurde die einheimische palästinensische Bevölkerung in kleine Enklaven zurückgedrängt. Nicht eine einzige Ortschaft zwischen dem Gazastreifen und Jaffa blieb von der Vertreibung ihrer Bewohner verschont. Daher war die Politik Ägyptens von der Angst geprägt, eine Welle palästinensischer Flüchtlinge aufnehmen zu müssen. Die ägyptische Monarchie sah sich im Fall einer Fortsetzung der Inbesitznahme palästinensischen Landes durch Israels gefährdet. Am 24. Februar 1949 unterzeichneten Ägypten und Israel ein Waffenstillstandsabkommen, mit dem die Grenzen zweier neuer territorialer Gebiete definiert wurden, die des Gazastreifens und des Staates Israel.

Heute leben etwa 1,8 Mio. Palästinenser im Gazastreifen von denen mehr als 75% Flüchtlinge sind. Nach UNRWA-Angaben machen die Flüchtlinge, die im Gazastreifen leben, mehr als 22% der palästinensischen Gesamtbevölkerung aus. Aufgrund des hohen Bevölkerungswachstums hat der Gazastreifen heute eine der höchsten Bevölkerungsdichten der Welt. Der Alltag ist von Not und extrem schlechten Lebensbedingungen geprägt. Seit dem Ausbruch der Al-Aqsa-Intifada leben mehr als 70% der Einwohner unterhalb der Armutsgrenze. Im Kampf ums tägliche Überleben sind die meisten Familien von Hilfslieferungen aus den arabischen und westlichen Ländern sowie von der UNRWA abhängig.

## Die Flüchtlingslager

1948 wurden die vertriebenen Palästinenser in verschiedenen Flüchtlingslagern aufgenommen und auf unkultiviertem Land neu angesiedelt. Zur Unterstützung dieser Flüchtlinge gründeten die Vereinten Nationen im Dezember 1949 das Flüchtlingshilfswerk UNRWA. Die UNRWA begann ihre Arbeit im Mai 1950 mit der statistischen Erfassung der Flüchtlinge und deren Ansiedelung auf für 99 Jahre gepachtetem Land. Gleichzeitig wurden die Grenzen der Flüchtlingslager festgelegt. Diese sind bis heute unverändert, obwohl die Bevölkerung seither um das Drei- bis Vierfache gewachsen ist. Die UNRWA kümmerte sich zunächst um das Lebensnotwendige. Sie bot den Flüchtlingen Zelte, Lebensmittel, medizinische Versorgung sowie Bildungsmöglichkeiten.

*Flüchtlingsbehausung im Lager Shati*

1954 wurden die abgenutzten Zelte durch kleine gemauerte Häuser ersetzt. Auf engstem Raum lebte hier eine Familie mit der zu dieser Zeit üblichen Durchschnittsgröße von 6,7 Personen. Zwei Gemeinschaftstoiletten standen jeweils 25 bis 30 Familien zur Verfügung.

Als Israel 1967 den Gazastreifen besetzte, entwickelte es einen Plan zur Niederschlagung des palästinensischen Widerstands, der sich vor allem in den Flüchtlingslagern organisierte. Durch diesen Plan hoffte Israel, die Bevölkerungszahl zu reduzieren und die Situation besser kontrollieren zu können. 1971 wurden unter General Ariel Sharon Straßen durch die Flüchtlingslager gebaut, wobei etwa 2000 Häuser zerstört wurden – die Schneisen sind bis heute sichtbar. Die betroffenen Bewohner wurden auf die ägyptische Halbinsel Sinai südlich von Rafah deportiert. In dem neu eroberten Gebiet gründete die Besatzungsmacht fünf neue Flüchtlingslager: Brazil und Tel es-Sultan in Rafah, Sheikh Radwan in Gaza-Stadt sowie Beit Lahya und Al-Amal in Khan Younis. Die Umsiedlung sollte die Anzahl der Menschen in den einzelnen Flüchtlingslagern verringern, eine bessere Kontrolle des Widerstands ermöglichen und den Bewohnern das Anrecht auf einen Flüchtlingsstatus entziehen. Israel verpachtete das zuvor von den palästinensischen Landbesitzern enteignete Land für 99 Jahre und stellte den Menschen Baumaterial zur Verfügung. Im Gegenzug sollten die Flüchtlinge ihre Häuser in den Lagern zerstören, ihre Dokumente abgeben und auf jede Unterstützung durch die UNRWA verzichten. Heute sehen diese Stadtteile wie offizielle UNRWA-Flüchtlingslager aus und werden auch »Lager« genannt.

*Israelische Militärpatrouille in Gaza-Stadt*

Die Flüchtlingslager sind leicht zu erkennen. Es sind dicht bebaute Gebiete, in denen einfach gemauerte Häuser mit Wellblechdächern ein dichtes Netz kleiner, enger Gassen bilden. Eine grundlegende Infrastruktur mit Müllabfuhr, Trinkwasserversorgung und Abwasserentsorgung existiert nicht oder nur in unzureichendem Maß. Das Wasser in den Lagern ist häufig nicht zum Trinken geeignet. Seit dem vorläufigen Rückzug der israelischen Armee im Jahr 1994

| Flüchtlingslager im Gazastreifen | | | |
|---|---|---|---|
| Gebiet | Flüchtlingslager | Bewohner 1949 (ca.) | Bewohner 2003 |
| Norden | Jabalya | 35 000 | 107 415 |
| Gaza | Shati | 23 000 | 78 158 |
|  | Deir al-Balah | 9000 | 21 185 |
| Zentrum | Nusseirat | 16 000 | 66 691 |
|  | Bureij | 13 000 | 30 756 |
|  | Maghazi | 9 000 | 23 503 |
|  | Khan Younis | 35 000 | 62 928 |
| Süden | Rafah | 41 000 | 93 928 |
| Flüchtlinge außerhalb der Lager |  |  | 438 111 |
| Flüchtlinge im Gazastreifen gesamt |  |  | 922 674 |
| Quelle: UNRWA, 31. Dezember 2003 | | | |

wurden die ursprünglich einstöckigen Gebäude um mehrere Etagen erweitert, um die steigende Anzahl von Bewohnern auf der begrenzten Fläche der Lager unterzubringen.

## Gaza – »Israels Soweto«

Vor der ersten Intifada 1987 arbeiteten ungefähr 45 000 Palästinenser aus dem Gazastreifen in Israel. Weitere 10 000 arbeiteten illegal ohne Arbeitspapiere, davon etwa 30% Jugendliche. Das bedeutete, dass mehr als die Hälfte der Arbeiter aus dem Gazastreifen ihren Lebensunterhalt in Israel verdiente. Für die gleiche Arbeit erhielt ein palästinensischer Arbeiter 36% des Lohns eines israelischen Arbeiters. Im Gazastreifen war die Arbeitslosigkeit schon damals durch die fehlende industrielle Infrastruktur und durch eine generelle Stagnation sämtlicher Wirtschaftszweige besonders hoch.

Als sich die Besatzungsmacht 1994 aus 60% des Gazastreifens zurückzog und die Verantwortung an die Palästinensische Nationalbehörde übertrug, gab es in den Städten zunächst einen bisher nicht gekannten Bauboom. Allerdings wurde hauptsächlich in den Bau und die öffentliche Infrastruktur investiert. Durch die wiederholten Belagerungen und Exportbeschränkungen flossen nur wenige Investitionen in die Entwicklung der Industrie und der Landwirtschaft. Israel verhinderte den Bau des Hafens in Gaza-Stadt, der jedoch dringend für den Handel benötigt wird. So schien der Traum von echter Autonomie in weite Ferne gerückt.

Mit den Oslo-Verhandlungen sank die Anzahl der in Israel beschäftigten Palästinenser auf 30 000, nach Beginn der Al-Aqsa-Intifada im Jahr 2000 auf 6000. Die meisten dieser Arbeiter verließen den Gazastreifen jedoch nicht, da sie in Industriekomplexen am Rand oder in israelischen Siedlungen, die im Zentrum des Gazastreifens lagen, arbeiteten. Der bedeutendste Industriekomplex befindet sich in der Nähe des Erez-Checkpoints, in dem früher bis zu 3000 Palästinenser beschäftigt waren. Israels Rückzug aus dem Gazastreifen 2005 hatte nicht nur politische, sondern auch wirtschaftliche Konsequenzen; seither wird es z. B. palästinensischen Arbeitern immer seltener gestattet, in Israel zu arbeiten, und das israelische Industriegebiet im Gazastreifen wurde nahezu stillgelegt.

*Wachturm in Jabalya*

## Kontakte

### Popular Committees in the Camps
(Volkskomitees in den Flüchtlingslagern)

Die Volkskomitees organisieren Besuche und vermitteln Kontakte in den Flüchtlingslagern im Gazastreifen. Sie helfen Besuchern, sich ein Bild vom Alltag, der Geschichte und den Zukunftsaussichten der Menschen in den Lagern zu machen.
*Jamal Abu Habel (Flüchtlingslager Jabalya), Koordinator für die Volkskomitees der Flüchtlingslager im Gazastreifen, Tel. 0599/740961. Salim Abu Zeid (Flüchtlingslager Khan Younis), Volkskomitee, Tel.*

## Gazastreifen

*0599/772201. Ahmed Esaadouni (Flüchtlingslager Khan Younis), Volkskomitee, Tel. 0599/791882 oder 08/2054853. Ali Shawish (Flüchtlingslager Nusseirat) ist Englischlehrer bei der UNRWA und seit vielen Jahren Friedensaktivist, Tel. 0599/843553 oder 08/2558532.*

*Israelische Panzer im Gazastreifen*

*Demonstration gegen die schlechte Versorgungslage*

# Gazastreifen

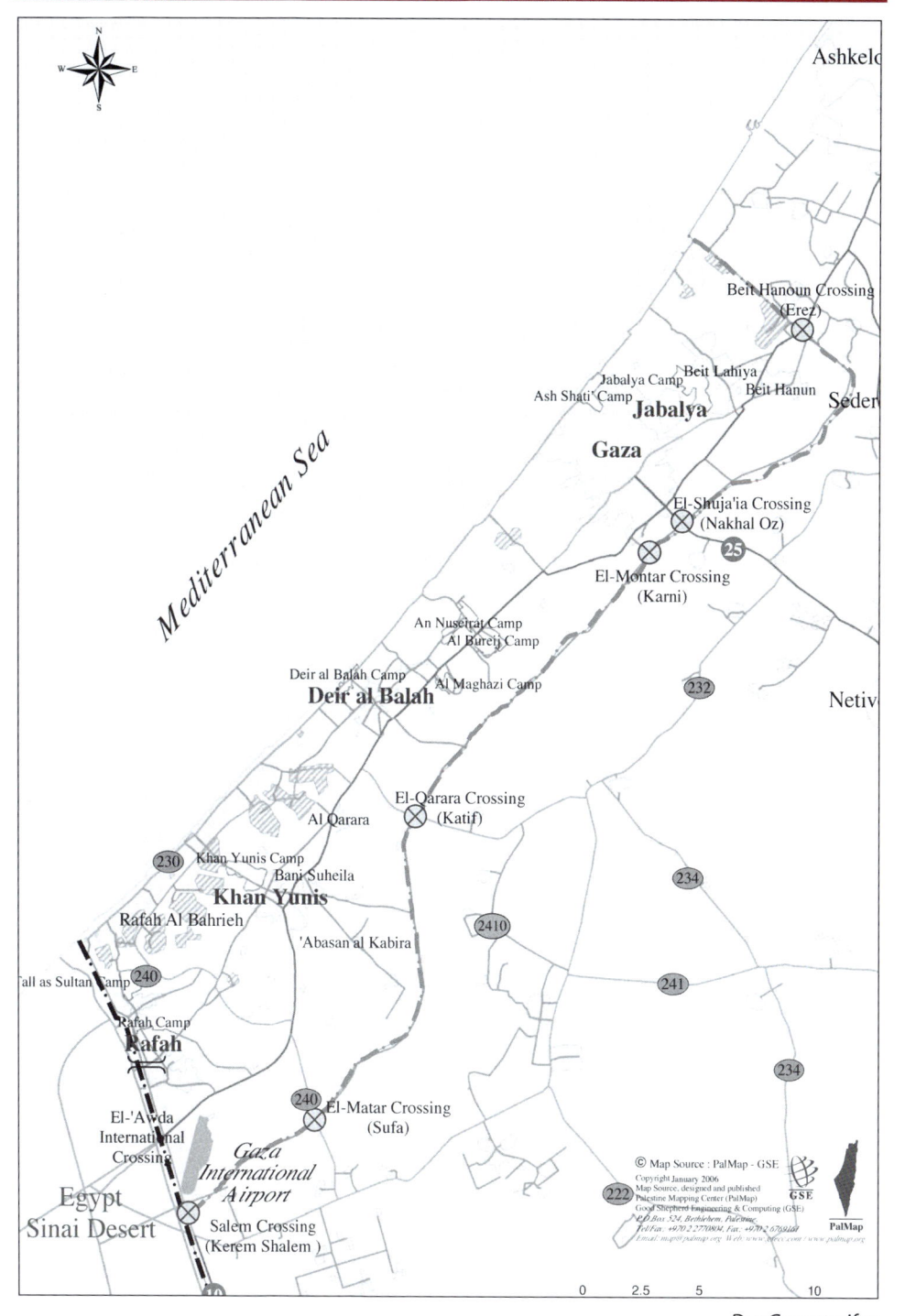

*Der Gazastreifen*

# Gaza-Stadt

## Die Geschichte Gazas

»Gaza bleibt Gaza, auch wenn seine Hände gefesselt sind. Sein Horizont ist von Stacheldraht umzäunt. Auf harmonische Art und Weise führt der Gazastreifen die arabische Küstenlinie südlich entlang des Mittelmeeres fort. In alten Zeiten bezeichnete man Gaza als ›syrisch‹, seine Landschaft ist jedoch ägyptisch geprägt. Man kannte es auch als ›arabisches Gaza‹, weil es das Ende der arabischen Halbinsel am Mittelmeer bildete.«
Jean-Baptiste Humbert, Mediterranes Gaza –
Geschichte und Archäologie in Palästina

Der Gazastreifen ist eine Region, die auf eine lange Geschichte zurückblicken kann und reich an archäologischen Funden ist. Hier kreuzten sich einst die wichtigsten Handelswege des Vorderen Orients. In vorgeschichtlicher Zeit siedelten sich Menschen nach ihren langen Wanderungen durch Asien und Europa in der Nähe des Wadi Ghazzeh an. Im 4. Jt. v. Chr. begann mit der Domestizierung des Esels der Karawanenhandel. Eine große Bedeutung hatten die Handelsbeziehungen zu Ägypten, das zu Beginn des 3. Jt. v. Chr. viele Handelsstädte entlang der Südküste Palästinas gründete. Die Stadt Gaza diente als Verwaltungszentrum. Am Ende des 3. Jt. v. Chr. wurde zur Zeit der ersten ägyptischen Dynastie das Gebiet von Ägypten unabhängig. Einige kanaanitische Städte errichteten Befestigungsanlagen; die bekannteste entstand bei Tel al-Ajul südlich von Gaza. Diese Stadt erlebte ihre Blütezeit unter den Hyksos, die damals in dem syrisch-palästinensischen Region und dem Land bis zum Nildelta die politische Herrschaft

*Ansicht von Gaza, David Roberts 1839*

ausübten. Diese Zeit endete mit der Eroberung Palästinas durch die 18. Dynastie der ägyptischen Pharaonen (ca. 1550 v. Chr.). Gaza (ägyptisch »gada-tu«) wurde zum bedeutendsten städtischen Zentrum im Süden Palästinas. Der ägyptische Gouverneur der Region hatte hier seinen Sitz.

Ca. 1200 v. Chr. fielen die Seevölker – insbesondere die Philister – in das Gebiet um Gaza ein und vertrieben die Ägypter. Wahrscheinlich wurde Gaza die Hauptstadt eines unabhängigen Bundes von fünf Stadtstaaten. 734 v. Chr. wurde es von dem Assyrer Tiglath-Pileser III erobert und erhielt den assyrischen Namen »ha-za-ti« oder »ha-zi-ti«. Der Gouverneur von Gaza floh daraufhin nach Ägypten. Gaza entwickelte in dieser Zeit eine wichtige Verbindungsfunktion zwischen dem Reich der Assyrer und Ägypten. Die assyrische Herrschaft dauerte nicht lange an, dennoch gab es Deportationen, von denen auch der König von Gaza selbst betroffen war.

## Gaza-Stadt

Um 538 v. Chr. fiel der gesamte Vordere Orient an die Perser und wurde zu einem Teil ihres Großreichs. Gaza profitierte von der Öffnung der Handelswege zum Mittelmeerraum und entwickelte sich zum Ziel vieler Karawanen, die Weihrauch, Myrrhe, exotische Tiere aus dem Jemen, Sklaven vom Horn von Afrika, Gewürze aus Indien und wahrscheinlich auch Seide aus China transportierten. Griechische und zypriotische Schiffe brachten handwerkliche Produkte, Olivenöl und Wein von Gaza in die Levante und nach Ägypten. Bis zum Ende der byzantinischen Epoche war Gaza für diese Produkte berühmt.

Seit der Eroberung durch Alexander den Großen (332 v. Chr.) entwickelte es sich zu einer der berühmtesten hellenistischen Städte im Orient. Am Schnittpunkt verschiedener Zivilisationen gelegen, war Gaza, das Menschen, Güter, Kulturen und Religionen von überallher beherbergte, wahrlich eine kosmopolitische Stadt, die nur vom ägyptischen Alexandria übertroffen wurde.

*Gaza-Stadt*

Während der Umayyaden-Dynastie war die Stadt als »Hashems Gaza« oder »Gaza des Hashem Ibn Abdel Munaf« bekannt, Großvater des Propheten Muhammad, dessen Grabstätte sich in Gaza befindet. Zu dieser Zeit war es als Handelsknotenpunkt und intellektuelles Zentrum weithin anerkannt. Der berühmte Rechtsgelehrte Imam ash-Shafii, Namensgeber der schafiitischen Rechtsschule des Islam, wurde vermutlich 767 n. Chr. in Gaza geboren.

Gaza wurde zum Kornspeicher der Region und ein Verbindungspunkt zwischen den beiden großen arabischen Hauptstädten Kairo und Damaskus. Unter den Mamelucken erlebte es eine weitere Ausdehnung, bis es während der großen Pest im Jahr 1348 viele Einwohner verlor.

Als Vasco da Gama im 15. Jh. einen neuen Seeweg nach Indien entdeckte, bedeutete dies das Ende von Gaza als bedeutende Seehandelsstadt und es verlor seine herausragende Stellung an der Gewürzstraße. Von nun an gewann die Landwirtschaft dank der fruchtbaren Böden an Bedeutung; es wurde vor allem Getreide angebaut, weswegen Gaza später auch »Ozean des Weizens« genannt wurde.

Die Einwohnerzahl stieg von 16 000 (1885) auf 40 000 (1906). Gazas Wohlstand fand während des Ersten Weltkriegs ein Ende, nachdem die Kämpfe zwischen den Osmanen und den Briten die Stadt und die umliegende Gegend verwüstet hatten. Als die britische Armee Gaza am 7. November 1917 besetzte, bestand die Altstadt fast nur noch aus Ruinen. Ein Erdbeben im Jahr 1927 zerstörte schließlich alles, was vom Krieg verschont geblieben war.

Der massenhafte Zuzug von vertriebenen Palästinensern führte nach 1948 zu einer Explosion der Bevölkerungszahl und veränderte das Erscheinungsbild des Gazastreifens. 46 der 58 Dörfer und Städte des an den Gazastreifen angrenzenden Gebiets wurden evakuiert und vollständig zerstört. Binnen weniger Monate stieg die Einwohnerzahl des Gazastreifens von 35 000 auf 170 000. Dieser wurde aber nicht wie das Westjordanland annektiert, sondern vielmehr von der Arabischen Liga an die ägyptische Militärverwaltung übergeben.

## Gazastreifen

Bis zum heutigen Tag sind die meisten Menschen im Gazastreifen abhängig von der Unterstützung durch das UN-Flüchtlingshilfswerk UNRWA oder den Überweisungen von Palästinensern, die in den Golfstaaten arbeiten.

1956 wurde der Gazastreifen für mehrere Monate von der israelischen Armee besetzt. Nach seiner erneuten Besetzung im Junikrieg 1967 verstärkte sich der Widerstand, worauf Israel mit der Ermordung zahlreicher Führer panarabischer und linksgerichteter Parteien reagierte. 12 000 Palästinenser wurden inhaftiert und ein Teil der Bevölkerung deportiert. Flüchtlingslager wurden nach Verdächtigen durchsucht und lange Ausgangssperren verhängt. Um die Widerstandsaktivitäten in den Lagern zu kontrollieren, zerstörte die Armee 1971 viele Häuser, was 15 000 Menschen obdachlos machte. Von Beginn an verfolgte Israel die Strategie, so viele Menschen wie möglich aus dem Gazastreifen zu vertreiben. Der Hafen von Gaza-Stadt wurde geschlossen und die wirtschaftliche Aktivität stark eingeschränkt. Zwischen 1967 und 1984 verließen mehr als 100 000 Palästinenser den Gazastreifen. Einige wurden gewaltsam auf die Halbinsel Sinai deportiert, andere emigrierten nach Jordanien oder in die Golfstaaten.

*Ausweiskontrolle in Gaza-Stadt*

In den Jahren der Besatzung konnten religiöse Organisationen, die der Muslimbruderschaft (einer islamischen Bewegung mit Ursprung in Ägypten) nahe standen, ihren Einfluss im sozialen und religiösen Leben ausweiten. Die Besatzungsmacht tolerierte den wachsenden Einfluss dieser Organisationen, solange sie sich eines politischen oder bewaffneten Widerstands gegen Israel enthielten. Ihnen wurde freie Hand beim Aufbau ihrer Strukturen gelassen, wenn sie sich gegen den Panarabismus oder die Palästinensische Befreiungsorganisation PLO (*Palestine Liberation Organisation*) richteten. Die religiös-islamischen Bewegungen behaupten, dass sie diese Zeit für die Stärkung ihrer moralischen und politischen Werte nutzten, um sich auf den bewaffneten und politischen Kampf gegen die Besatzungsmacht vorzubereiten. Als Resultat dieses Prozesses entstand zu Beginn der ersten Intifada die Islamische Widerstandsbewegung (*Hamas*), die heute die einflussreichste Organisation dieser Art im Gazastreifen ist.

Am 8. Dezember 1987 erhoben sich die Bewohner des Flüchtlingslagers Jabalya gegen die Besatzung, nachdem einige palästinensische Arbeiter getötet worden waren. Damit begann eine neue Phase des Widerstands. Schon am nächsten Tag griff die Intifada auf alle 1967 besetzten palästinensischen Gebiete über. Sie dauerte länger als sechs Jahre.

Die Osloer Friedensverhandlungen ab 1993 brachten gewisse Veränderungen in den Alltag der Menschen in den besetzten Gebieten. So konnten sie sich nun in den Flüchtlingslagern und Städten frei bewegen – ohne ständig Angst haben zu müssen, einer israelischen Militärpatrouille zu begegnen. Dennoch blieb der Gazastreifen weiter eine Art großes Gefängnis, da die meisten Bewohner ihn nach wie vor nicht verlassen konnten. Durch die israelische Abriegelungspolitik hält dieser Zustand weiter an, unter dem Kinder, welche die Hälfte der Einwohner des Gazastreifens ausmachen, besonders zu leiden haben.

## Gaza-Stadt

Die Osloer Friedensverhandlungen bewirkten ein beträchtliches Wachstum in den städtischen Zentren. Nach vielen Jahren der Reglementierung, vor allem in den Flüchtlingslagern, war es ab 1994 möglich, neue Wohnungen zu bauen oder bestehende Häuser zu erweitern. Vielfach entstanden neue Wohngebiete, ohne dass es Pläne zur Stadtentwicklung gegeben hätte. Dieser Bauboom hielt jedoch nicht lange an, da sich die wirtschaftliche Lage zunehmend verschlechterte.

Die Al-Aqsa-Intifada markierte ab 2000 eine neue Entwicklung im Kampf gegen die Besatzung – Unterdrückung und Gewalt waren an der Tagesordnung (s. S. 51-55). Als Konsequenz wurde mehr als 70% der arbeitenden Bevölkerung aus dem Gazastreifen der Zugang zu ihren Arbeitsplätzen in Israel verwehrt.

Am 12. September 2005 beendeten die israelischen Truppen den lang erwarteten Abzug ihrer Soldaten und Siedler aus dem Gazastreifen. Der »Rückzug« fand unter dem wohlwollenden Blick von etwa 5000 Journalisten aus der ganzen Welt statt und brachte dem damaligen Ministerpräsidenten Ariel Sharon den Titel »Mann des Friedens« ein. Die Palästinenser waren hingegen der Meinung, der Rückzug habe israelischen Interessen gedient und sei Teil eines größeren Plans, der darauf abziele, den Zugriff der israelischen Regierung auf das Westjordanland und Jerusalem zu verstärken und sich der Verantwortung gegenüber dem Gazastreifen zu entziehen. Bereits vor dem Rückzug, den ein Großteil der westlichen Welt als mutigen Schritt lobte, warnten palästinensische Wirtschaftsexperten davor, dass er zum Scheitern verurteilt sei und der palästinensischen Gesellschaft und Wirtschaft beträchtlichen Schaden zufügen würde, falls der Personen- und Warenverkehr in und aus dem Gazastreifen nicht durch Israel garantiert werde.

In den ersten Tagen nach dem Abzug der Israelis herrschte im Gazastreifen eine euphorische Stimmung. Ein tränenreiches Wiedersehen gab es an der südlichen Grenze in Rafah, wo Familien durch die israelische Grenze, welche die Stadt seit 1967 in zwei Hälften geteilt hatte, getrennt waren. Vergleiche mit dem Fall der Berliner Mauer wurden gezogen. Die Palästinenser

*Ein Großteil der Palästinenser im Gazastreifen lebt in Flüchtlingslagern*

genossen eine kurzlebige Freiheit, die ihnen so lange verwehrt worden war und nahmen einen Tag frei, um die aufgegebenen israelischen Siedlungen zu besuchen, die für sie bis zu diesem Zeitpunkt gesperrt gewesen waren und ihr Leben sehr erschwert hatten.

Doch wie vorher prophezeit, waren die Auswirkungen für die Palästinenser katastrophal. Es wurde schnell klar, dass der Gazastreifen auch weiterhin ein großes Freiluftgefängnis blieb. Obwohl die Checkpoints und Siedlungen aufgegeben wurden, blieben die Grenzen, der Luftraum, der Zugang zum Meer, die Bevölkerungs- und Geburtenregistrierung – und damit die Ausstellung von Ausweisen und Ausreisegenehmigungen – unter israelischer Kontrolle. Somit gab Israel trotz seiner Behauptung, den Gazastreifen nicht mehr länger zu besetzen, die Herrschaft über das Gebiet nicht vollständig auf, die Methoden der Besatzung wurden vielmehr verfeinert. Gleichzeitig entzog sich Israel durch die Behauptung, den Gazastreifen nicht länger zu beset-

## Gazastreifen

*Hamas-Demonstration*

zen, der Verantwortung für das Wohlergehen der von der Besatzung betroffenen Bevölkerung – entgegen geltender Völkerrechtsnormen. Die Situation wurde noch dadurch verschlimmert, dass die in der Vereinbarung über Bewegungs- und Zugangsfreiheit (*Agreement on Movement and Access,* AMA) geforderten Erleichterungen für den Handel und die Bewegungsfreiheit nach dem Rückzug Israels nie in vollem Umfang realisiert wurden. Die Israelis verwehrten den Palästinensern weiterhin die Kontrolle über den Grenzübergang Rafah und schlossen trotz gegenteiliger Versprechen sehr häufig die für den Warenverkehr bestimmten Übergänge.

Im Januar 2006 erlebte die *Hamas* einen triumphalen Wahlsieg, der die palästinensische Politik zum ersten Mal seit Jahrzehnten veränderte. Die Abstimmung wurde weltweit als die erste demokratische Wahl im arabischen Nahen Osten begrüßt und von lokalen, regionalen und internationalen Kontrollgremien als fair und transparent bewertet. Dennoch kündigte das unter US-Führung stehende Nahostquartett den Boykott der designierten Regierung an. Gleichzeitig stoppte die israelische Regierung den Transfer palästinensischer Steuereinnahmen in Höhe von etwa 52 Mio. $ pro Monat, wodurch ein Viertel der im öffentlichen Sektor beschäftigten Bevölkerung seine Einkommensquelle verlor. Darüber hinaus stellten Geberländer wie die Vereinigten Staaten, die Europäische Union, Kanada und Japan die finanzielle Hilfe für die Palästinensische Nationalbehörde ein. Gemäß dem damaligen UN-Sonderberichterstatter für Menschenrechte, John Dugard, war es das erste Mal in der Geschichte, dass einem unter Besatzung lebenden Volk wirtschaftliche Sanktionen auferlegt worden waren (*Bericht des Sonderberichterstatters vom 5. September 2006*). Die Situation verschlechterte sich zusätzlich, als Israel den Gazastreifen hermetisch abriegelte und nach der Gefangennahme eines israelischen Soldaten durch bewaffnete Palästinenser das einzige Kraftwerk im Gazastreifen bombardierte. Menschenrechtsgruppen verurteilten den Angriff als kriegerische Handlung. Seitdem gibt es im Gazastreifen nur sporadisch Strom; jedem Viertel wird jeweils nur für einige Stunden eine bestimmte Menge zugewiesen.

## Gaza-Stadt

Nachdem zahlreiche Versuche zur Bildung einer Regierung der nationalen Einheit gescheitert waren, verstärkte die *Hamas* im Juni 2007 ihre Kontrolle über den Gazastreifen. Dabei vertrieb sie Militäreinheiten, die der *Fatah* des palästinensischen Präsidenten Mahmoud Abbas ergeben waren, durch einen Präventivschlag, um noch im letzten Moment einen von den USA finanzierten bewaffneten Putsch abzuwenden. Details der US-Pläne, die sogenannten »Palästinensischen Contras« zu bewaffnen und zu finanzieren, wurden Anfang 2008 anhand von US-Geheimakten schrittweise in einigen nahöstlichen Zeitungen und in einer Zeitschrift in den Vereinigten Staaten enthüllt. Seither haben Israel und die internationale Gemeinschaft versucht, die *Hamas* zu isolieren. Die israelische Regierung hat den Gazastreifen zur »feindlichen Entität« erklärt, um extreme Maßnahmen wie den Stopp der Treibstofflieferungen und Stromabschaltungen im Gazastreifen zu legitimieren. Die Bevölkerung leidet am meisten unter dieser Politik.

*(Zur weiteren historischen Entwicklung des Gazastreifens s. S. 424-426)*

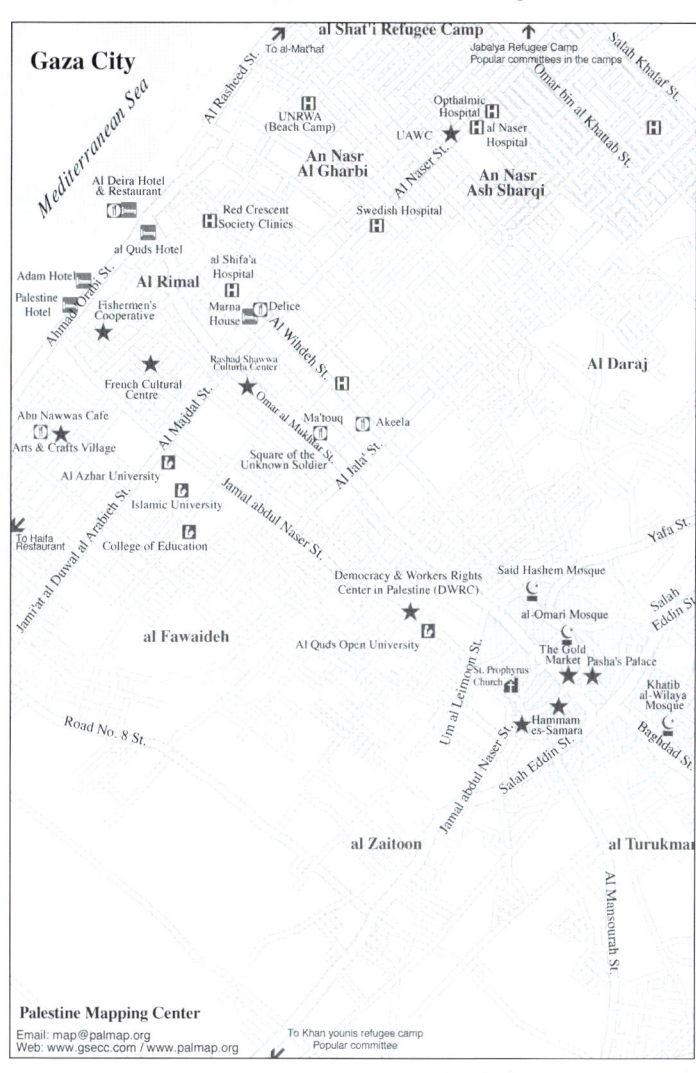

*Stadtplan von Gaza-Stadt*

## Moin Bsesso (1928-1984)

Moin Bsesso, der im Arbeiterviertel Shujahiya in Gaza-Stadt geboren wurde, war ein bedeutender palästinensischer Schriftsteller. Nach einiger Zeit in britischen und ägyptischen Gefängnissen siedelte er 1963 nach Beirut über. Als Sympathisant der Arabischen Nationalbewegung schrieb er für einige linksgerichtete Zeitungen und unterhielt engen Kontakt zu Intellektuellen in der Sowjetunion (einige seiner Werke wurden ins Russische übersetzt). Er war Mitglied des Palästinensischen Nationalrates der PLO und Generalsekretär der Union der palästinensischen Schriftsteller und Journalisten. Moin Bsesso starb während einer palästinensischen Kulturwoche 1984 in London.

*Moin Bsesso*

*Ja, vielleicht sterben wir, aber wir werden den Tod aus unserem Land vertreiben*
*Ja, vielleicht sterben wir, aber wir werden die Unterdrückung unseres Landes mit den Wurzeln herausreißen*
*Dort drüben – weit, weit weg – mein Kamerad, werden Soldaten mich ergreifen*
*Und in die grausame Dunkelheit werfen, in die gefesselte Hölle*

*Ja, vielleicht sterben wir, aber wir werden den Tod aus unserem Land vertreiben*
*Ja, vielleicht sterben wir, aber wir werden die Unterdrückung unseres Landes mit den Wurzeln herausreißen.*

*Oh Kamerad! Sie haben mein Schlafzimmer durchsucht*
*Und nur Bücher gefunden*
*Ein Haufen von Knochen – meine Brüder weinen, während sie zwischen ihrer Mutter und ihrem Vater liegen*
*Sie weckten sie durch Fußtritte*
*Sie entzündeten den Zorn in ihren Augen*

*Die Soldaten der Unterdrückung haben mich nun*
*Ich wurde in das Gefängnis gezerrt*

*Das Gesicht meines Vaters sehe ich immer vor mir, es gibt mir Hoffnung*
*Meine Mutter weint und weint und meine Brüder schreien*
*Einige Nachbarn stehen ihnen bei, jeder mit einem Sohn im Gefängnis*
*Aber auch wenn die Soldaten uns unterdrücken, erhebe ich meine Faust trotz des Gewichts der Ketten und rufe:*
*Ich werde zurückkehren mit einer Armee von Kameraden, mit Donnergrollen*
*Dort drüben sehe ich einen Arbeiter auf der Straße*
*Ich sehe den siegreichen Führer der Revolution*
*Er grüßt mich mit eiserner Faust, mit der anderen Hand schleudert er Blitze*
*Ich bin nun einer von Hunderten Kameraden*
*Ich packe ihre Hände mit meinen*
*Ich fühle mich stark, ich werde meine Zelle beherrschen*
*Ja, wir werden nicht sterben, wir werden leben, auch wenn die Ketten unsere Knochen brechen*
*Auch wenn die Peitschen uns in Stücke reißen*
*Auch wenn sie unsere Körper in das Feuer werfen*

*Ja, vielleicht sterben wir, aber wir werden den Tod aus unserem Land vertreiben*
*Ja, vielleicht sterben wir, aber wir werden die Unterdrückung unseres Landes mit den Wurzeln herausreißen*

*Moin Bsesso*

## Mukheitem

Mukheitem liegt an der Straße zwischen dem Erez-Checkpoint und Gaza-Stadt im Gebiet des Flüchtlingslagers Jabalya. 1997 legten Archäologen an dieser Stelle mehrere byzantinische Gebäude frei; unter anderem fanden sie eine Kirche, eine Kapelle, einen Taufraum und mehrere Nebengebäude. Die Ausgrabungsstätte liegt in der Nähe des auch auf der Madaba-Karte verzeichneten byzantinischen Dorfs Asalea, das heute En-Nasla heißt. Mauern sind zwar keine mehr vorhanden – Steine zum Bauen sind im Gazastreifen knapp und alte verlassene Bauten dienten schon immer als Quelle für Baumaterial –, aber die Böden der Gebäude befinden sich in einem sehr guten Zustand. Die Archäologen haben mit Mosaiken versehene Böden und 17 griechische Inschriften entdeckt, die aus dem Zeitraum von 444 n. Chr. bis ca. 800 n. Chr. stammen.

Die in den Mosaiken dargestellten Szenen enthalten eine Fülle an Themen und Gegenständen, wie z. B. einen Schäfer, der seine Herde hütet, einen jungen Mann, der versucht einen Widder zu zähmen sowie große wilde Tiere und einen Vogelhändler. Außerdem sind in verschiedenen Medaillons kulinarische Köstlichkeiten dargestellt – zweifellos, um die Fruchtbarkeit des Landes und die Großzügigkeit Gottes zu rühmen: verschiedene Gefäße wie Krüge, Teller und Schüsseln sowie alle Arten von Speisen wie Früchte, Spargel, geräucherter Fisch, Hummer, Hühner und Würste.

*Mosaik aus byzantinischer Zeit in Deir al-Balah*

Die Motive um das Taufbecken herum symbolisieren den Garten Eden, in dem Adam von wilden Tieren umgeben ist. Tiere und Landschaft spiegeln offensichtlich die byzantinischen Vorstellungen einer äthiopischen Landschaft wider. Abgesehen von den wunderschönen Böden, ist die Ausgrabungsstätte auch ein einzigartiges historisches Dokument; die zahlreichen Inschriften ermöglichen die Datierung des byzantinischen Bilderstreits auf das 8. Jh., denn einige der dargestellten Körper und Köpfe menschlicher und tierischer Figuren wurden damals von Bilderstürmern beschädigt.

# Die Altstadt von Gaza

Obwohl keine antiken Gebäude erhalten sind, lässt der Grundriss der Stadt Rückschlüsse zu, wie das antike Gaza aufgebaut war. Das Zentrum liegt auf einem großen Hügel, von dem aus man die Grenzen der alten Stadt leicht erkennen kann. Am Fuß des Hügels liegt an der östlichen Seite der Stadtteil Shujahiya und an der westlichen Seite der Marktplatz. Gazas Bedeutungsverlust nach dem Höhepunkt seiner Entwicklung unter mameluckischer Herrschaft sowie die Schlacht zwischen Türken und Briten 1917 und die israelische Besatzung sind die Ursachen dafür, dass nahezu das gesamte architektonische Erbe Gazas verschwunden ist. Dennoch hält die Altstadt heute noch einige Überraschungen bereit, auch wenn man dies zwischen den ärmlichen und heruntergekommenen Gebäuden kaum vermuten würde.

### Die Festung Er-Radwan

Auch wenn es keine Inschriften gibt, die darauf hinweisen, wann die Festung erbaut wurde, lassen die Ornamente am Haupteingang eindeutig erkennen, dass es sich hier um mameluckische Architektur handelt. Die Wände der Festung sind jüngeren Datums und stammen aus dem 17. Jh., als der Pascha von Gaza, Sheikh er-Radwan, hier seinen Wohnsitz hatte. 1799 hatte Napoleon an diesem Ort sein Hauptquartier und wohnte einige Zeit in der Festung, weshalb das Gebäude zuweilen auch »Napoleons Festung« genannt wird.

### Die Al-Omari-Moschee (Große Moschee)

Lokalen Überlieferungen zufolge stand an dieser Stelle der Tempel des Dagon, den Samson zum Einsturz brachte, indem er die Säulen des Gebäudes kippte, sodass der Tempel über ihm und den Philistern zusammenbrach. Andere religiöse Heiligtümer wurden an dieser Stelle errichtet. Eines von ihnen war die Kathedrale von St. Johannes dem Täufer, die im Jahr 1149 n. Chr. gebaut wurde und von deren ursprünglichem Bau noch einiges erhalten ist, vor allem das Westportal. Auch die mit Lilien verzierten Kapitelle der Säulen, die wiederum auf alten römischen Sockeln stehen, sind noch sichtbar. Diese Kirche wurde nach Saladins Sieg im späten 12. Jh. in eine Moschee umgewandelt. Die Bibliothek umfasste zur Zeit des Mamelucken-Sultans Baybar 20 000 Bücher und Dokumente – ein sehr kostbares kulturelles Erbe. 1917 wurde die Moschee durch britischen Beschuss beschädigt und 1926 durch den Islamischen Hohen Rat wieder aufgebaut.

*2009 zerstörte Moschee in Gaza-Stadt*

### Der Goldmarkt

Der Goldmarkt ist einer der wenigen bedeutenden archäologischen Überreste, die in Gaza-Stadt zu sehen sind. Er wurde 1476 n. Chr. unter Sheikh Shams ed-Din el-Hamsi erbaut, einem Richter (*Qadi*) und bekannten Einwohner der Stadt. Heute ist dieser enge Markt ein beliebter Ort für alle, die Goldschmuck kaufen wollen. So kommen beispielsweise viele verlobte Paare hierher, um preiswerte Schmuckstücke aus dem großen Angebot auszuwählen.

# Gaza-Stadt

## St. Porphyrius-Kirche

Diese Kirche wurde im 5. Jh. auf Anweisung von Bischof Porphyrius (395-420) – Bischof von Maioumas (dem Hafen von Gaza) und später Bischof von Gaza – errichtet. Grundriss und Fundamente der Kirche stammen aus dieser Zeit. Der westliche Eingang, die Kreuzgewölbe und die Strebebögen stammen aus der Zeit der Kreuzzüge. Die letzten Instandsetzungsmaßnahmen fanden im 19. Jh. statt. Die zweisprachige griechisch-arabische Inschrift über dem nördlichen Eingang stammt von Renovierungsarbeiten, die im März 1856 durchgeführt wurden. Die Kirche gehört der kleinen griechisch-orthodoxen Gemeinde. St. Porphyrius, der auf dem Friedhof direkt neben der Kirche begraben liegt, war ein überzeugter Verfechter der Entscheidung des byzantinischen Herrschers Theodosius, heidnische Kulthandlungen zu verbieten. Er ordnete die Schließung heidnischer Kultstätten in Gaza an und ließ den Tempel des in Gaza verehrten Gottes Zeus Marnas (*Marneion*) zerstören. Damit wurde das Ende der heidnischen griechisch-römischen Kulthandlungen in Gaza besiegelt. Jedoch soll der alte Tempel nicht an dieser Stelle gestanden haben, sondern auf dem Gelände der Großen Moschee.

*Am Strand von Gaza-Stadt*

Neben der Kirche befindet sich die Khatib-al-Wilaya-Moschee, die zu Zeiten der Mamelucken-Dynastie erbaut wurde. Eine Inschrift aus dem Jahr 1337 n. Chr. am Fuße des Minaretts beschreibt die Zerstörung des Zeustempels.

»Gouverneure und Soldaten gingen direkt zu den Plätzen, wo die Götzen Gazas standen. Es gab acht heilige Orte in der Stadt: den Tempel der Sonne, der Aphrodite, des Apollo, der Jungfrau, des Mondes, des Eros, des Wohlstandes für die Stadt (Tychaion-Tempel genannt) und den Tempel des auf Kreta geborenen Marneion, des Gottes Zeus, das bekannteste Heiligtum der Welt. (Nach der Offenbarung eines Kindes, das durch den ›Heiligen Geist‹ erleuchtet‹ wurde, entschied die Obrigkeit, den Tempel des Marneion bis auf die Grundmauern niederzubrennen.)

Nach einem Gebet wurde ein Feuer entzündet. Der Tempel brannte in kurzer Zeit nieder. Fremde und Soldaten nahmen alles, was sie finden konnten, aus der Asche: Gold, Silber, Eisen oder Blei. Danach durchsuchten sie die Häuser. Sie fanden auch Bücher über Zauberei, von denen die Leute sagten, sie seien heilige Bücher über heidnische Kulthandlungen, über deren Geheimnisse und andere verbotene religiöse Handlungen. Und sie behandelten sie, wie sie zuvor ihre Götter behandelt hatten.

Der heilige Bischof entschied, die Marmorstücke vom Tempel des Marneion zum Pflastern der Straße vor dem Tempel zu benutzen. Männer und Frauen, denen es bis dahin verboten war, den Tempel zu betreten, sollten darauf gehen, um sie mit ihren Füßen zu entweihen. Schweine, Hunde und andere Tiere liefen ebenfalls über sie. Dies quälte die heidnischen Gläubigen mehr als das Niederbrennen ihres Tempels. In der Tat vermeiden es die meisten – insbesondere Frauen – bis heute, auf diesen Marmorstücken zu gehen.«

Marcus Diaconus, *Das Leben des Heiligen Porphyrius – Bischof von Gaza* (5. Jh.)

# Gazastreifen

## Hamam es-Samara

Dank des wunderschönen polierten Marmorbodens lässt sich der Bau des türkischen Bades (*Hamam*) auf das Ende der mameluckischen Epoche datieren. Der Eingang zu dem öffentlichen Bad befindet sich 3 m unter dem gegenwärtigen Straßenniveau. Das Bad ist noch in Betrieb.

## Die Said-Hashem-Moschee

Diese Moschee wurde 1850 an einer Stelle erbaut, an der zuvor ein Gebäude aus dem 12. Jh. gestanden hatte. Sie befindet sich in der Nähe des Grabes von Hashem Ibn Abdel Munaf, Großvater des Propheten Muhammad. Bis heute ist die Moschee ein Symbol für die alten Handelsbeziehungen zwischen Arabien und Gaza. Von hier wurden die Produkte der Arabischen Halbinsel in den gesamten Mittelmeerraum und nach Nordafrika verschifft. Nach der Zerstörung durch britische Bomben wurde die Moschee Anfang der Zwanzigerjahre des letzen Jahrhunderts vom Islamischen Hohen Rat wieder aufgebaut.

*Die Said-Hashem-Moschee aus osmanischer Zeit*

## Die Töpferwerkstatt

Neben dem El-Faras-Markt liegt eine einzigartige Töpferwerkstatt. Das Töpfern hat eine lange Tradition in Gaza. Von der griechischen bis zur byzantinischen Epoche waren die »Gazakrüge« genannten Amphoren, gefüllt mit Olivenöl, Wein oder Salzlake, im gesamten östlichen Mittelmeerraum verbreitet. Heutzutage werden sie hauptsächlich zu dekorativen Zwecken genutzt. Normalerweise sind diese Krüge sehr groß; es gibt aber auch kleinere, insbesondere unglasierte, die sich ideal zum Kühlen von Wasser eignen. Die Werkstatt verfügt über spezielle Techniken der Herstellung, des Brennens und der Lagerung dieser Töpferwaren.

## Das Naturschutzgebiet Wadi Gaza

7 km südlich von Gaza-Stadt in der Nähe zweier Flüchtlingslager gelegen, befindet sich das einzige natürliche Feuchtgebiet im Gazastreifen – Wadi Gaza. Es ist ein Rastplatz für seltene Arten von Zug- und heimischen Vögeln. Durch ein international unterstütztes, vor Ort angesiedeltes Projekt mit dem Ziel, die ungewöhnliche Schönheit hier zu schützen, konnte dieses einzigartige palästinensische Naturschutzgebiet geschaffen werden. Vogelbeobachtungsstationen und Fußwege waren bereits errichtet worden, aber unglücklicherweise wurde das Projekt nach der Machtübernahme der *Hamas* 2006 zeitweise ausgesetzt. Als Folge des wirtschaftlichen Boykotts sind viele Kläranlagen außer Betrieb, sodass das Wadi mittlerweile zu einer Art Abwasserkanal verkommen ist, der direkt ins Meer mündet.

*Markt in Gaza-Stadt*

## Die Küche des Gazastreifens

Das Letzte, woran man beim Gazastreifen denken würde, ist seine Küche. Meist ruft Gaza Bilder von Krieg, zerstörten Häusern und Feldern, ausgebombten Gebäuden und maskierten Bewaffneten hervor. So ist es nicht überraschend, dass Gazas Speisen in den bekanntesten Kochbüchern über palästinensisches Essen oft übergangen werden – insbesondere außerhalb von Palästina. Dennoch hat es eine einzigartige Küche vorzuweisen, die in ihrer Vielfalt nur mit der Vielseitigkeit ihrer Zutaten konkurriert und für jeden Geschmack etwas zu bieten hat. Wie die palästinensische Küche im Allgemeinen ist auch die Küche Gazas durch ihren großzügigen Gebrauch von Gewürzen sehr pikant. Wichtige Zutaten sind unter anderem Dill, Mangold, Knoblauch, Kreuzkümmel, Linsen, Kichererbsen, Granatäpfel, herbe Pflaumen und Tamarinden. Viele der traditionellen Gerichte werden im Tontopf gekocht, der das Aroma und die Beschaffenheit von Gemüse bewahrt und das Fleisch besonders zart macht.

Der Einfluss der *Nakba* von 1948 auf die Küche ist nicht zu verachten: Durch den Zustrom an Flüchtlingen vor allem aus den Küstengebieten Palästinas verdreifachte sich die Bevölkerung praktisch über Nacht. Viele Flüchtlinge waren Bauern (*fellahen*), die eine Vielfalt an Gewürzen und Zutaten mitbrachten, besonders solche, die unter den rauen Bedingungen des Exils leicht zu transportieren und zu kochen waren. Auch die Armut hat die in der Gegend verbreiteten, einfachen fleischlosen Gerichte und Eintöpfe geprägt, wie z. B. *saliq wa adas* (Mangold mit Linsen) oder *fukharrit adas* (im Tontopf und Lehmziegelofen gebackene Linsen). Das Essen ist oftmals saisonabhängig, wie z. B. *rummaniya*, ein vegetarischer Eintopf aus sauren Granatapfelsamen, Linsen und Auberginen, der traditionell im frühen Herbst gekocht wird. Jeder »echte« oder zugezogene Einwohner Gazas kennt zudem *sumaggiya*, einen herzhaften Eintopf aus zartem Feiertagsfleisch, gehacktem Mangold, *Tahina*, Gewürzen und *Sumach* (nach dem das Gericht benannt ist), der zum Abkühlen in Schüsseln geschöpft und mit *kmaj* und *dagga* gegessen wird – einem Salsa-ähnlichen Salat aus pürierten Tomaten, grünen Chilis, Knoblauch, Dill und Olivenöl, der in einer *zibdiya*, einer handgeformten Tonschüssel, zerstampft und serviert wird.

Andere typische, saisonale Speisen sind unter anderem rote Karotten, die mit einer würzigen Reis- oder Bulgurweizenmischung gefüllt in einer Tamarindensoße geköchelt werden oder herbe Pflaumenkonfitüre (*arasiya*, die nur zwei Wochen im Juli erhältlich ist) und *maftool* (Couscous nach Gaza-Art), das mit zartem Hühnchen und einer Brühe aus Kichererbsen und herben Pflaumen serviert wird. *Qidra* ist ein lokales festliches Reisgericht, das

## Gazastreifen

aus Kichererbsen, ganzen Zehen von ungeschältem Knoblauch, mindestens zehn verschiedenen Gewürzen und einer großzügigen Menge an Kardamomkapseln besteht. Es wird zu vielen Anlässen – wie zum Beispiel Beerdigungen und Hochzeiten – serviert und ist nach dem Tongefäß benannt, in dem es traditionell gebacken wird.

Weitere Spezialitäten Gazas sind Fisch und Meeresfrüchte. In den vergangenen Jahren hat die Fischerei aufgrund der durch Israel veranlassten Einschränkungen palästinensischer Fischereizonen vor Gazas Küste jedoch zunehmend an Bedeutung verloren – eine traurige Entwicklung für eine Region, in der Fisch einst Hauptbestandteil der regionalen Küche war. Am besten lernt man Gazas Fischgerichte in einem Strandrestaurant kennen. Eine günstigere und authentischere Möglichkeit ist, von Einheimischen eine Einladung zum Essen anzunehmen. Zudem gibt es billige und kleine, aber dennoch hervorragende Fischrestaurants, die im Flüchtlingslager Shati (Beach Camp) gelegen sind. Diese werden oftmals von den Fischern selbst betrieben. Am besten fragt man die Einheimischen nach dem Weg dorthin.

Zu den beliebtesten Gerichten mit Meeresfrüchten gehören *zibdiyit gambar* (Garnelen im Tontopf). Auch Tintenfisch, der hier wegen seiner Tintenabsonderung *habbar* genannt wird, ist während der Fangsaison köstlich und überall zu bekommen. Er wird entweder gebraten und mit einer Zitronen-Chili-Soße serviert oder mit einer Mischung aus Reis oder Bulgur, milden Gewürzen und gehacktem Dill gefüllt. Krebse (*saltaone*), werden hingegen mit einer Mischung aus *shatta* – Gazas bekanntem scharfen Chili-Pfeffer-Dip –, zerdrücktem Knoblauch und Kreuzkümmel gefüllt und dann im Ofen gebacken. Fisch wird, nachdem er mit Koriander, Petersilie, Knoblauch, Chili und Kreuzkümmel gewürzt wurde, gebraten oder gegrillt und in einer Marinade aus geriebenem Koriander, Chili, Kreuzkümmel und gehackten Zitronen eingelegt. Er ist eine Hauptzutat im *sayyadiya*, der sogenannten »Freude des Fischers«, für dessen Zubereitung Reis mit karamellisierten Zwiebeln, einer großzügigen Menge von ganzen Knoblauchzehen, großen Stücken von gut mariniertem gebratenem Wolfsbarsch und Gewürzen wie Kurkuma, Zimt und Kreuzkümmel gekocht wird. Sardinen werden am besten frisch verzehrt, entweder im Ganzen mit einer Tomaten-Koriander-Soße gebraten oder in einer Pfanne mit Tomaten- oder Tahinasoße gebacken.

*Kinder im Flüchtlingslager Shati*

Gaza-Stadt

# Praktische Informationen

**Sammeltaxis** sind die einfachste und schnellste Fortbewegungsmöglichkeit in der Umgebung von Gaza-Stadt. Auf festen Routen kostet eine Fahrt nur 1 NIS. Eine Fahrt innerhalb der Stadt in einem privaten Taxi kostet etwa 6 NIS. Man kann auch bei einem der drei Mietwagenunternehmen ein Auto mieten: *Imad (Tel. 08/2864000), Palestine (Tel. 08/2823841)* und *Yafa (Tel. 08/2825127)*.

## Cafés und Restaurants

Viele Cafés und Restaurants liegen direkt am Strand. Einige besitzen aufgrund ihrer Strohdächer besonderen Charme. Fast alle bieten Fischgerichte und Wasserpfeifen (*nargila* oder *shisha*) an.

In der Stadt selbst gibt es zahlreiche günstige Restaurants. Ein hervorragendes *Hummus*- und *Foul*-Restaurant, in dem man sowohl vor Ort essen als auch Speisen mitnehmen kann, ist das **Akeela** in der Al-Wihda Street, das nicht weit von der Kreuzung der Al-Jalaa Street, parallel zur Omar-al-Mukhtar Street liegt. Den Besitzer Khamees Akeela kann man dabei beobachten, wie er den *Hummus* in handgemachte Tongefäße aus Gaza schöpft, die der Gast für ein geringes Entgelt von 1 NIS behalten kann. Das beliebte Restaurant verfügt zudem über einen Familienbereich, der mit einer Schaukel und einem Schaukelpferd für Kinder ausgestattet ist. Wer lieber etwas Kaltes genießen möchte, kann dies am besten im Eiscafé **Kathem's Booza,** das an einer der geschäftigsten Kreuzungen von Gaza-Stadt an der Omar-al-Mukhtar Street liegt und seit

*Palästinenser im Flüchtlingslager Jabalya*

seiner Eröffnung 1953 bei den Einheimischen sehr beliebt ist. Seine traditionelle arabische Eiscreme ist in den Geschmacksrichtungen Sahne, Schokolade und gemischte Früchte erhältlich. Außerdem ist der berühmte halbflüssige *barrad* (wörtlich »Kühler«), eine Kaltspeise mit Bananengeschmack, in der Sommerzeit sehr beliebt. Eiscreme oder *barrad* kann man entweder einzeln für 1,50 NIS pro Becher oder beides kombiniert, d. h. in einem Becher Eiscreme mit *barrad*, bestellen. Es gibt zudem bekannte und teure Restaurants, die im Stadtteil Er-Rimal liegen, wie das **Abu Nawwas Café** im Kunsthandwerker-Viertel. Architektur und Ausstattung haben einen einzigartigen Charme. Man sollte hier die Vorspeisen probieren oder Wasserpfeife rauchen.

Französisches Gebäck gibt es im **Délice Café** in der Sheikh-Izz-ed-Din-al-Qassam Street. Ausgezeichnete traditionelle Speisen gibt es im **Matouq Restaurant** in der Nähe des Platzes des unbekannten Soldaten in der Omar-al-Mukhtar Street. Hier wird eine gute Auswahl angeboten, und auch die Atmosphäre ist sehr einladend; so werden z. B. Lieder von Fairuz gespielt.

Man kann hier die Mehrwertsteuer und die Servicegebühren umgehen, die in den am Strand gelegenen Restaurants erhoben werden.

Das **Al-Deira** (Tel. 08/2838100) liegt am Meer und wurde aus traditionellen, an der Sonne getrockneten Lehmziegeln gebaut. Als First-Class-Hotel und -Restaurant ist es entsprechend teuer. Der Blick auf das Meer ist einzigartig. Die Küche gehört zu den besten Gazas; Fisch, Shrimps und Tintenfisch sind sehr empfehlenswert. In südlicher Richtung liegt an der Strandstraße gegenüber der früheren Siedlung von Netzarim das **Haifa Restaurant**. Obwohl man sich hier auf italienische Küche spezialisiert hat, sind die Meeresfrüchte gleichermaßen köstlich; besonders Tintenfisch und Shrimps sind zu empfehlen.

## Unterkunft

Einige Drei-Sterne-Hotels in Rimal liegen direkt am Meer, darunter das **Adam Hotel** (Er-Rashid Street, Tel./Fax 08/2823521, EZ 50 $, DZ 60 $), das **Palestine Hotel** (Er-Rashid Street, Tel. 08/2823355, Fax 08/2860056, EZ 50 $, DZ 60 $) und das **Al-Quds International Hotel** (Er-Rashid Street, Tel. 08/2826223, EZ 50 $, DZ 60 $).

In der gleichen Straße sollten Reisende zudem einen Blick in das **Hotel al-Deira** werfen (Tel. 08/2838100/200/300, Fax 08/2838400, EZ 90 $, DZ 120 $). Es hat ein einzigartiges Flair und wurde auf traditionelle Art mit roten Backsteinen erbaut. Der Architekt des Hotels, Rashid Abdel Hamid, hat darüber hinaus das Künstler- und Handwerkerzentrum entworfen. In der Nähe des Platzes des unbekannten Soldaten steht das **Marna House** (Ahmed Abdel-Aziz Street, Tel. 08/2822624, Fax 08/2823322, EZ 40 $, DZ 50 $), ein freundliches kleines Hotel, das sowohl für Kunden des Cafés als auch für Gäste kostenlos WLAN anbietet. Gäste können die englische Bibliothek nutzen, in der u. a. Bücher über Gaza verkauft werden. Touristen mit knappem Budget sei das zentral gelegene **Dana Motel** empfohlen (Omar-al-Mukhtar Street,

Marna House

Al-Jundi al-Majhool, 10 $). Es ist ein in ein Motel umgewandelter Wohnungskomplex, der ursprünglich Universitätsstudenten aus dem Süden des Gazastreifens beherbergte, als die israelischen Checkpoints für mehrere Tage geschlossen waren. Da es leicht zu übersehen ist, ist es empfehlenswert, nach dem Motel zu fragen oder nach dem großen Dana Motel-Schild gegenüber des Parks des unbekannten Soldaten Ausschau zu halten. Die Besitzer sprechen kein Englisch – daher sollte man sich nicht scheuen, die Hilfe von Nachbarn in Anspruch zu nehmen, die immer gerne weiterhelfen. Mithilfe eines Fremdenführers kann eine Unterkunft in einer Familie organisiert werden – eine besondere Erfahrung. In diesem Fall kann zwar nur mit einer einfachen Unterkunft gerechnet werden, im Gegenzug jedoch besteht die Möglichkeit, eine besondere Gastfreundschaft kennenzulernen und wertvolle Erfahrungen zu machen. Für einen längeren Aufenthalt bieten sich möblierte Wohnungen an, die monatlich angemietet werden können. In Anbetracht der wirtschaftlichen Situation freuen sich die Vermieter stets über Besucher. Diese sollten sich bei den Einheimischen nach den üblichen Preisen informieren.

## Kultur

### Das französische Kulturzentrum

Hier werden hauptsächlich Sprachkurse angeboten. Zudem ist das Zentrum ein Ort für den kulturellen Austausch und für Veranstaltungen, bei denen soziale Themen erörtert werden. Ausstellungen, Konferenzen, Seminare und Gesprächsrunden unterschiedlicher Art finden hier regelmäßig statt. In der Cafeteria trifft man unter den Gästen viele französisch sprechende Palästinenser, die sich freuen, von Reisenden Neuigkeiten zu erfahren und selbst vom Alltag im Gazastreifen zu erzählen.

*Victor Hugo Street. Öffnungszeiten: Sonntag-Donnerstag 9.00-18.00 Uhr, Samstag 14.30-18.00 Uhr, Tel. 08/2867883, Fax 08/2828811.*

### Das Künstler- und Handwerkerzentrum

In diesem Zentrum befinden sich eine Kunstgalerie und verschiedene Werkstätten, die hochwertige Produkte verkaufen. Außerdem sollte man sich das *Abu Nawwas Café* (s. S. 413) nicht entgehen lassen.

*Jamal-Abdel-Nasser Street, in der Nähe der Al-Azhar-Universität, Tel. 08/2846405, täglich außer freitags geöffnet.*

*Palästinenserin in traditioneller Tracht aus Jabalya*

### Al-Mathaf

Über Jahre hinweg wurden archäologische Belange in Palästina vernachlässigt, da die Regierung und die Bevölkerung wichtigere Probleme hatten, um die sie sich kümmern mussten. »Al-Mathaf« (arabisch »Museum«) ist ein Restaurant an Gazas Küste und beherbergt das älteste Museum in den palästinensischen Gebieten. Es liegt im nordwestlichen Teil von Gaza-Stadt auf einem 4500 m² großen Gebiet, auf dem sich das Museum, ein Restaurant, ein Coffeeshop und ein Kinderspielplatz befinden. Die Besitzer sagen, dass aufgrund konkurrierender Eigentumsansprüche auf das Land der archäologische Beleg von entscheidender Bedeutung sei, wenn es darum gehe, die historische Zugehörigkeit der Palästinenser zu dieser Region nachzuweisen. Dementsprechend stellt das Museum antike palästinensische Artefakte und Kunstwerke aus, die die palästinensische Identität Gazas betonen.

*Nördliches Gaza – Küstenstraße.*

## Rashad-Shawwa-Kulturzentrum

Das Rashad-Shawwa-Kulturzentrum war das erste Kulturzentrum Palästinas. Es ist eines der markantesten Bauwerke der Stadt. Den Auftrag für den Entwurf hatte der bereits verstorbene Rashad Shawwa (1909-1988) gegeben, damaliger Bürgermeister von Gaza-Stadt sowie Gründer und Präsident des Wohltätigkeitsvereins für den Gazastreifen, der die Schirmherrschaft für das Projekt übernahm. In dem Zentrum finden Seminare, Vorträge, Konferenzen, Kunstausstellungen und Theatervorstellungen statt. Zudem beherbergt es ein Kino und die größte Bibliothek der Stadt – die Diana-Tamari-Sabbagh-Bibliothek, die über eine beeindruckende Sammlung von etwa 100 000 Büchern, Videos und CDs sowie historischen Texten von regionaler Bedeutung verfügt. Das Zentrum wurde ursprünglich geplant, um den kulturellen Bedürfnissen der Bevölkerung von Gaza entgegenzukommen, da, wie Rashad Shawwa selbst sagte, die Menschen im Gazastreifen von der Weltgemeinschaft vollkommen isoliert seien und eine Besatzung ertragen müssten, die darauf abziele, ihr kulturelles Erbe und ihre nationale Identität zu untergraben. Traurigerweise hat sich in dieser Hinsicht bis heute nicht viel geändert.

»Mutter mit ihren Kindern in Gaza«. Zeichnung von Burhan Karkutli.

Omar-al-Mukhtar Street, Tel. 07/2864599, Fax 07/2868965.

## Die Islamische Universität

Die Islamische Universität ist die älteste höhere Bildungseinrichtung, die im Gazastreifen gegründet wurde. Sie begann 1978 mit nur drei Fakultäten; mittlerweile verfügt sie über acht, die auch Masterstudiengänge anbieten. In vielen Bereichen der Hochschulausbildung, wie z. B. in der Medizin, die in Zusammenarbeit mit Universitäten im Westjordanland und Jerusalem stattfinden, muss der Unterricht per Videokonferenz erfolgen, da es ein von Israel verhängtes Reiseverbot für Studenten aus dem Gazastreifen gibt. Inmitten einer häufig angespannten Umgebung ist die Universität eine Oase der Ruhe; mit den neuesten Arbeitsbedingungen und modernster Technologie ausgestattet, ist sie Gazas führende Bildungseinrichtung. Unglücklicherweise wurde sie seit dem Wahlsieg der *Hamas* von vielen finanziellen Unterstützern, Nichtregierungsorganisationen und ausländischen Bildungseinrichtungen boykottiert.

*University Street, Tel. 08/2860700, Fax 08/2860800, www.iugaza.edu.ps, E-Mail: public@mail.iugaza.edu, webmasters@mail.iugaza.edu.*

## Kontakte

### Al-Tawfiq Co-operative Society of Fishermen
(Al-Tawfiq-Kooperative der Fischer)

Diese Kooperative umfasst 5000 Mitglieder, darunter sind 2700 Fischer und 450 Bootsbesitzer. Die Vereinigung bietet ihren Mitgliedern verschiedene Dienstleistungen wie die Beschaffung von Netzen, Treibstoff und Eis sowie Kühltransporte oder Wartungsarbeiten. Vor der Al-Aqsa-Intifada übernahm die Kooperative die Lebenshaltungskosten von etwa 30% ihrer Mitglieder und bot Darlehen für die Ausrüstung und die Reparatur von Booten an. Bedingt duch die sehr schwierige wirtschaftliche Situation ist das Monatseinkommen einer Fischerfamilie von 450 $ im Jahr 2000 auf unter 100 $ 2008 gesunken. Da die Besatzungsbehörden das Tiefseefischen in internationalen Gewässern verboten haben, sind die Erträge sehr gering. Kein Fischer darf sich weiter als 12 Meilen von der Küste entfernen. Seit Beginn der Al-Aqsa-Intifada dürfen sie nur im Umkreis von 4 Meilen fischen. Angriffe durch die israelische Marine häufen sich seit dieser Zeit. Oft werden die Fischerboote angehalten, die Besatzung unter dem Vorwand, zu weit hinausgefahren zu sein, inhaftiert, Boote beschlagnahmt und die Ausrüstung der Fischer zerstört.

*Am Strand von Gaza-Stadt*

*Ahmed-Orabi Street 88, Mohammed Zakout (Abu Ahmed), Tel. 08/2834144 oder 08/2865295. Besuche des Hafens oder der Fischerfamilien werden von der Kooperative organisiert.*

### Union of Agricultural Work Committees (UAWC)
(Vereinigung der Landwirtschaftskomitees)

Die Vereinigung organisiert Besichtigungen, um es Besuchern zu ermöglichen, das ländliche Gaza kennenzulernen und etwas über die speziellen Probleme der Bauern zu erfahren – wie Wassermangel, Wasserqualität, Ausfuhrbeschränkungen und die Zerstörung der Infrastruktur.

*Hassan Salameh Street, gegenüber dem En-Nasser-Krankenhaus. Tel. 08/2879959, Fax 08/2853075, E-Mail: uawc@mtcgaza.com (s. auch UAWC Ramallah, S. 345).*

### Democracy and Workers' Rights Centre in Palestine (DWRC)
(Zentrum für Demokratie und Arbeiterrechte in Palästina)

Das Zentrum ist eine wichtige Quelle für Informationen über die Arbeitsgesetze der Nationalbehörde und die Verletzung der Rechte palästinensischer Arbeiter in den besetzten Gebieten und Israel. Beispielsweise werden Abfindungen nach Kündigungen nicht ausgezahlt oder So-

## Gazastreifen

zialleistungen trotz regelmäßiger Beitragszahlungen verweigert. Das DWRC unterstützt palästinensische Arbeiter, indem es Rechtsbeistand für Gerichtsverhandlungen gegen israelische Arbeitgeber anbietet und bei der Beschaffung von Genehmigungen hilft, die es Arbeitern ermöglichen, zu Gerichtsverhandlungen nach Israel zu reisen. Das DWRC führt zudem eine Kampagne gegen Arbeitsrechtsverstöße durch.

*Al-Quds Open University Street, Tel. 08/2853011, Fax 08/2853010, E-Mail: gaza@dwrc.org; das Zentrum bietet nach Absprache Gespräche mit Arbeitern an.*

| Zerstörungen durch die israelische Armee während der Al-Aqsa-Intifada (im Gazastreifen und Westjordanland) | |
|---|---|
| Zerstörte Lagerhäuser | 465 |
| Zerstörte Bauernhäuser | 480 |
| Zerstörte Gewächshäuser (in Dunams) | 1410 |
| Zerstörte Zäune (in km) | 303 |
| Schafe, Kühe und sonstiges getötetes Vieh | 13 871 |
| Getötetes Geflügel (durch Seuchen) | 1 179 314 |
| Zerstörte Bienenstöcke | 9863 |
| Zerstörte Zisternen | 1023 |
| Zerstörte Bewässerungsleitungen (in km) | 738 |
| Zerstörte Brunnen | 264 |
| Zerstörte Agrarflächen (in Dunams) | 24 188 |
| Abgeholzte Bäume (entwurzelt, verbrannt, gefällt) | 1 000 914 |
| Quelle: *Palestinian Ministry of Agriculture,* March 31, 2004 | |

### Atfaluna Society for Deaf Children
### (Atfaluna-Gesellschaft für gehörlose Kinder)

Die Gesellschaft bietet Unterricht für mehr als 250 gehörlose Kinder, berufliche Ausbildungen sowie Lese- und Schreibtraining für gehörlose Erwachsene an und führt u. a. Hörtests und klinisch-audiologische Untersuchungen durch.

Sie betreibt zudem einen besonderen Handwerksbetrieb im Gazastreifen, der sich auf von Gehörlosen hergestellte Produkte wie zum Beispiel handbemalte Tassen, bestickte Taschen und Schlüsselbretter aus Holz spezialisiert hat. Der Erlös trägt dazu bei, diese Arbeit zu erhalten und Hunderten bedürftiger gehörloser Menschen und ihren Familien Hoffnung zu geben.

*Philisteen Street 72, P.O. Box 1296, Tel. 08/2828495, Fax 08/2865468, www.atfaluna.net.*

*Palästinenserinnen in Khan Younis*

## Gaza-Stadt

## Aktivitäten für Kinder

Die Bevölkerung des Gazastreifens hatte in den vergangenen Jahren ein schweres Los, von dem vor allem Kinder betroffen waren. Auf Gazas Straßen gibt es nur wenige sichere Plätze, auf denen sie spielen können – nahezu jedes vierte Opfer israelischer Angriffe ist ein Kind. Dieser Umstand und die internen Kämpfe in den Jahren 2005 und 2006 haben sich als tödliche Gefahr erwiesen. Obwohl der Gazastreifen Kindern nur wenig bieten kann, erlebt man Gaza am besten so, wie es ist: angespannt und unverfälscht. Empfehlenswert ist es, Kinder mit auf einen Spaziergang an die stürmische See zu nehmen und sie auf einem Kamel oder einem arabischen Pferd reiten zu lassen. Sehr beliebt bei Kindern sind geröstete Süßkartoffeln, Maiskolben, kandierte Äpfel, Erdnüsse, frische Feigen oder Weintrauben von den Bauern in der Nähe des Strandes. Auf diese Weise lernen sie Gaza von seiner besten Seite kennen.

### Parkanlagen und Spielplätze

In Gaza-Stadt gibt es einige öffentliche Parks, von denen die meisten jedoch verwahrlost und vermüllt sind. Die ohnehin geringe Auslandshilfe wird in Projekte investiert, die als notwendiger angesehen werden. Allerdings haben einige der teuren Restaurants in Gaza-Stadt wie das *Al-Deira*, der *Roots Club* oder das *Al-Mathaf* private Spielplätze. Möchte man sich dort aufhalten, empfiehlt es sich, etwas im Restaurant zu bestellen.

### Qattan Centre for the Child
### (Qattan-Kinderzentrum)

Die meisten im Gazastreifen lebenden Kinder wachsen unter schwierigen Bedingungen auf, die ihr Wohlergehen und ihre Erziehung beeinflussen und sie oft in ihrer Persönlichkeitsentwicklung hindern. Das Qattan-Kinderzentrum möchte dies ändern. In seiner Funktion als unabhängige Bibliothek für Kinder und als Informationszentrum ist es bemüht, das kulturelle, soziale, schulische und psychologische Umfeld für einen Großteil der Kinder des Gazastreifens zu verbessern. Das Qattan-Zentrum wurde von der philanthropischen palästinensischen Qattan-Stiftung auf einem Stück Land errichtet, das von der Stadtverwaltung zur Verfügung gestellt wurde. Es bietet Lernmaterialien für Kinder an und besteht aus einer umfangreichen Bibliothek mit mehr als 82 000 Bänden, einem IT- und Ausstellungszentrum sowie Hallen, die für Training oder Freizeitveranstaltungen genutzt werden. Die Angebote der Bibliothek sind kostenlos.

*Wihda Street, hinter dem Gemeindepark, Öffnungszeiten: Samstag-Donnerstag 8.00-16.00 Uhr (Winter), 8.00-18.00 Uhr (Sommer), www.qattanfoundation.org.*

*Qattan-Kinderzentrum*

## Blogs zum Gazastreifen

Angesichts der hermetischen Abriegelung ist der beste Weg, den Gazastreifen kennen zu lernen, ohne tatsächlich dort gewesen zu sein, Blogs von Einheimischen zu lesen. Obwohl Gazas Bloggerszene **noch im Entstehen begriffen ist, biete**n diese Seiten einen guten Einblick in das Leben im Gazastreifen:
 *www.a-mother-from-gaza.blogspot.com*
 *www.fromgaza.blogspot.com*
 *www.contemplating-from-gaza.blogspot.com*

# Der südliche Gazastreifen

Möchte man diesen Teil des Gazastreifens besuchen, ist die Küstenstraße die sehenswerteste Strecke dorthin. Die Küstenlinie ist von dem 1994 einsetzenden Bauboom weitgehend verschont geblieben. Zwischen Gaza-Stadt und Deir al-Balah wächst auf dem sandigen, aber fruchtbaren Boden Getreide, das außer Wasser nicht viel benötigt. Angebaut werden auch Kletterpflanzen, wobei die Bauern auf eine alte Methode zurückgreifen, die sich den Morgentau zunutze macht. Ähnlich wie im benachbarten Ägypten gibt es hier viele Palmen.

### Tel al-Ajul

In der ersten Hälfte des 2. Jt. v. Chr. war Tel al-Ajul die wichtigste kanaanitische Stadt des südlichen Teils von Palästina und später eine militärische Festung der Hyksos, der damaligen Herrscher in Ägypten. Als die Hyksos von den Ägyptern während der 18. Dynastie besiegt wurden, und diese einen erfolgreichen Feldzug gegen Palästina unternahmen, verlor Tel al-Ajul seine Bedeutung. Hierdurch gewann die Stadt Gaza, die von Thutmosis III. 1468 v. Chr. eingenommen wurde, an Einfluss. Heute sind alle Spuren des einstigen Ruhms verloren, dennoch ist Tel al-Ajul mit dem Ausblick über die blühende Landschaft einen Besuch wert.
*8 km südlich von Gaza-Stadt, frei zugänglich.*

### Die byzantinische Stätte von Umm Amir

Die Ruinen nehmen etwa 1 ha ein und bestehen aus mehreren Kirchengebäuden und einem Kloster, in dem sich eine Kapelle, ein Taufbecken, eine Krypta und Mönchszellen befinden. Im Norden ergänzen ein Dampfbad (*Hamam*) mit dazugehörigen Nebengebäuden die Ausgrabungsstätte. Am äußeren Rand schützte eine Rundmauer das Kloster vor Angriffen. Mehrere bildreiche und geometrische Mosaike verzieren den Boden. Diese Funde werden auf das 4. bis 8. Jh. n. Chr. geschätzt. Der Bau des

*Särge in Menschengestalt aus Deir al-Balah*

## Gazastreifen

Klosters wird dem Heiligem Hilarion zugeschrieben, einem jungen Mann aus Gaza, der in Ägypten zum Christentum übergetreten war. Zu Beginn des 4. Jh. ließ er an dieser Stelle eine Einsiedelei errichten, die sich schnell großer Beliebtheit erfreute, sodass nach 30 Jahren über 400 Mönche dort lebten. Die Gemeinschaft besaß eine Kirche und einige weniger bedeutende Gebäude. 362 zwang der römische Kaiser Julian Apostata (»der Abtrünnige«) Hilarion, nach Zypern zu fliehen. Anschließend ließ er das Kloster zerstören, das einige Jahre später aber wieder aufgebaut wurde und in dem die Gebeine des Heiligen Hilarion um 371 bestattet wurden. 638 verboten die muslimischen Eroberer jeglichen größeren klösterlichen Grundbesitz. Mit Beginn des 8. Jh. erhielten sämtliche Gebäude unter den Umayyaden eine neue Funktion. Das Dampfbad wurde vermutlich erst in dieser Zeit hinzugefügt. Nachdem die Ausgrabungsstätte infolge eines Erdbebens aufgegeben worden war, diente sie Einwohnern benachbarter Dörfer als Steinbruch.

*Das Grabungsareal von Deir al-Balah*

Umm Amir liegt 13 km südlich von Gaza-Stadt im Bezirk Nusseirat und 300 m von der Küste entfernt.

### Deir al-Balah

Deir al-Balah ist berühmt für die hier entdeckten Sarkophage, die auf das 13. Jh. v. Chr. datiert werden. Zu dieser Zeit war Deir al-Balah eine wichtige befestigte Marktstadt unter ägyptischer Herrschaft. Neben den ägyptischen Sarkophagen entdeckten Archäologen Möbelstücke mykenischen, zypriotischen und kanaanitischen Ursprungs.

Noch 1948 war Deir al-Balah eine kleine Ortschaft. Es hat sich bis heute jedoch zu einem der vier städtischen Zentren im Gazastreifen entwickelt und zählt mittlerweile fast 30 000 Einwohner. Bezieht man die Menschen aus den vier Flüchtlingslagern in der Nähe (Deir al-Balah, Bureij, Maghazi und Nusseirat) mit ein, so erhöht sich die Bevölkerungszahl auf über 150 000.

### Khan Younis

Khan Younis ist das zweitgrößte städtische Zentrum nach Gaza-Stadt. Mit den Einwohnern aus den Flüchtlingslagern Khan Younis und Al-Amal zusammengenommen, leben dort mehr als 130 000 Menschen. Die Stadt erhielt ihren Namen von Emir Younis Ibn Alaen-Nauruzi, der hier 1387 n. Chr. auf der Strecke zwischen Kairo und Damaskus eine Karawanserei erbaute. Deren 60 m lange und 10 m hohe südliche Fassade ist noch erhalten. Die befestigte Stadt Khan Younis war zudem ein wichtiges Handelszentrum mit einer Poststation und Militärkasernen, die ihr den Namen »Qalaa« (»Festung«) einbrachten.

## Gazastreifen

### Das Flüchtlingslager Khan Younis

Das Lager beherbergt mehr als 58 000 Flüchtlinge. Aufgrund der unzureichenden Anzahl an Schulen werden die Kinder täglich in zwei Schichten unterrichtet. Trotz dieses Systems beträgt die Größe der Klassen derzeit durchschnittlich 50 Kinder in den Vor-, Grund- und weiterführenden Schulen. Die Lebensbedingungen und die Infrastruktur sind prekär. Während des Friedensprozesses wurden das UNRWA-Budget und damit die Hilfeleistungen reduziert. Die Wasserreserven des Lagers haben keine Trinkwasserqualität, und obwohl die Wasserversorgung für Flüchtlinge im Land kostenlos sein soll, müssen die Menschen an die Gemeinde von Khan Younis Gebühren zahlen – dies gilt auch für Strom und Ausbildung an weiterführenden Schulen. Zu Beginn der Al-Aqsa-Intifada riss die israelische Armee viele Wohnungen am Rande des Lagers nieder und zerstörte Getreidefelder, die es von den nahe gelegenen israelischen Siedlungen trennen.

*Mädchen in Shati*

*Volkskomitee, Ahmed Esaadouni, Tel. 0599/791882.*

### Cafés und Restaurants in Khan Younis

An der Strandpromenade liegen viele überdachte Cafés. Im Gegensatz zu Gaza-Stadt bietet Khan Younis jedoch eine geringere kulinarische Vielfalt. Dafür gibt es viele Kioske, kleine Kebab-, *Falafel-* und Saftstände. Das Restaurant **Shammout,** das von einer aus Lydd stammenden Familie geführt wird, die mit dem verstorbenen berühmten palästinensischen Künstler Ismail Shammout verwandt ist, sollte man auf jeden Fall besuchen. Es ist sehr niedrig, sodass die Gäste in dem in eine Wand eingebauten Restaurant kaum aufrecht stehen können. Dafür ist der *Hummus* der beste im gesamten Gazastreifen. Gegenüber dem *Shammout* befindet sich direkt am Taxistand von Khan Younis ein *Falafel*-Stand. Dort kann man das beliebte Fast Food nach einheimischer Art genießen: ovalförmiges Brot gefüllt mit Kichererbsenbällchen, Sumach und karamellisierten Zwiebeln.

### Rafah

Als Tor zwischen Ägypten und Asien war Rafah schon immer ein geschäftiges Handelszentrum, aber auch stets ein militärstrategisch bedeutender Ort. Marcus Antonius und Kleopatra heirateten im 1. Jh. v. Chr. in Rafah, wo sich tief unter Sanddünen zahllose Ruinen befinden.

Das Flüchtlingslager Rafah erstreckt sich entlang beider Seiten der ägyptischen Grenze. Als Israel 1967 den Gazastreifen und den ägyptische Sinai besetzte, wurden Tausende palästinensischer Flüchtlinge auf die Sinai-Halbinsel deportiert, wodurch das Lager auf ägyptischer Seite vergrößert werden musste. Im Rahmen des Camp-David-Abkommen von 1978 wurde der Sinai schließlich wieder an Ägypten zurückgegeben. Die Wiederherstellung des alten Grenzverlaufs führte erneut zu einer Aufspaltung der palästinensischen Bevölkerung, wodurch mehrere Tausend Menschen von ihren Verwandten abgeschnitten wurden.

## Die israelischen Siedlungen

Unmittelbar nach der israelischen Besatzung 1967 kamen nur wenige Siedler in den Gazastreifen, um dort zu leben. 1970 wurde die Siedlung Kfar Darom gegründet. Die unmittelbare Nähe der Siedler zu palästinensischen Städten und deren aktiver Widerstand entmutigte die zionistische Expansion zunächst. Aus diesem Grund entschied die Arbeitspartei, als sie zu Beginn der Siebzigerjahre an die Macht gelangte, zuerst eine Reihe von Siedlungen nicht im, sondern direkt an den Gazastreifen angrenzend zu errichten. Ab 1978 gründeten die Israelis dann wieder mehr Siedlungen innerhalb des Gazastreifens und verfolgten damit hauptsächlich drei Ziele: die maritime Grenze zwischen dem Gazastreifen und Ägypten zu kontrollieren, die palästinensischen Städte voneinander zu isolieren und die Bildung eines palästinensischen Staates im Gazastreifen zu verhindern. Mit Beginn der Al-Aqsa-Intifada ermöglichte es diese territoriale Kontrollstrategie der Besatzungsmacht, das Gebiet in vier Regionen aufzuspalten: Gaza-Stadt, Deir al-Balah, Khan Younis und Rafah. Vor dem Rückzug Israels aus dem Gazastreifen 2005 gab es dort 20 israelische landwirtschaftliche und militärische Siedlungen mit fast 8000 Bewohnern, sodass 30% der Gesamtfläche unter israelischer Kontrolle standen. Die bewachten und eingezäunten Siedlungen waren mit Swimmingpools und luxuriösen Gärten ausgestattet und bildeten einen starken Kontrast zu den armen und sozial benachteiligten palästinensischen Wohngebieten. Diese Situation erinnerte stark an die Apartheid in Südafrika. Unter heftigen Protesten wurden die Siedlungen im Rahmen des israelischen Rückzugs aus dem Gazastreifen geräumt.

*Gush Katif im südlichen Gazastreifen*

*Demonstration gegen die Räumung der israelischen Siedlungen*

## Humanitäre Krise im Gazastreifen 2008

»Für 1,5 Mio. Palästinenser im Gazastreifen ist die Lage jetzt schlimmer als sie jemals zuvor seit Beginn der israelischen Militärbesatzung 1967 gewesen ist. Eine Einreise nach oder eine Ausreise aus Gaza ist so gut wie unmöglich. Auch die Versorgung mit Nahrungsmitteln und Wasser, die Abwasseraufbereitung und die grundlegende Gesundheitsfürsorge sind nicht immer gewährleistet. Durch die Blockade und den ökonomischen Zusammenbruch fehlt zudem das Geld für Lebensmittel. Dadurch wird der Niedergang der Wirtschaft noch beschleunigt und führt zu Armut unter der Bevölkerung. Israels Politik beeinträchtigt die gesamte Zivilbevölkerung; die ergriffenen Maßnahmen sind nach internationalem humanitärem Völkerrecht illegal.«

(Aus dem englischen Agenturbericht *The Gaza Strip – A Humanitarian Implosion*, März 2008 (*www.oxfam.org.uk*))

*Palästinenserin in Jabalya*

Im September 2006 erklärte die Konferenz der Vereinten Nationen für Handel und Entwicklung (UNCTAD), dass sich die palästinensische Wirtschaft am Rande des Zusammenbruchs befände, und sagte »noch nie dagewesene Arbeitslosigkeit, Armut und soziale Spannungen« voraus. Tatsächlich hat sich die humanitäre Situation seitdem weiter verschlechtert und nach dem Wahlsieg der *Hamas* und der darauffolgenden Belagerung des Gazastreifens durch die Israelis im Frühjahr 2008 einen Tiefpunkt erreicht. Die Armut ist sprunghaft angestiegen: Laut dem oben genannten Agenturbericht waren 2008 80% der Familien im Gazastreifen auf humanitäre Hilfe angewiesen – 2006 waren es 63%. Die hohe Arbeitslosigkeit von 40% wird voraussichtlich weiter ansteigen und mehr als die Hälfte der Bevölkerung erfassen. Ferner sind Gazas Strom-, Wasser- und Abwassersysteme zusammengebrochen. Mehr als ein Viertel der Bevölkerung besitzt keinen Wasseranschluss, und auch Elektrizität ist nur zeitweise vorhanden – sogar in Schulen. Am besorgniserregendsten ist die Tatsache, dass dieser bis dato beispiellosen und absichtlich herbeigeführten Krise kein Protest entgegengebracht wird. Der Bericht fasst die Lage folgendermaßen zusammen: »Die augenblickliche Situation im Gazastreifen ist künstlich geschaffen worden, wäre schlichtweg vermeidbar gewesen und kann mit dem dazu notwendigen politischen Willen auch wieder rückgängig gemacht werden.«

# Der Gazakrieg
## (Dezember 2008-Januar 2009)

Am 27. Dezember 2008, wenige Wochen vor der Amtseinführung des neu gewählten US-Präsidenten Barack Obama und kurz vor den bevorstehenden Wahlen im eigenen Land, führte die israelische Armee einen Angriff auf den Gazastreifen durch, der an Feuerkraft und Tragweite alle bisherigen Militäroperationen übertraf. 23 Tage lang wurde Gaza ununterbrochen vom Land, aus der Luft und von der See aus angegriffen – u. a. mit 155-Millimeter-Munition, die mit weißem Phosphor und abgereichertem Uran versehen war.

Nach Meinung führender Menschenrechtsorganisationen verstieß Israel mit dem Einsatz schwerer Artillerie, der zu massiven Zerstörungen auch in Wohngebieten führte, gegen das

Kriegsvölkerrecht, das Angriffe auf die Zivilbevölkerung und Verbrechen gegen die Menschlichkeit ächtet.

Bei der Militäroperation mit dem Namen »Gegossenes Blei« (»Cast Lead«) kamen 1350 Palästinenser ums Leben. Dem palästinensischen Gesundheitsministerium zufolge waren ein Drittel der Opfer Kinder. 5000 weitere Personen wurden verletzt oder verstümmelt. 13 Israelis, darunter 10 Soldaten, starben bei dem Angriff.

Die israelische Regierung rechtfertigte die Invasion als Antwort auf acht Jahre andauernde Raketenangriffe der Palästinenser im Gazastreifen auf die Städte in Südisrael. Die palästinensische Sichtweise fällt hingegen anders aus: Vom Zeitraum der Besatzung abgesehen, belegen Statistiken, dass Raketenangriffe seit der Waffenruhe, die der israelischen Invasion unmittelbar vorausging, nur noch vereinzelt vorkamen. Israel brach diese Waffenruhe am 4. November 2008, als sieben Palästinenser getötet wurden. Es hatte den Waffenstillstand auch insofern nicht eingehalten, als es entgegen der Vereinbarung, die Belagerung des Gazastreifens nicht aufgehoben hatte.

Tatsache ist, dass die Invasion, wie selbst offizielle Stellen in Israel zugeben, bereits im Juni 2008 geplant wurde. Der US-Kongress bestätigte zudem die Lieferung von 1000 bunkerbrechenden Präzisionswaffen im September 2008, die bei den ersten Luftangriffen zum Einsatz kamen.

»Es gibt keinen sicheren Ort in Gaza«, war der Tenor, den man während der Invasion überall hören konnte. Da die Grenze zum Gazastreifen abgeriegelt war, eine vollständige Land- und Seeblockade bestand und es auch keine Schutzräume und Warnsysteme innerhalb des Gebiets gab, fanden die Flüchtlinge im Gazastreifen keinen sicheren Zufluchtsort. Erwartungsgemäß verschlimmerte sich die nach drei Jahren der Blockade ohnehin schlechte humanitäre Situation zusehends. Hunderttausende Menschen im Gazastreifen wurden heimatlos – viele von ihnen wurden zum zweiten Mal zu Flüchtlingen. Über 40 000 sind auch heute noch Vertriebene, und eine nicht zu beziffernde Zahl leidet unter Traumata und Schockzuständen.

Das Gesundheitssystem war mit der hohen Anzahl schwerer Verletzungen überfordert, darunter lebensgefährliche Brandwunden, die durch den Einsatz der international geächteten Phosphorbomben verursacht worden waren. UN-

*Zerstörte Wohnhäuser in Gaza-Stadt*

Berichten zufolge wurden durch die Zerstörungen das Schulsystem, die Wasserversorgung und die sanitären Einrichtungen massiv beeinträchtigt.

Nach seiner Rückkehr aus dem Gazastreifen sagte der UN-Nothilfekoordinator John Holmes: »Ich habe ein Ausmaß an Zerstörung gesehen, das sowohl in materieller als auch in menschlicher Hinsicht niederschmetternd war. Die große Zahl der Todesopfer und Verletzten unter der Zivilbevölkerung wird notwendigerweise einen nachhaltigen Einfluss auf das mentale und physische Wohlergehen der palästinensischen Bevölkerung in Gaza haben.«

## Gazastreifen

## Der »Raketenkrieg« 2012

Im November 2012 kam es zu einer erneuten Offensive der israelischen Streitkräfte im Gazastreifen. Mit der Operation »Wolkensäule« reagierte die israelische Luftwaffe am 14. November auf den anhaltenden Raketenbeschuss aus dem Gazastreifen. Während der Angriffe wurde auch der *Hamas*-Führer Ahmed al-Jabari getötet. Erstmals seit 20 Jahren erreichten während dieser Auseinandersetzung wieder palästinensische Raketen Tel Aviv und Jerusalem. Die meisten von diesen wurden jedoch vom israelischen Raketenabwehrsystem *Iron Dome* abgefangen. Eine Bodenoffensive blieb aus und der sogenannte »Raketenkrieg« wurde durch eine von Ägypten und den USA vermittelte Waffenruhe am 22. November beendet. Die Auseinandersetzung hinterließ erneut viele zerstörte Gebäude und kostete nach Schätzungen der Vereinten Nationen 103 palästinensische und 4 israelische Zivilisten das Leben.

*Gaza-Stadt nach einem israelischen Luftangriff*

Die *Hamas* gewann durch den Waffenstillstand bei der palästinensischen Bevölkerung weiter an Popularität. Ein zusätzliches Resultat des Kriegs war auf Seiten der Palästinenser die Hoffnung auf Bildung einer Regierung der nationalen Einheit, bestehend aus der *Fatah* und der *Hamas*.

Bei Erscheinen dieses Buches im Jahr 2013 sind die Grenzen des Gazastreifens noch immer geschlossen, und der israelische Blockadering um Gaza besteht weiterhin.

*Begräbnis eines palästinensischen Kindes*

*Rechts oben: Palästinenser aus Jabalya*
*Rechts unten: Das moderne Zentrum von Gaza-Stadt*

# Gazastreifen

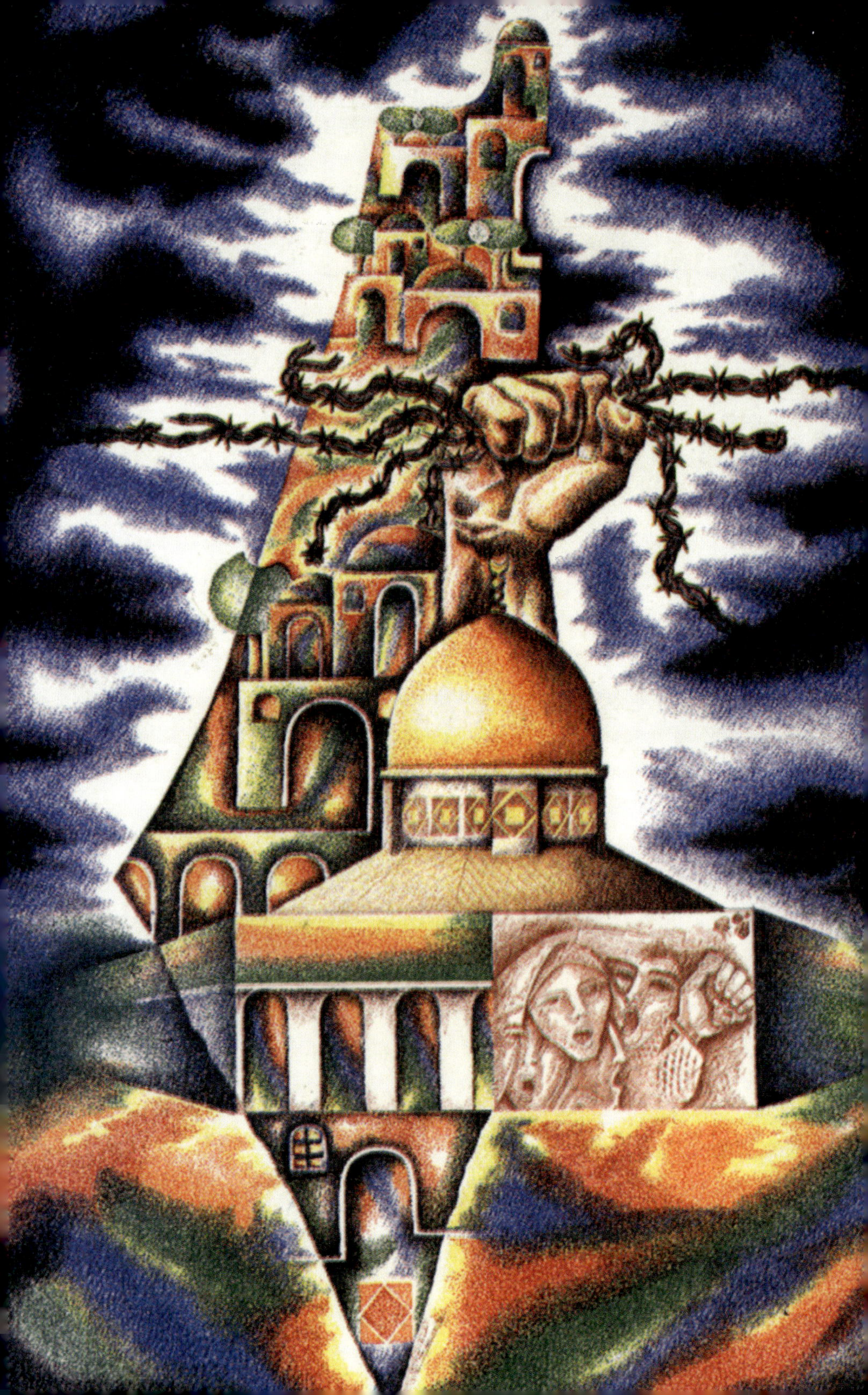

# Israel (Die Gebiete von 1948)

Hier werden wir bleiben
Wächter bewachen unser Land

Wenn wir durstig sind,
Werden wir die Steine auspressen.
Wenn wir hungrig sind,
Werden wir die Erde essen
Aber wir werden nicht fortgehen

Wir haben eine Vergangenheit
Eine Gegenwart
Eine Zukunft

Hier sind wir auf unserem Land
Und es ist hier, da unsere Wurzeln wachsen werden
Tief
Tief hinab.

Tawfiq Zayyad

Israel (die Gebiete von 1948), das Westjordanland und der Gazastreifen

*Links: Grafik von Muhammad Alrouqi*

# Die Palästinenser in Israel

### Die Palästinenser von 1948

Die palästinensisch-arabischen Bürger machen heute fast 20% der Gesamtbevölkerung Israels bzw. mehr als eine Million Einwohner (76% Muslime, 15% Christen und 9% Drusen) aus. Sie leben vorwiegend in drei Gebieten: Galiläa, dem Dreieck (s. S. 522) und dem Negev. Etwa 10% leben in Lagern und in nicht anerkannten Dörfern, von denen einige mehrere Tausend Einwohner haben. Etwa 8% der Palästinenser leben in Städten mit unterschiedlichen ethnischen Gruppen, in denen sie in der Minderheit sind, etwa in Akko, Haifa, Jaffa/Tel Aviv, Lydd (Lod), Nazareth und Ramle. Die verbleibende palästinensische Bevölkerung Israels lebt in arabischen Städten und Dörfern. Ein Drittel dieser Palästinenser sind seit dem Krieg 1948 bzw. den frühen Fünfzigerjahren heimatlose Flüchtlinge. Obwohl früher nahezu alle in der Landwirtschaft tätig waren, arbeiten heute nur noch wenige in diesem Bereich. Ein Großteil ihres Besitzes wurde von israelischen Behörden unter Berufung auf »das öffentliche Interesse«, »die Sicherheit« oder die Aufgabe, das Eigentum »abwesender Grundbesitzer« zu verwalten, beschlagnahmt. Obwohl die Palästinenser 20% der Bevölkerung ausmachen, besitzen sie lediglich 3% des Landes im Staat Israel.

Golda Meir behauptete, dass es so etwas wie ein palästinensisches Volk nicht gäbe. Dieses sei vielmehr eine »Erfindung der arabischen Propaganda«. Ähnlich formulierte es Yitzhak Rabin: »Die Araber (Israels) sind nur eine Kultur, keine nationale Minderheit.« Tatsächlich bezeichnen die israelische Regierung und die jüdischen Bürger Israels die palästinensische Minderheit als »Araber« oder als »israelische Araber«, niemals jedoch als »Palästinenser«.

Jene Palästinenser, die von der Umsiedelung im Jahr 1948 verschont blieben und deren Familien schon immer als Teil der Mehrheit in dieser Region gelebt hatten, wurden gemäß der Unabhängigkeitserklärung des Staates Israel Teil einer Minderheit im »jüdisch-demokratischen Staat«. Sie waren von nun an mit einer neuen Wirklichkeit konfrontiert: mit der Niederlage, den Massakern, Deportationen, der Vertreibung innerhalb des neuen jüdischen Staates, mit der Zerstörung von Dörfern und Stadtgebieten, mit der Verhängung des Kriegsrechts sowie mit dem Status als arabische Minderheit. Ihre Notlage und die Isolation sowohl von der israelischen als auch der internationalen Gemeinschaft machten diese Palästinenser zu einer stummen Generation. Von den meisten Juden wurden sie mit Argwohn und Feindseligkeit behandelt. Dies gilt insbesondere für die Regierung, welche die Palästinenser bis 1966 unter militärischer Befehlsgewalt hielt und alle Aspekte ihres Lebens wie zum Beispiel den Flüchtlings-

*Kinderzeichnung über die Vertreibung 1948*

status, Arbeit, Bildung und öffentliche Meinungsäußerung kontrollierte. Aus ihren alltäglichen Erfahrungen mit politischer Diskriminierung, Demütigung sowie der Beschlagnahmung von Land entwickelte sich ihre allgemeine Einstellung, bekannt als »summud«, was etwa »Beharrlichkeit« oder »Geduld« bedeutet. *Summud* heißt, nicht aufzugeben und auf dem eigenen Grund und Boden in einer feindseligen und fremden Umgebung auszuharren. Lokale, von israelischen Behörden bestimmte Anführer wurden als Vermittler zwischen dem Volk, das sie vertraten, und der Regierung eingesetzt. Nach dem Verbot aller palästinensischen Organisationen war die Kommunistische Partei Israels, zu deren Mitgliedern sowohl Juden als auch Palästinenser zählten, die einzige Plattform, die den Palästinensern eine Stimme bot. In der Hoffnung auf Befreiung durch ausländische Intervention standen die Palästinenser von 1948 der Panarabischen Bewegung und der antikolonialen Einstellung des ägyptischen Präsidenten Gamal Abdel Nasser positiv gegenüber. Als Israel 1956 zusammen mit Frankreich und Großbritannien Ägypten angriff, wurde der Ausnahmezustand, der bereits über die palästinensische Bevölkerung verhängt worden war, verschärft; Verhaftungen, Einschüchterungen und Ausgangssperren nahmen in allen arabischen Gebieten zu. Am Abend des israelischen Angriffs auf Ägypten wurden 49 Palästinenser in der Stadt Kufr Qassem getötet (s. S. 523).

Während dieser Zeit wurden die Palästinenser, deren Ortschaften 1948 fast vollständig zerstört worden waren, zunehmend von der jüdischen Wirtschaft abhängig, zumal ihr Land konfisziert wurde. Als Bauern, die keine Arbeit mehr hatten, wurden sie zu billigen Arbeitskräften degradiert. Zwischen 1961 und 1994 sank der Prozentsatz der palästinensischen Bauern von 48,8% auf 4,6%. 1966 wurde das Kriegsrecht zwar aufgehoben, die Notstandsgesetze, welche Hausarrest, Verwaltungshaft, das Ausreiseverbot und weitere ähnliche repressive Erlasse ermöglichten, blieben jedoch in Kraft.

*Aktionsplakat zum Tag des Bodens am 30. März 2011*

Ein Jahr später, als Israel die Kontrolle über Ostjerusalem, das Westjordanland und den Gazastreifen erlangte, nahm die palästinensische Bevölkerung Israels wieder verstärkt Kontakt zu den Palästinensern in den besetzten Gebieten auf. Angesichts des beschleunigten Siedlungswachstums in den Siebzigerjahren und der offensichtlichen Benachteiligung in der Zuteilung von Etats an die palästinensischen Gemeinderäte innerhalb Israels wurden große Protestversammlungen und Streiks organisiert. Am 30. März 1976 schoss die israelische Polizei auf Demonstranten und tötete dabei mehrere Palästinenser. Jedes Jahr wird an diesen Tag – den sogenannten »Land Day« – erinnert. Er wurde zu einem Nationalfeiertag, der die Einheit des palästinensischen Volkes und den Kampf gegen die Besetzung des palästinensischen Landes symbolisiert.

Gezwungen, die verschiedenen Formen der Diskriminierung und der Marginalisierung als Bürger zweiter Klasse hinzunehmen, hofften viele palästinensische Israelis, dass die Oslo-Abkommen ihre Situation verbessern würden. Dies erwies sich jedoch als Illusion, als sie mit den Ergebnissen konfrontiert wurden: Die Oslo-Abkommen befassten sich nur mit den Palästinensern im Westjordanland und im Gazastreifen; die Palästinenser Israels wurden vollkommen ignoriert.

## Israel (Die Gebiete von 1948)

Vielmehr wurde die Politik der Landkonfiskation der Auflösung von Städten und Dörfern, der Unterentwicklung und Diskriminierung in jedem Bereich fortgesetzt – abgesehen von gelegentlichen Versprechungen in Wahlkampfzeiten. Da der israelische Staat über keine geschriebene Verfassung verfügt, hat die Knesset bislang elf Grundgesetze verabschiedet. Die Unabhängigkeitserklärung von 1948 ist keine Verfassung; sie wurde 1992 aktualisiert und charakterisiert Israel als einen »demokratischen, jüdischen Staat«. Die palästinensischen Bürger Israels hingegen bezeichnen Israel als »demokratischen Staat für Juden«. Die Kluft zwischen Juden und Arabern hat sich in den letzten Jahren noch vergrößert, wozu vor allem die Repressionspolitik der Regierung Ehud Barak, die Angriffe aufgebrachter Israelis auf palästinensische Gemeinden in Nazareth, Jaffa und Akko, die Boykottaufrufe gegenüber Unternehmen, in denen »israelische Araber« beschäftigt werden, sowie die Kürzungen der Budgets palästinensischer Gemeinden seit Beginn der Al-Aqsa-Intifada beigetragen haben.

Diese Kluft hat jedoch zu einem wachsenden Nationalbewusstsein und einer Stärkung der Palästinenser von 1948 geführt. In den letzten Jahren haben Intellektuelle, Verbände und Gemeindeführer wichtige Ansätze zur Identitätsfrage und der Position der Palästinenser in Israel geliefert. 2006 stellte ein Dokument, das vom Nationalen Komitee der lokalen arabischen Behörden in Israel mit dem Titel *Die Zukunftsvision der palästinensischen Araber in Israel* veröffentlicht wurde, explizit Israels ethnische Selbstdefinition infrage: »Den israelischen Staat als einen jüdischen Staat zu definieren und die Demokratie im Dienste seines Jüdischseins auszunutzen, grenzt uns aus und erzeugt Spannungen zwischen uns und der Natur und dem Wesen des Staates. Daher fordern wir ein einvernehmliches demokratisches System, das uns befähigt, im Entscheidungsfindungsprozess in vollem Umfang aktiv zu werden, und das uns unsere individuellen und gemeinsamen bürgerlichen, historischen und nationalen Rechte garantiert.« Dem Dokument folgten weitere Appelle zur Reform des bestehenden Systems: ein Aufruf zu einer »demokratischen Verfassung« durch das Juristische Zentrum für die Rechte der arabischen Minderheit in Israel (*Adalah – Legal Centre for Arab Minority Rights in Israel*) und die *Haifa-Deklaration* des *Mada al-Carmel*, dem Arabischen Zentrum für angewandte Sozialforschung (*Arab Centre for Applied Social Research*). Alle drei Dokumente betonen die Tatsache, dass in Israel keine Demokratie entstehen kann, solange die momentane ethnische Identität des Staates aufrechterhalten wird und die Rechte der nicht-jüdischen Bürger missachtet werden.

Bezüglich eines Verfassungsentwurfs werden Zugeständnisse gefordert, wie die Abschaffung des *Law of Return*, das Menschen mit mindestens einem jüdischen Großelternteil automatisch die israelische Staatsbürgerschaft gewährt, und die Einführung eines Vetorechts für palästinensische Israelis in den ihren Status betreffenden Angelegenheiten. Dass die Reaktionen auf diese Ansätze in der israelischen Gesellschaft überwiegend ablehnend waren, überrascht nicht. Viele Israelis fürchten, dass die zunehmende Stimmgewalt der palästinensisch-israelischen Reformer eine Bedrohung für den Staat darstellen könnte.

*Palästinenserinnen aus Nazareth*

## Die Palästinenser in Israel

Trotz der Aufforderungen zu Reformen bleibt die Kluft zwischen jüdischen und nicht-jüdischen Israelis bestehen. Die im Mai 2004 veröffentlichten Erhebungen des Israelischen Zentralamts für Statistik für die Jahre 2001/2002 verdeutlichen Folgendes: »Etwa 70% der armen Städte des Landes finden sich im Bereich des arabischen Sektors.« Im Hauptteil des Berichts wurden die Lebensbedingungen der arabischen und der jüdischen Bevölkerung verglichen. 2001 wurden ausschließlich jüdische Städte auf der sozioökonomischen Skala als »hoch« eingestuft. Gleichzeitig lebten 46,8% der palästinensisch-arabischen Israelis 2002 unterhalb der Armutsgrenze, im Gegensatz zu 14,9% der jüdischen Bevölkerung. Die Hälfte der arabischen, aber nur ein Fünftel der jüdischen Kinder lebten unterhalb der Armutsgrenze. Die Kindersterblichkeit unter der jüdischen Bevölkerung betrug im Jahr 2001 ca. 4 pro 1000 Geburten, verglichen mit etwa 8 unter den palästinensisch-arabischen Israelis. Ein ähnliches Bild ergibt sich im Bildungswesen: Über 90% der siebzehnjährigen jüdischen Männer waren in Bildungseinrichtungen eingeschrieben, im Vergleich zu 68,2% unter den Palästinensern. Von 1990 bis 2002 stieg zwar die Zahl männlicher Jugendlicher mit Abitur in beiden Bevölkerungsgruppen an, erreichte aber im Jahr 2002 bei den Juden 45% im Gegensatz zu nur 24% bei den Arabern. Gleichermaßen blieben 2002 die arabischen Mädchen, von denen nur 39% ihr Examen bestanden, hinter ihren jüdischen Altersgenossinnen mit 61% zurück. Angesichts der ungerechten Ressourcenverteilung stellen diese Statistiken keine Überraschung dar. Israel verlor als direktes Ergebnis der schwachen Leistungen arabischer Schüler, deren Schulen aufgrund ethnischer Diskriminierung unterfinanziert sind, seine gute Position im internationalen Vergleich der Bildungsabschlüsse. Selbst die Empfehlung der Orr-Kommission (einer Regierungskommission zur Untersuchung der Morde an palästinensischen Arabern während der Unruhen zu Beginn der Al-Aqsa-Intifada), die krasse Ungleichbehandlung zu beenden, übte nur einen geringen Einfluss aus.

*Palästinensische Familie aus Galiläa*

---

1998 waren unter den 429 Ortschaften, die als Gebiete mit nationaler Priorität klassifiziert wurden, nur vier arabische. Diese waren überdies Städte im Negev, in die die arabische Bevölkerung umgesiedelt werden sollte, die bis dato verstreut auf Land lebte, das die israelischen Behörden zu beschlagnahmen beabsichtigten. Unter der Regierung von Ministerpräsident Ehud Barak bewilligte der Minister für Handel und Industrie der arabischen Gemeinschaft (die 20% der Gesamtbevölkerung Israels ausmachte) nur 0,5% ihres jährlichen Etats. Von den 540 Mitarbeitern dieses Ministeriums sind nur 4 arabischer Herkunft.

# Israel (Die Gebiete von 1948)

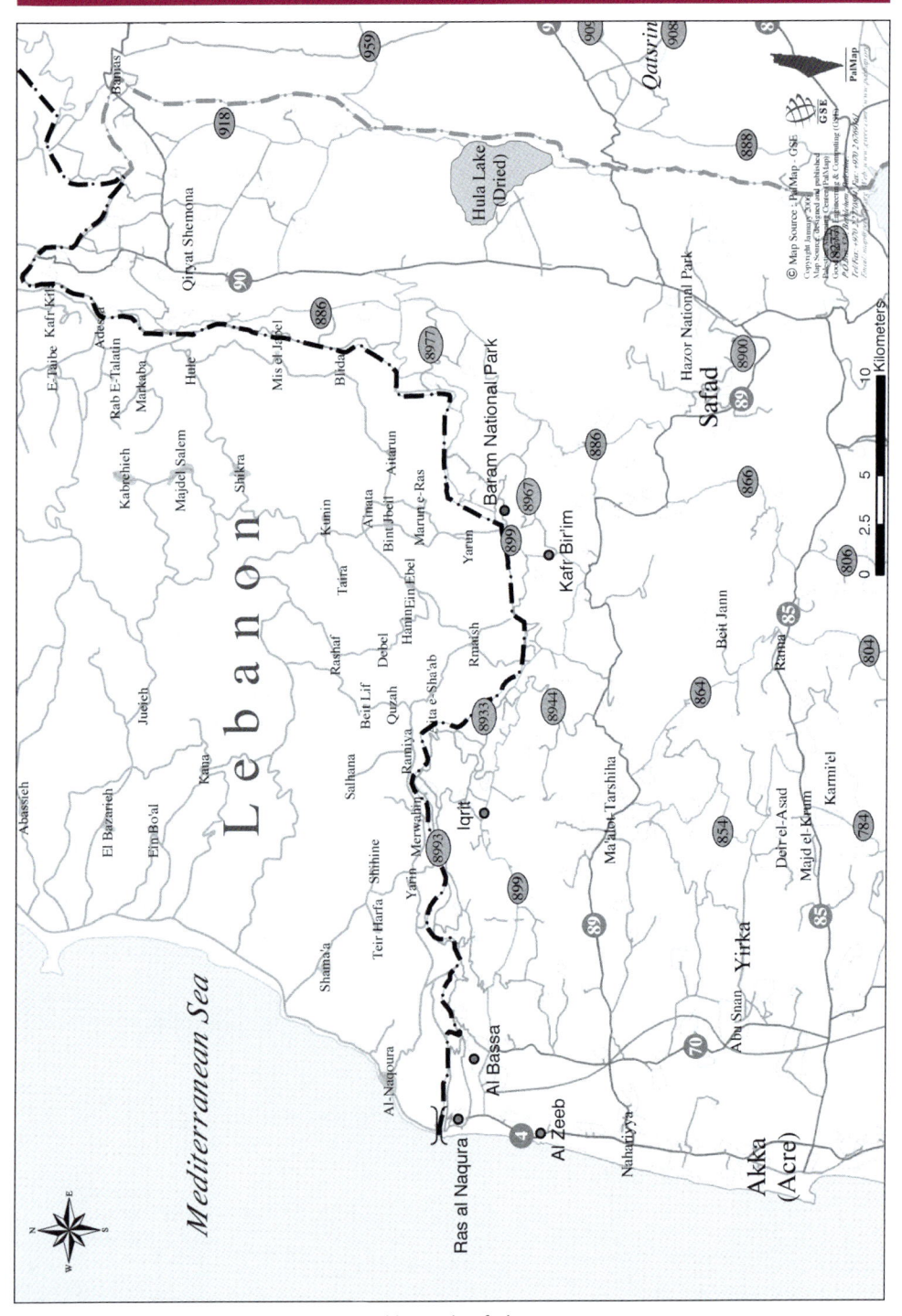

*Das nördliche Israel/Palästina zwischen Akko und Safed*

# Die Palästinenser in Israel

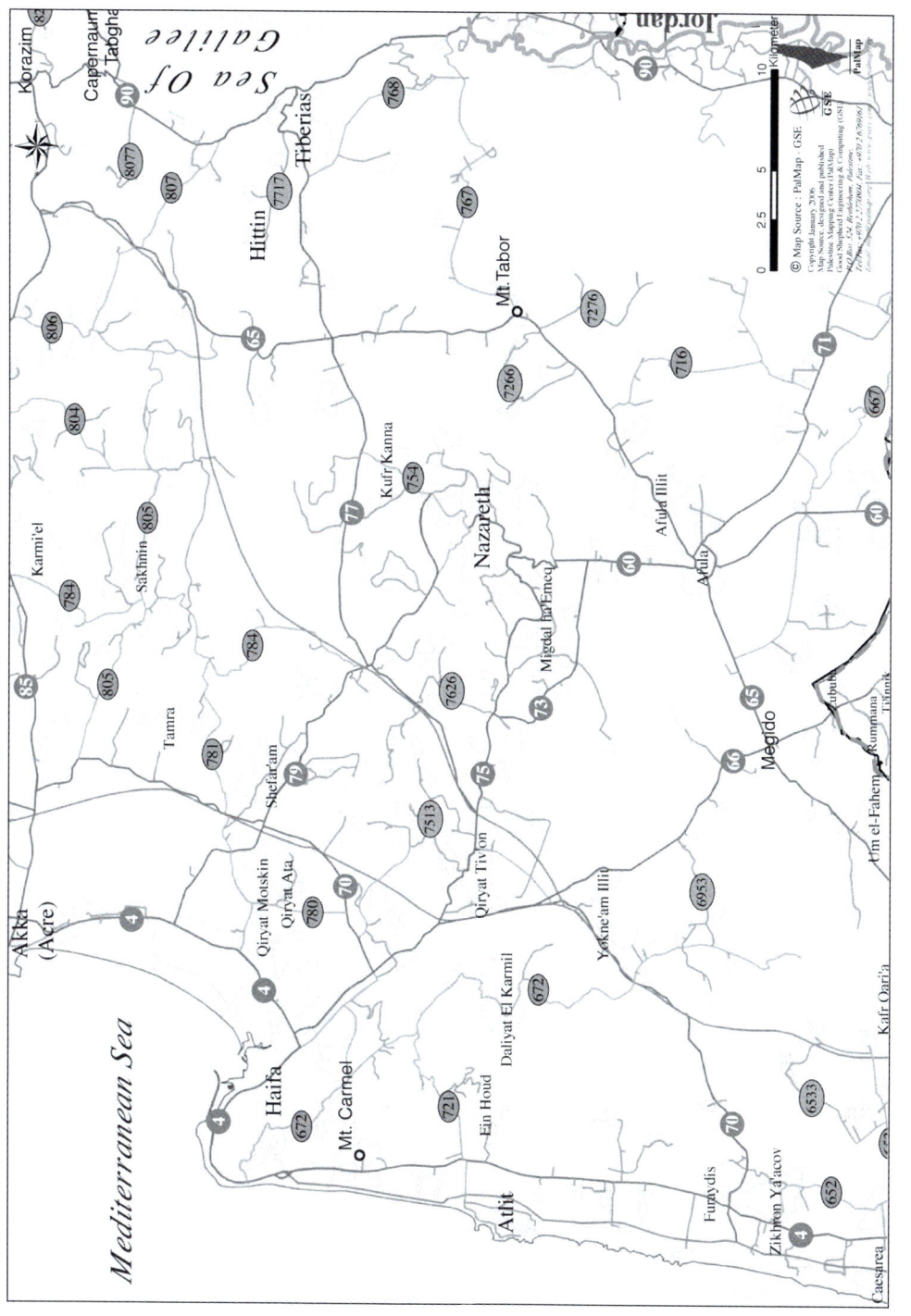

*Der Großraum Haifa, Nazareth und Tiberias*

# Galiläa

Dieses fruchtbare Gebiet erstreckt sich von der Bucht von Haifa bis zum See Genezareth (»Meer von Galiläa«) und im Norden bis zu den Ausläufern der Golanhöhen. Nazareth befindet sich im Zentrum Galiläas. Die Landschaft Ober-Galiläas – zwischen Akko und Safed – ist von einer bewaldeten Hügelkette geprägt, deren Erhebungen 800 bis 1000 m erreichen. Ganz anders ist Unter-Galiläa mit seinen weiten, fruchtbaren Ebenen, deren größte, Marj Bin Amer (die Jesreel-Ebene), sich vom Berg Karmel (Carmel) bis zu den Hügeln des nördlichen Westjordanlands erstreckt. Der Name Galiläa weckt bei Christen auf der ganzen Welt Assoziationen mit Orten, die vertraut und dennoch geheimnisvoll sind:

»Er zog in ganz Galiläa umher, lehrte in den Synagogen, verkündete das Evangelium vom Reich und heilte im Volk alle Krankheiten und Leiden. Und sein Ruf verbreitete sich in ganz Syrien. Man brachte Kranke mit den verschiedensten Gebrechen und Leiden zu ihm, Besessene, Mondsüchtige und Gelähmte, und er heilte sie alle. Scharen von Menschen aus Galiläa, der Dekapolis, aus Jerusalem und Judäa und aus dem Gebiet jenseits des Jordan folgten ihm.« (Mt 4, 23-25).

*Das Dorf Deir el-Asad in Galiläa*

### Die Judaisierung Galiläas

Die Vereinten Nationen entwarfen 1947 einen Teilungsplan für Palästina (Resolution 181), der den Großteil Galiläas als Teil eines zukünftigen arabischen Staates vorsah. Gegen Ende des Kriegs von 1948 hatte Israel jedoch das gesamte Gebiet erobert. Trotz der Politik der ethnischen Säuberung blieben das Zentrum und der Westen Galiläas vorwiegend arabisch. Israelische Behörden ergriffen daher verschiedene Maßnahmen, um diese demografischen Gegebenheiten zu verändern (s. Die Konfiskation von Land in den Gebieten von 1948, S. 87-88). Damit begann der Prozess der »Judaisierung Galiläas«. Der Bau neuer jüdischer Wohnbezirke und Industriegebiete war die einzige Initiative zur Steigerung des regionalen Wachstums. Ihr wurde nationale Priorität eingeräumt und sie profitierte von der zentralen und regionalen Finanzierung durch den Staat. Die Bevölkerungsstatistik war wichtiger als die Etablierung einer Entwicklungspolitik.

1978 war Israel Koenig, der Kommissar des nördlichen Distrikts, darüber besorgt, dass die Araber einen Anteil von über 51% der Bevölkerung dieses Gebiets stellten. Die von ihm zu diesem Thema ausgearbeiteten Vorschläge wurden weitgehend von seinen Nachfolgern umgesetzt. Im Jahr 2000 betrug der Anteil der arabischen Bevölkerung im nördlichen Distrikt nur noch 31%, könnte bis 2020 jedoch wieder auf 55% ansteigen. Da die Regierung mit dem Ergebnis ihrer demografischen Politik unzufrieden ist, wird dieser Umstand regelmäßig in Knesset-Debatten zum Thema *Demografische Entwicklung in Israel – Risiken und Lösungen* diskutiert.

## Galiläa

*Das Koenig-Memorandum*

*Das demografische Problem und die
Gestalt des arabischen Nationalismus*

1. Die Wachstumsrate der arabischen Bevölkerung in Israel beträgt 5,9%, im Vergleich zu 1,5% bei der jüdischen Bevölkerung.
Das ist besonders im nördlichen Distrikt ein akutes Problem, wo sich ein großer Teil der arabischen Bevölkerung konzentriert. Mitte 1975 zählte die arabische Bevölkerung dort 250 000 Menschen, im Vergleich zu 269 000 jüdischen Einwohnern. Eine genauere Betrachtung der Statistik jedes einzelnen Distrikts zeigt, dass die Araber in Westgaliläa 67% der Gesamtbevölkerung ausmachen, davon sind 48% in der Jesreel-Ebene angesiedelt. Bei einer solchen Wachstumsrate werden die Araber 1978 mehr als 51% der Bevölkerung dieser Region ausmachen.

2. Die Welle des Nationalismus innerhalb der israelisch-arabischen Bevölkerung geht auf den Junikrieg (Sechstagekrieg) zurück. Die Möglichkeiten des Austauschs mit dem Westjordanland und die offenen Brücken nach Jordanien haben die Verbindungen zwischen den Palästinensern aus Judäa und Samaria, den Palästinensern in Jordanien und den palästinensischen Arabern in Israel gestärkt. Diese Kontakte ermöglichen die Bildung einer gemeinsamen Front mit der Ausrufung antiisraelischer, nationalistischer Parolen. Vor Kurzem begannen sie außerdem, sich auf die UN-Resolution von 1947 zu beziehen, welche die israelischen Grenzen betrifft, und behaupteten sogar, dass ein Großteil des nördlichen Distrikts nicht in die Grenzen Israels miteinbezogen sei.

*Perspektiven*

a) Das rasante Wachstum der arabischen Bevölkerung (von 150 000 im Jahr 1948 auf 430 000 im Jahr 1975) stärkt diesen Nationalismus und vermittelt den Arabern den Eindruck, dass die Zeit auf ihrer Seite sei. Dies gilt vor allem für den nördlichen Distrikt, wo sie in weiten Gebieten ununterbrochen präsent sind.

b) Es besteht die ernsthafte Gefahr, dass die Araber in einigen Jahrzehnten in demografischer sowie in politischer Hinsicht die Kontrolle über St. Johannes von Akko und die Region von Nazareth übernehmen.

c) Es muss in Erwägung gezogen werden, dass die arabische Bevölkerung des nördlichen Distrikts, in dem sie die Mehrheit stellt, in einem bestimmten Stadium politischer staatsfeindlicher Aktivität einen Volksentscheid fordern könnte.

d) Es ist bereits vermehrt ein gemeinsamer Grundstückserwerb von Arabern im nördlichen Distrikt zu verzeichnen. Diese Aktivität ist im oberen Nazareth (Nazrat Illit) und in St. Johannes von Akko offenkundig. Ferner gibt es beunruhigende Anzeichen für das gleiche Phänomen in der Jesreel-Ebene.

*Vorschläge*

a) Besondere Aufmerksamkeit sollte den Gebieten an der Nord-West-Grenze und der Region von Nazareth gewidmet werden. Gleichzeitig sollten alle Gesetze, welche die Gründung arabischer Siedlungen verhindern, in den unterschiedlichen Teilen des Landes rigoros durchgesetzt werden.

## Israel (Die Gebiete von 1948)

*b) Zugleich sollen in St. Johannes von Akko und im oberen Nazareth jüdische Oberhäupter eingesetzt werden, die imstande sind, mit diesen beunruhigenden, von uns dargelegten Entwicklungen zurechtzukommen.*

*c) Es soll die Etablierung einer Sanktions- und Vergeltungspolitik (auf gesetzlicher Grundlage) gegenüber lokalen Behörden und Orten erfolgen, die ihre Feindseligkeit gegenüber dem Staat oder dem Zionismus in irgendeiner Art und Weise zum Ausdruck bringen.*

*d) Es ist notwendig, eine politische Partei zu gründen, die mit der Arbeitspartei gleichauf ist und die Konzepte wie Gleichheit, Humanismus, Kultur, Sprache und Frieden im Nahen Osten in Ehren halten wird. Die Institutionen der israelischen Regierung müssen sich darauf vorbereiten, diese Partei geheimdienstlich zu überwachen und zu kontrollieren.*

Auszug aus dem *Koenig-Memorandum*, einem Bericht, der 1976 vom Kommissar des Innenministeriums für den Norddistrikt, Israel Koenig, veröffentlicht wurde. Der Bericht wurde von Ilan Halevi in *Beneath Israel, Palestine* zitiert.

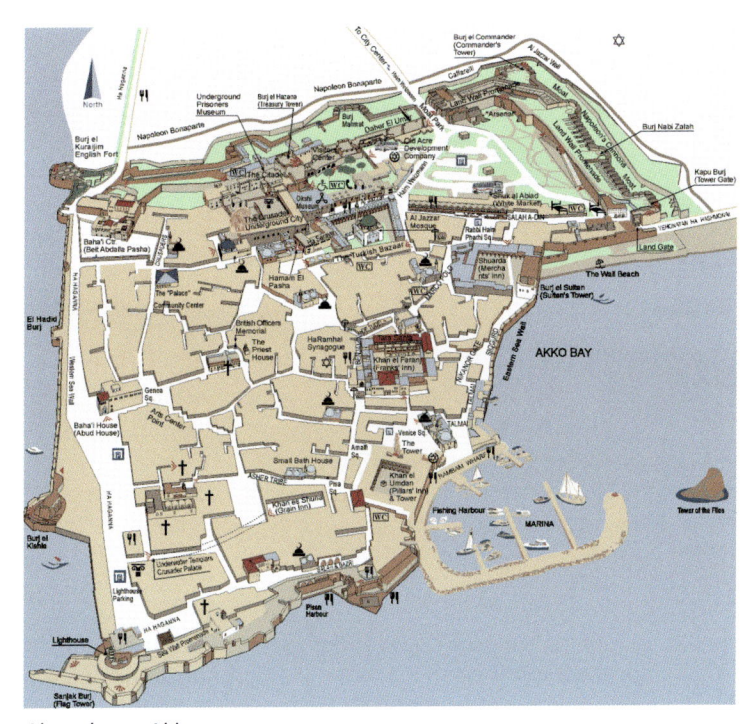

Altstadt von Akko

# Akko

> »Zur Stadt Akko: Möge Gott sie zerstören und dem Islam zurückgeben! Sie ist die Hauptstadt der Franken in Syrien, der Ort, an dem die Schiffe, die das Meer mit bunten Bannern schmücken, und alle Galeonen anlegen. Hinsichtlich ihrer Größe ist sie mit Konstantinopel vergleichbar. Sie ist ein Ort der Zusammenkunft für Galeonen und Karawanen, ein Treffpunkt für muslimische und christliche Händler von nah und fern. Ihre Straßen und Gassen sind so voller Menschen, dass man sich kaum bewegen kann.«
>
> Ibn Jobair, geboren in Valencia (12. Jh.)

Unter dem semitischen Namen »Akko« wird die Stadt in ägyptischen Schriften des 9. Jh. v. Chr. sowie im Alten Testament (Ri 1, 31) erwähnt. Später war Akko eine der zahlreichen phönizischen Hafenstädte, die entlang der levantinischen Küste errichtet wurden. 333 v. Chr. gab Alexander der Große mit der Gründung einer Münzprägeanstalt Akko den Vorzug vor Tyros. Seine Nachfolger, die Ptolemäer, dehnten Akko nach hellenistischem Vorbild aus und gaben der Stadt den griechischen Namen Ptolemais. Die Umayyaden benannten die Stadt wieder um, wobei sie den semitischen Namen als »Akka« ins Arabische übertrugen. Zu dieser Zeit profitierte die Stadt vom Niedergang Caesareas und stieg zur größten arabischen Hafenstadt im östlichen Mittelmeerraum und zum Haupthafen für Damaskus (der Hauptstadt des Umayyaden-Reiches) auf. Vor allem die mittelalterliche und osmanische Geschichte der Stadt ist auf Grund verschiedener Schriften der Kreuzfahrer, Kaufleute und arabischen Geschichtsschreiber sowie durch viele archäologische Funde bestens bekannt.

*Akko-Lithografie von David Roberts aus dem Jahr 1839*

1104 von Balduin I. erobert, wurde »St. Johannes von Akko«, wie die Kreuzfahrer die Stadt nannten, zur häufig belagerten Festung des Ordens von St. Johannes (Johanniterorden). Nachdem Saladin sie 1187 eingenommen hatte, eroberten die Heere des dritten Kreuzzugs unter Richard Löwenherz die Stadt zurück. Nach dem Verlust Jerusalems war St. Johannes von Akko zwischen 1191 und 1291 Hauptstadt des Lateinischen Königreichs und der wichtigste Hafen im östlichen Mittelmeerraum. Kaufleute aus Venedig, Genua und Amalfi hatten jeweils eigene Viertel in der Stadt, in denen sie kostbare Waren aus dem Fernen Osten lagerten, wie Seide, Gewürze und Textilien aus Baumwolle. Die Stadt dehnte sich mit annähernd 40 000 Einwohnern auf ein Gebiet aus, das dreimal so groß war wie der von den Mauern umgebene Stadtkern. Obwohl die Stadt durch zahlreiche Burgen im Umland geschützt war, fiel St. Johannes von Akko nach einer langen Belagerung im Jahr 1291. Mamelucken-Sultan Baybar ließ sie zerstören

## Israel (Die Gebiete von 1948)

und gründete in einiger Entfernung zum Meer in Safed die neue Hauptstadt von Galiläa. Für mehr als 400 Jahre blieb Akko nur eine einfache Stadt, gewissermaßen ein Dorf, bis sie der Drusen-Prinz Fakhraddin im 17. Jh. restaurieren ließ. Er war für den Bau des Khan al-Franj verantwortlich, der während der gesamten Osmanischen Epoche zur Anlaufstelle für Kaufleute und europäische Diplomaten in Akko wurde. Die Erneuerung währte jedoch nicht lange: Fakhraddin war nicht in der Lage, ein unabhängiges Reich zu etablieren und wurde 1635 enthauptet.

Mitte des 18. Jh. übernahm der Beduinen-Sheikh und Steuereintreiber der Region, Daher al-Omar, die Kontrolle über Akko, das in dieser Zeit zur Provinz Saida (Sidon) gehörte. Er nutzte seinen Einfluss, um den Hafen von Akko zum Hauptmarkt für Galiläa und Damaskus zu machen. Zu den Zentren der osmanischen Macht wahrte er Distanz und begründete eine denkwürdige Allianz mit maltesischen Piraten, die einige erfolglose Angriffe der Türken zur Folge hatte.

Schließlich stellte der bosnische Schiffskapitän Pascha Ahmad al-Jazzar, der wegen seiner Grausamkeit als »der Schlächter« bekannt war, die Befehlsgewalt des osmanischen Sultans über die Region wieder her und führte die von Fakhraddin begonnene Entwicklung der Stadt fort. 1799 schlug Al-Jazzar mithilfe der englischen Flotte Napoleons Truppen. Seitdem mischten sich europäische Mächte zunehmend in die inneren Angelegenheiten des Osmanischen Reiches ein, wobei sie Bündnisse schmiedeten und im Hinblick auf die osmanischen Kolonien mehrfach die Seiten wechselten. Diese Politik erklärt die anfängliche Hilfe der Briten für Mohammed Ali, der Ägypten von den Osmanen befreite, sowie schließlich die spätere Aufkündigung dieser Allianz durch die Briten, als Ali einen arabischen Staat aufbauen wollte, der Palästina und Syrien eingeschlossen hätte.

Zwischen 1832 und 1840 stand Akko unter ägyptischer Kontrolle. Es wurde durch die anhaltenden Kämpfe stark in Mitleidenschaft gezogen, da die Mauern die Stadt nicht gegen eine moderne Armee schützen konnten. Der Hafen von Haifa hingegen entwickelte eine neue Infrastruktur, die das Leistungsvermögen des benachbarten Akko übertraf. Während Haifa einen rasanten Aufschwung erlebte, lebte Akko allein vom Glanz seiner Vergangenheit. Als größte Stadt in der Grenzregion zum Libanon prosperierte die Stadt unter britischem Mandat erneut. Neue Wohnviertel entstanden östlich der Mauern, während sich die Bevölkerung zwischen 1922 und 1945 von 6420 auf 12 360 Einwohner (9890 Muslime, 2330 Christen und 50 Juden) fast verdoppelte. Nachdem die Stadt am 18. Mai 1948 von den Israelis erobert worden war, durften die Einwohner ausschließlich in der Altstadt leben. Bis 1966 waren sie der israelischen Militärgerichtsbarkeit unterstellt. Die Rückkehr in oder die Ausreise aus der Stadt bedurfte der Genehmigung durch israelische Behörden.

*Stadtmauer von Akko*

# Akko

## Die Stadt heute

2006 hatte die Stadtgemeinde von Akko über 50 000 Einwohner, mit einem Anteil von 28% palästinensischer Araber. Nach Akko zogen viele jüdische Immigranten aus den früheren Sowjetrepubliken (25% kommen aus Georgien bzw. dem Kaukasus). Für die in den letzten Jahren eingewanderten Juden ist Akko meist nur ein kurzer Zwischenstopp: Die Stadt hat den höchsten Abwanderungsanteil ins Landesinnere.

Über 7000 Menschen leben allein in der Altstadt. Dies entspricht mehr als der Hälfte der palästinensischen Bevölkerung in der gesamten Stadtgemeinde. Akko besitzt zwar unbestreitbar den Charme einer befestigten, historisch interessanten Hafenstadt, aber der heruntergekommene Zustand der Gebäude ist auffällig. Obwohl die Stadt 2001 als Weltkulturerbe anerkannt wurde, sind seither nur wenige lokale oder nationale Versuche zur Erneuerung und Förderung des historischen Erbes der Altstadt unternommen worden. Und das, obwohl die palästinensische Bevölkerung, die die Mehrheit der Bevölkerung innerhalb der Stadtmauern stellt, am stärksten von der Arbeitslosigkeit betroffen ist und im touristischen Sektor eine Tätigkeit finden könnte.

Die Bewohner glauben, dass israelische Behörden die politische Entscheidung getroffen haben, die Palästinenser zum Verlassen der Altstadt zu bewegen. Diese Politik wurde insbesondere 1976 durch die Errichtung eines Dorfs offenkundig, das 8 km von der Altstadt entfernt liegt und speziell für die arabische Bevölkerung von Akko bestimmt war. Bis heute sind jedoch nur wenige arabische Einwohner dorthin gezogen. Angesichts des geringen Lebensstandards der arabischen Bevölkerung können es sich nur wenige Palästinenser

*Blick über die Altstadt von Akko*

leisten, ein Grundstück außerhalb der Altstadt zu erwerben. Daher können auch nur wenige den historischen Stadtkern verlassen. Auf der anderen Seite stößt die Vorstellung, in einem arabischen Viertel zu leben, bei einem großen Teil der jüdisch-israelischen Bevölkerung auf Ablehnung; zudem hat die Altstadt den Ruf, ein Zentrum des Drogenhandels zu sein. Aus diesen Gründen blieb die jüdische Zuwanderung in die Altstadt gering.

## En-Nakba

Am 18. Mai 1948 fiel Akko an israelische Truppen. Durch den Fall Haifas in Angst versetzt, war ein Teil der Bevölkerung schon einige Wochen zuvor in den Norden geflohen, um im Libanon Zuflucht zu suchen. Anfang Mai war Akko bereits eingeschlossen und belagert. Die Bewohner der neuen, außerhalb der Stadtmauern gelegenen Viertel flüchteten in die Altstadt. Die Nachricht von der Eroberung Jaffas durch zionistische Truppen am 14. Mai löste Panik aus, was zu einer erneuten Flucht über das Meer führte – der einzige Weg, der noch offenstand. Nur 3500 der 15 000 Einwohner von Akko entgingen dem Exil. Die israelische Regierung beschlagnahmte

## Israel (Die Gebiete von 1948)

das Land und die Häuser außerhalb der Stadtmauern als »Besitz Abwesender«, obwohl ihre rechtmäßigen Besitzer nicht abwesend waren, sondern gezwungenermaßen innerhalb der Stadtmauern lebten.

> Akka, die Stadt, die den Kreuzfahrern länger als irgendeine andere standgehalten, die Napoleon getrotzt und den Tataren den Eintritt verwehrt hatte, sie hatte auch noch ihre Würde bewahrt, nachdem sie alt und hinfällig geworden war, ihre Mauernischen längst Haschischkneipen beherbergten und ihr Leuchtturm nur noch schwach glomm wie Dschuhas Leuchte. Sie blieb die eigentliche Hauptstadt, auch nachdem Haifa sich mit seiner Industrie ein neues, jugendliches Äußeres verpasst hatte. Und Akkas Sekundarschule mit ihren Klassenzimmern auf dem Kranz der Ostmauer genoss weiterhin höheres Ansehen als die Sekundarschule in Haifa. Daher wechselten wir zur »Garnison-Schule« in Akka über und pendelten täglich mit dem Zug.
> In diesem Zug nun trafen wir meine Freundin Juad aus Haifa, die wie wir, die Schultasche unter dem Arm, täglich nach Akka zur Mädchen-Oberschule reiste und mit uns im gleichen Zug zurück fuhr.
> Die Eifersucht eines meiner Klassenkameraden sollte mich aber bald zum Weinen bringen, wenn auch lautlos. Er verpetzte mich nämlich beim Direktor der Schule, der den Brief an den Leiter unserer Schule weitersandte. Dieser rief daraufhin alle Fahrschüler aus Haifa zusammen, tobte fürchterlich und ließ uns wissen, dass zwischen Haifa und Akka ein Meer liegt. Und: »Was in Haifa erlaubt ist, ist in Akka noch lange nicht erlaubt. Diese Stadt ist konservativ seit Saladins Zeiten!«
>
> Aus: Emil Habibi, *Der Peptimist*

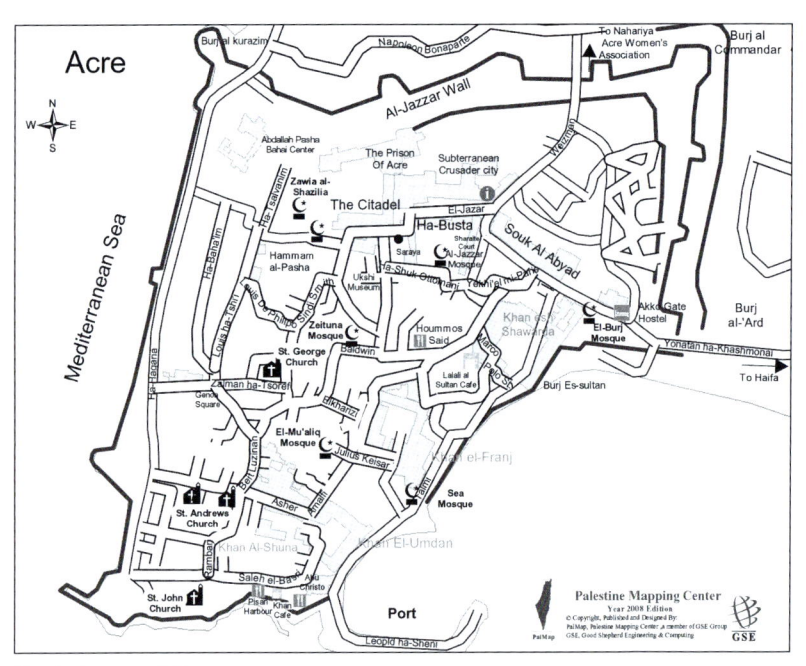

*Stadtplan von Akko*

# Akko

## Ghassan Kanafani (1936-1972)

Der 1936 in Akko geborene Ghassan Kanafani besuchte bis 1948 die französische Missionarsschule. Nach der zionistischen Eroberung suchten er und seine Familie Zuflucht im Libanon und schließlich in Syrien. Er studierte Arabische Literatur an der Universität von Damaskus, von der er jedoch 1955 wegen seiner Mitwirkung an der Arabischen Nationalbewegung (*Arab Nationalist Movement*, ANM) verwiesen wurde. Er arbeitete für eine Reihe von Zeitungen: *Al-Hurrija* (»Die Freiheit«), dem offiziellen Organ der Arabischen Nationalbewegung, danach für *Al-Mouharrir* (»Der Befreier«) und eine progressive Pro-Nasser-Zeitung. Er schrieb viele Romane und literarische Abhandlungen, darunter *The Literature of Resistance in Occupied Palestine, 1948-1966*, *The Birth of Zionist Literature* und *Race and Religion in Zionist Literature*. 1967 war er Mitbegründer der Volksfront für die Befreiung Palästinas (*Popular Front for the Liberation of Palestine*, PFLP), deren Sprecher er wurde. Von 1969 an war er zudem Herausgeber der Zeitung *Al-Hadaf* (»Das Ziel«), dem Presseorgan der PFLP. Ghassan Kanafani wurde am 8. Juli 1972 durch eine Autobombe des israelischen Geheimdienstes *Mossad* in Beirut getötet (s. auch S. 80).

*Ghassan Kanafani*

## Die Altstadt

### Die Mauern

Nach der Zerstörung von St. Johannes von Akko 1291 verfügte die Stadt zunächst über keine Befestigungsanlage, bis Daher al-Omar eine neue, 7 m hohe und 1 m dicke Mauer um die Stadt ziehen ließ. Bis heute ist sie am nordöstlichen Ende der Stadt zu sehen. Napoleon verließ sich auf die Beschreibung der Mauer von Constantin François Volney, einem französischen Reisenden und Orient-Experten, der Palästina um etwa 1780 bereist hatte. Er unterschätzte jedoch die Widerstandsfähigkeit der Mauer, denn sie war zusätzlich von Ahmad Pascha al-Jazzar verstärkt worden. So konnte die schwere französische Artillerie ihr 1799 während der Belagerung zwar erheblichen Schaden zufügen, sie aber nicht zerstören. Nach der Niederlage und dem Rückzug der napoleonischen Armee befahl Ahmad Pascha al-Jazzar, parallel zu Daher al-Omars Mauer, den Bau eines neuen und starken Festungswalls.

### Al-Souk al-Abyad (Der Weiße Markt)

Dieser langgezogene Marktplatz wurde an der Stelle des Souk Al-Daher erbaut, der mit seinen 110 Marktständen Akkos Hauptgeschäftszentrum war. Nach einem Feuer im Jahr 1817 ordnete Gouverneur Suleiman Pascha seinen Wiederaufbau an. Wahrscheinlich wurde der Platz aufgrund der Intensität des Lichts, das von den weißen Mauern zurückgeworfen wird, der »Weiße Markt«

*Blick vom Hafen auf die Befestigungsmauer*

# Israel (Die Gebiete von 1948)

genannt. Zu Beginn des 19. Jh. verglichen die Menschen ihn zuweilen mit dem Markt von Damaskus. Inzwischen hat er viel von seinem einstigen Glanz verloren, ist jedoch immer noch sehr lebendig. Hier gibt es auch einige nicht allzu teure Restaurants.

## Die Al-Jazzar-Moschee

Das als Al-Jazzar-Moschee oder »Moschee des Paschas« bekannte Gebäude wurde ursprünglich »Moschee der Lichter« genannt. Es wurde im Jahr 1781 vom osmanischen Gouverneur Ahmad Pascha al-Jazzar errichtet und ist die größte Moschee, die in Palästina zur Zeit der Osmanen gebaut wurde. Rund um den zentral gelegenen Innenhof führt ein Gebetsgang zu den Klausen, die für die zahlreichen Studenten und Pilger vorgesehen sind, die Akko besuchen. Die Granit- und Porphyrsäulen stammen aus antiken Städten der Region wie Caesarea und Tyrus. Das Innere der Moschee ist ein eindrucksvolles Beispiel für die osmanische Kunst im 18. Jh.: Die Mauern und der Mihrab sind vollständig mit Fayencen, überzogenem Marmor und Koran-Kalligrafien bedeckt.

Auch das zylinderförmige Minarett ist charakteristisch für die anatolische Epoche und deren Bauweise. Reliquien werden in einer kleinen Schatulle aufbewahrt, die der lokalen muslimischen Überlieferung zufolge Haare vom Bart des Propheten Muhammad enthält. Die geöffnete Schatulle wird den Gläubigen jedes Jahr am 27. Tag des Ramadan (Koran-Sure 97, Al-Qadr: 1-5) gezeigt.

Links vom Eingang der Moschee befinden sich zwei Grabmäler aus weißem Marmor. Zwei bedeutende Gouverneure der Stadt sind hier begraben: Ahmad Pascha al-Jazzar (1775-1804) und sein Adoptivsohn und Erbe Suleiman Pascha (1804-1818). Auf der rechten Seite führt eine schmale Treppe zu einem großen gewölbten Raum, der während der Kreuzfahrerzeit von den Johannitern errichtet wurde.

*Al-Jazzar Street. Öffnungszeiten: Samstag-Donnerstag 8.00-12.30 Uhr und 13.15-16.00 Uhr, Freitag 8.00-11.00 Uhr und 14.00-16.00 Uhr (im Sommer 14.00-18.00 Uhr), Eintritt: 2 NIS.*

*Die Al-Jazzar-Moschee*

## Das Serail

Der kunstvoll verzierte Haupteingang hebt die Bedeutung dieses Gebäudes hervor. Neben den geometrischen Abbildungen ist eine Inschrift zu lesen, die seine Funktion erläutert: »Tor der Regierung von Akko« (»Bab Hukumat Akka«) und auf das Jahr 1850/51 zu datieren ist (1267 der *Hedschra* bzw. des islamischen Kalenders). Das Emblem (»tugra« auf Türkisch) des osmanischen Sultans Abd al-Majid (1839-1861) schmückt die Inschrift, die sich auf die Zeit der Erneuerung des Serails bezieht. Gebaut wurde er Ende des 18. Jh. von Ahmad Pascha al-Jazzar. Ein

Jahrhundert später wurde das Gebäude in ein Postamt und unter britischem Mandat in eine Schule umgewandelt, die bis heute existiert.

*Al-Jazzar Street.*

### Die Zitadelle

Die Osmanen erbauten die Zitadelle auf den Ruinen der Kreuzfahrerstadt aus dem 13. Jh. Der Drusenführer Fakhraddin war um 1630 n. Chr. der Erste, der Instandsetzungsarbeiten vornehmen ließ. Allerdings ließ der osmanische Sultan den Bau aus Sorge darüber einstellen, dass die neue Festung von den maltesischen Piraten, den Verbündeten von Fakhraddin, übernommen werden könnte.

Mitte des 18. Jh. beendete Daher al-Omar den Bau der Zitadelle und errichtete einen Palast, den auch seine Nachfolger nutzten. Ahmad Pascha al-Jazzar ließ den *Divan Khan*, die Beratungskammer, errichten, die sich heute am Eingang zum Rittersaal befindet.

Der Rittersaal: Unterhalb der Zitadelle haben Archäologen riesige mittelalterliche Säle freigelegt, darunter auch Räume und den Innenhof des Kreuzfahrerhospizes. Dieses unterirdische Areal liegt 3 bis 7 m unter der Al-Jazzar Street und zählt zu den bedeutendsten Sehenswürdigkeiten der Stadt.

*Al-Jazzar Street, gegenüber der Al-Jazzar-Moschee. Öffnungszeiten: Samstag-Donnerstag 8.30-18.00 Uhr, Freitag 8.30-17.00 Uhr, Eintritt: 25 NIS. Das Ticket beinhaltet den Eintritt für das städtische Museum; eine Karte des unterirdischen Akko ist am Eingang erhältlich.*

### Das Gefängnis von Akko

Seit dem 17. Jh. befindet sich das Gefängnis von Akko in der Zitadelle. Während des britischen Mandats wurden hier Hunderte palästinensischer Widerstandskämpfer eingesperrt, »verhört« und einige von ihnen gehängt. Derzeit wird das Museum der Gefangenen des Schattens von der museografischen Abteilung des israelischen Verteidigungsministeriums betrieben. Die historischen Fakten werden vollkommen verzerrt dargestellt: Der palästinensische Widerstand und seine Anhänger werden nicht erwähnt, obgleich sie die Mehrheit der Gefangenen in Palästina unter britischem Mandat bildeten. Während des palästinensischen Aufstands von 1936 bis 1939, auch die »Große Revolte« genannt, wurden über 10 000 Palästinenser in Internierungslagern inhaftiert. Das Gefängnis von Akko war eines der Hauptgefängnisse in Palästina und diente als Durchgangsstelle für andere Internierungslager. Wenn es überhaupt zionistische Gefangene zu Beginn des britischen Mandats gab, so waren es nur einige wenige, die revisionistischen Gruppen angehörten. Erst 1939, nach der Veröffentlichung des

*Zitadelle von Akko*

## Israel (Die Gebiete von 1948)

britischen Weißbuchs, das die Idee eines jüdischen Staates ablehnte, begannen paramilitärische zionistische Gruppen mit gewalttätigen Aktionen gegen die britischen Behörden. Diese wiederum führten zu militärischer Vergeltung seitens der Briten und dementsprechend zu einem beträchtlichen Anstieg der Zahl jüdischer Gefangener.

Trotz dieser Vorbehalte vermittelt das heutige Museum einen Eindruck davon, was es bedeutete, unter britischem Mandat inhaftiert gewesen zu sein. Beliebte palästinensische Lieder über die Zeit der osmanischen und britischen Unterdrückung halten die Erinnerungen an das Gefängnis von Akko wach, während sie gleichzeitig auf heutige israelische Gefängnisse verweisen.

*Burj Qurayim. Öffnungszeiten: Sonntag-Donnerstag 9.00-16.00 Uhr und Freitag 9.00-12.00 Uhr, Eintritt: 10 NIS.*

### Aus dem Gefängnis in Akko

Aus dem Gefängnis in Akko kamen die Trauerzüge
Von Muhammad Jamjoum und Fuad Hijazi
Beschuldige sie, oh mein Volk, beschuldige sie!
Den hohen Kommissar und all seine Agenten.
Muhammad Jamjoum, Ata ez-Zir,
Und Fuad Hijazi sind die besten Unterstützer
Sei Zeuge ihres Schicksals und der Entscheidung des Unterdrückers
Sie hinzurichten.
Muhammad sagt: ›Ich werde als Erster gehen,
Es betrübt mich, dein Leid zu sehen, Ata.‹
Hijazi sagt: ›Ich werde als Erster gehen,
Ich hatte niemals Angst vor dem Sterben,
Meine liebende Mutter ruft laut
Und jedes Land dreht sich um, um sie zu hören
Sie ruft: Fuad, oh mein Lieber,
Bevor sie uns trennen, möchte ich dir Lebewohl sagen.
Sie ruft Ata hinter der Tür zu
Sie wartet auf seine Antwort
Oh, Ata, Tapferster, der du furchtlos die Soldaten angreifst.

Oh, mein Bruder Yussif, ich gebe meine Mutter in deine Obhut
Und du, meine Schwester, quäle dich nicht nach meinem Weggang
Diesem Land habe ich mein Blut geopfert
All dies, allein für dich, oh Palästina.‹
Alle drei starben wie Löwen.
Oh Mutter, sei großzügig
Dem Vaterland opfern wir unsere Seelen,
Um seine Freiheit martern sie uns.
Der Stadtschreier verlangt nach einem Hieb
Am Dienstag, dem Tag der Hinrichtung der jungen Männer,
Der Tapferen, Ata und Fuad, die den Tod nicht fürchten.

»Aus dem Gefängnis in Akko« ist ein Lied, das an drei palästinensische Widerstandskämpfer erinnert, die in Akko inhaftiert waren und dort gehängt wurden.

### Das städtische Museum

Das Museum wurde im Hamam al-Pascha errichtet, dem Badehaus von Al-Jazzar. Der etwa 1780 erbaute *Hamam* diente ihm zur privaten Nutzung; dorthin lud er Freunde und Ehrengäste ein. Das Badehaus gehörte zum offiziellen Besitz der Al-Jazzar-Moschee und stellte eine wichtige Einnahmequelle dar. Der im Besitz der islamischen Behörden (*Waqf*) befindliche *Hamam* war bis Mai 1947 in Betrieb, er wurde 1948 als »Besitz Abwesender« konfisziert und 1954 in ein Museum umgebaut.

# Akko

1801 beschrieb ein britischer Seefahrer namens Clarke den *Hamam* als »den raffiniertesten, mit der am sorgfältigsten ausgeführten Bauweise«, den er im gesamten Osmanischen Reich gesehen hatte. Ein gutes Beispiel dafür sind die armenischen Keramikplatten aus dem 18. Jh. aus Kutahya in Anatolien: Bestimmte Motive sind identisch mit denen der 1727 restaurierten Jakobuskirche in Jerusalem. Möglicherweise wurden diese Keramikplatten wiederverwendet und nicht eigens aus der Türkei importiert. In den wunderschönen Räumen des Museums werden archäologische Artefakte ausgestellt, die in der Stadt und ihrer Umgebung gefunden wurden (die schönsten Exponate befinden sich jedoch in Museen in Jerusalem und Tel Aviv).

*Der Zutritt erfolgt durch die unterirdischen Räume der Zitadelle oder direkt von der Al-Jazzar Street. Öffnungszeiten: Samstag-Donnerstag 9.00-16.30 Uhr, Freitag 9.00-12.30 Uhr, Eintritt: 12 NIS, der Besuch der Zitadelle ist im Preis inbegriffen.*

### Zawiya al-Shaziliya

Der Sufi-Orden und die Zawiya al-Shaziliya wurden von Sheikh Ali Nur ed-Din al-Yashruti gegründet. Der Sheikh wurde 1793 in Tunis geboren, zog 1849 nach Akko und gab schließlich 1862 den Bau des Sufi-Klosters (*zawiya*) in Auftrag. Er übte großen Einfluss auf die muslimische Gemeinde in Akko aus, die sich seiner Bewegung anschloss. Seine Popularität dehnte sich auf die gesamte Region und bis nach Beirut aus. Der heute noch aktive Orden zählt etwa 1300 Mitglieder: 200 in Akko, 600 in Umm al-Fahm, 300 in Jaffa und 200 in Jerusalem.

*Westlich des Hamam al-Pascha.*

### Die Zeituna-Moschee

Diese Moschee wurde von 1754 bis 1755 von Haj Mohammed al-Sadiki erbaut. Einem verbreiteten lokalen Mythos zufolge erhielt sie ihren Namen von dem Olivenhain, auf dem sie errichtet wurde. Zu dieser Zeit war Akko ein kleines Dorf mit 200 bis 300 Einwohnern. Mitte des 19. Jh. gehörte die Moschee zu Sheikh al-Yashrutis Sufi-Orden, bis die Zawiya al-Shaziliya nebenan erbaut wurde. Gemäß einer abweichenden Version dieser Legende wurde die Moschee nach der Großen Moschee Ez-Zaytouna in Tunis benannt, da der Sheikh ursprünglich von dort stammte. Im Innenhof befindet sich das Grabmal von Hussein Abdel Hadi. Der in Nablus geborene Hadi wurde unter ägyptischer Herrschaft zum Gouverneur von Akko ernannt, der er bis zu seinem Tod im Jahr 1836 blieb.

*Im Innenhof der Al-Jazzar-Moschee*

# Israel (Die Gebiete von 1948)

## Die Khans – Karawansereien

Sämtliche Khans in Akko wurden unter osmanischer Herrschaft als Teil der Stadterneuerung im 18. Jh. errichtet. Typisch für die Bauweise ist eine Ansammlung von ein- oder zweistöckigen Arkadengebäuden, die um einen großen Innenhof mit einem Brunnen in der Mitte gruppiert sind. Marktstände, Geschäfte und Lager befanden sich im Erdgeschoss, Wohn- und Büroräume im oberen Bereich.

### Der Khan al-Umdan

Der Khan al-Umdan (»Khan der Säulen«) ist der am besten erhaltene Khan in Akko. In der Regel steht er leer und wird nur im September während des jüdischen Sukkot-Festes für ein Theaterfestival genutzt, bei dem hebräische Stücke aufgeführt werden.

Er wurde 1785 erbaut und erhielt im Lauf der Zeit verschiedene Namen, etwa »Al-Jazzar-Khan«, »Getreide-Khan«, »Kavallerie-Khan« und schließlich »Khan der Säulen«. Das eindrucksvolle Gebäude ist der deutlichste Beweis für den wirtschaftlichen Aufschwung Akkos unter Pascha Ahmad al-Jazzar. Es wurde mit den von Bauern der Region entrichteten Steuern bezahlt, eine schon damals übliche Vorgehensweise bei der Finanzierung öffentlicher Gebäude.

### Der Khan al-Shawarda

Dieser Khan wurde in zwei Abschnitten gebaut. Der Ostflügel wurde unter der Leitung von Daher al-Omar an der umliegenden Mauer errichtet, während die anderen Seitenflügel unter Pascha al-Jazzar erbaut wurden. In dieser Zeit ging der Khan in den Besitz der Al-Jazzar-Moschee über. Am südöstlichen Ende des Khans befindet sich ein Glockenturm aus dem 18. Jh., der »Burj al-Sultan« (»Turm des Sultans«) genannt wird. Er geht auf die Zeit von Daher al-Omar zurück und diente als Wachturm. Einige der Steine tragen die Symbole von Steinmetzen (ein Kreuz und Dreiecke), was darauf hindeutet, dass sie älteren, aus der Kreuzfahrerzeit stammenden Gebäuden entnommen wurden. Heute befinden sich dort zahlreiche Werkstätten. Abends ist das *Café Liali al-Sultan* ein beliebtes Ziel für viele Arbeiter der Werkstätten.

*Khan al-Umdan aus osmanischer Zeit*

### Der Khan al-Franj
(»Khan der Franken« oder »Französischer Gasthof«)

Dieser Khan wurde ursprünglich »Sinan Paschas Gasthof« genannt. Ihm wurde jedoch bald wegen der vielen französischen und italienischen Kaufleute, die dort im 16. Jh. Baumwollwaren kauften, der Spitzname »der Französische Gasthof« gegeben. Die französischen Käufer erfuhren durch das 1535 zwischen Sultan Suleiman dem Prächtigen und König Franz I. geschlossene Geschäftsabkommen bevorzugte Behandlung. Der Französische Gasthof wurde zur Zeit der Kreuzfahrer im venezianischen Stadtviertel erbaut, an dessen nordöstlichem Ende sich eine Franziskanerkirche aus dem 18. Jh. befindet.

### Der Khan al-Shuna

Dies ist der kleinste Khan von Akko. Er befindet sich in der Nähe des Pisa Square. Das Viertel war gebürtigen Pisanern vorbehalten. Daher al-Omar ließ den Khan 1764 bis 1765 auf eigene Kosten errichten.

### Der Hafen

Nach dem Fall Akkos 1291 blockierten die Ruinen der Stadt den Hafen, sodass Handelsschiffe nicht gefahrlos vor Anker gehen konnten. Als er im 18. Jh. erneut an Bedeutung gewann, ankerten die Schiffe in beträchtlicher Entfernung zu den Stadtmauern. Sie verluden ihre Waren auf kleine Boote, um sie in den Hafen zu bringen und dort zu entladen.

Aus diesem Grund galt der Hafen von Haifa auf der anderen Seite der Bucht seit dem 19. Jh. als geeigneterer Standort für die Schifffahrt. Haifa wurde weniger als ein Jahrhundert später nach dem Hafen von Marseille zum wichtigsten Mittelmeerhafen. Heutzutage hat der kleine Hafen von Akko keine wirtschaftliche Bedeutung mehr. Fischer und Ausflugsschiffe sorgen für eine lebendige Atmosphäre.

### Al-Masjid-al-Bahr

Die »Moschee des Meeres« wurde um 1816 von Suleiman Pascha erbaut. Da sich die Moschee in der Nähe der Ruinen der Sinan-Pascha-Moschee befindet, wird sie heute häufig auch so bezeichnet, obwohl von der früheren Moschee nichts mehr erhalten ist.

*Im Hafen von Akko*

### St. Andreas-Kirche

Dieses Gotteshaus wurde etwa 1760 von der palästinensischen Gemeinde der melkitischen griechisch-katholischen Kirche auf Anordnung ihres ersten Bischofs, Makarios Ujaymi, errichtet. Wahrscheinlich stammt der Name »St. Andreas« von einer früheren Kreuzfahrerkirche, die sich in der Nähe des Leuchtturms befand. Als die Gemeinde im 19. Jh. wuchs, wurde die Kirche großzügig ausgestattet, was ihr schon damals ihren besonderen Reiz verlieh.

# Israel (Die Gebiete von 1948)

## Die Abud-Residenz

In dem von Elias Abud erbauten Landsitz aus dem 18. Jh. wurde Bahaullah (s. S. 452 und 505), der Begründer der Bahai-Religion, unter Hausarrest gestellt, nachdem er 1870 aus dem Gefängnis von Akko entlassen worden war. Hier lebte er sieben Jahre mit seiner Familie und einigen seiner Anhänger. Neben weiteren Arbeiten verfasste er in diesem Haus das »Buch der Gesetze« (»Al-Kitab al-Akdas«). Heute ist das für seine wunderschöne weiße Fassade berühmte Gebäude ein Hospiz für Bahai-Pilger.

## St. Georgskirche

St. Georg ist das Zentrum der griechisch-orthodoxen Gemeinde und die älteste Kirche Akkos. Ihr genaues Gründungsdatum ist unbekannt. Man weiß jedoch, dass etwa 1631 hier der Orden von Sankt Basil begründet wurde. Mitte des 17. Jh., zur Zeit Fakhraddins, wurde die Kirche renoviert. Sie wurde auch St. Nikolaus-Kirche genannt und gilt als die schönste Kirche im Nahen Osten. Mitte des 18. Jh. wurde sie nach einem jungen Zyprioten namens Georgios umbenannt, der in Akko hingerichtet worden war. Der griechisch-orthodoxe Patriarch in Istanbul sprach ihn heilig und sein Leichnam wurde exhumiert und 1972 nach Zypern überführt. Die palästinensische griechisch-orthodoxe Gemeinde ist heute die größte christliche Gemeinde in Akko. Sie unterhält enge Beziehungen zur christlichen Gemeinde in Zypern, was die typisch zypriotischen Kirchenverzierungen erklärt.

*Gewölbe aus der Kreuzfahrerzeit*

## Praktische Informationen

Gegenüber dem Haupteingang der Al-Jazzar-Moschee befinden sich wichtige Anlaufstellen für Touristen wie das **Touristenbüro** (*auf der Hauptstraße eingangs der Altstadt, Weizman Street 1, Tel. 04/9956706/7, Öffnungszeiten: Sonntag und Montag 8.30-16.45 Uhr, Freitag 8.30-13.45 Uhr, Samstag 9.00-16.45 Uhr*), eine **Postfiliale** sowie eine **Bank** mit einem Geldautomaten. Abdu Matta organisiert geführte Touren durch die Stadt, die Informationen zu Geschichte, Kultur und dem traditionellen Brauchtum von Akko vermitteln (*Tel. 04/9813719 und 050/5463715, www.abdu-matta.com*).

### Cafés

In der Nähe der Al-Jazzar-Moschee befinden sich zahlreiche Kaffeehäuser mit Terrassen. Tagsüber ist dieses Viertel besonders belebt, abends verlagert sich der Betrieb auf das ***Al-Shawarda-Inn*** und das ***Liali-al-Sultan-Café***, wo man auch Wasserpfeife rauchen kann. Das ***Khan-Café*** ist ebenfalls sehr beliebt; die Terrasse bietet einen herrlichen Blick über den Hafen, in der Ferne ist Haifa erkennbar.

## Restaurants

Fisch ist eine von Akkos Spezialitäten. Es wird eine große Auswahl an frisch gefangenem Fisch angeboten, der meist sehr einfach zubereitet wird. Auf dem Weißen Markt (Saladin Street) gibt es viele kleine Restaurants, die Fischgerichte zu günstigen Preisen servieren. Zwei bekannte Restaurants an der Küste, das **Abu Christo** und das **Pisan Harbour** bzw. **Galileo**, bieten vorwiegend Fisch und Meeresfrüchte an. Die aufwendige Außengestaltung der beiden Restaurants hat zu ihrem guten Ruf beigetragen, was allerdings auch zu einem Anstieg der Preise führte.

Eines der besten Restaurants der Stadt ist jedoch das **Hummus Said** in der Marco Polo Street. Dort werden ausgezeichnete kleine Gerichte wie etwa *Hummus*, Auberginenpüree, gegrilltes Fleisch und andere Spezialitäten angeboten.

## Unterkunft

Derzeit gibt es für Touristen, die eine günstige Unterkunft suchen, nur eine Jugendherberge in der Altstadt. Sie ist mit dem Nötigsten ausgestattet und bietet alle Vorzüge einer Unterbringung innerhalb der Stadtmauern.

Informationen zu komfortableren Unterkünften und Hotels in der Neustadt von Akko sind im Touristenbüro erhältlich. Diese bieten einen höheren Standard, sind jedoch erheblich teurer.

**Akko Gate Hostel** (*Saladin Street, Tel. 04/9910410, Fax 04/9815530, komplett ausgestattete Zimmer (mit Klimaanlage und TV), EZ 180 NIS, DZ 240 NIS; einfache Zimmer (inkl. Bettwäsche und Handtücher), EZ 100 NIS, DZ 120 NIS; Schlafraum (ohne Handtücher): 35 NIS*). Das Hostel ist preiswert; die komplett ausgestatteten Zimmer sind einfach eingerichtet, aber geräumig. Im unteren Stockwerk befindet sich eine große Bar und es besteht die Möglichkeit, Fahrräder zu mieten – eine praktische und angenehme Art, die Altstadt zu erkunden und zu den Stränden zu fahren. Der Besitzer des Hostels organisiert auch Tagesausflüge auf die Golanhöhen.

## Kontakte

### Acre Women's Association
(Frauenvereinigung von Akko)

Die Vereinigung wurde 1975 von Frauen gegründet, um notwendige Verbesserungen der sozialen Infrastruktur zu erreichen. Dies geschah im Kontext der gerade überstandenen, zwanzigjährigen Isolation der Stadt. Die Vereinigung unterstützt zahlreiche Projekte, die eine Verbesserung der Position der Frauen in der noch konservativen Gesellschaft von Akko anstreben. Die Projekte beschäftigen sich intensiv mit der Entwicklung eines Unterrichtsprogramms für Eltern zum Thema Kindererziehung sowie Förderprogrammen, die Frauen den Einstieg in die Arbeitswelt erleichtern sollen.

*Ben Ami Street 4, Tel. 04/9912436, Fax 04/9811201.*

# Außerhalb der Altstadt

### Die Strände

In der Bucht von Akko, südlich der Stadt, liegen zahlreiche Strände, die sehr unterschiedlich sind. Der bekannteste ist der Argaman-Strand (hebräisch »Purpurküste«, da die Römer aus hier gefangenen Schalentieren den Farbstoff für das kaiserliche Purpur gewannen). Der Argaman-Strand liegt etwa 500 m vom Landtor (Bab al-Ard) entfernt, eines von drei Toren, die zur Altstadt führen (*Eintritt: 10 NIS*).

### Sheikh Izzedin Wali

Einer einheimischen Überlieferung zufolge war Sheikh Izzedin ein Offizier in Saladins Armee, der 1191 im Gefecht starb. Sein Grabmal und dessen Anbauten wurden in ein Aufnahmezentrum für neu ankommende jüdische Einwanderer umfunktioniert.
*In der Nähe der Küste, etwa 1,5 km nördlich der Altstadtmauern.*

### Der Bahaullah-Schrein (Bahai-Schrein) und die Bahai-Gärten

1844 verkündete Ali Muhammad, ein junger Perser aus Shiraz, die Ankunft eines neuen Propheten und begann einen neuen Glauben zu predigen. 1850 wurde er wegen Ketzerei hingerichtet. Nach seinem Tod spaltete sich die Bewegung in zwei Gruppen: Die eine billigte Gewalt, um sich der persischen Herrschaft zu widersetzen (Subhi Azad war Sprecher dieser Gruppe), während die andere passiven Widerstand predigte (die Gruppe von Hussein Ali, dem Halbbruder Subhi Azads). 1863 erklärte Hussein Ali sich selbst zum von Ali Muhammad vorhergesehenen Boten der Herrlichkeit Gottes (Bahaullah). Tatsächlich sehen die Bahai in ihm den letzten Propheten. Aus Persien und Konstantinopel verbannt, wurde der spirituelle Führer der Bahai nach Akko abgeschoben, wo er zunächst in der Zitadelle gefangen gehalten (1868-1870) und anschließend in den Hausarrest entlassen wurde. Schließlich erlaubte man ihm, sich außerhalb der Stadtmauern niederzulassen, wo er die letzten zwölf Jahre seines Lebens weiterhin unter Hausarrest in der Abud-Residenz, dem ehemaligen Wohnsitz der Mutter des Gouverneurs Abdallah Pascha, verbrachte und 1892 starb. Haus und Grabmal wurden zum Schrein und zum zweitheiligsten Ort für Bahai-Anhänger. Die wundervollen Gärten ähneln den Bahai-Gärten in Haifa, in denen die gleiche beschauliche Atmosphäre und ruhige Ästhetik herrscht (s. S. 505).

*Mittelmeerküste nördlich von Akko*

*3 km nördlich von Akko, an der Hauptstraße nach Nahariya. Öffnungszeiten des Schreins: Freitag-Montag 9.00-12.00 Uhr. Öffnungszeiten der Gärten: täglich 9.00-16.00 Uhr, Eintritt frei.*

# Nördlich und östlich von Akko

## Ez-Zeeb

Archäologische Funde bezeugen die frühe Entstehung dieses kleinen, maritimen Ortes im 18. Jh. v. Chr. Als phönizische Stadt Akzib fiel sie 701 v. Chr. an die Assyrer. Über die Jahrhunderte tauchte die Stadt unter verschiedenen Namen auf: in der Bibel als »Akzib« (Jos 19, 29; Ri 1, 31), zur Zeit des römischen Kaisers unter ihrem griechischen Namen »Ecdippa« und in der späteren Kreuzfahrerzeit als »Casal Imbert«. Die Einheimischen verwendeten jedoch über Generationen ihren arabischen Namen »Ez-Zeeb«. Im 13. Jh. beschrieb der arabische Geograf Yaqut al-Hamawi das Dorf als wichtigen Küstenort. 1596 lebten dort 875 Menschen von Weizen, Baumwolle, Obstbäumen, Wasserbüffelherden und Fisch. Ende des 19. Jh. blühte Ez-Zeeb auf und entwickelte sich zu einem wohlhabenden Küstendorf.

*5 km nördlich von Nahariya. Überreste früherer Häuser im israelischen Akhziv-Nationalpark.*

### En-Nakba
Das Dorf zählte 1945 über 1900 Einwohner, bevor zionistische Truppen es am 13. und 14. Mai 1948 überrannten. Am Tag nach dem Sieg und der Ausrufung des Staates Israel ordnete Moshe Carmel, der Befehlshaber der »Operation Ben-Ami«, an, die Dorfbewohner für ihren Widerstand gegen die zionistischen Truppen mit der Zerstörung ihres Dorfs zu bestrafen, sodass sie »niemals zurückkehren könnten«. Als er sich das zerstörte Dorf im Dezember 1948 ansah, sagte der Direktor des *Department of Lands* des Jüdischen Nationalfonds, Yosef Weiss, über die damals gefällte Entscheidung: »Ich frage mich, ob es eine gute Idee war, es zu zerstören, und ob es nicht eine größere Rache gewesen wäre, wenn nun in den ursprünglichen Dorfhäusern Juden leben würden.«

### Das Dorf heute
Nur die Moschee und das Haus des Mukhtar Hussein Ataya sind vom Dorf übrig geblieben. Um die Ruinen der Moschee hat das *National Park Office* einen Park angelegt (*Öffnungszeiten: Samstag-Donnerstag 8.00-17.00 Uhr, Freitag 8.00-16.00 Uhr; Eintritt: 10 NIS*). Eine Hinweistafel am Eingang erklärt: »Während der talmudischen Epoche (römische Epoche, 2.–3. Jh. n. Chr.) gab es in Akhziv eine blühende jüdische Gemeinschaft. In den folgenden Jahrhunderten verfiel sie (die Stadt), bis sie nur noch ein Küstendorf war.«

*Überreste des zerstörten Dorfs Ez-Zeeb*

# Israel (Die Gebiete von 1948)

An den Nationalpark schließt das *Akhzivland* (*Öffnungszeiten: April-September 8.00-17.00 Uhr, Oktober-März 8.00-16.00 Uhr, Eintritt: 7 NIS*) an, ein privater israelischer Park, der auch das Haus des *Mukhtar* mit einschließt. Dieses enthält ein kleines Museum, in dem phönizische, römische, byzantinische und islamische Kunstgegenstände, ebenso wie zahlreiche zerstörte und entweihte Grabsteine ausgestellt werden, die vom Friedhof geraubt wurden.

In den frühen Fünfzigerjahren wurde der Kibbuz Gesher Ha-Ziv im südöstlichen Teil des Dorfs von Juden aus England, den Vereinigten Staaten und Südafrika errichtet.

## Al-Bassa und Ras en-Naqura

Der Name »Al-Bassa« leitet sich vom kanaanitischen »Bissah« ab, was »Marschland« bedeutet. In römischer Zeit wurde die Stadt »Bezeth« genannt. Um 1600 war Al-Bassa ein bedeutendes Dorf mit fast 600 Einwohnern. Im 18. Jh. verlieh Ahmad Pascha dem Dorf den Status einer administrativen Marktstadt, der Nihiya al-Bassa.

1948 lebten dort ca. 4000 Menschen, etwa zu gleichen Teilen Muslime und Christen. Es gab zahlreiche Schulen, Andachtsorte (Kirchen, Moscheen und *Maqams*), Geschäfte, Cafés, eine Zweigstelle der Gewerkschaft der *National Union of Palestinian Workers* sowie eine der Gewerkschaft angehörende Genossenschaft.

*Zerstörtes palästinensisches Dorf in der heute zu Israel gehörenden Region Schelomi.*

*Römisches Aquädukt bei Akko*

### En-Nakba

Am 14. Mai 1948 wurde Al-Bassa während der »Operation Ben-Ami« besetzt. Viele Dorfbewohner, insbesondere Frauen und Kinder, hatten bereits einige Wochen zuvor im Libanon (auf der anderen Seite des Hügels) Zuflucht gesucht. Die etwa 300 bewaffneten Partisanen im Dorf beschlossen, sich in den Libanon zurückzuziehen, um dort den arabischen Armeen beizutreten. Sie bauten darauf, dass die libanesischen Truppen am nächsten Tag, dem Tag des offiziellen Rückzugs der britischen Armee aus Palästina, eine Gegenoffensive beginnen würden. Bei der Ankunft auf libanesischem Boden wurden die Partisanen unter dem Vorwand, der Zustand ihrer Waffen müsse geprüft werden, entwaffnet. Der libanesische Angriff fand nie statt. Diejenigen, die im Dorf geblieben waren, flüchteten in eine Kirche. Einige junge Männer wurden noch an der Kirchenpforte hingerichtet. Die anderen wurden aus dem Dorf in Richtung Libanon vertrieben, während eine Gruppe von 100 Menschen (vor allem ältere Männer und Christen) in die Nähe des Dorfs Al-Mazraa (3 km südlich von Nahariya) deportiert wurde. Im Libanon entschieden die Behörden, die Gruppe in Christen und Muslime aufzuteilen. Die christlichen Flüchtlinge aus Al-Bassa wurden hauptsächlich im Lager Dbayeh in der Nähe der christlichen Viertel von Ost-Beirut untergebracht.

# Akko

Die christlich-palästinensischen Flüchtlinge unterstützten jedoch den Plan der libanesischen Maroniten, der von Patriarch Agnatius Mubarak 1936 und 1947 erneut vorangetrieben wurde, nicht: Dieser sah die Errichtung eines jüdischen Staates in Palästina und eines christlichen Staates im Libanon vor. Der Versuch, die Palästinenser in unterschiedliche Glaubensrichtungen zu spalten, scheiterte, und das Dbayeh-Flüchtlingslager wurde 1976 von Phalange-Milizen (Phalangisten) vollständig zerstört.

*Das Dorf heute*
Die melkitische griechisch-katholische Kirche und die Moschee wurden zu Stallungen umgebaut, während andere Häuser von jüdischen Bewohnern besetzt wurden.

In der Nähe des alten Dorfs entstand das Gewerbegebiet Schelomi, das an die gleichnamige jüdische Siedlung (gegründet 1950) angrenzt. Heute befinden sich zahlreiche jüdische Siedlungen auf dem Areal des einstigen Dorfs und den dazugehörigen Ländereien: Betzet, eine Siedlung für Juden aus Rumänien und dem ehemaligen Jugoslawien, wurde 1949 auf einem Teil des Dorfgebiets gegründet; Kfar Rosh Ha-Nikra, eine Siedlung für Veteranen der zionistischen Yiftach-Brigade, wurde auf dem Gelände der palästinensischen Ortschaft Ras en-Naqura, die einst zum Dorf Al-Bassa gehörte, erbaut. Der Kibbuz Rosh Ha-Nikra liegt unmittelbar an der israelischen Grenze zum Libanon.

*Grab eines Sheikhs in Al-Bassa*

## Iqrit

1945 lebten in Iqrit 490 Menschen (460 vorwiegend griechisch-katholische Christen sowie 30 Muslime). Die Kirche wurde als einziges Gebäude nicht zerstört. Den ursprünglichen palästinensischen Einwohnern mit israelischem Pass ist die Rückkehr in das Dorf verboten, auf dessen Areal heute zahlreiche israelische Siedlungen existieren, darunter Goren (1950) und Gornot Ha-Galil (1980). Gegenwärtig beträgt die Zahl der Menschen, deren Familien ursprünglich aus Iqrit stammen, über 3500.

*Road 8944, in der Nähe von Goren. Besuche des Dorfs können über die Iqrit Heritage Association vereinbart werden (Haifa, Tel. 04/8515505).*

## Festung Monfort

Das Gebiet von Mailya war im 12. Jh. ein Lehnsgut der Familie Courtenay und wurde 1220 vom Deutschen Ritterorden, einem deutschen militärischen Mönchsorden, gekauft. Dieser war 1190 nach dem Vorbild der französischen Johanniter entstanden. Nach dem Kauf ließ der Deutsche Ritterorden die Burg Monfort ausbauen und gab ihr den deutschen Namen »Starkenberg«.

## Israel (Die Gebiete von 1948)

Baybar belagerte die Festung zweimal – 1266 und 1271. Schließlich kapitulierte der Deutsche Ritterorden und verhandelte über seine Überstellung nach St. Johannes von Akko. Die Festung wurde daraufhin zerstört.

*An der Road 89, 18 km entfernt von Nahariya. Eine kleine Schotterstraße führt bis Mailya, wo es einen Parkplatz gibt, der 2 km von der Kreuzung entfernt ist. Ein Pfad führt durch die Wälder zur Burg (etwa 4 km, ein 1 1/2-stündiger Spaziergang). Zur Terrasse oberhalb der Festung kann man auch von Norden her gelangen (Golan Nature Park), von dort sind die Ruinen in weniger als einer Stunde zu Fuß zu erreichen. Obwohl sie nicht außergewöhnlich sind, ist dieser Ort aufgrund der Landschaft und des Spaziergangs einen Besuch wert.*

*Überreste des zerstörten Dorfs Iqrit*

### Fassouta

Die meisten Einwohner von Fassouta sind melkitische griechisch-katholische Christen. Bezüglich weiterer Informationen über die melkitische Kirche und die christliche Gemeinschaft von Galiläa oder über Menschenrechtsfragen und die verschiedenen Arten von Diskriminierung, denen die israelischen Palästinenser ausgesetzt sind, können Besucher Pater Khoury kontaktieren.

*Ein palästinensisches Dorf, nordöstlich von Mailya gelegen. Kontakt: Pfarrer Fawzi Khoury (Tel. 054/4414016), Geistlicher der Fassouta-Kirchengemeinde und Mitglied der Arab Association for Human Rights (s. S. 476). Es besteht die Möglichkeit, an Veranstaltungen der Kirchengemeinde teilzunehmen.*

*Palästinensisches Dorf südlich von Akko*

## Akko

### Chronologie zur Vertreibung der Einwohner von Iqrit und der Zerstörung des Dorfs

| | | |
|---|---|---|
| 1948 | 31. Oktober | Israelische Truppen marschieren in Iqrit ein. Die Dorfbewohner ergeben sich widerstandslos. Die Offiziere der Armee weisen die Menschen an, das Dorf zu verlassen, und versprechen, dass sie »zwei Wochen später« – nach dem Ende der Operationen – zurückkehren können. |
| | 6. - 8. November | Die israelische Armee deportiert die Einwohner Iqrits nach Rama (westlich von Safed). 50 Bewohnern, darunter dem Dorfgeistlichen, wird erlaubt, in Iqrit zu bleiben, um die Besitztümer zu bewachen. Sechs Monate später werden auch sie evakuiert. Anders als versprochen darf niemand aus Rama zurückkehren. |
| 1949 | 26. September | Das Dorf wird für Zivilisten gesperrt und zur »Sicherheitszone« erklärt. |
| 1951 | 31. Juli | In seinem ersten Beschluss zu Iqrit erklärt das Israelische Oberste Gericht, dass die Dorfbewohner einen Rechtsanspruch auf Rückkehr haben und verurteilt die »Evakuierung« mangels einer behördlichen Anordnung als illegal. |
| | 10. September | Drei Jahre nach der Vertreibung erhalten die Dorfbewohner von Rama eine vom Militärgouverneur rückwirkend ausgestellte »Anordnung zur Evakuierung«. |
| | 26. November | In einem zweiten Beschluss lehnt das Oberste Gericht das Gesuch der Dorfbewohner ab, den ersten Beschluss durchzusetzen. |
| | 24. Dezember | Im Auftrag Yitzhak Rabins, dem Kommandeur des nördlichen Distrikts, sprengt die israelische Armee in Iqrit Häuser; nur die Kirche und der Friedhof bleiben verschont. Ministerpräsident und Verteidigungsminister David Ben-Gurion leugnet die Genehmigung der Zerstörung. Am 16. Januar 1956 räumt er ein, dass die israelische Armee »ohne Anweisung von mir« gehandelt habe. |
| 1952 | 25. Februar | Der dritte Beschluss des Obersten Gerichts wirft den Dorfbewohnern vor, die ursprüngliche Genehmigung des Gerichts auf Rückkehr nicht in Anspruch genommen zu haben. Das Urteil führt an, dass Ben-Gurion und der Militärgouverneur »ihren Verpflichtungen nicht nachgekommen« seien. |
| 1953 | 25. August | Mit der Begründung »Konfiskation für öffentliche Belange« werden in Iqrit »legal« Grundstücke konfisziert. |
| 1981 | 23. Dezember | Das Oberste Gericht lehnt den Einspruch der Dorfbewohner gegen die Konfiskation ihres Landes am 25. August 1953 und gegen die Deklaration als Sicherheitszone am 26. September 1949 ab. |
| 1998 | 8. Dezember | Der Justizminister Tsahi Hanegbi setzt sich für die Rückgabe des Landes als Geste zur »Verfestigung der Beziehung zwischen dem Staat und seinen arabischen Bürgern und als Zeugnis der Moral des Staates Israel« ein. |
| 2002 | 26. Juni | Der fünfte Beschluss des Obersten Gerichts lehnt das Gesuch des Iqrit-Komitees, zu Häusern und Grundeigentum zurückkehren zu dürfen, aus Sorge darüber ab, dass ein solches Urteil einen Präzedenzfall schaffen und somit auf den gesamten israelisch-palästinensischen Konflikt Einfluss nehmen könnte. |

## Israel (Die Gebiete von 1948)

### Biram

Der Name dieses Dorfs ist semitischen Ursprungs. Archäologische Überreste bezeugen seine historischen Anfänge. Eine Synagoge aus dem 3. Jh. n. Chr., Grabmäler, Olivenpressen und Zisternen können in der Nähe der Ruinen des Dorfs, das zum *National Park of Ancient Baram* umfunktioniert wurde, besichtigt werden (*Öffnungszeiten: April-September täglich 8.00-17.00 Uhr, Freitag 8.00-16.00 Uhr; Oktober-März täglich 8.00-16.00 Uhr, Freitag 8.00-15.00 Uhr, Eintritt: 10 NIS*). Nach byzantinischer Überlieferung wurde die Synagoge über dem Grab Esthers erbaut. Von den dortigen Sehenswürdigkeiten sind die wunderschöne Tür der Synagoge und das Haupttor am besten erhalten. 1945 umfasste die Dorfbevölkerung, die schon früh zum Christentum bekehrt wurde, 700 Christen, meist Maroniten, und zehn Muslime. Das Dorf, eine dichte Ansammlung von lehmbeschichteten Steinhäusern, bot

*Ruinen des 1948 zerstörten Dorfs Biram*

Ausblick auf die bewaldeten Hügel und Täler der Umgebung. Die Erträge aus der Oliven-, Mandel- und Getreideernte waren für die dörfliche Landwirtschaft von großer Bedeutung.

*An der Road 8967 nahe der libanesischen Grenze. Committee of uprooted people of Kufr Biram, Tel. 04/8665276, www.birem.org.*

*En-Nakba*
In Biram verliefen die Ereignisse ähnlich wie in Iqrit (s. S. 455 und 457) und Ghabsiya, einem Dorf mit 700 Einwohnern im Distrikt von Akko, das 1948 ebenfalls vollständig zerstört wurde (s. *The Association for the Defence of the Rights of Internally Displaced Persons*, S. 476). Das Dorf wurde im November 1948 eingenommen und alle Bewohner aus »Sicherheitsgründen« (so die israelischen Behörden) unter dem Versprechen zurückkehren zu können, ausgewiesen. Einige Dorfbewohner, die in den Libanon abgeschoben wurden, konnten tatsächlich in das Land zurückkehren, das nun der Staat Israel geworden war – allerdings nicht in ihr Dorf. 1951 entschied das Israelische Oberste Gericht, dass es keinen Grund dafür gebe, die Rückkehr der Bewohner zu verhindern. Das Sicherheitskabinett fasste jedoch einen anderen Entschluss und das Dorf wurde am 16. und 17. September 1953 zerstört. An der Stelle des Dorfs wurden zwei jüdische Siedlungen errichtet: Baram 1949 (für die Veteranen des *Palmach*, der militärischen Elitetruppe der jüdischen *Hagana*) und Dovev 1963. Die Gruppe der Palästinenser, die aus Biram stammen und die nun zusammen mit ihren Familien innerstaatliche Flüchtlinge sind, umfasst heute mehr als 5000 Menschen. Die Geschichte von Biram kann in dem Buch *Auch uns gehört das Land* von Elias Chacour nachgelesen werden, der ursprünglich aus Biram kam und zusammen mit den anderen Dorfbewohnern vertrieben wurde. Seine Arbeit für Frieden, Koexistenz und akademische Bildung von palästinensischen Arabern – Muslimen und Christen – ist unermüdlich. Zu diesem Zweck gründete er sowohl die Mar-Elias-Universität als auch

die weiterführende Schule von Ibillin in der Nähe von Shfa-Amr, östlich von Haifa. Er ist Rektor beider Einrichtungen.

*Das Dorf heute*
Das zum »Sperrgebiet« erklärte Dorf besteht hauptsächlich aus Ruinen. Nur die Kirche und der Glockenturm sind noch erhalten. Palästinenser, die ursprünglich aus Biram stammen, treffen sich hier das ganze Jahr hindurch zu verschiedenen Anlässen.

---

**Wechselnde Urteile und Gegenbefehle
über die Streitfrage der Rückkehr nach Biram**

1972: Die Regierung unter Golda Meir weist das Gesuch der Dorfbewohner ab, zu ihrem Land zurückkehren zu dürfen und dort zu leben.
1977: Die Regierung unter Menachem Begin verspricht den Dorfbewohnern die Bewilligung ihrer Rückkehr.
1995: Yitzhak Rabins Justizminister schlägt eine partielle Rückkehr unter der Bedingung vor, dass nur die Familienoberhäupter und maximal zwei Nachkommen zurückkehren dürfen. Jegliche landwirtschaftliche Tätigkeit ist untersagt und Ländereien werden nicht zurückgegeben, mit Ausnahme einer kleinen Parzelle des ursprünglichen Landes jeder Familie.

Die Fälle von Biram und Iqrit bringen ein zentrales Thema des israelisch-arabischen Konflikts zutage: das Recht auf Rückkehr für palästinensische Flüchtlinge. Die israelischen Behörden geben als offiziellen Grund für die Ablehnung der Gesuche der Dorfbewohner von Biram und Iqrit an, dass die Genehmigung einen juristischen Präzedenzfall für alle anderen innerstaatlich vertriebenen Flüchtlinge schaffen würde. Tatsächlich sind mehr als 25% der Palästinenser in Israel (zwischen 250 000 und 300 000 Menschen) Flüchtlinge (s. Innerstaatliche Flüchtlinge, S. 477).

---

# Safed

Im 1. Jh. n. Chr. wurde Safed als »Seph« erwähnt. 1140 besetzten Kreuzfahrer die Stadt und bauten hier eine Zitadelle. Nachdem Saladin die Stadt 1188 zunächst befreit hatte, übergab sie 1240 der Gouverneur von Damaskus, Salah Ishmael, der sich im Krieg mit den Mamelucken befand, dem Templerorden. 1266 sorgte Sultan Baybar für das endgültige Ende der Kreuzfahrerherrschaft; er ließ die Festung zerstören und ordnete an, die Stadt wiederaufzubauen. Safed wurde das Geschäfts- und Verwaltungszentrum des Gebiets zwischen Galiläa und dem Berg Libanon. Das Banat Hamad Zawiya (Mamelucken-Mausoleum) und die Rote Moschee (Baybars Moschee) sind zwei der wenigen erhaltenen Gebäude aus dieser Epoche. Unter den Mamelucken und bis zum 18. Jh. war Safed eine Hochburg des islamischen Mystizismus. Die Stadt beherbergte mehrere Sufi-Klöster (*zawiya*), die sich unter dem Patronat von Damaskus ungehindert entfalten konnten. Im 16. Jh. schenkte der osmanische Sultan Selim dem Sufi-Orden von Sheikh Muhammad al-Assad eine Reihe von Besitztümern, unter anderem den Berg Kanaan in Safed. Nach dem Sturz des Kalifats in Granada im Jahr 1492 siedelte sich neben der bereits ansässigen muslimischen Bevölkerung eine kleine sephardische Gemeinde an. Diese jüdische Gemeinde belebte die mystische, kabbalistische Bewegung in Safed, die in Andalusien weit verbreitet war. Die Synagogen wetteiferten um die richtige Interpretation des Alten Testaments. Nach der Kabbala-Lehre hat jedes Zeichen (Buchstabe, Zahl oder Satzzeichen) im Alten

## Israel (Die Gebiete von 1948)

Testament eine tiefere, verborgene Bedeutung. Die kabbalistische Bewegung Safeds breitete sich über die Hauptzentren des Judentums (Venedig und Thessaloniki) auch in Europa aus. Seither werden kabbalistische Rabbis besonders verehrt.

Wie im 7. Jh. konvertierten auch im 17. Jh. viele Juden zum Islam. Unter den vielen berühmten Konvertiten waren auch zwei spirituelle Anführer der sephardischen Ari-Gemeinde (Ari war ein jüdischer Heiliger aus Safed), Shabbtai Zeevi und Nathan von Gaza, die zum »Gesetz der Gnade«, wie sie den Islam auch bezeichneten, übertraten.

Im 18. Jh. verschlechterte sich die Situation in Safed, als sich das wirtschaftliche Zentrum Galiläas vom Inneren des Landes an die Küste, zum Hafen von Akko, verlagerte. Darüber hinaus litt Safed im 18. und 19. Jh. unter einer Serie schwerer Erdbeben und Epidemien. Safed blieb dennoch ein bedeutender Herstellungsort von Produkten aus Leder, Holz, Baumwolle und Tabak, die auf den Märkten von Nazareth, Akko, Haifa und Damaskus feilgeboten wurden.

*Das hoch gelegene Safed in Galiläa*

Unter britischem Mandat traf die zionistische Immigration auf starken arabischen Widerstand. Während sich im vorangegangenen Jahrhundert die verhältnismäßig kleine Anzahl jüdischer Einwanderer in die örtlichen Gemeinden integriert hatte, siedelten die meist aus Mitteleuropa kommenden Einwanderer nun abseits und hielten an ihrer traditionellen Lebensweise fest. Die wachsenden Konflikte führten 1929 zu Unruhen. Nach deren Ende wurde Fuad Hijazi aus Safed zusammen mit zwei Männern aus Al-Khalil (Hebron), Muhammad Jamjoum und Ata Zir, des Mordes an einem jüdischen Siedler angeklagt. Obwohl sie stets ihre Unschuld beteuerten, wurden sie verurteilt und am 17. Juni 1930 in Akko gehängt. Auf diese dramatischen Ereignisse in Safed folgten erneute Unruhen in allen städtischen Zentren Palästinas.

---

Meine lieben Brüder Yussif und Ahmed,

möge Gott Euch wohlhabend machen! Mein letzter Wille ist, dass Ihr genau so handelt, wie ich es Euch auftrage. Ich bitte Euch, den Notleidenden zu helfen und für Bruderliebe einzustehen. Tut dies aufrichtig, um das Leiden in der Welt zu bekämpfen. Als Ihr mich zuletzt besuchtet, war ich aufgebracht, als ich Euch sagen hörte, Ihr wolltet mich rächen. Mein lieber Bruder, nicht nur Du bist besorgt, denn ich bin nicht allein Dein Bruder. Ich bin auch der Bruder der arabischen Nation und der Sohn der gesamten muslimischen Welt. Ich verbiete Euch zu weinen, zu klagen und zu schreien, weil ich mein Leben lang eine Abneigung dagegen verspürt habe, ebenso wie gegen das Zerreißen der Kleidung. Lasst Gesang und Lachen herrschen, in der Gewissheit, dass Fuad nicht tot ist.

*Auszug aus Fuad Hijazis letztem Brief an seine Familie, der in der Zeitung »Al-Yarmouk« (Haifa) am 18. Juni 1930 abgedruckt wurde.*

# Safed

*En-Nakba*

1948 lebten in Safed 13 000 Einwohner (80% muslimisch und christlich, 20% jüdisch). Ende April isolierten zionistische Truppen die Stadt und zwangen die Einwohner der benachbarten Dörfer, ihre Häuser zu verlassen (1944 hatte Arab al-Shamalina 650 Einwohner, Ein ez-Zeitoun 820 Einwohner und Al-Jauna 1150 Einwohner). Der palästinensische Widerstand wurde von arabischen Freiwilligen verschiedener Herkunft unterstützt. Zusammen mit etwa 600 Partisanen verteidigten sie die Stadt. Gesuche um Verstärkung an die Adresse Syriens und an König Abdullah von Transjordanien waren vergebens und die Stadt wurde zunehmend isoliert. Nach zwei Wochen anhaltender Kämpfe fiel Safed am 12. Mai 1948, drei Tage vor der Staatsgründung Israels und dessen Anerkennung durch die internationale Gemeinschaft. Die letzten Widerstandskämpfer, die in der Zitadelle Zuflucht gesucht hatten, wurden hingerichtet. Die gesamte palästinensische Bevölkerung Safeds wurde vertrieben und exiliert. Heute schätzt man ihre Zahl und die ihrer Nachkommen auf über 67 000 Menschen. Die meisten suchten Zuflucht in Syrien – dort stammen 40% aller palästinensischen Flüchtlinge aus dem Distrikt Safed. Heute hat Safed über 28 000 ausschließlich jüdische, mehrheitlich orthodoxe Einwohner.

## Die Altstadt

Die Altstadt mit ihren vielen Gassen und Treppen befindet sich westlich des Berges Kanaan (960 m). Am besten erkundet man Safed zu Fuß. Bestimmte Teile der Stadt wurden 1948 stark zerstört – die Ruinen vieler Häuser sind noch immer sichtbar –, das historische Zentrum von Safed blieb jedoch unversehrt. Die Fassaden der alten palästinensischen Privathäuser und der öffentlichen Gebäude lassen keinen Zweifel am vergangenen wirtschaftlichen Wohlstand der Stadt, ihrer Lebensqualität und ihrer Geschichte. All dies wurde im Mai 1948 zerstört.

Harat al-Souk – Der historische Markt

Auf dem Gelände des historischen Markts befindet sich heute das Künstlerviertel – eines der schönsten Viertel der Stadt. Die malerische Kulisse mit gepflasterten Straßen und schönen Häusern ist einmalig. Vor allem jüdische Künstler und Handwerker haben sich hier niedergelassen. Auch im Dorf Ein Houd (s. S. 513-514) leben viele Künstler.

In der Nähe der Zvi Levanon Street befindet sich die Al-Younis-Moschee, auch »Souk-Moschee« genannt. Sie wurde 1902 während der Regierungszeit des osmanischen Sultans Abdel Hamid II. erbaut und wird heute als Ausstellungshalle (*General Exhibition Hall*) der *Safed Artists' Colony* genutzt. Im südlichen Teil des Viertels, in der Tet Zayin Street, befinden sich zwei mameluckische

*Museum in einem ehemals von Palästinensern bewohnten Haus in der Altstadt von Safed*

Gebäude: die dem Mamelucken-Sultan Baybar gewidmete Rote Moschee sowie das Banat Hamad Zawiya (Mamelucken-Mausoleum) mit gestreiften Wänden aus Basalt und Kalkstein. Gelegentlich wird das Gelände für Feste genutzt. Das Mausoleum beherbergt die Freimaurerloge von Safed. Beide sind für die Öffentlichkeit nicht zugänglich.

### Der Regierungspalast Es-Saraya

Dieses festungsähnliche Gebäude war ursprünglich ein Khan für Karawanen, bevor es in der Zeit des Osmanischen Reiches in ein öffentliches Gebäude umgewandelt wurde. Heute beherbergt es das *Wolfson Community Centre*, das nach der Person benannt wurde, die seine Renovierung finanzierte. Darin sind mehrere Einrichtungen untergebracht: ein Musikkonservatorium, eine Sprachschule, in der Hebräischkurse für jüdische Einwanderer angeboten werden, eine Synagoge und das *Memorial Museum for Jews of Hungarian Mother Tongue* (Gedenkmuseum für Juden mit ungarischer Muttersprache).

*Altstadt von Safed*

### Die Moschee Al-Shaar-al-Sharifa (Höhlen-Moschee)

Diese Moschee liegt im Herzen der Stadt, in der Ha-Palmach Street und soll an der Stelle stehen, zu der Jakob ging, um zurückgezogen zu leben. Nachdem er durch seine Söhne vom Tod seines jüngsten Sohns Josef erfahren hatte, lebte Jakob in dieser Höhle, bis ein Bote die Nachricht überbrachte, dass Josef am Leben sei:

> Als die Karawane (von Ägypten) aufbrach, sagte ihr Vater: »Ich empfinde wahrhaftig den Geruch von Josef. Wenn ihr nun nicht behaupten würdet, ich rede dummes Zeug!« Sie (d. h. die Leute seiner Umgebung) sagten: »Bei Gott, du befindest dich in deinem alten Irrtum.« Als nun aber der Bote mit der guten Nachricht kam, legte er es (d. h. das Hemd Josefs) ihm auf das Gesicht, und da konnte er (tatsächlich) wieder sehen.
>
> *Auszug aus der Koran-Sure 12, Yussef: 94-96.*

Die Höhlen-Moschee war außerdem ein heiliger Ort, da hier in einem Schrein eine Reliquie des Propheten Muhammad (ein Haar aus seinem Bart) aufbewahrt wurde. Heute dient die ehemalige Moschee als Synagoge.

## Safed

### Die Zitadelle (Al-Qalaa)

Obwohl die Zitadelle wenige archäologische Funde aufzuweisen hat, lohnt sich der Aufstieg, denn dem Besucher bietet sich ein herrlicher Rundblick über die Dächer der Altstadt und den Jabal Jermaq (Berg Meron). Unterhalb befindet sich am Ende eines Treppenaufgangs die alte britische Polizeistation (Maalot Olei Hagardim), die nach den Unruhen von 1929 gebaut wurde, um das jüdische Viertel von den arabischen Vierteln abzutrennen. In der Nähe der Polizeistation steht ein Denkmal: Dabei handelt es sich um die von David Leibowitz konzipierte Davidka-Kanone, die heimlich von der *Hagana* hergestellt wurde und eine wichtige Waffe der zionistischen Truppen war.

### Sheikh-Issa-Moschee oder Sueika (Kleiner Markt)

In der Nähe der Busstation in der Jerusalem Street steht ein einzelnes Minarett. Es ist alles, was von der 1648 erbauten Moschee übrig geblieben ist. 300 Jahre später wurde das Viertel fast vollständig zerstört.

### Harat al-Yahoud – Das alte jüdische Viertel

Heute wird dieses Viertel auch das »Viertel der Synagogen« genannt – mehr als 30 gibt es hier. Viele stammen aus der Zeit der Osmanen und erinnern an Safeds kabbalistische Rabbis und Gelehrte. Die Josef-Caro-Synagoge in der Alkabetz Street wurde vom italienisch-jüdischen Architekten Yitzhak Guetta nach dem Erdbeben von 1837 wieder aufgebaut. An der Bet Josef Street liegt eine Synagoge aus dem 17. Jh., die Rabbi Moussa (Moshe) al-Sheik gewidmet ist. Der Öffentlichkeit ist sie jedoch nicht zugänglich.

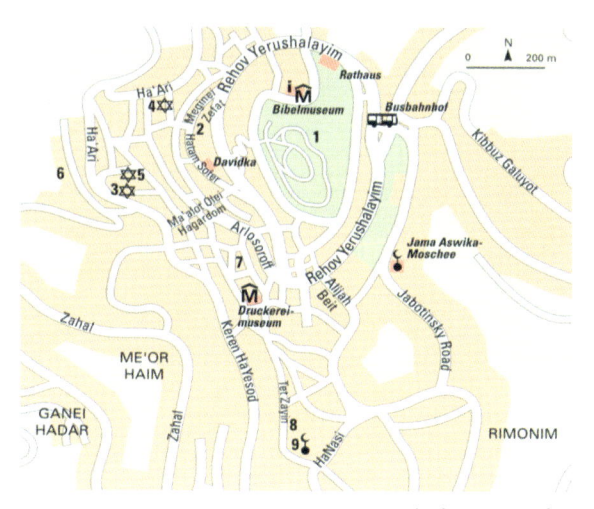

*Stadtplan von Safed*

## Nordöstlich von Safed

### Hazor

Wie Megiddo war auch Hazor einer der bedeutenden Stadtstaaten der Region. Durch seine Lage am nördlichen Zugang zu Kanaan unterhielt Hazor während seiner Blütezeit im 18. und 17. Jh. v. Chr. enge diplomatische und wirtschaftliche Beziehungen zu den Großstädten Meso-

# Israel (Die Gebiete von 1948)

potamiens (Mari, Ugarit, Karkemish und Babylon). Nach ihrer Verwüstung Ende des 13. Jh. v. Chr. verlor die Stadt allmählich an Bedeutung und wurde schließlich während der assyrischen Eroberung im Jahr 733 v. Chr. vollständig zerstört.

*An der Road 90; 7 km nördlich von Rosh Pinna, einer jüdischen Siedlung, die auf das Jahr 1882 zurückgeht und sich um 1950 auf das Gebiet des zerstörten Dorfs Al-Jauna ausbreitete, in dem 1944 1150 Menschen lebten.*

## Hazor-Nationalpark

Die beeindruckenden Ausgrabungen zeigen die historische Bedeutung dieser antiken kanaanitischen Stadt. Es gibt jedoch wie bei den meisten anderen archäologischen Ausgrabungsstätten in diesem Gebiet nur wenige Aussichtspunkte, und die Zuordnung der Ruinen ist schwierig. Die Ausstellungen im Hazor-Museum, am Eingang zum Kibbuz Ayelet Ha-Shahar (auf der anderen Straßenseite), geben dem Besucher weiterführende Informationen zu diesem Ort. Hier sind ein maßstabsgetreues Modell der Stadt und verschiedene Exponate, welche unterschiedliche Aspekte der Stadtkultur beleuchten, ausgestellt.

*Öffnungszeiten: Sonntag-Donnerstag 8.00-17.00 Uhr (im Winter 16.00 Uhr), Freitag 8.00-13.00 Uhr, Eintritt: Erwachsene 18 NIS, Kinder 8 NIS, Gruppen: Erwachsene 15 NIS, Kinder 7 NIS; der Eintritt ins Museum ist im Preis inbegriffen.*

*Blick von Safed in die Berge Galiläas*

## Hula-Naturschutzgebiet

Das Hula-Naturschutzgebiet wurde 1970 eröffnet, um einen Teil des für Zugvögel unentbehrlichen Sumpfgebiets zu retten. Entlang des 2 km langen Wanderpfads gibt es Unterstellmöglichkeiten, Hochsitze und Observationsstationen, von denen aus man viele verschiedene Vogelarten (Kraniche, Störche und Eisvögel), Säugetiere (Wasserbüffel und Fischotter), Pflanzen (Papyrus und Seerosen) sowie zahlreiche Wasserschildkrötenarten beobachten kann.

*Das Naturschutzgebiet liegt an der Road 90 zwischen Rosh Pinna und Kiryat Shmo-*

*Das Hula-Naturschutzgebiet*

na, einer israelischen Siedlung, die 1950 an der Stelle des zerstörten Dorfs Al-Khalisa gegründet wurde, das 1944 1840 Einwohner hatte. Öffnungszeiten: täglich 8.00-16.00 Uhr, Freitag 8.00-15.00 Uhr. Eintritt: Erwachsene 23 NIS, Kinder 12 NIS; Gruppen: Erwachsene 19 NIS, Kinder 11 NIS. Am Eingang des Parks kann man ein Vogelbestimmungsbuch kaufen und Ferngläser ausleihen. Eine Ausstellung über die Flora und Fauna des Gebiets befindet sich im Besucherzentrum. Es empfiehlt sich, früh loszugehen, bevor es zu heiß für eine Wanderung durch den Sumpf wird. Im Frühling und Herbst lassen sich Zugvögel am besten beobachten.

### Das Hula-Tal

Diese Seen und Sümpfe zwischen den Hügeln von Ober-Galiläa und den Golanhöhen sind die Überreste des Lisan-Sees (s. See Genezareth, S. 489). Bis 1948 gehörte das Tal dem Beduinenstamm Al-Ghawarna (»die im Ghor oder in der Landsenke leben«). Zionisten versuchten sich hier im späten 19. Jh. anzusiedeln; Malaria-Epidemien verhinderten jedoch eine dauerhafte und großflächige Besiedlung. Anfang der Vierzigerjahre errichteten jüdische Siedler, unterstützt von den britischen Behörden, Entwässerungskanäle und setzten Kerosin gegen Moskitos ein. Die Beduinen protestierten vergeblich gegen dieses Projekt, da es das Ökosystem der Region in Gefahr brachte. Am 4. Mai 1948 begann die *Hagana* mit der »Operation Matateh« (»matateh«, hebräisch für »Besen«). Alle palästinensischen Einwohner des Hula-Tals und der Dörfer östlich von Safed wurden im Rahmen dieser Militäroperation vertrieben.

Das Entwässerungssystem wurde während der Fünfziger- und Sechzigerjahre fertiggestellt. Vor einigen Jahren wurde das Gebiet geflutet – im stillschweigenden Eingeständnis, den entstandenen Schaden am Ökosystem beheben und das Gebiet in seinen ursprünglichen Zustand zurückversetzen zu müssen.

# Nazareth (En-Nasra)

Schon im mittleren Bronzezeitalter (2200 bis 1500 v. Chr.) existierte in der Nähe der heutigen Basilika der Mariä Verkündigung ein kanaanitisches Dorf. Nazareth (auf Griechisch »die Frau, die Wache hält«) war ein kleines Dorf, das in Schriften aus dem 1. Jh. n. Chr. erstmals erwähnt und direkt mit Mariä Verkündigung und der Kindheit Jesu assoziiert wird. »Und im sechsten Monat ward der Engel Gabriel gesandt von Gott in eine Stadt in Galiläa, die heißt Nazareth, zu einer Jungfrau, die vertraut war einem Manne mit Namen Josef, vom Hause David; und die Jungfrau hieß Maria« (Lk 1, 26-27). Lukas ist der einzige der vier Apostel, der dieses Ereignis der Verkündigung erwähnt.

Nazareth war auch nach der Rückkehr von der Flucht nach Ägypten die Heimat der Heiligen Familie. Es ist anzunehmen, dass Josef einer der vielen Handwerker war, die angeworben wurden, um am Bau der neuen, 6 km entfernten Landeshauptstadt Galiläas, Sepphoris (Saffuriya), mitzuarbeiten. Ob es dort in den ersten nachchristlichen Jahrhunderten eine jüdisch-christliche Gemeinde gegeben hat, ist umstritten. Jesus erfuhr die Ablehnung seiner Lehren durch die Dorfbewohner am eigenen Leib und drückte dies folgendermaßen aus: »Wahrlich, ich sage euch: Kein Prophet ist anerkannt in seinem Vaterland« (Lk 4, 24). Ab dem 3. Jh. gab es zweifellos Christen in Nazareth, darunter den Heiligen Konon, der anschließend in Kleinasien gemartert wurde. Zwischen Juden, Judenchristen (Juden, die Jesus als Messias anerkannten, ihre alten religiösen Traditionen jedoch beibehielten) und jenen, die sich selbst als »authentische Christen« bezeichneten und der offiziellen Lehre folgten (meist frühere Heiden, teilweise Ausländer), waren die Beziehungen zeitweise äußerst angespannt. Darüber hinaus konnten die hier lebenden Christen nach dem Bau der byzantinischen Basilika am Ort der Verkündigung etwa 352 n. Chr. wenig Verständnis für die Kontrolle der heiligen Stätten durch die byzantinischen religiösen Autoritäten aufbringen.

Zu diesem Zeitpunkt hatten die christlichen Pilgerfahrten ins Heilige Land begonnen. Seither führten Pilger aus dem Ausland die hiesigen Traditionen fort und fügten ihnen eigene neue hinzu. Romantische, mystisch gesinnte Pilger, die auf Jesu Pfaden wandelten, besuchten staunend die Bank in der Synagoge, auf der Jesus mit anderen Kindern gesessen haben soll, Marias Haus, heute eine Basilika, und weitere Orte und Gegenstände aus dem Leben Jesu. Ein italienischer Pilger im 6. Jh. bemerkte über die außergewöhnliche Schönheit der einheimischen Frauen: »Die jüdischen Frauen (er scheint Judenchristen zu meinen, da er auf Marias Heiligkeit hinweist) dieser Stadt sind vornehmer als all die anderen jüdischen Frauen im ganzen Land. Sie sagen, sie erlangen diese Anmut von der Jungfrau Maria, von der sie abzustammen behaupten.«

Nachdem die persischen Eroberer mithilfe der jüdischen und samaritischen Gemeinden Palästinas Nazareth 614 n. Chr. geplündert hatten, wurden schriftliche Zeugnisse selten. Infolge der islamischen Eroberung 638 gab es weniger christliche Pilgerfahrten, die lokale christliche Gemeinde jedoch blieb dominant. In der Zeit der Kreuzzüge erhielt Nazareth seine ursprüngliche Bedeutung zurück. Kirchen und Klöster wurden an den Orten errichtet, die nach einer antiken byzantinischen Überlieferung mit der Heiligen Familie und dem Erzengel Gabriel assoziiert wurden.

*Nazareth-Lithografie von David Roberts aus dem Jahr 1839*

Zu Beginn des osmanischen Zeitalters lebten in Nazareth mehr Muslime als Christen – eine Tatsache, welche die christlichen Pilgerforscher aus Europa schockierte. Etwa um 1767 trieb Daher al-Omar die Entwicklung Galiläas voran und ermutigte christliche Familien, die aus dem Süden Palästinas, dem Libanon oder Transjordanien stammten, sich in Galiläa anzusiedeln. So veränderte sich die Bevölkerungsstruktur bald zugunsten der vorwiegend griechisch-orthodoxen, römisch-katholischen und griechisch-katholischen Christen.

Im 19. Jh. wurde Nazareth erneut zu einem der bedeutendsten christlichen Wallfahrtsorte in Palästina. Der Ort profitierte davon, dass er 1880 den Stadtstatus erhielt und schließlich bis zum Ende des britischen Mandats die wichtigste Stadt des Distrikts war.

Während des britischen Mandats förderten die Behörden die Spaltung der Gemeinschaft, indem sie bevorzugt Christen beschäftigten. Dennoch schlossen sich Christen und Muslime zusammen, um gegen die zionistische Einwanderung und Ansiedlung zu protestieren. Zu diesem Zweck gründeten sie 1922 eine Niederlassung der Muslimisch-Christlichen Vereinigung.

## Nazareth

Bis 1944 verdoppelte sich die Bevölkerung Nazareths nahezu; sie stieg von 7424 auf 14 200 Einwohner an. Die christliche Gemeinde stellte bis in die Nachkriegszeit die Mehrheit. Erst nach 1948 schuf ein Flüchtlingsstrom eine muslimische Mehrheit. Wie auch andere palästinensische Ortschaften, die 1948 eingenommen wurden, wurde Nazareth unter israelische Militärgerichtsbarkeit gestellt.

Nazareth wurde zum Sprachrohr der Interessen der Palästinenser innerhalb Israels. Am 1. Mai 1958 wurde eine von der Kommunistischen Partei organisierte Demonstration gegen die Landkonfiskation gewaltsam von der israelischen Armee aufgelöst. Seither werden am 1. Mai Kundgebungen zu sozialen und nationalen Angelegenheiten organisiert. Drei Jahrzehnte lang bestimmte die israelische Kommunistische Partei, der sowohl Juden als auch Araber angehörten, das politische Leben Nazareths. Als eine von wenigen Parteien, die die palästinensische Sache ganz oben auf ihre Agenda setzten, gewann sie einen beträchtlichen Teil der palästinensischen Wählerstimmen in Israel. Tawfiq Zayyad, Dichter und zwischen 1975 und 1994 Bürgermeister von Nazareth, war ein führendes Parteimitglied.

*En-Nakba*

Bei seinem ersten Besuch in Nazareth sah sich Ben-Gurion mit Verwunderung
um und sagte: »Warum sind hier so viele Araber? Warum habt ihr sie nicht verjagt?«
*(nach Michael Bar-Zohar)*

Bis zu dem Zeitpunkt, an dem Nazareth von israelischen Truppen eingenommen wurde, diente es als Zufluchtsort für Tausende vertriebene Palästinenser. Für die meisten war es lediglich ein kurzzeitiger Aufenthaltsort auf dem Weg nach Syrien, in den Libanon, nach Transjordanien oder ins Westjordanland. Einige siedelten sich am Stadtrand an. Auf diese Weise stieg die Bevölkerung von 15 540 Menschen im Jahr 1946 auf über 20 000 im Jahr 1951. Am 16. Juli 1948 nahmen israelische Truppen Nazareth ein. Der damalige Bürgermeister Yussif Fahoum unterzeichnete die Kapitulationsbedingungen in Begleitung von zwei griechisch-orthodoxen Geistlichen, woraufhin die Israelis versprachen, dass es keine Plünderungen oder Zerstörungen privater oder öffentlicher Besitztümer geben würde.

Aufgrund seiner Bedeutung für die christliche Welt und seiner Verbindungen zum Vatikan hatte Nazareth im Vergleich zu anderen palästinensischen Städten we-

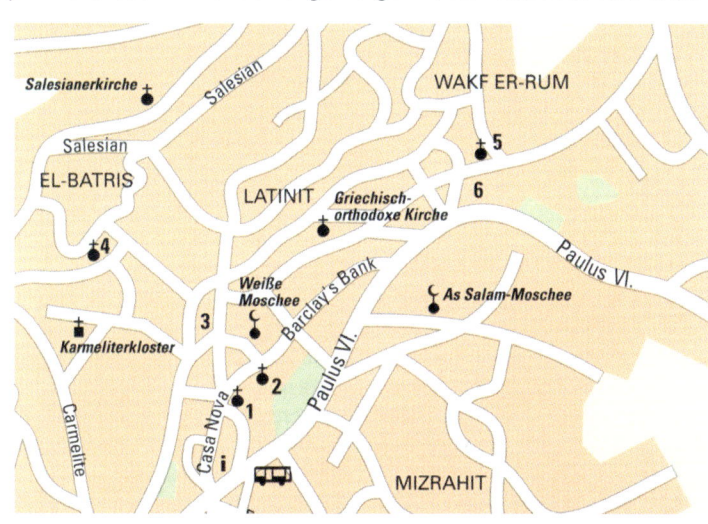

*Stadtplan von Nazareth*

## Israel (Die Gebiete von 1948)

niger zu erleiden. Tatsächlich war Nazareth der einzige Ort, der Schutz vor der Politik der ethnischen Säuberung bot.

> »Ober-Nazareth und meine Stadt sind für mich zwei völlig verschiedene Welten. Dessen bin ich mir besonders bewusst, weil Nazareth in den Augen der christlichen Welt und der Völkergemeinschaft eine besondere Stadt ist. Für gewöhnlich sage ich, dass die Stadt Nazareth sicherlich ein völlig anderes äußeres Erscheinungsbild hätte, wenn sie sich in irgendeinem anderen Land als Israel, ohne dieses System der Diskriminierung, befände.«
> 
> Ramez Jerayseh, Bürgermeister von Nazareth

### Nazareths Stadtzentrum heute

Nazareth ist das größte palästinensische Stadtgebiet in Israel und mit einer Bevölkerung von mehr als 70 000 Einwohnern (60% Muslime und 40% Christen) die größte Stadt in Galiläa.

1948 suchten viele Menschen Zuflucht in Nazareth. Heute sind etwa die Hälfte der Einwohner innerstaatlich Vertriebene. Die Flüchtlinge haben sich rund um die Vororte der Stadt niedergelassen, wo sie teilweise nach den Dörfern gruppiert sind, aus denen sie stammen, wie beispielsweise die Dorfbewohner von Saffuriya, die an den Hängen von Nazareth im Viertel Safafra leben. Von dort aus haben sie einen direkten Blick auf den Wald, der die Ruinen von Saffuriya verdeckt (s. S. 478-480).

Die Bevölkerungsdichte in Nazareth ist besonders hoch. Obwohl die Stadt heute 70 000 Einwohner hat (verglichen mit etwa 15 000 Einwohnern im Jahr 1948), hat sich das Stadtgebiet seitdem nicht vergrößert. Zudem wurden 1500 ha für die Gründung der jüdischen Stadt Ober-Nazareth (Nazrat Illit) beschlagnahmt. Regierungsbehörden bzw. der Regierung nahestehende Einrichtungen (beispielsweise der *Jewish National Fund* und die *Jewish Agency*) äußerten ebenso wie Regierungspräsidien fortwährend »Besorgnis« über die Dichte der palästinensischen Bevölkerung in Galiläa und den Einfluss Nazareths, das sich zur Hauptstadt des Gebiets entwickelte (s. *Koenig-Memorandum*, S. 437-438). Tatsächlich führte die systematische Judaisierung Galiläas zu Überbevölkerung und wirtschaftlicher Unterentwicklung in Nazareth.

Durch diese Politik wurde jede territoriale Verbindung zwischen den äußeren Vororten Nazareths (Ein Mahel, Kufr Kana, Mashad, Reineh u. a.) verhindert. Des Weiteren wurde jede Wachstumsmöglichkeit des Stadtgebiets von Nazareth und der arabischen Vororte ebenso wie das allgemeine wirtschaftliche Wachstum eingeschränkt, indem man das für eine industrielle Entwicklung notwendige Land vorenthielt. Letztlich sollte die Demografie der Region zugunsten der jüdischen Bevölkerung verschoben werden.

Diese Politik war Ursache für die Gründung eines zweiten Ballungsraums, »Ober-Nazareth« oder »Nazrat Illit« genannt. Ober-Nazareth, das wirtschaftlich und administrativ das neue Zentrum Galiläas werden sollte, wurde 1957 oberhalb des alten Nazareths als dessen jüdisches Gegenstück errichtet. Seit seiner Gründung dehnte sich Ober-Nazareth zum Nachteil Nazareths und dessen benachbarter arabischer Vororte immer weiter aus. Unter anderen Umständen hätten sich diese arabischen Vororte mit Nazareth zu einem einzigen großen Agglomerat zusammengeschlossen. Ober-Nazareth zählte 2008 etwa 40 000 Einwohner. In den Neunzigerjahren stieg die Einwohnerzahl der Stadt durch die jüdischen Einwanderungswellen aus den ehemaligen Sowjetrepubliken beträchtlich an. Dennoch wurde in den Augen der israelischen Stadtplaner die erfolgreiche Judaisierung der Region Nazareth vor allem durch die Tatsache abgeschwächt, dass die Bevölkerung von Ober-Nazareth im Durchschnitt älter ist: 58% der Einwohner sind zwischen 45 und 65 Jahre alt – in Nazareth sind es 20%.

Die pessimistischen Prognosen der zionistischen Demografen erscheinen ihnen umso dringlicher, weil sie vor einem weiteren Trend warnen: Viele junge Palästinenser aus Nazareth sind nach Ober-Nazareth gezogen – schätzungsweise 6000 Personen, was 15% der Bevölkerung ausmacht. Deren Geburtenrate liegt höher als die der jüdischen Einwohner. Die Diskriminierung der arabischen Bevölkerung in Ober-Nazareth zeigt sich im Mangel an Schulen und kulturellen oder religiösen Zentren für die Palästinenser.

Die Regierung hat Ober-Nazareth einen hohen Stellenwert in ihrer Prioritätenliste eingeräumt. Es befindet sich offiziell in der ersten Kategorie für »vorrangige Entwicklungsgebiete«. 99% der Gebäude in Ober-Nazareth gehören der Regierung und werden vom Ministerium für Planung und Infrastruktur subventioniert. Obwohl in Ober-Nazareth nur halb so viele Menschen wie in Nazareth leben, steht diesen viermal so viel Land zur Verfügung. Mit drastischen Methoden wurden Gebiete von Nazareth und dessen Vororten konfisziert, um mehr Platz zu schaffen.

Bei dem derzeitigen Bevölkerungswachstum ist vorherzusehen, dass während der nächsten 15 Jahre der Platz in Nazareth nicht mehr ausreichen wird. Schon heute ist der Platzmangel ein Problem für die ökonomische Entwicklung. Die Arbeitslosenquote der Stadt ist mit 14% eine der höchsten in Israel, ohne dabei den geringen Teil der erwerbstätigen Frauen zu berücksichtigen. Für den Großteil der arbeitenden Bevölkerung sind die Beschäftigungsmöglichkeiten auf die jüdischen Industriegebiete beschränkt, die nach den Oslo-Abkommen außerhalb der Stadtgrenzen errichtet wurden (beispielsweise in Ober-Nazareth und Karmiel). Die meisten Einwohner Ober-Nazareths arbeiten wiederum innerhalb der Stadtgrenzen. Gemäß dem Entwicklungsplan der Regierung wurde in Ober-Nazareth ein ausgedehntes Industriegebiet von über 50 ha errichtet, während Nazareth im Zentrum nicht mehr als 8 ha zur industriellen Nutzung zur Verfügung stehen.

*Blick auf Nazareth mit der Verkündigungskirche (vorne rechts) und Ober-Nazareth (Nazrat Illit) im Hintergrund*

Noch bedenklicher ist, dass sich das Industriegebiet von Ober-Nazareth, Tzipporit, eine faktische Enklave Ober-Nazareths, auf beschlagnahmtem Gebiet befindet, das ursprünglich zu der arabischen Ortschaft Mashad gehörte. Dieses Gebiet zwischen Mashad und Kufr Kana ist eine 34 ha große Ansammlung umweltverschmutzender Fabrikanlagen. Ober-Nazareth zieht zwar großen Nutzen aus diesen Industrieanlagen, blendet die unliebsamen Folgen jedoch aus. Eine weitere ähnliche Enklave liegt direkt im Zentrum von Nazareth, einige Minuten von der

## Israel (Die Gebiete von 1948)

Verkündigungskirche entfernt: Seit 1960 befinden sich hier das militärische Kommandozentrum für den nördlichen Distrikt und eine Touristenanlage (*Nazareth Gardens Hotel*, vormals das *Sprinzak-Restaurant*).

Die palästinensische Stadt Ein Mahel, die einst innerhalb der Stadtgrenzen lag, ist ein weiteres Beispiel für die israelische Stadtplanung. Auch sie wurde von allen Seiten durch das Stadtgebiet Ober-Nazareth begrenzt. Ein Großteil des Landes wurde konfisziert, um die israelischen Landreserven zu vergrößern und zudem sind über 100 ha von der Beschlagnahmung bedroht.

Das palästinensische Nazareth wird von jeglichen Verwaltungsaufgaben oder politischen Entscheidungsfindungen ausgeschlossen, alle Regierungsinstitutionen und Dienstleistungen wurden nach Ober-Nazareth verlegt. Dort befinden sich unter anderem das Innen-, das Landwirtschafts-, das Gesundheits- und das Bildungsministerium sowie das Bezirksgericht von Nazareth. Verwaltungsgebäude wurden ebenfalls auf Privatgrundstücken in Nazareth errichtet, wobei man sich auf »das öffentliche Interesse« berief, um sie anschließend unter die Gerichtsbarkeit Ober-Nazareths zu stellen.

*Tawfiq Zayyad, ehemaliger Bürgermeister von Nazareth und bekannter palästinensischer Schriftsteller*

## Die Altstadt

Nazareth ist nicht nur eine multikulturelle, sondern auch eine multireligiöse Stadt, was an seinen sakralen Stätten deutlich sichtbar wird: Moscheen, Kirchen und Klöster sind Wallfahrtsorte für Pilger und zugleich Sehenswürdigkeiten. Nicht nur die religiöse Architektur hat in Nazareth ihre Spuren hinterlassen, auch die weltlichen Gebäude aus dem 18. und 19. Jh. sind von großem architektonischem Wert. Eindrucksvolle Wohnhäuser zeugen heute von der privilegierten wirtschaftlichen Situation einflussreicher Bürger Nazareths. Eine Besonderheit dieser Gebäude besteht darin, dass sie im Erdgeschoss über einen Lagerbereich verfügen, während die dem Wohnbereich vorbehaltenen oberen Etagen mit drei herrlichen Arkadendurchgängen geschmückt sind. Besondere Beachtung verdienen die teilweise bemalten, handgeschnitzten hölzernen Friese unter dem Dachvorsprung. An diesem architektonischen Erbe besteht heute wieder großes Interesse. Eines dieser wunderschönen Häuser befindet sich in der Nähe des **Saraya**. Öffentliche und private Initiativen tragen ebenfalls zur Wiederherstellung des architektonischen Werts der Altstadt bei. Das Saraya von Daher al-Omar, des Gouverneurs von Galiläa, wurde etwa 1730 erbaut und dient heute als städtisches Museum. Ganz in der Nähe liegt das Café **Casa Palestina**. Es befindet sich in einem früheren Lagerbereich eines wahrscheinlich aus dem 18. Jh. stammenden Bürgerhauses und eignet sich hervorragend für eine Pause (s. S. 474). Am Ende der Casa Nova Street bildet ein Tor den Eingang zum **Markt** (*außer sonntags täglich geöffnet, Donnerstag ist Hauptmarkttag*). Auf dem Markt befindet sich die älteste Moschee von Nazareth, die **Weiße Moschee** (Masjid al-Abyad), die im Jahr 1812 erbaut wurde. In der Nähe

## Nazareth

### Schriftzug auf dem Stamm eines Olivenbaums

Weil ich keine Wolle spinne
Sondern jeden Tag
Unter Haftbefehl stehe
Und mein Haus bedroht wird
Von Polizei-Razzien
Durchsuchungen
»Säuberungs«-Operationen
Weil ich keine Möglichkeit habe
Papier zu kaufen
Werde ich alles, was mir zustößt
All meine Geheimnisse
In einen Olivenbaum
Im Hof meines Hauses einritzen
Einritzen werde ich meine Geschichte
Und die aufeinanderfolgenden Seiten meiner Tragödie
Und meine Seufzer
In meinem Garten
Und die Gräber meiner Toten
Und ich werde einritzen
All die Bitterkeit
Die genügt, um ein Zehntel der Zukunftsfreuden auszulöschen
Ich werde das Ausmaß einritzen
Eines jeden gestohlenen Morgen meines Landes
Die Lage meines Dorfs, seine Grenzen
Die gesprengten Häuser
Meine entwurzelten Bäume
Jede noch so kleine, zertretene Blume
Die Namen derer, denen es Freude bereitet, Meine Nerven zu zerrütten und mir die Luft zum Atmen zu nehmen
Die Namen der Gefängnisse
Die Abdrücke der Handschellen
Die fest um meine Handgelenke gelegt wurden
Die Stiefel meiner Bewacher
Jeden Fluch
Der über mich ausgesprochen wurde
Und ich werde einritzen
Kufr Qassem
Ich werde es nicht vergessen
Und ich werde einritzen
Deir Yassin
Die Erinnerung an dich zehrt mich auf
Und ich werde einritzen
Wir haben den Gipfel der Tragödie erreicht
Wir haben ihn erreicht
Ich werde alles, was die Sonne ans Licht bringt, einritzen
Und alles, was mir der Mond zuflüstert
Alles, was die Turteltaube
Mir zugurrt über die Quelle
Wo die Liebenden sich nicht mehr treffen zum Stelldichein
Sodass ich mich erinnere
Ich werde immer weiter einritzen
All die aufeinanderfolgenden Seiten meiner Tragödie
Und jedes Teilstück der Niederlage
Von unendlich klein
Bis unendlich groß
Auf den Stamm eines Olivenbaums
Im Hof
Meines Hauses.

Gedicht von Tawfiq Zayyad aus *Begrab deine Toten und steh auf*. Tawfiq Zayyad (1929-1994) war von 1975 bis 1994 Bürgermeister von Nazareth.

lädt ein Gewirr aus schmalen Gässchen dazu ein, die Umgebung in Ruhe zu erkunden. Wie in Jerusalem und Bethlehem sind in Nazareth viele verschiedene christliche Kirchen zu finden. Die Kirchen und Klöster wurden an den Standorten älterer Gebäude errichtet. Das **Kloster der Schwestern von Nazareth** wurde beispielsweise über einer jüdischen Nekropole erbaut. Darin befindet sich ein großartiges Gewölbe, das von einem rollbaren Mühlstein verschlossen wird.

Im Zentrum des Souks befindet sich die griechisch-katholische **Synagogenkirche**. Hier predigte Jesus das Evangelium, woraufhin er hinausgejagt wurde (Lk 4, 16-30). Auch der **Marienbrunnen** auf der Al-Hanuq Street ist für christliche Pilger von Bedeutung.

Die griechisch-orthodoxe **Gabrielskirche** (*täglich 8.30-11.45 Uhr und 14.00-18.00 Uhr geöffnet*) befindet sich an dem Ort, an dem der Erzengel Gabriel Maria erschienen sein soll, während diese Wasser aus der Quelle schöpfte (entgegen der katholischen Überlieferung, er sei ihr zu Hause erschienen). Die Kirche wurde auf Fundamenten aus der byzantinischen Epoche und der Kreuzfahrerzeit erbaut. In der Krypta sind armenische Keramikplatten aus dem 12. Jh. zu sehen. Auch die mit Symbolen und Heiligenbildern verzierte Ikonostase – die Abschirmung, die den Altar vor Blicken schützt – verdient besondere Aufmerksamkeit.

## Josefskirche

*Blick über die Altstadt von Nazareth*

Diese Kirche wurde 1914 auf den Ruinen einer Kreuzfahrerkirche erbaut. Sie ist jedoch kleiner als diese und ein Ort, der zu Meditation und Gebet einlädt. Unterirdisch befinden sich zahlreiche Höhlen, wovon eine (nach einer Überlieferung aus dem 17. Jh., an welche die Schwestern des Klosters von Nazareth und der Gabrielskirche glauben) als Werkstatt des Heiligen Josef gedient haben soll. In der Krypta der Josefskirche gibt es ein schwarz-weiß gestreiftes Bassin aus Basalt und Kalkstein, von dem man annimmt, dass es ein Taufbecken aus der späten Römerzeit ist (1. bis 3. Jh. n. Chr.).

## Nazareths historisches Badehaus

Die Überreste des einzigen öffentlichen Badehauses in Nazareth wurden 1993 durch Zufall freigelegt. Das Wasser für das Badehaus kam aus dem Marienbrunnen, da dieser die einzig verfügbare Wasserquelle in der damaligen Zeit war. Im Badehaus finden sich Artefakte, die nicht nur aus der osmanischen Epoche und der Kreuzfahrerzeit stammen, sondern bis in die byzantinische und die antike römische Zeit zurückreichen. Heute kann man das Kaldarium (altrömisches Warmwasserbad), das schönste Hypokaustum (antike Warmluftheizung) im Nahen Osten und das Präfurnium (Ofen) besichtigen. Im gewölbten Saal einer mit Holz verzierten Höhle finden Ausstellungen statt; Erfrischungen sind dort ebenfalls erhältlich.

*Mary's Well Square. Öffnungszeiten: Montag-Samstag 9.00-19.00 Uhr, sonntags und abends auf Anfrage, Tel. 04/6578539.*

## Die Verkündigungskirche

Die zwischen 1955 und 1969 von dem führenden italienischen Architekten Antonio Barluzzi entworfene, eindrucksvolle Basilika wurde aufgrund ihrer modernen Bauweise kritisiert. Sie steht an

# Nazareth

der Stelle der Verkündigung Mariä: »Siehe, du wirst schwanger werden und einen Sohn gebären, und du sollst ihm den Namen Jesus geben« (Lk 1, 31). Eine 1730 erbaute und 1877 restaurierte Franziskanerkirche wurde durch dieses moderne Gebäude ersetzt. Archäologische Ausgrabungen, die nach der Zerstörung der Franziskanerkirche durchgeführt wurden, legten Teile der Kreuzfahrerkirche (die Nordwand) und der byzantinischen Kirche (die oktogonale Apsis unter dem Altar und Mosaiken) frei. Unter dem Herzstück der Unterkirche befindet sich die Verkündigungsgrotte – seit den frühen Tagen der Christenheit ist sie ein heiliger Ort. Ein kleiner Schrein zur Linken ist dem Heiligen Konon geweiht, der etwa zwischen 249 und 251 n. Chr. in Kleinasien zum Märtyrer wurde. Vor seinen Richtern rief er aus: »Ich bin aus Nazareth in Galiläa, ich bin aus der Familie Christi, den ich anbete, wie es meine Vorfahren taten.« Ein ungewöhnliches Graffito, das in einem vorbyzantinischen Taufbecken gefunden wurde, bezeugt die Verehrung der Jungfrau Maria: »Freue dich, Maria!«. Es ist im Franziskanermuseum zusammen mit Exponaten aus der Zeit der Kreuzzüge ausgestellt. Das Franziskanerkloster innerhalb der Mauern der Basilika ist von Montag bis Samstag von 8.00 bis 11.30 Uhr und von 14.00 bis 17.00 Uhr geöffnet; in der Regel wird der Zutritt nur Gruppen gewährt. Neben weiteren Exponaten sind dort die herrlichen Marmorkapitelle ausgestellt, die Ludwig IX. (1226-1279 n. Chr.) aus Frankreich schickte. Sie trafen kurz vor der Eroberung Nazareths durch Baybar ein, wurden jedoch nie an den Säulen angebracht.

Auf dem Platz vor der Kirche werden archäologische Funde ausgestellt.

*Die Verkündigungskirche im Zentrum von Nazareth*

Diese sollen einen Eindruck von der Zeit Jesu Christi vermitteln, als Nazareth ein Dorf mit einfachen Behausungen war. Auf der rechten Seite des Eingangs zur Unterkirche führt eine Treppe zum oberen Stockwerk der Basilika, das für regelmäßige Gottesdienste der römisch-katholischen Gemeinde von Nazareth genutzt wird. Die zeitgenössischen Fresken sind Geschenke von römisch-katholischen Gemeinden aus der ganzen Welt.

*Casa Nova Street. Öffnungszeiten: Montag-Samstag 8.30-11.45 Uhr und 14.00-17.00 Uhr, sonntags nur während der Messe.*

## Praktische Informationen

In der Hauptstraße von Nazareth, der Paul VI Street, herrscht viel Verkehr, sodass man sein Auto am besten auf einem der zahlreichen Parkplätze östlich der Straße parkt. Das **Touristeninformationszentrum** *(Öffnungszeiten: Montag-Freitag 8.30-17.00 Uhr, Samstag 8.30-13.00 Uhr, Tel. 04/6570555)* befindet sich an der Kreuzung zur Casa Nova Street. Hier erhält der Besucher kostenlos Stadtpläne und einen lokalen Veranstaltungskalender. Auf der linken Seite der Paul VI Street werden im **Samir Safadi Bookshop** *(Tel./Fax 04/6555803)* französisch- und englischsprachige Zeitungen und Zeitschriften verkauft. Bei der Planung eines Besuchs in Nazareth ist zu beachten, dass viele Sehenswürdigkeiten und Geschäfte sonntags geschlossen sind.

## Cafés

Im Herzen der Altstadt, in der Nähe der Weißen Moschee, befindet sich das Café **Nargila wa Oud,** ein guter Ort, um Wasserpfeife zu rauchen. Freitags und samstags wird dort abends Live-Musik gespielt. In der Nähe, gegenüber dem ehemaligen Regierungspalast Saraya (heute städtisches Museum), liegt das Kulturcafé **Casa Palestina** (Tel. 04/6021001). Es ist in einem historischen Gebäude untergebracht, dessen gewölbte Lagerräume warm und einladend sind. Dort werden verschiedene palästinensische Handarbeiten ausgestellt, die man kaufen kann. Samstagabends gibt es hier musikalische Darbietungen; manchmal werden auch Theaterstücke aufgeführt. Ein weiteres Wasserpfeifen-Café an der Ecke der Casa Nova Street und Paul VI Street, das **Nadaf al-Pasha**, ist ebenfalls in den ehemaligen Lagerräumen eines Bürgerhauses aus dem 18. Jh. untergebracht und bietet viel Platz.

*Im Inneren der Verkündigungskirche*

## Restaurants

Um die Verkündigungskirche sowie entlang der Paul VI Street und der Casa Nova Street gibt es eine große Auswahl an preiswerten Restaurants, die typische palästinensische Spezialitäten wie zum Beispiel *Mezze* oder gegrilltes Fleisch anbieten. Das **Abu Dukhul** (auch bekannt als **Diana-Restaurant**) ist eines der besten. Weiter oben, am Al-Ein oder Mary's Well Square, befindet sich das **Fontana di Maria** (Tel. 04/6460435/6), ein weiteres Restaurant mit gutem Ruf, das für seine vielseitige Küche bekannt ist. Rund um den Platz gibt es außerdem zahlreiche Pizzerias. Die **Al-Mulino-Pizzeria** hat sowohl eine schöne Innenausstattung als auch eine ausgezeichnete Küche, ist jedoch teuer. Junge Leute bevorzugen **Mary's Well Pizza**, besonders wegen der eindrucksvollen Atmosphäre.

## Unterkunft

Das **St. Margaret's Hostel** (Salesian Street, Tel. 04/6573507, Fax 04/6567166, EZ 45 $ mit Frühstück/ plus 10 $ für jede weitere Mahlzeit, DZ mit Frühstück 65 $) bietet einen großartigen Blick über die Dächer der Altstadt. Die geschmackvoll renovierten Zimmer und das Café-Restaurant im Freien tragen zu seiner zauberhaften Atmosphäre bei. Das in der Nähe gelegene, originalgetreu restaurierte **St. Gabriel-Hotel** (Salesian Street, Tel. 04/6466613, Fax 04/6554071, EZ 70 $, DZ 90 $, DBZ 125 $) verfügt über einfache Zimmer mit schöner Aussicht. Die Zimmer auf der Gartenseite haben große Erkerfenster mit Blick auf die Stadt – ein besonderer Höhepunkt ist der Glockenturm des Hotels. Das Frühstück ist köstlich und reichhaltig. In der Nähe der Verkündigungskirche betreibt das **Kloster der Schwestern von Nazareth** eine Herberge, die normalerweise Pilgergruppen vorbehalten ist (*Casa Nova Street, Tel. 04/6554304, Fax 04/6460741, Privatzimmer 31 $ pro Person in einem Zwei- oder Dreibettzimmer, EZ 43 $, Schlafsaal 22 $*). Den Gästen stehen ein Besprechungszimmer sowie eine Kapelle zur Verfügung. Südlich der Verkündigungskirche befindet sich das renovierte **Hotel Galileo** (*Paul VI Street, Tel. 04/6571311, Fax 04/6556627, EZ 60 $, DZ 90 $, DBZ 120 $, Gruppen: 30 $ pro Person mit einem Aufschlag von 20 $ im EZ*). Es verfügt über eine geräumige, moderne Lobby und große Gemeinschaftsräume.

## Kontakte

### Arab Cultural Association (ACA)
### (Arabische Kulturgesellschaft)

Im israelischen Schullehrplan fehlt die Geschichte der palästinensisch-arabischen Israelis oder sie ist in jeder Hinsicht – geografisch, historisch, kulturell und literarisch – verfälscht und abgewertet. Um dem entgegenzuwirken, gründete eine Gruppe von Aktivisten 1998 diese Vereinigung mit dem Ziel, die kulturelle und nationale Identität der israelischen Palästinenser von 1948 zu fördern und zu stärken sowie egalitäre demokratische Werte und soziale Gerechtigkeit zu etablieren. Das Zentrum ist in vielen Bereichen aktiv; zu den Angeboten gehören Stipendien für Schulkinder, Kunstausstellungen sowie Seminare über Identität, Literatur und Medien.

Ähnliche Ziele wie die des Arabischen Kulturvereins werden von der israelischen Friedensorganisation **Zochrot** (»erinnern«) formuliert, die es sich zur Aufgabe gemacht hat, den Israelis ihre wahre Geschichte näherzubringen, indem sie auf alle zerstörten palästinensischen Dörfer hinweist und gemeinsame Gedenkveranstaltungen an Orten wie Deir Yassin abhält. Sie glaubt, dass Frieden und Versöhnung zwischen beiden Nationen nur dann erreicht werden können, wenn die Israelis ihr un-

*Das Kloster der Schwestern von Nazareth*

gerechtes Verhalten in der Vergangenheit gegenüber den Palästinensern eingestehen und sich in Form einer umfassenden Wiedergutmachung entschuldigen. Weitere Auskünfte kann Eitan Bronstein (*Tel. 0506/314229*) erteilen.

*Iksal Street, Tel. 04/6082352, aca1998@hotmail.com. Diskussionen, Ausstellungen und Shows werden das ganze Jahr über organisiert, wie es auf dem Veranstaltungskalender eingesehen werden kann. An jedem 15. Mai (dem Tag der Nakba) werden Besuche in die palästinensischen Dörfer orga-*

## Israel (Die Gebiete von 1948)

nisiert, die 1948 zerstört wurden. Für weitere Informationen über solche Besuche kann man sich an die ACA wenden. Diese verfügt auch über eine Caféteria und ein Internetcafé.

### Arab Association for Human Rights
(Arabische Vereinigung für Menschenrechte)

Die Vereinigung bietet wichtige Informationen bezüglich der Situation der palästinensisch-arabischen Bevölkerung in Israel und den verschiedenen Formen der Benachteiligung, denen diese ausgesetzt ist. Gegründet wurde die Vereinigung 1988 von einer Gruppe von Anwälten und Menschenrechtlern, um für die Rechte der palästinensisch-israelischen Minderheit einzutreten, die 20% der Bevölkerung des Staates Israel ausmacht. Die Organisation verteidigt Bürgerrechte sowie politische, wirtschaftliche, kulturelle und religiöse Rechte, indem sie neben der Bereitstellung von allgemeinen Informationen Besuche organisiert, u.a. in Galiläa, dem Dreieck und dem Negev, die von einer Stunde bis zu einem Tag dauern und zu verschiedenen Themen durchgeführt werden. Hierzu gehören beispielsweise *Ein vergleichender Besuch von Nazareth und Ober-Nazareth*, *Zerstörte Dörfer*, *Nicht anerkannte Dörfer in Galiläa und dem Negev* oder *Die Lage der Palästinenser in gemischten Städten*.

*Demonstration gegen die Haftbedingungen der Palästinenser in israelischen Gefängnissen*

Al-Bishara Street (6092 Street), Tel. 04/6561923, www.arabhra.org. Für Besucher geöffnet. Mit den Eintrittsgebühren werden Studieneinrichtungen unterstützt.

### The Association for the Defence of the Rights of Internally Displaced Persons
(Die Vereinigung zur Verteidigung der Rechte innerstaatlicher Flüchtlinge)

Diese Vereinigung wurde 1995 gegründet, um auf die fehlende Erwähnung der innerstaatlichen Flüchtlinge in den Oslo-Abkommen aufmerksam zu machen. Ihre Mitglieder repräsentieren mehr als 30 zerstörte Dörfer. Ihr Ziel ist es, den Palästinensern, die innerhalb der Grünen Linie vertrieben wurden, die Möglichkeit zu geben, in ihre Dörfer zurückzukehren und ihr Land auf der Grundlage der UN-Resolution 194 zurückzubekommen. Mitglieder der Vereinigung fördern zahlreiche Aktivitäten, sammeln Informationen über zerstörte Dörfer, den Ursprung und den momentanen Aufenthaltsort der Vertriebenen und über den gegenwärtigen Status des Landes. Die Vereinigung versucht zudem, heilige Stätten wie Moscheen, Kirchen und Friedhöfe, zurückzufordern und zu unterhalten.

Saffouri Street, Tel. 04/6001765. Besuche und Zusammenkünfte können arrangiert werden, idpalestine48@yahoo.com.

## Nazareth

### Innerstaatliche Flüchtlinge

Die Gründung des Staates Israel durch die zionistische Bewegung führte zur Vertreibung von etwa 800 000 der damals 1,28 Mio. Palästinenser. Nur 150 000 blieben auf dem Gebiet zurück, das nach der *Nakba* zu israelischem Staatsgebiet wurde. Ein Drittel dieser Menschen wurde zu innerstaatlichen Flüchtlingen, die aus ihren Dörfern oder Städten vertrieben wurden. Oftmals leben sie innerhalb des neuen Staates in der Nähe ihrer ehemaligen Häuser. Diese Personen fanden sich aufgrund einer Verkettung von Umständen in den Gebieten wieder, welche die Palästinenser »die Gebiete von 1948« (den Staat Israel) nennen.

Alle innerstaatlich vertriebenen Flüchtlinge stammen aus Familien, die 1948 auseinandergerissen wurden. Die meisten suchten Zuflucht im Westjordanland, dem Gazastreifen und den Hauptflüchtlingsländern Jordanien, Syrien und dem Libanon. 1950 führte die UNRWA eine Zählung durch und übernahm die Verantwortung für 46 000 innerstaatliche Flüchtlinge. Heute sind es zwischen 200 000 und 250 000 Menschen bzw. 20% der palästinensischen Bevölkerung Israels. Nachdem Israel das 1948 eroberte Gebiet formal annektierte, stoppte die UNRWA 1952 schrittweise ihre gesamte Hilfe für die innerstaatlichen palästinensischen Flüchtlinge. 1950 definierte der Staat Israel Flüchtlinge außerhalb seiner Gebiete gemäß dem Gesetz zur Regelung des Besitzes Abwesender (*Absentees' Property Law*) als »abwesend«. Innerstaatliche Flüchtlinge wurden als »anwesende Abwesende« oder »abwesend-anwesend« definiert. Ihr Besitz wurde, wie der von Flüchtlingen im Exil, enteignet. Die »Entwicklungsbehörde« des Landwirtschaftsministeriums ist für Ländereien zuständig, die sie als »leerstehend« deklarieren konnte. Dass sie die Entwicklung allerdings ebenso blockieren kann, zeigt beispielsweise die große Anzahl an versiegelten Häusern und Wohnungen in Haifa. Die Behörde kann solche Anwesen auch an staatliche israelische Institutionen oder jüdische Einrichtungen, wie den *Jewish National Fund* oder die *Israeli Lands Authority*, für Projekte zur ausschließlichen Unterstützung der jüdischen Gemeinschaft vermieten oder verkaufen.

### Association for Prisoners and Friends of Detainees
(Die Vereinigung für Strafgefangene und Freunde von Häftlingen)

Diese Vereinigung wurde 1989 gegründet, um Palästinenser zu unterstützen, die als politische Gefangene in Israel inhaftiert sind. Sie bietet den Strafgefangenen und deren Familien Rechtsbeistand und materielle Hilfe an. Der am längsten inhaftierte politische Gefangene, Sami Younis, wurde 2005 entlassen, nachdem er seit 1982 im Gefängnis gesessen hatte (er verbüßte eine lebenslange Haftstrafe). Die meisten palästinensischen Israelis sind im Shatta-Gefängnis (in der Nähe von Bissan) inhaftiert, zusammen mit Syrern aus dem Golan und Palästinensern aus Jerusalem. Die systematische Trennung dieser Häftlinge von den Häftlingen aus dem Westjordanland und dem Gazastreifen korrespondiert mit der formalen Annektierung der Golanhöhen am 14. Dezember 1981 und Ostjerusalems am 30. Juli 1980 zum Staatsgebiet Israels.

*Tel. 04/6462080, Demonstrationen und weitere Solidaritätsbekundungen werden am Tag der Gefangenen (Prisoners' Day, 17. April) organisiert.*

*Gemälde »Tag der Gefangenen« von Sliman Mansour*

## Israel (Die Gebiete von 1948)

### Ahali Centre for Community Development
(Das Ahali-Zentrum für Gemeinschaftsentwicklung)

»Ahali«, was »Menschen in der Gemeinschaft« bedeutet, ist eine unabhängige, gemeinnützige Organisation, die 1999 gegründet wurde, um den Basisaktivismus unter den palästinensischen Bürgern in Israel zu stärken. Die Organisation arbeitet mit verschiedenen Interessengruppen zusammen, um innovative Programme zu entwickeln, die das Ziel verfolgen, den Palästinensern in Israel mehr Entscheidungsbefugnis zu verleihen und der palästinensischen Minderheit eine Stimme zu geben. *Ahali* unterstützt den Aktivismus von Frauen, Landwirten, Handwerkern, Jugendlichen, Eltern und Studenten und bemüht sich durch seine sozial-politische Arbeit um die Gewährung einer vollen Staatsbürgerschaft und der Minderheitenrechte für Palästinenser in Israel sowie um eine gleichmäßige Verteilung nationaler Ressourcen. *Ahali* hofft, auf diese Weise eine demokratischere, pluralistische, gleiche und gerechte Gesellschaft zu schaffen.

*Demonstration zur Verbesserung der Lebensbedingungen der Palästinenser in Israel*

Nazareth, Tel. 04/6081401, E-Mail: a.zidani@ahalicenter.org, www.iataskforce.org/mem_ahali

## Nördlich und östlich von Nazareth

### Saffuriya (Zippori)

Die befestigte Stadt Saffuriya erhielt im 1. Jh. v. Chr. kurz nach der römischen Eroberung Palästinas den Status der Verwaltungshauptstadt von Galiläa. Herodes Antipas erbte die Stadt von seinem Vater, nachdem die Römer einen vom alten Adel der Hasmonäer geschürten Aufstand niedergeschlagen hatten. Er erbaute Sepphoris (Zippori) auf den Ruinen der Stadt und nannte sie »das Juwel von Galiläa«. In der kosmopolitischen Stadt waren das Judentum und die orientalischen sowie griechisch-römischen Religionen willkommen, die dort nebeneinander existierten. Die Stadt blieb dem Römischen Reich treu ergeben und sie bekam unter Hadrian den Status einer freien Stadt zugesprochen, der sie in »Diocaesarea« umbenannte. Ende des 2. Jh. n. Chr. wurde sie zu einem bedeutenden Zentrum des Judentums und zum Sitz des Hohen Gerichts (*Sanhedrin*).

Im 4. Jh. begann die Entwicklung der hiesigen christlichen Gemeinde. Eine ihrer Hauptkirchen wurde von Josef von Tiberias, einem jüdischen Konvertiten, erbaut. Saffuriya blieb unter islamischer Herrschaft eine bedeutende Handelsmetropole und wurde häufig von arabischen Geografen und Chronisten erwähnt. Unter den Umayyaden hatte sie sogar ihre eigene Münzprägeanstalt. Die Kreuzfahrer machten die Stadt zu ihrer strategischen Basis und erbauten eine

## Nazareth

Zitadelle, die sie »La Saphorie« nannten. Diese wurde im 18. Jh. von Daher al-Omar ez-Zaydani, dem Gouverneur des Nordens von Palästina, restauriert. Die Festung wurde gegen Ende des 19. Jh. in eine *Kuttab* (eine Grundschule) und später in eine weiterführende Schule umgewandelt.

Berühmte Bürger von Saffuriya waren Jamal Ibn Abdel Hadi al-Saffuri (1436-1503, Historiker, Theologe und Lehrer des Historikers Ibn Tulun), Abu al-Baqa al-Saffuri (1574-1628, Richter in Safed und in zahlreichen Dörfern von Sham) und schließlich Ahmed al-Sharif (1569-1633, Richter und Poet), der auch unter dem Namen Ahmed Ibn Ali al-Saffuri ed-Damashqi bekannt war. 1944 war Suffuriya mit über 4330 Einwohnern (4320 Muslime und 10 Christen) das bedeutendste Dorf im Distrikt von Nazareth.

*Archäologische Ausgrabungen im Zippori-Nationalpark, Öffnungszeiten: täglich 8.00-17.00 Uhr (16.00 Uhr im Winter), Eintritt: Erwachsene 23 NIS, Kinder 12 NIS, Gruppen: Erwachsene 19 NIS, Kinder 11 NIS, Tel. 04/6568272. Eine detaillierte Karte des Ortes ist erhältlich (10 NIS). Für weitere Informationen über Besuche eines zerstörten Dorfs oder über innerstaatliche Flüchtlinge, kann die Heritage Society of Saffuriya über die Association for the Defence of the Rights of Internally Displaced Persons kontaktiert werden(s. S. 476).*

### En-Nakba

Am 15. Juli 1948 bombardierten israelische Flugzeuge das Dorf. Einige Bewohner flüchteten in die angrenzenden Felder und kehrten erst zurück, als der Angriff vorüber war. Andere suchten Zuflucht im Libanon. Am 2. Januar 1949 wurden diejenigen, die in Saffuriya geblieben waren, in benachbarte palästinensische Ortschaften deportiert (in die Außenbezirke Nazareths, Illut, Er-Reyna und Kufr Kana). Sie reichten beim Obersten Israelischen Gerichtshof Beschwerde ein. Dieser lehnte sie aber mit der Begründung ab, dass Saffuriya vom Militärgouverneur zur geschlossenen

*Mosaik im Zippori-Nationalpark*

Militärzone erklärt worden sei. 1949 wurden zwei landwirtschaftliche Siedlungen, Zippori und Ha-Solelim, auf dem Gebiet des Dorfs gegründet. Ungarische Juden siedelten in Zippori und die vertriebenen Einwohner Saffuriyas ließen sich in der Umgebung von Nazareth nieder, in einem Gebiet, das sie »Safafra« nannten (Menschen, die ursprünglich aus Saffuriya stammen). Von dort aus hat man einen herrlichen Blick auf die Ebene und das 6 km entfernte ehemalige Dorf.

### Das Dorf heute

Die Überreste des palästinensischen Dorfs sind unter einem Kiefernwald verschwunden, der vom *Jewish National Fund* im Rahmen der Aktion »Pflanze einen Baum in Israel« angelegt wurde. Der Wald ist der Unabhängigkeit Guatemalas gewidmet (15. September 1821).

In Moshav Zippori blieben nur einige Ruinen palästinensischer Häuser und das katholische Kloster der Heiligen Hannah (*Tel. 04/6555342*) übrig. Das Kloster wurde in den Zwanzigerjahren auf einem Grundstück errichtet, das den Nonnen von der islamischen *Waqf* zur Verfügung gestellt worden war. Nach einheimischer Überlieferung (die auf die Epoche der Besetzung durch

# Israel (Die Gebiete von 1948)

die Kreuzfahrer zurückgeht) kamen Marias Eltern, der Heilige Joachim und die Heilige Anna, ursprünglich aus Sepphoris. Die Kreuzfahrer erbauten eine Kirche an der Stelle ihres Hauses, von wo aus man die gut erhaltene, wunderschöne Apsis besichtigen kann (Informationen erhältlich im St. Hannah-Kloster). Bis zur *Nakba* unterhielt das Kloster eine Dorfklinik und ein Ausbildungszentrum für Frauen; mittlerweile betreiben die Nonnen dort ein Internat. Es bestanden enge Beziehungen zwischen den Dorfbewohnern – ausschließlich Muslime – und dem Kloster. Als das Kloster während des Zweiten Weltkriegs vom Vatikan keinen Zuschuss mehr erhielt, finanzierte der Stadtrat die Grundkosten und entrichtete eine Spende an die klösterliche Gemeinde.

Die Menschen von Saffuriya kämpfen seit mehr als 50 Jahren für die Rückgabe ihrer Ländereien. Ihre Bemühungen haben sich auch auf die Erhaltung und Restaurierung von Grabstätten und heiligen Orten konzentriert. 1948 wurden die fünf Friedhöfe und zahlreiche *Maqams* von israelischen Truppen und einheimischen Juden zerstört. Auch der Al-Karaki-Friedhof mit den Kindergräbern wurde unter Erde und Trümmern begraben. 1978 begannen Israelis aus der Region, das Land des Hauptfriedhofs umzugraben. Die ursprünglichen Einwohner Saffuriyas schritten dagegen ein und konnten zwei Drittel des Gebiets vor der Entweihung bewahren. Der Rest wurde vollständig umgegraben. 1993 erhielten die ehemaligen Bewohner die Erlaubnis, den Friedhof einzuzäunen. Er liegt 300 m hinter dem Eingang nach Zippori, in der Nähe einer Kuhweide.

*Zerstörung palästinensischer Häuser durch einen Bulldozer*

### Die Ausgrabungsstätte von Sepphoris

Große Flächen dieser antiken Stätte wurden freigelegt. Zu den eindrucksvollsten Entdeckungen zählen die herrlichen Mosaikfußböden, die Häuser und Andachtsorte zierten. Insbesondere zieht das Abbild der *Mona Lisa von Galiläa* die Aufmerksamkeit auf sich. Daneben finden sich zahlreiche Szenen eines Festes zu Ehren von Dionysos, dem griechischen Gott des Weins. Das römische Theater wurde im 1. Jh. n. Chr. errichtet und verfügte über etwa 5000 Plätze. Außerdem kann man hier eine Zitadelle aus der Zeit der Kreuzfahrer besichtigen, in der heute ein Ausstellungszentrum untergebracht ist. Ein kurzer Spaziergang führt zu einem beeindruckenden Wasserspeicher aus römischer und byzantinischer Zeit sowie zu den Überresten zweier Aquädukte.

### Sakhnin

Sakhnin (25 000 Einwohner) ist umgeben von Bergen und Olivenhainen und ist ein guter Ausgangspunkt für eine Wanderung durch das Gebiet. Während der Olivenernte (von Mitte Oktober bis Anfang November) findet das Olivenölfest statt (*Sakhnins Stadtverwaltung, Tel.*

## Das Geschenk des Sultans

Als der Erste Weltkrieg ausbrach, erfuhr der Dorfrat von Saffuriya, dass türkische Truppen, die zur Front geschickt worden waren, Rast in Saffuriya einlegen würden, um Proviant anzufordern. Die bevorstehende Ankunft der Soldaten verhieß nichts Gutes, sodass die Dorfobrigkeit beschloss, den Truppen und ihren Pferden mit Speisen, Getränken und Vorräten die bestmögliche Begrüßung zu bereiten. Jeder Dorfbewohner trug persönlich etwas dazu bei. Auf dem Feld von Abdel Mohti wurden Zelte errichtet und Strohmatten auf dem Boden verteilt. Die Soldaten trafen müde und durstig am erwarteten Tag gegen Mittag ein. Sie wurden respektvoll und freundlich empfangen und stillten ihren Hunger. Am Ende des Nachmittags, als es Zeit war, Abschied zu nehmen, dankte der befehlshabende Offizier dem Sheikh des Dorfs, Muhammad Sliman, und den anderen Würdenträgern des Ortes und rühmte ihre Gastfreundschaft.

Satt und ausgeruht setzten die Soldaten ihren Rückweg nach Nazareth fort. Die Bewohner geleiteten sie bis zu den Grenzen ihres Dorfs. Einige Tage später kam eine kleine Gruppe von Soldaten und übergab dem Sheikh eine Vorladung vom türkischen Gouverneur des Distrikts. Diese Vorladung wurde als schlechtes Zeichen gewertet. Man erzählte sich beunruhigende Geschichten über diesen bedeutenden Kommandanten. Die Leute sagten, dass jeder, der seine Residenz betrete, verloren und jeder, der herauskomme, wiedergeboren sei. Sheikh Muhammad Sliman versammelte hastig zwei seiner Kinder und ein kleines Komitee um sich und folgte mit ihnen den Soldaten nach Nazareth zur Residenz des Gouverneurs. Während der gesamten Reise wurde bedrückt geschwiegen, jeder fragte sich nach dem Grund für die Vorladung. Am Reiseziel angekommen, kannte ihre Verwunderung keine Grenzen, als sie sahen, dass der Gouverneur den Sheikh in seine Arme nahm und dabei ehrerbietig und freundlich begrüßte. In gebrochenem Arabisch lobte er den Empfang, den seine Soldaten im Namen des Sultans erfahren hatten. Der Sheikh antwortete, dass die Soldaten des Sultans Gäste gewesen seien und ihre Anwesenheit eine Ehre für das Dorf bedeutet habe. Der Gouverneur erzählte ihnen, dass man in den höchsten Kreisen ein Zeichen der Anerkennung für ihre Gastfreundschaft beschlossen habe. Bevor die Dorfbewohner abreisten, überreichte er ihnen höchstpersönlich auf Anweisung des Sultans ein Geschenk. »Ein besonders kostbares Geschenk«, betonte er. »Möge Gott dem Sultan den Sieg schenken«, antwortete die kleine Gruppe einstimmig.

Auf dem Heimweg betrachtete jeder das Päckchen und dessen Verpackung mit Neugier. Sheikh Muhammad Sliman wurde von seinen Leuten mit großer Erleichterung empfangen; er erzählte ihnen ausführlich von dem Abenteuer und beendete seine Geschichte mit dem Moment, in dem sie das Geschenk erhalten hatten, auf das nun alle Augen gerichtet waren. Der Sheikh fuhr mit seiner Geschichte fort: »Der Sultan persönlich entschied, unserem Dorf dieses kostbare Geschenk zu überbringen und übermittelte seine Anweisung dem Herrscher von Beirut, der es dem Verwalter von Akko gab, der es dem Gouverneur in Nazareth mitteilte. Aber da wir nun alle hier zusammen sind, wird es höchste Zeit, das Päckchen zu öffnen.« Der Sheikh öffnete die Knoten, wickelte das Päckchen aus und holte aus dem Inneren des Kastens eine große, türkische Flagge hervor. Alle Dorfbewohner lachten, bis sie nicht mehr konnten. Sie dankten Gott dafür, dass die Abgesandten gesund und munter von ihrer Mission heimgekehrt waren.

*Dieser Vorfall, der sich zu Beginn des Ersten Weltkriegs ereignet hatte, wird unter den Safafra (den Dorfbewohnern Saffuriyas) von Generation zu Generation weitergegeben.*

*Osmanischer Sultan*

04/6788888). In der Mitte des Dorfs befindet sich das Palästinensische Volkskundemuseum (*Palestinian Folk Museum, oberhalb der Omar-Moschee, Öffnungszeiten: täglich 8.00-16.30 Uhr, Eintritt: 10 NIS*), in dem eine interessante Zeichnung eines traditionellen Dorfs mit seiner sozialen

Organisation ausgestellt wird. Es gibt auch eine Etage, die den Handwerkskünsten (Glas aus Hebron, Perlmuttschachteln aus Beit Sahour und Olivenholzstatuetten aus Bethlehem) und handbestickten palästinensischen Kleidern gewidmet ist.

### Tag des Bodens (Yom al-Ard)

Der Tag des Bodens ist ein palästinensischer Nationalfeiertag. Am 30. März 1976 wurden während eines Streiks und allgemeiner Proteste gegen die Konfiskation von Land durch die israelischen Behörden (s. S. 87) sechs Palästinenser aus Sakhnin, Arrabe, Kufr Kana und Taybeh getötet. Angesichts des Widerstands veranlassten die israelischen Behörden für einige Zeit ein Stillhalteabkommen für ihre Projekte der Landenteignung. Motiviert war diese Entscheidung durch den Wunsch, jeden Aufstand innerhalb des Staates Israel zu vermeiden, der sich auf das Westjordanland und Gaza ausdehnen könnte, während die israelische Armee mit militärischen Operationen gegen palästinensische Flüchtlinge im Libanon beschäftigt war. Jedoch wurden die Landenteignungen nie vollständig aufgegeben, die Vorgehensweise wurde nach der Unterzeichnung der Oslo-Abkommen vielmehr verschärft.

## Kufr Kana

Dieses Dorf war Schauplatz des ersten Wunders Jesu, der Verwandlung von Wasser in Wein für die Hochzeit zu Kanaa (Joh 2, 1-11). Seit dem 3. Jh. n. Chr. ist es das Ziel christlicher Pilgerreisen. Als diese Wallfahrten zunahmen, erbauten die Franziskaner im Jahr 1879 die Kirche des Hochzeitsmahls. Die nahe gelegene griechisch-orthodoxe Kirche stellt jene Wasserkrüge aus, in denen sich das Wunder ereignet haben soll. Kufr Kana umfasst heute mehr als 10 000 Einwohner, darunter befinden sich sowohl Christen als auch Muslime sowie eine kleine tscherkessische Gemeinde, die sich im 19. Jh. in Palästina ansiedelte.

*Etwa 8 km nordöstlich von Nazareth an der Road 754. An Buslinie Nr. 431 zwischen Nazareth und Tiberias.*

## Berg Tabor

Wie der Jabal al-Sheikh (Berg Hermon), den man ebenso wie den See Genezareth an einem klaren Tag von hier aus sehen kann, wird auch der Berg Tabor (588 m) seit jeher als heiliger Berg betrachtet (5 Mo 19, 33). Aufgrund seiner Nähe zu Nazareth gilt der »hohe Berg« als Schauplatz außergewöhnlicher Ereignisse im Leben Jesu; so wird der Ort der Verklärung Christi (Mt 17, 1-8) hier lokalisiert. Seit dem 4. Jh. versammelten sich auf dem Berg Tabor häufig viele christliche Pilger, was jedoch nicht verhinderte, dass er zu einer wichtigen strategischen und militärischen Basis wurde. Im Jahr 1217 war er ein Symbol des fünften Kreuzzugs, da er einer mehrtägigen Belagerung standhielt. Er wurde später zum Schauplatz einer blutigen Schlacht zwischen Napoleons Armee und den os-

*Berg Tabor, Ort der Verklärung Christi*

manischen Truppen. Zwei Kirchen stehen auf dem Gipfel: die griechisch-orthodoxe Elias-Kirche (für die Öffentlichkeit nicht zugänglich) und die Franziskanerbasilika, zu der man Zugang über den Eingang der Ayyubiden-Festung Bab al-Hawa (Tor des Windes) erhält.

*9 km östlich von Nazareth. Franziskanerbasilika, Öffnungszeiten: täglich 8.00-11.30 Uhr und 14.30-18.00 Uhr, Oktober-März 14.00-17.00 Uhr. Außergewöhnliches Panorama.*

*Franziskanerbasilika auf dem Berg Tabor*

## Westlich und südlich von Nazareth

### Beit Shearim

Diese Stadt, die bei den Griechen als Besara bekannt war, befand sich im Herzen des Gebiets, das Berenike unterstellt war, einer Urenkelin von Herodes dem Großen. Seit dem 2. Jh. n. Chr. war sie eines der bedeutendsten Zentren des Judentums und Sitz des jüdischen Hohen Rats (*Sanhedrin*), der nach dem Aufstand im Jahr 135 n. Chr. aus Jerusalem verbannt wurde. Die Stadt erreichte im 3. und 4. Jh. ihre Blütezeit, wurde jedoch 352 vom byzantinischen Gouverneur Gallus nach einem neuerlichen Aufstand, der sich auf das gesamte Gebiet ausgebreitet hatte, zerstört. Unter den vielen berühmten Bürgern der Stadt war auch Rabbi Yehuda Hanasi (135 bis 217 n. Chr.), der die *Mischna*, d.h. die Gesetze, die Juden in ihrem täglichen Leben befolgen müssen, zusammengestellt hat. Sie waren bis zu diesem Zeitpunkt lediglich mündlich überliefert worden. Nach seinem Tod wurde Beit Shearim zu einem heiligen Ort, sodass viele Juden aus dem Jemen, Antiochia und Babylon dort bestattet werden wollten. Im 3. Jh. war Juden der Zutritt zu Jerusalem verboten, weshalb Beit Shearim zur Begräbnisstätte für Juden aus aller Welt wurde.

Archäologen haben hier ein weitläufiges Netzwerk aus Katakomben entdeckt; die 31 ausgestellten Grabmäler sind heute die Hauptattraktion des Ortes. 100 m südöstlich einer Basilika befindet sich die Wali-Abreik-Moschee, das einzige verbliebene Gebäude eines 1948 zerstörten palästinensischen Dorfs. Der Legende nach vollbrachte Sufi Abreik hier ein Wunder, indem er Wasser aus einem zerbrochenen Krug hervorsprudeln ließ. Es sprudelte fortwährend und bildete schließlich einen Sumpf, dessen Gewässern heilende Kräfte nachgesagt werden. Das Dorf erhielt seinen Namen von Sheikh Abreik. Heute wird es von einer Statue Alexander Zaids dominiert. Zaid war Anführer der zionistisch-paramilitärischen Organisation *Hashomer* (hebräisch »der Wächter«), der 1938 von palästinensischen Partisanen getötet wurde.

*An der Road 75, 4 km südlich von Nazareth. Öffnungszeiten: Samstag-Donnerstag 8.00-16.00 Uhr, Freitag 8.00-15.00 Uhr, Eintritt: Erwachsene 18 NIS, Kinder 8 NIS , Tel. 04/9831643. Im Grabmal 28 befindet sich ein kleines Museum.*

## Megiddo (Armageddon)

Diese antike Stadt befindet sich in der großen Ebene von Marj Amer (Jesreel-Ebene), wo sich die Wege nach Ägypten, zur Mittelmeerküste, nach Syrien und Mesopotamien kreuzen. Durch ihre geografische Lage übten Mesopotamien und Ägypten Einfluss auf das kulturelle, philosophische, religiöse und handwerkliche Erbe der Stadt aus. Zwischen lokalen und regionalen Machthabern wurden viele Schlachten um die Stadt geschlagen. Im Buch der Offenbarung des Heiligen Johannes wird sie auch zum Schauplatz der ultimativen Schlacht zwischen Gut und Böse.

»Die Geister führten die Könige an dem Ort zusammen, der auf Hebräisch Harmagedon (Armageddon) heißt. Und es folgten Blitze, Stimmen und Donner; es entstand ein gewaltiges Erdbeben. Die große Stadt brach in drei Teile auseinander, und die Städte der Völker stürzten ein. Gott hatte sich an Babylon, die Große, erinnert und reichte ihr den Becher mit dem Wein seines rächenden Zornes« (Offb 16, 16 und 18-19).

*Jesreel-Ebene bei Megiddo*

Die berühmteste Schlacht, die um Megiddo geschlagen wurde, war die zwischen Pharao Thutmosis III. und einer Vereinigung von 330 kanaanitischen und syrischen Herrschern des Königreichs Mitanni 1479 v. Chr. Ägypten siegte und erbeutete 924 Kriegsstreitwagen.

*An der Road 65, 20 km nördlich von Jenin, 5 km südwestlich von Afula gelegen. Archäologische Stätte mit einem Museum am Eingang. Öffnungszeiten: Samstag-Donnerstag 8.00-16.00 Uhr, Freitag 8.00-15.00 Uhr. Eintritt: Erwachsene 23 NIS, Kinder 12 NIS, Gruppen: Erwachsene 19 NIS, Kinder 11 NIS, Tel. 04/6950316.*

## Tiberias (Tabariya)

»Einst war sie eine Stadt von erheblichem Einfluss, aber nun sind da
nur einfache Gemäuer, die von ihrer früheren Pracht erzählen.«
*Ibn Battuta, arabischer Geograf (14. Jh.)*

Herodes Antipas, Tetrarch von Galiläa, errichtete die Stadt 18 n. Chr. zu Ehren des römischen Kaisers Tiberius. Sie übernahm von Sepphoris den Titel »Hauptstadt von Galiläa«. Im 2. Jh. entwickelte sich die Stadt beachtlich. Über viele Jahrhunderte war sie das religiöse Zentrum der palästinensischen Juden. Im Jahr 220 gründete hier Yohanan Ben Nappaha (180-279), Schüler des Rabbi Yehuda Hanasi (135-217), die talmudische Akademie. Um das Jahr 400 veröffentlichte die Akademie ihre Sammlung der *Mischna* und deren Erläuterungen (*Gemara*) – den »Palästinensischen Talmud«, der irrtümlicherweise »Jerusalem-Talmud« genannt wird. Der Niedergang der Akademie von Tiberias im 5. Jh. nutzte den jüdischen religiösen Autoritäten in

## Tiberias

Persien, die den »Babylonischen Talmud« als ihre Legitimation verstanden. Zu dieser Zeit war das Christentum zu einer ernsthaften Konkurrenz geworden, da viele Juden konvertierten. Der Konflikt zwischen Juden und Christen in Palästina verschärfte sich, als 614 die Perser einfielen. Die meisten heiligen Stätten der Christen in diesem Gebiet wurden von den Persern zerstört – mit Unterstützung der Juden und Samariter. Die arabisch-muslimische Eroberung führte zu einer Abschwächung der interreligiösen Konflikte. Tiberias wurde zur Hauptstadt der umayyadischen Provinz (*jund*) von Al-Urdonn (Al-Urdun), einem in etwa der byzantinischen Provinz von Palaestina Secunda entsprechenden Gebiet, das Galiläa und den Norden von Transjordanien umfasste. Die talmudische Akademie erlebte während der abbassidischen Epoche erneut eine Blütezeit und brachte den jüdischen Feiertagskalender sowie die Interpunktion für die hebräische Version der Bibel hervor, die im Judentum weltweit Anerkennung fand.

Tiberias war eine florierende Stadt, wurde aber durch Erdbeben in den Jahren 749 und 1033 schwer beschädigt. Nach 1099 baute Tancred, Kreuzfahrerprinz von Galiläa, Tiberias nördlich der antiken Stadt erneut als Verwaltungshauptstadt von Galiläa auf (dort befindet sich heute die Altstadt). 1187 befreite Saladin die Stadt, bevor er bei den Hörnern von Hittin den entscheidenden Sieg über die Kreuzfahrer davontrug. Diese erlangten zwischen 1240 und 1247 aber wieder die vorrübergehende Kontrolle über die Stadt durch einen Vertrag, den sie mit Salah Ismail al-Ayyubi unterzeichnet hatten. Im 16. Jh. gab Sultan Suleiman der Prächtige der Region neuen Auftrieb. Er siedelte Juden aus dem ganzen Osmanischen Reich hier an; diese Ansiedlung organisierte Joseph Nassi, ein jüdisch-osmanischer Berater für europäische Angelegenheiten und Bankier portugiesischer Herkunft. Die neuen Bewohner führten hier die Seidenraupenzucht ein.

*Tiberias-Lithografie von David Roberts aus dem Jahr 1839*

Im 18. Jh. machte Daher al-Omar al-Zaydani (1694-1775) Tiberias zum Sitz seiner Regierung in Galiläa. Die osmanischen Zentralbehörden waren von dem Ausmaß der Unabhängigkeit, die er für dieses Gebiet errungen hatte, beunruhigt und unternahmen zahlreiche Versuche, seine Macht zu brechen, indem sie seine Truppen angriffen. 1775 wurde er schließlich ermordet. Nachdem ein Erdbeben die Stadt 1837 erneut zerstörte, erholte sie sich erst wieder ab dem Ende des 19. Jahrhunderts.

1945 hatte Tiberias 11 300 Einwohner: 5300 Muslime und Christen sowie 6000 Juden. Wie auch andernorts in Palästina hatten die Beziehungen zwischen den unterschiedlichen Religionsgemeinschaften an Spannung zugenommen, da jüdische Einwohner an der zionistischen Ideologie festhielten, in Palästina einen jüdischen Staat zu gründen. Ermutigt durch die Balfour-Deklaration von 1917 entwickelte die jüdische Gemeinschaft ein ehrgeiziges Kolonisationsprojekt, welches der einheimischen Bevölkerung mehr und mehr ablehnend gegenüberstand. Der von den Zionisten ausgeübte Druck in der Region durch Landkauf, Vertreibung von Bauern und die Gründung von Siedlungskolonien führte dazu, dass sich viele Palästinenser aus

## Israel (Die Gebiete von 1948)

*Tiberias am See Genezareth*

dem Distrikt Tiberias aktiv an den Unruhen von 1920/1921, 1929 und an dem palästinensischen Aufstand zwischen 1936 und 1939 beteiligten.

Bis 1945 hatten es zionistische Organisationen bereits geschafft, sich 38% des Landes im Distrikt Tiberias anzueignen, obwohl die jüdische Bevölkerung nur 33% der gesamten Bevölkerung der Region darstellte.

*En-Nakba*

Die ersten Zusammenstöße in diesem Gebiet ereigneten sich am 11. März 1948. Nach einem von palästinensischen Anführern und der jüdischen Kommission der Stadt ausgehandelten mehrwöchigen Waffenstillstand begann die *Hagana* am 12. April 1948 erneut mit Angriffen auf Tiberias, nachdem sie zuvor das jüdische Viertel evakuiert hatte. Diesem Angriff war die Zerstörung zahlreicher nahe gelegener Dörfer vorausgegangen. Zwei Tage lang wurde die Stadt bombardiert. Die befehlshabenden britischen Behörden schritten nicht ein, obwohl sie bis zu ihrem Rücktritt gemäß der Mandatsbestimmungen für die Ordnung und für die Sicherheit der Einwohner Palästinas verantwortlich waren. Am 16. April wies der Befehlshaber der britischen Streitkräfte den Vorsitzenden des palästinensischen Verteidigungsausschusses an, einen Waffenstillstand auszurufen und die Bevölkerung zu evakuieren. Er garantierte die Sicherheit der Einwohner und versprach, Transportmittel zur Verfügung zu stellen. Weil sie mit unzureichenden Waffen ausgestattet waren und keine Unterstützung seitens der Briten oder aus der arabischen Welt erhielten, sahen sich die Palästinenser dazu gezwungen, das britische Angebot zu akzeptieren. Tiberias war die erste palästinensische Stadt, die besetzt und deren Bevölkerung (am 18. April 1948) vertrieben wurde.

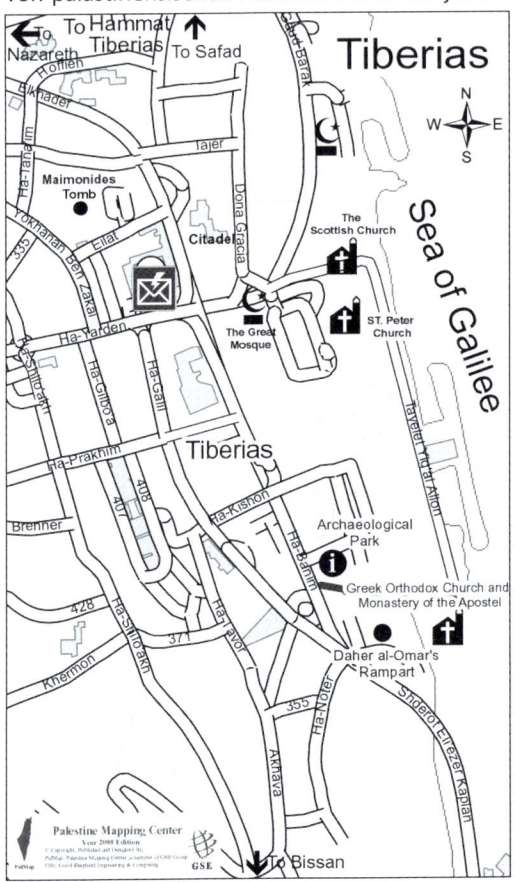

*Stadtplan von Tiberias*

> »An diesem Tag war der Hafen überfüllt. Menschenmassen warteten auf das Schiff, das sie an die Al-Batiha-Küste auf der Ostseite des Sees bringen sollte. Ich ging mit meinem Sohn Daher, meiner Familie und anderen Einwohnern, ohne Neuigkeiten von meinem Mann erfahren zu haben. In Batiha holten uns die Syrer ab und brachten uns in verschiedene syrische Dörfer: Jassem, Nawa, Fiq und weitere. Dort lebten wir für einen Monat im Schutz der Zelte. Mein Vater, ein Schifffahrtsunternehmer, verlor viele seiner Schiffe. Möge Gott sie für das, was sie uns antaten, bestrafen. Wir verließen unsere Häuser und alles, was darin war. Sogar meine Hochzeitskleidung blieb in ihren Schachteln zurück.«
>
> Haja Amina Sadiyeh (Umm Daher)

## Die Altstadt

Bis 1948 war die Altstadt das Herz der palästinensischen Stadt. Heute ist sie ein Badeort für Touristen. Die Bauweise der alten Häuser aus Basalt (der in der Region im Überfluss vorhanden ist), verleiht der Stadt ihren besonderen Charme. Die historischen Überreste der Stadt sind bescheiden und schlicht. Die größten Ruinen am Eingang sind **Festungswälle aus dem 18. Jh.** Die mit halbkreisförmigen Türmen versehenen Gemäuer wurden um 1738 von Daher al-Omar, dem Gouverneur von Galiläa, erbaut. Der am besten erhaltene Teil des Festungswalls befindet sich am südlichen Ende der Altstadt; er führt zum **griechisch-orthodoxen Kloster der Apostel**. Das Kloster wurde 1863 auf den Überresten einer Kirche aus dem 3. oder 4. Jh. n. Chr. erbaut (in der Regel ist es der Öffentlichkeit nicht zugänglich, in Ausnahmefällen sind Besichtigungen jedoch möglich).

Ein Stück weiter entlang der Promenade befindet sich die 1880 erbaute **Moschee des Meeres (Al-Masjid al-Bahr)**, in der Gottesdienste seit 1948 verboten sind. Weiter nördlich trifft man auf die ebenfalls seit 1948 geschlossene **Große Moschee (Al-Omari-Moschee)** aus der tiberianischen Renaissance im 18. Jh. Sie ist das am besten erhaltene und eleganteste unter den historischen und religiösen Gebäuden der Stadt, wurde jedoch nie umfangreich restauriert. Im Oktober 2000 plünderten Israelis die Moschee und seither haben die israelischen Behörden (die Stadtverwaltung und das für den gesamten islamischen Besitz verantwortliche Innenministerium) nichts unternommen, um die Moschee wieder instand zu setzen.

Die benachbarte **St. Peter-Kirche** (*Montag bis Freitag geöffnet, Eintritt frei*) gedenkt des Wunders der Fische (Joh 21). Sie wurde 1870 auf den Überresten einer Kreuzfahrerkirche errichtet und in der ersten Hälfte des 20. Jh. erweitert. 200 m weiter, auf der Dona Gracia Street, befinden sich die Ruinen einer **Kreuzfahrerfestung**, auch bekannt als »die Zitadelle« (*Tel. 04/6581766, täglich 10.00-16.00 Uhr geöffnet, Eintritt: 18 NIS*). Daher al-Omar baute die dreigeschossige Burg wieder auf und machte sie zu seinem Hauptsitz. Die Zitadelle wurde vor einiger Zeit von einem einheimischen Künstler restauriert, der darin eine Kunstgalerie und ein Restaurant eröffnete.

## Das Grabmal des Maimonides

Maimonides oder Rambam (ein Akronym von Rabbi Moshe Ben Maimon), wie er seine Arbeiten signierte, stammte aus Córdoba (Spanien), verbrachte jedoch die meiste Zeit seines Lebens in Kairo. Er war Theologe, Philosoph und Doktor der Medizin und besuchte Tiberias gegen Ende seines Lebens, starb aber in Kairo. Besonders interessierte ihn die therapeutische Wirkung der heißen, schwefelreichen Quellen. Er war ein großartiger Schriftsteller und schrieb zahlreiche

## Israel (Die Gebiete von 1948)

philosophische, theologische und medizinische Abhandlungen, einschließlich einer Arbeit über Asthma und einer weiteren über verschiedene Krankheitssymptome. Sein größtes Werk aber ist die *Mischna Thora* (der erste Kodex des talmudischen Gesetzes), die bis heute eine wichtige theologische Referenz für das Judentum ist. Darin beschreibt er ein sehr spezifisches medizinisches Vorgehen, das nach seiner Interpretation der Thora erlaubt ist: »Was die Nichtjuden betrifft, mit denen wir uns nicht im Krieg befinden, so darf man ihren Tod nicht verursachen, doch ist es verboten, sie zu retten, wenn sie in Todesgefahr schweben. Aber wenn du Furcht vor ihm (dem Nichtjuden) hast oder du ihn verdächtigst, dir feindlich gesinnt zu sein, kümmere dich um ihn, wenn er dich dafür bezahlt, jedoch ist es dir verboten, dich um ihn zu kümmern, wenn es dir nicht vergütet wird.« Maimonides war Saladins Leibarzt.

*Tiberias in einer Darstellung von H. Fenn um 1875*

*Antiker Friedhof an der Yohanan Ben Zakai Street. 14 Säulen, welche die 14 Bücher von Maimonides' Erläuterung des Talmud – die Mischna Thora – symbolisieren, säumen den Weg zu seinem Ehrengrabmal.*

### Hammat Tiberias

Diese natrium- und magnesiumreichen heißen Quellen waren schon in der Antike für ihre heilende Wirkung bekannt. Ihre Existenz war entscheidend für den Beschluss von Herodes Antipas, Tiberias zu seiner Hauptstadt zu machen. In byzantinischer und islamischer Zeit trugen die Heilquellen zur Anziehungskraft der Stadt bei. Im 10. Jh. verzeichnete der arabische Historiker Al-Muqaddassi an diesem Ort acht verschiedene Heilquellen. Was von ihnen übrig geblieben ist, kann im Nationalpark Hammat Tiberias besichtigt werden. Im ehemaligen **Großen Badehaus**, das 1830 unter Abdallah Jazzar gebaut wurde, ist heute das **Lehman-Museum** untergebracht. Es informiert über den geomorphologischen Ursprung der heißen Quellen und die Geschichte der Heilquellen von Tiberias. Der eindrucksvollste archäologische Fund ist der Mosaikfußboden einer byzantinischen Synagoge aus dem 4. Jh. Auf der gegenüberliegenden Seite der Straße befindet sich die Thermalanlage des **Tiberias-Thermalbads**, das über ein breites Angebot moderner therapeutischer Einrichtungen verfügt (*Tel. 04/6728500, Öffnungszeiten: Sonntag, Montag und Mittwoch 8.00-20.00 Uhr, Donnerstag 8.00-11.00 Uhr, Freitag 8.00 Uhr bis zum Beginn des Sabbat, Samstag 8.30-20.00 Uhr*).

*2 km südlich von Tiberias, an der Road 90. Öffnungszeiten des Nationalparks: Sonntag-Donnerstag 8.00-17.00 Uhr, Freitag 8.00-16.00 Uhr. Eintritt: Erwachsene 12 NIS, Kinder 6 NIS, Gruppen: Erwachsene 11 NIS, Kinder 5 NIS. Der Eintritt in das Museum ist im Preis inbegriffen.*

# Tiberias

## Praktische Informationen

Als Ferienort am See verfügt Tiberias über eine gute Auswahl an Hotels, Restaurants und Cafés. Je näher man der Küste kommt, desto höher sind die Preise. In der Ferienzeit ist es voll und die Preise steigen. Das **Touristeninformationsbüro von Tiberias** befindet sich am Eingang der Stadt in einem kleinen archäologischen Park (*23 Ha-Banim Street, Öffnungszeiten: Sonntag-Donnerstag 8.00-16.00 Uhr, Freitag 8.30-12.30 Uhr, samstags geschlossen, Tel. 04/6725666*).

Die Hauptattraktion ist der See Genezareth. Die meisten Strände der Stadt und der Umgebung sind privat und bieten gegen Gebühr Duschen und Umkleidekabinen an. Um natürliche, öffentlich zugängliche Strände zu finden, muss man die Stadt verlassen. Road 90 und 92 führen an der Küstenlinie um den See herum. Es ist leicht, einen schönen Platz zu finden; allerdings sind die meisten Strände recht steinig.

### Der See Genezareth (Galiläisches Meer)

Der See Genezareth (arabisch »Buhairet Tabariya«, hebräisch »Kinneret«) ist der Überrest des Lisan-Sees, der am Ende des Tertiär-Zeitalters nach dem Zusammenbruch des Jordantals entstand. Der Lisan-See erstreckte sich vom Hula-Tal bis südlich des Toten Meeres. Wie das Tote Meer liegt der See Genezareth mehr als 200 m unter dem Meeresspiegel. Allerdings ist er nur zwischen 40 und 49 m tief und damit flacher als das Tote Meer. Er ist 21 km lang, 12 km breit und hat eine Fläche von 165 km$^2$ (dies entspricht in etwa der Größe des Gazastreifens). Der See wird mit vielen Wundern Jesu in Verbindung gebracht – wie der Speisung einer großen Menschenmenge mit fünf Laiben Brot und zwei Fischen (s. Tabgha, S. 491-492) oder seinem Gang über das Wasser (Mt 14, 22-33; Mk 6, 45-52; Joh 6, 16-21). Zudem entstand in Kapernaum, einem Ort am Seeufer, die erste christliche Gemeinde, die seine Lehren annahm (s. S. 492-493).

*See Genezareth mit den Golanhöhen im Hintergrund*

## Nördlich von Tiberias und See Genezareth

### Die Hörner von Hittin

Die beiden Gipfel sind Überreste eines erloschenen Vulkans. Die großen fruchtbaren Täler dienten als Handelswege für Karawanen und als Durchgangsweg für Heere. Im 4. Jh. v. Chr. wurde hier ein Dorf – im 3. Jh. v. Chr. »Kfar Hittin« (das »Dorf des Getreides«) genannt – zum Sitz eines Rabbiners. Doch die Hörner von Hittin sind vor allem durch die entscheidende Schlacht bekannt geworden, die hier 1187 zwischen den muslimischen Truppen Saladins und den Kreuzfahrern stattfand. Saladins Sieg bedeutete das Ende der Kreuzfahrerherrschaft in Palästina. Damalige Historiker beschrieben das gewaltige Aufgebot auf beiden Seiten: 12 000 Bogenschützen unter Führung von Saladin traten 1200 berittenen Soldaten und 16 000 Fußsoldaten entgegen.

Zahlreiche namhafte arabische Persönlichkeiten lebten hier, darunter im 14. Jh. der Historiker Al-Ansari ed-Damashqi, der »Sheikh von Hittin« genannt wurde, und Ali al-Dawadari, ein Schriftsteller, Kalligraf und Kommentator des Koran, der 1302 starb.

*8 km westlich von Tiberias gelegen. Zunächst Road 77, dann Road 7717, für Wanderungen zu empfehlen.*

> »Sie (die Franken) sahen aus wie Berge in Bewegung, wie Meere, deren Wellen überströmen, gegeneinander schlagend, sich gegenseitig in schäumende Höhlen hinunterziehend mit ihrer gewaltigen Wucht, den Sand vom Grund des Meeres aufwirbelnd. Die Atmosphäre selbst war verpestet und ihr Licht verblasste. Die Wüste war in Aufruhr – der weite Raum wurde ins Chaos gestürzt, die göttliche Ordnung fiel vom Himmel, der Staub reichte hinein bis in die Plejaden.«
>
> *Imad al-Din al-Isfahani (1125-1201), Saladins Privatsekretär*

### Hittin

1944 hatte das Dorf 1190 Einwohner, die hauptsächlich vom Getreideanbau und der Kultivierung von Obstbäumen (besonders Olivenbäumen) lebten. Am Tag nach der Einnahme Nazareths, in der Nacht des 16. Juli 1948, verließen die Dorfbewohner Hittin und suchten Zuflucht im Dorf Salama. Eine kleine Gruppe versuchte während eines kurzen Waffenstillstands zwischen Zionisten und Arabern zurückzukehren, wurde jedoch von israelischen Soldaten zurückgetrieben, die auf sie schossen. Zwei Siedlungen wurden auf den Ruinen des Dorfs errichtet: Arbel (1949) und Kfar Zeitim (1950). Heute steht an der Stelle des alten Dorfs nur noch das Minarett der Moschee.

Südwestlich befindet sich das *Maqam* von Nabi Shueib (des biblischen Jethro/hebräisch Jitro), das dem Pro-

*Die Hörner von Hittin*

pheten Shueib (Jitro), dem Anführer der Midianiter (einem arabischen Stamm) und Schwiegervater von Moses, gewidmet ist. Für die Drusen, die alljährlich im Frühling zu dem Schrein pilgern, ist Hittin ein heiliger Ort. Vor 1948 kamen auch die Drusen aus Galiläa, dem Libanon (Jabal Drus) und Syrien (Golan und Hauran) zur Andacht hierher. Der Schrein ist an der fünffarbigen Drusen-Flagge, die hier weht und auf der die fünf Gründungsväter dargestellt sind, leicht zu erkennen. Hinter dem Grabmal befindet sich ein Stein von dem man annimmt, dass auf ihm der Fußabdruck des Propheten Shueib zu sehen ist.

### Der Berg der Seligpreisungen

Der Berg der Seligpreisungen ist der Überlieferung zufolge der Schauplatz der Bergpredigt (Mt 5-7), wobei sich Jesus, wie auch der Prophet Muhammad nach ihm, auf das Erbe alter Traditionen berief: »Ihr sollt nicht wähnen, dass ich gekommen bin, das Gesetz oder die Propheten aufzulösen; ich bin nicht gekommen, aufzulösen, sondern zu erfüllen« (Mt 5, 17). Auf dem Hügel erinnert die achteckige Form der Bergpredigt-Kapelle an die acht Seligpreisungen (Mt 5, 3-10). Sie wurde 1937 nach den Plänen des italienischen Architekten Barluzzi erbaut. Von hier aus hat man einen wunderschönen Ausblick auf den See und dessen Umgebung.

*Tel. 04/6790978, Öffnungszeiten: täglich 14.30-16.30 Uhr.*

*Die Bergpredigt-Kapelle auf dem Berg der Seligpreisungen*

### Tabgha (Et-Tabigha)

Der Name »Tabgha« ist der arabische Name für »Heptapegon« (griechisch »die sieben Quellen«). Der Ort wurde bekannt, weil sich dort große Menschenmengen um Jesus versammelt haben, die seine Predigten hörten und Zeugen seiner Wunder wurden. Die Kirche der Brotvermehrung (*Öffnungszeiten: Montag-Freitag 8.00-17.00 Uhr, Samstag 8.00-15.00 Uhr, Eintritt frei, Tel. 04/6678100*) erinnert an ein Wunder Jesu – die Speisung von 5000 Menschen mit fünf Laiben Gerstenbrot und zwei Fischen (Mk 6, 30-44; Joh 6, 1-15; Mt 14, 13-21). Die Kirche wurde zwar erst 1956 erbaut, die Mosaike auf dem Boden stammen jedoch aus dem 5. Jh. Ein Mosaik zeigt das berühmte Motiv des Korbs mit den Broten und Fischen.

In unmittelbarer Nähe zum See befindet sich die St. Peter-Kapelle (*Öffnungszeiten: täglich 8.00-12.00 Uhr und 14.00-17.00 Uhr*). Sie wurde 1933 an der Stelle errichtet, an der Jesus zum dritten Mal nach seiner Wiederauferstehung seinen Aposteln erschienen sein soll. Die Bibel berichtet, dass die Apostel die ganze Nacht gefischt, aber nichts gefangen hatten. Als Jesus ihnen am Morgen erschien und ihr Netz füllte, da konnten sie es »nicht mehr ziehen von der Menge der Fische« (Joh 21, 6). Gemäß der Überlieferung machte Jesus daraufhin Petrus zum Oberhaupt der Kirche. Das Matthäus-Evangelium verlegt das Primat von Petrus jedoch in die Region

# Israel (Die Gebiete von 1948)

von Caesarea Philippi bzw. Banias (Mt 16, 13-20). Wo immer auch die damalige Machtübertragung von Jesus an Petrus vollzogen wurde, der Papst begründet seine Stellung als rechtmäßiges Oberhaupt der römisch-katholischen Kirche damit. Die schöne, aus Basalt erbaute Kirche besitzt eine besondere Atmosphäre. Basalt ist in dem ehemals vulkanischen Gebiet reichlich vorhanden und findet daher in der Gegend häufig Verwendung.

*In Tabgha kann man sehr schöne Spaziergänge unternehmen. Ein 3 km langer Pfad führt den See entlang nach Kapernaum. Weiterhin gibt es einen Weg zum Berg der Seligpreisungen. Die Landschaft lädt zu einem Picknick ein. Schwimmen im See ist möglich, doch sollte der Besucher auf die zerklüfteten Basaltfelsen achten, an denen man sich verletzen kann.*

## Das Dorf Tabgha

1944 hatte Tabgha 330 Einwohner (310 Muslime und 20 Christen), vornehmlich Kleinbauern, die ihr Einkommen durch Fischerei aufbesserten. Die Häuser des Dorfs wurden entlang des Seeufers und an der Straße von Tiberias nach Safed gebaut. Im Rahmen der »Operation Matateh« (»Operation Besen«), die durchgeführt wurde, um das Gebiet »sauber zu kehren«, wurden zionistische Truppen der *Palmach* angewiesen, »die Einwohner zu vertreiben und deren Häuser in die Luft zu jagen.« Nachdem Tiberias Mitte April gefallen war, flohen einige Dorfbewohner nach Syrien. Als am 4. Mai 1948 eine Kolonne gepanzerter Fahrzeuge in der Nähe von Tabgha auftauchte, suchten die restlichen Einwohner im benachbarten Dorf Al-Samakiya Zuflucht, in dem im Jahr 1944 noch 380 Menschen lebten.

Später am selben Tag flohen alle Einwohner unter dem Beschuss der *Hagana* in Richtung Syrien. In den nächsten Tagen versuchten einige Dorfbewohner nach Hause zurückzukehren, um zurückgelassene Besitztümer zu holen. Dies wurde allerdings von zionistischen Armeepatrouillen unterbunden. 1983 errichtete man die israelischen Siedlungen Korazim und Amnon auf den Grundmauern des Dorfs.

Im Korazim-Nationalpark sind die Überreste einer Synagoge aus dem 4. Jh. zu sehen (*Tel. 04/6934982, Öffnungszeiten: im Sommer täglich 8.00-17.00 Uhr, im Winter 8.00-16.00 Uhr, Eintritt: Erwachsene 18 NIS, Kinder 8 NIS, Gruppen: Erwachsene 15 NIS, Kinder 7 NIS*). In der Nähe der Kirche von Tabgha findet man einige magere Feigenbäume und kleine, von hohem Gras umgebene Steinhaufen, die anzeigen, wo sich das Dorf einst befand.

*Die Kirche der Brotvermehrung in Tabgha*

## Kapernaum

Das am nördlichen Ufer des Sees Genezareth gelegene Kapernaum (arabisch Kufr Nahum) war in der Römerzeit ein kleiner, geschäftiger Hafen. Hier suchte Jesus Zuflucht, nachdem er aus Nazareth geflohen war (Mt 4, 13) und dachte darüber nach, es zu seinem Wohnsitz zu machen.

## Bissan

An diesem Ort begann er auch zu predigen und die ersten Jünger schlossen sich ihm an: Simon (Petrus) und dessen Bruder Andreas, ebenso wie Jakob und sein Bruder Johannes (Mt 4, 18-22). Als Jesus umherzog, in Synagogen predigte und Wunder vollbrachte, gewann er viele neue Anhänger, von den Gegnern »Sektierer« genannt.

1894 erwarb der Franziskanerorden das Land, auf dem sich die Ruinen der antiken Stadt befanden. Die Franziskaner glaubten, dass sich hier die Wiege der Offenbarung Jesu befinde und führten Ausgrabungen durch. Dabei legten sie die Fundamente von Häusern aus dem 1. Jh. n. Chr. (darunter das Haus von Petrus), eine etwa um 300 n. Chr. erbaute byzantinische Synagoge und eine achteckige byzantinische Kirche aus dem 5. Jh. frei. Auf einem dieser Fundamente errichteten sie die Kirche des Hauses Petri. Auf dem Rückweg zum Ufer kann man auf dem Gelände der griechisch-orthodoxen Kirche der Sieben Apostel die Überreste der alten Hafenanlage sehen.

*Synagoge in Kapernaum*

*3 km östlich von Tabgha. Öffnungszeiten: täglich 8.30-16.00 Uhr, Eintritt: 4 NIS. Angemessene Kleidung wird vorausgesetzt (keine kurzen Hosen oder unbedeckten Arme). Die Schönheit und die Ruhe des Ortes schaffen eine andächtige Atmosphäre, die zu einem Besuch einlädt.*

# Beit Shean (Bissan)

Wir besaßen schon ewig einen wunderschönen Orangenhain
Und ein Dorf
Und der April schlief in seinen Schatten
Unser Dorf hieß Bissan.
Bring mich zurück nach Bissan, mein Winterdorf,
Dort, wo die Zärtlichkeit die grauen Flussufer überschwemmt,
Bring mich zurück zu den schläfrigen Nachmittagen nahe der Tür
zu meinem Haus
Dort, wo ich meine Arme öffnete, um
Die Stille der Erde zu umarmen.

Ich erinnere mich an dich, oh Bissan,
Du, die Spielwiese meiner jungen Kindheit
Ich erinnere mich an deine scheuen Schatten,
Und an alles was dort war
Eine Tür, zwei Fenster, unser Haus in Bissan.
Bring mich zurück, mit den Stieglitzen im Schatten,
Die weinen, und erzähl von der Sehnsucht nach der Heimat!
Bring mich zurück nach Bissan …

*Gedicht von den Brüdern Rahbani,
gesungen von Fairuz*

## Israel (Die Gebiete von 1948)

Ein Großteil von Bissans Geschichte konzentriert sich auf den 80 m hohen Tel Bissan mit der kanaanitischen Stadt, die bereits in ägyptischen Aufzeichnungen aus dem 19. Jh. v. Chr. erwähnt wird. Bis die Lagiden (die Familie der Ptolemäer) aus Ägypten im 3. Jh. v. Chr. die griechische Stadt Skythopolis am Fuße des Tel gründeten, war über sie nicht viel bekannt. Vermutlich erhielt sie ihren Namen aufgrund der skythischen Söldner, die dort in der Garnison lagen. Als Johannes Hyrcanus 107 v. Chr. die Stadt eroberte, wurden die Einwohner vor die Wahl gestellt, entweder zum Judentum zu konvertieren (zumindest sich beschneiden zu lassen) oder die Stadt zu verlassen. Unter Gnaeus Pompeius Magnus wurde sie erneut zu einer griechisch-römischen und führenden Stadt der Dekapolis (Zehnstädtebund).

Skythopolis war für seine Textilherstellung über das Römische Reich hinaus bekannt und wurde Ende des 4. Jh. n. Chr. zur Hauptstadt der Provinz von Palaestina Secunda (Galiläa und Nord-Transjordanien). Die florierende Textilwirtschaft ging jedoch im 6. Jh. stark zurück und die Stadt verlor sowohl ihre Macht als auch ihr Ansehen. Das schreckliche Erdbeben von 749 n. Chr. verwüstete einen Großteil von Skythopolis. In den Trümmern überlebte nur die kleine Stadt Bissan, deren Name die Arabisierung des alten aramäischen Namens ist. Im 12. Jh. wurde es zum Lehen von Adam von Bethune, dem Baron von Bissan. Die Überreste einer Festung sind erhalten, ebenso eine Mamelucken-Karawanserei an der Haim Struman Road, nahe der Hauptstraße, die nach Tiberias führt. Bissan blieb eine landwirtschaftliche Gemeinde und eine Oase für Reisende und Kaufleute, die niemals müde wurden, die außergewöhnliche Schönheit des täglichen Lebens an diesem Ort zu rühmen.

*En-Nakba*

1944 lebten in Bissan schätzungsweise 6000 Muslime und Christen. Nach dem Fall von Tiberias am 18. April 1944 flohen einige der Einwohner nach Transjordanien. Am 11. Mai 1948 wurde Bissan von zionistischen Truppen der Golani-Brigade bombardiert. Die Dorfbewohner ergaben sich am Tag darauf und wurden gewaltsam zum Jordan-Übergang gebracht, wo sie ausgewiesen wurden. Am 28. Mai erreichte die von der israelischen Politik veranlasste ethnische Säuberung ihren Höhepunkt, als Muslime und Christen durch die israelischen Truppen getrennt und die muslimischen Familien daraufhin nach Transjordanien, die christlichen (etwa 300 Menschen) nach Nazareth deportiert wurden. »Zum ersten Mal wurde das Beit-Shean-Tal ein rein jüdisches Tal« (David Yizhar, offizieller Historiker der Golani-Brigade).

*Ausgrabungsgelände von Beit Shean*

# Bissan

### Museum und byzantinisches Kloster Unserer Lieben Frau Maria

Das Museum ist klein, verfügt jedoch über eine interessante Sammlung römischer Artefakte, die das tägliche Leben der damaligen Zeit veranschaulichen. Die Überreste des byzantinischen Klosters können besichtigt werden, wenn man seinen Ausweis als Pfand für die Schlüssel hinterlegt (*Sonntag-Freitag 8.30-15.00 Uhr, Eintritt frei*). Das Kloster wurde etwa 567 n. Chr. erbaut und enthält herrliche Mosaikböden, unter anderem einen wunderschönen Mosaikkalender, der die um Sonne und Mond angeordneten zwölf Monate des Jahres zeigt.
*Industriegebiet, hinter dem Stadtpark. Öffnungszeiten: Sonntag-Donnerstag 8.30-15.30 Uhr, Freitag 8.30-13.30 Uhr, Eintritt frei.*

### Die Ausgrabungsstätte

Vom Tel Bissan hat man einen einzigartigen Blick auf die antike Stadt und die Umgebung. Am Fuß des Hügels befindet sich das herrliche römische Theater, das Juwel dieses Ortes, das etwa 200 v. Chr. erbaut wurde und 8000 Zuschauern Platz bot. Einen Besuch wert sind auch die Ruinen des byzantinischen Thermalbads, das Elemente vom oberen Teil des Theaters und der Palaestra (Ringkampfschule) vereint.

Die Sockel der Basaltsäulen des antiken byzantinischen Säulengangs stehen auf Steinplatten, die im Fischgrätenmuster angeordnet sind. Der dortige Heidentempel ist Dionysos und seiner Amme Nysa gewidmet, die – gemäß der Überlieferung von Plinius dem Älteren – auf diesem Hügel begraben ist. Dort befindet sich auch ein Nymphaeum. Es gibt zudem Ruinen eines römischen Hippodroms und Odeons sowie weitere Überreste der einst bekannten römisch-byzantinischen Stadt.

*Römisches Theater in Beit Shean*

*Öffnungszeiten: Sonntag-Donnerstag 8.00-17.00 Uhr, Freitag 8.00-15.00 Uhr, Eintritt: 15 NIS.*

## Nördlich und westlich von Bissan

### Kawkab al-Hawa (Stern des Windes) – Burg Belvoir

Zahlreiche Historiker haben diesen Ort als »Yarmuta« identifiziert, das auf einer ägyptischen Stele aus dem 13. Jh. v. Chr. erwähnt wird. Zu dieser Zeit lebte in diesem Gebiet eine Gruppe Nomaden, welche die Ägypter »Habiru« nannten. Die Templer erbauten dort 1168 n. Chr. Burg Belvoir und nannten sie »le Coquet« (»die Kokette«), was im Arabischen zu »Kawkab« wurde. Am 1. Juli 1187

## Israel (Die Gebiete von 1948)

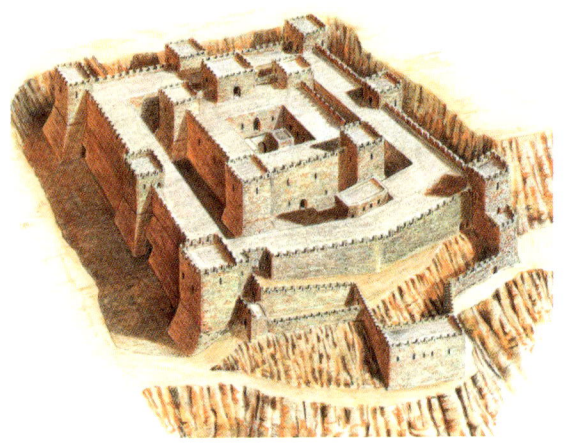

*Modell der Kreuzfahrerfestung Belvoir*

marschierten 12 000 von Saladins Bogenschützen nach Belvoir, doch es gelang ihnen erst 1191, nach vier Jahren andauernder Belagerung, die Festung einzunehmen. Die Templer kapitulierten unter der Bedingung, dass ihnen sicheres Geleit nach Tyrus gewährt würde. Die Burg wurde zu Beginn des 13. Jh. zerstört, um eine mögliche Wiederinbesitznahme durch die Templer zu verhindern. Die Kreuzfahrer kehrten zwar 1241 nach einem Vertragsschluss ohne Waffengewalt zurück, aber anschließend siedelten sich die Dorfbewohner innerhalb der Burgmauern an. Im 19. Jh. dehnte sich das Dorf nördlich und westlich der Burg aus. 1944 lebten dort 300 Menschen. Archäologen sind seit einigen Jahren dabei, die Überreste der Kreuzfahrerfestung freizulegen und zu restaurieren.

*An der Road 717. Täglich 8.00-16.00 Uhr geöffnet, Eintritt: 18 NIS. Eindrucksvolles Panorama.*

*En-Nakba*
Nach mehrtägigem Kampf mit irakischen Truppen, die in diesem Gebiet stationiert waren und am 16. Mai interveniert hatten, wurde das Dorf am 18. Mai 1948 von israelischen Truppen besetzt. Im September 1948 erhielt der Führer eines in diesem Gebiet liegenden Kibbuzes von den israelischen Behörden die Erlaubnis, das Dorf und drei weitere palästinensische Dörfer in der Region zu zerstören.

## Beit Alpha

1928 wurde hier ein originelles Mosaik entdeckt, auf dem die Künstler namentlich genannt sind: »Zu Ehren der beiden Künstler, die dieses Meisterstück erschufen, Marianos und seines Sohnes Hanina«, steht auf Griechisch am unteren Rand des Mosaiks, das den Boden einer Synagoge aus dem 6. Jh. zierte. Eine weitere Inschrift auf Aramäisch weist darauf hin, dass der christliche Kaiser Justinian I. (518-527 n. Chr.) selbst für die Anfertigung dieses Meisterstücks bezahlte. Der Fußboden besteht aus einem in drei Szenen unterteilten Bild: Jüdische, hellenistische und heidnische Themen und Symbole werden kombiniert. Diese Mischung gibt den religiösen Synkretismus wieder, der für Palästina in der Zeit der byzantinischen Epoche typisch war. Die Mosaike sind außergewöhnlich, da sie menschliche Figuren abbilden – eine Praktik, die zur Zeit des Alten Testaments noch verboten war. Auch in einer Synagoge in Doura-Europos (Syrien) sind figurative Szenen zu sehen. Die Darstellungen auf dem Fußboden sind rätselhaft und Gegenstand vieler Diskussionen.

*Zunächst Road 71, dann Road 669. Täglich von 8.00-16.00 Uhr geöffnet, Eintritt: Erwachsene 18 NIS, Kinder 8 NIS.*

*Stadtplan von Haifa*

# Haifa

*Ich liebe die Länder, die ich lieben soll.
Ich liebe die Frauen, die ich liebe.
Aber ein einziger Zypressenzweig im flammenden Karmel
Ist wert die Hüften aller Frauen
Und alle Städte der Welt.
Ich liebe die Meere, die ich lieben soll.*

*Ich liebe die Felder, die ich lieben soll
Aber ein Tropfen Wasser auf dem Gefieder einer Lerche
Nistend in den Steinen von Haifa
Ist wert alle Meere der Welt.*

Mahmoud Darwisch, The Descent of the Carmel
(Der Abstieg vom Karmel)

Der 100 000 Jahre alte Homo carmeliensis, ein sehr alter Vorfahr des Menschen, wurde in dieser Region entdeckt. Das Skelett ist im Rockefeller-Museum in Jerusalem ausgestellt. Archäologische Funde aus der griechischen und römischen Zeit weisen darauf hin, dass sich hier einst ein kleiner Hafen befand. Allerdings erscheint der Name Haifa erst später; er wird zum ersten Mal in den Talmud-Schriften des 3. Jh. erwähnt.

## Israel (Die Gebiete von 1948)

Der unter den Fatimiden florierende Hafen wurde 1099 von den Kreuzfahrern eingenommen. Die einheimische Bevölkerung leistete heftigen Widerstand und wurde daraufhin ermordet oder in die Sklaverei verkauft.

Haifa erlitt in der Folgezeit das gleiche Schicksal wie zahlreiche andere palästinensische Küstenstädte (etwa Gaza, Ashkelon und Caesarea), die alle von den Ayyubiden in Erwartung neuer Kreuzzüge aufgelöst wurden. Das auf der Landzunge des Golfs von Akko gelegene Haifa war lange Zeit eine Schmuggleroase, was ihm den Spitznamen »Klein-Malta« einbrachte.

Zum Schutz vor Piraten beschlossen die osmanischen Behörden im 16. Jh. Befestigungsanlagen um den Hafen zu bauen. Um das Küstengebiet neu zu besiedeln, förderten sie die Einwanderung, indem sie die Bürger von Steuern befreiten und ihnen besondere Privilegien gewährten. Ende des 18. Jh. gründete der Machthaber von Galiläa, Sheikh Daher al-Omar, an

*Blick vom Berg Karmel auf Haifa*

der Stelle, an der sich heute die Altstadt befindet, eine neue Hafenstadt. 1799, während der Belagerung von Akko, besetzte Napoleon die Stadt kurzzeitig. Ende des 19. Jh. begann der Hafen von Haifa sich stetig auszudehnen. Zudem wurde das gesamte Verkehrsnetz modernisiert. Ab 1905 war die Stadt durch eine Bahnstrecke über Bissan mit Damaskus verbunden; 1919 kam eine Bahnstrecke nach Kairo hinzu. Der Hafen wurde in mehreren Etappen (1908, 1927 und 1933) weiter vergrößert. Zu dieser Zeit war Haifa geschäftiger als Beirut und entwickelte sich zum Hauptumschlagsplatz für die Verschiffung von Waren im östlichen Mittelmeerraum. 1929 eröffnete die *Iraq Petroleum Company* eine Pipeline zwischen den Ölfeldern von Kirkuk im Irak und den Raffinerien von Haifa. Aufgrund seiner Geschäftigkeit und modernen Ausstattung wurde Haifa nach Marseille zum führenden Hafen im Mittelmeer und zur industriellen

## Haifa

Hauptstadt Palästinas, in der etwa 1400 Arbeiter dauerhaft beschäftigt waren. Innerhalb von 50 Jahren hatte sich die provinzielle Hafenstadt in eine große maritime Industriestadt verwandelt.

Sowohl Haifa als auch Jaffa waren Anlaufstellen für jüdische Einwanderer nach Palästina – die Immigration erreichte zwischen 1930 und 1940 ihren Höhepunkt. In Haifa siedelten sich die jüdischen Einwanderer hauptsächlich auf den Anhöhen der Stadt an, während die Palästinenser in den Vierteln der Altstadt rund um das Hafengebiet und in den Arbeitervierteln lebten.

| \multicolumn{5}{c}{Die Bevölkerung Haifas} |
|---|---|---|---|---|

| Jahr | Gesamt | Muslimische Palästinenser | Christliche Palästinenser | Juden |
|---|---|---|---|---|
| 1922 | 24 634 | 9377 | 8863 | 6230 |
| 1931 | 50 483 | 20 401 | 13 827 | 15 923 |
| 1938 | 99 090 | * 51 090 |  | 48 000 |
| 1945 | 138 300 | 35 940 | 26 570 | 75 500 |
| 1949 | 88 893 | * 3566 |  | 85 327 |
| * Muslimische und christliche Palästinenser | | | | |

Bereits Anfang des 20. Jh. nahmen in Haifa soziale, kulturelle und politische Aktivitäten zu. So erschienen hier zahlreiche Zeitungen, darunter *Al-Karmel*, eine bekannte Publikation, die dem Christen Najib Nassar gehörte. Schon in der ersten Ausgabe im Jahr 1908 warnte die Zeitung vor den Gefahren der zionistischen Einwanderung und ihren Zielen. Haifa als Industriestadt wurde zum Ausgangspunkt und Zentrum der Gewerkschaftsaktivitäten in Palästina. Die Bahnarbeiter gründeten 1919 die erste Arbeiterorganisation bzw. Gewerkschaft. Die Organisation der Bahnarbeiter Haifas (*Organisation of Railway Workers of Haifa*) operierte bis zur Gründung der Gewerkschaft palästinensischer Arbeiter (*Palestinian Workers' Trade Union*, 1925-1948) im Geheimen. Viele Zeitungen, die verschiedene Gruppen der Arbeiter- und Bauernschaft repräsentierten, wurden hier publiziert: *Haifa* ging erstmals im März 1921 in Druck, *Al-Ittihad* (»Die Union«) wurde 1924 zum ersten Mal veröffentlicht und *Al-Omal al-Arabi* (»Der arabische Arbeiter«) erschien erstmals 1945.

*En-Nakba*

1948 befand sich das Stadtzentrum zwischen den arabischen Vierteln der Unterstadt (u.a. Balad al-Qadim, Wadi Nisnas, Wadi Salib, Halissa, Abbas) und den jüdischen Gebieten der Oberstadt (Hadar Ha-Carmel).

> »Mir scheint, dass wir aus der Tatsache, dass viele Palästinenser geflüchtet sind Vorteile ziehen und die übrigen arabischen Einwohner hinausjagen sollten, sodass diese sich nicht der *Hagana* ergeben, sondern gezwungen sind zu fliehen, denn wir müssen unseren Staat erschaffen. Ich habe mich mit Moshe Carmels Berater getroffen (Carmel war befehlshabender Offizier der Carmeli-Brigade), der mir erzählte, dass sie alle Einwohner der arabischen Dörfer Balad al-Sheikh und Al-Yajour, nahe Haifa, evakuiert haben. Ich war sehr zufrieden, dass die Führung es für angebracht hielt, die Taktik, die Araber in Angst zu versetzen, voranzutreiben (sodass sie gehen würden).«
>
> *Yossef Weitz, Mitglied der Bank von Israel und hochrangiger Offizier der Carmeli-Brigade, 23. April 1948*

## Israel (Die Gebiete von 1948)

In der Nacht zum 21. April 1948 starteten zionistische Truppen von den strategisch günstigen Anhöhen der Stadt einen Angriff auf Haifa. Sie zogen einen Vorteil aus der unentschlossenen Haltung der britischen Behörden. Obwohl ein Großteil der britischen Truppen in Haifa stationiert waren und von den Vereinten Nationen den Auftrag erhalten hatten, die Ordnung bis zum offiziellen Ende des britischen Mandats am 15. Mai aufrechtzuerhalten, unternahmen sie wenig, um den Angriff zu stoppen. Stattdessen beteiligten sie sich daran, alle Muslime, Christen und armenischen Palästinenser aus der Stadt und dem Umland zu evakuieren. Die zionistischen Militärorganisationen *Hagana* und *Irgun Zvai Leumi* (auch *Ezel* oder einfach *Irgun* genannt) mobilisierten etwa 5000 Soldaten in Haifa gegen 350 bis 500 palästinensische Partisanen und Mitglieder der Arabischen Befreiungsarmee. Etwa 300 in Tira (7 km von Haifa entfernt) stationierte arabische Partisanen wurden bei dem Versuch, nach Haifa zu gelangen, von General Stockholm, dem Befehlshaber der britischen Streitkräfte, festgenommen. Die arabischen Viertel wurden bombardiert, und als eine palästinensische Kommission die britischen Truppen in Haifa um Intervention bat, lehnten diese ab. Die Briten wiesen außerdem wiederholte Anfragen der Kommission zurück, Rettungswagen zur Evakuierung von Verwundeten zu schicken. In Panik suchten Tausende Palästinenser Zuflucht auf den unter britischem Schutz stehenden Docks. Die britische Armee brachte sie nach Akko und von dort in den Libanon. In weniger als einer Woche war das Ziel der zionistischen Militärverbände erreicht, die ethnische Säuberung zu vollenden. Lediglich 3500 der 61 000 Palästinenser, die in Haifa am Abend vor dem Angriff gelebt hatten, blieben zurück. Die jüdische Bevölkerung stellte fortan mit 96% der Einwohner die absolute Mehrheit.

*Palästinenser aus Haifa im Frühjahr 1948 auf der Flucht in den Libanon*

Die *Hagana* gründete umgehend eine Organisation, um palästinensischen Besitz zu konfiszieren – er wurde als »Feindbesitz abwesender Grundherren« deklariert – und jüdischen Einwanderern zuzuteilen. Deren Ankunft ließ die Zahl der jüdischen Einwohner in Haifa innerhalb weniger Jahre auf 140 000 ansteigen. Ein Teil des Landes wurde in neue Zonen eingeteilt und zum »eingefrorenem« Staatsland erklärt. Heute hat Haifa 266 000 Einwohner, etwa 10% sind Palästinenser, die hauptsächlich in den Vierteln Wadi Nisnas, Halissa, Abbas und Kababir leben.

## Haifa

### Palästinensisches Eigentum

Angesichts der systematischen Aneignung von palästinensischem Besitz (Häuser, Geschäfte, Lagerhäuser) reichte die arabische Kommission beim Bürgermeister offiziell Strafanzeige ein. Die *Hagana* gab an, dass sie weder für arabischen Besitz verantwortlich sei, noch in der Lage wäre, die Situation zu kontrollieren. So ging die widerrechtliche Aneignung weiter, bis die jüdische Stadtgemeinde eine Arbeitsgruppe ernannte, die für die Übernahme von verlassenem palästinensischem Besitz verantwortlich war. Am 6. Mai 1948 verkündete der Anwalt Naftali Levitch, Vertreter des städtischen Ausschusses, dass der gesamte Besitz, der von der Arbeitsgruppe eingezogen wurde, der israelischen Armee übergeben worden war.

### Die Altstadt – Ein gefährdetes Erbe

Das historische Herzstück von Haifa besteht aus zahlreichen unterschiedlichen Vierteln, die sich um den Hafen ausgebreitet haben, als dieser erweitert wurde. Der älteste Teil, bekannt unter dem arabischen Namen »Al-Balad« (»altes Land«), stammt aus der Zeit von Daher al-Omar. Ein großer Teil Al-Balads wurde im April 1948 zerstört, einschließlich vieler der schönsten historischen Gebäude. Am 1. Juli 1948 bekamen alle in Haifa verbliebenen Palästinenser ein Ultimatum gestellt: Sie sollten nach Wadi Nisnas oder nach Wadi Salib umziehen. Demzufolge mussten viele Palästinenser aus anderen Vierteln ihre Häuser verlassen.

In ihren neuen »Gettos«, wie sie genannt wurden, waren die Palästinenser Sperrstunden, systematischen Hausdurchsuchungen und willkürlichen Verhaftungen ausgesetzt. Des Weiteren mussten sie die Erlaubnis der Militärbehörden einholen, um jüdische Viertel betreten zu dürfen oder um von einem arabischen Viertel zum nächsten zu gelangen. Ihre »leeren« Häuser wurden als »Besitz Abwesender« deklariert und jüdischen Wohnungsvermittlungen übergeben, hauptsächlich *Shikmona* und *Amidar*, die von nun an für die Verwaltung der Gebäude verantwortlich waren.

Im November 1948 wurden schätzungsweise 6000 jüdische Familien in diesen palästinensischen Häusern untergebracht. Später siedelten sich viele der eingewanderten Juden auf dem Berg Karmel an und vermieteten »ihre« Wohnungen an Palästinenser. Allerdings sind bis zum heutigen Tag die jüdischen Wohnungsvermittlungen die »rechtmäßigen Besitzer«. Heute wohnen fast 70% der Palästinenser von Haifa zur Miete. Viele leben in verfallenen, zum Teil leer stehenden Gebäuden.

Die Stadtverwaltung und die jüdischen Wohnungsvermittlungen haben nichts für die Restaurierung des historischen Erbes Haifas getan. Noch schlimmer ist, dass ganze Viertel mit besonders schöner Architektur weiter zerstört werden. Für die Palästinenser ist die Politik der Eingrenzung und Zerstörung der arabischen Viertel und des

*Teile der 1948 zerstörten Altstadt von Haifa*

## Israel (Die Gebiete von 1948)

arabischen Erbes von Haifa nichts weiter als die Fortsetzung des strategischen Plans zur Vertreibung aus ihrer Stadt. Dies ist ein weiteres Beispiel – ähnlich wie im Fall Ostjerusalems – für die langjährige israelische Politik des »stillen Transfers« und somit der ethnischen Säuberung.

*Der Hafen von Haifa in einer Aufnahme aus den 1920er Jahren*

### Die Straßen von Haifa

Unmittelbar nachdem die zionistischen Truppen Haifa eingenommen hatten und die arabischen Einwohner zum Großteil geflüchtet waren, begannen die israelischen Behörden mit dem Prozess der Judaisierung, bekannt als »Operation Shikmona« (Mai-Juli 1948). Das Hauptziel bestand darin, Besitz und Land zu konfiszieren, die verbleibenden Palästinenser auf kleinstmöglichem Gebiet zu konzentrieren und das kulturelle Erbe der Palästinenser zu zerstören. In diesem Zusammenhang wurden fast alle arabischen Straßennamen entfernt. In einigen Fällen wurden sie hebräisiert, in anderen Fällen durch die Namen zionistischer Anführer oder wichtiger Persönlichkeiten des Judentums ersetzt. Die Palästinenser in Haifa benutzen bis heute einen Großteil der ursprünglichen arabischen Straßennamen; viele der alten Namen gingen jedoch verloren.

#### Straßen, die 1948 umbenannt wurden
(Arabischer Name vor 1948/in Klammer hebräischer Name nach 1948)

Al-Hamra Square (Paris Square), Abu Bakr Street (Rasiel Street), Abu Hawam Street (Ha-Halutz Street), Ahmed Shawki Street (Etzion Bloc Street), Bissan Street (Beit Shean Street), Al-Bassatine Street (Ha-Ganim Street), Al-Hijaz Street (Golani Brigade Street), Al-Iraq Street (Kibbuz Galuyot Street), Al-Jabal Street* (Zionut Street), Al-Carmel Street (Ben Gurion Street), Al-Moulouk Street (Ha-Atzmaut Street), Al-Snober Street (Ha-Nasi Street), Khaled Ibn al-Walid Street (Ha-Rav Baruch Street), Saladin Street (Ha-Giborim Street), Siqet al-Hadid Street (Messilat Ha-Barzel Street), Tantura Street (En Dor Street), Yafa Street (Ha-Hagana/Yafo Street)

*1948 wurde die Al-Jabal Street von den israelischen Behörden in »United Nations Street« umbenannt, nachdem die UN den Staat Israel anerkannt hatten. Nachdem die UN-Generalversammlung am 10. November 1975 die Resolution 3379 verabschiedet hatte, in der sie die zionistische Ideologie als »eine Form des Rassismus und der Rassendiskriminierung« verurteilte, änderte die Stadtverwaltung von Haifa den Namen erneut – diesmal in »Zionut Street« (Rehov Hatzionut).

## Haifa

### Emil Habibi (1922-1996)

Der in Haifa geborene Habibi war in den Vierzigerjahren Moderator beim palästinensischen Radio Jerusalem. Nachdem Haifa 1948 eingenommen wurde, bekam er den Posten als Chefredakteur der lokalen arabischen Tageszeitung *Al-Ittihad* (»Die Union«). Als Mitglied der Palästinensischen Kommunistischen Partei seit den Vierzigerjahren wurde er zu einer ihrer prominentesten Persönlichkeiten und vertrat sie von 1953 bis 1972 in der Knesset. Er ist Autor zahlreicher Romane, Kurzgeschichten und Theaterstücke. 1990 wurde sein Werk mit dem Jerusalem-Preis für Kunst und Literatur ausgezeichnet.

»›Willkommen in Madinat (Medinat) Jisrael!‹ sagte der Soldat.

›Steig aus!‹ rief mein Begleiter (der Soldat). Und ich stieg aus. Dann übergab er mich den Leuten vom provisorischen arabischen Komitee. Diese übernahmen mich mit Dankesworten. Doch kaum war er draußen, schickten sie ihm Verwünschungen hinterher.

›Glauben die eigentlich‹, schrie einer von ihnen, ›der Sitz des Komitees sei ein Hotel? Dagegen müssen wir beim Minister für Minderheiten protestieren!‹

Um sie etwas für mich einzunehmen, bemühte ich mich, mein arabisches Nationalbewusstsein hervorzukehren, und beklagte vor ihnen laut den Namensverlust der Stadt Haifa, die ja jetzt Madinat Jisrael heiße. Da starrten sie einander verblüfft an, und einer meinte: ›Und blöde noch dazu!‹

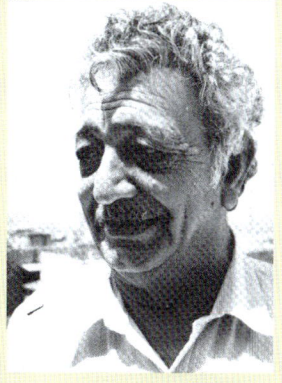

Lange verstand ich überhaupt nicht, warum sie mich für blöd hielten. Erst bei der ersten Wahlkampagne ging mir auf, dass das hebräische Wort ›Madina‹ gar nicht wie bei uns ›Stadt‹ bedeutet, sondern unserem Wort für ›Staat‹ entspricht und dass sie Haifa seinen Namen gelassen hatten, weil es ein biblischer Name ist.«

Aus: Emil Habibi, *Der Peptimist oder Von den seltsamen Vorfällen um das Verschwinden Saids des Glücklosen* (1974 bzw. 1992).

*Emil Habibi*

*Blick von den Bahai-Gärten auf Haifa*

## Israel (Die Gebiete von 1948)

# Historische Sehenswürdigkeiten

### Al-Istiqlal-Moschee
### (Unabhängigkeitsmoschee)

Die Moschee wurde 1923 von der Islamischen Vereinigung in Haifa erbaut. Sheikh Izz ed-Din al-Qassam lehrte hier von 1925 bis 1935. Außerdem entstand hier die geheime Widerstandsorganisation, die am palästinensischen Aufstand von 1936 bis 1939 mitwirkte. Die Moschee wurde 1940 beschädigt, als italienische Seestreitkräfte Haifa bombardierten.

*Faysal Square. Für weitere Informationen kann man das Komitee für Soziale Entwicklung Haifa kontaktieren (Hussein Ighbarieh), Tel./Fax 04/8514648 (s. S. 510).*

### Die Nasser-Moschee

Die 1761 unter Daher Omar ez-Zaydani errichtete Nasser-Moschee ist die älteste Moschee Haifas. Sie liegt im alten, 1948 zerstörten Souk der Stadt und wird auch »Moschee des Souk« genannt. 1955 befürwortete die von israelischen Behörden eingesetzte Kommission für islamische Angelegenheiten die Schließung der Moschee und übergab sie der Stadtverwaltung, obwohl das israelische Gesetz den Verkauf von religiösen Stätten verbietet. 1977 wurde ein Teil der Moschee zerstört.

*Nur für Gläubige geöffnet. Für weitere Informationen kann sich der Besucher an das Komitee für Soziale Entwicklung Haifa wenden (Hussein Ighbarieh), Tel./Fax 04/8514648 (s. S. 510).*

### St. Gabriels-Kirche

In der Umgebung der St. Gabriels-Kirche sind nur noch wenige Gebäude vorhanden – abgesehen von zahlreichen teilweise oder vollständig zugemauerten Häusern. Die Kirche wurde von Gabriel Fuad Saad 1930 für die melkitische griechisch-katholische Gemeinde erbaut. Bereits seit 1948 ist sie jedoch nicht mehr genutzt worden. Zu dieser Zeit wurde die Bevölkerung vertrieben und das Viertel nahezu vollständig zerstört. Die Familien waren gezwungen, nach Wadi Nisnas oder nach Wadi Salib zu ziehen. Die Zerstörung des Viertels schuf Platz für die Ausdehnung des Hafens und die Errichtung des jüdischen Viertels Bat Galim. Heute ist die Kirche beim israelischen Ministerium für religiöse Angelegenheiten als »geschützt« eingestuft. Allerdings ist aufgrund mangelnder Instandhaltung das Dach eingestürzt.

*In der Nähe des Hauptbahnhofs Bat Galim (früher Karmel).*

*Blick über die Altstadt auf den Hafen*

# Haifa

## Haj-Abdallah-Moschee

Als das Wahrzeichen der 1932 von Haj Abdallah Abu Younis erbauten Moschee gilt ihr Minarett mit den drei Balkonen, die von einem schmiedeeisernen Gitter eingefasst sind. In der ersten Etage befand sich früher eine Grundschule. Als Haj Abdallah 1937 nach Damaskus zog, ging die Moschee unter dem Einfluss des Obersten Muslimischen Rats von Palästina in islamischen Besitz (*Waqf*) über. Während der *Nakba* war die Moschee zunächst geschlossen und wurde anschließend von den israelischen Behörden konfisziert, indem diese sich auf das Recht beriefen, sich den »Besitz Abwesender« anzueignen. Das Erdgeschoss und das erste Stockwerk wurden an Privatpersonen vermietet. Nach einem von der muslimischen Gemeinde Haifa jahrelang geführten Rechtsstreit erhielt die Gemeinde die Moschee 1981 zurück.

*Im Halissa-Viertel. Informationen sind beim Komitee für Soziale Entwicklung Haifa erhältlich (Hussein Ighbarieh), Tel./Fax 04/8514648 (s. S. 510).*

## Der Bahai-Tempel und die Bahai-Gärten

Der an den Hängen des Berges Karmel gelegene Bahai-Tempel und seine Terrassengärten sind das Wahrzeichen von Haifa. Die Schönheit seiner persischen Gärten ist einzigartig: Für die Bahai-Gläubigen sind Ästhetik und Mystik untrennbar miteinander verbunden. Der 1953 errichtete Tempel beherbergt das Grabmal des von den Bahai als Prophet Bahaullah anerkannten Ali Muhammad, der 1850 in Persien hingerichtet wurde. Sein Körper wurde 1909 von Abd al-Baha Abbas, auch bekannt als »Abbas Effendi«, dem Sohn und Nachfolger des Bahaullah, nach Palästina gebracht. Die Bahai-Glaube ist seinen Anhängern gemäß eine unabhängige Religion, welche die prophetischen Botschaften von Moses, Zarathustra, Buddha, Jesus, Muhammad und Bahaullah vereint. Aufgrund ihrer Botschaft der Einheit, ihres geografischen Ursprungs sowie ihrer Wertschätzung der floralen und ästhetischen Reinheit steht sie dem Gründer der *Mahdi*-Bewegung des 5. Jh. nahe. Die Bahai-Religion hat etwa 5 Mio. Anhänger, von denen die meisten aus wohlhabenden westlichen Ländern stammen.

*Ben-Gurion Avenue, Tel. 04/8313131. Öffnungszeiten: täglich, die Gärten 9.00-17.00 Uhr, der Tempel 9.00-12.00 Uhr. Buslinien: 22, 23, 25, 26. Angemessene Kleidung ist vorgeschrieben, Arme und Beine müssen bedeckt sein.*

*Bahai-Tempel und Bahai-Gärten*

### Das Mar-Elias- bzw. Karmeliterkloster

Das ursprüngliche Mar-Elias-Kloster wurde im 12. Jh. von den Karmelitern erbaut. Sein Name bezieht sich auf die nahe gelegene Höhle, in der im 19. Jh. v. Chr. der Prophet Elias gebetet haben soll. Das ursprüngliche Bauwerk wurde 1291 zerstört. Mit der Zustimmung des Gouverneurs von Galiläa, Daher al-Omar, konnte 1769 ein neues Kloster errichtet werden. Während der Belagerung von Akko im Jahr 1799 diente der Konvent (er unterteilt sich in ein Nonnen- und ein Mönchskloster) vorübergehend als Hospital für die Verwundeten der Truppen Napoleons.

Am 20. Juli, dem Tag des Heiligen Elias, findet hier ein großes religiöses Fest statt, das alle Katholiken von Haifa gemeinsam begehen. An diesem Tag erhalten viele Kinder ihre Erstkommunion.

*Stella Maris. Tel. 04/8337758, Öffnungszeiten: täglich 6.30-12.30 Uhr und 15.00-18.00 Uhr, Eintritt frei.*

### Der Palast von Abdallah Pascha

Diese Villa wurde 1821 als Sommerresidenz des früheren osmanischen Gouverneurs von Akko, Abdallah Pascha, errichtet. Bevor er 1840 nach Ägypten deportiert wurde, vertraute er den Karmelitern die Villa an, die sie in ein Hospiz umwandelten. Unter britischem Mandat wurde ein Leuchtturm neben dem Palast gebaut und an Mönche vermietet. Später fungierte der Palast als Hauptquartier der britischen Armee. 1948 wurde er von der israelischen Armee konfisziert.

*Stella Maris, gegenüber dem Mar-Elias-Kloster; für die Öffentlichkeit nicht zugänglich.*

### Maqam Nabi Khader (Magharat al-Khader)
### (Die Grotte von Al-Khader)

Der Legende nach wuchs überall dort, wo Khader betete, grünes Gras. Dieser *Maqam* ist einer von mehreren heiligen palästinensischen Orten, die Al-Khader gewidmet sind. Der Ort ist sowohl Muslimen als auch Christen heilig. Bis 1948 war der *Maqam* in islamischem Besitz (*Waqf*), dann wurde er enteignet und zu Ehren des Propheten Elias (1 Kö 18) in eine Synagoge umgewandelt.

*Allenby Road. Öffnungszeiten: Sonntag-Donnerstag 8.00-18.00 Uhr im Sommer, 8.00-17.00 im Winter, Freitag 8.00-13.00, Tel. 04/8527430; Eintritt frei, Spenden sind jedoch willkommen. Besuche außerhalb der Öffnungszeiten müssen im Voraus vereinbart werden.*

## Museen

### Das Nationale Schifffahrtsmuseum

Das Museum besitzt eine großartige Sammlung von Modellen ägyptischer, phönizischer und zypriotischer Galeeren ebenso wie Schiffe von venezianischen, englischen und französischen Flotten aus dem 17. und 19. Jh. Aufgrund der zahlreichen Schiffsunglücke vor Ashkelon, Ashdod, Atlit, Tantura (Dor) und anderen Orten entlang der levantinischen Küste stellt das Museum auch interessante Frachtgüter der antiken Handelsgaleonen aus. Trotz des hohen Museumsanspruchs wurden beinahe 1400 Jahre arabischer Seefahrtsgeschichte bedauerlicherweise nicht berücksichtigt – ein Versäumnis, das umso mehr erstaunt, wenn man bedenkt, dass das Museum eine bedeutende Sammlung arabischer Navigationsapparate ausstellt, darunter zahlreiche Astrolabien. Weiterhin werden eindrucksvolle Modelle der Karavellen gezeigt, mit denen Christoph Kolumbus in die Neue Welt aufbrach.

*Allenby Road 198, Tel. 04/8536622, Öffnungszeiten: Montag-Mittwoch 10.00-16.00 Uhr, Donnerstag 16.00-22.00 Uhr, Freitag 10.00-13.00 Uhr, Samstag 10.00-15.00 Uhr, Sonntag geschlossen, Eintritt: 29 NIS. Die Bibliothek ist montags und mittwochs 8.00-13.00 Uhr geöffnet.*

### Das Prähistorische Museum

Das 1961 gegründete Museum zeigt Fundstücke des gesamten Karmel-Gebirges, das sich südlich von Haifa entlang der Küste ausdehnt. In Dioramen werden Szenen aus dem täglichen Leben der Jäger und Sammler aus der Steinzeit und der ersten Bauern im Neolithikum nachgestellt. Ein Modell eines neolithischen Dorfs zeigt die Kultur dieser Epoche, als sich der frühgeschichtliche Mensch (etwa 10 000 v. Chr.) vom Jäger zum Bauern entwickelte.

*Karmel, Gan Ha-Em-Park, innerhalb der Zooanlage. Tel. 04/8371833, Öffnungszeiten: Montag-Donnerstag 9.00-15.00 Uhr, Freitag 10.00-13.00 Uhr, sonntags geschlossen; für Gruppen können auch Termine außerhalb der Öffnungszeiten vereinbart werden. Eintritt: Erwachsene 14 NIS, Kinder 12 NIS, Senioren 7 NIS.*

### Das Eisenbahnmuseum
### (Hijaz-Bahnstation)

Der 1888 eröffnete ehemalige Hijaz-Bahnhof (Haifa Ost) beherbergt heute ein kleines Museum. Ein großer Teil des Gebäudes wurde 1946 zerstört, als es von zionistischen Militärverbänden bombardiert wurde. Das alte Streckennetz Palästinas wurde in der ersten Hälfte des 20. Jh. stetig modernisiert. Für die wirtschaftliche Entwicklung Haifas spielten die Zugverbindungen nach Jerusalem, Kairo, Damaskus, Beirut, Istanbul und Hijaz in Saudi-Arabien eine entscheidende Rolle. In der ersten Hälfte des 20. Jh. galt Haifa als Wirtschaftsmetropole und als Zentrum der organisierten Arbeiterschaft Palästinas. Die Bahnarbeiter von Haifa gründeten 1919 die erste Gewerkschaft. Ihre Organisation der Bahnarbeiter Haifas war die Vorhut der palästinensischen Gewerkschaftsbewegung. Abgesehen von seinem historischen Wert beschränkt sich das Museum auf die Ausstellung verschiedener Lokomotiven. Zwei Lokomotiven stammen aus der ersten

*Lokomotive der legendären Hijaz-Bahn*

# Israel (Die Gebiete von 1948)

Hälfte des 20. Jh. Die Ausstellung von Gerätschaften mit israelischer Flagge in einem Waggon aus dem Jahr 1893 wirkt etwas befremdlich.

*Viertel Wadi Salib. Golani Brigade Way, in der Nähe des Faysal Square. Tel. 04/8564293, Öffnungszeiten: Sonntag-Donnerstag 8.30-14.00 Uhr, Eintritt: Erwachsene 17 NIS, Kinder und Senioren 13 NIS.*

## Praktische Informationen

Haifa liegt am Hang des Berges Karmel. Da die meisten Straßen eng, kurvig und stark befahren sind, wird empfohlen, die Stadt zu Fuß zu erkunden und die öffentlichen Verkehrsmittel zu nutzen. Eine **unterirdische Standseilbahn** verbindet die Unterstadt mit dem Gipfel des Berges; sie ist das am besten geeignete Transportmittel (*Fahrzeiten: Sonntag-Donnerstag 6.30-24.00 Uhr, Freitag 6.30-15.00 Uhr, Samstag bis zum Ende des Sabbats*). Die Bahn startet im Viertel Wadi Salib (*Paris Square* oder *Kikar Paris* auf Hebräisch, *Hamra* auf Arabisch) und hält an sechs Stationen, u.a. *Ha-Neviim* im Hadar-Viertel, *Golomb*, 10 min zu Fuß vom Bahai-Schrein entfernt, und der Endstation *Central Carmel*. Dort befindet sich eine gehobene Wohngegend, welche die restliche Stadt überragt. Hier gibt es offene Grünflächen, Museen (beispielsweise das Prähistorische Museum in der Zooanlage und das Shtekelis-Museum), Restaurants und stilvolle Cafés, die das Viertel lebendig und beliebt machen. Am Fuß der Bahai-Gärten befindet sich in der Ben-Gurion Avenue 48 (*German Colony*) das **Fremdenverkehrsbüro** (*Öffnungszeiten: Sonntag-Donnerstag 9.00-17.00 Uhr, Freitag 9.00-13.00 Uhr, Samstag 10.00-15.00 Uhr, Tel. 04/8535606*). Hier findet man nur wenige Informationen zum arabischen Erbe der Stadt, dafür jedoch viel über Museen, Spazierwege, Hotels und Sehenswürdigkeiten.

*Altstadt von Haifa*

### Cafés und Restaurants

Viele beliebte Restaurants befinden sich in den palästinensischen Vierteln Wadi Nisnas und Wadi Salib. Auf der Karte stehen meist traditionelle Vorspeisen und gegrilltes Fleisch.

Auch die Deutsche Kolonie (*German Colony*) am Fuß der persischen Gärten ist eine beliebte Gegend mit einem einzigartigen Ambiente. Das Viertel liegt sehr im Trend. In den renovierten Häusern auf beiden Seiten der Ben-Gurion Avenue (früher Al-Carmel Street) befinden sich palästinensische Cafés und Restaurants. Sie sind Zeichen jüngster Entwicklungen, die eine Stärkung der palästinensischen Identität andeuten. Das erste Café-Restaurant, das in dieser Gegend eröffnet hat, ist das **Fattoush**. Es wurde in einer alten Werkhalle eingerichtet. Die Spezialität des Hauses ist arabischer Salat auf geröstetem, mit Olivenöl und Zitronensaft beträufeltem Brot. Andere Restaurants sind diesem Beispiel gefolgt, etwa das **Layli** oder das **Makan**. Sie alle haben Außenterrassen auf den belebten Straßen, was vor allem bei Sonnenuntergang sehr schön ist, wenn der Bahai-Tempel und die Gärten beleuchtet sind. Das **Douzan** ist das urigste Café der Gegend. Die antiken Möbel, Kunstbände und Fotografien von Haifa vor 1948 beschwören Bilder eines verlorenen Paradieses herauf.

### Die Deutsche Kolonie (German Colony)

Am Fuß der Terrassen des Bahai-Tempels und der Gärten gelegen, wurde das Gebiet in den letzten Jahren renoviert. Die Gesellschaft des Templerordens weihte die Kolonie 1869 auf Initiative des deutschen Theologen Christoph Hoffmann (1815-1885) ein. Die Mitgliederzahl der deutschen Gemeinschaft in Palästina, die sich auf Jerusalem, Jaffa und Haifa verteilte, stieg daraufhin auf 1700 an.

## Unterkunft

**Bed & Breakfast** (Wadi Nisnas, in der Nähe der St. Johannes-Kirche, Tel./Fax 04/8514648). Das **Komitee für Soziale Entwicklung Haifa (*The Committee for Social Development Haifa*)** vermittelt private Fremdenzimmer – eine hervorragende Möglichkeit, etwas über die arabische Kultur der palästinensischen Israelis zu erfahren und die Altstadt von Haifa zu erleben.

**St. Charles-Hospiz** *(Jaffa Road 105, Tel. 04/8553705, Fax 04/8514919. EZ 35 $, DZ 60 $, DBZ 75 $, inklusive Frühstück. Kinderbetten sind vorhanden. TV im Gemeinschaftsraum. Sperrstunde um 22.00 Uhr, jedoch flexibel. Eine herrliche Aussicht.)* Das Hospiz wird von katholischen Nonnen des Ordens der Rosenkranz-Schwestern geleitet. Die einfachen Zimmer sind sehr gemütlich eingerichtet und verfügen über moderne Badezimmer. Das Gebäude liegt in unmittelbarer Nähe zur Deutschen Kolonie und dem Wadi Nisnas – ein wunderbarer Ausgangspunkt, um Haifa zu erkunden. Das St. Charles-Hospiz hat einen eigenen Orangenhain, der zur Blütezeit wunderschön ist. Die Zimmer auf der Gartenseite haben eine wundervolle Aussicht auf den Bahai-Tempel und dessen Gärten.

## Kontakte

### Baladna – Association for Arab Youth
### (Baladna – Vereinigung für die Arabische Jugend)

*Baladna* ist eine Vereinigung zur Förderung der Entwicklungs- und Leistungsfähigkeit der arabisch-palästinensischen Jugend in Israel. Gegründet wurde die Organisation während den gewalttätigen Auseinandersetzungen im Oktober 2000, bei denen 13 arabische Bürger Israels, hauptsächlich Jugendliche, von israelischen Sicherheitskräften getötet wurden. *Baladna* versucht, die Kluft zwischen arabisch-palästinensischen und israelischen Jugendlichen zu überbrücken. Die Organisation bemüht sich darum, bei der palästinensischen Jugend das Bewusstsein für die eigene Identität zu stärken, in der Hoffnung, das Engagement für die Gemeinschaft und für einen selbstmotivierten sozialen Wandel zu fördern.

*Herzliya Street 12, Tel. 04/8523035, Fax 04/8523427, info@baladnayouth.org, www.momken.org.*

## Israel (Die Gebiete von 1948)

### Iqrit Heritage Association
### (Kulturerbevereinigung Iqrit)

Die Vereinigung organisiert Kontakte zu Palästinensern, die ursprünglich aus Iqrit stammen, sowie Besuche des zerstörten Dorfs (s. S. 455 und 457).

*Direktor Dr. Ibrahim Attallah, Tel. 0544/489096, www.iqrit.org.*

### The Committee for Social Development Haifa
### (Komitee für Soziale Entwicklung Haifa)

Das Komitee wurde 1986 gegründet, um eine notwendige Verbesserung der öffentlichen Dienste für die palästinensische Bewohner Haifas zu erreichen. Ebenso hat es sich zur Aufgabe gemacht, Benachteiligung in Bezug auf Bildung, Arbeit, Wohnungswesen, Gesundheitsfragen und andere Bereiche des täglichen Lebens zu bekämpfen. Mit der notwendigen Sensibilität für Haifas multikulturelle Identität organisiert die Vereinigung auch Informationskampagnen über das gefährdete kulturelle Erbe der Stadt.

*Wadi Nisnas, St. John's Street 21, Tel./Fax 04/8514648. Treffen und geführte Touren in Haifa und Umgebung. Arrangements zur Unterbringung in palästinensischen Familien in Haifa (s. Bed & Breakfast, S. 509).*

### Ittijah – Union of Arab Community Based Associations
### (Ittijah – Vereinigung von Verbänden arabischer Gemeinschaften)

Das arabische Wort »Ittijah« bedeutet »Richtung«. Es ist auch ein Akronym für die Union der arabischen Nichtregierungsorganisationen (*Non-Governmental Organisations,* NGOs), von denen es über 100 in Israel gibt. Ziel dieses Dachverbands ist, den Status der palästinensisch-arabischen Bürger Israels zu verbessern, die Aktivitäten und Strategien der NGOs zu koordinieren und auf internationaler Ebene über die systematische Diskriminierung zu informieren, mit der die palästinensisch-israelischen Bürger konfrontiert sind. *Ittijah* ist eine wichtige Informationsquelle. Über den Dachverband können Kontakte mit Organisationen hergestellt werden, die unter anderem in den Bereichen Bildung, Gesundheit, wirtschaftliche und soziale Entwicklung, nicht anerkannte Dörfer, politische Gefangene sowie Menschen-, Kinder- und Frauenrechte tätig sind.

*Levontin Street 19, Tel. 04/8507110, www.ittijah.org; Touren, Besuche oder Kontakte zu den Mitgliedsorganisationen der Ittijah und anderen palästinensischen Einrichtungen in Israel können organisiert werden.*

# Östlich von Haifa

## Balad al-Sheikh

Der Name des Dorfs bezieht sich auf Sheikh Abdallah al-Sahli, einen berühmten Sufi, der hier im 15. oder 16. Jh. lebte. 1944 wohnten 4120 Menschen in dem Dorf; die meisten Männer arbeiteten in Haifas Raffinerien und Fabriken.

*7 km östlich von Haifa in Richtung Nazareth, unterhalb der heutigen jüdischen Stadt Nesher gelegen.*

### En-Nakba
Am 31. Dezember 1947 wurde Balad al-Sheikh von einer Einheit der *Hagana* umstellt. 60 Palästinenser wurden getötet und viele Häuser zerstört – zwölf davon vollständig. Nach den Morden flohen die restlichen Einwohner. Die Eroberung Haifas durch zionistische Truppen folgte am 22. April 1948 und führte zu einer weiteren Fluchtwelle. Am 24. April umzingelten militärische Truppen Balad al-Sheikh erneut. Die Bewohner baten um einen Waffenstillstand, dennoch wurde das Dorf am nächsten Morgen bombardiert. Die britischen Behörden verhandelten mit den zionistischen Truppen, um die verbliebene Bevölkerung evakuieren und ihnen auf dem Weg nach Akko streckenweise Geleitschutz geben zu können. Einige Tage später wurde auch Akko von Panik ergriffen, was eine erneute Auswanderungswelle in den Libanon hervorrief.

### Das Dorf heute
1949 wurde die Siedlung Tel Chanan auf den Ruinen von Balad al-Sheikh gegründet. Anschließend breitete sich die jüdische Stadt Nesher allmählich über die Hänge des Bergs Karmel aus. Nur einige palästinensische Häuser blieben von der Zerstörung verschont. Der Friedhof ist der letzte Überrest von Balad al-Sheikh. Obwohl auch er teilweise zerstört wurde, deuten seine Größe und die verbliebenen Gräber auf die Bedeutung des ehemaligen Dorfs hin. Durch das Gelände verläuft eine breit angelegte, hochgelegene Umgehungsstraße. Um den vielerorts entweihten und zerstörten Friedhof zu betreten, muss man unter der Straße hindurchgehen. Die mutwillig beschädigte Steinmetzarbeit am Eingang trägt die folgende Inschrift: »Alle, die auf der Erde sind, werden vergehen. Aber dein Herr, der Erhabene und Ehrwürdige, bleibt bestehen.« (Koran-Sure 55, Er-Rahman: 26-27). Der Friedhof beherbergt das berühmte Grabmal von Sheikh Izz ed-Din al-Qassam. Nach wiederholtem Vandalismus wurde nun zum Schutz ein Metallgitter um sein Grab errichtet.

*Palästinensisches Dorf östlich von Haifa*

## Sheikh Izz ed-Din al-Qassam (1871-1935)

Der in Syrien geborene al-Qassam zog 1921 nach Palästina, um einem französischen Militärtribunal zu entgehen. Als aktiver, geselliger Mensch und strenggläubiger Muslim eröffnete er eine Schule für Analphabeten. Er war Präsident der Vereinigung Muslimischer Junger Männer (s. Al-Istiqlal-Moschee, S. 504). Ende der Zwanzigerjahre gründete er eine Widerstandsbewegung im Untergrund, für die er hauptsächlich Bauern und Arbeiter anwarb. Diese Bewegung propagierte den bewaffneten Kampf und die Entwicklung eines Nationalbewusstseins, um ihre selbst gesetzten Ziele zu erreichen – einen unabhängigen Staat auf dem gesamten Gebiet Palästinas, den Rückzug der britischen Truppen und das Ende der zionistischen Immigration. Nachdem er seine Anhänger zur Revolte aufgerufen hatte, starb er den Märtyrertod, als er am 21. November 1935 in der Nähe von Haifa in einen Hinterhalt britischer Soldaten gelockt und getötet wurde. Die meisten politischen Organisationen Palästinas, deren Führung zu dieser Zeit in den Händen der einflussreichsten Familien lagen, lehnten seinen bewaffneten Kampf auf Anordnung des Mufti von Jerusalem, der eine politische Lösung anstrebte, ab. Als sich jedoch Briten und Zionisten weigerten, die palästinensischen Vorschläge zu berücksichtigen, kam es zu einem Volksaufstand und zu einer breiten Unterstützung des militärischen Kampfes. Eine der bedeutendsten Forderungen war die Gründung eines gesetzgebenden palästinensischen Rats, in dem alle religiösen Gemeinschaften vertreten sein sollten.

*Sheikh Izz ed-Din al-Qassam*

# Südlich von Haifa

## Atlit

Die antike phönizische Handelsstadt Atlit war eines der vielen Handelszentren an der syrisch-palästinensischen Küste. Die Templer erbauten hier etwa 1118 zunächst eine Festung und danach die Burg der Pilger. Atlit blieb bis 1291 in den Händen der Kreuzfahrer. Nachkommen des tatarischen Uwayrat-Stammes und Kampfgefährten des Mamelucken-Sultans Baybar siedelten sich 1296 in der Stadt und der Umgebung an.

Ende des 19. Jh. war Atlit ein kleiner Ort mit etwa 200 Einwohnern, die innerhalb der ehemaligen Kreuzfahrerfestung lebten. 1903 gründeten jüdische Immigranten aus verschiedenen europäischen Ländern eine gleichnamige Siedlung in der Nähe des Dorfs. 1939 wurde eine zweite jüdische Siedlung (Newe Yam) neben der ersten gebaut. In den Zwanzigerjahren war das palästinensische Dorf Mitglied einer regionalen Genossenschaft, die es sich zum Ziel gesetzt hatte, die Lebensumstände der Landwirte zu verbessern. 1938 zählte Atlit 508 und die jüdische Siedlung desselben Namens 224 Einwohner, jedoch verschoben sich die Bevölkerungsanteile zwischen 1944 und 1945: Im palästinensischen Dorf ging die Einwohnerzahl auf nur noch 150 Personen (90 Muslime und 60 Christen) zurück, während die jüdische Einwohnerzahl stetig anstieg. In den Dreißiger- und Vierzigerjahren war Atlit ein wichtiger geheimer Militärstützpunkt der *Hagana*. Während des palästinensischen Aufstands von 1936 bis 1939 wurden dort Palästinenser inhaftiert, in den Vierzigerjahren gab es dort ein Gefängnis für illegale jüdische Einwanderer. Während der ersten Intifada wurde das alte britische Internierungslager in der Nähe von Atlit als Gefängnis für Palästinenser und Libanesen genutzt.

*13 km südlich von Haifa gelegen; die Ruinen der Kreuzfahrerburg und des zerstörten Dorfs sind nicht zugänglich, da es sich um militärisches Gebiet handelt.*

## Ein Houd

Die lokale Überlieferung besagt, dass dieses Dorf von Hamdan Abu al-Haija, einem Offizier Saladins, gegründet wurde. Zwischen 1944 und 1945 lebten dort 650 Einwohner. Das Dorf war in der Region für seinen Honig und seine Johannisbrotbäume bekannt. Der Johannisbrotbaum sondert Melasse ab, die zu einem beliebten Sirup verarbeitet wird.

*15 km südlich von Haifa gelegen.*

### En-Nakba
Am 11. April und Ende Mai 1948 wurde das Dorf angegriffen. Allerdings wurde Ein Houd erst am 15. Juli desselben Jahres bei einer Militäroperation besetzt, an der sich auch israelische Seestreitkräfte beteiligten. Die Einwohner wurden deportiert und vor ihrer endgültigen Vertreibung ins Westjordanland und nach Transjordanien von einem Internierungslager zum nächsten gebracht. Die meisten der ursprünglichen Einwohner Ein Houds leben heute im Flüchtlingslager Jenin oder in der Region Irbid in Jordanien.

### Das alte Dorf
Ein Houd ist eines der wenigen palästinensischen Dörfer, das 1948 von der Zerstörung verschont blieb; die Bevölkerung wurde vollständig vertrieben.

Seit 1953 wurde Ein Houd allmählich in eine Künstlerkolonie umgewandelt und erhielt den hebräisierten Namen »Ein Hod«. Dutzende Künstlerateliers, Galerien und Cafés wurden in den palästinensischen Häusern eröffnet. Diese wurden neu gestaltet, um den individuellen Ansprüchen zu genügen. Das Meer und die Ruhe der Landschaft um das Dorf sind die vorherrschenden Motive der ansässigen Künstler. In einem der Häuser ist heute das Janco-Dada-Museum untergebracht, das Marcel Janco (ursprünglich Österreicher und Gründer des hiesigen Künstlerviertels) und der Dadaisten-Bewegung gewidmet ist. Die ehemalige Moschee des Ortes beherbergt heute ein Café-Restaurant.

## Ein Houd al-Jadida

Zu Ein Houd gehört ein zweites Dorf, gegründet von den wenigen Dorfbewohnern, die nicht aus der Region vertrieben wurden. Heute leben hier etwas mehr als 250 Menschen. 1948 floh ein kleiner Teil der Abu-al-Haija-Familie in ein nahe gelegenes Gebiet (heute gehört es zum Karmel-Naturschutzgebiet) und errichtete weniger als 1 km Luftlinie von der Heimat entfernt ein kleines Zeltlager, welches »Ein Houd al-Jadida« (»das neue Ein Houd«) genannt wurde. In Galiläa ist das Dorf auch als »Kawkab Abu Haija« (»die Festung der Abu-al-Haija-Familie«) bekannt. Die israelischen Behörden haben das Dorf mehr als 40 Jahre lang toleriert, ohne es jedoch offiziell oder rechtlich anzuerkennen; es blieb ein sogenanntes »nicht anerkanntes Dorf«. Den Einwohnern wurde die öffentliche Grundversorgung – Wasser, Elektrizität und Straßenbau – vorenthalten. Notwendige Baustoffe mussten bis in die Achtzigerjahre mit Eseln in

## Israel (Die Gebiete von 1948)

das Dorf transportiert werden. 1987 begann die Dorfkommission, Druck auf die israelischen Behörden auszuüben: Sie sollten das Dorf anerkennen und ihm offizielle Rechte einräumen. Die Behörden reagierten mit einer Einschüchterungspolitik. Abrissbefehle wurden an jedem »illegalen« Haus angebracht, denn dadurch dass das Dorf nicht anerkannt war, galten alle Häuser als illegal. Bulldozer und Armeepatrouillen unternahmen Streifzüge durch das Dorf und versetzten die Bewohner in Angst. Seither war die Anerkennung des Dorfs nicht länger vorrangiges Ziel des Komitees, vielmehr ging es darum, den Abriss der Häuser zu verhindern. Als 1994 das Dorf schließlich offiziell anerkannt wurde, änderte das jedoch nichts an der tatsächlichen Situation. 1996 wurde die Fläche, die dem Dorf zugestanden wurde, auf 1,7 ha begrenzt, nach dem Regierungswechsel im selben Jahr halbiert, und der Verteidigungsminister sprach sich darüber hinaus gegen jeglichen Straßenbau in dem Gebiet aus. Somit waren 2002 die stellenweise Asphaltierung (nur an den steilsten Abschnitten) der Straße, die durch den Nationalpark führt, und der Anschluss an die Wasserversorgung die einzigen infrastrukturellen Maßnahmen.

*Der Weg zum Dorf: Wenn man Ein Houd (das alte Dorf) verlässt, geht es zunächst geradeaus, bis zu einer Haarnadelkurve. Dort muss der Besucher die asphaltierte Straße verlassen und einem Pfad folgen, der zum Karmel-Nationalpark führt. Zur Rechten liegt eine Kuhweide, die zur jüdischen Siedlung Nir Etzion gehört, die 1949 auf dem Land des Dorfs errichtet wurde. Wenn man dem Weg folgt, taucht auf der rechten Seite Ein Houd al-Jadida auf. Die Strecke ist mehr als 3 km lang. Die starke Steigung am Ende des Weges ist mit dem Auto zu bewältigen. Dorfrat, Tel. 0544/844040 und die Vereinigung der Vierzig (The Association of Forty). Für Besucher stehen Gästezimmer zur Verfügung; Herstellung und Verkauf von Honig.*

Café in der Künstlerkolonie Ein Houd

### The Association of Forty
### (Die Vereinigung der Vierzig)

Die 1988 gegründete Vereinigung der Vierzig tritt aktiv für die Anerkennung von »nicht anerkannten Dörfern« und die Verbesserung der Lebensbedingungen ihrer Bewohner ein, insbesondere für die Entwicklung der Infrastruktur und die Verbesserung der Grundversorgung. Eines ihrer wichtigsten aktuellen Projekte ist die Erstellung eines Grundstückserschließungs- und Flächennutzungsplans. Dieser soll den israelischen Behörden vorgelegt werden. Er berücksichtigt die Bedürfnisse der israelisch-palästinensischen Bevölkerung in Bezug auf Anerkennung, Entwicklungsvorhaben und Ausstattung.

*Ein Houd. Tel. 04/8362381/2, www.assoc40.org. Die Vereinigung organisiert Besuche und Kontakte zum Thema »nicht anerkannte Dörfer«.*

## »Nicht anerkannte Dörfer«

Etwa 10% aller palästinensischen Bürger Israels (circa 150 000 Menschen) leben in »nicht anerkannten Dörfern« (s. Negev, S. 568). Diese Dörfer sind auf Landkarten nicht zu finden und verfügen über keine offizielle lokale Vertretung oder Grundversorgung wie sauberes Wasser, Abwassersysteme, Gesundheitsdienste, Elektrizität, Straßen, Telefonleitungen, Schulen oder Müllsammelstellen. Als Rechtfertigung dafür, dass die israelische Regierung es ablehnt, diese Dörfer anzuerkennen und Dienstleistungen für sie bereitzustellen, führt diese die geringe Anzahl der Einwohner und die hohen Kosten an, die für den Anschluss an das Versorgungsnetz anfallen würden. Allerdings erkennt die Regierung offiziell 85 andere Siedlungen mit weniger als 100 Einwohnern an – 83 dieser anerkannten Siedlungen sind ausschließlich jüdisch. Heute gibt es 149 nicht anerkannte Lager, Dörfer und städtische Wohnviertel (117 im Negev, 32 in Galiläa und dem Zentrum des Landes). 70 000 Menschen leben im Süden (Negev) und 30 000 im Norden (Galiläa), im Zentralgebiet und in gemischten Dörfern. Die meisten dieser Gemeinden existieren seit den Fünfzigerjahren. Jede neu errichtete Behausung gilt automatisch als illegal und kann deshalb vom Staat jederzeit abgerissen werden. Aus diesem Grund ist die Bevölkerungsdichte in den oben genannten Dörfern stetig gestiegen. In den unterschiedlich großen Dörfern leben zwischen 60 und 6000 Einwohner. Wie Ein Houd sind einige Dörfer offiziell anerkannt worden; die grundlegende Infrastruktur wurde jedoch nicht verbessert.

### Die Karmel-Höhlen (Nahal-Mearot-Reservat)

Die geologische Formation dieser Felsen ist mehr als 100 Mio. Jahre alt. Die wunderschöne Landschaft zeigt den natürlichen Lebensraum des paläolithischen Menschen, der hier in Gemeinschaften lebte. Die **Skhul-Höhle** (auf der linken Seite des Kiosks) enthielt 16 Skelette des Cro-Magnon-Menschen, der von 100 000 bis 40 000 v. Chr. lebte. Ihre Entdeckung war ein Meilenstein in der prähistorischen Forschung, da sie den Nachweis erbrachte, dass der Homo sapiens sapiens zur gleichen Zeit wie der Homo sapiens neanderthalensis lebte; von Letzterem wurden Skelette in der **Tabun-Höhle** gefunden. Viele Prähistoriker glauben, dass das Verschwinden des Neandertalers auf eine genetische Anpassung zurückzuführen ist. Drei weitere prähistorische Höhlen lösten die Skhul-Höhle als Behausung ab. Die **Tabun-Höhle** (hebräisch »Tanur«) wurde von 200 000 bis 40 000 v. Chr. bewohnt. Sie lag allem Anschein nach ursprünglich in der Nähe des Flussufers. Es gibt keine Anzeichen, dass die **Gamal-Höhle** bewohnt war; gleichwohl wird hier eine – wenn auch eher mittelmäßige – Rekonstruktion einer typischen mittelpaläolithischen Familiengemeinschaft (zwischen 100 000 und 40 000 v. Chr.) ausgestellt. Ein Trickfilm, der in der **Dal-Wad-Höhle** (hebräisch »Nahal«) gezeigt wird, liefert ein genaueres Bild vom Leben in dieser Zeit. Die 70 m tiefe Höhle war während des Jungpaläolithikums vor 48 000 bis 20 000 Jahren – und erneut während des Zeitalters der Natuf-Kultur vor 12 000 bis 8000 Jahren – bewohnt. Zu dieser Zeit begannen die Menschen mit dem Anbau von Nutzpflanzen und fingen an, sesshaft zu werden: Sie richteten nicht einfach nur das Innere der Höhle ein, sondern bauten kreisförmige Hütten im Schutz der Felswände. Die Zahl der Bewohner nahm deutlich zu. Geht man an der abgesperrten Stelle in Richtung des Wadi vorbei, kann man auch die berühmte **Kebara-Höhle** entdecken (s. S. 17). Die Fundstücke aus diesen Höhlen sind im Rockefeller-Museum in Ostjerusalem, in der Nähe des Damaskustors, zu sehen und werden auf 130 000 Jahre zurückdatiert. Auch hier wurden Überreste des Neandertalers und seiner paläolithischen Werkzeuge gefunden. Ebenso fand man Knochen von 60 Tierarten, einschließlich Elefanten, Rhinozerossen und eines 60 000 Jahre alten Esels.

*Direkt an der Road 4, 3 km südlich der Kreuzung Ein Hod, 1 km östlich des Old Coastal Highway (Road 4), 20 km südlich von Haifa. Öffnungszeiten: April bis September Samstag-Donnerstag 8.00-*

## Israel (Die Gebiete von 1948)

16.00 Uhr, Oktober-März 8.00-15.00 Uhr; Eintritt: Erwachsene 18 NIS, Kinder 8 NIS, Gruppen: Erwachsene 15 NIS, Kinder 7 NIS. Nach dem Besuch der prähistorischen Höhlen sind ein Picknick und ein Spaziergang im Reservat zu empfehlen.

### Tantura (Dor)

Das Dorf Tantura liegt in der Nähe der Ruinen einer antiken kanaanitischen Hafenstadt, die auf einer ägyptischen Papyrusrolle aus dem 13. Jh. v. Chr. unter dem Namen »Dor« (der kanaanitische Gott des Meeres) erwähnt wurde. Laut einer ägyptischen Erzählung lebten hier im 11. Jh. v. Chr. die Sikils (die zu dieser Zeit auch in Sizilien ansässig waren und deren Name sich von der Insel ableitet) und die Tjekers, ein Volk, das ursprünglich vom Ägäischen Meer stammte. Wie die Philister bildeten sie die wirtschaftliche und militärische Elite der Stadt. Dor, war Feudalstadt des phönizischen Königreiches von Sidon und später, während der hellenistischen Epoche, eine der bedeutendsten Städte. Es verfiel, als das 15 km entfernte Caesarea zur Hauptstadt des römischen Palästinas wurde. Zwei Schiffswracks in der Tantura-Lagune, die auf das 5. und 9. Jh. n. Chr. zurückgehen, belegen die fortwährende Bedeutung des Hafens in der byzantinischen und später in der abbassidischen Epoche. Im 12. Jh. eroberten die Kreuzfahrer den Hafen und nannten ihn »Merle«. Napoleons zurückweichende Armee verwüstete das Dorf im August 1799. Tantura erholte sich: Bis 1944 stieg die Zahl der Einwohner auf 1500. Die Wirtschaft des Dorfs war abhängig von der Landwirtschaft und der Fischerei; diese florierten vor allem in den Dreißiger- und Vierzigerjahren.

*2 km nördlich von Furaydis (»Paradies«), Richtung Nahsholim-Dor gelegen.*

*Vertreibung von Palästinensern aus der Umgebung von Tantura im Frühjahr 1948*

*Das Massaker von Tantura*
Anfang Mai 1948 zählten die Dorfbewohner von Tantura zu den letzten palästinensischen Küstenbewohnern zwischen Haifa und Jaffa, die noch nicht vertrieben worden waren. Ein zionistisches Komitee von *Hagana*-Offizieren und dessen Vertreter für arabische Angelegenheiten fassten am 9. Mai 1948 den Entschluss, die Menschen von Tantura »zu vertreiben oder zu unterwerfen«. Der Beschluss wurde in der Nacht des 22. Mai ausgeführt; das Dorf fiel nach einem mehrstündigen Gefecht. Am nächsten Morgen wurden mehr als 200 unbewaffnete Dorfbewohner, meist junge Männer im Alter zwischen 13 und 30 Jahren, exekutiert, nachdem sie sich den Truppen der *Hagana* ergeben hatten. Ein israelischer Offizier, der »die Verstöße, die in Tantura verübt wurden«, untersuchte, fand heraus, dass »eine unbändige Begeisterung über den siegreichen Ausgang« der Operation zu manchem Schaden geführt hatte – »direkt nachdem unsere Leute das Dorf betreten hatten«. Nach dem Massaker wurden Frauen, Säuglinge, Kinder und alte Menschen in die Außenbezirke von Furaydis deportiert, bevor sie nach Tulkarem gebracht wurden. Die Män-

ner wurden in Lagern interniert (u.a. Ijlil, Umm Khalil, Sarafand el-Amar) und zwischen 12 und 18 Monaten später ins Westjordanland gebracht. Die meisten Flüchtlinge aus Tantura suchten schließlich Asyl in Syrien.

*Tantura heute*
Sofort nach dem Massaker und der Deportation der Einwohner von Tantura im Mai 1948 wurden zwei Siedlungen auf dem Gebiet des Dorfs gegründet: Kibbuz Nahsholim (im Juni 1948 von Juden aus den Vereinigten Staaten und Polen) und Moshav Dor (1949 von griechischen Juden). Dor ist heute für seinen traumhaften Strand und die Tantura-Lagune bekannt. Dort existieren noch immer zahlreiche palästinensische Häuser. Das Gräberfeld wurde unter dem Strandparkplatz begraben.

Der Archäologische Park von Tantura

Folgt man dem Strand bis zu seinem nördlichen Ende, so kommt man zu der Stelle, an der sich einst der antike Seehafen von Dor (Tel Dor) befand. Die Geschichte dieses Dorfes und seine Überreste sind gut dokumentiert – jeden Sommer werden hier archäologische Ausgrabungen durchgeführt; die Zuordnung der Ruinen ist jedoch nicht einfach. Südlich des Tel sind Hafenbecken aus dem 11.

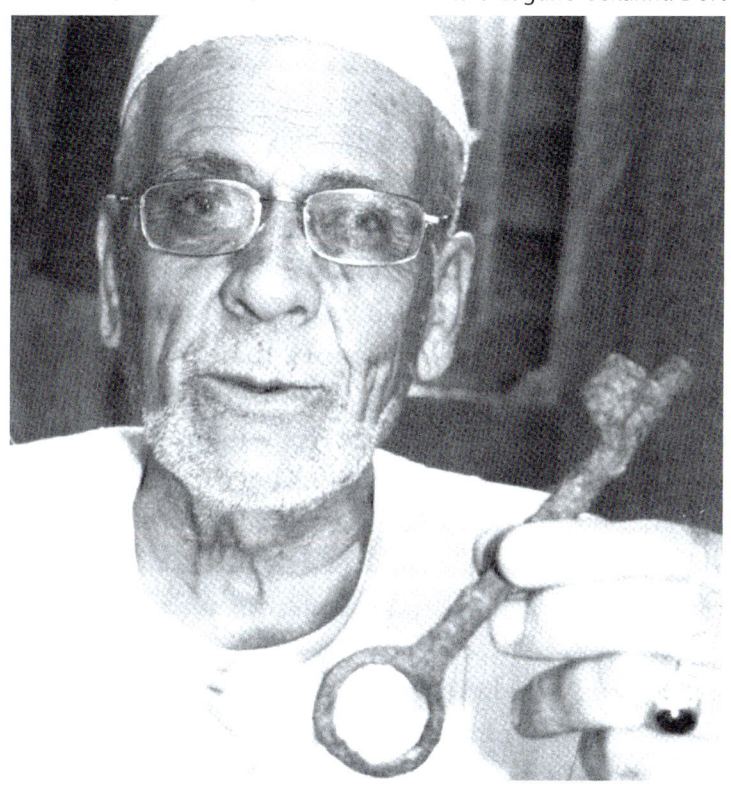

*Viele palästinensische Flüchtlinge und Vertriebene heben bis heute symbolisch ihre Haustürschlüssel auf*

Jh. v. Chr. und die Ruinen einer byzantinischen Kirche aus dem 4. Jh. n. Chr. zu sehen. Im Norden des Tel haben Archäologen eine Werkstatt gefunden, die purpurnen Farbstoff herstellte. Die Herstellung dieses Farbstoffs war ein Spezialgebiet der Phönizier, die im 1. Jt. v. Chr. über die gesamte palästinensische Küste (ausgenommen Gaza) herrschten. Das griechische Wort »Phoenix« wurde zum ersten Mal in Homers *Ilias* verwendet, um dieses kanaanitische Volk zu beschreiben, das an der levantinischen Küste lebte; es bedeutet wörtlich »Purpur des Meeres«. Purpur war ein wertvolles Färbemittel und wurde aus den Murex (Meeresschnecken) gewon-

## Israel (Die Gebiete von 1948)

»Damals war ich 21. Sie nahmen eine Gruppe von zehn Menschen, stellten sie an der Mauer des Friedhofs auf und erschossen sie. Dann nahmen sie eine weitere Gruppe und erschossen sie, sodass sie auf die ersten Leichen fielen und fuhren so fort. Ich wartete, bis ich an der Reihe war, kaltblütig erschossen zu werden, als ich sah, dass die Männer, die mir zugewandt waren, ihre Arme senkten.«
»Das Massaker«, fährt Fawzi Tanji fort, »endete nach dem Eingreifen des Anführers der jüdischen Siedlung von Zichron Yaacov.«

*Fawzi Mahmoud Ahmed Tanji,*
*Flüchtling in der Stadt Tulkarem*

*Freizeitpark auf den Trümmern des Dorfs Tantura*

»Von dem Moment an, als das Dorf Kufr Lam (ein zerstörtes Dorf im Distrikt Haifa, 340 Einwohner im Jahr 1944) erobert wurde, nach dem Fall von Haifa, fürchteten wir einen Angriff auf Tantura. In der Nacht des Angriffs bewachten die Männer zahlreiche Eingänge zu dem Dorf, allerdings waren sie schlecht bewaffnet. Dann, in der Morgendämmerung, genau vor unseren Augen, ergriffen sie eine erste Gruppe von Männern und exekutierten sie, bis auf einen, zu dem sie sagten: »Sieh genau hin und erzähl jedem, was du gesehen hast.«

Sogar in den Windeln unserer Kinder suchten sie nach Geld und Gold, und als ein kleines Mädchen an ihrem Ohr herumfummelte, weil sie versuchte, einen Ohrring herauszunehmen, riss eine Soldatin ihn einfach raus.«

*Amina al-Masri (Umm Mustafa), geboren 1925 und*
*Tamam al-Masri (Umm Suleiman), geboren 1927;*
*beide Flüchtlinge in Qabun, einem Viertel von Damaskus*

»Einige Tage später brachten sie uns in ein arabisches Dorf (Umm Khalil, ein zerstörtes Dorf im Distrikt Tulkarem, 1944 lebten dort 970 Einwohner), dessen Bevölkerung ausgelöscht und das mit Stacheldraht umzogen worden war! Von dort aus wurden wir in ein großes Gefangenenlager in dem Dorf Ijlil (Ijlil al-Qibliya, ein zerstörtes Dorf im Distrikt Jaffa; 1944 lebten dort 470 palästinensische Einwohner) gebracht. Jeden Tag bekamen wir 150 g Brot und eine Kelle Linsen oder Kichererbsen. Sie ließen uns arbeiten. Wenn man zwischen 15 und 17 Jahre alt war, musste man als Reinigungskraft oder in den Betrieben des Lagers arbeiten. Die Älteren mussten Baumaterialien schleppen, um Befestigungsanlagen zu errichten, und Gräben ausschaufeln, um die Toten der bewaffneten Araber zu begraben. Wir waren diejenigen, welche die Opfer der irakischen Armee im Dorf Qaqun (einem zerstörten Dorf im Distrikt Tulkarem, 1944 waren es 1970 Dorfbewohner) begruben, nachdem es von den Israelis eingenommen worden war (5. Juni 1948). Später wurde ich mit anderen aus Tantura in das Gefängnislager in Sarafand verlegt (Sarafand el-Amar, ein zerstörtes Dorf im Distrikt von Ramle, 1944 lebten dort 1950 Einwohner). Das war, nachdem etwa 25 Dorfbewohner aus Tantura aus dem Lager in Ijlil entkommen waren. Ich verbrachte ein ganzes Jahr in Sarafand.«

*Salim Zeidan Omar al-Sarafandi,*
*geboren 1932; Flüchtling im Lager Yarmouk, Syrien*

nen. Für religiöse und politische Würdenträger war Purpur ein Symbol der Macht, was sich beispielsweise an den purpurnen Gewändern der römischen Senatoren zeigte.

Um den Ausflug nach Tantura zu vervollständigen, sollte man das Museum für Meeresarchäologie im Kibbuz Nahsholim besuchen (*Tel. 04/6390950/5920, Öffnungszeiten: Sonntag-Donnerstag 8.30-14.00 Uhr, Freitag 8.30-13.00 Uhr, Samstag 10.30-15.00 Uhr, Eintritt: Erwachsene 18 NIS, Kinder 12 NIS, Senioren 10 NIS, geführte Touren: Erwachsene 50 NIS, Kinder 20 NIS*). Es ist die beste Anlaufstelle, um etwas über die Meeresarchäologie an diesem Ort zu erfahren. Das Museum ist in einer alten Glasfabrik untergebracht, die einst Baron de Rothschild gehörte. Heute sind Fotografien der unterschiedlichen archäologischen Grabungen – insbesondere der Ausgrabungen unter Wasser – und der Artefakte zu sehen, die im Hafen gefunden und freigelegt oder entlang der Küste angeschwemmt wurden.

## Caesarea (Qissarya)

»Es gibt keine Stadt, die schöner, keine Stadt,
die besser mit allen Waren ausgestattet ist.«
*Al-Muqaddassi, 10. Jh.*

Im 4. Jh. v. Chr. soll hier ein phönizischer Handelshafen existiert haben, der später »Stratos Turm« genannt wurde. Strato, der Gründer, war König oder zumindest Gouverneur von Sidon. Als Herren der Meere nutzten viele königliche Phönizier die Küstenhäfen bis nach Aschkelon und sogar darüber hinaus in die Sinai-Halbinsel hinein. 96 v. Chr. besetzte Alexander Yannai die Stadt und zwang die Bevölkerung, entweder zu konvertieren oder ins Exil zu gehen. Zwischen 22 und 10 v. Chr. gründete Herodes der Große hier zu Ehren des römischen Imperators Augustus die Stadt Caesarea Maritima und den Hafen von Sebastos (griechisch »Augustus«). Die schnellsten Schiffe konnten Rom von Caesarea aus innerhalb von zehn Tagen erreichen. Mit seinem eindrucksvollen Bauprojekt für die Stadt und dem gewaltigen Ausmaß des Hafens träumte Herodes davon, die größten Häfen des östlichen Mittelmeeres, Alexandria und Piräus (den Hafen von Athen), zu übertreffen. Als wirtschaftliche und kulturelle Hauptstadt der Region wurde Caesarea kurz nach dem Tod von König Herodes zum Sitz des römischen Gouverneurs. Das Leben in Caesarea lockte sowohl verschuldete Bauern aus dem Umland und den Bergen als auch Bürger an, die ihren sozialen Status verbessern wollten. Auch die jüdischen, samaritischen und heidnischen Eliten des Gebiets ließen sich dort nieder. Mit der Zeit wurde die Stadt zum Zentrum des Widerstands gegen das Römische Reich. 66 n. Chr. kam es zu einem breiten Aufstand, der durch eine Provokation der Römer in einer der Synagogen der Stadt entfacht wurde. Im 3. Jh. wurde Caesarea mit über 50 000 Einwohnern zu einem bedeutenden Zentrum des Christentums. Der 260 n. Chr. in Caesarea geborene Eusebius wurde der erste Bischof der Stadt und der erste Kirchenhistoriker. Hohen Bekanntheitsgrad erlangte er durch seine geografische Zusammenstellung biblischer Orte.

Caesarea, politisches Zentrum und Verwaltungssitz der Byzantiner, war die letzte Stadt Palästinas, die 640 an die arabischen Muslime fiel. Zunächst übernahm Lydd (oder Lydda, wie es in der Antike genannt wurde) und später Ramle die Funktion als Provinzhauptstadt. Dennoch blieb Caesarea der palästinensische Haupthafen. Der florierende Handel der Stadt führte zu einer Blütezeit der Künste und Geisteswissenschaften, die Caesarea zugleich zum kulturellen Zentrum Palästinas machte. Im 8. Jh. setzte Abdel Hamid al-Khatib die

*Luftaufnahme von Caesarea*

## Israel (Die Gebiete von 1948)

stolze literarische Tradition der Stadt fort; er galt als einer der großen arabischen Rhetoriker. Nachdem Caesarea im 12. Jh. von König Balduin erobert worden war, entwickelte es sich zu einem bedeutenden Kreuzfahrerhafen. Bis zum Zeitpunkt der Eroberung und Zerstörung der Stadt durch Mamelucken-Sultan Baybar, der so eine künftige Eroberung durch die Kreuzfahrer verhindern wollte, blieb Caesarea ein wehrhafter militärischer Außenposten. Nachdem die Stadt lange unbewohnt gewesen war, ließen sich 1878 bosnische Muslime hier nieder, die vor der österreichischen Besatzung geflohen waren. 1945 lebten dort 960 Menschen – 930 Muslime und 30 Christen, von denen die meisten Kleinbauern waren.

*En-Nakba*
Caesarea war das erste Dorf in Palästina, in dem die Deportation der palästinensischen Bevölkerung geplant und umgesetzt wurde. Fünf Tage nach der Besetzung durch die *Hagana* am 15. Februar 1948 wurde es zerstört. Die befehlshabenden britischen Truppen taten nichts, um die Dorfbewohner zu beschützen, sie in ihre Heimat zurückzubringen oder ihnen ihre Ländereien zurückzugeben. Mit der Zerstörung von Caesarea begann die systematische ethnische Säuberung entlang der Küste, die später auch im Landesinneren erfolgte. Die übliche zionistische Taktik war es, die Einwohner zu überfallen und anschließend zu vertreiben. Die Dörfer und Städte wurden deshalb nicht vollständig umstellt: Es blieb immer ein Ausweg offen, ein Durchgang nach Osten, zum Meer oder nach Norden hin – ein Fluchtweg, den die Leute zwangsläufig nehmen mussten. Von den 64 Dörfern zwischen Haifa und Jaffa wurden nur zwei Dörfer auf Druck von Siedlern aus der Region verschont, die einige Männer von dort zu niedrigen Löhnen beschäftigten. Bei diesen beiden Dörfern handelte es sich um das 35 km südlich von Haifa an der Küste gelegene Jisr ez-Zarqa und Furaydis, 28 km südlich von Haifa am Fuße des Berges Karmel.

*Ausgrabungssgelände in Caesarea*

### Das archäologische Ausgrabungsgelände in Caesarea

Die einzigen Überreste des Dorfs innerhalb der ehemaligen Befestigungsanlagen der Kreuzfahrer sind die Moschee und einige wenige Häuser; in einem der Gebäude befindet sich heute ein Restaurant. In der Moschee wurde ein Café-Restaurant eröffnet (*Charlie's Bar*).

In der Kreuzfahrerstadt wurde der gesamte Stadtwall freigelegt. Errichtet hat dieses Bauwerk Louis IX. 1251/52 im Zuge des Wiederaufbaus der Verteidigungsanlagen der Stadt. Das Haupttor in östlicher Richtung ist eines der am besten erhaltenen Bauwerke der mittelalterlichen Stadt, deren Bevölkerung auf etwa 12 000 Menschen geschätzt wird. Jüngste Restaurierungsarbeiten ermöglichten eine Rekonstruktion von gewölbten Sälen und der Bögen auf den Wällen. Südlich der Kreuzfahrerstadt befinden sich die Ruinen der Kathedrale St. Paulus, die auf dem römischen Podium errichtet wurde, auf dem wiederum eine auf den Anfang der islamischen Epoche datierte Moschee erbaut wurde. Die alte Stadt dehnte sich in byzantinischer Zeit über eine Fläche aus, die zehnmal so groß war wie die der Kreuzfahrerstadt. Dort lebten Schätzungen zufolge etwa 100 000 Menschen. Herodes ließ hier als Erster öffentliche Baudenkmäler errichten. Der Augustustempel verschwand, und an seiner Stelle entstanden nacheinander mehrere Kultstätten. Einige Überreste des Podiums, auf dem er sich befand, sind noch in den Befestigungsanlagen der Kreuzfahrerstadt zu erkennen. Herodes baute zudem ein Hippodrom, das etwa 15 000 Zuschauer fassen konnte. Es ist heute noch zwischen der Kreuzfahrerstadt und dem römischen Amphitheater zu sehen.

Südlich der archäologischen Ausgrabungsstätte ist das Theater das am besten erhaltene römische Baudenkmal. Eine dort gefundene Gedenktafel ermöglicht es, das Theater auf Pontius Pilatus zurückzuführen, dessen Existenz ansonsten nur aus dem Neuen Testament bekannt war. Die Inschrift lautet: »Pontius Pilatus, Präfekt von Judäa, widmete den Menschen von Caesarea einen Tempel zu Ehren von Tiberius.« Das Amphitheater mit Meerblick bietet Sitzplätze für mehr als 5000 Zuschauer.

*Römisches Amphitheater in Caesarea*

Es gibt zwei Eingänge: einen in der Nähe des römischen Theaters, einen zweiten etwa 500 m nördlich; er führt durch das Osttor der Kreuzfahrerstadt. Öffnungszeiten: April-September 8.00-17.00 Uhr, Oktober-März 8.00-16.00 Uhr; Eintritt: Erwachsene 23 NIS, Kinder 12 NIS, Gruppen: Erwachsene 19 NIS, Kinder 11 NIS. Pläne der Ausgrabungsstätte sind erhältlich. Das Gebiet kann auch über die markierten Begrenzungen hinaus erkundet werden, um die Grenzen der römischen und byzantinischen Städte, ihre Überreste und die Aquädukte zu sehen.

### Außerhalb des Parks

Die römischen und byzantinischen Städte dehnten sich weiter aus, als die Grenzen der heutigen archäologischen Grabungsstätte anzeigen; auch östlich und nördlich des Parks wurden Überreste gefunden. In der Nähe des Eingangs zur Kreuzfahrerstadt und der Cafeteria befinden sich Spuren eines Weges aus byzantinischer Zeit. Weiter östlich ist in der Mitte eines großen Ackers ein von Kaiser Hadrian errichtetes Hippodrom sichtbar. An den Überresten der Spina (der Konstruktion, welche die Rennstrecke in zwei Hälften teilte) kann man seine einstige Lage erkennen. Längs des nördlichen Strands verlaufen entlang der Küste zwei Aquädukte.

#### Bademöglichkeiten

In der Nähe des römischen Theaters ist Schwimmen erlaubt. Es gibt unweit der Kreuzfahrerzitadelle auch einen kleinen Privatstrand; der Eintritt ist allerdings teuer. Ein dritter Strand befindet sich im Norden der Ausgrabungsstätte, in der Nähe der Aquädukte. Dieser Sandstrand verläuft viele Kilometer entlang der Küstenstraße.

## Israel (Die Gebiete von 1948)

# Das Dreieck

Die Region, die »das Dreieck« oder »das kleine Dreieck« genannt wird, umfasst 17 arabische Ortschaften, die an der Grünen Linie liegen. Vor 1948 befanden sich die meisten von ihnen in den Distrikten Jenin, Tulkarem oder Ramle und unterstanden somit deren Gesetzgebung. Heute haben diese Ortschaften zwischen 10 000 und 20 000 Einwohner; in einigen leben 30 000 Menschen (Umm al-Fahm und Taybeh, s. S. 348-349). Vor 1948 waren die Dörfer und Städte landwirtschaftlich geprägt, heute sind es jedoch dicht besiedelte, semiurbane Gebiete, die zu den ärmsten im ganzen Land zählen. Ein Beispiel hierfür ist die 20 000-Einwohner-Stadt Tira, in der 60% der Kinder unter der Armutsgrenze leben. Die Politik der Landkonfiskation – 75% des Landes, das den Einheimischen gehörte, haben die israelischen Behörden konfisziert – zwang die dort lebenden palästinensischen Bauern in den Fünfzigerjahren, eine Arbeit in den Fabriken der Industriezonen in den neuen jüdischen Gebieten anzunehmen. Um die arabischen Dörfer und Städte herum existiert kein unbebautes Land mehr; die Folgen sind eingeschränktes wirtschaftliches Wachstum und ernsthafte Probleme beim Wohnungsbau. Die Bevölkerungsdichte ist sehr hoch, einige Orte erinnern an palästinensische Flüchtlingslager. Ein Großteil des Landes wurde bereits in den Fünfzigerjahren konfisziert, doch weitere Zwangsenteignungen finden bis heute statt. Die Judaisierung des Dreiecks wird seit den Friedensabkommen von Oslo noch schneller vorangetrieben. Das »effizienteste« Instrument dieser Judaisierung ist das sich im Bau befindende Autobahnnetz.

*Umm al-Fahm im Dreieck*

| Gebiete, die vor und nach der Gründung Israels zu palästinensischen Ortschaften innerhalb des Dreiecks gehörten | | |
|---|---|---|
| Arabische Dörfer | Fläche 1947 in ha | Fläche 1990 in ha |
| Jaljulia | 2700 | 450 |
| Kufr Qassem | 1080 | 810 |
| Taybeh | 4050 | 1170 |
| Tira | 5400 | 882 |
| Umm al-Fahm | 11 250 | 2250 |

## Das Transisraelische Autobahnprojekt (Autobahn Nr. 6)

Die Autobahn soll die jüdischen Regionen Nahariya (nördlich von Akko) und Tlallim (südlich von Beersheva) miteinander verbinden. Ein zweiter Abschnitt beginnt in Yoqneam Illit (südöstlich von Haifa) und wird nördlich des Sees Genezareth an das Straßennetz angeschlossen. Offiziell soll dieses Netz den Verkehr auf den Küstenstraßen (A2 und A4) entlasten und die städtische Entwicklung entlang der Ostgrenze zu Jordanien und in Galiläa fördern.

Neben dieser Entlastung sind allerdings auch andere Interessen im Spiel. Das Straßennetz ist hervorragend dafür geeignet, die Judaisierung Galiläas und des Dreiecks voranzutreiben (s. *Koenig-Memorandum* S. 437-438). Ferner dient es dem Ziel, das israelische Territorium (innerhalb der Waffenstillstandslinie von 1949 bzw. der Grünen Linie) und die 1967 besetzten palästinensischen Gebiete zu vereinen. Die palästinensischen Orte des Dreiecks innerhalb der Grünen Linie sind bereits stark überbevölkert, im Zuge des Straßenbaus werden auch die verbliebenen Freiflächen konfisziert. Tatsächlich sind diese Gebiete im israelischen städtischen Bebauungsplan übergangen worden, der eine beträchtliche Entwicklung jüdischer Gebiete im Westjordanland sowie die Schaffung neuer jüdischer Städte vorsieht. Im Wadi Ara (wo Umm al-Fahm liegt) ist eine neue jüdische Stadt unter dem Namen »Iron« mit bis zu 100 000 Einwohnern geplant. Die kleinen jüdischen Städte Katzir und Harish werden jeweils 15 000 zusätzliche Einwohner aufnehmen; mehr als 50 000 sind für Kokhav Yair, Tzur Yigal und Kfar Yona geplant. Die in der mittelfristigen Planungsphase erwartete Bevölkerungszahl für Modiin liegt bei 250 000 Menschen.

Jeder jüdischen Ortschaft stehen Landreserven zur Aufnahme neuer israelischer Einwohner und zur industriellen Entwicklung zur Verfügung, während gleichzeitig die Vorteile des neuen Autobahnnetzes in Anspruch genommen werden. Die Autobahn, die offiziell als neues »Rückgrat« des Landes gilt, verlagert den Schwerpunkt des Landes ostwärts entlang der Grünen Linie und teilweise auch darüber hinaus. Dieser städtische Bebauungsplan ist als Ergänzung zum sogenannten »Sieben-Sterne-Plan« (s. S. 90) zu sehen. Der 1994 von der Regierung Rabin verabschiedete Plan des Autobahnnetzes läuft auf die ökonomische »Integration« des Westjordanlands hinaus. Die Autobahn Nr. 6 gliedert die israelischen Siedlungen in den Autonomiegebieten in das Staatsterritorium von Israel westlich der Grünen Linie ein. Das Transisraelische Autobahnprojekt ist somit ein maßgebliches Verbindungsglied in einem Straßennetz, das die Siedlungen des gesamten Westjordanlands in das israelische Kernland integriert. Die für die Siedler gedachten Umgehungsstraßen sind den Palästinensern des Westjordanlands nicht zugänglich, wenn sie keine spezielle Reiseerlaubnis vorweisen können, die wiederum nur sehr schwer zu bekommen ist. Strategisch platzierte Militärcheckpoints überwachen die Fahrzeuge auf diesen Straßen.

## Das Massaker von Kufr Qassem

Am 29. Oktober 1956, dem ersten Tag des Angriffs auf den Suezkanal in Ägypten, zu dem sich Großbritannien, Frankreich und Israel zusammengeschlossen hatten, verhängte das israelische Militär über die Dörfer im Süden des Dreiecks eine Ausgangssperre. Diese wurde ohne Vorwarnung am späten Nachmittag verhängt, als viele Landwirte noch auf ihren Feldern arbeiteten und völlig ahnungslos waren. Als sie sich nach Feierabend auf den Heimweg nach Kufr Qassem machten, trafen sie auf Soldaten, die 49 von ihnen ohne Vorwarnung erschossen. Israel verurteilte das Massaker, bezeichnete es aber als »Einzelfall«. Yizhar Shedmi, der Offizier, der seinen Männern befohlen hatte, auf jeden zu schießen, der sich nicht an die Ausgangssperre hielt und keine Gefangenen zu nehmen, wurde gemeinsam mit seinen Soldaten zu einer langen Gefängnisstrafe verurteilt. Das Straf-

*Karikatur von Naji al-Ali*

## Israel (Die Gebiete von 1948)

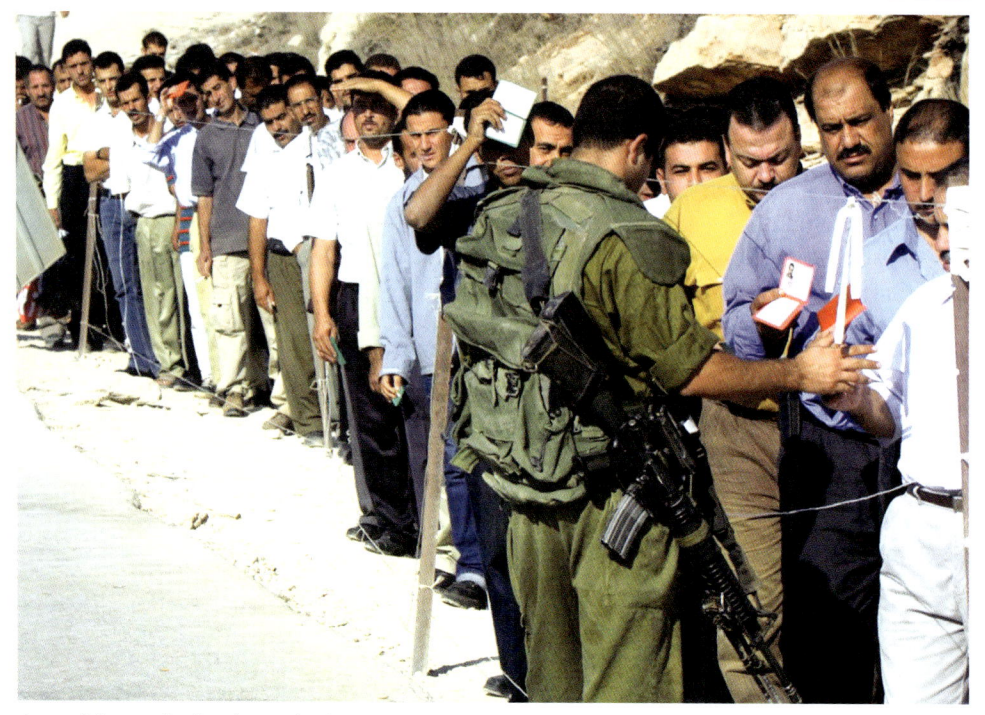

*Ausweiskontrolle durch israelische Soldaten*

maß wurde jedoch im Nachhinein reduziert; der letzte Soldat wurde 1960 aus dem Gefängnis entlassen, vier Jahre nach dem Massaker. Wie sein Vorgesetzter musste er nur eine Lira als symbolische Strafe für seine Freilassung bezahlen.

*An der Road 5, 30 km nordöstlich von Jaffa/Tel Aviv. Jedes Jahr am 29. Oktober organisiert das Volkskomitee von Kufr Qassem (Tel. 03/9370110) eine Gedenkveranstaltung. Das Volkskomitee ist auch Ansprechpartner für jeden, der mehr über die gegenwärtige Lage der Stadt und über das Leben ihrer Einwohner wissen möchte.*

*Oh Kufr Qassem*
*Aus den Särgen der Opfer*
*Wird eine Flagge aufsteigen*
*Halt! Stopp, wird sie sagen*
*Bringt sie zum Aufhören.*
*Nein, nein, ihr werdet nicht länger erniedrigt werden!*
*Die Schuld der Qualen habt ihr vollends abbezahlt*
*– Die Schatten sind gefallen –*

*Oh Kufr Qassem! Wir werden nicht schlafen, solange in dir*
*Der Friedhof und die Nacht regieren,*
*Das unumstrittene Testament des Blutes!*
*Dieses Testament des Blutes steht nicht zum Verkauf.*
*Dieses Testament des Blutes fleht uns an, standzuhalten*
*Und wir werden standhalten.*

*Tawfiq Zayyad*

# Das Dreieck

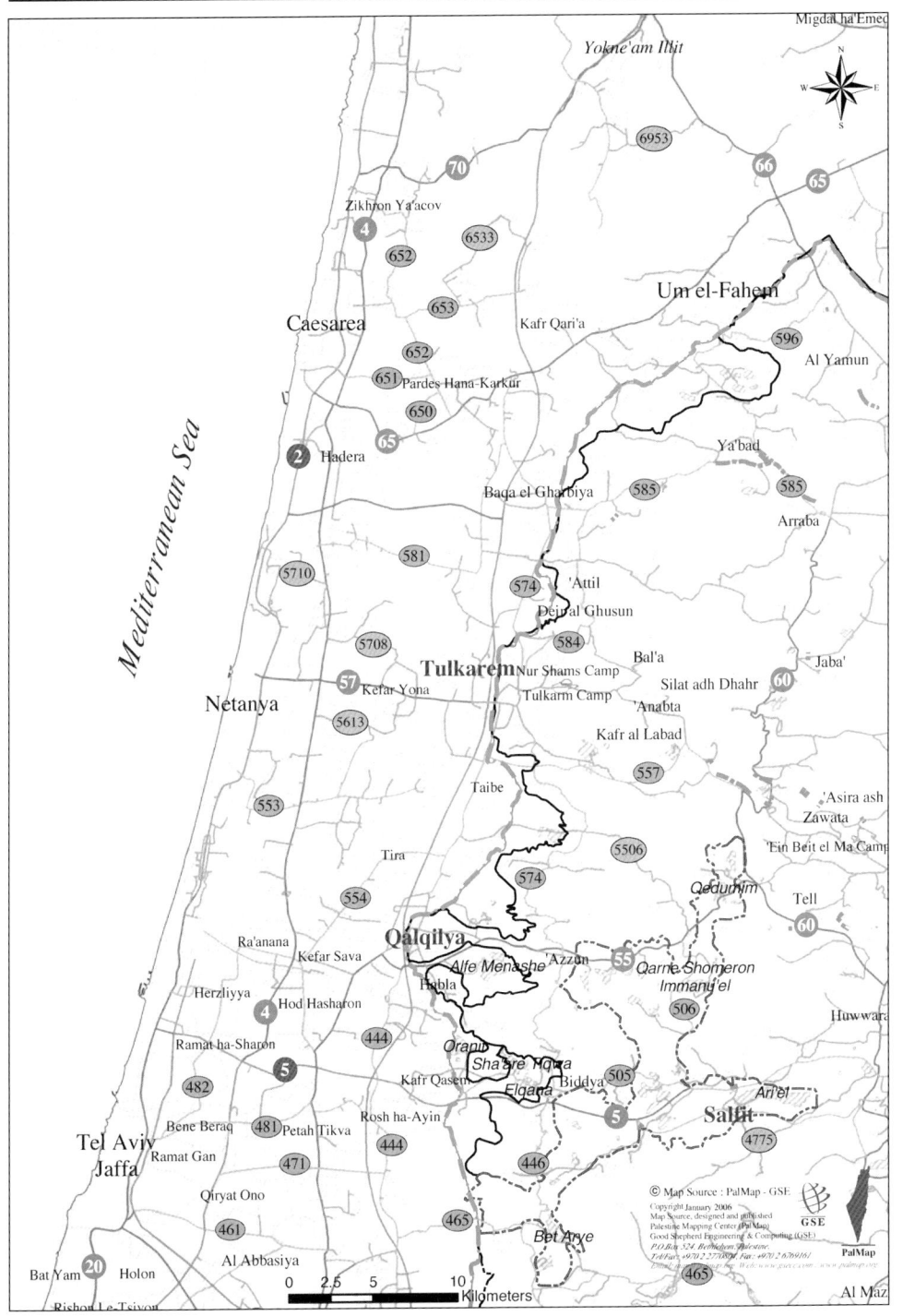

*Die Küstenregion zwischen Jaffa, Tulkarem und Caesarea*

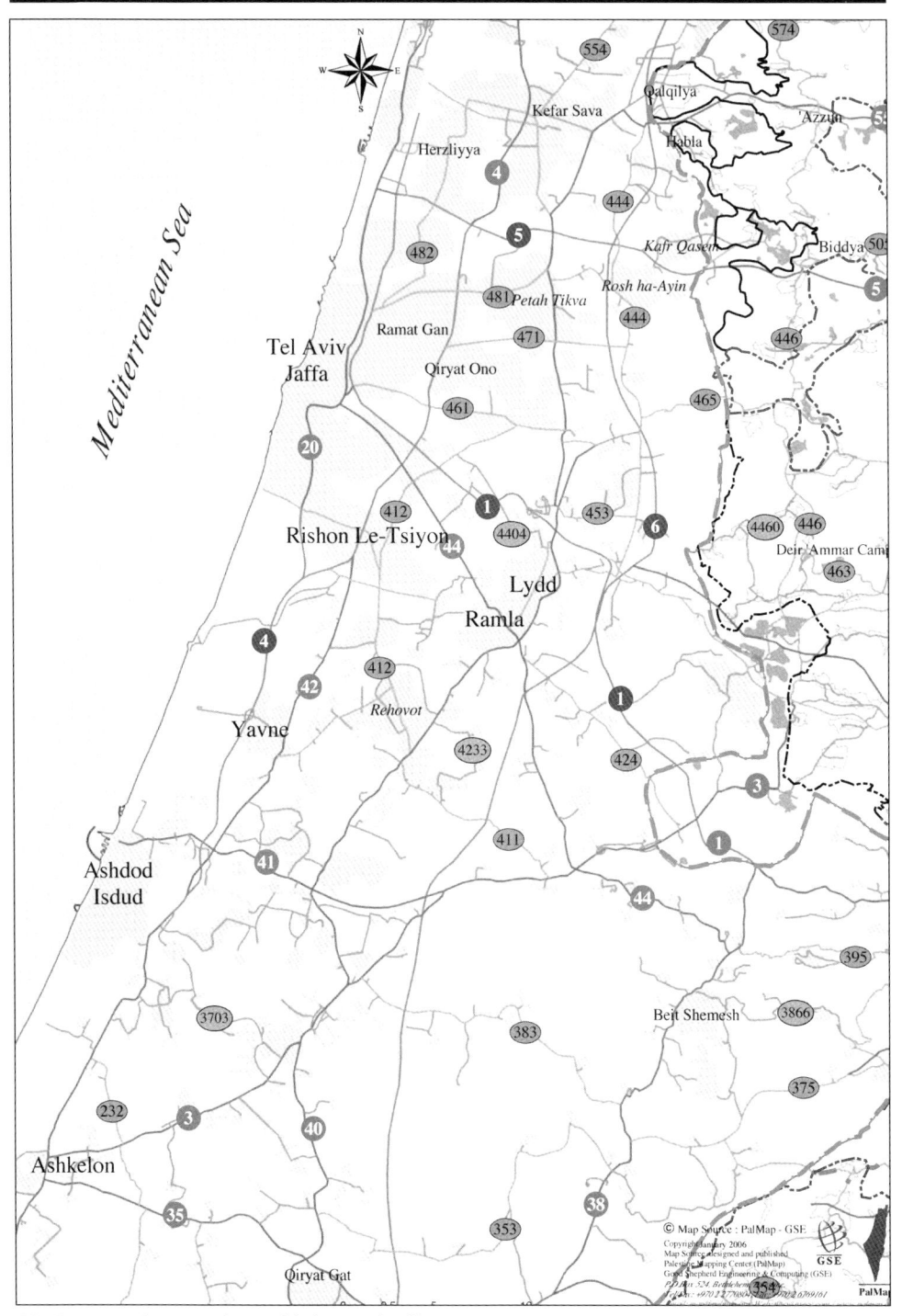

# Israel (Die Gebiete von 1948)

*Die Küstenregion zwischen Ashkelon und Jaffa*

# Die Küstenebene

## Jaffa

Jaffa
Ich erinnere mich an den Tag, an dem ich in Jaffa war
(Refrain)
Erzähl uns, erzähl uns von Jaffa
Mein Segelboot lag im Hafen von Jaffa,
Oh, die Tage des Fischfangs in Jaffa
Das Meer rief uns und in der Abenddämmerung bereiteten wir uns vor, hinauszurudern,
Wir sehen jetzt Geister, am heutigen Tag
Die Nostalgie brachte uns zurück nach Jaffa
Wir fuhren hinaus auf's Meer in der Morgendämmerung, wir waren mit Wunden übersät
Wie ein Wassertropfen sind wir vom Weg abgekommen
Und die Küste verschwand
War der Fischfang gut?
Wir füllten unsere Frachträume bis zum Überquellen
Spielten mit dem Wasser von morgens bis abends, doch in der Nacht…
Doch in der Nacht?
In der Nacht blies der Wind
Oh, wütender Sturm, du, der Wasser und Himmel vereinigt hat.

Das Meer in Wut, die Nacht, wie ein Rudel Seewölfe
Wir holten die Segel ein und nahmen die Ruder hervor.
Der Tod umgab uns, doch wir wehrten uns gegen die rasenden Wellen und
Wir besiegten das wütende Meer
Die Hände fest zusammengedrückt, das Ruderboot fest im Griff
An diesem Tag sagten sie, wir wären verloren, dass wir tot wären in der kalten Unendlichkeit.
Doch wir kamen am Morgen zurück wie ein Riese,
und wir kehrten zurück in den Hafen von Jaffa.
Wie schön ist doch die Wiederkehr nach Jaffa.
Wir füllten das Ufer mit Schalentieren
Oh, schöne Tage in Jaffa
Dem wild heulenden Wind antworteten wir
Wir werden nach Jaffa zurückkehren,
Und heute, dem wild heulenden Wind
Wir werden nach Jaffa zurückkehren…
Wir werden nach Jaffa zurückkehren…

*Gedicht von den Brüdern Rahbani, gesungen von Fairuz*

Jaffa (Yaffa) wurde erstmals 1468 v. Chr. erwähnt, als Pharao Thutmosis III. die Stadt eroberte, die zu dieser Zeit noch »Yapu« hieß. Der Hafen blieb vermutlich unter ägyptischer Kontrolle, bis die Philister sich dort um 1200 v. Chr. niederließen. Sie kamen ursprünglich von Inseln im Ägäischen Meer und siedelten sich in den zentralen palästinensischen Hafenstädten an, die sie bereits durch langjährige wirtschaftliche und kulturelle Beziehungen kannten. Jaffa, das im ersten Jt. v. Chr. stark umkämpft war, war für die jeweiligen Eroberer die Verbindung zwischen dem Mittelmeer und dem Vorderen Orient. Der Sieg des assyrischen Königs Sanherib wurde Ende des 8. Jh. v. Chr. in einer alten Quelle wie folgt beschrieben: »Jaffa, Bene-Berak und Asor waren Städte, die Sidqia, dem König von Ashkelon, gehörten; sie verbeugten sich erst nach einiger Zeit tief vor mir. Als meine Kampagne weiterging, nahm ich sie und all ihre Reichtümer.«

## Israel (Die Gebiete von 1948)

Später wurde die Stadt in der Bibel unter ihrem hebräischen Namen »Yafo« erwähnt, den sie seit der Besetzung von 1948 wieder offiziell trägt. Unter Alexander dem Großen wurde sie etwa 332 v. Chr. unter dem Namen »Joppa« zur hellenistischen Kolonie – organisiert nach dem Vorbild des griechischen Stadtstaates und stark beeinflusst von der griechischen Kultur. Im Laufe der folgenden Jahrhunderte wurde sie entweder von lokalen Herrschern (Makkabäern und Hasmonäern) oder regionalen Gouverneuren (Ptolemäern und Seleukiden) regiert. Nach der Eroberung durch die Römer 63 v. Chr. erlangte die Stadt weitreichende Unabhängigkeit. Marcus Antonius schenkte Kleopatra Jaffa als Zeichen seiner Anerkennung, wie zuvor Jericho. Als Kleopatra 30 v. Chr. starb, wurde die Stadt Teil des Königreichs von Herodes. Da Herodes je-

*Jaffa vom Meer aus gesehen*

doch alle Bemühungen auf den Bau von Caesarea lenkte, blieb der Hafen von Jaffa zweitrangig. Während der umayyadischen Epoche und später unter den abbassidischen Herrschern wurde Jaffa zum Hafen von Ramle, der Hauptstadt der Provinz Palästina (*Jund Falistine*). Im 12. Jh. erklärten die Kreuzritter Jaffa zum offiziellen Hafen von Jerusalem. Da der Hafen von Jaffa der nächstgelegene zu Jerusalem ist, wurde die Stadt kontinuierlich von Reisenden und Pilgern aller Religionen aufgesucht. 1799 verübten napoleonische Truppen ein furchtbares Massaker.

Im 19. Jh. blühte die Stadt auf und erlebte ein nie dagewesenes Wachstum. Unter ägyptischer Herrschaft erlebte Jaffa zwischen 1832 und 1841 neben einem Bevölkerungswachstum vor allem durch den Handel und die Bewirtschaftung der fruchtbaren Böden einen wirtschaftlichen Aufschwung. Durch ihre Lage an der schnellsten Verbindung zwischen der Mittelmeerküste und Jerusalem zog die Stadt großen Nutzen aus dem wachsenden Interesse ausländischer Diplomaten an Jerusalem sowie aus den neuen Pilgerströmen. Um die in Palästina eintreffenden Pilger betreuen zu können, errichteten verschiedene religiöse Orden Niederlassungen in Jaffa. Im Jahr 1882 hatte Jaffa 25 000 Einwohner und entwickelte sich schnell zu einem dynamischen urbanen, industriellen, kulturellen und politischen Zentrum. Die Ausdehnung der Stadt setzte sich unter britischem Mandat fort, doch die eigenständige Entwicklung der noch jungen Siedlung Tel Aviv warf ihre Schatten voraus. In Jaffa, einer Hochburg der aufkeimenden palästinensischen Nationalbewegung, leistete die Bevölkerung massiven Widerstand gegen die britische Förderung der jüdischen Immigration. Am 8. Mai 1936 wurde ein Generalstreik ausgerufen und gleichzeitig began ein Boykott britischer und zionistischer Institutionen und Produkte. Im Juni 1936, als die britischen Repressionen ihren Höhepunkt erreicht hatten, zerstörten die Briten eines der alten Arbeiterviertel am Hafen, das eines der Zentren des palästinensischen Widerstands war.

Kurz bevor die zionistischen Streitkräfte Jaffa 1948 einnahmen, lag die Einwohnerzahl (Muslime und Christen zusammengenommen) bei annähernd 70 000. Jaffa wurde dem Teilungsplan der Vereinten Nationen entsprechend Teil einer arabischen Enklave im jüdischen Staat. Als Folge der Ereignisse im Mai 1948 und des darauffolgenden Kriegs wurde das Israel zugeteilte Gebiet beträchtlich erweitert; unter anderem kamen das westliche Galiläa (einschließlich Akko), die Negev-Wüste, die Aravasenke und Jaffa hinzu.

### En-Nakba

Unmittelbar nach der Ankündigung des Teilungsplans der Vereinten Nationen am 29. November 1947 begannen die zionistischen Terrorattacken. Einer dieser Angriffe hatte am 4. Januar 1948 den Palast (Serail) von Jaffa zum Ziel, wobei 26 Palästinenser ums Leben kamen. Am 22. April, dem Tag, an dem auch Haifa angegriffen wurde, begannen die in Tel Aviv stationierten Streitkräfte mit der »Operation Hametz« (»Operation Hefe«), die gegen die Dörfer um Jaffa gerichtet war. Die Operation begann am ersten Tag des jüdischen Pessachfests. Vor Pessach entfernen jüdische Gläubige einen Monat lang jegliche Nahrungsmittel, die Sauerteig oder Hefe enthalten, aus ihren Häusern, da diese in dieser Zeit als unrein betrachtet werden. Die Anspielung darauf, Jaffa von seinen arabischen Einwohnern reinigen zu wollen, war offensichtlich und wurde kaum verschleiert. Obwohl die *Hagana* die Belagerung Jaffas plante, ergriff die *Irgun* die Initiative und führte einen Präventivschlag aus. Es folgten wahllose Bombardierungen, welche die Massenflucht der Bevölkerung beschleunigten. Das Viertel Al-Manshiya (s. S. 536) war das erste, das an die Zionisten fiel. Nach der Eroberung erfolgte die systematische Plünderung der zurückgelassenen Habseligkeiten.

Michel al-Issa, der palästinensische Befehlshaber des Widerstands in Jaffa, konnte die Stadt nicht länger halten. Er teilte deshalb den Zionisten über die britischen Behörden mit, er stimme zu, Jaffa zu einer »offenen Stadt« zu machen. Die Zionisten lehnten jedoch ab, die Briten bezüglich der palästinensischen Kapitulation verhandeln zu lassen. Am 13. Mai 1948 wurde die Kapitulation vom palästinensischen Nationalkomitee unterzeichnet und von der *Hagana* anerkannt. Am nächsten Tag endete das britische Mandat in Palästina mit dem Abzug des Gouver-

*Abu-Nabhut-Brunnen nach J. D. Woodward, 1880*

# Israel (Die Gebiete von 1948)

neurs und des letzten Kontingents britischer Soldaten. Wie im UN-Teilungsplan vorgesehen, bestand der letzte offizielle Akt der Mandatsmacht darin, dem palästinensischen Nationalkomitee die Schlüssel zu den öffentlichen Gebäuden zu übergeben. Kurz darauf fiel die Stadt in die Hände der *Hagana*, und etwa 4000 palästinensische Flüchtlinge wurden in die zu »geschlossenen militärischen Zonen« erklärten Distrikte Alt-Jaffa und Al-Ajami gedrängt.

*Flucht aus Jaffa mit Fischerbooten im Frühjahr 1948*

»In der Nacht, in der die Vereinten Nationen ihren Teilungsplan veröffentlichten (Resolution 181), wurde mit Gewehren in die Luft geschossen und es gab Demonstrationen in ganz Jaffa. Von diesem Moment an änderte sich alles. Ich war damals 10 Jahre alt, hatte 4 Schwestern und einen Bruder. Meine Eltern und einige Familienmitglieder beschlossen, das Viertel Al-Manshiya (s. S. 536), in dem wir lebten und das sehr nah an Tel Aviv und damit an vorderster Front lag, zu verlassen. Wir zogen vorübergehend in das Al-Inshireh-Hotel in der Innenstadt und blieben dort vier Monate lang, bis sich die Kämpfe im April weiter verschlimmerten. Jüdische Familien, die sich auch im vorderen Frontverlauf wiederfanden, zogen ebenfalls um. Beide Seiten bezogen in diesen verlassenen Vierteln sofort Stellung. Im Zeitraum zwischen der Nacht, in der wir Al-Manshiya verließen, und dem Augenblick, in dem die Kämpfe erneut begannen, ist Jaffa zu einer Geisterstadt geworden. Als die Zionisten ihre Angriffe auf Jaffa wieder aufnahmen, kreisten sie es von drei Seiten ein, die vierte ließen sie offen. Es war die Seite, die dem Hafen zugewandt lag.«

*Abdel Khader Yassin*

## Jaffa von 1948 bis heute

2005 hatte Jaffa 40 000 Einwohner, davon etwa 20 000 Palästinenser – ein Drittel von ihnen Christen, mehrheitlich griechisch-orthodox. Im gesamten Stadtgebiet Tel Aviv-Jaffa machten die Palästinenser zu diesem Zeitpunkt jedoch nur einen Anteil von 3,5% aus.

Mitte Mai 1948 war die palästinensische Bevölkerung Jaffas auf weniger als 4000 Einwohner gesunken. Auch aus den Städten und Dörfern in Jaffas Umgebung war die arabische Bevölkerung zum überwiegenden Teil vertrieben worden bzw. war geflohen. Es gab keine Familie, die hiervon nicht betroffen war; die meisten Palästinenser lebten nun in Flüchtlingslagern im Gazastreifen, dem Libanon oder andernorts. Die nicht vertriebenen Palästinenser wurden gezwungen, sich in vorgeschriebenen Gebieten anzusiedeln und waren verschiedensten Formen der Diskriminierung ausgesetzt. Die in Jaffa leer stehenden Häuser wurden von israelischen Soldaten und jüdischen Zuwanderern übernommen, die sich in der Stadt niederließen. Andere, noch bewohnte Häuser wurden von der Armee besetzt und zum »Besitz Abwesender«

erklärt. Mitte der 2000er Jahre lebten nur noch 36% der Palästinenser in Jaffa in ihren eigenen Häusern. Die anderen mieteten bzw. mieten Wohnungen oder Geschäftsräume von den israelischen Hausverwaltungsorganisationen *Amidar* und *Halamish*, die im Zuge des *Absentees' Property Law* gegründet worden waren. Einer der größten Immobilieneigentümer in Jaffa ist übrigens das israelische Verteidigungsministerium.

Am 24. April 1950 wurde Jaffa unter dem Namen »Tel Aviv-Yafo« der Stadt Tel Aviv angegliedert. Während der Sechzigerjahre startete die Kommunalverwaltung in den Vierteln Ajami und Jabalya, in denen die meisten Palästinenser wohnten, ein großes Bauprojekt entlang der Küste bis in den Süden Jaffas. Hier waren die Gebäude 1948 von den Kriegszerstörungen verschont geblieben. Nachdem die Instandsetzung von Häusern abwesender Flüchtlinge verboten worden war, verfielen sie jedoch und wurden schließlich zwischen 1957 und 1997 abgerissen. Die Preise für Land schossen aufgrund der großen Nachfrage in die Höhe, sodass die ursprünglichen Einwohner es sich nicht mehr leisten konnten, Grundstücke oder Immobilien zu erwerben. Dadurch wurden sie in zweifacher Hinsicht diskriminiert – wegen ihrer gesellschaftlichen Stellung und ihrer ethnischen Herkunft. Gegenwärtig sind 17% der palästinensischen Familien in Jaffa von dem Problem der »Überbevölkerung« betroffen (gegenüber 2% der jüdischen Familien), d. h. sie müssen auf zu engem Raum leben – und das, obwohl eine durchschnittliche palästinensische Familie in Jaffa lediglich aus vier Mitgliedern besteht. Die palästinensische Bevölkerung betrachtet die Planungen für Luxusresidenzen mit Sorge – nicht nur weil diese dem arabischen Charakter Jaffas nicht entsprechen, sondern auch weil palästinensische Einwohner dadurch zu Bürgern zweiter Klasse werden, die häufig als unerwünscht gelten und deren langfristiger Verbleib somit gefährdet ist.

*In ein Restaurant umgewandeltes ehemals arabisches Haus in der Altstadt von Jaffa*

## Alt-Jaffa (Yaffa al-Qadima)

Der Eingang zur Altstadt ist von mehreren Denkmälern gesäumt; eines der markantesten steht am **Uhrturmplatz**, dem früheren Midan al-Shouhada (Märtyrer-Platz). Der **Glockenturm** wurde 1906 zu Ehren des fünfundzwanzigjährigen Jubiläums der Regentschaft von Sultan Abdel Hamid II. erbaut und 1965 renoviert. Der Stil erinnert an russisch-orthodoxe Glockentürme. Bis 1874 lag dieser Platz innerhalb des Haupteingangstors zur Stadt, doch auch nach der Zerstörung der Festungswälle blieb der Platz Jaffas Geschäfts- und Verwaltungszentrum. Eines der herausragenden Gebäude ist die **Große Moschee** oder **Al-Mahmoudiya-Moschee**. Sie wurde um 1814 unter Gouverneur Muhammad Agha erbaut, der den Spitznamen »Abu Nabout« (»Vater Knüppel«) trug. Bis 1948 waren hier das Gericht und das wichtigste islamische Verwaltungsbüro (*Waqf*) ansässig. Hier befand sich auch das frühere **Osmanische Kishleh**, das als Polizeistation und Gefängnis diente. Ab 1948 benutzte die israelische Polizei diese Räumlichkeiten.

## Israel (Die Gebiete von 1948)

In südöstlicher Richtung befindet sich heute der **Flohmarkt** – ein großes Gelände, auf dem Gebrauchtwaren gehandelt werden. Er ist auf dem Gelände des alten **Gemüsemarkts** und des **Al-Salahi-Markts** untergebracht, einem der ältesten Viertel Jaffas. Am Ende der Beit Eshel Street (ehemals Siksek Street) steht die frühere **Siksek-Moschee**, die in eine Kunststofffabrik umfunktioniert wurde. Jaffas Palästinenser haben zahlreiche Anträge bei den israelischen Behörden gestellt, damit die Moschee wieder der Verantwortung der muslimischen Gemeinde unterstellt und in ihren ursprünglichen Zustand zurückversetzt werden kann – bis heute waren diese Bemühungen jedoch vergeblich.

Von der nahe gelegenen Bergkuppe aus betrachtet, scheint es in Alt-Jaffa große Freiflächen zu geben. Bis 1936 befand sich dort jedoch das am dichtesten besiedelte und zugleich das älteste Viertel der Stadt. Das Gebiet war eine der Bastionen des palästinensischen Widerstands, weshalb es von den britischen Mandatstruppen zwischen dem 18. und 21. Juni 1936 größtenteils abgerissen wurde. Die Zerstörung fand unter dem Vorwand der Implementierung eines neuen städtischen Bebauungsplans statt. Mitte der Sechzigerjahre begann die israelische Stadtverwaltung in Zusammenarbeit mit der *Old Jaffa Development Company* mit dem Bau eines Touristenzentrums. Jaffas Palästinenser nennen es ironisch »das neue Jaffa«. Heute ist das Viertel von Künstlerateliers, Galerien, einem Park, teuren Cafés und Restaurants geprägt. Man stößt hier auf historische Stätten und auf von der israelischen Stadtverwaltung entworfene »historische« Informationstafeln, auf denen die ursprüngliche Bevölkerung Jaffas entweder gar nicht erwähnt oder negativ dargestellt wird. Diese Informationen zeigen, wie die palästinensische Minderheit in Jaffa behandelt wird.

*Glockenturm und Moschee am Uhrturmplatz in Alt-Jaffa*

# Jaffa

»Dies war der Beginn des britischen Mandats. Zu dieser Zeit war der Hafen von Jaffa der Haupthafen Israels und wurde als Hafen Jerusalems anerkannt. Jaffa war die Stadt, in der die Besiedlung Israels sowohl durch die erobernden Pilger als auch durch jüdische Immigranten begann. Die Juden hatten in der gesamten ersten Hälfte des 20. Jahrhunderts unter der Verfolgung durch die Araber zu leiden; der Gipfel der Gewalt wurde erreicht, als Mitte des Jahrhunderts der Staat Israel gegründet wurde. Die defensiven Gegenmaßnahmen der Juden schlugen einen Großteil der in Jaffa lebenden Araber in die Flucht.

1960 entschlossen sich die israelische Regierung und die Stadtverwaltung von Tel Aviv, die *Old Jaffa Development Company* zu gründen, deren Auftrag es war, die Würde der Altstadt und ihre ruhmreiche Vergangenheit vor dem Verfall zu schützen. Jaffas Altstadt begeistert mit ihrer Vergangenheit, ihrer Geschichte, ihrer Architektur, ihrer geografischen Lage, ihren herrlichen Sonnenuntergängen, ihren begrünten Gehwegen und ihren engen Gassen bei Nacht und bei Tag jeden Besucher, der sich ihrer Schönheit und friedvollen Atmosphäre bewusst wird.«

*Auszug aus einer Broschüre, die von der*
*Old Jaffa Development Company herausgegeben wurde*

## Das Archäologische Museum

Das Museum liegt in einem Flügel des im 18. Jh. erbauten Regierungspalastes Al-Saraya (Serail), der Residenz der lokalen osmanischen Machthaber. Archäologische Funde aus Jaffa und seiner Umgebung werden dort ausgestellt. Eines der schönsten Museumsstücke ist ein Türsturz, der zur Zeit von Ramses II. (13. Jh. v. Chr.) über dem Haupteingang der ägyptischen Festung in Jaffa befestigt war.

*Besichtigung nur für Gruppen möglich, Reservierung erforderlich. Tel. 03/6825375.*

*Hauptstraße in Jaffa*

## Panorama

Am Nordrand von Jaffa bietet sich bei der Moschee des Meeres und der armenischen St. Nikolaus-Kirche ein Panoramablick auf die Küste bis nördlich von Tel Aviv. In der Ferne sind die Hochhaustürme – eines davon ist das *Hilton*-Hotel – zu sehen, die teilweise auf einem alten Friedhof Jaffas, dem Abdel-Nabi-Friedhof, errichtet wurden. Nahe des Aussichtspunkts befindet sich die heute abseits gelegene Hassan-Bek-Moschee, die bis 1948 im Herzen von Al-Manshiya, einem der lebendigsten Viertel Jaffas, lag.

## Israel (Die Gebiete von 1948)

### Das Franziskanerkloster St. Peter
### (Kanissa al-Qala – Die Zitadellenkirche)

Die römisch-katholische St. Peters-Kirche wurde 1891 von den Franziskanern nach den Plänen der beiden italienischen Architekten Serafino von Palermo und Bernardino von Rom errichtet. Die Gestaltung der Kirche ist atemberaubend. Sie wurde dem französischen König Ludwig IX. – genannt »Ludwig der Heilige« – gewidmet, um daran zu erinnern, dass sie auf den Ruinen der Kreuzritterzitadelle gebaut wurde. Die lokale Überlieferung besagt, dass Napoleon hier 1799 während seiner Militäroffensive verweilte.

*Blick von Jaffa auf Tel Aviv. Im Vordergrund das Minarett der Moschee des Meeres.*

### Das Besucherzentrum

Das Besucherzentrum liegt unterhalb des heutigen Kedumim-Platzes. Es ist leicht über eine seitliche Rampe zu erreichen, die zu dem Platz führt. Hier haben Archäologen Fundamente von Häusern aus der Römerzeit freigelegt. Kostenlose, von der *Old Jaffa Development Company* veröffentlichte Broschüren zur Geschichte Jaffas sind hier ebenfalls erhältlich.

### Das Haus von Simon dem Gerber

Hier soll der Apostel Petrus, als er zu Gast bei Simon war (Apg 10, 9-16), die Offenbarung empfangen haben, dass der christliche Glaube auch Nichtjuden gegenüber offen sein solle. Von einem römischen Zenturio nach Caesarea vorgeladen, erklärte Petrus: »Ihr wisst, dass es einem Juden nicht erlaubt ist, mit einem Nichtjuden zu verkehren oder sein Haus zu betreten; mir aber hat Gott gezeigt, dass man keinen Menschen unheilig oder unrein nennen darf« (Apg 10, 28). Dadurch veränderte sich das Christentum von einer regionalen und nur unter einer kleinen Gemeinschaft verbreiteten zu einer weltweiten Religion. Das Haus von Simon dem Gerber gehörte bis 1948 der armenischen Familie Zakarian.

### Der Hafen von Jaffa

Der Hafen von Jaffa bietet einen einzigartigen Ausblick auf die Altstadt, ein Bild wie auf den alten Lithografien. Der lebendige Hafen mit den Fischerbooten und Ausflugsschiffen wirkt heute eher unscheinbar und schmucklos.

Jaffa war der wichtigste Hafen Palästinas, bis Haifa 1934 diese Funktion übernahm. Da das Hafenbecken für Frachtschiffe zu klein war, wurden die Waren mit kleinen Booten transportiert, die durch die tückischen Riffe zu den großen Schiffen hinausruderten. Während des Generalstreiks 1936 baute die jüdische Siedlung Tel Aviv mit Zustimmung der britischen Mandatsbehörden ihren eigenen Hafen. Viele der 1948 geflohenen palästinensischen Einwohner Jaffas stammten aus den unmittelbar an den Hafen angrenzenden Stadtvierteln. Da Handelsschiffe die Stadt seit 1965 nicht mehr anliefen, wurde der Hafen zu einer Flaniermeile mit vielen Geschäften, Cafés und eleganten Restaurants umgestaltet. Jahrzehnte lang haben Zitrusfrüchte den Ruf und das Schicksal Jaffas in besonderer Weise geprägt.

### Jaffa-Orangen

Die Orangenhaine machten Jaffa zu einer der bekanntesten Städte im Nahen Osten. Der Anbau der Zitrusfrüchte entwickelte sich vor allem in den Fünfzigerjahren des 19. Jh., als Orangen erstmals nach Ägypten und in die Türkei exportiert wurden. Seit 1875 werden sie auch nach Europa verkauft, nachdem ihr Export durch die Entdeckung einer einheimischen Sorte möglich wurde, die aufgrund ihrer dicken Schale und ihrer Größe den langen Transport über das Meer unbeschadet überstand und in einwandfreiem Zustand am Zielort ankam. So entwickelte sich Jaffa sehr schnell zum Haupthafen für den Zitrusexport, während immer mehr Orangenhaine an den Stadträndern und auf dem umliegenden Land angelegt wurden – um 1880 gab es etwa 800 000 in und um Jaffa. Die Produktion wurde bis 1948 weiter ausgedehnt. Jaffas Orangen waren weltweit so beliebt, dass israelische Landwirtschaftsbetriebe nach der Vertreibung der Palästinenser aus der Region deren Orangenhaine übernahmen und die Bezeichnung »Jaffa-Orangen« für ihren eigenen wirtschaftlichen Vorteil nutzten.

### Andromeda-Felsen
### (Sakhret Andromeda)

Der am Ende des Hafens gelegene Felsen wird mit einem griechischen Mythos in Verbindung gebracht, der im 1. Jh. v. Chr. vom griechischen Geografen Strabo aufgeschrieben wurde: Als das Meeresmonster Ketos das Gebiet bedrohte, sagte ein Orakel voraus, dass die einheimische Bevölkerung sich retten könne, wenn sie diesem die junge und wunderschöne Andromeda opfern würden. Deshalb wurde Andromeda an eben jenen Felsen gefesselt. Sie konnte gerade noch rechtzeitig von Perseus, einem Halbgott, der aus der Verbindung der Königstochter Danae mit dem Gott Zeus hervorgegangen war, gerettet werden. Mithilfe der Göttin Athene und dem Götterboten Hermes tötete Perseus das Monster und heiratete Andromeda. Dies war einer der beliebtesten Mythen der Bewohner Jaffas und des gesamten Mittelmeergebiets. Im Jahr 58 v. Chr. wurden riesige Knochen, die vermutlich zu einem gestrandeten Wal gehörten, an die Küste geschwemmt. Sie wurden in Rom als sterbliche Überreste des Monsters aus besagtem Mythos ausgestellt. Im 4. Jh. berichtete der Heilige Hieronymus über den anhaltenden Handel, der weiterhin mit den vermeintlichen Überresten des Monsters betrieben wurde.

## Israel (Die Gebiete von 1948)

### St. Louis-Hospital

Das St. Louis-Hospital war das erste moderne Krankenhaus in Jaffa. Es wurde im 19. Jh. unter Leitung der Ordensschwestern des Heiligen Josef der Offenbarung gebaut. Der architektonische Stil des imposanten Gebäudes, der typisch für religiöse europäische Einrichtungen im Palästina des 19. Jh. war, verbindet die Neogotik mit der Neorenaissance. Das alte französische Hospital wurde von der *Hilton*-Hotelkette aufgekauft.

## Jaffas Stadtviertel

»Ich kann Ihnen die Namen von 50 bekannten Cafés zu dieser Zeit (vor 1948) aufzählen: *Al-Halawani*, *Al-Halabi*, *Abu Chakchouk* und andere; des Weiteren auch die Namen von Kinos: *Al-Hamra* (»das Rote«), *King Farouk*, *Er-Rashid*, *Al-Sharq*, *Apollo*; Diskotheken: *Tartous*, *Al-Bosta*, *Abdel Massih* oder *Ez-Zarakiya* und viele weitere Clubs, in denen die größten ägyptischen Sänger wie Farid el-Atrache, Umm Kulthum und Mohammed Abdel Wahab auftraten. Ich werde mich ewig an die beiden von Yussif Wahbi geschriebenen Theaterstücke erinnern, die hier in den Vierzigerjahren aufgeführt wurden: *Der Beichtstuhl* und *Die Kinder der Armen*.

Natürlich gab es etliche kulturelle Zentren in der Stadt, die keine Zeit für Langeweile ließen. Jedes Viertel hatte sein Zentrum, u. a. Al-Manshiya in der Altstadt, Al-Nuzha, Abu Kabir, Karm et-Toutte und Ajami.

Man darf nicht vergessen, dass es in der Stadt Dutzende nationale Tageszeitungen und Schulen gab, wie zum Beispiel *Falastine* (»Palästina«), *Ed-Difah* (»Die Verteidigung«) und *Al-Jamea al-Islamiya* (»Die Islamische Universität«) sowie Dutzende anderer Zeitschriften und Journale.«

Haj Abdel Fatah al-Masharawi (Abu Salim)

Die meisten Palästinenser in Jaffa leben heute in den Vierteln Ajami, Jabalya, Al-Nuzha und Al-Manshiya. Das Ajami-Viertel kann als Herz des sozialen und kulturellen Lebens sowie der Freizeitaktivitäten der arabischen Einwohner bezeichnet werden. In den Sechzigerjahren und 1987 rückten Ajami und Jabalya in den Fokus eines städtischen Bauprojekts von Luxuswohnungen. Gleichzeitig zwangen der private Hausbau und der rapide Anstieg der hiesigen Grundstückspreise viele Palästinenser dazu, sich andernorts nach Häusern umzuschauen. Städtisch finanzierte Hausbauprojekte für Palästinenser mit niedrigem Einkommen blieben eine Ausnahme. Die Stadtverwaltung stimmte 1996 schließlich dem Bau von 400 neuen Wohneinheiten für palästinensische Familien zu. Bis 2005 waren allerdings erst 100 fertiggestellt.

*Hassan-Bek-Moschee zwischen Jaffa und Tel Aviv – die letzten Überreste von Al-Manshiya, einem ehemaligen Viertel von Jaffa, das im Rahmen der Erweiterung Tel Avivs zerstört wurde.*

# Jaffa

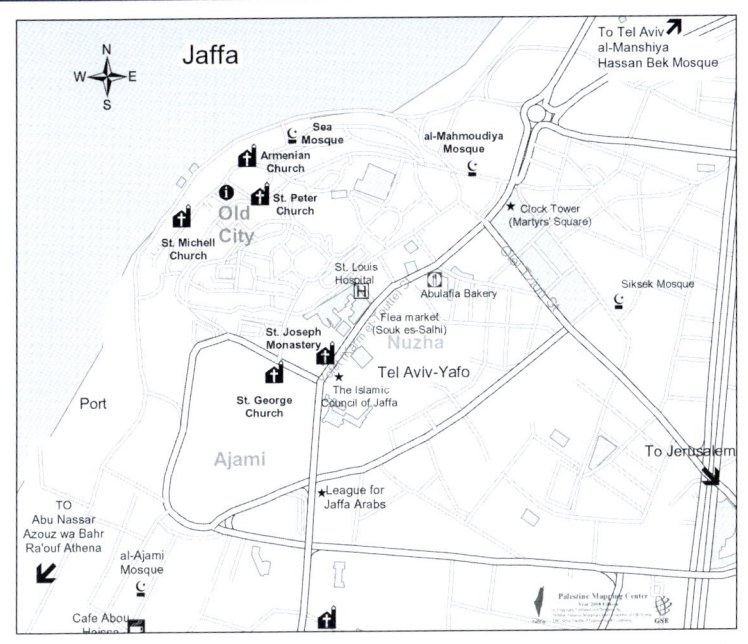

*Stadtplan von Jaffa*

## Tel Aviv

Bis ins 19. Jh. hinein bestand die jüdische Gemeinde von Jaffa aus einigen wenigen Familien. Seit 1941 hat sich hier eine kleine jüdische Gemeinschaft niedergelassen, deren Mitglieder ursprünglich aus Nordafrika stammten. Ihre Kultur war arabisch geprägt, und sie waren in einer aufstrebenden Weltstadt auf der Suche nach neuen Geschäftsmöglichkeiten. Seit den Achtzigerjahren des 19. Jh. folgte die Immigration europäischer Juden nach Palästina aber einer völlig anderen Logik, die später das Schicksal der Stadt bestimmen sollte. Menschen, denen die Kultur Jaffas fremd war und die von der Überlegenheit des jüdisch-christlichen Glaubens und von der nationalen Wiedergeburt des Judentums überzeugt waren, gründeten 2 km nördlich von Jaffa 1909 die Siedlung Tel Aviv. Das Land dafür war vom Jüdischen Nationalfonds aufgekauft worden. Nach den Unruhen von 1920 und 1921 verliehen die britischen Behörden der Siedlung den Status einer autonomen Stadt. Tel Aviv war der Hauptankunftsort vieler jüdischer Immigranten, sodass sich die Stadt in den Dreißiger- und Vierzigerjahren stark ausdehnte und zum Hauptsitz für politische, militärische und kulturelle Organisationen der jüdischen Bevölkerung wurde.

*Das 1909 nördlich von Jaffa gegründete Tel Aviv*

# Praktische Informationen

Aus Jerusalem kommend nimmt man die erste Autobahnausfahrt zur Kibbuz Galuyot Road, die durch die Ruinen des Al-Manshiya-Viertels hindurch direkt nach Jaffa führt. Vom Hauptbusbahnhof fährt der Bus Nr. 46 zum Uhrturmplatz (ehemals Märtyrer-Platz). Vom Arlosorov-Bahnhof gelangt man mit dem Bus Nr. 10 in diesen Teil Jaffas. Die Fahrt führt an der Küste entlang durch Tel Aviv nach Jaffa.

Das **Touristeninformationszentrum** befindet sich am Kikar Kedumim (Kedumim-Platz) in Alt-Jaffa (*Tel. 03/5184015*). Auskunft bezüglich alternativer Touren erhält man bei **Sami Abu Shadeh** (*Tel. 0524/435996*).

### Cafés und Restaurants

Die meisten palästinensischen Restaurants und Cafés liegen im Ajami-Viertel. In der Ajami Road (heute Kedem Road) befinden sich die besten Fischrestaurants der Stadt: **Raouf Athena**, **Azouz wa Bahr** und **Abu Nassar** (*neben der Jabalya-Moschee*) besitzen Kultcharakter. Die Gerichte sind günstig und es gibt eine große Auswahl an Fischspeisen. Das **Abu-Haissa-Café**, ein ruhiges Café mit Terrasse, liegt ebenfalls in der Ajami Road. Andere Cafés und günstige Restaurants findet man in der Yefet Street, wo palästinensische Aktivisten auch einen neuen Buchladen betreiben. Im **Café Yafa** (*Tel. 03/6815746*) an der Ecke von Yehuda Me-Raguza Street und Yefet Street findet einmal wöchentlich eine Kulturnacht statt. Auch die **Abulafia-Bäckerei**, die seit 1879 existiert, liegt in der Yefet Street. Dort werden viele verschieden belegte Brote angeboten, die nach traditionell palästinensischer Art mit *zaatar* (Thymian), Eiern, Pilzen oder Hackfleisch belegt oder mit Käse gefüllt sind.

*Orangenverkäufer*

### Kontakte

The Islamic Council of Jaffa
(Der Islamische Rat von Jaffa)

Ziel des islamischen Rates ist es, die heiligen muslimischen Orte wie Moscheen, Friedhöfe und *Maqams* in Jaffa sowie in der gesamten Umgebung zu restaurieren und zu erhalten, da sie ungeschützt sind und häufig entweiht werden. Einer der alten Friedhöfe im Norden Tel Avivs wurde zerstört, um dort das *Hilton*-Hotel zu bauen. Der Rat engagiert sich ebenso im sozialen Bereich und vergibt Stipendien für junge palästinensische Studenten.

*Für weitere Informationen kann Wael Mohammed kontaktiert werden (Tel. 054/4692798). Die zerstörten oder von Zerstörung bedrohten, heiligen muslimischen Stätten können besichtigt werden. Im Zentrum werden Veranstaltungen über die Situation der Palästinenser in Jaffa organisiert.*

Rabita – The League for the Arabs of Jaffa
(Rabita – Liga für die Araber von Jaffa)

Der Verein wurde 1979 als Reaktion auf die Isolation der palästinensischen Einwohner in Jaffa gegründet und verfolgt das Ziel, die Lebenssituation der Palästinenser zu verbessern. Er spielt eine wichtige Rolle bei der Organisation kultureller Veranstaltungen und bei der Bereitstellung sozialer Unterstützung. Auch für den Erhalt des kulturellen Erbes von Jaffa, das von zahlreichen städtischen Bauprojekten (z. B. durch die Errichtung von Luxusvillen) bedroht wird, engagiert sich der Verein.

*Yefet Street 73 (früher Karm et-Toutte Road), Tel. 03/6812290 und Abed al-Qader Sattel, Tel. 052/4266377. Treffen mit Einheimischen sowie geführte Touren durch Jaffa und zerstörte Dörfer in der Region können organisiert werden. Möchte man mehr über die Stadt, ihr historisches Erbe sowie die derzeitige Situation der dort lebenden Palästinenser erfahren, ist ein Besuch unabdingbar. www.arabyaffa.org.*

The Orthodox Philanthropic Society of Jaffa
(Die orthodoxe philanthropische Gesellschaft Jaffas)

Die orthodoxe philanthropische Gesellschaft Jaffas ist eine der ältesten Vereinigungen in Palästina. Sie wurde 1879 gegründet, um die arabisch-orthodoxe Gemeinde der Stadt zu repräsentieren. Heute leistet sie finanzielle Unterstützung für hier lebende orthodoxe Witwen und Studenten. Des Weiteren betreibt die Gesellschaft eine Jugendgruppe, den *Orthodox Club*, und kümmert sich um die Instandhaltung von Kirchen und Friedhöfen.

*Iben Rashed Street 12, Yousef Deek (Vizepräsident), Tel. 03/6823304 oder 052/2514087, www.jaffa-oc.org.*

# Die Umgebung von Jaffa

## Al-Abbassiya

Die Stadt war in der Bibel als »Yahud« und als »Iudaea« in der latinisierten Form bei den Römern bekannt und wurde auf Arabisch als »Al-Yahudiya« bezeichnet. 1932 benannte man sie nach dem lokalen Würdenträger Sheikh Abbas in Al-Abbassiya um. Bis zu ihrer Zerstörung im Jahr 1948 war Al-Abbassiya eine der wichtigsten Städte in der näheren Umgebung Jaffas. Die Be-

*Menchachem Begin, der Anführer der Irgun, auf einer Veranstaltung 1948*

völkerungszahl lag 1931 bei 3258 und stieg bis 1944 auf 5800 an (5650 Palästinenser und 150 Juden). Seit Ende 1947 war Al-Abbassiya Ziel etlicher zionistischer Angriffe. Am 13. Dezember 1947 zündete die paramilitärische Organisation *Irgun* mehrere Bomben im Dorf, wobei sieben Menschen starben. Am 24. Februar 1948 wurde eine Bombe aus einem fahrenden Auto geworfen, die zwei Menschen tötete. Bei einer von der *Hagana* durchgeführten Militäroperation im Distrikt Jaffa Ende April 1948 wurde Al-Abbassiya schließlich vollständig ethnisch gesäubert. Am 4. Mai 1948 besetzte die *Hagana* die Stadt, woraufhin die arabischen Truppen sie am 11. Juni wieder einnahmen, bevor die israelische Armee sie am 10. Juli endgültig zurückeroberte. Am 13. September 1948 ließ Ministerpräsident David Ben-Gurion im Kabinett über die Zerstörung Al-Abbassiyas abstimmen. Das Kabinett lehnte dies jedoch ab, worauf zehn Tage später jüdische Immigranten in die leer stehenden Häuser einquartiert wurden.

*12 km östlich von Jaffa, unterhalb der heutigen israelischen Stadt Yehud gelegen.*

### Die Stadt heute
Viele Gebäude stehen noch, unter ihnen die Al-Abbas-Moschee im Zentrum des Ortes, die heute den Namen »Shalom-Shebdi-Synagoge« trägt. Fünf Siedlungen sind auf dem Gebiet entstanden, das einst zu Al-Abbassiya gehörte: Yehud (an der Stelle des Dorfs, 1948), Magshimim (1949), Ganei Yehuda (1951), Ganei Tikva (1953) und Savyon (1954).

## Nabi Rubin

»Entweder Rubin, oder ich lasse mich scheiden,« sagten früher Frauen aus Jaffa im Spaß zu ihren Männern, da sie keinesfalls die alljährlichen Festivitäten in Nabi Rubin verpassen wollten. Das Dorf verdankt seinen Namen und seine Popularität dem Stammesvater Rubin (Ruben), welcher der Bibel zufolge der erste Sohn von Jakob und Lea war (1 Mo 29, 32). Die Ursprünge der *Mawsim*-Feierlichkeiten sind unbekannt, doch scheint es, dass dieses große religiöse Fest auf eine sehr alte Tradition zurückgeht. In der ersten Hälfte des 20. Jh. zog es mehr als 30 000 Menschen aus ganz Palästina an, vor allem aber aus Jaffa, Ramle, Gaza und Beersheva. Die Feiern dauerten von Juli bis September. Die Pilgerfahrt war sowohl von religiösen als auch von weltlichen Elementen geprägt, wobei die Pilger die meiste Zeit mit religiösen Gesängen verbrachten, aber auch mit Volksmusik und Volkstanz (*dabka*). 1944 hatte das Dorf 1420 Einwohner.

*20 km südlich von Jaffa gelegen, in Richtung Kibbuz Palmahim. Das Dorf ist von der Straße aus sichtbar. Jedoch liegt es mehr als 1 km weiter jenseits einer Brücke, die über einen kleinen Fluss führt. Von dort aus folgt ein etwa 15-minütiger Fußweg auf einem sandigen Pfad, bis man zu den Ruinen der Nabi-Rubin-Moschee gelangt.*

### Die Nabi-Rubin-Moschee und Nabi Rubins Grabmal

Die trotz ihres schlechten Zustands wunderschöne Moschee ist der einzige noch existierende Hinweis auf Nabi Rubin. Da sie in einer Dünenlandschaft liegt, ist sie nur zu Fuß erreichbar. Der *Maqam* innerhalb der Moschee ist zu einem Ort jüdischer Verehrung geworden, doch er wird selten besucht. Bei genauer Betrachtung kann man unter dem Sand die Stellen erkennen, an denen sich die Stände für die jährlichen Feierlichkeiten befanden.

# Lod (Lydd)

Prähistorische Artefakte, insbesondere aus dem Zeitalter der Natuf-Kultur (Epipaläolitikum, zwischen 12 000 und 8000 v. Chr.), sind in dieser Gegend reichlich vorhanden. Die Stadt Lydd wurde laut der Bibel von Schemed gegründet: »Mit Huschim aber zeugte er Abitub und Elpaal. Die Söhne Elpaals waren: Eber, Mischam und Schemed. Dieser baute Ono und Lod mit seinen Töchterstädten« (1 Chr 8, 11-12). Doch die Ursprünge der Stadt liegen weit vor der biblischen Zeit; die kanaanitische Stadt wurde nämlich schon in der Mitte des 2. Jt. v. Chr. im Zusammenhang mit den Eroberungen von Thutmosis III. erwähnt. Während des Römischen Reiches war sie dann ein wichtiger Stützpunkt an der Straße zwischen Caesarea und Jerusalem. Zu dem frühen Übertritt der Stadt zum Christentum kam es nach dem Wunder, das Petrus dort laut dem Neuen Testament vollbrachte. »Und Petrus sprach zu ihm: Aeneas, Jesus Christus macht dich gesund; stehe auf und mach dir selber das Bett! Und sogleich stand er auf. Und es sahen ihn alle, die zu Lydda und in Saron wohnten; die bekehrten sich zu dem Herrn« (Apg 9, 34-35). Während der byzantinischen Epoche hieß die Stadt »Georgopolis« zu Ehren des Heiligen Georg, der nach einer Legende Sohn eines Kappadokiers und einer aus Lod stammenden Mutter war. In Lod verbrachte er angeblich auch einen Teil seiner Kindheit. In den ersten Jahrhunderten der islamischen Epoche wurde die Stadt zu einem der wichtigsten städtischen Zentren Palästinas. Auf Arabisch lautete der Name der Stadt »Lydd«. Weniger als ein Jahrhundert nach dem Abzug der Kreuzritter gelangten die Mongolen bis nach Lydd und verwüsteten die Stadt. Unter den Osmanen blieb sie weiterhin ein wichtiges Zentrum, doch wurde sie genau wie ihre Nachbarstadt Ramle von den Haupthandelsrouten abgeschnitten, weshalb die Geschäfte der Händler zusehends zurückgingen.

*Flucht aus Lydd 1948*

| Einwohnerzahlen Lods | | | | |
|---|---|---|---|---|
| Jahr | Gesamt | Muslimische Araber | Christliche Araber | Juden |
| 1922 | 8103 | 7166 | 926 | 11 |
| 1931 | 11 240 | 10 012 | 1210 | 18 |
| 1947 | 18 250 | * 18 250 | | 0 |
| 1950 | 10 450 | * 1050 | | 9400 |
| 1973 | 33 200 | * 3400 | | 29 800 |
| 1992 | ** 41 600 | | | |
| * Muslimische und christliche Palästinenser | | | | |
| ** Jüdische und arabische Israelis | | | | |

## Israel (Die Gebiete von 1948)

Die wirtschaftlichen Aktivitäten nahmen gegen Ende des 19. Jh. wieder zu, nachdem Lydd 1882 an das Eisenbahnnetz angeschlossen und erneut zu einem bedeutenden Knotenpunkt Palästinas wurde. Die lokale Arbeiterbewegung entstand früh und war sehr aktiv. So richtete sich eine von palästinensischen Gewerkschaftern geführte Kampagne gegen das diskriminierende britische Entlohnungssystem, das jüdischen Angestellten der Stadt höhere Gehälter bezahlte als den palästinensischen.

*En-Nakba*
Lydd und Ramle wurden von einem Kontingent der Arabischen Legion Transjordaniens sowie zusätzlichen Streitkräften der Arabischen Befreiungsarmee und palästinensischen Partisanen verteidigt. Sie hielten im Mai und Juni 1948 wiederholten zionistischen Angriffen stand. Die arabischen Truppen konnten mehrere besetzte Dörfer befreien. In der Nacht zum 9. Juli begann dann jedoch eine massive israelische Offensive (»Operation Dani«) gegen Lydd und Ramle. König Abdullah von Transjordanien befahl seinen Truppen am 11. Juli den Rückzug, obwohl beide Städte umzingelt waren und unter starkem Beschuss standen. Am darauffolgenden Tag wurde ein Massaker an Zivilisten verübt, die in der Dahamash-Moschee Schutz gesucht hatten. Dies löste eine Massenflucht unter den Einwohnern der gesamten Region aus. Die Flucht von Tausenden Palästinensern Mitte Juli 1948 wurde von General Yigal Allon als militärischer Vorteil gewertet: »Die Flucht verlangsamt das Vorrücken der Arabischen Legion und stellt die arabische Wirtschaft vor das Problem, 45 000 weitere Seelen versorgen zu müssen. Mehr noch, die Ankunft von Zehntausenden Flüchtlingen wird zweifellos alle betroffenen arabischen Regionen demoralisieren. Dieser Sieg wird große Auswirkungen auf andere Bereiche haben.« Dieser »Sieg« hatte die Vertreibung von beinahe 18 000 der 19 000 Einwohnern Lydds zur Folge.

*Olivenernte östlich von Lod*

# Lod

## George Habash (Al-Hakim – Der Weise)
## (1926-2008)

George Habash wurde am 2. August 1926 als Sohn einer griechisch-orthodoxen Familie in Lydd (Lod) geboren und lebte dort bis Juli 1948. Als Flüchtling studierte er anschließend in Beirut und schloss 1951 sein Studium als Bester seines Jahrgangs mit einem Diplom in Kinderheilkunde ab. 1952 gründete er zusammen mit Dr. Wadi Haddad, einem Palästinenser aus Safed, Hani al-Hindi aus Syrien und Ahmed al-Khatib aus Kuwait die Arabische Nationalbewegung. Bestimmt war dies von der Überzeugung, dass nur eine vereinigte arabische Welt die Befreiung Palästinas erreichen könne. Zur gleichen Zeit eröffnete Habash eine Klinik und eine Schule für palästinensische Flüchtlinge in Amman. Nachdem 1957 im Königreich Jordanien das Kriegsrecht ausgerufen wurde, ging er in den Untergrund. Nach der Niederlage von 1967 und der Intensivierung des palästinensischen Widerstands rief er zum bewaffneten Kampf als einzigem Mittel auf, Palästina zu befreien. Vor diesem Hintergrund gründete er 1967 die Volksfront für die Befreiung Palästinas (*Popular Front for the Liberation of Palestine*, PFLP), deren Generalsekretär er wurde. Seine scharfe Kritik an den arabischen Staaten brachte ihm 1968 eine Gefängnisstrafe in Syrien ein. Er konnte jedoch im November desselben Jahres fliehen. Nach seiner Rückkehr nach Amman lehnte er mit Entschiedenheit die Resolution 242 der Vereinten Nationen von 1967 ab, die für die Palästinenser 22% des Territoriums des historischen Palästina vorsah (in der UN-Teilungsresolution 181 aus dem Jahr 1947 umfasste die geplante palästinensische Staatfläche ungefähr 44% von Palästina). Habash verurteilte auch den US-Friedensplan (Rogers-Plan), der von Jordaniens nig Hussein unterstützt wurde und einen Stopp der palästinensischen Widerstandsaktivitäten forderte. Die Konfrontation mit Jordanien führte 1970 zu einer militärischen Auseinandersetzung, dem sogenannten »Schwarzen September«. Habash beteiligte sich von Damaskus aus am Widerstand gegen die Oslo-Abkommen, an dem sich neben islamischen Parteien vor allem Organisationen beteiligten, die nicht Mitglieder der PLO waren. Er trat 2000 von seiner Position als Generalsekretär der PFLP zurück, um sich am Aufbau eines Palästina-Forschungszentrums zu beteiligen. Habash starb am 26. Januar 2008 in Jordanien.

*George Habash auf einer Sitzung des Palästinensischen Nationalrats in Algier 1987*

*Lod heute*

Lod – diesen Namen erhielt die Stadt von der britischen Mandatsmacht – ist eine recht gesichtslose Stadt. Ungenutzte Flächen, aber auch groß angelegte städtische Entwicklungsprojekte sowie kultiviertes Ackerland prägen das Stadtbild und seine Umgebung. In dem armen Vorort von Tel Aviv leben über 66 600 Menschen, davon sind 9000 Palästinenser. Russische und äthiopische Immigranten machen den Hauptteil der Bevölkerung aus. Die soziale und wirtschaftliche Situation Lods ist derjenigen der Nachbarstadt Ramle ähnlich. Lod hatte glanzvolle Zeiten, wie einige wenige Gebäude beweisen, die aber sowohl von den städtischen Behörden als auch vom israelischen Tourismusministerium vernachlässigt werden.

*Da dienstags Markttag ist, empfiehlt sich die Besichtigung der Stadt besonders an diesem Tag.*

## Israel (Die Gebiete von 1948)

### Kirche des Heiligen Georg

Der örtlichen Überlieferung zufolge wurde der Heilige Georg (arabisch »Al-Khader«) in Lydd geboren. Seine Gebeine sind nach seinem Märtyrertod hierher gebracht worden; sein Grab befindet sich in der Krypta. Die Kirche selbst wurde im 19. Jh. von der griechisch-orthodoxen Gemeinde errichtet. Mehrere byzantinische und mittelalterliche Elemente sind in die neuere architektonische Struktur eingefügt worden. Wie in den meisten orientalischen Kirchen, die dem Heiligen Georg gewidmet sind, findet man auch hier Eisenringe an den Wänden (rechts vom Haupteingang), die benutzt wurden, um geisteskranke Menschen festzuketten. Man hoffte, sie auf diese Weise heilen zu können (s. Al-Khader-Kirche, S. 293). Neben der Kirche befindet sich die etwa 1268 erbaute und ebenfalls Al-Khader gewidmete Omar-Moschee. In der Nähe gibt es zwei Karawansereien, welche die historische Bedeutung Lods als Pilger- und Handelszentrum verdeutlichen. Deren Instandhaltung wurde jedoch von der jüdischen Stadtverwaltung vernachlässigt. Der gut erhaltene Khan al-Helou (»die schöne Karawanserei«) befindet sich auf einem freien Feld und ist zweifelsohne einen Besuch wert, auch wenn eine Renovierung überfällig ist.

In der heutigen Herzl Street wurde am 12. April 1996 die Dahamash-Moschee wieder eröffnet, fast auf den Tag genau 48 Jahre nachdem israelische Truppen unter dem Kommando Moshe Dayans die Moschee bombardiert hatten, in der die Einwohner Lods Zuflucht fanden. Dayan war während des Junikriegs von 1967 Oberbefehlshaber der israelischen Truppen und spielte später bei den Friedensverhandlungen mit Ägypten eine wichtige Rolle.

*Falls die Tür verschlossen sein sollte, kann der griechische Priester, der gegenüber der Kirche wohnt, darum gebeten werden, sie zu öffnen. Die Kirche besitzt eine interessante Ikonensammlung. Der Heilige Georg wird in Palästina als wichtigster christlicher Heiliger angesehen. An seinem Namenstag, dem 23. April, und dem Tag seines Begräbnisses, dem 15. November, organisiert die christliche Gemeinde von Lod Prozessionen.*

# Ramle

> »Ich war auf dem Weg in die Stadt Ramle, die auch Palästina genannt wird (die Regierungshauptstadt Jund Falastine). Sie ist eine große Stadt mit überbordendem Reichtum, die von schönen Marktplätzen geziert wird. Insbesondere die Hauptmoschee, die »die Weiße« heißt und von der gesagt wird, dass in ihrer *Qibla* (Gebetsrichtung) 300 Propheten begraben sind, ist bemerkenswert.«
> Ibn Battuta, arabischer Geograf (14. Jh.)

Ramle wurde 715 n. Chr. von dem Umayyaden-Kalifen Suleiman Ibn Abd al-Malik (674-717) an der Kreuzung der Haupthandelsrouten gegründet und entwickelte sich schnell zur Regierungs- und Wirtschaftshauptstadt der Provinz Palästina (Jund Falastine), die in etwa den byzantinischen Provinzen Palaestina Prima und Palaestina Tertia entsprach. Die mit öffentlichen Gebäuden (Moscheen, Badehäusern und Karawansereien), Marktplätzen und Wohnhäusern bebaute Gesamtfläche übertraf die von Jerusalem. Im 11. und 12. Jh. trafen Ramle große Ka-

## Ramle

tastrophen: Erdbeben in den Jahren 1033 und 1067, die Eroberung durch die Kreuzritter 1099, ein verheerendes Feuer 1177 und eine Schlacht zwischen den Kreuzrittern und Saladins Armee im Jahr 1191.

Unter dem Mamelucken-Sultan Baybar wurde Ramle wieder zu einem der wichtigsten städtischen Zentren Palästinas. Die Mamelucken bauten die öffentliche Infrastruktur aus, vor allem Staubecken und Brücken, wodurch die Stadt wiederbelebt wurde. Ramle wurde später für seinen Baumwollstoff bekannt, entwickelte sich jedoch, da es während der osmanischen Epoche nicht länger an einer wichtigen Handelsroute lag, allmählich zu einer kleinen provinziellen Verwaltungsstadt. Erst zu Beginn des 20. Jh. kam es zu neuen Entwicklungsimpulsen, als Ramle Distrikthauptstadt wurde.

*Lithografie von Ramle mit dem Minarett der Weißen Moschee in der rechten Bildhälfte*

| Bevölkerungszahlen des Distrikts Ramle | | | |
|---|---|---|---|
| Jahr | Gesamt | Araber * | Juden |
| 1922 | 49 075 | 45 149 | 3926 |
| 1931 | 70 579 | | |
| 1945 | 127 270 | 97 998 | 29 272 |
| * Muslimische und christliche Araber | | | |

### En-Nakba

Kurz nach Veröffentlichung des UN-Teilungsplans im November 1947, in dem empfohlen wurde, Ramle in einen arabischen Staat einzubinden, zündete ein zionistisches Kommando im Februar 1948 eine Bombe auf dem Marktplatz der Stadt. Insgesamt wurden bei diesem Anschlag sieben Palästinenser getötet und 45 weitere verletzt. Im April begannen zionistische Streitkräfte mit »Säuberungsoperationen« in Dörfern im Westteil des Distrikts von Ramle. Die Stadt wurde am 12. Juli eingenommen. Aissa Dabit erinnert sich: »Ich konnte nicht mehr in mein Haus gehen. Überall war Chaos, Häuser standen in Flammen, Panzer feuerten mit Maschinengewehren, Menschenmassen flohen mit Babys und Bündeln unter den Armen.«

Etwa 500 Palästinenser fanden Zuflucht im Terra-Sancta-Kloster. Sie waren die einzigen ursprünglichen Einwohner Ramles (von insgesamt 16 000 Palästinensern), denen zusammen mit ungefähr 1000 Dorfbewohnern, die gerade als Flüchtlinge angekommen waren, erlaubt wurde, in der Stadt zu bleiben. Das nationale Wohnungsamt *Amidar* (»Amidar« bedeutet im Hebräischen »mein Volk wohnt«) beschlagnahmte den Besitz der Flüchtlinge (Land, Kirchen, Moscheen, Friedhöfe, Geschäfte, Häuser usw.) und stellte sie den jüdischen Immigranten zur Verfügung, von denen die meisten orientalischer Herkunft waren (aus Nordafrika, dem Jemen

## Israel (Die Gebiete von 1948)

und dem Irak). Von 14 Moscheen, die 1948 existierten, wurden fünf zerstört und sechs in Wohnungen umgewandelt. Die ursprünglichen palästinensischen Einwohner Ramles, die nach 1948 geblieben waren, mussten zusehen, wie ihr Besitz größtenteils von *Amidar* konfisziert wurde. Paradoxerweise wurden die Palästinenser selbst in »Häusern von Abwesenden« einquartiert, nachdem sie dem Wohnungsamt Miete bezahlt hatten.

»So kam es, dass ich als ›anwesender Abwesender‹, wie es im Behördenjargon heißt, in dem Haus eines anderen Abwesenden lebe. Schaut, was in meinem Alter aus mir geworden ist. Nach einem halben Jahrhundert Arbeit habe ich immer noch kein Dach über dem Kopf, das ich mein Eigen nennen könnte, und das einzige, das ich unter Umständen kaufen könnte, gehört einem anderen Palästinenser, der hofft, zurückkehren zu können und der vielleicht jede Nacht davon träumt!« (Aissa Dabit)

### Khalil al-Wazir (Abu Jihad) (1935-1988)

Khalil al-Wazir wurde in eine der führenden Familien Ramles hineingeboren. 1948 suchte er Zuflucht im Flüchtlingslager Al-Bureij im Gazastreifen. Er war ein enger Kampfgefährte Yassir Arafats (Abu Ammar) und einer der Mitbegründer der palästinensischen Widerstandsbewegung *Fatah* (1959) und deren militärischem Zweig *Al-Assifa* (»der Sturm«), für den er die *Fedayin* (»Kämpfer, die sich selbst opfern«) rekrutierte und trainierte. Er unterhielt enge Verbindungen zu Algerien (die Haupttrainingsbasis der *Fatah* nach der Unabhängigkeit 1962 von Frankreich) und dem kommunistischen Block (China, Osteuropa, Vietnam und Nordkorea) und vertrat die Idee eines Volksbefreiungskampfes. Trotz dieser Verbindung näherte er sich ideologisch der islamischen Muslimbruderschaft an. Die Niederlage im Junikrieg 1967 bestärkte ihn in seiner Vorstellung vom bewaffneten Volkskrieg.

*Mauergraffito von Abu Jihad und Yassir Arafat*

Seit Mitte der 1970er Jahre vertrat er jedoch zunehmend die Position, die Rechte der Palästinenser mit politischen Mitteln zu erreichen. Nach der israelischen Invasion in den Libanon 1982 spielte er eine bedeutende Rolle bei der Unterstützung des Widerstands in den besetzten Gebieten. Als Schlüsselfigur der Vereinigten Nationalen Führung der ersten Intifada wurde er am 16. April 1988 in seinem Haus in Tunis von einem israelischen Kommando ermordet.

## Ramle

### Die Bevölkerung Ramles

| Jahr | Gesamt | Muslimische Araber | Christliche Araber | Juden |
|---|---|---|---|---|
| 1922 | 7312 | 5837 | 2184 | 35 |
| 1931 | 10 347 | 8156 | 3260 | 5 |
| 1945 | 15 160 | 11 900 | | |
| 1950 | 10 592 | * 168 | | 9224 |
| 1973 | 36 000 | * 400 | | 31 200 |
| 1998 | 60 600 | * 10 700 | | 49 900 |

* Muslimische und christliche Palästinenser

### Eine beklagenswerte wirtschaftliche und soziale Lage

Ramle ist eine der ärmsten Städte im Staat Israel. In einer großen, fruchtbaren Ebene gelegen, vermittelt sie den Eindruck einer Sozialsiedlung, in der vor allem jüdische Immigranten aus der arabischen Welt leben; seit 1989 kamen überwiegend russische und äthiopische Immigranten hinzu.

Die jüdischen Einwohner ziehen in beliebtere Wohngebiete in Ostjerusalem oder auch im Westjordanland, sobald ihre wirtschaftliche Situation es zulässt. Der Grund dafür ist, wie bei Lod auch, der schlechte Ruf der Stadt: Berichte über Drogenhandel und Sozialdelikte stehen regelmäßig auf den Titelseiten der Zeitungen.

Die Palästinenser in Ramle sind Bürger dritter Klasse. Sollten sie jedoch die Stadt verlassen, würden sie den israelischen Behörden in die Hände spielen und ihr Recht verlieren, in Ramle zu leben. Zudem verhindern wirtschaftliche Erwägungen und der Wohnraummangel in allen palästinensischen Städten Alternativen. Unter

*Wohnraummangel für Palästinenser in der Altstadt von Ramle*

dem Oberbegriff »Araber« leben Palästinenser in drei verschiedenen Vierteln: der Altstadt (dem »Getto«), Jawarish und Jan Hakal. Das Jawarish-Viertel wird hauptsächlich von palästinensischen Beduinen bewohnt, die ursprünglich aus der Negev-Wüste stammen. Sie wurden entweder von ihrem Land vertrieben oder kamen nach Ramle, weil sie sich dort bessere Arbeitsmöglichkeiten erhofften. Das Viertel macht die Politik der Stadtverwaltung deutlich: Jawarish ist an drei Seiten vollständig von Mauern umgeben. Seit 1948 wurde nicht ein einziges städtisches Entwicklungsprojekt für die palästinensische Bevölkerung realisiert, während allein zwischen 1995 und 2005 Wohnungsbauprojekte verwirklicht wurden, die Wohnraum für über 18 000 russische und äthiopische Juden schufen. Hinzu kommt, dass die palästinensischen Häuser häufig in schlechtem Zustand sind. Nicht genehmigte Räume werden an die bestehenden überfüllten Wohnungen angebaut. Das Fehlen einer grundlegenden Infrastruktur ist offensichtlich: Straßenbeläge, Reinigungsdienste, Straßenbeleuchtung und soziale Dienstleistungen wurden reduziert. Das Bildungsniveau gehört zu den niedrigsten im ganzen Land: 15% der jungen Menschen sind Analphabeten. Die Schulen sind alt, und die Lehrer, die oft in diskriminierenden Verfahren ausgewählt werden, sind schlecht ausgebildet. Vor der Einführung der Autonomie in den palästinensischen Gebieten siedelte die Regierung Yitzhak Rabins 450 Familien palästinensischer Kollaborateure aus dem Westjordanland und dem Gazastreifen hier an, was zusätzlich zur negativen Atmosphäre in der Stadt beitrug.

# Israel (Die Gebiete von 1948)

## Die Altstadt

Ramle ist heute ein Schmelztiegel für Menschen unterschiedlichster Herkunft; dies zeigt sich deutlich auf dem geschäftigen Marktplatz im Herzen der Altstadt. Dieses marode Viertel wird seit 1948 als »Getto« bezeichnet. 1966 wurden die Palästinenser unter Kriegsrecht in der Altstadt eingeschlossen. Das einstige historische Zentrum Palästinas besitzt dennoch Charme und kann bedeutsame Ruinen vorweisen.

Neben den in der ersten Hälfte des 20. Jh. errichteten Gebäuden befinden sich in der Nähe der Großen Moschee prächtige mameluckische und osmanische Gebäude, die heute dem nationalen Wohnungsamt *Amidar* gehören. Besonders erwähnenswert sind die architektonischen und dekorativen Details. Der Verfallszustand dieser islamischen Gebäude offenbart den Mangel an Interesse, der dem arabisch-islamischen Erbe der Stadt entgegengebracht wird. Andernorts sind zerbröckelnde Sockel antiker Steinmauern erkennbar, für deren Erhaltung ungeachtet der Kosten gesorgt wird. Übervölkerung, Armut sowie die Vernachlässigung des palästinensischen Kulturerbes sowohl durch die einheimische Bevölkerung selbst als auch durch die israelische Politik auf lokaler wie staatlicher Ebene haben zum desolaten Zustand des historischen Zentrums von Ramle beigetragen.

### Hamam al-Wazir

Das alte, öffentliche Badehaus ist Opfer der städtischen Baupolitik geworden, da die Stadt einem Restaurant die Genehmigung erteilt hat, seine Räumlichkeiten auf Kosten älterer Gebäude zu erweitern. Heute ist nur ein kläglicher Rest des Gebäudes erhalten.

### Das Rathaus

Das Rathaus ist in der früheren Residenz des wohlhabenden palästinensischen Goldhändlers Choukri Rezeq untergebracht. Er hatte das Gebäude für seinen Sohn errichten lassen, kurz bevor israelische Truppen die Stadt 1948 einnahmen. Der Wohnsitz mit den neuen Möbeln, der für das Paar – ihre Hochzeit sollte im Sommer 1948 stattfinden – vorbereitet worden war, wurde konfisziert. Heute ist das Gebäude zum Rathaus der Stadt umfunktioniert worden. Die ursprünglichen Teppiche befinden sich noch im Gebäude.

### Die Große Moschee (Masjid al-Kabir)

Die Moschee in der Nähe des Marktplatzes war ursprünglich die von den Kreuzrittern erbaute römisch-katholische St. Johannes-Kathedrale. Ihre wunderschöne Fassade, das zisterziensische Dach und die Kapitelle sind einzigartig. Sultan Baybar ließ sie 1268 zu einer Moschee umbauen. 1314 wurde sie mit einem prächtigen Minarett ausgestattet.

# Ramle

### Die Teiche der Helena (Birket al-Anzia)

In kleinen Booten kann man diese unterirdische Zisterne unter dem Palast des Abbassiden-Kalifen Harun er-Rashid (766-809 n. Chr.) erkunden. Beachtenswert sind auch die Bogengewölbe, die zu den ältesten in dieser Technik gefertigten Exemplaren gehören. Dieser Stil wurde von den Kreuzrittern kopiert und ergänzte die gotische Architektur.

*Ha-Hagana Street, Öffnungszeiten: Sonntag-Donnerstag 8.00-15.00 Uhr, Freitag 8.00-12.00 Uhr, Samstag 8.00-16.00 Uhr. Eintritt: 5 NIS.*

### Die Franziskanerkirche des Heiligen Josef von Arimathea

Die Kreuzritter haben fälschlicherweise Ramle als die biblische Stätte Rama identifiziert – die Heimatstadt des Heiligen Josef von Arimathea –, woraufhin sie an dieser Stelle zu seinen Ehren eine Kirche errichteten. Gemäß dem Neuen Testament (Joh 19, 38-42) legte er zusammen mit Nicodemus den gekreuzigten Körper Jesu in ein Grab. Die heutige Kirche steht an der Stelle des mittelalterlichen Gotteshauses. Napoleon übernachtete vor der Eroberung Jaffas 1799 in der angrenzenden Herberge Zum Heiligen Josef und Heiligen Nicodemus. Der Überlieferung zufolge ließ der Feldherr den Muezzin der nächstgelegenen Moschee exekutieren, da dieser ihn durch seine Rufe zum Morgengebet (*Salat Al-Fajr*) weckte. Das benachbarte Terra-Sancta-Kloster wurde 1750 erbaut. Es diente im Juli 1948 als Zufluchtsort für die wenigen Einwohner Ramles, die nicht aus der Stadt vertrieben worden waren.

*Öffnungszeiten: Montag-Freitag 9.00-11.30 Uhr. Besucher werden gebeten, die Stille zu respektieren.*

### Die Weiße Moschee

Das Minarett bzw. der viereckige Turm der Weißen Moschee hat schon immer sowohl religiöse als auch militärische Funktionen erfüllt. Von diesem großartigen Aussichtsturm (während der Gebetszeiten geöffnet, angemessene Kleidung – lange Ärmel und bedeckte Beine – ist vorgeschrieben) kann man auf die gesamte umliegende Ebene bis hin zum Mittelmeer blicken. Das Minarett wurde 1318 unter dem Mamelucken-Sultan Nasser ed-Din Ibn Qalaoun (1309-1340) erbaut. Als Ramle unter den Osmanen an Bedeutung verlor, verfiel auch die umayyadische Weiße Moschee zunehmend, die zuvor oft restauriert worden war. Einige der ursprünglichen Torbögen sind jedoch noch erhalten. Da die Moschee (wie auch der benachbarte Friedhof) islamischer Besitz war, konfiszierten

*Das Minarett der Weißen Moschee*

die israelischen Behörden das Land und die Gebäudereste als »aufgegebenen Besitz«. Obwohl jüdische Archäologen seitdem immer wieder Grabungen durchgeführt haben, wurden bisher keine Restaurierungsarbeiten unternommen. Der Friedhof wurde zu »nicht übertragbarem Besitz des jüdischen Volkes« erklärt und ist heute ein freier Platz, der als Müllhalde genutzt wird, was von den Behörden gebilligt wird. Das Minarett ist der einzige noch erhaltene Gebäudeteil und wird heute von einer jüdischen Menora gekrönt – für die muslimischen Palästinenser ein Symbol der Entweihung ihrer Moschee. Die Menora ist der siebenarmige zeremonielle Leuchter, der vor allem an Chanukka Verwendung findet. Er ist auf israelischen Münzen, römischen Artefakten und Wandinschriften zu sehen, wie zum Beispiel in den Katakomben von Beit Shearim, und wird zudem als Staatssymbol verwendet. Während keine Anstrengungen unternommen wurden, die Weiße Moschee zu restaurieren, wurde im Minarett ein gekachelter Boden verlegt.

> »Die Menschen sagen, dass vierzig der wichtigsten
> Weggefährten des Propheten unter dieser Moschee begraben liegen.«
> Al-Harawi
>
> Der bedeutende arabische Geograf Al-Harawi starb 1214. Er war Autor des *Buches der Besuche*, einer vollständigen Beschreibung religiöser Stätten: heilige Orte, Gräber wichtiger Persönlichkeiten der islamischen Geschichte, die *Zawiya* der Mystiker und Koranschulen. Dieses Buch war eine Art Vorläufer für spätere Pilgerreiseführer zum Heiligen Land (arabisch »Ard al-Mouqadassa«).

## Praktische Informationen

Zwischen Ramle und anderen Städten bestehen regelmäßige Busverbindungen. Der Busbahnhof liegt in der Nähe der Großen Moschee und des Marktplatzes. Auf dem Markt werden neben Haushaltsgeräten viele andere Waren angeboten. In der Stadt gibt es etliche kleine arabische und indische Restaurants.

Das **Samir-Restaurant** (Tel. 08/9220195) in der Nähe der Kirche des Heiligen Josef von Arimathea serviert vorzügliche *Mezze*. Im hinteren Bereich des Restaurants befindet sich ein Flachrelief der Stadt.

### Kontakte

Mehr Informationen über die palästinensische Bevölkerung in Ramle, ihre politische Haltung, ihren Lebensalltag, ihr kulturelles Erbe und die israelische Politik in der Stadt (einschließlich der Mauer um das Jawarish-Viertel, welche die Palästinenser von ihren jüdischen Nachbarn isoliert und die mit 3 Mio. NIS von der Regierung finanziert wird), erhält man bei der **Residents' Association**, ein von der Bevölkerung Ramles gegründeter Verein zur Verbesserung ihrer sozialen, wirtschaftlichen und politischen Situation (*Busayna Dabit, Tel. 0525/345937, Email: busaynad@shatil.nif.org.il*).

# Ramle

## Östlich und südlich von Ramle

### Die Soreq-Höhlen

Die Soreq-Höhlen liegen im Absalom-Naturreservat. Ein interessantes Diorama erklärt die geologische Entstehung der Höhlen, vor allem der Stalagmiten- und Stalaktitenformationen. Des Weiteren lädt die herrliche Landschaft zu einer Wanderung ein.

*20 km westlich von Jerusalem an der Ein Karem Road. Tel. 02/9911117, Öffnungszeiten: Sonntag–Freitag 8.00-15.00 Uhr, Eintritt: Erwachsene 23 NIS, Kinder 12 NIS.*

### Mariä-Himmelfahrt-Kloster
### Kloster des Heiligen Bruno (Beit Gemal)

Das Kloster wurde Ende des 19. Jh. vom salesianischen Mönchsorden gegründet. Genau wie die Trappisten von Latrun errichteten die Salesianer eine Schule für Landwirtschaft, die Arbeitskräfte für den Weinanbau ausbildete. Diese Schule wurde 1948 wegen Schülermangels geschlossen und die Weinreben durch Olivenbäume ersetzt, da diese – abgesehen von der Erntezeit – weniger arbeitsintensiv sind. Auf dem Anwesen sind ausgedehnte Spaziergänge möglich. Vom Dach des Klosters hat der Besucher eine herrliche Aussicht auf die Umgebung und kann die Ruhe genießen. Bekannt ist das Kloster auch für die viel gepriesenen Cremisan-Weine, die im Salesianerkloster in Beit Jala produziert werden. Drei Institutionen befinden sich auf dem Gelände in verschiedenen Gebäuden: zwei Männerorden (salesianisch und monial) sowie ein Frauenorden, die Nonnen der Mariä Himmelfahrt bzw. des Heiligen Bruno. Die Nonnen sind berühmt für die hervorragende Qualität der für Palästina typischen Keramikwaren, die sie in ihren Werkstätten herstellen. Ein Besuch des Geschenkartikelladens lohnt sich, da er über eine große Auswahl an Produkten verfügt.

*Salesianerkloster Beit Gemal*

*An der Road 38, 3 km südlich von Beit Shemesh. Öffnungszeiten: Dienstag-Samstag 12.00-16.30 Uhr, sonntags geschlossen. Mariä-Himmelfahrt-Kloster: Tel. 02/9917672, Salesianerkloster: Tel. 02/9911889.*

## Israel (Die Gebiete von 1948)

### Beit Jibrin und Marissa

»Beit Jibrin« (das »starke Haus«) am Fuß des Hebroner Hügellands wurde unter der lateinischen Ableitung »Betogsabra« zum ersten Mal von Flavius Josephus erwähnt. Die kleine Stadt wurde nach der Zerstörung der Stadt Marissa im 1. Jh. v. Chr. während der Herrschaft des Hasmonäer-Königs Johannes Hyrcanus I. erbaut und 40 v. Chr. von den Parthern ausgebaut. Unter Kaiser Septimus Severus (193-211 n. Chr.) erhielt die Stadt den Status einer römischen *colonia* und wurde in »Eleutheropolis« (»Stadt der freien Männer«) umbenannt. Orientalische und griechisch-römische Religionen existierten hier friedlich nebeneinander. Im 4. Jh. nahm das Christentum eine höhere Stellung gegenüber den anderen Religionen ein, und die Stadt wurde Sitz einer Diözese. Später wurde sie von Kalif Abu Bakr (632-634 n. Chr.) erobert. Ein Weggefährte des Propheten Muhammad, Tamim Abu Ruqaya, liegt hier begraben. Der arabische Geograf Al-Muqaddassi (10. Jh.) aus Jerusalem bezeichnete die Stadt als einen der Haupthandelsplätze der Region. Die Befestigungen der Kreuzritter von 1136 wurden 50 Jahre später von Saladin zerstört. Im 13. Jh. beendete Baybar schließlich die Epoche der Kreuzritter in der Region. Beit Jibrin blieb eine florierende Stadt und Zwischenstation auf dem Weg von Gaza nach Al-Karak in Jordanien. Während der osmanischen Epoche wuchs die Bevölkerung von 275 Einwohnern im Jahr 1596 auf 1000 im Jahr 1912; 1944, vier Jahre bevor sie dem Distrikt Hebron unterstellt wurde, hatte Beit Jibrin 2430 Einwohner. Die historischen Stätten von Beit Jibrin (hebräisch »Beit Guvrin«) und die hellenistische Stadt Marissa (hebräisch »Maresha«) können besichtigt werden.

*An der Road 35. Öffnungszeiten: Sonntag-Freitag 8.00-16.00 Uhr, Eintritt: Erwachsene 23 NIS, Kinder 12 NIS. Gruppen: Erwachsene 19 NIS, Kinder 11 NIS. Das Gelände von Marissa befindet sich 2 km südlich des zerstörten Dorfs Beit Jibrin. Den markierten Pfaden ist zu folgen, da es in der Gegend viele Höhlen und tiefe Löcher gibt; festes Schuhwerk ist ratsam. Da die Höhlen nicht für Touristen ausgebaut wurden, empfiehlt es sich, eine Taschenlampe mitzunehmen.*

*En-Nakba*
Anfang Mai 1948 suchten Palästinenser aus der Gegend von Jaffa in den Höhlen bei Beit Jibrin Zuflucht. Am 15. Mai 1948 bezog die ägyptische Armee in Beit Jibrin Stellung entlang der Grenze zwischen ägyptischen und israelischen Truppen. Mitte Oktober stimmte das israelische Kabinett dem Beginn der »Operation Yoav« in der Region von Beit Jibrin und Majdalden zu, womit der zweite israelisch-ägyptische Waffenstillstand, der seit 18. Juli in Kraft war, gebrochen wurde. Die Offensive stand unter dem Kommando von Yigal Allon, einem bedeutenden Kommandeur, »der bei seinen früheren Kampagnen keine einzige arabische Gemeinde hinter sich hatte stehen lassen« (Benny Morris). Das Dorf wurde sowohl vom Boden als auch aus der Luft beschossen, woraufhin die meisten Einwohner flohen. »Die Region wurde am 27. Oktober 1948 mit dem Sieg der ›Operation Yoav‹ befreit«, wie es in der israelischen Touristenbroschüre über Beit Guvrin-Maresha heißt. Die Einwoh-

*Festnahme und Vertreibung von Palästinensern aus Ramle im Juli 1948*

ner von Beit Jibrin haben ein Flüchtlingslager in Bethlehem nach ihrem Heimatdorf benannt (s. S. 274).

*Das Dorf heute*
Von 369 offiziell registrierten Häusern mit 1430 Einwohnern sind nur noch wenige palästinensisch. Meist sind sie entweder von Juden bewohnt oder verwaist. Eines dieser Häuser wurde in ein Restaurant umgewandelt; an ihm ist noch die Inschrift »Al-Bustan« (»der Garten«) zu lesen. In der ehemaligen Dorfschule befindet sich heute das Sekretariat von Beit Guvrin, einem Kibbuz, der hier 1949 gegründet wurde. Archäologen, die das Dorf erforschen, haben eine Kreuzritterfestung freigelegt, die im 12. Jh. vom Grafen von Anjou gebaut worden war, sowie ein schönes kleines römisches Amphitheater.

### Die Ausgrabungsstätte von Marissa

Die Stadt wurde im Alten Testament »Mareshah« genannt (Jos 15, 44). Gemäß der Bibel wurde sie von Rehabeam, dem König von Juda (2 Chr 11, 8), zusammen mit anderen Städten befestigt, über die er seine Kontrolle ausdehnte. Marissa (der griechische Name der Stadt) gehörte als Zentrum des Sklavenhandels während der persischen und der hellenistischen Zeit zur Provinz Idumäa. Die Ptolemäer gründeten hier im 3. Jh. v. Chr. eine sidonische Siedlung, die vom Hafen in Ashkelon abhängig war, welches wiederum von der Hafenstadt Sidon (heute Saida im Libanon) regiert wurde. Sidon kontrollierte damals ein weitläufiges Gebiet, das von den Ufern des Mittelmeeres bis in den Süden des Toten Meeres reichte (Palaestina Prima). Die Ausdehnung des hasmonäischen Königreichs Ende des 2. Jh. v. Chr. erfolgte parallel zur Eroberung der Stadt und des erzwungenen Übertritts seiner Einwohner zum Judentum. Einige Historiker identifizierten Marissa als Geburtsort von König Herodes, was auch die Zerstörung der Stadt im Jahr 40 v. Chr. durch die Parther erklären würde, die eingeschworene Feinde von Herodes dem Großen waren. Die Stadt wurde auf dem Gelände Beit Jibrins wiederaufgebaut.

*Ausgrabungen in Marissa aus dem 2. Jh. v. Chr.*

### Die Ruinen von Marissa

Die oberirdischen Ruinen sind bescheiden, die Besichtigung des unterirdischen Geländes ist hingegen ein außergewöhnliches Erlebnis. Unter der hellenistischen Stadt befindet sich ein ausgedehntes Netzwerk künstlicher und natürlicher Höhlen, die auch für Besucher geöffnet sind. Zu sehen sind gut erhaltene Badehäuser, Ölpressen (etwa 20 wurden entdeckt), Zisternen, ein Lagergelände sowie ein Taubenschlag (Colombarium). Die Bedeutung von Tauben war zu

## Israel (Die Gebiete von 1948)

jener Zeit in ganz Palästina vielfältig: Sie wurden als Boten, als Nahrungsmittel sowie als religiöse Opfergaben verwendet und ihr Kot als Dünger benutzt.

Die antiken Grabkammern konnten leicht in das weiche Kalk- und Kreidegestein gemeißelt werden. Eine von ihnen – bekannt als die sidonische Grabkammer – stammt aus dem 3. Jh. v. Chr. Sie enthält 41 Begräbniskammern, einschließlich der von Apollophanes, dem Sohn von Sesmaios, der 33 Jahre lang Gouverneur der Stadt war. Gemälde und Originalinschriften sind erhalten geblieben. Das Grab der Musiker ist mit Darstellungen eines Flöten- und eines Harfenspielers dekoriert.

An der Oberfläche führt ein Pfad zu den Ruinen der Kreuzfahrerkirche der Heiligen Anna, die ihren Namen dem »Tel Sandakhanna« (arabisch) gab. Etwas weiter befindet sich eine Ansammlung glockenförmiger Höhlen, von denen insgesamt mehr als 800 in der gesamten Region existieren. Im Jahr 1948 suchten vertriebene Palästinenser Schutz in einigen dieser zwischen 12 und 25 m hohen Gewölbe. Zum Großteil wurden diese zwischen dem 7. und dem 10. Jh. n. Chr. in den Stein gehauen. Das weiche Material wurde für Bauarbeiten und die Herstellung von Tünchen verwendet. Der Schacht, durch den das Material nach oben befördert wurde, war glockenförmig, was einen Einsturz der Decke verhinderte. Die Entdeckung eines arabischen Graffitos und die Kreuze an den Wänden legen nahe, dass die Arbeiter palästinensische Christen waren, die in der Stadt Beit Jibrin lebten.

*Ramle*

### Yibna

Der Name »Yavne« taucht in antiken Zeugnissen in unterschiedlichen Formen auf: »Jabneel« oder »Jabneh« (Philisterstadt, 2 Chr 26, 6-8), »Yammia« in der persischen Epoche, als seefahrende Phönizier und Griechen dort lebten, und schließlich »Yibne« (Sitz eines jüdischen Religionsrats Ende des 1. Jh. n. Chr.) bzw. »Yibna« im Arabischen. Der arabische Geograf Al-Yaqubi beschrieb die Stadt im 9. Jh. als eine der ältesten Städte Palästinas, die von Samaritern bewohnt wurde. Yibna war 1123 – damals nannte man die Stadt »Ibline« – Schauplatz des Sieges der Kreuzritter über die Fatimiden. Ebenfalls in Yibna erhielt Sultan Baybar 1265 die Nachricht des Sieges über die Tataren in Nordsyrien.

*Südöstlich der heutigen jüdischen Stadt Yavne.*

*En-Nakba*
Im Jahr 1944 lebten über 5400 Menschen in Yibna und zudem 1500 Beduinen in der näheren Umgebung der Stadt. Als die israelischen Streitkräfte Yibna am 5. Juni 1948 besetzten, floh die gesamte Bevölkerung und suchte Zuflucht im Gazastreifen.

## Ashdod

*Das Dorf heute*
Die Stadt wurde 1948 völlig zerstört. Heute ist auf dem Hügel zwischen Ruinen nur noch der untere Teil des Minaretts der mameluckischen Moschee (1386) zu sehen. 1931 hatten die britischen Behörden hier 794 Gebäude registriert, deren ursprüngliche Lage heute noch erkennbar ist.

### Das Grabmal des Rabbi Gamliel von Yibne (Ramban)

Das Grabmal, ursprünglich eine römische Grabstätte, ist ein uralter *Maqam*. Er war einem muslimischen Heiligen gewidmet, der vermutlich ein Weggefährte des Propheten Muhammad war, möglicherweise Abu Hureira. Schon im 13. Jh. schrieb der Geograf Yaqut al-Hamawi in seinem *Wörterbuch des Landes* (*Mujam al-Buldan*), dass Yibna der Ort »des Grabmals eines Weggefährten des Propheten Muhammads (Mögen Gebet und Frieden mit ihm sein!) sei, dessen Identität Gegenstand einer Streitfrage ist«. Nach der Gründung des Staates Israel wurde der *Maqam* als Grabmal des jüdischen Religionsgelehrten Rabbi Gamliel (Ramban) aus dem 1. Jh. identifiziert. Viele Palästinenser sehen darin ein Beispiel für die Inbesitznahme des arabisch-palästinensischen historischen Erbes durch die Juden.

## Ashdod (Isdoud)

Die Geschichte der kanaanitischen Stadt lässt sich bis ins 17. Jh. v. Chr. zurückverfolgen. Etwa 1000 v. Chr. war Ashdod eine der Städte des philistischen Städtebunds Pentapolis, 712 v. Chr. wurde sie jedoch von assyrischen Truppen Sargons II. zerstört. Die Stadt war weitgehend von Land umschlossen, hatte jedoch einen eigenen Hafen, der während der hellenistischen Epoche »Azotos Paralios« hieß. Nachdem die Makkabäer die Stadt im 2. Jh. v. Chr. erneut zerstört hatten, wurde sie in der römischen Zeit wiederaufgebaut. »Isdoud«, wie die Stadt zu Beginn der islamischen Epoche hieß, wurde im 10. Jh. vom persischen Geografen Ibn Khurdadhbi als Poststation zwischen Gaza und Ramle genutzt. Im Jahr 1596 hatte Isdoud 413 Einwohner. Es gab dort eine eigene Karawanserei, in welcher der bekannte ägyptische Sufi Asad al-Luqaymi 1730 eine Rast einlegte. 1944/45 lebten 4910 Menschen (4620 Muslime und 290 Juden) in der Stadt.

*En-Nakba*
Ägyptische Truppen marschierten nach dem 15. Mai 1948 in Palästina ein. Das 6. ägyptische Bataillon bezog in der zweiten Maihälfte Stellung in Ashdod. Gamal Abdel Nasser, der später Präsident Ägyptens werden sollte, war Offizier dieses Bataillons. Am 2. und 3. Juni nahmen die israelischen Streitkräfte die Stadt unter heftigem Beschuss ein und schlugen mehrere Tausend Menschen in die Flucht. Während der israelischen Offensive zogen sich die ägyptischen Trup-

*Überreste einer Karawanserei in Ashdod*

pen, die palästinensischen Partisanen und die verbliebene Bevölkerung in Richtung Gaza zurück. Die Stadt wurde schließlich am 28. Oktober 1948 eingenommen. Etwa 300 Palästinenser blieben und hissten weiße Flaggen, wurden jedoch nach Süden vertrieben. Ein israelisches Kommuniqué verkündete am Tag der Einnahme Ashdods, dass die israelischen Truppen auf Bitten einer Delegation der lokalen arabischen Bevölkerung einmarschiert waren.

*Die Stadt heute*
Von der alten Stadt Ashdod ist wenig übrig geblieben. Eine verfallene Moschee, einige Schulgebäude, ein *Maqam* und Häuserruinen säumen die einstige Hauptstraße.

*4 km südöstlich der heutigen Stadt Ashdod, direkt westlich der Road 4 gelegen.*

Außer den schönen Stränden gibt es nur wenige Sehenswürdigkeiten in Ashdod. Im Süden der Stadt liegen die Ruinen der Fatimiden-Burg Qalet al-Mina (»Zitadelle des Hafens«, im Hebräischen bekannt als »Ashdod Yam«) aus dem 10. Jh.

# Ashkelon (Asqalan)

Ashkelon wurde zum ersten Mal im 19. Jh. v. Chr. in den ägyptischen Ächtungstexten und später häufig in anderen ägyptischen Quellen genannt. Dem Alten Testament zufolge war Ashkelon im 11. Jh. v. Chr. eine der Städte des philistischen Städtebunds Pentapolis. In der persischen Epoche unterstand die Stadt dem mächtigen phönizischen Königreich von Tyros im heutigen Südlibanon. Die Stadt, die gegen die makkabäischen und hasmonäischen Dynastien gekämpft hatte, fiel im 1. Jh. v. Chr. unter die Herrschaft des Römischen Reiches. Herodes ließ hier verschiedene außergewöhnliche Gebäude errichten (Badehäuser, Fontänen und Kolonaden), die zweifellos dem Andenken seines Großvaters gewidmet waren, der den Apollontempel verwaltet hatte. Die Stadt florierte während der römischen, byzantinischen und islamischen Epoche. Unter dem Umayyaden-Kalifen Abd al-Malik (685-705) wurden in Ashkelon neue Denkmäler gebaut. Durch eine mächtige Festung geschützt, hielt die damals unter fatimidischer Herrschaft stehende Stadt im Jahr 1153 einem Angriff der Kreuzfahrer trotz fünfmonatiger Belagerung stand. Ein Waffenstillstand wurde ausgehandelt, um den Menschen die Möglichkeit zu geben, die Stadt unbeschadet zu verlassen. Die Kreuzfahrer brachen jedoch die Vereinbarung und töteten die Einwohner. 1187 wurde Ashkelon von Saladin befreit. Zur Zeit des dritten Kreuzzugs (1189-1192), der von Friedrich I. Barbarossa, Philipp II. August und Richard Löwenherz angeführt wurde, entschied Saladin – nicht ohne es hinterher zu bereuen –, die Befestigungswälle der Stadt zu zerstören. Die schönsten Kunstwerke wurden vorher jedoch in Sicherheit gebracht; so ließ Saladin die *Minbar* (Kanzel) aus der Ash-

*Ashkelon-Lithografie von David Roberts aus dem Jahr 1839*

kelon-Moschee in die Ibrahim-Moschee von Hebron überführen. Richard Löwenherz konnte die Stadt unter seine Kontrolle bringen, doch seine Truppen, denen die Stadtmauern als Schutz genommen worden waren, wurden später von dem arabisch-muslimischen Heer besiegt. Als sich im Jahr 1270 ein weiterer Kreuzzug unter Ludwig IX. dem Heiligen abzeichnete, zerstörte Mamelucken-Sultan Baybar die Stadt und gründete Al-Majdal, das weiter vom Meer entfernt lag.

### Archäologischer Park – Das antike Ashkelon

Auf diesem weitläufigen Gelände wurden schon häufig archäologische Ausgrabungen durchgeführt. Jede historische Epoche wird hier von Artefakten repräsentiert, wie z. B. einem Tor aus sonnengetrocknetem Ziegelstein aus der Bronzezeit (ca. 2000 v. Chr.), einem Teil der Mauern des Philisterhafens sowie dem römischen Forum und Resten von byzantinischen Kirchen und Kreuzritterkirchen.

*Im Süden der Stadt gelegen. Öffnungszeiten: täglich 8.00-24.00 Uhr, Eintritt: Erwachsene 23 NIS, Kinder 12 NIS, Gruppen: Erwachsene 19 NIS, Kinder 11 NIS. Die Hauptattraktion ist der Strand, der sich in der Nähe des archäologischen Parks befindet.*

*Archäologische Ausgrabungen in Ashkelon*

# Al-Majdal

Die Stadt Al-Majdal wurde Ende des 13. Jh. gegründet, nachdem Baybar Ashkelon zerstört hatte. Im Jahr 1945 lebten in der kleinen Stadt 11 000 Einwohner. Zu dieser Zeit befand sich dort der wichtigste Kornspeicher Palästinas. Die Stadt war außerdem für ihre Textilproduktion und vor allem für die Herstellung von Schuluniformen bekannt.

*Der Name »Al-Majdal« wurde auf den Landkarten durch den Namen der neuen jüdischen Stadt »Ashkelon« ersetzt. Die Überreste von Al-Majdal befinden sich in einem Viertel, das unter dem hebräischen Namen »Migdal« (Altstadt) bekannt ist.*

*En-Nakba*
Al-Majdal wurde zwischen dem 9. und 18. Juli 1948 von israelischen Truppen mithilfe der Luftwaffe und der Marine eingenommen. Der Großteil der Bevölkerung floh während des Angriffs in den Gazastreifen. Etwa 1500 Einwohner blieben in der Stadt und wurden von den israelischen Behörden mittels militärischer und administrativer Maßnahmen in drei abgeriegelte Bezirke gebracht. Diese Maßnahmen gipfelten Anfang 1951 in der Ausweisung des letzten palästinensischen Einwohners.

## Israel (Die Gebiete von 1948)

*Die Stadt heute*
Einige Häuser und Geschäfte stehen noch in der heutigen Herzl Street. In den Fünfzigerjahren zogen hier viele marokkanische und irakische Juden ein. Eine alte Moschee, die in »Khan« umbenannt wurde, beherbergt heute einige Läden und ein kleines Museum mit einer Ausstellung archäologischer Funde aus der Gegend. Die Zahl der Menschen, die ursprünglich aus Al-Majdal stammen, wird heute auf rund 71 000 geschätzt. Davon sind 52 000 bei der UNRWA als Flüchtlinge registriert, von denen die meisten in Flüchtlingslagern im Gazastreifen leben und somit weniger als 20 km von ihrer Heimatstadt entfernt.

### Sheikh Ahmed Yassin (1936-2004)

Im Jahr 1948 suchte der bei Ashkelon geborene Sheikh Yassin als zwölfjähriger Flüchtlingsjunge Schutz im Gazastreifen. Er studierte von 1957 bis 1964 an der ägyptischen Universität von *Ain Shams* in Kairo, wo er der Muslimbruderschaft beitrat. Später war er einer der Mitbegründer des Islamischen Zentrums in Gaza (1973) und Gründer der Islamischen Widerstandsbewegung (*Hamas*) im Jahr 1987. Er war sowohl geistiger als auch weltlicher Anführer der *Hamas* sowie spirituelle Autorität und strategischer Planer – politisch wie militärisch. Zu Beginn der ersten Intifada wurde Sheikh Yassin inhaftiert und zehn Jahre später im Austausch gegen zwei *Mossad*-Agenten freigelassen. Diese besaßen gefälschte kanadische Pässe und waren bei dem Versuch gescheitert, einen Anführer der *Hamas* in Jordanien zu ermorden. Nach einem Aufenthalt aus gesundheitlichen Gründen in Jordanien (er war querschnittsgelähmt) kehrte Sheikh Yassin 1997 nach Gaza zurück, wo man ihm einen triumphalen Empfang bereitete. Er wurde in den frühen Morgenstunden des 22. März 2004 von einem israelischen Kampfhubschrauber aus erschossen, als er eine Moschee in Gaza-Stadt verließ, die in der Nähe des Flüchtlingslagers lag, in dem er lebte. Dort hatte er, im Unterschied zu vielen hochrangigen palästinensischen Politikern der Nationalbehörde, ein einfaches Leben geführt. Seine sieben Leibwächter sowie mehrere *Hamas*-Funktionäre wurden bei dem Angriff ebenfalls getötet, 15 weitere, einschließlich zwei seiner Söhne, verwundet. Nach Sheikh Yassins Tod wählte die *Hamas* Dr. Abdel Aziz Rantisi zu ihrem Anführer. Bei einem israelischen Raketenangriff im April 2004 wurde auch er getötet.

*Sheikh Ahmed Yassin*

## Ashkelon

### Al-Jura

Das Dorf Al-Jura wurde auf einem Gebirgskamm aus Tuffstein (einem porösen Kalkstein, auf Arabisch »Kukar«) errichtet. Unter den Römern war es als »Jagur« und in schriftlichen Aufzeichnungen des 16. Jh. als »Jawra« oder »Jawrit al-Haja« bekannt. Das Fischer- und Bauerndorf Al-Jura hatte 1944/45 mehr als 2400 Einwohner. Einige der Bewohner von Al-Majdal, das 5 km vom Meer entfernt liegt, besaßen hier eine Sommerresidenz, wo sie während der heißesten Tage des Jahres den Wind vom Meer genießen konnten. Ein wichtiger Anlass für ein Zusammentreffen vieler Palästinenser aus den Städten, Dörfern und Beduinenlagern ganz Zentralpalästinas war das jährlich im Frühling stattfindende Fest *Mawsim*.

Wie auch Al-Majdal wurde Al-Jura Mitte Oktober 1948 beschossen, woraufhin die Einwohner in den Gazastreifen flohen. Am 5. November besetzten israelische Soldaten das Dorf; später wurde es zerstört.

*Nordwestlich der heutigen Stadt Ashkelon.*

# Der Negev (En-Naqab)

*Typische Landschaft in der Wüste Negev südlich von Beersheva*

### Die Anreise in den Negev

Täglich fahren mehrere Busse von Jerusalem und Tel Aviv über Beit Shemesh oder Kiryat Gat zum Busbahnhof in Beersheva, der in der Eilat Street in der Nähe der Canion Mall liegt. Die Fahrt dauert etwa 1,5 Std. (freitagnachmittags und samstags bis zum Ende des Sabbat verkehren keine Busse). Der kürzeste Weg von Jerusalem nach Beersheva führt über Hebron (mit dem Sammeltaxi ab dem Musrara Square). Um mobil zu sein, ist ein Mietwagen das ideale Verkehrsmittel.

## Die Beduinen im Negev

Vor 1948 waren die Beduinenstämme des Negev besser bekannt als die »Araber von Bir es-Saba« (»Arab es-Saba«). Die Beduinen bezeichneten sich selbst als »arab« und nicht als »bedu« (»Beduinen«). Die arabischen Bauern aus der Umgebung wurden von den Beduinen »fellahin« (»Bauern«) genannt. »Bedu« bedeutet »Bewohner der Wüste« und ist eine Bezeichnung, die vor allem von den Bauern für die Beduinen verwendet wurde.

## Die Beduinen im Negev

1946 lag die geschätzte Zahl der 96 verschiedenen Stämmen angehörenden Beduinen im Negev zwischen 57 000 und 95 500. Obwohl einige Männer bereits während der britischen Mandatszeit u. a. im Straßenbau beschäftigt waren und die Mehrheit der Bevölkerung bereits den Trockenfeldbau kannte, lebten die Beduinen zu jener Zeit noch überwiegend als Halbnomaden und Hirten. Als die Wüste Negev Ende des 19. Jh. unter türkische Kontrolle fiel, trugen vor allem ihre Befriedung und die Errichtung von internationalen Grenzen zur vermehrten Sesshaftigkeit der Beduinen bei, die sich fortan vor allem der Landwirtschaft widmeten und die Handelsbeziehungen zum Gazastreifen intensivierten.

Die zionistische Eroberung von 1948 und die gleichzeitige Gründung des Staates Israel lösten tiefgreifende Umbrüche und Traumata unter der beduinischen Bevölkerung aus. 1953 wurde die Zahl der im Negev verbliebenen Beduinen auf etwa 11 000 geschätzt. Der Rest war von israelischen Truppen vertrieben worden oder ins Westjordanland, in den Gazastreifen und in den Sinai geflohen. Diejenigen, die im Negev geblieben waren, wurden gezwungen, in einer abgeriegelten Zone nördlich und östlich von Beersheva zu leben, die gerade einmal 10% des gesamten Negev umfasste. Diese Zone stand bis 1966 wie alle anderen von Arabern bewohnten Gebiete im neuen jüdischen Staat unter militärischer Verwaltung. Das Land der Beduinen wurde konfisziert. Auf diese Weise hatte sich der neu geschaffene Staat Israel bis zum Ende der Fünfzigerjahre rund

*Beduine auf dem Markt in Beersheva*

90% des gesamten Negev angeeignet, einschließlich etwa 50% des Gebiets in der abgeriegelten Zone. Bis 1966 wurden die Beduinen in 19 Stämmen neu organisiert, angeführt in Verwaltungseinheiten von sogenannten »Sheikhs«, die von der Militärregierung ernannt worden waren. Da sie zu jener Zeit vom israelischen Arbeitsmarkt ausgeschlossen waren, sahen sich die Beduinen gezwungen, sich auf Landwirtschaft und Viehzucht zu konzentrieren. Nur wenige Beduinen lebten damals bereits in Beersheva oder andernorts in Steinhäusern.

### Gesellschaft und Lebensart

In einem Zeitraum von 50 Jahren haben die im Negev verbliebenen Beduinen weitreichende Umwälzungen erfahren. Ihre Lebensart sowie ihre Handelstätigkeiten wurden zunehmend vom städtischen Umfeld geprägt; so nahmen sie beispielsweise Arbeit in den umliegenden Städten an. Die Zivilverwaltung, die seit den späten Achtzigerjahren die Militärverwaltung abgelöst hatte, gestand den Beduinen in den neuen israelischen Stadtbezirken kontinuierlich mehr Autonomie zu. Dies führte dazu, dass sich eine gewisse Elite etablieren konnte, die jedoch die traditionellen hierarchischen Strukturen aufzulösen droht. Heute hat der Stamm (*Ashîra*) als solcher nur noch symbolische Bedeutung; die relevante soziopolitische Einheit ist nun patrilinear organisiert. Auf dem Prinzip der Blutsverwandtschaft beruhend, treten die Mitglieder des engsten Familienkreises (»aila« auf Deutsch »Familie«) hinsichtlich des sozialen Status und in

## Israel (Die Gebiete von 1948)

Fragen der Ehre füreinander ein. Auch wenn Großfamilien weiterhin als Wirtschaftseinheiten fungieren, verliert dieses System der gegenseitigen Unterstützung an Relevanz, sobald die Familien Zugang zum sozialen Sicherungssystem erhalten.

Die Beduinen aus dem Negev haben im Laufe der Zeit neue Techniken, Denkweisen und Organisationsstrukturen entwickelt, die sich stark von denen vor 1948 unterscheiden. Aufgrund einer räumlichen, wirtschaftlichen und sozialen Trennung gestaltet sich die Integration in die israelische Gesellschaft als sehr schwierig. Einzelne Beduinen, die beschlossen haben, sich in Beersheva niederzulassen, leben dort vollständig getrennt von den Juden, die einen Anteil von 75% an der Gesamtbevölkerung des Unterbezirks von Beersheva stellen. Selbst wenn sie aufgrund von Handelsbeziehungen täglich in Kontakt mit ihren jüdischen Nachbarn stehen, ist dieser Austausch doch stets von Unterordnung geprägt. Obwohl der Lebensstandard der Beduinen in den letzten 50 Jahren erheblich gestiegen ist, rangiert er – gemessen am nationalen Durchschnittseinkommen – dennoch auf einem der landesweit niedrigsten Niveaus. 50% aller Familien und 60% der Kinder leben unterhalb der Armutsgrenze. Eine Anfang 2000 vom israelischen Zentralbüro für Statistik durchgeführte Untersuchung hat ergeben, dass die sieben legalen beduinischen Townships die ärmsten der 200 amtlich erfassten Bevölkerungszentren im Negev sind und die höchste Arbeitslosenquote in Israel verzeichnen, während verschiedene jüdische Städte in den Randbezirken von Beersheva zu den reichsten des Landes zählen.

*Traditionelles Beduinenzelt*

## Beersheva (Bir es-Saba)

Die Stadt Beersheva wurde unter osmanischer Herrschaft im Jahr 1900 zu Verwaltungszwecken gegründet. Die Beduinen-Sheikhs der Region ließen sich anschließend in der Nähe nieder. Zur gleichen Zeit wurden erste Gebäude aus Stein errichtet, die zunächst der Lagerung landwirtschaftlicher Produkte und später als Wohngebäude dienten. Daneben gründeten Beduinen in den Zwanziger- und Dreißigerjahren Farmen im nordwestlichen Negev, welche jedoch in den Händen einer privilegierten Minderheit blieben. Der Teilungsplan von 1947 empfahl, dass Beersheva zu dem vorgesehenen arabischen Staat gehören sollte. Schließlich eroberten jedoch die israelischen Streitkräfte am 20. Oktober 1948 die Stadt. Heute ist sie ein bedeutendes jüdisches Zentrum, das sich aus mehr als 70 verschiedenen Ethnien zusammensetzt und über 185 000 Einwohner zählt. Die Gründung einer Universität im Negev im Jahr 1969 erzielte den gewünschten Effekt: Beersheva wurde zu einem der wichtigsten städtischen Zentren Israels. Die Ben-Gurion Universität trägt den Namen des zionistischen Führers und ersten israelischen Ministerpräsidenten David Ben-Gurion. Dieser wohnte im Kibbuz Sde Boker 50 km südlich von Beersheva, wohin er sich nach der Niederlegung seiner Ämter zurückzog und wo er 1973 starb und bestattet wurde.

## Die Altstadt

Beersheva erstreckt sich über ein weites Gebiet. In der Stadt gibt es viele große, herrschaftliche Anwesen, die 1948 von jüdischen Immigranten aus Rumänien und Marokko übernommen wurden. Einige historische Gebäude in der Altstadt blieben erhalten, werden jedoch häufig von modernen Gebäuden überragt. An der Kreuzung zwischen Haazmaut (Independence) Street und Herzl Street ist in der Gouverneursresidenz das **Negev Museum of Art** untergebracht. Gegenüber liegt das im Jahr 1938 erbaute **Haus von Aref al-Aref,** einem palästinensischen Historiker. Heute beherbergt es ein Café. In der Haazmaut Street weiter aufwärts befindet sich die 1901 erbaute **Bir-es-Saba-Moschee**. Seit Oktober 1948 gilt sie als »unveräußerliches Eigentum des jüdischen Volkes« – Muslimen ist der Zutritt untersagt. Seit den Siebzigerjahren fordert die muslimische Gemeinschaft ihre Rückgabe, was die israelischen Behörden aber aufgrund von »Sicherheitsbedenken« verweigern. Sie begründen dies damit, dass man vom Minarett aus eine Militärbasis auf der anderen Seite der Haazmaut Street einsehen kann.

Da Beersheva die Hauptstadt des Negev war, haben die Osmanen dort einen Markt als wöchentlichen Treffpunkt errichtet. Jeden Donnerstag (*yom il-khamis*) kamen die Beduinen und Dorfbewohner aus der gesamten Region (einschließlich der Bezirke von Gaza und Hebron) hier zusammen, um ihre Waren

*Beduinenmarkt in Beersheva*

anzubieten und tags darauf den Freitagsgebeten in der Moschee beizuwohnen. Die Größe des für den Viehhandel vorgesehenen Areals verschafft einen Eindruck davon, welch große Bedeutung die regionale Viehwirtschaft in der Vergangenheit hatte. Der heutige, überdachte **Beduinenmarkt** (*Hebron Road, 6.00-13.00 Uhr geöffnet*) hat außer dem Namen nichts mehr mit dem ursprünglichen Markt gemein. Bis zur ersten Intifada verliehen die Dorfbewohner und Beduinen aus dem Negev, dem Gazastreifen und aus Hebron dem Ort seine Lebendigkeit und garantierten einen vielfältigen Warenreichtum. Heute hat der Markt allerdings seine frühere Anziehungskraft verloren. Donnerstags bietet er Gelegenheit, verschiedene Kunsthandwerksgegenstände aus original beduinischer Produktion (Marke »Bedouin«) zu erwerben, die zumeist in den Dörfern um Hebron gefertigt werden. Es empfielt sich, den Markt bei Tagesanbruch zu besuchen, da man zu dieser Zeit die besten Geschäfte machen kann. Die Preise sind hier im Allgemeinen höher als in Hebron, aber deutlich niedriger als die der Souvenirläden in anderen Städten.

## Israel (Die Gebiete von 1948)

### Aref al-Aref (1892-1973)

Der in Jerusalem geborene und aus einer der führenden Familien der palästinensischen Gesellschaft stammende Aref al-Aref war aktives Mitglied dreier verschiedener Regierungsbehörden: der osmanischen, der britischen und der jordanischen. Als Offizier der osmanischen Armee war er während des Ersten Weltkriegs von 1915 bis 1917 Gefangener in Sibirien, entkam jedoch in den Wirren der Russischen Revolution. Nach seiner Rückkehr nach Palästina arbeitete er zunächst für die in Syrien ansässige arabisch-nationalistische Zeitung *Suriya al-Janubiya*. Als Teilnehmer an antikolonialistischen Demonstrationen während der Nabi-Musa-Pilgerreise im April 1920 wurde er von den britischen Behörden inhaftiert und ins syrische Exil verbannt. Nach der französischen Besetzung Syriens ging er schließlich ins transjordanische Exil. Anschließend wurde er rehabilitiert und arbeitete mit der britischen Militärverwaltung in verschiedenen palästinensischen Bezirken zusammen, darunter auch in Beersheva. Nach der *Nakba* diente er unter jordanischer Militärverwaltung, bevor er schließlich von 1949 bis 1955 Bürgermeister von Ostjerusalem war. Kurz vor der Besetzung 1967 wurde er zum Direktor des Archäologischen Museums von Palästina in Jerusalem (Rockefeller-Museum) berufen, denn al-Aref war parallel zu seiner Karriere als politischer Funktionär auch als Historiker hoch angesehen. Zu seinen bekanntesten Schriften zählen *Die Geschichte der Nakba* und *Die Geschichte Beershevas und seiner Stämme*.

### Tel es-Saba

Die ältesten Spuren menschlicher Besiedlung im Raum Beersheva stammen aus dem Chalkolithikum (4. Jh. v. Chr.), die Ruinen werden jedoch der Eisenzeit zugeschrieben. Laut biblischer Überlieferung lässt sich der Name »Bir es-Saba« (»Brunnen der Sieben«) auf die sieben Schafe zurückführen, die Abraham König Abimelech als Dank für dessen Gastfreundschaft überreichte (1 Mo 21, 22-34). Während der Regierungszeit König Davids um 1000 v. Chr. wurde an dieser Stelle eine befestigte Stadt errichtet und allem Anschein nach durch den Überfall von Pharao Shishak 925 v. Chr. wieder zerstört. Dank ihrer strategisch günstigen Lage an der transarabischen Handelsroute, an deren Ende das bedeutende Gaza lag, erholte sich die kleine Stadt und erlebte einen Aufschwung, der bis zu ihrer erneuten Zerstörung durch die Assyrer anhielt. Am Rande der Wüste gelegen, bildete der Ort einen nördlichen Außenposten der arabischen Königreiche sowie eine Südgrenze für das Persische, Hellenistische und das Römische Reich. Große Bereiche der Anlage wurden inzwischen ausgegraben. Mit ihrem dreifachen Zangentor (auf den Beginn des 10. Jh. v. Chr. datiert), den Geschäften, Straßen und den Häusern, die jeweils über vier Räume verfügen, vermittelt die Anlage dem Betrachter eine genaue Vorstellung von einer kleinen Verwaltungsstadt der Eisenzeit. Am östlichen Ausgang der Stadt speicherte ein monumentaler, viereckiger Brunnen Wasser für den Fall einer Belagerung. Der Aussichtsturm auf dem Hügel bietet einen eindrucks-

*Ausgrabungen in Tel es-Saba*

vollen Rundblick über die umliegenden Ebenen, während ein kleines Museum über die Nutzung der Halbwüste im Altertum informiert.

*An der Straße nach Tel es-Saba (hebräisch »Tel Sheva«), 6 km nordöstlich von Beersheva gelegen. Öffnungszeiten: täglich 9.00-17.00 Uhr, Eintritt: 10 NIS.*

## Nördlich von Beersheva

### Rahat und Lakiya – Legale Townships

In den Sechzigerjahren beschlossen die Israelis, die Beduinen verstärkt in Städten anzusiedeln, um mehr Land für die Entwicklung von Projekten zu gewinnen, die ausschließlich der jüdischen Bevölkerung dienen sollten. Die offizielle Begründung der Behörden lautete, dass diese Politik den Beduinen einen Zugang zu »modernen« Ressourcen und Dienstleistungen ermöglichen solle, der einer weit verstreuten Bevölkerung nicht zur Verfügung gestellt werden könne. Die beiden ersten errichteten Townships waren Tel es-Saba (1965) und Rahat (1970). In den Achtzigerjahren kamen fünf weitere hinzu: Ksifa (Kuseifa), Arara, Shgib as-Salam, Hura und Lakiya.

Die meisten dieser legalen Townships waren allerdings Fehlplanungen, da die Beduinen, deren Gesamtzahl im Negev sich heute auf mehr als 156 000 beläuft, es ablehnten, sich dort niederzulassen. Ihre Zurückweisung beruhte vor allem auf der Angst vor einer Konfiskation ihres Landes. Darüber hinaus entsprachen die schwierigen sozialen und ökonomischen Bedingungen in den neuen Townships nicht ihrer ursprünglichen Lebensweise. Obgleich die Israelis dazu übergegangen waren, die Beduinen durch permanente Nötigungen zu einer Umsiedlung zu »überreden«, indem sie große Teile des Viehbestands konfiszierten, Häuser in illegalen Dörfern zerstörten und mutwillig Ernten vernichteten (beispielsweise durch den Einsatz von Chemikalien), hat sich nur die Hälfte aller Beduinen aus dem Negev in einem der neuen Townships niedergelassen. Ein Entwicklungsplan für den Negev stellte sich als ebenso kontrovers heraus. Während die Regierung als Anreiz für eine Umsiedlung eine Aufstockung der Hilfen für die beduinischen Townships versprochen hatte, wurde weder bezüglich der Arbeitsmöglichkeiten, der Bildung, der Verwaltungsstrukturen, des Gesundheitswesens noch im Hinblick auf andere Infrastrukturmaßnahmen effektiv etwas unternommen, was den tatsächlichen Bedürfnissen der Bevölkerung gedient hätte. Die Absichten der Regierung, mehr Land zu konfiszieren, sind offensichtlich – spätestens, seitdem sie einen Großteil des erhöhten Budgets dafür aufgewendet hat, die sogenannte »Green Patrol« (s. S. 572) sowie andere Polizeimaßnahmen zu unterstützen, welche die Beduinen davon abhalten sollen, ihr eigenes Land zu »stehlen«. Hauszerstörungen waren zuletzt so weit verbreitet, dass sie kaum noch einen Nachrichtenwert besaßen. Die Behörden haben ein Ressort gegründet, das sich allein um diese Angelegenheiten kümmern soll.

*Demonstration gegen Häuserzerstörung und Landenteignung*

## Israel (Die Gebiete von 1948)

Die Häuser wurden zerstört, weil sie ohne Baugenehmigung errichtet worden waren. Jedoch sind die meisten Beduinen – wie auch Palästinenser in anderen Gebieten – zu dieser unfreiwilligen Illegalität gezwungen, da sich die Regierung weigert, ihnen eine Erlaubnis zu erteilen. Nach dem Rückzug Israels aus dem Gazastreifen haben sich viele der ehemals dort lebenden jüdischen Siedler im nahe gelegenen Negev niedergelassen, sodass die bereits bedrängten Beduinen noch mehr unter Druck gerieten.

Heute sind die legalen Townships lediglich Übernachtungsorte in den Außenbezirken von Beersheva. Rahat ist mit 30 000 Einwohnern die wichtigste Siedlung dieser Art, während Lakiya nur knapp 4000 Einwohner zählt. Die Infrastruktur ist im Hinblick auf die Bedürfnisse der Bevölkerung unzureichend. Es gibt wenige Geschäftsbetriebe oder Verdienstmöglichkeiten im industriellen Sektor. Der Mangel an ökonomischen Möglichkeiten in Verbindung mit der schlechten Qualifizierung der Bevölkerung macht diese abhängig von wirtschaftlichen Zentren, die von der jüdischen Bevölkerung der umgebenden Städte kontrolliert werden. Infolgedessen sind besonders die Beduinen von einer Rezession bedroht. Während der späten Neunzigerjahre erreichte die Arbeitslosenquote einen Anteil von 29% unter den Männern und 83% unter den Frauen. Beduinen dienen daher gegenwärtig häufig in der israelischen Armee und bei der Polizei. Wenngleich sie aufgrund ihrer Tradition als gute Soldaten und Spurenleser gelten, ziehen sie doch meist andere Möglichkeiten vor, um ihren Lebensunterhalt zu sichern.

*Protestplakat gegen die Diskriminierung der Beduinen im Negev*

## Kontakte

Es gibt zahlreiche Organisationen und Privatpersonen, die dem Besucher Informationen über die derzeitige Beduinengesellschaft im Negev geben können: der **Regional Council for Palestinian Bedouins of Unrecognised Villages** (Rahat, Tel. 08/6283043, www.arabhra.org); die **Township-Verwaltung von Rahat** (Bürgermeister Faez Abu Shaiban, Tel. 08/9914805/900 und 050/5242094; Amer Abu Hani – er spricht fließend Deutsch und Englisch, Tel. 054/4745625 und 08/9914914); das **Forum for Coexistence in the Negev** (Ahmad Abu Bader, Tel. 050/7701119); das **Arab Jewish Centre for Equality Empowerment and Cooperation, AJEEC** (Amal Elsana Alhjooj leitet eine beduinische Frauengemeinschaft – amals@nisped.org.il, Tel. 08/6405432. Sie ist mit einem beduinischen Rechtsanwalt verheiratet, der fließend Italienisch und Englisch spricht; Anwar Alhjooj, Tel. 050/7250191) sowie **Abdel Karim el-Ataika** (Tel. 054/4336579), der sich als sozialer Aktivist für die Anliegen der beduinischen Gemeinschaften einsetzt.

# Beersheva

All diese Organisationen und Personen können Informationsveranstaltungen und Besuche in illegale Dörfer oder beduinische Townships mit einheimischen Führern organisieren, die mehrere Sprachen fließend beherrschen.

## Die Beduinenweberei *Lakiya Negev* (*Lakiya Negev Weaving*)

Ziel des im Jahr 1991 in Lakiya ins Leben gerufenen Projekts ist die Verbesserung der sozialen Verhältnisse durch die Gründung einer Stiftung zur Förderung der lokalen ökonomischen Entwicklung, die als Motor wirtschaftlichen Wachstums dienen soll. Sie versucht traditionelle Fertigkeiten in eine profitable und nachhaltige Heimindustrie zu überführen, um auf diese Weise den Beitrag der Frauen zum Familieneinkommen zu fördern. Früher webten die Frauen die Tücher und Teppiche für ihre Zelte; heute kontrolliert das Zentrum jede Produktionsphase, vom Spinnen der Wolle bis zu ihrer Verarbeitung in der Weberei. Die traditionellen 4 Farben sind auf 33 erweitert worden und bieten vielfältige Abstufungen.

*Öffnungszeiten: Sonntag-Donnerstag 8.00-13.00 Uhr. Verkauf von Teppichen, Kissen und gewebten Taschen. Ein mittelgroßer Teppich kostet etwa 100 $.*

Die Alten sind die Brunnen, aus denen die Jungen schöpfen.

*Beduinisches Sprichwort*

*Beduinin aus dem Negev südlich von Beersheva*

## Israel (Die Gebiete von 1948)

### Nicht anerkannte Dörfer und Beduinenlager

Mehr als 60 000 Beduinen – etwa die Hälfte der beduinischen Bevölkerung dieser Region – leben im Negev in festen Dörfern und Lagern. Die von Israel nicht anerkannten Dörfer stehen in Opposition zu der vom israelischen Staat verfolgten Politik, nach welcher die Beduinen in den neuen Townships angesiedelt werden sollen. Dieses Vorhaben berücksichtigt aber weder die besonderen Bedürfnisse der beduinischen Gesellschaft (wie z. B. die Einrichtung von Wohnvierteln, die geeignet wären, Familien- und Stammesmitglieder in größeren Gruppen zusammenleben zu lassen), noch das Recht der palästinensisch-arabischen Bevölkerung, ihr eigenes Land zu besiedeln. Die Belange der Bevölkerung im Hinblick auf Infrastruktur und Beschäftigungsmöglichkeiten bleiben ebenso unberücksichtigt. Da sie wissen, dass diese Umsiedlungspolitik mit der Konfiskation von Land und der Vertreibung arabischer Bewohner einhergeht, ziehen viele Beduinen eine ungeregelte Lebensweise einer Umsiedlung in die neuen Townships vor.

*Beduine in dem von Israel nicht anerkannten Dorf Abda im südlichen Negev*

Ein bezeichnendes Beispiel für Israels Politik der Landkonfiskation ist der Fall des Stammes der Azazmeh. Ein Teil seines Gebiets wurde 1990 zu militärischen Zwecken konfisziert. Nach der Inbesitznahme wurde das Land jedoch umgehend in einen landwirtschaftlichen Kibbuz zur exklusiven Nutzung durch Juden umgewandelt. Die Azazmeh wurden dagegen unter Gewaltanwendung nur 500 m von der Industriezone Ramat Hovav entfernt angesiedelt, wo chemischer und toxischer Abfall deponiert und recycelt wird. Durch den Wind, der die giftigen Dämpfe von dieser Anlage weiterträgt, und durch den Einfluss eines Elektrizitätswerks in unmittelbarer Nähe ist die Zahl ernsthafter Erkrankungen (Krebsleiden, Asthma und Atemwegserkrankungen) sowie an Fehlgeburten und Missbildungen bei Neugeborenen stark gestiegen und fällt zweimal höher aus als im nationalen Durchschnitt. Eine Studie der Ben-Gurion-Universität hat ergeben, dass die Sterblichkeitsrate um 65% höher ist als im übrigen Israel. Besucher werden die Kontamination der Luft bemerken, die das Atmen erschwert. Dies sind die heutigen Lebensbedingungen der Beduinen im Negev, und der Stamm der Azazmeh ist keine Ausnahme: Auch die Jahalin sind Flüchtlinge aus dem Negev, die in der Nähe von Jerusalems Hauptmülldeponie angesiedelt wurden, damit jüdische Siedler aus Maale Adumim das ursprünglich den Jahalin zugewiesene Land besetzen konnten. Die eigentlichen rechtmäßigen Besitzer des Landes sind die Palästinenser des nahe gelegenen Dorfs Al-Azariya (Bethanien, s. S. 224-225).

Während 134 landwirtschaftliche Gemeinschaften zum ausschließlichen Nutzen der jüdischen Bevölkerung des Negev geschaffen wurden, erhielt seit 1948 kein arabisches Dorf und keine arabische Landwirtschaftsgemeinschaft eine offizielle Genehmigung. Die meisten beduinischen Barackensiedlungen befinden sich entlang der Highways. Einige bestehen lediglich aus wenigen Familien, andere aus Hunderten oder gar Tausenden von Menschen. Keine dieser Siedlungen wurde von den israelischen Behörden genehmigt und infolgedessen erscheinen sie auch nicht auf Landkarten. Da sie von notwendigen Dienstleistungen und der Infrastruktur abgeschnitten sind, haben die Einwohner dieser Siedlungen ihr eigenes Netzwerk zur Wasserverteilung und für den Gebrauch von Generatoren zur Stromerzeugung geschaffen. Da das Errichten von Steinhäusern illegal ist, verwenden sie Materialien wie z. B. Segeltuch und Blech- oder Kunststoffverkleidungen. Die israelischen Behörden zerstören diese Wohnungen zudem regelmäßig – im Jahr 2005 wurden ungefähr 6000 Häuser abgerissen.

## Besuch bei Beduinen

Die Beduinenweberei *Lakiya Negev* bietet ein interessantes Einführungsprogramm mit Informationen zum Negev und seiner Bevölkerung, das Besuchern einen Einblick in die Lebensweise und das einzigartige kulturelle Erbe der Negev-Beduinen ermöglichen soll. Im Programm sind Touren zusammengestellt, die neben Besuchen des *Women's Embroidery Project* in Lakiya, wo Beduinenfrauen schöne und preiswerte Handstickereien herstellen, auch Besichtigungen von nicht anerkannten Dörfern und typischen Landschaften und andere Aktivitäten wie Weben und Kochen einschließen. Die beduinische Gesellschaft befindet sich in einer akuten Krise. Insbesondere der weibliche Teil der Bevölkerung wurde so stark an den Rand der israelischen Gesellschaft gedrängt, dass etwa 96% der Frauen arbeitslos sind. Wegen der immer noch herrschenden strengen Traditionen ist ihre Tätigkeit überwiegend auf den häuslichen Bereich beschränkt. In der Vergangenheit waren die Frauen weitgehend gleichrangige Partner bei der Weberei und Herstellung der Zelte, beim Hüten der Herden, bei der Ernte sowie bei der Anfertigung von Handarbeiten. Die Modernisierung der beduinischen Gemeinschaft hat ihre Abhängigkeit von den Männern aber sowohl im gesellschaftlichen Bereich als auch innerhalb der einzelnen Familien verstärkt; ihr sozialer Status wurde dadurch untergraben. Aus diesem Grund sind Frauenprojekte (einschließlich eines Alphabetisierungsprojekts für erwachsene Frauen) von großer Bedeutung. Sie allein bieten Frauen und Mädchen Zugang zu Bildung.

Tel. 08/6519883, E-Mail: lakiya@netvision.net.il, www.lakiya.org.

*Im Besucherzelt der Beduinenweberei »Lakiya Negev«*

# Südlich von Beersheva

Auf der Road 25 zur Ausgrabungsstätte Kurnub (Mamshit) kann es vorkommen, dass das Autoradio nicht funktioniert. Der Grund hierfür: Das Gebiet rund um **Dimona** ist eine streng bewachte Zone, da das hier befindliche israelische Atomforschungszentrum zur Entwicklung nuklearer Waffen strengster Geheimhaltung unterliegt. Dies wurde im Jahr 1986 durch **Mordechai Vanunu** enthüllt, der einige Jahre in Dimona arbeitete und hochbrisante Informationen über Israels geheimes Atomwaffenpotenzial an die Londoner *Sunday Times* weiterleitete. Vanunu wurde daraufhin in Rom vom *Mossad* entführt und erhielt eine achtzehnjährige Gefängnisstrafe in Einzelhaft. Seit seiner Entlassung am 21. April 2004 wurde viel über Vanunus Zukunft spekuliert. Zwar wurde er zum Helden der internationalen Friedensbewegung und

*Israelischer Atomreaktor südlich von Dimona*

## Israel (Die Gebiete von 1948)

*Mordechai Vanunu*

sprach mit Journalisten und Medien, z. B. Peter Hounam und der BBC, jedoch fordern viele Israelis noch immer die Fortsetzung der Bestrafung. Eine Onlinebefragung durch *Maariv*, eine der führenden israelischen Tageszeitungen, forderte die Leser auf, zwischen verschiedenen Optionen zu wählen, wie mit Vanunu weiter verfahren werden soll. Eine davon war seine Hinrichtung. Es gab zahlreiche Personen, die auf Vanunus Tod noch vor seiner Entlassung spekulierten. Der israelische Inlandsgeheimdienst *Shin Bet* untersagt ihm bis heute, Ausländer zu kontaktieren – einschließlich der ausländischen Presse –, sich in der Nähe des Meeres aufzuhalten sowie sich auf weniger als 100 m einer ausländischen Botschaft zu nähern. Sein Ausweis wurde eingezogen, um seine Ausreise aus Israel zu verhindern. Mehr Informationen über Vanunu sind beim *Alternative Information Centre* in Jerusalem erhältlich (s. S. 241).

## Östlich von Beersheva

### Masada

Masada bezeichnet zum einen den eindrucksvollen Berg, der das Tote Meer um 440 m übersteigt, zum anderen ist es der Name der hier von Alexander Yannai im 1. Jh. v. Chr. errichteten Festung. Am Nordhang des gewaltigen Felsplateaus erbaute Herodes der Große einen seiner majestätischen Festungspaläste. Der inzwischen verlassene Ort diente von 66 n. Chr. bis 73 n. Chr. als Zufluchtsstätte für die jüdisch-messianische Sekte der Sikarier, die ihren Namen von »Sica« (»Dolch«) ableiteten. Eine Armee von Tausenden römischen Soldaten und eine monatelange Belagerung waren nötig, um die Zitadelle letztendlich einzunehmen. Laut der Überlieferung durch Flavius Josephus, die als einzige Quelle für das Ereignis gilt, zog die den Zeloten angehörende Sekte den kollektiven Selbstmord der Hinrichtung oder der Sklaverei vor. Diese Ereignisse sind in einer Rede festgehalten, die dem Führer der Sikarier, Eleazar, zugeschrieben wird. Darin sieht er die Niederlage als göttlichen Willen an: »Lasst diese Strafe uns nicht von den Römern zuteilwerden, sondern

*Festung Masada am Toten Meer*

von Gott selbst, indem wir uns mit unseren eigenen Händen richten« (*Geschichte des Jüdischen Krieges*, 7. Buch, 8. Kapitel). Diese Aussage wird allerdings von den meisten Historikern als bloße Ausschmückung im Stil der griechisch-römischen Tradition angesehen. Im 4. und 5. Jh. ließen sich schließlich Mönche in Masada nieder und bauten eine Kirche. Masada ist seit 1948 ein national-religiöses Symbol des Staates Israel, wo Soldaten der Eliteeinheiten regelmäßig ihren feierlichen Eid ableisten: »Masada wird nie wieder fallen.«

*An der am Toten Meer entlangführenden Road 90 gelegen. Öffnungszeiten: April-September 8.00-17.00 Uhr, Oktober-März 8.00-15.00 Uhr, freitags 8.00-14.00 Uhr. Die Seilbahn auf der Ostseite fährt alle 15 min. Eintritt (Seilbahn): Erwachsene 61 NIS, Kinder 34 NIS, Gruppen: Erwachsene 57 NIS, Kinder 33 NIS.*

*Zwei Pfade führen ebenfalls zum Gipfel: Der Schlangenpfad (45 min) ist von 4.00-8.00 Uhr morgens begehbar und beginnt unterhalb der Seilbahn; Eintritt: Erwachsene 23 NIS, Kinder 12 NIS; Gruppen: Erwachsene 19 NIS, Kinder 11 NIS. Auf dem anderen Pfad erreicht man über die römische Rampe von der Westseite her in etwa 10 min den Gipfel. Um den Anfang des Pfades zu erreichen, muss ein 30-minütiger Weg vom Parkplatz an der Seilbahn zurücklegt werden. Eine alternative Anreisemöglichkeit mit dem Auto besteht von Arad aus (Road 3199). Täglich verkehren 8 Busse zwischen dem Jerusalemer Busbahnhof und Masada. Eine ausführliche Broschüre über die Ruinen ist am Eingang der Anlage erhältlich. Es wird empfohlen, ausreichend Trinkwasser mitzunehmen!*

*Impressionen vom Toten Meer*

## Israel (Die Gebiete von 1948)

### Naturreservate und die *Green Patrol*

1976 gründete die Arbeitspartei die sogenannte »Green Patrol« (hebräisch »Ha-sayeret ha-yeroka«), die zwar offiziell der Nationalparkbehörde untersteht, tatsächlich jedoch auf Befehl der Ministerien für Landwirtschaft, Sicherheit, Innere Angelegenheiten sowie für Wohnen und Infrastruktur handelt. In einem von der Nationalparkbehörde veröffentlichten Dokument steht, es sei Aufgabe der *Green Patrol*, das Staatsgebiet gegen die »Invasion« von Herden oder Menschen zu verteidigen, die unter Missachtung des Gesetzes auf diesem Territorium siedeln und ihre eigene Infrastruktur errichten. Die einzige Bevölkerungsgruppe, die in diesem Dokument erwähnt wird, sind die Beduinen – sie werden als potenzielle Gefahr besonders hervorgehoben.

*Von der »Green Patrol« zerstörte Beduinenbehausung*

»Bis zum Beginn der Neunzigerjahre unternahm die *Green Patrol* was sie konnte, um die Beduinen von der Viehzucht und Landwirtschaft abzuhalten und deren Urbanisierung zu beschleunigen. Seit 1977 sind die Wächter dieser Spezialeinheit im Negev besonders aktiv. In der Absicht, die Beduinen einzuschüchtern, zögern sie nicht, zu verschiedenen Formen offener Anfeindung zu greifen: Sie verbrennen Zelte, führen nachts bewaffnete Überfälle durch und manchmal töten sie Haustiere oder demütigen die Menschen. Viehherden sind besonders häufig das Ziel von Übergriffen. Ariel Sharon, der im Jahr 1977 Landwirtschaftsminister war, entschied zum einen, dass der Bewegungsradius der Viehherden stark eingeschränkt werden sollte; zum anderen setzte er das aus dem Jahr 1950 stammende Gesetz über ein Aufzuchtverbot schwarzer Ziegen wieder ein, weil diese im Ruf standen, der Landschaft in besonderem Maße Schaden zuzufügen. Die Anzahl dieser Ziegen innerhalb der Herden fiel drastisch, von etwa 220 000 im Jahr 1976 auf 70 000. Die Einschüchterungspolitik wurde bis Mitte der Neunzigerjahre verfolgt, wenn auch mit abnehmender Intensität. Gleichwohl sind die Beduinen noch immer zahlreichen Konfiskationen ihres Viehbestands sowie Geldstrafen ausgesetzt, weil sie mit ihren Herden entweder Naturreservate oder militärisches Sperrgebiet betreten haben sollen. In den Achtzigerjahren nahm die Zahl der Häuserzerstörungen in den Lagern, die sich zu dauerhaften Siedlungen entwickelt hatten, zu. Zusätzlich zu diesen Zerstörungsmaßnahmen ergriff der Staat selbst weitere gesetzliche Maßnahmen, um die Beduinengebiete im Negev zu kontrollieren. Durch die Gründung von Naturparks in dieser Region – wie auch in Galiläa – soll die Expansion der palästinensischen Bevölkerung in die konfiszierten Gebiete verhindert werden. Letztlich wurde die Kontrolle durch eine Reihe von Argumenten untermauert, die das spezifische Interesse der Umweltbewegung mit dem des Staates Israel verknüpfen. Die meisten der Naturreservate im Negev liegen in Gebieten, die den Beduinen gehören; jedoch sind diese Naturparks oftmals Ausdruck der Konzessionen, die gegenüber mächtigen Gruppen wie der Armee, verschiedenen Industrieverbänden sowie staatlichen Einrichtungen (wie Israels Nuklearanlage in Dimona) gemacht werden.«

Cedric Parizot: *The Month of Welcome. (Reappropriation of electoral mechanisms and readjustment of power proportions affecting the Bedouins of the Negev, Israel.)*

# Beersheva

## Kurnub (Mamshit)

Die Stadt wurde von den Nabatäern – einem Zusammenschluss arabischer Nomadenstämme im 1. Jh. v. Chr. – an der Hauptachse gegründet, die vom Golf von Aqaba nach Gaza führt. Nach der Eroberung der Region durch die Römer im Jahr 106 n. Chr. war hier eine Garnison stationiert (lateinische Inschriften befinden sich an den Gräbern am nordöstlichen Rand der Anlage). Zu Beginn des 4. Jh. wurden Mauern gebaut, welche die Stadt vor Nomadenüberfällen schützten. Die zunehmenden Raubzüge unterbrachen die Handelstätigkeiten und führten zum Niedergang Kurnubs, das am Ende des 5. Jh. vollständig verlassen gewesen zu sein scheint, obwohl es auf der Mosaikkarte von Madaba aus dem 6. Jh. verzeichnet ist. Viele Archäologen glauben, dass dies ein gewollter Anachronismus ist, wodurch dem ehemaligen Ruhm der Stadt Ehre erwiesen werden sollte. Da keinerlei archäologische Funde aus dem 6. Jh. vorhanden sind, ist diese Annahme die wahrscheinlichste Erklärung. Der Ort wurde sorgfältig ausgegraben und restauriert. Besonders beachtenswert sind die Pferdeställe der Nabatäer, die Kirche des Neilos und das Fresko, das Amor und Psyche zeigt.

*Road 25, 5 km östlich von Dimona gelegen. Öffnungszeiten: April-September Samstag-Donnerstag 8.00-17.00 Uhr, Freitag 8.00-16.00 Uhr; Oktober-März Samstag-Donnerstag 8.00-16.00 Uhr, Freitag 8.00-15.00 Uhr; Eintritt: Erwachsene 18 NIS, Kinder 8 NIS, Gruppen: Erwachsene 15 NIS, Kinder 7 NIS.*

## Subeita (Shivta)

Subeita (Shivta) ist eine der eindrucksvollsten antiken Ruinenstädte im Herzen des Negev. Die von den Nabatäern im 1. Jh. n. Chr. gegründete Stadt erlebte ihre Blütezeit im 4. und 5. Jh. Mit dem Einzug des Islam in Palästina erhielt die Stadt einen multireligiösen Charakter mit einem friedlichen Nebeneinander von Moscheen und Kirchen. Die Stadt war bis ins 9. Jh. bewohnt. Die qualitativ hochwertige Bauweise der öffentlichen und privaten Gebäude spiegelt ihren einstigen Wohlstand wider. Um die Stadt herum, wo heute nur noch Wüste ist, wurden einst Felder bestellt. Obwohl

*Wüste Negev südlich von Shivta bei Sde Boker*

es zu jener Zeit wahrscheinlich mehr Regenfälle als heute gab, ist Wasser in der Region schon immer eine knappe und wertvolle Ressource gewesen. Raffinierte Systeme zur Rückgewinnung von Wasser mit Rohren und Tanks wurden in der Stadt und auf den umliegenden Hügeln installiert. Zu den effizientesten der angewandten Techniken gehörten das Abtragen von Felsgestein aus den Bergen, um das Wasser direkt von dort in die Täler abfließen zu lassen, und das Anlegen von Terrassen entlang der bewässerten Täler.

*Ungefähr 50 km südwestlich von Beersheva gelegen; Road 40 und ab der Kreuzung Telalim Road 211.*

# Israel (Die Gebiete von 1948)

## Ein Avdat (Ein Obdah)

Ein Obdah lautet der Name einer Quelle, die in einen idyllisch gelegenen Wasserfall mündet. Die ihn umgebenden steilen Felswände einer tief eingeschnittenen Schlucht erreichen eine Höhe von bis zu 200 m. Unter dem Wasserfall befinden sich zwei kleine Seen. Ein Hinweis für Naturliebhaber: Dieser Ort verfügt über eine vielfältige Flora und Fauna. Es bietet sich deshalb an, einen Tier- und Pflanzenführer mitzunehmen.

*52 km südlich von Beersheva. Lange Tour im Winter: 8.00-14.30 Uhr, kurze Tour: 8.00-13.30 Uhr (im Sommer jeweils eine Stunde länger). Eintritt: Erwachsene 23 NIS, Kinder 12 NIS, Gruppen: Erwachsene 19 NIS, Kinder 11 NIS.*

*Es gibt zwei Zugänge: Der nördliche befindet sich direkt vor dem Hinweisschild des Kibbuz Sde Boker (südlich des Kibbuz), wo es auch Parkmöglichkeiten gibt. Von dort führt ein markierter Pfad in einer zwei- bis dreistündigen, spektakulären Wanderung zum Wasserfall (einfacher Weg). An einigen Stellen werden steile Abhänge durch Metallleitern überbrückt. Der südliche Zugang befindet sich direkt neben der Road 40, 7 km vom nördlichen entfernt. Ein kleines Beduinencafé in einem Zelt bietet Besuchern Erfrischungen und einen Rastplatz. Zum Parkplatz zurück gelangt man entweder zu Fuß oder mit einem der Busse (Information beim Café).*

*Die Quelle Ein Avdat*

## Avdat (Obdah)

Obdah wurde im 2. Jh. n. Chr. als Karawanenstation entlang der Handelswege der Nabatäer gegründet und als Zeichen der Ehrerbietung nach ihrem König Abdos II. (30-9 v. Chr.) benannt, der in den Rang eines Gottes erhoben worden war. Bevor die Stadt nach dem Überfall durch die Perser Anfang des 7. Jh. verlassen wurde, belief sich ihre Einwohnerzahl auf etwa 3000. Wie alle anderen Städte im Negev verdankte Obdah seinen damaligen Wohlstand dem transarabischen Handel und der Landwirtschaft. Innerhalb der Ruinen der Stadt kann man noch Reste eines ausgeklügelten Bewässerungssystems für die Gärten und Obstplantagen erkennen.

*60 km südlich von Beersheva und 15 km südlich von Sde Boker. Öffnungszeiten: April-September 8.00-17.00 Uhr, Oktober-März 8.00-16.00 Uhr, Eintritt: Erwachsene 23 NIS, Kinder 12 NIS, Gruppen: Er-*

*Avdat – Handelszentrum der Nabatäer im Negev*

wachsene 19 NIS, Kinder 11 NIS. Eine Ausstellung der hier gefundenen archäologischen Objekte befindet sich an der Rezeption der Anlage.

### Makhtesh Ramon – Der Ramon-Krater

Der Makhtesh ist ein spektakuläres geologisches Phänomen. Es handelt sich hierbei um einen gewaltigen Riss in der Erdoberfläche, der sich über 40 km Länge und 9 km Breite erstreckt und eine Tiefe von 300 m erreicht. Entstanden durch die Bewegung der tektonischen Platten sowie durch Erosion ist der Krater ein anschaulicher Beweis für 245 Mio. Jahre geologischer Erdentwicklung. Er liegt an der traditionellen arabischen Karawanenstraße, die Arabien über Beersheva mit Palästina verband.

*Road 40, 80 km südlich von Beersheva, von wo aus es eine Busverbindung hierhin gibt. Eine Ausstellung zur Geologie sowie Flora und Fauna der Umgebung befindet sich beim Besucherzentrum (Tel. 08/6588691) in der kleinen Touristenstadt Mitzpe Ramon am Rande des Kraters. In der näheren Umgebung der Stadt gibt es Herbergen und Campingplätze. Zu den angebotenen Aktivitäten gehören Wandern (Karten werden zum Kauf angeboten), geführte Touren, Kamelritte, Jeep- und ATV-Fahrten (All-Terrain Vehicles) sowie Mountainbiketouren. Es wird empfohlen, ausreichend Trinkwasser mitzunehmen!*

*Typischer Tafelberg südlich des Ramon-Kraters*

### Das biblische Wildtierreservat Hai Bar

Wie andere Tierparks in Israel hat auch dieses Naturreservat einen biblischen Bezug. Der Park verfügt über mehr als 450 wilde Tierarten, von denen viele in der Bibel erwähnt werden; hierzu gehören u. a. Oryx- und Addax-Antilopen, Somali-Wildesel sowie Strauße. Ein spezieller Teil des Parks ist Raubtieren wie Wölfen, Luchsen, Wildkatzen, Leoparden und Hyänen vorbehalten.

*40 km nördlich von Eilat gelegen. Öffnungszeiten: April-September 8.00-17.00 Uhr, Oktober-März 8.00-16.00 Uhr; Eintritt für Yotvata, Hai Bar und Raubtier-Center: Erwachsene 37 NIS, Kinder 19 NIS, Gruppen (ab 30 Personen): Erwachsene 34 NIS, Kinder 16 NIS. Eintritt für einzelne Attraktionen: Erwachsene 23 NIS, Kin-*

*Das Wildtierreservat Hai Bar im Wadi Araba (Arava)*

## Israel (Die Gebiete von 1948)

der 12 NIS, Gruppen: Erwachsene 19 NIS, Kinder 11 NIS. Es werden Safaritouren mit dem Jeep angeboten.

### Die Kupferminen von Timna

Bereits in der Bronzezeit wurde um 3000 v. Chr. in Timna Kupfer abgebaut. Die ägyptische Herrschaft über diese Region im äußersten Süden Palästinas zwischen dem 15. und 12. Jh. v. Chr. war unter dem Schutz der Göttin Hathor, zu deren Ehren hier ein Tempel geweiht wurde, von intensivem Kupferabbau geprägt. Ein Papyrus, das Pharao Ramses III. (1184-1153 v. Chr.) zugeschrieben wird, verdeutlicht die Bedeutung der Kupferförderung: »Ich habe meine Botschafter in das Land Atika (Wadi Araba) entsandt, wo die großen Kupferminen gefunden wurden. Sie reisten auf dem Wasser mit dem Schiff und an Land mit dem Esel. Die Minen dort waren reich an Kupfer: Zehntausende (Barren) füllten die Frachträume der Schiffe. Sie wurden nach Ägypten gebracht und landeten dort sicher« (*Harris Papyrus* 1: 78,2 ). Die Midianiter setzten den Kupferabbau nach dem Rückzug der Ägypter fort. Danach wurden nur noch geringe Mengen abgetragen; mit der Entdeckung von Eisenerz wurde die Kupferförderung unrentabel, wenngleich sie von der römischen *Legio III Cyrenaica* zwischenzeitlich wieder aufgenommen worden war.

*Road 90, 30 km nördlich von Eilat gelegen. Öffnungszeiten: Sonntag-Donnerstag 8.00-16.00 Uhr, Freitag 8.00-14.30 Uhr, Eintritt: 15 NIS. Videovorführungen und Schautafeln, welche die Geologie, Geschichte und Kupfergewinnung von Timna erläutern, findet man am Eingang. Wanderungen sind ebenfalls möglich. Es gibt zwei Strecken: eine 3-stündige und eine 7-stündige. Die Berge aus nubischem roten Sandstein mit ihren skurrilen Felsformationen (z. B. pilzförmige Felsen) sind bei Sonnenauf- und -untergang besonders schön.*

*Die Säulen Salomos in den Kupferminen von Timna*

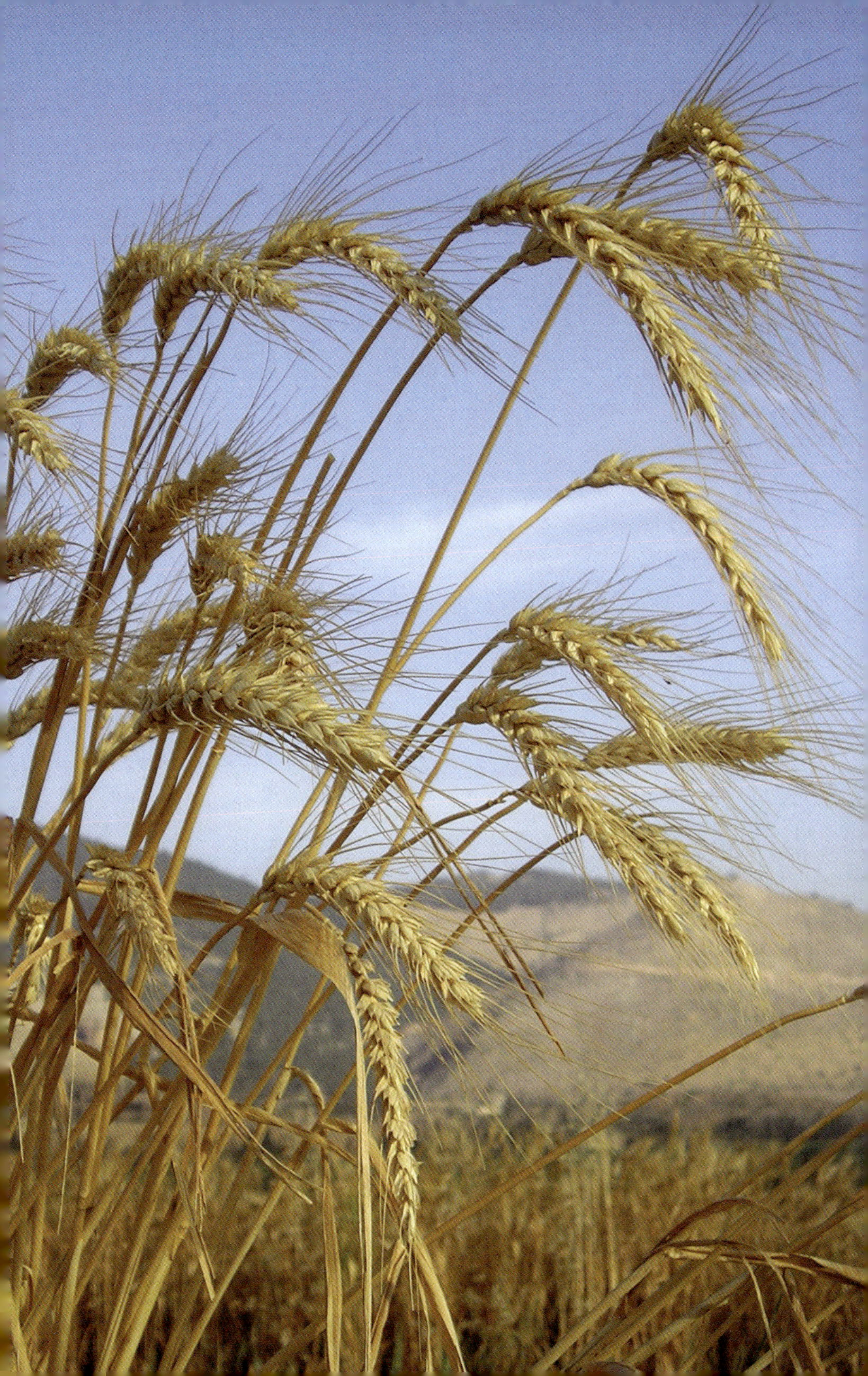

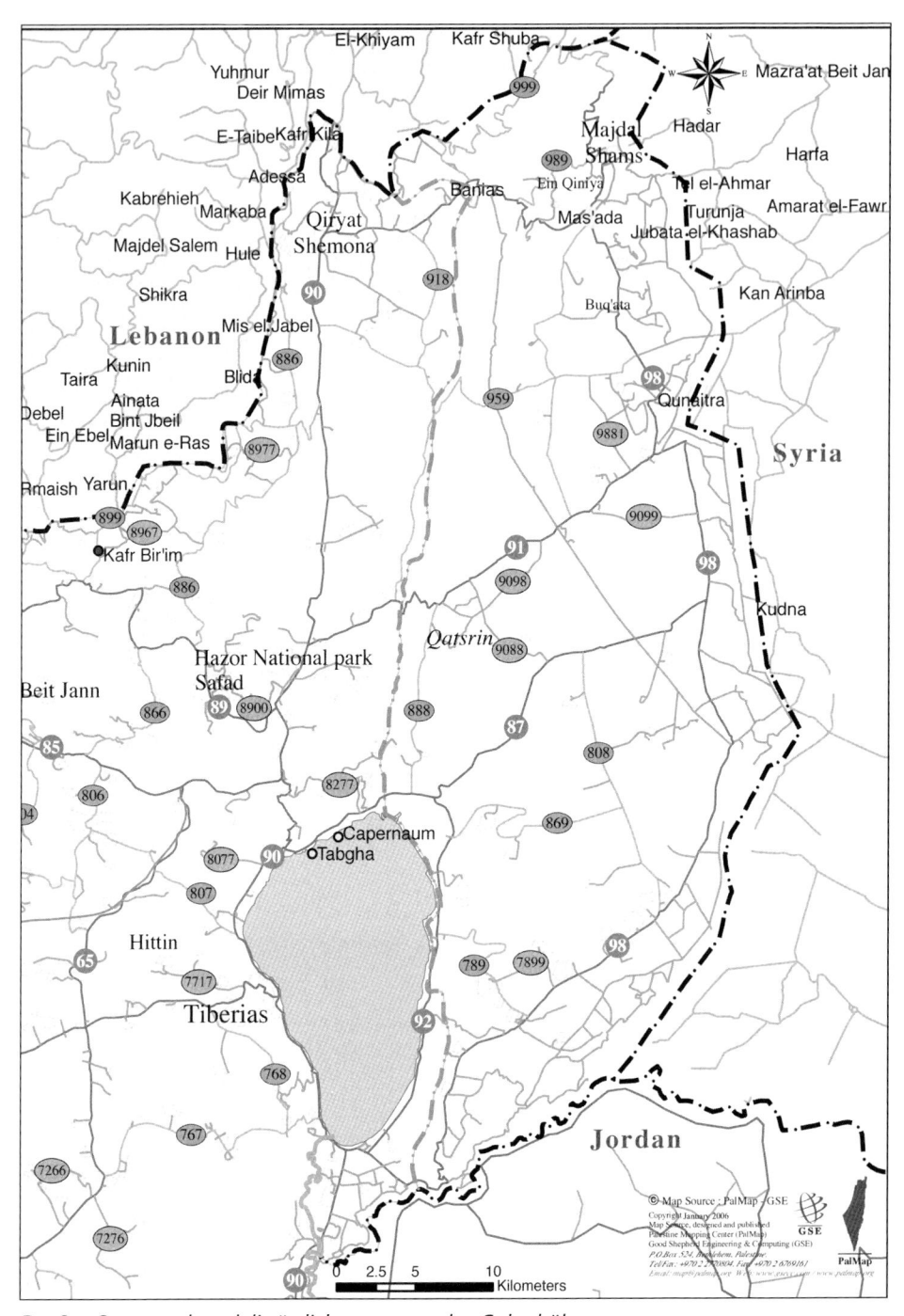

*Der See Genezareth und die östlich angrenzenden Golanhöhen*

# Die Golanhöhen

### Reisen auf den Golanhöhen

Aufgrund der schlechten Erschließung durch öffentliche Verkehrsmittel benutzt man auf den Golanhöhen am besten einen Leihwagen. Es ist aber auch möglich, mit einem Egged-Bus nach Kiryat Shmona zu fahren, wo der Reisende ein Taxi auf den Golan nehmen kann. Die *Alternative Tourism Group* (s. S. 305) organisiert ausschließlich Gruppenreisen.

## Geschichte

Für den Namen »Golan« (arabisch »Julan«, *dschulan* ausgesprochen) kommen verschiedene etymologische Quellen und Bedeutungen in Frage. Die semitische Wurzel bedeutet »staubiges Land«. Der Name »Golan« könnte jedoch auch aus der Wurzel des arabischen Verbs »jala« abgeleitet sein, welches »sich von einem Ort zum nächsten fortbewegen« bedeutet. In diesem Fall könnte es sich auf die Fortbewegung von Herden beziehen oder auf den in dieser Region besonders im Winter kräftigen Wind.

*Majdal Shams. Im Vordergrund israelische Militärstraße direkt an der Grenze zu Syrien.*

## Die Golanhöhen

An der Schnittstelle der noch heute häufig als »Bilad esh-Sham« bezeichneten Länder bildeten die Golanhöhen im Lauf der Geschichte eine Brücke zwischen Mesopotamien und Ägypten bzw. dem Mittelmeer und später zwischen Damaskus und Kairo, den beiden großen Hauptstädten der arabischen Welt. Als »Bilad esh-Sham« oder »Großsyrien« (Souria al-Kubra) wird jene Region im Nahen Osten bezeichnet, die sich aus Syrien, Palästina, dem Libanon und Jordanien zusammensetzt. Traditionell war der Golan immer ein Ort der Zuflucht; so waren im 10. Jh. die Berge des Zentrallibanons und des syrischen Hauran eine geeignete Region für die Entwicklung der muslimischen Sekte der Drusen, deren Anhänger sich dort ansiedelten. Zu Beginn des 20. Jh. übernahm die Bevölkerung des Golan eine aktive Rolle in den arabischen Unabhängigkeitskämpfen. Während die Arabische Nationalbewegung die Gründung eines vereinigten und unabhängigen arabischen Staates oder zumindest die Wiederherstellung Großsyriens (die gesamte historische Region) forderte, teilten die europäischen Kolonialmächte das Gebiet in verschiedene, voneinander getrennte Mandatsgebiete auf. Die Golanhöhen wurden trotz des britischen und zionistischen Drucks, sie in das britische Mandatsgebiet Palästina aufzunehmen, unter französisches Mandat gestellt.

*Israelische Radaranlage auf den Golanhöhen*

Ben-Gurion erklärte außerdem im Jahr 1920: »Wir haben immer gefordert, dass zu Israel auch das südliche Ufer des Litani-Flusses und die Hauran-Region südlich von Damaskus gehören sollten.« Während der Zeit des französischen Mandats war das nördliche Gebiet des Golan eine der syrischen Brutstätten des Widerstands gegen die französische Kolonialmacht. Als Vergeltungsmaßnahme brannte die französische Armee etliche Dörfer nieder, einschließlich Majdal Shams.

Nach der syrischen Unabhängigkeitserklärung vom 17. April 1946 blieb der Golan, dessen erste Ausläufer nur etwa 30 km von Damaskus entfernt liegen, eine syrische Provinz. Im Jahr 1948 vereitelte die syrische Armee die zionistische Eroberung mehrerer palästinensischer Dörfer, die in einer entmilitarisierten Zone unter syrischer Verwaltungshoheit standen. Etwa 9000 palästinensische Flüchtlinge aus Galiläa siedelten sich im Golan an. Von 1949 bis 1967 erhob Israel mehrmals unter dem Vorwand, dass diese Gebiete innerhalb der Grenzen des Mandatsgebiets Palästina lägen und dass der Teilungsplan sie dem jüdischen Staat zugeteilt habe, Anspruch auf die entmilitarisierte Zone. Israel verfolgte zur Durchsetzung dieses Anspruchs eine zunehmend aggressive und provokative Politik. So verletzte die israelische Regierung den Waffenstillstandsvertrag von 1949 und begann den Hula-See in der entmilitarisierten Zone trockenzulegen. Dieses Projekt verfolgte drei Ziele: Es sollte die israelische Souveränität über die entmilitarisierte Zone gewährleisten, des Weiteren 100 Mio. m³ Wasser zu Israels Wasserressourcen hinzufügen und schließlich die palästinensische Bevölkerung, die in dieser Zone lebte, dazu bewegen, das Land zu verlassen. Diese Entscheidung wurde bei einem israelischen Kabinettstreffen am 5. April 1951 in einem geheimen Memorandum getroffen. Die Vereinten Nationen machten Israel für die darauffolgenden militärischen Konflikte verantwortlich und riefen zu einem sofortigen Stopp des Trockenlegungsprojekts auf.

## Die Golanhöhen

Ende der Fünfzigerjahre änderte Syrien seine Haltung gegenüber der sukzessiven israelischen Festsetzung in der entmilitarisierten Zone und der Passivität der Vereinten Nationen bezüglich der Umsetzung ihrer Resolutionen. Die syrische Politik hatte sich bis zu diesem Zeitpunkt darauf beschränkt, keinerlei Verletzung der eigenen Landesgrenzen zu tolerieren und dem palästinensischen Widerstand – der *Fatah* und der Arabischen Nationalbewegung – zu erlauben, Sabotage-Handlungen gegen Israel zu unternehmen. Im April 1967 machte Israel erneut seine Absicht deutlich, die entmilitarisierte Zone landwirtschaftlich zu nutzen. Am 7. April 1967 bezog ein gepanzerter israelischer Sattelzug am östlichen Ufer des Sees Genezareth Position, den die syrische Armee unter Beschuss nahm. Noch am selben Tag bombardierten die israelischen Streitkräfte syrische Militärposten und Dörfer und verletzten den Luftraum über Damaskus. Nach Israels Blitzsieg über Ägypten und Jordanien zu Beginn des Junikriegs, wandte sich der Angriff gegen die syrischen Golanhöhen, die am 9. Juni unter Verwendung von Napalm bombardiert wurden. Am 10. Juni befand sich der Golan schließlich vollständig unter israelischer Kontrolle. Ein Waffenstillstandsabkommen wurde unterzeichnet und bereits zwei Tage später von den Israelis gebrochen, die auch den Jabal al-Sheikh (Berg Hermon) einnahmen.

Während des Kriegs von 1973 erlangte die syrische Armee vorübergehend die Kontrolle über die Golanhöhen. Ein unter der Vermittlung von US-Außenminister Henry Kissinger geschlossenes bilaterales Abkommen zwischen Israel und dem ägyptischen Präsidenten Anwar el-Sadat erlaubte es Israel jedoch, sein volles Militärpotenzial für die Rückeroberung des Golan einzusetzen. In einem am 31. Mai 1974 unterzeichneten Abkommen gab Israel 8% des seit 1967 besetzten Gebiets als Gegenleistung für einen Waffenstillstand zurück.

Der Golan erstreckt sich mit einer durchschnittlichen Höhe von 1000 m auf einem Basaltplateau und umfasst ein Gebiet von 1750 km². Im Norden überragt der geostrategisch bedeutsame Berg Hermon mit einer Höhe von 2814 m den Süden des Libanon und Syriens, die Golanhöhen und das Hula-Tal. Im Juni 1967 besetzte Israel 1250 km² (dies entspricht 80%) dieser syrischen Region; 1974 wurden etwa 100 km² an Syrien zurückgegeben. Im Dezember 1981 annektierte Israel die Golanhöhen.

*Hochebene aus Basaltgestein im Golan*

## Die Golanhöhen

### Besetzung und Annektierung des Golan

Vor der Besetzung des Golan lebten dort 130 000 Syrer und palästinensische Araber in 139 Dörfern und auf 61 Gehöften. Die intensive Bombardierung im Juni 1967 vertrieb nahezu die gesamte Bevölkerung. Insgesamt wurden 133 der 139 Dörfer zerstört und jede Rückkehr der Flüchtlinge unterbunden.

Nur eine Minderheit der Bevölkerung (6396 Menschen), darunter größtenteils muslimische Drusen, jedoch auch einige sunnitische Muslime und Christen, erhielt das Recht zu bleiben. Darüber, warum die Dörfer Majdal Shams, Buqatha, Masadah und Ain Qinya Ghajar von der vollständigen Zerstörung verschont blieben, gibt es viele Theorien. Die Abgelegenheit dieser Dörfer bewahrte sie vor dem systematischen Beschuss, dem der Rest der Golanhöhen ausgesetzt war. Darüber hinaus wurde die Entschlossenheit der Bevölkerung, zu bleiben und ihr Land zu verteidigen, durch ihre eigene Erfahrung bestärkt, die sie bei ihrer Beteiligung am syrischen Widerstand gegen den französischen Kolonialismus in den Zwanzigerjahren gemacht hatte. Zudem hoffte die israelische Regierung, die Drusen aus dem Golan anwerben zu können, um mit dem Staat Israel zu kollaborieren, indem sie sie ermutigte, die Bindungen mit ihren Glaubensbrüdern, den Drusen aus Galiläa, zu verstärken. Diese Idee erwies sich als kurzsichtig: Die Drusen blieben ihrer syrisch-arabischen Kultur treu und weigerten sich, ihre nationale Identität auf eine bloße Religionszugehörigkeit reduzieren zu lassen. Die israelischen Behörden belegten die Bevölkerung des besetzten Gebiets daraufhin mit repressiven Maßnahmen wie Ausgangssperren, Verhaftungen, Landkonfiskationen und die Einschränkung der Wasserversorgung.

*Demonstration für die Rückgabe der Golanhöhen an Syrien*

Am 14. Dezember 1981 verabschiedete die Knesset ein Gesetz, durch das Israel sich die syrischen Golanhöhen durch Annektion aneignete. Von diesem Zeitpunkt an »galten die Gesetze, die Rechtsprechung und Verwaltung des Staates Israel für die Golanhöhen« und ersetzten die militärische Rechtsprechung, die bis zu diesem Zeitpunkt in den besetzten Gebieten Gültigkeit hatte. Die Einheimischen lehnten jedoch die israelische Staatsbürgerschaft ab, was zur Intensivierung der Nationalbewegung führte. Jeder, der mit den Besatzern kollaborierte, wurde aus der Gemeinschaft ausgeschlossen. Gegenwärtig leben in den sechs Dörfern, die von der Zerstörung 1967 verschont geblieben waren, etwa 19 000 Einwohner, wobei die Anzahl der jüdischen Siedler, die im Golan in 33 Siedlungen wohnen, auf 17 000 angestiegen ist.

### Der Generalstreik von 1982

Im Anschluss an die israelische Annektierung organisierte die ortsansässige Bevölkerung einen Generalstreik mit dem Appell an die internationale Staatengemeinschaft, Verantwortung zu übernehmen. Dazu muss angemerkt werden, dass die Vereinten Nationen die Annektierung nicht anerkannten. Der Streik dauerte sechs Monate. Während dieser Zeit belagerte die israelische Armee die Dörfer und nahm zahllose Verhaftungen vor. Israels anschließende Invasion in den Libanon 1982, die den Operationsnamen »Peace for Galilee« (»Frieden für Galiläa«) trug, lenkte die Aufmerksamkeit der internationalen Staatengemeinschaft ab. Die UN-Resolutionen wurden nicht umgesetzt, und die syrisch-arabische Bevölkerung auf den Golanhöhen wurde gezwungen, jederzeit eine Identitätskarte (*hawiya*) bei sich zu tragen, die der Identitätskarte der Palästinenser Ostjerusalems ähnelt. Aufgrund des heftigen Widerstands der arabischen Bevölkerung des Golan gelang es Israel jedoch nicht, den Einwohnern die israelische Staatsbürgerschaft aufzuzwingen.

## Die Golanhöhen

### Zerstörte syrische Dörfer

Bis 1967 lebten Menschen verschiedenster religiöser Zugehörigkeit (sunnitische Muslime, Drusen, Tscherkessen und griechisch-orthodoxe Christen) auf den Golanhöhen, die schon immer ein fruchtbares Gebiet waren, das von Bauern auf kleinen Grundstücken bewirtschaftet wurde. Seit den Kriegen von 1967 und 1973 bestimmen Steinhaufen und verfallene Häuser die Landschaft. Diese Ruinen sind ein Zeugnis für die tragische Vertreibung der Bevölkerung durch die israelischen Streitkräfte, bei der insgesamt 133 Dörfer teilweise oder vollständig zerstört wurden.

Am Ende der Road 98 befinden sich die Ruinen des zerstörten Dorfs Qushniyeh. Es ist leicht zu erkennen, da es nicht vollständig zerstört, sondern für eine gewisse Zeit zu einem militärischen Trainingszentrum der israelischen Armee umfunktioniert worden war. Die Moschee, die Kirche und einige weitere Gebäude sind übersät mit Einschusslöchern. Vor seiner Zerstörung hatte Qushniyeh annähernd 3000 Einwohner, in der Mehrheit Tscherkessen, darunter hauptsächlich Landwirte, Handwerker oder Büroangestellte.

*Auf dem gesamten Plateau der Golanhöhen verteilt.*

### Quneitra

Vor 1967 war die Stadt mit etwa 30 000 Einwohnern die Regionalhauptstadt der Golanhöhen. Sie wurde nach siebenjähriger Besatzung an Syrien zurückgegeben, nachdem am 31. Mai 1974 ein Abkommen unter Schirmherrschaft der Vereinigten Staaten beschlossen und unterzeichnet worden war. Vor ihrem Rückzug zerstörte die israelische Armee die meisten Gebäude, Zisternen und Verkehrsverbindungen. Diese vorsätzliche Zerstörung wurde von den Vereinten Nationen verurteilt. Ein Mahnmal dieser Zeit ist aus der Ferne zu sehen. Es ist ein Graffito in der Nähe der jüdischen Siedlung Mitzpe Quneitra an der Road 98, das israelische Soldaten 1974 hinterlassen haben: »Wenn ihr Quneitra haben wollt, könnt ihr es haben – in Trümmern.«

*Ein Aussichtspunkt an der Road 98.*

*UN-Beobachtertruppe in Quneitra*

# Die Golanhöhen

## Majdal Shams

Majdal Shams (»Turm der aufgehenden Sonne«), am Fuß des Jabal al-Sheikh gelegen, ist ein Dorf an einem Steilhang, der von 1100 auf 1300 m ansteigt. Mit mehr als 9000 Einwohnern ist es das wichtigste arabische Dorf auf den Golanhöhen. Zwei monumentale Zementstatuen verdeutlichen eindrucksvoll die Verbundenheit der Menschen mit ihrer syrisch-arabischen Identität und ihre Entschlossenheit, sich von der israelischen Besatzung zu befreien. Diese Statuen sind Werke des einheimischen Künstlers Hassan Khater, der Bildhauerei an der Universität für Schöne Künste in Damaskus studiert hat. Sie sind eine kaum verhüllte Botschaft an die israelischen Besatzer. Das Denkmal am Eingang des Dorfs stellt Asad Kanj Abu Saleh dar und ist den Freiheitskämpfern gewidmet, die während des großsyrischen Aufstands von 1925 gegen die französische Kolonialmacht kämpften. Die Menschen im Golan spielten bei dieser Revolte eine entscheidende Rolle. Als die französische Armee die Region erneut besetzte, zerstörte sie Majdal Shams völlig. Die zweite Statue wurde 1987 im Zentrum des Dorfs errichtet. Sie heißt »Al-Massira«, was soviel bedeutet wie »ein Marsch« oder »eine Tätigkeit, die fortdauert«. Diese Statue stellt Sultan al-Atrash, einen nationalen Anführer des Aufstands von 1925, dar. Das Denkmal betont die Bedeutung des zivilen Ungehorsams, die auch in den Worten von Abu al-Qassem ash-Shabi, dem tunesischen Sänger des Antikolonialkampfes, folgendermaßen zum Ausdruck kommt: »Wenn das Volk eines Tages

*Blick durch den Grenzzaun auf ein drusisches Dorf in Syrien*

### Äpfel von den Golanhöhen

Die Region Majdal Shams ist für ihre Äpfel bekannt, die mehr als 80% der angebauten Früchte ausmachen. Obwohl weniger als 10% der Menschen ausschließlich von der Landwirtschaft leben, ist der Apfelanbau für viele eine zweite Einkommensquelle. Seit seiner Einführung 1945 hat sich der Anbau stetig weiterentwickelt. 1967 vergrößerten die Landwirte des Golan ihre Obstplantagen, um neue Schonungen anzulegen und damit das Land vor der Konfiskation zu schützen; schließlich hatten sie aus der palästinensischen Erfahrung des Jahres 1948 gelernt. Die für den Apfelanbau genutzte Landfläche hat sich von 640 ha im Jahr 1967 auf 2300 ha vergrößert. Gleichzeitig sahen sich die Landwirte jedoch mit dem dringlichen Problem der Wasserknappheit konfrontiert. Während der bewässerte Ackerbau in jüdischen Siedlungen stark subventioniert wurde, musste sich die arabische Bevölkerung mit massiven Wasserrestriktionen abfinden. Zu Beginn der Achtzigerjahre wurden auf Initiative eines ortsansässigen Ingenieurs große Zisternen für das Sammeln von Regenwasser in den Obstplantagen errichtet. Zwischen 1982 und 1984 baute man 650 Zisternen. Die israelischen Behörden reagierten jedoch mit neuen Restriktionen: Ehe eine Zisterne gebaut werden kann, muss ein Landwirt zuerst fünf Genehmigungen einholen – vom Verteidigungsministerium, vom Umweltministerium, vom Planungsministerium, von der archäologischen Behörde und vom nationalen Wasserversorgungsunternehmen. Diese neue Regelung konnte zwar nicht rückwirkend auf bereits gebauten Zisternen angewandt werden, führte aber dazu, dass bislang keine weiteren Zisternen gebaut wurden. Hinzu kommt eine Steuer der israelischen Behörden auf das in den Zisternen gesammelte Wasser.

Leben fordert, wird sicherlich das Schicksal antworten; die Nacht wird verschwinden, und die Ketten werden zerbrechen.«

## Die drusische Glaubenslehre

Die Drusen stellen den Hauptanteil der arabischen Bevölkerung auf den besetzten Golanhöhen. Sie leben vor allem in den Bergen Syriens und des Libanon, doch es gibt auch Gemeinden in den Vereinigten Staaten und in Westafrika. Weltweit gehören dem drusischen Glauben etwa 1,3 Mio. Menschen an.

Der Ursprung der drusischen Glaubenslehre liegt in der ismailitischen Bewegung – einem schiitischen Zweig des Islam – und reicht bis zum Ende der Herrschaft des fatimidischen Kalifen al-Hakim (996-1021) zurück. Die ursprünglich aus Nordafrika stammenden Fatimiden hatten 996 Kairo gegründet, die Hauptstadt des fatimidischen Kalifats. Danach eroberten sie die Länder des Esh-Sham (Palästina, Syrien, den Libanon und Jordanien).

Der erste Anführer der Rebellion gegen die später regierenden sunnitischen Abbassiden war der Perser al-Darazi, welcher der neuen Religion ihren Namen gab. Kalif al-Hakim, der behauptete, die 70. und letzte Inkarnation Allahs zu sein, rechtfertigte seine Eroberungen mit religiösen Argumenten, um sich selbst sowohl von den Sunniten als auch von den Schiiten zu distanzieren. Nach al-Hakims Tod und dem Tod des geistlichen Führers Hamza Ibn Ali, dem Verfasser der Hauptlehren der drusischen Religion, verlor die Bewegung, die sowohl mystischer als auch politischer Natur war, in Ägypten zunehmend an Bedeutung. Zusammen mit der Sekte der Assassinen überdauerte sie dennoch unter den Bauern und Bergbewohnern in Großsyrien, die sich gegen eine zentrale Regierungsmacht stellten. Bis zu diesem Zeitpunkt war die Bewegung missionarisch ausgerichtet und versuchte, Menschen zu bekehren. Fortan isolierte sie sich jedoch durch ihren Rückzug in die abgelegensten Bergregionen. Sogar für ihre Anhänger bleibt die Religion undurchsichtig – die meisten Drusen kennen die theologischen Grundsätze ihrer eigenen Religion nicht. Die drusische Gemeinde ist unterteilt in zwei Gruppierungen, die Eingeweihten (*oukkal*) und die Nichteingeweihten (*juhal*). Erstere geben sich einem spirituellen Leben hin (dem Studium der heiligen Texte und geheimen Rituale, basierend auf den Grundsätzen ihres Glaubens), während die Nichteingeweihten ein weltlicheres Leben führen, das auf den von Hamza Ibn Ali aufgestellten religiösen und moralischen Prinzipien basiert (u. a. der Einheit Gottes und dem Lügenverzicht). Sie sind von den meisten im Koran niedergeschriebenen Pflichten befreit, vor allem von den täglichen Gebeten.

*Druse mit traditioneller Kopfbedeckung*

# Praktische Informationen

### Cafés und Restaurants

Das **Café-Restaurant Ein al-Tineh** (*Tel. 04/6983292*) liegt am Ende des Dorfs über dem »Tal der Schreie«. Das Tal verdankt seinen Namen syrischen Familien, die seit 1967 getrennt sind und

# Die Golanhöhen

über Megafone von einer Seite der Grenze zur anderen kommunizieren – ein unregelmäßiger Kontakt, der manchmal von den israelischen Behörden verboten wird.

### Unterkunft und Kontakte

In Majdal Shams wird die Eröffnung eines Hotels erwogen. Weitere Informationen hierzu, aber auch zu vielen anderen politischen und historischen Aspekten im Zusammenhang mit den Golanhöhen, sind bei der Vereinigung *Golan for Development* erhältlich.

### Golan for Development
(Vereinigung für die Entwicklung des Golan)

Die Vereinigung für die Entwicklung des Golan ist ein Interessenverband der arabischen Gemeinschaft, der in vielen verschiedenen Bereichen tätig ist: von der Verbesserung der sozialen und medizinischen Dienste bis hin zur öffentlichen Kritik an der israelischen Besatzung und ihren Begleiterscheinungen wie Landkonfiskationen, Einschränkungen beim Wohnungsbau, Behinderung der wirtschaftlichen Entwicklung und die Verweigerung grundlegender Menschenrechte. Aufgrund dieser vielfältigen Aktivitäten erfüllt die Vereinigung auch die Funktion eines Informations- und Dokumentationszentrums.

*Majdal Shams, Tel. 04/6839000. Weitere Informationen sind bei Dr. Taiseer Maray erhältlich, Tel. 050/8316174, www.jawlan.org, E-Mail: taiser@jawlan.org. Es besteht die Möglichkeit, geführte Touren für Gruppen zu organisieren (Kosten nach Vereinbarung). Die Vereinigung betreibt auch ein Hostel.*

## Nördlich und westlich von Majdal Shams

### Der Berg Hermon (Jabal al-Sheikh)

Mit einer Höhe von 2814 m ist der Jabal al-Sheikh der höchste Berg im Nahen Osten. Sein arabischer Name bezieht sich vermutlich auf einen lokalen Sheikh, Rashid ed-Din es-Sinan, den Anführer der Assassinen-Sekte, der auch »Sheikh des Berges« oder »alter Mann des Berges« genannt wurde. Die 1090 von dem Perser Hassan Sabbah gegründete Sekte der Assassinen berief sich auf eine geheime Glaubenslehre, die der regierenden Macht feindlich gegenüberstand. Ihre *Fedayin* (»die Opferbereiten«) töteten sogar hochrangige muslimische Würdenträger und führende Persönlichkeiten der Kreuzfahrer. Seitdem der Berg 1974 an Syrien zurückgegeben wurde, ist der Gipfel nicht mehr zugänglich. Die Skipisten

*Berg Hermon*

# Die Golanhöhen

am Jabal al-Sheikh (*geöffnet von Ende Dezember bis Mitte April*) sind in den Wintermonaten regelmäßig mit Schnee bedeckt. Ein kleiner Skiort ist hier von israelischen Siedlern als Teil der jüdischen Siedlung Neve Ativ gegründet worden. Diese liegt zwischen Majdal Shams und der Burg Nimrod. Sie hat den Charme eines künstlichen Alpendorfs und wurde auf den Ruinen des 1967 zerstörten Dorfs Jubatha ez-Zeit gebaut.

### Die Gewässer auf den Golanhöhen

Der Wasserreichtum des Golan ist legendär. Zwischen Oktober und Mai regnet es hier häufig, und die Berghöhen sind zwischen Januar und März regelmäßig mit Schnee bedeckt. Im gesamten Gebiet kommen pro Jahr 1,5 Mio. m$^3$ Wasser zusammen. Aufgrund der Beschaffenheit des wasserundurchlässigen Basaltgesteins verdunsten 81% des Wassers und nur 10% werden absorbiert, während 9% die Flüsse und Seen ansteigen lassen – insbesondere den See Genezareth und den Jordan. Der Golan liefert 30% der Wasservorräte Israels.

### Die Burg Nimrod (Qalaat es-Subeibeh)

Die Legende besagt, dass dies der Ort des Palastes von Nimrod ist, einem Enkel von Noahs Sohn Ham, der als »ein gewaltiger Herr auf Erden« (1 Mo 10,8) bekannt war. In der muslimischen und jüdischen Überlieferung wird Nimrod als das Urbild eines stolzen Tyrannen gesehen, der sich gegen Gott auflehnte und den Stammvater Abraham verfolgte. Die Burg Nimrod, auf einem Felsen 3 km nordöstlich von Banias gelegen, ist eine der am besten erhaltenen mittelalterlichen Festungen in der Region. Als altertümliche Burg wurde sie im 11. Jh. von den Assassinen erbaut, die hofften, dass die Festung ihre Unabhängigkeit gegenüber den sunnitisch-abbassidischen Herrschern sichern würde. 1129 wurde sie jedoch von den Kreuzrittern eingenommen und fiel erst dem Emir von Damaskus (1132), danach den Seldschuken (1137), dann dem Malteserorden und schließlich im Jahr 1164 Nur ed-Din, dem Onkel Saladins, zu. Nach jeder Übernahme wurde die Burg restauriert und vergrößert. Die Ayyubiden und die Mamelucken bauten sie schließlich zu einer wehrhaften Festung aus. Der hervorragende Zustand und die vielfältige Architektur machen die Burg zu einer der wichtigsten historischen Stätten auf den Golanhöhen.

*Burg Nimrod*

Road 99, danach Road 989. *Öffnungszeiten: April-September 8.00-17.00 Uhr, Oktober-März 8.00-16.00 Uhr, Eintritt: 18 NIS, Kinder 8 NIS, Gruppen: Erwachsene 15 NIS, Kinder 7 NIS. Eine Wanderung von Banias aus ist empfehlenswert (Dauer ca. 1,5 Stunden).*

## Die Golanhöhen

### Banias (Naturreservat Nahal Hermon)

Seit dem Altertum ist Banias eine Stätte verschiedener Kulte gewesen, heute ist es eine Ausgrabungsstätte. Der Name ist die arabische Version des griechischen Wortes »Paneas« – der Stätte des Pan, Gott der Natur, der Hirten und Herden. Neben der Pan-Grotte befinden sich in die felsigen Mauern gemeißelte Nischen, die Statuen des Pan, der Nymphe Echo und des Apollon, dem Gott der Musik, enthielten. Zur Zeit Jesu baute Philipp, der Sohn von Herodes, in der Nähe die Stadt Caesarea Philippi.

Der christlichen Überlieferung zufolge soll Jesus dem Heiligen Petrus (Simon Petrus), Sohn von Jonas, in dieser Gegend gesagt haben: »Du bist Petrus und auf diesen Felsen werde ich meine Gemeinde bauen. Ich werde dir die Schlüssel des Himmelreichs geben.« (Mt 16, 18-19). Die römischen und mittelalterlichen Ruinen der Stadt sowie weitere Ruinen eines 1967 zerstörten syrischen Dorfs sind im Südwesten nahe der Pan-Grotte sichtbar. Auf einem Hügel steht heute ein kleiner muslimischer Schrein für Weli al-Khader, der im Mittelalter eine Kapelle zu Ehren des Heiligen Georgs ersetzte.

*Road 99, Öffnungszeiten: April-September 8.00-17.00 Uhr, Oktober-März 8.00-16.00 Uhr, Eintritt: Erwachsene 23 NIS, Kinder 12 NIS, Gruppen: Erwachsene 19 NIS, Kinder 11 NIS.* Am Empfang sind eine Bro-

*Banias-Wasserfall*

schüre sowie eine Karte des Reservats erhältlich, die den Besuchern helfen sollen, sich zurechtzufinden, da die meisten Hinweisschilder auf Hebräisch geschrieben sind.

### Al-Khader – Der Heilige Georg

Als Zeugen kultureller und kultischer Kontinuität beziehen sich die Namen Al-Khader (Heiliger Georg) und der des Propheten Elias auf eine einzigartige Persönlichkeit, die ihren Ursprung in der babylonischen Mythologie hat. Sie symbolisiert ewige Jugend und die unsichtbare Welt, die in menschlicher Form erscheint, um tugendhafte Menschen zu retten. Al-Khader wird sowohl von christlichen als auch von muslimischen Palästinensern verehrt. Es gibt in Jerusalem in der nordwestlichen Ecke des *Haram esh-Sharif* einen Schrein, der ihm gewidmet ist. In dem Dorf Al-Khader (s. S. 293) brachte eine jährliche Feier Muslime und Christen immer wieder zu einer gemeinsamen Zeremonie zu Ehren des Heiligen Georg zusammen; in der immer noch andauernden Phase der Absperrungen im Westjordanland sind solche Traditionen jedoch ernsthaft gefährdet.

## Die Golanhöhen

### Ausflug zum Banias-Wasserfall

In dem gesamten Gebiet zwischen Banias und dem Wasserfall kann man schöne Wanderungen unternehmen. Die Pfade sind gut ausgeschildert. Auf dem Weg zum Banias-Wasserfall kommt der Wanderer an der einzigen Kornmühle Palästinas vorbei; sie ist 700 Jahre alt und wird mit Wasserkraft betrieben. Laut einer Legende musste König Nimrod, der so groß war wie der Berg, nur seinen Arm ausstrecken, um Wasser aus dem Fluss zu schöpfen Schwimmen ist dort möglich, jedoch ist das Wasser sehr kalt. Wanderern wird empfohlen, zur Burg Nimrod hinaufzusteigen; der Aufstieg dauert etwa eine Stunde.

### Tel al-Qadi (Tel Dan)

Eine hier gelegene kanaanitische Stadt wurde unter dem Namen »Laish« in den altägyptischen Texten des 19. Jh. v. Chr. erstmals erwähnt. In der Mitte des 15. Jh. v. Chr. ist der Name auf der Liste der kanaanitischen Städte, die Pharao Thutmosis III. eroberte, sowie in vielen anderen Dokumenten, die in Mari (Syrien) entdeckt wurden, verzeichnet. Im 9. Jh. v. Chr. war sie eine der befestigten Städte des Königreichs Israel bzw. des Königreichs Samaria, bevor sie während der assyrischen Eroberung 732 v. Chr. zerstört wurde.

Archäologen entdeckten in den Ruinen mehrere Eingangstore und Abschnitte von hintereinanderliegenden Festungswällen aus der Bronze- und Eisenzeit. Besonders sehenswert ist das Tor aus sonnengetrocknetem Backstein aus dem 9. Jh. v. Chr. (eines der wenigen Exemplare, die im Nahen Osten erhalten geblieben sind) sowie eine ebenfalls aus dem 9. Jh. v. Chr. stammende viereckige Plattform, die für religiöse Rituale gebaut wurde.

*Road 99, 4 km von Banias entfernt im Zentrum des Naturreservats Hurshat Tal. Öffnungszeiten: Sonntag-Donnerstag 8.00-17.00 Uhr, Freitag 8.00-16.00 Uhr, Eintritt: Erwachsene 23 NIS, Kinder 12 NIS, Gruppen: Erwachsene 19 NIS, Kinder 11 NIS. Eine Broschüre ist am Eingang erhältlich.*

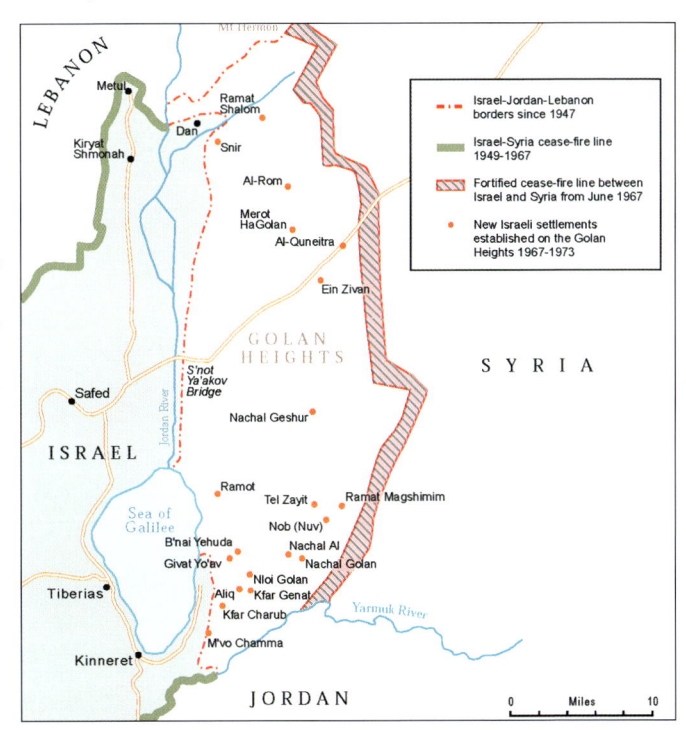

*Die von Israel annektierten Golanhöhen*

# Internationale Solidaritätsbewegung und BDS-Kampagne

Die Internationale Solidaritätsbewegung (*International Solidarity Movement*, ISM) wurde im August 2001 von einer kleinen Gruppe palästinensischer und israelischer Aktivisten gegründet. Ihre Absicht ist es, den Widerstand des palästinensischen Volkes zu unterstützen und zu stärken, indem sie den Menschen in Palästina internationale Solidarität und eine internationale Stimme bieten. Ihre Methoden sind gewaltfrei und zielen auf ein Ende der israelischen Besatzung.

Neben der friedlichen Teilnahme an Demonstrationen, Besetzungen der Mauerbaustellen oder der Betreuung palästinensischer Familien, deren Häuser zerstört wurden, will die ISM das Leben und die Ungerechtigkeit unter der Besatzung dokumentieren sowie durch Veröffentlichungen in nationalen und internationalen Medien ein Bewusstsein für diese Probleme schaffen. Die Kampagne ist auch deswegen international angelegt, weil damit die Isolation der Palästinenser überwunden und ihnen dadurch neue Hoffnung gegeben werden soll. Eine bekannte ISM-Aktivistin war Rachel Corrie, die 2003 bei dem Versuch, in Rafah im Gazastreifen Häuser vor der Zerstörung zu schützen, von einem Bulldozer tödlich verletzt wurde.

Die Internationale Solidaritätsbewegung unterstützt u. a. die BDS-Kamgagne. Diese folgt einem Aufruf, der im Juli 2005 von über 170 palästinensischen Nichtregierungsorganisationen initiiert wurde. Ziel der Kampagne ist es, auf politischer, wirtschaftlicher und kultureller Ebene einen Boykott, Desinvestitionen und Sanktionen (BDS) gegen den Staat Israel durchzusetzten, bis dessen Politik mit internationalem Recht übereinstimmt und sich Israel aus den besetzten palästinensischen Gebieten zurückgezogen hat.

*www.palsolidarity.org, www.bds-kampagne.de, www.bdsmovement.net, E-Mail: redaktion@bds-kampagne.de*

*Roger Waters von Pink Floyd an der Trennmauer bei Bethlehem. Er unterstützt den Aufruf der Internationalen Solidarirätsbewegung zur Beendigung der israelischen Besatzung.*

# Praktische Informationen

## Einreisebestimmungen

### Visa und Pässe

Staatsangehörige der EU-Staaten und der Schweiz müssen in der Regel kein Visum im Voraus beantragen, sie benötigen aber wie die Staatsbürger Großbritanniens, der USA, Australiens, Kanadas und Südafrikas einen zum Zeitpunkt der Einreise noch mindestens sechs Monate gültigen Reisepass. Vor einer Reise sollte man sich nach den aktuellen Bestimmungen erkundigen. Besucher müssen ein Anschluss- oder Rückflugticket vorweisen und sollten einen ausreichenden Geldbetrag für die Dauer des gesamten Aufenthalts mit sich führen. Bei der Ankunft müssen sie zudem eine Einreisekarte ausfüllen. Eine Hälfte davon wird wieder ausgehändigt und muss beim Verlassen des Landes wieder zurückgegeben werden. Deshalb sollte der Reisende diese Karte sorgsam aufbewahren.

Für einen Aufenthalt unter drei Monaten benötigt man kein Visum. Wer einen längeren Besuch beabsichtigt, muss vorab beim israelischen Konsulat im jeweiligen Heimatland ein Visum über die gewünschte Aufenthaltsdauer beantragen. Eine Verlängerung des Visums oder ein für die jeweilige Situation erforderliches Visum kann auch bei einem der Ämter des israelischen Innenministeriums beantragt werden, die es in den meisten Städten gibt. Der Antrag auf Aufenthaltsverlängerung muss in der Stadt eingereicht werden, in der sich der Reisende während des Besuchs aufhält. Mit dem Antrag muss er außerdem nachweisen, dass er über ausreichend Geld für die Dauer des beantragten Aufenthalts verfügt. Ein Verlängerungsantrag – für den auch ein Passfoto benötigt wird – kostet 120 NIS.

Wer beabsichtigt, aus Israel in einen der arabischen Staaten einzureisen oder dies zu einem späteren Zeitpunkt tun möchte, sollte – außer bei Ägypten, Jordanien und den Vereinigten Arabischen Emiraten – unbedingt darauf achten, dass der Reisepass keinen israelischen Stempel und kein israelisches Visum enthält. Sowohl bei der Ein- als auch bei der Ausreise sollte man die israelischen Behörden darum bitten, anstelle des Reisepasses nur die Einreisekarte abzustempeln.

*Security Check beim Abflug in Frankfurt*

## Praktische Informationen

### Sicherheitskontrollen

Bei der Ausreise werden die Besucher häufig von Sicherheitsbeamten überprüft und eingehend zu ihrem Aufenthalt in Israel befragt, z. B. über den Einreisegrund, was sie dort gemacht haben, wo sie sich aufgehalten und mit wem sie Kontakt aufgenommen haben. Dabei sollte der Reisende stets die wichtigste Regel beachten: Ruhe bewahren! Alle Fragen sollten ruhig und so knapp wie möglich beantwortet werden, ohne dabei mehr zu sagen, als man gefragt wird. Viele, die einen Großteil ihres Aufenthalts in den besetzten Gebieten verbracht haben, sind wegen dieser Befragung besorgt; dafür gibt es jedoch keinen Grund. Der Reisende sollte, ohne dabei ins Detail zu gehen, darlegen, wo er gewesen ist. Besuchern des Gazastreifens wird empfohlen, vor der Abfertigung im Flughafen vorsichtshalber die entsprechende Aufenthaltsbescheinigung aus dem Reisepass zu entfernen. Die israelischen Sicherheitsbestimmungen gelten vielen als gerechtfertigt, führen jedoch dazu, dass Touristen als potenzielle Sicherheitsrisiken behandelt werden, was diese mitunter als sehr störend empfinden.

*Grenzübergang zwischen Israel und Ägypten bei Taba*

Nach der Befragung wird das Gepäck sorgfältig geprüft, vor allem bei denjenigen, die in den besetzten Gebieten waren. Elektrische Geräte, Foto- und Videokameras werden in einen gesonderten Raum gebracht und dort akribisch auf ihren Inhalt untersucht. Nachdem das Gepäck durch den Sicherheitscheck gegangen ist, gibt man es am Check-in-Schalter ab und begibt sich – gegebenenfalls in Begleitung von Sicherheitsbeamten – in die Abflugzone. Um Stempel zum Aufenthalt in Israel im Reisepass zu vermeiden, sollte man, wie schon erwähnt, unbedingt den Einreisebeamten bitten, nicht den Reisepass, sondern stattdessen die Einreisekarte abzustempeln. In der Abflughalle befindet sich der Duty-Free-Bereich, aus Zeitgründen ist es jedoch oftmals nicht mehr möglich, etwas zu kaufen. Mit langwierigen Sicherheitskontrollen muss besonders bei der Ausreise gerechnet werden, unabhängig davon, ob man den Luft-, Land- oder Seeweg wählt. Aus diesem Grund ist es ratsam, mindestens drei Stunden vor dem geplanten Abflug am Flughafen einzutreffen. Reisende sollten sich darauf einstellen, dass die Sicherheitskontrollen häufig unangenehm werden können.

# Grenzübergänge

## Grenzübergänge nach Ägypten

### Rafah

Wer über Rafah nach Ägypten einreisen möchte, benötigt ein ägyptisches Visum, das er vorab bei der ägyptischen Botschaft oder dem Konsulat beantragen muss (*in Tel Aviv: Basel Street 54, Tel. 03/54641512 oder in Gaza-Stadt: Thowra Street, Rimal, Tel. 08/282429074*). Der Reisepass muss am Tag der Abreise noch mindestens drei Monate gültig sein; das Ablaufdatum sollte keinesfalls in den Zeitraum der Reise fallen. Die meisten internationalen Passinhaber erhalten ein Visum noch am gleichen Tag; die Kosten dafür belaufen sich auf 80 NIS.

Die für die Einreise in die besetzten Palästinensergebiete oder nach Israel nötigen Visa sind bei den israelischen Behörden direkt am Grenzübergang erhältlich.

*Täglich geöffnet von 9.00 bis 17.00 Uhr, freitags von 8.00 bis 15.00 Uhr (geschlossen während Yom Kippur und Eid al-Adha). Tel. 08/6749444 oder 08/6713683. Bei angespannter politischer Lage ist der Grenzübergang häufig geschlossen.*

### Taba

Um über Taba in den Sinai einzureisen, muss kein Visum beantragt werden; für die Reise zu jedem Ort an der Sinai-Küste bekommt man ein 14 Tage gültiges Visum direkt an der Grenze. Dieses Dokument ist jedoch nicht für die Reise nach Kairo oder zu anderen Orten in Ägypten gültig. Auch wer im *Ras Mohammed National Marine Park* tauchen will, muss sich vorab ein allgemeingültiges ägyptisches Visum besorgen. Israelische Passinhaber bekommen dieses nicht am gleichen Tag ausgestellt.

*Täglich rund um die Uhr geöffnet (an Yom Kippur geschlossen). Tel. 08/6373110.*

## Jordanische Grenzübergänge

Es gibt drei Grenzübergänge zwischen Israel und Jordanien: die **Allenby-Brücke**, auch bekannt als **König-Hussein-Brücke** (palästinensisches Gebiet, seit 1967 besetzt), die **Sheikh-Hussein-Brücke** bei Beit Shean (Bissan) weiter nördlich sowie **Aqaba** bzw. **Arava** (israelische Bezeichnung) im Süden des Landes bei Eilat.

### Von Jordanien

Die **Allenby-Brücke** ist der einzige Übergang, über den Palästinenser aus dem Westjordanland nach Israel einreisen können. Palästinenser aus Ostjerusalem, israelische Staatsbürger (palästinensisch oder jüdisch) und Ausländer können hingegen an allen drei

*Die Allenby-Brücke vor ihrer Zerstörung im Juni 1967*

## Praktische Informationen

Grenzübergängen einreisen. Von den Übergängen, die von Israel kontrolliert werden, ist die Allenby-Brücke der am meisten frequentierte. Nachdem die Einreiseformalitäten erledigt sind, ist es einfach, ein Sammeltaxi nach Ostjerusalem, Bethlehem (über Abu Dis) oder Ramallah zu bekommen. Die Fahrtkosten betragen etwa 40 NIS. Da es jedoch einfacher ist, den Wagen an den Grenzübergängen zu wechseln, können die Preise höher liegen.

Obwohl das Haschemitische Königreich Jordanien 1988 auf seine Souveränität über die von ihm im Jahr 1949 annektierten palästinensischen Gebiete Westjordanland und Ostjerusalem verzichtet hat, ist es möglich, über die Allenby-Brücke nach Palästina einzureisen, ohne Jordanien offiziell zu verlassen. Das bedeutet, dass man über die Brücke nach Jordanien zurückkehren kann, ohne ein neues Einreisevisum zu benötigen. Das Einreisevisum für Jordanien ist auch nach einem Aufenthalt in Palästina noch gültig – allerdings nur, wenn die Einreise nach Palästina ebenfalls über die Allenby-Brücke erfolgte.

Über die **Sheikh-Hussein-Brücke** oder den Grenzübergang **Aqaba (Arava)**, wo Sammeltaxis wegen des geringeren Verkehrs wahrscheinlich schwer zu bekommen sind, gelangen Reisende mit einem Einzeltaxi bis zum nächsten Busbahnhof oder zur nächsten Bushaltestelle – im Norden nach Beit Shean, im Süden nach Eilat.

### Nach Jordanien

Das Königreich Jordanien erkennt den Staat Israel auf der Grundlage der im Rahmen des Waffenstillstandsvertrags von 1949 festgelegten Grenzen an, betrachtet jedoch die israelische Besatzung Ostjerusalems, des Westjordanlands und des Gazastreifens als illegal. Daher müssen Ausländer, um die Allenby-Brücke passieren zu dürfen, bei der jordanischen Botschaft in Tel Aviv (*Abba Hillel Silver Street 14, Ramat Gan, Tel. 03/7517722*), im Vertretungsbüro in Ramallah (*Al-Masyoun, hinter dem Grand Park Hotel, Tel. 02/29746256*), im Konsulat in Gaza-Stadt (*An-Naser Street, Tel. 08/2825134104*) oder direkt bei der Passkontrolle am Übergang Sheikh Hussein oder in Eilat ein Visum beantragen. Sowohl die Gebühren an den drei Grenzübergängen als auch die Kosten für den Transport können leicht variieren. Die Gebühr für ein Visum hängt im Allgemeinen von dem jeweiligen Pass ab; die Preise entsprechen den Kosten für ein Visum, die Jordanier umgekehrt in den jeweiligen Ländern zu zahlen haben. Sie können sehr teuer sein.

*Grenzübergang Aqaba (Arava) zwischen Jordanien und Israel bei Eilat*

### Allenby-Brücke (bei Jericho)

*Nach Jordanien:* Besucher benötigen ein jordanisches Visum, um die Allenby-Brücke nach Jordanien zu überqueren. Wer jedoch bereits über diesen Grenzübergang von Jordanien nach Palästina eingereist ist, kann, wie schon erwähnt, über denselben Weg wieder nach Jordanien zurückkehren, da das Visum für Jordanien weiterhin gültig ist.

## Praktische Informationen

*In die besetzten Palästinensergebiete:* Die israelischen Einreisebehörden stellen Visa vor Ort aus.

*Öffnungszeiten: für Reisende, die aus Jordanien kommen: Sonntag-Donnerstag 8.00-17.00 Uhr, Freitag und Samstag 8.00-15.00 Uhr; für Reisende, die nach Jordanien einreisen wollen: Sonntag-Donnerstag 8.00-14.30 Uhr, Freitag und Samstag 8.00-10.30 Uhr (geschlossen während Yom Kippur und Eid al-Adha); Tel. 02/5482600. Lange Wartezeiten sind möglich.*

### Sheikh-Hussein-Brücke (bei Beit Shean/Bissan)

*Nach Jordanien:* Die jordanischen Grenzbehörden stellen Visa vor Ort aus.
*Nach Israel:* Die israelischen Einwanderungsbehörden stellen Visa vor Ort aus.

*Öffnungszeiten: Sonntag-Donnerstag 6.00-22.00 Uhr, Freitag und Samstag 8.00-20.00 Uhr (geschlossen während Yom Kippur und Eid al-Adha); Tel. 04/6093400.*

### Aqaba/Arava (bei Eilat)

*Nach Jordanien:* Die jordanischen Grenzbehörden stellen Visa vor Ort aus (Einreisebehörde).
*Nach Israel:* Die israelischen Einreisebehörden stellen Visa vor Ort aus.

*Öffnungszeiten: Sonntag-Donnerstag 6.30-22.00 Uhr, Freitag und Samstag 8.00-20.00 Uhr (geschlossen während Yom Kippur und Eid al-Adha); Tel. 08/6300550.*

## Offizielle Adressen

Deutschland
**Palästinensische Mission:** Ostpreußendamm 170, 12207 Berlin (*Tel. +49/30/2061770, Fax +49/30/20617710*)
**Israelische Botschaft:** Auguste-Viktoria-Straße 74-76, 14193 Berlin (*Tel. +49/30/89045500, Fax +49/30/89045309*)

Österreich
**Palästinensische Vertretung:**
Josefsgasse 5/1, 1080 Wien
(*Tel. +43/1/4088203, Fax +43/1/4088119*)
**Israelische Botschaft:**
Anton-Frank-Gasse 20, 1180 Wien
(*Tel. +43/1/47646500, Fax +43/1/47646555*)

Schweiz
**Generaldelegation Palästinas:**
96 Route de Vernier Chatelaine,
Case Postal 1828, 1211 Genf (*Tel. +41/22/7967660, Fax: +41/22/7967860*)
**Israelische Botschaft:**
Alpenstraße 32, 3006 Bern
(*Tel. +41/31/3563500, Fax +41/31/3563556*)

*Die gelben Sammeltaxen gehören zu den wichtigsten Transportmitteln in Palästina*

## Transport

### Vom Flughafen Ben Gurion nach Jerusalem

*Mit den Bussen der Egged Israeli Bus Company:* Busse nach Jerusalem (Endstation *Jerusalem Central Bus Station*) fahren etwa jede halbe Stunde. Mit 20 NIS ist dies die günstigste Verkehrsverbindung; die Fahrt dauert etwa eine Dreiviertelstunde. Allerdings fahren die Busse weder Ostjerusalem noch die Altstadt direkt an.

*Mit dem Sammeltaxi:* Die letzten Haltestellen, die das Taxi anfährt, nachdem es die anderen Passagiere in die verschiedenen Viertel von Westjerusalem gebracht hat, befinden sich beim Damaskustor und beim Jaffator. Allerdings halten diese Taxis nicht direkt am Damaskustor, sondern in der Nähe. Alle Passagiere bezahlen unabhängig von ihrer genauen Zielhaltestelle einen Einheitspreis von 45 NIS für die ungefähr zweistündige Fahrt. Eventuell muss eine Zusatzgebühr für sperriges Gepäck entrichtet werden. Die am Flughafen ansässige Firma *Nesher Taxi Company* (*Tel. 02/6257227*) bringt Reisende mit Minibussen u. a. nach Westjerusalem.

*Mit dem Einzeltaxi:* Alle vor dem Flughafen wartenden Taxis kommen aus Israel und fahren nicht nach Ostjerusalem – außer zum Jaffator, dem Neuen Tor und den israelischen Siedlungen. Liegt das Reiseziel mitten in Ostjerusalem, sollte der Besucher vorab mit einem palästinensischen Taxiunternehmen Kontakt aufnehmen, um vom Flughafen abgeholt zu werden. Die Fahrt kostet ungefähr 200 NIS; eventuell muss eine zusätzliche Gebühr entrichtet werden, falls das Taxi warten muss, weil sich z. B. aufgrund der Gepäckdurchsuchung Verspätungen ergeben. Das ist zwar nicht üblich, kann aber im Einzelfall vorkommen.

*Taxifahrer aus Nablus*

### Nach Tel Aviv und zu weiteren Zielen

Der Bus 222 des *United Tours Airport Shuttle Service* fährt die größten Hotels entlang des Strandes an (Fahrtzeit: etwa eineinhalb Stunden, Kosten: 20 NIS). Wer zu anderen Zielen gelangen möchte, sollte am Informationsschalter von *United Tours* am Flughafen nachfragen.

### Von Jerusalem zum Flughafen

*Mit dem Bus:* Egged-Busse fahren vom Zentralen Busbahnhof Jerusalem etwa halbstündlich zum Flughafen. Die Fahrt dauert ungefähr 45 min und kostet 20 NIS.

*Mit dem Sammeltaxi:* Die *Nesher Taxi Company* (*King George Street 21, Tel. 02/6231231 und 02/6257227*) fährt regelmäßig von Jerusalem zum Flughafen. Für Alleinreisende bietet dieses Taxiunternehmen mit 45 NIS für die etwa zweistündige Fahrt den günstigsten Preis. Die Fahrt muss einen Tag im Voraus reserviert werden. Das Taxi wartet am Wunschort, solange dieser nicht in Ostjerusalem liegt. Dort hält es nur am Jaffator, dem Neuen Tor, am *Jerusalem Hotel* und am *American Colony Hotel*. Bei der Reservierung muss präzise der Ort angegeben werden, an dem das Taxi warten soll; Pünktlichkeit ist erforderlich.

*Mit dem Einzeltaxi:* Die Fahrt dauert etwa 30 min und kostet 200 NIS.

## Taxiservice zur Allenby-Brücke oder Sheikh-Hussein-Brücke

### Von Palästina nach Jordanien

*Ostjerusalem: Abdo Taxis (gegenüber dem Damaskustor, an der Ecke Sultan Suleiman Street und Al-Musrara Square, Tel. 02/6283281)*. Die Taxis zur Allenby-Brücke fahren entweder ab, sobald sie voll sind (ein großer Mercedes verfügt über sieben Plätze; der Preis beträgt 35 NIS), oder die Passagiere übernehmen die Kosten für die freien Plätze. Die Fahrt mit einem Einzeltaxi durch das Jordantal zur Sheikh-Hussein-Brücke kostet 400 NIS.

*Ramallah: Darwish Taxis (Al-Manara Square, Tel. 02/2956150)*. Sammeltaxis zur Allenby-Brücke: 40 NIS. Zur Sheikh-Hussein-Brücke muss man ein Einzeltaxi nehmen: 450 NIS.

*Bethlehem: Shaab Taxis (Manger Square Street, Tel. 02/2741923)*. Sammeltaxis zur Allenby-Brücke: 40 NIS.

### Von Jordanien (Amman) nach Palästina

*Abdali-Station: King Hussein Street*; dies ist der größte Bahnhof für Busse und Sammeltaxis, die von hier nach Jerusalem und in alle benachbarten arabischen Hauptstädte fahren.

*Mit dem Bus (Jett-Bus): King Hussein Street*; 500 m oberhalb der Abdali-Station.

*Mit dem Einzeltaxi:* Die Kosten für die Fahrt zur Allenby-Brücke betragen etwa 35 € und zur Sheikh-Hussein-Brücke 55 €.

## Tagesausflüge in Palästina

Tagesausflüge in Palästina können in folgenden Orten beziehungsweise bei folgenden Anbietern gebucht werden:

*Jerusalem und die Altstadt: Nidal Centre*, Jerusalem, Tel. 02/6282815, Fax 02/6288971 (s. S. 240). und *Centre for Jerusalem Studies*, Jerusalem, Tel. 02/6287517, Fax 02/6284920, www.jerusalem-studies.alquds.edu (s. S. 240).

*Nablus: Darna Centre*, Nablus, Tel./Fax 09/2379312, www.darna-nablus.ps (s. S. 369).

*Hebron und Bethlehem: Alternative Tourism Group (ATG)*, Beit Sahour, Tel. 02/2772151, Fax 02/2772211, www.atg.ps (s. S. 305).

*Weitere Ziele: Palestinian Association for Cultural Exchange (PACE)*, Ramallah, Tel. 02/2407611, Fax 02/2407610, www.pace.ps (s. S. 344) und *Alternative Tours*, Jerusalem, Tel. 02/6283282, www.alternativetours.ps (s. S. 240).

## Praktische Informationen

## Sammeltaxis

Diese Taxis sind nur geringfügig teurer als öffentliche Busse, aber insgesamt preiswert und praktisch. Reisende können direkt an der Starthaltestelle und überall entlang der Route ein- und aussteigen. Der Vorteil der Sammeltaxis liegt darin, dass sie häufig verkehren. Das Taxi fährt allerdings erst ab, wenn es voll besetzt ist oder die Passagiere die frei gebliebenen Sitzplätze bezahlen. Palästinensische Taxis im Westjordanland und im Gazastreifen sind gelb-metallic (7-Sitzer Mercedes oder 9-Sitzer Ford Transit). In Ostjerusalem sind die meisten der weißen Ford-Transit-Taxis ehemalige israelische Polizeifahrzeuge.

## Busse

*Palästinensische Busgesellschaften:* In Ostjerusalem verkehren Busse zwischen den verschiedenen Vierteln und den umliegenden Orten (Abu Dis, Bethlehem und Ramallah). Seit der Belagerung des Westjordanlands infolge der Al-Aqsa-Intifada fahren in Ostjerusalem jedoch nur noch kleine palästinensische Busse.

Im Westjordanland und im Gazastreifen verkehren einige Busse zwischen den bedeutenden Stadtzentren und den Grenzübergängen. Sie sind preiswerter als die Sammeltaxis, aber nicht so schnell, insbesondere wenn sie an sogenannten »mobilen Checkpoints« angehalten werden und die Pässe aller Insassen von Soldaten oder Grenzpolizisten einer bisweilen langwierigen Prüfung unterzogen werden.

*Israelische Busgesellschaften:* In Westjerusalem verbinden israelische Buslinien (*Egged* ist das größte israelische Busunternehmen, www.egged.co.il) die verschiedenen Viertel miteinander. Außerdem verkehren sie zwischen der Stadt und den jüdischen Siedlungen, die in den 1967 besetzten Gebieten liegen, sowie den verschiedenen historischen Stätten, wie z. B. Rahels Grab

*Busbahnhof in Ostjerusalem*

in Bethlehem oder der Ibrahimi-Moschee in Hebron. *Egged*-Busse verkehren zudem regelmäßig zwischen den Städten. Jede Stadt verfügt wiederum über ein eigenes dichtes Liniennetz.

## Einzeltaxis

Reisende, die ein Einzeltaxi nehmen möchten, sollten immer zuerst nach dem Preis fragen, bevor sie einsteigen. In den palästinensischen Städten im Westjordanland und im Gazastreifen haben Taxis keine Taxameter. Der Preis hängt vom jeweiligen Fahrtziel ab. Was die Vertrauenswürdigkeit der Taxifahrer betrifft, ist in den Touristenstädten (Bethlehem und Jerusalem) Vorsicht geboten. In Ostjerusalem und in Israel sollte man daher den Fahrer bitten, das Taxameter einzuschalten. Zwischen 21.00 Uhr und 5.30 Uhr werden die Preise angehoben.

## Autovermietung

Ein Auto zu mieten ist einfach: Der Besucher benötigt den Führerschein seines Heimatlandes und hat eine Kaution zu hinterlegen, die per Scheck oder Kreditkarte bezahlt werden kann. Außerdem muss man mindestens 21 Jahre alt sein, in einigen Fällen auch 23.

Wer bei einer israelischen Autovermietung einen Wagen mietet, hat bei Unfällen im Westjordanland keinen Versicherungsschutz. Deshalb ist es ratsam, einen Wagen in Ostjerusalem zu mieten, von wo aus man sowohl nach Haifa als auch nach Bethlehem fahren kann.

Um im Gazastreifen fahren zu können, muss ein Auto vor Ort gemietet werden. Die Preise sind niedriger als in anderen Teilen Palästinas, da die Entfernungen auch deutlich geringer sind.

Für lange Fahrten im Sommer (insbesondere im Negev) sollte man am besten einen Wagen mit Klimaanlage mieten. Diese ist allerdings nur in teureren Modellen vorhanden.

*Autovermietung in Ostjerusalem*

### Autovermietungen

Ostjerusalem: *Dallah al-Baraka,* Tel. 02/6564150 (A-Ram); *Orabi,* Tel. 02/5853101 (Beit Hanina); *Petra Rent a Car*, Tel. 02/2952602

Bethlehem: *Murad,* Tel. 02/2747092

Hebron: *Holy Land,* Tel. 02/2220811

Jericho (Allenby-Brücke): *Petra,* Tel. 02/2322525, 02/9400494, Fax 02/9400493

Nablus: *Orabi,* Tel. 09/2383383

Ramallah und Al-Bireh: *Good Luck,* Tel. 02/2342160; *Orabi,* Tel. 02/2403521; *Twins,* Tel. 02/2964688

Gaza: *Imad,* Tel. 08/2864000; *Yafa,* Tel. 08/2825127

*Souvenirverkäufer auf dem Ölberg*

## Praktische Informationen

## Verkehrsvorschriften und Straßenverhältnisse

Die israelischen Verkehrsgesetze gelten im Westjordanland und im Gazastreifen nicht. Es gibt dort z. B. keine Anschnallpflicht, doch die israelische Polizei kontrolliert die Hauptrouten im Westjordanland streng.

Der Zustand der Straßen variiert stark. In Israel sind sie im Allgemeinen sehr gut ausgebaut, insbesondere die großen, den Siedlern vorbehaltenen Verbindungsstraßen im Westjordanland, welche die Siedlungen untereinander und mit Israel verbinden. Die meisten sind neu und wurden infolge der Oslo-Abkommen gebaut, finanziert mit über 3 Mrd. $ aus US-amerikanischen Steuergeldern. Die palästinensischen Straßen dagegen sind in wesentlich schlechterem Zustand. Zwar hat die Palästinensische Nationalbehörde mehrfach veranlasst, sie zu reparieren, jedoch haben die Straßen seit dem Jahr 2000 durch vorsätzliche Zerstörung durch die israelischen Streitkräfte erheblichen Schaden genommen, da häufig Panzer die Straßen nutzen.

*Fahrzeuge aus den palästinensischen Gebieten sind mit einem grünen Nummernschild gekennzeichnet*

**Wichtig:**
Vom 1. November bis zum 31. März müssen auch tagsüber außerhalb von Ortschaften die Scheinwerfer eingeschaltet werden. Es ist ratsam, auf die Geschwindigkeitsbeschränkungen zu achten; deren Einhaltung wird häufig kontrolliert, vor allem in Galiläa, an der Autobahn zwischen Tel Aviv und Haifa sowie in der Wüste Negev.

## Amtliche Kennzeichen

*Gelb:* Fahrzeuge, die bei den zivilen israelischen Behörden registriert sind – das heißt aus Israel und den annektierten palästinensischen (Ostjerusalem) und syrischen Gebieten (Golanhöhen).
*Grün:* Fahrzeuge aus den unter palästinensischer Verwaltung stehenden Gebieten (Westjordanland und Gazastreifen – Zonen A, B und C).
*Schwarz:* israelische Militärfahrzeuge.
*Weiß:* Fahrzeuge ausländischer diplomatischer Vertretungen.

## Taxiunternehmen

Ostjerusalem: *Jaber Taxi,* Tel. 02/58372756; *Abdo,* Tel. 02/5858202 (Beit Hanina), Tel. 02/6283281 (Damaskustor); *Al-Rashid,* Tel. 02/6282220; *Petra,* Tel. 02/5820716; *Orabi,* Tel. 02/5853101

Gaza-Stadt: *Sindbad Taxi Service,* Tel. 0599/746719; *Al-Nasser,* Tel. 02/2861844 bzw. 02/2867845; *Al-Wafa,* Tel. 08/2849144 bzw. 08/2824465

## Praktische Informationen

### Flughäfen

*Gaza Airport (Yassir Arafat International Airport):* Der Flughafen in Gaza ist seit dem Beginn der Al-Aqsa-Intifada im September 2000 nicht in Betrieb.
*Ben Gurion-Lod Airport:* Tel. 03/9723344

### Fluggesellschaften

*Air France und KLM:* Ez-Zahra Street 27, Ostjerusalem. Tel. 02/6282535
*Egypt Air:* Jerusalem Street, Ramallah. Tel. 02/2986950
*Lufthansa:* Soufian Street, Nablus. Tel. 09/2382065
*Royal Jordanian Airlines:* Salah ed-Din Street, Ostjerusalem; Stadtzentrum Ramallah, Tel. 02/2405060.
*SAS Scandinavian:* Tel. 02/6283235
*Swiss International Airlines:* 13 Jaffa Street, Ramallah. Tel. 02/2952180
*Turkish Airlines:* Manger Street, Bethlehem. Tel. 02/2770130

### Schiffsverkehr

Das Mittelmeer bildet die Westgrenze des Gazastreifens. Die Gewässer stehen unter israelischer Militärkontrolle; kein Boot darf in Gaza an- oder ablegen. Haifa ist der einzige Schiffshafen an der gesamten Mittelmeerküste *(Tel. 04/8518111)*. Wöchentlich verkehren Schiffe der *Poseidon Lines* zwischen Haifa und Athen über Limassol (Zypern) sowie zwischen Haifa und Rhodos (Griechenland). Die Fahrt nach Piräus (dem Hafen von Athen) dauert zweieinhalb Tage, nach Rhodos 33 Stunden und nach Limassol 10 Stunden. Die Preise variieren zwischen 360 NIS für einen Sitzplatz auf der Brücke und mehr als 1000 NIS für eine Kabine mit Schlafkoje, Dusche/WC und Verpflegung.

*Fährschiff der Salamis Lines*

*Poseidon Lines*
Griechenland: Alkyonidhon 32, 16673 Kavouri Voulas (bei Athen), Tel. +30/210/9658300
Zypern: c/o Amathus Navigation, 2 Sindgmatos (Alter Hafen), Limassol, Tel. +357/5341043
Israel: c/o Jacob Caspi, Nathan 1, Haifa, Tel. 04/8674444

*Salamis Lines*
Griechenland: Filellinon 5-7, 18536 Piräus, Tel. +30/2104529555, www.salamisinternational.com

Zypern: G. Katsounotos Street 1, Limassol, Tel. +357/25860000
Israel: c/o Allaouf Shipping, Ha-Nemal 40, Haifa, Tel. 04/8671743

# Kommunikation

## Telefon

*Gespräche innerhalb Israels und Palästinas* (das gleiche Verfahren gilt sowohl für die Palästinensergebiete als auch für Israel): Zuerst muss die »0« und dann die entsprechende Ortsvorwahl (z. B. »02« für Bethlehem) gewählt werden.

*Ortsgespräche und Gespräche innerhalb desselben Vorwahlbereichs*: Die Nummer ohne Vorwahl wählen, d.h. nicht die »02« wählen, um von Jerusalem nach Bethlehem zu telefonieren.

*Gespräche nach Palästina:* Zuerst »00972« wählen, gefolgt von der Ortsvorwahl (ohne die »0«, die nur für Gespräche innerhalb Palästinas verwendet wird) und schließlich der Rufnummer des Teilnehmers, die aus sieben Ziffern bestehen sollte.

*Aus den USA:* »011972« und die Ortsvorwahl wählen (ohne die »0«, die nur für Ortsgespräche innerhalb Israels und Palästinas verwendet wird), anschließend die Rufnummer des Teilnehmers, die aus sieben Ziffern bestehen sollte.

Bitte beachten: Für das Westjordanland und den Gazastreifen kann statt »972« auch »970« benutzt werden (beide Nummern sind gültig).

*Auslandsgespräche:* Aus dem Westjordanland oder dem Gazastreifen wählt man die internationale Vorwahl »00«, dann die Landesvorwahl (z. B. die »49« für Deutschland), gefolgt von der Ortsvorwahl und der Rufnummer des Gesprächsteilnehmers.

Aus Jerusalem und dem übrigen Israel muss »012«, »013« oder »014« gewählt werden, abhängig davon, welcher Tarif (Call-by-Call) bevorzugt wird.

*Mobiltelefonate:* Um innerhalb Israels oder Palästinas ein Mobiltelefon anzurufen, wählt man die vierstellige Vorwahl des Anbieters und die Rufnummer des Teilnehmers, die aus sechs Ziffern besteht, z. B. »0599« und die sechsstellige Rufnummer. Wer aus dem Ausland ein Mobiltelefon in Israel oder Palästina erreichen will, wählt zunächst die Landesvorwahl, dann die Vorwahl des Anbieters ohne die erste »0«, z. B. »00972/599« und die sechsstellige Rufnummer des Teilnehmers.

*Öffentliche Telefone*
Für das palästinensische Telefonnetz im Westjordanland und im Gazastreifen erhält man in Postfilialen sowie in vielen Lebensmittelgeschäften Telefonkarten im Wert von 10, 15, 30 oder 50 Einheiten. Ein Auslandsgespräch erfordert mindestens 30 Einheiten.

*Palästinensische Briefmarke »Bethlehem 2000«*

## Praktische Informationen

Für das israelische Telefonnetz (innerhalb Israels und den annektierten Gebieten – Ostjerusalem und die Golanhöhen) verkaufen Postfilialen, Lebensmittelgeschäfte und Zeitungskioske Telefonkarten im Wert von 20, 50 oder 120 Einheiten. Ein Auslandsgespräch benötigt mindestens 50 Einheiten.

Die *internationale Auskunft* ist über die »188« zu erreichen, die *nationale Auskunft* über die »144«.
Für *R-Gespräche* muss die »1/800/94943300« gewählt werden. Dann fragt man den Anbieter nach einem »R-Gespräch« (*outgoing collect call*). R-Gespräche können auch von jedem öffentlichen Telefon geführt werden.

**Wichtig:**
Die Telefontarife in Israel sind täglich zwischen 19.00 und 7.00 Uhr, an Freitagnachmittagen und Samstagen (Sabbat) sowie an israelischen Feiertagen wesentlich günstiger. In Palästina sind Gespräche von 22.00 bis 6.00 Uhr sowie an Freitagen und Palästinensischen Feiertagen vergünstigt.

*Werbebroschüre des Jerusalem Hotel in Ostjerusalem*

### Post

1995 etablierten die autonomen palästinensischen Städte ihr eigenes Postsystem, weshalb Postsendungen aus allen städtischen Zentren im Westjordanland und im Gazastreifen verschickt werden können. In Ostjerusalem gilt dagegen das israelische Postsystem. Telegramme, Faxe und Auslandsgespräche werden in den Postfilialen abgefertigt. Im Westjordanland und im Gazastreifen sind die Postfilialen von 8.00 bis 14.00 Uhr geöffnet (freitags geschlossen). Die größten israelischen Postfilialen sind von 8.00 bis 18.00 Uhr geöffnet (freitagnachmittags und samstags geschlossen), Zweigstellen nur von 8.00 bis 14.00 Uhr.

# Weitere Aufenthaltstipps

### Übernachtung

Es gibt zahlreiche Übernachtungsmöglichkeiten in allen Preisklassen: Bed & Breakfast, Pensionen, christliche Herbergen und Hotels aller Kategorien. Da es kein offizielles Bewertungssystem für Unterkünfte gibt, stellt zumeist der Preis einen Anhaltspunkt für Qualität dar, wenngleich dieser keine Garantie sein kann.

*This Week in Palestine* gibt eine detaillierte Liste der Hotels in Ostjerusalem, im Westjordanland und im Gazastreifen heraus. Die monatlich erscheinende, kostenlose Broschüre ist in vielen palästinensischen Touristenorten erhältlich.

Die israelischen Touristenbüros veröffentlichen ebenfalls eine Broschüre mit dem Titel *Israel Tourist Hotels*, die verschiedene israelische Hotels und deren Preise in US-Dollar auflistet.

# Praktische Informationen

Das *Christian Information Centre* am Omar Ibn al-Khattab Square beim Jaffator in Jerusalem bietet eine Liste christlicher Herbergen an. Informationen erhält man auch bei der YMCA *(Young Men's Christian Association)* in der Nablus Road, Ostjerusalem *(Tel. 02/6286888, Fax 02/6276301)* und der YWCA *(Young Women's Christian Association)* in der Ibn Jubayr Street, Sheikh Jarrah, Ostjerusalem *(Tel. 02/6282593, Fax 02/6284654)*. Die meisten dieser Einrichtungen stellen preiswerte Unterkünfte für Pilger und Rucksacktouristen bereit.

## Restaurants und Cafés

Neben den Restaurants, die häufig Café und Restaurant in einem sind, gibt es zahlreiche kleine Fast-Food-Läden. Zumeist bieten sie preiswerte und schmackhaft belegte Sandwiches an *(shawarma* und *falafel)*. Vor allem für Reisende mit begrenztem Budget sind sie eine gute Alternative zu den teureren Restaurants.

## Trinkgeld

In den meisten palästinensischen Restaurants und Cafés ist der Service im Preis inbegriffen. Trinkgeld ist deshalb nicht erforderlich. Als Dank für eine aufmerksame Behandlung oder eine besondere Gefälligkeit kann man jedoch jederzeit Trinkgeld geben.

## Geld

Die offizielle Währung in Israel und den besetzten palästinensischen Gebieten ist der »Schekel« bzw. der »Neue Israelische Schekel« (NIS); 1980 hat er das »Israelische Pfund« bzw. die »Lira« abgelöst. Der Schekel ist nicht die einzige akzeptierte Währung: US-Dollars werden ebenso angenommen, besonders bei großen Beträgen. Vor allem in Hotels, bei Autovermietungen und israelischen Wohnungsmieten werden die Preise häufig in US-Dollar angegeben. Auch der Euro wird oft als Zahlungsmittel anerkannt.

Im Westjordanland, in Ostjerusalem und im Gazastreifen werden insbesondere bei großen Zahlungsbeträgen häufig auch Jordanische Dinare (JD) angenommen. Oftmals werden vor allem Mieten in US-Dollar oder in Jordanischen Dinar ausgeschrieben, was für diejenigen einen Nachteil darstellt, die ihre Löhne und Gehälter in Schekel erhalten. Angestellte der Palästinensischen Nationalbehörde werden in Jordanischen Dinar ausbezahlt. Im Gazastreifen wird zudem das Ägyptische Pfund akzeptiert.

»Money Changer« am Omar Ibn al-Khattab Square in der Nähe des Jaffators in Jerusalem

## Praktische Informationen

*Wechselkurse* (Stand März 2013): 1 Euro = 4,79 NIS, 1 Schweizer Franken = 3,88 NIS, 1 US-Dollar = 3,68 NIS, 1 Britisches Pfund = 5,50 NIS

### Wechselstuben

Aufgrund der schlechten Wechselkurse und der üblichen Kommissionspauschale sollte man es vermeiden, an Grenzen, am Flughafen oder in Banken Geld zu wechseln. Außerdem wird häufig eine Gebühr verlangt. Es gibt in allen größeren Städten Wechselstuben, die wesentlich bessere Kurse und flexiblere Öffnungszeiten als Banken anbieten; häufig sind sie bis 18.00 Uhr oder 19.00 Uhr geöffnet.

### Banken

Im Westjordanland und im Gazastreifen verfügen die Banken zwar über Geldautomaten, allerdings akzeptieren sie nicht alle internationale Kreditkarten (Visa, Mastercard, Eurocard etc.). In der Regel sind jedoch die Bankfilialen in den größeren Städten mit Geldautomaten ausgestattet, die internationale Kreditkarten annehmen. Einige von ihnen sind in diesem Reiseführer in den jeweiligen »Praktischen Informationen« zum betreffenden Ort aufgelistet. Die Banken sind üblicherweise von 8.30 bis 12.30 Uhr geöffnet.

*Bank in Gaza-Stadt*

### Ermäßigungen

*Internationaler Studentenausweis (International Student Identity Card, ISIC):* Bei Vorlage dieses Ausweises werden Ermäßigungen in Museen, bei innerstädtischen israelischen Buslinien sowie in einigen Hotels und Restaurants gewährt.

*Israelische Nationalparks*: Es gibt mehr als 30 Nationalparks, einige davon in den seit 1967 besetzten palästinensischen Gebieten. Eine sogenannte »Green Card« (120 NIS) gewährt dem Besucher innerhalb von zwei Wochen Zutritt zu allen Parks. Eine andere Variante ist der ebenfalls zwei Wochen gültige Pass für 80 NIS, der dem Inhaber den Eintritt in sechs Nationalparks erlaubt. Diese Karten können in jedem Nationalpark gekauft werden.

*Fremdwährung für größere Beträge*: Größere Summen wie z. B. Hotelrechnungen oder Wagenmieten sollten am besten in einer Fremdwährung (z. B. Euro) bezahlt werden, um so die Mehrwertsteuer (17%) auf die Betriebskosten zu umgehen. Aus diesem Grund empfiehlt es sich, bei Hotelaufenthalten Telefonanrufe, Speisen und Getränke auf die Zimmerrechnung schreiben zu lassen, statt sie direkt vor Ort in der Landeswährung zu bezahlen.

# Praktische Informationen

## Zeitverschiebung

Die Ortszeit liegt zwei Stunden vor der *Greenwich Mean Time* (GMT+2), das heißt 1 Stunde vor der MEZ (Deutschland, Österreich und Schweiz). Im Frühjahr und Herbst kommt es für etwa eine Woche zu einer Zeitdifferenz von einer Stunde zwischen Israel und Palästina, weil die beiden Länder ihre Sommerzeit nicht aufeinander abstimmen.

## Wichtige Kontaktadressen

### Vertretungsbüros in den palästinensischen Gebieten

*Deutschland*
Al-Hurriyeh Street, Ramallah, Tel. 02/2977630, Fax 02/2984786

*Österreich*
Al-Majaless Street 8C, Ras at-Tahounieh, Al-Bireh, Tel. 02/2401477, Fax 02/2400479

*Schweiz*
Abraj al-Wataniah, Al-Bireh, Tel. 02/2408360, Fax 02/2408362

### Botschaften in Israel

*Deutschland*
Daniel Frisch Street 3, Tel Aviv 64731, Tel. 03/6931313, Fax 03/6969217

*Österreich*
Hachilazon Street 12, Bet Crystal Building, Ramat Gan 52522, Tel. 03/6120924, Fax 03/7510716

*Schweiz*
Hayarkon Street 228, Tel Aviv 61060, Tel. 03/5464455, Fax 03/5464408

### Staatliche Hilfsorganisationen

*Deutscher Entwicklungsdienst (DED)*
German House for Development Cooperation, Abdallah Judeh Street, Al-Bireh, Tel. 02/2403462/3, Fax 02/2403464

*German Development Cooperation (GDC)*
Al-Hurriyeh Street, Ramallah, Tel. 02/2977630, Fax 02/2984786
An-Naser Street 10, Rimal, Gaza, Tel. 08/2825584, Fax 08/2844855

*Deutsche Gesellschaft für Internationale Zusammenarbeit (GIZ)*
German House for Development Cooperation, Abdallah Judeh Street 35, Al-Bireh Tel. 02/2400740, Fax 02/2400740; Gaza-Stadt, Tel. 08/2833373, Fax 08/2833381

*Austrian Development Agency (Österreichische Entwicklungszusammenarbeit)*
Al-Majaless Street 8C, Ras at-Tahounieh, Al-Bireh, Tel. 02/2401477, Fax 02/2400479
Ahmad Ben Abdel Aziz Street, UNDP Building, Gaza-Stadt, Tel. 08/2845991, Fax 08/2845992

*Direktion für Entwicklung und Zusammenarbeit (Schweiz)*
Tel. 02/5824194/8805, Fax 02/5823757

## Praktische Informationen

*Geneva Center for the Democratic Control of Armed Forces (DCAF)*
Rue de Chantepoulet 11, 1211 Genf, Tel. +41/22/7417700, Fax +41/22/7417705
Al-Maaref Street 34, Ramallah, Tel. 02/2956297, Fax 02/2956295

### Europäische Nichtregierungsorganisationen (NGOs)

*Deutscher Akademischer Austauschdienst (DAAD)*
Abu Obeida Street, Nuzha Building, Ostjerusalem, Tel. 02/6262106, Fax 02/6262106

*Friedrich-Ebert-Stiftung*
Abu Baker Sadiq Street, Gebäude 932, Sheikh Jarrah, Jerusalem, Tel. 02/532 8398, Fax 02/5819665

*Friedrich-Naumann-Stiftung*
Shufat Street 17, Shufat, Jerusalem, Tel. 02/5326080/2, Fax 02/5326084

*Hanns-Seidel-Stiftung*
Qortoba Street 26, Jenin, Tel. 04/2502040, Fax 04/2502041

*Heinrich-Böll-Stiftung*
Tal az-Zaatar Street 6, Ramallah, Tel. 02/2961121, Fax 02/2961122

*Lutheran World Federation*
Ölberg, Jerusalem, Tel. 02/6282289/7, Fax 02/6282628

*SPD-Freundeskreis Jerusalem*
Jerusalem, Tel. 054/2042859, E-Mail: spd.jerusalem@gmail.com

*CARE International*
Taha Hussein Street, Beit Hanina, Jerusalem, Tel. 02/5834069, Fax 02/5830448

*World Vision International*
Augusta Victoria Street, Ölberg, Jerusalem, Tel. 02/6281793, Fax 02/6264260

*Der Palästinensische Rote Halbmond gewährleistet unter anderem die medizinische Grundversorgung*

## Praktische Informationen

### Gesundheit und medizinische Versorgung

Spezielle Schutzimpfungen sind nicht nötig. Wenn man sich zu lange in der Sonne aufhält, besteht ein erhöhtes Risiko Sonnenstiche oder -brände zu bekommen. Es ist sehr wichtig, im Sommer ausreichend Wasser oder andere Flüssigkeiten zu sich zu nehmen, wie z. B. Fruchtsäfte und Softdrinks. Auf Wanderungen sollten Reisende unbedingt mehrere Liter Wasser pro Person mitnehmen; auch wenn dies eine zusätzliche Belastung durch das Gewicht darstellt, wird man froh sein, es mitgenommen zu haben. Wenn der Kopf schwer wird, ist das meistens ein Zeichen für unzureichende Flüssigkeitszufuhr. Durch ausreichendes Trinken können die Kopfschmerzen nachlassen. Lange Wanderungen in der Mittagssonne sollten vermieden und stets eine Kopfbedeckung getragen werden.

Reisen bedeutet auch eine Änderung der Ernährungsgewohnheiten. Am häufigsten leiden Touristen unter Durchfallerkrankungen. Die mediterrane Ernährung in Palästina, deren Hauptzutat Reis ist, minimiert das Risiko. Obst und Gemüse sollten vor dem Verzehr gründlich gewaschen werden; übertriebene Ängstlichkeit ist jedoch nicht vonnöten.

Das Wasser ist vielerorts genießbar. An Orten, wo es gravierende Wasserknappheit gibt (Dörfer, Flüchtlingslager), ist die Qualität allerdings in der Regel schlecht. Im Gazastreifen ist das Wasser für den Verzehr mitunter ungeeignet. In diesem Fall sollte der Besucher zu Mineralwasser greifen; die palästinensische Marke *Jericho* ist empfehlenswert.

Im Krankheitsfall gibt es Apotheken, die auch bis spät abends geöffnet haben. Wer einen Arzt benötigt, kann sich auch an sein Hotel wenden. Die meisten Ärzte (»doctor« oder »tabib« auf Arabisch) sprechen Englisch.
Im Notfall die Nummer »101« (Rettungsdienst) wählen.

### Medien

Zahlreiche täglich, wöchentlich, vierzehntägig oder monatlich erscheinende Zeitungen und Zeitschriften sind erhältlich (s. auch Webguide, S. 630).

#### Israelische Zeitungen und Zeitschriften auf Englisch

*Haaretz:* die englische Ausgabe der liberalen Tageszeitung wird u. a. als Beilage der *International Herald Tribune* verkauft, die wiederum von der *New York Times* herausgegeben wird.

*Jerusalem Post:* israelische Tageszeitung, die der *Likud*-Partei nahesteht.

*Jerusalem Report:* erscheint alle 14 Tage und konzentriert sich auf die Themen Israel, Naher Osten und jüdische Welt; die Zeitschrift hat eine zionistische Grundhaltung, ähnlich der *Jerusalem Post*.

*Zeitungsverkäufer in Ostjerusalem*

## Praktische Informationen

### Palästinensische Publikationen in englischer Sprache

*Jerusalem Times:* erscheint wöchentlich und steht der Palästinensischen Nationalbehörde nahe.
*This Week in Palestine:* monatlich erscheinender Touristenführer mit interessanten Artikeln; in allen Hotels gratis erhältlich.

### Unabhängige Publikationen

*Between the Lines:* monatliche Veröffentlichung des Kulturzentrums im Flüchtlingslager Beit Jibrin in Bethlehem, die sich vor allem mit dem palästinensischen Widerstand in Israel und den 1967 besetzten Gebieten beschäftigt *(www.between-lines.org).*

*News from Within:* monatlich erscheinendes Magazin mit Analysen und Informationen über verschiedene Aspekte des israelisch-palästinensischen Konflikts; herausgegeben vom *Alternative Information Center* (s. S. 241).

*Al-Majdal:* vierteljährlich vom Informationszentrum *Badil* herausgegebenes Magazin, das sich vor allem den palästinensischen Flüchtlingen widmet (s. S. 290).

*Palestine-Israel Journal:* vierteljährlich erscheinendes akademisches Magazin, das sich als israelisch-palästinensisches Gemeinschaftsprojekt den Themen Politik, Wirtschaft und Kultur widmet; es vermittelt einen tieferen Einblick in die Probleme, die beide Völker trennen, und wie sie von prominenten Schriftstellern, Politikern, Wissenschaftlern, Journalisten und Künstlern aus Palästina, Israel und anderen Ländern gesehen werden *(www.pij.org).*

*Maan News Agency:* Online-Nachrichtendienst, der sich mit dem israelisch-palästinensischen Konflikt in seiner Gesamtheit beschäftigt *(www.maannews.net).*

*Palestine News Network:* Online-Nachrichtendienst (auch in deutscher Sprache) mit aktuellen Berichten u. a. aus Politik, Wirtschaft und Kultur *(www.pnn.ps).*

*Palestine Monitor:* Online-Informationsdienst, der sich vor allem auf Nachrichten aus den besetzten Gebieten spezialisiert hat *(www.palestinemonitor.org).*

*The Electronic Intifada:* Online-Magazin mit Sitz in den USA, das ein breites Spektrum an palästinensischen Themen bietet, darunter Kunst, Kultur, Medien, Menschenrechte, Nachrichten, Veranstaltungen und Politik *(www.electronic-intifada.net).*

»Al-Fajr (Die Morgendämmerung)« war in den Achtzigerjahren die einzige palästinensische Wochenzeitung

*Karikatur von Naji al-Ali*

# Religiöse Feiertage

Da die muslimischen und jüdischen Feiertage aufgrund der Inkompatibilität zwischen unserem westlichen Solarkalender, dem islamischen Lunarkalender sowie dem jüdischen Lunisolarkalender nicht fix sind, werden bei den folgenden Angaben keine konkreten Daten genannt.

## Muslimische Feiertage

*Eid al-Adha:* Das Opferfest zum Ende der Pilgerzeit am zehnten Tag des Pilgermonats.
*Al-Isra wa al-Miraj (miraj = Himmelsreise):* Dieser Feiertag ehrt die nächtliche Reise des Propheten Muhammad von Mekka nach Jerusalem, wo er in den Himmel aufstieg (Koran-Sure 17, Al-Isra: 1).
*Mawled en-Nabawi:* Feiertag aus Anlass der Geburt des Propheten Muhammad.
*Der erste Tag des Ramadan:* Die Offenbarung des Koran, mit der der Fastenmonat Ramadan beginnt (Koran-Sure 2, Al-Baqara: 182-187).
*Eid al-Fitr:* Drei Tage, an denen das Ende des Fastenmonats Ramadan gefeiert wird (Fest des Fastenbrechens).
*Hedschra:* Feier in Erinnerung an die Emigration des Propheten Muhammad aus Mekka und an die Errichtung der ersten muslimischen Gemeinde in der Nähe von Yathrib (dem heutigen Medina) im Sptember 622. Dieses Ereignis markiert den Beginn der islamischen Zeitrechnung.

## Christliche Feiertage

*Weihnachten:* 7. Januar (orthodox), 25. Dezember (römisch-katholisch), 19. Januar (armenisch); 24. Dezember: Gottesdienste in der Katharinenkirche in Bethlehem und in der Grabeskirche in Jerusalem; Prozession am Hirtenfeld in Beit Sahour.
*Ostern:* Während der heiligen Woche vor Ostern (Karwoche) finden entlang der Via Dolorosa zahlreiche Prozessionen statt; eine führt von Betfage bei Bethanien zum Ölberg und endet an der Grabeskirche.
*St. Georgstag (Al-Khader):* 5. Mai; Feierlichkeiten in dem Dorf Al-Khader südlich von Bethlehem, Lydd (Lod) und Jaffa.
*Christi Himmelfahrt:* Feier auf dem Ölberg, dem Ort der Himmelfahrt.
*Johannistag:* 24. Juni; in Ein Karem feierliche Gottesdienste in der Kirche der Heimsuchung und in der Johanneskirche.
*Mar Elias:* 20. Juli; religiöse Feiern in den Klöstern in Haifa und bei Bethlehem, die dem Heiligen Elias gewidmet sind.
*Tag des Heiligen Josef:* 19. März; spezieller Gottesdienst in der Josefskirche in Nazareth.
*Mariä Verkündigung:* 25. März; Gottesdienst in der Verkündungskirche in Nazareth.
*St. Nikolaus:* 19. Dezember; Schutzpatron von Beit Jala, wo die Hauptfeierlichkeiten stattfinden.

*(Weitere Informationen zu den christlichen Feiertagen sind im Christian Information Centre beim Jaffator in der Altstadt von Jerusalem erhältlich; Tel. 02/6272692, www.cicts.org, E-Mail: cicinfo@cicts.org.)*

## Jüdische Feiertage

*Pessach:* Gehört zu den wichtigsten Festen des Judentums und erinnert an den Auszug aus Ägypten sowie die Befreiung der Israeliten aus ägyptischer Sklaverei. Das einwöchige Familienfest wird mit verschiedenen Riten gefeiert, darunter der Sederabend und der Verzehr von ungesäuertem Brot (Mazza).

*Yom Kippur:* Am »Versöhnungstag«, dem höchsten jüdischen Feiertag, fasten Frauen ab 12 und Männer ab 13 Jahren 25 Stunden lang und verbringen dabei fast die gesamte Zeit mit Gebeten in den Synagogen. Zur Zeit des Zweiten Tempels wurden in Jerusalem besondere Opfer dargebracht, und allein der Hohepriester durfte das Allerheiligste im Tempel betreten, um stellvertretend für das Volk die Vergebung der Sünden zu empfangen.

*Sukkot:* Das Laubhüttenfest erinnert an die Lebensbedingungen während des Auszugs aus Ägypten. Gefeiert wird das Fest in einer mit Ästen, Stroh oder Laub gedeckten Hütte, der *Sukka*.

*Rosh Ha-Shana*: Mit diesem jüdischen Neujahrstag beginnen die zehn ehrfurchtsvollen Bußtage, die mit *Yom Kippur* enden. Er gilt als Jahrestag der Weltschöpfung, aber auch der Geburt Adams. Zudem soll an diesem Tag des Gerichts jeder über sein moralisches und religiöses Verhalten Bilanz ziehen, da Gott die Guten wie die Bösen in ein Buch niederschreibt. Durch Umkehr kann das endgültige Urteil jedoch bis zu *Yom Kippur* beeinflusst werden.

# Besondere Veranstaltungen und Feste

15. Januar: Tag des Baumes
Ende Februar bis Anfang März: Jericho-Winter-Festival
Ende März: Lettuce Festival in Artas
15.-30. April: Mawled Nabi Musa
1.-7. Mai: Festival von Nabi Saleh (in der Nähe von Ramallah)
1.-15. Mai: Aprikosenfest
5. Mai: Al-Khader (Tag des Heiligen Georg)
21. Juni: Tag der Musik
20 Juli: Mar-Elias-Prozession in Bethlehem
Juli: Sommernächte in Ramallah
Ende Juli bis Anfang August: Jerusalem-Festival
1.-5. August: Festival in Sebastiya
5.-10. August: Marj-Ibn-Amer-Festival in Jenin
10.-15. August: Weintraubenfest
7. Oktober: Palästinensischer *Folklore Heritage Day*
15.-30. Oktober: Olivenerntefest
17.-19. Dezember: Volksfest zu Ehren des Heiligen Nikolaus in Beit Jala

## Praktische Informationen
# Wichtige historische Daten und Gedenktage

1. Januar 1965: Offizieller Gründungstag der palästinensischen Widerstandsbewegung *Fatah*
14. Februar 1982: Generalstreik im Golan
8. März: Internationaler Frauentag
21. März 1968: Gefecht von Karameh (Jordanien)
21. März: Internationaler Tag für die Beseitigung der Rassendiskriminierung
30. März: Tag des Bodens, in Erinnerung an den 30. März 1976
17. April: Palästinensischer Gefangenentag
15. Mai 1948: En-Nakba (die Katastrophe)
5.-10. Juni 1967: Junikrieg
6. Juni 1982: Israelische Invasion in den Libanon
21. Juni 1969: Feuer in der Al-Aqsa-Moschee
26. Juni: Internationaler Tag zur Unterstützung der Folteropfer
26. Juni 1936: Märtyrerin Fatmeh Ghazzal wird als erste weibliche Kämpferin bei einer Guerillaoperation getötet
15.-17. September 1982: Massaker von Sabra und Shatila
16. September 1970: Schwarzer September
21. September: Internationaler Antikriegstag
28. September 2000: Die Al-Aqsa-Intifada wird durch Sharons provozierenden Besuch der Al-Aqsa-Moschee auf dem *Haram esh-Sharif* (Tempelberg) ausgelöst
2. Oktober 1187: Jerusalem wird von Saladin befreit
29. Oktober 1956: Massaker von Kufr Qassem
2. November 1917: Balfour-Deklaration, Tag des Protests
10. November 1975: Annahme der UN-Resolution 3359, die Zionismus als eine »Form des Rassismus und der rassischen Diskriminierung« verurteilt.
15. November 1988: Palästinensischer Nationalfeiertag, Erklärung der staatlichen Unabhängigkeit Palästinas durch den Palästinensischen Nationalrat auf seiner Sitzung in Algier
19. November 1935: Sheikh Izz ed-Din al-Qassam wird in Kampf von britischen Streitkräften getötet
29. November 1947: UN-Resolution 181, Teilungsplan für Palästina
29. November: Jerusalem (Al-Quds)-Tag; internationaler Tag der Solidarität mit dem palästinensischen Volk, initiiert vom Iran und von den Vereinten Nationen deklariert
9. Dezember 1987: Ausbruch der ersten Intifada
11. Dezember 1967: Gründung der Volksfront für die Befreiung Palästinas (*Popular Front fo the Liberation of Palestine*, PFLP)
11. Dezember 1948: UN-Resolution 194, Deklaration des Rückkehrrechts der palästinensischen Flüchtlinge bzw. Vertriebenen
14. Dezember 1981: Annektierung der Golanhöhen durch Israel
14. Dezember 1987: Gründung der islamischen Widerstandsbewegung *Hamas*

## Wichtige arabische Begriffe und Zahlen

(palästinensischer Dialekt, kein Hocharabisch)

| Begrüßung | |
|---|---|
| Guten Tag (wörtl.: Friede sei mit Dir) | As-Salam aleykoum, Antwort: Wa aleykoum us-Salam |
| Guten Morgen | Sabah al-Khair, Antwort: Sabah-al-Nour |
| Guten Abend | Massa al-Khair, Antwort: Massa al-Nour |
| Hallo (informell) | Marhaba, Antwort: Marhabten |
| Wie geht's? (ungezwungen, informell) | Männlich: Keef halak? Weiblich: Keef halek? |
| Antwort: Gut, Gott sei Dank | Al-Hamdulillah |
| Willkommen! | Ahlan wa sahlan |
| Auf Wiedersehen (wörtl.: Geh in Frieden) | Ma assalamah |
| Gute Nacht | Leila Saida |
| Wie ist dein/Ihr Name? (informell) | Männlich: Esh (oder Chou) esmak? Weiblich: Esh (oder Chou) esmek? |
| Ich heiße ... und du/Sie? | Esmi ... Männlich: wa enta? Weiblich: wa enti? |
| Danke | Shukran, Antwort: Afwan |
| Bitte | Männlich: Min fadlak Weiblich: Min fadlek |
| Ja | Naam oder Aywa |
| Nein | La |
| Herzlichen Glückwunsch | Mabrouk |

| Einige gebräuchliche Vokabeln | | | |
|---|---|---|---|
| Flughafen | matar | Moschee | jame/masjid |
| Bank | bank | Museum | mathaf |
| Bushaltestelle | mahatat al-basat | Pass | passport/jawaz safar |
| Auto | sayara | Bitte | itfaddal/law samahet |
| Kirche | kaneesah | Polizei | police/shurta |
| Konsulat | consuliya | Post | barid/bosta |
| köstlich, lecker | zaki | Einzeltaxi | taxi khususi |
| Hotel | otel/funduk | Restaurant | matam |
| Haus | beit/dar | Sammeltaxi | taxi umumi/servis |
| Wieviel kostet das? | (q)addeish es-seer | Ticket | tazkara |
| Ich möchte | biddi | Öffentliches Bad | hamam |
| Markt | souk | | |

## Praktische Informationen

| Essen/Lebensmittel ||||
|---|---|---|---|
| Mandel | loz | Fisch | samak |
| Apfel | tuffah | Pommes Frites | batata |
| Aprikose | mishmish | Fruchtsaft | asir fawakih |
| Banane | mouz | Eis | buza |
| Brot | khubiz | Lammfleisch | lahem kharouf |
| Frühstück | iftour | Zitrone | lamone |
| Karotte | jazzar | Olive | zeitoun |
| Käse | jibna | Olivenöl | zeit zeitoun |
| Hühnchen | djaj | Orange | burtukal |
| Fleisch | lahma | Salat | salata |
| Kaffee | kahwa | Wasser | maye |
| Tee | shai | | |

| Zahlen ||||
|---|---|---|---|
| 1 | wahad | 21 | wahad wa ishrin |
| 2 | etnen | 22 | etnen wa ishrin |
| 3 | talata | 30 | talatin |
| 4 | arba | 31 | wahad wa talatin |
| 5 | khamsa | 40 | arbain |
| 6 | sitta | 50 | khamsin |
| 7 | saba | 100 | miyya |
| 8 | tamanya | 200 | miteyn |
| 9 | tisa | 300 | talatmiyya |
| 10 | ashara | 400 | arba miyya |
| 11 | ihdash | 1000 | alf |
| 12 | itnash | 2000 | alfeyn |
| 13 | talattash | 3000 | talat-talaf |
| 20 | ishrin | 10000 | ashartalaf |

| Orientierung ||
|---|---|
| Wo kommen Sie her? zu einem Mann: zu einer Frau: | Min wein enta? Min wein enti? |
| Ich komme aus ... Deutschland, Schweiz, Österreich, ... Jerusalem, Palästina, Hebron | Ana min ... Almanya, Suisra, Nimsa ... al-Quds, Falastine, al-Khalil |
| Wo fahren die Taxis nach Nablus ab? | Wein al-taxiat ila Nablus? |
| Wo ist das Hotel ...? | Wein al-funduk ...? |
| Hier | hon |
| Dort | honak |
| Rechts | Al-yamin |
| Links | Ashmal |
| Geradeaus | dughri oder alatoul |

*Jerusalem in my Heart*

# Glossar

**Ablaq:** Verschiedene Farben des Marmors in der osmanischen Architektur.
**Acanthus:** Architektonische Verzierung, typisch für korinthische Säulen.
**Amarna-Briefe:** Diplomatische Korrespondenz zwischen den kanaanitischen Prinzen (Vasallen des Pharaos), Pharao Amenhotep III. und seinem Nachfolger, Pharao Echnaton um 1350 v. Chr. Die in babylonischer Keilschrift verfassten Tontafeln wurden in den königlichen Archiven in Echnatons Hauptstadt Tel al-Amarna aufbewahrt, wo sie 1887 entdeckt wurden.
**Apsis:** Im Grundriss meist halbkreisförmiger oder polygonaler Raumteil, der an einen Hauptraum anschließt.
**Atrium (lat.):** Innenhof, der von einem Säulengang umschlossen ist.
**Bab (arab.):** Tor
**Baptisterium:** Taufkirche, Taufkapelle; Gebäude oder Becken, in denen Taufen durchgeführt werden.
**Basilika:** Rechteckige romanische Kirche, die in einer Apsis endet.
**Birket (arab.):** »See, Teich«; arabische Bezeichnung für Gewässer.
**Checkpoint:** Stationärer oder »mobiler« (z. B. ein Jeep) militärischer Kontrollposten.
**Derech (hebr.):** »Weg«; breite Straße.
**Dunam:** (Pl. Dunams). Auf das Osmanische Reich zurückgehendes Flächenmaß in Vorderasien; 1 Dunam entspricht 1000 Quadratmetern.
**Fedayin (arab.):** »Die Opferbereiten«; palästinensische Widerstandskämpfer.
**Grüne Linie:** Die nach dem Junikrieg von 1967 von Moshe Dayan mit einem grünen Stift gezogene Waffenstillstandslinie zwischen Israel und dem Westjordanland.
**Hadith (arab.):** »Erzählung, Gespräch«; die gesammelten Aussprüche, Anordnungen und Handlungen des Propheten Muhammad.
**Hagana (hebr.):** »Verteidigung«; jüdische Untergrundarmee aus der Zeit vor der Staatsgründung Israels; Vorläuferorganisation der israelischen Armee.
**Hajj (arab.):** Traditionelle jährliche Pilgerreise nach Mekka; eine der Säulen des Islam.
**Hamam:** Türkisches Bad; eine nahöstliche Variante des Dampfbades, das man sich wie eine feuchte Sauna vorstellen kann.
**Hedschra (arab.):** Die Auswanderung (Flucht) des Propheten Muhammad aus Mekka zur Oase Yathrib im September 622, die den Beginn der muslimischen Zeitrechnung markiert.
**Ikonostase:** Eine mit Ikonen geschmückte Wand in orthodoxen Kirchen, die als Trennung zwischen dem Hauptschiff und dem den Priestern vorbehaltenen Altarraum fungiert.
**Intifada (arab.):** »abschütteln«; Aufstand der Palästinenser gegen die israelische Besatzungsmacht.
**Jabal (arab.):** Berg bzw. markanter Hügel
**Jebusiter:** Eine zur Urbevölkerung Palästinas zählende Bevölkerungsgruppe, die den semitischen Kanaanitern zugerechnet wird; die Jebusiter gelten als die Begründer von Jerusalem.
**Kanaan:** (»Land des Purpurs«); Bezeichnung des palästinensisch-syrischen Territoriums, in dem im 3. und 2. Jt. v. Chr. die kanaanitischen Stadtstaaten entstanden. Ihre Bevölkerung, die Kanaaniter, zu denen auch die Jebusiter gehörten, wurde später von den Israeliten verdrängt.

## Glossar

**Kasbah (arab.):** Traditionelle Altstadt.
**Khan (arab.):** Karawanserei; Herberge für Karawanen, die sich entlang von Hauptstraßen oder am Stadteingang befindet.
**Kibbuz (hebr.):** Zionistisches Bauernkollektiv; landwirtschaftliche Siedlung.
**Laura:** Klöster, in denen sich Einsiedlermönche gelegentlich zu einer Mahlzeit oder zu einer Andacht treffen.
**Madrasa (arab.):** »Ort des Studierens«; islamische Erziehungs- bzw. Bildungseinrichtung, die traditionell religiöse und rechtswissenschaftliche Lehren vermittelte. Heute bezeichnet dieser Begriff entweder eine religiöse, säkulare, öffentliche oder private Grundschule oder eine weiterführende Schule.
**Maqam (arab.):** (Pl. maqamat). »Ort, an dem jemand bewahrt wird«. Im Gedenken an den Propheten Muhammad oder andere islamische Heilige errichtetes Gebäude.
**Masjid (arab.):** »Ort, an dem man (in Andacht) niederkniet«; Moschee.
**Mawsim (arab.):** »Jahreszeiten«; religiöses und säkulares Fest, auch ein Jahrmarkt. Ein *Mawsim* kann mehrere Wochen oder Monate dauern. Der Begriff bezeichnet zudem eine Messe, auf der Städter, Bauern und Beduinen ihre Waren austauschen.
**Mihrab (arab.):** Dekoratives architektonisches Element, das auf die Kaaba in Mekka ausgerichtet ist und somit die Gebetsrichtung anzeigt.
**Minbar (arab.):** Kanzel, von der die Freitagspredigt gesprochen wird.
**Muqarnas (arab.):** Wabenförmige, dreidimensionale Gewölbe aus der mameluckischen Epoche (1250-1516).
**Narthex:** Geschlossene Passage zwischen dem Haupteingang einer Kirche und dem Kirchenschiff.
**Nymphaeum:** Kleiner Tempel griechischen Ursprungs, der über eine natürliche Höhle oder Quelle gebaut und den Nymphen geweiht ist, den Göttinnen der Wälder, Flüsse und Berge.
**Peristyl:** Säulengang, der ein Gebäude oder einen Innenhof umschließt.
**Philister:** Die Philister waren Teil der aus dem östlichen Mittelmeerraum stammenden Seevölker, die sich zwischen dem 14. und 12. Jh. v. Chr. an der Südküste Palästinas unter anderem im Raum Gaza, Ashkelon und Jaffa niederließen. Auf sie geht der Name »Palästina« (»Land der Philister«) zurück**.**
**Qadi (arab.):** Richter, der für zivil- und strafrechtliche Angelegenheiten in einem bestimmten Distrikt zuständig ist.
**Qalaa (arab.):** Festung, Zitadelle
**Qasr (arab.):** Palast oder Schloss
**Qibla (arab.):** Vorgeschriebene Gebetsrichtung der Muslime; sie wird in Moscheen durch den *Mihrab* (s. oben) angezeigt.
**Road Map:** Friedensplan von 2002, der u. a. einen israelischen Siedlungsstopp in den besetzten Gebieten vorsah.
**Sabil (arab.):** Öffentlicher Trinkwasserbrunnen
**Seraglio:** Osmanischer Palast und Verwaltungs- oder Militärregierungsgebäude einer Provinz.
**Shara (arab.):** Straße
**Souk (arab.):** Markt
**Sure (arab.):** »Etwas, das eingeschlossen oder umgeben ist von einem Zaun bzw. einer Mauer«; allgemein gebräuchlich ist der Terminus für die nach abnehmender Länge geordneten »Kapitel« des Koran.
**Tel:** Hügel, die durch die Anhäufung der Überreste antiker Städte entstanden sind.

## Glossar

**Turba:** islamisches Mausoleum
**Wadi (arab.):** Tal
**Waqf (arab.):** Islamische Stiftung, deren Einkommen für karitative Zwecke gespendet wird. In Israel untersteht sämtlicher Besitz der *Waqf* der Gerichtsbarkeit des israelischen Innenministeriums.
**Zawiya (arab.):** Muslimische Gedenkstätte, die auf dem Grab eines heiligen Mystikers errichtet wurde; eine *Zawiya* kann auch ein Sufi-Kloster sein.

# Bibliografie

Abu Ijad: *Heimat oder Tod. Der Freiheitskampf der Palästinenser*, Düsseldorf/Wien 1979..
Ahmed, Hisham: *Hamas. From Religious Salvation to Political Transformation. The Rise of Hamas in Palestinian Society*, Jerusalem 1994.
Arendt, Hannah: *Israel, Palästina und der Antisemitismus*, Berlin 1991.
Ashrawi, Hanan: *Ich bin in Palästina geboren. Ein persönlicher Bericht*, Berlin 1995.
Asseburg, Muriel: *Gefährliche Auswirkungen des internationalen Umgangs mit einem problematischen Wahlsieger*, in: INAMO, Nr. 45, Jg. 12, 2006, S. 16-19.
Atzmon, Gilad: *Der wandernde – Wer? Eine Studie jüdischer Identitätspolitik*, Frankfurt/M. 2012.
Avnery, Uri: *Zwei Völker – Zwei Staaten. Gespräch über Israel und Palästina*, Heidelberg 1995.
Avnery, Uri: *Ein Leben für den Frieden. Klartexte über Israel und Palästina*, Heidelberg 2003.
Avnery, Uri: *To Talk With Hamas*. Gush Shalom, January 26, 2006. www.gush-shalom.org.
Avnery, Uri/Bishara, Azmi (Hg.): *Die Jerusalemfrage. Israelis und Palästinenser im Gespräch*, Heidelberg 1996.
Baumgarten, Helga: *Palästina – Befreiung in den Staat. Die palästinensische Nationalbewegung seit 1948*, Frankfurt/M. 1991.
Baumgarten, Helga: *The Three Faces/Phases of Palestinian Nationalism, 1948-2005*, in: Journal of Palestine Studies, Nr. 136, Vol. 34, Summer 2005, S. 25-48.
Baumgarten, Helga: *Hamas. Der politische Islam in Palästina*, München 2006.
Baumgarten, Helga: *Die Hamas. Wahlsieg in Palästina 2006. Islamistische Transformation zur Demokratie in einem neopatrimonialen Rentiersystem*, in: Orient, Nr. 47, Heft 1, 2006, S. 26-59.
Bayoumi, Moustafa (Hg.): *Mitternacht auf der Mavi Marmara. Der Angriff auf die Gaza-Solidaritäts-Flottille*, Hamburg 2011.
Beaupain, André: *Befreiung oder Islamisierung. Hamas und PLO. Die zwei Gesichter des palästinensischen Widerstands*, Marburg 2005.
Benvenisti, Meron: *City of Stone. The Hidden History of Jerusalem*, Berkeley/Los Angeles/London 1998.
Benvenisti, Meron: *Sacred Landscape. The Buried History of the Holy Land since 1948*, Berkeley/Los Angeles/London 2000.
Benz, Wolfgang: *Was ist Antisemitismus?*, München 2004.
Black, Ian/Morris, Benny: *Mossad, Shin Bet, Aman. Die Geschichte der israelischen Geheimdienste*, Heidelberg 1994.
Breaking the Silence (Hg.): *Breaking the Silence. Israelische Soldaten berichten von ihrem Einsatz in den besetzten Gebieten*, Berlin 2012.
B'Tselem – The Israeli Information Center for Human Rights in the Occupied Territories (Ed.): *Guidelines for Israel's Investigation into Operation Cast Lead, 27 December 2008-18 January 2009*, Jerusalem 2009.
B'Tselem – The Israeli Information Center for Human Rights in the Occupied Territories (Ed.): *Dispossession and Exploitation. Israel's Policy in the Jordan Valley and Northern Dead Sea*, Jerusalem 2011.
Budeiri, Musa K.: *The Nationalist Dimension of Islamic Movements in Palestinian Politics*, in: Journal of Palestine Studies, Nr. 95, Vol. 24, Spring 1995, S. 89-95.

# Bibliografie

Burg, Avraham: *Hitler besiegen. Warum Israel sich endlich vom Holocaust lösen muss*, Frankfurt/M. 2009.
Butt, Gerald: *Life at the Crossroads. A History of Gaza*, Nicosia 2009.
Carter, Jimmy: *Palästina. Frieden – nicht Apartheid*, Neu-Isenburg 2010.
Chacour, Elias: *Auch uns gehört das Land. Ein israelischer Palästinenser kämpft für Frieden und Gerechtigkeit*, Frankfurt/M. 1993.
Cheshin, Amir/Hutman, Bill/Melamed, Avi: *Separate and Unequal. The Inside Story of Israeli Rule in East Jerusalem*, Cambridge (Massachusetts)/London 1999.
Chomsky, Noam: *Keine Chance für Frieden. Warum mit Israel und den USA kein Palästinenserstaat zu machen ist*, Leipzig 2005.
Clot, Ziyad: *Einen Palästinenserstaat wird es nicht geben. Tagebuch eines Unterhändlers in Palästina*, Frankfurt/M. 2011.
Cohen, Yoel: *Die Vanunu-Affäre. Israels geheimes Atompotential*, Heidelberg 1995.
Croitoru, Joseph: *Hamas. Der islamische Kampf um Palästina*, München 2007.
Dachs, Gisela (Hg.): *Deutsche, Israelis und Palästinenser. Ein schwieriges Verhältnis*, Heidelberg 1999.
Darwisch, Mahmoud: *Palästina als Metapher. Gespräche über Literatur und Politik*, Heidelberg 1998 (s. auch S. 79).
Davis, Uri: *Apartheid Israel. Possibilities for the Struggle Within*, London 2003.
Deeg, Sophia/Dierkes, Hermann (Hg.): *Bedingungslos für Israel? Positionen und Aktionen jenseits deutscher Befindlichkeiten*, Köln/Karlsruhe 2010.
Diner, Dan: *Israel in Palästina. Über Tausch und Gewalt im Vorderen Orient*, Königstein/Ts. 1980.
Dothan, Trude/Dothan, Moshe: *Die Philister. Zivilisation und Kultur eines Seevolkes*, München 1995.
Eldar, Shlomi: *Gaza. Bis zum bitteren Ende. Im Schatten des Todes*, Neu-Isenburg 2011.
Elias, Adel S.: *Dieser Frieden heißt Krieg. Israel und Palästina – Die feindlichen Brüder*, München 1997.
Epstein, Hedy: *Erinnern ist nicht genug*, Münster 1999.
Esposito, Michele K.: *The Al-Aqsa-Intifada. Military Operations, Suicide Attacks, Assassinations, and Losses in the First Four Years. Resource File*, in: Journal of Palestine Studies, Nr. 134, Vol. 34, Winter 2005, S. 85-122.
Fansa, Mamoun/Aydin, Karen (Hg.): *Gaza. Brücke zwischen Kulturen. 6000 Jahre Geschichte. Begleitschrift zur Sonderausstellung des Landmuseums Natur und Mensch*, Oldenburg vom 31. Januar bis zum 5. April 2010, Mainz 2010.
Farhat-Naser, Sumaya: *Verwurzelt im Land der Olivenbäume. Eine Palästinenserin im Streit für den Frieden*, Basel 2002.
Fariborz, Arian: *Rock the Kasbah. Popmusik und Moderne im Orient. Reportagen aus Ägypten, Algerien, Israel, Palästina, Marokko, dem Libanon und dem Iran*, Heidelberg 2010.
Finkelstein, Norman G.: *Die Holocaust-Industrie. Wie das Leiden der Juden ausgebeutet wird*, München 2001.
Finkelstein, Norman G.: *Palästina. Ein Bericht über die erste Intifada*, Kreuzlingen/München 2003.
Finkelstein, Norman G.: *Antisemitismus als politische Waffe. Israel, Amerika und der Mißbrauch der Geschichte*, München 2006.
Finkelstein, Norman G.: *Israels Invasion in Gaza*, Hamburg 2011.
Flapan, Simcha: *Die Geburt Israels. Mythos und Wirklichkeit*, München 1988.
Flores, Alexander: *Der Palästinakonflikt. Wissen was stimmt*, Freiburg i. Br. 2009.

## Bibliografie

Flottau, Heiko: *Die Eiserne Mauer. Palästinenser und Israelis in einem zerrissenen Land*, Berlin 2009.
Frangi, Abdallah: *Der Gesandte. Mein Leben für Palästina. Hinter den Kulissen der Nahost-Politik*, München 2011.
Gehrcke, Wolfgang/von Freyberg, Jutta/Grünberg, Harri: *Die deutsche Linke, der Zionismus und der Nahost-Konflikt. Eine notwendige Debatte*, Köln 2009.
Giordano, Ralph: *Israel, um Himmels Willen Israel*, Köln 1991.
Gresh, Alain: *Israel – Palästina. Hintergründe eines Konflikts*, Zürich 2009.
Großbongardt, Annette/Pieper, Dietmar (Hg.): *Jerusalem. Die Geschichte einer heiligen Stadt*, München 2011.
Grossman, David: *Der gelbe Wind. Die israelisch-palästinensische Tragödie*, München 1988.
Hagemann, Steffen: *Die Siedlerbewegung. Fundamentalismus in Israel*, Schwalbach/Ts. 2010.
Hart, Alan: *Zionism. The Real Enemy of the Jews (Vol. 1-3)*, Atlanta 2009.
Harttung, Arnold (Hg.): *Zeittafel zum Nahost-Konflikt. Band 1: 1920-1979*, Berlin 1979.
Harttung, Arnold (Hg.): *Zeittafel zum Nahost-Konflikt. Band 2: 1979-1990*, Berlin 1991.
Hass, Amira: *Gaza. Tage und Nächte in einem besetzten Land*, München 2003.
Heinrich-Böll-Stiftung/Sterzing, Christian (Hg.): *Palästina und die Palästinenser. 60 Jahre nach der Nakba*, Berlin 2011.
Hirst, David: *The Gun and the Olive Branch. The Roots of Violence in the Middle East*. Neuaufl., London 1984.
Hollstein, Walter: *Kein Frieden um Israel. Zur Sozialgeschichte des Palästina-Konflikts*. Erw. Aufl., Wien 1984.
Hroub, Khaled: *Hamas. Political Thought and Practice*, Washington 2000.
Hroub, Khaled: *Hamas after Shaykh Yasin and Rantisi*, in: Journal of Palestine Studies, Nr. 132, Vol. 33, Summer 2004, S. 21-38.
Hroub, Khaled: *A »New Hamas« Through Its New Documents*, in: Journal of Palestine Studies, Nr. 140, Vol. 35, Summer 2006, S. 6-28.
Hroub, Khaled: *Hamas. Die islamische Bewegung in Palästina*, Heidelberg 2011.
Human Rights Council (Hg.): *Bericht der Untersuchungskommission der Vereinten Nationen über den Gaza-Konflikt*, Neu-Isenburg 2010 (Goldstone Report).
International Crisis Group (Ed.): *Dealing With Hamas*, Middle East Report (Brüssel), Nr. 21, January 26, 2004.
International Crisis Group (Ed.): *Enter Hamas. The Challenges of Political Integration*, Middle East Report (Brüssel), Nr. 49, January 18, 2006.
Jaeger, Kinan/Tophoven, Rolf (Hg.): *Der Nahost-Konflikt. Dokumente, Kommentare, Meinungen*. Bundeszentrale für politische Bildung, Bonn 2011.
Kamil, Omar: *Der Holocaust im arabischen Gedächtnis. Eine Diskursgeschichte 1945–1967*, Göttingen 2012.
Kapeliuk, Amnon: *Rabin. Ein politischer Mord. Nationalismus und rechte Gewalt in Israel*, Heidelberg 1997.
Kapeliuk, Amnon: *Yassir Arafat. Die Biographie*, Heidelberg 2005.
Khaled, Leila: *Mein Volk soll leben. Autobiographie einer palästinensischen Revolutionärin*, Stuttgart 1982.
Khalidi, Walid: *Plan Dalet. The Zionist Master Plan for the Conquest of Palestine*. In: *Middle East Forum*, Beirut (November 1961), S. 22-28.
Khalidi, Walid: *Before their Diaspora. A Photographic History of the Palestinians 1876-1948*. Institute for Palestine Studies, Washington 1984.

## Bibliografie

Kovel, Joel: *Overcoming Zionism. Creating a Single Democratic State in Israel/Palestine*, London 2007.
Krämer, Gudrun: *Geschichte Palästinas. Von der osmanischen Eroberung bis zur Gründung des Staates Israel*, München 2002.
Langer, Felicia: *Zorn und Hoffnung. Autobiographie*, Göttingen 1991.
Levy, Gideon: *Schrei, geliebtes Land. Leben und Tod unter israelischer Besatzung*, Neu-Isenburg 2005.
Maas, Kirsten: *Islamisten im nationalen Befreiungskampf am Beispiel der Harakat al-Muqawama l-Islamiya in den von Israel besetzten Gebieten*, Freie Universität Berlin 1994 (unveröffentlichte Magisterarbeit).
Makdisi, Saree: *Palästina. Innenansichten einer Belagerung*, Hamburg 2011.
Marx, Bettina: *Gaza. Berichte aus einem Land ohne Hoffnung*, Frankfurt/M. 2009.
Mattar, Philip: *Encyclopedia of the Palestinians*, New York 2000.
Mearsheimer, John J./Walt, Stephen M.: *Die Israel-Lobby. Wie die amerikanische Außenpolitik beeinflusst wird*, Frankfurt/M. 2007.
Meggle, Georg (Hg.): *Deutschland, Israel, Palästina – Streitschriften*, Hamburg 2007.
Mejcher, Helmut (Hg.): *Die Palästina-Frage 1917-1948. Historische Ursprünge und internationale Dimensionen eines Nationenkonflikts*. 2. erw. Aufl., Paderborn 1993.
Milton-Edwards, Beverley: *The Concept of Jihad and the Palestinian Islamic Movement. A Comparison of Ideas and Techniques*, in: British Journal of Middle East Studies, Nr. 1, Vol. 19, 1992, S. 48-53.
Milton-Edwards, Beverley: *Islamic Politics in Palestine*, London/New York 1999.
Milton-Edwards, Beverley/Farrell, Stephen: *Hamas. The Islamic Resistance Movement*, Hoboken (New Jersey) 2010.
Mishal, Shaul: *The Pragmatic Dimension of the Palestinian Hamas. A Network Perspective*, in: Armed Forces and Society, Nr. 4, Vol. 29, Summer 2003, S. 569-589.
Mishal, Shaul/Sela, Avraham: *The Palestinian Hamas. Vision, Violence, and Coexistence*, New York 2000.
Mitwasi, Faten Nastas: *Sliman Mansour – Ein Künstler aus Palästina. Standhaftigkeit und Kreativität*, Petersberg 2008.
Montefiore, Simon Sebag: *Jerusalem. Die Biographie*, Frankfurt/M. 2011.
Morris, Benny: *The Birth of the Palestinian Refugee Problem Revisited*, Cambridge 2004.
Nassar, Majed/Ibrahim, Nassar: *The Palestinian Intifada. Cry Freedom*, Ramallah 2002.
Naumann, Michael (Hg.): *»Es muß doch in diesem Lande wieder möglich sein …«. Der neue Antisemitismus-Streit*, München 2002.
Neudeck, Rupert: *Ich will nicht mehr schweigen. Über Recht und Gerechtigkeit in Palästina*, Neu-Isenburg 2005.
Neudeck, Rupert: *Das unheilige Land. Brennpunkt Naher Osten. Warum der Friede verhindert wird*, Freiburg 2011.
Nüsse, Andrea: *Muslim Palestine. The Ideology of Hamas*, Abingdon 1998.
Nusseibeh, Sari: *Ein Staat für Palästina? Plädoyer für eine Zivilgesellschaft in Nahost*, München 2012.
Pappe, Ilan: *Die ethnische Säuberung Palästinas*, Frankfurt/M. 2007.
Pappe, Ilan: *Wissenschaft als Herrschaftsdienst. Der Kampf um die akademische Freiheit in Israel*, Hamburg 2011.
Pappe, Ilan: *The Forgotten Palestinians. A History of the Palestinians in Israel*, Yale 2011.
Petras, James: *Herr oder Knecht? Über das beispiellose Verhältnis zwischen Israel und den USA*, Frankfurt/M. 2010.

## Bibliografie

Qleibo, Ali H.: *Wenn die Berge verschwinden. Die Palästinenser im Schatten der israelischen Besatzung*, Heidelberg 1993.

Qumsiyeh, Mazin B.: *Sharing the Land of Canaan. Human Rights and the Israeli-Palestinian Struggle*, London 2004.

Qumsiyeh, Mazin B.: *Popular Resistance in Palestine*, London 2010.

Raheb, Mitri: *Bethlehem hinter Mauern. Geschichten der Hoffnung aus einer belagerten Stadt*, Gütersloh 2005.

Raheb, Mitri/Strickert, Fred: *Bethlehem 2000. Eine Stadt zwischen den Zeiten*, Heidelberg 1998.

Rauscher, Janneke: *Verpasste Chance zum Frieden. Verhindert die Konsensorientierung der Hamas ihren Gewaltverzicht?*, in: Standpunkte, Nr. 4/2011, S. 1-8, Hessische Stiftung Friedens- und Konfliktforschung, Frankfurt/M. 2011.

Ries, Matthias: *Oslo – Tor zum Frieden?* Dissertation, Institut für Politische Wissenschaft, Ruprecht-Karls-Universität, Heidelberg 2000.

Reinhart, Tanya: *The Road Map to Nowhere. Israel/Palestine since 2003*, London/New York 2006.

Rohlfs, Ellen: *»Nie wieder!«? Was geschieht eigentlich hinter der Mauer in Palästina?« »Nur« Verbrechen gegen die Menschlichkeit oder schleichender Völkermord? Eine Dokumentation*, o.O. 2007.

Rotter, Gernot/Fathi, Schirin: *Nahostlexikon. Der israelisch-palästinensische Konflikt von A-Z*, Heidelberg 2001.

Roy, Sara: *The Transformation of Islamist NGOs in Palestine*, in: Middle East Report (Washington), Nr. 214, Vol 30. Spring 2000.

Roy, Sara: *Religious Nationalism and the Palestinian-Israeli Conflict. Examining Hamas and the Possibility of Reform*, in: Chicago Journal of International Law, Nr. 5, 2004, S. 251-270.

Rubinstein, Danny: *Yassir Arafat. Vom Guerillakämpfer zum Staatsmann*, Heidelberg 1996.

Rutishauser, Christian: *Zu Fuß nach Jerusalem. Mein Pilgerweg für Dialog und Frieden*, Ostfildern 2013.

Sabbah, Raid: *Der Tod ist ein Geschenk. Die Geschichte eines Selbstmordattentäters*, München 2002.

Said, Edward W.: *Frieden in Nahost? Essays über Israel und Palästina*, Heidelberg 1997 (s. auch S. 198).

Sand, Shlomo: *Die Erfindung des jüdischen Volkes. Israels Gründungsmythos auf dem Prüfstand*, Berlin 2010.

Sand, Shlomo: *Die Erfindung des Landes Israel. Mythos und Wahrheit*, Berlin 2012.

Schäfer, Barbara: *Historikerstreit in Israel. Die »neuen« Historiker zwischen Wissenschaft und Öffentlichkeit,* Frankfurt/M. 2000.

Schami, Rafik: *Mit fremden Augen. Tagebuch über den 11. September, den Palästinakonflikt und die arabische Welt*, Heidelberg 2002.

Schenk, Günter (Hg.): *Denk ich an Palästina. »Palestine On My Mind«. 26 Zeugnisse aus unserer Zeit*, Neu-Isenburg 2010.

Schiffer, Sabine/Wagner, Constantin: *Antisemitismus und Islamophobie – Ein Vergleich*, Wassertrüdingen 2009.

Schnieper, Marlène: *Nakba – Die offene Wunde. Die Vertreibung der Palästinenser 1948 und die Folgen*, Zürich 2012.

Shahak, Israel: *Jüdische Geschichte, Jüdische Religion. Der Einfluß von 3000 Jahren*, Süderbrarup 1998.

Shoshan, Malkit: *Atlas of the Conflict. Israel – Palestine*, Rotterdam 2010.

Stein, Georg: *Die Ideologien der palästinensischen Widerstandsorganisationen und die Entwick-

*lung der PLO-Zielvorstellungen für eine Lösung des Palästinakonflikts*. Magisterarbeit, Institut für Politische Wissenschaft, Ruprecht-Karls-Universität, Heidelberg 1985.
Stein, Georg: *Die Palästinenser. Unterdrückung und Widerstand eines entrechteten Volkes*. Bildband mit Begleittexten auf Deutsch, Englisch, Französisch und Spanisch, Köln 1988.
Tubb, Jonathan N.: *Canaanites*, London 1998.
Verleger, Rolf: *Israels Irrweg. Eine jüdische Sicht*, Köln 2008.
Vittorio, Arrigoni: *Gaza, Dezember 2008 bis Juli 2009. Restiamo Umani – Mensch bleiben*, Frankfurt/M. 2009.
Wagner, Heinz: *Der Arabisch-Israelische Konflikt im Völkerrecht*, Berlin 1971.
Waltz, Viktoria/Zschiesche, Joachim: *Die Erde habt ihr uns genommen. 100 Jahre zionistische Siedlungspolitik in Palästina*, Berlin 1986.
Watzal, Ludwig: *Feinde des Friedens. Der endlose Konflikt zwischen Israel und den Palästinensern*, Berlin 2001.
Weiss, Yfaat: *Verdrängte Nachbarn. Wadi Salib – Haifas enteignete Erinnerung*, Hamburg 2012.
Weizman, Eyal: *Sperrzonen. Israels Architektur der Besatzung*, Hamburg 2009.
Whitelam, Keith W.: *The Invention of Ancient Israel. The Silencing of Palestinian History*, London/New York 1996.
World Bank (Ed.): *Coping with Crisis. Palestinian Authority Institutional Performance*, Jerusalem 2006.
Yousef, Mosab Hassan (mit Ron Brackin): *Sohn der Hamas. Mein Leben als Terrorist*, Holzgerlingen 2010.
Zimmermann, Moshe: *Die Angst vor dem Frieden. Das israelische Dilemma*, Berlin 2010.
Zuckermann, Moshe (Hg.): *Antisemitismus, Antizionismus. Israelkritik*. Tel Aviver Jahrbuch für deutsche Geschichte, Band 33, Göttingen 2005.
Zuckermann, Moshe: *Sechzig Jahre Israel. Die Genesis einer politischen Krise des Zionismus*, Bonn 2009.
Zuckermann, Moshe: *Wider den Zeitgeist Bd. I. Aufsätze und Gespräche über Juden, Deutsche, den Nahostkonflikt und Antisemitismus*, Hamburg 2012.

## Reiseführer/Reisebücher

Beck, Martin Dr. u. a.: *Israel – Palästina*. 12. Aufl., Ostfildern 2010.
Bock, Burghard/Tondok, Wil: *Israel und Palästina. Handbuch für individuelles Entdecken einer alten Kulturregion*, Bielefeld 2010.
Bock, Burghard/Tondok, Wil: *Palästina. Reisen zu den Menschen*, Bielefeld 2011.
Gorys, Erhard/Gorys, Andrea: *Heiliges Land. Ein 10 000 Jahre altes Kulturland zwischen Mittelmeer, Rotem Meer und Jordan*, Ostfildern 2011.
Rauch, Michel: *Israel und Palästina*, Köln 1996.
Rauch, Michel: *Israel und Palästina – Sinai. Entdeckungsreisen im Heiligen Land*, Ostfildern 2013.
Röwekamp, Georg: *Heiliges Land. Ein Reisebegleiter zu den heiligen Stätten von Judentum, Christentum und Islam*, Stuttgart 2009.
Schäuble, Martin: *Zwischen den Grenzen. Zu Fuß durch Israel und Palästina*, München 2013.
Shahin, Mariam: *Palestine. A Guide*, Nothampton 2005.
Szepesi, Stefan: *Walking Palestine. 25 Journeys into the West Bank*, Nothampton 2012.
Yaron, Gil: *Jerusalem. Ein historisch-politischer Stadtführer*. 2. Aufl., München 2007.

(Zusammengestellt von Georg Stein)

# Webguide

Zugunsten der Übersichtlichkeit wurden in der folgenden Auflistung die deutschen und englischen Artikel (der, die, das, the) am Beginn des Einrichtungsnamens weggelassen. Verwiesen sei hier auch auf die Webseiten einzelner im Text vorgestellter Organisationen, die in diesem Webguide nicht noch einmal alle aufgeführt werden.

## 1. Palästinensische Einrichtungen in Palästina

**Addameer – Prisoner Support and Human Rights Association:** www.addameer.org
**Al-Awda – Palestine Right to Return Coalition:** www.al-awda.org
**Al-Haq – Defending Human Rights in Palestine since 1979:** www.alhaq.org
**Arab Association for Human Rights:** www.arabhra.org
**BADIL – Resource Center for Palestinian Residency and Refugee Rights:** www.badil.org
**Bürgerkomitee Bilin:** www.bilin-village.org
**Campaign to free Marwan Barghouti:** www.freebarghouti.org
**Defence for Children International – Palestine Section (DCI-PS):** www.dci-palestine.org
**Deir Yassin Remembered:** www.deiryassin.org
**Diyar Consortium:** www.diyar-consortium.org
**Fatah:** www.fatah.de
**Free Gaza Movement:** www.freegaza.org
**Galilee Society – The Arab National Society for Health Research and Services:** www.gal-soc.org
**Gaza Community Mental Health Programme (GCMHP):** www.gcmhp.net
**Global BDS Movement/Palestinian BDS National Committee (BNC):** www.bdsmovement.net
**Hamas:** www.hamasinfo.net
**Internationales Begegnungszentrum Bethlehem Dar Annadwa:** www.annadwa.org/german.htm
**Jerusalem Center for Social and Economic Rights (JCSER):** www.jcser.org
**Jerusalem Center for Women:** www.j-c-w.org
**Jerusalem Forum:** www.jerusalemites.org
**Kairos Palestine – A Moment of Truth (Christliche Friedensinitiative):** www.kairospalestine.ps
**Khalil Sakakini Cultural Centre:** www.sakakini.org
**Lajee Center:** www.lajee.org
**Mandela Institute for Human Rights Palestine:** www.mandela-palestine.org
**Middle East Council of Churches:** www.mec-churches.org
**Ministry of Education and Higher Education:** www.moehe.gov.ps
**Ministry of Information:** www.minfo.ps
**Ministry of Labor:** www.mol.gov.ps
**Ministry of National Economy:** www.mne.gov.ps

**Municipality of Gaza:** www.mogaza.org
**National Plan of Action for Palestinian Children (NPA):** www.npasec.gov.ps
**One Democratic State Group:** www.odsg.org/co
**Palestine Land Society (PLS):** www.plands.org
**Palestine Liberation Organization – Negotiations Affair Department (PLO NAD):** www.nad-plo.org
**Palestine Mapping Center (PalMap):** www.palmap.org
**Palestine National Authority:** www.pna.gov.ps
**Palestine Online:** www.palestineonline.net
**Palestine Red Crescent Society:** www.palestinercs.org
**Palestine Remembered:** www.palestineremembered.com
**Palestine Solidarity Project:** www.palestinesolidarityproject.org
**Palestinian Academic Network (PLANET):** www.planet.edu
**Palestinian Agricultural Relief Committee (PARC):** www.pal-arc.org
**Palestinian Campaign for the Academic and Cultural Boycott of Israel (PACBI):** www.pacbi.org
**Palestinian Center for Public Opinion (PCPO):** www.pcpo.ps
**Palestinian Central Bureau of Statistics (PCBS):** www.pcbs.gov.ps
**Palestinian Centre for Rapprochement between People (PCR):** www.pcr.ps
**Palestinian Centre for Human Rights (PCHR):** www.pchrgaza.org
**Palestinian Diaspora and Refugee Centre (Shaml):** www.shaml.org
**Palestinian Economic Council for Development and Reconstruction (PECDAR):** www.pecdar.org
**Palestinian Environmental NGOs Network (PENGON):** www.pengon.org
**Palestinian Human Rights Monitoring Group (PHRMG):** www.phrmg.org
**Palestinian Hydrology Group (PHG):** www.phg.org
**Palestinian Inititative for the Promotion of Global Dialogue and Democracy (MIFTAH):** www.miftah.org
**Palestinian Legislative Council (Gazastreifen):** www.plc.gov.ps
**Palestinian Legislative Council (Westjordanland):** www.pal-plc.org
**Palestinian Medical Relief Society (PMRS):** www.pmrs.ps
**Palestinian National Authority/Office of the Prime Minister:** www.palestinecabinet.gov.ps
**Palestinian Non-Governmental Organizations Network (PNGO Network):** www.pngo.net
**Right to Enter (RTE)/Campaign for the Right to Enter the Occupied Palestinian Territory:** www.righttoenter.ps
**Sabeel Ecumenical Liberation Theology Center:** www.sabeel.org
**Stop the Wall:** www.stopthewall.org
**Taayush – Israeli-Palestinian Direct Action Peace Group:** www.taayush.org
**YMCA (East Jerusalem):** www.ej-ymca.org

## 2. Israelische Einrichtungen

**Alternative Information Center (AIC):** www.alternativenews.org
**Avnery, Uri (deutsch):** www.uri-avnery.de
**Boycott! Supporting the Palestinian BDS Call from Within:** www.boycottisrael.info

**Breaking the Silence – Israeli Soldiers talk about the Occupied Territories:**
www.breakingthesilence.org.il
**B'Tselem – The Israeli Information Center for Human Rights in the Occupied Territories:**
www.btselem.org
**Coalition of Women for Peace:** www.coalitionofwomen.org
**Emek Shaveh – Archaeology in the Shadow of the Conflict:** www.alt-arch.org
**Gisha – Legal Center for Freedom of Movement:** www.gisha.org
**Givat Haviva:** www.givat-haviva.net
**Gush Shalom:** www.gush-shalom.org
**Israeli Committee Against House Demolitions (ICAHD):** www.icahd.org
**Israeli Occupation Archive (IOA):** www.israeli-occupation.org
**Machsom Watch:** www.machsomwatch.org
**Mordechai Vanunu:** www.vanunu.com
**Movement of Democratic Women in Israel:** www.mdwii.com
**Neve Shalom/Wahat al-Salam:** www.nswas.com
**New Profile – Movement for the Demilitarization of Israeli Society:** www.newprofile.org
**Peace Now:** www.peacenow.org.il
**Physicians for Human Rights – Israel (PHR-Israel):** www.phr.org.il
**Rabbis for Human Rights:** www.rhr.org.il
**Taayush – Israeli-Palestinian Direct Action Peace Group:** www.taayush.org
**Women in Black:** www.womeninblack.org
**Yad Vashem:** www.yadvashem.org; www.yad-vashem.de
**Yesh Gvul:** www.yeshgvul.org
**Zochrot:** www.zochrot.org

## 3. Einrichtungen in Deutschland

**Aktion Sühnezeichen:** www.asf-ev.de/israel
**Arbeitskreis Nahost Berlin:** www.aknahost.org
**Arbeitskreis Palästina im Nürnberger Evangelischen Forum für den Frieden:**
neff.musterwebsite-evangelisch.de/node/18
**Attac Hamburg – AG Palästina:** www.attac-netzwerk.de/hamburg/ags/palaestina
**BDS-Kampagne:** www.bds-kampagne.de
**Begegnung – Stiftung Deutsch-Palästinensisches Jugendwerk:**
www.stiftungbegegnung.de
**Café Palestine Colonia:** www.cafepalestine-colonia.de
**Cafe Palestine Freiburg:** www.cafepalestinefreiburg.blogspot.de
**Daniel Barenboim Stiftung:** www.daniel-barenboim-stiftung.org
**Deutsch-Arabische Freundschaftsgesellschaft (DAFG):** www.dafg.eu
**Deutsch-Arabische Gesellschaft (DAG):** www.d-a-g.de
**Deutsch-Israelische Gesellschaft:** www.deutsch-israelische-gesellschaft.de
**Deutsch-Israelischer Arbeitskreis für Frieden im Nahen Osten (DIAK):** www.diak.org
**Deutsch-Palästinensische Gesellschaft (DPG):** www.dpg-netz.de
**Deutsch-Palästinensische Medizinische Gesellschaft:** www.dpmg-ev.de
**Deutsch-Palästinensischer Frauenverein:** www.dpfv.org

## Webguide

**Deutsch-Palästinensischer Wirtschaftsrat(DPW):** www.dpw-ev.de
**Deutsche Initiative für den Nahen Osten (DINO):** www.dino-muenster.de
**Deutscher Koordinationskreis Palästina Israel (KoPI):** www.kopi-online.de
**Deutscher Verein Freunde von Neve Shalom/Wahat al-Salam:**
   www.nswas.org/rubrique48
**Deutscher Verein vom Heiligen Lande:** www.heilig-land-verein.de
**Deutscher Verein zur Erforschung Palästinas:** www.palaestina-verein.de
**Evangelische Mittelost-Kommission (EMOK):** www.ekd.de/international/emok
**Flüchtlingskinder im Libanon:** www.lib-hilfe.de
**Forum Ziviler Friedensdienst – Israel & Palästina:** www.forumzfd.de/projects/32
**Frauen in Schwarz Köln:** www.women-in-black.de
**Frauen Netzwerk Nahost:** www.frauennetzwerknahost.de
**Hochschulgruppe für gerechten Frieden in Palästina und Israel (HGPI):**
   www.hgpi.wordpress.com
**Internationaler Versöhnungsbund:** www.versoehnungsbund.de
**Jerusalemsverein im Berliner Missionswerk:** www.jerusalemsverein.de
**Jüdische Stimme für gerechten Frieden in Nahost:** www.juedische-stimme.de
**Kinderhilfe Bethlehem:** www.kinderhilfe-bethlehem.de
**Länder-Informations-Portal der Deutschen Gesellschaft für Internationale Zusammen-**
   **arbeit (GIZ) – Palästina:** liportal.giz.de/palaestina.html
**Langer, Felicia:** www.felicia-langer.de
**Medico International – Israel/Palästina:** www.medico.de/projekte/israelpalaestina
**Muslim Markt – Palästina Spezial:** www.muslim-markt.de/palaestina-spezial
**NAJDEH – Soziale Hilfsorganisation für die Palästinenser:** www.najdeh.de
**Palästina-Forum-Nahost:** www.palfo-ffm.de
**Palästina heute:** www.palaestina-heute.de
**Palästinakomitee München:** www.palkom.org
**Palästinakomitee Stuttgart:** www.senderfreiespalaestina.de
**Palästina/Nahost-Initiative Heidelberg:** www.pal-ini-hd.de
**Palästina Portal:** www.palaestina-portal.eu
**Palästina-Solidarität:** www.palaestina-solidaritaet.de
**Palästinensische Ärzte- und Apothekervereinigung Deutschland (PÄAV):**
   www.paav.de
**Palästinensische Diplomatische Mission in der Bundesrepublik Deutschland:**
   www.palaestina.org
**Palästinensische Gemeinde Deutschland (PGD):** www.falastin.de
**Pax Christi Nahost-Kommission:** www.paxchristi.de/nahost.infos.2
**Projekt Freundschaft – Münsteraner Arbeitskreis für Frieden in Palästina und Israel:**
   www.muenster.org/birzeit
**Salam Shalom – Arbeitskreis Palästina-Israel:** www.salamshalom-ev.de
**Verein Bildung und Begegnung Palästina:** www.bubp.de
**Verein zur Förderung des Friedens in Israel und Palästina:** www.israel-palaestina.de
**Vereinigung der Freunde Palästinas in Sachsen-Anhalt:** www.freunde-palaestinas.de
**Watzal, Ludwig:** www.watzal.com

## 4. Einrichtungen in der Schweiz

**Alliance to Restore Cultural Heritage in the Holy City of Jerusalem (ARCH):**
www.archjerusalem.org
**Arbeitskreis Tourismus & Entwicklung:** www.akte.ch
**Café Palestine Zürich:** www.cafe-palestine.ch
**Collectif Urgence Palestine:** www.urgencepalestine.ch
**DIWAN – Orientalisches Kulturzentrum:** www.diwan.ch
**Ecumenical Accompaniment Programme in Palestine and Israel (EAPPI):** www.eappi.org
**Fachstelle OeME – Ökumene, Mission und Entwicklungszusammenarbeit der Reformierten Kirchen Bern-Jura-Solothurn:** www.refbejuso.ch/oeme
**Forum für Menschenrechte in Israel/Palästina:** www.cfd-ch.org/d/frieden/forum.php
**Free Palestine:** www.free-palestine.ch
**Generaldelegation Palästinas in der Schweiz:** gdpal.tripod.com
**Gesellschaft Schweiz-Palästina (GSP):** www.palaestina.ch
**Jüdische Stimme für einen gerechten Frieden zwischen Israel und Palästina:** www.jvjp.ch
**Kampagne BDS:** www.bds-info.ch
**Kampagne Olivenöl aus Palästina:** www.olivenoel-palaestina.ch
**Kinderhilfe Bethlehem:** www.khb.ch
**Netzwerk Schweiz für einen gerechten Frieden in Palästina/Israel:** www.nahostfrieden.ch
**Palästina-Solidarität Region Basel:** www.palaestina-info.ch
**Schweizer Freundeskreis Zelt der Völker:** www.zeltdervoelker.ch
**Schweizer Freundinnen und Freunde von Neve Shalom/Wahat al-Salam:** www.nswas.ch
**Schweizerische Friedensstiftung:** www.swisspeace.ch
**Verein für die Unterstützung notleidender Palästinenserkinder (PalCH):** www.palch.ch

## 5. Einrichtungen in Österreich

**Abado, Marwan (Musiker):** www.marwan-abado.net
**Afro-Asiatisches Institut in Wien:** www.aai-wien.at
**Außenministerium Österreich – Sonderprogrammland Palästina:** www.bmeia.gv.at
**Dar-al-Janub – Verein für antirassischtische und friedenspolitische Initiative:**
www.dar-al-janub.net
**Datenbank Naher und Mittlerer Osten – Universität Graz:**
www.uni-graz.at/yvonne.schmidt/NAHOST.html
**Föderation für Weltfrieden:** www.weltfriede.at
**Frauen in Schwarz (Wien):** www.fraueninschwarz.at
**Gesellschaft für Österreichisch-Arabische Beziehungen (GÖAB):** www.saar.at
**Jüdische Stimme für gerechten Frieden in Nahost (Österreich):** www.nahostfriede.at
**Palästinensisch-Österreichische Gesellschaft (PÖG):** www.poeg.at
**Palästinensische Gemeinde Österreich:** www.palaestinensische-gemeinde.at
**Palästinensische Vertretung bei der Österreichischen Bundesregierung:**
www.vertretungpalaestina.at
**Pax Christi Österreich:** www.paxchristi.at
**Verband der Österreicher Arabischer Abstammung:** www.voeaa.net

## 6. Einrichtungen in den USA (auch UN)

**American Task Force on Palestine (ATFP):** www.americantaskforce.org
**Americans for Peace Now:** www.peacenow.org
**Barenboim-Said Foundation USA:** www.barenboimsaidusa.org
**Christian Peacemaker Teams in Hebron:** www.cpt.org/work/palestine
**Faculty for Israeli-Palestinian Peace (FFIPP):** www.ffipp.org
**Foundation for Middle East Peace (FMEP):** www.fmep.org
**Human Rights Watch:** www.hrw.org/middle-eastn-africa/israel-palestine
**Jerusalem Fund for Education and Community Development/Palestine Center:** www.thejerusalemfund.org
**Jewish Voice for Peace:** www.jewishvoiceforpeace.org
**Middle East Children´s Alliance (MECA):** www.mecaforpeace.org
**Neturei Karta International – Jews United Against Zionism:** www.nkusa.org
**Not In My Name (NIMN):** www.nimn.org
**Palestinian Heritage Foundation:** www.palestineheritage.org
**Permanent Observer Mission of Palestine to the United Nations:** www.un.int/palestine
**United Nations Development Programme – Programme of Assistance to the Palestinian People (UNDP/PAPP):** www.papp.undp.org
**United Nations Information System to the Question of Palestine (UNISPAL):** unispal.un.org
**United Nations Office for the Coordination of Humanitarian Affairs in the occupied Palestinian territory (OCHA-oPt):** www.ochaopt.org
**United Nations Relief and Works Agency for Palestine Refugees in the Near East (UNRWA):** www.unrwa.org
**United Nations Special Coordinator Office for the Middle East Peace Process (UNSCO):** www.unsco.org/unsco.asp
**United States Bureau of Near Eastern Affairs:** www.state.gov/p/nea
**U.S. Campaign to End the Israeli Occupation:** www.endtheoccupation.org
**U.S. Campaign to Free Mordechai Vanunu:** www.vanunu.com/uscampaign

## 7. Deutsche, schweizerische und österreichische Einrichtungen in Israel und Palästina

**Deutsche Botschaft Tel Aviv:** www.tel-aviv.diplo.de
**Drama Academy Ramallah:** www.dramaacademy.ps
**Friedrich-Ebert-Stiftung/Israel:** www.fes.org.il
**Friedrich-Ebert-Stiftung/Ostjerusalem:** www.fespal.org
**Friedrich-Naumann-Stiftung für die Freiheit/Jerusalem:** www.fnst-jerusalem.org
**Goethe-Institut Jerusalem:** www.goethe.de/ins/il/lp
**Goethe-Institut/Palästinensische Gebiete:** www.goethe.de/ins/ps/ram
**Hanns-Seidel-Stiftung/Israel und Palästinensische Gebiete:** www.hss.de/israpal
**Heinrich-Böll-Stiftung/Arab Middle East Office (Ramallah):** www.ps.boell.org
**Heinrich-Böll-Stiftung/Israel:** www.il.boell.org

## Webguide

**Karame:** www.karame.de
**Konrad-Adenauer-Stiftung/Israel:** www.kas.de/israel
**Konrad-Adenauer-Stiftung/Palästinensische Gebiete:**
www.kas.de/palaestinensische-gebiete
**Österreichische Botschaft Tel Aviv:** www.bmeia.gv.at/botschaft/tel-aviv
**Österreichisches Auslandsbüro Ramallah:**
www.entwicklung.at/laender-und-regionen/palaestinensische_gebiete
**Rosa-Luxemburg-Stiftung/Israel:** www.rosalux.co.il
**Rosa-Luxemburg-Stiftung/Palästina:** www.palestine.rosalux.org
**Schweizerische Botschaft Tel Aviv:** www.eda.admin.ch/telaviv
**Schweizerisches Vertretungsbüro Ramallah:** www.eda.admin.ch/ramallah
**Vertretungsbüro der Bundesrepublik Deutschland:** www.ramallah.diplo.de
**Willy Brandt Center Jerusalem:** www.willybrandtcenter.org

## 8. Medien

**Ahram Online:** english.ahram.org.eg
**Al-Ahram Weekly Online:** weekly.ahram.org.eg
**Al-Arabiya:** www.alarabiya.net
**Al-Ayyam (Palästinensische Tageszeitung auf Arabisch):** www.al-ayyam.ps
**Al-Hayat-al-Jadida (Arabische Tageszeitung auf Arabisch):** www.alhayat-j.com
**Al-Jazeera:** www.aljazeera.com
**Al-Quds (Palästinensische Tageszeitung auf Arabisch):** www.alquds.com
**Arab Media Internet Network (AMIN):** www.amin.org
**Arabic News:** www.arabicnews.com/ansub
**Bitter Lemons (politisches Onlinemagazin):** www.bitterlemons.org
**Electronic Intifada:** www.electronicintifada.net
**Freie Palästina-Stimme:** www.palaestina-stimme.de
**Haaretz (Israelische Tageszeitung):** www.haaretz.com
**INAMO – Informationsprojekt Naher und Mittlerer Osten:** www.inamo.de
**Indymedia:** indymedia.org.il
**Israel Imperial News:** www.israelimperialnews.org
**Jerusalem Media And Communications Centre (JMCC):** www.jmcc.org
**Jerusalem Post (Israelische Tageszeitung):** www.jpost.com
**Jerusalem Quarterly:** www.jerusalemquarterly.org
**Journal of Palestine Studies:** www.palestine-studies.org
**Lisan – Zeitschrift für arabische Literatur:** www.lisan.ch
**Palestine Chronicle:** www.palestinechronicle.com
**Palestine Daily:** www.palestinedaily.com
**Palestine-Israel Journal of Politics, Economics and Culture (PIJ):** www.pij.org
**Palestine Media Center:** www.palestine-pmc.com
**Palestine Monitor:** www.palestinemonitor.org
**Palestine News Agency (WAFA):** english.wafa.ps
**Palestine Public Broadcasting Corporation:** www.pbc.ps
**Palestine Times (London):** www.ptimes.org

# Webguide

**Qantara.de – Dialog mit der islamischen Welt:** www.qantara.de
**Sanabel TV:** www.sanabel.tv
**The Other Israel:** otherisrael.home.igc.org
**This Week in Palestine:** www.thisweekinpalestine.com
**Zenith – Zeitschrift für den Orient:** www.zenithonline.de

## 9. Einrichtungen in Europa
## (außer Deutschland, Schweiz und Österreich)

**Amnesty International:** www.amnesty.org/en/region/palestinian-authority
**Association France Palestine Solidarité (AFPS), Paris:** www.france-palestine.org
**Atzmon, Gilad (Musiker):** www.gilad.co.uk
**British Committee for the Universities of Palestine (BRICUP), London:** www.bricup.org.uk
**Campagne Civile Internationale pour la Protection du Peuple Palestinien (CCIPPP):**
   www.protection-palestine.org
**Christian Aid in Israel and the occupied Palestinian territory:**
   www.christianaid.org.uk/whatwedo/middle-east/iopt.aspx
**EU Assistance to the Palestinians:** www. eeas.europa.eu/delegations/westbank
**European Coordination of Committees and Associations for Palestine (ECCP):**
   www.eccpalestine.org
**Friends of Sabeel UK:** www.friendsofsabeel.org.uk
**Ireland Palestine Solidarity Campaign:** www.ipsc.ie
**Jews for Justice for Palestinians (JfJfP), London:** www.jfjfp.com
**Nederlands Palestina Komitee (NPK):** www.palestina-komitee.nl
**Palestinagrupperna i Sverige:** www.palestinagrupperna.se
**Palestine Solidarité:** www.palestine-solidarite.org
**Palestine Solidarity Campaign (PSC), London:** www.palestinecampaign.org
**Palestinian Information Center (PIC):** www.palestine-info.co.uk
**Palestinian Return Center (PRC):** www.prc.org.uk
**Plateforme des ONG Françaises pour la Palestine:** www.plateforme-palestine.org
**Union Juive Française pour la Paix (UJFP):** www.ujfp.org

## 10. Sonstige Internationale Einrichtungen

**Ecumenical Accompaniment Programme in Palestine and Israel (EAPPI):** www.eappi.org
**Free Gaza Movement:** www.freegaza.org
**International Federation of Red Cross and Red Crescent Societies (IFRC):** www.ifrc.org
**International Jewish Anti-Zionist Network (IJAN):** www.ijsn.net
**International Solidarity Movement (ISM):** www.palsolidarity.org
**Jews Against the Occupation – Australia:** www. jao.org.au
**New Zealand Palestine Human Rights Campaign:** www. palestine.org.nz
**Palestinian Refugee ResearchNet (PRRN):** www.prrn.mcgill.ca
**Samidoun – Palestinian Prisoner Solidarity Network (Kanada):** www.samidoun.ca
**Women's International League for Peace and Freedom (WILPF):**
   www.wilpfinternational.org

## 11. Forschungseinrichtungen und Archive

**AG Friedensforschung:** www.ag-friedensforschung.de/regionen/Palaestina
**Al-Shabaka – Palestinian Policy Network:** www.al-shabaka.org
**Applied Research Institute – Jerusalem (ARIJ):** www.arij.org
**Deutsches Orient-Institut:** www.deutsches-orient-institut.de
**Encyclopedia of the Palestine Problem:** www.palestine-encyclopedia.com
**GIGA – Leibniz-Institut für Globale und Regionale Studien/Institut für Nahost-Studien:**
    www.giga-hamburg.de
**Institut du monde arabe (Französisch):** www.imarabe.org
**Institut für Palästinakunde Bonn:** www.ipk-bonn.de
**Institute for Palestine Studies:** www.palestine-studies.org
**Institute of Jerusalem Studies:** www.palestine-studies.org
**Israel/Palestine Center for Research and Information (IPCRI):** www.ipcri.org
**Israeli Occupation Archive (IOA):** www.israeli-occupation.org
**Jerusalem Fund for Education and Community Development/Palestine Center:**
    www.thejerusalemfund.org
**Middle East Research and Information Project (MERIP):** www.merip.org
**Nahostarchiv Heidelberg (NOAH):** www.palmyra-verlag.de
**Palestinian Academic Society for the Study of International Affairs (PASSIA):**
    www.passia.org
**Research Guide to the Palestinian-Israeli Conflict:** www.robincmiller.com/melinkfr.htm
**Research Journalism Initiative (RJI):** www.researchjournalisminitiative.net
**Zentrum Moderner Orient (ZMO):** www.zmo.de
**Zionismus und Raumplanung (Blog von Viktoria Waltz):**
    www.zionismus-israel-raumplanung.blogspot.de

## 12. Palästinensische Kultur

**Abado, Marwan (Musiker):** www.marwan-abado.net
**Ali, Naji al:** www.najialali.com
**Al-Quds – Arabische Kulturhauptstadt:** www.alquds2009.org
**Association Al-Kamandjati:** www.alkamandjati.org
**Cinema Jenin:** www.cinemajenin.org
**DAM (Da Arabian MCs):** www.damrap.com
**Darwish, Mahmoud:** www.mahmouddarwish.com
**Edward Said National Conservatory of Music:** ncm.birzeit.edu
**El-Funoun – Palestinian Popular Dance Troupe:** www.el-funoun.org
**Freedom Theatre:** www.thefreedomtheatre.org
**Hazimeh, Ibrahim (Maler):** www.ibrahimhazimeh.de
**Khalil Sakakini Cultural Centre:** www.sakakini.org
**Künstlerverzeichnis Palästina:** www.universes-in-universe.org/deu/intartdata/artists/asia/pse
**Le Trio Joubran:** www.letriojoubran.com
**Mahmoud Darwish Foundation:** www.darwishfoundation.org
**Middle Eastern Cinema (mec film):** www.mecfilm.de

**Ministry of Culture:** www.moc.gov.ps
**Palestine International Festival for Music and Dance (PIF)/Popular Art Center:**
   www.populararctentre.org/activities/activities.html
**Palestinian Art:** www.palestine-art.com
**Palestinian Association for Cultural Exchange (PACE):** www.pace.ps
**Palestinian Child Art Center:** www.pcac.net
**Palestinian Cultural Fund:** www.pcf.pna.ps
**Resistance Art:** www.resistanceart.com
**Riwaq:** www.riwaq.org
**Shammout, Ismail (Maler):** www.ismail-shammout.com
**World Concert for Palestine:** www.concert4palestine.org

## 13. Tourismus

**Abrahams Herberge/Beit Ibrahim (Beit Jala):** www.abrahams-herberge.com
**Alternative Tourism Group (ATG):** www.atg.ps
**Arab Hotel Association (AHA):** www.palestinehotels.com
**Bayerisches Pilgerbüro:** www.pilgerreisen.de
**Biblische Reisen:** www.biblische-reisen.de
**Christian Information Centre (Jerusalem):** www.cicts.org
**Diyar Consortium:** www.diyar-consortium.org
**Fair Unterwegs – Die andere Reiseseite:** www.fairunterwegs.org/laender/palaestina
**Guesthouse of Talitha Kumi School:** www.talithakumi.org
**Internationales Begegnungszentrum Bethlehem – Dar Annadwa:**
   www.annadwa.org/german.htm
**Lutheran Guesthouse – Gästehaus des Propstes in Jerusalem:**
   www.luth-guesthouse-jerusalem.com
**Ministry of Tourism and Antiquities:** www.dach.pna.ps
**Studienkreis für Tourismus und Entwicklung:** www.studienkreis.org
**taz.reisen in die Zivilgesellschaft:** www.taz.de/tazreisen
**This Week in Palestine:** www.thisweekinpalestine.com
**Tourism Watch – Informationsdienst Tourismus und Entwicklung:**
   www.tourism-watch.de/themen/palaestina
**Travel Palestine – The Official Site for Tourism in Palestine:** www.travelpalestine.ps
**Visit Palestine – Your Guide to Palestine:** www.visitpalestine.ps

## 14. Universitäten/Bildungseinrichtungen

**Al-Quds University:** www.alquds.edu
**An-Najah National University:** www.najah.edu
**Arab American University:** www.aauj.edu
**Bethlehem University:** www.bethlehem.edu
**Birzeit University:** www.birzeit.edu
**Hebron University:** www.hebron.edu
**Islamic University of Gaza:** www.iugaza.edu.ps

# Webguide

## 15. Verschiedenes

**Country of Palestine (Linksammlung):** www.hejleh.com/countries/palestine.html
**Goldstone Facts:** www.goldstonefacts.org
**Palästinenser Net:** www.palaestinenser.net/pages
**Russel Tribunal on Palestine (RToP):** www.russelltribunalonpalestine.com

(Zusammengestellt von Georg Stein)

*Time for Peace*

# Verhaltenskodex für Touristen im Heiligen Land

Eine palästinensische Initiative

Ein verantwortungsvoller und gerechter Tourismus bietet Gemeinschaften aus verschiedenen Kulturen die Möglichkeit zur Begegnung und zum Austausch. Er fordert Solidarität und fördert zugleich ein besseres Verständnis untereinander. Diesem Prinzip folgt der vorliegende Verhaltenskodex. Er wurde entwickelt, um Pilger und Touristen über die Realität in Palästina und den Alltag der palästinensischen Bevölkerung zu informieren. Denn der Tourismus soll dazu genutzt werden, das gegenwärtige Unrecht überwinden zu helfen, und dieses Ziel können informierte Reisende aktiv unterstützen. Gleichzeitig will der Verhaltenskodex unter den Entscheidungsträgern und Beteiligten des Tourismus in Palästina das Bewusstsein für eine Neugestaltung des Tourismus schaffen, der sowohl den Interessen der Gastgeber als auch denen ihrer Gäste gleichermaßen gerecht wird.

Kontext Palästina

Der Aufbau eines verantwortungsvollen und gerechten Tourismus im vollen Respekt gegenüber Palästina und der palästinensischen Bevölkerung erfordert ein Verständnis der politischen Situation und der Geschichte des Landes – nicht zuletzt, weil es diese beiden Aspekte sind, die dem Tourismus in Palästina Hindernisse auferlegen und enge Grenzen setzen. Der Verhaltenskodex nimmt direkten Bezug auf diese Schwierigkeiten und versucht dabei auch aufzuzeigen, wie sie überwunden werden können.

Palästina ist ein ganz besonderes Reiseziel: Seine lange Geschichte, seine religiöse Bedeutung und die Schönheit seiner Natur machen jeden Besuch zu einem einzigartigen Erlebnis. Palästina ist Heimat der drei monotheistischen und abrahamitischen Religionen Judentum, Christentum und Islam. Jedes Jahr lockt Palästina zahlreiche Pilger, Gläubige und Gelehrte an, die die heiligen Stätten besuchen. Ferienreisende besuchen das Land, um seine historischen Orte, die pulsierenden Städte, das Leben auf dem Land und die Natur zu erkunden.

Seit dem Beginn des 20. Jahrhunderts hat Palästina allerdings weitreichende Veränderungen seiner politischen Landkarte und Verhältnisse erfahren. Dazu gehören die Gründung Israels im Jahr 1948 und der Krieg von 1967. In der Folge dieses Kriegs wurden das Westjordanland einschließlich Ostjerusalem sowie der Gazastreifen durch Israel besetzt. All diese Ereignisse haben katastrophale politische, wirtschaftliche und soziale Fakten geschaffen, die einen Großteil des palästinensischen Volkes zu Flüchtlingen machte und das Leben der Palästinenser bis heute schwerwiegend beeinträchtigen. In vielerlei Hinsicht wurde Palästina praktisch von der Landkarte getilgt. Das historische Palästina wurde unter dem Namen *Israel* bekannt. In diesem Zusammenhang wurde auch der Tourismus zu einem politischen Mittel der Vorherrschaft und Dominanz Israels über das Land und die Menschen: Die palästinensische Bevölkerung ist weitgehend vom Tourismus ausgeschlossen und damit auch vom interkulturellen und zwi-

## Verhaltenskodex für Touristen im Heiligen Land

schenmenschlichen Austausch mit den Gästen, der für sie gerade heute so wichtig wäre. Zwar unterzeichnete Israel in den Neunzigerjahren die Oslo-Abkommen mit der Palästinensischen Befreiungsorganisation PLO und akzeptierte den Aufbau der Palästinensischen Behörde zur Verwaltung des Westjordanlands und des Gazastreifens. Doch stehen weite Teile des öffentlichen Lebens in diesen Gebieten noch immer unter israelischer Kontrolle. So kontrolliert Israel alle Zugänge nach Palästina (sowohl die Land- und Seegrenzen als auch den Luftverkehr), den Großteil der palästinensischen Wasserressourcen sowie den gesamten Waren- und Personenverkehr nach und innerhalb Palästinas. Dies hat ganz beträchtliche Auswirkungen auf die Entwicklung des Tourismus in den palästinensischen Gebieten und auf die Art und Weise, wie Reisende informiert werden und sich mit Einheimischen austauschen können. Israel hat Jerusalem, das Herz des Tourismus in der Region, rechtswidrig annektiert und viele illegale Siedlungen errichtet. Die Stadt ist belagert, von Checkpoints eingekreist und von einer Apartheidsmauer umschlossen – und somit von ihrem sozialen und geografischen Umfeld abgeschnitten.

Trotz allem bilden die touristischen, historischen und heiligen Orte, die sich in Israel und den palästinensischen Gebieten befinden, eine untrennbare Einheit. Vor diesem Hintergrund fordern wir Reisende auf, sich nicht auf ein Reiseziel zu beschränken, sondern Israel *und* Palästina zu besuchen. Das ist der Weg zu mehr Fairness und Gerechtigkeit.

Palästina bietet den Besuchern einmalige und bereichernde Erfahrungen. Sie können nicht nur die Schönheit, Spiritualität und Gastfreundschaft des Landes entdecken, sondern auch Einblick in die politischen, wirtschaftlichen und sozialen Umstände erhalten, die den Alltag der Palästinenser bestimmen. Dies sollte gewährleistet sein, damit beide – sowohl die Gäste als auch ihre palästinensischen Gastgeber – vom direkten Austausch profitieren können. Nur allzu häufig kommt es allerdings heute lediglich zu flüchtigen Kontakten, wenn etwa der Bus zum Besuch der Geburtskirche in Bethlehem anhält – und allenfalls noch bei einem Souvenirladen. Denn die Ausflugsprogramme und Reiserouten werden praktisch ausschließlich von israelischer Seite festgesetzt und klar von den Interessen der israelischen Tourismuswirtschaft dominiert. Unser Verhaltenskodex versucht daher, bei den Reisenden ein Interesse für das Land und die Menschen in Palästina zu wecken. Besucher werden zu einer Form des Reisens ermutigt, die den einheimischen Gemeinschaften tatsächlich zu Gute kommt, zugleich die touristische Übernutzung einzelner kultureller Stätten reduzieren hilft und die Umweltverschmutzung eindämmt, die durch den Bus-Massentourismus in einzelne palästinensische Städte und Ortschaften, insbesondere Bethlehem, verursacht wird.

Deshalb bitten wir Sie als Touristin und Tourist, einen Besuch in palästinensischen Städten und Dörfern einzuplanen und sich Zeit für Begegnungen mit den dort lebenden Menschen zu nehmen. Wir sind überzeugt, dass sowohl Sie als auch wir von diesem Tourismus profitieren werden. Gleichzeitig rufen wir die lokale Gemeinschaft dazu auf, den Pilgern und Touristen in einer höflichen und respektvollen Weise gegenüberzutreten, vorgefasste Meinungen zu überwinden und die Gäste fair zu behandeln. Tourismus soll eine Chance für den kulturellen, sozialen und zwischenmenschlichen Austausch sein!

### Die Vision der Palästinensischen Initiative für einen verantwortungsvollen Tourismus

Die Palästinensische Initiative für einen verantwortungsvollen Tourismus (The Palestinian Initiative for Responsible Tourism, PIRT) ist ein Netzwerk von Organisationen, Behörden und Ver-

## Verhaltenskodex für Touristen im Heiligen Land

bänden aus dem Tourismus, die sich verpflichtet haben, sich für einen verantwortungsvollen Tourismus im Heiligen Land einzusetzen und dieses Anliegen in der Öffentlichkeit zu vertreten und zu fördern. Wir engagieren uns für einen Strukturwandel im Tourismus des Heiligen Landes. Wir wollen Pilger und Touristen dafür gewinnen, den Besuch von palästinensischen Städten, Dörfern und Gemeinschaften in ihr Reiseprogramm aufzunehmen, damit sich die Einnahmen aus dem Tourismus gerechter verteilen. Aus Erfahrung und Überzeugung wissen wir, dass Gäste wie Gastgeber von solchen Begegnungen im Tourismus profitieren können. Deshalb möchten wir Reisende ausdrücklich dazu einladen, sich auf eine Begegnung mit der palästinensischen Bevölkerung einzulassen und ihre Kultur kennenzulernen. Wir wollen für die einheimischen Gemeinschaften im Tourismus neue Perspektiven schaffen und setzen uns dafür ein, dass sie aktiv in die Gestaltung der Tourismusaktivitäten einbezogen werden und ein faires Einkommen aus diesem Geschäft erzielen. Wir wissen, dass der Umweltschutz von allergrößter Bedeutung ist; darum suchen wir nach Wegen für einen nachhaltigen Tourismus. Wir rufen alle Anbieter im Tourismus dazu auf, sich auf verantwortungsvolle Geschäftspraktiken zu verpflichten und von jeglichem ausbeuterischem Verhalten entschieden zu distanzieren. Unser Ziel ist es, einen gerechten und verantwortungsvollen Tourismus in Palästina zu fördern, welcher der palästinensischen Bevölkerung, den Pilgern und Touristen sowie allen Tourismusverantwortlichen und -angestellten im Land gleichermaßen zugute kommt, ohne der lokalen Gemeinschaft zu schaden.

### Der Verhaltenskodex

#### A. Reisende im Heiligen Land

##### Vor der Reise

Wenn Sie beabsichtigen, nach Palästina zu reisen, möchten wir Sie bitten, die folgenden Anregungen als Richtlinie in Ihre Planung miteinzubeziehen:

1. Stellen Sie Ihr Reiseprogramm so zusammen, dass Sie verschiedene Orte besuchen und kennen lernen können.
2. Bereiten Sie sich anhand von Reiseführern, Reiseberichten, palästinensischer Literatur sowie Artikeln in Zeitungen und im Internet auf die Reise vor.
3. Nehmen Sie Kontakt mit Palästinensern auf, um aus erster Hand aktuelle Informationen über die allgemeine Situation, die Sicherheit, regionale Geschichte, Kultur und Lebensweisen zu erhalten.
4. Wählen Sie eine Form des Reisens, bei der Sie lernen, statt nur zu beobachten. Vorurteile machen blind für neue Erfahrungen – seien Sie offen für Neues.

##### Während der Reise

Reisen Sie mit Respekt gegenüber der Natur und den Menschen, denen Sie begegnen und die Sie aufnehmen. Das wird Ihnen in Palästina Türen öffnen und Begegnungen ermöglichen, an die Sie und ihre Gastgeber noch lange gerne zurückdenken.

## Verhaltenskodex für Touristen im Heiligen Land

5. Stellen Sie sich auf Neues ein:
   - Lernen Sie mehr über die regionale Kultur und zeigen Sie Ihre Wertschätzung bei der Begegnung mit Ihren Gastgebern. Obwohl das Fotografieren im Allgemeinen gern gesehen wird, sollten Sie auf die Gefühle der Menschen Rücksicht nehmen, die Sie fotografieren möchten; fragen Sie immer zuerst, ob Sie ein Foto machen dürfen.
   - Beachten Sie die Lebensgewohnheiten der Einheimischen. Respektieren Sie die Kleidervorschriften und kleiden Sie sich angemessen.
   - Verbringen Sie Zeit mit Einheimischen. Im Gespräch oder wenn Sie zusammen etwas unternehmen, werden Sie erleben, wie Wertvorstellungen in verschiedenen Kulturen voneinander abweichen können. Vielleicht haben Sie unterschiedliche Auffassungen über Zeit, Privatsphäre, Kommunikation und Gesellschaft. Andere Werte sind jedoch nicht falsch oder schlecht, sie sind einfach anders.
6. Handeln Sie fair:
   - Vermeiden Sie unüberlegtes und emotionales Verhalten, wie etwa aus Mitleid Geld zu geben. Dies kann unpassend und verletzend sein.
   - Besuchen Sie bewusst Gemeinschaften und Menschen, die um die Achtung ihrer Würde kämpfen. Fragen Sie nach, wie Sie sie unterstützen können.
   - Unterstützen Sie Ihre Gastgeber in verantwortungsvoller Weise, ohne von ihnen zu verlangen, dass sie die eigenen Lebensgewohnheiten aufgeben und Ihre übernehmen.
   - Ermöglichen Sie es, dass Mitglieder der betreffenden Religionsgemeinschaft Sie führen, wenn sie heilige Stätten besuchen.
7. Helfen Sie aktiv mit, die knappen Ressourcen zu schonen:
   - Sparen Sie auf Ihrer Reise Wasser und Energie und arbeiten Sie zusammen mit den Einheimischen darauf hin, dass die wertvollen natürlichen Ressourcen erhalten bleiben.
   - Akzeptieren Sie die lokalen Standards und erwarten Sie nicht, denselben Komfort wie in Ihrem Herkunftsland vorzufinden.
8. Unterstützen Sie die regionale Wirtschaft:
   - Honorieren Sie Leistungen durch angemessene faire Bezahlung.
   - Kaufen Sie regionale Produkte.
   - Stellen Sie sicher, dass der Tourismus für die ortsansässige Gemeinschaft von Nutzen ist, indem Sie öffentliche Verkehrsmittel nutzen, in Hotels von Einheimischen übernachten, lokale Spezialitäten in einheimischen Restaurants genießen und palästinensische Touristenführer engagieren.
   - Geben Sie ein angemessenes Trinkgeld; fragen Sie nach, was üblich ist.
9. Denken Sie daran, dass die Menschen, die Sie treffen, jahrelang unter militärischer Besatzung gelebt haben. Gehen Sie in Diskussionen sensibel mit dem Thema um, und fragen Sie die Betroffenen nach ihrer Meinung.
10. Lassen Sie sich von Pilgerreisen inspirieren: Nehmen Sie sich Zeit und leben Sie wie die Einheimischen in ihrem Alltag.

Nach der Reise

Teilen Sie Ihre Erfahrungen mit Freunden und Bekannten, wenn Sie aus Palästina zurückkehren. Ihre palästinensischen Gastgeber werden es sehr schätzen, dass Sie sie in Erinnerung behalten und Ihre Erlebnisse und die Geschichten Ihrer Gastgeber weiter erzählen. So stärken Sie den Austausch zwischen Menschen verschiedener Kulturen und den Nutzen, den Einheimische und lokale Gemeinschaften aus dem Tourismus ziehen können.

11. Teilen Sie Ihre Erfahrungen mit Freunden und Bekannten zu Hause:
    - Überlegen Sie, wie Sie Verbindungen zwischen Ihrer Heimatgemeinde und dem Ort, den Sie besucht haben, herstellen können.
    - Erzählen Sie die Geschichten der Menschen, die Sie getroffen haben.
    - Falls Sie in einer Gruppe gereist sind: Diskutieren Sie Ihre Erfahrungen mit anderen Mitgliedern Ihrer Gruppe.
    - Berichten Sie Ihrer Familie, in Ihrem Umfeld und Ihrer Gemeinde von Ihren Erfahrungen; schreiben Sie Artikel.
12. Halten Sie Vereinbarungen ein, die Sie während Ihrer Reise getroffen haben:
    - Denken Sie an die Versprechen, die Sie Ihren Gastgebern und Bekanntschaften unterwegs gegeben haben, und halten Sie diese in Ehren.
    - Schließen Sie die Menschen in Ihre Gedanken und Gebete ein, und handeln Sie, wenn Ihr Handeln gefragt ist.
13. Nutzen Sie zu Hause, was Sie unterwegs erfahren und gelernt haben:
    - Überprüfen Sie anhand Ihrer Reiseerfahrungen die Vorurteile, die Sie vor der Reise hatten, und die Pauschalurteile, zu denen Sie auf der Reise gelangt sind.
    - Sprechen Sie Vorurteile und Ungerechtigkeiten an, wo immer Sie darauf stoßen.
14. Werden Sie aktiv:
    - Informieren Sie sich über die Haltung und die Verantwortung Ihres Heimatlandes im Nahen Osten. Decken Sie unfaire Beziehungen auf, indem Sie ihnen mutig entgegentreten.
    - Stellen Sie Aussagen, denen Sie nicht zustimmen – wie etwa fehlerhafte Informationen in Broschüren, stereotype Äußerungen über Palästina oder verzerrte Darstellungen in den Medien – öffentlich auf Veranstaltungen und in den Medien (z. B. mit Leserbriefen) zur Diskussion.
    - Widersprechen Sie Aussagen, denen Sie nicht zustimmen können, z. B. Darstellungen in Tourismuskatalogen.

## B. Der palästinensische Tourismussektor

Während Palästina jahrhundertelang ein beliebtes Reiseziel war, ist die Entwicklung einer Tourismuswirtschaft, die Dienstleistungen für eine große Zahl von Touristen anbietet, noch vergleichsweise jung. Die Branche hat sich noch nicht voll entfaltet und wächst durch den Aufbau neuer Kapazitäten und Bereiche stetig weiter. Trotzdem glauben wir, dass die Zeit reif ist, für eine nachhaltigere Entwicklung in diesem Sektor zu arbeiten. Deshalb fordern wir – Vertreter des Ministeriums für Tourismus und Altertümer, privater Firmen, Verbänden und zivilgesellschaftlicher Organisationen – alle Interessenvertreter des Tourismus in Palästina dazu auf, sich den Praktiken und Prinzipien dieses Verhaltenskodexes zu verpflichten.

Verhalten gegenüber Reisenden: Ehrlich und respektvoll
1. Achten Sie den Glauben der Besucher und die Religionsfreiheit. Würdigen Sie die kulturelle Vielfalt. Respektieren Sie die Art der Kleidung und die bevorzugten Speisen der Gäste.
2. Touristenführer: Geben Sie Besuchern korrekte, fundierte und nützliche Informationen, die sowohl die religiösen als auch die sozialen und kulturellen Aspekte Palästinas umfassen.

## Verhaltenskodex für Touristen im Heiligen Land

Erzählen Sie Reisenden nicht nur, was sie vermeintlich hören wollen, und reproduzieren Sie keine Klischees. Machen Sie stattdessen die Touristen neugierig, indem Sie ihnen verschiedene Ansichten präsentieren. Seien Sie sich Ihrer Rolle als Touristenführer bewusst: Die Besucher werden aus Ihrem Verhalten Schlüsse auf Palästinenser und Palästina im Allgemeinen ziehen.

3. Einheimische Gemeinschaften, Touristenführer und Angestellte des Tourismussektors: Helfen Sie Touristen, wenn diese Hilfe benötigen, und seien Sie gastfreundlich. Ergreifen Sie die Gelegenheit, mit den Besuchern ein Gespräch anzuknüpfen, und beschränken Sie Begegnungen nicht auf rein finanzielle Aspekte.
4. Behörden: Es liegt im ureigenen Interesse der Tourismuspolizei sowie der Behörden, die Gäste zu achten, sie zu beraten und ihnen wenn nötig beizustehen.
5. Behörden und lokale Gemeinschaften: Setzen Sie sich dafür ein, dass negatives und unverantwortliches Verhalten wie Betteln oder Betrügen nicht vorkommt.

Sie haben eine Verantwortung für Angestellte, die Sie beschäftigen, sowie gegenüber den ortsansässigen Gemeinschaften, deren Ressourcen Sie nutzen.

6. Zahlen Sie faire Löhne.
7. Sorgen Sie für eine faire Aufteilung der Erträge zwischen Produzenten, Lieferanten, Verkäufern und Zwischenhändlern.
8. Verkaufen Sie den Gästen Souvenirs und Kunsthandwerk aus heimischer Produktion. Prüfen Sie die Einführung von Standards des Fairen Handels in Ihrem Unternehmen.
9. Fördern Sie die Kommunikation und den Austausch zwischen Palästinensern und Touristen.

Engagieren Sie sich aktiv für den zwischenmenschlichen und kulturellen Austausch, weil dadurch die palästinensischen Gemeinden stärker profitieren können.

10. Schaffen Sie Möglichkeiten für einheimische Gemeinschaften, direkt am Tourismus teilzuhaben, beispielsweise durch das Angebot privater Übernachtungen in Gastfamilien oder Führungen zu kulturellen und historischen Stätten.
11. Tragen Sie zur Vernetzung zwischen Kirchen und internationalen Organisationen bei, um jenen Menschen, die mit der bekannteren israelischen Perspektive vertraut sind, die palästinensische Geschichte und Erfahrung nahe zu bringen. Somit helfen Sie Besuchern, ihr Bild von der Situation vor Ort zu ergänzen.

Verbessern Sie palästinensische Tourismusangebote und die möglichen Reiserouten, indem Sie diese noch attraktiver gestalten.

12. Erweitern Sie die Kompetenz der Mitarbeitenden im Tourismussektor und fördern Sie insbesondere das Wissen über die palästinensische Identität und Geschichte. Schulen Sie Ihre Reiseleiter in Bezug auf aktuelle Themen. Schärfen Sie das Bewusstsein der Menschen, die mit Touristen arbeiten (Fremdenführer, Taxifahrer, Gastfamilien usw.).
13. Nehmen Sie Kultur und das kulturelle Erbe in Ihre Reiseprogramme auf. Tragen Sie zu einem verbesserten Image Palästinas bei, indem Sie bei der Organisation von Festivals, Konferenzen und Workshops mitwirken. Nutzen Sie diese Events dazu, die Touristen dafür zu gewinnen, sich länger in Palästina aufzuhalten.
14. Verbessern Sie das Marketing lokaler und nationaler Produkte.
15. Achten Sie darauf, dass die Programme der palästinensischen Reisebüros die verschiedenen Aspekte des palästinensischen Lebens mit einschließen, wie Religion, Politik, Wirtschaft, kulturelles Erbe und Freizeitgestaltung.

## Verhaltenskodex für Touristen im Heiligen Land

Unsere Verantwortung gegenüber der Umwelt.

16. Führen Sie umweltfreundliche Richtlinien in Hotels, Gästehäusern und Restaurants ein, und informieren Sie Ihre Gäste über Ihre Standards. Schärfen Sie das Bewusstsein Ihrer Mitbürger für die Belange der Umwelt und unterstützen Sie einen umweltfreundlichen Tourismus.

Verantwortungsvolle Geschäftspraktiken im Tourismussektor

17. Schaffen Sie Transparenz über Ihre Geschäfte und tragen Sie zu einem Wettbewerb nach ethischen Grundsätzen bei, damit der Tourismussektor keinen Schaden nimmt und sein Nutzen verstärkt wird.
18. Touristen haben einen berechtigten Anspruch auf faire Preise und darauf, ihren Aufenthalt zu genießen.

### Die Entstehung des Verhaltenskodexes

Der Verhaltenskodex wurde in intensiver Zusammenarbeit sowohl mit lokalen als auch mit internationalen Organisationen und Privatpersonen entworfen, die sich für einen verantwortungsvollen Tourismus und Gerechtigkeit einsetzen. Es handelt sich hierbei um ein lebendiges Dokument, das zu Engagement, Kommentaren und Feedback auffordert, um durch stete Verbesserungen die gesteckten Ziele zu erreichen. Sie können uns dabei helfen, indem Sie uns unter pirt@atg.ps Ihr Feedback zusenden.

Alternative Tourism Group, Beit Sahour
Reformierte Kirchen Bern, Jura, Solothurn –
Fachstelle Ökumene, Mission und
Entwicklungszusammenarbeit, Bern
Evangelischer Entwicklungsdienst/Tourism Watch, Bonn
arbeitskreis tourismus & entwicklung, Basel

© der Übersetzung: Palmyra Verlag, Heidelberg. Aus dem Englischen übersetzt von Dr. Sandra Krebs und Ellen Hexges. Die Übersetzung des von der *Alternative Tourism Group* (ATG) in Palästina verfassten Originals wurde von folgenden Personen und Einrichtungen gegengelesen und autorisiert: Regula Kaufmann, Matthias Hui (Reformierte Kirchen Bern, Jura, Solothurn – Fachstelle Ökumene, Mission und Entwicklungszusammenarbeit; Bern), Heinz Fuchs (Evangelischer Entwicklungsdienst/Tourism Watch, Bonn) und Christine Plüss (arbeitskreis tourismus & entwicklung, Basel).

# Abkürzungsverzeichnis

| | |
|---|---|
| AIC | *Alternative Information Center* (Alternatives Informationszentrum) |
| ANM | *Arab Nationalist Movement* (Arabische Nationalbewegung) |
| arab. | arabisch |
| ARIJ | *Applied Research Institute – Jerusalem* (Institut für angewandte Forschung – Jerusalem) |
| ATG | *Alternative Tourism Group* (Gruppe für Alternativtourismus) |
| BAN | Bewegung Arabischer Nationalisten |
| BDS | *Boycott, Divestment, Sanctions* (Boykott, Desinvestitionen, Sanktionen) |
| BIP | Bruttoinlandsprodukt |
| bzw. | beziehungsweise |
| ca. | circa |
| cm | Zentimeter |
| d. h. | das heißt |
| DBZ | Dreibettzimmer |
| DCI-PS | *Defence for Children International – Palestine Section* (Internationale Verteidigung für Kinder – Palästinensische Abteilung) |
| DZ | Doppelzimmer |
| Ed. | *Editor* |
| etc. | et cetera |
| EU | Europäische Union |
| EZ | Einzelzimmer |
| g/l | Gramm pro Liter |
| griech. | griechisch |
| ha | Hektar |
| hebr. | hebräisch |
| Hg. | Herausgeber |
| IDF | *Israel Defense Forces* (israelische Armee) |
| JD | Jordanischer Dinar |
| Jg. | Jahrgang |
| Jh. | Jahrhundert |
| JNF | *Jewish National Fund* (Jüdischer Nationalfonds) |
| Jt. | Jahrtausend |
| kg | Kilogramm |
| km | Kilometer |
| $km^2$ | Quadratkilometer |
| l | Liter |
| lat. | lateinisch |
| m | Meter |
| MEZ | Mitteleuropäische Zeit |
| min | Minuten |
| Mio. | Millionen |
| Mrd. | Milliarden |

| | |
|---|---|
| n. Chr. | nach Christus |
| NGO | *Non-Governmental Organisation* (Nichtregierungsorganisation) |
| NIS | *New Israeli Sheqel* (Neuer Israelischer Schekel) |
| OCHA | siehe UNOCHA |
| PASSIA | *Palestinian Academic Society for the Study of International Affairs* (Palästinensische Akademische Gesellschaft für das Studium Internationaler Beziehungen) |
| PCBS | *Palestinian Central Bureau of Statistics* (Palästinensisches Zentralbüro für Statistik) |
| PFLP | *Popular Front for the Liberation of Palestine* (Volksfront für die Befreiung Palästinas) |
| Pl. | Plural |
| PLO | *Palestine Liberation Organisation* (Palästinensische Befreiungsorganisation) |
| sog. | sogenannt |
| s. S. | siehe Seite |
| St. | Sankt |
| t | Tonne |
| türk. | türkisch |
| u. a. | unter anderem |
| UN | *United Nations* (Vereinte Nationen) |
| UNOCHA | *United Nations Office for the Coordination of Humanitarian Affairs in the occupied Palestinian territory* (UN-Büro für die Koordination humanitärer Angelegenheiten in den besetzten palästinensischen Gebieten). Manchmal auch abgekürzt als OCHA-oPt. |
| UNRWA | *United Nations Relief and Works Agency for Palestine Refugees in the Near East* (UN-Hilfswerk für Palästina-Flüchtlinge im Nahen Osten) |
| usw. | und so weiter |
| v. Chr. | vor Christus |
| Vol. | *Volume* |
| WHO | *World Health Organization* (Weltgesundheitsorganisation) |
| z. B. | zum Beispiel |

## Bibelstellen

| | | | |
|---|---|---|---|
| 2 Chr | 2. Buch der Chronik | Jer | Jeremia |
| 1 Kö | 1. Buch der Könige | Jes | Jesaja |
| 2 Kö | 2. Buch der Könige | Joh | Evangelium nach Johannes |
| 1 Makk | 1. Buch der Makkabäer | Jos | Josua |
| 1 Mo | 1. Buch Mose | Lk | Evangelium nach Lukas |
| 2 Mo | 2. Buch Mose | Mk | Evangelium nach Markus |
| 4 Mo | 4. Buch Mose | Mt | Evangelium nach Matthäus |
| 5 Mo | 5. Buch Mose | Neh | Nehemia |
| 1 Sam | 1. Buch Samuel | Off | Offenbarung des Johannes |
| 2 Sam | 2. Buch Samuel | Ps | Psalmen |
| Apg | Apostelgeschichte | Ri | Richter |
| Hld | Hohelied Salomos | | |

# Bildnachweis

### Georg Stein

2, 3, 11, 12, 23, 24, 41 oben, 42, 44, 46, 47, 50, 51, 52, 54, 55, 59, 61, 62, 64, 65, 66, 68, 69, 70, 74 oben, 78, 82, 83, 84, 85, 88, 89, 91, 92, 96, 98 unten, 99, 100 oben, 101, 103 unten, 104, 118, 120, 122 rechts, 123, 124, 125, 126, 127, 128, 130, 133, 134, 135, 137, 138, 139, 142, 148, 149, 154, 155, 156, 157, 159, 165, 167, 169, 171, 172, 173, 174, 175, 176, 179, 185, 187, 190 oben, 191, 192, 193, 194, 195, 200, 202, 203, 204, 205, 206, 211, 226, 237, 240, 241, 247, 248, 249, 250, 251, 253, 254, 256, 257, 258, 259, 260, 261, 262, 263, 264, 265, 266, 267, 269, 273, 275, 277, 281, 282, 283 unten, 284, 286, 290, 292, 293, 294, 295, 296 oben, 298, 299, 300 unten, 301, 302, 307, 308, 309 unten, 311 unten, 312, 316, 317, 319, 320, 324, 325, 326, 332, 333, 335, 336, 337, 338, 342, 343, 344, 347, 350 unten, 351, 355, 357, 358, 360, 361, 362, 363, 367, 368, 375, 389, 390, 393, 394, 395, 396, 397, 401, 402, 403, 412, 413, 414, 415, 417, 418, 419, 422, 424, 427 oben, 430, 432, 433, 436, 440, 441, 443 unten, 444, 447, 448, 449, 454, 456 unten, 460, 461, 462, 464 oben, 469, 470, 472, 473, 482, 483, 486, 489, 490, 491, 493, 498, 505, 508, 511, 514, 520, 522, 528, 531, 532, 533, 534, 535, 536, 537, 538, 543, 546, 560, 561, 563, 567, 569 unten, 570 unten, 571, 573, 574, 575, 576, 579, 580, 581, 584, 585, 586, 588, 591, 592, 594, 596, 598, 599, 600, 604, 605, 608, 609 unten, 614, 634

### Nahostarchiv Heidelberg

15, 16, 18, 19, 20, 21, 22, 25, 26, 28, 29, 30, 31, 41 unten, 43, 45, 48, 53 unten, 56, 57, 60, 63, 74 unten, 75, 76, 79, 80, 81, 86, 87, 105, 106 unten, 107, 108, 110, 111, 112, 132, 140, 141, 144, 145, 146, 147, 152, 161, 162, 163, 168, 170, 177, 178, 183, 186, 188, 189, 190 unten, 196, 197, 198, 199, 207, 209, 213, 215, 216, 218, 219, 220, 222, 223, 224, 225, 227, 229, 230, 232, 233, 234, 235, 236, 238, 239, 242, 243 oben, 244, 245, 252, 255, 270, 271, 283 oben, 297, 311 oben, 315 unten, 318, 328, 331, 340, 346, 348, 350 oben, 352, 353, 356, 359, 364, 365, 366, 369, 370, 371, 372, 374, 376, 377, 378, 379, 381, 382 oben, 384, 398, 400, 404, 406, 407, 408, 409, 410, 416, 420, 421, 423, 425, 426, 427 unten, 431, 439, 445, 450, 452, 453, 455, 456 oben, 458, 464 unten, 466, 474, 475, 476, 478, 479, 480, 481, 484, 485, 488, 494, 495, 496, 500, 501, 502, 503, 504, 507, 512, 516, 517, 518, 519, 521, 523, 529, 530, 539, 541, 545, 547, 549, 551, 552, 553, 554, 555, 556, 557, 558, 562, 564, 565, 566, 568, 569 oben, 570 oben, 572, 582, 583, 587, 593, 601, 602, 603, 607, 609 oben

### Alternative Tourism Group

53 oben, 67, 72, 98 oben, 106 oben, 181, 354, 411, 428, 443 oben, 524, 542, 559 links, 577

### Friedbert Boxberger

9, 97, 100 unten, 102, 103 oben, 122 links, 150, 221, 231, 246, 274, 291, 296 unten, 304, 305, 315 oben, 322, 327, 329, 330, 334, 339, 380, 382 unten, 383, 559 rechts, 314 unten links und rechts, 595, 617

# Bildnachweis

Berliner Missionswerk: 341

Garo Nalbandian:
268, 272, 276, 278, 279, 280, 285, 287, 288, 303, 309 oben, 310, 313, 345, 389 oben rechts

Winfried Seibert:
300 oben, 314 alle (außer unten links und rechts)

Sliman Mansour:
49, 73, 77, 151, 477

# Nachweis der Karten, Stadtpläne und Grundrisse

Nahostarchiv Heidelberg:
8, 14, 27, 38, 113, 114, 131, 153, 208, 281, 392, 429, 463, 467

Palestinian Academic Society for the Study of International Affairs (PASSIA):
93, 94, 117, 243, 589

Philipp Rumpf:
6, 32, 33, 34, 35, 36, 37, 39, 40, 89

Palestine Mapping Center/Alternative Tourism Group:
182, 255, 289, 321, 346, 373, 442, 486, 497, 537

Pal Map/Alternative Tourism Group:
385, 386, 387, 388, 399, 405, 434, 435, 438, 525, 526, 578

# Register

Abu Ghosh 213
Abu Tor (Jerusalem) 195
Ajami 536
Akko 439
Al-Aqsa-Moschee (Jerusalem) 137
Al-Azariya (Bethanien) 224
Al-Azza (Flüchtlingslager) 274
Al-Bireh 335
Al-Buraq-Mauer (Klagemauer) 166
Al-Istiqlal-Moschee 504
Al-Jazzar-Moschee 444
Al-Khader 293
Al-Khader-Kirche (Kirche des Heiligen Georg) 293
Al-Moskobiya (Jerusalem) 200
Al-Musrara-Viertel (Jerusalem) 192
Al-Walaja 299
Altstadt von Jerusalem 123
Amwas (Emmaus) 354
An-Najah-Universität 367
An-Numan 310
Anata 224
Aqbat Jaber (Flüchtlingslager) 254
Archäologischer Ophel-Garten 166
Archäologisches Museum (Jaffa) 533
Archäologisches Museum von Palästina (Rockefeller-Museum) 188
Armenisches Viertel (Jerusalem) 160
Arroub (Flüchtlingslager) 318
Artas (Folklorezentrum) 295
Artas (Wadi) 294
Ashdod (Isdoud) 555
Ashkelon 556
Atlit 512
Auguste-Victoria-Hospiz (Jerusalem) 200
Avdat 574

Bahai-Tempel und Bahai-Gärten 505
Bahaullah-Schrein und Bahai-Gärten 452
Balad al-Sheikh 511
Balata (Flüchtlingslager) 369

Banias 588
Baqa-Viertel (Jerusalem) 199
BDS-Kampagne 590
Beersheva (Bir es-Saba) 562
Beit Alpha 496
Beit Jala 298
Beit Jibrin 552
Beit Nuba 354
Beit Sahour 301
Beit Shean (Bissan) 493
Beit Shearim 483
Beitin 347
Berg der Seligpreisungen 491
Berg der Versuchung 258
Berg Tabor 482
Berg Zion (Jerusalem) 179
Betfage 173
Bethanien (Al-Azariya) 224
Bethlehem 267
Bible Lands Museum (Jerusalem) 206
Bir es-Saba (Beersheva) 562
Biram 458
Birzeit 350
Birzeit (Universität) 351
Bissan (Beit Shean) 493
Burg Belvoir 495
Burg Nimrod 587
Burqin 384

Caesarea 519
Christliches Viertel (Jerusalem) 152
Cremisan-Kloster der Salesianer 299

Damaskustor (Jerusalem) 124
Davidsbrunnen 286
Deheisheh (Flüchtlingslager) 292
Deir al-Balah 421
Deir es-Sultan (Äthiopisches Dorf) 158
Deir Yassin 209
Deutsche Kolonie (Jerusalem) 201
Dominus-Flevit-Kapelle (Jerusalem) 174

## Register

Dormitiokirche (Jerusalem) 180
Dreieck 522

Ecce-Homo-Bogen (Jerusalem) 149
Ein es-Sultan (Flüchtlingslager) 259
Ein Feshkha 264
Ein Gedi 264
Ein Houd 513
Ein Houd al-Jadida 513
Ein Karem 214
Ein Obdah (Ein Avdat) 574
Emmaus (Amwas) 354
Erez-Checkpoint 392
Erlöserkirche (Jerusalem) 159

Fassouta 456
Felsendom (Jerusalem) 139
Freedom Theatre 382

Galiläa 436
Garizim (Berg) 372
Gartengrab (Jerusalem) 183
Gaza-Stadt 400
Gazastreifen 391
Geburtsgrotte (Bethlehem) 281
Geburtskirche (Bethlehem) 281
Geißelungskapelle (Jerusalem) 148
Genezareth (See) 489
Georgskloster 250
Gethsemane (Jerusalem) 174
Gilo 298
Golanhöhen 578
Goldenes Tor (Jerusalem) 136
Golgatha (Jerusalem) 158
Grab der Könige (Jerusalem) 186
Grab der Propheten (Jerusalem) 173
Grab des Propheten David (Jerusalem) 180
Grabeskirche (Jerusalem) 154
Grabmal des Maimonides 487
Griechische Kolonie (Jerusalem) 201
Gush Etzion 317

Haifa 497
Har Homa 269
Haram esh-Sharif (Jerusalem) 132
Hazor 463

Hazor-Nationalpark 464
Hebron (Al-Khalil) 316
Hebron-Museum 324
Herberge zum Barmherzigen Samariter 248
Herodeion 311
Herodestor (Jerusalem) 145
Himmelfahrtsmoschee (Jerusalem) 172
Hirtenfeld (Bethlehem) 302
Hisham-Palast 257
Hittin 490
Hörner von Hittin 490
Hula-Tal 465

Internationale Solidaritätsbewegung 590
Iqrit 455
Islamische Universität 416
Islamisches Museum (Jerusalem) 145
Israel-Museum (Jerusalem) 205

Jabal Abu Ghneim 269
Jabal al-Sheikh 586
Jabalya 536
Jaffa 527
Jaffator (Jerusalem) 161
Jakobsbrunnen 369
Jalazone (Flüchtlingslager) 349
Jenin 380
Jenin (Flüchtlingslager) 381
Jericho 247
Jerusalem 105
Jerusalem (Altstadt) 123
Jerusalem (Ostjerusalem) 123
Jerusalem (Westjerusalem) 191
Jifna 350
Johanneskirche (Ein Karem) 216
Jordantal 253
Josefsgrab 370
Jüdisches Viertel (Jerusalem) 165

Kapernaum 492
Karmel-Höhlen 515
Karni 392
Katamon (Jerusalem) 195
Khan Younis 421
Khan Younis (Flüchtlingslager) 422
Khirbet Qumran 261

## Register

Kidrontal (Jerusalem) 176
King-David-Hotel (Jerusalem) 194
Kirche der Brotvermehrung 491
Kirche der Nationen (Jerusalem) 174
Kirche des Heiligen Georg (Lydd) 544
Kirche des Hochzeitsmahls 482
Kirche St. Peter in Gallicantu (Jerusalem) 179
Kiryat Arba 317
Klagemauer (Jerusalem) 166
Kloster des Heiligen Theodosius 308
Kreuzkloster (Jerusalem) 204
Krippenplatz (Bethlehem) 278
Kufr Kana 482
Kufr Qassem 523

Lakiya 565
Latrun 356
Latrun (Abtei) 357
Lifta 211
Lod (Lydd) 541
Löwentor (Jerusalem) 146

Maale Adumim 247
Maghribi- oder Misttor (Jerusalem) 166
Maghribi-Viertel (Jerusalem) 165
Majdal Shams 584
Makhtesh Ramon 575
Mamilla (Jerusalem) 192
Mar Elias 267
Mar-Elias- bzw. Karmeliterkloster (Haifa) 506
Mar Saba 308
Maria-Magdalena-Kirche 174
Marienbrunnen 471
Mariengrab (Jerusalem) 175
Marissa 552
Martyrios-Kloster 248
Masada 570
Mea Shearim (Jerusalem) 203
Megiddo 484
Milchgrotte (Bethlehem) 286
Monfort (Festung) 455
Muristan (Jerusalem) 160
Museum der arabisch-palästinensischen Folklore (Jerusalem) 186
Museum für Islamische Kunst (Jerusalem) 198

Muslimisches Viertel (Jerusalem) 124

Nabi Musa 251
Nabi Rubin 540
Nabi Samuel 219
Nablus 358
Nazareth 465
Nazrat Illit 468
Negev 560
Neues Tor (Jerusalem) 152
Nimrod (Burg) 587
Nour Shams (Flüchtlingslager) 377

Obdah (Avdat) 574
Ölberg (Jerusalem) 171
Omar Ibn al-Khattab Square 161
Omar-Moschee (Bethlehem) 278
Orienthaus (Jerusalem) 186
Ostjerusalem 123

Pater-Noster-Kirche (Jerusalem) 172

Qalandia (Flüchtlingslager) 333
Qalqilia 377
Qastel 212
Qibya 353
Qumran 261
Quneitra 583
Qurantul-Kloster 258

Rafah 422
Rahat 565
Rahels Grab 272
Ramallah 333
Ramban-Synagoge (Jerusalem) 169
Ramle 544
Ras en-Naqura 454
Ras Karkar 353
Rehavia (Jerusalem) 204
Rockefeller-Museum (Jerusalem) 188
Russische Himmelfahrtskirche 172
Russisches Viertel (Jerusalem) 200

Safed 459
Saffuriya (Zippori) 478
Sakhnin 480

## Register

Salomos Teiche 294
Samu 331
Sebastiya 378
See Genezareth 489
Shivta (Subeita) 573
Shufat (Flüchtlingslager) 223
Shuqba-Höhlen 352
Siloah-Teich (Jerusalem) 178
Siloah-Tunnel (Jerusalem)178
Silwan (Jerusalem) 176
Soreq-Höhlen 551
St. Anna-Kirche (Jerusalem) 147
St. Jakobuskathedrale (Jerusalem) 163
St. Peter-Kapelle 491
Steinbrüche König Salomos (Jerusalem) 183
Subeita (Shivta) 573

Tabgha 491
Tabor (Berg) 482
Talbiya-Viertel (Jerusalem) 196
Tantur 270
Tantura (Dor) 516
Tarqumia 332
Taybeh 348
Tel al-Qadi (Tel Dan) 589
Tel Aviv 537
Tel Balata 370
Tel Shilo 359
Tiberias (Tabariya) 484
Timna 576
Tor der Demut (Bethlehem) 282
Totes Meer 263
Tulkarem 377

Umm al-Fahm 522

Verkündigungskirche 472
Via Dolorosa (Jerusalem) 149

Wadi Artas 294
Wadi el-Qelt 250
Wadi Gaza (Naturschutzgebiet) 410
Wadi Khreitoun 312
Wadi-al-Joz-Viertel (Jerusalem) 188
Weihnachtskirche (Bethlehem) 276
Weiße Moschee 549

Westjerusalem 191
Westmauer (Jerusalem) 166

Yad Vashem (Jerusalem) 206
Yalou 354
Yatta 331
Yemin Moshe 203

Zelt der Nationen 296
Zitadelle mit dem Davidsturm (Jerusalem) 162

Bücher zum israelisch-palästinensischen
Konflikt und zur arabischen Welt im
PALMYRA VERLAG

Autorinnen und Autoren:

Adonis, Mohammed Arkoun, Uri Avnery, Sadik Jalal al-Azm, Azmi Bishara, Yoel Cohen, Gisela Dachs, Mahmoud Darwisch, Arian Fariborz, Schirin Fathi, Kai Hafez, Evelyn Hecht-Galinski, Karin Hörner, Khaled Hroub, Amnon Kapeliuk, Verena Klemm, Henry Laurens, Khalid Al-Maaly, André Miquel, Benny Morris, Mona Naggar, Ali H. Qleibo, Mitri Raheb, Gernot Rotter, Danny Rubinstein, Edward W. Said, Birgit Schäbler, Rafik Schami, Georg Stein, Udo Steinbach, Ludwig Watzal, Walter M. Weiss, Volkhard Windfuhr u.a.

Themen:

der 11. September 2001, der Islam, der Irak, der israelisch-palästinensische Konflikt von A-Z (Nahostlexikon), die aktuelle Entwicklung im Nahen Osten, die Jerusalemfrage, die Palästinenser unter israelischer Besatzung, Yassir Arafat, die Ermordung Yitzhak Rabins, die Hamas, Bethlehem, die israelischen Geheimdienste, die Vanunu-Affäre, Israels geheimes Atompotenzial; Deutsche, Israelis und Palästinenser; Antisemitismus und Israel-Kritik, die arabische Welt zwischen Tradition und Moderne, die arabischen Staaten in Einzeldarstellungen, arabische Gegenwartsliteratur, deutsch-arabischer Schriftstelleraustausch, der Golfkrieg 1991, der Irakkrieg 2003, der Dialog der Kulturen, die deutsch-arabischen Beziehungen, Ägypten in historischen Fotos, Marokko, kritische Bücher über Gerhard Konzelmann und Peter Scholl-Latour, Popmusik und Moderne im Orient, die Musik Ägyptens und des Raï.

»Der Palmyra Verlag ist ein Markenzeichen für politische Sachbücher zum Nahen Osten und zur arabischen Welt.«/BuchMarkt

»Der Palmyra Verlag ist der Spezialist für Israel, Palästina und die arabische Welt.«/Buchhändler heute

Bestellen Sie unseren Gesamtprospekt oder besuchen Sie uns im Internet unter www.palmyra-verlag.de

# NAHOSTARCHIV HEIDELBERG

Dem Palmyra Verlag ist das Nahostarchiv Heidelberg (NOAH) angeschlossen. Es umfasst neben einer umfangreichen Präsenzbibliothek ein eigenes Foto- und Videoarchiv. Allen an Nahostthemen interessierten Medien, Einzelpersonen und Organisationen bietet NOAH folgende Serviceleistungen:

Auswertung wichtiger in- und ausländischer Zeitungen und Zeitschriften / Artikelservice / Allgemeine Recherchedienste / Zusammenstellung von Themen-Dossiers und Adressdateien / Bibliografischer Service / Erstellung von Literaturlisten /Internetrecherchen / Vermittlung nationaler und internationaler Nahostkontakte (auch in Israel und Palästina) in den Bereichen Politik, Kultur, Medien, Wissenschaft und Wirtschaft.

Rufen Sie uns an (06221/165409) oder senden Sie uns eine E-Mail (palmyra-verlag@t-online.de).